一部集聚古今**历法**与**传统文化**精髓的工具书

中华民俗风貌 大全

鸿儒文轩 编著
HONGRUWENXUAN

ZHONGHUA
MINSU FENGMAO
DAQUAN

汇聚传统文化　诠释阴阳历法
指点人情世故　泽及百姓生活

中国书籍出版社
China Book Press

图书在版编目（CIP）数据

中华民俗风貌大全/鸿儒文轩编著．－－北京：中
国书籍出版社，2011.10
ISBN 978-7-5068-2578-8

Ⅰ.①中… Ⅱ.①鸿… Ⅲ.①风俗习惯－介绍－中国
Ⅳ.① K892

中国版本图书馆 CIP 数据核字（2011）第 188760 号

中华民俗风貌大全

鸿儒文轩　编著

责任编辑	张继嫒　　许艳辉
责任印制	孙马飞　　马　芝
封面设计	点滴空间
出版发行	中国书籍出版社
地　　址	北京市丰台区三路居路 97 号（邮编：100073）
电　　话	（010）52257143（总编室）（010）52257140（发行部）
电子邮箱	eo@chinabp.com.cn
经　　销	全国新华书店
印　　刷	三河市华东印刷有限公司
开　　本	787 毫米 ×1092 毫米　1/16
字　　数	510 千字
印　　张	24
版　　次	2011 年 11 月第 1 版
印　　次	2022 年 5 月第 2 次印刷
书　　号	ISBN 978-7-5068-2578-8
定　　价	66.00 元

《万年历》是清朝民间流行的一种历书，经清朝皇帝钦定为《御定万年历》，"万年"寓意统治江山社稷万年长久，如今它已成为平民百姓常用的工具书。在华人世界里尤其是中国人的心目中，万年历是中国独有的文化景致。作为华人的传统习惯，人们通常选择在年末或第二年年初购买《万年历》。

　　"一册在手，万事方便"。历书与群众的生活、生产劳动有着密切的联系。而随着时代的发展，《万年历》也不断推陈出新，更具科学性、实用性和趣味性，而且民族特色鲜明的传统节日、传世贤文等内容也被保留了下来。这些内容已渗透到我国人民生活和社会文化的各个方面，显示出强大、持久的生命力。

　　万年历是人们用来排列年、月、日以及四时节气的一门学问，是中华传统文化的结晶。"万年"的意思是时间长久、超越个人的寿命，"历"的意思是历程、经过，指当年的日、月顺序。本书把中华民俗万年历当做中华传统文化来写，即不仅仅有万年历的内容，还有很多跟万年历相关的中华传统知识，以及一些实用、常用的知识。

　　书中收集的资料翔实，丰富新鲜，大致涵盖了百姓生活的方方面面，既有大众所关注的传统节日，也有百姓生活实践中的点滴积累，属于具有常识性、实用性、趣味性的文化知识。比如第一章"中华民俗知识"，囊括了中华历法知识、天干地支、二十四节气、二十八星宿、取名禁忌、万古贤文、谚语对联谜语等七个方面的内容，使读者阅读的时候，能够触类旁通，相互补益；在查检的时候也能够十分便捷地找到这些资料。

　　部分内容以表格的形式向人们明晰地展示了公历与农历的特点，每半年作一页图谱，一年两章，简单明了。在每页图谱中，除了介绍每年的岁次、生肖和太岁等，还囊括了月别、干支、二十四节气，以及农历与公历、星期、天干地支和五行的对照转换，并且在二十四节气中，增加了具体时间表，详尽实用，趣味盎然，使人爱不释手。万年历图谱的范围是从 1931 年至 2050 年，时间跨度长，跨度选取合适，便于广大读者查阅。

·目录·

— 1 —

第一章

中华民俗知识

一、中华历法知识

中华民族是世界上最早发明历法的民族之一，历法的出现对中国经济与文化的发展产生了极其深远的影响。

农历，是中华传统历法之一，也被称为"阴历"、"殷历"、"古历"、"黄历"、"夏历"和"旧历"等。农历属于阴阳历并用，一方面以月球绕地球运行一周为一"月"，平均月长度等于"朔望月"，这一点与阴历原则相同，所以也叫"阴历"；另一方面设置"闰月"以使每年的平均长度尽可能接近回归年，同时设置二十四节气以反映季节的变化特征，因此农历集阴、阳两历的特点于一身，也被称为"阴阳历"。

迄今为止，几乎全世界所有华人以及朝鲜和越南等国家，仍旧使用农历推算传统节日，如春节、中秋节、端午节等。

充满智慧的中华先人在经年的劳作中，发明了历法和节气。

先贤们根据太阳、月球及地球运转的周期，制定了年、月、日，以及顺应大自然与四季的春夏秋冬的法则，从而形成了历法。中国古代的历法有三种：阳历、阴历和阴阳合历。阳历也叫太阳历；阴历也叫太阴历、月亮历；阴阳合历，也就是俗称的农历。其中的阴阳合历一直沿用到今天。为什么农历可以沿用到今天呢？

在作为晚辈的我们看来，当时历法的产生，是中华先人为了掌握农时，长期观察天体运行得出的结果。中华农历之所以也被称为阴阳合历，是因为它既有阳历的成分，又有阴历的成分。它把太阳和月亮的运行规则合为一体，作出了两者对农业影响的总结，所以中国的农历比纯粹的阴历或西方普遍利用的阳历更为实用方便。农历是中华传统文化的精髓，它准确巧妙，是所有华人的骄傲。

1. 中华历法简介

中华民族使用的农历又称夏历，是一种阴阳合历，以月相定月份，以太阳定年周期。以太阳和月亮同时升起，因而在地球上看不到月亮的朔日为每月的开始，每月长短根据月相不同，可能为30日或29日，12个月为一年。将太阳年划分为24个节气，第1，3，…，23等奇数为"节"，第2，4，…，24等偶数为"气"，或"中气"。由于太阳年周期和以月相为周期的12个月不一致，约隔每4年增加一个月，增加到没有中气的月后面，如2004年2月只有一个节"惊蛰"，没有气，将闰月增加到2月后为闰2月。每年的闰月位置都不太一致。

农历一年一般为12个月，一个月的天数依照月亮围绕地球运行的周期而定，为29或30天，闰年为13月，中国农历年平年为353或354天，闰年为384或385天，平均每年约为365.242 2天（即太阳环绕地球一周的时间）。

农历可按如下方式推断：当月亮运行到地球与太阳之间成一直线的那天，为每个月的开始，称为朔日(初一)。一年中日最长的一天为夏至，日最短的一天为冬至，根据这两点将一年24等分，得到二十四节气。通常，离立春最近的那个朔日（春节）所在的月，为正月。春节在公历1月20日至2月20日之间。

从古代起，每个朝代都要"立正朔"。夏朝时，以冬至月为正月，按干支纪年法是第一个月，即"子"月；商朝改正朔，推后一月；周朝又改正朔，又推后一月；汉朝定立《太初历》。以后每朝虽然仍然立正朔，但民间不再改变，始终以正月为新年，但"子"月仍然维持在11月。

每位皇帝即位时，要改年号纪年，有时兴之所至随时改年号，从明朝开始，皇帝在位时不再改年号，但新皇帝即位时仍然要改。这种纪年法的缺陷是上一位皇帝的末年和下一位皇帝的元年吻合，如"同治十四年"就是"光绪元年"，因为这一年是上一位皇帝去世，下一位皇帝即位的同一年。可是干支纪年始终维持，除了清代的康熙，没有一位皇帝在位超过60年，所以只要说某皇帝年号和干支，年代就已相当清楚。如"光绪乙亥"就是同治十四年即光绪元年，亦即1875年，同治在位期间没有过乙亥年。

中国一些少数民族有自己的节日，如苗族"四月八"，壮族"三月三"，白族"三月街"等，都是以中华农历为依据。中华民族的传统节日，如新年（春节）、元宵节、端午节、盂兰盆节、中秋节等，都是以农历为依据而来。

2. 早期历法

中华的历法与纪年采用阴阳干支三合历。上古时期，根据不同的农牧业生产情况需要，分别产生过太阳历法和太阴历法。农历作为中国传统历法，最早源自何时已无从考究，据出土的甲骨文和中国古代典籍记载，现行阴阳合一的历法规则一般认为源自殷商时期。从黄帝历法到清朝末期启用西历（公历）始，中国历史上一共产生过102部历法。这些历法中有的曾经对中国文化与文明产生过重大影响，比如夏历、商历、周历、西汉太初历、隋唐大衍历和皇极历等；有的历法虽然没有正式使用过，但对养生、医学、学术思想、天文、数学等起到过重大作用，如西汉末期的三统历和唐朝的皇极历等。汉朝以前的中国历法以366天为一岁，用"闰月"确定四时和岁的终始；已经有日、月、旬和时的时间单位，具备了制定阴阳历的技术；观察到了五大行星和日月的运动规律，用"闰月"、"减差法"来调整时差；历法实施成为重要大事，主要内容之一是"以闰月定四时成岁"和"正闰余"，即确定闰月位置和如何减去多余出来的天数（不是加上缺少的天数），由此来确定年岁的终结和开始。到了春秋战国时期，由于周朝王室衰落，诸侯各行其是，因此出现多轨制历法，亦即各诸侯和各地部落还有自己的地方历法。秦朝为中国历史上最后一个"以闰月定四时成岁"的朝代。

从汉朝开始，中华历法出现了重大转折，当时全国统一了历法，历法从而成为了一门较为独立的科学技术。汉武帝责成司马迁等人编写了《太初历》，之后刘歆作《三统历》。这两历的重要特点是年岁合一，一年的整数天数是365天，不同于之前历法的366天；用"加差法"替代之前的"减差法"以调整时差，年岁周期起始相当固定，用数学计算就能确定闰月，用不着"考定星历，建立五行"，至此，阴阳五行基本上退出了历法。之后中国历朝颁布的历法，均与《太初历》大同小异。中华民国成立后，纪年采用西历和民国纪年并用。

3. 公历

公历是当今国际通用的历法，又称"格列历"，通称"阳历"。"阳历"又名"太阳历"，系以地球绕行太阳一周为一年，为西方各国所通用，故又名"西历"。我国从辛亥革命后即自民国元年（1912 年）采用阳历，故又名"国历"。为与我国旧有之历相对称，故又名"新历"。1949 年正式规定采用公元纪年。

公历的前身是儒略历，1582 年罗马天主教教宗格列高利十三世把全面儒略历 1582 年 10 月 4 日的下一天定为格列历 10 月 15 日，中间销去 10 天，同时修改了儒略历置闰法则。

地球绕太阳一周实际为 365.242 19 天（太阳年），按一年 365 天计算，每年少 0.242 19 天，每隔 4 年少 0.968 76 天，每隔 400 年则少 96.876 天，因此，400 年中需置 97 个闰年。闰年在 2 月末加上一天，全年 366 天。这样经过 3 333 年才有一天的误差。

年有三种：地球绕日一周，历 365 日 6 小时 9 分 9 秒，谓之"恒星年"；太阳过近地点循黄道东行一周，复过近地点，历 365 日 6 小时 13 分 48 秒，谓之"近点年"；太阳过春分点，循黄道东行一周，复过春分点，历 365 日 5 小时 48 分 46 秒，谓之"回归年"，亦称"岁实"。

因二分点（春分点、秋分点）每年沿黄道向西逆行约 50 秒，故回归年较恒星年之时间为短，相差 20 分 23 秒，谓之"岁差"。此三种年之时间不同，欲使每年之节气寒暑不变，故取回归年为制历之年。

对于回归年的时间，有记住的必要，为了便于人们记忆，可以借用以下歌诀：

地球绕日一周年，要知时间有多少？三六五日加五小，四十八分四六秒。

由 1 月 1 日至次年 1 月 1 日谓之一年，年长本应与岁实相等，然而一年之日数，必须是整数，不便将奇零之时数计入，故以 365 日为一年，每年余 5 小时 48 分 46 秒至四年约满一日，故每四年增加一日为闰日，该年谓之"闰年"。

无闰日之年，谓之"平年"，平年 365 日，闰年 366 日。但四年之闰余，仅 23 小时 15 分 4 秒，今闰一日，未免过多，超过之 44 分 56 秒，积至二十五闰，为 17 小时 58 分 24 秒，约合一日之四分之三，故每满百年废一闰，至第四百年又不废。如是每四年置一闰，每四百年减三闰，计超过 2 小时 53 分 20 秒，须八个四百年后，即三千二百年后，始补足此一日之差。

4. 公历闰年的判定

一般的常识是 4 年一闰，能被 4 整除的年即是闰年，其实这并不尽然。到底哪些年份是闰年？如何判断闰年？

在公历纪年中，有闰日的年份叫闰年，一般年份为 365 天，闰年为 366 天。

由于地球绕太阳运行周期为365天5小时48分46秒（合365.242 19天）即一回归年，公历把一年定为365天。所余下的时间约4年累计一天，加在2月里并且固定在2月。所以平常年份每年365天，2月为28天；闰年为366天，2月为29天。每400年中有97个闰年。

闰年通常的计算方法：公元纪年的年数可以被4整除，即为闰年，但是，被4整除的年份却不一定就是闰年，如1700年、1900年，就不是闰年；世纪交替的年份，被100整除而不能被400整除的为平年，被100整除也可被400整除的为闰年，如公元2000年是闰年，而公元1000年、3000年不是。

5. 现行公历和农历的优缺点

现行公历（格里历）的优点

（1）公历在世界上大多数国家官方通用，具有通用性。

（2）公历属于按时间周期定义的平历，所以其算法简单，天数基本固定，置闰规则。

（3）历年和历日协调得好，历年只有365日和366日两种。

（4）历日与太阳高度（直射角度）基本对应，误差只有1至2日。

现行公历的缺点

（1）公元元年在人类历史中期，不便于推算人类历史早期。

（2）岁首没有较强的天文学意义。

（3）历月的天数有28日、29日、30日、31日四种，并且排列不规则。

（4）具有较强的宗教意义和罗马皇权留下的烙印，不利于不同民族文化的交流。

（5）置闰法中400年97闰日没有128年31闰日简单和精确。

（6）只管太阳，没有月亮的内容，其日期也不反映月相，是单轨制的太阳历法，不利于保护世界上的月亮文化，也不利于被这些国家的群众所接受和认同。

（7）由于历月的长度没有明显的天文学意义，所以人为因素很强，甚至可以被人随意更改。

（8）由于其是平历，所以它的历日不能和它对应的天象——太阳高度一一对应。

现行农历的优点

（1）农历是定历，具有天文年历的特性，能很好地和各种天象对应，如它的节气严格对应太阳高度，历日较严格地对应月相，闰月的不发生频率和发生频率对应地球近日点和远日点，其他天象如日出日没、晨昏蒙影、五星方位、日月食、潮汐等，就连历月也大致对应太阳高度。

（2）农历历月的天数只有29日和30日两种，且由定朔日规定，人为因素最小，不易随意改动。

（3）岁首具有阴月阳年的天文学意义。

（4）阴阳合历，最能体现中华民族天人合一的传统文化思想。

（5）干支纪年和十二生肖纪年循环使用；由于它包含节气十分利于四季划分；由于它包含月相，所以也能反映潮汐变化，日月食等天象和月亮对气候的影响；同时它还包含十二节干支历（类似沈括的《十二气历》，比它更准确）和七十二候的特殊太阳历，是一部双轨制历法，便于不同民族间文化的交流。

（6）由于它是最彻底的定气定朔的天文年历性质的历法，所以其他历法都要与之进行对照，有利于传统文化的保护。

现行农历的缺点

（1）由于农历是定历，历月使用定朔，所以每年的同一历月的天数并不确定，不方便统计天数。

（2）历年长度，有 353 日、354 日、355 日、383 日、384 日、385 日 6 种，不利于统计年长。

（3）干支循环周期 60 过短，不方便较长时间的区别，也不方便记忆。

（4）置闰不透明，闰月不确定。

（5）有些有迷信成分，但新中国建立后已经被剔除了，随着科学的普及信之的人越来越少。至于民间某些祭祀活动等已经是民俗，而不是迷信了。

上述公历、农历的优缺点主要体现在中西不同文化上，以及公历是平太阳历及农历是定太阳、定阴阳历的综合历法的差别上。

所以两历并用是有道理的，这样才能综合两种历法的优点而避免其缺点。

遗憾的是，长期以来某些知名人士对农历历法的双轨制特点不理解，而西欧文明的强大，使人们对农历产生了偏见，重西历而轻中历（还包含中华其他少数民族历法），重太阳历而轻阴阳历的做法十分不利于中华五千年天文历法文化的传承，并受此影响而不把农历历法写入中小学的教学计划中，最终使这一优秀的天文性质的历法被下一代遗忘，这是十分可悲的，是中华民族的悲哀。

农历是现今世界上存在的为数不多的天文年历性质的阴阳双轨制甚至是多轨制（如金星周期等五星轨道周期的反映）历法，是现今世界唯一使用最先进的天文数据和理论编算的历法，是最彻底的定朔定气的历法。希望广大国人把这部历法传承下去，要运用东方的思维方式公正并整体地看待农历历法才对。

6. 农历闰月的由来及计算

闰月指的是阴历中的一种现象，阴历按照月亮的圆缺即朔望月安排大月和小月，一个朔望月的长度是 29.530 6 日，是月相盈亏的周期。阴历规定，大月 30 天，小月 29 天，这样一年 12 个月共 354 天，阴历的月份没有季节意义，这样一年就与阳历的一年相差 11 天，只需经过 17 年，阴阳历日期就同季节发生倒置。譬如，某年新年是在瑞雪纷飞中度过，17 年后，便要摇扇过新年了。使用这样的历法，自然是无法满足农业生产需要的，所以我国的阴历自秦汉以来，一直和二十四节气并行，用二十四节气来指导农业生产。

二十四节气又可分为"节气"和"中气"两组：古人把从小寒起每隔黄经

300 度定为一节气；从冬至起每隔黄经 300 度定为一中气，一年有 12 个节气、12 个中气。12 节气把一年分为 12 个节月，每个节月各有一个节气和一个中气。节气是节月的起点，中气是节月的中点。我国传统历法对于日序和月序以及大月、小月、平年和闰年，不像一般历法那样采用长期安排的方法，而是强调逐年逐月地推算，国家设有专门的机构从事历法的推算。

以月相定日序

逐一推算日月合朔的日期和时刻，每月的初一就是合朔的日期；根据先后两次合朔包含的日数，确定月的大小。如果从这一合朔到下一次合朔的间隔是 30 天，那么当月便是大月；如果只隔 29 天，便为小月。

以中气定月序

首先，以历月中有无中气区分历月和闰月，我们知道一个回归年有 12 个中气，但却包含 365.242 2 ÷ 29.530 6 = 2.368 2 个朔望月，经过几番历月轮转之后，必有一个历月没有中气。《汉书·律历表》载："朔不得中，谓之闰月"。这个没有中气的月份便是闰月，它前一历日为几月即为闰几月。例如，1984 年的那次闰月出现在旧历十月之后，因而叫它"闰十月"。闰月是推算出来的，在一年的月序中不固定，除农历十一月、十二月、正月外，闰几月都可能，十九年七闰。

综上所述，闰年是阳历中的一种现象，固定在 2 月，比平年多一天，为 29 天；闰月是阴历中的一个现象，闰一个月，那一年阴历有 13 个月，那一年就叫闰月年。

7. 闰年有"公历"和"农历"之分

闰年在公历和农历中的概念是不一样的。我们经常讨论的闰年，其实是公历闰年。

公历有闰日的年份叫闰年，农历有闰月的年份叫闰年。

公历闰年与农历闰年两者并不重合，如 1995 年、2001 年农历是闰年，公历并不是闰年；而 2000 年，公历是闰年，农历并不是闰年。

二、天干地支

1. 天干地支简介

天干地支早在公元前 2697 年的时候，就开始出现了。

中华始祖黄帝在建国时，命大挠氏探察天地的气机，探究五行（金、木、水、火、土），创造了我们所知的十天干，即甲、乙、丙、丁、戊、己、庚、辛、壬、癸，以及十二地支，即子、丑、寅、卯、辰、巳、午、未、申、酉、戌、亥，相互配合成六十甲子用为纪历之符号。

我国历法以月球绕地球一周的时间（29.530 6 天）为一月，以地球绕太阳一周的时间（365.241 9 天）为一年，为使一年的平均天数与回归年的天数相符，设置闰月。据记载，公元前 6 世纪中国开始采用十九年七闰月法协调阴历和阳历。

天干地支，是过去先贤们在建历法时，为了方便做 60 进位而设计的符号。对古代的中国人而言，天干地支的存在，就像阿拉伯数字般的单纯，而且后来把这些符号运用在地图、方位及时间（时间轴与空间轴）上，所以这些数字被赋予的含意就越来越多了。

先贤（其中一种说法是指黄帝）观测朔望月，发现两个朔望月约是 59 天的概念。12 个朔望月大体上是 354 天多（与一个回归年的长度近似），古人因此就得到了一年有 12 个月的概念。再搭配纪日法（十天干），产生阴阳合历，发展出现在的天干地支，较为成熟时应该是在夏商周这几个朝代。

天干地支简称干支，是夏历中用来编排年号和日期用的。

历法用天干、地支编排年号和日期，天干共十个字，因此又称为"十干"，其排列顺序为甲、乙、丙、丁、戊、己、庚、辛、壬、癸；地支共十二个字，排列顺序为子、丑、寅、卯、辰、巳、午、未、申、酉、戌、亥。其中甲、丙、戊、庚、壬为阳干，乙、丁、己、辛、癸为阴干；子、寅、辰、午、申、戌为阳支，丑、卯、巳、未、酉、亥为阴支。

以一个天干和一个地支相配，排列起来，天干在前，地支在后，天干由甲起，地支由子起，阳干对阳支，阴干对阴支（阳干不配阴支，阴干不配阳支）得到六十年一周期的甲子回圈，称为"六十甲子"或"花甲子"。我国人民过去就是以六十甲子循环来纪年、纪月、纪日、纪时的。

2. 天干地支的来源

天干地支源自远古时代对天象的观测，是为"河图"。

河图和洛书，乃由天象观察中产生的，在三代时期就成为帝王的宝贵之物。河图和洛书构造简明，是中国古代的文化基石之一。清代经学家廖平，曾将《诗经》、《易经》、《内经》三者反复印证，证实了《内经》的理论本于《易经》，而《易经》之数理又取于河洛。

河图以十数合五方、五行、阴阳、天地之象。图式以白圈为阳，为天，为奇数；黑点为阴，为地，为偶数。并以天地合五方，以阴阳合五行，所以图式结构分布如下所述。

一与六共宗居北方，因天一生水，地六成之；二与七为朋居南方，因地二生炎，天七成之；三与八为友居东方，因天三生木，地八成之；四与九同道居西方，因地四生金，天九成之；五与十相守，居中央，因天五生土，地十成之。河图乃据五星出没时节而绘成。五星古称五纬，是天上五颗行星，木曰岁星，火曰荧惑星，土曰镇星，金曰太白星，水曰辰星。五星运行，以二十八宿为区划，由于它的轨道距日道不远，古人用以纪日。五星一般按木火土金水的顺序，相继出现于北极天空，每星各行 72 天，五星合周天 360 度。由此可见，河图乃本五星出没的天象而绘制，这也是五行的来源。因在每年的 11 月冬至前，水星见于北方，正当冬气交令，万物蛰伏，地面上唯有冰雪和水，水行的概念就是这样形成的。7月夏至后，火星见于南方，正当夏气交令，地面上一片炎热，火行的概念就是这样形成的。3月春分，木星见于东方，正当春气当令，草木萌芽生长，所谓"春到人间草木知"，木行的概念就是这样形成的。9月秋分，金星见于西方，古代多以金代表兵器，以示秋天杀伐之气当令，万物老成凋谢，金行由此而成。五月土星见于中天，表示长夏湿土之气当令，木火金水皆以此为中点，木火金水引起的四时气候变化，皆从地面上观测出来，土行的概念就是这样形成的。

3．天干地支的含义

▲干者犹树之干也。

甲：像草木破土而萌，阳在内而被阴包裹。

乙：草木初生，枝叶柔软屈曲。

丙：炳也，如赫赫太阳，炎炎火光，万物皆炳燃着，见而光明。

丁：草木成长壮实，好比人的成丁。

戊：茂盛也，象征大地草木茂盛繁荣。

己：起也，纪也，万物抑屈而起，有形可纪。

庚：更也，秋收而待来春。

辛：金味辛，物成而后有味，辛者，新也，万物肃然更改，秀实新成。

壬：妊也，阳气潜伏地中，万物怀妊。

癸：揆也，万物闭藏，怀妊地下，揆然萌芽。

▲支者犹树之枝也。

子：孳也，阳气始萌，孳生于下也。

丑：纽也，寒气自屈曲也。

寅：演也，正月，阳气动，去黄泉，欲上出，阴尚强也。

卯：冒也，万物冒地而出。

辰：伸也，万物舒伸而出。

巳：巳也，阳气毕布已矣。

午：仵也，阴阳交相愕而仵。

未：昧也，日中则昃，阳向幽也。

申：伸束以成，万物之体皆成也。

酉：就也，万物成熟。

戌：灭也，万物灭尽。

亥：核也，万物收藏，皆坚核也。

4．天干地支的作用

天干地支可推算中国历史年代。

考古发现，在商朝后期帝王帝乙时的一块甲骨上，刻有完整的六十甲子，可能是当时的日历。这也说明在商朝时已经开始使用干支纪日了。根据考证，春秋时期鲁隐公三年二月己巳（公元前720年二月初十），曾发生一次日食。这是中国使用干支纪日的比较确切的证据。使用皇帝年号纪年则是从汉武帝时期的建元年号开始。

干支法在中国古代一直使用，从未间断。因此对研究历史非常有帮助，非常容易推算历史时间。如《冯婉贞》："咸丰庚申，英法联军白海入侵。"咸丰，皇帝年号；庚申，干支纪年。

5. 天干地支与夏历

天干地支共二十二个符号错综有序，充满圆融性与规律性。它显示了大自然运行的规律，即时（时间）空（方位）互动和"阴"与"阳"的作用结果。中国历法包含了阴阳五行的思想和自然回圈运化的规律。

年：每个干支为一年，六十个干支后，又从头算起，周而复始，循环不息。由甲子开始，满六十年称做一甲子或一花甲子。这种方法称为干支纪年法。

月：正月是由寅开始，每个月的地支固定不变，然后依次与天干组合；由第一年的正月丙寅月开始，二月是丁卯月，三月是戊辰月……从甲子月到癸亥月，共六十甲子，刚好五年。

日：由甲子日开始，按顺序先后排列，六十日刚好是一个干支的周期。

时：由甲子时开始，但纪时的地支固定不变，每天十二个时辰。

6. 天干地支纪年

干支纪年萌芽于西汉，始行于王莽，通行于东汉后期。汉章帝元和二年（公元85年），朝廷下令在全国推行干支纪年。

干支纪年，一个周期的第一年为"甲子"（如黄巾起义口号为"岁在甲子，天下大吉"），第二年为"乙丑"，依次类推，60年一个周期；一个周期完了重复使用，周而复始，循环下去。如1864年为农历甲子年，60年后的1924年同为农历甲子年；1865年为农历乙丑年，1925年同为农历乙丑年，依次类推。

必须特别注意的是干支纪年是以立春作为一年即岁次的开始，是为岁首，不是以农历正月初一作为一年的开始。例如，1984年大致是岁次甲子年，但严格来讲，当时的甲子年是自1984年立春起，至1985年立春止。

▲天干地支纪年与公历的近似换算。

从已知的公历年份计算干支纪年：年份数减3，除以10的余数是天干，除以12的余数是地支。（公元前的年份则用58－"年份数除以60的余数"后计算）

▲天干地支纪年与格里历的换算。

若我们把天干的甲、乙、……、壬、癸编上0，...，8，9的序号；地支的子、丑、……、戌、亥亦编上0，1，...，10，11的序号，那么，从已知的格里历年份计算干支纪年：年份数减4，除以10的余数是天干，除以12的余数是地支。例如：

$(1972-4) \div 10 = 8$，所以天干是"壬"；

（1972 － 4）÷ 12 ＝ 0，所以地支是"子"。

附：已知天干地支，如何得到当前是 60 年中的第几年（杨霖坤）。

X ＝ 天干　　N ＝ 地支

Y ＝ 0 ~ 5 的自然数

A ＝ 0 ~ 4 的自然数

Z ＝ X ＋ 10Y

Z ≤ 60

Z ＝ N ＋ 12A

修改 Y 与 A 使 Z ＝ N ＋ 12A 或 Z ＝ N 成立，则 Z 为要查询的干支年份。例如用该公式来解癸酉年份，则 Z 为 10。

7．天干地支纪月

干支纪月时，每个地支对应二十四节气自某节气（非中气）至下次节气，以交节时间决定起始的一个月期间，不是农历某月初一至月底。许多历书注明某农历月对应某干支，只是近似而非全等对应。若遇甲或己的年份，正月大致是丙寅；遇上乙或庚之年，正月大致为戊寅；丙或辛之年正月大致为庚寅；丁或壬之年正月大致为壬寅；戊或癸之年正月大致为甲寅。依照正月之干支，其余月份按干支推算。60 个月合 5 年一个周期；一个周期完了重复使用，周而复始，循环下去。东汉光武帝建武二十九年癸丑年（公元 53 年）冬至月（大雪至小寒的月份，近似农历十一月）就是"甲子月"。有歌诀为证："甲己之年丙作首，乙庚之岁戊为头；丙辛必定寻庚起，丁壬壬位顺行流；更有戊癸何方觅，甲寅之上好追求。"下表是地支纪月时对应的节气时间段、中气、近似农历月份、近似阳历月份，以及年天干和月地支构成的月干支。

月地支	节气时间段	中气	近似农历月份	近似阳历月份	甲或己年	乙或庚年	丙或辛年	丁或壬年	戊或癸年
寅月	立春—惊蛰	雨水	正月	2 月	丙寅月	戊寅月	庚寅月	壬寅月	甲寅月
卯月	惊蛰—清明	春分	二月	3 月	丁卯月	己卯月	辛卯月	癸卯月	乙卯月
辰月	清明—立夏	谷雨	三月	4 月	戊辰月	庚辰月	壬辰月	甲辰月	丙辰月
巳月	立夏—芒种	小满	四月	5 月	己巳月	辛巳月	癸巳月	乙巳月	丁巳月
午月	芒种—小暑	夏至	五月	6 月	庚午月	壬午月	甲午月	丙午月	戊午月
未月	小暑—立秋	大暑	六月	7 月	辛未月	癸未月	乙未月	丁未月	己未月
申月	立秋—白露	处暑	七月	8 月	壬申月	甲申月	丙申月	戊申月	庚申月
酉月	白露—寒露	秋分	八月	9 月	癸酉月	乙酉月	丁酉月	己酉月	辛酉月
戌月	寒露—立冬	霜降	九月	10 月	甲戌月	丙戌月	戊戌月	庚戌月	壬戌月
亥月	立冬—大雪	小雪	十月	11 月	乙亥月	丁亥月	己亥月	辛亥月	癸亥月
子月	大雪—小寒	冬至	十一月	12 月	丙子月	戊子月	庚子月	壬子月	甲子月
丑月	寒—立春	大寒	十二月	1 月	丁丑月	己丑月	辛丑月	癸丑月	乙丑月

干支纪月法未普遍实行，主要为相关预测专家推算八字用。

推算实例：2004 年大致是农历甲申年，那次甲申年自 2004 年 2 月 4 日 19 时 56 分立春起，至 2005 年 2 月 4 日 1 时 43 分立春止。这里的时刻是东经 120 度标准时。

丙寅月：2004 年 2 月 4 日 19 时 56 分立春至 2004 年 3 月 5 日 13 时 56 分惊蛰

丁卯月：2004 年 3 月 5 日 13 时 56 分惊蛰至 2004 年 4 月 4 日 18 时 43 分清明

戊辰月：2004 年 4 月 4 日 18 时 43 分清明至 2004 年 5 月 5 日 12 时 2 分立夏

己巳月：2004 年 5 月 5 日 12 时 2 分立夏至 2004 年 6 月 5 日 16 时 14 分芒种

庚午月：2004 年 6 月 5 日 16 时 14 分芒种至 2004 年 7 月 7 日 2 时 31 分小暑

辛未月：2004 年 7 月 7 日 2 时 31 分小暑至 2004 年 8 月 7 日 12 时 20 分立秋

壬申月：2004 年 8 月 7 日 12 时 20 分立秋至 2004 年 9 月 7 日 15 时 13 分白露

癸酉月：2004 年 9 月 7 日 15 时 13 分白露至 2004 年 10 月 8 日 6 时 49 分寒露

甲戌月：2004 年 10 月 8 日 6 时 49 分寒露至 2004 年 11 月 7 日 9 时 59 分立冬

乙亥月：2004 年 11 月 7 日 9 时 59 分立冬至 2004 年 12 月 7 日 2 时 49 分大雪

丙子月：2004 年 12 月 7 日 2 时 49 分大雪至 2005 年 1 月 5 日 14 时 3 分小寒

丁丑月：2005 年 1 月 5 日 14 时 3 分小寒至 2005 年 2 月 4 日 1 时 43 分大寒

8. 天干地支纪日

干支纪日，60 日大致合两个月一个周期；一个周期完了重复使用，周而复始，循环下去。有考证比较精确的文献，指出干支纪日始于鲁隐公三年夏历二月己巳日（公元前 720 年二月初十）。

因为儒略历的平年有 365 日，而每 4 年一次，公元年能被 4 整除，闰年有 366 日，平均一年 365.25 日，所以 4 年 1 461 日和一甲子的 60 日，最小公倍数是 29 220 日，合 80 年。这就是说，每 80 年，干支纪日对应的儒略历月日日期会反复一次循环。（公元 4 年本来应为闰年，但因为公元前 45 年开始实施儒略历后，"每隔 3 年"加一次闰日被误为"每 3 年"加一次闰日，所以罗马皇帝屋大维下令公元前 5 年、公元前 1 年、公元 4 年停闰以修正错误置闰。）

因为格里历的平年有 365 日，而每 4 年一次，公元年能被 100 但非 400 整除，闰年有 366 日，平均一年 365.242 5 日，所以 400 年 146 097 日和一甲子的 60 日，最小公倍数是 2 921 940 日，合 8 000 年。这就是说，每 80 年，干支纪日对应的格里历月日日期若没有遇到能被 100 但非 400 整除的公元年，会反复一次循环，但整体而言，假设未来从不改格里历，每 8 000 年，干支纪日对应的格里历月日日期才会反复一次完整的循环。1912 年 2 月 18 日，合农历壬子年正月初一，以及 9912 年 2 月 18 日，都是"甲子日"。

9. 天干地支纪时

干支纪时，60 时辰合 5 日一个周期；一个周期完了重复使用，周而复始，循环下去。必须注意的是子时分为 0 时到 1 时的早子时和 23 时到 24 时的晚子时，所以遇到甲或己之日，0时到1时是甲子时，但23时到24时是丙子时。晚子时又称子夜或夜子。日上起时亦有歌诀："甲己还加甲，乙庚丙作初；丙辛从戊起，丁壬庚子居；戊癸何方发，壬子是真途。"下表列出日天干和时辰地支构成的时辰干支，以北京时间（UTC＋8）为准。

时辰地支	北京时间（UTC＋8）	甲或己日	乙或庚日	丙或辛日	丁或壬日	戊或癸日
早子时	0时—1时	甲子时	丙子时	戊子时	庚子时	壬子时
丑时	1时—3时	乙丑时	丁丑时	己丑时	辛丑时	癸丑时
寅时	3时—5时	丙寅时	戊寅时	庚寅时	壬寅时	甲寅时
卯时	5时—7时	丁卯时	己卯时	辛卯时	癸卯时	乙卯时
辰时	7时—9时	戊辰时	庚辰时	壬辰时	甲辰时	丙辰时
巳时	9时—11时	己巳时	辛巳时	癸巳时	乙巳时	丁巳时
午时	11时—13时	庚午时	壬午时	甲午时	丙午时	戊午时
未时	13时—15时	辛未时	癸未时	乙未时	丁未时	己未时
申时	15时—17时	壬申时	甲申时	丙申时	戊申时	庚申时
酉时	17时—19时	癸酉时	乙酉时	丁酉时	己酉时	辛酉时
戌时	19时—21时	甲戌时	丙戌时	戊戌时	庚戌时	壬戌时
亥时	21时—23时	乙亥时	丁亥时	己亥时	辛亥时	癸亥时
晚子时	23时—24时	丙子时	戊子时	庚子时	壬子时	甲子时

10. 天干地支次序表

1. 甲子	2. 乙丑	3. 丙寅	4. 丁卯	5. 戊辰	6. 己巳	7. 庚午	8. 辛未	9. 壬申	10. 癸酉	11. 甲戌	12. 乙亥
13. 丙子	14. 丁丑	15. 戊寅	16. 己卯	17. 庚辰	18. 辛巳	19. 壬午	20. 癸未	21. 甲申	22. 乙酉	23. 丙戌	24. 丁亥
25. 戊子	26. 己丑	27. 庚寅	28. 辛卯	29. 壬辰	30. 癸巳	31. 甲午	32. 乙未	33. 丙申	34. 丁酉	35. 戊戌	36. 己亥
37. 庚子	38. 辛丑	39. 壬寅	40. 癸卯	41. 甲辰	42. 乙巳	43. 丙午	44. 丁未	45. 戊申	46. 己酉	47. 庚戌	48. 辛亥
49. 壬子	50. 癸丑	51. 甲寅	52. 乙卯	53. 丙辰	54. 丁巳	55. 戊午	56. 己未	57. 庚申	58. 辛酉	59. 壬戌	60. 癸亥

11. 地支与五行、方位的关系

（1）地支三合

子（鼠）、辰（龙）、申（猴）合水局；

巳（蛇）、酉（鸡）、丑（牛）合金局；

寅（虎）、午（马）、戌（犬）合火局；

亥（猪）、卯（兔）、未（羊）合木局。

（2）地支六合

子（鼠）与丑（牛）相合化土，寅（虎）与亥（猪）相合化水，

卯（兔）与戌（犬）相合化火，辰（龙）与酉（鸡）相合化金，

巳（蛇）与申（猴）相合化水，午（马）与未（羊）相合化日月。

（3）地支与五行、方位的关系

子（鼠）属阳水，北方；亥（猪）属阴水，北方；

寅（虎）属阳木，东方；卯（兔）属阴木，东方；

巳（蛇）属阴火，南方；午（马）属阳火，南方；

申（猴）属阳金，西方；酉（鸡）属阴金，西方；

辰（龙）、戌（犬）属阳土，中方；

丑（牛）、未（羊）属阴土，中方。

12．天干与五行、方位的关系

甲为栋梁之木，东方。乙为花果之木，东方。

丙为太阳之火，南方。丁为灯烛之火，南方。

戊为城墙之土，中方。己为田园之土，中方。

庚为斧钺之金，西方。辛为首饰之金，西方。

壬为江河之水，北方。癸为雨露之水，北方。

13．称骨与命理

卜易家袁天罡，用称骨分量，照年、月、日、时，推算一生之荣枯，评定百年之贵贱。按农历生辰，各计其重量，再相加，根据轻重，便知祸福吉凶。这当然没有什么科学性，但对古人来说，也是一种理解命运的方式。（说明：将自己的年、月、日、时对应的重量加起来）

出生年数

鼠

甲子年（1924，1984）：1 两 2 钱

丙子年（1936，1996）：1 两 6 钱

戊子年（1948，2008）：1 两 5 钱

庚子年（1900，1960）：7 钱

壬子年（1912，1972）：5 钱

牛

乙丑年（1925，1985）：9 钱

丁丑年（1937，1997）：8 钱

己丑年（1949，2009）：7 钱

辛丑年（1901，1961）：7 钱

癸丑年（1913，1973）：7 钱

虎

丙寅年（1926，1986）：6 钱

戊寅年（1938，1998）：8 钱

庚寅年（1950，2010）：9 钱

壬寅年（1902，1962）：9 钱

甲寅年（1914，1974）：1 两 2 钱

兔

丁卯年（1927，1987）：7 钱

己卯年（1939，1999）：1 两 9 钱

辛卯年（1951，2011）：1 两 2 钱

癸卯年（1903，1963）：1 两 2 钱

乙卯年（1915，1975）：8 钱

龙

戊辰年（1928，1988）：1 两 2 钱

庚辰年（1940，2000）：1 两 2 钱

壬辰年（1952，2012）：1 两

甲辰年（1904，1964）：8 钱

丙辰年（1916，1976）：8 钱

蛇

己巳年（1929，1989）：5 钱

辛巳年（1941，2001）：6 钱

癸巳年（1953，2013）：7 钱

乙巳年（1905，1965）：7 钱

丁巳年（1917，1977）：6 钱

马

庚午年（1930，1990）：9 钱

壬午年（1942，2002）：8 钱

羊

辛未年（1931，1991）：8 钱

癸未年（1943，2003）：7 钱

猴

壬申年（1932，1992）：7 钱

甲申年（1944，2004）：5 钱

甲午年(1954,2014):1两5钱　　乙未年(1955,2015):6钱　　丙申年(1956,2016):5钱
丙午年(1906,1966):1两3钱　　丁未年(1907,1967):5钱　　戊申年(1908,1968):1两4钱
戊午年(1918,1978):1两9钱　　己未年(1919,1979):6钱　　庚申年(1920,1980):8钱

鸡　　　　　　　　　　　　**狗**　　　　　　　　　　　　**猪**

癸酉年(1933,1993):8钱　　甲戌年(1934,1994):1两5钱　　乙亥年(1935,1995):9钱
乙酉年(1945,2005):1两5钱　　丙戌年(1946,2006):6钱　　丁亥年(1947,2007):1两6钱
丁酉年(1957,2017):1两4钱　　戊戌年(1898,1958):1两4钱　　己亥年(1899,1959):9钱
己酉年(1909,1969):5钱　　庚戌年(1910,1970):9钱　　辛亥年(1911,1971):1两7钱
辛酉年(1921,1981):1两6钱　　壬戌年(1922,1982):1两　　癸亥年(1923,1983):6钱

出生月数

正月:6钱　　　　　　五月:5钱　　　　　　九月:1两8钱
二月:7钱　　　　　　六月:1两6钱　　　　十月:8钱
三月:1两8钱　　　　七月:9钱　　　　　　十一月:9钱
四月:9钱　　　　　　八月:1两5钱　　　　十二月:5钱

出生日数

初一:5钱　　　　　　十一:9钱　　　　　　二十一:1两
初二:1两　　　　　　十二:1两7钱　　　　二十二:9钱
初三:8钱　　　　　　十三:8钱　　　　　　二十三:8钱
初四:1两5钱　　　　十四:1两7钱　　　　二十四:9钱
初五:1两6钱　　　　十五:1两　　　　　　二十五:1两5钱
初六:1两5钱　　　　十六:8钱　　　　　　二十六:1两8钱
初七:8钱　　　　　　十七:9钱　　　　　　二十七:7钱
初八:1两6钱　　　　十八:1两8钱　　　　二十八:8钱
初九:8钱　　　　　　十九:5钱　　　　　　二十九:1两6钱
初十:1两6钱　　　　二十:1两5钱　　　　三十:6钱

出生时辰

子(23时至1时):1两6钱　　辰(7时至9时):9钱　　申(15时至17时):8钱
丑(1时至3时):6钱　　　　巳(9时至11时):1两6钱　　酉(17时至19时):9钱
寅(3时至5时):7钱　　　　午(11时至13时):1两　　戌(19时至21时):6钱
卯(5时至7时):1两　　　　未(13时至15时):8钱　　亥(21时至23时):6钱

称 骨 歌

二两一钱

短命非业谓大空，平生灾难事重重，
凶祸频临陷逆境，终世困苦事不成。

二两二钱

身寒骨冷苦伶仃，此命推来行乞人，
劳劳碌碌无度日，终年打拱过平生。

二两三钱

此命推来骨格轻，求谋作事事难成，
妻儿兄弟应难许，别处他乡作散人。

二两四钱

此命推来福禄无，门庭困苦总难荣，
六亲骨肉皆无靠，流浪他乡作老翁。

二两五钱

此命推来祖业微，门庭营度似稀奇，
六亲骨肉如冰炭，一世勤劳自把持。

二两六钱

平生衣禄苦中求，独自营谋事不休，
离祖出门宜早计，晚来衣禄自无休。

二两七钱

一生作事少商量，难靠祖宗作主张，
独马单枪空做去，早年晚岁总无长。

二两八钱

一生行事似飘蓬，祖宗产业在梦中，
若不过房改名姓，也当移徙二三通。

二两九钱

初年运限未曾亨，纵有功名在后成，
须过四旬才可立，移居改姓始为良。

三两

劳劳碌碌苦中求，东奔西走何日休，
若使终身勤与俭，老来稍可免忧愁。

三两一钱

忙忙碌碌苦中求，何日云开见日头，
难得祖基家可立，中年衣食渐无忧。

三两二钱

初年运蹇事难谋，渐有财源如水流，
到得中年衣食旺，那时名利一齐收。

三两三钱

早年做事事难成，百年勤劳枉费心，
半世自如流水去，后来运到始得金。

三两四钱

此命福气果如何，僧道门中衣禄多，
离祖出家方为妙，朝晚拜佛念弥陀。

三两五钱

生平福量不周全，祖业根基觉少传，

营事生涯宜守旧，时来衣食胜从前。

三两六钱

不须劳碌过平生，独自成家福不轻，
早有福星常照命，任君行去百般成。

三两七钱

此命般般事不成，弟兄少力自孤行。
虽然祖业须微有，来得明时去不明。

三两八钱

一身骨肉最清高，早入簧门姓氏标。
待到年将三十六，蓝衫脱去换红袍。

三两九钱

此命终身运不通，劳劳作事尽皆空。
苦心竭力成家计，到得那时在梦中。

四两

平生衣禄是绵长，件件心中自主张。
前面风霜多受过，后来必定享安康。

四两一钱

此命推来自不同，为人能干异凡庸。
中年还有逍遥福，不比前时运来通。

四两二钱

得宽怀处且宽怀，何用双眉皱不开。
若使中年命运济，那时名利一起来。

四两三钱

为人心性最聪明，作事轩昂近贵人。
衣禄一生天注定，不须劳碌是丰亨。

四两四钱

万事由天莫苦求，须知福碌赖人修。
当年财帛难如意，晚景欣然便不优。

四两五钱

名利推求竟若何？前番辛苦后奔波。
命中难养男和女，骨肉扶持也不多。

四两六钱

东西南北尽皆通，出姓移居更觉隆。
衣禄无穷无数定，中年晚景一般同。

四两七钱

此命推求旺末年，妻荣子贵自怡然。
平生原有滔滔福，可卜财源若水泉。

四两八钱

初年运道未曾通，几许蹉跎命亦穷。

兄弟六亲无依靠，一生事业晚来成。

四两九钱

此命推来福不轻，自成自立显门庭。

从来富贵人钦敬，使婢差奴过一生。

五两

为利为名终日劳，中年福禄也多遭。

老来自有财星照，不比前番目下高。

五两一钱

一世荣华事事通，不须劳碌自亨通。

兄弟叔侄皆如意，家业成时福禄宏。

五两二钱

一世亨通事事能，不须劳苦自然宁。

宗族有光欣喜甚，家产丰盈自称心。

五两三钱

此格推来福泽宏，兴家立业在其中。

一生衣食安排定，却是人间一福翁。

五两四钱

此格详采福泽宏，诗书满腹看功成。

丰衣足食多安稳，正是人间有福人。

五两五钱

策马扬鞭争名利，少年作事费筹论。

一朝福禄源源至，富贵荣华显六亲。

五两六钱

此格推来礼义通，一身福禄用无穷。

甜酸苦辣皆尝过，滚滚财源盈而丰。

五两七钱

福禄丰盈万事全，一身荣耀乐天年。

名扬威震人争羡，此世逍遥宛似仙。

五两八钱

平生衣食自然来，名利双全富贵偕。

金榜题名登甲第，紫袍玉带走金阶。

五两九钱

细推此格秀而清，必定才高学业成。

甲第之中应有分，扬鞭走马显威荣。

六两

一朝金榜快题名，显祖荣宗大器成。

衣禄定然无欠缺，田园财帛更丰盈。

六两一钱

不作朝中金榜客，定为世上大财翁。
聪明天付经书熟，名显高褂自是荣。

六两二钱

此命生来福不穷，读书必定显亲宗。
紫衣玉带为卿相，富贵荣华孰与同。

六两三钱

命主为官福禄长，得来富贵实非常。
名题雁塔传金榜，大显门庭天下扬。

六两四钱

此格威权不可当，紫袍金带尘高堂。
荣华富贵谁能及？万古留名姓氏扬。

六两五钱

细推此命福非轻，富贵荣华孰与争？
定国安邦人极品，威声显赫震寰瀛。

六两六钱

此格人间一福人，堆金积玉满堂春。
从来富贵有天定，金榜题名更显亲。

六两七钱

此命生来福自宏，田园家业最高隆。
平生衣禄盈丰足，一路荣华万事通。

六两八钱

富贵由天莫苦求，万事家计不须谋。
十年不比前番事，祖业根基千古留。

六两九钱

君是人间福禄星，一生富贵众人钦。
总然衣禄由天定，安享荣华过一生。

七两

此命推来福不轻，何须愁虑苦劳心。
荣华富贵已天定，正笏垂绅拜紫宸。

七两一钱

此命生成大不同，公侯卿相在其中。
一生自有逍遥福，富贵荣华极品隆。

三、二十四节气

二十四节气起源于黄河流域。远在春秋时代，就定出仲春、仲夏、仲秋和仲冬等四个节气。以后不断地改进与完善，到秦汉年间，二十四节气已完全确立。公元前104年，由邓平等制定的《太初历》，正式把二十四节气订于历法，明确了二十四节气的天文位置。

太阳从黄经零度起，沿黄经每运行15度所经历的时日称为"一个节气"。每年运行360度，共经历24个节气，每月2个。其中，每月第一个节气为"节气"，即立春、惊蛰、清明、立夏、芒种、小暑、立秋、白露、寒露、立冬、大雪和小寒等12个节气；每月的第二个节气为"中气"，即雨水、春分、谷雨、小满、夏至、大暑、处暑、秋分、霜降、小雪、冬至和大寒12个节气。"节气"和"中气"交替出现，各历时15天。现在人们已经把"节气"和"中气"统称为"节气"。

二十四节气反映了太阳的周年运动，所以节气在现行的公历中日期基本固定，上半年在6日、21日，下半年在8日、23日，前后相差1~2天。

为了方便记忆，人们编出了《二十四节气歌》及《二十四节气七言诗》。

二十四节气歌

春雨惊春清谷天，夏满芒夏暑相连，
秋处露秋寒霜降，冬雪雪冬小大寒。

二十四节气七言诗

地球绕着太阳转，绕完一圈是一年。
一年分成十二月，二十四节紧相连。
按照公历来推算，每月两气不改变。
上半年是六、廿一，下半年逢八、廿三。
这些就是交节日，有差不过一两天。
二十四节有先后，下列口诀记心间：
一月小寒接大寒，二月立春雨水连；
惊蛰春分在三月，清明谷雨四月天；
五月立夏和小满，六月芒种夏至连；
七月大暑和小暑，立秋处暑八月间；
九月白露接秋分，寒露霜降十月全；
立冬小雪十一月，大雪冬至迎新年。
抓紧季节忙生产，种收及时保丰年。

随着民族的强盛，中华历法拥有了越来越强的地域辐射力，现如今，二十四节气已经流传到世界许多地方。

1. 二十四节气的由来

早在春秋战国时代，中国就有了日南至、日北至的概念。随后人们根据月初、月中的日月运行位置和天气及植物生长等自然现象之间的关系，把一年平均分为二十四等份，并且给每等份取了专有名称，这就是二十四节气。

战国后期《吕氏春秋》一书的"十二月纪"中，就有了立春、春分、立夏、夏至、立秋、秋分、立冬、冬至等八个节气名称。这八个节气，是二十四节气中最重要的节气。这八个节气标示出季节的转换，清楚地划分出一年的四季。后来到了《淮南子》一书的时候，就有了和现代完全一样的二十四节气的名称。这是中国历史上关于二十四节气的最早记录。从考古中发现的出土文物考证，中国西汉时期就已经采取节气注历了。汉代著作《周髀算经》一书，就有八节二十四节气的记载，大都表示气候变化，物象差异，与农业结合得十分密切。因此，当时从八节二十四节气上就可以掌握季节的变化，决定对农作物的适时播种与收割了。

中国自古以来，就是个农业非常发达的国家，由于农业和气象之间的密切关系，所以古代农民从长期的农业劳动实践中，积累了有关农时与季节变化关系的丰富经验。

二十四节气，综合了天文学和气象学以及农作物生长特点等多方面知识，比较准确地反映了一年中的自然力特征。所以至今仍然在农业生产中使用，受到广大农民的喜爱。

2. 二十四节气的划定

有人认为二十四节气从属农历，其实，它是根据阳历划定的，即根据太阳在黄道上的位置，把一年划分为 24 个彼此相等的段落。也就是把黄道分成 24 个等份，每等份各占黄经 15 度。由于太阳通过每等份所需的时间几乎相等，二十四节气的公历日期每年大致相同：上半年在 6 日、21 日前后，下半年在 8 日、23 日前后。并有两句口诀：

上半年来六、二十一，下半年来八、二十三。

古时把节气称"气"，每月有两个气：前一个气叫"节气"，后一个气叫"中气"。它同农历闰月的安排有着密切的关系，二十四节气按月分布情况如下表。

二十四节气按月分布情况表

月份	正月	二月	三月	四月	五月	六月	七月	八月	九月	十月	十一月	十二月
节气	立春	惊蛰	清明	立夏	芒种	小暑	立秋	白露	寒露	立冬	大雪	小寒
中气	雨水	春分	谷雨	小满	夏至	大暑	处暑	秋分	霜降	小雪	冬至	大寒

从上表得知，太阳每年在公历 3 月 21 日通过春分点，黄经为 0 度。以后每运行 15 度，即为一个节气。但是在农历中，以立春为二十四节气的第一个节气。二十四节气的名称，是随着斗纲所指的地方并结合当时的自然力、气候与景观命名而来的。所谓斗纲，就是北斗七星中的魁、衡、杓三颗星。随着天体的运行，斗纲指向不同的方向和位置。其所指的位置就是所代表的月份。如正月为寅，黄昏时杓星指寅，半夜衡星指寅，白天魁星指寅；二月为卯，黄昏时杓星指卯，半

夜衡星指卯，白天魁星指卯。其余的月份类推。

3. 二十四节气详解

立春

斗指东北。太阳黄经为315度。是二十四节气的第一个节气。其含意是开始进入春天，"阳和起蛰，品物皆春"，过了立春，万物复苏，生机勃勃，一年四季从此开始了。

雨水

斗指壬。太阳黄经为330度。这时春风遍吹，冰雪融化，空气湿润，雨水增多，所以叫雨水。人们常说："立春天渐暖，雨水送肥忙。"

惊蛰

斗指丁。太阳黄经为345度。这个节气表示立春以后天气转暖，春雷开始震响，蛰伏在泥土里的各种冬眠动物将苏醒过来开始活动，所以叫惊蛰。这个时期过冬的虫卵也要开始孵化。中国部分地区进入了春耕季节。谚语云："惊蛰过，暖和和，蛤蟆老角唱山歌"，"惊蛰一犁土，春分地气通"，"惊蛰没到雷先鸣，大雨似蛟龙"。

春分

斗指壬。太阳黄经为0度。春分日太阳在赤道上方。这是春季90天的中分点，这一天南北半球昼夜相等，所以叫春分。中国古书中有不少有关春分的记载，如"春分者，阴阳相半也。故昼夜均而寒暑平。"这天以后太阳直射位置更向北移，北半球昼长夜短。所以，春分是北半球春季的开始。中国大部分地区越冬作物进入春季生长阶段。各地农谚有："春分在前，斗米斗钱"（广东），"春分甲子雨绵绵，夏分甲子火烧天"（四川），"春分有雨家家忙，先种瓜豆后插秧"（湖北），"春分种菜，大暑摘瓜"（湖南），"春分种麻种靛，秋分收麦收蒜"（安徽）。

清明

斗指丁。太阳黄经为15度。此时气候清爽温暖，草木开始发新枝芽，万物开始生长。农民忙于春耕春种。从前，在清明节这一天，有些人家在门口插上扬柳枝条，还到郊外踏青，祭扫坟墓，这是古老的习俗。

谷雨

斗指癸。太阳黄经为30度。就是雨水生五谷的意思，由于雨水滋润大地五谷得以生长。所以，谷雨就是"雨生百谷"。谚云："谷雨前后种瓜种豆。"

立夏

斗指东南。太阳黄经为45度。是夏天的开始，从此进入夏天，万物旺盛。习惯上把立夏当作是气温显著升高，炎暑将临，雷雨增多，农作物进入旺季生长的一个重要节气。

小满

斗指甲。太阳黄经为60度。从小满开始，大麦、冬小麦等夏收作物已经结果，籽粒饱满，但尚未成熟，所以叫小满。

芒种

北斗指向己。太阳黄经为 75 度。这时最适合播种有芒的谷类作物，如晚谷、黍、稷等，如过了这个时候再种有芒的作物就不好成熟了。同时，"芒"指有芒作物如小麦、大麦等，"种"指种子。芒种即表明小麦等有芒作物成熟。芒种前后，中国中部的长江中下游地区，雨量增多，气温升高，进入阴雨连绵的梅雨季节，空气十分湿润，天气异常闷热，各种器具和衣物容易发霉，所以在中国长江中下游地区叫"黄梅天"。

夏至

北斗指向乙。太阳黄经为 90 度。太阳在黄经为 90 度"夏至点"。阳光几乎直射北回归线上空，中午太阳最高。这一天是北半球白昼最长、黑夜最短的一天，从这一天起，进入炎热季节，天地万物在此时生长最旺盛。所以古时候又把这一天叫做日北至，意思是太阳运行到最北的一日。过了夏至，太阳逐渐向南移动，北半球白昼一天比一天缩短，黑夜一天比一天加长。

小暑

斗指辛。太阳黄经为 105 度。天气已经很热，但还不到最热的时候，所以叫小暑。此时已是初伏前后。

大暑

斗指丙。太阳黄经为 120 度。大暑是一年中最热的节气，正值二伏前后，长江流域的许多地方，经常出现摄氏 40 度的高温天气。要做好防暑降温工作。这个节气雨水多，有"小暑，大暑，淹死老鼠"的谚语，要注意防汛防涝。

立秋

北斗指向西南。太阳黄经为 135 度。"秋"是植物快成熟的意思。从这一天起秋天开始，秋高气爽，月明风清。此后，气温由最热逐渐下降。

处暑

斗指戊。太阳黄经为 150 度。这时夏季的火热已经到头了，暑气就要散了。它是温度下降的一个转折点，是气候变凉的象征，表示暑天终止。

白露

斗指癸。太阳黄经为 165 度。天气转凉，地面水气结霜最多。

秋分

斗指己。太阳黄经为 180 度。秋分这一天同春分一样，阳光几乎直射赤道，昼夜几乎相等。从这一天起，阳光直射位置继续由赤道向南半球推移，北半球开始昼短夜长。依中国旧历的秋季论，这一天刚好是秋季 90 天的一半，因而称秋分。但在天文学上规定，北半球的秋天是从秋分开始的。

寒露

斗指甲。太阳黄经为 195 度。白露后，天气转凉，开始出现露水。到了寒露，则露水日多，且气温更低了。所以有人说"寒是露之气，先白而后寒"，是气候将逐渐转冷的意思。而水气则凝结成白色露珠。

霜降

太阳黄经为 210 度。天气已冷，开始有霜冻了，所以叫霜降。

立冬

太阳黄经为 225 度。习惯上，中国人把这一天当做冬季的开始。冬，作为终了之意，是指一年的田间操作结束了，作物收割之后要收藏起来的意思。立冬一过，中国黄河中下游地区即将结冰，各地农民都将陆续地转入农田水利基本建设和其他农事活动中。

小雪

太阳黄经为 240 度。气温下降，开始降雪，但还不到大雪纷飞的时节，所以叫小雪。小雪前后，黄河流域开始降雪（南方降雪还要晚两个节气）；而北方已进入封冻季节。

大雪

太阳黄经为 255 度。大雪前后，黄河流域一带渐有积雪；而北方已是"千里冰封，万里雪飘"的严冬了。

冬至

太阳黄经为 270 度。冬至这一天，阳光几乎直射南回归线，中国北半球白昼最短，黑夜最长，开始进入数九寒天。天文学上规定这一天是北半球冬季的开始。而冬至以后，阳光直射位置逐渐向北移动，北半球白天就逐渐长了。谚云："吃了冬至面，一天长一线。"

小寒

太阳黄经为 285 度。小寒以后，开始进入寒冷季节，冷气积久而寒，小寒是天气寒冷而还没有到极点的意思。

大寒

太阳黄经为 300 度。大寒就是天气寒冷到了极点的意思。大寒前后是一年中最冷的季节。大寒正值三九，谚云："冷在三九。"

大寒以后，立春接着到来，天气渐暖。至此地球绕太阳公转一周，完成了一个循环。

从节气的含意可知，二十四节气又可以分为四类。

表示寒来暑往变化的有立春、春分、立夏、夏至、立秋、秋分、立冬、冬至八个节气。

象征温度变化的有小暑、大暑、处暑、小寒、大寒五个节气。

反映降水量的有雨水、谷雨、白露、寒露、霜降、小雪、大雪七个节气。

反应物候现象或农事活动的有惊蛰、清明、小满、芒种四个节气。

4. 伏天的计算及夏九九歌

"伏"表示阴气受阳气所迫藏伏在地下的意思，每年有三个伏，三伏天是一年中最热的季节。从夏至开始，依照干支纪日的排列，第三个庚日为初伏，第四个庚日为中伏，立秋后第一个庚日为末伏。庚日的"庚"字是"甲、乙、丙、丁、戊、己、庚、辛、壬、癸"十天干中的第七个字，庚日每十天重复一次。

伏天的起讫时间每年都不尽相同，大致是在七月中旬到八月中旬之间。具体是怎样计算的呢？我国流行的"干支纪日法"用天干与地支相配而成的60组不同的名称来记日子，每逢有庚字的日子叫庚日。

秦汉时盛行"五行相生相克"的说法，认为最热的夏天日子属火，而庚属金，金怕火烧熔（火克金），所以到庚日，金必伏藏。于是规定从夏至后的第三个庚日起为初伏（有10天），从夏至后的第四个庚日起为中伏（有的年有10天，有的年有20天），立秋后的第一个庚起为末伏，也称终伏（有10天），总称为三伏。

当夏至与立秋之间出现4个庚日时中伏为10天，出现5个庚日则为20天，所以中伏到末伏有时是10天，有时是20天，而"初伏"和"末伏"都是10天。

我国农历中"九"是习惯用的杂节，有"冬九九"和"夏九九"。其中"冬九九"流传较广，它是以冬至日为起点，每9天为一个九，每年9个九共81天。三九、四九是全年最寒冷的季节。

"夏九九"是以夏至日为起点，每9天为一九，每年9个九共81天。同样，三九、四九是全年最炎热的季节。它与"冬九九"形成鲜明的对照，遗憾的是它流传不广，其实"夏九九"确实生动形象地反映了日期与物候的关系。如最能反映我国大部分地区气候特点的《夏至九九歌》，其全文是：

> 夏至入头九，羽扇握在手；
>
> 二九一十八，脱冠着罗纱；
>
> 三九二十七，出门汗欲滴；
>
> 四九三十六，卷席露天宿；
>
> 五九四十五，炎秋似老虎；
>
> 六九五十四，乘凉进庙祠；
>
> 七九六十三，床头摸被单；
>
> 八九七十二，子夜寻棉被；
>
> 九九八十一，开柜拿棉衣。

四、二十八星宿

二十八星宿，又名二十八舍或二十八星，它把南中天的恒星分为28群，其沿黄道或天球赤道（地球赤道延伸到天上）所分布的一圈星宿，分为4组，又称为四象、四兽、四维、四方神，每组各有7个星宿，其起源至今尚不完全清楚。

最初古人为观测日、月、金、木、水、火、土的运动而选择28个星官，作为观测时的标记。"宿"的意思和黄道十二宫的"宫"类似，是星座之意，表示日月五星所在的位置。到了唐代，二十八宿成为28个天区的主体，这些天区仍以二十八宿的名称为名，和三垣的情况不同，作为天区，二十八宿主要是为了区划星官的归属。

二十八宿从角宿开始，自西向东排列，与日、月运动的方向相同。

东方称青龙：角木蛟　亢金龙　氐土貉　房日兔　心月狐　尾火虎　箕水豹

南方称朱雀：井木犴　鬼金羊　柳土獐　星日马　张月鹿　翼火蛇　轸水蚓

西方称白虎：奎木狼　娄金狗　胃土雉　昴日鸡　毕月乌　觜火猴　参水猿

北方称玄武：斗木獬　牛金牛　女土蝠　虚日鼠　危月燕　室火猪　壁水獭

1. 二十八宿释名

东方青龙七宿：角、亢、氐、房、心、尾、箕

包括四十六个星座，三百余颗星，组成的形象好似一条苍龙。不少学者认为，《易经》乾坤"潜龙勿用"、"见龙在田"、"或跃在渊"、"飞龙在天"、"亢龙有悔"，正是描述的苍龙七宿在春天时的天象。《石氏星经》称："角为苍龙之首，实主春生之权，亦即苍龙之角也。"《说文》称"亢人颈也"，因此亢宿是苍龙的脖子。氐宿又名天根，是苍龙的胸。房宿为苍龙之腹，由于龙为天马，所以房宿又称为天驷或马祖。心宿即大火星。尾宿是苍龙之尾，按古代分野说（天上的星星各自对应着地上的某一区域），尾宿和箕宿对应着九江口，因此尾宿又名九江，它附近有天江星、鱼星、龟星。箕宿也是苍龙之尾，它附近还有糠星和杵星。

角宿——有星二，均属室女座。《史记·天官书》："左角李，右角将。"《星经》："角二星为天门。"又云："左角为天田，右角为天门，中间名天关。"《观象玩占》："角二星为天关，苍龙角也，一曰维首、天陈、天相、天田，金星也。"

亢宿——有星四，皆室女座中三等星。《礼月令》："仲夏之月，昏亢中。"

氐宿——有星四，均属天秤座。《礼月令》："季冬之月，旦，氐中。"《尔雅·释天》："天根氐也。"注："角亢下系于氐，若木之有根"《星经》："氐四星为天宿宫，一名天根，二名天府，木星也。"

房宿——有星四，均属天蝎座。《晋书·天文志》："房四星为明堂，天子布政之宫也。"

心宿——有星三，均属天蝎座，又名三星。《诗·唐风·绸缪》："三星在天。"《朱传》："三星，心也，在天昏始见于东方，建辰之月也。"刘瑾曰："心宿之象，三星鼎立，故因谓之三星，然凡三星者，非止心之一宿，而知此诗为指心宿者，盖春秋之初，辰月末，日在毕，昏时，日沦地之西位，而心宿始见于地之东方，此诗，男女既过仲春之月而得成婚，故适见心宿也。"《礼月令》："季夏之月，昏，火中。"《左传·襄公九年》"心为大火。"《星经》："心三星，中天王，前为太子，后为庶子，火星也，一名大火，二名大辰，三名鹑火。"心宿又名商星，《左传·昭公元年》："迁阏伯于商丘，主辰，商人是因，故辰为商星。"注："辰，大火也。"

尾宿——有星九，均属天蝎座。《礼月令》："孟春之月，旦，尾中。"《左传·僖公五年》："龙尾伏辰"注："龙尾，尾星也。"《观象玩占》："尾九星苍龙尾也，一曰析木。"

箕宿——有星四，均属人马座，亦名南箕。《诗·小雅·大东》："维南有箕，不可以簸扬。"疏："二十八宿连四方为名者，惟箕斗井壁四星而已，箕斗并在南方之时，箕在南而斗在北，故言南箕北斗。"《史记·天官书》："箕为敖客，曰口舌。"

南方朱雀七宿：井、鬼、柳、星、张、翼、轸

计有四十二个星座，五百多颗星，它的形象是一只展翅飞翔的朱雀。井宿八星如井，西方称为双子，附近有北河、南河（即小犬星座）、积水、水府等星座。鬼宿四星，据说一管积聚马匹、一管积聚兵士、一管积聚布帛、一管积聚金玉，附近还有天狗、天社、外厨等星座。柳宿八星，状如垂柳，是朱雀的口。星宿七星，是朱雀的颈，附近是轩辕十七星。张宿六星为朱雀的嗉子，附近有天庙十四星。翼宿二十二星，算是朱雀的翅膀和尾巴。轸宿四星又名天车，四星居中，旁有左辖、右辖两星，"车之象也"。

井宿——有星八，属双子座。《史记·天官书》："南宫朱鸟权衡，东井为水事。"《博雅》："东井谓之鹑首。"《晋书·天文志》："南方东井八星，天之南门。"

鬼宿——有星四，属巨蟹座，星光皆暗，中有一星团，晦夜可见，称曰积尸气。《史记·天官书》："舆鬼鬼祠事。"《博雅》："舆鬼谓之天庙。"《晋书·天文志》："舆鬼五星，天目也。"《观象玩占》："鬼四星曰舆鬼，为朱雀头眼，鬼中央白色如粉絮者，谓之积尸，一曰天尸，如云非云，如星非星，见气而已。"

柳宿——有星八，均属狮子座。《礼月令》："季秋之月，旦，柳中。"《尔雅·释天》："咮谓之柳，柳鹑火也。"《汉书·天文志》："柳为鸟啄，主草木。"《晋书·天文志》："柳八星天之厨宰也。"

星宿——有星七，六属狮子座。《礼月令》："季春之月，昏，七星中。"又："孟冬之月，旦，七星中。"《史记·天官书》："七星主急事。"《观象玩占》："周礼鸟旗七斿，以象鹑火。"谓七星也。

张宿——有星六，均属长蛇座。《史记·天官书》："张素为厨，主觞客。"《汉书·天文志》："张嗉为厨，主觞客。"《广雅》："张谓之鹑尾。"《观象玩占》："张六星为天府，一曰御府，一曰天昌，实为朱鸟之嗉，火星也。"

翼宿——有星二十二，第一至第十一属巨蟹座，十二至十四属长蛇座，外二星，又六星皆不明，为二十八宿中星数最多者。《礼月令》："孟夏之月，昏，翼中。"《史记·天官书》："翼为羽翮主远客。"《晋书·天文志》："翼二十二星，天之乐府，主俳倡戏乐。"

轸宿——有星四，即处女座。《礼月令》："仲冬之月，旦，轸中。"《史记·天官书》："轸为车，主风。"

西方白虎七宿：奎、娄、胃、昴、毕、觜、参

共有五十四个星座，七百余颗星，它们组成了白虎图案。奎宿由十六颗不太亮的星组成，状如鞋底，它算是白虎之神的尾巴。娄宿三星，附近有左更、右更、天仓、天大将军等星座。胃宿三星紧靠在一起，附近有天廪、天船、积尸、积水等星座，看来胃口太小难以消化如此多的食物，有点消化不良。昴宿即著名的昴星团，有关它的神话传说特别多，昴宿内有卷舌、天谗之星，似乎是祸从口出的意思。毕宿八星，状如叉爪，古代将网小而柄长者称为毕，毕星又号称雨师（箕星为雨伯），又名屏翳、号屏、玄冥（与室宿相同）；我国以毕宿为雨星。觜宿三星几乎完全靠在一起，实在是樱桃小口一点点。参宿七星，中间三星排成一排，两侧各有两颗星，七颗星均很亮，在天空中非常显眼，它与大火星正好相对，我们今天称意见不同为意见参商，以及兄弟不和为参商不相见，皆源于此。

奎宿——有星十六，九属仙女座，七属双鱼座。《礼月令》："季夏之月，旦，奎中。"《孝经·援神契》："奎主文章。"注："奎星屈曲相钩，似文字之画。"《史记·天官书》："奎曰封豕，为沟渎。"《正义》："奎，天之府库，一曰天豕，亦曰封豕，主沟渎，西南大星，所谓天豕目。"

娄宿——有星三，属白羊座。《礼月令》："季冬之月，昏，娄中。"《史记·天官书》："娄为聚众。"《晋书·天文志》："娄三星为天狱，主苑牧、牺牲、供给、郊祀，亦为兴兵聚众。"

胃宿——有星三，属白羊座。《史记·天官书》："胃有天仓。"《观象玩占》："胃三星曰大梁。"

昴宿——有星七，六属金牛座，七姊妹星团即此宿也。《书尧典》："日短星昴，以正仲冬。"《尔雅·释天》："大梁昴也，西陆昴也。"《史记·天官书》："昴曰髦头，胡星也，为白衣会。"光度最强者为昴宿六。

毕宿——有星八，七属金牛座。《诗·小雅·大东》："有捄天毕，载施之行。"《朱传》："天毕，毕星也，状如掩兔之毕。"《礼月令》："孟秋之月，旦，毕中。"《尔雅·释天》："浊谓之毕。"注："掩兔之毕，或呼为浊，因星形以名。"《晋书·天文志》："毕八星主边兵，主弋猎，其大星曰天高，一曰边将。"

觜宿——有星三，属金牛座。《礼月令》："仲秋之月，旦，觜觿中。"《史记·天官书》："参为白虎，小三星隅置曰觜觿，为虎首，主葆旅事。"

参宿——有星七，均属双子座。《礼月令》："孟春之月，昏，参中。"《尚书·旋玑钤》："参为大辰，主斩刈。"《史记·天官书》："参为白虎。"《广雅》："紫宫参伐谓之大辰，参谓之实沈。"按："实沈为高辛氏之次子，与其兄阏伯不相能融，被迁于大夏，主参。"《观象玩占》："参七星伐三星曰参伐。"

北方玄武七宿：斗、牛、女、虚、危、室、壁

共六十五个星座，八百余颗星，它们组成了蛇与龟的形象，故称为玄武。七宿斗宿为北方玄武元龟之首，由六颗星组成，状亦如斗，一般称其为南斗，它与北斗一起掌管着生死大权，又称为天庙。牛宿六星，状如牛角。女宿四星，形状亦像箕。虚宿主星即尧典四星之一的虚星，又名天节，颇有不祥之意，远古虚星主秋，含有肃杀之象，万物枯落，实可悲泣也。危宿内有坟墓星座、虚梁、盖屋星座，亦不祥，反映了古人在深秋临冬之季节的内心不安。室宿又名玄宫、清庙、玄冥（水神），它的出现告诉人们要加固屋室，以过严冬。壁宿与室宿相类，可能含有加固院墙之意。北方玄武星宿地位甚高，北京旧有真武庙（复兴门外），即供奉玄武大帝。

斗宿——有星六，均属人马座，亦称北斗。《诗·小雅·大东》："维北有斗，不可以挹酒浆。"《晋书·天文志》："北方南斗六星，天庙也，一曰天机。"《考古质疑》："四方列宿，随时迭运，故以春言之，井、鬼、柳星，见于南方，则斗、牛、女、虚，为北方之宿尔，以其正当北斗之衡，故彼既曰北斗，则此曰南斗，所以别也。"

牛宿——有星六，均属摩羯座，又称牵牛星或牛郎星。《礼月令》："季春之月，旦，牵牛中，又仲秋之月，昏，牵牛中。"《史记·天官书》："牵牛为牺牲。"按古时多谓牛宿为牵牛，今则均以河鼓为牵牛。

女宿——有星四，三属宝瓶座。《礼月令》："孟夏之月，旦，婺女中。"《史记·天官书》："婺女"。《索隐》："尔雅云'须女谓之务女'或作婺字。"《博雅》："婺女谓之婺女。"

虚宿——有星二，共称美丽双星。《礼月令》："季秋之月，昏，虚中。"《尔雅·释天》："玄枵虚也，颛顼之虚，虚也，北陆虚也。"

危宿——有星三。《礼月令》："仲夏之月，旦，危中。"又："孟冬之月，昏，危中。"《史记·天官书》："北宫玄武虚危，危为盖屋。"《晋书·天文志》："危三星主天府，天市，架屋。"

室宿——有星二，属双鱼座。《礼月令》："孟春之月，日在营室。"《诗·墉风》："定之方中，作于楚宫。"《朱传》："定，北方之宿，营室星也。"《广雅》："营室谓之豕韦。"《观象玩占》："室二星曰营室，一曰定星。"

壁宿——有星二，属双鱼座和白羊座。《礼月令》："仲冬之月，昏，东壁中。"《观象玩占》："壁二星曰东壁，图书之府。"

2. 二十八宿与婚恋

二十八宿与婚恋的关系固然是虚构的，但其中蕴含的智慧和趣味令人回味。

12月22日—1月5日　牛宿

爱得认真

你对每段恋情都认真投入，绝不会玩一场恋爱游戏或者一脚踏两船。暗恋的滋味虽然使你患得患失，但你另一方面却非常享受。一旦得到暗恋的人认同，受到爱情滋润的你会心花怒放，有时还可能会不小心讲错话而得罪情人。不过通常你对情人十分尊重，是一个包容的人。

真爱方位：西北

吉祥物：公牛

1月6日—1月19日　女宿

冰封的心

你整天以为恋爱对自己可有可无，觉得朋友、家人，甚至事业都比恋爱重要。所以就算偶然有追求者，都会拒人千里。其实你并不是那么冰冷的人，只是还没有遇到你的真命天子。只要有一个强而有力，令你觉得他好有魅力的人向你展开热烈追求，你这座冰山就会融化，乖乖地跟随他。

真爱方位：东

吉祥物：少女

1月20日—1月29日　虚宿

野性难驯

同你在一起的情人会很没有安全感，因为你太讨厌受约束，崇尚自由，觉得自己是一只雀鸟，于是就安心地去做种种不负责任的事情。你最讨厌自私、无理取闹的人，但对于飞来的艳福，你会毫无招架之力，不知道拒绝，弄出好多纠缠不清的露水情缘。

真爱方位：西

吉祥物：野马

1月30日—2月8日　危宿

前卫恋人

你的恋爱态度别人很难理解，忘年恋、多角恋、师生恋、婚外情等，你全部可以接受，而且还很有可能会发生在你身上。能够理解你的自然就能和你成为好朋友，很可能顺理成章地与你发展成情侣。不过其实你有很多这类好朋友，所以桃花运指数还挺高的。

真爱方位：东南

吉祥物：五角星

2月9日—2月18日　室宿

绝对空虚

你很难找到一个令你投入去爱的恋人，不过不知是幸运还是不幸，你并不介意同那些没什么感情基础的人谈恋爱，在人前也可扮作恩爱情侣，但其实你内心是很空虚寂寞的，好像整天不知自己在做什么。你除了需要一个真正去爱的人，还需要一个心理医生。

真爱方位：北

吉祥物：吉他

2月19日—3月5日　壁宿

平凡是福

平淡如水的感情生活比较适合你，因为你感情太脆弱，经不起爱海的惊涛骇浪，就算是小小的涟漪，都会叫你死去活来。你喜欢情人的抚摸，就算多不开心，只要投入了情人的怀抱，就可以把创伤抚平。你向往婚姻生活，希望可以和情人白发齐眉，儿孙满地。

真爱方位：东

吉祥物：海豚

3月6日—3月20日　奎宿

来者不拒

你非常享受被暗恋、被追求的感觉，任何类型的追求者你都来者不拒，也很容易接受他人的爱。你对每段感情开始时都充满幻想，有时将对方想得太理想化，到实际交往时发觉事与愿违，往往因对方达不到你的理想而提出分手。所以你换情人和换衣服一样频繁。

真爱方位：南

吉祥物：红心

3月21日—4月4日　娄宿

开心积极

你性格乐天，整天面带笑容，像一个鲜嫩的红苹果一样，情人和你在一起会没有压力，很开心。你的恋爱态度积极主动，如果是女孩就不会介意女追男。你讨厌拖泥带水、纠缠不清的恋情，一旦不小心陷入了三角恋，就算自己不是第三者，你都一定会是首先退出的那一个。

真爱方位：西北

吉祥物：苹果

4月5日—4月19日　胃宿

一切随缘

你看起来大大咧咧，其实内心也有丰富的感情。只是有时你觉得感情非常沉重，而不愿意把这份沉重加诸在自己喜欢的人身上；宁愿以一个朋友身份一直在他身边默默付出，至于那个人是否能发现你的真心对你来说并不是很重要，你相信有缘的话自然会在一起。

真爱方位：东南

吉祥物：金橘

4月20日—4月30日　昴宿

谈情至上

为爱情，你可以牺牲所有，为对方无条件付出。你渴望爱情充塞你所有的时间，甚至每一条血管。不过你的择偶条件却不算太高，只要情人对你好就足够。你每开始一段感情，进展都可以很快，甚至很快就有谈婚论嫁的冲动，因此你往往比别人早婚。

真爱方位：东南

吉祥物：闪电

5月1日—5月10日　毕宿

恋爱冷感

你可以说是患上"恋爱冷感症"。你为人太理智、太冷静，恋爱也一样，要经过多重分析，例如想一下对方的外貌、身材、家产、背景。需知道谈恋爱有时不可以太理智。有时深思熟虑，待对方的热情冷却之后再后悔就太迟了。

真爱方位：南

吉祥物：雪花

5月11日—5月20日　觜宿

问题伴侣

你对爱侣有很大的疑心，所以经常问对方"昨晚去了哪儿"、"为什么这么晚才复机"等问题，令爱侣不胜其烦。不过你决不会将自己全部奉献给对方，最好对方爱你100%，自己爱对方80%，因为这样才能让你有十足的安全感。

真爱方位：东北

吉祥物：雀鸟

5月21日——6月5日　参宿

研究异性

头脑灵活的你，对恋爱充满好奇心，研究不同性格的异性是你的一种嗜好。还好你有足够的约束力，一旦开始了一段感情就会收敛这方面的好奇心。你的理想对象最好是多才多艺，可以天天带给你新鲜感的人。

真爱方位：西

吉祥物：贝壳

6月6日——6月21日　井宿

情场杀手

你喜爱无拘无束的爱情生活，谈恋爱最好只谈风花雪月，不要涉及你的私人生活。未来、婚姻等话题会叫你感觉太沉重。你也算是挺花心的人，但由于外表能骗人，所以还是给异性忠诚专一的感觉，亦凭这种特质，你轻易就成为情场杀手。

真爱方位：西南

吉祥物：太阳花

6月22日——7月7日　鬼宿

神主使者

你认为恋爱是神圣而崇高的，注重精神层面的满足，甚至神交也可以。你相信只要彼此深爱对方，就算不是整天见面，或者相隔万里，两人的感情也可以维系。你对另一半非常信任，能给他十足的自由度及私人空间，不过小心因此而令他觉得你对他不够关心。

真爱方位：南

吉祥物：山

7月8日——7月22日　柳宿

容易受骗

你思想天真，很容易受甜言蜜语及浪漫气氛影响，就算遇到一个自己不太喜欢的人，只要对方嘴甜，当时的气氛又很浪漫，那你就会很容易地奉献自己，但激情过后又会后悔不已。小心月满当空的日子，月亮的引力会令你的自制能力减到最低，你会做出一些意想不到的事情。

真爱方位：东北

吉祥物：斧头

7月23日——8月1日　星宿

妒火中烧

性格爽朗的你，最不喜欢搞地下情，希望成为大家祝福的一对，不过你的妒忌心比人强，对方稍有些风吹草动，你都会大兴问罪之师。所以与你谈恋爱，对方会有很大压力，不敢出什么差错。你比较适合年纪比你大很多的伴侣，因为这样会给你稳定的感觉。

真爱方位：西

吉祥物：风车

8月2日—8月11日　张宿

爱之猎物

你的恋爱态度非常认真，最恨那些不认真、玩恋爱游戏的人。一旦发觉情人视爱情为玩物，你一定会潇洒地立即抽身离去。不幸的是你观察力弱，分不清哪个是真心，哪个是骗子，结果又成为情场杀手的猎物。你的真爱会在30岁前后出现，之前的那些都不过是过路蜻蜓。

真爱方位：北

吉祥物：车轮

8月12日—8月22日　翼宿

温柔如水

你天性温柔如水，无论同性异性都很愿意与你亲近。你不容许爱侣对你有半点异心，一旦发觉你会非常愤怒，所以你分手的经验应比别人多。不过好在你受大家欢迎，所以并不缺乏爱情滋润。

真爱方位：东南

吉祥物：蝴蝶

8月23日—8月26日　轸宿

古典浪漫

你步步为营，对爱情有自己独特的要求，认为爱情应充满古典式的浪漫，例如你喜欢在月下海边，一面听古典音乐，一面浅尝美酒，与情人在细沙上跳华尔兹。但太理想的爱情往往会令你和爱情绝缘。

真爱方位：北

吉祥物：云

8月27日—9月22日　角宿

角色扮演

爱情对你来说好像是毒品，一旦谈恋爱，你便会沉溺在自己的世界里，把自己当成是电影或爱情小说的主角。最惨的是你沉醉在自己的幻想空间里，从不理解对方的感受，令对方难以触摸，整天觉得被冷落。

真爱方位：西

吉祥物：箭

9月23日—10月7日　亢宿

社交能手

你是一个社交能手，经常引人注目。你追求高贵的情人，因此爱情往往在舞会或高级会所发生。你换情人的速度相当快，因为你永远相信一山还比一山高，整天觉得身边的伴侣没有别人的好。

真爱方位：东南

吉祥物：酒桶

10 月 8 日—10 月 23 日　**氐宿**

一击即中

你整天都有一大班朋友陪伴左右，所以就算你没有谈恋爱，人家也以为你有，断送了你很多良缘。不过若你主动出击，表白爱意，成功率却相当高。很多时候，你的恋情是由友情转化而来，多留意你身边的朋友吧！

真爱方位：西南

吉祥物：皇冠

10 月 24 日—11 月 2 日　**房宿**

等得太久

外冷内热的你，不懂如何去表达自己的感情，使得别人以为你很高傲，难以接近。就算身边有异性对你有意思，都可能因为你整天一副沉默认真的样，而不敢向你表白。你整天觉得"再看看吧"，往往就因为你太犹豫，搞到"苏州过后没船坐"。

真爱方位：东

吉祥物：粟米

11 月 3 日—11 月 12 日　**心宿**

有性没爱

你对肉体关系看得很随便，可以有性没爱，更相信真爱可以由性开始。你每段感情都不会很长久，不是你嫌人家闷，就是人家嫌你闷。其实你内心常处"寂寞失重"状态，很希望和一个了解自己的人长相厮守，只不过不相信自己可以找到这样的人。

真爱方位：西北

吉祥物：号角

11 月 13 日—11 月 22 日　**尾宿**

感情包袱

你感情丰富，一旦开始谈恋爱，便会认定对方是托付终生的人。若对方做出越轨的行为，你也会忍气吞声，不会提出分手。爱情实在叫你太沉重，你根本不能够放开心情去享受。

真爱方位：东北

吉祥物：稻草人

11 月 23 日—12 月 7 日　**箕宿**

活力先生

在感情世界里，你活力十足，精力充沛，经常一脚踏几船。你崇尚自由恋爱，自由到有时自己都不知自己在做什么。对婚姻生活你十分反感，认为它扼杀你的个人自由。在没有恋爱的日子，你会很不自在，坐立不安，没有什么可以填满你生活上的空白。

真爱方位：南

吉祥物：长矛

12月8日—12月21日　斗宿

渴望无限

你时刻渴望爱与被爱的感觉，理想是可以发生一段"铁达尼"式的情缘，轰轰烈烈爱一场。你很懂得为情人制造浪漫，不过距离你的理想恋爱还很远，你常因此而郁郁寡欢。若不放开怀抱，你和你的情人都会爱得很辛苦。

真爱方位：南

吉祥物：金币

3. 二十八宿与命理

二十八宿与婚恋无关，与命理自然也不搭界，但用二十八宿为人的性格和生活际遇分类，对人总有无穷的吸引力，古今皆然。

查看自己阴历的月和日（横列为月，竖列为日）即可对照解释。

	一月	二月	三月	四月	五月	六月	七月	八月	九月	十月	十一月	十二月
一	室	奎	胃	毕	参	鬼	张	角	氐	心	斗	虚
二	壁	娄	昴	觜	井	柳	翼	亢	房	尾	女	危
三	奎	胃	毕	参	鬼	星	轸	氐	心	箕	虚	室
四	娄	昴	觜	井	柳	张	角	房	尾	斗	危	壁
五	胃	毕	参	鬼	星	翼	亢	心	箕	女	室	奎
六	昴	觜	井	柳	张	轸	氐	尾	斗	虚	壁	娄
七	毕	参	鬼	星	翼	角	房	箕	女	危	奎	胃
八	觜	井	柳	张	轸	亢	心	斗	虚	室	娄	昴
九	参	鬼	星	翼	角	氐	尾	女	危	壁	胃	毕
十	井	柳	张	轸	亢	房	箕	虚	室	奎	昴	觜
十一	鬼	星	翼	角	氐	心	斗	危	壁	娄	毕	参
十二	柳	张	轸	亢	房	尾	女	室	奎	胃	觜	井
十三	星	翼	角	氐	心	箕	虚	壁	娄	昴	参	鬼
十四	张	轸	亢	房	尾	斗	危	奎	胃	毕	井	柳
十五	翼	角	氐	心	箕	女	室	娄	昴	觜	鬼	星
十六	轸	亢	房	尾	斗	虚	壁	胃	毕	参	柳	张
十七	角	氐	心	箕	女	危	奎	昴	觜	井	星	翼
十八	亢	房	尾	斗	虚	室	娄	毕	参	鬼	张	轸
十九	氐	心	箕	女	危	壁	胃	觜	井	柳	翼	角
二十	房	尾	斗	虚	室	奎	昴	参	鬼	星	轸	亢
廿一	心	箕	女	危	壁	娄	毕	井	柳	张	角	氐
廿二	尾	斗	虚	室	奎	胃	觜	鬼	星	翼	亢	房

	一月	二月	三月	四月	五月	六月	七月	八月	九月	十月	十一月	十二月
廿三	箕	女	危	壁	娄	昴	参	柳	张	轸	氐	心
廿四	斗	虚	室	奎	胃	毕	井	星	翼	角	房	尾
廿五	女	危	壁	娄	昴	觜	鬼	张	轸	亢	心	箕
廿六	虚	室	奎	胃	毕	参	柳	翼	角	氐	尾	斗
廿七	危	壁	娄	昴	觜	井	星	轸	亢	房	箕	女
廿八	室	奎	胃	毕	参	鬼	张	角	氐	心	斗	虚
廿九	壁	娄	昴	觜	井	柳	翼	亢	房	尾	女	危
三十	奎	胃	毕	参	鬼	星	轸	氐	心	箕	虚	室

角宿——诚恳和谐，福缘深厚，平易近人，不拘小节，有丰富的人生经历，擅长决策，有条不紊。若是太过自我，容易自寻烦恼，刚愎自用。

亢宿——精明决策，具有说服力，计划欠周详，容易意气用事，有斗志但运程有反复，容易冲动。常因高傲和爱慕虚荣而出现损失。

氐宿——善解人意，易得别人帮助，善于谋略，八面玲珑，具有野心，行动果决也不失斯文和气。常因不愿受束缚而显得游荡。

房宿——生来幸运，具有财气，需要脚踏实地，不然爬得高摔得疼，要保持低调，以免引起妒忌。戒骄戒躁，才能够在事业上有所成就。

心宿——坚毅勤奋，疾恶扬善，不怕吃苦，具有正义感，属于能者多劳型。不足的地方是疑心过重，有时会妨碍才能的发挥与事业的发展。

尾宿——个性严肃，能干谨慎，喜欢竞争，要注意修养和内涵，才能够成就财富。要注意的地方：外冷内热，容易弄巧成拙，带来相反的效果。

箕宿——具智慧和才干，不畏权威，无拘无束的享受主义者，遇到挫折也不会悲观。在现今的社会，若是思想过于开放，能够导致家庭观念淡薄，这是应该注意的地方。

斗宿——遇强则强，遇弱则弱，情绪变化较大，具有突破逆境的力量，富有创造力。个性深藏不露，容易招人误会，需要一颗安定的心。

女宿——乐于助人，适合学习专门的技能，思考敏捷，为了自己的信念会努力奋斗。常因个性刚强，不懂情调，或者是太坦白了而遭挫败。

虚宿——富贵天生，人缘好，具有坚韧的耐力，对玄学有兴趣，好奇心重。但由于主观性强爱争执，而令自己的精神受压抑。

危宿——脾气急躁，性情刚硬，本性善良而无心机，容易在人际关系上吃亏。好坏两个极端，比较明显，因为本身具有实力，要看把握的方向了。

室宿——威武刚烈，具有斗志和竞争心，积极乐观，欲望强烈。缺点是独断专行，轻率急躁，需慎重思考，懂得温柔，过分豪放会带来失败。

壁宿——内向冷静，心思缜密，处事周详，容意得到上司信任，但人缘运欠佳。固执和孤僻，会使原有的正义感不被别人理解，最好远离是非地，避免

中华民俗风貌大全

口舌。

奎宿——感情丰富，耿直且友善热情，追求真善美，人生必较幸运。欠缺胆识和耐力。只要放下固执，幸福就在身边了。

娄宿——思想敏捷，办事效率高，精力充沛，求知欲强，乐于助人。有任性和反叛的潜意识，若露出冷酷的一面，就增强了个人主义的色彩。

胃宿——刚强不屈，凭借不屈不挠的精神可以平步青云，但也因为冷酷无情，造成起落较大的人生。努力搞好人际关系才更具有竞争力。

昂宿——宽厚慈和，勤奋好学，能言善辩，刚柔并济。但是欠缺风趣，内在的个性强烈，能力越是出众，越应该谦虚待人。

毕宿——坚毅稳重，安详和谐，比较理想主义，有财气，懂得计划。要注意提高自己的应变能力，做事有始有终，才不被别人认为眼高手低。

觜宿——言行谨慎，注重原则，善于表达，不喜欢暴力，心地善良充满爱心。缺陷在于过度自信容易树敌，因人缘受制而遭失败。

参宿——有才干，守信用，临危不乱，欠缺耐性，容易冲动，带有反叛或者心浮的意味。若是经受不住别人的批评和指责，就会造成孤立的局面。

井宿——重感情，风趣幽默，本性忠厚，属于性情中人，有双重性格，开朗和沉稳。只是有时因为自尊心过强，不懂变通。

鬼宿——平易近人，正义凛然，容易受到欢迎，感情丰富，一生的变化较大。能很快将不愉快的事情忘记，讨厌受到束缚，耐力不足容易失去良机。

柳宿——善恶分明，个性强烈，一旦动怒不可收拾，要警惕由于冲动而受骗。表面温柔随和，内在心高气傲，常以自我为中心的话，会造成离群而孤立。

星宿——天资聪敏，刻苦耐劳，向往自由，变化不定，属于大器晚成的类型。由于个性高傲，不爱巴结奉承，容易造成人缘较差，影响才能的发挥。

张宿——懂得讨人喜欢，有计谋，向往安逸的生活，喜欢研究学问。若是固执好胜，一生则波折不断，具有成功的条件，还要把握机会才行。

翼宿——具有艺术气质，不喜欢竞争，喜欢陶醉在自我的世界里，通常在外地发展有收获。由于主观性强，言辞尖锐，容易引起是非或者误会。

轸宿——思想敏捷，适应能力强，稳重有内涵，深藏不露，可成大事。由于处世较低调，所以适合位居幕后，或者从事决策性的工作更为适宜。

4. 二十八宿值日占风雨阴晴歌诀

春 季

虚危室壁多风雨，若遇奎星天色晴；
娄胃乌风天冷冻，昂毕温和天又明；
觜参井鬼天见日，柳星张翼阴还晴；
轸角二星天少雨，或起风云傍岭行；
亢宿大风起沙石，氐房心尾雨风声；
箕斗蒙蒙天少雨，牛女微微作雨声。

夏　季

虚危室壁天半阴，奎娄胃宿雨冥冥；

昴毕二宿天有雨，觜参二宿天又阴；

井鬼柳星晴或雨，张星翼轸又晴明；

角亢二星太阳见，氐房二宿大雨风；

心尾依然宿作雨，箕斗牛女遇天晴。

秋　季

虚危室壁震雷惊，奎娄胃昴雨霖庭；

毕觜参井晴又雨，鬼柳云开客便行；

星张翼轸天无雨，角亢二星风雨声；

氐房心尾必有雨，箕斗牛女雨蒙蒙。

冬　季

虚危室壁多风雨，若遇奎星天色晴；

娄胃雨声天冷冻，昴毕之期天又晴；

觜参二宿坐时晴，井鬼二星天色黄；

莫道柳星云霹起，天寒风雨有严霜；

张翼风雨又见日，轸角夜雨日还晴；

亢宿大风起沙石，氐房心尾雨风声；

箕斗二星天有雨，牛女阴凝天又晴；

占卜阴晴真妙诀，仙贤秘密不虚名；

掌上轮星天上应，定就乾坤阴与晴。

五、取名禁忌十则

取名忌讳很多，古代比现代尤甚。

相传，鲁庄公在公元前706年诞生，他的父亲鲁桓公为了给他起一个好名字，特意向鲁国大夫申繻请教。申繻告知了许多忌讳的讲究：不能用本国国名为孩子取名；不能用本国官名为孩子取名；不能用本国的山川取名；不能用疾病取名，因为疾病人人难免，如果称呼就更难以避讳了；不能用畜牲取名，因为当时所谓马、牛、羊、豕、狗、鸡者，均是祭祀而供宴飨之用的；不能用礼器之名如俎、豆、罍、彝、钟、磬之类取名，因为用之则废弃了礼仪。在《礼记》中，我们又见到：不能用日月为孩子取名，不能与世子（即太子）同名。

先秦时期的命名文化，的确对后世有很大影响。这些忌讳和风俗习惯，随时代变迁而变化。但有一点可以肯定：任何一个朝代，皇帝和太子的名讳，是万万不能用的；祖父和父亲的名字也不能乱用一通。

中华儿女的取名风俗，通常喜欢用孩子出生的时间或季节来取名，但有一个日子在旧时是万万使不得的，即农历五月五日。《风俗通义》云："五月五日生子，男害父，女害母。"据《冷庐杂识》卷二记载：孟尝君、胡广、王凰、王镇恶、齐后主、齐南阳王绰、崔信明、宋徽宗、翁应龙、纪迈、辽懿德皇后、赵元昊、田特秀都生于此日，但绝不敢以此命名。

用叠字为女孩取名，这种方法在唐代和宋代就相当时髦。可是，当许许多多的妓女如郑举举、张住住、苏小小、顾山山、李师师等，将此法用得泛滥成灾，到了明代和清初，较有身份的女子就相当忌讳它了。

我国古代，向来喜欢以四灵——麟、凤、龟、龙——吉祥物为孩子取名，以表达望子长寿延年之意。可是，那个"龟"字，汉、唐、宋时代，取此命名者不可胜记，到了元代，人们忽然大大地忌讳起来。读《陔余丛考》、《茶香室四钞》和《中国古代房内考》诸书始知：元明时期，由于龟与性风俗有关，其字已是骂人的话了。因此，明、清两代，人们就不希望给孩子取个带"龟"字的名字了。

俗话说得好，"名不正则言不顺"，名字都取不好，理论上就陷入不顺利之中了。宝宝呱呱坠地，父母最关心的莫过于给孩子起个好名字。许多人为了给儿女取个好名字，绞尽脑汁，翻《辞海》，看唐诗，问朋友，有的甚至花钱请人取名，结果取的名字并不理想。命名，看上去容易，实际上是有一定难度的。两三个字的简单组合，里面却包含了许许多多的技巧和方法。要做到名字顺口、简单，含义深刻，令人难忘，在命名时就要注意形、音、意三条原则。这一点说起来容易，做起来却难，原因就在于命名时存在许多忌讳，这就要初为人父母者必须处处小心，要做到防患于未然。现将这些起名时常见的忌讳归纳为十个重要原则。

禁忌1——祖先和先贤的名字

中华儿女起名，一般避讳祖先的名号。其一是中华民族尤其是汉族的传统极讲辈分。用祖先或先贤的名字为名，不但打扰了辈分的排序，而且会被视为对先辈的不敬。其二是由汉族的特殊性决定的。汉姓，首先是承继父姓，然后起一个本人的名字，而某些少数民族或外国人，有本名、父名或本名加母姓、父姓。比如法国人的姓名通常分为三段，即本名，加母姓，加父姓。如果中华姓名在承继了父姓以后，再加上祖先的名字，那么两者就没有任何区别了，这样就根本无从分辨李四这个人到底是爷爷还是儿子了。

在封建制度制约下，人们不仅要"尊敬祖宗"，而且要把地位高、辈分高的人奉为至尊，比如对于天子，即使直呼"天子"的名字也是大逆不道。清朝雍正、乾隆年间时，仅凭这一条就可以处人死罪并殃及九族。于是这种禁忌便被称为"国讳"。不过对于现代人来说，单就名字来论，一般不以伟人、名人的名字为名。但有人因崇敬某一伟人或名人，特意取其名为名。如李大林、张大钊等，便是取李大钊、斯大林等名人的名字作为自己的名字。当然姓赵、姓关的人，最好还是不要以"子龙"和"云长"作为名字，否则便会今古不分。

禁忌2——生僻字

名字是作为形象使用的，尤其是人名，主要是供交际使用的，否则，名字就失去了存在的价值。

现在的时代是计算机的时代，绝大多数计算机储存的汉字仅限于常用字。如果命名时，使用一些生僻字，平常人往往不认识，这必然会影响到人与人之间的交际。

命名的时候选用生僻字，只能给别人和自己带来麻烦。人们在命名时选用生僻字的动机其实很简单，一是因为命理家的原因，二是为了不落俗套。但一般人们认识的常用字，总共也就不过三四千字，而命名又主要是为了让别人称呼，并不是为了卖弄学问。

类似这样的情况经常出现。比如当你去某个部门申请工作时，主管领导看了你的履历表后，如果认不出你的名字，那么对你的印象肯定也是很模糊的。如果他在叫你时，把你的名字读错又经你纠正，这场面可能会使领导尴尬。领导会觉得失了面子而窘迫甚至恼怒，你也可能会因此而认为领导对你产生轻视之心。日后在上下级相处过程中，就可能发生一些龃龉或不协调、不融洽的现象。

因而，命名固然要尽量避免俗套和雷同，但也不能靠使用生僻字来增加变数。

使用生僻字，既影响了形象，又妨碍了交际，可谓得不偿失。我国汉字的数量非常多，仅《康熙字典》就收有 42 174 字，另外繁简字、古今字、正俗字之间往往有非常细微的差别。旧时人们命名喜欢翻看《康熙字典》，这是不足取的。我们要使用工具书的话，最理想的是《现代汉语词典》。它在每个字下还收录词语，这对于命名很有参考价值。当然，使用这部工具书时也是要注意的，比如对于里面相对生僻的字眼，使用时要注意尽量避开。

禁忌 3——姓名字体的单调重复

有些人命名，喜欢利用汉字的形体结构做文章。例如石磊、林森、聂耳这三个名字即是此例。这种命名的审美效果颇佳，可惜我们的姓氏能如此利用的微乎其微。而且即使石、林、聂三姓，也不可能人人都使用这种方法。有些人取名时喜欢使姓名用字的部首偏旁相同，并将此作为一种命名技巧来推广，如李季、张弛，这种技巧实际上不值得提倡。如果姓名三个字的部首偏旁完全相同，就会使人产生一种单调之感。特别是当你在书法签名时，就会更强烈地感觉到，偏旁部首相同的名字，如江浪涛、何信仁等，不论如何安排布局，都有一种呆板单调之感，不会产生变化多姿、曲折交替、气韵贯注的美学效果。我们既然是用汉字取名，就不仅要考虑意义上高雅脱俗的抽象美，而且要注意书写时变化多姿的形象美。

上述例子说明名和姓存在着形体结构的搭配问题。如果形体结构没有变化，姓名就显得呆板、拘谨。

在运用字形命名时，过去有两种技巧，一是拆姓为名，二是增姓为名。所谓的拆姓为名是指取名时截取姓的一部分作为名，或者把姓分割为两部分作为名。如商汤时的辅弼大臣伊尹，其名就是取姓的一部分"尹"而构成的，此外现代著名音乐家聂耳，著名作家舒舍予（老舍）、张大弓、计午言、董千里、杨木易也都属此类。另外还有雷雨田、何人可等也是将姓拆为两部分作为名的。古代有些人将名剖分为字，如南宋爱国诗人谢翱，字皋羽，字即由名拆开而成。明代的章溢字三益、徐舫字方舟、宋玫字文玉，清代的尤侗字同人、林佶字吉人都属此类。还如清代的毛奇龄字大可等。还有些人是将姓名剖分为号，如清代的胡珏号古月老人，明代的徐渭号田水月，则又分名入号。

所谓的增姓为名，是指在姓的基础上再增添一些笔画或部首构成一个新字成为名，如林森、于吁、金鑫、李季等。

禁忌4——名字含多音字

我国的姓氏多半属于单音字。也有个别姓氏属于多音字，如"乐"字。这种姓氏显然在交际时会造成麻烦。如果说姓氏的多音是无可奈何的事情，那么名字的拟定是完全可以避免这种麻烦的。山东某地有一个学生名叫乐乐乐，老师上课时却不知该怎么叫他，老师居然让这个名字给难住了。这个名字的三个字都是多音字，可有八种读法，读者有兴趣可以自行排列一下。

一个名字居然有八种读音，在交际场合如何使用呢？到头来别人想叫不敢叫，唯恐叫错了被人耻笑，吃亏的还是自己。别人叫不上来，可以不叫，可以避开。一个人的名字如果别人不叫，不使用，那么这个名字又有什么存在的价值呢？

所以对于多音字应尽量回避。如果要用，最好通过联缀成义的办法标示读音。例如崔乐天、孟乐章。前者通过"天"说明"乐"当读 lè，后者通过"章"说明"乐"读 yuè。最后一个字用意义告诉你应读什么。

汉语有相当一部分多音字常用的只有一个音。这样的多音字在命名时就不必担心使用时会产生误读。

禁忌5——读起来"绕口"的字

命名有时可以采用叠音的方法。例如丁丁、方芳、辛欣等。如果不是叠音的姓名，名和姓的发音就要拉开一定的距离，否则，读起来不顺口，达不到效果。有些名字读起来费劲，弄不好就会读错、听错。原因在于取名用字拗口，几乎成了"绕口令"，如沈既济、夏亚一、周啸潮、耿精忠、姜嘉锵、张昌商、胡楚父、陈云林、傅筑夫等；这些名字，有的连用两个同声母字，如亚一、姜嘉等；有的连用两个同韵字，如既济、夏亚、啸嘲、胡富、励芝等。前一种是双声，后一类是叠韵。有的三个字同韵，如张昌商、胡楚父、陈云林、傅筑夫等。所谓"绕口"字，主要是指双声字、叠韵字和同音字。由于声母相同，连读起来发音费力；韵部相同的字连读，发音也较困难。所以，双声叠韵是造成"绕口"的主要原因。由此看来，忌用"绕口"字起名，主要是指不用双声、叠韵字起名。掌握了这个规律，就好办得多了。符合音美标准的命名，应当是名和姓的声母不同组，韵母不同类。例如彭涛、冯企、娄韵、齐飞、余声、万鸿等。这些命名，由于名和姓的声韵异组异类，因而声音有了变化，读起来比较顺口悦耳。

如果名和姓同组，甚至完全相同，只要处理好韵母的关系，效果也很好；反之，名和姓同类，甚至完全相同，那就要在声母上下一番功夫。例如彭宾、冯凡、娄林、张晨、余宽、方川等。

禁忌6——读起来不雅的谐音

有些人的名字，表面上看非常高雅，但由于读起来会与另外一些不雅的词语声音相同或相似，便很容易引起人们的嘲弄和谐谑，成为人们开玩笑的谈资，产生某种滑稽的喜剧效果。这种词语可分为两类：一是生活中的某些熟语，一是贬义词。例如宫岸菊（公安局）、蔡道（菜刀）、卢辉（炉灰）、何商（和尚）、陶华韵（桃花运）、李宗同（李总统）、汤虬（糖球）、包敏华（苞米花）等。

上述谐音使姓名显得不够严肃，不够庄重，在大庭广众之下容易授人以笑柄。另外有一些名字易被人误解为贬义词，如白研良（白眼狼）、胡礼经（狐狸精）、沈晶柄（神经病）等。

这种谐音往往变成绰号。父母起名时，如不慎重，很容易给儿女造成沉重的心理负担。到那时可就悔之晚矣。

禁忌7——过于时髦的字

在历史的任何阶段，总会涌现出一些极为时髦的字眼儿。如果命名时追逐这样的字，必然使人感到家长文化素质低，而且这样的名字，也容易重复。20世纪50年代的"建国"，70年代的"卫东"，可以说遍及大江南北；"李建国"、"马建国"、"陈建国"、"王卫东"、"刘卫东"、"赵卫东"……又可谓千人一面。由于政治狂热情绪的蔓延，把政治色彩融入姓名中，曾一度成为最时髦的事情。诚然，名字的确需要色彩去点缀，但姓名的色彩需要五颜六色。人人都去追逐时髦的字眼儿，也未免太单调乏味了。由此不能不让人深思，虽然我国有几千年封建历史，并且讲究忠孝，但如果剔除范字，"忠"、"孝"之类的字眼儿使用频率并不高。这说明古人命名也不喜欢赶时髦。历代儒家大师，那些拼命向人们灌输"忠孝仁义"的大儒们，哪一位名字里有"忠"、"孝"之类的字眼儿？孔子讲了一辈子"仁"，他为儿子起名却用了鱼类的名字——鲤。追逐政治上的时髦字眼儿，只是幼稚和肤浅的表现，是追逐时髦的一个极端。

其二，中国人还是不要起过于洋化的名字。我们的民族有着自己的伦理道德、审美意识和文化价值，所以不应该轻视自己。特别是在命名上，要显示和保持民族特色。民间认为，选用洋化的名字，如约翰、玛丽、丽莎、安娜等，有时是一种时髦。但在日后的社会变迁和人际交往中，可能会给对方心理上造成一种轻视和不快。当然，这是文化差异造成的一种误解，但这种误解也可能会影响人去获得机遇，为一个名字而付出这样的代价，无论如何都是不划算的。

禁忌8——过于夸赞的字

名字好听，不在于用词多么华美，而在于用词用得恰到好处。但有的人可能会犯下错误，给男孩子起名，总是离不开一些过于生猛的字，如豪、强、炎、猛、闯、刚等，虽然读起来刚强有力，有男子汉派头，但也容易使人联想到放荡不羁、使气任性、不拘礼法的赳赳武夫，所以，自古以来，一般贵族士大夫在给男孩子命名时，都尽量避开这些字。因为中国文化认为，我之刚烈坚强，并非那些喜怒形于色、遇事拔刀而起的血勇之人，而是一些内蕴浩然之气，遇事不惊不怒，谈笑风生的伟丈夫。有人给女孩子命名却又总是在一些春兰、秋菊、珍珍、艳艳之类的词里绕圈子，如果把它们放到一定的文化氛围中，就会使人产生飘浮的感觉。如女子名字中常喜欢用的花、萍、艳、桃、柳等字眼就是。花虽俏丽明艳一时，独占秀色，出尽风头，但风雨过后，就会零落成泥碾作尘。杨柳亦属柔软脆弱之物，成语中的水性杨花、残花败柳等，就表示出对这种事物所具有的象征意味的情感评价。桃花引起红颜易衰的联想，萍与柳又都是飘零和离别的象征

中华民俗风貌大全

物。所以，民俗认为，取名时应尽量避开这些表面上明丽的字眼。

禁忌9——大姓名字过于简单

目前我国人名出现单名热，而单名最大的弊端就是造成大量的重名现象。以4 000个汉字计算，如果所有的人都使用单名，一个姓氏只能有4 000个人使用单名，第4 001个人就开始重名。这样，重名的概率必然大大增加。相反，我国尽管人多姓少，但如果采用双名，避免使用时髦的字眼儿，重名的概率还是很低的。从审美效果看，双名无论是字形的搭配、字音的谐调还是字意的锤炼，都具有无法比拟的优越条件，至少它选择的余地比单名要大得多。

对于一个十几亿人口的大国来说，要完全避免重名是不可能的。而且，许多小姓即使重名，也没有多大的影响。譬如褚姓，在一个单位里能有一位姓褚的，已属罕见，再出现一位重名者，简直是奇迹。大姓则不然。"张王李赵遍地刘"，这样的姓氏如果再取单名，势必造成大量的重名。

人们会注意到，凡重名者几乎都是大姓。一个单位有两个"刘伟"，如是异性，人们便以"男刘伟"、"女刘伟"相称；如果同性，便以"大刘伟"、"小刘伟"或"胖刘伟"、"瘦刘伟"以示区别。与其让别人随意加字，何不当初再增一字改为双名呢？在目前的单名热中，大姓不可热，还是冷静地取个双字名为好。只要充分发挥双名的优势，取一个既雅致又响亮的名字并不是什么难事。

一般地说，小姓的命名相对容易一些，选择的余地比大姓要大许多。一些被大姓用俗了的字眼儿，和小姓组合在一起，效果就大不一样。例如风伟、褚健、库斌、萨华等。当然，这并不意味着小姓的命名就可以马虎一些。除了选择的余地大一些，小姓和大姓所遇到的问题都差不多。

禁忌10——其他

名字的"禁区"有的是社会约定俗成的，有的则是字义的限制，有的从属于自身的社会观念和审美意识。一些字便成了名字的"禁区"。

某些表示秽物和不洁的字一般不入名号。但某些人或某些地区有给孩子起"贱名"、"丑名"、"脏名"的习俗，为的是让孩子不为妖魔光顾，消灾免祸，长命百岁。其实这是一种迷信。某些表示疾病和不祥的字，一般不入名号。

人体的器官名称不宜入名。但有的也入名，甚至常入名。春秋有重耳，秦汉时有赵王张耳，战国楚怀王名熊心，当代有著名作家刘心武。不过，这些人体器官的字都是与他字相配合而另有新义的。心与他字组合而成的词，与人体器官的意义已大不相同。

某些令人恶心的动物的名称不宜入名。但有些动物却常常入名，如金豹、文虎、平鸽、小燕等。

大部分元素名称不入名，但又有几种常入名，如金、银、铜、铁、锡，取名为金玉、铁生等。

表示辈分的称谓字，一般不入名，但"子"入名的为数也不少。

文艺作品典型人物的姓名也多为后人不取。某些典型人物的姓名与其代表的特定含义已成为中国文化的一部分，有固定含义融合在里面。

除以上几类外，当然还有许多字、词不便或不宜入名。姓名禁忌，实际上包罗万象、博大精深，包含着政治、文化、习俗、心理等许多方面。对大多数人来说只要注意以上十点就应该能得到满意的名字，不提倡大家花太多精力在起名上，更不赞成花钱请别人取名，因为孩子的名字也蕴含了亲人的期望，因此最好是长辈亲自起名，也可以请家族中有学识的长辈取名，其实孩子的性格培养和家庭教育才是最重要的。

六、万古贤文

1. 三字经（章太炎《重订三字经》）

人之初，性本善。性相近，习相远。苟不教，性乃迁。教之道，贵以专。
昔孟母，择邻处，子不学，断机杼。窦季和，有义方，教八子，名俱扬。
养不教，父之过。教不严，师之惰。子不学，非所宜。幼不学，老何为。
玉不琢，不成器。人不学，不知义。为人子，方少时。亲师友，习礼仪。
香九龄，能温席。孝于亲，所当执。融四岁，能让梨。弟于长，宜先知。
首孝悌，次见闻。知某数，识某文。一而十，十而百。百而千，千而万。
三才者，天地人。三光者，日月星。三纲者，君臣义。父子亲，夫妇顺。
曰春夏，曰秋冬。此四时，运不穷。曰南北，曰西东。此四方，应乎中。
曰水火，木金土。此五行，本乎数。十干者，甲至癸。十二支，子至亥。
曰黄道，日所躔。曰赤道，当中权。赤道下，温暖积。我中华，在东北。
寒燠均，霜露改。右高原，左大海。曰江河，曰淮济。此四渎，水之纪。
曰岱华，嵩恒衡。此五岳，山之名。古九州，今改制。称行省，二十二。
曰士农，曰工商。此四民，国之良。医卜相，皆方技。星堪舆，小道泥。
地所生，有草木。此植物，遍水陆。有虫鱼，有鸟兽。此动物，能飞走。
稻粱菽，麦黍稷。此六谷，人所食。马牛羊，鸡犬豕。此六畜，人所饲。
曰喜怒，曰哀惧。爱恶欲，七情具。曰仁义，礼智信。此五常，不容紊。
青赤黄，及白黑。此五色，目所识。酸苦甘，及辛咸。此五味，口所含。
膻焦香，及腥朽。此五臭，鼻所嗅。宫商角，及徵羽。此五音，耳所取。
匏土革，木石金。与丝竹，乃八音。曰平上，曰去入。此四声，宜调叶。
九族者，序宗亲。高曾祖，父而身。身而子，子而孙。自子孙，至玄曾。
五伦者，始夫妇。父子先，君臣后。次兄弟，及朋友。当顺叙，勿违负。
有伯叔，有舅甥。婿妇翁，三党名。斩齐衰，大小功。至缌麻，五服终。
凡训蒙，须讲究。详训故，明句读。礼乐射，御书数。古六艺，今不具。
惟书学，人共遵。既识字，讲说文。有古文，大小篆。隶草继，不可乱。
若广学，惧其繁。但略说，能知原。为学者，必有初。小学终，至四书。
论语者，二十篇。群弟子，记善言。孟子者，七篇是。辨王霸，说仁义。
中庸者，子思笔。中不偏，庸不易。大学者，学之程。自修齐，至治平。
此二篇，在礼记。今单行，本元晦。四书通，孝经熟。如六经，始可读。
六经者，统儒术。文周作，孔子述。易诗书，礼春秋。乐经亡，余可求。

有连山，有归藏。有周易，三易详。有典谟，有训诰。有誓命，书之奥。
有国风，有雅颂。号四诗，当讽诵。周礼者，著六官。仪礼者，十七篇。
大小戴，集礼记。述圣言，礼法备。王迹熄，春秋作。寓褒贬，别善恶。
三传者，有公羊。有左氏，有谷梁。尔雅者，善辩言。求经训，此莫先。
注疏备，十三经。惟大戴，疏未成。左传外，有国语。合群经，数十五。
经既明，方读子。撮其要，记其事。古九流，多亡佚。取五种，备文质。
五子者，有荀扬。文中子，及老庄。经子通，读诸史。考世系，知终始。
自羲农，至黄帝。并颛顼，在上世。尧舜兴，禅尊位。号唐虞，为二帝。
夏有禹，商有汤。周文武，称三王。夏传子，家天下。四百载，迁夏社。
汤伐夏，国号商。六百载，至纣亡。周武王，始诛纣。八百载，最长久。
周共和，始纪年。历宣幽，遂东迁。周道衰，王纲坠。逞干戈，尚游说。
始春秋，终战国。五霸强，七雄出。嬴秦氏，始兼并。传二世，楚汉争。
高祖兴，汉业建。至孝平，王莽篡。光武兴，为东汉。四百年，终于献。
魏蜀吴，争汉鼎。号三国，迄两晋。宋齐继，梁陈承。为南朝，都金陵。
北元魏，分东西。宇文周，与高齐。迨至隋，一土宇。不再传，失统绪。
唐高祖，起义师。除隋乱，创国基。二十传，三百载。梁灭之，国乃改。
梁唐晋，及汉周。称五代，皆有由。赵宋兴，受周禅。十八传，南北混。
辽与金，皆夷裔。元灭金，继宋世。莅中国，兼戎狄。九十年，返沙碛。
太祖兴，称大明。称洪武，都南京。迨成祖，迁宛平。十六世，至崇祯。
权阉肆，流寇起。自成入，神器毁。清太祖，兴辽东。金之后，受明封。
至世祖，乃大同。十二世，清祚终。凡正史，廿四部。益以清，成廿五。
史虽繁，读有次。史记一，汉书二。后汉三，国志四。此四史，最精致。
先四史，兼证经。参通鉴，约而精。历代事，全在兹。载治乱，知兴衰。
读史者，考实录。通古今，若亲目。汉贾董，及许郑。皆经师，能述圣。
宋周程，张朱陆。明王氏，皆道学。屈原赋，本风人。逮邹枚，暨卿云。
韩与柳，并文雄。李若杜，为诗宗。凡学者，宜兼通。翼圣教，振民风。
口而诵，心而惟。朝于斯，夕于斯。昔仲尼，师项橐。古圣贤，尚勤学。
赵中令，读鲁论。彼既仕，学且勤。披蒲编，削竹简。彼无书，且如勉。
头悬梁，锥刺股。彼不教，自勤苦。如囊萤，如映雪。家虽贫，学不辍。
如负薪，如挂角。身虽劳，犹苦卓。苏明允，二十七。始发愤，读书籍。
彼既老，犹悔迟。尔小生，宜早思。若荀卿，年五十。游稷下，习儒业。
彼既成，众称异。尔小生，宜立志。莹八岁，能咏诗。泌七岁，能赋棋。
彼颖悟，人称奇。尔幼学，当效之。蔡文姬，能辩琴。谢道韫，能咏吟。
彼女子，且聪敏。尔男子，当自警。唐刘晏，方七岁。举神童，作正字。
彼虽幼，身已仕。尔细学，勉而致。犬守夜，鸡司晨。苟不学，曷为人。
蚕吐丝，蜂酿蜜。人不学，不如物。幼习业，壮致身。上匡国，下利民。
扬名声，显父母。光于前，裕于后。人遗子，金满籯。我教子，惟一经。
勤有功，戏无益。戒之哉，宜勉力。

2. 百家姓（2008 年按照人口多少排序的姓氏排名）

（1）第1—100 名

01 李 02 王 03 张 04 刘 05 陈 06 杨 07 赵 08 黄 09 周 10 吴

11 徐 12 孙 13 胡 14 朱 15 高 16 林 17 何 18 郭 19 马 20 罗

21 梁 22 宋 23 郑 24 谢 25 韩 26 唐 27 冯 28 于 29 董 30 萧

31 程 32 曹 33 袁 34 邓 35 许 36 傅 37 沈 38 曾 39 彭 40 吕

41 苏 42 卢 43 蒋 44 蔡 45 贾 46 丁 47 魏 48 薛 49 叶 50 阎

51 余 52 潘 53 杜 54 戴 55 夏 56 锺 57 汪 58 田 59 任 60 姜

61 范 62 方 63 石 64 姚 65 谭 66 廖 67 邹 68 熊 69 金 70 陆

71 郝 72 孔 73 白 74 崔 75 康 76 毛 77 邱 78 秦 79 江 80 史

81 顾 82 侯 83 邵 84 孟 85 龙 86 万 87 段 88 雷 89 钱 90 汤

91 尹 92 黎 93 易 94 常 95 武 96 乔 97 贺 98 赖 99 龚 100 文

（2）第101—200 名

101 庞 102 樊 103 兰 104 殷 105 施 106 陶 107 洪 108 翟 109 安 110 颜

111 倪 112 严 113 牛 114 温 115 芦 116 季 117 俞 118 章 119 鲁 120 葛

121 伍 122 韦 123 申 124 尤 125 毕 126 聂 127 丛 128 焦 129 向 130 柳

131 邢 132 路 133 岳 134 齐 135 沿 136 梅 137 莫 138 庄 139 辛 140 管

141 祝 142 左 143 涂 144 谷 145 祁 146 时 147 舒 148 耿 149 牟 150 卜

151 路 152 詹 153 关 154 苗 155 凌 156 费 157 纪 158 靳 159 盛 160 童

161 欧 162 甄 163 项 164 曲 165 成 166 游 167 阳 168 裴 169 席 170 卫

171 查 172 屈 173 鲍 174 位 175 覃 176 霍 177 翁 178 隋 179 植 180 甘

181 景 182 薄 183 单 184 包 185 司 186 柏 187 宁 188 柯 189 阮 190 桂

191 闵 192 欧阳 193 解 194 强 195 柴 196 华 197 车 198 冉 199 房 200 边

（3）第201—300 名

201 辜 202 吉 203 饶 204 刁 205 瞿 206 戚 207 丘 208 古 209 米 210 池

211 滕 212 晋 213 苑 214 邬 215 臧 216 畅 217 宫 218 来 219 嵺 220 苟

221 全 222 褚 223 廉 224 简 225 娄 226 盖 227 符 228 奚 229 木 230 穆

231 党 232 燕 233 郎 234 邸 235 冀 236 谈 237 姬 238 屠 239 连 240 郜

241 晏 242 栾 243 郁 244 商 245 蒙 246 计 247 喻 248 揭 249 窦 250 迟

251 宇 252 敖 253 糜 254 鄢 255 冷 256 卓 257 花 258 仇 259 艾 260 蓝

261 都 262 巩 263 稽 264 井 265 练 266 仲 267 乐 268 虞 269 卞 270 封

271 竺 272 冼 273 原 274 官 275 衣 276 楚 277 佟 278 栗 279 匡 280 宗

281 应 282 台 283 巫 284 鞠 285 僧 286 桑 287 荆 288 谌 289 银 290 扬

291 明 292 沙 293 薄 294 伏 295 岑 296 习 297 胥 298 保 299 和 300 蔺

3. 千字文（周兴嗣《千字文》）

天地玄黄　宇宙洪荒　日月盈昃　辰宿列张　寒来暑往　秋收冬藏

闰余成岁　律吕调阳　云腾致雨　露结为霜　金生丽水　玉出昆冈

剑号巨阙　珠称夜光　果珍李柰　菜重芥姜　海咸河淡　鳞潜羽翔
龙师火帝　鸟官人皇　始制文字　乃服衣裳　推位让国　有虞陶唐
吊民伐罪　周发殷汤　坐朝问道　垂拱平章　爱育黎首　臣伏戎羌
遐迩一体　率宾归王　鸣凤在竹　白驹食场　化被草木　赖及万方
盖此身发　四大五常　恭惟鞠养　岂敢毁伤　女慕贞洁　男效才良
知过必改　得能莫忘　罔谈彼短　靡恃己长　信使可复　器欲难量
墨悲丝染　诗赞羔羊　景行维贤　克念作圣　德建名立　形端表正
空谷传声　虚堂习听　祸因恶积　福缘善庆　尺璧非宝　寸阴是竞
资父事君　曰严与敬　孝当竭力　忠则尽命　临深履薄　夙兴温清
似兰斯馨　如松之盛　川流不息　渊澄取映　容止若思　言辞安定
笃初诚美　慎终宜令　荣业所基　籍甚无竟　学优登仕　摄职从政
存以甘棠　去而益咏　乐殊贵贱　礼别尊卑　上和下睦　夫唱妇随
外受傅训　入奉母仪　诸姑伯叔　犹子比儿　孔怀兄弟　同气连枝
交友投分　切磨箴规　仁慈隐恻　造次弗离　节义廉退　颠沛匪亏
性静情逸　心动神疲　守真志满　逐物意移　坚持雅操　好爵自縻
都邑华夏　东西二京　背邙面洛　浮渭据泾　宫殿盘郁　楼观飞惊
图写禽兽　画彩仙灵　丙舍傍启　甲帐对楹　肆筵设席　鼓瑟吹笙
升阶纳陛　弁转疑星　右通广内　左达承明　既集坟典　亦聚群英
杜稿钟隶　漆书壁经　府罗将相　路侠槐卿　户封八县　家给千兵
高冠陪辇　驱毂振缨　世禄侈富　车驾肥轻　策功茂实　勒碑刻铭
磻溪伊尹　佐时阿衡　奄宅曲阜　微旦孰营　桓公匡合　济弱扶倾
绮回汉惠　说感武丁　俊乂密勿　多士实宁　晋楚更霸　赵魏困横
假途灭虢　践土会盟　何遵约法　韩弊烦刑　起翦颇牧　用军最精
宣威沙漠　驰誉丹青　九州禹迹　百郡秦并　岳宗泰岱　禅主云亭
雁门紫塞　鸡田赤城　昆池碣石　巨野洞庭　旷远绵邈　岩岫杳冥
治本于农　务兹稼穑　俶载南亩　我艺黍稷　税熟贡新　劝赏黜陟
孟轲敦素　史鱼秉直　庶几中庸　劳谦谨敕　聆音察理　鉴貌辨色
贻厥嘉猷　勉其祗植　省躬讥诫　宠增抗极　殆辱近耻　林皋幸即
两疏见机　解组谁逼　索居闲处　沉默寂寥　求古寻论　散虑逍遥
欣奏累遣　戚谢欢招　渠荷的历　园莽抽条　枇杷晚翠　梧桐蚤凋
陈根委翳　落叶飘摇　游鹍独运　凌摩绛霄　耽读玩市　寓目囊箱
易輶攸畏　属耳垣墙　具膳餐饭　适口充肠　饱饫烹宰　饥厌糟糠
亲戚故旧　老少异粮　妾御绩纺　侍巾帷房　纨扇圆洁　银烛炜煌
昼眠夕寐　蓝笋象床　弦歌酒宴　接杯举觞　矫手顿足　悦豫且康
嫡后嗣续　祭祀蒸尝　稽颡再拜　悚惧恐惶　笺牒简要　顾答审详
骸垢想浴　执热愿凉　驴骡犊特　骇跃超骧　诛斩贼盗　捕获叛亡
布射僚丸　嵇琴阮啸　恬笔伦纸　钧巧任钓　释纷利俗　并皆佳妙
毛施淑姿　工颦妍笑　年矢每催　曦晖朗曜　璇玑悬斡　晦魄环照
指薪修祜　永绥吉劭　矩步引领　俯仰廊庙　束带矜庄　徘徊瞻眺

孤陋寡闻　愚蒙等诮　谓语助者　焉哉乎也

4. 增广贤文（古训《增广贤文》）

昔时贤文，诲汝谆谆，集韵增广，多见多闻。

观今宜鉴古，无古不成今。

知己知彼，将心比心。

酒逢知己饮，诗向会人吟。

相识满天下，知心能几人。

相逢好似初相识，到老终无怨恨心。

近水知鱼性，近山识鸟音。

易涨易退山溪水，易反易覆小人心。

运去金成铁，时来铁似金，读书须用意，一字值千金。

逢人且说三分话，未可全抛一片心。

有意栽花花不发，无心插柳柳成阴。

画虎画皮难画骨，知人知面不知心。

钱财如粪土，仁义值千金。

流水下滩非有意，白云出岫本无心。

当时若不登高望，谁信东流海洋深。

路遥知马力，事久见人心。

两人一般心，无钱堪买金，一人一般心，有钱难买针。

相见易得好，久住难为人。

马行无力皆因瘦，人不风流只为贫。

饶人不是痴汉，痴汉不会饶人。

是亲不是亲，非亲却是亲。

美不美，乡中水，亲不亲，故乡人。

莺花犹怕春光老，岂可教人枉度春。

相逢不饮空归去，洞口桃花也笑人。

红粉佳人休使老，风流浪子莫教贫。

在家不会迎宾客，出外方知少主人。

黄金无假，阿魏无真。

客来主不顾，应恐是痴人。

贫居闹市无人问，富在深山有远亲。

谁人背后无人说，哪个人前不说人。

有钱道真语，无钱语不真。

不信但看筵中酒，杯杯先劝有钱人。

闹里有钱，静处安身。

来如风雨，去似微尘。

长江后浪推前浪，世上新人赶旧人。

近水楼台先得月，向阳花木早逢春。

莫道君行早，更有早行人。

莫信直中直，须防仁不仁。

山中有直树，世上无直人。

自恨枝无叶，莫怨太阳偏。

大家都是命，半点不由人。

一年之计在于春，一日之计在于寅，一家之计在于和，一生之计在于勤。

责人之心责己，恕己之心恕人。

守口如瓶，防意如城。

宁可人负我，切莫我负人。

再三须慎意，第一莫欺心。

虎生犹可近，人熟不堪亲。

来说是非者，便是是非人。

远水难救近火，远亲不如近邻。

有茶有酒多兄弟，急难何曾见一人。

人情似纸张张薄，世事如棋局局新。

山中也有千年树，世上难逢百岁人。

力微休负重，言轻莫劝人。

无钱休入众，遭难莫寻亲。

平生莫作皱眉事，世上应无切齿人。

士者国之宝，儒为席上珍。

若要断酒法，醒眼看醉人。

求人须求大丈夫，济人须济急时无。

渴时一滴如甘露，醉后添杯不如无。

久住令人贱，频来亲也疏。

酒中不语真君子，财上分明大丈夫。

出家如初，成佛有余。

积金千两，不如明解经书。

养子不教如养驴，养女不教如养猪。

有田不耕仓廪虚，有书不读子孙愚。

仓廪虚兮岁月乏，子孙愚兮礼义疏。

同君一席话，胜读十年书。

人不通今古，马牛如襟裾。

茫茫四海人无数，哪个男儿是丈夫。

白酒酿成缘好客，黄金散尽为收书。

救人一命，胜造七级浮屠。

城门失火，殃及池鱼。

庭前生瑞草，好事不如无。

欲求生富贵，须下死工夫。

百年成之不足，一旦败之有余。

人心似铁，官法如炉。

善化不足，恶化有余。

水太清则无鱼，人至察则无徒。

知者减半，省者全无。

在家由父，出家从夫。

痴人畏妇，贤女敬夫。

是非终日有，不听自然无。

宁可正而不足，不可邪而有余。

宁可信其有，不可信其无。

竹篱茅舍风光好，道院僧堂终不如。

命里有时终须有，命里无时莫强求。

道院迎仙客，书堂隐相儒。

庭栽栖凤竹，池养化龙鱼。

结交须胜己，似我不如无。

但看三五日，相见不如初。

人情似水分高下，世事如云任卷舒。

会说说都是，不会说无礼。

磨刀恨不利，刀利伤人指。

求财恨不得，财多害自己。

知足常足，终身不辱。

知止常止，终身不耻。

有福伤财，无福伤己。

差之毫厘，失之千里。

若登高必自卑，若涉远必自迩。

三思而行，再思可矣。

使口不如自走，求人不如求己。

小时是兄弟，长大各乡里。

妒财莫妒食，怨生莫怨死。

人见白头嗔，我见白头喜。

多少少年亡，不到白头死。

墙有缝，壁有耳。

好事不出门，恶事传千里。

贼是小人，智过君子。

君子固穷，小人穷斯滥也。

贫穷自在，富贵多忧。

不以我为德，反以我为仇。

宁向直中取，不可曲中求。

人无远虑，必有近忧。

知我者谓我心忧，不知我者谓我何求。

晴天不肯去，只待雨淋头。

成事莫说，覆水难收。

是非只为多开口，烦恼皆因强出头。

忍得一时之气，免得百日之忧。

近来学得乌龟法，得缩头时且缩头。

惧法朝朝乐，欺公日日忧。

人生一世，草生一春。

黑发不知勤学早，看看又是白头翁。

月到十五光明少，人到中年万事休。

儿孙自有儿孙福，莫为儿孙作马牛。

人生不满百，常怀千岁忧。

今朝有酒今朝醉，明日愁来明日忧。

路逢险处难回避，事到头来不自由。

药能医假病，酒不解真愁。

人贫不语，水平不流。

一家有女百家求，一马不行百马忧。

有花方酌酒，无月不登楼。

三杯通大道，一醉解千愁。

深山毕竟藏猛虎，大海终须纳细流。

惜花须检点，爱月不梳头。

大抵选他肌骨好，不擦红粉也风流。

受恩深处宜先退，得意浓时便可休。

莫待是非来入耳，从前恩爱反为仇。

留得五湖明月在，不愁无处下金钩。

休别有鱼处，莫恋浅滩头。

去时终须去，再三留不住。

忍一句，息一怒，饶一着，退一步。

三十不豪，四十不富，五十将来寻死路。

生不论魂，死不认尸。

父母恩深终有别，夫妻义重也分离。

人生似鸟同林宿，大限来时各自飞。

人善被人欺，马善被人骑。

人无横财不富，马无野草不肥。

人恶人怕天不怕，人善人欺天不欺。

善恶到头终有报，只争来早与来迟。

黄河尚有澄清日，岂可人无得运时。

得宠思辱，安居虑危。

念念有如临敌日，心心常似过桥时。

英雄行险道，富贵似花枝。

人情莫道春光好，只怕秋来有冷时。

送君千里，终须一别。

但将冷眼看螃蟹，看你横行到几时。

见事莫说，问事不知。

闲事休管，无事早归。

假缎染就真红色，也被旁人说是非。

善事可作，恶事莫为。

许人一物，千金不移。

龙生龙子，虎生豹儿。

龙游浅水遭虾戏，虎落平阳被犬欺。

一举首登龙虎榜，十年身到凤凰池。

十年窗下无人问，一举成名天下知。

酒债寻常行处有，人生七十古来稀。

养儿待老，积谷防饥。

鸡豚狗彘之畜，无失其时。

数家之口，可以无饥矣。

常将有日思无日，莫把无时当有时。

时来风送腾王阁，运去雷轰荐福碑。

入门休问荣枯事，观看容颜便得知。

官清书吏瘦，神灵庙祝肥。

息却雷霆之怒，罢却虎狼之威。

饶人算人之本，输人算人之机。

好言难得，恶语易施。

一言既出，驷马难追。

道吾好者是吾贼，道吾恶者是吾师。

路逢侠客须呈剑，不是才人莫献诗。

三人同行，必有我师，择其善者而从之，其不善者而改之。

少壮不努力，老大徒悲伤。

人有善愿，天必佑之。

莫饮卯时酒，昏昏醉到酉。

莫骂酉时妻，一夜受孤凄。

种麻得麻，种豆得豆。

天眼恢恢，疏而不漏。

见官莫向前，做客莫在后。

宁添一斗，莫添一口。

螳螂捕蝉，岂知黄雀在后。

不求金玉重重贵，但愿儿孙个个贤。

一日夫妻，百世姻缘。

百世修来同船渡，千世修来共枕眠。

杀人一万，自损三千。

伤人一语，利如刀割。

枯木逢春犹再发，人无两度再少年。

未晚先投宿，鸡鸣早看天。

将相胸前堪走马，公侯肚里好撑船。

富人思来年，穷人思眼前。

世上若要人情好，赊去物件莫取钱。

死生有命，富贵在天。

击石原有火，不击乃无烟。

为学始知道，不学亦徒然。

莫笑他人老，终须还到老。

但能依本分，终须无烦恼。

君子爱财，取之有道。

贞妇爱色，纳之以礼。

善有善报，恶有恶报。

不是不报，日子不到。

人而无信，不知其可也。

一人道好，千人传实。

凡事要好，须问三老。

若争小可，便失大道。

年年防饥，夜夜防盗。

学者如禾如稻，不学者如蒿如草。

遇饮酒时须饮酒，得高歌处且高歌。

因风吹火，用力不多。

不因渔父引，怎得见波涛。

无求到处人情好，不饮从他酒价高。

知事少时烦恼少，识人多处是非多。

入山不怕伤人虎，只怕人情两面刀。

强中更有强中手，恶人须用恶人磨。

会使不在家豪富，风流不用着衣多。

光阴似箭，日月如梭。

天时不如地利，地利不如人和。

黄金未为贵，安乐值钱多。

世上万般皆下品，思量唯有读书高。

世间好语书说尽，天下名山僧占多。

为善最乐，为恶难逃。

羊有跪乳之恩，鸦有反哺之义。

你急他未急，人闲心不闲。

隐恶扬善，执其两端。

妻贤夫祸少，子孝父心宽。

既坠釜甑，反顾无益。

翻覆之水，收之实难。

人生知足何时足，人老偷闲且是闲。

但有绿杨堪系马，处处有路透长安。

见者易，学者难。

莫将容易得，便作等闲看。

用心计较般般错，退步思量事事难。

道路各别，养家一般。

从俭入奢易，从奢入俭难。

知音说与知音听，不是知音莫与弹。

点石化为金，人心犹未足。

信了肚，卖了屋。

他人观花，不涉你目。

他人碌碌，不涉你足。

谁人不爱子孙贤，谁人不爱千钟粟。

莫把真心空计较，五行不是这题目。

与人不和，劝人养鹅。

与人不睦，劝人架屋。

但行好事，莫问前程。

河狭水急，人急计生。

明知山有虎，莫向虎山行。

路不行不到，事不为不成。

人不劝不善，钟不打不鸣。

无钱方断酒，临老始看经。

点塔七层，不如暗处一灯。

万事劝人休瞒昧，举头三尺有神明。

但存方寸土，留与子孙耕。

灭却心头火，剔起佛前灯。

惺惺常不足，懵懵作公卿。

众星朗朗，不如孤月独明。

兄弟相害，不如自生。

合理可作，小利莫争。

牡丹花好空入目，枣花虽小结实成。

欺老莫欺小，欺人心不明。

随分耕锄收地利，他时饱满谢苍天。

得忍且忍，得耐且耐。

不忍不耐，小事成大。

相论逞英雄，家计渐渐退。

贤妇令夫贵，恶妇令夫败。

一人有庆，兆民咸赖。

人老心未老，人穷志莫穷。

人无千日好，花无百日红。

杀人可恕，情理难容。

乍富不知新受用，乍贫难改旧家风。

座上客常满，樽中酒不空。

屋漏更遭连年雨，行船又遇打头风。

笋因落箨方成竹，鱼为奔波始化龙。

记得少年骑竹马，看看又是白头翁。

礼义生于富足，盗贼出于贫穷。

天上众星皆拱北，世间无水不朝东。

君子安平，达人知命。

忠言逆耳利于行，良药苦口利于病。

顺天者存，逆天者亡。

人为财死，鸟为食亡。

夫妻相合好，琴瑟与笙簧。

有儿贫不久，无子富不长。

善必寿老，恶必早亡。

爽口食多偏作药，快心事过恐生殃。

富贵定要安本分，贫穷不必枉思量。

画水无风空作浪，绣花虽好不闻香。

贪他一斗米，失却半年粮。

争他一脚豚，反失一肘羊。

龙归晚洞云犹湿，麝过春山草木香。

平生只会量人短，何不回头把自量。

见善如不及，见恶如探汤。

人贫志短，马瘦毛长。

自家心里急，他人未知忙。

贫无达士将金赠，病有高人说药方。

触来莫与说，事过心清凉。

秋至满山多秀色，春来无处不花香。

凡人不可貌相，海水不可斗量。

清清之水，为土所防。

济济之士，为酒所伤。

蒿草之下，或有兰香。

茅茨之屋，或有侯王。

无限朱门生饿殍，几多白屋出公卿。

醉后乾坤大，壶中日月长。

万事皆已定，浮生空白茫。

千里送毫毛，礼轻仁义重。

一人传虚，百人传实。

世事明如镜，前程暗似漆。

光阴黄金难买，一世如驹过隙。

良田万顷，日食一升。

大厦千间，夜眠八尺。

千经万典，孝义为先。

一字入公门，九牛拖不出。

衙门八字开，有理无钱莫进来。

富从升合起，贫因不算来。

家中无才子，官从何处来。

万事不由人计较，一生都是命安排。

急行慢行，前程只有多少路。

人间私语，天闻若雷。

暗室亏心，神目如电。

一毫之恶，劝人莫作。

一毫之善，与人方便。

欺人是祸，饶人是福。

天眼恢恢，报应甚速。

圣贤言语，神钦鬼伏。

人各有心，心各有见。

口说不如身逢，耳闻不如目见。

养军千日，用在一朝。

国清才子贵，家富小儿骄。

利刀割体痕易合，恶语伤人恨不消。

公道世间唯白发，贵人头上不曾饶。

有钱堪出众，无衣懒出门。

为官须作相，及第必争先。

苗从地发，树向枝分。

父子和而家不退，兄弟和而家不分。

官有正条，民有和约。

闲时不烧香，急时抱佛脚。

幸生太平无事日，恐逢年老不多时。

国乱思良将，家贫思贤妻。

池塘积水须防旱，田地勤耕足养家。

根深不怕风摇动，树正无愁月影斜。

奉劝君子，各宜守己。

只此程式，万无一失。

5. 朱子家训（朱用纯《朱子治家格言》）

黎明即起，洒扫庭除要内外整洁；既昏便息，关锁门户必亲自检点。

一粥一饭，当思来处不易；半丝半缕，恒念物力维艰。

宜未雨而绸缪，毋临渴而掘井。

自奉必须俭约，宴客切勿流连。

器具质而洁，瓦缶胜金玉；饭食约而精，园蔬愈珍馐。

勿营华屋，勿谋良田。

三姑六婆，实淫盗之媒；婢美妾娇，非闺房之福。

奴仆勿用俊美，妻妾切忌艳妆。

祖宗虽远，祭祀不可不诚；子孙虽愚，经书不可不读。

居身务期质朴，教子要有义方。

勿贪意外之财，勿饮过量之酒。

与肩挑贸易，毋占便宜；见穷苦亲邻，须加温恤。

刻薄成家，理无久享；伦常乖舛，立见消亡。

兄弟叔侄，须分多润寡；长幼内外，宜法肃辞严。

听妇言，乖骨肉，岂是丈夫；重资财，薄父母，不成人子。

嫁女择佳婿，毋索重聘；娶媳求淑女，勿计厚奁。

见富贵而生谄容者，最可耻；遇贫穷而作骄态者，贱莫甚。

居家戒争讼，讼则终凶；处世戒多言，言多必失。

勿恃势力而凌逼孤寡，毋贪口腹而恣杀生禽。

乖僻自是，悔误必多；颓惰自甘，家道难成。

狎昵恶少，久必受其累；屈志老成，急则可相依。

轻听发言，安知非人之谮诉，当忍耐三思；因事相争，焉知非我之不是，须平心暗想。

施惠无念，受恩莫忘。

凡事当留余地，得意不宜再往。

人有喜庆，不可生妒忌心；人有祸患，不可生喜幸心。

善欲人见，不是真善；恶恐人知，便是大恶。

见色而起淫心，报在妻女；匿怨而用暗箭，祸延子孙。

家门和顺，虽饔飧不继，亦有余欢；国课早完，即囊橐无余，自得至乐。

读书志在圣贤，非徒科第；为官心存君国，岂计身家。

守分安命，顺时听天；为人若此，庶乎近焉！

七、谚语 对联 谜语

1．中华气象谚语

不怕初一阴，就怕初二下。

东虹日头西虹雨。

河里鱼打花，天天有雨下。

久晴鹊噪雨，久雨鹊噪晴。

空山回声响，天气晴又朗。

雷公先唱歌，有雨也不多。

雷声绕圈转，有雨不久远。

小暑热得透，大暑凉飕飕。

烟囱不冒烟，一定是阴天。

冷得早，暖得早。

蚂蚁垒窝要下雨。

棉花云，雨快淋。

清早宝塔云，下午雨倾盆。

日落云里走，雨在半夜后。

日晕三更雨，月晕午时风。

十雾九晴。

太阳现一现，三天不见面。

天上钩钩云，地上雨淋淋。

夜星繁，大晴天。

有雨山戴帽，无雨云拦腰。

鱼鳞天，不雨也疯癫。

云交云，雨淋淋。

先雷后雨雨必小，先雨后雷雨必大。

先下牛毛没大雨，后下牛毛不晴天。

燕子低飞蛇过道，蚂蚁搬家山戴帽。

云行北，好晒谷；云行南，大水漂起船。

风静天热人又闷，有风有雨不用问。

旱刮东南不下雨，涝刮东南不晴天。

云行东，雨无终；云行西，雨凄凄。

鸡早宿窝天必晴，鸡晚进笼天必雨。

八月十五云遮月，正月十五雪打灯。

久晴大雾必阴，久雨大雾必晴。

早晨地罩雾，尽管晒稻谷。

早看东南，晚看西北。

早怕东南黑，晚怕北云推。

早上朵朵云，下午晒死人。

早晚烟扑地，苍天有雨意。

早霞不出门，晚霞行千里。

早阴阴，晚阴晴，半夜阴天不到明。

蜘蛛结网天放晴。

昼雾阴，夜雾晴。

瓦块云，晒死人。

蚊子聚堂中，来日雨盈盈。

水缸出汗蛤蟆叫，不久将有大雨到。

天上鲤鱼斑，明日晒谷不用翻。

2. 中华精彩对联

同字异音联

朝朝朝朝朝朝汐

长长长长长长消

上联读音：朝朝潮，朝潮朝汐

下联读音：长长涨，长涨长消

行行行行行行行

长长长长长长长

上联读音：杭行杭行杭杭行

下联读音：长涨长涨长长涨

乐乐乐乐乐乐乐

朝朝朝朝朝朝朝

朝云朝朝朝朝朝朝朝退

长水长长长长长长长流

上联读音：朝云潮，朝朝潮，朝朝朝退

下联读音：长水涨，长长涨，长涨长流

海水朝朝朝朝朝朝朝落

浮云长长长长长长长消

上联读音：海水潮，朝朝潮，朝潮朝落

下联读音：浮云涨，长长涨，长涨长消

同音异字联

饥鸡盗稻童筒打

暑鼠凉梁客咳惊

移椅倚桐同观月

等灯登阁各攻书

嫂扫乱柴呼叔束

姨移破桶令姑箍

书临汉帖瀚林书

画上荷花和尚画

焦山洞里住椒山

扬子江头渡杨子

盗者莫来道者来

闲人免进贤人进

刘伶饮尽不留零

贾岛醉来非假倒

风吹蜂 蜂扑地 风息蜂飞

李打鲤 鲤沉底 李沉鲤浮

立树梢月照斜影斜鹰不斜

猫伏墙角风吹毛动猫未动

— 59 —

水陆洲 洲停舟 舟行洲不行
天心阁 阁落鸽 鸽飞阁未飞

侍郎游市 眼前柿树是谁栽
和尚过河 手扯荷花何处插

密云不雨 通州无水不通舟
钜野皆田 即墨有秋皆即麦

麻姑吃蘑菇 蘑菇鲜 麻姑仙
童子打桐子 桐子落 童子乐

童子打桐子 桐子落 童子乐
和尚立河上 河上崩 和尚奔

鸡站箕沿上 鸡压箕 翻箕扑鸡
驴系梨树下 驴挨梨 落梨打驴

鹦鹉洲 洲上舟 水推舟流洲不流
洛阳桥 桥下荞 风吹荞动桥不动

尼姑沽酒 酒美价廉 尼姑宜沽
和尚上楼 楼高梯短 和尚何上

蒲叶桃叶葡萄叶 草本木本
梅花桂花玫瑰花 春香秋香

杂 联

风声 雨声 读书声 声声入耳
家事 国事 天下事 事事关心

山羊上山 山碰山羊足 咩咩咩
水牛下水 水淹水牛角 哞哞哞

大肚能容容天下难容之事
笑口常开笑天下可笑之人

回文倒顺联

人过大佛寺

寺佛大过人

郎中王若俪
俪若王中郎

客上天然居
居然天上客

贤出多福地
地福多出贤

僧游云隐寺
寺隐云游僧

常德德山山有德
长沙沙水水无沙

上海自来水来自海上
北京输油管油输京北

天连碧树春滋雨
雨滋春树碧连天

风送花香红满地
地满红香花送风

艳艳红花随落雨
雨落随花红艳艳

水水山山处处明明秀秀
晴晴雨雨时时好好奇奇

春回先富村
村富先回春

处处飞花飞处处
潺潺碧水碧潺潺

处处红花红处处

重重绿树绿重重

处处飞花飞处处
声声笑语笑声声

雾锁山头山锁雾
天连水尾水连天

雪岭吹风吹岭雪
龙潭活水活潭龙

凤落梧桐梧落凤
珠联璧合璧联珠

油灯少灯油
火柴当柴火

静泉山上山泉静
清水塘里塘水清

香山碧云寺云碧山香
黄山落叶松叶落山黄

秀山轻雨青山秀
香柏鼓风鼓柏香

客上天然居 居然天上客
僧游云隐寺 寺隐云游僧

数字联

万瓦千砖百日造成十字庙
一舟二橹三人遥过四通桥

一掌擎天五指三长两短
六合插地七层四面八方

冰冷酒一点两点三点
丁香花百头千头万头

拆字联

张长弓 骑奇马 单戈为戰
鐘金童 犁利牛 十口为田

剪开出字两重山
踏破磊桥三块石

此木为柴山山出
因火生烟夕夕多

二人土上坐
一月日边明

3. 谜语

（1）上边毛，下边毛，中间一颗黑葡萄。
（2）左一片，右一片，两片东西不见面。
（3）红门楼，白院墙，里面坐个胖儿郎。
（4）五个兄弟，生在一起，有骨有肉，长短不齐。
（5）此物管八面，人人有两片，用手摸得着，自己看不见。
（6）不洗真干净，洗洗不干净，不洗有人吃，洗了无人用。
（7）千根线，万根线，落到水里就不见。
（8）有时落在山腰，有时挂在树梢，有时像面圆镜，有时像把镰刀。
（9）水皱眉，树摇动，花弯腰，云逃走。
（10）春天不下种，四季不开花，吃起来有味儿，嚼起来无渣。
（11）喝了池中一碗水，又笑又骂又软腿。

（12）四四方方一块田，一块一块买铜钱。

（13）金一桶，银一桶，打得开，关不拢。

（14）来自水中，却怕水冲，回到水里，无影无踪。

（15）生在山岭中，颜色都相同，到了你们家，有绿又有红。

（16）绿衣汉，街上站，光吃纸，不吃饭。

（17）半空中，一只碗，下雨下不满。

（18）此物大而轻，肚内火烧心。

（19）身上穿红袍，肚里真心焦，惹起心头火，跳得八丈高。

（20）一张大伞，飘在空中，落到地上，跳出英雄。

（21）看看没有，摸摸倒有，似冰不化，似水不流。

（22）指着你的脸，按着你的心，通知你主人，赶快来开门。

（23）远看像小丘，近看像楼梯，上去一步步，一下滑到底。

（24）盖一半，露一半，太阳出来晒一半。

谜语答案自行寻觅：

眼睛　耳朵　嘴　手

耳朵　水　雨　月亮

风　盐　酒　豆腐

蛋　盐　茶叶　邮筒

鸟巢　灯笼　爆竹　降落伞

玻璃　滑梯　屋瓦　跷跷板

中华民俗风貌大全

第二章

中华传统节日

一、春　节

　　春节是中国民间最隆重的传统节日。在夏历正月初一，又叫阴历年，俗称"过年"、"新年"。春节的历史很悠久，它起源于殷商时期年头岁尾的祭神祭祖活动。按照我国农历，正月初一古称元日、元辰、元正、元朔、元旦等，俗称年初一，到了民国时期，改用公历，公历的 1 月 1 日称为元旦，农历的正月初一叫做春节。

1. 春节人文

　　春节到了，意味着春天将要来临，万象更新草木复苏，新一轮播种和收获的季节又要开始。人们刚刚度过冰天雪地草木凋零的漫漫寒冬，早就盼望着春暖花开的日子，当新春到来之际，自然要充满喜悦载歌载舞地迎接这个节日。

　　千百年来，人们把年俗庆祝活动变得异常丰富多彩，每年从农历腊月二十三起到年三十，民间把这段时间叫做"迎春日"，也叫"扫尘日"，在春节前扫尘搞卫生，是我国人民素有的传统习俗。

　　然后就是家家户户准备年货，节前十天左右，人们就开始忙于采购物品。年货包括鸡鸭鱼肉、茶酒油酱、南北炒货、糖饵果品，这些都要采买充足。还要准备一些过年走亲访友时赠送的礼品，小孩子要添置新衣新帽，准备过年时穿。

　　节前要在住宅的大门上粘贴红纸黄字的新年寄语，也就是春联。屋里张贴色彩鲜艳寓意吉祥的年画，心灵手巧的姑娘们剪出美丽的窗花贴在窗户上，门前挂大红灯笼或贴福字及财神、门神像等，福字还可以倒贴，路人一念"福倒了"，也就是福气到了，所有这些活动都是要为节日增添足够的喜庆气氛。

　　春节的另一名称叫过年。在过去的传说中，"年"是一种为人们带来坏运气的想象中的动物。"年"一来，树木凋敝，百草不生；"年"一过，万物生长，鲜花遍地。"年"如何才能过去呢？需用鞭炮轰，于是有了燃放鞭炮的习俗，这其实也是烘托热闹场面的又一种方式。

　　春节是个欢乐祥和的节日，也是亲人团聚的日子，离家在外的孩子在过春节时都要回家欢聚。过年的前一夜，就是旧年的腊月三十夜，叫除夕，又叫团圆夜。在这新旧交替的时候，守岁是最重要的年俗活动之一，除夕晚上，全家老小一起熬年守岁，欢聚酣饮，共享天伦之乐。北方地区在除夕有吃饺子的习俗，饺子的做法是先和面，"和"字就是"合"；饺子的"饺"和"交"谐音，"合"和"交"有相聚之意，又取更岁交子之意。在南方过年有吃年糕的习惯，甜甜的黏黏的年糕，象征新一年生活甜蜜蜜、步步高。

　　待第一声鸡啼响起，或是新年的钟声敲过，街上鞭炮齐鸣，此起彼伏，家家喜气洋洋，新的一年开始了。男女老少都穿着节日盛装，先给家族中的长者拜年祝寿，节中还要给儿童压岁钱，吃团年饭。初二、初三就开始走亲戚看朋友，相互拜年，道贺祝福，说些"恭贺新喜"、"恭喜发财"、"恭喜"、"过年好"之类的话，有的还举行祭祖等活动。

　　节日的热烈气氛不仅洋溢在各家各户，也充满各地的大街小巷，一些地方的街市上还有舞狮子、耍龙灯、演社火、游花市、逛庙会等习俗。这期间花灯满城，游人满街，热闹非凡，盛况空前，要闹到正月十五元宵节过后，春节才算真正结束了。

　　春节是汉族最重要的节日，满、蒙古、瑶、壮、白、高山、赫哲、哈尼、达斡尔、侗、黎等十几个少数民族也有过春节的习俗，只是过节的形式更具自己的民族特色，蕴味无穷。

2．春节由来

　　春节和年的概念，最初的含义来自农业，古时人们把谷的生长周期称为"年"，《说文·禾部》："年，谷熟也。"在夏商时代产生了夏历，以月亮圆缺的周期为一个月，一年划分为十二个月，每月以不见月亮的那天为朔，正月朔日的子时称为岁首，即一年的开始，也叫年。年的名称是从周朝开始的，至西汉才正式固定下来，一直延续到今天。古时候正月初一被称为"元旦"，直到中国近代辛亥革命胜利后，南京临时政府为了顺应农时和便于统计，规定在民间使用夏历，在政府机关、厂矿、学校和团体中实行公历，以公历的元月 1 日为元旦，农历的正月初一称春节。

　　现代民间习惯上把过春节又叫做过年。其实，年和春节的起源是很不相同的。那么"年"究竟是怎么样来的呢？民间主要有两种说法。

　　一种说法是：

　　相传，中国古时候有一种叫"年"的怪兽，头长触角，凶狠异常。"年"长年深居海底，每到除夕才爬上岸，吞食牲畜、伤害人命。每到除夕，村村寨寨的人便扶老携幼逃往深山避难。这年除夕，桃花村的人们正要上山避难，从村外来了一个乞讨的老人，他手拄拐杖，银须飘逸，目若朗星。乡亲们都在忙着收拾东西，没人在意这位乞讨的老人。只有村东头一位老婆婆给了老人一些食物，并劝他赶快上山躲避年兽，那老人捋髯笑道："婆婆若让我在家呆一夜，我一定把年兽撵走。"老婆婆不相信，劝他赶快离开，乞讨老人笑而不语。婆婆无奈，只好撇下家，上山避难去了。半夜时分，年兽闯进村子，发现村里的气氛与往年不同，村东头老婆婆家，门贴大红纸，屋内烛火通明。年兽狂叫着扑过去，将近门口时，院内突然传来"噼噼啪啪"的炸响声，年兽最怕红色和火光，吓得狼狈逃跑了。第二天，避难回来的人们见村里安然无恙，十分惊奇。这时，老婆婆恍然大悟，赶紧向乡亲们述说了乞讨老人的许诺。大家一起拥向老婆婆家，只见婆婆家门上贴着红纸，院里一堆未燃尽的竹子仍在"啪啪"炸响，屋内几根红蜡烛还在发着余光。这件事很快在周围村里传开了，人们都知道了驱赶年兽的办法。后来这一风俗越传越广，成为中国民间最隆重的传统节日。

　　另一种说法是：

　　我国古代的字书把"年"字放在禾部，以示风调雨顺，五谷丰登。由于谷和一般都是一年一熟，所以"年"便引申为岁名了。

传统意义上的春节是指从腊月初八的腊祭或腊月二十三的祭灶，一直到正月十五，其中以除夕和正月初一为高潮。在春节这一传统节日期间，我国的汉族和大多数少数民族都要举行各种庆祝活动，这些活动大多以祭祀神佛、祭奠祖先、除旧布新、迎禧接福、祈求丰年为主要内容。活动形式丰富多彩，带有浓郁的民族特色。

春节源于我国原始社会的"腊祭"。据说腊尽时日，人们杀猪祭祀老天，祈求来年风调雨顺、五谷丰登；人们用朱砂涂脸，鸟翼装饰，唱唱跳跳。至于"春节"一名，最早见于《后汉书·杨震》："又冬无宿雪，春节未雨，百僚焦心。"

1949年9月27日，中国人民政治协商会议第一届全体会议决定采用世界上通用的公历纪年，把公历的元月1日定为元旦，俗称阳历年；农历正月初一通常都在立春前后，因而把农历正月初一定为春节，俗称阴历年。

3. 春节传说

传说之一：熬年守岁

守岁，就是在旧年的最后一天夜里不睡觉，熬夜迎接新一年的到来，也叫除夕守岁，俗名"熬年"。探究这个习俗的来历，在民间流传着一个有趣的故事。

太古时期，有一种凶猛的怪兽，散居在深山密林中，人们管它们叫"年"。它的形貌狰狞，生性凶残，专食飞禽走兽、鳞介虫豸，一天换一种口味，从磕头虫一直吃到大活人，让人谈"年"色变。后来，人们慢慢掌握了"年"的活动规律，它每隔三百六十五天窜到人群聚居的地方尝一次鲜，而且出没的时间都是在天黑以后，等到鸡鸣破晓，它们便返回山林中去了。

算准了"年"肆虐的日期，百姓们便把这可怕的一夜视为关口来熬，称做"年关"，并且想出了一整套过年关的办法。每到这一天晚上，家家户户都提前做好晚饭，熄火净灶，再把鸡圈牛栏全部拴牢，把宅院的前后门都封住，躲在屋里吃"年夜饭"。由于这顿晚餐具有凶吉未卜的意味，所以置办得很丰盛，除了要全家老小围在一起用餐表示和睦团圆外，还须在吃饭前供祭祖先，祈求祖先的神灵保佑，平安地度过这一夜。吃过晚饭后，谁都不敢睡觉，挤坐在一起闲聊壮胆，这就逐渐形成了除夕熬年守岁的习惯。

守岁习俗兴起于南北朝，梁朝的不少文人都有守岁的诗文，"一夜连双岁，五更分二年。"人们点起蜡烛或油灯，通宵守夜，象征着把一切邪瘟病疫照跑驱走，期待着新的一年吉祥如意，这种风俗一直流传至今。

传说之二：万年创建历法说

相传，在古时候，有个名叫万年的青年，看到当时节令很乱，就有了想把节令定准的打算，但是苦于找不到计算时间的方法。一天，他上山砍柴累了，坐在树荫下休息，树影的移动启发了他，他设计了一个测日影计天时的日晷仪，测定一天的时间。后来，山崖上的滴泉启发了他的灵感，他又动手做了一个五层漏壶，来计算时间。天长日久，他发现每隔三百六十多天，四季就轮回一次，天时

中华民俗风貌大全

的长短就重复一遍。

当时的国君叫祖乙，也常为天气风云的不测感到苦恼。万年知道后，就带着日晷和漏壶去见祖乙，对祖乙讲清了日月运行的道理。祖乙听后龙颜大悦，于是把万年留下，在天坛前修建日月阁，筑起日晷台和漏壶亭，并希望能测准日月规律，推算出准确的晨夕时间，创建历法，为天下的黎民百姓造福。

有一次，祖乙去了解万年测试历法的进展情况。当他登上日月坛时，看见天坛边的石壁上刻着一首诗：

日出日落三百六，周而复始从头来。

草木枯荣分四时，一岁月有十二圆。

祖乙知道万年创建历法已成，便亲自登上日月阁看望万年。万年指着天象，对祖乙说："现在正是十二个月满，旧岁已完，新春复始，祈请国君定个节吧。"祖乙说："春为岁首，就叫春节吧。"据说这就是春节的来历。

冬去春来，年复一年。万年经过长期观察，精心推算，制定出了准确的太阳历。当他把太阳历呈献给继任的国君时，已是满面银须。国君深为感动，为纪念万年的功绩，便将太阳历命名为"万年历"，封万年为"日月寿星"。后来，人们在过年时挂上寿星图，据说就是为了纪念德高望重的万年。

传说之三：贴春联和门神

据说贴春联的习俗，始于一千多年前的后蜀时期，这是有史为证的。此外根据《玉烛宝典》、《燕京岁时记》等著作记载，春联的原始形式就是人们所说的"桃符"。

在中国古代神话中，相传有一个鬼域的世界，当中有座山，山上有一棵覆盖三千里的大桃树，树梢上有一只金鸡。每当清晨金鸡长鸣的时候，夜晚出去游荡的鬼魂必赶回鬼域。鬼域的大门坐落在桃树的东北，门边站着两个神人，名叫神荼、郁垒。如果鬼魂在夜间干了伤天害理的事情，神荼、郁垒就会发现并将它捉住，用芒苇做的绳子把它捆起来，送去喂虎。因而天下的鬼都畏惧神荼、郁垒。于是民间就用桃木刻成他们的模样，放在自家门口，以避邪防害。后来，人们干脆在桃木板上刻上神荼、郁垒的名字，认为这样做同样可以镇邪去恶。这种桃木板后来就被叫做"桃符"。

到了宋代，人们开始在桃木板上写对联，一则不失桃木镇邪的意义，二则表达自己美好的心愿，三则装饰门户，以求美观。又在象征喜气吉祥的红纸上写对联，新春之际贴在门窗两边，用以表达人们祈求来年福运的美好心愿。

为了祈求一家的福寿康宁，一些地方的人们还保留着贴门神的习惯。据说，大门上贴上两位门神，一切妖魔鬼怪都会望而生畏。在民间，门神是正气和武力的象征，古人认为，相貌出奇的人往往具有神奇的禀性和不凡的本领。他们心地正直善良，捉鬼擒魔是他们的天性和责任，人们所仰慕的捉鬼天师钟馗，即是此种奇形怪相。所以民间的门神永远都怒目圆睁，相貌狰狞，手里拿着各种传统武器，随时准备同敢于上门来的鬼魅战斗。由于我国民居的大门通常都是两扇对开，所以门神总是成双成对的。

唐朝以后，除了以往的神荼、郁垒二将外，人们又把秦叔宝和尉迟恭两位唐代武将当作门神。相传，唐太宗生病，听见门外鬼魅呼号，彻夜不得安宁。于是他让这两位将军手持武器立于门旁镇守，第二天夜里就再也没有鬼魅骚扰了。其后，唐太宗让人把这两位将军的形象画下来贴在门上，这一习俗开始在民间广为流传。

4. 春节习俗

扫尘

"腊月二十四，掸尘扫房子"，据《吕氏春秋》记载，我国在尧舜时代就有春节扫尘的风俗。按民间的说法，"尘"与"陈"谐音，新春扫尘有"除陈布新"的寓意，其用意是要把一切穷运、晦气统统扫出门。这一习俗寄托着人们破旧立新的愿望和辞旧迎新的祈求。每逢春节来临，家家户户都要打扫卫生，清洗各种器具，拆洗被褥窗帘，洒扫六闾庭院，掸拂尘垢蛛网，疏浚明渠暗沟，到处洋溢着搞卫生、迎新春的欢乐气氛。

贴春联

春联也叫门对、春贴、对联、对子、桃符等，它以工整、对偶、简洁、精巧的文字描绘时代背景，抒发美好愿望，是我国特有的文学形式。每逢春节，无论城市还是农村，家家户户都要精选一副大红春联贴于门上，为节日增添喜庆气氛。这一习俗起于宋代，明代开始盛行，到了清代，春联的思想性和艺术性都有了很大的提高，梁章矩编写的春联专著《楹联丛话》对楹联的起源及各类作品的特色都作了论述。

春联的种类比较多，依其使用场所，可分为门心、框对、横披、春条、斗方等。"门心"贴于门板上端中心部位；"框对"贴于左右两个门框上；"横披"贴于门楣的横木上；"春条"根据不同的内容，贴于相应的地方；"斗方"也叫"门叶"，为菱形，多贴在家具、影壁上。

贴窗花和倒贴"福"字

在民间人们还喜欢在窗户上贴上各种剪纸——窗花。窗花不仅烘托了喜庆的节日气氛，也集装饰性、欣赏性和实用性于一体。剪纸在我国是一种很普及的民间艺术，千百年来深受人们的喜爱，因它大多是贴在窗户上的，也被称为"窗花"。窗花以其特有的概括和夸张手法将吉事祥物、美好愿望表现得淋漓尽致，将节日装点得红火富丽。

在贴春联的同时，一些人家要在屋门上、墙壁上、门楣上贴上大大小小的"福"字。春节贴"福"字，是我国民间由来已久的风俗。"福"字指福气、福运，寄托了人们对幸福生活的向往，对美好未来的祝愿。为了更充分地体现这种向往和祝愿，有的人干脆将"福"字倒过来贴，表示"幸福已到"、"福气已到"。民间还有将"福"字精描细绘做成各种图案的，图案有寿星、寿桃、鲤鱼跳龙门、五谷丰登、龙凤呈祥等。

贴年画

春节挂、贴年画在城乡都很普遍，浓墨重彩的年画给千家万户平添了许多喜庆。年画是我国的一种古老的民间艺术，反映了人民朴素的风俗和信仰，寄托着对未来的希望。年画也和春联一样，起源于"门神"。随着木版印刷术的兴起，年画的内容已不再限于门神之类单调的主题，变得丰富多彩，在一些年画作坊中产生了《福禄寿三星图》、《天官赐福》、《五谷丰登》、《六畜兴旺》、《迎春接福》等经典的彩色年画，以满足人们喜庆祈年的美好愿望。我国出现了三个年画重要产地：苏州桃花坞，天津杨柳青和山东潍坊。它们形成了中国年画的三大流派，各具特色。

现今我国收藏最早的年画是南宋的木刻年画《隋朝窈窕呈倾国之芳容》，画的是王昭君、赵飞燕、班姬和绿珠四位古代美人。民间流传最广的是一幅《老鼠娶亲》的年画。描绘了老鼠依照人间的风俗迎娶新娘的有趣场面。民国初年，上海郑曼陀将月历和年画二者结合起来，这是年画的一种新形式。这种合二为一的年画后来发展成挂历，至今风靡全国。

除夕守岁

除夕守岁是最重要的年俗活动之一。守岁之俗由来已久，最早见于西晋周处的《风土志》，书中记载，除夕之夜，各相与赠送，称为"馈岁"；酒食相邀，称为"别岁"；长幼聚饮，祝颂完备，称为"分岁"；大家终夜不眠，以待天明，称曰"守岁"。

这种习俗后来逐渐盛行，到唐朝初期，唐太宗李世民写有"守岁"诗："寒辞去冬雪，暖带入春风"。直到今天，人们还习惯在除夕之夜守岁迎新。

古时守岁有两种含义：年长者守岁为"辞旧岁"，有珍爱光阴的意思；年轻人守岁，是为延长父母寿命。自汉代以来，新旧年交替的时刻一般为夜半时分。

燃放爆竹

中国民间有"开门爆竹"一说。即在新的一年到来之际，家家户户开门的第一件事就是燃放爆竹，以噼噼啪啪的爆竹声除旧迎新。爆竹是中国的特产，亦称"爆仗"、"炮仗"、"鞭炮"，起源很早，至今已有两千多年的历史。放爆竹可以制造出喜庆热闹的气氛，是节日的一种娱乐活动，可以给人们带来欢愉和吉利。随着时间的推移，爆竹的应用越来越广泛，品种花色也日见繁多，每逢重大节日、喜事庆典及婚嫁、建房、开业等，都要燃放爆竹以示庆贺。现在，湖南浏阳、广东佛山和东尧、江西的宜春和萍乡、浙江温州等地区是我国著名的花炮之乡，生产的爆竹花色多、品质高，不仅畅销全国，还远销世界。

吃年糕和饺子

在古代的农业社会里，自腊月初八以后，家庭主妇们就要忙着张罗过年的食品了。因为腌制腊味所需的时间较长，必须尽早准备，我国许多省份都有腌腊味的习俗，其中又以广东省的腊味最为著名。

蒸年糕，年糕因为谐音"年高"，再加上有着变化多端的口味，几乎成了家家必备的应景食品。年糕的式样有方块状的黄、白年糕，象征着黄金、白银，寄寓新年发财的意思。

年糕的口味因地而异，北京人喜食江米或黄米制成的红枣年糕、百果年糕和白年糕；河北人则喜欢在年糕中加入大枣、小红豆及绿豆等一起蒸食；山西北部、内蒙古等地，过年时习惯吃黄米粉油炸年糕，有的还包上豆沙、枣泥等馅；山东人则用黄米、红枣蒸年糕。北方的年糕以甜为主，或蒸或炸，也有人干脆蘸糖吃。南方的年糕则甜咸兼具，例如苏州及宁波的年糕，以粳米制作，味道清淡，除了蒸、炸以外，还可以切片炒食或是煮汤。甜味的年糕以糯米粉加白糖、猪油、玫瑰、桂花、薄荷、素蓉等配料做成，做工精细，可以直接蒸食或是蘸上蛋清油炸。

过年的前一夜叫团圆夜，离家在外的游子要不远千里万里赶回家来，全家人围坐在一起包饺子过年。饺子的做法是先和面做成饺子皮，再用皮包上馅。馅的内容五花八门，各种肉、蛋、海鲜、时令蔬菜等都可入馅。正统的饺子吃法是清水煮熟，捞起后以调有醋、蒜末、香油的酱油为佐料蘸着吃，也有炸饺子、烙饺子（锅贴）等吃法。因为和面的"和"字就是"合"的意思，饺子的"饺"和"交"谐音，"合"和"交"又有相聚之意，所以用饺子象征团聚合欢；又取更岁交子之意，非常吉利；此外，饺子形似元宝，过年时吃饺子，也带有"招财进宝"的吉祥含义。一家老小聚在一起包饺子，话新春，其乐融融。

拜年

春节里的一项重要活动，到亲朋好友和邻里家祝贺新春，旧称拜年。汉族拜年之风，汉代已有，唐宋之后十分盛行。有些不必亲身前往的，可用名帖投贺，东汉时称为"刺"，故名片又称"名刺"。明代之后，许多人家在门口贴一个红纸袋，专收名帖，叫"门簿"。

新年的初一，人们都早早起来，穿上最漂亮的衣服，打扮得整整齐齐，出门走亲访友，相互拜年，恭祝来年大吉大利。拜年的方式多种多样，有的是同族族长带领若干人挨家挨户拜年；有的是同事相邀几个人去拜年；也有的大家聚在一起相互祝贺，称为"团拜"。由于登门拜年费时费力，后来一些上层人物和士大夫便使用名帖相互投贺，由此发展出"贺年片"。

春节拜年时，晚辈要先给长辈拜年，祝长辈长寿安康，长辈可将事先准备好的压岁钱分给晚辈，据说压岁钱可以压住邪祟，因为"岁"与"祟"谐音，晚辈得到压岁钱就可以平平安安度过一岁。压岁钱有两种，一种是以彩绳穿线编作龙形，置于床脚，此记载见于《燕京岁时记》；另一种是最常见的，即由家长用红纸包裹分给孩子的钱。压岁钱可在晚辈拜年后当众赏给，亦可在除夕夜孩子睡着时，由家长偷偷地放在孩子的枕头底下。现在长辈为晚辈分送压岁钱的习俗仍然盛行。

民间互访拜年的形式，根据彼此的社会关系，大体可分为四类：

一是走亲戚。初一必须到岳父家，须带礼物。进门后先向佛像、祖宗影像、牌位各行三叩首礼，然后再给长辈们依次跪拜。可以逗留，吃饭，玩耍。

二是礼节性的拜访。如给同事、朋友拜年，一进屋门，仅向佛像三叩首；如与主人系平辈只须拱手一揖而已；如比自己年长，应主动跪拜，主人应走下座位做搀扶状，连说免礼表示谦恭。这种情况一般不宜久坐，寒暄两句客套话就要告辞。主人受拜后，应择日回拜。

三是感谢性的拜访。凡一年来对人家欠情的，要买些礼物送去，借拜年之机，表示谢忱。

四是串门式的拜访。对于左邻右舍的街坊，素日没有多大来往、但见面都能说得来的，到了春节，到院子里，见面彼此一抱拳，说几句"恭喜发财"、"一顺百顺"之类的话，到屋里坐一会儿，再无甚过多礼节。

古时有拜年和贺年之分，拜年是向长辈叩岁，贺年是平辈之间相互道贺。现在，有些机关、团体、企业、学校，大家聚在一起相互祝贺，称之为"团拜"。

拜年是中国民间的传统习俗，是人们辞旧迎新、相互表达美好祝愿的一种方式。古时"拜年"一词原有的含义是为长者拜贺新年，包括向长者叩头施礼、祝贺新年、问候安好等内容。遇有同辈亲友，也要施礼道贺。

古时，倘或坊邻亲朋太多，难以登门遍访，就派遣仆人带名片去拜年，称为"飞帖"。各家门前贴一红纸袋，上写"接福"两字，即为承放飞帖之用。此俗始于宋朝上层社会。清人《燕台月令》形容北京年节："是月也，片子飞，空车走。"大户人家特设"门簿"，以记客人的往来和飞片，门簿的首页多虚拟"亲到者"四人：一曰寿百龄老太爷，住百岁坊巷；一曰富有余老爷，住元宝街；一曰贵无极大人，住大学士牌楼；一曰福照临老爷，住五福楼，以图吉利讨口彩。至今的春节赠送贺年片、贺年卡，便是这种古代互送飞帖的遗风。

上层士大夫有用名帖互相投贺的习俗。宋人周辉在《清波杂志》中说："宋元佑年间，新年贺节，往往使用佣仆持名刺代往。"当时士大夫交游广，若四处登门拜年，既耗费时间，也耗费精力，因此有些关系不大密切的朋友就不亲自前往，而是派仆人拿一种用梅花笺纸裁成的二寸宽、三寸长，上面写有受贺人姓名、住址和恭贺话语的卡片前往代为拜年。明代人们以投谒代替拜年，明朝杰出画家、诗人文征明在《贺年》诗中描述："不求见面惟通谒，名纸朝来满蔽庐；我亦随人投数纸，世憎嫌简不嫌虚。"这里所言的"名刺"和"名谒"即是现今贺年卡的起源，贺年卡用于联络感情和互致问候，既方便又实用，至今仍盛行不衰。

大约从清朝时候起，拜年又添"团拜"的形式，清人艺兰主在《侧帽余谭》中说："京师于岁首，例行团拜，以联年谊，以敦乡情，""每岁由值年书红订客，饮食宴会，作竟日欢。"

随着时代的发展，拜年的习俗亦不断增添新的内容和形式。现在人们除了沿袭以往的拜年方式外，又兴起了礼仪电报拜年和电话拜年等。

但从正月初一至初五，多数家庭均不接待妇女，谓之"忌门"。仅限于男子外出拜年，妇女则须等到正月初六以后才能外出走访。拜年活动要延续很长时间，到正月十五灯节左右。傍晚时分到人家拜年叫"拜夜节"，初十以后叫"拜灯节"，所以有"有心拜年，寒食未迟"的俗语。

如果因故未及循例行礼，日后补行的，谓之"拜晚年"。

占岁

旧时民间以进入新年正月初几日的天气阴晴来占卜本年年成。其说始于汉东方朔的《岁占》，谓岁后八日，一日为鸡日，二日为犬，三日为猪，四日为羊，五日为牛，六日为马，七日为人，八日为谷。如果当日晴朗，则所主之物繁育，当日阴，所主之物不昌。后代沿其习，认为初一至初十，皆以天气晴朗，无风无雪为吉。后代由占岁发展成一系列的祭祀、庆祝活动。有初一不杀鸡，初二不杀狗，初三不杀猪……初七不行刑的风俗。

聚财

俗传正月初一为扫帚生日，这一天不能动用扫帚，否则会扫走运气、破财，并把"扫帚星"引来，招致霉运。假使非要扫地不可，须从外头扫到里边。这一天也不能往外泼水倒垃圾，怕因此破财。今天许多地方还保存着这一习俗，大年夜扫除干净，年初一不用扫帚，不倒垃圾，备一大桶，以盛废水，当日不外泼。

祭财神

南方人在正月初五祭财神。民间传说，财神即五路神。所谓五路，指东西南北中，意为出门五路，皆可得财。

清代顾禄《清嘉录》云："正月初五日，为路头神诞辰。金锣爆竹，牲醴毕陈，以争先为利市，必早起迎之，谓之接路头。"又说："今之路头，是五祀中之行神。所谓五路，当是东西南北中耳。"上海旧历年有抢路头的习俗，正月初四子夜，备好祭牲、糕果、香烛等物，鸣锣击鼓，焚香礼拜，虔诚地恭迎财神。初五日俗传是财神诞辰日，为争利市，故先于初四接之，名曰"抢路头"，又称"接财神"。

五祀即祭户神、灶神、土神、门神、行神，所谓"路头"，即五祀中之得神。凡接财神须供羊头与鲤鱼，供羊头有"吉祥"之意，供鲤鱼是图"鱼"与"余"谐音，讨个吉利。人们深信只要财神显灵，便可发财致富。

因此，每到过年，人们都在正月初五零时零分，打开大门和窗户，燃香、放爆竹、点烟花，向财神表示欢迎。接过财神，大家还要吃路头酒，往往吃到天亮。大家满怀发财的希望，祈愿财神爷能把金银财宝带来家里，在新的一年里大发大富。

送穷

正月初五"送穷"，是我国古代民间一种很有特色的岁时风俗。这一天各家用纸造妇人，称为"扫晴娘"、"五穷妇"、"五穷娘"，身背纸袋，将屋内秽土扫到袋内，送门外燃炮炸之。这一习俗又称为"送穷土"，"送穷媳妇出门"。陕西韩城一带，破五这一天忌出门，而且要将鲜肉放在锅中炙烤，还要爆炒麻豆，令其崩裂发声，认为这样可以崩除穷气，求得财运。此外旧时除夕或正月初五要吃得特别饱，俗称"填穷坑"。民间广泛流行的送穷习俗，反映了我国人民普遍希望辞旧迎新，送走旧日贫穷困苦，迎接新一年美好生活的传统心理。

开市

旧俗春节期间大小店铺从大年初一起关门，在正月初五开市。俗以正月初五
为财神生日，认为选择这一天开市必将招财进宝。

5. 春联

和顺一门有百福
平安二字值千金
万象更新

一年四季春常在
万紫千红永开花
喜迎新春

春满人间百花吐艳
福临小院四季常安
欢度春节

百世岁月当代好
千古江山今朝新
万象更新

喜居宝地千年旺
福照家门万事兴
喜迎新春

一帆风顺年年好
万事如意步步高
吉星高照

春雨丝丝润万物
红梅点点绣千山
春意盎然

五湖四海皆春色
万水千山尽得辉

万象更新

一帆风顺吉星到
万事如意福临门
财源广进

一年四季行好运
八方财宝进家门
家和万事兴

绿竹别其三分景
红梅正报万家春
春回大地

年年顺景财源广
岁岁平安福寿多
吉星高照

一年好运随春到
四季财运滚滚来
万事如意

丹凤呈祥龙献瑞
红桃贺岁杏迎春
福满人间

五更分两年年年称心
一夜连两岁岁岁如意
恭贺新春

6. 春节诗词

田家元日

（唐）孟浩然

昨夜斗回北，今朝岁起东；

我年已强壮，无禄尚忧农。

桑野就耕父，荷锄随牧童；

田家占气候，共说此年丰。

甲午元旦

（清）孔尚任

萧疏白发不盈颠，守岁围炉竟废眠。

剪烛催干消夜酒，倾囊分遍买春钱。

听烧爆竹童心在，看换桃符老兴偏。

鼓角梅花添一部，五更欢笑拜新年。

二、元宵节

每年农历的正月十五日，春节刚过，迎来的就是中国的传统节日——元宵节。

正月是农历的元月，古人称夜为"宵"，所以称正月十五为元宵节。正月十五日是一年中第一个月圆之夜，也是一元复始、大地回春的夜晚，人们对此加以庆祝，也是庆贺新春的延续。元宵节又称为"上元节"。

按中国民间的传统，在这皓月高悬的夜晚，人们要点起彩灯万盏，以示庆贺。出门赏月、燃灯放焰、喜猜灯谜、共吃元宵，合家团聚、同庆佳节，其乐融融。

元宵节也称灯节，元宵燃灯的风俗起自汉朝。到了唐代，赏灯活动更加兴盛，皇宫里、街道上处处挂灯，还要建高大的灯轮、灯楼和灯树，唐朝大诗人卢照邻曾在《十五夜观灯》中描述元宵节燃灯的盛况为"接汉疑星落，依楼似月悬"。

宋代更重视元宵节，赏灯活动更加热闹，赏灯活动要进行 5 天，灯的样式也更丰富。明代要连续赏灯 10 天，这是中国最长的灯节了。清代赏灯活动虽然只有 3 天，但是赏灯活动规模很大，盛况空前，除燃灯之外，还放烟花助兴。

"猜灯谜"又叫"打灯谜"，是元宵节后增的一项活动，出现在宋朝。南宋时，首都临安每逢元宵节，制谜、猜谜的人众多。开始时是好事者把谜语写在纸条上，贴在五光十色的彩灯上供人猜。因为谜语能启迪智慧又饶有兴趣，所以流传过程中深受社会各阶层的欢迎。

民间过元宵节有吃元宵的习俗。元宵由糯米制成，或实心，或带馅。馅有豆沙、白糖、山楂、各类果料等，食用时煮、煎、蒸、炸皆可。起初，人们把这种食物叫"浮圆子"，后来又叫"汤团"或"汤圆"，这些名称与"团圆"字音相近，取团圆之意，象征全家人团团圆圆，和睦幸福。人们也以此怀念离别的亲人，寄托对未来生活的美好愿望。

一些地方的元宵节还有"走百病"的习俗，参与者多为妇女，目的是驱病除灾。

随着时间的推移，元宵节的活动越来越多，不少地方节庆时增加了耍龙灯、耍狮子、踩高跷、划旱船扭秧歌、打太平鼓等传统民俗表演。这个传承了两千多年的传统节日，不仅盛行于海峡两岸，在海外华人的聚居区也是年年欢庆不衰。

1. 元宵节的由来

元宵节是中国的传统节日，早在两千多年前的西汉就有了。元宵赏灯始于东汉明帝时期，明帝提倡佛教，听说佛教有正月十五日僧人观佛舍利，点灯敬佛的做法，就命令这一天夜晚在皇宫和寺庙里点灯敬佛，令士族庶民都挂灯。以后这种佛教礼仪节日逐渐形成民间盛大的节日。该节经历了由宫廷到民间，由中原到全国的发展过程。

在汉文帝时，已下令将正月十五定为元宵节。汉武帝时，"太一神"（太一：主宰宇宙一切之神）的祭祀活动定在正月十五。司马迁创建"太初历"时，就已将元宵节确定为重大节日。

另有一说，元宵燃灯的习俗起源于道教的"三元说"。正月十五日为上元节，七月十五日为中元节，十月十五日为下元节，主管上、中、下三元的分别为天、地、人三官，天官喜乐，故上元节要燃灯。

元宵节的节期与节俗活动，随历史的发展而延长、扩展。就节期长短而言，汉代才一天，到唐代已为三天，宋代则长达五天，明代更是自初八点灯，一直到正月十七的夜里才落灯，整整十天。与春节相接，白昼为市，热闹非凡，夜间燃灯，蔚为大观。特别是那精巧、多彩的灯火，更是把春节期间娱乐活动的气氛推至高潮。至清代，又增加了舞龙、舞狮、跑旱船、踩高跷、扭秧歌等"百戏"内容，只是节期缩短为四到五天。

2. 关于灯的传说

传说在很久以前，凶禽猛兽很多，四处伤害人和牲畜，人们就组织起来去打它们，有一只神鸟因为迷路而降落人间，却意外地被不知情的猎人给射死了。天帝知道后十分震怒，立即传旨，让天兵于正月十五日到人间放火，把人间的人畜财产通通烧光。天帝的女儿心地善良，不忍心看百姓无辜受难，就冒着生命危险，偷偷驾着祥云来到人间，把这个消息告诉了人们。众人听说了这个消息，有如头上响了一个焦雷，吓得不知如何是好。过了好久，才有个老人家想出个法子，他说在正月十四、十五、十六日这三天，每户人家都在家里张灯结彩、点响爆竹、燃放烟火。这样一来，天帝就会以为人们都被烧死了。

大家听了都点头称是，便分头准备去了。到了正月十五这天晚上，天帝往下一看，发现人间一片红光，响声震天，连续三个夜晚都是如此，以为是大火燃烧的火焰，心中大快，人们就这样保住了自己的生命和财产。为了纪念这次成功，每到正月十五，家家户户都悬挂灯笼，燃放烟火。

汉文帝时为纪念"平吕"而设

另一个传说，元宵节是汉文帝为纪念"平吕"而设。汉高祖刘邦死后，吕后之子刘盈登基为汉惠帝。惠帝生性懦弱，优柔寡断，大权渐渐落入吕后手中。汉惠帝病死后，吕后独揽朝政，把刘氏天下变成了吕氏天下，朝中老臣、刘氏宗室深感愤慨，但都惧怕吕后残暴敢怒而不敢言。

吕后病死后，诸吕惶惶不安，害怕遭到伤害和排挤。于是，在上将军吕禄家中秘密集合，共谋作乱之事，以便彻底夺取刘氏江山。

此事传至刘氏宗室齐王刘襄耳中，刘襄为保刘氏江山，决定起兵讨伐诸吕。随后他与开国老臣周勃、陈平取得联系，设计解除了吕禄的兵权，"诸吕之乱"终于被彻底平定。

平乱之后，众臣拥立刘邦的第二个儿子刘恒登基，称汉文帝。文帝深感太平盛世来之不易，便把平息"诸吕之乱"的正月十五，定为与民同乐日，京城里家家张灯结彩，以示庆祝。从此，正月十五便成了一个普天同庆的民间节日——元宵节。

东方朔与元宵姑娘

这一则传说与吃元宵的习俗有关。相传汉武帝有个宠臣名叫东方朔，他善良又风趣。有一年冬天，下了几天大雪，东方朔就到御花园去给武帝折梅花。刚进园门，就发现有个宫女泪流满面准备投井，东方朔慌忙上前搭救，并问明她要自杀的原因。原来，这个宫女名叫元宵，家里还有双亲及一个妹妹，自从她进宫以后，就再也无缘和家人见面。每年到了腊尽春来的时节，就比平常更加思念家人，觉得不能在双亲跟前尽孝，不如一死了之。东方朔听了她的遭遇，深感同情，就向她保证，一定设法让她和家人团聚。

一天，东方朔出宫在长安街上摆了一个占卜摊，不少人都争着向他占卜求卦，不料，每个人所占所求，都是"正月十六火焚身"的签语。一时之间，长安城里起了很大恐慌，人们纷纷求问解灾的办法。东方朔就说："正月十三日傍晚，火神君会派一位赤衣神女下凡查访，她就是奉旨烧长安的使者，我把抄录的偈语给你们，可让当今天子想想办法。"说完，便扔下一张红帖，扬长而去。老百姓拿起红帖，赶紧送到皇宫呈给皇上。

汉武帝接过来一看，只见上面写着："长安在劫，火焚帝阙，十五天火，焰红宵夜。"他心中大惊，连忙请来了足智多谋的东方朔。东方朔假意地想了想，就说："听说火神君最爱吃汤圆，宫中的元宵不是经常给你做汤圆吗？十五晚上可让元宵做好汤圆。万岁焚香上供，传令京都家家都做汤圆，一齐敬奉火神君。再传谕臣民一起在十五晚上挂灯，满城点鞭炮、放烟火，好像满城着了大火，这样就可以瞒过玉帝了。此外，通知城外百姓，十五晚上进城观灯，杂在人群中消灾解难"。武帝听后，十分高兴，就传旨照东方朔的办法去做。

到了正月十五日，长安城里张灯结彩，游人熙来攘往，热闹非常。宫女元宵的父母也带着妹妹进城观灯，当他们看到写有"元宵"字样的大宫灯时，惊喜地高喊："元宵！元宵！"元宵听到喊声，终于和亲人团聚了。

如此热闹了一夜，长安城果然平安无事。汉武帝大喜，下令以后每到正月十五都做汤圆供火神君，并全城挂灯放烟火。因为元宵做的汤圆最好，人们就把汤圆叫元宵，这天叫做元宵节。

3. 元宵节习俗

元宵节是中国的传统节日，所以全国各地都过，大部分地区的习俗是差不多的，但各地也有自己的特色。

吃元宵

正月十五吃元宵，"元宵"作为食品，在我国由来已久。宋代，民间即流行一种元宵节吃的新奇食品，这种食品最早叫"浮元子"，后称"元宵"，生意人还美其名曰"元宝"。元宵即"汤圆"，以白糖、玫瑰、芝麻、豆沙、黄桂、核桃仁、果仁、枣泥等为馅，用糯米粉包成圆形，可荤可素，风味各异；可汤煮、油炸、蒸食，有团圆美满之意。陕西的汤圆不是包的，而是在糯米粉中"滚"成的，或煮食或油炸，热热火火，团团圆圆。

观灯

汉明帝永平年间（公元58～75），因明帝提倡佛法，适逢蔡愔从印度求得佛法归来，称印度摩揭陀国每逢正月十五，僧众云集瞻仰佛舍利，是参佛的良辰吉日。汉明帝为了弘扬佛法，下令正月十五夜在宫中和寺院"燃灯表佛"。此后，元宵放灯的习俗就由原来只在宫廷中举行而流传到民间。每到正月十五，无论士族还是庶民都要挂灯，城乡通宵灯火辉煌。

元宵放灯的习俗，在唐代发展成为盛况空前的灯市，当时的京城长安已是拥有百万人口的世界最大都市，社会富庶。在皇帝的亲自倡导下，元宵灯节办得越来越豪华，中唐以后，已发展成为全民性的狂欢节。唐玄宗（公元685～762）时的"开元盛世"，长安的灯市规模很大，燃灯五万盏，花灯花样繁多，皇帝命人做巨型的灯楼，广达20间，高150尺，金光璀璨，极为壮观。

在宋代，元宵灯会无论在规模和灯饰的奇幻精美上都胜过唐代，而且活动更为民间化，民族特色更强。以后历代的元宵灯会不断发展，灯节的时间也越来越长，唐代的灯会是"上元前后各一日"，宋代又在十六之后加了两日，明代则延长到由初八到十八整整十天。

到了清代，满族入主中原，宫廷不再办灯会，民间的灯会却依然壮观，日期缩短为五天，一直延续到今天。

灯在台湾民间具有光明与添丁的涵义，点燃灯火有照亮前程之意，且台语"灯"与"丁"谐音，代表生男孩，因此往昔元宵节妇女都会刻意在灯下游走，希望"钻灯脚生卵葩"（就是钻到灯下游走，好生男孩）。

走百病

元宵节除了庆祝活动外，还有信仰性的活动，那就是"走百病"，又称"烤百病"、"散百病"。参与者多为妇女，她们结伴而行，或走墙边，或过桥，或走郊外，目的是祛病除灾。

逐鼠

这项活动主要是对养蚕人家而言的，因为老鼠常在夜里把蚕大片大片地吃掉。人们听说正月十五用米粥喂老鼠，它就不吃蚕了。于是，这些人家在正月十五熬上一大锅黏糊糊的粥，有的还在上面盖上一层肉，将粥用碗盛好，放到老鼠出没的顶棚、墙角，边放嘴里还念念有词，诅咒老鼠再吃蚕宝宝就不得好死。

迎紫姑

紫姑是民间传说中一个善良、贫穷的姑娘。正月十五，紫姑因穷困而死，百姓们同情她、怀念她，有些地方便出现了"正月十五迎紫姑"的风俗。每到这一天夜晚，人们用稻草、布头等扎成真人大小的紫姑肖像。妇女们纷纷站到紫姑常做活的厕所、猪圈和厨房旁边迎接她，像对待亲姐妹一样，拉着她的手，跟她说着贴心话，流着眼泪安慰她，情景十分生动，真实地反映了劳苦民众善良、忠厚、同情弱者的思想感情。

正月十五元宵节还有一些鲜为人知已经失传的民间活动，这里列举二三。

祭门、祭户，古代有"七祭"，这是其中的两种。祭祀的方法很简单，把杨树枝插在门户上方，在盛有豆粥的碗里插上一双筷子，或者直接将酒肉放在门前。

4. 元宵节诗词

十五夜观灯

（唐）卢照邻

锦里开芳宴，兰红艳早年。
缛彩遥分地，繁光远缀天。
接汉疑星落，依楼似月悬。
别有千金笑，来映九枝前。

元　宵

（明）唐　寅

有灯无月不娱人，有月无灯不算春。
春到人间人似玉，灯烧月下月如银。
满街珠翠游村女，沸地笙歌赛社神。
不展芳尊开口笑，如何消得此良辰。

三、二月二

1. 二月二简介

二月二，汉族民间传统节日。流行于全国多数地区，苗、壮、满、侗、黎、畲、布依、赫哲、鄂温克等少数民族也过此节。此节风俗活动较多，又有花朝节、踏青节、挑菜节、春龙节、青龙节、龙抬头日之称。因时在农历二月初二，故有此称。

此俗唐代已有记载，白居易《二月二日》诗："二月二日新雨暗，草牙菜甲一时生。轻衫细马青年少，十字津头一字行。"当时及其后民间以刀尺、百谷、瓜果种籽、迎富贵果子等相问遗，并有挑菜、踏青、迎富等活动。

元费著《岁华纪丽谱》："二月二日踏青节，韧郡人游赏散四郊。"

又汪灏《广群芳谱·天时谱》引《翰墨记》："洛阳风俗，以二月二日为花朝节，士庶游玩，又为挑菜节。"

明以后，二月二又有关于龙抬头的诸多习俗，诸如撒灰引龙、扶龙、熏虫避蝎、剃龙头、忌针刺龙眼等节俗，故称龙抬头日。

清咸丰《武定府志》："……以（二月）二日为春龙节，取灶灰围屋如龙蛇状，名曰引钱龙，招福祥也。"

此外尚有上工、试犁、炒蝎豆、戴蓬草、祭龙王、敬土地、谒高禖、嫁女住春、童子开笔等节俗活动。布依族二月二要进行三天，主要祭祀土地神。节日当天，家家杀鸡敬祖，吃两色（黑、白）糯米饭，祈求土地神保佑全寨安宁。是日，有许多关于龙的活动，故称龙抬头日。

二月二龙抬头之俗，最早见于明刘侗、于奕正《帝京景物略·春场》："二月二日，曰龙抬头，放元旦祭余饼，熏床炕，曰熏虫儿，谓引龙，虫不出也。"清代仍沿其俗。富察敦崇《燕京岁时记》："二月二日，古之中和节也。今人呼为龙抬头。是日食饼者谓之龙鳞饼，食面者谓之龙须面。闺中停止针线，恐伤龙目也。"

龙是中国古代文化中地位显赫的神物，是祥瑞之物，更是和风化雨的主宰。俗云"龙不抬头天不雨"，龙抬头意味着云兴雨作，而天地交泰、云兴雨作是万物生育的条件。又，古以为龙为鳞虫之精，百虫之长，龙出则百虫伏藏。

二月初正值春回大地、农事开始之时，又是百虫出蛰、蠢蠢欲动之时，故民间有扶龙头、引青龙、剃龙头之举，又有食龙皮、龙须、龙子、龙鳞饼之俗，还有停针、忌磨等禁忌。

2. 二月二的由来

民谚曰："二月二，龙抬头。"农历二月初二前后是二十四节气之一的惊蛰。据说经过冬眠的龙，到了这一天，就被隆隆的春雷惊醒，便抬头而起。所以古人称农历二月初二为春龙节，又叫龙头节或青龙节，故这一天人们要到江河水畔祭龙神。《中华全国风俗志·寿春岁时记》云："二月初二日，焚香水畔，以祭龙神。"

人所共知，龙是中华民族自古以来信仰的图腾，我们自豪地宣称炎黄子孙是龙的传人。千百年来，人们把龙视为带神秘色彩的吉祥物。"二月二"是龙抬头的日子，就自然而然地成为民间一个重要节日了，许多习俗也多与龙有关。

实际上"二月二，龙抬头"一说和古代天文学有关。

中国古代用二十八宿来表示日月星辰在天空的位置和判断季节。二十八宿中的角、亢、氐、房、心、尾、箕七宿组成一个完整的龙形星座，角宿恰似龙的角，每到二月春风以后，黄昏时龙角星就会在东方地平线上出现，故称"龙抬头"。二月二春龙节由来已久，留下许多风俗。明人沈榜的《宛署杂记》中云："二月引龙，熏百虫……乡民用灰自门外委婉布入宅厨，旋绕水缸，呼为引龙回。用面摊煎饼。熏床炕令百虫不生。"《明宫史》载："初二日……各家用黍面枣糕，以油煎之，或以面和稀，摊为煎饼，名曰熏虫。"此习俗一直沿袭至今，80年代中叶，在豫北一带还保留着吃黍米的风俗。二月二早上，家家户户都要煎黍米糕，群众称之为年糕，还流传着这样的歌谣："二月二，煎年糕，细些火，慢点烧，别把老公公的胡须烧着了。"中午皆吃"老龙布蛋"，即玉黍米（玉米去皮后的俗称）加面条。

其实，人们关心"龙抬头"，用各种形式进行纪念，根本原因与农业生产有关。正如民谣所云："二月二，龙抬头，大仓满，小仓流。"因为二月正是农作物播种的季节。在科学不发达的时代，百姓们通过各种纪念活动，寄托了祈龙赐福、保佑风调雨顺、五谷丰登的强烈愿望。在民间还流传着这样一首打油诗："二月二，龙抬头，天子耕地臣赶牛；正宫娘娘来送饭，当朝大臣把种丢。春耕夏耘率天下，五谷丰登太平秋。"朝廷天子率满朝大臣都参加春耕生产，足见春耕不误农时之重要。在北方，二月二又叫龙抬头日，亦称春龙节。在南方叫踏青节，古称挑菜节。大约从唐朝开始，中国人就有了过"二月二"的习俗。

据资料记载，这句话的来历与古代天文学对星辰运行的认识和农业节气有关。为什么要"二月二"才龙抬头呢？因为农历二月已进入仲春季节，这时阳气上升，大地复苏，草木萌动，农民就要春耕、播种了，这时若是天公降雨，真是太宝贵了，所以有"春雨贵如油"之说。从节气上说，二月初正处在"雨水"、"惊蛰"、"春分"之间，这是个既需要雨水，又可能有降雨的时期，人们希望通过对龙的祈求行为来达到降雨的目的。

为什么是龙"抬头"呢？因为二月初处于惊蛰前后，蛰伏一冬的各种动物又恢复了活力。龙抬头了，意味着龙也行动起来了，要履行它降雨的职责了。

这种说法是一般人对"二月二龙抬头"的解释，通俗易懂。对于"龙抬头"，还有古代天文学方面的解释，却往往被人忽略了。

古人以为地球是不动的，是太阳在运动。早在春秋时期甚至更早，人们就把太阳在恒星之间的周年运动轨迹视为一个圆，称为黄道。再利用某些恒星把这个圆分为 28 个等份，形成 28 个区间，称为二十八宿，"宿"表示居住。如果观察月亮的运行，它基本上是每天入住一宿，待二十八宿轮流住完，大约一个月，所以称"宿"。把这二十八宿按照东南西北四个方位平分，每个方位便有 7 个宿。对这二十八宿，都给它们起了名字。在东方的 7 个宿分别叫做角、亢、氐、房、心、尾、箕，它们构成一组，称之为东方苍龙。其中角宿象征龙的头角，亢宿是龙的颈，氐宿是龙的胸，房宿是龙的腹，心宿是龙的心，尾宿、箕宿是龙的尾巴。在冬季，这苍龙七宿都隐没在地平线下，黄昏以后也看不见它们。至二月初，黄昏来临时，角宿就从东方地平线上出现了。这时整个苍龙的身子还隐没在地平线以下，只是角宿初露，故称龙抬头。

《说文解字》在解释"龙"字时说："龙，鳞虫之长。能幽能明，能细能巨，能短能长。春分而登天，秋分而潜渊。"都是指这苍龙七宿在天空的隐现变化，并非是真有一条动物之龙在变换。"春分而登天"，是指春分时期角宿开始出现在天空，东方苍龙初露头角，即是龙抬头。

3. 二月二的发展

中国远古对龙的崇拜信仰一直延续下来，并把龙视为管雨水的动物神，《左传·桓公五年》说："龙现而雩"，是说惊蛰以后龙就要出现了，这时要举行祈求降雨的祭祀。战国时的地理、神话著作《山海经》也说，应龙居处在南方，"故南方多雨"，而烛龙"不食不寝不息，风雨是谒"，也就是经常招来风雨。

由于想象中的龙能腾云驾雾，于是迷信龙能给人带来祥瑞，来到人间便可以化身为帝王天子，所以把皇帝称为真龙天子。

直接借助龙的形象举行求雨活动的最早记载，见于西汉董仲舒的《春秋繁露》，书中提到舞龙求雨的活动。在汉代画像石上也刻有"戏龙"的舞蹈场面，这些都可以看做后世耍龙灯的滥觞。唐朝人已把二月初二作为一个特殊的日子，说这是"迎富贵"的日子，在这一天要吃"迎富贵果子"，就是吃一些点心类食品。宋代宫廷在这一天也有专门活动。宋人周密在《武林旧事》中记述，南宋时，二月初二这一天宫中有"挑菜"御宴活动。宴会上，在一些小斛（口小底大的量器）中种植生菜等新鲜菜蔬，把它们的名称写在丝帛上，压放在斛下，让大家猜，根据猜的结果，有赏有罚。这一活动既是"尝鲜儿"，又有娱乐，所以当时"王宫贵邸亦多效之"。不过，唐宋时的这些"二月二"活动并没有和"龙抬头"联系在一起。

到了元朝，二月二就明确是"龙抬头"了，《析津志》在描述元大都的风俗时提到"二月二，谓之龙抬头"。这一天人们盛行吃面条，称为"龙须面"；还要烙饼，叫做"龙鳞"；若包饺子，则称为"龙牙"。总之都要以龙体部位命名。

4. 二月二的传说

谚语说"二月二，龙抬头"。传说古时候关中地区久旱不雨，玉皇大帝命令东海小龙前去播雨。小龙贪玩，一头钻进河里不再出来。有个小伙子，到悬崖上采来了"降龙水",搅浑河水。小龙从河中露出头来与小伙子较量,小龙被击败,只好播雨。

其实,所谓"龙抬头"指的是经过冬眠,百虫开始苏醒。所以俗话说"二月二,龙抬头,蝎子、蜈蚣都露头。"

二月二还有一种说法叫春龙节。许慎的《说文解字》记载:"龙,鳞中之长,能幽能明、能细能巨,能长能短,春分登天,秋分而潜渊。"这大概就是"春龙节"习俗的最早记载。

相传,武则天当了皇帝,玉帝便下令三年内不许向人间降雨,但司掌天河的玉龙不忍百姓受灾挨饿,偷偷降了一场大雨。玉帝得知后,将司掌天河的玉龙打下天宫,压在一座大山下面,山下还立了一块碑,上写:龙王降雨犯天规,当受人间千秋罪。要想重登灵霄阁,除非金豆开花时。人们为了拯救龙王,到处寻找开花的金豆。到了第二年二月初二这一天,人们正在翻晒金黄的玉米种子,猛然想起,这玉米就像金豆,炒开了花,不就是金豆开花吗?于是家家户户爆玉米花,并在院里设案焚香,供上"开花的金豆",专让龙王和玉帝看见。龙王知道这是百姓在救它,就大声向玉帝喊:"金豆开花了,放我出去!"玉帝一看,人间家家户户院里金豆开花,只好传谕,诏龙王回到天庭,继续给人间兴云布雨。

从此以后,民间形成了习惯,每到二月二这一天,人们就爆玉米花,也有炒豆的。大人小孩还念着:"二月二,龙抬头,大仓满,小仓流。"有的地方在院子里用灶灰撒成一个个大圆圈,将五谷杂粮放于中间,称作"打囤"或"填仓",其意是预祝当年五谷丰登,仓囤盈满。

5. 二月二的民俗

元朝以后,关于"二月二龙抬头"的各种民俗活动记载多了起来。人们也把这一天叫作龙头节,春龙节或青龙节。

清末的《燕京岁时记》说:"二月二日……今人呼为龙抬头。是日食饼者谓之龙鳞饼,食面者谓之龙须面。闺中停止针线,恐伤龙目也。"这时不仅吃饼吃面条,妇女还不能做针线活,怕伤害了龙的眼睛。

《辽中县志》记载民国时当地二月二的民俗说:"二月二日,俗称龙抬头。晨起以竿敲梁,谓之敲龙头,意谓龙蛰起陆,盖时近惊蛰之期。农家咸以粗米面作饼及馒首而为早餐。妇女于是日为童孩剃头,盖取龙抬头之意云。"这是辽宁地区的民俗,清晨要用长竿敲击房梁,把龙唤醒,同时也制作一些面食吃。

"二月二龙抬头"作为古代民俗的一种节日,已从中国人的现代生活中淡化出去了。不过,我们也应该认识到,对于"二月二龙抬头"的一些文化内涵,例如古人对龙的崇拜、"龙抬头"在古天文学上的唯物解释等等,仍然是具有研究价值的。

农历二月初二,是淮安民间的传统节日之一,名叫"龙抬头",也称"龙头节"。"二月二龙抬头,家家男子剃龙头",旧时淮安民间有"有钱无钱,剃头过年"的说法。春节前剃头理发到了二月二,已经一个多月,正是需要剃头理发的时候。

"二月二龙抬头"，是吉祥如意的日子，时间一长，就形成了二月二剃头的习俗。"二月二龙抬头，家家小孩剃毛头"也是这一原因，为取吉利，在剃的头中间加"龙"字，叫剃"龙"头，以区别其他时间的剃头，还有些女孩选此日穿耳孔。另外，家长选此日送孩子入学读书。

"二月二，家家人家接女儿"。旧时，正月新娘不回门，媳妇不走娘家，正月不空房。同时还有"出嫁的闺女正月不能看娘家的灯，看了娘家的灯死公公"的迷信说法，因而正月出嫁的女儿不准回娘家。一个多月的时间，闺女想娘，娘想闺女，所以到了二月二，不仅已经出了正月，而且又是吉祥如意的日子，所以各家都接女儿回娘家。

"二月二，照房梁，蝎子、蜈蚣无处藏"。这天，将过年祭祀剩下来的蜡烛点着，照房梁和墙壁，以驱灭害虫。另外，在这天，孩子们用筷子敲干瓢，边敲边说："二月二，敲瓢叉，十个老鼠九个瞎。"用筷子敲酒盅说："二月二，敲酒盅，十窝老鼠九窝空"，以此来驱鼠灭鼠。用白纸条书写"二月二，诸虫蚂蚁直入地"的"蜒蚰榜"，其中"诸虫蚂蚁直入地"要倒书，然后将其贴在桌腿或床脚上，以避虫蚁。

"二月二，龙抬头，大囤满，小囤流"，用青灰画粮囤或粮仓，或在门前用青灰画大小不等的圆圈，象征大圆接小圆，祈祷丰收，这又是民间一俗。

二月二，有的地方还有吃除夕锅巴和妇女忌用针线的习俗。据说龙抬头时动针线，会伤害龙的眼睛。

二月二，相传是土地公公的生日，称"土地诞"。为给土地公公"暖寿"，有的地方有举办"土地会"的习俗，家家凑钱为土地神祝贺生日，到土地庙烧香祭祀，敲锣鼓，放鞭炮，建国后此俗逐渐淡化。

6. 二月二的食俗

普通人家在这一天要吃面条、春饼、猪头肉、爆玉米花等，不同地域有不同的吃食，但大都与龙有关，普遍把食品名称加上"龙"的头衔。如吃水饺叫吃"龙耳"，吃春饼叫吃"龙鳞"，吃面条叫吃"龙须"，吃米饭叫吃"龙子"，吃馄饨叫吃"龙眼"。吃春饼叫做"吃龙鳞"是很形象的，一个比手掌大的春饼就像一片龙鳞。

春饼有韧性，内卷很多菜，如酱肉、肘子、熏鸡、酱鸭等，用刀切成细丝，配几种家常炒菜，如肉丝炒韭芽、肉丝炒菠菜、醋烹绿豆芽、素炒粉丝、摊鸡蛋等，一起卷进春饼里，蘸着混合细葱丝和淋上香油的面酱吃，真是鲜香爽口。吃春饼时，全家围坐一起，把烙好的春饼放在蒸锅里，随吃随拿，热热乎乎，其乐融融。

二月初二吃爆米花有传说。相传，龙王违抗天命为人间降雨，受到玉帝严惩。人们将玉米炒开花，形成"金豆开花"的假象，骗过玉帝，拯救了龙王。

从此以后，民间形成了习俗，每到二月初二这一天，人们就爆玉米花，也有炒黄豆的。二月初二吃猪头肉也有说法。自古以来，供奉祭神总要用猪牛羊三牲，后来简化为三牲之头，猪头即其中之一。

宋代《仇池笔记》也记录有吃猪头的故事。王中令平定巴蜀之后，甚感饥饿，于是闯入一乡村小庙，却遇上了一个喝得醉醺醺的和尚，王中令大怒，欲斩之，哪知和尚全无惧色，王中令很奇怪，转而向他讨食，不多时和尚献上了一盘"蒸猪头"，并为此赋诗曰："嘴长毛短浅含膘，久向山中食药苗。蒸时已将蕉叶裹，熟时兼用杏浆浇。红鲜雅称金盘汀，熟软真堪玉箸挑。若无毛根来比并，毡根自合吃藤条。"王中令吃着蒸猪头，听着风趣别致的"猪头诗"甚是高兴，于是，封那和尚为"紫衣法师"。

看起来猪头还真是一道佳肴呢，而且也是转危为安、平步青云的吉祥标志。

如今就有一道名菜叫做"扒猪脸"，这道菜经过选料、清洗、喷烤、洗泡、酱制等十二道工序，历经十多个小时的烹饪，才能端上餐桌。"扒猪脸"的吃法有三种，一是原汁原味吃，二是蘸酱汁吃，三是卷煎饼吃。每一种吃法都有不同的滋味。"扒猪脸"肥而不腻、肉骨分离、糯香可口，给现代人带来了美容、健脑的功效。"二月二"吃现代"扒猪脸"，回味古代的餐饮历史，真是一种当代与历史交融的完美体验。

7. 二月二在各地

除了以上较为普遍的习俗外，各地还有些独特的过节形式。

传说中，农历二月初二是万物复苏的日子。二月二，龙抬头，是山西民间普遍流传的不成节日的节日。在山西，老百姓都习惯于在这一天理发，农村则是剃头，借以去掉昔日的秽气，迎接来年的兴旺。一般农村，在二月二时，总要改善一下伙食，吃饺子，吃麻花，吃煎饼。

在西北二月二有吃炒豆子的习惯，表示每年春天的开始。

四、清明节

清明节，又叫踏青节。按阳历来说，它是在每年的 4 月 4 日至 6 日之间，正是春光明媚草木吐绿的时节，也正是人们春游（古代叫踏青）的好时候，所以古人有清明踏青、并开展一系列体育活动的习俗。

清明节古时也叫三月节，已有两千多年历史。公历 4 月 5 日前后为清明节，是二十四节气之一。在二十四个节气中，既是节气又是节日的只有清明。

我国古代将清明分为三候："一候桐始华；二候田鼠化为鹌；三候虹始见。"意即在这个时节先是白桐花开放，接着喜阴的田鼠不见了，全回到了地下的洞中，然后是雨后的天空可以见到彩虹了。

由于二十四节气比较客观地反映了一年四季气温、降雨、物候等方面的变化，所以古代劳动人民用它安排农事活动。《淮南子·天文训》云："春分后十五日，斗指乙，则清明风至。"按《岁时百问》的说法："万物生长此时，皆清洁而明净。故谓之清明。"清明一到，气温升高，雨量增多，正是春耕春种的大好时节。故有"清明前后，点瓜种豆"、"植树造林，莫过清明"的农谚。

可见这个节气与农业生产有着密切的关系。

但是，清明作为节日，与纯粹的节气又有所不同。

节气是我国物候变化、时令顺序的标志，而节日则包含着一定的风俗活动和某种纪念意义。清明节是我国传统节日，也是最重要的祭祀节日，是祭祖和扫墓的日子。扫墓俗称上坟，是祭祀死者的一种活动。汉族和一些少数民族大多在清明节扫墓。按照旧的习俗，扫墓时，人们要携带酒食果品、纸钱等物品到墓地，将食物供祭在亲人墓前，再将纸钱焚化，为坟墓培上新土，折几枝嫩绿的新枝插在坟上，然后叩头行礼祭拜，最后吃掉酒食回家。

唐代诗人杜牧的诗《清明》："清明时节雨纷纷，路上行人欲断魂。借问酒家何处有？牧童遥指杏花村。"写出了清明节的特殊气氛。

直到今天，清明节祭拜祖先，悼念已逝亲人的习俗仍很盛行。

1. 清明节由来

我国传统的清明节大约始于周代，已有 2 500 多年的历史。它在古代不如前一日的寒食节重要，因为清明和寒食节的日期接近，民间渐渐将两者的习俗融合。到了隋唐年间（公元 581 ~ 907），清明节和寒食节便渐渐融合为同一个节日，成为扫墓祭祖的日子，即今天的清明节。寒食节须禁火，只能吃冷的或预先煮好的食物。

相传这个习俗起源于春秋时代，当时晋国有人欲害死大公子重耳，忠臣介之推（又名介子推）便护送重耳逃亡，甚至在饥寒交迫之际，割下自己的肉给重耳吃，希望日后他安然回国，当上国君，并勤政爱民。

十多年后，重耳终于回国当上了国君，即春秋五霸之一的晋文公。重耳逐一犒赏流亡期间曾协助他的人，却忘了介之推，经旁人提醒，才赶忙差人请介之推前来领赏。介之推和母亲在深山隐居，晋文公与臣子在山中遍寻不获，有人提议放火烧山，介之推是孝子，一定会救母亲出来。可是，大火烧了三日三夜，仍不见介之推。火熄灭后，人们在一棵柳树下发现介之推背着母亲，两人一起被烧死。晋文公非常伤心和懊悔，将二人安葬在柳树下。晋文公将放火烧山的一天，定为寒食节，规定人们禁止用火，寒食一天，以纪念介之推的忠诚。

第二年，晋文公与群臣素服登山祭奠介之推，他们发现安葬介之推的老柳树死而复活，晋文公上前折了柳枝，围成圈儿戴在头上，并将杨柳挂在门外以示纪念，逐渐演变成今天的清明节习俗。在春光明媚、桃红柳绿的三四月间，中国传统习俗中最重视的节日就是清明节了。清明节就是现在的民间扫墓节，按阳历，约在 4 月 5 日前后；按农历，则是在三月上半月。古人把一年分为二十四节气，以这种岁时历法来播种、收成，清明便是二十四节气之一，时在春分后十五天，按《岁时百问》的说法："万物生长此时，皆清洁而明净。故谓之清明。"所以，"清明"本为节气名，后来加了寒食禁火及扫墓的习俗才形成清明节。

本来，寒食节与清明节是两个不同的节日，到了唐朝，将拜祭扫墓的日子定为寒食节。寒食节正确的日子是在冬至后105天，约在清明前后，因此便将清明与寒食合并为一了。

祭祖扫墓，这个习俗在中国起源甚早。

早在西周时对墓葬就十分重视。东周战国时代孟子的《齐人篇》也曾提及一个为人所耻笑的齐国人，常到东郭坟墓乞食祭墓的祭品，可见战国时代扫墓之风十分盛行。

到了唐玄宗时，下诏定寒食扫墓为当时的"五礼"之一，每逢清明节来到，"田野道路，士女遍满，皂隶佣丐，皆得父母丘墓"（柳宗元《与许京兆书》）。扫墓遂成为社会重要风俗。而在仍有些寒冷的春天，要禁火吃冷食，怕有些老弱妇孺耐不住寒冷，也为了防止寒食冷餐伤身，于是就定了踏青、郊游、荡秋千、踢足球、打马球、插柳、拔河、斗鸡等户外活动，让大家出来晒晒太阳，活动活动筋骨，增强抵抗力。

清明节除了祭祖扫墓之外，还有各项野外健身活动，使得这个节日，除了具有慎终追远的感伤外，还融入了欢乐赏春的气氛；既有生离死别的悲酸泪，又到处是一派清新明丽的生动景象。真是一个极富特色的节日。

清明祭扫坟茔是和丧葬礼俗有关的节俗。据载，古代"墓而不坟"，就是说只打墓坑，不筑坟丘，所以祭扫就不见于典籍。后来墓有了坟，祭扫之俗便有了依托。秦汉时代，墓祭已成为不可或缺的礼俗活动。《汉书·严延年传》载，严氏即使离京千里也要在清明"还归东海扫墓地"。就中国人祖先崇拜和亲族意识的发达、强固来看，严延年的举动是合情合理的。因此后世把上古没有纳入规范的墓祭也归入五礼之中，"士庶之家，宜许上墓，编入五礼，永为常式。"得到官方的肯定，墓祭之风必然大盛。

清明节是一个纪念祖先的节日。主要的纪念仪式是扫墓，扫墓是慎终追远、敦亲睦族及行孝的具体体现，基于上述意义，清明节成为华人的重要节日。

清明节在仲春与暮春之交，也就是冬至后的106天。扫墓活动通常是在清明节的前10天或后10天。有些地方的扫墓活动长达一个月。

2. 清明节内容

清明节纪念祖先有多种形式。

扫墓是清明节最早的一种习俗，这种习俗延续到今天，已随着社会的进步而逐渐简化。扫墓当天，子孙们将先人的坟墓及周围的杂草进行修整和清理，然后供上食品鲜花等。

由于火化遗体越来越普遍，使得前往骨灰置放处拜祭先人的方式逐渐取代了扫墓的习俗。

新加坡华人在庙宇里为死者立神主牌，庙宇因此也成了清明祭祖的地方。清明节当天有些人家也在家里拜祭祖先。

在清明节这一天，可到先人坟地、骨灰放置处或寺庙的灵位前静默鞠躬。

不论以何种形式纪念，清明节最基本的仪式是到坟前、骨灰放置处或灵位前追念祖先。为了使纪念祖先的仪式更有意义，我们应让年轻一代的家庭成员了解先人过去的奋斗历史。

3. 清明节习俗

清明节的习俗是丰富有趣的，除了讲究禁火、扫墓外，还有踏青、荡秋千、蹴鞠、打马球、插柳等一系列风俗体育活动。相传这是因为清明节要寒食禁火，为了防止寒食冷餐伤身，所以大家来参加一些体育活动，以锻炼身体。因此，这个节日中既有祭扫新坟生别死离的悲酸泪，又有踏青游玩的欢笑声，是一个富有特色的节日。

荡秋千是我国古代清明节习俗。秋千的历史很古老，最早叫千秋，后为了避讳，改为秋千。古时的秋千多用树桠枝为架，再栓上彩带做成。后来逐步发展为用两根绳索加上踏板的秋千。打秋千不仅能增进身体健康，还能培养勇敢精神，至今仍为人们特别是儿童所喜爱。

鞠是一种皮球，球皮用皮革做成，球内用毛塞紧。蹴鞠，就是用足去踢球。这是古代清明节时人们喜爱的一种游戏。相传是黄帝发明的，最初目的是用来训练武士。

踏青又叫春游，古时叫探春、寻春等。三月清明，春回大地，自然界到处呈现一派生机勃勃的景象，正是郊游的大好时光。我国民间长期保持着清明踏青的习俗。

清明前后，春阳照临，春雨飞洒，种植树苗成活率高，成长快。因此，自古以来，我国就有清明植树的习惯。有人还把清明节叫做"植树节"。植树风俗一直流传至今。1979年，全国人民代表大会常务委员会规定，每年3月12日为我国植树节。这对动员全国各族人民积极开展绿化祖国活动，有着十分重要的意义。

放风筝也是清明时节人们所喜爱的活动。每逢清明，人们不仅白天放，夜间也放。夜里在风筝下或风稳拉线上挂上一串串彩色的小灯笼，像闪烁的明星，被称为"神灯"。过去，有的人把风筝放上蓝天后，便剪断牵线，任凭清风把它们送往天涯海角，据说这样能除病消灾，给自己带来好运。

清明扫墓，谓之对祖先的"思时之敬"。其习俗由来已久。明刘侗《帝京景物略》载："三月清明日，男女扫墓，担提尊榼，轿马后挂楮锭，粲粲然满道也。拜者、哭者、为墓除草者焚楮锭，次以纸钱置坟头。望中无纸钱，则孤坟矣。哭罢，不归也，趋芳树，择园圃，列坐尽醉。"其实，扫墓在秦以前就有了，但不一定是在清明之际，清明扫墓则是秦以后的事，到唐朝才开始盛行。《清通礼》云："岁，寒食及霜降节，拜扫圹茔，届期素服诣墓，具酒馔及芟剪草木之器，周胝封树，剪除荆草，故称扫墓。"并相传至今。清明祭扫仪式本应亲自到茔地去举行，但由于每家经济条件和其他条件不一样，祭扫的方式也就有所区别。"烧包袱"是祭奠祖先的主要形式。所谓"包袱"，亦作"包裹"，是指孝属从阳世寄往"阴间"的邮包。过去，纸店有卖所谓"包袱皮"的，即用白纸糊一大口袋，有两种形式：一种是用木刻版，周围印上梵文音译的《往生咒》，中间印一莲座牌位，用来写上收钱亡人的名讳，如"已故张府君讳云山老大人"字样，既是邮包又是牌位；另一种是素包袱皮，不印任何图案，中间只贴一蓝签，写上亡人名讳即可，亦做主牌用。关于包袱里的冥钱，种类很多：一是大烧纸，用白纸砸上四行圆钱，每行五枚；二是冥钞，这是人间有了洋钱票之后仿制的，上书"天堂银行"、"冥国银行"、"地府阴曹银行"等字样，并有酆都城的图案，多系巨额票面，背后印有佛教《往生咒》；三是假洋钱，用硬纸作心，外包银箔，压上与当时通行的银元一样的图案；四是用红色印在黄表纸上的《往生咒》，做成圆钱状，故又叫"往生钱"；五是用金银箔叠成的元宝、锞子，有的还要用线穿成串，下边缀一彩纸穗。旧时，不拘贫富均有烧包袱的习俗。是日，在祠堂或家宅正屋设供案，将包袱放于正中，前设水饺、糕点、水果等供品，烧香秉烛。全家依尊卑长幼行礼后，即可于门外焚化。焚化时，画一个大圈，按坟地方向留一缺口。在圈外烧三五张纸，谓之"打发外祟"。有的富户要携家带眷乘车坐轿，亲到坟茔去祭扫。届时要修整坟墓，或象征性地给坟头上添添土，还要在上边压些纸钱，让他人看了，知道此坟尚有后人。祭罢，有的围坐聚餐饮酒，有的则放起风筝，甚至互相比赛，进行娱乐活动。妇女和小孩们还要就近折些杨柳枝，将撤下的蒸食供品用柳条穿起来。有的则把柳条编成圆环状，戴在头上，谓"清明不戴柳，来生变黄狗"。此既是扫墓又是郊游，兴尽方归。

插柳，据说插柳的风俗是为了纪念"教民稼穑"的农事祖师神农氏。有的地方，人们把柳枝插在屋檐下，以预报天气，古谚有"柳条青，雨蒙蒙；柳条干，晴了天"的说法。黄巢起义时规定，以"清明为期，戴柳为号"。起义失败后，戴柳的习俗渐被淘汰，只有插柳盛行不衰。杨柳有强大的生命力，俗话说："有心栽花花不发，无心插柳柳成荫。"柳条插土就活，插到哪里，活到哪里，年年插柳，处处成荫。清明插柳戴柳还有一种说法，原来中国人以清明、七月半和十月朔为三大鬼节，是百鬼出没讨索之时。人们为防止鬼的侵扰迫害，便插柳戴柳。柳在人们的心目中有避邪的功用。受佛教的影响，人们认为柳可以驱鬼，称之为"鬼怖木"，观世音以柳枝蘸水济度众生。北魏贾思勰《齐民要术》里说："取柳枝著户上，百鬼不入家。"清明既然是鬼节，值此柳条发芽时节，人们自然要纷纷插柳戴柳以避邪了。汉人有"折柳赠别"的风俗，灞桥在长安东，跨水作桥，汉人送客至此桥，折柳赠别。李白有词云："年年柳色，灞陵伤别。"古代长安灞桥两岸，堤长十里，一步一柳，由长安东去的人多到此地惜别，折柳枝赠别亲人，因"柳"与"留"谐音，以示挽留之意。这种习俗最早起源于《诗经·小雅·采薇》"昔我往矣，杨柳依依"，用离别赠柳来表示难分难离、不忍相别、恋恋不舍的心意。杨柳是春天的标志，在春天中摇曳的杨柳，总是给人欣欣向荣之感。"折柳赠别"就蕴含着"春常在"的祝愿。古人送行时折柳相送，也寓意亲人离别去乡正如离枝的柳条，希望他到新的地方，能很快生根发芽，好像柳枝之随处可活。它是一种对友人的美好祝愿，古人的诗词中也大量提及折柳赠别之事。唐代权德舆诗："新知折柳赠，"宋代姜白石诗："别路恐无青柳枝，"明代郭登诗："年年长自送行人，折尽边城路旁柳。"清代陈维崧词："柳条今剩几？待折赠。"人们不但见了杨柳会引起别愁，连听到《折杨柳》曲，也会触动离绪。李白《春夜洛城闻笛》："此夜曲中闻折柳，何人不起故园情。"其实，柳树可以有多方面的象征意义，古人又赋予柳树种种感情，于是借柳寄情便是情理中之事了。

4. 清明节食品

在清明节的饮食方面，各地有不同的节令食品。

由于寒食节与清明节合二为一的关系，一些地方还保留着清明节吃冷食的习惯。在山东，即墨吃鸡蛋和冷饽饽；莱阳、招远、长岛吃鸡蛋和冷高粱米饭，据说不这样的话就会遭冰雹；泰安吃冷煎饼卷生苦菜，据说吃了眼睛明亮。晋中一带还保留着清明前一日禁火的习惯，很多地方在完成祭祀仪式后，将祭祀食品分吃。晋南人过清明时，习惯用白面蒸大馍，中间夹有核桃、枣儿、豆子，外面盘成龙形，龙身中间扎一个鸡蛋，名为"子福"，要蒸一个很大的总"子福"，象征全家团圆幸福。上坟时，将总"子福"献给祖灵，扫墓完毕后全家分食之。上海旧俗，用柳条将祭祀用过的蒸糕饼团贯穿起来，晾干后存放着，到立夏那天，将之油煎，给小孩吃，据说吃了以后不得疰夏病。

上海清明节时有吃青团的风俗。将雀麦草汁和糯米一起舂合，使青汁和米粉相互融合，然后包上豆沙、枣泥等馅料，用芦叶垫底，放到蒸笼内。蒸熟出笼的青团色泽鲜绿，香气扑鼻，是本地清明节最有特色的节令食品。上海有的人家清明节爱吃桃花粥，在扫墓和家宴上爱用刀鱼。

在浙江湖州，清明节家家裹粽子，可作上坟的祭品，也可做踏青带的干粮。俗话说："清明粽子稳牢牢。"清明前后，螺蛳肥壮，俗话说："清明螺，赛只鹅。"农家有清明吃螺蛳的习惯，这天用针挑出螺蛳肉烹食，叫"挑青"。吃后将螺蛳壳扔到房顶上，据说屋瓦上发出的滚动声能吓跑老鼠，有利于清明后的养蚕。清明节这天，还要办社酒，同一宗祠的人家在一起聚餐。没有宗祠的人家，一般同一高祖下各房子孙们在一起聚餐。社酒的菜肴，荤以鱼肉为主，素以豆腐青菜为主，酒以家酿甜白酒为主。浙江桐乡河山镇有"清明大似年"的说法，清明夜重视全家团圆吃晚餐，饭桌上少不了这样几个传统菜：炒螺蛳、糯米嵌藕、发芽豆、马兰头等。这几样菜都跟养蚕有关，把吃剩的螺蛳壳往屋里抛，据说声音能吓跑老鼠，毛毛虫会钻进壳里做巢，不再出来骚扰蚕；吃藕是祝愿蚕宝宝吐的丝又长又好；吃发芽豆是博得"发家"的口彩；吃马兰头等时鲜蔬菜，是取其"青"字，以合"清明"之"清"。

5．清明节诗词

清　明

（唐）杜　牧

清明时节雨纷纷，路上行人欲断魂。

借问酒家何处有？牧童遥指杏花村。

途中寒食

（唐）宋之问

马上逢寒食，途中属暮春。

可怜江浦望，不见洛桥人。

北极怀明主，南溟作逐臣。

故园肠断处，日夜柳条新。

寒食上冢

（宋）杨万里

迳直夫何细！桥危可免扶？

远山枫外淡，破屋麦边孤。

宿草春风又，新阡去岁无。

梨花自寒食，进节只愁余。

五、端午节

1．端午节简介

中国民间的传统节日，在夏历五月初五，也叫"端阳"、"蒲节"、"天中节"、"大长节"、"沐兰节"、"女儿节"、"小儿节"。它是汉族的传统节日之一，端午节还有许多别称，如午日节、重五节、五月节、浴兰节、女儿节、天中节、地腊、诗人节、龙日、艾节、端五、夏节、重午、午日等等。虽然名称不同，但总体上说，各地人民过节的习俗还是同多于异的。时至今日，端午节仍是中国人民一个十分盛行的隆重节日。国家非常重视非物质文化遗产的保护，2006 年 5 月 20 日，该民俗经国务院批准列入第一批国家级非物质文化遗产名录。

端午节是全年四大节之一。五月是毒月，五日是毒日，五日的中午又是毒时，居三毒之端。端午节又叫"五月端"。五月是整个热天的开端，五毒蛇开始活跃，魑魅魍魉也会猖獗，这些都那些人特别是那些无所顾忌又无抵抗能力的孩子带来灾难，所以必须在五月端这天集中为孩子消灾防毒，因此，人们又把五月端午节说成是"小孩节"或"娃娃节"。

过端午节，是中国人的传统习惯，由于地域广大，民族众多，部分蒙古、回、藏、苗、彝、壮、布依、朝鲜、侗、瑶、白、土家、哈尼、畲、拉祜、水、纳西、达斡尔、仫佬、羌、仡佬、锡伯、普米、鄂温克、裕固、鄂伦春等少数民族也过此节，加上许多故事传说，不仅产生了众多相异的节名，各地也有着不尽相同的习俗。其内容主要有女儿回娘家，挂钟馗像，迎鬼船、躲午、帖午叶符，悬挂菖蒲、艾草，游百病，佩香囊，备牲醴，赛龙舟，比武，击球，荡秋千，给小孩涂雄黄，饮用雄黄酒、菖蒲酒，吃五毒饼、咸蛋、粽子和时令鲜果等，除了有迷信色彩的活动渐已消失外，其余至今仍流传中国各地及邻近诸国。有些活动，如赛龙舟等，已得到新的发展，突破了时间、地域界线，成为了国际性的体育赛事。

2005 年 11 月 24 日，韩国申请"端午祭"，被联合国教科文组织正式确定为"人类口头和非物质文化遗产"。这是中国人对中华文化遗产保护的一次深刻教训。

关于端午节的由来，说法甚多，诸如纪念屈原说，纪念伍子胥说，纪念曹娥说，起于三代夏至节说，恶月恶日驱避说，吴月民族图腾祭说等等。以上各说，各本其源。据学者闻一多先生的《端午考》和《端午的历史教育》中列举的百余条古籍记载及专家考古考证，端午起源于中国古代南方吴越民族举行的图腾祭节日，比屈原更早。但千百年来，屈原的爱国精神和感人诗词已深入人心，故人们"惜而哀之，世论其辞，以相传焉"。因此，纪念屈原之说，影响最广最深，占据主流地位。在民俗文化领域，中国民众把端午节的龙舟竞渡和吃粽子等，都与纪念屈原联系在一起。

2. 端午节传说

端午节是古老的传统节日，始于春秋战国时期，至今已有两千多年历史。

农历五月初五，俗称"端午节"。端是"开端"、"初"的意思。初五可以称为端五。农历以地支纪月，正月为寅，二月为卯，顺次至五月为午，因此称五月为午月，"五"与"午"通，"五"又为阳数，故端午又名端五、重五、端阳、中天等。从史籍上看，"端午"二字最早见于晋人周处《风土记》："仲夏端午，烹鹜角黍。"端午节是我国汉族人民的传统节日。这一天必不可少的活动逐渐演变为吃粽子，赛龙舟，挂菖蒲、艾叶，薰苍术、白芷，喝雄黄酒。据说，吃粽子和赛龙舟，是为了纪念屈原，所以解放后曾把端午节定名为"诗人节"，以纪念屈原。挂菖蒲、艾叶，薰苍术、白芷，喝雄黄酒，则是为了压邪。尽管端午节年年过，但是关于端午节的来历，却不甚清楚，归纳起来，大致有以下诸说。

龙的节日说

这种说法来自闻一多的《端午考》和《端午的历史教育》。他认为，五月初五是古代吴越地区"龙"的部落举行图腾祭祀的日子。其主要理由：

一是端午节两个最主要的活动是吃粽子和竞渡，都与龙相关。粽子投入水里常被蛟龙所窃，而竞渡则用的是龙舟。

二是竞渡与古代吴越地方的关系尤深，况且吴越百姓还有断发文身"以像龙子"的习俗。

三是古代五月初五日有用"五彩丝系臂"的民间风俗，这应当是"像龙子"的文身习俗的遗迹。

恶日说

在先秦时代，普遍认为五月是个毒月，五日是恶日。《吕氏春秋》中《仲夏记》一章规定人们在五月要禁欲、斋戒。《夏小正》记载"此日蓄药，以蠲除毒气。"《大戴礼》记载："五月五日畜兰为沐浴"，以浴驱邪。认为重五是死亡之日的传说也很多。《史记·孟尝君列传》记历史上有名的孟尝君，在五月五日出生，其父认为"五月子者，长于户齐，将不利其父母"。《风俗通》佚文："俗说五月五日生子，男害父，女害母。"《论衡》的作者王充也记述："讳举正月、五月子；以正月、五月子杀父与母，不得举也。"东晋大将王镇恶五月初五生，其祖父便给他取名为"镇恶"。宋徽宗赵佶五月初五生，从小寄养在宫外。

可见，古代以五月初五为恶日，是普遍现象。先秦以后，此日均为不吉之日。这样，在此日插菖蒲、艾叶以驱鬼，薰苍术、白芷和喝雄黄酒以避疫，就是顺理成章的事了。

河北省民俗文化协会会长袁学骏研究认为，早在屈原之前就有了"端午节"的概念。

袁学骏说，中国人的思维模式中历来就有数字重叠的概念，如正月正（阴历一月初一）春节，二月二日龙头节，三月三日相传是王母娘娘的蟠桃会，此外还有七月七日七夕节，九月九日重阳节等，这些节日都有其自身内涵，它们都和中国几千年来的农业文明紧密相连。五月五日被当作节日来过和上述这些节日形成的时间早晚相当，在七八千年前就已形成。

"在中国的历史传统中认为五月五日是恶月恶日，按照《易经》等典籍记载，阴恶从五而生，五月五日恰恰是阳气运行到端点的端阳之时，这种日子恶疠病疫多泛滥，因此，这一天人们便插艾叶、挂菖蒲、喝雄黄酒、配香囊等，以驱邪避邪、保健健身。"

夏至说

持这一看法的刘德谦在《"端午"始源又一说》和《中国传统节日趣谈》中，提出三个主要理由：

一是权威性的岁时著作《荆楚岁时记》并未提到五月初五日要吃粽子的节日风俗，却把吃粽子写在夏至节中。至于竞渡，隋代杜台卿所作的《玉烛宝典》把它划入夏至日的娱乐活动，可见不一定就是为了打捞投江的伟大诗人屈原。

二是端午节风俗中的一些内容，如"踏百草"、"斗百草"、"采杂药"等，实际上与屈原无关。

三是《岁时风物华纪丽》对端午节的第一个解释是"日叶正阳，时当中"，即端午节正是夏季之中，故端午节又可称为天中节。由此端午节的最早起源当属夏至。

纪念屈原说

据《史记·屈原贾生列传》记载，屈原是战国时期楚怀王的大臣。他倡导举贤授能，富国强兵，力主联齐抗秦，遭到贵族子兰等人的强烈反对，屈原遭谗去职，被赶出都城，流放到沅、湘流域。他在流放中，写下了忧国忧民的《离骚》、《天问》、《九歌》等不朽诗篇，独具风貌，影响深远（因而，端午节也称诗人节）。公元前278年，秦军攻破楚国京都，屈原眼看自己的祖国被侵略，心如刀割，但是始终不忍舍弃自己的祖国，于五月五日，在写下了绝笔作《怀沙》之后，抱石投汨罗江身亡，以自己的生命谱写了一曲壮丽的爱国主义乐章。

传说屈原死后，楚国百姓哀痛异常，纷纷拥到汨罗江边去凭吊屈原。渔夫们划起船只，在江上来回打捞他的身体。有位渔夫拿出为屈原准备的饭团、鸡蛋等食物丢进江里，说是让鱼龙虾蟹吃饱了，就不会去咬屈大夫的身体了，人们见后纷纷仿效。一位老医师则拿来一坛雄黄酒倒进江里，说是要药晕蛟龙水兽，以免伤害屈大夫。为怕饭团为蛟龙所食，人们想出用楝树叶包饭，外缠彩丝，后来发展成粽子。

以后，在每年的五月初五，就有了龙舟竞渡、吃粽子、喝雄黄酒的风俗，人们以此来纪念爱国诗人屈原。

纪念伍子胥说

这一传说在江浙一带流传很广，是纪念春秋时期（公元前770～前476）的伍子胥。伍子胥名员，楚国人，父兄均为楚王所杀，后来子胥弃暗投明，奔向吴国，助吴伐楚，五战而入楚都郢城。当时楚平王已死，子胥掘墓鞭尸三百，以报杀父兄之仇。吴王阖闾死后，其子夫差继位，吴军士气高昂，百战百胜，越国大败，越王勾践请和，夫差许之。子胥建议，应彻底消灭越国，夫差不听，吴国太宰，受越国贿赂，谗言陷害子胥，夫差信之，赐子胥宝剑，子胥以此死。子胥本为忠良，视死如归，在死前对邻舍人说："我死后，将我眼睛挖出悬挂在吴京之东门上，以看越国军队入城灭吴。"便自刎而死。夫差闻言大怒，令取子胥之尸体装在皮革里于五月五日投入大江，因此相传端午节亦为纪念伍子胥之日。

纪念孝女曹娥说

传说端午节是为纪念东汉（公元25～220）孝女曹娥。曹娥是东汉上虞人，父亲溺于江中，数日不见尸体，当时孝女曹娥年仅十四岁，昼夜沿江号哭。过了十七天，在五月五日也投江，五日后抱出父尸。就此传为神话，继而传至县府知事，令度尚为之立碑，让他的弟子邯郸淳作诔辞颂扬。

孝女曹娥之墓，在今浙江绍兴，后传曹娥碑为晋王义所书。后人为纪念曹娥的孝节，在曹娥投江之处兴建曹娥庙，她所居住的村镇改名为曹娥镇，曹娥殉父之处定名为曹娥江。

古越民族图腾祭说

近代大量出土文物和考古研究证实，长江中下游广大地区，在新石器时代，有一种几何印纹陶为特征的文化遗存。该遗存的族属，据专家推断是一个崇拜龙图腾的部族，史称百越族。出土陶器上的纹饰和历史传说显示，他们有断发文身的习俗，生活于水乡，自比是龙的子孙。其生产工具，大多数是石器，也有铲、凿等小件的青铜器。在生活用品的坛坛罐罐中，烧煮食物的印纹陶鼎是他们所特有的，是他们族群的标志之一。直到秦汉时代尚有百越人，端午节就是他们创立、用于祭祖的节日。在数千年的历史发展中，大部分百越人已经融合到汉族中去了，其余部分则演变为南方许多少数民族，因此，端午节成了全中华民族的节日。

3. 端午节习俗

我国民间过端午节是较为隆重的，庆祝的活动也很丰富，从早晨天蒙蒙亮开始，一直持续到正午才结束。比较普遍的活动有以下几种形式。

赛龙舟

赛龙舟，是端午节的主要习俗。相传起源于古时楚国人因舍不得贤臣屈原投江死去，许多人划船追赶拯救，他们争先恐后，追至洞庭湖时仍不见踪迹。之后每年五月五日划龙舟以纪念之，借划龙舟驱散江中之鱼，以免鱼吃掉屈原的身体。竞渡之习，盛行于吴、越、楚。

其实，"龙舟竞渡"早在战国时代就有了。在急鼓声中划刻成龙形的独木舟，做竞渡游戏，以娱神与乐人，是祭仪中半宗教性、半娱乐性的节目。

赛龙舟除纪念屈原之外，在各地人们还赋予其不同的寓意。

江浙地区划龙舟，兼有纪念当地出生的近代女民主革命家秋瑾的意义。夜龙船上，张灯结彩，来往穿梭，水上水下，情景动人，别具情趣。贵州苗族人民在农历五月二十五至二十八举行"龙船节"，以庆祝插秧胜利和预祝五谷丰登。云南傣族同胞则在泼水节赛龙舟，纪念古代英雄岩红窝。不同民族、不同地区，划龙舟的传说有所不同。直到今天在南方的不少临江河湖海地区，每年端节都要举行富有特色的龙舟竞赛活动。

清乾隆二十九年（1736年），台湾开始举行龙舟竞渡活动。当时台湾知府蒋元君曾在台南市法华寺半月池主持友谊赛。现在台湾每年五月五日都举行龙舟竞赛。在香港也举行竞渡。

此外，划龙舟也先后传入日本、越南及英国等国家。1980年，赛龙舟被列入中国国家体育比赛项目，并每年举行"屈原杯"龙舟赛。1991年6月16日（农历五月初五），在屈原的第二故乡湖南岳阳市，举行了首届国际龙舟节。在竞渡前，举行了既保存传统仪式又注入新的现代因素的"龙头祭"。"龙头"被抬入屈子祠内，由运动员给龙头"上红"（披红带）后，主祭人宣读祭文，并为龙头"开光"（即点睛）。然后，参加祭龙的全体人员三鞠躬，龙头即被抬去汨罗江，奔向龙舟赛场。此次参加比赛、交易会和联欢活动的多达60万人，可谓盛况空前。尔后，湖南定期举办国际龙舟节，赛龙舟盛传于世。

端午食粽

端午节吃粽子，这是中国人民的又一传统习俗。粽子，又叫"角黍"、"筒粽"，其由来已久，花样繁多。

据记载，早在春秋时期，用菰叶（茭白叶）包黍米成牛角状，称"角黍"；用竹筒装米密封烤熟，称"筒粽"。东汉末年，以草木灰水浸泡黍米，因水中含碱，用菰叶包黍米成四角形，煮熟，成为广东碱水粽。

晋代，粽子被正式定为端午节食品。这时，包粽子的原料除糯米外，还添加中药益智仁，煮熟的粽子称"益智粽"。时人周处《岳阳风土记》记载："俗以菰叶裹黍米……煮之，合烂熟，于五月五日至夏至啖之，一名粽，一名黍。"南北朝时期，出现杂粽，米中掺杂禽兽肉、板栗、红枣、赤豆等，品种增多。粽子还用做交往的礼品。

到了唐代，粽子的用米，已"白莹如玉"，其形状出现锥形、菱形，日本文献中就记载有"大唐粽子"。宋朝时，已有"蜜饯粽"，即果品入粽。诗人苏东坡有"时于粽里见杨梅"的诗句。这时还出现用粽子堆成楼台亭阁、木车牛马的广告，说明宋代吃粽子已成为时尚。元、明时期，粽子的包裹料已从菰叶变为箬叶，后来又出现用芦苇叶包的粽子，附加料已出现豆沙、猪肉、松子仁、枣子、胡桃等等，品种更加丰富。

端午节的早晨家家吃粽子纪念屈原，一般是前一天把粽子包好，夜间煮熟，早晨食用。包粽子主要是用河塘边盛产的嫩芦苇叶，也有用竹叶的，统称粽叶。粽子的传统形式为三角形，一般根据内瓤命名，包糯米的叫米粽，米中掺小豆的叫小豆粽，掺红枣的叫枣粽，枣粽谐音为"早中"，所以吃枣粽的最多，意在读书的孩子吃了可以早中状元。过去读书人参加科举考试的当天，早晨都要吃枣粽，至今有些地方中学、大学入学考试日的早晨，家长亦要做枣粽给考生吃。

煮粽子的锅里一定要煮鸡蛋，有条件的还要再煮些鸭蛋、鹅蛋，吃过蘸糖的甜粽之后，要再吃蘸盐的鸡蛋"压顶"。据说吃端午节粽锅里的煮鸡蛋主夏天不生疮；把粽子锅里煮的鸭蛋、鹅蛋放在正午的阳光下晒一会再吃，整个夏天不头痛。

直到今天，每年五月初，中国百姓家家都要浸糯米、洗粽叶、包粽子，其花色品种更为繁多。从馅料看，北方多为小枣，南方则有豆沙、鲜肉、火腿、蛋黄等多种馅料，其中以浙江嘉兴粽子为代表。吃粽子的风俗，千百年来在中国盛行不衰，而且流传到朝鲜、日本及东南亚诸国。

佩香囊

端午节小孩佩香囊，传说有避邪驱瘟之意，实际是用于襟头点缀装饰。香囊内有朱砂、雄黄、香药，外包以丝布，清香四溢，再以五色丝线弦扣成索，做成各种不同形状，结成一串，形形色色，玲珑可爱。在中国某些南方城市，青年男女还用香囊来表达爱意。

悬艾叶菖蒲

民谚说："清明插柳，端午插艾。"在端午节，人们把插艾和菖蒲作为节日的重要内容之一。家家都洒扫庭除，以菖蒲、艾条插于门楣，悬于堂中。并用菖蒲、艾叶、榴花、蒜头、龙船花等制成人形或虎形，称为艾人、艾虎；制成花环、佩饰，美丽芬芳，妇人争相佩戴，用以驱瘴。

艾，又名家艾、艾蒿。它的茎、叶都含有挥发性芳香油。它所产生的奇特芳香，可驱蚊蝇、虫蚁，净化空气。中医学以艾入药，有理气血、暖子宫、祛寒湿的功能。将艾叶加工成"艾绒"，是灸法治病的重要药材。

菖蒲是多年生水生草本植物，它狭长的叶片也含有挥发性芳香油，是提神通窍、健脾消滞、杀虫灭菌的药物。

可见，古人插艾和菖蒲是有一定防病作用的。端午节也是自古相传的"卫生节"，人们在这一天洒扫庭除，挂艾枝，悬菖蒲，洒雄黄水，饮雄黄酒，激浊除腐，杀菌防病，这些活动也反映了中华民族的优良传统。端午节上山采药，则是我国各民族共同的习俗。

悬钟馗像

钟馗捉鬼，是端午节习俗。在江淮地区，家家都悬钟馗像，用以镇宅驱邪。唐明皇开元年间，自骊山讲武回宫，疟疾大发，梦见二鬼，一大一小，小鬼穿大红无裆裤，偷杨贵妃之香囊和明皇的玉笛，绕殿而跑。大鬼则穿蓝袍戴帽，捉住小鬼，挖掉其眼睛，一口吞下。明皇喝问，大鬼奏曰："臣钟馗，即武举不第，愿为陛下除妖魔。"明皇醒后，疟疾痊愈，于是令画工吴道子照梦中所见画成钟馗捉鬼之画像，通令天下于端午时一律张贴，以驱邪魔。

相传钟馗为唐代人，到长安应试考中状元，因其貌不扬被废，愤而触殿阶而亡。后来托梦给唐明皇，决心歼除天下魔鬼。当时皇宫内正闹鬼邪，唐明皇召大画家吴道子依梦中所见，画《钟馗捉鬼图》。并将此画悬挂后宰门用以驱妖镇邪，宫中遂得安宁。唐明皇加封钟馗为"驱魔大神"，钟馗像因此遍行天下，剪除鬼魅，立下大功，后神话传说被玉帝封为"驱魔帝君"。人们在端阳节悬挂钟馗像，用来镇鬼避邪，希求家庭平安。

挂荷包和拴五色丝线

应劭《风俗通》记载："五月五日，以五彩丝系臂，名长命缕，一名续命缕，一名辟兵绍，一名五色缕，一名朱索，避鬼及兵，令人不病瘟。"

中国古代崇拜五色，以五色为吉祥色。因而，节日清晨，各家大人起床后第一件大事便是在孩子手腕、脚腕、脖子上拴五色线。系线时，禁忌儿童开口说话。五色线不可任意折断或丢弃，只能在夏季第一场大雨或第一次洗澡时，抛到河里。据说，戴五色线的儿童可以避开蛇蝎类毒虫的伤害，扔到河里，意味着让河水将瘟疫、疾病冲走，儿童由此可保安康。

孟元老的《东京梦华录》卷八记载：端午节物，百索、艾花、银样鼓儿、花花巧画扇、香糖果子、粽小、白团、紫苏、菖蒲、木瓜，并皆茸切，以香药相和，用梅红匣子盛裹。自五月一日及端午前一日，卖桃、柳、葵花、蒲叶、佛道艾。次日家家铺陈于门首，与粽子、五色水团、茶、酒供养。又钉艾人于门上，士庶递相宴赏。

陈元靓的《岁时广记》引《岁时杂记》提及："端五以赤白彩造如囊，以彩线贯之，摺使如花形，或带或钉门上，以襄赤口白舌，又谓之摺钱。"还提及另一种"蚌粉铃"："端五日以蚌粉纳帛中，缀之以绵，若数珠。令小儿带之以吸汗也。"这些随身携带的袋囊内容物几经变化，从吸汗的蚌粉、驱邪的灵符、铜钱，避虫的雄黄粉，发展成装有香料的香囊，制作也日趋精致，成为端午节特有的民间工艺品。

类似还有饮雄黄酒的习俗，在长江流域地区的人家很盛行。游百病的习俗，是盛行于贵州地区的端午习俗。

躲五

农历五月，酷暑将临，瘟疫毒虫滋生，古时称五月为"恶月"。并认为五月初五日是不吉利的日子。这一天父母要将未满周岁的儿童带到外婆家躲藏，以避不吉。

送时

中原地区端阳节到来之际，凡新嫁姑娘之娘家，在节前或节日里要给男方送草帽、雨伞扇子、凉席等物以备防热防雨，故端阳节又称为"送时节"。

驱五毒

五毒指蝎子、蜈蚣、毒蛇、蟾蜍、壁虎五种毒虫。"端阳节，天气热；五毒醒，不安宁。"所以到端阳节这天人们便在门上贴上纸剪的五毒图像，以避其毒。有些地方还要把五毒图的头上再扎上一根针，表示要把它们钉死除掉。驱五毒反映了人们除害防病的良好愿望。

滚吃鸡鸭鹅蛋

全国各地均为流行。端午早晨，东北一带由长者将煮熟的鸡鸭鹅蛋放在儿童的肚皮上滚动，然后剥皮让儿童吃下，据说这样做可避免儿童肚子疼，实则为节日的一种嬉儿游戏。其他地区均以煮食为主，据说原为投入河水中饲喂鱼虾而拯救屈原，以免其尸骨被鱼虾所害，后演化为煮食纪念。

煮大蒜

大蒜是一种中药，味辛甘，能杀毒灭菌，熟食能清肠胃毒素，疏通血脉。端午节早晨，全国大部分地区的习俗是煮食新蒜头，以疏通血脉，消毒灭菌。

破火眼

江苏南京一带端午节习俗。是日，在一碗清水里放适量雄黄，丢进两枚铜钱，全家人用此水洗眼，据说可以防治眼疾。雄黄有杀菌灭毒的功效，这样做有一定的好处。

游百病

贵州地区端午风俗。端阳节这天男女老幼都要穿上新衣、带上食品到外面游玩一天，并在山间田野采集野花香草，晚上带回用水煮后洗澡。当地人称此举为游百病或洗百病，并认为这样做会使一年吉利平安。

剪彩葫芦

用彩色纸剪成葫芦状，于端阳节倒贴于门首，取将毒气倒出之意。

饮雄黄酒

雄黄是一种中药材，中医药书籍说雄黄能治百虫毒、虫兽伤，故民间有"饮了雄黄酒，百病都远走"、"五月五日饮雄黄菖蒲酒，可除百疾而禁百虫"、"带雄黄进山不怕蛇"等俗言。在碘酒未发明的年代，我国人民就是用白酒调配雄黄和白矾水来涂抹毒虫蜇伤和蚊叮虫咬的。人们熟悉的《白蛇传》曾描绘，端阳节，许仙听信了法海的话，让白娘子饮了雄黄酒而显露出了原形。现在不少地方在端阳节还要在屋内外喷洒雄黄水，并在儿童的耳、鼻、额头上涂抹雄黄。不过据现代科学分析，雄黄有毒，不宜内服。

4. 端午节在各地

河北省

滦县已许聘的男女亲家咸于端午节互相馈赠礼品。赵县端午，地方官府会至城南举行聚会，邀请城中士大夫宴饮赋诗，称为"踏柳"。

山东省

邹平县端午，每人早起均需饮酒一杯，传说可以避邪。日照端午给儿童缠七色线，一直要戴到节后第一次下雨才解下来扔在雨水里。临清县端午，七岁以下的男孩带符（麦秸做的项链），女孩带石榴花，还要穿上母亲做的黄布鞋，鞋面上用毛笔画上五种毒虫，意思是借着屈原的墨迹来杀死五种毒虫。即墨在端午节早晨用露水洗脸。

山西省

解州端午，男女戴艾叶，称为"去疾"，幼童则系百索于脖子上，据说这是"为屈原缚蛟龙"。隰州端午，各村祭龙王，并在田间挂纸。怀仁县端午又名"朱门"。定襄县端午，学生需致赠节礼给教师。潞安府以麦面蒸团，称为"白团"，与粽子一起拿来互相馈赠。

陕西省

兴安州端午，地方官率领僚属观赏竞渡，称之"踏石"。兴平县端午以绫帛缝小角黍，下面再缝上一个小人偶，称为"耍娃娃"。同官县端午以蒲艾、纸牛贴门，称为"镇病"。

甘肃省

静宁州端午摘玫瑰以蜜腌渍为饴。镇原县端午赠新婚夫妇香扇、罗绮、巾帕、艾虎，子弟并邀集父兄宴请师长，称为"享节"。漳县端午，牧童祀山神，积薪丘，在鸡鸣前焚烧，俗称"烧高山"。

江苏省

嘉定县端午，不论贫富，必买石首鱼（俗称鳇鱼）煮食。仪征县也有"当裤子、买黄鱼"的俗谚。南京端午，各家皆以清水一盆，加入少许雄黄，鹅眼钱两枚，合家大小均用此水洗眼，称为"破火眼"，据说可保一年没有眼疾。武进有夜龙舟之戏，晚上在龙舟四面悬上小灯竞渡，且有箫鼓歌声相和。

四川省

石柱有"出端午佬"的习俗，由四人以两根竹竿抬起一张铺有红毯的大方桌，毯上用竹篾编一个骑虎的道士，敲锣打鼓，沿街游行。旧时，川西还有端午"打李子"的习俗。是日，成都人皆买李子，于城东南角城楼下，上下对掷，聚

中华民俗风貌大全

观者数万。光绪二十一年（1895年）因掷李与外国传教士发生冲突，此俗因而停止。乐山、新津等地端午赛龙舟时，还举行盛大商品交易会。

浙江省

桐庐县乡塾之学童，端午节具礼于师长，称之"衣丝"。医家则于午时采药，相传此日天医星临空。

江西省

建昌府端午节用百草水洗浴，以防止疥疮。新昌县以雄黄、丹砂酒饮之，称之"开眼"。

湖北省

黄岗县端午节巴河镇迎傩人，花冠文身，鸣金逐疫。宜昌县端午竞渡，但以五月十三、十四、十五三日特盛。五月十五又称"大端阳"，食粽、饮蒲酒，例同端午。

湖南省

攸县端午，孕妇家富者用花币酒食，贫者备鸡酒，以竹夹楮钱，供于龙舟之龙首前祈求安产。岳州府竞渡以为禳灾、去疾，又作草船泛水，称为"送瘟"。

福建省

福州端午旧俗，媳妇于是日以寿衣、鞋袜、团粽、扇子进献公婆。建阳县以五日为药王晒药囊日，家家皆于此日作酱。上杭县端午用小艇缚芦苇作龙形戏于水滨，称为竞渡。仙游县端午竞渡后，献纸于虎啸潭，以吊念嘉靖癸年戚继光于此溺兵。邵武府端午节前，妇女以绛纱为囊盛符；又以五色绒作方胜，联以彩线，系于钗上；幼女则悬之于背，称为"窦娘"。

广东省

从化县端午节正午以烧符水洗手眼后，泼洒于道，称为"送灾难"。新兴县端午，人家各从其邻近庙宇鼓吹迎导神像出巡，巫师并以法水、贴符驱逐邪魅。石城县端午，儿童放风筝，称为"放殃"。

台湾省

台湾地处亚热带，早期来自大陆的移民多无法适应这里的气候，死于瘴疠时疫者，时有所闻。因此，端午这个以驱疾避疫为主要目的的节日，便显得格外重要。

5. 端午节对联

千载招魂悲楚仕　　　　　　　　难得钟情两遭流放离骚赋
万人抚卷叹离骚　　　　　　　　惟怀义胆一佐报国厄运横

去秽除邪，千户门前悬虎艾　　　义报祖国放逐难泯诗人志
尊贤吊古，万人江岸喝龙舟　　　魂牵桑梓情爱唯倾荆楚山

汨罗沉没一流恨　　　　　　　　包粽子，举国欢宴聚亲友
湘楚长怀千古羞　　　　　　　　赛龙舟，把酒吟诗慰圣贤

我为他哭屈落水
他为我悲壮升天

不畏汨罗河水深
甘冒东海浪涛激

时逢端午思屈子
每见龙舟想汨罗

应悬虎艾赛龙舟吃粽子
莫赋闲诗撒怨气叹屈公

报国遭谗两放逐，痴心不改九章出
汨罗滚滚万人泪，惟有离骚千古流

念故人，万户千家包粽子
庆佳节，敲锣打鼓赛龙舟

芳草美人屈子赋
冰心洁玉大夫诗

赛龙夺锦鼓声催发健儿奋
端日弄波浆拍浩荡舟队威

箬叶飘香，一粽尝来千古事
龙舟逐水，百桡划出四时情

6. 端午节诗词

端 午

（唐）文 秀

节分端午自谁言，万古传闻为屈原。
堪笑楚江空渺渺，不能洗得直臣冤。

六、七夕节

1. 七夕节简介

在我国，农历七月初七的夜晚，天气温暖，草木飘香，这就是人们俗称的七夕节，也有人称之为"乞巧节"、"七桥节"或"女儿节"，这是中国传统节日中最具浪漫色彩的一个节日，也是过去姑娘们最为重视的日子。

七夕别称"星期"。王勃的《七夕赋》"伫灵匹于星期，眷神姿于月夕"，把"星期"与"月夕"相提并论，点出了一年四季中与亲情、与爱情相关的最美好、也最凄楚动人的两个夜晚。大约正因如此，后人便把男女成婚的吉日良辰叫做"星期"。

在晴朗的夏秋之夜，天上繁星闪耀，一道白茫茫的银河像一座天桥横贯南北，银河的东西两岸，各有一颗闪亮的星星，隔河相望，遥遥相对，那就是牵牛星和织女星。

七夕坐看牵牛织女星，是民间的习俗。相传，在每年的这个夜晚，是天上织女与牛郎在鹊桥相会之时。织女是一个美丽聪明、心灵手巧的仙女，凡间的妇女便在这一天晚上向她乞求智慧和巧艺，也少不了向她求赐美满姻缘，所以七月初七也被称为乞巧节。

传说在七夕的夜晚，抬头可以看到牛郎织女的银河相会，或在瓜果架下可偷听到两人在天上相会时的脉脉情话。

女孩们在这个充满浪漫气息的晚上，对着天空的朗朗明月，摆上时令瓜果，朝天祭拜，乞求天上的女神能赋予她们聪慧的心灵和灵巧的双手，让自己的针织女红技法娴熟，更乞求爱情姻缘的巧配。过去婚姻对于女性来说是决定一生幸福的终身大事，所以，世间无数的有情男女都会在这个晚上，夜静人深之时，对着星空祈祷自己的姻缘美满。

2. 七夕节历史

七夕乞巧，这个节日起源于汉代，东晋葛洪的《西京杂记》有"汉彩女常以七月七日穿七孔针于开襟楼，人俱习之"的记载，这便是我们于古代文献中所见到的最早的关于乞巧的记载。后来的唐宋诗词中，妇女乞巧也被屡屡提及，唐朝王建有诗云"阑珊星斗缀珠光，七夕宫娥乞巧忙"。据《开元天宝遗事》载，唐太宗与妃子每逢七夕在清宫夜宴，宫女们各自乞巧。这一习俗在民间也经久不衰，代代延续。

宋元之际，七夕乞巧相当隆重，京城中还设有专卖乞巧物品的市场，世人称为乞巧市。宋罗烨、金盈之辑《醉翁谈录》说："七夕，潘楼前买卖乞巧物。自七月一日，车马嗔咽，至七夕前三日，车马不通行，相次壅遏，不复得出，至夜方散。"在这里，从乞巧市购买乞巧物的盛况，就可以推知当时七夕乞巧节的热闹景象。人们从七月初一就开始置办乞巧物品，乞巧市上车水马龙、人流如潮，到了临近七夕的时日，乞巧市上简直成了人的海洋，车马难行。观其风情，似乎不亚于最盛大的节日春节，说明乞巧节是古人最为喜欢的节日之一。

千百年来，牛郎、织女的故事变得家喻户晓。每年到了七夕的晚上，大家就会出门去看牵牛、织女星渡河相会。传说西汉的窦太后自小秃头，家人嫌她丑陋，就不准她出门看星。当然，并不是每个女孩都像窦后小时候一样的不幸。事实上，七夕的重头戏就在这些女孩的身上呢！因为传说中，织女的手艺极巧，能织出云彩一般美丽的天衣。为了使自己也能拥有织女一般的巧手，少女之间遂发展出了一种"乞巧"的习俗。乞巧的习俗大约早在汉代就形成了，后来才和牛郎、织女的故事相结合。乞巧用的针就有双眼、五孔、七孔、九孔之多。七夕晚上，手拿丝线，对着月光穿针，看谁先穿过就是"得巧"。还有一种丢针卜巧的方法，在七夕的中午，放一盆水在太阳下曝晒，过了一段时间，空中的尘土就会在水面上结成一层薄膜。这时把针丢在水里，有了薄膜的支撑，针会浮在水面上。再看看水中所呈现出的针影，如果成为云彩、花朵、鸟兽之形，就是"得巧"。反之，若呈现细如线、粗如槌的影子，就是未能"得巧"。

除此之外，七夕当天还得在月下设一香案，供上水果、鲜花向织女乞巧。据载，蔡州有位丁姓女子，十分擅长女红。有一年七夕她乞巧时，看到一枚流星掉在她的香案上。第二天早上一看，原来是只金梭。从此之后，她的"巧思"益进。

乞巧的方式之多，甚至连祭织女的供品也可派上用场。供品中必不可少的是瓜果，如果夜里有子（一种小蜘蛛）在瓜果上结网，就表示该女子已"得巧"。讲究一点的，如唐朝宫女，就把子放在小盒子中，第二天早晨打开来看。如果网结得少就是"巧"乞得少。

另有窃听哭声之说，据说必须是个童女，在夜阑人静之时，悄悄地走近古井之旁，或是葡萄架下，屏息静听，隐隐之中如果能听到牛郎、织女对谈或是哭泣的声音，此女必能得巧。

妇女间乞巧，男子也没闲着。俗传七月七日是魁星的生日。魁星主文事，想求取功名的读书人特别崇敬魁星，所以一定在七夕这天祭拜，祈求他保佑自己考运亨通。魁星爷就是魁斗星，二十八宿中的奎星，为北斗七星的第一颗星，也称魁星或魁首。古代士子中状元时称"大魁天下士"或"一举夺魁"，都是因为魁星主掌考运的缘故。

根据民间传说，魁星爷生前长相奇丑，脸上长满斑点，又是个跛脚。有人便写了一首打油来取笑他："不扬何用饰铅华，纵使铅华也莫遮。娶得麻姑成两美，比来蜂室果无差。须眉以下鸿留爪，口鼻之旁雁踏沙。莫是檐前贪午睡，风吹额上落梅花。相君玉趾最离奇，一步高来一步低。款款行时身欲舞，飘飘踱处乎如口。只缘世路皆倾险，累得芳踪尽侧欹。莫笑腰枝常半折，临时摇曳亦多姿。"

然而这位魁星爷志气奇高，发愤用功，竟然高中了。皇帝殿试时，问他为何脸上全是斑点，他答道"麻面满天星"；问他的脚为何跛了，他答道"独脚跳龙门"。皇帝很满意，就录取了他。另一种完全不同的传说，说魁星爷生前虽然满腹学问，可惜每考必败，便悲愤地投河自杀了，岂料竟被鳌鱼救起，升天成了魁星。因为魁星能左右文人的考运，所以每逢七月七日他的生日，读书人都要郑重地祭拜。

3. 七夕节传说

七夕节始终和牛郎织女的传说相连，这是一个很美丽的、千古流传的爱情故事，成为我国四大民间爱情传说之一。

相传在很早以前，南阳城西牛家庄里有个聪明、忠厚的小伙子，父母早亡，只好跟着哥哥嫂子度日。嫂子马氏为人狠毒，经常虐待他，逼他干很多的活。一年秋天，嫂子逼他去放牛，给他九头牛，却让他等有了十头牛时才能回家，牛郎无奈只好赶着牛出了村。

牛郎独自一人赶着牛进了山，在草深林密的山上，他坐在树下伤心，不知道何时才能赶着十头牛回家。这时，有位须发皆白的老人出现在他的面前，问他为何伤心，当得知他的遭遇后，笑着对他说："别难过，在伏牛山里有一头病倒的老牛，你去好好喂养它，等老牛病好以后，你就可以赶着它回家了。"

牛郎翻山越岭，走了很远的路，终于找到了那头有病的老牛，他看到老牛病得厉害，就去给老牛打来一捆捆草，一连喂了三天，老牛吃饱了，才抬起头告诉他，自己本是天上的灰牛大仙，因触犯了天规被贬下天来，摔坏了腿，无法动弹，自己的伤需要用百花的露水洗一个月才能好。牛郎不畏辛苦，细心地照料了老牛一个月，白天为老牛采花接露水治伤，晚上依偎在老牛身边睡觉，到老牛病好后，牛郎高高兴兴赶着十头牛回了家。

回家后，嫂子对他仍旧不好，曾几次要加害他，都被老牛设法相救，嫂子最后恼羞成怒，把牛郎赶出家门，牛郎只要了那头老牛相随。

一天，天上的织女和其他仙女一起下凡游戏，在河里洗澡，牛郎在老牛的帮助下认识了织女，二人互生情意，后来织女便偷偷下凡，来到人间，做了牛郎的妻子。织女还把从天上带来的天蚕分给大家，并教大家养蚕、抽丝，织出又光又亮的绸缎。

牛郎和织女结婚后，男耕女织，情深意重，他们生了一男一女两个孩子，一家人生活得很幸福。但是好景不长，这事很快便让天帝知道了，王母娘娘亲自下凡来，强行把织女带回天上，恩爱夫妻被拆散了。

牛郎上天无路，还是老牛告诉牛郎，在它死后，用它的皮做成鞋，穿着就可以上天。牛郎按照老牛的话做了，穿上牛皮做的鞋，拉着自己的儿女，一起腾云驾雾上天去追织女，眼见就要追到了，岂知王母娘娘拔下头上的金簪一挥，一道波涛汹涌的天河就出现了，牛郎和织女被隔在两岸，只能相对哭泣流泪。他们的忠贞爱情感动了喜鹊，千万只喜鹊飞来，搭成鹊桥，让牛郎织女走上鹊桥相会，王母娘娘对此也无奈，只好允许两人在每年七月七日于鹊桥相会。

后来，每到农历七月初七，牛郎织女鹊桥相会的日子，姑娘们就会来到花前月下，抬头仰望星空，寻找银河两边的牛郎星和织女星，希望能看到他们一年一度的相会，乞求上天能让自己能像织女那样心灵手巧，祈祷自己能有如意称心的美满婚姻，由此形成了七夕节。

4. 七夕节习俗

节日夜晚，人们或抬头观看牛郎织女的鹊桥相会，或在瓜果架下偷听两人在天上相会时的脉脉情话。由于地域文化的差异，同一个七夕节，各地的节日活动内容也各不相同。直到今日，七夕仍是一个富有浪漫色彩的传统节日。但其中不少习俗活动已弱化或消失，惟有象征忠贞爱情的牛郎织女的传说，一直流传民间。

七夕节的旧俗非常多，比如七月初七鹊桥会、山东乞巧习俗、拜织女、拜魁星以及台湾拜"床母"等。

七夕乞巧花样多

种生求子。旧时习俗，在七夕前几天，先在小木板上铺一层土，播下粟米的种子，让它生出绿油油的嫩苗，再摆一些小茅屋、花木在上面，做成田舍人家小村落的模样，称为"壳板"，或将绿豆、小豆、小麦等浸于瓷碗中，等它长出数寸的芽，再以红、蓝丝绳扎成一束，称为"种生"，又叫"五生盆"或"生花盆"。南方各地也称为"泡巧"，将长出的豆芽称为巧芽，甚至以巧芽取代针，抛在水面乞巧。还用蜡塑各种形象，如牛郎、织女故事中的人物，或秃鹰、鸳鸯等动物之形，放在水上浮游，称之为"水上浮"。又有蜡制的婴儿玩偶，让妇女买回家浮于水上，以为宜子之祥，称为"化生"。

投针验巧。这是七夕穿针乞巧风俗的变体，源于穿针，又不同于穿针，是明清两代盛行的七夕节俗。明刘侗、于奕正的《帝京景物略》说："七月七日之午丢巧针。妇女曝盎水日中，顷之，水膜生面，绣针投之则浮，看水底针影。有成云物花头鸟兽影者，有成鞋及剪刀水茄影者，谓乞得巧；其影粗如锤、细如丝、直如轴蜡，此拙征矣。"《直隶志书》也说，良乡县（今北京西南）"七月七日，妇女乞巧，投针于水，借日影以验工拙，至夜仍乞巧于织女"。清于敏中《日下旧闻考》引《宛署杂记》说："燕都女子七月七日以碗水暴日下，各自投小针浮之水面，徐视水底日影。或散如花，动如云，细如线，粗如锥，因以卜女之巧。"

树液洗头发，花草染指甲。许多地区的年轻姑娘，喜欢在节日时用树的液浆兑水洗头发，传说不仅可以年轻美丽，未婚的女子还能尽快找到如意郎君。用花草染指甲也是大多数女子与儿童在节日娱乐中的一种爱好，也与生育信仰有密切的关系。

南瓜棚下听悄悄话。在绍兴农村，这一夜会有许多少女一个人躲在生长得茂盛的南瓜棚下，在夜深人静之时如能听到牛郎织女相会时的悄悄话，这一待嫁的少女日后便能得到这千年不渝的爱情。

接露水。浙江农村，流行用脸盆接露水的习俗。传说七夕节时的露水是牛郎织女相会时的眼泪，如抹在眼上和手上，可使人眼明手快。

喜蛛应巧。这也是较早的一种乞巧方式，其俗稍晚于穿针乞巧，大致起于南北朝之时。南朝梁宗懔《荆楚岁时记》说："是夕，陈瓜果于庭中以乞巧。有喜子网于瓜上则以为符应。"五代王仁裕《开元天宝遗事》说："七月七日，各捉蜘蛛于小盒中，至晓开；视蛛网稀密以为得巧之候。密者言巧多，稀者言巧少。民间亦效之。"宋朝孟元老《东京梦华录》说，七月七夕"以小蜘蛛安合子内，次日看之，若网圆正谓之得巧"。宋周密《乾淳岁时记》说："以小蜘蛛贮合内，以候结网之疏密为得巧之多久。"明田汝成《熙朝乐事》说，七夕"以小盒盛蜘蛛，次早观其结网疏密以为得巧多寡"。由此可见，历代验巧之法不同，南北朝视网之有无，唐视网之稀密，宋视网之圆正，后世多遵唐俗。

穿针乞巧。这是最早的乞巧方式，始于汉，流于后世。《西京杂记》说："汉彩女常以七月七日穿七孔针于开襟楼，人具习之。"南朝梁宗谋《荆楚岁时记》说："七月七日，是夕人家妇女结彩楼穿七孔外，或以金银愉石为针。"《舆地志》说："齐武帝起层城观，七月七日，宫人多登之穿针。世谓之穿针楼。"五代王仁裕《开元天宝遗事》说："七夕，宫中以锦结成楼殿，高百尺，上可以胜数十人，陈以瓜果酒炙，设坐具，以祀牛女二星，妃嫔各以九孔针五色线向月穿之，过者为得巧之候。动清商之曲，宴乐达旦。士民之家皆效之。"元陶宗仪《元氏掖庭录》说："九引台，七夕乞巧之所。至夕，宫女登台以五彩丝穿九尾针，先完者为得巧，迟完者谓之输巧，各出资以赠得巧者焉。"

贺牛生日。儿童会在七夕之日采摘野花挂在牛角上，叫做"贺牛生日"（传说七夕是牛的生日）。

迎仙。广州的乞巧节独具特色，节日到来之前，姑娘们就预先备好用彩纸、通草、线绳等编制成的各种奇巧的小玩意儿，还将谷种和绿豆放入小盒里用水浸泡，使之发芽，待芽长到二寸多长时，用来拜神，称为"拜仙禾"和"拜神菜"。从初六晚开始至初七晚，一连两晚，姑娘们穿上新衣服，戴上新首饰，一切都安排好后，便焚香点烛，对星空跪拜，称为"迎仙"，自三更至五更，要连拜七次。拜仙之后，姑娘们手执彩线对着灯影将线穿过针孔，如一口气能穿七枚针孔者叫得巧，被称为巧手，穿不到七个针孔的叫输巧。七夕之后，姑娘们将所制作的小工艺品、玩具互相赠送，以示友情。

漂针试巧。七月七日，为"女节"。少女咸以盂盛水向日，中漂针，照水中之影，以试巧，复陈瓜果，争相"乞巧"。

月下盟结，穿针引线。胶东地区，有祭拜七姐神的习俗，年轻女子常喜欢在七夕节着新装，聚一堂，月下盟结七姐妹。有的还唱"天皇皇地皇皇，俺请七姐姐下天堂。不图你的针，不图你的线，光学你的七十二样好手段。"还比赛穿针引线，争得巧手之名。

种巧菜，做巧花。山东荣城有两种活动，一种是"巧菜"，即少女在酒杯中培育麦芽；一种是"巧花"，是由少女用面粉捏制成的各种带花的食品。

结扎巧姑，种豆苗、青葱占卜巧拙，穿针走线，剪窗花。陕西黄土高原地区，在七夕节的夜晚也有举行各种乞巧活动的风俗，妇女们往往要结扎穿花衣的草人，谓之巧姑；不但要供瓜果，还栽种豆苗、青葱，在七夕之夜各家女子手端一碗清水，剪豆苗、青葱，放入水中，用看月下投物之影来占卜巧拙之命；她们还穿针走线，竞争高低；同时还举行剪窗花比巧手的活动。

七姐会。有的地区还组织"七姐会"，各地区的"七姐会"聚集在宗乡会馆摆下各式各样鲜艳的香案，遥祭牛郎织女。"香案"都是纸糊的，案上摆满鲜花、水果、胭脂粉、纸制小型花衣裳、鞋子、日用品和刺绣等，琳琅满目。不同地区的"七姐会"都在设香案上下工夫，比高下，看谁的制作精巧。今天，这类活动已为人所遗忘，只有极少数的宗乡会馆还在这个节日设香案，拜祭牛郎织女。香案一般在七月初七就备妥，傍晚时分开始向织女乞巧。

净水视影定验巧拙。江苏一带的乞巧活动是取净水一碗于阳光下曝晒，并露天过夜，然后捡细草棒浮于水中，视其影来定验巧拙。也有许多年轻女子采用小针看水底针影来应验智愚，其他地区的汉族也多采用这种方式来应验巧拙智愚。

七夕储水，红头绳七个结。广西某些地区有七夕储水的习俗，认为用双七水洗浴能消灾除病。体弱多病的孩子，也常在此日将红头绳结七个结，戴在脖子上，祈求健康吉祥。

吃巧食。七夕节的饮食风俗，各地不尽相同，一般都称其为吃巧食，饺子、面条、油果子、馄饨等为此节日的食物。吃云面，此面得用露水制成，吃它能获得巧意。还有许多民间糕点铺，喜欢制一些织女形象的酥糖，俗称"巧人"、"巧酥"，出售时又称为"送巧人"，此风俗在一些地区流传至今。

关于乞巧的场所

宫廷中多搭彩楼，汉有开襟楼，齐有穿针楼，唐更以锦结成百尺楼殿。民间"贵家多结彩楼于庭"（《东京梦华录》），普通人家因财力所限便搭大棚而代彩楼。宋陈元靓《岁时广记》引《岁时杂记》说："京师人七夕以竹或麻秸编而为棚，剪五色彩为层楼，又为仙楼，刻牛女像及仙人等于上以乞巧。或只以一木剪纸为仙桥。于其中为牛女，仙人列两傍焉。"

5. 七夕源于南阳说

农历七月初七是传说中牛郎织女鹊桥相会的日子，由此衍生出中国传统的七夕节，名列中国民间四大传说之一。据考证，这一美丽动人、千古流传的爱情传说起源于古老的南阳。

牛郎织女传说与楚文化

追溯牛郎织女传说形成七夕节的过程，时间当在战国，地点则在楚国。查经问典，《诗经·小雅·大东》中有"岐彼织女，终日七襄……睆彼牵牛，不以报箱"的诗句，这是有关牛郎织女传说最早的文字记录，是牛郎织女传说的雏形。还有一首与织女有关的《周南·汉广》"汉有游女，不可求思"。据史料记载，诗中的"汉"即指汉水，又指天汉（银河），"游女"是指汉水女神或织女星神。

楚人雄距江汉地区，甚重祠祀"汉之游女"。另外，在楚地民间，常将牵牛星与河鼓三星搞混。南北朝时南阳人宗懔的《荆楚岁时记》注文云："牵牛星，荆州呼为'河鼓'。"而在南阳汉画像石"牛郎织女星座"中，正是以河鼓为牵牛。

居"汉水之北"的南阳，素有"枕伏牛而蹬江汉，襟三山而带群湖"之称。战国时，南阳属楚，楚始都于淅川丹阳，是楚文化的发源地，文化积淀深厚。如此的历史背景和文化底蕴，是形成牛郎织女传说的重要条件之一。

南阳汉画像石与星宿

牛郎织女传说最早起源于古人的星辰崇拜，是人们把天上的星宿神化与人格化的结果。牛郎星位于银河东，织女星在银河西，二星隔河相望，使人们产生无尽的遐想。

牛郎织女的传说源于楚，到了汉代，伴随着天文学的发展，其传说更为广泛、具体、生动、形象，成为绘画与雕刻的重要素材。

汉代是我国天文发展史上的一个重要时期，而汉代的南阳是全国有名的都市之一，是南北文化、科技发展的交汇地，多种文化因子的碰撞，使其拥有了深厚的文化积淀，这里还诞生了一代天文学宗师张衡……在这样的背景下，南阳出现了大量表现幽远深邃的太空的汉画像石，其中的"牛郎织女星座"，形象生动地把星宿与传说结合在一起，这也是牛郎织女传说起源于南阳的有力证据之一。

南阳丝绸与织女

据文献记载，南阳周代已有养蚕业和丝绸业。西汉年间，南阳郡为全国八大蚕丝产地之一。东汉时，张衡《南都赋》中记载的"帝女之桑"就出自南阳，名扬天下。

牛郎织女传说的诸多版本中，都离不开对织女纺织技术的描述。盘古开天发源地的民间传说中，描述了织女如何传授养蚕、缫丝、织绸技术，这与很有名望的南阳丝绸有着某种渊源关系。七夕节能衍生出乞巧的风俗活动，主要因为织女是"天帝之女"，心灵手巧，为人间少女所崇拜。

据河南大学出版社《楚国史》记载，"荆楚北从今河南南部，南至衡阳，东至九江一带……而西周之前文献所指的'荆楚'当在今河南南阳盆地至江汉平原一带"。据此可知，南阳位于荆楚之地，由此形成了乞巧风俗，此盛况有民歌一首为证：

> 七夕今宵看碧霄，牵牛织女渡河桥，
> 家家乞巧望秋月，穿尽红丝几万条。

以上见证了"乞巧"中的织女与南阳丝绸的渊源关系。

民间传说中的南阳

牛郎织女的传说，在全国各地的民间流传相当广泛，版本较多，但核心内容是基本一致的。神话传说自产生到流传过程中形成定型故事，一般与产生地区的地名风物相连，这是神话传说地方化的一种表现形式，可使人们从感情上或直观的感受上认为这个故事可信并广为传播。

现代诸多的民俗类出版物，大都记载有牛郎织女传说起源于南阳的内容，如海燕出版社 1997 年版程健君的《民间神话》中有"牛郎是南阳县桑林人"之说，宗教文化出版社的《节俗》和三峡出版社的《中华民俗艺术大全》中均记载："相传在很早以前，南阳城西牛家庄有个聪明、忠厚的小伙子……"在南阳桐柏县盘古开天发源地还流传着另一版本的牛郎织女传说。在盘古开天辟地时，当时地上没有五谷，黄牛将天仓中的五谷偷来撒向人间，因而被玉帝贬下天庭，摔断了腿。孙如意用百花露给黄牛治好了伤，黄牛帮助牛郎和织女成了家。后来，黄牛不顾受罚，又帮助织女和牛郎从天宫偷来蚕茧、蚕种、织布机、织布梭等。自此，牛郎织女男耕女织，生活幸福。故事中还描述了织女如何传授人们养蚕、缫丝、织绸缎的技术。

不同版本传说中的人物、地点都指向了南阳，完全符合神话传说地方化的特征。

南阳黄牛的悠久历史

牛郎织女传说的地方化，不仅与传说中的人物和地点有关，还鲜明地反映出农耕地区的特点。耕牛是农耕地区不可缺少的役力，是从事农耕的主要"生产力"，同时牛也是牛郎织女传说中的主要角色。

南阳黄牛是我国五大良种牛之一，享誉海内外，南阳黄牛的历史悠久，自然就产生了许多"牛"的故事，"伏牛山"、"嫦娥与黑牛"、"百里奚养牛"……

牛郎织女便是其中最精彩的一段。当今的南阳是一个农业大区，汉代的农业发展亦十分辉煌。张衡赞美家乡的《南都赋》有"百谷藩庑，翼翼与与"之说。

早在春秋时代，南阳黄牛已进入舍饲、圈饲阶段。生于南阳长于南阳的秦国名相百里奚就善于养牛，在他的落魄生涯中，于南阳城西麒麟岗牧牛为生。他曾闻周王子颓喜欢牛，即以养牛作为晋见阶梯，被传为佳话。在汉代，斗牛成为南阳当时盛行的一种活动，由此在举世闻名的南阳汉画像石中出现了大量牛的形象。

如此渊源的"牛"文化，从而产生了南阳城西牛家庄的"牛郎"就不足为奇了。

"牛"文化遗产的传承

时至今天，二千多年前的汉代画像石"牛郎织女"遗存南阳，千古流传的"南阳城西牛家庄……"盛传不衰。南阳丝绸至今仍享誉海内外、南阳黄牛名列全国五大良种牛之一，并衍生出今天的黄牛节……如此丰厚的文化底蕴延续至今，充分证明了"牛郎织女"的传说起源于南阳，这是南阳人的自豪，也是中华民族的骄傲。

2006年5月20日，七夕节被国务院列入第一批国家非物质文化遗产名录，这是南阳走出盆地，名扬天下的又一契机。"牛"文化是南阳文化中的一块瑰宝，是先人留下的一笔丰厚的文化遗产。

6. 七夕节诗词

鹊桥仙

（宋）秦 观

纤云弄巧，飞星传恨，银汉迢迢暗渡。

金风玉露一相逢，便胜却人间无数。

柔情似水，佳期如梦，忍顾鹊桥归路。

两情若是久长时，又岂在朝朝暮暮。

七夕词

（唐）崔 颢

长安城中月如练，家家此夜持针线。

仙裙玉佩空自知，天上人间不相见。

长信深阴夜转幽，瑶阶金阁数萤流。

班姬此夕愁无限，河汉三更看斗牛。

七 夕

（唐）杜 牧

银烛秋光冷画屏，轻罗小扇扑流萤。

天街夜色凉如水，卧看牵牛织女星。

七 夕

（唐）杜审言

白露含明月，青霞断绛河。天街七襄转，阁道二神过。

祛服锵环佩，香筵拂绮罗。年年今夜尽，机杼别情多。

七 夕

（唐）李商隐

鸾扇斜分凤幄开，星桥横过鹊飞回。

争将世上无期别，换得年年一度来。

七、中秋节

1. 中秋节简介

每年农历八月十五日，是传统的中秋佳节。这时是一年秋季的中期，所以被称为中秋。在中国的农历里，一年分为四季，每季又分为孟、仲、季三个部分，因而中秋也称仲秋。八月十五的月亮比其他几个月的满月更圆、更明亮，所以又叫做"月夕"。此夜，人们仰望天空如玉如盘的朗朗明月，自然会期盼家人团聚。远在他乡的游子，也借此寄托对故乡和亲人的思念之情。所以，中秋节又称"团圆节"。

我国人民在古代就有"秋暮夕月"的习俗。夕月，即祭拜月神。到了周代，每逢中秋夜都要举行迎寒和祭月。设大香案，摆上月饼、西瓜、苹果、红枣、李子、葡萄等祭品，其中月饼和西瓜是绝对不能少的，西瓜还要切成莲花状。在月下，将月亮神像放在月亮的那个方向，红烛高燃，全家人依次拜祭月亮，然后由当家主妇切开团圆月饼。切月饼的人预先算好全家共有多少人，在家的，在外地的，都要算在一起，不能切多也不能切少，大小要一样。

相传古代齐国丑女无盐，幼年时曾虔诚拜月，长大后，以超群品德入宫，但未被宠幸。某年八月十五赏月，天子在月光下见到她，觉得她美丽出众，后立她为皇后，中秋拜月由此而来。月中嫦娥，以美貌著称，故少女拜月，愿"貌似嫦娥，面如皓月"。

在唐代，中秋赏月、玩月颇为盛行。在北宋京师，八月十五夜，满城人家，不论贫富老少，都要穿上成人的衣服，焚香拜月说出心愿，祈求月亮神的保佑。南宋，民间以月饼相赠，取团圆之义，有些地方还有舞草龙、砌宝塔等活动。明清以来，中秋节的风俗更加盛行，许多地方形成了烧斗香、树中秋、点塔灯、放天灯、走月亮、舞火龙等特殊风俗。

今天，月下游玩的习俗已远没有旧时盛行，但设宴赏月仍很盛行。人们把酒问月，庆贺美好的生活，或祝远方的亲人健康快乐，和家人"千里共婵娟"。

中秋节的习俗很多，形式也各不相同，但都寄托着人们对生活无限的热爱和对美好生活的向往。

2. 中秋节由来与传说

中秋节有悠久的历史，和其他传统节日一样，也是慢慢发展形成的。古代帝王有春天祭日，秋天祭月的礼制，中秋节是我国的传统佳节，根据史籍记载，"中秋"一词最早出现在《周礼》一书中。到魏晋时，有"谕尚书镇牛渚，中秋夕与左右微服泛江"的记载。直到唐朝初年，中秋节才成为固定的节日，《唐书·太宗记》记载有"八月十五中秋节"。中秋节的盛行始于宋朝，至明清时，已与元旦齐名，成为我国的主要节日之一。这也是我国仅次于春节的第二大传统节日。

根据我国的历法，农历八月在秋季中间，为秋季的第二个月，称为"仲秋"，而八月十五又在"仲秋"之中，所以称"中秋"。中秋节有许多别称，因节期在八月十五，所以称"八月节"、"八月半"；因中秋节的主要活动都是围绕"月"进行的，所以又俗称"月节"、"月夕"；中秋节月亮圆满，象征团圆，因而又叫"团圆节"。在唐朝，中秋节还被称为"端正月"。关于"团圆节"的记载最早见于明代，《西湖游览志余》中说："八月十五谓中秋，民间以月饼相送，取团圆之意。"《帝京景物略》中也说："八月十五祭月，其饼必圆，分瓜必牙错，瓣刻如莲花……其有妇归宁者，是日必返夫家，曰团圆节。"中秋晚上，我国大部分地区还有烙"团圆"的习俗，即烙一种象征团圆、类似月饼的小饼子，饼内包糖、芝麻、桂花和蔬菜等，外压月亮、桂树、兔子等图案。祭月之后，由家中长者将饼按人数分切成块，每人一块，如有人不在家即为其留下一份，表示合家团圆。

中秋节起源于我国古代秋祀、拜月之俗。《礼记》中载："天子春朝日，秋夕月。朝日以朝，夕月以夕。"这里的"夕月"就是拜月的意思。两汉时已具雏形，唐时，中秋赏月之俗始盛行，并定为中秋节。

中秋赏月，最盛是宋代。每逢这一天，东京的所有酒楼都要重新装饰门面，扎绸彩的牌楼，出售新启封的好酒。铺子堆满新鲜佳果，夜市之热闹，一年之中少见。显官和豪门，都在自己的楼台亭榭中赏月，琴瑟铿锵，至晓不绝。一般市民则争先占住酒楼，以先睹月色为快，并且安排家宴，团圆子女。"此夕浙江放'一点红'羊皮小冰灯数十万盏，浮满水面，灿如繁星"（见《武林旧事》）。而"京师赏月之会，异于他郡。倾城人家子女不以贫富能自行至十二三，皆以成人之服饰之，登楼或在中庭拜月，各有所期：男则愿早步蟾宫，高攀仙桂；女则愿貌似嫦娥，圆如皓月"（见《新编醉翁谈录》）。

明清以来，民间更重视中秋节。《西湖游览志余·熙朝乐事》云："民间以月饼相遗，取团圆之义。是夕，人家有赏月之宴。苏堤之上，联袂踏歌，无异白日。"

中秋节与元宵节、端午节并称为我国三大传统佳节，究其来源，与"嫦娥奔

中华民俗风貌大全

月"、"吴刚伐桂"、"玉兔捣药"等神话传说有着密切的关系。故中秋节的民间习俗多与月亮有关，赏月、拜月、吃团圆月饼等，均源于此。

中秋节的传说是非常丰富的，嫦娥奔月，吴刚伐桂，玉兔捣药之类的神话故事流传甚广。

传说之一：嫦娥奔月

相传，远古时候天上有十日同时出现，晒得庄稼枯死，民不聊生。一个名叫后羿的英雄，力大无穷，他同情受苦的百姓，登上昆仑山顶，运足神力，拉开神弓，一气射下九个太阳，并严令最后一个太阳按时起落，为民造福。

后羿因此受到百姓的尊敬和爱戴，后羿娶了个美丽善良的妻子，名叫嫦娥。后羿除传艺狩猎外，终日和妻子在一起，人们都羡慕这对郎才女貌的恩爱夫妻。

不少志士慕名前来投师学艺，心术不正的蓬蒙也混了进来。

一天，后羿到昆仑山访友求道，巧遇由此经过的王母娘娘，便向王母求得一包不死药。据说，服下此药，能即刻升天成仙。然而，后羿舍不得撇下妻子，只好暂时把不死药交给嫦娥珍藏。嫦娥将药藏进梳妆台的百宝匣里，不料被小人蓬蒙看见了，他想偷吃不死药自己成仙。

三天后，后羿率众徒外出狩猎，心怀鬼胎的蓬蒙假装生病，留了下来。待后羿率众人走后不久，蓬蒙手持宝剑闯入内宅后院，威逼嫦娥交出不死药。嫦娥知道自己不是蓬蒙的对手，危急之时她当机立断，转身打开百宝匣，拿出不死药一口吞了下去。嫦娥吞下药，身子立时飘离地面，冲出窗口，向天上飞去。由于嫦娥牵挂着丈夫，便飞落到离人间最近的月亮上成了仙。

傍晚，后羿回到家，侍女们哭诉了白天发生的事。后羿既惊又怒，抽剑去杀恶徒，蓬蒙早逃走了，后羿气得捶胸顿足，悲痛欲绝，仰望着夜空呼唤爱妻的名字，这时他惊奇地发现，今天的月亮格外皎洁明亮，而且有个晃动的身影酷似嫦娥。他拼命朝月亮追去，可是他追三步，月亮退三步，他退三步，月亮进三步，无论怎样也追不到跟前。

后羿无可奈何，又思念妻子，只好派人到嫦娥喜爱的后花园里，摆上香案，放上她平时最爱吃的蜜食鲜果，遥祭在月宫里眷恋着自己的嫦娥。百姓们闻知嫦娥奔月成仙的消息后，纷纷在月下摆设香案，向善良的嫦娥祈求吉祥平安。

从此，中秋节拜月的风俗在民间传开了。

传说之二：吴刚折桂

相传月亮上的广寒宫前的桂树生长繁茂，有五百多丈高，下边有一个人常在砍伐它，但是每次砍下去之后，被砍的地方又立即合拢了。几千年来，就这样随砍随合，这棵桂树永远也不能被砍倒。据说这个砍树的人名叫吴刚，是汉朝西河人，曾跟随仙人修道，到了天界，但是他犯了错误，仙人就把他贬谪到月宫，日日做这种徒劳无功的苦差事，以示惩处。李白诗中有"欲斫月中桂，持为寒者薪"的记载。

传说之三：朱元璋与月饼起义

中秋节吃月饼相传始于元代。当时，中原广大人民不堪忍受元朝统治阶级的残酷统治，纷纷起义抗元。朱元璋联合各路反抗力量准备起义。但朝廷官兵搜查得十分严密，传递消息十分困难。军师刘伯温便想出一计策，命令属下把藏有"八月十五夜起义"的纸条藏入饼子里面，再派人分头传送给各地起义军，通知他们在八月十五日晚上起义响应。到了起义的那天，各路义军一齐响应，起义军如星火燎原。

很快，徐达就攻下元大都，起义成功了。消息传来，朱元璋高兴得连忙传下口谕，在即将来临的中秋节，让全体将士与民同乐，并将当年起兵时以秘密传递信息的"月饼"，作为节令糕点赏赐群臣。此后，"月饼"制作越发精细，品种更多，大者如圆盘，成为馈赠的佳品。此后中秋节吃月饼的习俗便在民间流传开来。

3. 中秋节习俗

中秋佳节，人们最主要的活动是赏月和吃月饼。

赏月

在唐代，中秋赏月、玩月颇为盛行。在宋代，中秋赏月之风更盛，据《东京梦华录》记载："中秋夜，贵家结饰台榭，民间争占酒楼玩月。"每逢这一日，京城的所有店家、酒楼都要重新装饰门面，牌楼上扎绸挂彩，出售新鲜佳果和精制食品，夜市热闹非凡，百姓们多登上楼台，一些富户人家在自己的楼台亭阁上赏月，并摆上食品或安排家宴，团圆子女，共同赏月叙谈。明清以后，中秋节赏月风俗依旧。

吃月饼

我国城乡群众过中秋都有吃月饼的习俗，俗话说："八月十五月正圆，中秋月饼香又甜。"月饼最初是用来祭奉月神的祭品，"月饼"一词，最早见于南宋吴自牧的《梦粱录》，那时它也只是像菱花饼一样的饼形食品，后来人们逐渐把中秋赏月与品尝月饼结合在一起，寓意家人团圆。

月饼最初是在家庭制作的，清袁枚在《随园食单》中就记载有月饼的做法。到了近代，有了专门制作月饼的作坊，月饼的制作越来越精细，馅料考究，外型美观，在月饼的外面还印有各种精美的图案，如"嫦娥奔月"、"银河夜月"、"三潭印月"等。以月之圆兆人之团圆，以饼之圆兆人之常生，用月饼寄托思念故乡、思念亲人之情，祈盼丰收、幸福，成为天下人们的心愿。月饼还被用做礼品送亲赠友，联络感情。

观潮

"定知玉兔十分圆，已作霜风九月寒。寄语重门休上钥，夜潮留向月中看。"这是宋代大诗人苏轼写的《八月十五日看潮》诗。在古代浙江一带，除中秋赏月外，观潮可谓是又一中秋盛事。中秋观潮的风俗由来以久，早在汉代枚乘的《七发》大赋中就有了相当详尽的记述。汉以后，中秋观潮之风更盛。明朱廷焕《增补武林旧事》和宋吴自牧《梦粱录》也有观潮记载。这两书所记述的观潮盛况，说明在宋代中秋观潮之事已达到巅峰。

燃灯

中秋之夜，天清如水，月明如镜，可谓良辰美景，然而人们并未满足，于是便有了燃灯以助月色的风俗。在湖广一带有用瓦片叠塔于塔上燃灯的节俗，在江南一带则有制灯船的节俗。在近代中秋燃灯之俗更盛，今人周云锦、何湘妃《闲情试说时节事》一文说："广东张灯最盛，各家于节前十几天，就用竹条扎灯笼。作果品、鸟兽、鱼虫形及'庆贺中秋'等字样，上糊色纸绘各种颜色。中秋夜灯内燃烛用绳系于竹竿上，高树于瓦檐或露台上，或用小灯砌成字形或种种形状，挂于家屋高处，俗称'树中秋'或'竖中秋'。富贵之家所悬之灯，高可数丈，家人聚于灯下欢饮为乐，平常百姓则竖一旗竿，灯笼两只，也自取其乐。满城灯火不啻琉璃世界。"看来从古至今中秋燃灯之俗其规模似乎仅次于元宵灯节。

玩兔儿爷

近人金易、沈义羚所著的《宫女谈往录》中，记述了一位叫荣儿的宫女讲述的故事。当时正是八国联军进北京的那一年，慈禧太后逃出了京都，在逃亡的路上恰逢中秋，这位太后慌乱之中亦未忘旧礼古俗，便在寄寓的忻州贡院举行了祭月之礼。故事说："晚饭后按着宫里的习惯，要由皇后去祭祀'太阴君'。这大概是沿袭东北的习惯'男不拜兔，女不祭灶'罢，'太阴君'是由每家的主妇来祭的。在庭院的东南角上，摆上供桌，请出神码来（一张纸上印一个大兔子在月宫里捣药），插在香坛里。香坛是一个方斗，晋北的斗不是圆的，是方的。街上有时偶然听到晋北人唱'圆不过月亮方不过斗，甜不过孕妹妹的温柔。'可见，晋北的斗全是方的了。斗里盛满新高粱，斗口糊上黄纸，供桌上四碟水果，四盘月饼，月饼叠起来有半尺高。另外，中间一个大木盘，放着直径有一尺长的圆月饼，这是专给祭兔时做的。还有两枝新毛豆角。四碗清茶，是把茶叶放在碗里用凉水冲一下。就这样，由皇后带着妃子、格格和我们大家行完礼，就算礼成。我们都是逃跑在外的，非常迷信，唯恐有一点礼仪不周，得罪了神鬼，给自己降下灾难。所以一有给神鬼磕头的机会，都是争着参加，没有一个人敢落后的！我和娟子是替换着来磕的头。"这个故事讲的是清代宫廷中祭拜月兔的规矩，虽说是在逃难之中，香坛也只好用晋北的方斗来替代，但从心理角度说，因为在难中，所以对神更为敬畏和虔诚。从这个故事看，清代宫廷是把月中的玉兔称做太阴君的。然而民间则不同，百姓们称它为玉兔儿爷，这种称呼虽不如称太阴君严肃庄重，但却显得更为亲切。在北京一带的民俗中，中秋节祭兔儿爷实是庄重不足而游戏有余，尽管略显得对神不大尊敬，但却反映了民间敬神心理的异化。中秋自从由祭月的礼俗转化成民间节日后就淡化了礼俗色彩，游赏性质越来越突出，玩兔儿爷的风俗，可以说是这一现象的有力佐证。

其他中秋节习俗

中国地缘广大，人口众多，风俗各异，中秋节的过法也是多种多样，并带有浓厚的地方特色。

在福建浦城，女子过中秋要穿行南浦桥，以求长寿。在建宁，中秋夜以挂灯为向月宫求子的吉兆。上杭县人过中秋，儿女多在拜月时请月姑。龙岩人吃月饼时，家长会在中央挖出直径二三寸的圆饼供长辈食用，意思是秘密事不能让晚辈知道，这个习俗源于月饼中藏有反元杀敌讯息的传说。金门中秋拜月前要先拜天公。

广东潮汕各地有中秋拜月的习俗，主要是妇女和小孩，有"男不圆月，女不祭灶"的俗谚。晚上，皓月初升，妇女们便在院子里、阳台上设案当空祷拜。银烛高燃，香烟缭绕，桌上还摆满佳果和饼食作为祭礼。当地还有中秋吃芋头的习惯，潮汕有俗谚："河溪对嘴，芋仔食到。"八月间，正是芋头的收成时节，农民都习惯以芋头来祭拜祖先。这固然与农事有关，但民间还有一则流传广泛的传说。1279 年，蒙古贵族灭了南宋，建立元朝，对汉人残酷统治。马发据守潮州抗元，城破后，百姓惨遭屠杀。为了不忘胡人统治之苦，后人就取芋头与"胡头"谐音，且形似人头，以此来祭奠祖先，历代相传，至今犹存。

中秋夜烧塔在一些地方也很盛行。塔高 1~3 米不等，多用碎瓦片砌成，大的塔还要用砖块砌成，约占塔高的 1/4，然后再用瓦片叠砌而成，顶端留一个塔口，供投放燃料用。中秋晚上便点火燃烧，燃料有木、竹、谷壳等，火旺时泼松香粉，引焰助威，极为壮观。民间还有赛烧塔惯例，谁把瓦塔烧得全座红透则胜，不及的或在燃烧过程倒塌的则负，胜的由主持人发给彩旗、奖金或奖品。据传烧塔是由元朝末年汉族人民反抗残暴统治者，于中秋起义时举火为号而来的。

江南一带民间的中秋节习俗也是多种多样。南京人除中秋爱吃月饼外，必吃金陵名菜桂花鸭。"桂花鸭"于桂子飘香之时应市，肥而不腻，味美可口。酒后必食一小糖芋头，浇以桂浆，美不待言。"桂浆"，取名自屈原《楚辞·少司命》"援北方闭兮酌桂浆"。桂浆，又名糖桂花，中秋前后采摘，用糖及酸梅腌制而成。江南妇女手巧，把诗中的咏物，变为桌上佳肴。南京人合家赏月称"庆团圆"，团坐聚饮叫"圆月"，出游街市称"走月"。

明初南京有望月楼、玩月桥，清代狮子山下筑朝月楼，皆供人赏月，而以游玩月桥者为最。人们在明月高悬时，结伴同登望月楼、游玩月桥，以共睹玉兔为乐。"玩月桥"在夫子庙秦淮河南，桥旁为名妓马湘兰宅第，这夜，士子聚集桥头笙箫弹唱，追忆牛渚玩月，对月赋诗，故称此桥为玩月桥。明亡后，渐渐衰落，后人有诗云："风流南曲已烟销，剩得西风长板桥，却忆玉人桥上坐，月明相对教吹箫。"长板桥，即原先的玩月桥。近年来，南京夫子庙已重新修葺，恢复明清年间的一些亭阁，疏浚河道，待到中秋佳节时，就可结伴同来领略此地的玩月佳趣了。

江苏省无锡县中秋夜要烧斗香，香斗四周糊有纱绢，绘有月宫中的景色。也有香斗以线香编成，上面插有纸扎的魁星及彩色旌旗。上海人中秋宴以桂花蜜酒佐食。

江西省吉安县在中秋节的傍晚，每个村都用稻草烧瓦罐，待瓦罐烧红后，再放醋进去，这时就会有香味飘满全村。新城县过中秋时，自八月十一夜起就悬挂通草灯，直至八月十七日止。

江西省婺源中秋节，儿童以砖瓦堆一中空宝塔。塔上挂以帐幔匾额等装饰品，又置一桌于塔前，陈设各种敬"塔神"的器具。夜间则内外都点上灯烛。绩溪中秋，儿童打中秋炮，中秋炮是以稻草扎成发辫状，浸湿后再拿起来向石上打击，使发出巨响。还有游火龙的风俗，火龙是以稻草扎成的龙，身上插有香烛，游火龙时有锣鼓队同行，游遍各村后再送至河中。

四川省过中秋除了吃月饼外，还要打粑、杀鸭子、吃麻饼、蜜饼等。有的地方也点桔灯，悬于门口，以示庆祝。也有儿童在柚子上插满香，沿街舞动，叫做"舞流星香球"。嘉定县中秋节祭土地神、扮演杂剧、声乐、文物，称为"看会"。

在北方，山东省庆云县农家在八月十五祭土谷神，称为"青苗社"。诸城、临沂和即墨等地除了祭月外，还要上坟祭祖。冠县、莱阳、广饶及邮城等地的地主要在中秋节宴请佃户。即墨中秋节吃一种应节食品叫"麦箭"。山西省潞安则在中秋节宴请女婿。大同县把月饼称为团圆饼，在中秋夜有守夜之俗。

河北省万全县称中秋为"小元旦"，月光纸上绘有太阴星君及关帝夜阅春秋像。河间县认为中秋雨为苦雨，若中秋节下雨，当地人则认为青菜必定味道不佳。

陕西省西乡县中秋夜男子泛舟登崖，女子安排佳宴。不论贫富，必食西瓜。中秋有吹鼓手沿门吹鼓，讨赏钱。洛川县中秋节家长率学生带礼物为先生拜节，午饭多于校内聚餐。

一些地方还形成了很多特殊的中秋习俗。除了赏月、祭月、吃月饼外，还有香港的舞火龙、安徽的堆宝塔、广州的树中秋、晋江的烧塔仔、苏州石湖看串月、傣族的拜月、苗族的跳月、侗族的偷月亮菜、高山族的托球舞等。

4. 中秋节及其他

农历八月十五日为中秋节，俗称"八月半"。这一天，在外亲属都要回家团聚，又称"团圆节"。这是一年中仅次于过年的重要"节刻"。节前，盐城民间都有比较充分的准备。通常人家除从食品店选购各种馅心的月饼外，还购买鸡、鹅、鸭等家禽宰杀，同时还买些藕、梨、菱等。此日，早上多吃圆子或饼，中午吃雄鸡或雄鸭，晚上吃月饼、糯米饼（西区俗称"黏烧饼"）或藕饼。旧时，晚上各家都要"敬月光"，由小儿取果物于盘，置方桌子于室外，点燃香烛，燃放鞭炮，家人相聚拜月。贫困人家吃普通米饼，富裕人家大摆宴席，吃团圆酒。

现在，城乡"敬月"之俗已不多见，民间其他习俗尚存。一些机关和群众团体经常于此节举行港澳台侨胞的茶话会、联欢会，工商企业举办金秋供货会、洽谈会，知识分子，特别是文化艺术界的名人雅士亦常借赏月之机，聚会、吟诗、写字作画等。

中秋节的来历，盐城民间传说已有两千多年的历史了。据说古代帝王习惯在春季二月十五早晨祭太阳，秋季八月十五晚上祭月亮，这就是后来所说的"祭日祭月不宜迟，仲春仲秋刚适时。"古时把农历每季的三个月分别称为孟、仲、季。

农历八月十五刚好在秋季的正中，所以，人们除称八月十五为"中秋"外，还称"仲秋"。帝王春天祭日，秋天祭月，达官文士也跟着效仿，此俗逐渐传入盐城民间。于是在盐城每逢中秋就有了祭月、拜月、赏月的风俗。

据说，此俗与唐明皇八月十五游月宫之说有关。相传有一年，八月十五夜里，唐明皇做了一个梦，他在道人罗公远陪奉下沿着神奇的拐杖开辟的道路，飞向月宫，走到美丽的宫城门前，顿时觉得寒气逼人，香气扑鼻，定神一看，门前一棵硕大的桂花树下，一只白兔正在捣药，门头上镶着写有"广寒清虚之府"六个大字的巨幅匾额。他们进了广寒宫，到处是奇葩瑶草，一派琼楼玉宇气派。在雕梁玉柱、富丽堂皇的大厅里，身穿洁白透明的轻罗玉纱的几百名仙女翩翩起舞，舞姿十分优美，乐曲悠扬悦耳。梦醒后，唐明皇赶紧命手下的人记下月宫里的曲调，经过整理，便成了后来流传民间的《霓裳羽衣曲》。

5. 中秋赏月

每逢中秋，赏月谈月便成为人们久谈不衰的话题。

追溯中秋赏月的来历，据《长安玩月诗序》载："秋之于时，后夏先冬；八月于秋，季始孟终；十五之夜，又月之中。稽于天道，则寒暑均，取于月数，则蟾魄圆。"也就是说，八月十五在秋季八月中间，故曰"中秋"。为何人们钟情中秋赏月呢？有诗道："明月四时有，何事喜中秋？瑶台宝鉴，宜挂玉宇最高头。放出白豪千丈，散作太虚一色。万象入吾眸，星斗避光彩，风露助清幽。"

从时令上说，中种是"秋收节"，春播夏种的谷物到了秋天就该收获了，自古以来，人们都在这个季节饮酒舞蹈，喜气洋洋地庆祝丰收，这在我国最早的诗歌总集《诗经》中就有描绘。从渊源上说，中秋又是"祭月节"，它源于远古人类对自然的崇拜。古代帝王的礼制中有春秋二祭，春祭日和秋祭月。最初祭月的日子在"秋分"这一天，"秋分"这个季节在八月内每年不同，所以秋分这一天不一定有月亮，祭月无月是大煞风景的，后约定俗成，祭月的日子固定在八月十五日。从科学观察来看，秋季地球与太阳的倾斜度加大，华夏大地上空的暖湿空气逐渐消退，而此时，西北风还很微弱。如此，湿气已去，沙尘未起，空气显得格外清新，天空特别洁净，月亮看上去既圆又大，是赏月的最佳时节。恰如古诗所云："光辉皎洁，古今但赏中秋月，寻思岂是月华别？都为人间天上气清澈。"

民间中秋赏月活动约始于魏晋时期，盛于唐宋。据宋朱翌《曲消旧闻》说："中秋玩月，不知起于何时。考古人赋诗，则始于杜子美。"浏览唐诗，中秋赏月诗确有多篇，如王建有诗云："月似圆盛色渐凝，玉盆盛水欲侵棱。夜深尽放家人睡，直到天明不炷灯。"徐凝的诗云："皎皎秋月八月圆，嫦娥端正桂枝鲜；一年无似如今夜，十二峰前看不眠。"

宋代，民间中秋赏月之风更加兴盛。《东京梦华录》对北宋京都赏月盛况有这样的描写："中秋夕，贵家结饰台榭，民家争占酒楼，玩月笙歌，远闻千里，嬉我连坐至晓。"

明清以后，每逢中秋，一轮圆月东升时，人们便在庭院、楼台，摆出月饼、柚子、石榴、芋头、核桃、花生、西瓜等果品，边赏月，边畅谈，直到皓月当空，再分食供月果品，其乐融融。在我国的少数民族地区，中秋这一天，还举行别具特色的"拜月"、"闹月"、"行月"、"跳月"、"偷月"等活动。

碧空如洗，圆月如盘。人们在尽情赏月之际，会情不自禁地想念远游在外、客居异乡的亲人。因此，中秋节还有"团圆节"之称。许多古诗表达了人们此时的思念之情。唐人殷文圭《八月十五夜》："万里无云境九州，最团圆夜是中秋。"王建《十五夜望月寄杜朗中》诗云："今夜月明人尽望，不知秋思落谁家。"中国人历来把家人团圆，亲友团聚，共享天伦之乐看得极其珍贵，历来有"花好月圆人团聚"之说。

6. 中秋节诗词

中 秋

（唐）李 朴

皓魄当空宝镜升，云间仙籁寂无声；
平分秋色一轮满，长伴云衢千里明；
狡兔空从弦外落，妖蟆休向眼前生；
灵槎拟约同携手，更待银河彻底清。

水调歌头

（宋）苏 轼

丙辰中秋，欢饮达旦。大醉，作此篇，兼怀子由。
明月几时有？把酒问青天。
不知天上宫阙，今夕是何年？
我欲乘风归去，又恐琼楼玉宇，
高处不胜寒！起舞弄清影，何似在人间？
转朱阁，低绮户，照无眠。
不应有恨，何事长向别时圆？
人有悲欢离合，月有阴晴圆缺，此事古难全。
但愿人长久，千里共婵娟。

八、重阳节

1. 重阳节简介

农历九月九日，为传统的重阳节。因为古老的《易经》中把"六"定为阴数，把"九"定为阳数，九月九日，日月并阳，两九相重，故而叫重阳，也叫重九，古人认为是个值得庆贺的吉利日子，并且从很早就开始过此节日。

庆祝重阳节的活动丰富多彩，一般包括出游赏景、登高远眺、观赏菊花、遍插茱萸、吃重阳糕、饮菊花酒等活动。

九九重阳、因为与"久久"同音，九在数字中又是最大数，有长久长寿的含意，况且秋季也是一年收获的黄金季节，重阳佳节，寓意深远，人们对此节历来有着特殊的感情，唐诗宋词中有不少贺重阳、咏菊花的诗词佳作。

今天的重阳节，被赋予了新的含义，在1989年，我国把每年的九月九日定为老人节，传统与现代巧妙结合，成为尊老、敬老、爱老、助老的老年人的节日。全国各机关、团体、街道，往往都在此时组织从工作岗位上退下来的老人们秋游赏景，或临水玩乐，或登山健体，让他们身心都沐浴在大自然的怀抱里。不少家庭的晚辈也会搀扶着年老的长辈到郊外活动，或为老人准备一些可口的饮食。

2. 重阳节起源

重阳节的起源，最早可以推到汉初。据说，在皇宫中，每年九月九日，都要佩茱萸、食蓬饵、饮菊花酒，以求长寿。汉高祖刘邦的爱妃戚夫人被吕后惨害后，宫女贾某被逐出宫，她将这一习俗传入民间。

九九重阳，早在春秋战国时的《楚辞》中就已提到了。屈原的《远游》里写道："集重阳入帝宫兮，造旬始而观清都。"这里的"重阳"是指天，还不是指节日。三国时魏文帝曹丕《九日与钟繇书》中，则已明确写出重阳的饮宴了，"岁往月来，忽复九月九日。九为阳数，而日月并应，俗嘉其名，以为宜于长久，故以享宴高会"。晋代文人陶渊明在《九日闲居》诗序文中说："余闲居，爱重九之名。秋菊盈园，而持醪靡由，空服九华，寄怀于言。"这里同时提到菊花和酒。大概在魏晋时期，重阳日已有了饮酒、赏菊的做法。到了唐代，重阳被正式定为民间的节日。到明代，九月重阳，皇宫上下要一起吃花糕以庆贺，皇帝要亲自到万岁山登高，以畅秋志，此风俗一直流传到清代。

农历的"九月九"是中国人传统的重阳节，重阳节已有两千多年的历史。据文献记载，早在战国时代重阳节时民间就有登高、饮菊花酒的风俗，作为节日，当在西汉时期。重阳节这一天的活动丰富多彩，一般包括出游赏景、登高远眺、观赏菊花、遍插茱萸、吃重阳糕、饮菊花酒等。古代民间在重阳节有登高的风俗，故重阳节又叫"登高节"，相传这一风俗始于东汉。登高的地点，没有统一的规定，一般是登高山、登高塔。

重阳节饮菊花酒的习俗起源于晋朝大诗人陶渊明，陶渊明以隐居、作诗、饮酒、爱菊出名，后人效仿他，遂有重阳赏菊的风俗。

插茱萸和簪菊花也是重阳节的重要习俗，这在唐代就已经很普遍了。古人认为在重阳节这一天插茱萸可以避难消灾。于是人们把茱萸佩戴在手臂上，或磨碎放在香袋里，还有插在头上的，大多是妇女、儿童佩戴，有些地方男子也佩戴。除了佩戴茱萸，人们也有头戴菊花的。清代，北京重阳节的习俗是把菊花枝叶贴在门窗上，"解除凶秽，以招吉祥"。

3. 重阳节传说

和大多数传统节日一样，重阳节也有古老的传说。相传在东汉时期，汝河有个瘟魔，只要它一出现，就有人病倒，天天有人丧命，这一带的百姓受尽了瘟魔的蹂躏。一场瘟疫夺走了青年恒景的父母，他自己也因病差点儿丧了命。病愈之后，他辞别了心爱的妻子和父老乡亲，决心出去访仙学艺，为民除掉瘟魔。恒景四处访师寻道，访遍各地的名山高士，终于打听到在东方有一座最古老的山，山上有一个法力无边的仙长。恒景不畏艰险和路途的遥远，在仙鹤指引下，终于找到了那座高山，找到了那个有着神奇法力的仙长，仙长为他的精神所感动，终于收留了恒景，并教给他降妖剑术，还赠他一把降妖宝剑。恒景废寝忘食苦练，终于练出了一身非凡的武艺。

这一天，仙长把恒景叫到跟前说："明天是九月初九，瘟魔又要出来作恶，你本领已经学成，应该回去为民除害了。"仙长送给恒景一包茱萸叶，一盅菊花酒，并且密授避邪用法，让恒景骑着仙鹤赶回家去。恒景回到家乡，在九月初九的早晨，按仙长的叮嘱把乡亲们领到了附近的一座山上，发给每人一片茱萸叶，一盅菊花酒，做好了降魔的准备。中午时分，随着几声怪叫，瘟魔冲出汝河，但是瘟魔刚扑到山下，突然闻到阵阵茱萸奇香和菊花酒气，便戛然止步，脸色突变，这时恒景手持降妖宝剑追下山来，几个回合就把瘟魔刺死剑下，从此九月初九登高避疫的风俗年复一年地流传下来。

梁人吴均在他的《续齐谐记》一书里曾有此记载，汝南恒景随费长房游学累年，长房谓曰："九月九日，汝家中当有灾。宜急去，令家人各作绛囊，盛茱萸，以系臂，登高饮菊花酒，此祸可除。"景如言，齐家登山。夕还，见鸡犬牛羊一时暴死。长房闻之曰："此可代也。"今世人九日登高饮酒，妇人带茱萸囊，盖始于此。后来人们把重阳节登高的风俗看作是免灾避祸的活动。

另外，在中原人的传统观念中，双九还是生命长久、健康长寿的意思，所以后来重阳节才被立为老人节。干宝《搜神记》载，淮南全椒县有一丁氏，嫁给同县谢家，谢家虽是大富户，她婆婆却凶恶残暴，虐待丁氏，强迫她干繁重的家务。丁氏经常遭到痛骂和毒打，最终忍受不住，在重阳节悬梁自尽。死后冤魂不散，依附在巫祝身上说："做人家媳妇每天辛苦劳动不得休息，重阳节请婆家不要让她们再操劳。"所以，江南人每逢重阳日，都让妇女休息，叫做"休息日"。并为这位丁氏妇人立祠祭祀，称为"丁姑祠"。以后，每逢重阳节，父母们都要把嫁出去的女儿接回家吃花糕。到了明代，甚至将重阳节称为"女儿节"。

汉刘歆《西京杂记》记载，汉高祖刘邦的爱妾戚夫人被吕后害死后，戚夫人的侍女贾佩兰也被驱逐出宫，嫁给扶风人段儒，闲谈时曾提到她在宫廷时，每年九月九日佩茱萸，食蓬饵，饮菊花酒，以避邪延寿。唐代诗人沈佺期《九日临渭亭侍宴应制得长字》诗："魏文颂菊蕊，汉武赐萸囊……年年重九庆，日月奉天长。"

《旧唐书·王勃传》记载，王勃的《滕王阁序》就是在重阳节这一天写出来的。当时王勃的父亲担任交趾令，王勃前往探视父亲，九月九日路过南昌时，洪州牧阎伯屿正在重修的滕王阁中宴请宾客及部属，他想夸耀女婿吴子章的才气，便拿出纸笔请宾客动笔作序，所有的宾客都知道他的用意，没有人敢作。王勃事先并不知道州牧的用心，于是毫不谦让地接过纸笔。州牧原本十分生气，派人在旁边看王勃书写，谁知道王勃才气不凡，蓄积已久的情感完全发泄出来，文章越写越好，当写到"落霞与孤鹜齐飞，秋水共长天一色"时，州牧忍不住拍案叫绝，王勃从此名震诗坛。

4. 重阳节习俗

金秋送爽，丹桂飘香，农历九月初九日的重阳佳节，活动丰富，有登高、赏菊、喝菊花酒、吃重阳糕、插茱萸等等。

登高

在古代，民间在重阳有登高的风俗，故重阳节又叫"登高节"。相传此风俗始于东汉。唐代文人所写的登高诗很多，大多是写重阳节的习俗，杜甫的七律《登高》，就是写重阳登高的名篇。登高所到之处，没有划一的规定，一般是登高山、登高塔。

吃重阳糕

据史料记载，重阳糕又称花糕、菊糕、五色糕，制无定法，较为随意。九月九日天明时，以糕片搭儿女头额，口中念念有词，祝愿子女百事俱高，是古人九月作糕的本意。讲究的重阳糕要做成九层，像座宝塔，上面还做成两只小羊，以符合重阳（羊）之义。有的还在重阳糕上插一小红纸旗，并点蜡烛灯。这大概是用"点灯"、"吃糕"代替"登高"的意思，用小红纸旗代替茱萸。当今的重阳糕，仍无固定品种，各地在重阳节吃的松软糕类都称之为重阳糕。

赏菊并喝重阳酒

重阳节正是一年的金秋时节，菊花盛开，据传赏菊及饮菊花酒，起源于晋朝大诗人陶渊明。陶渊明以隐居出名，以诗出名，以酒出名，也以爱菊出名。后人效之，遂有重阳赏菊之俗。旧时文人士大夫，还将赏菊与宴饮结合，以求和陶渊明更接近。北宋京师开封，重阳赏菊之风盛行，当时的菊花就有很多品种，千姿百态。民间还把农历九月称为"菊月"，在菊花傲霜怒放的重阳节里，观赏菊花成了节日的一项重要内容。清代以后，赏菊之习尤为昌盛，且不限于九月九日，但仍然以重阳节前后为最。

"重阳酒"即用优质糯米酿成的甜酒，于重阳节装进小陶瓷坛子密封保存。可能是因为温度和湿度比较适宜，所以酿出的酒特别醇，是米酒中的上品，甘甜纯美，男女老少皆宜，起源于西北少数民族。

"重阳酒"即"菊花酒"。每年重阳节时，最早的菊花花骨朵已长成，正是欲开花时，这就是制作"重阳酒"的上好材料。

插茱萸和簪菊花

重阳节插茱萸的风俗，在唐代就已经很普遍。古人认为在重阳节这一天插茱

中华民俗风貌大全

萸可以避难消灾，或佩带于臂，或作香袋把茱萸放在里面佩带，还有插在头上的。大多是妇女、儿童佩带，有些地方，男子也佩带。重阳节佩茱萸，在晋代葛洪《西经杂记》中就有记载。除了佩带茱萸，人们也有头戴菊花的。唐代就已如此，历代盛行不衰。宋代，还有将彩缯剪成茱萸、菊花来相赠佩带的。清代，北京重阳节的习俗是把菊花枝叶贴在门窗上，"解除凶秽，以招吉祥"，这是头上簪菊的变俗。

重阳节在各地

除了以上较为普遍的习俗外，各地还有独特的过节形式。

重阳节在陕北正是收割的季节，有首歌唱道："九月里九重阳，收呀么收秋忙。谷子呀，糜子呀，上呀么上了场。"陕北过重阳在晚上，白天是一整天的收割、打场。晚上月上树梢，人们喜爱吃荞面熬羊肉，待吃过晚饭后，人们三三两两地走出家门，爬上附近山头，点上火烛，谈天说地，待鸡叫才回家。夜里登山，许多人都摘几把野菊花，回家插在女儿的头上，以之避邪。在福建莆仙，人们沿袭旧俗，要蒸九层的重阳米果，我国古代就有重阳"食饵"之俗，"饵"即今之糕点、米果之类。宋代《玉烛宝典》云："九日食饵，饮菊花酒者，黍秋并收，以因黏米嘉味，触类尝新，遂成积习。"清初莆仙诗人宋祖谦《闽酒曲》曰："惊闻佳节近重阳，纤手携篮拾野香。玉杵捣成绿粉湿，明珠颗颗唤郎尝。"近代以来，人们又把米果改制为一种很有特色的九重米果。将优质晚米用清水淘洗，浸泡2小时，捞出沥干，掺水磨成稀浆，加入明矾（用水溶解）搅拌，加红板糖（掺水熬成糖浓液），而后置蒸笼于锅上，铺上洁净炊布，然后分九次，舀入米果浆，蒸熟出笼，米果上面抹上花生油。此米果分九层重叠，可以揭开，切成菱形，四边层次分明，呈半透明状，食之甜软适口，又不粘牙，堪称重阳敬老的最佳礼馔。

一些地方的群众也利用重阳登山的机会，祭扫祖墓，纪念先人。莆仙人重阳祭祖者比清明为多，俗有以三月为小清明，重九为大清明之说。由于莆仙沿海，九月初九也是妈祖羽化升天的忌日，乡民多到湄洲妈祖庙或港里的天后祖祠、宫庙祭祀，求得保佑。

新中国成立后，重阳节的活动加入了新的内容。1989年，我国把重阳节定为老人节。每到这一日，各地都要组织老年人登山秋游，开阔视野，交流感情，锻炼身体，培养人们热爱祖国大好山河的高尚品德。

5. 重阳节诗词

九月九日玄武山旅眺

（唐）卢照邻

九月九日眺山川，归心归望积风烟。

他乡共酌金花酒，万里同悲鸿雁天。

醉花阴

（宋）李清照

薄雾浓云愁永昼，瑞脑销金兽。佳节又重阳，玉枕纱橱，半夜凉初透。东篱把酒黄昏后，有暗香盈袖。莫道不销魂，帘卷西风，人比黄花瘦！

重 阳

（唐）高 适

节物惊心两鬓华，东篱空绕未开花；

百年将半仕三已，五亩就荒天一涯。

岂有白衣来剥啄，一从乌帽自欹斜。

真成独坐空搔首，门柳萧萧噪暮鸦。

——于长安还扬州九月九日行薇山亭赋韵

九、腊八节

1. 腊八节起源

腊月最重大的节日，是十二月初八，古代称为"腊日"，俗称"腊八节"。

从先秦起，人们在腊八节祭祀祖先和神灵，祈求丰收和吉祥。腊八节除祭祖敬神的活动外，还要逐疫。这项活动来源于古代的傩（古代驱鬼避疫的仪式）。史前时代的医疗方法之一即驱鬼治疾。作为巫术活动的腊月击鼓驱疫之俗，今在湖南新化等地区仍有留存。据说，佛教创始人释迦牟尼的成道之日也在十二月初八，因此腊八也是佛教徒的节日，又称"佛成道节"。

传说一

腊八节是农历腊月（十二月）初八，起源于元末明初，据说当年朱元璋落难在监牢里受苦，当时正值寒天，又冷又饿的朱元璋从监牢的老鼠洞里刨出一些红豆、大米、红枣等七八种五谷杂粮。朱元璋便把这些东西熬成了粥，因那天正是腊月初八，朱元璋便美其名曰腊八粥，美美地享受了一顿。后来朱元璋平定天下，坐北朝南当了皇帝，为了纪念在监牢中的那个特殊日子，他便把这一天定为腊八节，把自己那天吃的杂粮粥正式命名为腊八粥。

传说二

腊月初八，我国人民有吃腊八粥的习俗。据说腊八粥传自印度。佛教的创始者释迦牟尼本是古印度北部迦毗罗卫国（今尼泊尔境内）净饭王的儿子，他见众生受生老病死等痛苦折磨，又不满当时婆罗门的神权统治，舍弃王位，出家修道。初无收获，后经六年苦行，于腊月八日，在菩提树下悟道成佛。在这六年苦行中，每日仅食一麻一米。后人不忘他所受的苦难，于每年腊月初八吃粥以作纪念。"腊八"就成了"佛祖成道纪念日"。"腊八"是佛教的盛大节日。解放以前各地佛寺作浴佛会，举行诵经，并效仿释迦牟尼成道前牧女献乳糜的传说故事，用香谷、果实等煮粥供佛，称"腊八粥"。并将腊八粥赠送给门徒及善男信女们，以后便在民间相沿成俗。据说有的寺院于腊月初八以前由僧人手持钵盂，沿街化缘，将收集来的米、栗、枣、果仁等材料煮成腊八粥分发给穷人。传说吃了以后可以得到佛祖的保佑，所以穷人把它叫做"佛粥"。南宋陆游诗云："今朝佛粥更相馈，反觉江村节物新。"据说，杭州名刹天宁寺内有储藏剩饭的"栈饭楼"，平时寺僧每日把剩饭晒干，积一年的余粮，到腊月初八煮成腊八粥分赠信徒，称为"福寿粥"、"福德粥"，意思是说吃了以后可以增福增寿。

腊八粥在古时候，是用红小豆、糯米煮成的，后来材料逐渐增多。南宋人周密著《武林旧事》说："用胡桃、松子、乳蕈、柿蕈、柿、栗之类做粥，谓之'腊八粥'。"至今我国江南、东北、西北广大地区人民仍保留着吃腊八粥的习俗，广东地区已不多见。所用材料各有不同，多用糯米、红豆、枣子、栗子、花生、白果、莲子、百合等煮成甜粥，也有加入桂圆、龙眼肉、蜜饯等同煮的。冬季吃一碗热气腾腾的腊八粥，既可口又营养，确实能增福增寿。

传说三

腊八节来自"赤豆打鬼"的风俗。传说上古五帝之一的颛顼氏，三个儿子死后变成恶鬼，专门出来惊吓孩子。古代人们普遍迷信，害怕鬼神，认为大人小孩中风得病、身体不好都是由于疫鬼作祟。这些恶鬼天不怕地不怕，单怕赤（红）豆，故有"赤豆打鬼"的说法。所以，在腊月初八这一天以红小豆、赤小豆熬粥，以祛疫迎祥。

传说四

腊八节出于人们对忠臣岳飞的怀念。当年，岳飞率部抗金于朱仙镇，正值数九严冬，岳家军衣食不济，挨饿受冻，众百姓相继送粥，岳家军饱餐了一顿百姓送的"千家粥"，结果大胜而归。这天正是十二月初八。岳飞死后，人民为了纪念他，每到腊月初八，便以杂粮豆果煮粥，终成此俗。

传说五

秦始皇修建长城，天下民工奉命而来，长年不能回家，吃粮靠家里人送。有些民工，家隔千山万水，粮食送不到，饿死于长城工地。有一年腊月初八，无粮吃的民工们合伙积了几把五谷杂粮，放在锅里熬成稀粥，每人喝了一碗，但最后还是饿死在长城脚下。为了悼念饿死在长城工地的民工，人们便于每年腊月初八吃"腊八粥"。

传说六

相传老两口过日子，吃苦耐劳，持家节俭，省下一大笔家业，可是宝贝儿子却不争气，娶个媳妇也不贤惠，很快就败了家业，到了腊月初八这一天，小两口冻饿交加，幸好有村人、邻居接济，煮了一锅大米、面块、豆子、蔬菜等混在一起的"杂合粥"，意思是"吃顿杂合粥，教训记心头"。这顿粥让小两口改掉恶习，走上正道，他们靠勤恳的劳动持家，日子一天天好起来。民间流行腊八吃粥的风俗，正是为了以此教训警告后人。

2. 腊八节习俗

习俗一：吃冰

腊八前一天，人们一般用钢盆舀水结冰，等到了腊八节就脱盆冰并把冰敲成碎块。据说这天的冰很神奇，吃了它在以后一年不会肚子疼。

习俗二：吃腊八粥

腊八粥也叫"七宝五味粥"。我国喝腊八粥的历史已有一千多年，最早开始于宋代。每逢腊八这一天，不论是朝廷、官府、寺院还是黎民百姓家都要做腊八粥。到了清朝，喝腊八粥的风俗更加盛行。在宫廷，皇帝、皇后、皇子等都要向文武大臣、侍从宫女赐腊八粥，并向各个寺院发放米、果等供僧侣食用。在民间，家家户户也要做腊八粥，祭祀祖先，同时合家团聚在一起食用，或馈赠亲朋好友。

中国各地腊八粥的花样，争奇竞巧，品种繁多。其中以老北京的最为讲究，掺在白米中的物品较多，如红枣、莲子、核桃、栗子、杏仁、松仁、桂圆、榛子、葡萄、白果、菱角、青丝、玫瑰、红豆、花生……总计不下二十种。人们在腊月初七的晚上就忙碌起来，洗米、泡果、剥皮、去核、精拣，然后在半夜时分开始煮，用微火炖，一直炖到第二天的清晨，腊八粥才算熬好了。

更为讲究的人家，还要先将果子雕刻成人形、动物、花样，再放进锅中煮。比较有特色的就是在腊八粥中放入"果狮"。果狮是用几种果子做成的狮形物，用剔去枣核烤干的脆枣作为狮身，半个核桃仁作为狮头，桃仁作为狮脚，甜杏仁用来作狮子尾巴，然后用糖粘在一起，放在粥碗里，活像一头小狮子。如果碗较大，可以摆上双狮或是四头小狮子。更讲究的，就是用枣泥、豆沙、山药、山楂糕等具备各种颜色的食物，捏成八仙人、老寿星、罗汉像。这种装饰的腊八粥，只有在以前的大寺庙的供桌上才可以见到。

习俗三：泡腊八蒜

老北京人家，一到腊月初八，过年的气氛一天赛过一天，华北大部分地区在腊月初八这天有用醋泡蒜的习俗，叫"腊八蒜"。

据老人讲，腊八蒜的"蒜"字，和"算"字同音，旧时各家商号要在这天拢账，把这一年的收支算出来，可以看出盈亏，外欠和外债也要在这天算清楚，"腊八算"就是这么回事。腊八这天要债的债主，要到欠他钱的人家送信儿，告诉他们准备还钱。北京城有句民谚："腊八粥、腊八蒜，放账的送信儿，欠债的还钱。"后来有欠人钱的，用蒜代替"算"字，以示忌讳，回避这个算账的"算"字，其实欠人家的，终究是要还的。老北京临年关，街巷胡同有卖辣菜的，可没有卖腊八蒜的。因为直接喊"腊八蒜来！"欠债的人听见吆喝还以为是喊着催债。所以腊八蒜不能下街吆喝，都是一家一户自己动手泡腊八蒜，自己先给自己算算，今年这个年怎么过。

泡腊八蒜得用紫皮蒜和米醋，将蒜瓣去老皮，浸入米醋中，装入小坛封严，至除夕启封。蒜瓣湛青翠绿，蒜辣醋香融在一起，扑鼻而来，是吃饺子的最佳佐

中华民俗风貌大全

料，拌凉菜也可以用，味道独特。

泡腊八蒜要用紫皮蒜，因为紫皮蒜瓣小泡得透，蒜瓣瓷实，泡出的蒜脆香。而用一般的蒜，泡出来虽然瓣大但口感不脆，发紧。

泡腊八蒜要用米醋，因为米醋色淡，泡出的蒜色泽如初，橙黄翠绿，口感酸辣适度，香气浓而微甜。而用老醋熏醋泡过的蒜色泽发黑，蒜瓣也不够绿，口感较差。

3. 腊八粥食俗

农历十二月初八，民俗谓之腊八，是春节前的第一个节令，此后"年味"日渐浓郁起来。腊八吃腊八粥的食俗，在我国已有千年之久，但却另有一番来历。

相传，在古印度北部，即今天的尼泊尔南部，迦毗罗卫国有个净饭王，他有个儿子叫乔答摩·悉达多，年轻时就深感人世生、老、病、死的各种苦恼，觉得社会生活索然无味，并对婆罗门教的神权极为不满。在 29 岁那年，他舍弃王族的豪华生活，出家修道，学练瑜伽，苦行 6 年。大约在公元前 525 年的一天，他在佛陀伽耶一株菩提树下彻悟成道，并创立了佛教。史传，这一天正是中国的农历十二月初八日，由于他是释迦族人，后来佛教徒尊称他为释迦牟尼，即释迦族圣人的意思。佛教传入我国后，各地兴建寺院，煮粥敬佛的活动也随之盛行起来，尤其是到了腊月初八，祭祀释迦牟尼修行成道之日，各寺院都要举行诵经活动，并效仿牧女在佛成道前献一种"乳糜"之物的传说程式，煮粥敬佛。这便是腊八粥的来历。

宋朝吴自牧撰《梦粱录》卷六载："八日，寺院谓之'腊八'。大刹寺等俱设五味粥，名曰'腊八粥'。"此时，腊八煮粥已成民间食俗，此外，当时帝王还以此来笼络众臣。元人孙国敕作《燕都游览志》云："十二月八日，赐百官粥，以米果杂成之。品多者为胜，此盖循宋时故事。"《永乐大典》记述："是月八日，禅家谓之腊八日，煮经糟粥以供佛饭僧。"到了清代，雍正三年（公元 1725 年），世宗将北京安定门内国子监以东的府邸改为雍和宫，每逢腊八日，在宫内万福阁等处，用锅煮腊八粥并请来喇嘛僧人诵经，然后将粥分给各王宫大臣，品尝食用以度节日。《光绪顺天府志》又云："每岁腊月八日，雍和宫熬粥，定制，派大臣监视，盖供上膳焉。"腊八粥又叫"七宝粥"，"五味粥"。最早的腊八粥用红小豆来煮，后经演变，加入地方特色，逐渐丰富多彩起来。清人富察敦崇在《燕京岁时记》里称"腊八粥者，用黄米、白米、江米、小米、菱角米、栗子、去皮枣泥等，和水煮熟，外用染红桃仁、杏仁、瓜子、花生、榛穰、松子及白糖、红糖、琐琐葡萄以作点染"，颇有京城特色。

早在宋代，每逢十二月初八日，东京开封各大寺院都要送七宝五味粥，即"腊八粥"。孟元老《东京梦华录》记载，十二月初八日，各个寺院都送七宝五味粥给门徒，称之为"腊八粥"，又称"佛粥"。宋代大诗人陆游诗中说："今朝佛粥更相馈，反觉江村节物新。"也说的是腊八送粥之事。

腊八粥在各地

天津人煮腊八粥，同北京近似，讲究些的还要加莲子、百合、珍珠米、薏仁米、大麦仁、黏秫米、黏黄米、芸豆、绿豆、桂圆肉、龙眼肉、白果、红枣及糖水桂花等，色、香、味俱佳。近年还有加入黑米的，这种腊八粥可供食疗，有健脾、开胃、补气、安神、清心、养血等功效。

山西的腊八粥，别称八宝粥，以小米为主，附加以豇豆、小豆、绿豆、小枣，还有黏黄米、大米、江米等煮之。晋东南地区，腊月初五即用小豆、红豆、豇豆、红薯、花生、江米、柿饼，合水煮粥，又叫甜饭，亦是食俗之一。

陕北高原在腊八之日，熬粥除了用多种米、豆之外，还得加入各种干果、豆腐和肉混合煮。通常是早晨就煮，或甜或咸，依个人口味自选酌定。倘是午间吃，还要在粥内煮上些面条，全家人团聚共餐。吃完以后，还要将粥抹在门上、灶台上及门外树上，以驱邪避灾，迎接来年的农业大丰收。民间相传，腊八这天忌吃菜，说吃了菜庄稼地里杂草多。陕南人腊八要吃杂合粥，分"五味"和"八味"两种。前者用大米、糯米、花生、白果、豆子煮成。后者用上述五种原料再加入大肉丁、豆腐、萝卜，另外还要加调味品。腊八这天人们除了吃腊八粥，还得用粥供奉祖先和粮仓。

甘肃人传统煮腊八粥用五谷、蔬菜，煮熟后除家人吃、分送给邻里外，还要用来喂家畜。在兰州、白银城市地区，腊八粥煮得很讲究，用大米、豆、红枣、白果、莲子、葡萄干、杏干、瓜干、核桃仁、青红丝、白糖、肉丁等煮成。煮熟后先用来敬门神、灶神、土神、财神，祈求来年风调雨顺，五谷丰登，再分给亲邻，最后一家人享用。甘肃武威地区讲究过"素腊八"，吃大米稠饭、扁豆饭或是稠饭，煮熟后配炸散子、麻花同吃，民俗叫它"扁豆粥泡散"。

宁夏人做腊八饭一般用扁豆、黄豆、红豆、蚕豆、黑豆、大米、土豆，再加上用麦面或荞麦面切成菱形柳叶片的"麦穗子"，或者是做成小圆蛋的"雀儿头"，出锅之前再加入葱花油。这天全家人只吃腊八饭，不吃菜。

青海的西宁，虽是汉族人居多，可是腊八不吃粥，而是吃麦仁饭。将新碾的麦仁，与牛羊肉同煮，加上青盐、姜皮、花椒、草果、苗香等佐料，经一夜文火煮熬，肉、麦交融成乳糜状，清晨揭锅，异香扑鼻，食之可口。

山东"孔府食制"中，规定腊八粥分两种。一种是用薏米仁、桂圆、莲子、百合、栗子、红枣、粳米等熬成的，盛入碗里还要加些"粥果"，主要是雕刻成各种形状的水果，作为点缀，这种粥专供孔府主人及十二府主人食用。另一种是用大米、肉片、白菜、豆腐等煮成的，是给孔府里当差们喝的。

河南人吃腊八饭，由小米、绿豆、豇豆、麦仁、花生、红枣、玉米等八种原料配合煮成，熟后加些红糖、核桃仁，粥稠味香，寓意来年五谷丰登。

江苏地区吃腊八粥分甜咸两种，煮法一样，只是咸粥加青菜和油。苏州人煮腊八粥要放入茨菇、荸荠、胡桃仁、松子仁、芡实、红枣、栗子、木耳、青菜、金针菇等。清代苏州文人李福曾有诗云："腊月八日粥，传自梵王国，七宝美调和，五味香掺入。"

浙江人煮腊八粥一般都用胡桃仁、松子仁、芡实、莲子、红枣、桂圆肉、荔枝肉等，香甜味美，食之祈求长命百岁。据说，这种煮粥方法是从南京流传过来的，其中还有若干传说。

四川地大人多，腊八粥做法五花八门，甜咸麻辣，而农村人吃咸味的比较多，主要是用黄豆、花生、肉丁、白萝卜、胡萝卜熬成。异乡人来此品尝，虽入乡随俗，但很难习惯，现如今城市人吃甜粥的也不少，堪称风味各异。腊八与粥可谓密切相关，而粥喝在腊八，也算是喝出了花样，喝出了水平。

河北腊八粥制作方法是将大白芸豆提前（最好头一天晚上泡，第二天用）泡发至胖大；白莲子用热水涨发，去绿色芯，同白芸豆先下入煮锅煮 20 分钟，再加入大米、糯米、麦仁、葛仙米、小枣及饭豆，栗子去掉硬壳和内衣。将上述原料洗净，放入锅中，加入足够的清水，大火煮沸，改小火慢煮 40 分钟，至粥稠、豆糯、枣烂时止。粥熟后加蜜桂花、红糖（或先将红糖煮成糖汁，加在粥中）拌匀即成。

此粥黏糯滑软，香甜可口，营养丰富，易于消化。年迈体弱者食此粥有利于恢复健康。不论哪种腊八粥，都有暖肚、润肠、补脾、清肺等功能。

国人如此钟情腊八粥，食俗之外，也确有些科学道理。清代营养学家曹燕山撰《粥谱》，对腊八粥的健身营养功能讲得详尽、清楚，调理营养。书中提到腊八粥易于吸收，是"食疗"佳品，有和胃、补脾、养心、清肺、益肾、利肝、消渴、明目、通便、安神等作用，这些已被现代医学所证实。

腊八粥选料

如今超市里有配好了的腊八粥原料，但您也可根据自己的饮食习惯以及身体状况选择腊八粥的配料，熬出的腊八粥会独具特色。

腊八粥的主要原料为谷类，常用的有粳米、糯米和薏米。粳米含蛋白质、脂肪、碳水化合物、钙、磷、铁等成分，具有补中益气、养脾胃、和五脏、除烦止渴、益精等功用。糯米具有温脾益气的作用，适于脾胃功能低下者食用，对虚寒泻痢、虚烦口渴、小便不利等有一定辅助治疗作用。中医认为薏米具有健脾、补肺、清热、除湿的功能，经常食用对慢性肠炎、消化不良等症也有良效。富含膳食纤维的薏米有预防高血脂、高血压、中风及心血管疾病的功效。

豆类是腊八粥的配料，常用的有黄豆、赤小豆。黄豆含蛋白质、脂肪、碳水化合物、粗纤维、钙、磷、铁、胡萝卜素、硫胺素、核黄素、尼克酸等，营养十分丰富，具有降低胆固醇、预防心血管病、抑制多种恶性肿瘤、预防骨质疏松等多种保健功能。赤小豆含蛋白质、脂肪、碳水化合物、粗纤维、钙、磷、铁、硫胺素、核黄素、尼克酸等，中医认为具有健脾燥湿、利水消肿之功，对于脾虚腹泻以及水肿有一定的辅助治疗作用。

不可小看腊八粥中果仁的食疗作用，其中花生和核桃是不可缺少的原料。花生有"长生果"的美称，具有润肺、和胃、止咳、利尿、下乳等多种功能。核桃仁具有补肾纳气、益智健脑、强筋壮骨的作用，还能够增进食欲、乌须生发，核桃仁中所含的维生素 E 更是医药学界公认的抗衰老药物。

如果在腊八粥内再加入羊肉、狗肉、鸡肉等，就会使腊八粥营养滋补价值倍增。对于高血压患者，不妨在粥里加点白萝卜、芹菜。对于经常失眠的患者，如果在粥里加点龙眼肉、酸枣仁将会起到很好的养心安神的作用。何首乌、枸杞子具有延年益寿的作用，对血脂也有辅助的调节作用，是老年人的食疗佳品。燕麦具有降低血液中胆固醇浓度的作用，食用燕麦后可减慢血糖值的上升，在碳水化合物食品中添加燕麦可抑制血糖值上升，因此糖尿病以及糖尿病合并心血管疾病的患者，不妨在粥里放点燕麦。大枣也是一种益气养血、健脾的食疗佳品，对脾胃虚弱、血虚萎黄和肺虚咳嗽等症有一定疗效。

4. 腊八节食谱

腊八豆腐

"腊八豆腐"是安徽黔县民间风味特产，在春节前夕的腊八，即农历十二月初八前后，黔县家家户户都要晒制豆腐，民间将这种自然晒制的豆腐称作"腊八豆腐"。

翡翠碧玉腊八蒜

泡腊八蒜是北方，尤其是华北地区的一个习俗。顾名思义，就是在阴历腊月初八的这天来泡制蒜。材料非常简单，就是醋和大蒜瓣儿。做法也极其简单，将剥了皮的蒜瓣儿放到一个可以密封的罐子、瓶子之类的容器里面，然后倒入醋，封上口放到一个冷的地方。慢慢地，泡在醋中的蒜就会变绿，最后会变得通体碧绿，如同翡翠碧玉。

煮"五豆"

有些地方过腊八煮粥，不称"腊八粥"，而叫做煮"五豆"，有的在腊八当天煮，有的在腊月初五就煮了，还要用面捏些"雀儿头"，和米、豆（五种豆子）同煮。据说，腊八人们吃了"雀儿头"，麻雀头痛，来年不危害庄稼。煮的这种"五豆"，除了自食，也赠亲邻。每天吃饭时弄热搭配食用，一直吃到腊月二十三，象征连年有余。

腊八面

我国北方一些不产或少产大米的地方，人们不吃腊八粥，而是吃腊八面。隔天用各种果、蔬做成臊子，把面条擀好，到腊月初八早晨全家吃腊八面。

5. 腊八节诗词

腊八日水草庵即事

（清）顾梦游

清水塘边血作磷，正阳门外马生尘；
只应水月无新恨，且喜云山来故人。
晴腊无如今日好，闲游同是再生身；
自伤白发空流浪，一瓣香消泪满巾。

第三章

万年历（1931~2050）

公元一九三一年（民国二十年）　　岁次:辛未　　生肖:羊　　太岁:李素　　纳音:路旁土

月别	正月大	二月大	三月小	四月大	五月小	六月大
干支	庚寅	辛卯	壬辰	癸巳	甲午	乙未
九星	五黄	四绿	三碧	二黑	一白	九紫

廿四节气

节名	雨水	惊蛰	春分	清明	谷雨	立夏	小满	芒种	夏至	小暑	大暑	立秋
农历	初三	十八	初三	十九	初四	十九	初六	廿二	初七	廿三	初十	廿五
时辰	亥时	亥时	亥时	丑时	巳时	戌时	巳时	子时	酉时	午时	寅时	戌时
公历	2月19日	3月6日	3月21日	4月6日	4月21日	5月6日	5月22日	6月7日	6月22日	7月8日	7月24日	8月8日
时间	22时41分	21时3分	22时7分	2时21分	9时40分	20时10分	9时16分	0时42分	17时28分	11时6分	4时22分	20时45分

农历	公历	星期	天地干支	五行	公历	星期	天地干支	五行	公历	星期	天地干支	五行	公历	星期	天地干支	五行	公历	星期	天地干支	五行	公历	星期	天地干支	五行
初一	17	二	癸卯	金	19	四	癸酉	金	18	六	癸卯	金	17	日	壬申	金	16	二	壬寅	金	15	三	辛未	土
初二	18	三	甲辰	火	20	五	甲戌	火	19	日	甲辰	火	18	一	癸酉	金	17	三	癸卯	金	16	四	壬申	金
初三	19	四	乙巳	火	21	六	乙亥	火	20	一	乙巳	火	19	二	甲戌	火	18	四	甲辰	火	17	五	癸酉	金
初四	20	五	丙午	水	22	日	丙子	水	21	二	丙午	水	20	三	乙亥	火	19	五	乙巳	火	18	六	甲戌	火
初五	21	六	丁未	水	23	一	丁丑	水	22	三	丁未	水	21	四	丙子	水	20	六	丙午	水	19	日	乙亥	火
初六	22	日	戊申	土	24	二	戊寅	土	23	四	戊申	土	22	五	丁丑	水	21	日	丁未	水	20	一	丙子	水
初七	23	一	己酉	土	25	三	己卯	土	24	五	己酉	土	23	六	戊寅	土	22	一	戊申	土	21	二	丁丑	水
初八	24	二	庚戌	金	26	四	庚辰	金	25	六	庚戌	金	24	日	己卯	土	23	二	己酉	土	22	三	戊寅	土
初九	25	三	辛亥	金	27	五	辛巳	金	26	日	辛亥	金	25	一	庚辰	金	24	三	庚戌	金	23	四	己卯	土
初十	26	四	壬子	木	28	六	壬午	木	27	一	壬子	木	26	二	辛巳	金	25	四	辛亥	金	24	五	庚辰	金
十一	27	五	癸丑	木	29	日	癸未	木	28	二	癸丑	木	27	三	壬午	木	26	五	壬子	木	25	六	辛巳	金
十二	28	六	甲寅	水	30	一	甲申	水	29	三	甲寅	水	28	四	癸未	木	27	六	癸丑	木	26	日	壬午	木
十三	3月	日	乙卯	水	31	二	乙酉	水	30	四	乙卯	水	29	五	甲申	水	28	日	甲寅	水	27	一	癸未	木
十四	2	一	丙辰	土	4月	三	丙戌	土	5月	五	丙辰	土	30	六	乙酉	水	29	一	乙卯	水	28	二	甲申	水
十五	3	二	丁巳	土	2	四	丁亥	土	2	六	丁巳	土	31	日	丙戌	土	30	二	丙辰	土	29	三	乙酉	水
十六	4	三	戊午	火	3	五	戊子	火	3	日	戊午	火	6月	一	丁亥	土	7月	三	丁巳	土	30	四	丙戌	土
十七	5	四	己未	火	4	六	己丑	火	4	一	己未	火	2	二	戊子	火	2	四	戊午	火	31	五	丁亥	土
十八	6	五	庚申	木	5	日	庚寅	木	5	二	庚申	木	3	三	己丑	火	3	五	己未	火	8月	六	戊子	火
十九	7	六	辛酉	木	6	一	辛卯	木	6	三	辛酉	木	4	四	庚寅	木	4	六	庚申	木	2	日	己丑	火
二十	8	日	壬戌	水	7	二	壬辰	水	7	四	壬戌	水	5	五	辛卯	木	5	日	辛酉	木	3	一	庚寅	木
廿一	9	一	癸亥	水	8	三	癸巳	水	8	五	癸亥	水	6	六	壬辰	水	6	一	壬戌	水	4	二	辛卯	木
廿二	10	二	甲子	金	9	四	甲午	金	9	六	甲子	金	7	日	癸巳	水	7	二	癸亥	水	5	三	壬辰	水
廿三	11	三	乙丑	金	10	五	乙未	金	10	日	乙丑	金	8	一	甲午	金	8	三	甲子	金	6	四	癸巳	水
廿四	12	四	丙寅	火	11	六	丙申	火	11	一	丙寅	火	9	二	乙未	金	9	四	乙丑	金	7	五	甲午	金
廿五	13	五	丁卯	火	12	日	丁酉	火	12	二	丁卯	火	10	三	丙申	火	10	五	丙寅	火	8	六	乙未	金
廿六	14	六	戊辰	木	13	一	戊戌	木	13	三	戊辰	木	11	四	丁酉	火	11	六	丁卯	火	9	日	丙申	火
廿七	15	日	己巳	木	14	二	己亥	木	14	四	己巳	木	12	五	戊戌	木	12	日	戊辰	木	10	一	丁酉	火
廿八	16	一	庚午	土	15	三	庚子	土	15	五	庚午	土	13	六	己亥	木	13	一	己巳	木	11	二	戊戌	木
廿九	17	二	辛未	土	16	四	辛丑	土	16	六	辛未	土	14	日	庚子	土	14	二	庚午	土	12	三	己亥	木
三十	18	三	壬申	金	17	五	壬寅	金					15	一	辛丑	土					13	四	庚子	土

公元一九三一年（民国二十年）　　岁次:辛未　生肖:羊　太岁:李素　纳音:路旁土

月别	七月小				八月小				九月大				十月小				十一月大				十二月小			
干支	丙申				丁酉				戊戌				己亥				庚子				辛丑			
九星	八白				七赤				六白				五黄				四绿				三碧			

廿四节气

	节名	处暑	白露	秋分	寒露	霜降	立冬	小雪	大雪	冬至	小寒	大寒	立春
	农历	十一	廿六	十三	廿八	十四	廿九	十四	廿九	十五	廿九	十四	廿九
	时辰	午时	子时	辰时	未时	酉时	酉时	未时	巳时	寅时	戌时	未时	辰时
	公历	8月24日	9月8日	9月24日	10月9日	10月24日	11月8日	11月23日	12月8日	12月23日	1月6日	1月21日	2月5日
	时间	11时11分	23时8分	8时24分	14时27分	18时24分	18时12分	14时25分	9时41分	3时30分	20时46分	14时7分	8时30分

农历	公历	星期	天地干支	五行	公历	星期	天地干支	五行	公历	星期	天地干支	五行	公历	星期	天地干支	五行	公历	星期	天地干支	五行	公历	星期	天地干支	五行
初一	14	五	辛丑	土	12	六	庚午	土	11	日	己亥	木	10	二	己巳	木	9	三	戊戌	木	8	五	戊辰	木
初二	15	六	壬寅	金	13	日	辛未	土	12	一	庚子	土	11	三	庚午	土	10	四	己亥	木	9	六	己巳	木
初三	16	日	癸卯	金	14	一	壬申	金	13	二	辛丑	土	12	四	辛未	土	11	五	庚子	土	10	日	庚午	土
初四	17	一	甲辰	火	15	二	癸酉	金	14	三	壬寅	金	13	五	壬申	金	12	六	辛丑	土	11	一	辛未	土
初五	18	二	乙巳	火	16	三	甲戌	火	15	四	癸卯	金	14	六	癸酉	金	13	日	壬寅	金	12	二	壬申	金
初六	19	三	丙午	水	17	四	乙亥	火	16	五	甲辰	火	15	日	甲戌	火	14	一	癸卯	金	13	三	癸酉	金
初七	20	四	丁未	水	18	五	丙子	水	17	六	乙巳	火	16	一	乙亥	火	15	二	甲辰	火	14	四	甲戌	火
初八	21	五	戊申	土	19	六	丁丑	水	18	日	丙午	水	17	二	丙子	水	16	三	乙巳	火	15	五	乙亥	火
初九	22	六	己酉	土	20	日	戊寅	土	19	一	丁未	水	18	三	丁丑	水	17	四	丙午	水	16	六	丙子	水
初十	23	日	庚戌	金	21	一	己卯	土	20	二	戊申	土	19	四	戊寅	土	18	五	丁未	水	17	日	丁丑	水
十一	24	一	辛亥	金	22	二	庚辰	金	21	三	己酉	土	20	五	己卯	土	19	六	戊申	土	18	一	戊寅	土
十二	25	二	壬子	木	23	三	辛巳	金	22	四	庚戌	金	21	六	庚辰	金	20	日	己酉	土	19	二	己卯	土
十三	26	三	癸丑	木	24	四	壬午	木	23	五	辛亥	金	22	日	辛巳	金	21	一	庚戌	金	20	三	庚辰	金
十四	27	四	甲寅	水	25	五	癸未	木	24	六	壬子	木	23	一	壬午	木	22	二	辛亥	金	21	四	辛巳	金
十五	28	五	乙卯	水	26	六	甲申	水	25	日	癸丑	木	24	二	癸未	木	23	三	壬子	木	22	五	壬午	木
十六	29	六	丙辰	土	27	日	乙酉	水	26	一	甲寅	水	25	三	甲申	水	24	四	癸丑	木	23	六	癸未	木
十七	30	日	丁巳	土	28	一	丙戌	土	27	二	乙卯	水	26	四	乙酉	水	25	五	甲寅	水	24	日	甲申	水
十八	31	一	戊午	火	29	二	丁亥	土	28	三	丙辰	土	27	五	丙戌	土	26	六	乙卯	水	25	一	乙酉	水
十九	9月	二	己未	火	30	三	戊子	火	29	四	丁巳	土	28	六	丁亥	土	27	日	丙辰	土	26	二	丙戌	土
二十	2	三	庚申	木	10月	四	己丑	火	30	五	戊午	火	29	日	戊子	火	28	一	丁巳	土	27	三	丁亥	土
廿一	3	四	辛酉	木	2	五	庚寅	木	31	六	己未	火	30	一	己丑	火	29	二	戊午	火	28	四	戊子	火
廿二	4	五	壬戌	水	3	六	辛卯	木	11月	日	庚申	木	12月	二	庚寅	木	30	三	己未	火	29	五	己丑	火
廿三	5	六	癸亥	水	4	日	壬辰	水	2	一	辛酉	木	2	三	辛卯	木	31	四	庚申	木	30	六	庚寅	木
廿四	6	日	甲子	金	5	一	癸巳	水	3	二	壬戌	水	3	四	壬辰	水	1月	五	辛酉	木	31	日	辛卯	木
廿五	7	一	乙丑	金	6	二	甲午	金	4	三	癸亥	水	4	五	癸巳	水	2	六	壬戌	水	2月	一	壬辰	水
廿六	8	二	丙寅	火	7	三	乙未	金	5	四	甲子	金	5	六	甲午	金	3	日	癸亥	水	2	二	癸巳	水
廿七	9	三	丁卯	火	8	四	丙申	火	6	五	乙丑	金	6	日	乙未	金	4	一	甲子	金	3	三	甲午	金
廿八	10	四	戊辰	木	9	五	丁酉	火	7	六	丙寅	火	7	一	丙申	火	5	二	乙丑	金	4	四	乙未	金
廿九	11	五	己巳	木	10	六	戊戌	木	8	日	丁卯	火	8	二	丁酉	火	6	三	丙寅	火	5	五	丙申	火
三十									9	一	戊辰	木					7	四	丁卯	火				

— 131 —

公元一九三二年(民国二十一年) (闰三月) 岁次:壬申
生肖:猴　太岁:刘旺　纳音:剑锋金

月别	正月大		二月大		三月大		四月小		五月大		六月小	
干支	壬寅		癸卯		甲辰		乙巳		丙午		丁未	
九星	二黑		一白		九紫		八白		七赤		六白	

廿四节气

节名	雨水	惊蛰	春分	清明	谷雨	立夏	小满	芒种	夏至	小暑	大暑
农历	十五	三十	十五	三十	十五	初一	十六	初三	十八	初四	二十
时辰	寅时	丑时	寅时	辰时	申时	丑时	申时	卯时	子时	申时	巳时
公历	2月20日	3月6日	3月21日	4月5日	4月20日	5月6日	5月21日	6月6日	6月21日	7月7日	7月23日
时间	4时29分	2时50分	3时54分	8时7分	15时28分	1时55分	15时7分	6时28分	23时23分	16时53分	10时18分

农历	公历	星期	天地干支	五行	公历	星期	天地干支	五行	公历	星期	天地干支	五行	公历	星期	天地干支	五行	公历	星期	天地干支	五行	公历	星期	天地干支	五行
初一	6	六	丁酉	火	7	一	丁卯	火	6	三	丁酉	火	6	五	丁卯	火	4	六	丙申	火	4	一	丙寅	火
初二	7	日	戊戌	木	8	二	戊辰	木	7	四	戊戌	木	7	六	戊辰	木	5	日	丁酉	火	5	二	丁卯	火
初三	8	一	己亥	木	9	三	己巳	木	8	五	己亥	木	8	日	己巳	木	6	一	戊戌	木	6	三	戊辰	木
初四	9	二	庚子	土	10	四	庚午	土	9	六	庚子	土	9	一	庚午	土	7	二	己亥	木	7	四	己巳	木
初五	10	三	辛丑	土	11	五	辛未	土	10	日	辛丑	土	10	二	辛未	土	8	三	庚子	土	8	五	庚午	土
初六	11	四	壬寅	金	12	六	壬申	金	11	一	壬寅	金	11	三	壬申	金	9	四	辛丑	土	9	六	辛未	土
初七	12	五	癸卯	金	13	日	癸酉	金	12	二	癸卯	金	12	四	癸酉	金	10	五	壬寅	金	10	日	壬申	金
初八	13	六	甲辰	火	14	一	甲戌	火	13	三	甲辰	火	13	五	甲戌	火	11	六	癸卯	金	11	一	癸酉	金
初九	14	日	乙巳	火	15	二	乙亥	火	14	四	乙巳	火	14	六	乙亥	火	12	日	甲辰	火	12	二	甲戌	火
初十	15	一	丙午	水	16	三	丙子	水	15	五	丙午	水	15	日	丙子	水	13	一	乙巳	火	13	三	乙亥	火
十一	16	二	丁未	土	17	四	丁丑	水	16	六	丁未	水	16	一	丁丑	水	14	二	丙午	水	14	四	丙子	水
十二	17	三	戊申	土	18	五	戊寅	土	17	日	戊申	土	17	二	戊寅	土	15	三	丁未	水	15	五	丁丑	水
十三	18	四	己酉	土	19	六	己卯	土	18	一	己酉	土	18	三	己卯	土	16	四	戊申	土	16	六	戊寅	土
十四	19	五	庚戌	金	20	日	庚辰	金	19	二	庚戌	金	19	四	庚辰	金	17	五	己酉	土	17	日	己卯	土
十五	20	六	辛亥	金	21	一	辛巳	金	20	三	辛亥	金	20	五	辛巳	金	18	六	庚戌	金	18	一	庚辰	金
十六	21	日	壬子	木	22	二	壬午	木	21	四	壬子	木	21	六	壬午	木	19	日	辛亥	金	19	二	辛巳	金
十七	22	一	癸丑	木	23	三	癸未	木	22	五	癸丑	木	22	日	癸未	木	20	一	壬子	木	20	三	壬午	木
十八	23	二	甲寅	水	24	四	甲申	水	23	六	甲寅	水	23	一	甲申	水	21	二	癸丑	木	21	四	癸未	木
十九	24	三	乙卯	水	25	五	乙酉	水	24	日	乙卯	水	24	二	乙酉	水	22	三	甲寅	水	22	五	甲申	水
二十	25	四	丙辰	土	26	六	丙戌	土	25	一	丙辰	土	25	三	丙戌	土	23	四	乙卯	水	23	六	乙酉	水
廿一	26	五	丁巳	土	27	日	丁亥	土	26	二	丁巳	土	26	四	丁亥	土	24	五	丙辰	土	24	日	丙戌	土
廿二	27	六	戊午	火	28	一	戊子	火	27	三	戊午	火	27	五	戊子	火	25	六	丁巳	土	25	一	丁亥	土
廿三	28	日	己未	火	29	二	己丑	火	28	四	己未	火	28	六	己丑	火	26	日	戊午	火	26	二	戊子	火
廿四	29	一	庚申	木	30	三	庚寅	木	29	五	庚申	木	29	日	庚寅	木	27	一	己未	火	27	三	己丑	火
廿五	3月	二	辛酉	木	31	四	辛卯	木	30	六	辛酉	木	30	一	辛卯	木	28	二	庚申	木	28	四	庚寅	木
廿六	2	三	壬戌	水	4月	五	壬辰	水	5月	日	壬戌	水	31	二	壬辰	水	29	三	辛酉	木	29	五	辛卯	木
廿七	3	四	癸亥	水	2	六	癸巳	水	2	一	癸亥	水	6月	三	癸巳	水	30	四	壬戌	水	30	六	壬辰	水
廿八	4	五	甲子	金	3	日	甲午	金	3	二	甲子	金	2	四	甲午	金	7月	五	癸亥	水	31	日	癸巳	水
廿九	5	六	乙丑	金	4	一	乙未	金	4	三	乙丑	金	3	五	乙未	金	2	六	甲子	金	8月	一	甲午	金
三十	6	日	丙寅	火	5	二	丙申	火	5	四	丙寅	火					3	日	乙丑	金				

— 132 —

公元一九三二年（民国二十一年）（闰三月） 岁次:壬申

生肖:猴　太岁:刘旺　纳音:剑锋金

月别	七月大				八月小				九月小				十月大				十一月小				十二月大			
干支	戊申				己酉				庚戌				辛亥				壬子				癸丑			
九星	五黄				四绿				三碧				二黑				一白				九紫			

廿四节气

节名	立秋	处暑	白露	秋分	寒露	霜降	立冬	小雪	大雪	冬至	小寒	大寒
农历	初七	廿二	初八	廿三	初九	廿四	初十	廿五	初十	廿五	十一	廿五
时辰	丑时	酉时	卯时	未时	戌时	子时	亥时	戌时	申时	巳时	丑时	戌时
公历	8月8日	8月23日	9月8日	9月23日	10月8日	10月23日	11月7日	11月22日	12月7日	12月22日	1月6日	1月20日
时间	2时32分	17时6分	5时3分	14时16分	20时18分	0时13分	22时50分	20时11分	15时19分	9时15分	2时24分	19时53分

农历	公历	星期	天干地支	五行	公历	星期	天干地支	五行	公历	星期	天干地支	五行	公历	星期	天干地支	五行	公历	星期	天干地支	五行	公历	星期	天干地支	五行
初一	2	二	乙未	金	9月	四	乙丑	金	30	五	甲午	金	29	六	癸亥	水	28	一	癸巳	水	27	二	壬戌	水
初二	3	三	丙申	火	2	五	丙寅	火	10月	六	乙未	金	30	日	甲子	金	29	二	甲午	金	28	三	癸亥	水
初三	4	四	丁酉	火	3	六	丁卯	火	2	日	丙申	火	31	一	乙丑	金	30	三	乙未	金	29	四	甲子	金
初四	5	五	戊戌	木	4	日	戊辰	木	3	一	丁酉	火	11月	二	丙寅	火	12月	四	丙申	火	30	五	乙丑	金
初五	6	六	己亥	木	5	一	己巳	木	4	二	戊戌	木	2	三	丁卯	火	2	五	丁酉	火	31	六	丙寅	火
初六	7	日	庚子	土	6	二	庚午	土	5	三	己亥	木	3	四	戊辰	木	3	六	戊戌	木	1月	日	丁卯	火
初七	8	一	辛丑	土	7	三	辛未	土	6	四	庚子	土	4	五	己巳	木	4	日	己亥	木	2	一	戊辰	木
初八	9	二	壬寅	金	8	四	壬申	金	7	五	辛丑	土	5	六	庚午	土	5	一	庚子	土	3	二	己巳	木
初九	10	三	癸卯	金	9	五	癸酉	金	8	六	壬寅	金	6	日	辛未	土	6	二	辛丑	土	4	三	庚午	土
初十	11	四	甲辰	火	10	六	甲戌	火	9	日	癸卯	金	7	一	壬申	金	7	三	壬寅	金	5	四	辛未	土
十一	12	五	乙巳	火	11	日	乙亥	火	10	一	甲辰	火	8	二	癸酉	金	8	四	癸卯	金	6	五	壬申	金
十二	13	六	丙午	水	12	一	丙子	水	11	二	乙巳	火	9	三	甲戌	火	9	五	甲辰	火	7	六	癸酉	金
十三	14	日	丁未	水	13	二	丁丑	水	12	三	丙午	水	10	四	乙亥	火	10	六	乙巳	火	8	日	甲戌	火
十四	15	一	戊申	土	14	三	戊寅	土	13	四	丁未	水	11	五	丙子	水	11	日	丙午	水	9	一	乙亥	火
十五	16	二	己酉	土	15	四	己卯	土	14	五	戊申	土	12	六	丁丑	水	12	一	丁未	水	10	二	丙子	水
十六	17	三	庚戌	金	16	五	庚辰	金	15	六	己酉	土	13	日	戊寅	土	13	二	戊申	土	11	三	丁丑	水
十七	18	四	辛亥	金	17	六	辛巳	金	16	日	庚戌	金	14	一	己卯	土	14	三	己酉	土	12	四	戊寅	土
十八	19	五	壬子	木	18	日	壬午	木	17	一	辛亥	金	15	二	庚辰	金	15	四	庚戌	金	13	五	己卯	土
十九	20	六	癸丑	木	19	一	癸未	木	18	二	壬子	木	16	三	辛巳	金	16	五	辛亥	金	14	六	庚辰	金
二十	21	日	甲寅	水	20	二	甲申	水	19	三	癸丑	木	17	四	壬午	木	17	六	壬子	木	15	日	辛巳	金
廿一	22	一	乙卯	水	21	三	乙酉	水	20	四	甲寅	水	18	五	癸未	木	18	日	癸丑	木	16	一	壬午	木
廿二	23	二	丙辰	土	22	四	丙戌	土	21	五	乙卯	水	19	六	甲申	水	19	一	甲寅	水	17	二	癸未	木
廿三	24	三	丁巳	土	23	五	丁亥	土	22	六	丙辰	土	20	日	乙酉	水	20	二	乙卯	水	18	三	甲申	水
廿四	25	四	戊午	火	24	六	戊子	火	23	日	丁巳	土	21	一	丙戌	土	21	三	丙辰	土	19	四	乙酉	水
廿五	26	五	己未	火	25	日	己丑	火	24	一	戊午	火	22	二	丁亥	土	22	四	丁巳	土	20	五	丙戌	土
廿六	27	六	庚申	木	26	一	庚寅	木	25	二	己未	火	23	三	戊子	火	23	五	戊午	火	21	六	丁亥	土
廿七	28	日	辛酉	木	27	二	辛卯	木	26	三	庚申	木	24	四	己丑	火	24	六	己未	火	22	日	戊子	火
廿八	29	一	壬戌	水	28	三	壬辰	水	27	四	辛酉	木	25	五	庚寅	木	25	日	庚申	木	23	一	己丑	火
廿九	30	二	癸亥	水	29	四	癸巳	水	28	五	壬戌	水	26	六	辛卯	木	26	一	辛酉	木	24	二	庚寅	木
三十	31	三	甲子	金									27	日	壬辰	水					25	三	辛卯	木

公元一九三三年(民国二十二年)　(闰五月)　岁次:癸酉
生肖:鸡　　太岁:康志　纳音:剑锋金

月别	正月小	二月大	三月大	四月小	五月大	闰五月大	六月小
干支	甲寅	乙卯	丙辰	丁巳	戊午	戊午	己未
九星	八白	七赤	六白	五黄	四绿	四绿	三碧

廿四节气

	立春	雨水	惊蛰	春分	清明	谷雨	立夏	小满	芒种	夏至	小暑	大暑	立秋
节名	立春	雨水	惊蛰	春分	清明	谷雨	立夏	小满	芒种	夏至	小暑	大暑	立秋
农历	初十	廿五	十一	廿六	十一	廿六	十二	廿七	十四	三十	十五	初一	十七
时辰	未时	巳时	辰时	巳时	未时	亥时	辰时	戌时	午时	卯时	亥时	申时	辰时
公历	2月4日	2月19日	3月6日	3月21日	4月5日	4月20日	5月6日	5月21日	6月6日	6月22日	7月7日	7月23日	8月8日
时间	14时10分	10时17分	8时28分	9时44分	13时51分	21时19分	7时48分	20时57分	12时18分	5时12分	22时45分	16时6分	8时26分

农历	正月小 公历	星期	天地干支	五行	二月大 公历	星期	天地干支	五行	三月大 公历	星期	天地干支	五行	四月小 公历	星期	天地干支	五行	五月大 公历	星期	天地干支	五行	闰五月大 公历	星期	天地干支	五行	六月小 公历	星期	天地干支	五行
初一	26	四	壬辰	水	24	五	辛酉	木	26	日	辛卯	木	25	二	辛酉	木	24	三	庚寅	木	23	五	庚申	木	23	日	庚寅	木
初二	27	五	癸巳	水	25	六	壬戌	水	27	一	壬辰	水	26	三	壬戌	水	25	四	辛卯	木	24	六	辛酉	木	24	一	辛卯	木
初三	28	六	甲午	金	26	日	癸亥	水	28	二	癸巳	水	27	四	癸亥	水	26	五	壬辰	水	25	日	壬戌	水	25	二	壬辰	水
初四	29	日	乙未	金	27	一	甲子	金	29	三	甲午	金	28	五	甲子	金	27	六	癸巳	水	26	一	癸亥	水	26	三	癸巳	水
初五	30	一	丙申	火	28	二	乙丑	金	30	四	乙未	金	29	六	乙丑	金	28	日	甲午	金	27	二	甲子	金	27	四	甲午	金
初六	31	二	丁酉	火	**3月**	三	丙寅	火	31	五	丙申	火	30	日	丙寅	火	29	一	乙未	金	28	三	乙丑	金	28	五	乙未	金
初七	**2月**	三	戊戌	木	2	四	丁卯	火	**4月**	六	丁酉	火	**5月**	一	丁卯	火	30	二	丙申	火	29	四	丙寅	火	29	六	丙申	火
初八	2	四	己亥	木	3	五	戊辰	木	2	日	戊戌	木	2	二	戊辰	木	31	三	丁酉	火	30	五	丁卯	火	30	日	丁酉	火
初九	3	五	庚子	土	4	六	己巳	木	3	一	己亥	木	3	三	己巳	木	**6月**	四	戊戌	木	**7月**	六	戊辰	木	31	一	戊戌	木
初十	4	六	辛丑	土	5	日	庚午	土	4	二	庚子	土	4	四	庚午	土	2	五	己亥	木	2	日	己巳	木	**8月**	二	己亥	木
十一	5	日	壬寅	金	6	一	辛未	土	5	三	辛丑	土	5	五	辛未	土	3	六	庚子	土	3	一	庚午	土	2	三	庚子	土
十二	6	一	癸卯	金	7	二	壬申	金	6	四	壬寅	金	6	六	壬申	金	4	日	辛丑	土	4	二	辛未	土	3	四	辛丑	土
十三	7	二	甲辰	火	8	三	癸酉	金	7	五	癸卯	金	7	日	癸酉	金	5	一	壬寅	金	5	三	壬申	金	4	五	壬寅	金
十四	8	三	乙巳	火	9	四	甲戌	火	8	六	甲辰	火	8	一	甲戌	火	6	二	癸卯	金	6	四	癸酉	金	5	六	癸卯	金
十五	9	四	丙午	水	10	五	乙亥	火	9	日	乙巳	火	9	二	乙亥	火	7	三	甲辰	火	7	五	甲戌	火	6	日	甲辰	火
十六	10	五	丁未	水	11	六	丙子	水	10	一	丙午	水	10	三	丙子	水	8	四	乙巳	火	8	六	乙亥	火	7	一	乙巳	火
十七	11	六	戊申	土	12	日	丁丑	水	11	二	丁未	水	11	四	丁丑	水	9	五	丙午	水	9	日	丙子	水	8	二	丙午	水
十八	12	日	己酉	土	13	一	戊寅	土	12	三	戊申	土	12	五	戊寅	土	10	六	丁未	水	10	一	丁丑	水	9	三	丁未	水
十九	13	一	庚戌	金	14	二	己卯	土	13	四	己酉	土	13	六	己卯	土	11	日	戊申	土	11	二	戊寅	土	10	四	戊申	土
二十	14	二	辛亥	金	15	三	庚辰	金	14	五	庚戌	金	14	日	庚辰	金	12	一	己酉	土	12	三	己卯	土	11	五	己酉	土
廿一	15	三	壬子	木	16	四	辛巳	金	15	六	辛亥	金	15	一	辛巳	金	13	二	庚戌	金	13	四	庚辰	金	12	六	庚戌	金
廿二	16	四	癸丑	木	17	五	壬午	木	16	日	壬子	木	16	二	壬午	木	14	三	辛亥	金	14	五	辛巳	金	13	日	辛亥	金
廿三	17	五	甲寅	水	18	六	癸未	木	17	一	癸丑	木	17	三	癸未	木	15	四	壬子	木	15	六	壬午	木	14	一	壬子	木
廿四	18	六	乙卯	水	19	日	甲申	水	18	二	甲寅	水	18	四	甲申	水	16	五	癸丑	木	16	日	癸未	木	15	二	癸丑	木
廿五	19	日	丙辰	土	20	一	乙酉	水	19	三	乙卯	水	19	五	乙酉	水	17	六	甲寅	水	17	一	甲申	水	16	三	甲寅	水
廿六	20	一	丁巳	土	21	二	丙戌	土	20	四	丙辰	土	20	六	丙戌	土	18	日	乙卯	水	18	二	乙酉	水	17	四	乙卯	水
廿七	21	二	戊午	火	22	三	丁亥	土	21	五	丁巳	土	21	日	丁亥	土	19	一	丙辰	土	19	三	丙戌	土	18	五	丙辰	土
廿八	22	三	己未	火	23	四	戊子	火	22	六	戊午	火	22	一	戊子	火	20	二	丁巳	土	20	四	丁亥	土	19	六	丁巳	土
廿九	23	四	庚申	木	24	五	己丑	火	23	日	己未	火	23	二	己丑	火	21	三	戊午	火	21	五	戊子	火	20	日	戊午	火
三十					25	六	庚寅	木	24	一	庚申	木					22	四	己未	火	22	六	己丑	火				

— 134 —

公元一九三三年(民国二十二年) （闰五月） 岁次:癸酉
生肖:鸡　太岁:康志　纳音:剑锋金

月别	七月大				八月小				九月大				十月小				十一月小				十二月大			
干支	庚申				辛酉				壬戌				癸亥				甲子				乙丑			
九星	二黑				一白				九紫				八白				七赤				六白			

廿四节气

节名	处暑	白露	秋分	寒露	霜降	立冬	小雪	大雪	冬至	小寒	大寒	立春
农历	初三	十九	初四	二十	初六	廿一	初六	二十	初六	廿一	初七	廿一
时辰	亥时	巳时	戌时	寅时	寅时	寅时	丑时	亥时	未时	辰时	丑时	戌时
公历	8月23日	9月8日	9月23日	10月9日	10月24日	11月8日	11月23日	12月7日	12月22日	1月6日	1月21日	2月4日
时间	22时53分	10时58分	20时1分	3时5分	4时49分	4时44分	1时55分	21时11分	14时58分	8时17分	1时53分	20时4分

农历	公历	星期	天地干支	五行	公历	星期	天地干支	五行	公历	星期	天地干支	五行	公历	星期	天地干支	五行	公历	星期	天地干支	五行	公历	星期	天地干支	五行
初一	21	一	己未	火	20	三	己丑	火	19	四	戊午	火	18	六	戊子	火	17	日	丁巳	土	15	一	丙戌	土
初二	22	二	庚申	木	21	四	庚寅	木	20	五	己未	火	19	日	己丑	火	18	一	戊午	火	16	二	丁亥	土
初三	23	三	辛酉	木	22	五	辛卯	木	21	六	庚申	木	20	一	庚寅	木	19	二	己未	火	17	三	戊子	火
初四	24	四	壬戌	水	23	六	壬辰	水	22	日	辛酉	木	21	二	辛卯	木	20	三	庚申	木	18	四	己丑	火
初五	25	五	癸亥	水	24	日	癸巳	水	23	一	壬戌	水	22	三	壬辰	水	21	四	辛酉	木	19	五	庚寅	木
初六	26	六	甲子	金	25	一	甲午	金	24	二	癸亥	水	23	四	癸巳	水	22	五	壬戌	水	20	六	辛卯	木
初七	27	日	乙丑	金	26	二	乙未	金	25	三	甲子	金	24	五	甲午	金	23	六	癸亥	水	21	日	壬辰	水
初八	28	一	丙寅	火	27	三	丙申	火	26	四	乙丑	金	25	六	乙未	金	24	日	甲子	金	22	一	癸巳	水
初九	29	二	丁卯	火	28	四	丁酉	火	27	五	丙寅	火	26	日	丙申	火	25	一	乙丑	金	23	二	甲午	金
初十	30	三	戊辰	木	29	五	戊戌	木	28	六	丁卯	火	27	一	丁酉	火	26	二	丙寅	火	24	三	乙未	金
十一	31	四	己巳	木	30	六	己亥	木	29	日	戊辰	木	28	二	戊戌	木	27	三	丁卯	火	25	四	丙申	火
十二	9月	五	庚午	土	10月	日	庚子	土	30	一	己巳	木	29	三	己亥	木	28	四	戊辰	木	26	五	丁酉	火
十三	2	六	辛未	土	2	一	辛丑	土	31	二	庚午	土	30	四	庚子	土	29	五	己巳	木	27	六	戊戌	木
十四	3	日	壬申	金	3	二	壬寅	金	11月	三	辛未	土	12月	五	辛丑	土	30	六	庚午	土	28	日	己亥	木
十五	4	一	癸酉	金	4	三	癸卯	金	2	四	壬申	金	2	六	壬寅	金	31	日	辛未	土	29	一	庚子	土
十六	5	二	甲戌	火	5	四	甲辰	火	3	五	癸酉	金	3	日	癸卯	金	1月	一	壬申	金	30	二	辛丑	土
十七	6	三	乙亥	火	6	五	乙巳	火	4	六	甲戌	火	4	一	甲辰	火	2	二	癸酉	金	31	三	壬寅	金
十八	7	四	丙子	水	7	六	丙午	水	5	日	乙亥	火	5	二	乙巳	火	3	三	甲戌	火	2月	四	癸卯	金
十九	8	五	丁丑	水	8	日	丁未	水	6	一	丙子	水	6	三	丙午	水	4	四	乙亥	火	2	五	甲辰	火
二十	9	六	戊寅	土	9	一	戊申	土	7	二	丁丑	水	7	四	丁未	水	5	五	丙子	水	3	六	乙巳	火
廿一	10	日	己卯	土	10	二	己酉	土	8	三	戊寅	土	8	五	戊申	土	6	六	丁丑	水	4	日	丙午	水
廿二	11	一	庚辰	金	11	三	庚戌	金	9	四	己卯	土	9	六	己酉	土	7	日	戊寅	土	5	一	丁未	水
廿三	12	二	辛巳	金	12	四	辛亥	金	10	五	庚辰	金	10	日	庚戌	金	8	一	己卯	土	6	二	戊申	土
廿四	13	三	壬午	木	13	五	壬子	木	11	六	辛巳	金	11	一	辛亥	金	9	二	庚辰	金	7	三	己酉	土
廿五	14	四	癸未	木	14	六	癸丑	木	12	日	壬午	木	12	二	壬子	木	10	三	辛巳	金	8	四	庚戌	金
廿六	15	五	甲申	水	15	日	甲寅	水	13	一	癸未	木	13	三	癸丑	木	11	四	壬午	木	9	五	辛亥	金
廿七	16	六	乙酉	水	16	一	乙卯	水	14	二	甲申	水	14	四	甲寅	水	12	五	癸未	木	10	六	壬子	木
廿八	17	日	丙戌	土	17	二	丙辰	土	15	三	乙酉	水	15	五	乙卯	水	13	六	甲申	水	11	日	癸丑	木
廿九	18	一	丁亥	土	18	三	丁巳	土	16	四	丙戌	土	16	六	丙辰	土	14	日	乙酉	水	12	一	甲寅	水
三十	19	二	戊子	火					17	五	丁亥	土									13	二	乙卯	水

公元一九三四年(民国二十三年)　　岁次:甲戌　　生肖:狗　　太岁:誓广　　纳音:山头火

月别	正月小	二月大	三月小	四月大	五月大	六月小
干支	丙寅	丁卯	戊辰	己巳	庚午	辛未
九星	五黄	四绿	三碧	二黑	一白	九紫

廿四节气

	节名	雨水	惊蛰	春分	清明	谷雨	立夏	小满	芒种	夏至	小暑	大暑	立秋
	农历	初六	廿一	初七	廿二	初八	廿三	初十	廿五	十一	廿七	十二	廿八
	时辰	申时	未时	申时	戌时	寅时	未时	丑时	酉时	巳时	寅时	亥时	未时
	公历	2月19日	3月6日	3月21日	4月5日	4月21日	5月6日	5月22日	6月6日	6月22日	7月8日	7月23日	8月8日
	时间	16时2分	14时27分	15时28分	19时44分	3时1分	13时31分	2时35分	18时2分	10时48分	4时25分	21时44分	14时4分

农历	公历	星期	天地干支	五行	公历	星期	天地干支	五行	公历	星期	天地干支	五行	公历	星期	天地干支	五行	公历	星期	天地干支	五行	公历	星期	天地干支	五行
初一	14	三	丙辰	土	15	四	乙酉	水	14	六	乙卯	水	13	日	甲申	水	12	二	甲寅	水	12	四	甲申	水
初二	15	四	丁巳	土	16	五	丙戌	土	15	日	丙辰	土	14	一	乙酉	水	13	三	乙卯	水	13	五	乙酉	水
初三	16	五	戊午	火	17	六	丁亥	土	16	一	丁巳	土	15	二	丙戌	土	14	四	丙辰	土	14	六	丙戌	土
初四	17	六	己未	火	18	日	戊子	火	17	二	戊午	火	16	三	丁亥	土	15	五	丁巳	土	15	日	丁亥	土
初五	18	日	庚申	木	19	一	己丑	火	18	三	己未	火	17	四	戊子	火	16	六	戊午	火	16	一	戊子	火
初六	19	一	辛酉	木	20	二	庚寅	木	19	四	庚申	木	18	五	己丑	火	17	日	己未	火	17	二	己丑	火
初七	20	二	壬戌	水	21	三	辛卯	木	20	五	辛酉	木	19	六	庚寅	木	18	一	庚申	木	18	三	庚寅	木
初八	21	三	癸亥	水	22	四	壬辰	水	21	六	壬戌	水	20	日	辛卯	木	19	二	辛酉	木	19	四	辛卯	木
初九	22	四	甲子	金	23	五	癸巳	水	22	日	癸亥	水	21	一	壬辰	水	20	三	壬戌	水	20	五	壬辰	水
初十	23	五	乙丑	金	24	六	甲午	金	23	一	甲子	金	22	二	癸巳	水	21	四	癸亥	水	21	六	癸巳	水
十一	24	六	丙寅	火	25	日	乙未	金	24	二	乙丑	金	23	三	甲午	金	22	五	甲子	金	22	日	甲午	金
十二	25	日	丁卯	火	26	一	丙申	火	25	三	丙寅	火	24	四	乙未	金	23	六	乙丑	金	23	一	乙未	金
十三	26	一	戊辰	木	27	二	丁酉	火	26	四	丁卯	火	25	五	丙申	火	24	日	丙寅	火	24	二	丙申	火
十四	27	二	己巳	木	28	三	戊戌	木	27	五	戊辰	木	26	六	丁酉	火	25	一	丁卯	火	25	三	丁酉	火
十五	28	三	庚午	土	29	四	己亥	木	28	六	己巳	木	27	日	戊戌	木	26	二	戊辰	木	26	四	戊戌	木
十六	3月	四	辛未	土	30	五	庚子	土	29	日	庚午	土	28	一	己亥	木	27	三	己巳	木	27	五	己亥	木
十七	2	五	壬申	金	31	六	辛丑	土	30	一	辛未	土	29	二	庚子	土	28	四	庚午	土	28	六	庚子	土
十八	3	六	癸酉	金	4月	日	壬寅	金	5月	二	壬申	金	30	三	辛丑	土	29	五	辛未	土	29	日	辛丑	土
十九	4	日	甲戌	火	2	一	癸卯	金	2	三	癸酉	金	31	四	壬寅	金	30	六	壬申	金	30	一	壬寅	金
二十	5	一	乙亥	火	3	二	甲辰	火	3	四	甲戌	火	6月	五	癸卯	金	7月	日	癸酉	金	31	二	癸卯	金
廿一	6	二	丙子	水	4	三	乙巳	火	4	五	乙亥	火	2	六	甲辰	火	2	一	甲戌	火	8月	三	甲辰	火
廿二	7	三	丁丑	水	5	四	丙午	水	5	六	丙子	水	3	日	乙巳	火	3	二	乙亥	火	2	四	乙巳	火
廿三	8	四	戊寅	土	6	五	丁未	水	6	日	丁丑	水	4	一	丙午	水	4	三	丙子	水	3	五	丙午	水
廿四	9	五	己卯	土	7	六	戊申	土	7	一	戊寅	土	5	二	丁未	水	5	四	丁丑	水	4	六	丁未	水
廿五	10	六	庚辰	金	8	日	己酉	土	8	二	己卯	土	6	三	戊申	土	6	五	戊寅	土	5	日	戊申	土
廿六	11	日	辛巳	金	9	一	庚戌	金	9	三	庚辰	金	7	四	己酉	土	7	六	己卯	土	6	一	己酉	土
廿七	12	一	壬午	木	10	二	辛亥	金	10	四	辛巳	金	8	五	庚戌	金	8	日	庚辰	金	7	二	庚戌	金
廿八	13	二	癸未	木	11	三	壬子	木	11	五	壬午	木	9	六	辛亥	金	9	一	辛巳	金	8	三	辛亥	金
廿九	14	三	甲申	水	12	四	癸丑	木	12	六	癸未	木	10	日	壬子	木	10	二	壬午	木	9	四	壬子	木
三十					13	五	甲寅	水					11	一	癸丑	木	11	三	癸未	木				

公元一九三四年（民国二十三年）　岁次:甲戌　生肖:狗　太岁:誓广　纳音:山头火

月别	七月大				八月小				九月大				十月大				十一月小				十二月大			
干支	壬申				癸酉				甲戌				乙亥				丙子				丁丑				
九星	八白				七赤				六白				五黄				四绿				三碧				

廿四节气:

	处暑	白露	秋分	寒露	霜降	立冬	小雪	大雪	冬至	小寒	大寒
节名	处暑	白露	秋分	寒露	霜降	立冬	小雪	大雪	冬至	小寒	大寒
农历	十五	三十	十六	初二	十七	初二	十七	初二	十六	初二	十七
时辰	寅时	申时	丑时	辰时	巳时	巳时	辰时	丑时	戌时	未时	辰时
公历	8月24日	9月8日	9月24日	10月9日	10月24日	11月8日	11月23日	12月8日	12月22日	1月6日	1月21日
时间	4时33分	16时37分	2时53分	7时45分	10时37分	10时27分	7时45分	2时57分	20时50分	14时3分	7时29分

农历	公历	星期	天地干支	五行	公历	星期	天地干支	五行	公历	星期	天地干支	五行	公历	星期	天地干支	五行	公历	星期	天地干支	五行	公历	星期	天地干支	五行
初一	10	五	癸丑	木	9	日	癸未	木	8	一	壬子	木	7	三	壬午	木	7	五	壬子	木	5	六	辛巳	金
初二	11	六	甲寅	水	10	一	甲申	水	9	二	癸丑	木	8	四	癸未	木	8	六	癸丑	木	6	日	壬午	木
初三	12	日	乙卯	水	11	二	乙酉	水	10	三	甲寅	水	9	五	甲申	水	9	日	甲寅	水	7	一	癸未	木
初四	13	一	丙辰	土	12	三	丙戌	土	11	四	乙卯	水	10	六	乙酉	水	10	一	乙卯	水	8	二	甲申	水
初五	14	二	丁巳	土	13	四	丁亥	土	12	五	丙辰	土	11	日	丙戌	土	11	二	丙辰	土	9	三	乙酉	水
初六	15	三	戊午	火	14	五	戊子	火	13	六	丁巳	土	12	一	丁亥	土	12	三	丁巳	土	10	四	丙戌	土
初七	16	四	己未	火	15	六	己丑	火	14	日	戊午	火	13	二	戊子	火	14	四	戊午	火	11	五	丁亥	土
初八	17	五	庚申	木	16	日	庚寅	木	15	一	己未	火	14	三	己丑	火	14	五	己未	火	12	六	戊子	火
初九	18	六	辛酉	木	17	一	辛卯	木	16	二	庚申	木	15	四	庚寅	木	15	六	庚申	木	13	日	己丑	火
初十	19	日	壬戌	水	18	二	壬辰	水	17	三	辛酉	木	16	五	辛卯	木	16	日	辛酉	木	14	一	庚寅	木
十一	20	一	癸亥	水	19	三	癸巳	水	18	四	壬戌	水	17	六	壬辰	水	17	一	壬戌	水	15	二	辛卯	木
十二	21	二	甲子	金	20	四	甲午	金	19	五	癸亥	水	18	日	癸巳	水	18	二	癸亥	水	16	三	壬辰	水
十三	22	三	乙丑	金	21	五	乙未	金	20	六	甲子	金	19	一	甲午	金	19	三	甲子	金	17	四	癸巳	水
十四	23	四	丙寅	火	22	六	丙申	火	21	日	乙丑	金	20	二	乙未	金	20	四	乙丑	金	18	五	甲午	金
十五	24	五	丁卯	火	23	日	丁酉	火	22	一	丙寅	火	21	三	丙申	火	21	五	丙寅	火	19	六	乙未	金
十六	25	六	戊辰	木	24	一	戊戌	木	23	二	丁卯	火	22	四	丁酉	火	22	六	丁卯	火	20	日	丙申	火
十七	26	日	己巳	木	25	二	己亥	木	24	三	戊辰	木	23	五	戊戌	木	23	日	戊辰	木	21	一	丁酉	火
十八	27	一	庚午	土	26	三	庚子	土	25	四	己巳	木	24	六	己亥	木	24	一	己巳	木	22	二	戊戌	木
十九	28	二	辛未	土	27	四	辛丑	土	26	五	庚午	土	25	日	庚子	土	25	二	庚午	土	23	三	己亥	木
二十	29	三	壬申	金	28	五	壬寅	金	27	六	辛未	土	26	一	辛丑	土	26	三	辛未	土	24	四	庚子	土
廿一	30	四	癸酉	金	29	六	癸卯	金	28	日	壬申	金	27	二	壬寅	金	27	四	壬申	金	25	五	辛丑	土
廿二	31	五	甲戌	火	30	日	甲辰	火	29	一	癸酉	金	28	三	癸卯	金	28	五	癸酉	金	26	六	壬寅	金
廿三	9月	六	乙亥	火	10月	一	乙巳	火	30	二	甲戌	火	29	四	甲辰	火	29	六	甲戌	火	27	日	癸卯	金
廿四	2	日	丙子	水	2	二	丙午	水	31	三	乙亥	火	30	五	乙巳	火	30	日	乙亥	火	28	一	甲辰	火
廿五	3	一	丁丑	水	3	三	丁未	水	11月	四	丙子	水	12月	六	丙午	水	31	一	丙子	水	29	二	乙巳	火
廿六	4	二	戊寅	土	4	四	戊申	土	2	五	丁丑	水	2	日	丁未	水	1月	二	丁丑	水	30	三	丙午	水
廿七	5	三	己卯	土	5	五	己酉	土	3	六	戊寅	土	3	一	戊申	土	2	三	戊寅	土	31	四	丁未	水
廿八	6	四	庚辰	金	6	六	庚戌	金	4	日	己卯	土	4	二	己酉	土	3	四	己卯	土	2月	五	戊申	土
廿九	7	五	辛巳	金	7	日	辛亥	金	5	一	庚辰	金	5	三	庚戌	金	4	五	庚辰	金	2	六	己酉	土
三十	8	六	壬午	木					6	二	辛巳	金	6	四	辛亥	金					3	日	庚戌	金

公元一九三五年（民国二十四年）　　岁次：乙亥　　生肖：猪　　太岁：吴保　　纳音：山头火

月别	正月小				二月小				三月大				四月小				五月大				六月小			
干支	戊寅				己卯				庚辰				辛巳				壬午				癸未				
九星	二黑				一白				九紫				八白				七赤				六白				

廿四节气

	节名	立春	雨水	惊蛰	春分	清明	谷雨	立夏	小满	芒种	夏至	小暑	大暑
	农历	初二	十六	初二	十七	初四	十九	初四	二十	初六	廿二	初八	廿四
	时辰	丑时	亥时	戌时	亥时	丑时	辰时	戌时	辰时	子时	申时	巳时	寅时
	公历	2月5日	2月19日	3月6日	3月21日	4月6日	4月21日	5月6日	5月22日	6月6日	6月22日	7月8日	7月24日
	时间	1时49分	21时52分	20时11分	21时18分	1时27分	8时25分	19时12分	8时25分	23时42分	16时38分	10时6分	3时33分

农历	公历	星期	天地干支	五行	公历	星期	天地干支	五行	公历	星期	天地干支	五行	公历	星期	天地干支	五行	公历	星期	天地干支	五行	公历	星期	天地干支	五行
初一	4	一	辛亥	金	5	二	庚辰	金	3	三	己酉	土	3	五	己卯	土	6月	六	戊申	土	7月	一	戊寅	土
初二	5	二	壬子	木	6	三	辛巳	金	4	四	庚戌	金	4	六	庚辰	金	2	日	己酉	土	2	二	己卯	土
初三	6	三	癸丑	木	7	四	壬午	木	5	五	辛亥	金	5	日	辛巳	金	3	一	庚戌	金	3	三	庚辰	金
初四	7	四	甲寅	水	8	五	癸未	木	6	六	壬子	木	6	一	壬午	木	4	二	辛亥	金	4	四	辛巳	金
初五	8	五	乙卯	水	9	六	甲申	水	7	日	癸丑	木	7	二	癸未	木	5	三	壬子	木	5	五	壬午	木
初六	9	六	丙辰	土	10	日	乙酉	水	8	一	甲寅	水	8	三	甲申	水	6	四	癸丑	木	6	六	癸未	木
初七	10	日	丁巳	土	11	一	丙戌	土	9	二	乙卯	水	9	四	乙酉	水	7	五	甲寅	水	7	日	甲申	水
初八	11	一	戊午	火	12	二	丁亥	土	10	三	丙辰	土	10	五	丙戌	土	8	六	乙卯	水	8	一	乙酉	水
初九	12	二	己未	火	13	三	戊子	火	11	四	丁巳	土	11	六	丁亥	土	9	日	丙辰	土	9	二	丙戌	土
初十	13	三	庚申	木	14	四	己丑	火	12	五	戊午	火	12	日	戊子	火	10	一	丁巳	土	10	三	丁亥	土
十一	14	四	辛酉	木	15	五	庚寅	木	13	六	己未	火	13	一	己丑	火	11	二	戊午	火	11	四	戊子	火
十二	15	五	壬戌	水	16	六	辛卯	木	14	日	庚申	木	14	二	庚寅	木	12	三	己未	火	12	五	己丑	火
十三	16	六	癸亥	水	17	日	壬辰	水	15	一	辛酉	木	15	三	辛卯	木	13	四	庚申	木	13	六	庚寅	木
十四	17	日	甲子	金	18	一	癸巳	水	16	二	壬戌	水	16	四	壬辰	水	14	五	辛酉	木	14	日	辛卯	木
十五	18	一	乙丑	金	19	二	甲午	金	17	三	癸亥	水	17	五	癸巳	水	15	六	壬戌	水	15	一	壬辰	水
十六	19	二	丙寅	火	20	三	乙未	金	18	四	甲子	金	18	六	甲午	金	16	日	癸亥	水	16	二	癸巳	水
十七	20	三	丁卯	火	21	四	丙申	火	19	五	乙丑	金	19	日	乙未	金	17	一	甲子	金	17	三	甲午	金
十八	21	四	戊辰	木	22	五	丁酉	火	20	六	丙寅	火	20	一	丙申	火	18	二	乙丑	金	18	四	乙未	金
十九	22	五	己巳	木	23	六	戊戌	木	21	日	丁卯	火	21	二	丁酉	火	19	三	丙寅	火	19	五	丙申	火
二十	23	六	庚午	土	24	日	己亥	木	22	一	戊辰	木	22	三	戊戌	木	20	四	丁卯	火	20	六	丁酉	火
廿一	24	日	辛未	土	25	一	庚子	土	23	二	己巳	木	23	四	己亥	木	21	五	戊辰	木	21	日	戊戌	木
廿二	25	一	壬申	金	26	二	辛丑	土	24	三	庚午	土	24	五	庚子	土	22	六	己巳	木	22	一	己亥	木
廿三	26	二	癸酉	金	27	三	壬寅	金	25	四	辛未	土	25	六	辛丑	土	23	日	庚午	土	23	二	庚子	土
廿四	27	三	甲戌	火	28	四	癸卯	金	26	五	壬申	金	26	日	壬寅	金	24	一	辛未	土	24	三	辛丑	土
廿五	28	四	乙亥	火	29	五	甲辰	火	27	六	癸酉	金	27	一	癸卯	金	25	二	壬申	金	25	四	壬寅	金
廿六	3月	五	丙子	水	30	六	乙巳	火	28	日	甲戌	火	28	二	甲辰	火	26	三	癸酉	金	26	五	癸卯	金
廿七	2	六	丁丑	水	31	日	丙午	火	29	一	乙亥	火	29	三	乙巳	火	27	四	甲戌	火	27	六	甲辰	火
廿八	3	日	戊寅	土	4月	一	丁未	水	30	二	丙子	水	30	四	丙午	水	28	五	乙亥	火	28	日	乙巳	火
廿九	4	一	己卯	土	2	二	戊申	土	5月	三	丁丑	水	31	五	丁未	水	29	六	丙子	水	29	一	丙午	水
三十									2	四	戊寅	土					30	日	丁丑	水				

— **138** —

公元一九三五年（民国二十四年）　岁次：乙亥　生肖：猪　太岁：吴保　纳音：山头火

月别	七月大				八月大				九月小				十月大				十一月大				十二月小			
干支	甲申				乙酉				丙戌				丁亥				戊子				己丑			
九星	五黄				四绿				三碧				二黑				一白				九紫			

廿四节气

	节名	立秋	处暑	白露	秋分	寒露	霜降	立冬	小雪	大雪	冬至	小寒	大寒
	农历	初十	廿六	十一	廿七	十二	廿七	十三	廿八	十三	廿八	十二	廿七
	时辰	戌时	巳时	亥时	辰时	未时	申时	申时	未时	辰时	丑时	戌时	未时
	公历	8月8日	8月24日	9月8日	9月24日	10月9日	10月24日	11月8日	11月23日	12月8日	12月23日	1月6日	1月21日
	时间	19时48分	10时24分	22时25分	7时39分	13时36分	16时18分	16时18分	13时36分	7时36分	2时37分	19时47分	13时13分

农历	公历	星期	天地干支	五行	公历	星期	天地干支	五行	公历	星期	天地干支	五行	公历	星期	天地干支	五行	公历	星期	天地干支	五行	公历	星期	天地干支	五行
初一	30	二	丁未	水	29	四	丁丑	水	28	六	丁未	水	27	日	丙子	水	26	二	丙午	水	26	四	丙子	水
初二	31	三	戊申	土	30	五	戊寅	土	29	日	戊申	土	28	一	丁丑	水	27	三	丁未	水	27	五	丁丑	水
初三	8月	四	己酉	土	31	六	己卯	土	30	一	己酉	土	29	二	戊寅	土	28	四	戊申	土	28	六	戊寅	土
初四	2	五	庚戌	金	9月	日	庚辰	金	10月	二	庚戌	金	30	三	己卯	土	29	五	己酉	土	29	日	己卯	土
初五	3	六	辛亥	金	2	一	辛巳	金	2	三	辛亥	金	31	四	庚辰	金	30	六	庚戌	金	30	一	庚辰	金
初六	4	日	壬子	木	3	二	壬午	木	3	四	壬子	木	11月	五	辛巳	金	12月	日	辛亥	金	31	二	辛巳	金
初七	5	一	癸丑	木	4	三	癸未	木	4	五	癸丑	木	2	六	壬午	木	2	一	壬子	木	1月	三	壬午	木
初八	6	二	甲寅	水	5	四	甲申	水	5	六	甲寅	水	3	日	癸未	木	3	二	癸丑	木	2	四	癸未	木
初九	7	三	乙卯	水	6	五	乙酉	水	6	日	乙卯	水	4	一	甲申	水	4	三	甲寅	水	3	五	甲申	水
初十	8	四	丙辰	土	7	六	丙戌	土	7	一	丙辰	土	5	二	乙酉	水	5	四	乙卯	水	4	六	乙酉	水
十一	9	五	丁巳	土	8	日	丁亥	土	8	二	丁巳	土	6	三	丙戌	土	6	五	丙辰	土	5	日	丙戌	土
十二	10	六	戊午	火	9	一	戊子	火	9	三	戊午	火	7	四	丁亥	土	7	六	丁巳	土	6	一	丁亥	土
十三	11	日	己未	火	10	二	己丑	火	10	四	己未	火	8	五	戊子	火	8	日	戊午	火	7	二	戊子	火
十四	12	一	庚申	木	11	三	庚寅	木	11	五	庚申	木	9	六	己丑	火	9	一	己未	火	8	三	己丑	火
十五	13	二	辛酉	木	12	四	辛卯	木	12	六	辛酉	木	10	日	庚寅	木	10	二	庚申	木	9	四	庚寅	木
十六	14	三	壬戌	水	13	五	壬辰	水	13	日	壬戌	水	11	一	辛卯	木	11	三	辛酉	木	10	五	辛卯	木
十七	15	四	癸亥	水	14	六	癸巳	水	14	一	癸亥	水	12	二	壬辰	水	12	四	壬戌	水	11	六	壬辰	水
十八	16	五	甲子	金	15	日	甲午	金	15	二	甲子	金	13	三	癸巳	水	13	五	癸亥	水	12	日	癸巳	水
十九	17	六	乙丑	金	16	一	乙未	金	16	三	乙丑	金	14	四	甲午	金	14	六	甲子	金	13	一	甲午	金
二十	18	日	丙寅	火	17	二	丙申	火	17	四	丙寅	火	15	五	乙未	金	15	日	乙丑	金	14	二	乙未	金
廿一	19	一	丁卯	火	18	三	丁酉	火	18	五	丁卯	火	16	六	丙申	火	16	一	丙寅	火	15	三	丙申	火
廿二	20	二	戊辰	木	19	四	戊戌	木	19	六	戊辰	木	17	日	丁酉	火	17	二	丁卯	火	16	四	丁酉	火
廿三	21	三	己巳	木	20	五	己亥	木	20	日	己巳	木	18	一	戊戌	木	18	三	戊辰	木	17	五	戊戌	木
廿四	22	四	庚午	土	21	六	庚子	土	21	一	庚午	土	19	二	己亥	木	19	四	己巳	木	18	六	己亥	木
廿五	23	五	辛未	土	22	日	辛丑	土	22	二	辛未	土	20	三	庚子	土	20	五	庚午	土	19	日	庚子	土
廿六	24	六	壬申	金	23	一	壬寅	金	23	三	壬申	金	21	四	辛丑	土	21	六	辛未	土	20	一	辛丑	土
廿七	25	日	癸酉	金	24	二	癸卯	金	24	四	癸酉	金	22	五	壬寅	金	22	日	壬申	金	21	二	壬寅	金
廿八	26	一	甲戌	火	25	三	甲辰	火	25	五	甲戌	火	23	六	癸卯	金	23	一	癸酉	金	22	三	癸卯	金
廿九	27	二	乙亥	火	26	四	乙巳	火	26	六	乙亥	火	24	日	甲辰	火	24	二	甲戌	火	23	四	甲辰	火
三十	28	三	丙子	水	27	五	丙午	水					25	一	乙巳	火	25	三	乙亥	火				

公元一九三六年(民国二十五年) （闰三月） 岁次:丙子

生肖:鼠　太岁:郭嘉　纳音:涧下水

月别	正月大	二月小	三月小	闰三月大	四月小	五月小	六月大
干支	庚寅	辛卯	壬辰	壬辰	癸巳	甲午	乙未
九星	八白	七赤	六白	六白	五黄	四绿	三碧

廿四节气

节气	立春	雨水	惊蛰	春分	清明	谷雨	立夏	小满	芒种	夏至	小暑	大暑	立秋
农历	十三	廿八	十三	廿八	十四	廿九	十六	初一	十七	初三	十九	初六	廿二
时辰	辰时	寅时	丑时	丑时	辰时	未时	子时	未时	卯时	亥时	申时	巳时	丑时
公历	2月5日	2月20日	3月6日	3月21日	4月5日	4月20日	5月6日	5月21日	6月6日	6月21日	7月7日	7月23日	8月8日
时间	7时30分	3时34分	1时50分	2时58分	7时17分	14时31分	0时57分	14时8分	5时31分	22时22分	15时59分	9时18分	1时43分

农历	正月大 公历	星期	天地干支	五行	二月小 公历	星期	天地干支	五行	三月小 公历	星期	天地干支	五行	闰三月大 公历	星期	天地干支	五行	四月小 公历	星期	天地干支	五行	五月小 公历	星期	天地干支	五行	六月大 公历	星期	天地干支	五行
初一	24	五	乙巳	火	23	日	乙亥	火	23	一	甲辰	火	21	二	癸酉	金	21	四	癸卯	金	19	五	壬申	金	18	六	辛丑	土
初二	25	六	丙午	水	24	一	丙子	水	24	二	乙巳	火	22	三	甲戌	火	22	五	甲辰	火	20	六	癸酉	金	19	日	壬寅	金
初三	26	日	丁未	水	25	二	丁丑	水	25	三	丙午	水	23	四	乙亥	火	23	六	乙巳	火	21	日	甲戌	火	20	一	癸卯	金
初四	27	一	戊申	土	26	三	戊寅	土	26	四	丁未	水	24	五	丙子	水	24	日	丙午	水	22	一	乙亥	火	21	二	甲辰	火
初五	28	二	己酉	土	27	四	己卯	土	27	五	戊申	土	25	六	丁丑	水	25	一	丁未	水	23	二	丙子	水	22	三	乙巳	火
初六	29	三	庚戌	金	28	五	庚辰	金	28	六	己酉	土	26	日	戊寅	土	26	二	戊申	土	24	三	丁丑	水	23	四	丙午	水
初七	30	四	辛亥	金	29	六	辛巳	金	29	日	庚戌	金	27	一	己卯	土	27	三	己酉	土	25	四	戊寅	土	24	五	丁未	水
初八	31	五	壬子	木	3月	日	壬午	木	30	一	辛亥	金	28	二	庚辰	金	28	四	庚戌	金	26	五	己卯	土	25	六	戊申	土
初九	2月	六	癸丑	木	2	一	癸未	木	31	二	壬子	木	29	三	辛巳	金	29	五	辛亥	金	27	六	庚辰	金	26	日	己酉	土
初十	2	日	甲寅	水	3	二	甲申	水	4月	三	癸丑	木	30	四	壬午	木	30	六	壬子	木	28	日	辛巳	金	27	一	庚戌	金
十一	3	一	乙卯	水	4	三	乙酉	水	2	四	甲寅	水	5月	五	癸未	木	31	日	癸丑	木	29	一	壬午	木	28	二	辛亥	金
十二	4	二	丙辰	土	5	四	丙戌	土	3	五	乙卯	水	2	六	甲申	水	6月	一	甲寅	水	30	二	癸未	木	29	三	壬子	木
十三	5	三	丁巳	土	6	五	丁亥	土	4	六	丙辰	土	3	日	乙酉	水	2	二	乙卯	水	7月	三	甲申	水	30	四	癸丑	木
十四	6	四	戊午	火	7	六	戊子	火	5	日	丁巳	土	4	一	丙戌	土	3	三	丙辰	土	2	四	乙酉	水	31	五	甲寅	水
十五	7	五	己未	火	8	日	己丑	火	6	一	戊午	火	5	二	丁亥	土	4	四	丁巳	土	3	五	丙戌	土	8月	六	乙卯	水
十六	8	六	庚申	木	9	一	庚寅	木	7	二	己未	火	6	三	戊子	火	5	五	戊午	火	4	六	丁亥	土	2	日	丙辰	土
十七	9	日	辛酉	木	10	二	辛卯	木	8	三	庚申	木	7	四	己丑	火	6	六	己未	火	5	日	戊子	火	3	一	丁巳	土
十八	10	一	壬戌	水	11	三	壬辰	水	9	四	辛酉	木	8	五	庚寅	木	7	日	庚申	木	6	一	己丑	火	4	二	戊午	火
十九	11	二	癸亥	水	12	四	癸巳	水	10	五	壬戌	水	9	六	辛卯	木	8	一	辛酉	木	7	二	庚寅	木	5	三	己未	火
二十	12	三	甲子	金	13	五	甲午	金	11	六	癸亥	水	10	日	壬辰	水	9	二	壬戌	水	8	三	辛卯	木	6	四	庚申	木
廿一	13	四	乙丑	金	14	六	乙未	金	12	日	甲子	金	11	一	癸巳	水	10	三	癸亥	水	9	四	壬辰	水	7	五	辛酉	木
廿二	14	五	丙寅	火	15	日	丙申	火	13	一	乙丑	金	12	二	甲午	金	11	四	甲子	金	10	五	癸巳	水	8	六	壬戌	水
廿三	15	六	丁卯	火	16	一	丁酉	火	14	二	丙寅	火	13	三	乙未	金	12	五	乙丑	金	11	六	甲午	金	9	日	癸亥	水
廿四	16	日	戊辰	木	17	二	戊戌	木	15	三	丁卯	火	14	四	丙申	火	13	六	丙寅	火	12	日	乙未	金	10	一	甲子	金
廿五	17	一	己巳	木	18	三	己亥	木	16	四	戊辰	木	15	五	丁酉	火	14	日	丁卯	火	13	一	丙申	火	11	二	乙丑	金
廿六	18	二	庚午	土	19	四	庚子	土	17	五	己巳	木	16	六	戊戌	木	15	一	戊辰	木	14	二	丁酉	火	12	三	丙寅	火
廿七	19	三	辛未	土	20	五	辛丑	土	18	六	庚午	土	17	日	己亥	木	16	二	己巳	木	15	三	戊戌	木	13	四	丁卯	火
廿八	20	四	壬申	金	21	六	壬寅	金	19	日	辛未	土	18	一	庚子	土	17	三	庚午	土	16	四	己亥	木	14	五	戊辰	木
廿九	21	五	癸酉	金	22	日	癸卯	金	20	一	壬申	金	19	二	辛丑	土	18	四	辛未	土	17	五	庚子	土	15	六	己巳	木
三十	22	六	甲戌	火									20	三	壬寅	金									16	日	庚午	土

生肖：鼠　太岁：郭嘉　纳音：涧下水

月别	七月大				八月小				九月大				十月大				十一月大				十二月小			
干支	丙申				丁酉				戊戌				己亥				庚子				辛丑			
九星	二黑				一白				九紫				八白				七赤				六白			
廿四节气 节名	处暑	白露			秋分	寒露			霜降	立冬			小雪	大雪			冬至	小寒			大寒	立春		
农历	初七	廿三			初八	廿三			初九	廿四			初九	廿四			初九	廿四			初八	廿三		
时辰	申时	寅时			未时	戌时			亥时	亥时			戌时	未时			辰时	丑时			戌时	未时		
公历	8月23日	9月8日			9月23日	10月8日			10月23日	11月7日			11月22日	12月7日			12月22日	1月6日			1月20日	2月4日		
时间	16时11分	4时21分			13时26分	19时23分			22时19分	22时15分			19时30分	14时43分			8时27分	1时44分			19时1分	13时26分		

农历	公历	星期	天地干支	五行	公历	星期	天地干支	五行	公历	星期	天地干支	五行	公历	星期	天地干支	五行	公历	星期	天地干支	五行	公历	星期	天地干支	五行
初一	17	一	辛未	土	16	三	辛丑	土	15	四	庚午	土	14	六	庚子	土	14	一	庚午	土	13	三	庚子	土
初二	18	二	壬申	金	17	四	壬寅	金	16	五	辛未	土	15	日	辛丑	土	15	二	辛未	土	14	四	辛丑	土
初三	19	三	癸酉	金	18	五	癸卯	金	17	六	壬申	金	16	一	壬寅	金	16	三	壬申	金	15	五	壬寅	金
初四	20	四	甲戌	火	19	六	甲辰	火	18	日	癸酉	金	17	二	癸卯	金	17	四	癸酉	金	16	六	癸卯	金
初五	21	五	乙亥	火	20	日	乙巳	火	19	一	甲戌	火	18	三	甲辰	火	18	五	甲戌	火	17	日	甲辰	火
初六	22	六	丙子	水	21	一	丙午	水	20	二	乙亥	火	19	四	乙巳	火	19	六	乙亥	火	18	一	乙巳	火
初七	23	日	丁丑	水	22	二	丁未	水	21	三	丙子	水	20	五	丙午	水	20	日	丙子	水	19	二	丙午	水
初八	24	一	戊寅	土	23	三	戊申	土	22	四	丁丑	水	21	六	丁未	水	21	一	丁丑	水	20	三	丁未	水
初九	25	二	己卯	土	24	四	己酉	土	23	五	戊寅	土	22	日	戊申	土	22	二	戊寅	土	21	四	戊申	土
初十	26	三	庚辰	金	25	五	庚戌	金	24	六	己卯	土	23	一	己酉	土	23	三	己卯	土	22	五	己酉	土
十一	27	四	辛巳	金	26	六	辛亥	金	25	日	庚辰	金	24	二	庚戌	金	24	四	庚辰	金	23	六	庚戌	金
十二	28	五	壬午	木	27	日	壬子	木	26	一	辛巳	金	25	三	辛亥	金	25	五	辛巳	金	24	日	辛亥	金
十三	29	六	癸未	木	28	一	癸丑	木	27	二	壬午	木	26	四	壬子	木	26	六	壬午	木	25	一	壬子	木
十四	30	日	甲申	水	29	二	甲寅	水	28	三	癸未	木	27	五	癸丑	木	27	日	癸未	木	26	二	癸丑	木
十五	31	一	乙酉	水	30	三	乙卯	水	29	四	甲申	水	28	六	甲寅	水	28	一	甲申	水	27	三	甲寅	水
十六	9月	二	丙戌	土	10月	四	丙辰	土	30	五	乙酉	水	29	日	乙卯	水	29	二	乙酉	水	28	四	乙卯	水
十七	2	三	丁亥	土	2	五	丁巳	土	31	六	丙戌	土	30	一	丙辰	土	30	三	丙戌	土	29	五	丙辰	土
十八	3	四	戊子	火	3	六	戊午	火	11月	日	丁亥	土	12月	二	丁巳	土	31	四	丁亥	土	30	六	丁巳	土
十九	4	五	己丑	火	4	日	己未	火	2	一	戊子	火	2	三	戊午	火	1月	五	戊子	火	31	日	戊午	火
二十	5	六	庚寅	木	5	一	庚申	木	3	二	己丑	火	3	四	己未	火	2	六	己丑	火	2月	一	己未	火
廿一	6	日	辛卯	木	6	二	辛酉	木	4	三	庚寅	木	4	五	庚申	木	3	日	庚寅	木	2	二	庚申	木
廿二	7	一	壬辰	水	7	三	壬戌	水	5	四	辛卯	木	5	六	辛酉	木	4	一	辛卯	木	3	三	辛酉	木
廿三	8	二	癸巳	水	8	四	癸亥	水	6	五	壬辰	水	6	日	壬戌	水	5	二	壬辰	水	4	四	壬戌	水
廿四	9	三	甲午	金	9	五	甲子	金	7	六	癸巳	水	7	一	癸亥	水	6	三	癸巳	水	5	五	癸亥	水
廿五	10	四	乙未	金	10	六	乙丑	金	8	日	甲午	金	8	二	甲子	金	7	四	甲午	金	6	六	甲子	金
廿六	11	五	丙申	火	11	日	丙寅	火	9	一	乙未	金	9	三	乙丑	金	8	五	乙未	金	7	日	乙丑	金
廿七	12	六	丁酉	火	12	一	丁卯	火	10	二	丙申	火	10	四	丙寅	火	9	六	丙申	火	8	一	丙寅	火
廿八	13	日	戊戌	木	13	二	戊辰	木	11	三	丁酉	火	11	五	丁卯	火	10	日	丁酉	火	9	二	丁卯	火
廿九	14	一	己亥	木	14	三	己巳	木	12	四	戊戌	木	12	六	戊辰	木	11	一	戊戌	木	10	三	戊辰	木
三十	15	二	庚子	土					13	五	己亥	木	13	日	己巳	木	12	二	己亥	木				

公元一九三七年（民国二十六年）　　岁次:丁丑　　生肖:牛　　太岁:汪文　　纳音:涧下水

月别	正月大				二月小				三月小				四月大				五月小				六月小			
干支	壬寅				癸卯				甲辰				乙巳				丙午				丁未			
九星	五黄				四绿				三碧				二黑				一白				九紫			

廿四节气

节名	雨水	惊蛰	春分	清明	谷雨	立夏	小满	芒种	夏至	小暑	大暑
农历	初九	廿四	初九	廿四	初十	廿六	十二	廿八	十四	廿九	十六
时辰	巳时	辰时	辰时	未时	戌时	卯时	戌时	午时	寅时	亥时	申时
公历	2月19日	3月6日	3月21日	4月5日	4月20日	5月6日	5月21日	6月6日	6月22日	7月7日	7月23日
时间	9时21分	7时45分	8时46分	13时2分	20时20分	6时51分	19时57分	11时23分	4时12分	21时46分	15时7分

农历	公历	星期	天地干支	五行	公历	星期	天地干支	五行	公历	星期	天地干支	五行	公历	星期	天地干支	五行	公历	星期	天地干支	五行	公历	星期	天地干支	五行
初一	11	四	己巳	木	13	六	己亥	木	11	日	戊辰	木	10	一	丁酉	火	9	三	丁卯	火	8	四	丙申	火
初二	12	五	庚午	土	14	日	庚子	土	12	一	己巳	木	11	二	戊戌	木	10	四	戊辰	木	9	五	丁酉	火
初三	13	六	辛未	土	15	一	辛丑	土	13	二	庚午	土	12	三	己亥	木	11	五	己巳	木	10	六	戊戌	木
初四	14	日	壬申	金	16	二	壬寅	金	14	三	辛未	土	13	四	庚子	土	12	六	庚午	土	11	日	己亥	木
初五	15	一	癸酉	金	17	三	癸卯	金	15	四	壬申	金	14	五	辛丑	土	13	日	辛未	土	12	一	庚子	土
初六	16	二	甲戌	火	18	四	甲辰	火	16	五	癸酉	金	15	六	壬寅	金	14	一	壬申	金	13	二	辛丑	土
初七	17	三	乙亥	火	19	五	乙巳	火	17	六	甲戌	火	16	日	癸卯	金	15	二	癸酉	金	14	三	壬寅	金
初八	18	四	丙子	水	20	六	丙午	水	18	日	乙亥	火	17	一	甲辰	火	16	三	甲戌	火	15	四	癸卯	金
初九	19	五	丁丑	水	21	日	丁未	水	19	一	丙子	水	18	二	乙巳	火	17	四	乙亥	火	16	五	甲辰	火
初十	20	六	戊寅	土	22	一	戊申	土	20	二	丁丑	水	19	三	丙午	水	18	五	丙子	水	17	六	乙巳	火
十一	21	日	己卯	土	23	二	己酉	土	21	三	戊寅	土	20	四	丁未	水	19	六	丁丑	水	18	日	丙午	水
十二	22	一	庚辰	金	24	三	庚戌	金	22	四	己卯	土	21	五	戊申	土	20	日	戊寅	土	19	一	丁未	水
十三	23	二	辛巳	金	25	四	辛亥	金	23	五	庚辰	金	22	六	己酉	土	21	一	己卯	土	20	二	戊申	土
十四	24	三	壬午	木	26	五	壬子	木	24	六	辛巳	金	23	日	庚戌	金	22	二	庚辰	金	21	三	己酉	土
十五	25	四	癸未	木	27	六	癸丑	木	25	日	壬午	木	24	一	辛亥	金	23	三	辛巳	金	22	四	庚戌	金
十六	26	五	甲申	水	28	日	甲寅	水	26	一	癸未	木	25	二	壬子	木	24	四	壬午	木	23	五	辛亥	金
十七	27	六	乙酉	水	29	一	乙卯	水	27	二	甲申	水	26	三	癸丑	木	25	五	癸未	木	24	六	壬子	木
十八	28	日	丙戌	土	30	二	丙辰	土	28	三	乙酉	水	27	四	甲寅	水	26	六	甲申	水	25	日	癸丑	木
十九	3月1	一	丁亥	土	31	三	丁巳	土	29	四	丙戌	土	28	五	乙卯	水	27	日	乙酉	水	26	一	甲寅	水
二十	2	二	戊子	火	4月1	四	戊午	火	30	五	丁亥	土	29	六	丙辰	土	28	一	丙戌	土	27	二	乙卯	水
廿一	3	三	己丑	火	2	五	己未	火	5月1	六	戊子	火	30	日	丁巳	土	29	二	丁亥	土	28	三	丙辰	土
廿二	4	四	庚寅	木	3	六	庚申	木	2	日	己丑	火	31	一	戊午	火	30	三	戊子	火	29	四	丁巳	土
廿三	5	五	辛卯	木	4	日	辛酉	木	3	一	庚寅	木	6月1	二	己未	火	7月1	四	己丑	火	30	五	戊午	火
廿四	6	六	壬辰	水	5	一	壬戌	水	4	二	辛卯	木	2	三	庚申	木	2	五	庚寅	木	31	六	己未	火
廿五	7	日	癸巳	水	6	二	癸亥	水	5	三	壬辰	水	3	四	辛酉	木	3	六	辛卯	木	8月1	日	庚申	木
廿六	8	一	甲午	金	7	三	甲子	金	6	四	癸巳	水	4	五	壬戌	水	4	日	壬辰	水	2	一	辛酉	木
廿七	9	二	乙未	金	8	四	乙丑	金	7	五	甲午	金	5	六	癸亥	水	5	一	癸巳	水	3	二	壬戌	水
廿八	10	三	丙申	火	9	五	丙寅	火	8	六	乙未	金	6	日	甲子	金	6	二	甲午	金	4	三	癸亥	水
廿九	11	四	丁酉	火	10	六	丁卯	火	9	日	丙申	火	7	一	乙丑	金	7	三	乙未	金	5	四	甲子	金
三十	12	五	戊戌	木									8	二	丙寅	火								

<table>
表格：公元一九三七年（民国二十六年）　岁次：丁丑　生肖：牛　太岁：汪文　纳音：涧下水
</table>

月别	七月大				八月小				九月大				十月大				十一月大				十二月小			
干支	戊申				己酉				庚戌				辛亥				壬子				癸丑			
九星	八白				七赤				六白				五黄				四绿				三碧			

廿四节气

	节名	立秋	处暑	白露	秋分	寒露	霜降	立冬	小雪	大雪	冬至	小寒	大寒
	农历	初三	十八	初四	十九	初六	廿一	初六	廿一	初五	二十	初五	二十
	时辰	辰时	亥时	巳时	戌时	丑时	寅时	寅时	丑时	戌时	未时	辰时	子时
	公历	8月8日	8月23日	9月8日	9月23日	10月9日	10月24日	11月8日	11月23日	12月7日	12月22日	1月6日	1月21日
	时间	7时26分	21时58分	10时0分	19时13分	1时11分	4时7分	3时56分	1时17分	20时27分	14时22分	7时32分	0时59分

农历	公历	星期	天地干支	五行	公历	星期	天地干支	五行	公历	星期	天地干支	五行	公历	星期	天地干支	五行	公历	星期	天地干支	五行	公历	星期	天地干支	五行
初一	6	五	乙丑	金	5	日	乙未	金	4	一	甲子	金	3	三	甲午	金	3	五	甲子	金	2	日	甲午	金
初二	7	六	丙寅	火	6	一	丙申	火	5	二	乙丑	金	4	四	乙未	金	4	六	乙丑	金	3	一	乙未	金
初三	8	日	丁卯	火	7	二	丁酉	火	6	三	丙寅	火	5	五	丙申	火	5	日	丙寅	火	4	二	丙申	火
初四	9	一	戊辰	木	8	三	戊戌	木	7	四	丁卯	火	6	六	丁酉	火	6	一	丁卯	火	5	三	丁酉	火
初五	10	二	己巳	木	9	四	己亥	木	8	五	戊辰	木	7	日	戊戌	木	7	二	戊辰	木	6	四	戊戌	木
初六	11	三	庚午	土	10	五	庚子	土	9	六	己巳	木	8	一	己亥	木	8	三	己巳	木	7	五	己亥	木
初七	12	四	辛未	土	11	六	辛丑	土	10	日	庚午	土	9	二	庚子	土	9	四	庚午	土	8	六	庚子	土
初八	13	五	壬申	金	12	日	壬寅	金	11	一	辛未	土	10	三	辛丑	土	10	五	辛未	土	9	日	辛丑	土
初九	14	六	癸酉	金	13	一	癸卯	金	12	二	壬申	金	11	四	壬寅	金	11	六	壬申	金	10	一	壬寅	金
初十	15	日	甲戌	火	14	二	甲辰	火	13	三	癸酉	金	12	五	癸卯	金	12	日	癸酉	金	11	二	癸卯	金
十一	16	一	乙亥	火	15	三	乙巳	火	14	四	甲戌	火	13	六	甲辰	火	13	一	甲戌	火	12	三	甲辰	火
十二	17	二	丙子	水	16	四	丙午	水	15	五	乙亥	火	14	日	乙巳	火	14	二	乙亥	火	13	四	乙巳	火
十三	18	三	丁丑	水	17	五	丁未	水	16	六	丙子	水	15	一	丙午	水	15	三	丙子	水	14	五	丙午	水
十四	19	四	戊寅	土	18	六	戊申	土	17	日	丁丑	水	16	二	丁未	水	16	四	丁丑	水	15	六	丁未	水
十五	20	五	己卯	土	19	日	己酉	土	18	一	戊寅	土	17	三	戊申	土	17	五	戊寅	土	16	日	戊申	土
十六	21	六	庚辰	金	20	一	庚戌	金	19	二	己卯	土	18	四	己酉	土	18	六	己卯	土	17	一	己酉	土
十七	22	日	辛巳	金	21	二	辛亥	金	20	三	庚辰	金	19	五	庚戌	金	19	日	庚辰	金	18	二	庚戌	金
十八	23	一	壬午	木	22	三	壬子	木	21	四	辛巳	金	20	六	辛亥	金	20	一	辛巳	金	19	三	辛亥	金
十九	24	二	癸未	木	23	四	癸丑	木	22	五	壬午	木	21	日	壬子	木	21	二	壬午	木	20	四	壬子	木
二十	25	三	甲申	水	24	五	甲寅	水	23	六	癸未	木	22	一	癸丑	木	22	三	癸未	木	21	五	癸丑	木
廿一	26	四	乙酉	水	25	六	乙卯	水	24	日	甲申	水	23	二	甲寅	水	23	四	甲申	水	22	六	甲寅	水
廿二	27	五	丙戌	土	26	日	丙辰	土	25	一	乙酉	水	24	三	乙卯	水	24	五	乙酉	水	23	日	乙卯	水
廿三	28	六	丁亥	土	27	一	丁巳	土	26	二	丙戌	土	25	四	丙辰	土	25	六	丙戌	土	24	一	丙辰	土
廿四	29	日	戊子	火	28	二	戊午	火	27	三	丁亥	土	26	五	丁巳	土	26	日	丁亥	土	25	二	丁巳	土
廿五	30	一	己丑	火	29	三	己未	火	28	四	戊子	火	27	六	戊午	火	27	一	戊子	火	26	三	戊午	火
廿六	31	二	庚寅	木	30	四	庚申	木	29	五	己丑	火	28	日	己未	火	28	二	己丑	火	27	四	己未	火
廿七	9月	三	辛卯	木	10月	五	辛酉	木	30	六	庚寅	木	29	一	庚申	木	29	三	庚寅	木	28	五	庚申	木
廿八	2	四	壬辰	水	2	六	壬戌	水	31	日	辛卯	木	30	二	辛酉	木	30	四	辛卯	木	29	六	辛酉	木
廿九	3	五	癸巳	水	3	日	癸亥	水	11月	一	壬辰	水	12月	三	壬戌	水	31	五	壬辰	水	30	日	壬戌	水
三十	4	六	甲午	金					2	二	癸巳	水	2	四	癸亥	水	1月	六	癸巳	水				

公元一九三八年（民国二十七年）　（闰七月）　岁次：戊寅

生肖：虎　太岁：曾光　纳音：城头土

月别	正月大		二月大		三月小		四月小		五月大		六月小	
干支	甲寅		乙卯		丙辰		丁巳		戊午		己未	
九星	二黑		一白		九紫		八白		七赤		六白	

廿四节气

	节名	立春	雨水	惊蛰	春分	清明	谷雨	立夏	小满	芒种	夏至	小暑	大暑
	农历	初五	二十	初五	二十	初五	廿一	初七	廿三	初九	廿五	十一	廿六
	时辰	戌时	申时	未时	未时	酉时	丑时	午时	丑时	酉时	巳时	寅时	戌时
	公历	2月4日	2月19日	3月6日	3月21日	4月5日	4月21日	5月6日	5月22日	6月6日	6月22日	7月8日	7月23日
	时间	19时15分	15时20分	13时34分	14时43分	18时49分	2时15分	12时36分	1时51分	17时7分	10时4分	3时32分	20时57分

农历	公历	星期	天地干支	五行	公历	星期	天地干支	五行	公历	星期	天地干支	五行	公历	星期	天地干支	五行	公历	星期	天地干支	五行	公历	星期	天地干支	五行
初一	31	一	癸亥	水	2	三	癸巳	水	4月	五	癸亥	水	30	六	壬辰	水	29	日	辛酉	木	28	二	辛卯	木
初二	2月	二	甲子	金	3	四	甲午	金	2	六	甲子	金	5月	日	癸巳	水	30	一	壬戌	水	29	三	壬辰	水
初三	2	三	乙丑	金	4	五	乙未	金	3	日	乙丑	金	1	一	甲午	金	31	二	癸亥	水	30	四	癸巳	水
初四	3	四	丙寅	火	5	六	丙申	火	4	一	丙寅	火	2	二	乙未	金	6月	三	甲子	金	7月	五	甲午	金
初五	4	五	丁卯	火	6	日	丁酉	火	5	二	丁卯	火	3	三	丙申	火	2	四	乙丑	金	2	六	乙未	金
初六	5	六	戊辰	木	7	一	戊戌	木	6	三	戊辰	木	4	四	丁酉	火	3	五	丙寅	火	3	日	丙申	火
初七	6	日	己巳	木	8	二	己亥	木	7	四	己巳	木	5	五	戊戌	木	4	六	丁卯	火	4	一	丁酉	火
初八	7	一	庚午	土	9	三	庚子	土	8	五	庚午	土	7	六	己亥	木	5	日	戊辰	木	5	二	戊戌	木
初九	8	二	辛未	土	10	四	辛丑	土	9	六	辛未	土	8	日	庚子	土	6	一	己巳	木	6	三	己亥	木
初十	9	三	壬申	金	11	五	壬寅	金	10	日	壬申	金	9	一	辛丑	土	7	二	庚午	土	7	四	庚子	土
十一	10	四	癸酉	金	12	六	癸卯	金	11	一	癸酉	金	10	二	壬寅	金	8	三	辛未	土	8	五	辛丑	土
十二	11	五	甲戌	火	13	日	甲辰	火	12	二	甲戌	火	11	三	癸卯	金	9	四	壬申	金	9	六	壬寅	金
十三	12	六	乙亥	火	14	一	乙巳	火	13	三	乙亥	火	12	四	甲辰	火	10	五	癸酉	金	10	日	癸卯	金
十四	13	日	丙子	水	15	二	丙午	水	14	四	丙子	水	13	五	乙巳	火	11	六	甲戌	火	11	一	甲辰	火
十五	14	一	丁丑	水	16	三	丁未	水	15	五	丁丑	水	14	六	丙午	水	12	日	乙亥	火	12	二	乙巳	火
十六	15	二	戊寅	土	17	四	戊申	土	16	六	戊寅	土	15	日	丁未	水	13	一	丙子	水	13	三	丙午	水
十七	16	三	己卯	土	18	五	己酉	土	17	日	己卯	土	16	一	戊申	土	14	二	丁丑	水	14	四	丁未	水
十八	17	四	庚辰	金	19	六	庚戌	金	18	一	庚辰	金	17	二	己酉	土	15	三	戊寅	土	15	五	戊申	土
十九	18	五	辛巳	金	20	日	辛亥	金	19	二	辛巳	金	18	三	庚戌	金	16	四	己卯	土	16	六	己酉	土
二十	19	六	壬午	木	21	一	壬子	木	20	三	壬午	木	19	四	辛亥	金	17	五	庚辰	金	17	日	庚戌	金
廿一	20	日	癸未	木	22	二	癸丑	木	21	四	癸未	木	20	五	壬子	木	18	六	辛巳	金	18	一	辛亥	金
廿二	21	一	甲申	水	23	三	甲寅	水	22	五	甲申	水	21	六	癸丑	木	19	日	壬午	木	19	二	壬子	木
廿三	22	二	乙酉	水	24	四	乙卯	水	23	六	乙酉	水	22	日	甲寅	水	20	一	癸未	木	20	三	癸丑	木
廿四	23	三	丙戌	土	25	五	丙辰	土	24	日	丙戌	土	23	一	乙卯	水	21	二	甲申	水	21	四	甲寅	水
廿五	24	四	丁亥	土	26	六	丁巳	土	25	一	丁亥	土	24	二	丙辰	土	22	三	乙酉	水	22	五	乙卯	水
廿六	25	五	戊子	火	27	日	戊午	火	26	二	戊子	火	25	三	丁巳	土	23	四	丙戌	土	23	六	丙辰	土
廿七	26	六	己丑	火	28	一	己未	火	27	三	己丑	火	26	四	戊午	火	24	五	丁亥	土	24	日	丁巳	土
廿八	27	日	庚寅	木	29	二	庚申	木	28	四	庚寅	木	27	五	己未	火	25	六	戊子	火	25	一	戊午	火
廿九	28	一	辛卯	木	30	三	辛酉	木	29	五	辛卯	木	28	六	庚申	木	26	日	己丑	火	26	二	己未	火
三十	3月	二	壬辰	水	31	四	壬戌	水									27	一	庚寅	木				

公元一九三八年（民国二十七年）（闰七月） 岁次：戊寅
生肖：虎　太岁：曾光　纳音：城头土

月别	七月小				闰七月大				八月小				九月大				十月大				十一月小				十二月大			
干支	庚申				庚申				辛酉				壬戌				癸亥				甲子				乙丑			
九星	五黄				五黄				四绿				三碧				二黑				一白				九紫			

廿四节气

	节名	立秋	处暑	白露	秋分	寒露	霜降	立冬	小雪	大雪	冬至	小寒	大寒	立春
	农历	十三	廿九	十五	初一	十六	初二	十七	初二	十七	初一	十六	初二	十七
	时辰	未时	寅时	申时	丑时	辰时	巳时	巳时	辰时	丑时	戌时	未时	卯时	丑时
	公历	8月8日	8月24日	9月8日	9月24日	10月9日	10月24日	11月8日	11月23日	12月8日	12月22日	1月6日	1月21日	2月5日
	时间	13时13分	3时46分	15时49分	1时0分	7时2分	9时54分	9时49分	7时7分	2时23分	20时14分	13时28分	6时51分	1时14分

农历	七月 公历	星期	天地干支	五行	闰七月 公历	星期	天地干支	五行	八月 公历	星期	天地干支	五行	九月 公历	星期	天地干支	五行	十月 公历	星期	天地干支	五行	十一月 公历	星期	天地干支	五行	十二月 公历	星期	天地干支	五行
初一	27	三	庚申	木	25	四	己丑	火	24	六	己未	火	23	日	戊子	火	22	二	戊午	火	22	四	戊子	火	20	五	丁巳	土
初二	28	四	辛酉	木	26	五	庚寅	木	25	日	庚申	木	24	一	己丑	火	23	三	己未	火	23	五	己丑	火	21	六	戊午	火
初三	29	五	壬戌	水	27	六	辛卯	木	26	一	辛酉	木	25	二	庚寅	木	24	四	庚申	木	24	六	庚寅	木	22	日	己未	火
初四	30	六	癸亥	水	28	日	壬辰	水	27	二	壬戌	水	26	三	辛卯	木	25	五	辛酉	木	25	日	辛卯	木	23	一	庚申	木
初五	31	日	甲子	金	29	一	癸巳	水	28	三	癸亥	水	27	四	壬辰	水	26	六	壬戌	水	26	一	壬辰	水	24	二	辛酉	木
初六	8月	一	乙丑	金	30	二	甲午	金	29	四	甲子	金	28	五	癸巳	水	27	日	癸亥	水	27	二	癸巳	水	25	三	壬戌	水
初七	2	二	丙寅	火	31	三	乙未	金	30	五	乙丑	金	29	六	甲午	金	28	一	甲子	金	28	三	甲午	金	26	四	癸亥	水
初八	3	三	丁卯	火	9月	四	丙申	火	10月	六	丙寅	火	30	日	乙未	金	29	二	乙丑	金	29	四	乙未	金	27	五	甲子	金
初九	4	四	戊辰	木	2	五	丁酉	火	2	日	丁卯	火	31	一	丙申	火	30	三	丙寅	火	30	五	丙申	火	28	六	乙丑	金
初十	5	五	己巳	木	3	六	戊戌	木	3	一	戊辰	木	11月	二	丁酉	火	12月	四	丁卯	火	31	六	丁酉	火	29	日	丙寅	火
十一	6	六	庚午	土	4	日	己亥	木	4	二	己巳	木	2	三	戊戌	木	2	五	戊辰	木	1月	日	戊戌	木	30	一	丁卯	木
十二	7	日	辛未	土	5	一	庚子	土	5	三	庚午	土	3	四	己亥	木	3	六	己巳	木	2	一	己亥	木	31	二	戊辰	木
十三	8	一	壬申	金	6	二	辛丑	土	6	四	辛未	土	4	五	庚子	土	4	日	庚午	土	3	二	庚子	土	2月	三	己巳	木
十四	9	二	癸酉	金	7	三	壬寅	金	7	五	壬申	金	5	六	辛丑	土	5	一	辛未	土	4	三	辛丑	土	2	四	庚午	土
十五	10	三	甲戌	火	8	四	癸卯	金	8	六	癸酉	金	6	日	壬寅	金	6	二	壬申	金	5	四	壬寅	金	3	五	辛未	土
十六	11	四	乙亥	火	9	五	甲辰	火	9	日	甲戌	火	7	一	癸卯	金	7	三	癸酉	金	6	五	癸卯	金	4	六	壬申	金
十七	12	五	丙子	水	10	六	乙巳	火	10	一	乙亥	火	8	二	甲辰	火	8	四	甲戌	火	7	六	甲辰	火	5	日	癸酉	金
十八	13	六	丁丑	水	11	日	丙午	水	11	二	丙子	水	9	三	乙巳	火	9	五	乙亥	火	8	日	乙巳	火	6	一	甲戌	火
十九	14	日	戊寅	土	12	一	丁未	水	12	三	丁丑	水	10	四	丙午	水	10	六	丙子	水	9	一	丙午	水	7	二	乙亥	火
二十	15	一	己卯	土	13	二	戊申	土	13	四	戊寅	土	11	五	丁未	水	11	日	丁丑	水	10	二	丁未	水	8	三	丙子	水
廿一	16	二	庚辰	金	14	三	己酉	土	14	五	己卯	土	12	六	戊申	土	12	一	戊寅	土	11	三	戊申	土	9	四	丁丑	水
廿二	17	三	辛巳	金	15	四	庚戌	金	15	六	庚辰	金	13	日	己酉	土	13	二	己卯	土	12	四	己酉	土	10	五	戊寅	土
廿三	18	四	壬午	木	16	五	辛亥	金	16	日	辛巳	金	14	一	庚戌	金	14	三	庚辰	金	13	五	庚戌	金	11	六	己卯	土
廿四	19	五	癸未	木	17	六	壬子	木	17	一	壬午	木	15	二	辛亥	金	15	四	辛巳	金	14	六	辛亥	金	12	日	庚辰	金
廿五	20	六	甲申	水	18	日	癸丑	木	18	二	癸未	木	16	三	壬子	木	16	五	壬午	木	15	日	壬子	木	13	一	辛巳	金
廿六	21	日	乙酉	水	19	一	甲寅	水	19	三	甲申	水	17	四	癸丑	木	17	六	癸未	木	16	一	癸丑	木	14	二	壬午	木
廿七	22	一	丙戌	土	20	二	乙卯	水	20	四	乙酉	水	18	五	甲寅	水	18	日	甲申	水	17	二	甲寅	水	15	三	癸未	木
廿八	23	二	丁亥	土	21	三	丙辰	土	21	五	丙戌	土	19	六	乙卯	水	19	一	乙酉	水	18	三	乙卯	水	16	四	甲申	水
廿九	24	三	戊子	火	22	四	丁巳	土	22	六	丁亥	土	20	日	丙辰	土	20	二	丙戌	土	19	四	丙辰	土	17	五	乙酉	水
三十					23	五	戊午	火					21	一	丁巳	土	21	三	丁亥	土					18	六	丙戌	土

公元一九三九年（民国二十八年）　岁次：己卯　生肖：兔　太岁：伍仲　纳音：城头土

月别	正月大			二月大			三月小			四月小			五月大			六月小		
干支	丙寅			丁卯			戊辰			己巳			庚午			辛未		
九星	八白			七赤			六白			五黄			四绿			三碧		

廿四节气

	节名	雨水	惊蛰	春分	清明	谷雨	立夏	小满	芒种	夏至	小暑	大暑	立秋
	农历	初一	十六	初一	十七	初二	十七	初四	十九	初六	廿二	初八	廿三
	时辰	亥时	戌时	戌时	子时	辰时	酉时	辰时	亥时	申时	巳时	丑时	戌时
	公历	2月19日	3月6日	3月21日	4月6日	4月21日	5月6日	5月22日	6月6日	6月22日	7月8日	7月24日	8月8日
	时间	21时10分	19时27分	20时29分	0时38分	7时27分	18时21分	7时27分	22时52分	16时13分	9时19分	2时37分	19时4分

农历	公历	星期	天地干支	五行	公历	星期	天地干支	五行	公历	星期	天地干支	五行	公历	星期	天地干支	五行	公历	星期	天地干支	五行	公历	星期	天地干支	五行
初一	19	日	丁亥	土	21	二	丁巳	土	20	四	丁亥	土	19	五	丙辰	土	17	六	乙酉	水	17	一	乙卯	水
初二	20	一	戊子	火	22	三	戊午	火	21	五	戊子	火	20	六	丁巳	土	18	日	丙戌	土	18	二	丙辰	土
初三	21	二	己丑	火	23	四	己未	火	22	六	己丑	火	21	日	戊午	火	19	一	丁亥	土	19	三	丁巳	土
初四	22	三	庚寅	木	24	五	庚申	木	23	日	庚寅	木	22	一	己未	火	20	二	戊子	火	20	四	戊午	火
初五	23	四	辛卯	木	25	六	辛酉	木	24	一	辛卯	木	23	二	庚申	木	21	三	己丑	火	21	五	己未	火
初六	24	五	壬辰	水	26	日	壬戌	水	25	二	壬辰	水	24	三	辛酉	木	22	四	庚寅	木	22	六	庚申	木
初七	25	六	癸巳	水	27	一	癸亥	水	26	三	癸巳	水	25	四	壬戌	水	23	五	辛卯	木	23	日	辛酉	木
初八	26	日	甲午	金	28	二	甲子	金	27	四	甲午	金	26	五	癸亥	水	24	六	壬辰	水	24	一	壬戌	水
初九	27	一	乙未	金	29	三	乙丑	金	28	五	乙未	金	27	六	甲子	金	25	日	癸巳	水	25	二	癸亥	水
初十	28	二	丙申	火	30	四	丙寅	火	29	六	丙申	火	28	日	乙丑	金	26	一	甲午	金	26	三	甲子	金
十一	3月	三	丁酉	火	31	五	丁卯	火	30	日	丁酉	火	29	一	丙寅	火	27	二	乙未	金	27	四	乙丑	金
十二	2	四	戊戌	木	4月	六	戊辰	木	5月	一	戊戌	木	30	二	丁卯	火	28	三	丙申	火	28	五	丙寅	火
十三	3	五	己亥	木	2	日	己巳	木	2	二	己亥	木	31	三	戊辰	木	29	四	丁酉	火	29	六	丁卯	火
十四	4	六	庚子	土	3	一	庚午	土	3	三	庚子	土	6月	四	己巳	木	30	五	戊戌	木	30	日	戊辰	木
十五	5	日	辛丑	土	4	二	辛未	土	4	四	辛丑	土	2	五	庚午	土	7月	六	己亥	木	31	一	己巳	木
十六	6	一	壬寅	金	5	三	壬申	金	5	五	壬寅	金	3	六	辛未	土	2	日	庚子	土	8月	二	庚午	土
十七	7	二	癸卯	金	6	四	癸酉	金	6	六	癸卯	金	4	日	壬申	金	3	一	辛丑	土	2	三	辛未	土
十八	8	三	甲辰	火	7	五	甲戌	火	7	日	甲辰	火	5	一	癸酉	金	4	二	壬寅	金	3	四	壬申	金
十九	9	四	乙巳	火	8	六	乙亥	火	8	一	乙巳	火	6	二	甲戌	火	5	三	癸卯	金	4	五	癸酉	金
二十	10	五	丙午	水	9	日	丙子	水	9	二	丙午	水	7	三	乙亥	火	6	四	甲辰	火	5	六	甲戌	火
廿一	11	六	丁未	水	10	一	丁丑	水	10	三	丁未	水	8	四	丙子	水	7	五	乙巳	火	6	日	乙亥	火
廿二	12	日	戊申	土	11	二	戊寅	土	11	四	戊申	土	9	五	丁丑	水	8	六	丙午	水	7	一	丙子	水
廿三	13	一	己酉	土	12	三	己卯	土	12	五	己酉	土	10	六	戊寅	土	9	日	丁未	水	8	二	丁丑	水
廿四	14	二	庚戌	金	13	四	庚辰	金	13	六	庚戌	金	11	日	己卯	土	10	一	戊申	土	9	三	戊寅	土
廿五	15	三	辛亥	金	14	五	辛巳	金	14	日	辛亥	金	12	一	庚辰	金	11	二	己酉	土	10	四	己卯	土
廿六	16	四	壬子	木	15	六	壬午	木	15	一	壬子	木	13	二	辛巳	金	12	三	庚戌	金	11	五	庚辰	金
廿七	17	五	癸丑	木	16	日	癸未	木	16	二	癸丑	木	14	三	壬午	木	13	四	辛亥	金	12	六	辛巳	金
廿八	18	六	甲寅	水	17	一	甲申	水	17	三	甲寅	水	15	四	癸未	木	14	五	壬子	木	13	日	壬午	木
廿九	19	日	乙卯	水	18	二	乙酉	水	18	四	乙卯	水	16	五	甲申	水	15	六	癸丑	木	14	一	癸未	木
三十	20	一	丙辰	土	19	三	丙戌	土									16	日	甲寅	水				

公元一九三九年（民国二十八年）　　岁次:己卯　生肖:兔　太岁:伍仲　纳音:城头土

月别	七月小				八月大				九月小				十月大				十一月小				十二月大			
干支	壬申				癸酉				甲戌				乙亥				丙子				丁丑				
九星	二黑				一白				九紫				八白				七赤				六白				
廿四节气 节名	处暑		白露		秋分		寒露		霜降		立冬		小雪		大雪		冬至		小寒		大寒		立春	
农历	初十		廿五		十二		廿七		十二		廿七		十三		廿八		十三		廿七		十三		廿八	
时辰	巳时		亥时		卯时		午时		申时		申时		午时		辰时		丑时		戌时		午时		辰时	
公历	8月24日		9月8日		9月24日		10月9日		10月24日		11月8日		11月23日		12月8日		12月23日		1月6日		1月21日		2月5日	
时间	9时32分		21时42分		6时50分		12时57分		16时48分		15时40分		12时59分		8时18分		2时6分		19时24分		12时44分		7时8分	

农历	公历	星期	天地干支	五行	公历	星期	天地干支	五行	公历	星期	天地干支	五行	公历	星期	天地干支	五行	公历	星期	天地干支	五行	公历	星期	天地干支	五行
初一	15	二	甲申	水	13	三	癸丑	木	13	五	癸未	木	11	六	壬子	木	11	一	壬午	木	9	二	辛亥	金
初二	16	三	乙酉	水	14	四	甲寅	水	14	六	甲申	水	12	日	癸丑	木	12	二	癸未	木	10	三	壬子	木
初三	17	四	丙戌	土	15	五	乙卯	水	15	日	乙酉	水	13	一	甲寅	水	13	三	甲申	水	11	四	癸丑	木
初四	18	五	丁亥	土	16	六	丙辰	土	16	一	丙戌	土	14	二	乙卯	水	14	四	乙酉	水	12	五	甲寅	水
初五	19	六	戊子	火	17	日	丁巳	土	17	二	丁亥	土	15	三	丙辰	土	15	五	丙戌	土	13	六	乙卯	水
初六	20	日	己丑	火	18	一	戊午	火	18	三	戊子	火	16	四	丁巳	土	16	六	丁亥	土	14	日	丙辰	土
初七	21	一	庚寅	木	19	二	己未	火	19	四	己丑	火	17	五	戊午	火	17	日	戊子	火	15	一	丁巳	土
初八	22	二	辛卯	木	20	三	庚申	木	20	五	庚寅	木	18	六	己未	火	18	一	己丑	火	16	二	戊午	火
初九	23	三	壬辰	水	21	四	辛酉	木	21	六	辛卯	木	19	日	庚申	木	19	二	庚寅	木	17	三	己未	火
初十	24	四	癸巳	水	22	五	壬戌	水	22	日	壬辰	水	20	一	辛酉	木	20	三	辛卯	木	18	四	庚申	木
十一	25	五	甲午	金	23	六	癸亥	水	23	一	癸巳	水	21	二	壬戌	水	21	四	壬辰	水	19	五	辛酉	木
十二	26	六	乙未	金	24	日	甲子	金	24	二	甲午	金	22	三	癸亥	水	22	五	癸巳	水	20	六	壬戌	水
十三	27	日	丙申	火	25	一	乙丑	金	25	三	乙未	金	23	四	甲子	金	23	六	甲午	金	21	日	癸亥	水
十四	28	一	丁酉	火	26	二	丙寅	火	26	四	丙申	火	24	五	乙丑	金	24	日	乙未	金	22	一	甲子	金
十五	29	二	戊戌	木	27	三	丁卯	火	27	五	丁酉	火	25	六	丙寅	火	25	一	丙申	火	23	二	乙丑	金
十六	30	三	己亥	木	28	四	戊辰	木	28	六	戊戌	木	26	日	丁卯	火	26	二	丁酉	火	24	三	丙寅	火
十七	31	四	庚子	土	29	五	己巳	木	29	日	己亥	木	27	一	戊辰	木	27	三	戊戌	木	25	四	丁卯	火
十八	9月	五	辛丑	土	30	六	庚午	土	30	一	庚子	土	28	二	己巳	木	28	四	己亥	木	26	五	戊辰	木
十九	2	六	壬寅	金	10月	日	辛未	土	31	二	辛丑	土	29	三	庚午	土	29	五	庚子	土	27	六	己巳	木
二十	3	日	癸卯	金	2	一	壬申	金	11月	三	壬寅	金	30	四	辛未	土	30	六	辛丑	土	28	日	庚午	土
廿一	4	一	甲辰	火	3	二	癸酉	金	2	四	癸卯	金	12月	五	壬申	金	31	日	壬寅	金	29	一	辛未	土
廿二	5	二	乙巳	火	4	三	甲戌	火	3	五	甲辰	火	2	六	癸酉	金	1月	一	癸卯	金	30	二	壬申	金
廿三	6	三	丙午	水	5	四	乙亥	火	4	六	乙巳	火	3	日	甲戌	火	2	二	甲辰	火	31	三	癸酉	金
廿四	7	四	丁未	水	6	五	丙子	水	5	日	丙午	水	4	一	乙亥	火	3	三	乙巳	火	2月	四	甲戌	火
廿五	8	五	戊申	土	7	六	丁丑	水	6	一	丁未	水	5	二	丙子	水	4	四	丙午	水	2	五	乙亥	火
廿六	9	六	己酉	土	8	日	戊寅	土	7	二	戊申	土	6	三	丁丑	水	5	五	丁未	水	3	六	丙子	水
廿七	10	日	庚戌	金	9	一	己卯	土	8	三	己酉	土	7	四	戊寅	土	6	六	戊申	土	4	日	丁丑	水
廿八	11	一	辛亥	金	10	二	庚辰	金	9	四	庚戌	金	8	五	己卯	土	7	日	己酉	土	5	一	戊寅	土
廿九	12	二	壬子	木	11	三	辛巳	金	10	五	辛亥	金	9	六	庚辰	金	8	一	庚戌	金	6	二	己卯	土
三十					12	四	壬午	木					10	日	辛巳	金					7	三	庚辰	金

公元一九四〇年（民国二十九年）　岁次:庚辰
生肖:龙　太岁:重祖　纳音:白腊金

月别	正月大		二月大		三月小		四月大		五月小		六月大	
干支	戊寅		己卯		庚辰		辛巳		壬午		癸未	
九星	五黄		四绿		三碧		二黑		一白		九紫	

廿四节气

	节名	雨水	惊蛰	春分	清明	谷雨	立夏	小满		芒种	夏至	小暑	大暑
	农历	十三	廿八	十三	廿八	十三	廿九	十五		初一	十六	初三	十九
	时辰	寅时	丑时	丑时	卯时	未时	子时	未时		寅时	亥时	申时	辰时
	公历	2月20日	3月6日	3月21日	4月5日	4月20日	5月6日	5月21日		6月6日	6月21日	7月7日	7月23日
	时间	3时4分	1时24分	2时24分	6时35分	13时51分	0时16分	13时23分		4时44分	21时37分	15时8分	8时35分

农历	正月公历	星期	天地干支	五行	二月公历	星期	天地干支	五行	三月公历	星期	天地干支	五行	四月公历	星期	天地干支	五行	五月公历	星期	天地干支	五行	六月公历	星期	天地干支	五行
初一	8	四	辛巳	金	9	六	辛亥	金	8	一	辛巳	金	7	二	庚戌	金	6	四	庚辰	金	5	五	己酉	土
初二	9	五	壬午	木	10	日	壬子	木	9	二	壬午	木	8	三	辛亥	金	7	五	辛巳	金	6	六	庚戌	金
初三	10	六	癸未	木	11	一	癸丑	木	10	三	癸未	木	9	四	壬子	木	8	六	壬午	木	7	日	辛亥	金
初四	11	日	甲申	水	12	二	甲寅	水	11	四	甲申	水	10	五	癸丑	木	9	日	癸未	木	8	一	壬子	木
初五	12	一	乙酉	水	13	三	乙卯	水	12	五	乙酉	水	11	六	甲寅	水	10	一	甲申	水	9	二	癸丑	木
初六	13	二	丙戌	土	14	四	丙辰	土	13	六	丙戌	土	12	日	乙卯	水	11	二	乙酉	水	10	三	甲寅	水
初七	14	三	丁亥	土	15	五	丁巳	土	14	日	丁亥	土	13	一	丙辰	土	12	三	丙戌	土	11	四	乙卯	水
初八	15	四	戊子	火	16	六	戊午	火	15	一	戊子	火	14	二	丁巳	土	13	四	丁亥	土	12	五	丙辰	土
初九	16	五	己丑	火	17	日	己未	火	16	二	己丑	火	15	三	戊午	火	14	五	戊子	火	13	六	丁巳	土
初十	17	六	庚寅	木	18	一	庚申	木	17	三	庚寅	木	16	四	己未	火	15	六	己丑	火	14	日	戊午	火
十一	18	日	辛卯	木	19	二	辛酉	木	18	四	辛卯	木	17	五	庚申	木	16	日	庚寅	木	15	一	己未	火
十二	19	一	壬辰	水	20	三	壬戌	水	19	五	壬辰	水	18	六	辛酉	木	17	一	辛卯	木	16	二	庚申	木
十三	20	二	癸巳	水	21	四	癸亥	水	20	六	癸巳	水	19	日	壬戌	水	18	二	壬辰	水	17	三	辛酉	木
十四	21	三	甲午	金	22	五	甲子	金	21	日	甲午	金	20	一	癸亥	水	19	三	癸巳	水	18	四	壬戌	水
十五	22	四	乙未	金	23	六	乙丑	金	22	一	乙未	金	21	二	甲子	金	20	四	甲午	金	19	五	癸亥	水
十六	23	五	丙申	火	24	日	丙寅	火	23	二	丙申	火	22	三	乙丑	金	21	五	乙未	金	20	六	甲子	金
十七	24	六	丁酉	火	25	一	丁卯	火	24	三	丁酉	火	23	四	丙寅	火	22	六	丙申	火	21	日	乙丑	金
十八	25	日	戊戌	木	26	二	戊辰	木	25	四	戊戌	木	24	五	丁卯	火	23	日	丁酉	火	22	一	丙寅	火
十九	26	一	己亥	木	27	三	己巳	木	26	五	己亥	木	25	六	戊辰	木	24	一	戊戌	木	23	二	丁卯	火
二十	27	二	庚子	土	28	四	庚午	土	27	六	庚子	土	26	日	己巳	木	25	二	己亥	木	24	三	戊辰	木
廿一	28	三	辛丑	土	29	五	辛未	土	28	日	辛丑	土	27	一	庚午	土	26	三	庚子	土	25	四	己巳	木
廿二	29	四	壬寅	金	30	六	壬申	金	29	一	壬寅	金	28	二	辛未	土	27	四	辛丑	土	26	五	庚午	土
廿三	3月	五	癸卯	金	31	日	癸酉	金	30	二	癸卯	金	29	三	壬申	金	28	五	壬寅	金	27	六	辛未	土
廿四	2	六	甲辰	火	4月	一	甲戌	火	5月	三	甲辰	火	30	四	癸酉	金	29	六	癸卯	金	28	日	壬申	金
廿五	3	日	乙巳	火	2	二	乙亥	火	2	四	乙巳	火	31	五	甲戌	火	30	日	甲辰	火	29	一	癸酉	金
廿六	4	一	丙午	水	3	三	丙子	水	3	五	丙午	水	6月	六	乙亥	火	7月	一	乙巳	火	30	二	甲戌	火
廿七	5	二	丁未	水	4	四	丁丑	水	4	六	丁未	水	2	日	丙子	水	2	二	丙午	水	31	三	乙亥	火
廿八	6	三	戊申	土	5	五	戊寅	土	5	日	戊申	土	3	一	丁丑	水	3	三	丁未	水	8月	四	丙子	水
廿九	7	四	己酉	土	6	六	己卯	土	6	一	己酉	土	4	二	戊寅	土	4	四	戊申	土	2	五	丁丑	水
三十	8	五	庚戌	金	7	日	庚辰	金					5	三	己卯	土					3	六	戊寅	土

公元一九四〇年（民国二十九年） 岁次:庚辰

生肖:龙　太岁:重祖　纳音:白腊金

月别	七月小				八月小				九月大				十月小				十一月大				十二月小			
干支	甲申				乙酉				丙戌				丁亥				戊子				己丑			
九星	八白				七赤				六白				五黄				四绿				三碧			

廿四节气

	节名	立秋	处暑	白露	秋分	寒露	霜降	立冬	小雪	大雪	冬至	小寒	大寒
	农历	初五	二十	初七	廿二	初八	廿三	初八	廿三	初九	廿四	初九	廿三
	时辰	子时	申时	寅时	午时	酉时	亥时	亥时	酉时	未时	辰时	丑时	酉时
	公历	8月8日	8月23日	9月8日	9月23日	10月8日	10月23日	11月7日	11月22日	12月7日	12月22日	1月6日	1月20日
	时间	0时52分	15时29分	3时30分	12时46分	18时43分	21时40分	22时38分	18时49分	14时52分	8时31分	1时4分	18时34分

农历	公历	星期	天地干支	五行	公历	星期	天地干支	五行	公历	星期	天地干支	五行	公历	星期	天地干支	五行	公历	星期	天地干支	五行	公历	星期	天地干支	五行
初一	4	日	己卯	土	2	一	戊申	土	10月1	二	丁丑	水	31	四	丁未	水	29	五	丙子	水	29	日	丙午	水
初二	5	一	庚辰	金	3	二	己酉	土	11月2	三	戊寅	土	11月1	五	戊申	土	30	六	丁丑	水	30	一	丁未	水
初三	6	二	辛巳	金	4	三	庚戌	金	3	四	己卯	土	2	六	己酉	土	12月1	日	戊寅	土	31	二	戊申	土
初四	7	三	壬午	木	5	四	辛亥	金	4	五	庚辰	金	3	日	庚戌	金	2	一	己卯	土	1月1	三	己酉	土
初五	8	四	癸未	木	6	五	壬子	木	5	六	辛巳	金	4	一	辛亥	金	3	二	庚辰	金	2	四	庚戌	金
初六	9	五	甲申	水	7	六	癸丑	木	6	日	壬午	木	5	二	壬子	木	4	三	辛巳	金	3	五	辛亥	金
初七	10	六	乙酉	水	8	日	甲寅	水	7	一	癸未	木	6	三	癸丑	木	5	四	壬午	木	4	六	壬子	木
初八	11	日	丙戌	土	9	一	乙卯	水	8	二	甲申	水	7	四	甲寅	水	6	五	癸未	木	5	日	癸丑	木
初九	12	一	丁亥	土	10	二	丙辰	土	9	三	乙酉	水	8	五	乙卯	水	7	六	甲申	水	6	一	甲寅	水
初十	13	二	戊子	火	11	三	丁巳	土	10	四	丙戌	木	9	六	丙辰	土	8	日	乙酉	水	7	二	乙卯	水
十一	14	三	己丑	火	12	四	戊午	火	11	五	丁亥	土	10	日	丁巳	土	9	一	丙戌	土	8	三	丙辰	土
十二	15	四	庚寅	木	13	五	己未	火	12	六	戊子	火	11	一	戊午	火	10	二	丁亥	土	9	四	丁巳	土
十三	16	五	辛卯	木	14	六	庚申	木	13	日	己丑	火	12	二	己未	火	11	三	戊子	火	10	五	戊午	火
十四	17	六	壬辰	水	15	日	辛酉	木	14	一	庚寅	木	13	三	庚申	木	12	四	己丑	火	11	六	己未	火
十五	18	日	癸巳	水	16	一	壬戌	水	15	二	辛卯	木	14	四	辛酉	木	13	五	庚寅	木	12	日	庚申	木
十六	19	一	甲午	金	17	二	癸亥	水	16	三	壬辰	水	15	五	壬戌	水	14	六	辛卯	木	13	一	辛酉	木
十七	20	二	乙未	金	18	三	甲子	金	17	四	癸巳	水	16	六	癸亥	水	15	日	壬辰	水	14	二	壬戌	水
十八	21	三	丙申	火	19	四	乙丑	金	18	五	甲午	金	17	日	甲子	金	16	一	癸巳	水	15	三	癸亥	水
十九	22	四	丁酉	火	20	五	丙寅	火	19	六	乙未	金	18	一	乙丑	金	17	二	甲午	金	16	四	甲子	金
二十	23	五	戊戌	木	21	六	丁卯	火	20	日	丙申	火	19	二	丙寅	火	18	三	乙未	金	17	五	乙丑	金
廿一	24	六	己亥	木	22	日	戊辰	木	21	一	丁酉	火	20	三	丁卯	火	19	四	丙申	火	18	六	丙寅	火
廿二	25	日	庚子	土	23	一	己巳	木	22	二	戊戌	木	21	四	戊辰	木	20	五	丁酉	火	19	日	丁卯	火
廿三	26	一	辛丑	土	24	二	庚午	土	23	三	己亥	木	22	五	己巳	木	21	六	戊戌	木	20	一	戊辰	木
廿四	27	二	壬寅	金	25	三	辛未	土	24	四	庚子	土	23	六	庚午	土	22	日	己亥	木	21	二	己巳	木
廿五	28	三	癸卯	金	26	四	壬申	金	25	五	辛丑	土	24	日	辛未	土	23	一	庚子	土	22	三	庚午	土
廿六	29	四	甲辰	火	27	五	癸酉	金	26	六	壬寅	金	25	一	壬申	金	24	二	辛丑	土	23	四	辛未	土
廿七	30	五	乙巳	火	28	六	甲戌	火	27	日	癸卯	金	26	二	癸酉	金	25	三	壬寅	金	24	五	壬申	金
廿八	31	六	丙午	水	29	日	乙亥	火	28	一	甲辰	火	27	三	甲戌	火	26	四	癸卯	金	25	六	癸酉	金
廿九	9月1	日	丁未	水	30	一	丙子	水	29	二	乙巳	火	28	四	乙亥	火	27	五	甲辰	火	26	日	甲戌	火
三十									30	三	丙午	水					28	六	乙巳	火				

公元一九四一年(民国三十年) (闰六月) 岁次:辛巳
生肖:蛇　太岁:郑德　纳音:白腊金

月别	正月大	二月大	三月小	四月大	五月大	六月小	闰六月大
干支	庚寅	辛卯	壬辰	癸巳	甲午	乙未	乙未
九星	二黑	一白	九紫	八白	七赤	六白	六白

廿四节气

	节名	立春	雨水	惊蛰	春分	清明	谷雨	立夏	小满	芒种	夏至	小暑	大暑	立秋
	农历	初九	廿四	初九	廿四	初九	廿四	十一	廿六	十二	廿八	十三	廿九	十六
	时辰	午时	辰时	辰时	辰时	午时	戌时	卯时	戌时	巳时	寅时	亥时	未时	卯时
	公历	2月4日	2月19日	3月6日	3月21日	4月5日	4月20日	5月6日	5月21日	6月6日	6月22日	7月7日	7月23日	8月8日
	时间	12时50分	8时57分	7时10分	8时20分	12时25分	19时51分	6时10分	19时23分	10时40分	3时34分	21时3分	14时27分	6时46分

农历 / 各月

农历	正月大 公历	星期	天地干支	五行	二月大 公历	星期	天地干支	五行	三月小 公历	星期	天地干支	五行	四月大 公历	星期	天地干支	五行	五月大 公历	星期	天地干支	五行	六月小 公历	星期	天地干支	五行	闰六月大 公历	星期	天地干支	五行
初一	27	一	乙亥	火	26	三	乙巳	火	28	五	乙亥	火	26	六	甲辰	火	26	一	甲戌	火	25	三	甲辰	火	24	四	癸酉	金
初二	28	二	丙子	水	27	四	丙午	水	29	六	丙子	水	27	日	乙巳	火	27	二	乙亥	火	26	四	乙巳	火	25	五	甲戌	金
初三	29	三	丁丑	水	28	五	丁未	水	30	日	丁丑	水	28	一	丙午	水	28	三	丙子	水	27	五	丙午	水	26	六	乙亥	火
初四	30	四	戊寅	土	3月	六	戊申	土	31	一	戊寅	土	29	二	丁未	水	29	四	丁丑	水	28	六	丁未	水	27	日	丙子	水
初五	31	五	己卯	土	2	日	己酉	土	4月	二	己卯	土	30	三	戊申	土	30	五	戊寅	土	29	日	戊申	土	28	一	丁丑	水
初六	2月	六	庚辰	金	3	一	庚戌	金	2	三	庚辰	金	5月	四	己酉	土	31	六	己卯	土	30	一	己酉	土	29	二	戊寅	土
初七	2	日	辛巳	金	4	二	辛亥	金	3	四	辛巳	金	2	五	庚戌	金	6月	日	庚辰	金	7月	二	庚戌	金	30	三	己卯	土
初八	3	一	壬午	木	5	三	壬子	木	4	五	壬午	木	3	六	辛亥	金	2	一	辛巳	金	2	三	辛亥	金	31	四	庚辰	金
初九	4	二	癸未	木	6	四	癸丑	木	5	六	癸未	木	4	日	壬子	木	3	二	壬午	木	3	四	壬子	木	8月	五	辛巳	金
初十	5	三	甲申	水	7	五	甲寅	水	6	日	甲申	水	5	一	癸丑	木	4	三	癸未	木	4	五	癸丑	木	2	六	壬午	木
十一	6	四	乙酉	水	8	六	乙卯	水	7	一	乙酉	水	6	二	甲寅	水	5	四	甲申	水	5	六	甲寅	水	3	日	癸未	木
十二	7	五	丙戌	土	9	日	丙辰	土	8	二	丙戌	土	7	三	乙卯	水	6	五	乙酉	水	6	日	乙卯	水	4	一	甲申	水
十三	8	六	丁亥	土	10	一	丁巳	土	9	三	丁亥	土	8	四	丙辰	土	7	六	丙戌	土	7	一	丙辰	土	5	二	乙酉	水
十四	9	日	戊子	火	11	二	戊午	火	10	四	戊子	火	9	五	丁巳	土	8	日	丁亥	土	8	二	丁巳	土	6	三	丙戌	土
十五	10	一	己丑	火	12	三	己未	火	11	五	己丑	火	10	六	戊午	火	9	一	戊子	火	9	三	戊午	火	7	四	丁亥	土
十六	11	二	庚寅	木	13	四	庚申	木	12	六	庚寅	木	11	日	己未	火	10	二	己丑	火	10	四	己未	火	8	五	戊子	火
十七	12	三	辛卯	木	14	五	辛酉	木	13	日	辛卯	木	12	一	庚申	木	11	三	庚寅	木	11	五	庚申	木	9	六	己丑	火
十八	13	四	壬辰	水	15	六	壬戌	水	14	一	壬辰	水	13	二	辛酉	木	12	四	辛卯	木	12	六	辛酉	木	10	日	庚寅	木
十九	14	五	癸巳	水	16	日	癸亥	水	15	二	癸巳	水	14	三	壬戌	水	13	五	壬辰	水	13	日	壬戌	水	11	一	辛卯	木
二十	15	六	甲午	金	17	一	甲子	金	16	三	甲午	金	15	四	癸亥	水	14	六	癸巳	水	14	一	癸亥	水	12	二	壬辰	水
廿一	16	日	乙未	金	18	二	乙丑	金	17	四	乙未	金	16	五	甲子	金	15	日	甲午	金	15	二	甲子	金	13	三	癸巳	水
廿二	17	一	丙申	火	19	三	丙寅	火	18	五	丙申	火	17	六	乙丑	金	16	一	乙未	金	16	三	乙丑	金	14	四	甲午	金
廿三	18	二	丁酉	火	20	四	丁卯	火	19	六	丁酉	火	18	日	丙寅	火	17	二	丙申	火	17	四	丙寅	火	15	五	乙未	金
廿四	19	三	戊戌	木	21	五	戊辰	木	20	日	戊戌	木	19	一	丁卯	火	18	三	丁酉	火	18	五	丁卯	火	16	六	丙申	火
廿五	20	四	己亥	木	22	六	己巳	木	21	一	己亥	木	20	二	戊辰	木	19	四	戊戌	木	19	六	戊辰	木	17	日	丁酉	火
廿六	21	五	庚子	土	23	日	庚午	土	22	二	庚子	土	21	三	己巳	木	20	五	己亥	木	20	日	己巳	木	18	一	戊戌	木
廿七	22	六	辛丑	土	24	一	辛未	土	23	三	辛丑	土	22	四	庚午	土	21	六	庚子	土	21	一	庚午	土	19	二	己亥	木
廿八	23	日	壬寅	金	25	二	壬申	金	24	四	壬寅	金	23	五	辛未	土	22	日	辛丑	土	22	二	辛未	土	20	三	庚子	土
廿九	24	一	癸卯	金	26	三	癸酉	金	25	五	癸卯	金	24	六	壬申	金	23	一	壬寅	金	23	三	壬申	金	21	四	辛丑	土
三十	25	二	甲辰	火	27	四	甲戌	火					25	日	癸酉	金	24	二	癸卯	金					22	五	壬寅	木

月别	七月小			八月小			九月大			十月小			十一月大			十二月小		
干支	丙申			丁酉			戊戌			己亥			庚子			辛丑		
九星	五黄			四绿			三碧			二黑			一白			九紫		

廿四节气

节名	处暑		白露	秋分		寒露	霜降		立冬	小雪		大雪	冬至		小寒	大寒		立春
农历	初一		十七	初三		十九	初五		二十	初五		十九	初五		二十	初五		十九
时辰	亥时		巳时	酉时		子时	寅时		寅时	子时		戌时	未时		辰时	子时		酉时
公历	8月23日		9月8日	9月23日		10月9日	10月24日		11月8日	11月23日		12月7日	12月22日		1月6日	1月21日		2月4日
时间	21时21分		9时24分	18时33分		0时39分	3时28分		3时25分	0时38分		19时57分	13时45分		7时19分	0时24分		18时49分

农历	公历	星期	天地干支	五行	公历	星期	天地干支	五行	公历	星期	天地干支	五行	公历	星期	天地干支	五行	公历	星期	天地干支	五行	公历	星期	天地干支	五行
初一	23	六	癸卯	金	21	日	壬申	金	20	一	辛丑	土	19	三	辛未	土	18	四	庚子	土	17	六	庚午	土
初二	24	日	甲辰	火	22	一	癸酉	金	21	二	壬寅	金	20	四	壬申	金	19	五	辛丑	土	18	日	辛未	土
初三	25	一	乙巳	火	23	二	甲戌	火	22	三	癸卯	金	21	五	癸酉	金	20	六	壬寅	金	19	一	壬申	金
初四	26	二	丙午	水	24	三	乙亥	火	23	四	甲辰	火	22	六	甲戌	火	21	日	癸卯	金	20	二	癸酉	金
初五	27	三	丁未	水	25	四	丙子	水	24	五	乙巳	火	23	日	乙亥	火	22	一	甲辰	火	21	三	甲戌	火
初六	28	四	戊申	土	26	五	丁丑	水	25	六	丙午	水	24	一	丙子	水	23	二	乙巳	火	22	四	乙亥	火
初七	29	五	己酉	土	27	六	戊寅	土	26	日	丁未	水	25	二	丁丑	水	24	三	丙午	水	23	五	丙子	水
初八	30	六	庚戌	金	28	日	己卯	土	27	一	戊申	土	26	三	戊寅	土	25	四	丁未	水	24	六	丁丑	水
初九	31	日	辛亥	金	29	一	庚辰	金	28	二	己酉	土	27	四	己卯	土	26	五	戊申	土	25	日	戊寅	土
初十	9月	一	壬子	木	30	二	辛巳	金	29	三	庚戌	金	28	五	庚辰	金	27	六	己酉	土	26	一	己卯	土
十一	2	二	癸丑	木	10月	三	壬午	木	30	四	辛亥	金	29	六	辛巳	金	28	日	庚戌	金	27	二	庚辰	金
十二	3	三	甲寅	水	2	四	癸未	木	31	五	壬子	木	30	日	壬午	木	29	一	辛亥	金	28	三	辛巳	金
十三	4	四	乙卯	水	3	五	甲申	水	11月	六	癸丑	木	12月	一	癸未	木	30	二	壬子	木	29	四	壬午	木
十四	5	五	丙辰	土	4	六	乙酉	水	2	日	甲寅	水	2	二	甲申	水	31	三	癸丑	木	30	五	癸未	木
十五	6	六	丁巳	土	5	日	丙戌	土	3	一	乙卯	水	3	三	乙酉	水	1月	四	甲寅	水	31	六	甲申	水
十六	7	日	戊午	火	6	一	丁亥	土	4	二	丙辰	土	4	四	丙戌	土	2	五	乙卯	水	2月	一	乙酉	水
十七	8	一	己未	火	7	二	戊子	火	5	三	丁巳	土	5	五	丁亥	土	3	六	丙辰	土	2	一	丙戌	土
十八	9	二	庚申	木	8	三	己丑	火	6	四	戊午	火	6	六	戊子	火	4	日	丁巳	土	3	二	丁亥	土
十九	10	三	辛酉	木	9	四	庚寅	木	7	五	己未	火	7	日	己丑	火	5	一	戊午	火	4	三	戊子	火
二十	11	四	壬戌	水	10	五	辛卯	木	8	六	庚申	木	8	一	庚寅	木	6	二	己未	火	5	四	己丑	火
廿一	12	五	癸亥	水	11	六	壬辰	水	9	日	辛酉	木	9	二	辛卯	木	7	三	庚申	木	6	五	庚寅	木
廿二	13	六	甲子	金	12	日	癸巳	水	10	一	壬戌	水	10	三	壬辰	水	8	四	辛酉	木	7	六	辛卯	木
廿三	14	日	乙丑	金	13	一	甲午	金	11	二	癸亥	水	11	四	癸巳	水	9	五	壬戌	水	8	日	壬辰	水
廿四	15	一	丙寅	火	14	二	乙未	金	12	三	甲子	金	12	五	甲午	金	10	六	癸亥	水	9	一	癸巳	水
廿五	16	二	丁卯	火	15	三	丙申	火	13	四	乙丑	金	13	六	乙未	金	11	日	甲子	金	10	二	甲午	金
廿六	17	三	戊辰	木	16	四	丁酉	火	14	五	丙寅	火	14	日	丙申	火	12	一	乙丑	金	11	三	乙未	金
廿七	18	四	己巳	木	17	五	戊戌	木	15	六	丁卯	火	15	一	丁酉	火	13	二	丙寅	火	12	四	丙申	火
廿八	19	五	庚午	土	18	六	己亥	木	16	日	戊辰	木	16	二	戊戌	木	14	三	丁卯	火	13	五	丁酉	火
廿九	20	六	辛未	土	19	日	庚子	土	17	一	己巳	木	17	三	己亥	木	15	四	戊辰	木	14	六	戊戌	木
三十									18	二	庚午	土					16	五	己巳	木				

公元一九四二年（民国三十一年）　　岁次:壬午　　生肖:马　　太岁:路明　　纳音:杨柳木

月别	正月大				二月小				三月大				四月大				五月小				六月大			
干支	壬寅				癸卯				甲辰				乙巳				丙午				丁未				
九星	八白				七赤				六白				五黄				四绿				三碧				

廿四节气

节名	雨水	惊蛰	春分	清明	谷雨	立夏	小满	芒种	夏至	小暑	大暑	立秋
农历	初五	二十	初五	二十	初七	廿二	初八	廿三	初九	廿五	十一	廿七
时辰	未时	未时	未时	酉时	丑时	午时	丑时	申时	巳时	丑时	戌时	午时
公历	2月19日	3月6日	3月21日	4月5日	4月21日	5月6日	5月22日	6月6日	6月22日	7月8日	7月23日	8月8日
时间	14时47分	13时10分	14时11分	18时24分	1时35分	12时7分	1时9分	16时37分	9时17分	2时52分	20时8分	12时31分

农历	公历	星期	天地干支	五行	公历	星期	天地干支	五行	公历	星期	天地干支	五行	公历	星期	天地干支	五行	公历	星期	天地干支	五行	公历	星期	天地干支	五行
初一	15	日	己亥	木	17	二	己巳	木	15	三	戊戌	木	15	五	戊辰	木	14	日	戊戌	木	13	一	丁卯	火
初二	16	一	庚子	土	18	三	庚午	土	16	四	己亥	木	16	六	己巳	木	15	一	己亥	木	14	二	戊辰	木
初三	17	二	辛丑	土	19	四	辛未	土	17	五	庚子	土	17	日	庚午	土	16	二	庚子	土	15	三	己巳	木
初四	18	三	壬寅	金	20	五	壬申	金	18	六	辛丑	土	18	一	辛未	土	17	三	辛丑	土	16	四	庚午	土
初五	19	四	癸卯	金	21	六	癸酉	金	19	日	壬寅	金	19	二	壬申	金	18	四	壬寅	金	17	五	辛未	土
初六	20	五	甲辰	火	22	日	甲戌	火	20	一	癸卯	金	20	三	癸酉	金	19	五	癸卯	金	18	六	壬申	金
初七	21	六	乙巳	火	23	一	乙亥	火	21	二	甲辰	火	21	四	甲戌	火	20	六	甲辰	火	19	日	癸酉	金
初八	22	日	丙午	水	24	二	丙子	水	22	三	乙巳	火	22	五	乙亥	火	21	日	乙巳	火	20	一	甲戌	火
初九	23	一	丁未	水	25	三	丁丑	水	23	四	丙午	水	23	六	丙子	水	22	一	丙午	水	21	二	乙亥	火
初十	24	二	戊申	土	26	四	戊寅	土	24	五	丁未	水	24	日	丁丑	水	23	二	丁未	水	22	三	丙子	水
十一	25	三	己酉	土	27	五	己卯	土	25	六	戊申	土	25	一	戊寅	土	24	三	戊申	土	23	四	丁丑	水
十二	26	四	庚戌	金	28	六	庚辰	金	26	日	己酉	土	26	二	己卯	土	25	四	己酉	土	24	五	戊寅	土
十三	27	五	辛亥	金	29	日	辛巳	金	27	一	庚戌	金	27	三	庚辰	金	26	五	庚戌	金	25	六	己卯	土
十四	28	六	壬子	木	30	一	壬午	木	28	二	辛亥	金	28	四	辛巳	金	27	六	辛亥	金	26	日	庚辰	金
十五	3月	日	癸丑	木	31	二	癸未	木	29	三	壬子	木	29	五	壬午	木	28	日	壬子	木	27	一	辛巳	金
十六	2	一	甲寅	水	4月	三	甲申	水	30	四	癸丑	木	30	六	癸未	木	29	一	癸丑	木	28	二	壬午	木
十七	3	二	乙卯	水	2	四	乙酉	水	5月	五	甲寅	水	31	日	甲申	水	30	二	甲寅	水	29	三	癸未	木
十八	4	三	丙辰	土	3	五	丙戌	土	2	六	乙卯	水	6月	一	乙酉	水	7月	三	乙卯	水	30	四	甲申	水
十九	5	四	丁巳	土	4	六	丁亥	土	3	日	丙辰	土	2	二	丙戌	土	2	四	丙辰	土	31	五	乙酉	水
二十	6	五	戊午	火	5	日	戊子	火	4	一	丁巳	土	3	三	丁亥	土	3	五	丁巳	土	8月	六	丙戌	土
廿一	7	六	己未	火	6	一	己丑	火	5	二	戊午	火	4	四	戊子	火	4	六	戊午	火	2	日	丁亥	土
廿二	8	日	庚申	木	7	二	庚寅	木	6	三	己未	火	5	五	己丑	火	5	日	己未	火	3	一	戊子	火
廿三	9	一	辛酉	木	8	三	辛卯	木	7	四	庚申	木	6	六	庚寅	木	6	一	庚申	木	4	二	己丑	火
廿四	10	二	壬戌	水	9	四	壬辰	水	8	五	辛酉	木	7	日	辛卯	木	7	二	辛酉	木	5	三	庚寅	木
廿五	11	三	癸亥	水	10	五	癸巳	水	9	六	壬戌	水	8	一	壬辰	水	8	三	壬戌	水	6	四	辛卯	木
廿六	12	四	甲子	金	11	六	甲午	金	10	日	癸亥	水	9	二	癸巳	水	9	四	癸亥	水	7	五	壬辰	水
廿七	13	五	乙丑	金	12	日	乙未	金	11	一	甲子	金	10	三	甲午	金	10	五	甲子	金	8	六	癸巳	水
廿八	14	六	丙寅	火	13	一	丙申	火	12	二	乙丑	金	11	四	乙未	金	11	六	乙丑	金	9	日	甲午	金
廿九	15	日	丁卯	火	14	二	丁酉	火	13	三	丙寅	火	12	五	丙申	火	12	日	丙寅	火	10	一	乙未	金
三十	16	一	戊辰	木					14	四	丁卯	火	13	六	丁酉	火					11	二	丙申	火

公元一九四二年（民国三十一年）　　岁次:壬午　生肖:马　太岁:路明　纳音:杨柳木

月别	七月小	八月大	九月小	十月大	十一月小	十二月大
干支	戊申	己酉	庚戌	辛亥	壬子	癸丑
九星	二黑	一白	九紫	八白	七赤	六白

廿四节气

节名	处暑	白露	秋分	寒露	霜降	立冬	小雪	大雪	冬至	小寒	大寒
农历	十三	廿八	十五	三十	十五	初一	十六	初一	十五	初一	十六
时辰	丑时	申时	子时	卯时	巳时	巳时	卯时	丑时	戌时	午时	卯时
公历	8月24日	9月8日	9月24日	10月9日	10月24日	11月8日	11月23日	12月8日	12月22日	1月6日	1月21日
时间	2时59分	15时7分	0时17分	6时22分	9时16分	9时12分	6时31分	1时47分	19时40分	12时55分	6时11分

农历	公历	星期	天地干支	五行	公历	星期	天地干支	五行	公历	星期	天地干支	五行	公历	星期	天地干支	五行	公历	星期	天地干支	五行	公历	星期	天地干支	五行
初一	12	三	丁酉	火	10	四	丙寅	火	10	六	丙申	火	8	日	乙丑	金	8	二	乙未	金	6	三	甲子	金
初二	13	四	戊戌	木	11	五	丁卯	火	11	日	丁酉	火	9	一	丙寅	火	9	三	丙申	火	7	四	乙丑	金
初三	14	五	己亥	木	12	六	戊辰	木	12	一	戊戌	木	10	二	丁卯	火	10	四	丁酉	火	8	五	丙寅	火
初四	15	六	庚子	土	13	日	己巳	木	13	二	己亥	木	11	三	戊辰	木	11	五	戊戌	木	9	六	丁卯	火
初五	16	日	辛丑	土	14	一	庚午	土	14	三	庚子	土	12	四	己巳	木	12	六	己亥	木	10	日	戊辰	木
初六	17	一	壬寅	金	15	二	辛未	土	15	四	辛丑	土	13	五	庚午	土	13	日	庚子	土	11	一	己巳	木
初七	18	二	癸卯	金	16	三	壬申	金	16	五	壬寅	金	14	六	辛未	土	14	一	辛丑	土	12	二	庚午	土
初八	19	三	甲辰	火	17	四	癸酉	金	17	六	癸卯	金	15	日	壬申	金	15	二	壬寅	金	13	三	辛未	土
初九	20	四	乙巳	火	18	五	甲戌	火	18	日	甲辰	火	16	一	癸酉	金	16	三	癸卯	金	14	四	壬申	金
初十	21	五	丙午	水	19	六	乙亥	火	19	一	乙巳	火	17	二	甲戌	火	17	四	甲辰	火	15	五	癸酉	金
十一	22	六	丁未	水	20	日	丙子	水	20	二	丙午	水	18	三	乙亥	火	18	五	乙巳	火	16	六	甲戌	金
十二	23	日	戊申	土	21	一	丁丑	水	21	三	丁未	水	19	四	丙子	水	19	六	丙午	水	17	日	乙亥	火
十三	24	一	己酉	土	22	二	戊寅	土	22	四	戊申	土	20	五	丁丑	水	20	日	丁未	水	18	一	丙子	水
十四	25	二	庚戌	金	23	三	己卯	土	23	五	己酉	土	21	六	戊寅	土	21	一	戊申	土	19	二	丁丑	水
十五	26	三	辛亥	金	24	四	庚辰	金	24	六	庚戌	金	22	日	己卯	土	22	二	己酉	土	20	三	戊寅	土
十六	27	四	壬子	木	25	五	辛巳	金	25	日	辛亥	金	23	一	庚辰	金	23	三	庚戌	金	21	四	己卯	土
十七	28	五	癸丑	木	26	六	壬午	木	26	一	壬子	木	24	二	辛巳	金	24	四	辛亥	金	22	五	庚辰	金
十八	29	六	甲寅	水	27	日	癸未	木	27	二	癸丑	木	25	三	壬午	木	25	五	壬子	木	23	六	辛巳	金
十九	30	日	乙卯	水	28	一	甲申	水	28	三	甲寅	水	26	四	癸未	木	26	六	癸丑	木	24	日	壬午	木
二十	31	一	丙辰	土	29	二	乙酉	水	29	四	乙卯	水	27	五	甲申	水	27	日	甲寅	水	25	一	癸未	木
廿一	9月	二	丁巳	土	30	三	丙戌	土	30	五	丙辰	土	28	六	乙酉	水	28	一	乙卯	水	26	二	甲申	水
廿二	2	三	戊午	火	10月	四	丁亥	土	31	六	丁巳	土	29	日	丙戌	土	29	二	丙辰	土	27	三	乙酉	水
廿三	3	四	己未	火	2	五	戊子	火	11月	日	戊午	火	30	一	丁亥	土	30	三	丁巳	土	28	四	丙戌	土
廿四	4	五	庚申	木	3	六	己丑	火	2	一	己未	火	12月	二	戊子	火	31	四	戊午	火	29	五	丁亥	土
廿五	5	六	辛酉	木	4	日	庚寅	木	3	二	庚申	木	2	三	己丑	火	1月	五	己未	火	30	六	戊子	火
廿六	6	日	壬戌	水	5	一	辛卯	木	4	三	辛酉	木	3	四	庚寅	木	2	六	庚申	木	31	日	己丑	火
廿七	7	一	癸亥	水	6	二	壬辰	水	5	四	壬戌	水	4	五	辛卯	木	3	日	辛酉	木	2月	一	庚寅	木
廿八	8	二	甲子	金	7	三	癸巳	水	6	五	癸亥	水	5	六	壬辰	水	4	一	壬戌	水	2	二	辛卯	木
廿九	9	三	乙丑	金	8	四	甲午	金	7	六	甲子	金	6	日	癸巳	水	5	二	癸亥	水	3	三	壬辰	水
三十					9	五	乙未	金					7	一	甲午	金					4	四	癸巳	水

— 153 —

公元一九四三年(民国三十二年)　　岁次:癸未　生肖:羊　太岁:魏仁　纳音:杨柳木

月别	正月小		二月大		三月小		四月大		五月小		六月大	
干支	甲寅		乙卯		丙辰		丁巳		戊午		己未	
九星	五黄		四绿		三碧		二黑		一白		九紫	

廿四节气

节名	立春	雨水	惊蛰	春分	清明	谷雨	立夏	小满	芒种	夏至	小暑	大暑
农历	初一	十五	初一	十六	初二	十七	初三	十九	初四	二十	初七	廿三
时辰	子时	戌时	酉时	戌时	子时	辰时	酉时	辰时	亥时	申时	辰时	丑时
公历	2月5日	2月19日	3月6日	3月21日	4月6日	4月21日	5月6日	5月22日	6月6日	6月22日	7月8日	7月24日
时间	0时41分	20时41分	18时59分	20时3分	0时12分	7时32分	17时54分	7时3分	22时19分	15时13分	8时39分	2时5分

农历	公历	星期	天地干支	五行	公历	星期	天地干支	五行	公历	星期	天地干支	五行	公历	星期	天地干支	五行	公历	星期	天地干支	五行	公历	星期	天地干支	五行
初一	5	五	甲午	金	6	六	癸亥	水	5	一	癸巳	水	4	二	壬戌	水	3	四	壬辰	水	2	五	辛酉	木
初二	6	六	乙未	金	7	日	甲子	金	6	二	甲午	金	5	三	癸亥	水	4	五	癸巳	水	3	六	壬戌	水
初三	7	日	丙申	火	8	一	乙丑	金	7	三	乙未	金	6	四	甲子	金	5	六	甲午	金	4	日	癸亥	水
初四	8	一	丁酉	火	9	二	丙寅	火	8	四	丙申	火	7	五	乙丑	金	6	日	乙未	金	5	一	甲子	金
初五	9	二	戊戌	木	10	三	丁卯	火	9	五	丁酉	火	8	六	丙寅	火	7	一	丙申	火	6	二	乙丑	金
初六	10	三	己亥	木	11	四	戊辰	木	10	六	戊戌	木	9	日	丁卯	火	8	二	丁酉	火	7	三	丙寅	火
初七	11	四	庚子	土	12	五	己巳	木	11	日	己亥	木	10	一	戊辰	木	9	三	戊戌	木	8	四	丁卯	火
初八	12	五	辛丑	土	13	六	庚午	土	12	一	庚子	土	11	二	己巳	木	10	四	己亥	木	9	五	戊辰	木
初九	13	六	壬寅	金	14	日	辛未	土	13	二	辛丑	土	12	三	庚午	土	11	五	庚子	土	10	六	己巳	木
初十	14	日	癸卯	金	15	一	壬申	金	14	三	壬寅	金	13	四	辛未	土	12	六	辛丑	土	11	日	庚午	土
十一	15	一	甲辰	火	16	二	癸酉	金	15	四	癸卯	金	14	五	壬申	金	13	日	壬寅	金	12	一	辛未	土
十二	16	二	乙巳	火	17	三	甲戌	火	16	五	甲辰	火	15	六	癸酉	金	14	一	癸卯	金	13	二	壬申	金
十三	17	三	丙午	水	18	四	乙亥	火	17	六	乙巳	火	16	日	甲戌	火	15	二	甲辰	火	14	三	癸酉	金
十四	18	四	丁未	水	19	五	丙子	水	18	日	丙午	水	17	一	乙亥	火	16	三	乙巳	火	15	四	甲戌	火
十五	19	五	戊申	土	20	六	丁丑	水	19	一	丁未	水	18	二	丙子	水	17	四	丙午	水	16	五	乙亥	火
十六	20	六	己酉	土	21	日	戊寅	土	20	二	戊申	土	19	三	丁丑	水	18	五	丁未	水	17	六	丙子	水
十七	21	日	庚戌	金	22	一	己卯	土	21	三	己酉	土	20	四	戊寅	土	19	六	戊申	土	18	日	丁丑	水
十八	22	一	辛亥	金	23	二	庚辰	金	22	四	庚戌	金	21	五	己卯	土	20	日	己酉	土	19	一	戊寅	土
十九	23	二	壬子	木	24	三	辛巳	金	23	五	辛亥	金	22	六	庚辰	金	21	一	庚戌	金	20	二	己卯	土
二十	24	三	癸丑	木	25	四	壬午	木	24	六	壬子	木	23	日	辛巳	金	22	二	辛亥	金	21	三	庚辰	金
廿一	25	四	甲寅	水	26	五	癸未	木	25	日	癸丑	木	24	一	壬午	木	23	三	壬子	木	22	四	辛巳	金
廿二	26	五	乙卯	水	27	六	甲申	水	26	一	甲寅	水	25	二	癸未	木	24	四	癸丑	木	23	五	壬午	木
廿三	27	六	丙辰	土	28	日	乙酉	水	27	二	乙卯	水	26	三	甲申	水	25	五	甲寅	水	24	六	癸未	木
廿四	28	日	丁巳	土	29	一	丙戌	土	28	三	丙辰	土	27	四	乙酉	水	26	六	乙卯	水	25	日	甲申	水
廿五	3月	一	戊午	火	30	二	丁亥	土	29	四	丁巳	土	28	五	丙戌	土	27	日	丙辰	土	26	一	乙酉	水
廿六	2	二	己未	火	31	三	戊子	火	30	五	戊午	火	29	六	丁亥	土	28	一	丁巳	土	27	二	丙戌	土
廿七	3	三	庚申	木	4月	四	己丑	火	5月	六	己未	火	30	日	戊子	火	29	二	戊午	火	28	三	丁亥	土
廿八	4	四	辛酉	木	2	五	庚寅	木	2	日	庚申	木	31	一	己丑	火	30	三	己未	火	29	四	戊子	火
廿九	5	五	壬戌	水	3	六	辛卯	木	3	一	辛酉	木	6月	二	庚寅	木	7月	四	庚申	木	30	五	己丑	火
三十					4	日	壬辰	水					2	三	辛卯	木					31	六	庚寅	木

公元一九四三年(民国三十二年)　　岁次:癸未　　生肖:羊　　太岁:魏仁　　纳音:杨柳木

月别	七月大	八月小	九月大	十月小	十一月大	十二月小
干支	庚申	辛酉	壬戌	癸亥	甲子	乙丑
九星	八白	七赤	六白	五黄	四绿	三碧

廿四节气

节名	立秋	处暑	白露	秋分	寒露	霜降	立冬	小雪	大雪	冬至	小寒	大寒
农历	初八	廿四	初九	廿五	十一	廿六	十一	廿六	十二	廿七	十一	廿六
时辰	酉时	辰时	戌时	卯时	午时	申时	未时	午时	辰时	丑时	酉时	午时
公历	8月8日	8月24日	9月8日	9月24日	10月9日	10月24日	11月8日	11月23日	12月8日	12月23日	1月6日	1月21日
时间	18时19分	8时55分	20时55分	6时12分	12时11分	15时9分	14时59分	12时22分	7时33分	1时30分	18时40分	12时8分

农历	公历	星期	天地干支	五行	公历	星期	天地干支	五行	公历	星期	天地干支	五行	公历	星期	天地干支	五行	公历	星期	天地干支	五行	公历	星期	天地干支	五行
初一	8月	日	辛卯	木	31	二	辛酉	木	29	三	庚寅	木	29	五	庚申	木	27	六	己丑	火	27	一	己未	火
初二	2	一	壬辰	水	9月	三	壬戌	水	30	四	辛卯	木	30	六	辛酉	木	28	日	庚寅	木	28	二	庚申	木
初三	3	二	癸巳	水	2	四	癸亥	水	10月	五	壬辰	水	31	日	壬戌	水	29	一	辛卯	木	29	三	辛酉	木
初四	4	三	甲午	金	3	五	甲子	金	2	六	癸巳	水	11月	一	癸亥	水	30	二	壬辰	水	30	四	壬戌	水
初五	5	四	乙未	金	4	六	乙丑	金	3	日	甲午	金	2	二	甲子	金	12月	三	癸巳	水	31	五	癸亥	水
初六	6	五	丙申	火	5	日	丙寅	火	4	一	乙未	金	3	三	乙丑	金	2	四	甲午	金	1月	六	甲子	金
初七	7	六	丁酉	火	6	一	丁卯	火	5	二	丙申	火	4	四	丙寅	火	3	五	乙未	金	2	日	乙丑	金
初八	8	日	戊戌	木	7	二	戊辰	木	6	三	丁酉	火	5	五	丁卯	火	4	六	丙申	火	3	一	丙寅	火
初九	9	一	己亥	木	8	三	己巳	木	7	四	戊戌	木	6	六	戊辰	木	5	日	丁酉	火	4	二	丁卯	火
初十	10	二	庚子	土	9	四	庚午	土	8	五	己亥	木	7	日	己巳	木	6	一	戊戌	木	5	三	戊辰	木
十一	11	三	辛丑	土	10	五	辛未	土	9	六	庚子	土	8	一	庚午	土	7	二	己亥	木	6	四	己巳	木
十二	12	四	壬寅	金	11	六	壬申	金	10	日	辛丑	土	9	二	辛未	土	8	三	庚子	土	7	五	庚午	土
十三	13	五	癸卯	金	12	日	癸酉	金	11	一	壬寅	金	10	三	壬申	金	9	四	辛丑	土	8	六	辛未	土
十四	14	六	甲辰	火	13	一	甲戌	火	12	二	癸卯	金	11	四	癸酉	金	10	五	壬寅	金	9	日	壬申	金
十五	15	日	乙巳	火	14	二	乙亥	火	13	三	甲辰	火	12	五	甲戌	火	11	六	癸卯	金	10	一	癸酉	金
十六	16	一	丙午	水	15	三	丙子	水	14	四	乙巳	火	13	六	乙亥	火	12	日	甲辰	火	11	二	甲戌	火
十七	17	二	丁未	水	16	四	丁丑	水	15	五	丙午	水	14	日	丙子	水	13	一	乙巳	火	12	三	乙亥	火
十八	18	三	戊申	土	17	五	戊寅	土	16	六	丁未	水	15	一	丁丑	水	14	二	丙午	水	13	四	丙子	水
十九	19	四	己酉	土	18	六	己卯	土	17	日	戊申	土	16	二	戊寅	土	15	三	丁未	水	14	五	丁丑	水
二十	20	五	庚戌	金	19	日	庚辰	金	18	一	己酉	土	17	三	己卯	土	16	四	戊申	土	15	六	戊寅	土
廿一	21	六	辛亥	金	20	一	辛巳	金	19	二	庚戌	金	18	四	庚辰	金	17	五	己酉	土	16	日	己卯	土
廿二	22	日	壬子	木	21	二	壬午	木	20	三	辛亥	金	19	五	辛巳	金	18	六	庚戌	金	17	一	庚辰	金
廿三	23	一	癸丑	木	22	三	癸未	木	21	四	壬子	木	20	六	壬午	木	19	日	辛亥	金	18	二	辛巳	金
廿四	24	二	甲寅	水	23	四	甲申	水	22	五	癸丑	木	21	日	癸未	木	20	一	壬子	木	19	三	壬午	木
廿五	25	三	乙卯	水	24	五	乙酉	水	23	六	甲寅	水	22	一	甲申	水	21	二	癸丑	木	20	四	癸未	木
廿六	26	四	丙辰	土	25	六	丙戌	土	24	日	乙卯	水	23	二	乙酉	水	22	三	甲寅	水	21	五	甲申	水
廿七	27	五	丁巳	土	26	日	丁亥	土	25	一	丙辰	土	24	三	丙戌	土	23	四	乙卯	水	22	六	乙酉	水
廿八	28	六	戊午	火	27	一	戊子	火	26	二	丁巳	土	25	四	丁亥	土	24	五	丙辰	土	23	日	丙戌	土
廿九	29	日	己未	火	28	二	己丑	火	27	三	戊午	火	26	五	戊子	火	25	六	丁巳	土	24	一	丁亥	土
三十	30	一	庚申	木					28	四	己未	火					26	日	戊午	火				

公元一九四四年(民国三十三年) (闰四月) 岁次:甲申

生肖:猴　太岁:方公　纳音:泉中水

月别	正月大				二月小				三月大				四月小				闰四月大				五月小				六月大			
干支	丙寅				丁卯				戊辰				己巳				己巳				庚午				辛未			
九星	二黑				一白				九紫				八白				八白				七赤				六白			

廿四节气

节名	立春	雨水	惊蛰	春分	清明	谷雨	立夏	小满	芒种	夏至	小暑	大暑	立秋
农历	十二	廿七	十二	廿七	十三	廿八	十三	廿九	十六	初一	十七	初四	二十
时辰	卯时	丑时	子时	丑时	卯时	未时	子时	午时	寅时	亥时	未时	辰时	子时
公历	2月5日	2月20日	3月6日	3月21日	4月5日	4月20日	5月5日	5月21日	6月6日	6月21日	7月7日	7月23日	8月8日
时间	6时23分	2时28分	0时41分	1时49分	5时54分	13时18分	23时40分	12时51分	4时20分	21时3分	14时37分	7时56分	0时19分

农历（公历/星期/天地干支/五行）

农历	正月大				二月小				三月大				四月小				闰四月大				五月小				六月大			
初一	25	二	戊子	火	24	四	戊午	火	24	五	丁亥	土	23	日	丁巳	土	22	一	丙戌	土	21	三	丙辰	土	20	四	乙酉	水
初二	26	三	己丑	火	25	五	己未	火	25	六	戊子	火	24	一	戊午	火	23	二	丁亥	土	22	四	丁巳	土	21	五	丙戌	土
初三	27	四	庚寅	木	26	六	庚申	木	26	日	己丑	火	25	二	己未	火	24	三	戊子	火	23	五	戊午	火	22	六	丁亥	土
初四	28	五	辛卯	木	27	日	辛酉	木	27	一	庚寅	木	26	三	庚申	木	25	四	己丑	火	24	六	己未	火	23	日	戊子	火
初五	29	六	壬辰	水	28	一	壬戌	水	28	二	辛卯	木	27	四	辛酉	木	26	五	庚寅	木	25	日	庚申	木	24	一	己丑	火
初六	30	日	癸巳	水	29	二	癸亥	水	29	三	壬辰	水	28	五	壬戌	水	27	六	辛卯	木	26	一	辛酉	木	25	二	庚寅	木
初七	31	一	甲午	金	3月	三	甲子	金	30	四	癸巳	水	29	六	癸亥	水	28	日	壬辰	水	27	二	壬戌	水	26	三	辛卯	木
初八	2月	二	乙未	金	2	四	乙丑	金	31	五	甲午	金	30	日	甲子	金	29	一	癸巳	水	28	三	癸亥	水	27	四	壬辰	水
初九	2	三	丙申	火	3	五	丙寅	火	4月	六	乙未	金	5月	一	乙丑	金	30	二	甲午	金	29	四	甲子	金	28	五	癸巳	水
初十	3	四	丁酉	火	4	六	丁卯	火	2	日	丙申	火	2	二	丙寅	火	31	三	乙未	金	30	五	乙丑	金	29	六	甲午	金
十一	4	五	戊戌	木	5	日	戊辰	木	3	一	丁酉	火	3	三	丁卯	火	6月	四	丙申	火	7月	六	丙寅	火	30	日	乙未	金
十二	5	六	己亥	木	6	一	己巳	木	4	二	戊戌	木	4	四	戊辰	木	2	五	丁酉	火	2	日	丁卯	火	31	一	丙申	火
十三	6	日	庚子	土	7	二	庚午	土	5	三	己亥	木	5	五	己巳	木	3	六	戊戌	木	3	一	戊辰	木	8月	二	丁酉	火
十四	7	一	辛丑	土	8	三	辛未	土	6	四	庚子	土	6	六	庚午	土	4	日	己亥	木	4	二	己巳	木	2	三	戊戌	木
十五	8	二	壬寅	金	9	四	壬申	金	7	五	辛丑	土	7	日	辛未	土	5	一	庚子	土	5	三	庚午	土	3	四	己亥	木
十六	9	三	癸卯	金	10	五	癸酉	金	8	六	壬寅	金	8	一	壬申	金	6	二	辛丑	土	6	四	辛未	土	4	五	庚子	土
十七	10	四	甲辰	火	11	六	甲戌	火	9	日	癸卯	金	9	二	癸酉	金	7	三	壬寅	金	7	五	壬申	金	5	六	辛丑	土
十八	11	五	乙巳	火	12	日	乙亥	火	10	一	甲辰	火	10	三	甲戌	火	8	四	癸卯	金	8	六	癸酉	金	6	日	壬寅	金
十九	12	六	丙午	水	13	一	丙子	水	11	二	乙巳	火	11	四	乙亥	火	9	五	甲辰	火	9	日	甲戌	火	7	一	癸卯	金
二十	13	日	丁未	水	14	二	丁丑	水	12	三	丙午	水	12	五	丙子	水	10	六	乙巳	火	10	一	乙亥	火	8	二	甲辰	火
廿一	14	一	戊申	土	15	三	戊寅	土	13	四	丁未	水	13	六	丁丑	水	11	日	丙午	水	11	二	丙子	水	9	三	乙巳	火
廿二	15	二	己酉	土	16	四	己卯	土	14	五	戊申	土	14	日	戊寅	土	12	一	丁未	水	12	三	丁丑	水	10	四	丙午	水
廿三	16	三	庚戌	金	17	五	庚辰	金	15	六	己酉	土	15	一	己卯	土	13	二	戊申	土	13	四	戊寅	土	11	五	丁未	水
廿四	17	四	辛亥	金	18	六	辛巳	金	16	日	庚戌	金	16	二	庚辰	金	14	三	己酉	土	14	五	己卯	土	12	六	戊申	土
廿五	18	五	壬子	木	19	日	壬午	木	17	一	辛亥	金	17	三	辛巳	金	15	四	庚戌	金	15	六	庚辰	金	13	日	己酉	土
廿六	19	六	癸丑	木	20	一	癸未	木	18	二	壬子	木	18	四	壬午	木	16	五	辛亥	金	16	日	辛巳	金	14	一	庚戌	金
廿七	20	日	甲寅	水	21	二	甲申	水	19	三	癸丑	木	19	五	癸未	木	17	六	壬子	木	17	一	壬午	木	15	二	辛亥	金
廿八	21	一	乙卯	水	22	三	乙酉	水	20	四	甲寅	水	20	六	甲申	水	18	日	癸丑	木	18	二	癸未	木	16	三	壬子	木
廿九	22	二	丙辰	土	23	四	丙戌	土	21	五	乙卯	水	21	日	乙酉	水	19	一	甲寅	水	19	三	甲申	水	17	四	癸丑	木
三十	23	三	丁巳	土					22	六	丙辰	土					20	二	乙卯	水					18	五	甲寅	水

公元一九四四年(民国三十三年) （闰四月） 岁次:甲申
生肖:猴 太岁:方公 纳音:泉中水

月别	七月小		八月大		九月大		十月小		十一月大		十二月大	
干支	壬申		癸酉		甲戌		乙亥		丙子		丁丑	
九星	五黄		四绿		三碧		二黑		一白		九紫	

廿四节气

	节名	处暑	白露	秋分	寒露	霜降	立冬	小雪	大雪	冬至	小寒	大寒	立春
	农历	初五	廿一	初七	廿二	初七	廿二	初七	廿二	初八	廿三	初七	廿二
	时辰	未时	丑时	午时	酉时	戌时	戌时	酉时	未时	辰时	子时	酉时	午时
	公历	8月23日	9月8日	9月23日	10月8日	10月23日	11月7日	11月22日	12月7日	12月22日	1月6日	1月20日	2月4日
	时间	14时47分	2时56分	12时2分	18时9分	20时57分	20时55分	18时8分	13时28分	7时15分	0时35分	17时54分	12时19分

农历	公历	星期	天地干支	五行	公历	星期	天地干支	五行	公历	星期	天地干支	五行	公历	星期	天地干支	五行	公历	星期	天地干支	五行	公历	星期	天地干支	五行
初一	19	六	乙卯	水	17	日	甲申	水	17	二	甲寅	水	16	四	甲申	水	15	五	癸丑	木	14	日	癸未	木
初二	20	日	丙辰	土	18	一	乙酉	水	18	三	乙卯	水	17	五	乙酉	水	16	六	甲寅	水	15	一	甲申	水
初三	21	一	丁巳	土	19	二	丙戌	土	19	四	丙辰	土	18	六	丙戌	土	17	日	乙卯	水	16	二	乙酉	水
初四	22	二	戊午	火	20	三	丁亥	土	20	五	丁巳	土	19	日	丁亥	土	18	一	丙辰	土	17	三	丙戌	土
初五	23	三	己未	火	21	四	戊子	火	21	六	戊午	火	20	一	戊子	火	19	二	丁巳	土	18	四	丁亥	土
初六	24	四	庚申	木	22	五	己丑	火	22	日	己未	火	21	二	己丑	火	20	三	戊午	火	19	五	戊子	火
初七	25	五	辛酉	木	23	六	庚寅	木	23	一	庚申	木	22	三	庚寅	木	21	四	己未	火	20	六	己丑	火
初八	26	六	壬戌	水	24	日	辛卯	木	24	二	辛酉	木	23	四	辛卯	木	22	五	庚申	木	21	日	庚寅	木
初九	27	日	癸亥	水	25	一	壬辰	水	25	三	壬戌	水	24	五	壬辰	水	23	六	辛酉	木	22	一	辛卯	木
初十	28	一	甲子	金	26	二	癸巳	水	26	四	癸亥	水	25	六	癸巳	水	24	日	壬戌	水	23	二	壬辰	水
十一	29	二	乙丑	金	27	三	甲午	金	27	五	甲子	金	26	日	甲午	金	25	一	癸亥	水	24	三	癸巳	水
十二	30	三	丙寅	火	28	四	乙未	金	28	六	乙丑	金	27	一	乙未	金	26	二	甲子	金	25	四	甲午	金
十三	31	四	丁卯	火	29	五	丙申	火	29	日	丙寅	火	28	二	丙申	火	27	三	乙丑	金	26	五	乙未	金
十四	9月	五	戊辰	木	30	六	丁酉	火	30	一	丁卯	火	29	三	丁酉	火	28	四	丙寅	火	27	六	丙申	火
十五	2	六	己巳	木	10月	日	戊戌	木	31	二	戊辰	土	30	四	戊戌	土	29	五	丁卯	火	28	日	丁酉	火
十六	3	日	庚午	土	2	一	己亥	木	11月	三	己巳	木	12月	五	己亥	木	30	六	戊辰	土	29	一	戊戌	土
十七	4	一	辛未	土	3	二	庚子	土	2	四	庚午	土	2	六	庚子	土	31	日	己巳	木	30	二	己亥	木
十八	5	二	壬申	金	4	三	辛丑	土	3	五	辛未	土	3	日	辛丑	土	1月	一	庚午	土	31	三	庚子	土
十九	6	三	癸酉	金	5	四	壬寅	金	4	六	壬申	金	4	一	壬寅	金	2	二	辛未	土	2月	四	辛丑	土
二十	7	四	甲戌	火	6	五	癸卯	金	5	日	癸酉	金	5	二	癸卯	金	3	三	壬申	金	2	五	壬寅	金
廿一	8	五	乙亥	火	7	六	甲辰	火	6	一	甲戌	火	6	三	甲辰	火	4	四	癸酉	金	3	六	癸卯	金
廿二	9	六	丙子	水	8	日	乙巳	火	7	二	乙亥	火	7	四	乙巳	火	5	五	甲戌	火	4	日	甲辰	火
廿三	10	日	丁丑	水	9	一	丙午	水	8	三	丙子	水	8	五	丙午	水	6	六	乙亥	火	5	一	乙巳	火
廿四	11	一	戊寅	土	10	二	丁未	水	9	四	丁丑	水	9	六	丁未	水	7	日	丙子	水	6	二	丙午	水
廿五	12	二	己卯	土	11	三	戊申	土	10	五	戊寅	土	10	日	戊申	土	8	一	丁丑	水	7	三	丁未	水
廿六	13	三	庚辰	金	12	四	己酉	土	11	六	己卯	土	11	一	己酉	土	9	二	戊寅	土	8	四	戊申	土
廿七	14	四	辛巳	金	13	五	庚戌	金	12	日	庚辰	金	12	二	庚戌	金	10	三	己卯	土	9	五	己酉	土
廿八	15	五	壬午	木	14	六	辛亥	金	13	一	辛巳	金	13	三	辛亥	金	11	四	庚辰	金	10	六	庚戌	金
廿九	16	六	癸未	木	15	日	壬子	木	14	二	壬午	木	14	四	壬子	木	12	五	辛巳	金	11	日	辛亥	金
三十					16	一	癸丑	木	15	三	癸未	木					13	六	壬午	木	12	一	壬子	木

— 157 —

公元一九四五年（民国三十四年）　　岁次：乙酉　　生肖：鸡　　太岁：蒋专　　纳音：泉中水

月别	正月小			二月小			三月大			四月小			五月小			六月大		
干支	戊寅			己卯			庚辰			辛巳			壬午			癸未		
九星	八白			七赤			六白			五黄			四绿			三碧		

廿四节气

节名	雨水	惊蛰	春分	清明	谷雨	立夏	小满	芒种	夏至	小暑	大暑
农历	初七	廿二	初八	廿三	初九	廿五	初十	廿六	十三	廿八	十五
时辰	辰时	卯时	辰时	午时	戌时	卯时	酉时	巳时	丑时	戌时	未时
公历	2月19日	3月6日	3月21日	4月5日	4月20日	5月6日	5月21日	6月6日	6月22日	7月7日	7月23日
时间	8时15分	6时38分	7时38分	11时52分	19时7分	5时37分	18时41分	10时6分	2时52分	20时27分	13时46分

农历	公历	星期	天地干支	五行	公历	星期	天地干支	五行	公历	星期	天地干支	五行	公历	星期	天地干支	五行	公历	星期	天地干支	五行	公历	星期	天地干支	五行
初一	13	二	癸丑	木	14	三	壬午	木	12	四	辛亥	金	12	六	辛巳	金	10	日	庚戌	金	9	一	己卯	土
初二	14	三	甲寅	水	15	四	癸未	木	13	五	壬子	木	13	日	壬午	木	11	一	辛亥	金	10	二	庚辰	金
初三	15	四	乙卯	水	16	五	甲申	水	14	六	癸丑	木	14	一	癸未	木	12	二	壬子	木	11	三	辛巳	金
初四	16	五	丙辰	土	17	六	乙酉	水	15	日	甲寅	水	15	二	甲申	水	13	三	癸丑	木	12	四	壬午	木
初五	17	六	丁巳	土	18	日	丙戌	土	16	一	乙卯	水	16	三	乙酉	水	14	四	甲寅	水	13	五	癸未	木
初六	18	日	戊午	火	19	一	丁亥	土	17	二	丙辰	土	17	四	丙戌	土	15	五	乙卯	水	14	六	甲申	水
初七	19	一	己未	火	20	二	戊子	火	18	三	丁巳	土	18	五	丁亥	土	16	六	丙辰	土	15	日	乙酉	水
初八	20	二	庚申	木	21	三	己丑	火	19	四	戊午	火	19	六	戊子	火	17	日	丁巳	土	16	一	丙戌	土
初九	21	三	辛酉	木	22	四	庚寅	木	20	五	己未	火	20	日	己丑	火	18	一	戊午	火	17	二	丁亥	土
初十	22	四	壬戌	水	23	五	辛卯	木	21	六	庚申	木	21	一	庚寅	木	19	二	己未	火	18	三	戊子	火
十一	23	五	癸亥	水	24	六	壬辰	水	22	日	辛酉	木	22	二	辛卯	木	20	三	庚申	木	19	四	己丑	火
十二	24	六	甲子	金	25	日	癸巳	水	23	一	壬戌	水	23	三	壬辰	水	21	四	辛酉	木	20	五	庚寅	木
十三	25	日	乙丑	金	26	一	甲午	金	24	二	癸亥	水	24	四	癸巳	水	22	五	壬戌	水	21	六	辛卯	木
十四	26	一	丙寅	火	27	二	乙未	金	25	三	甲子	金	25	五	甲午	金	23	六	癸亥	水	22	日	壬辰	水
十五	27	二	丁卯	火	28	三	丙申	火	26	四	乙丑	金	26	六	乙未	金	24	日	甲子	金	23	一	癸巳	水
十六	28	三	戊辰	木	29	四	丁酉	火	27	五	丙寅	火	27	日	丙申	火	25	一	乙丑	金	24	二	甲午	金
十七	3月	四	己巳	木	30	五	戊戌	木	28	六	丁卯	火	28	一	丁酉	火	26	二	丙寅	火	25	三	乙未	金
十八	2	五	庚午	土	31	六	己亥	木	29	日	戊辰	木	29	二	戊戌	木	27	三	丁卯	火	26	四	丙申	火
十九	3	六	辛未	土	4月	日	庚子	土	30	一	己巳	木	30	三	己亥	木	28	四	戊辰	木	27	五	丁酉	火
二十	4	日	壬申	金	2	一	辛丑	土	5月	二	庚午	土	31	四	庚子	土	29	五	己巳	木	28	六	戊戌	木
廿一	5	一	癸酉	金	3	二	壬寅	金	2	三	辛未	土	6月	五	辛丑	土	30	六	庚午	土	29	日	己亥	木
廿二	6	二	甲戌	火	4	三	癸卯	金	3	四	壬申	金	2	六	壬寅	金	7月	日	辛未	土	30	一	庚子	土
廿三	7	三	乙亥	火	5	四	甲辰	火	4	五	癸酉	金	3	日	癸卯	金	2	一	壬申	金	31	二	辛丑	土
廿四	8	四	丙子	水	6	五	乙巳	火	5	六	甲戌	火	4	一	甲辰	火	3	二	癸酉	金	8月	三	壬寅	金
廿五	9	五	丁丑	水	7	六	丙午	水	6	日	乙亥	火	5	二	乙巳	火	4	三	甲戌	火	2	四	癸卯	金
廿六	10	六	戊寅	土	8	日	丁未	水	7	一	丙子	水	6	三	丙午	水	5	四	乙亥	火	3	五	甲辰	火
廿七	11	日	己卯	土	9	一	戊申	土	8	二	丁丑	水	7	四	丁未	水	6	五	丙子	水	4	六	乙巳	火
廿八	12	一	庚辰	金	10	二	己酉	土	9	三	戊寅	土	8	五	戊申	土	7	六	丁丑	水	5	日	丙午	水
廿九	13	二	辛巳	金	11	三	庚戌	金	10	四	己卯	土	9	六	己酉	土	8	日	戊寅	土	6	一	丁未	水
三十									11	五	庚辰	金									7	二	戊申	土

— 158 —

公元一九四五年(民国三十四年)　岁次:乙酉　生肖:鸡　太岁:蒋专　纳音:泉中水

月别	七月小			八月大			九月大			十月大			十一月小			十二月大		
干支	甲申			乙酉			丙戌			丁亥			戊子			己丑		
九星	二黑			一白			九紫			八白			七赤			六白		

廿四节气	节名	立秋	处暑	白露	秋分	寒露	霜降	立冬	小雪	大雪	冬至	小寒	大寒
	农历	初一	十六	初三	十八	初三	十九	初四	十八	初三	十八	初四	十八
	时辰	卯时	戌时	辰时	酉时	子时	丑时	丑时	子时	戌时	未时	卯时	子时
	公历	8月8日	8月23日	9月8日	9月23日	10月8日	10月24日	11月8日	11月22日	12月7日	12月22日	1月6日	1月20日
	时间	6时6分	20时36分	8时39分	17时50分	23时50分	2时44分	2时35分	23时56分	19时8分	13时4分	6时17分	23时45分

农历	公历	星期	天地干支	五行	公历	星期	天地干支	五行	公历	星期	天地干支	五行	公历	星期	天地干支	五行	公历	星期	天地干支	五行	公历	星期	天地干支	五行
初一	8	三	己酉	土	6	四	戊寅	土	6	六	戊申	土	5	一	戊寅	土	5	三	戊申	土	3	四	丁丑	水
初二	9	四	庚戌	金	7	五	己卯	土	7	日	己酉	土	6	二	己卯	土	6	四	己酉	土	4	五	戊寅	土
初三	10	五	辛亥	金	8	六	庚辰	金	8	一	庚戌	金	7	三	庚辰	金	7	五	庚戌	金	5	六	己卯	土
初四	11	六	壬子	木	9	日	辛巳	金	9	二	辛亥	金	8	四	辛巳	金	8	六	辛亥	金	6	日	庚辰	金
初五	12	日	癸丑	木	10	一	壬午	木	10	三	壬子	木	9	五	壬午	木	9	日	壬子	木	7	一	辛巳	金
初六	13	一	甲寅	水	11	二	癸未	木	11	四	癸丑	木	10	六	癸未	木	10	一	癸丑	木	8	二	壬午	木
初七	14	二	乙卯	水	12	三	甲申	水	12	五	甲寅	水	11	日	甲申	水	11	二	甲寅	水	9	三	癸未	木
初八	15	三	丙辰	土	13	四	乙酉	水	13	六	乙卯	水	12	一	乙酉	水	12	三	乙卯	水	10	四	甲申	水
初九	16	四	丁巳	土	14	五	丙戌	土	14	日	丙辰	土	13	二	丙戌	土	13	四	丙辰	土	11	五	乙酉	水
初十	17	五	戊午	火	15	六	丁亥	土	15	一	丁巳	土	14	三	丁亥	土	14	五	丁巳	土	12	六	丙戌	土
十一	18	六	己未	火	16	日	戊子	火	16	二	戊午	火	15	四	戊子	火	15	六	戊午	火	13	日	丁亥	土
十二	19	日	庚申	木	17	一	己丑	火	17	三	己未	火	16	五	己丑	火	16	日	己未	火	14	一	戊子	火
十三	20	一	辛酉	木	18	二	庚寅	木	18	四	庚申	木	17	六	庚寅	木	17	一	庚申	木	15	二	己丑	火
十四	21	二	壬戌	水	19	三	辛卯	木	19	五	辛酉	木	18	日	辛卯	木	18	二	辛酉	木	16	三	庚寅	木
十五	22	三	癸亥	水	20	四	壬辰	水	20	六	壬戌	水	19	一	壬辰	水	19	三	壬戌	水	17	四	辛卯	木
十六	23	四	甲子	金	21	五	癸巳	水	21	日	癸亥	水	20	二	癸巳	水	20	四	癸亥	水	18	五	壬辰	水
十七	24	五	乙丑	金	22	六	甲午	金	22	一	甲子	金	21	三	甲午	金	21	五	甲子	金	19	六	癸巳	水
十八	25	六	丙寅	火	23	日	乙未	金	23	二	乙丑	金	22	四	乙未	金	22	六	乙丑	金	20	日	甲午	金
十九	26	日	丁卯	火	24	一	丙申	火	24	三	丙寅	火	23	五	丙申	火	23	日	丙寅	火	21	一	乙未	金
二十	27	一	戊辰	木	25	二	丁酉	火	25	四	丁卯	火	24	六	丁酉	火	24	一	丁卯	火	22	二	丙申	火
廿一	28	二	己巳	木	26	三	戊戌	木	26	五	戊辰	木	25	日	戊戌	木	25	二	戊辰	木	23	三	丁酉	火
廿二	29	三	庚午	土	27	四	己亥	木	27	六	己巳	木	26	一	己亥	木	26	三	己巳	木	24	四	戊戌	木
廿三	30	四	辛未	土	28	五	庚子	土	28	日	庚午	土	27	二	庚子	土	27	四	庚午	土	25	五	己亥	木
廿四	31	五	壬申	金	29	六	辛丑	土	29	一	辛未	土	28	三	辛丑	土	28	五	辛未	土	26	六	庚子	土
廿五	9月	六	癸酉	金	30	日	壬寅	金	30	二	壬申	金	29	四	壬寅	金	29	六	壬申	金	27	日	辛丑	土
廿六	2	日	甲戌	火	10月	一	癸卯	金	31	三	癸酉	金	30	五	癸卯	金	30	日	癸酉	金	28	一	壬寅	金
廿七	3	一	乙亥	火	2	二	甲辰	火	11月	四	甲戌	火	12月	六	甲辰	火	31	一	甲戌	火	29	二	癸卯	金
廿八	4	二	丙子	水	3	三	乙巳	火	2	五	乙亥	火	2	日	乙巳	火	1月	二	乙亥	火	30	三	甲辰	火
廿九	5	三	丁丑	水	4	四	丙午	水	3	六	丙子	水	3	一	丙午	水	2	三	丙子	水	31	四	乙巳	火
三十					5	五	丁未	水	4	日	丁丑	水	4	二	丁未	水					2月	五	丙午	水

公元一九四六年（民国三十五年）　岁次:丙戌　生肖:狗　太岁:向敏　纳音:屋上土

月别	正月大				二月小				三月小				四月大				五月小				六月小			
干支	庚寅				辛卯				壬辰				癸巳				甲午				乙未				
九星	五黄				四绿				三碧				二黑				一白				九紫				

廿四节气

节名	立春	雨水	惊蛰	春分	清明	谷雨	立夏	小满	芒种	夏至	小暑	大暑
农历	初三	十八	初三	十八	初四	二十	初六	廿二	初七	廿三	初十	廿五
时辰	酉时	未时	午时	未时	酉时	丑时	午时	子时	申时	辰时	丑时	戌时
公历	2月4日	2月19日	3月6日	3月21日	4月5日	4月21日	5月6日	5月22日	6月6日	6月22日	7月8日	7月23日
时间	18时5分	14时9分	12时25分	13时33分	17时39分	1时2分	11时22分	0时34分	15时49分	8时45分	2时11分	19时37分

农历	公历	星期	天地干支	五行	公历	星期	天地干支	五行	公历	星期	天地干支	五行	公历	星期	天地干支	五行	公历	星期	天地干支	五行	公历	星期	天地干支	五行
初一	2	六	丁未	水	4	一	丁丑	水	2	二	丙午	水	5月	三	乙亥	火	31	五	乙巳	火	29	六	甲戌	火
初二	3	日	戊申	土	5	二	戊寅	土	3	三	丁未	水	2	四	丙子	水	6月	六	丙午	水	30	日	乙亥	火
初三	4	一	己酉	土	6	三	己卯	土	4	四	戊申	土	3	五	丁丑	水	2	日	丁未	水	7月	一	丙子	水
初四	5	二	庚戌	金	7	四	庚辰	金	5	五	己酉	土	4	六	戊寅	土	3	一	戊申	土	2	二	丁丑	水
初五	6	三	辛亥	金	8	五	辛巳	金	6	六	庚戌	金	5	日	己卯	土	4	二	己酉	土	3	三	戊寅	土
初六	7	四	壬子	木	9	六	壬午	木	7	日	辛亥	金	6	一	庚辰	金	5	三	庚戌	金	4	四	己卯	土
初七	8	五	癸丑	木	10	日	癸未	木	8	一	壬子	木	7	二	辛巳	金	6	四	辛亥	金	5	五	庚辰	金
初八	9	六	甲寅	水	11	一	甲申	水	9	二	癸丑	木	8	三	壬午	木	7	五	壬子	木	6	六	辛巳	金
初九	10	日	乙卯	水	12	二	乙酉	水	10	三	甲寅	水	9	四	癸未	木	8	六	癸丑	木	7	日	壬午	木
初十	11	一	丙辰	土	13	三	丙戌	土	11	四	乙卯	水	10	五	甲申	水	9	日	甲寅	水	8	一	癸未	木
十一	12	二	丁巳	土	14	四	丁亥	土	12	五	丙辰	土	11	六	乙酉	水	10	一	乙卯	水	9	二	甲申	水
十二	13	三	戊午	火	15	五	戊子	火	13	六	丁巳	土	12	日	丙戌	土	11	二	丙辰	土	10	三	乙酉	水
十三	14	四	己未	火	16	六	己丑	火	14	日	戊午	火	13	一	丁亥	土	12	三	丁巳	土	11	四	丙戌	土
十四	15	五	庚申	木	17	日	庚寅	木	15	一	己未	火	14	二	戊子	火	13	四	戊午	火	12	五	丁亥	土
十五	16	六	辛酉	木	18	一	辛卯	木	16	二	庚申	木	15	三	己丑	火	14	五	己未	火	13	六	戊子	火
十六	17	日	壬戌	水	19	二	壬辰	水	17	三	辛酉	木	16	四	庚寅	木	15	六	庚申	木	14	日	己丑	火
十七	18	一	癸亥	水	20	三	癸巳	水	18	四	壬戌	水	17	五	辛卯	木	16	日	辛酉	木	15	一	庚寅	木
十八	19	二	甲子	金	21	四	甲午	金	19	五	癸亥	水	18	六	壬辰	水	17	一	壬戌	水	16	二	辛卯	木
十九	20	三	乙丑	金	22	五	乙未	金	20	六	甲子	金	19	日	癸巳	水	18	二	癸亥	水	17	三	壬辰	水
二十	21	四	丙寅	火	23	六	丙申	火	21	日	乙丑	金	20	一	甲午	金	19	三	甲子	金	18	四	癸巳	水
廿一	22	五	丁卯	火	24	日	丁酉	火	22	一	丙寅	火	21	二	乙未	金	20	四	乙丑	金	19	五	甲午	金
廿二	23	六	戊辰	木	25	一	戊戌	木	23	二	丁卯	火	22	三	丙申	火	21	五	丙寅	火	20	六	乙未	金
廿三	24	日	己巳	木	26	二	己亥	木	24	三	戊辰	木	23	四	丁酉	火	22	六	丁卯	火	21	日	丙申	火
廿四	25	一	庚午	土	27	三	庚子	土	25	四	己巳	木	24	五	戊戌	木	23	日	戊辰	木	22	一	丁酉	火
廿五	26	二	辛未	土	28	四	辛丑	土	26	五	庚午	土	25	六	己亥	木	24	一	己巳	木	23	二	戊戌	木
廿六	27	三	壬申	金	29	五	壬寅	金	27	六	辛未	土	26	日	庚子	土	25	二	庚午	土	24	三	己亥	木
廿七	28	四	癸酉	金	30	六	癸卯	金	28	日	壬申	金	27	一	辛丑	土	26	三	辛未	土	25	四	庚子	土
廿八	3月	五	甲戌	火	31	日	甲辰	火	29	一	癸酉	金	28	二	壬寅	金	27	四	壬申	金	26	五	辛丑	土
廿九	2	六	乙亥	火	4月	一	乙巳	火	30	二	甲戌	火	29	三	癸卯	金	28	五	癸酉	金	27	六	壬寅	金
三十	3	日	丙子	水									30	四	甲辰	火								

— 160 —

公元一九四六年（民国三十五年）　　岁次：丙戌　生肖：狗　太岁：向敏　纳音：屋上土

月别	七月大				八月小				九月大				十月大				十一月小				十二月大			
干支	丙申				丁酉				戊戌				己亥				庚子				辛丑			
九星	八白				七赤				六白				五黄				四绿				三碧			

廿四节气

节名	立秋	处暑	白露	秋分	寒露	霜降	立冬	小雪	大雪	冬至	小寒	大寒
农历	十二	廿八	十三	廿八	十五	三十	十五	三十	十五	廿九	十五	三十
时辰	午时	丑时	未时	子时	卯时	辰时	辰时	卯时	丑时	酉时	午时	卯时
公历	8月8日	8月24日	9月8日	9月23日	10月9日	10月24日	11月8日	11月23日	12月8日	12月22日	1月6日	1月21日
时间	11时52分	2时26分	14时28分	23时41分	5时42分	8时35分	8时28分	5时47分	1时1分	18时54分	12时11分	5时35分

农历	公历	星期	天地干支	五行	公历	星期	天地干支	五行	公历	星期	天地干支	五行	公历	星期	天地干支	五行	公历	星期	天地干支	五行	公历	星期	天地干支	五行
初一	28	日	癸卯	金	27	二	癸酉	金	25	三	壬寅	金	25	五	壬申	金	24	日	壬寅	金	23	一	辛未	土
初二	29	一	甲辰	火	28	三	甲戌	火	26	四	癸卯	金	26	六	癸酉	金	25	一	癸卯	金	24	二	壬申	金
初三	30	二	乙巳	火	29	四	乙亥	火	27	五	甲辰	火	27	日	甲戌	火	26	二	甲辰	火	25	三	癸酉	金
初四	31	三	丙午	水	30	五	丙子	水	28	六	乙巳	火	28	一	乙亥	火	27	三	乙巳	火	26	四	甲戌	火
初五	8月	四	丁未	水	31	六	丁丑	水	29	日	丙午	水	29	二	丙子	水	28	四	丙午	水	27	五	乙亥	火
初六	2	五	戊申	土	9月	日	戊寅	土	30	一	丁未	水	30	三	丁丑	水	29	五	丁未	水	28	六	丙子	水
初七	3	六	己酉	土	2	一	己卯	土	10月	二	戊申	土	31	四	戊寅	土	30	六	戊申	土	29	日	丁丑	水
初八	4	日	庚戌	金	3	二	庚辰	金	2	三	己酉	土	11月	五	己卯	土	12月	日	己酉	土	30	一	戊寅	土
初九	5	一	辛亥	金	4	三	辛巳	金	3	四	庚戌	金	2	六	庚辰	金	2	一	庚戌	金	31	二	己卯	土
初十	6	二	壬子	木	5	四	壬午	木	4	五	辛亥	金	3	日	辛巳	金	3	二	辛亥	金	1月	三	庚辰	金
十一	7	三	癸丑	木	6	五	癸未	木	5	六	壬子	木	4	一	壬午	木	4	三	壬子	木	2	四	辛巳	金
十二	8	四	甲寅	水	7	六	甲申	水	6	日	癸丑	木	5	二	癸未	木	5	四	癸丑	木	3	五	壬午	木
十三	9	五	乙卯	水	8	日	乙酉	水	7	一	甲寅	水	6	三	甲申	水	6	五	甲寅	水	4	六	癸未	木
十四	10	六	丙辰	土	9	一	丙戌	土	8	二	乙卯	水	7	四	乙酉	水	7	六	乙卯	水	5	日	甲申	水
十五	11	日	丁巳	土	10	二	丁亥	土	9	三	丙辰	土	8	五	丙戌	土	8	日	丙辰	土	6	一	乙酉	水
十六	12	一	戊午	火	11	三	戊子	火	10	四	丁巳	土	9	六	丁亥	土	9	一	丁巳	土	7	二	丙戌	土
十七	13	二	己未	火	12	四	己丑	火	11	五	戊午	火	10	日	戊子	火	10	二	戊午	火	8	三	丁亥	土
十八	14	三	庚申	木	13	五	庚寅	木	12	六	己未	火	11	一	己丑	火	11	三	己未	火	9	四	戊子	火
十九	15	四	辛酉	木	14	六	辛卯	木	13	日	庚申	木	12	二	庚寅	木	12	四	庚申	木	10	五	己丑	火
二十	16	五	壬戌	水	15	日	壬辰	水	14	一	辛酉	木	13	三	辛卯	木	13	五	辛酉	木	11	六	庚寅	木
廿一	17	六	癸亥	水	16	一	癸巳	水	15	二	壬戌	水	14	四	壬辰	水	14	六	壬戌	水	12	日	辛卯	木
廿二	18	日	甲子	金	17	二	甲午	金	16	三	癸亥	水	15	五	癸巳	水	15	日	癸亥	水	13	一	壬辰	水
廿三	19	一	乙丑	金	18	三	乙未	金	17	四	甲子	金	16	六	甲午	金	16	一	甲子	金	14	二	癸巳	水
廿四	20	二	丙寅	火	19	四	丙申	火	18	五	乙丑	金	17	日	乙未	金	17	二	乙丑	金	15	三	甲午	金
廿五	21	三	丁卯	火	20	五	丁酉	火	19	六	丙寅	火	18	一	丙申	火	18	三	丙寅	火	16	四	乙未	金
廿六	22	四	戊辰	木	21	六	戊戌	木	20	日	丁卯	火	19	二	丁酉	火	19	四	丁卯	火	17	五	丙申	火
廿七	23	五	己巳	木	22	日	己亥	木	21	一	戊辰	木	20	三	戊戌	木	20	五	戊辰	木	18	六	丁酉	火
廿八	24	六	庚午	土	23	一	庚子	土	22	二	己巳	木	21	四	己亥	木	21	六	己巳	木	19	日	戊戌	木
廿九	25	日	辛未	土	24	二	辛丑	土	23	三	庚午	土	22	五	庚子	土	22	日	庚午	土	20	一	己亥	木
三十	26	一	壬申	金					24	四	辛未	土	23	六	辛丑	土					21	二	庚子	土

公元一九四七年(民国三十六年)　(闰二月)　岁次:丁亥

生肖:猪　太岁:封齐　纳音:屋上土

月别	正月大			二月大			闰二月小			三月小			四月大			五月小			六月小		
干支	壬寅			癸卯			癸卯			甲辰			乙巳			丙午			丁未		
九星	二黑			一白			一白			九紫			八白			七赤			六白		

廿四节气

节名	立春	雨水	惊蛰	春分	清明	谷雨	立夏	小满	芒种	夏至	小暑	大暑	立秋
农历	十四	廿九	十四	廿九	十四	初一	十六	初三	十八	初四	二十	初七	廿二
时辰	子时	戌时	酉时	戌时	子时	卯时	酉时	卯时	亥时	未时	辰时	丑时	酉时
公历	2月4日	2月19日	3月6日	3月21日	4月5日	4月21日	5月6日	5月22日	6月6日	6月22日	7月8日	7月24日	8月8日
时间	23时51分	19时55分	18时12分	19时15分	23时15分	6时42分	17时5分	6时13分	21时33分	14时24分	7时56分	1时19分	17时39分

农历	公历	星期	天地干支	五行	公历	星期	天地干支	五行	公历	星期	天地干支	五行	公历	星期	天地干支	五行	公历	星期	天地干支	五行	公历	星期	天地干支	五行	公历	星期	天地干支	五行
初一	22	三	辛丑	土	21	五	辛未	土	23	日	辛丑	土	21	一	庚午	土	20	二	己亥	木	19	四	己巳	木	18	五	戊戌	土
初二	23	四	壬寅	金	22	六	壬申	金	24	一	壬寅	金	22	二	辛未	土	21	三	庚子	土	20	五	庚午	土	19	六	己亥	木
初三	24	五	癸卯	金	23	日	癸酉	金	25	二	癸卯	金	23	三	壬申	金	22	四	辛丑	土	21	六	辛未	土	20	日	庚子	土
初四	25	六	甲辰	火	24	一	甲戌	火	26	三	甲辰	火	24	四	癸酉	金	23	五	壬寅	金	22	日	壬申	金	21	一	辛丑	土
初五	26	日	乙巳	火	25	二	乙亥	火	27	四	乙巳	火	25	五	甲戌	火	24	六	癸卯	金	23	一	癸酉	金	22	二	壬寅	金
初六	27	一	丙午	水	26	三	丙子	水	28	五	丙午	水	26	六	乙亥	火	25	日	甲辰	火	24	二	甲戌	火	23	三	癸卯	金
初七	28	二	丁未	水	27	四	丁丑	水	29	六	丁未	水	27	日	丙子	水	26	一	乙巳	火	25	三	乙亥	火	24	四	甲辰	火
初八	29	三	戊申	土	28	五	戊寅	土	30	日	戊申	土	28	一	丁丑	水	27	二	丙午	水	26	四	丙子	水	25	五	乙巳	火
初九	30	四	己酉	土	3月	六	己卯	土	31	一	己酉	土	29	二	戊寅	土	28	三	丁未	水	27	五	丁丑	水	26	六	丙午	水
初十	31	五	庚戌	金	2	日	庚辰	金	4月	二	庚戌	金	30	三	己卯	土	29	四	戊申	土	28	六	戊寅	土	27	日	丁未	水
十一	2月	六	辛亥	金	3	一	辛巳	金	2	三	辛亥	金	5月	四	庚辰	金	30	五	己酉	土	29	日	己卯	土	28	一	戊申	土
十二	2	日	壬子	木	4	二	壬午	木	3	四	壬子	木	2	五	辛巳	金	31	六	庚戌	金	30	一	庚辰	金	29	二	己酉	土
十三	3	一	癸丑	木	5	三	癸未	木	4	五	癸丑	木	3	六	壬午	木	6月	日	辛亥	金	7月	二	辛巳	金	30	三	庚戌	金
十四	4	二	甲寅	水	6	四	甲申	水	5	六	甲寅	水	4	日	癸未	木	2	一	壬子	木	2	三	壬午	木	31	四	辛亥	金
十五	5	三	乙卯	水	7	五	乙酉	水	6	日	乙卯	水	5	一	甲申	水	3	二	癸丑	木	3	四	癸未	木	8月	五	壬子	木
十六	6	四	丙辰	土	8	六	丙戌	土	7	一	丙辰	土	6	二	乙酉	水	4	三	甲寅	水	4	五	甲申	水	2	六	癸丑	木
十七	7	五	丁巳	土	9	日	丁亥	土	8	二	丁巳	土	7	三	丙戌	土	5	四	乙卯	水	5	六	乙酉	水	3	日	甲寅	水
十八	8	六	戊午	火	10	一	戊子	火	9	三	戊午	火	8	四	丁亥	土	6	五	丙辰	土	6	日	丙戌	土	4	一	乙卯	水
十九	9	日	己未	火	11	二	己丑	火	10	四	己未	火	9	五	戊子	火	7	六	丁巳	土	7	一	丁亥	土	5	二	丙辰	土
二十	10	一	庚申	木	12	三	庚寅	木	11	五	庚申	木	10	六	己丑	火	8	日	戊午	火	8	二	戊子	火	6	三	丁巳	土
廿一	11	二	辛酉	木	13	四	辛卯	木	12	六	辛酉	木	11	日	庚寅	木	9	一	己未	火	9	三	己丑	火	7	四	戊午	火
廿二	12	三	壬戌	水	14	五	壬辰	水	13	日	壬戌	水	12	一	辛卯	木	10	二	庚申	木	10	四	庚寅	木	8	五	己未	火
廿三	13	四	癸亥	水	15	六	癸巳	水	14	一	癸亥	水	13	二	壬辰	水	11	三	辛酉	木	11	五	辛卯	木	9	六	庚申	木
廿四	14	五	甲子	金	16	日	甲午	金	15	二	甲子	金	14	三	癸巳	水	12	四	壬戌	水	12	六	壬辰	水	10	日	辛酉	木
廿五	15	六	乙丑	金	17	一	乙未	金	16	三	乙丑	金	15	四	甲午	金	13	五	癸亥	水	13	日	癸巳	水	11	一	壬戌	水
廿六	16	日	丙寅	火	18	二	丙申	火	17	四	丙寅	火	16	五	乙未	金	14	六	甲子	金	14	一	甲午	金	12	二	癸亥	水
廿七	17	一	丁卯	火	19	三	丁酉	火	18	五	丁卯	火	17	六	丙申	火	15	日	乙丑	金	15	二	乙未	金	13	三	甲子	金
廿八	18	二	戊辰	木	20	四	戊戌	木	19	六	戊辰	木	18	日	丁酉	火	16	一	丙寅	火	16	三	丙申	火	14	四	乙丑	金
廿九	19	三	己巳	木	21	五	己亥	木	20	日	己巳	木	19	一	戊戌	木	17	二	丁卯	火	17	四	丁酉	火	15	五	丙寅	火
三十	20	四	庚午	土	22	六	庚子	土									18	三	戊辰	木								

— 162 —

公元一九四七年(民国三十六年) （闰二月） 岁次:丁亥

生肖:猪　太岁:封齐　纳音:屋上土

月别	七月大	八月小	九月大	十月小	十一月大	十二月大
干支	戊申	己酉	庚戌	辛亥	壬子	癸丑
九星	五黄	四绿	三碧	二黑	一白	九紫

廿四节气

	节名	处暑	白露	秋分	寒露	霜降	立冬	小雪	大雪	冬至	小寒	大寒	立春
	农历	初九	廿四	初十	廿五	十一	廿六	十一	廿六	十二	廿六	十一	廿六
	时辰	辰时	戌时	卯时	午时	未时	未时	午时	卯时	子时	酉时	午时	卯时
	公历	8月24日	9月8日	9月24日	10月9日	10月24日	11月8日	11月23日	12月8日	12月23日	1月6日	1月21日	2月5日
	时间	8时11分	20时17分	5时28分	11时32分	14时24分	14时19分	11时34分	6时53分	0时45分	18时19分	11时19分	5时43分

日期表

农历	公历	星期	天地干支	五行	公历	星期	天地干支	五行	公历	星期	天地干支	五行	公历	星期	天地干支	五行	公历	星期	天地干支	五行	公历	星期	天地干支	五行
初一	16	六	丁卯	火	15	一	丁酉	火	14	二	丙寅	火	13	四	丙申	火	12	五	乙丑	金	11	日	乙未	金
初二	17	日	戊辰	木	16	二	戊戌	木	15	三	丁卯	火	14	五	丁酉	火	13	六	丙寅	火	12	一	丙申	火
初三	18	一	己巳	木	17	三	己亥	木	16	四	戊辰	木	15	六	戊戌	木	14	日	丁卯	火	13	二	丁酉	火
初四	19	二	庚午	土	18	四	庚子	土	17	五	己巳	木	16	日	己亥	木	15	一	戊辰	木	14	三	戊戌	木
初五	20	三	辛未	土	19	五	辛丑	土	18	六	庚午	土	17	一	庚子	土	16	二	己巳	木	15	四	己亥	木
初六	21	四	壬申	金	20	六	壬寅	金	19	日	辛未	土	18	二	辛丑	土	17	三	庚午	土	16	五	庚子	土
初七	22	五	癸酉	金	21	日	癸卯	金	20	一	壬申	金	19	三	壬寅	金	18	四	辛未	土	17	六	辛丑	土
初八	23	六	甲戌	火	22	一	甲辰	火	21	二	癸酉	金	20	四	癸卯	金	19	五	壬申	金	18	日	壬寅	金
初九	24	日	乙亥	火	23	二	乙巳	火	22	三	甲戌	火	21	五	甲辰	火	20	六	癸酉	金	19	一	癸卯	金
初十	25	一	丙子	水	24	三	丙午	水	23	四	乙亥	火	22	六	乙巳	火	21	日	甲戌	火	20	二	甲辰	火
十一	26	二	丁丑	水	25	四	丁未	水	24	五	丙子	水	23	日	丙午	水	22	一	乙亥	火	21	三	乙巳	火
十二	27	三	戊寅	土	26	五	戊申	土	25	六	丁丑	水	24	一	丁未	水	23	二	丙子	水	22	四	丙午	水
十三	28	四	己卯	土	27	六	己酉	土	26	日	戊寅	土	25	二	戊申	土	24	三	丁丑	水	23	五	丁未	水
十四	29	五	庚辰	金	28	日	庚戌	金	27	一	己卯	土	26	三	己酉	土	25	四	戊寅	土	24	六	戊申	土
十五	30	六	辛巳	金	29	一	辛亥	金	28	二	庚辰	金	27	四	庚戌	金	26	五	己卯	土	25	日	己酉	土
十六	31	日	壬午	木	30	二	壬子	木	29	三	辛巳	金	28	五	辛亥	金	27	六	庚辰	金	26	一	庚戌	金
十七	9月	一	癸未	木	10月	三	癸丑	木	30	四	壬午	木	29	六	壬子	木	28	日	辛巳	金	27	二	辛亥	金
十八	2	二	甲申	水	2	四	甲寅	水	31	五	癸未	木	30	日	癸丑	木	29	一	壬午	木	28	三	壬子	木
十九	3	三	乙酉	水	3	五	乙卯	水	11月	六	甲申	水	12月	一	甲寅	水	30	二	癸未	木	29	四	癸丑	木
二十	4	四	丙戌	土	4	六	丙辰	土	2	日	乙酉	水	2	二	乙卯	水	31	三	甲申	水	30	五	甲寅	水
廿一	5	五	丁亥	土	5	日	丁巳	土	3	一	丙戌	土	3	三	丙辰	土	1月	四	乙酉	水	31	六	乙卯	水
廿二	6	六	戊子	火	6	一	戊午	火	4	二	丁亥	土	4	四	丁巳	土	2	五	丙戌	土	2月	日	丙辰	土
廿三	7	日	己丑	火	7	二	己未	火	5	三	戊子	火	5	五	戊午	火	3	六	丁亥	土	2	一	丁巳	土
廿四	8	一	庚寅	木	8	三	庚申	木	6	四	己丑	火	6	六	己未	火	4	日	戊子	火	3	二	戊午	火
廿五	9	二	辛卯	木	9	四	辛酉	木	7	五	庚寅	木	7	日	庚申	木	5	一	己丑	火	4	三	己未	火
廿六	10	三	壬辰	水	10	五	壬戌	水	8	六	辛卯	木	8	一	辛酉	木	6	二	庚寅	木	5	四	庚申	木
廿七	11	四	癸巳	水	11	六	癸亥	水	9	日	壬辰	水	9	二	壬戌	水	7	三	辛卯	木	6	五	辛酉	木
廿八	12	五	甲午	金	12	日	甲子	金	10	一	癸巳	水	10	三	癸亥	水	8	四	壬辰	水	7	六	壬戌	水
廿九	13	六	乙未	金	13	一	乙丑	金	11	二	甲午	金	11	四	甲子	金	9	五	癸巳	水	8	日	癸亥	水
三十	14	日	丙申	火					12	三	乙未	金					10	六	甲午	金	9	一	甲子	金

公元一九四八年（民国三十七年） 岁次:戊子
生肖:鼠 太岁:郢班 纳音:霹雳火

月别	正月大	二月小	三月大	四月小	五月大	六月小
干支	甲寅	乙卯	丙辰	丁巳	戊午	己未
九星	八白	七赤	六白	五黄	四绿	三碧

廿四节气

节名	雨水	惊蛰	春分	清明	谷雨	立夏	小满	芒种	夏至	小暑	大暑
农历	十一	廿五	十一	廿六	十二	廿七	十三	廿九	十五	初一	十七
时辰	丑时	子时	子时	卯时	午时	亥时	午时	寅时	戌时	未时	辰时
公历	2月20日	3月5日	3月21日	4月5日	4月20日	5月5日	5月21日	6月6日	6月21日	7月7日	7月23日
时间	1时37分	23时58分	0时57分	5时10分	12时25分	22时53分	11时58分	3时21分	20时11分	13时44分	7时8分

农历	公历	星期	天地干支	五行	公历	星期	天地干支	五行	公历	星期	天地干支	五行	公历	星期	天地干支	五行	公历	星期	天地干支	五行	公历	星期	天地干支	五行
初一	10	二	乙丑	金	11	四	乙未	金	9	五	甲子	金	9	日	甲午	金	7	一	癸亥	水	7	三	癸巳	水
初二	11	三	丙寅	火	12	五	丙申	火	10	六	乙丑	金	10	一	乙未	金	8	二	甲子	金	8	四	甲午	金
初三	12	四	丁卯	火	13	六	丁酉	火	11	日	丙寅	火	11	二	丙申	火	9	三	乙丑	金	9	五	乙未	金
初四	13	五	戊辰	木	14	日	戊戌	木	12	一	丁卯	火	12	三	丁酉	火	10	四	丙寅	火	10	六	丙申	火
初五	14	六	己巳	木	15	一	己亥	木	13	二	戊辰	木	13	四	戊戌	木	11	五	丁卯	火	11	日	丁酉	火
初六	15	日	庚午	土	16	二	庚子	土	14	三	己巳	木	14	五	己亥	木	12	六	戊辰	木	12	一	戊戌	木
初七	16	一	辛未	土	17	三	辛丑	土	15	四	庚午	土	15	六	庚子	土	13	日	己巳	木	13	二	己亥	木
初八	17	二	壬申	金	18	四	壬寅	金	16	五	辛未	土	16	日	辛丑	土	14	一	庚午	土	14	三	庚子	土
初九	18	三	癸酉	金	19	五	癸卯	金	17	六	壬申	金	17	一	壬寅	金	15	二	辛未	土	15	四	辛丑	土
初十	19	四	甲戌	火	20	六	甲辰	火	18	日	癸酉	金	18	二	癸卯	金	16	三	壬申	金	16	五	壬寅	金
十一	20	五	乙亥	火	21	日	乙巳	火	19	一	甲戌	火	19	三	甲辰	火	17	四	癸酉	金	17	六	癸卯	金
十二	21	六	丙子	水	22	一	丙午	水	20	二	乙亥	火	20	四	乙巳	火	18	五	甲戌	火	18	日	甲辰	火
十三	22	日	丁丑	水	23	二	丁未	水	21	三	丙子	水	21	五	丙午	水	19	六	乙亥	火	19	一	乙巳	火
十四	23	一	戊寅	土	24	三	戊申	土	22	四	丁丑	水	22	六	丁未	水	20	日	丙子	水	20	二	丙午	水
十五	24	二	己卯	土	25	四	己酉	土	23	五	戊寅	土	23	日	戊申	土	21	一	丁丑	水	21	三	丁未	水
十六	25	三	庚辰	金	26	五	庚戌	金	24	六	己卯	土	24	一	己酉	土	22	二	戊寅	土	22	四	戊申	土
十七	26	四	辛巳	金	27	六	辛亥	金	25	日	庚辰	金	25	二	庚戌	金	23	三	己卯	土	23	五	己酉	土
十八	27	五	壬午	木	28	日	壬子	木	26	一	辛巳	金	26	三	辛亥	金	24	四	庚辰	金	24	六	庚戌	金
十九	28	六	癸未	木	29	一	癸丑	木	27	二	壬午	木	27	四	壬子	木	25	五	辛巳	金	25	日	辛亥	金
二十	29	日	甲申	水	30	二	甲寅	水	28	三	癸未	木	28	五	癸丑	木	26	六	壬午	木	26	一	壬子	木
廿一	3月1	一	乙酉	水	31	三	乙卯	水	29	四	甲申	水	29	六	甲寅	水	27	日	癸未	木	27	二	癸丑	木
廿二	2	二	丙戌	土	4月1	四	丙辰	土	30	五	乙酉	水	30	日	乙卯	水	28	一	甲申	水	28	三	甲寅	水
廿三	3	三	丁亥	土	2	五	丁巳	土	5月1	六	丙戌	土	31	一	丙辰	土	29	二	乙酉	水	29	四	乙卯	水
廿四	4	四	戊子	火	3	六	戊午	火	2	日	丁亥	土	6月1	二	丁巳	土	30	三	丙戌	土	30	五	丙辰	土
廿五	5	五	己丑	火	4	日	己未	火	3	一	戊子	火	2	三	戊午	火	7月1	四	丁亥	土	31	六	丁巳	土
廿六	6	六	庚寅	木	5	一	庚申	木	4	二	己丑	火	3	四	己未	火	2	五	戊子	火	8月1	日	戊午	火
廿七	7	日	辛卯	木	6	二	辛酉	木	5	三	庚寅	木	4	五	庚申	木	3	六	己丑	火	2	一	己未	火
廿八	8	一	壬辰	水	7	三	壬戌	水	6	四	辛卯	木	5	六	辛酉	木	4	日	庚寅	木	3	二	庚申	木
廿九	9	二	癸巳	水	8	四	癸亥	水	7	五	壬辰	水	6	日	壬戌	水	5	一	辛卯	木	4	三	辛酉	木
三十	10	三	甲午	金					8	六	癸巳	水					6	二	壬辰	水				

164

公元一九四八年（民国三十七年）　　岁次：戊子

生肖：鼠　太岁：郕班　纳音：霹雳火

月别	七月小	八月大	九月小	十月大	十一月小	十二月大
干支	庚申	辛酉	壬戌	癸亥	甲子	乙丑
九星	二黑	一白	九紫	八白	七赤	六白

廿四节气		七月小		八月大		九月小		十月大		十一月小		十二月大	
	节名	立秋	处暑	白露	秋分	寒露	霜降	立冬	小雪	大雪	冬至	小寒	大寒
	农历	初三	十九	初六	廿一	初六	廿一	初七	廿二	初七	廿二	初七	廿二
	时辰	子时	未时	丑时	午时	酉时	戌时	戌时	酉时	午时	卯时	子时	酉时
	公历	8月7日	8月23日	9月8日	9月23日	10月8日	10月23日	11月7日	11月22日	12月7日	12月22日	1月5日	1月20日
	时间	23时27分	14时3分	2时6分	11时22分	17时21分	20时19分	20时7分	17时30分	12时38分	6时34分	23时42分	17时9分

农历	公历	星期	天地干支	五行	公历	星期	天地干支	五行	公历	星期	天地干支	五行	公历	星期	天地干支	五行	公历	星期	天地干支	五行	公历	星期	天地干支	五行
初一	5	四	壬戌	水	3	五	辛卯	木	3	日	辛酉	木	11月	一	庚寅	木	12月	三	庚申	木	30	四	己丑	火
初二	6	五	癸亥	水	4	六	壬辰	水	4	一	壬戌	水	2	二	辛卯	木	2	四	辛酉	木	31	五	庚寅	木
初三	7	六	甲子	金	5	日	癸巳	水	5	二	癸亥	水	3	三	壬辰	水	3	五	壬戌	水	1月	六	辛卯	木
初四	8	日	乙丑	金	6	一	甲午	金	6	三	甲子	金	4	四	癸巳	水	4	六	癸亥	水	2	日	壬辰	水
初五	9	一	丙寅	火	7	二	乙未	金	7	四	乙丑	金	5	五	甲午	金	5	日	甲子	金	3	一	癸巳	水
初六	10	二	丁卯	火	8	三	丙申	火	8	五	丙寅	火	6	六	乙未	金	6	一	乙丑	金	4	二	甲午	金
初七	11	三	戊辰	木	9	四	丁酉	火	9	六	丁卯	火	7	日	丙申	火	7	二	丙寅	火	5	三	乙未	金
初八	12	四	己巳	木	10	五	戊戌	木	10	日	戊辰	木	8	一	丁酉	火	8	三	丁卯	火	6	四	丙申	火
初九	13	五	庚午	土	11	六	己亥	木	11	一	己巳	木	9	二	戊戌	木	9	四	戊辰	木	7	五	丁酉	火
初十	14	六	辛未	土	12	日	庚子	土	12	二	庚午	土	10	三	己亥	木	10	五	己巳	木	8	六	戊戌	木
十一	15	日	壬申	金	13	一	辛丑	土	13	三	辛未	土	11	四	庚子	土	11	六	庚午	土	9	日	己亥	木
十二	16	一	癸酉	金	14	二	壬寅	金	14	四	壬申	金	12	五	辛丑	土	12	日	辛未	土	10	一	庚子	土
十三	17	二	甲戌	火	15	三	癸卯	金	15	五	癸酉	金	13	六	壬寅	金	13	一	壬申	金	11	二	辛丑	土
十四	18	三	乙亥	火	16	四	甲辰	火	16	六	甲戌	火	14	日	癸卯	金	14	二	癸酉	金	12	三	壬寅	金
十五	19	四	丙子	水	17	五	乙巳	火	17	日	乙亥	火	15	一	甲辰	火	15	三	甲戌	火	13	四	癸卯	金
十六	20	五	丁丑	水	18	六	丙午	水	18	一	丙子	水	16	二	乙巳	火	16	四	乙亥	火	14	五	甲辰	火
十七	21	六	戊寅	土	19	日	丁未	水	19	二	丁丑	水	17	三	丙午	水	17	五	丙子	水	15	六	乙巳	火
十八	22	日	己卯	土	20	一	戊申	土	20	三	戊寅	土	18	四	丁未	水	18	六	丁丑	水	16	日	丙午	水
十九	23	一	庚辰	金	21	二	己酉	土	21	四	己卯	土	19	五	戊申	土	19	日	戊寅	土	17	一	丁未	水
二十	24	二	辛巳	金	22	三	庚戌	金	22	五	庚辰	金	20	六	己酉	土	20	一	己卯	土	18	二	戊申	土
廿一	25	三	壬午	木	23	四	辛亥	金	23	六	辛巳	金	21	日	庚戌	金	21	二	庚辰	金	19	三	己酉	土
廿二	26	四	癸未	木	24	五	壬子	木	24	日	壬午	木	22	一	辛亥	金	22	三	辛巳	金	20	四	庚戌	金
廿三	27	五	甲申	水	25	六	癸丑	木	25	一	癸未	木	23	二	壬子	木	23	四	壬午	木	21	五	辛亥	金
廿四	28	六	乙酉	水	26	日	甲寅	水	26	二	甲申	水	24	三	癸丑	木	24	五	癸未	木	22	六	壬子	木
廿五	29	日	丙戌	土	27	一	乙卯	水	27	三	乙酉	水	25	四	甲寅	水	25	六	甲申	水	23	日	癸丑	木
廿六	30	一	丁亥	土	28	二	丙辰	土	28	四	丙戌	土	26	五	乙卯	水	26	日	乙酉	水	24	一	甲寅	水
廿七	31	二	戊子	火	29	三	丁巳	土	29	五	丁亥	土	27	六	丙辰	土	27	一	丙戌	土	25	二	乙卯	水
廿八	9月	三	己丑	火	30	四	戊午	火	30	六	戊子	火	28	日	丁巳	土	28	二	丁亥	土	26	三	丙辰	土
廿九	2	四	庚寅	木	10月	五	己未	火	31	日	己丑	火	29	一	戊午	火	29	三	戊子	火	27	四	丁巳	土
三十					2	六	庚申	木					30	二	己未	火					28	五	戊午	火

— 165 —

公元一九四九年 （闰七月） 岁次:己丑 生肖:牛 太岁:潘信 纳音:霹雳火

月别	正月大	二月小	三月大	四月大	五月小	六月大
干支	丙寅	丁卯	戊辰	己巳	庚午	辛未
九星	五黄	四绿	三碧	二黑	一白	九紫

廿四节气

节名	立春	雨水	惊蛰	春分	清明	谷雨	立夏	小满	芒种	夏至	小暑	大暑
农历	初七	廿二	初七	廿二	初八	廿三	初九	廿四	初十	廿六	十二	廿八
时辰	午时	辰时	卯时	卯时	巳时	酉时	寅时	酉时	巳时	丑时	戌时	午时
公历	2月4日	2月19日	3月6日	3月21日	4月5日	4月20日	5月6日	5月21日	6月6日	6月22日	7月7日	7月23日
时间	11时23分	7时24分	5时40分	6时49分	10时52分	18时18分	4时37分	17时52分	9时7分	2时3分	19时32分	12时57分

农历	正月大(丙寅)				二月小(丁卯)				三月大(戊辰)				四月大(己巳)				五月小(庚午)				六月大(辛未)			
	公历	星期	天地干支	五行	公历	星期	天地干支	五行	公历	星期	天地干支	五行	公历	星期	天地干支	五行	公历	星期	天地干支	五行	公历	星期	天地干支	五行
初一	29	六	己未	火	28	一	己丑	火	29	二	戊午	火	28	四	戊子	火	28	六	戊午	火	26	日	丁亥	土
初二	30	日	庚申	木	3月	二	庚寅	木	30	三	己未	火	29	五	己丑	火	29	日	己未	火	27	一	戊子	火
初三	31	一	辛酉	木	2	三	辛卯	木	31	四	庚申	木	30	六	庚寅	木	30	一	庚申	木	28	二	己丑	火
初四	2月	二	壬戌	水	3	四	壬辰	水	4月	五	辛酉	木	5月	日	辛卯	木	31	二	辛酉	木	29	三	庚寅	木
初五	2	三	癸亥	水	4	五	癸巳	水	2	六	壬戌	水	2	一	壬辰	水	6月	三	壬戌	水	30	四	辛卯	木
初六	3	四	甲子	金	5	六	甲午	金	3	日	癸亥	水	3	二	癸巳	水	2	四	癸亥	水	7月	五	壬辰	水
初七	4	五	乙丑	金	6	日	乙未	金	4	一	甲子	金	4	三	甲午	金	3	五	甲子	金	2	六	癸巳	水
初八	5	六	丙寅	火	7	一	丙申	火	5	二	乙丑	金	5	四	乙未	金	4	六	乙丑	金	3	日	甲午	金
初九	6	日	丁卯	火	8	二	丁酉	火	6	三	丙寅	火	6	五	丙申	火	5	日	丙寅	火	4	一	乙未	金
初十	7	一	戊辰	木	9	三	戊戌	木	7	四	丁卯	火	7	六	丁酉	火	6	一	丁卯	火	5	二	丙申	火
十一	8	二	己巳	木	10	四	己亥	木	8	五	戊辰	木	8	日	戊戌	木	7	二	戊辰	木	6	三	丁酉	火
十二	9	三	庚午	土	11	五	庚子	土	9	六	己巳	木	9	一	己亥	木	8	三	己巳	木	7	四	戊戌	木
十三	10	四	辛未	土	12	六	辛丑	土	10	日	庚午	土	10	二	庚子	土	9	四	庚午	土	8	五	己亥	木
十四	11	五	壬申	金	13	日	壬寅	金	11	一	辛未	土	11	三	辛丑	土	10	五	辛未	土	9	六	庚子	土
十五	12	六	癸酉	金	14	一	癸卯	金	12	二	壬申	金	12	四	壬寅	金	11	六	壬申	金	10	日	辛丑	土
十六	13	日	甲戌	火	15	二	甲辰	火	13	三	癸酉	金	13	五	癸卯	金	12	日	癸酉	金	11	一	壬寅	金
十七	14	一	乙亥	火	16	三	乙巳	火	14	四	甲戌	火	14	六	甲辰	火	13	一	甲戌	火	12	二	癸卯	金
十八	15	二	丙子	水	17	四	丙午	水	15	五	乙亥	火	15	日	乙巳	火	14	二	乙亥	火	13	三	甲辰	火
十九	16	三	丁丑	水	18	五	丁未	水	16	六	丙子	水	16	一	丙午	水	15	三	丙子	水	14	四	乙巳	火
二十	17	四	戊寅	土	19	六	戊申	土	17	日	丁丑	水	17	二	丁未	水	16	四	丁丑	水	15	五	丙午	水
廿一	18	五	己卯	土	20	日	己酉	土	18	一	戊寅	土	18	三	戊申	土	17	五	戊寅	土	16	六	丁未	水
廿二	19	六	庚辰	金	21	一	庚戌	金	19	二	己卯	土	19	四	己酉	土	18	六	己卯	土	17	日	戊申	土
廿三	20	日	辛巳	金	22	二	辛亥	金	20	三	庚辰	金	20	五	庚戌	金	19	日	庚辰	金	18	一	己酉	土
廿四	21	一	壬午	木	23	三	壬子	木	21	四	辛巳	金	21	六	辛亥	金	20	一	辛巳	金	19	二	庚戌	金
廿五	22	二	癸未	木	24	四	癸丑	木	22	五	壬午	木	22	日	壬子	木	21	二	壬午	木	20	三	辛亥	金
廿六	23	三	甲申	水	25	五	甲寅	水	23	六	癸未	木	23	一	癸丑	木	22	三	癸未	木	21	四	壬子	木
廿七	24	四	乙酉	水	26	六	乙卯	水	24	日	甲申	水	24	二	甲寅	水	23	四	甲申	水	22	五	癸丑	木
廿八	25	五	丙戌	土	27	日	丙辰	土	25	一	乙酉	水	25	三	乙卯	水	24	五	乙酉	水	23	六	甲寅	水
廿九	26	六	丁亥	土	28	一	丁巳	土	26	二	丙戌	土	26	四	丙辰	土	25	六	丙戌	土	24	日	乙卯	水
三十	27	日	戊子	火					27	三	丁亥	土	27	五	丁巳	土					25	一	丙辰	土

公元一九四九年　（闰七月）　岁次:己丑　生肖:牛　太岁:潘信　纳音:霹雳火

月别	七月小		闰七月小	八月大	九月小	十月大	十一月小	十二月大
干支	壬申		壬申	癸酉	甲戌	乙亥	丙子	丁丑
九星	八白		八白	七赤	六白	五黄	四绿	三碧

廿四节气

节名	立秋	处暑	白露	秋分	寒露	霜降	立冬	小雪	大雪	冬至	小寒	大寒	立春
农历	十四	廿九	十六	初二	十七	初三	十八	初三	十八	初三	十八	初三	十八
时辰	卯时	戌时	辰时	酉时	子时	丑时	丑时	子时	酉时	午时	卯时	子时	酉时
公历	8月8日	8月23日	9月8日	9月23日	10月8日	10月24日	11月8日	11月22日	12月7日	12月22日	1月6日	1月20日	2月4日
时间	5时16分	19时49分	7时55分	17时6分	23时12分	2时4分	2时0分	23时17分	18时34分	12时24分	5时39分	23时0分	17时21分

农历	公历	星期	天地干支	五行	公历	星期	天地干支	五行	公历	星期	天地干支	五行	公历	星期	天地干支	五行	公历	星期	天地干支	五行	公历	星期	天地干支	五行	公历	星期	天地干支	五行
初一	26	二	丁巳	土	24	三	丙戌	土	22	四	乙卯	水	22	六	乙酉	水	20	日	甲寅	水	20	二	甲申	水	18	三	癸丑	木
初二	27	三	戊午	火	25	四	丁亥	土	23	五	丙辰	土	23	日	丙戌	土	21	一	乙卯	水	21	三	乙酉	水	19	四	甲寅	水
初三	28	四	己未	火	26	五	戊子	火	24	六	丁巳	土	24	一	丁亥	土	22	二	丙辰	土	22	四	丙戌	土	20	五	乙卯	水
初四	29	五	庚申	木	27	六	己丑	火	25	日	戊午	火	25	二	戊子	火	23	三	丁巳	土	23	五	丁亥	土	21	六	丙辰	土
初五	30	六	辛酉	木	28	日	庚寅	木	26	一	己未	火	26	三	己丑	火	24	四	戊午	火	24	六	戊子	火	22	日	丁巳	土
初六	31	日	壬戌	水	29	一	辛卯	木	27	二	庚申	木	27	四	庚寅	木	25	五	己未	火	25	日	己丑	火	23	一	戊午	火
初七	8月1	一	癸亥	水	30	二	壬辰	水	28	三	辛酉	木	28	五	辛卯	木	26	六	庚申	木	26	一	庚寅	木	24	二	己未	火
初八	2	二	甲子	金	31	三	癸巳	水	29	四	壬戌	水	29	六	壬辰	水	27	日	辛酉	木	27	二	辛卯	木	25	三	庚申	木
初九	3	三	乙丑	金	9月1	四	甲午	金	30	五	癸亥	水	30	日	癸巳	水	28	一	壬戌	水	28	三	壬辰	水	26	四	辛酉	木
初十	4	四	丙寅	火	2	五	乙未	金	10月1	六	甲子	金	31	一	甲午	金	29	二	癸亥	水	29	四	癸巳	水	27	五	壬戌	水
十一	5	五	丁卯	火	3	六	丙申	火	2	日	乙丑	金	11月1	二	乙未	金	30	三	甲子	金	30	五	甲午	金	28	六	癸亥	水
十二	6	六	戊辰	木	4	日	丁酉	火	3	一	丙寅	火	2	三	丙申	火	12月1	四	乙丑	金	31	六	乙未	金	29	日	甲子	金
十三	7	日	己巳	木	5	一	戊戌	木	4	二	丁卯	火	3	四	丁酉	火	2	五	丙寅	火	1月1	日	丙申	火	30	一	乙丑	金
十四	8	一	庚午	土	6	二	己亥	木	5	三	戊辰	木	4	五	戊戌	木	3	六	丁卯	火	2	一	丁酉	火	31	二	丙寅	火
十五	9	二	辛未	土	7	三	庚子	土	6	四	己巳	木	5	六	己亥	木	4	日	戊辰	木	3	二	戊戌	木	2月1	三	丁卯	火
十六	10	三	壬申	金	8	四	辛丑	土	7	五	庚午	土	6	日	庚子	土	5	一	己巳	木	4	三	己亥	木	2	四	戊辰	木
十七	11	四	癸酉	金	9	五	壬寅	金	8	六	辛未	土	7	一	辛丑	土	6	二	庚午	土	5	四	庚子	土	3	五	己巳	木
十八	12	五	甲戌	火	10	六	癸卯	金	9	日	壬申	金	8	二	壬寅	金	7	三	辛未	土	6	五	辛丑	土	4	六	庚午	土
十九	13	六	乙亥	火	11	日	甲辰	火	10	一	癸酉	金	9	三	癸卯	金	8	四	壬申	金	7	六	壬寅	金	5	日	辛未	土
二十	14	日	丙子	水	12	一	乙巳	火	11	二	甲戌	火	10	四	甲辰	火	9	五	癸酉	金	8	日	癸卯	金	6	一	壬申	金
廿一	15	一	丁丑	水	13	二	丙午	水	12	三	乙亥	火	11	五	乙巳	火	10	六	甲戌	火	9	一	甲辰	火	7	二	癸酉	金
廿二	16	二	戊寅	土	14	三	丁未	水	13	四	丙子	水	12	六	丙午	水	11	日	乙亥	火	10	二	乙巳	火	8	三	甲戌	火
廿三	17	三	己卯	土	15	四	戊申	土	14	五	丁丑	水	13	日	丁未	水	12	一	丙子	水	11	三	丙午	水	9	四	乙亥	火
廿四	18	四	庚辰	金	16	五	己酉	土	15	六	戊寅	土	14	一	戊申	土	13	二	丁丑	水	12	四	丁未	水	10	五	丙子	水
廿五	19	五	辛巳	金	17	六	庚戌	金	16	日	己卯	土	15	二	己酉	土	14	三	戊寅	土	13	五	戊申	土	11	六	丁丑	水
廿六	20	六	壬午	木	18	日	辛亥	金	17	一	庚辰	金	16	三	庚戌	金	15	四	己卯	土	14	六	己酉	土	12	日	戊寅	土
廿七	21	日	癸未	木	19	一	壬子	木	18	二	辛巳	金	17	四	辛亥	金	16	五	庚辰	金	15	日	庚戌	金	13	一	己卯	土
廿八	22	一	甲申	水	20	二	癸丑	木	19	三	壬午	木	18	五	壬子	木	17	六	辛巳	金	16	一	辛亥	金	14	二	庚辰	金
廿九	23	二	乙酉	水	21	三	甲寅	水	20	四	癸未	木	19	六	癸丑	木	18	日	壬午	木	17	二	壬子	木	15	三	辛巳	金
三十									21	五	甲申	水					19	一	癸未	木					16	四	壬午	木

— 167 —

公元一九五〇年　岁次:庚寅　生肖:虎　太岁:邬桓　纳音:松柏木

月别	正月小				二月大				三月大				四月小				五月大				六月大			
干支	戊寅				己卯				庚辰				辛巳				壬午				癸未			
九星	二黑				一白				九紫				八白				七赤				六白			

廿四节气

	节名	雨水	惊蛰	春分	清明	谷雨	立夏	小满	芒种	夏至	小暑	大暑	立秋
	农历	初三	十八	初四	十九	初四	二十	初五	廿一	初八	廿四	初九	廿五
	时辰	未时	午时	午时	申时	子时	巳时	子时	未时	辰时	丑时	酉时	巳时
	公历	2月19日	3月6日	3月21日	4月5日	4月20日	5月6日	5月21日	6月6日	6月22日	7月8日	7月23日	8月8日
	时间	13时18分	11时36分	12时36分	16时45分	0时0分	10时25分	23时28分	14时52分	7时37分	1时14分	18时30分	10时56分

农历	公历	星期	天地干支	五行	公历	星期	天地干支	五行	公历	星期	天地干支	五行	公历	星期	天地干支	五行	公历	星期	天地干支	五行	公历	星期	天地干支	五行
初一	17	五	癸未	木	18	六	壬子	木	17	一	壬午	木	17	三	壬子	木	15	四	辛巳	金	15	六	辛亥	金
初二	18	六	甲申	水	19	日	癸丑	木	18	二	癸未	木	18	四	癸丑	木	16	五	壬午	木	16	日	壬子	木
初三	19	日	乙酉	水	20	一	甲寅	水	19	三	甲申	水	19	五	甲寅	水	17	六	癸未	木	17	一	癸丑	木
初四	20	一	丙戌	土	21	二	乙卯	水	20	四	乙酉	水	20	六	乙卯	水	18	日	甲申	水	18	二	甲寅	水
初五	21	二	丁亥	土	22	三	丙辰	土	21	五	丙戌	土	21	日	丙辰	土	19	一	乙酉	水	19	三	乙卯	水
初六	22	三	戊子	火	23	四	丁巳	土	22	六	丁亥	土	22	一	丁巳	土	20	二	丙戌	土	20	四	丙辰	土
初七	23	四	己丑	火	24	五	戊午	火	23	日	戊子	火	23	二	戊午	火	21	三	丁亥	土	21	五	丁巳	土
初八	24	五	庚寅	木	25	六	己未	火	24	一	己丑	火	24	三	己未	火	22	四	戊子	火	22	六	戊午	火
初九	25	六	辛卯	木	26	日	庚申	木	25	二	庚寅	木	25	四	庚申	木	23	五	己丑	火	23	日	己未	火
初十	26	日	壬辰	水	27	一	辛酉	木	26	三	辛卯	木	26	五	辛酉	木	24	六	庚寅	木	24	一	庚申	木
十一	27	一	癸巳	水	28	二	壬戌	水	27	四	壬辰	水	27	六	壬戌	水	25	日	辛卯	木	25	二	辛酉	木
十二	28	二	甲午	金	29	三	癸亥	水	28	五	癸巳	水	28	日	癸亥	水	26	一	壬辰	水	26	三	壬戌	水
十三	3月	三	乙未	金	30	四	甲子	金	29	六	甲午	金	29	一	甲子	金	27	二	癸巳	水	27	四	癸亥	水
十四	2	四	丙申	火	31	五	乙丑	金	30	日	乙未	金	30	二	乙丑	金	28	三	甲午	金	28	五	甲子	金
十五	3	五	丁酉	火	4月	六	丙寅	火	5月	一	丙申	火	31	三	丙寅	火	29	四	乙未	金	29	六	乙丑	金
十六	4	六	戊戌	木	2	日	丁卯	火	2	二	丁酉	火	6月	四	丁卯	火	30	五	丙申	火	30	日	丙寅	火
十七	5	日	己亥	木	3	一	戊辰	木	3	三	戊戌	木	2	五	戊辰	木	7月	六	丁酉	火	31	一	丁卯	火
十八	6	一	庚子	土	4	二	己巳	木	4	四	己亥	木	3	六	己巳	木	2	日	戊戌	木	8月	二	戊辰	木
十九	7	二	辛丑	土	5	三	庚午	土	5	五	庚子	土	4	日	庚午	土	3	一	己亥	木	2	三	己巳	木
二十	8	三	壬寅	金	6	四	辛未	土	6	六	辛丑	土	5	一	辛未	土	4	二	庚子	土	3	四	庚午	土
廿一	9	四	癸卯	金	7	五	壬申	金	7	日	壬寅	金	6	二	壬申	金	5	三	辛丑	土	4	五	辛未	土
廿二	10	五	甲辰	火	8	六	癸酉	金	8	一	癸卯	金	7	三	癸酉	金	6	四	壬寅	金	5	六	壬申	金
廿三	11	六	乙巳	火	9	日	甲戌	火	9	二	甲辰	火	8	四	甲戌	火	7	五	癸卯	金	6	日	癸酉	金
廿四	12	日	丙午	水	10	一	乙亥	火	10	三	乙巳	火	9	五	乙亥	火	8	六	甲辰	火	7	一	甲戌	火
廿五	13	一	丁未	水	11	二	丙子	水	11	四	丙午	水	10	六	丙子	水	9	日	乙巳	火	8	二	乙亥	火
廿六	14	二	戊申	土	12	三	丁丑	水	12	五	丁未	水	11	日	丁丑	水	10	一	丙午	水	9	三	丙子	水
廿七	15	三	己酉	土	13	四	戊寅	土	13	六	戊申	土	12	一	戊寅	土	11	二	丁未	水	10	四	丁丑	水
廿八	16	四	庚戌	金	14	五	己卯	土	14	日	己酉	土	13	二	己卯	土	12	三	戊申	土	11	五	戊寅	土
廿九	17	五	辛亥	金	15	六	庚辰	金	15	一	庚戌	金	14	三	庚辰	金	13	四	己酉	土	12	六	己卯	土
三十					16	日	辛巳	金	16	二	辛亥	金					14	五	庚戌	金	13	日	庚辰	金

— 168 —

公元一九五〇年　岁次:庚寅　生肖:虎　太岁:邬桓　纳音:松柏木

月别	七月小			八月小			九月大			十月小			十一月大			十二月小		
干支	甲申			乙酉			丙戌			丁亥			戊子			己丑		
九星	五黄			四绿			三碧			二黑			一白			九紫		

廿四节气

	节名	处暑	白露	秋分	寒露	霜降	立冬	小雪	大雪	冬至	小寒	大寒	立春
	农历	十一	廿六	十二	廿八	十四	廿九	十四	廿九	十四	廿九	十四	廿八
	时辰	丑时	未时	亥时	寅时	辰时	辰时	卯时	子时	酉时	午时	寅时	子时
	公历	8月24日	9月8日	9月23日	10月9日	10月24日	11月8日	11月23日	12月8日	12月22日	1月6日	1月21日	2月4日
	时间	1时24分	13时34分	22时44分	4时52分	7时45分	7时44分	5时3分	0时22分	18时14分	11时31分	4时53分	23时14分

农历	公历	星期	天地干支	五行	公历	星期	天地干支	五行	公历	星期	天地干支	五行	公历	星期	天地干支	五行	公历	星期	天地干支	五行	公历	星期	天地干支	五行
初一	14	一	辛巳	金	12	二	庚戌	金	11	三	己卯	土	10	五	己酉	土	9	六	戊寅	土	8	一	戊申	土
初二	15	二	壬午	木	13	三	辛亥	金	12	四	庚辰	金	11	六	庚戌	金	10	日	己卯	土	9	二	己酉	土
初三	16	三	癸未	木	14	四	壬子	木	13	五	辛巳	金	12	日	辛亥	金	11	一	庚辰	金	10	三	庚戌	金
初四	17	四	甲申	水	15	五	癸丑	木	14	六	壬午	木	13	一	壬子	木	12	二	辛巳	金	11	四	辛亥	金
初五	18	五	乙酉	水	16	六	甲寅	水	15	日	癸未	木	14	二	癸丑	木	13	三	壬午	木	12	五	壬子	木
初六	19	六	丙戌	土	17	日	乙卯	水	16	一	甲申	水	15	三	甲寅	水	14	四	癸未	木	13	六	癸丑	木
初七	20	日	丁亥	土	18	一	丙辰	土	17	二	乙酉	水	16	四	乙卯	水	15	五	甲申	水	14	日	甲寅	水
初八	21	一	戊子	火	19	二	丁巳	土	18	三	丙戌	土	17	五	丙辰	土	16	六	乙酉	水	15	一	乙卯	水
初九	22	二	己丑	火	20	三	戊午	火	19	四	丁亥	土	18	六	丁巳	土	17	日	丙戌	土	16	二	丙辰	土
初十	23	三	庚寅	木	21	四	己未	火	20	五	戊子	火	19	日	戊午	火	18	一	丁亥	土	17	三	丁巳	土
十一	24	四	辛卯	木	22	五	庚申	木	21	六	己丑	火	20	一	己未	火	19	二	戊子	火	18	四	戊午	火
十二	25	五	壬辰	水	23	六	辛酉	木	22	日	庚寅	木	21	二	庚申	木	20	三	己丑	火	19	五	己未	火
十三	26	六	癸巳	水	24	日	壬戌	水	23	一	辛卯	木	22	三	辛酉	木	21	四	庚寅	木	20	六	庚申	木
十四	27	日	甲午	金	25	一	癸亥	水	24	二	壬辰	水	23	四	壬戌	水	22	五	辛卯	木	21	日	辛酉	木
十五	28	一	乙未	金	26	二	甲子	金	25	三	癸巳	水	24	五	癸亥	水	23	六	壬辰	水	22	一	壬戌	水
十六	29	二	丙申	火	27	三	乙丑	金	26	四	甲午	金	25	六	甲子	金	24	日	癸巳	水	23	二	癸亥	水
十七	30	三	丁酉	火	28	四	丙寅	火	27	五	乙未	金	26	日	乙丑	金	25	一	甲午	金	24	三	甲子	金
十八	31	四	戊戌	木	29	五	丁卯	火	28	六	丙申	火	27	一	丙寅	火	26	二	乙未	金	25	四	乙丑	金
十九	9月	五	己亥	木	30	六	戊辰	木	29	日	丁酉	火	28	二	丁卯	火	27	三	丙申	火	26	五	丙寅	火
二十	2	六	庚子	土	10月	日	己巳	木	30	一	戊戌	木	29	三	戊辰	木	28	四	丁酉	火	27	六	丁卯	火
廿一	3	日	辛丑	土	2	一	庚午	土	31	二	己亥	木	30	四	己巳	木	29	五	戊戌	木	28	日	戊辰	木
廿二	4	一	壬寅	金	3	二	辛未	土	11月	三	庚子	土	12月	五	庚午	土	30	六	己亥	木	29	一	己巳	木
廿三	5	二	癸卯	金	4	三	壬申	金	2	四	辛丑	土	2	六	辛未	土	31	日	庚子	土	30	二	庚午	土
廿四	6	三	甲辰	火	5	四	癸酉	金	3	五	壬寅	金	3	日	壬申	金	1月	一	辛丑	土	31	三	辛未	土
廿五	7	四	乙巳	火	6	五	甲戌	火	4	六	癸卯	金	4	一	癸酉	金	2	二	壬寅	金	2月	四	壬申	金
廿六	8	五	丙午	水	7	六	乙亥	火	5	日	甲辰	火	5	二	甲戌	火	3	三	癸卯	金	2	五	癸酉	金
廿七	9	六	丁未	水	8	日	丙子	水	6	一	乙巳	火	6	三	乙亥	火	4	四	甲辰	火	3	六	甲戌	火
廿八	10	日	戊申	土	9	一	丁丑	水	7	二	丙午	水	7	四	丙子	水	5	五	乙巳	火	4	日	乙亥	火
廿九	11	一	己酉	土	10	二	戊寅	土	8	三	丁未	水	8	五	丁丑	水	6	六	丙午	水	5	一	丙子	水
三十									9	四	戊申	土					7	日	丁未	水				

公元一九五一年　　岁次:辛卯　　生肖:兔　　太岁:范宁　　纳音:松柏木

月别	正月大				二月小				三月大				四月大				五月小				六月大			
干支	庚寅				辛卯				壬辰				癸巳				甲午				乙未			
九星	八白				七赤				六白				五黄				四绿				三碧			

廿四节气

节名	雨水	惊蛰	春分	清明	谷雨	立夏	小满	芒种	夏至	小暑	大暑
农历	十四	廿九	十四	廿九	十六	初一	十七	初二	十八	初五	廿一
时辰	戌时	酉时	酉时	亥时	卯时	申时	卯时	戌时	未时	卯时	子时
公历	2月19日	3月6日	3月21日	4月5日	4月21日	5月6日	5月22日	6月6日	6月22日	7月8日	7月24日
时间	19时10分	17时27分	18时26分	22时33分	5时54分	16时10分	5时16分	20时33分	13时25分	6时54分	0时21分

农历	公历	星期	天地干支	五行	公历	星期	天地干支	五行	公历	星期	天地干支	五行	公历	星期	天地干支	五行	公历	星期	天地干支	五行	公历	星期	天地干支	五行
初一	6	二	丁丑	水	8	四	丁未	水	6	五	丙子	水	6	日	丙午	水	5	二	丙子	水	4	三	乙巳	火
初二	7	三	戊寅	土	9	五	戊申	土	7	六	丁未	水	7	一	丁未	水	6	三	丁丑	水	5	四	丙午	水
初三	8	四	己卯	土	10	六	己酉	土	8	日	戊寅	土	8	二	戊申	土	7	四	戊寅	土	6	五	丁未	水
初四	9	五	庚辰	金	11	日	庚戌	金	9	一	己卯	土	9	三	己酉	土	8	五	己卯	土	7	六	戊申	土
初五	10	六	辛巳	金	12	一	辛亥	金	10	二	庚辰	金	10	四	庚戌	金	9	六	庚辰	金	8	日	己酉	土
初六	11	日	壬午	木	13	二	壬子	木	11	三	辛巳	金	11	五	辛亥	金	10	日	辛巳	金	9	一	庚戌	金
初七	12	一	癸未	木	14	三	癸丑	木	12	四	壬午	木	12	六	壬子	木	11	一	壬午	木	10	二	辛亥	金
初八	13	二	甲申	水	15	四	甲寅	水	13	五	癸未	木	13	日	癸丑	木	12	二	癸未	木	11	三	壬子	木
初九	14	三	乙酉	水	16	五	乙卯	水	14	六	甲申	水	14	一	甲寅	水	13	三	甲申	水	12	四	癸丑	木
初十	15	四	丙戌	土	17	六	丙辰	土	15	日	乙酉	水	15	二	乙卯	水	14	四	乙酉	水	13	五	甲寅	水
十一	16	五	丁亥	土	18	日	丁巳	土	16	一	丙戌	土	16	三	丙辰	土	15	五	丙戌	土	14	六	乙卯	水
十二	17	六	戊子	火	19	一	戊午	火	17	二	丁亥	土	17	四	丁巳	土	16	六	丁亥	土	15	日	丙辰	土
十三	18	日	己丑	火	20	二	己未	火	18	三	戊子	火	18	五	戊午	火	17	日	戊子	火	16	一	丁巳	土
十四	19	一	庚寅	木	21	三	庚申	木	19	四	己丑	火	19	六	己未	火	18	一	己丑	火	17	二	戊午	火
十五	20	二	辛卯	木	22	四	辛酉	木	20	五	庚寅	木	20	日	庚申	木	19	二	庚寅	木	18	三	己未	火
十六	21	三	壬辰	水	23	五	壬戌	水	21	六	辛卯	木	21	一	辛酉	木	20	三	辛卯	木	19	四	庚申	木
十七	22	四	癸巳	水	24	六	癸亥	水	22	日	壬辰	水	22	二	壬戌	水	21	四	壬辰	水	20	五	辛酉	木
十八	23	五	甲午	金	25	日	甲子	金	23	一	癸巳	水	23	三	癸亥	水	22	五	癸巳	水	21	六	壬戌	水
十九	24	六	乙未	金	26	一	乙丑	金	24	二	甲午	金	24	四	甲子	金	23	六	甲午	金	22	日	癸亥	水
二十	25	日	丙申	火	27	二	丙寅	火	25	三	乙未	金	25	五	乙丑	金	24	日	乙未	金	23	一	甲子	金
廿一	26	一	丁酉	火	28	三	丁卯	火	26	四	丙申	火	26	六	丙寅	火	25	一	丙申	火	24	二	乙丑	金
廿二	27	二	戊戌	木	29	四	戊辰	木	27	五	丁酉	火	27	日	丁卯	火	26	二	丁酉	火	25	三	丙寅	火
廿三	28	三	己亥	木	30	五	己巳	木	28	六	戊戌	木	28	一	戊辰	木	27	三	戊戌	木	26	四	丁卯	火
廿四	3月	四	庚子	土	31	六	庚午	土	29	日	己亥	木	29	二	己巳	木	28	四	己亥	木	27	五	戊辰	木
廿五	2	五	辛丑	土	4月	日	辛未	土	30	一	庚子	土	30	三	庚午	土	29	五	庚子	土	28	六	己巳	木
廿六	3	六	壬寅	金	2	一	壬申	金	5月	二	辛丑	土	31	四	辛未	土	30	六	辛丑	土	29	日	庚午	土
廿七	4	日	癸卯	金	3	二	癸酉	金	2	三	壬寅	金	6月	五	壬申	金	7月	日	壬寅	金	30	一	辛未	土
廿八	5	一	甲辰	火	4	三	甲戌	火	3	四	癸卯	金	2	六	癸酉	金	2	一	癸卯	金	31	二	壬申	金
廿九	6	二	乙巳	火	5	四	乙亥	火	4	五	甲辰	火	3	日	甲戌	火	3	二	甲辰	火	8月	三	癸酉	金
三十	7	三	丙午	水					5	六	乙巳	火	4	一	乙亥	火					2	四	甲戌	水

公元一九五一年　岁次:辛卯　生肖:兔　太岁:范宁　纳音:松柏木

月别	七月小	八月大	九月小	十月大	十一月小	十二月大
干支	丙申	丁酉	戊戌	己亥	庚子	辛丑
九星	二黑	一白	九紫	八白	七赤	六白

廿四节气

节名	立秋	处暑	白露	秋分	寒露	霜降	立冬	小雪	大雪	冬至	小寒	大寒
农历	初六	廿二	初八	廿四	初九	廿四	初十	廿五	初十	廿五	初十	廿五
时辰	申时	辰时	戌时	寅时	巳时	未时	未时	巳时	卯时	子时	酉时	巳时
公历	8月8日	8月24日	9月8日	9月24日	10月9日	10月24日	11月8日	11月23日	12月8日	12月23日	1月6日	1月21日
时间	16时38分	7时17分	19时19分	4时38分	10时37分	13时37分	13时27分	10时52分	6时3分	0时1分	17时10分	10时39分

日历

农历	七月小 公历	星期	天地干支	五行	八月大 公历	星期	天地干支	五行	九月小 公历	星期	天地干支	五行	十月大 公历	星期	天地干支	五行	十一月小 公历	星期	天地干支	五行	十二月大 公历	星期	天地干支	五行
初一	3	五	乙亥	火	9月	六	甲辰	火	10月	一	甲戌	火	30	二	癸卯	金	29	四	癸酉	金	28	五	壬寅	金
初二	4	六	丙子	水	2	日	乙巳	火	2	二	乙亥	火	31	三	甲辰	火	30	五	甲戌	火	29	六	癸卯	金
初三	5	日	丁丑	水	3	一	丙午	水	3	三	丙子	水	11月	四	乙巳	火	12月	六	乙亥	火	30	日	甲辰	火
初四	6	一	戊寅	土	4	二	丁未	水	4	四	丁丑	水	2	五	丙午	水	2	日	丙子	水	31	一	乙巳	火
初五	7	二	己卯	土	5	三	戊申	土	5	五	戊寅	土	3	六	丁未	水	3	一	丁丑	水	1月	二	丙午	水
初六	8	三	庚辰	金	6	四	己酉	土	6	六	己卯	土	4	日	戊申	土	4	二	戊寅	土	2	三	丁未	水
初七	9	四	辛巳	金	7	五	庚戌	金	7	日	庚辰	金	5	一	己酉	土	5	三	己卯	土	3	四	戊申	土
初八	10	五	壬午	木	8	六	辛亥	金	8	一	辛巳	金	6	二	庚戌	金	6	四	庚辰	金	4	五	己酉	土
初九	11	六	癸未	木	9	日	壬子	木	9	二	壬午	木	7	三	辛亥	金	7	五	辛巳	金	5	六	庚戌	金
初十	12	日	甲申	水	10	一	癸丑	木	10	三	癸未	木	8	四	壬子	木	8	六	壬午	木	6	日	辛亥	金
十一	13	一	乙酉	水	11	二	甲寅	水	11	四	甲申	水	9	五	癸丑	木	9	日	癸未	木	7	一	壬子	木
十二	14	二	丙戌	土	12	三	乙卯	水	12	五	乙酉	水	10	六	甲寅	水	10	一	甲申	水	8	二	癸丑	木
十三	15	三	丁亥	土	13	四	丙辰	土	13	六	丙戌	土	11	日	乙卯	水	11	二	乙酉	水	9	三	甲寅	水
十四	16	四	戊子	火	14	五	丁巳	土	14	日	丁亥	土	12	一	丙辰	土	12	三	丙戌	土	10	四	乙卯	水
十五	17	五	己丑	火	15	六	戊午	火	15	一	戊子	火	13	二	丁巳	土	13	四	丁亥	土	11	五	丙辰	土
十六	18	六	庚寅	木	16	日	己未	火	16	二	己丑	火	14	三	戊午	火	14	五	戊子	火	12	六	丁巳	土
十七	19	日	辛卯	木	17	一	庚申	木	17	三	庚寅	木	15	四	己未	火	15	六	己丑	火	13	日	戊午	火
十八	20	一	壬辰	水	18	二	辛酉	木	18	四	辛卯	木	16	五	庚申	木	16	日	庚寅	木	14	一	己未	火
十九	21	二	癸巳	水	19	三	壬戌	水	19	五	壬辰	水	17	六	辛酉	木	17	一	辛卯	木	15	二	庚申	木
二十	22	三	甲午	金	20	四	癸亥	水	20	六	癸巳	水	18	日	壬戌	水	18	二	壬辰	水	16	三	辛酉	木
廿一	23	四	乙未	金	21	五	甲子	金	21	日	甲午	金	19	一	癸亥	水	19	三	癸巳	水	17	四	壬戌	水
廿二	24	五	丙申	火	22	六	乙丑	金	22	一	乙未	金	20	二	甲子	金	20	四	甲午	金	18	五	癸亥	水
廿三	25	六	丁酉	火	23	日	丙寅	火	23	二	丙申	火	21	三	乙丑	金	21	五	乙未	金	19	六	甲子	金
廿四	26	日	戊戌	木	24	一	丁卯	火	24	三	丁酉	火	22	四	丙寅	火	22	六	丙申	火	20	日	乙丑	金
廿五	27	一	己亥	木	25	二	戊辰	木	25	四	戊戌	木	23	五	丁卯	火	23	日	丁酉	火	21	一	丙寅	火
廿六	28	二	庚子	土	26	三	己巳	木	26	五	己亥	木	24	六	戊辰	木	24	一	戊戌	木	22	二	丁卯	火
廿七	29	三	辛丑	土	27	四	庚午	土	27	六	庚子	土	25	日	己巳	木	25	二	己亥	木	23	三	戊辰	木
廿八	30	四	壬寅	金	28	五	辛未	土	28	日	辛丑	土	26	一	庚午	土	26	三	庚子	土	24	四	己巳	木
廿九	31	五	癸卯	金	29	六	壬申	金	29	一	壬寅	金	27	二	辛未	土	27	四	辛丑	土	25	五	庚午	土
三十					30	日	癸酉	金					28	三	壬申	金					26	六	辛未	土

公元一九五二年　（闰五月）　岁次:壬辰　生肖:龙　太岁:彭泰　纳音:长流水

月别	正月小				二月大				三月小				四月大				五月小				闰五月大				六月小			
干支	壬寅				癸卯				甲辰				乙巳				丙午				丙午				丁未			
九星	五黄				四绿				三碧				二黑				一白				一白				九紫			

廿四节气

	节名	立春	雨水	惊蛰	春分	清明	谷雨	立夏	小满	芒种	夏至	小暑	大暑	立秋
	农历	初十	廿五	初十	廿六	十一	廿六	十二	廿八	十四	廿九	十六	初二	十七
	时辰	寅时	子时	子时	子时	寅时	午时	亥时	午时	丑时	戌时	午时	卯时	亥时
	公历	2月5日	2月20日	3月5日	3月21日	4月5日	4月20日	5月5日	5月21日	6月6日	6月21日	7月7日	7月23日	8月7日
	时间	4时54分	0时57分	23时0分	0时14分	4时16分	11时37分	21时54分	11时4分	2时21分	19时13分	12时45分	6时8分	22时32分

农历	公历	星期	天地干支	五行	公历	星期	天地干支	五行	公历	星期	天地干支	五行	公历	星期	天地干支	五行	公历	星期	天地干支	五行	公历	星期	天地干支	五行	公历	星期	天地干支	五行
初一	27	日	壬申	金	25	一	辛丑	土	26	三	辛未	土	24	四	庚子	土	24	六	庚午	土	22	日	己亥	木	22	二	己巳	木
初二	28	一	癸酉	金	26	二	壬寅	金	27	四	壬申	金	25	五	辛丑	土	25	日	辛未	土	23	一	庚子	土	23	三	庚午	土
初三	29	二	甲戌	火	27	三	癸卯	金	28	五	癸酉	金	26	六	壬寅	金	26	一	壬申	金	24	二	辛丑	土	24	四	辛未	土
初四	30	三	乙亥	火	28	四	甲辰	火	29	六	甲戌	火	27	日	癸卯	金	27	二	癸酉	金	25	三	壬寅	金	25	五	壬申	金
初五	31	四	丙子	水	29	五	乙巳	火	30	日	乙亥	火	28	一	甲辰	火	28	三	甲戌	火	26	四	癸卯	金	26	六	癸酉	金
初六	2月	五	丁丑	水	3月	六	丙午	水	31	一	丙子	水	29	二	乙巳	火	29	四	乙亥	火	27	五	甲辰	火	27	日	甲戌	火
初七	2	六	戊寅	土	2	日	丁未	水	4月	二	丁丑	水	30	三	丙午	水	30	五	丙子	水	28	六	乙巳	火	28	一	乙亥	火
初八	3	日	己卯	土	3	一	戊申	土	2	三	戊寅	土	5月	四	丁未	水	31	六	丁丑	水	29	日	丙午	水	29	二	丙子	水
初九	4	一	庚辰	金	4	二	己酉	土	3	四	己卯	土	2	五	戊申	土	6月	日	戊寅	土	30	一	丁未	水	30	三	丁丑	水
初十	5	二	辛巳	金	5	三	庚戌	金	4	五	庚辰	金	3	六	己酉	土	1	一	己卯	土	7月	二	戊申	土	31	四	戊寅	土
十一	6	三	壬午	木	6	四	辛亥	金	5	六	辛巳	金	4	日	庚戌	金	3	二	庚辰	金	2	三	己酉	土	8月	五	己卯	土
十二	7	四	癸未	木	7	五	壬子	木	6	日	壬午	木	5	一	辛亥	金	4	三	辛巳	金	3	四	庚戌	金	2	六	庚辰	金
十三	8	五	甲申	水	8	六	癸丑	木	7	一	癸未	木	6	二	壬子	木	5	四	壬午	木	4	五	辛亥	金	3	日	辛巳	金
十四	9	六	乙酉	水	9	日	甲寅	水	8	二	甲申	水	7	三	癸丑	木	6	五	癸未	木	5	六	壬子	木	4	一	壬午	木
十五	10	日	丙戌	土	10	一	乙卯	水	9	三	乙酉	水	8	四	甲寅	水	7	六	甲申	水	6	日	癸丑	木	5	二	癸未	木
十六	11	一	丁亥	土	11	二	丙辰	土	10	四	丙戌	土	9	五	乙卯	水	8	日	乙酉	水	7	一	甲寅	水	6	三	甲申	水
十七	12	二	戊子	火	12	三	丁巳	土	11	五	丁亥	土	10	六	丙辰	土	9	一	丙戌	土	8	二	乙卯	水	7	四	乙酉	水
十八	13	三	己丑	火	13	四	戊午	火	12	六	戊子	火	11	日	丁巳	土	10	二	丁亥	土	9	三	丙辰	土	8	五	丙戌	土
十九	14	四	庚寅	木	14	五	己未	火	13	日	己丑	火	12	一	戊午	火	11	三	戊子	火	10	四	丁巳	土	9	六	丁亥	土
二十	15	五	辛卯	木	15	六	庚申	木	14	一	庚寅	木	13	二	己未	火	12	四	己丑	火	11	五	戊午	火	10	日	戊子	火
廿一	16	六	壬辰	水	16	日	辛酉	木	15	二	辛卯	木	14	三	庚申	木	13	五	庚寅	木	12	六	己未	火	11	一	己丑	火
廿二	17	日	癸巳	水	17	一	壬戌	水	16	三	壬辰	水	15	四	辛酉	木	14	六	辛卯	木	13	日	庚申	木	12	二	庚寅	木
廿三	18	一	甲午	金	18	二	癸亥	水	17	四	癸巳	水	16	五	壬戌	水	15	日	壬辰	水	14	一	辛酉	木	13	三	辛卯	木
廿四	19	二	乙未	金	19	三	甲子	金	18	五	甲午	金	17	六	癸亥	水	16	一	癸巳	水	15	二	壬戌	水	14	四	壬辰	水
廿五	20	三	丙申	火	20	四	乙丑	金	19	六	乙未	金	18	日	甲子	金	17	二	甲午	金	16	三	癸亥	水	15	五	癸巳	水
廿六	21	四	丁酉	火	21	五	丙寅	火	20	日	丙申	火	19	一	乙丑	金	18	三	乙未	金	17	四	甲子	金	16	六	甲午	金
廿七	22	五	戊戌	木	22	六	丁卯	火	21	一	丁酉	火	20	二	丙寅	火	19	四	丙申	火	18	五	乙丑	金	17	日	乙未	金
廿八	23	六	己亥	木	23	日	戊辰	火	22	二	戊戌	火	21	三	丁卯	火	20	五	丁酉	火	19	六	丙寅	火	18	一	丙申	火
廿九	24	日	庚子	土	24	一	己巳	木	23	三	己亥	木	22	四	戊辰	木	21	六	戊戌	木	20	日	丁卯	火	19	二	丁酉	火
三十					25	二	庚午	土					23	五	己巳	木					21	一	戊辰	木				

公元一九五二年　（闰五月）　岁次:壬辰　生肖:龙　太岁:彭泰　纳音:长流水

月别	七月大				八月大				九月小				十月大				十一月小				十二月大			
干支	戊申				己酉				庚戌				辛亥				壬子				癸丑				
九星	八白				七赤				六白				五黄				四绿				三碧				

廿四节气

	节名	处暑	白露	秋分	寒露	霜降	立冬	小雪	大雪	冬至	小寒	大寒	立春
	农历	初四	二十	初五	二十	初五	二十	初六	廿一	初六	二十	初六	廿一
	时辰	未时	丑时	巳时	申时	戌时	戌时	申时	午时	卯时	子时	申时	巳时
	公历	8月23日	9月8日	9月23日	10月8日	10月23日	11月7日	11月22日	12月7日	12月22日	1月5日	1月20日	2月4日
	时间	13时3分	1时14分	10时24分	16时33分	19时23分	19时22分	16时36分	11时56分	5时44分	23时3分	16时22分	10时46分

农历	公历	星期	天地干支	五行	公历	星期	天地干支	五行	公历	星期	天地干支	五行	公历	星期	天地干支	五行	公历	星期	天地干支	五行	公历	星期	天地干支	五行
初一	20	三	戊戌	木	19	五	戊辰	木	19	日	戊戌	木	17	一	丁卯	火	17	三	丁酉	火	15	四	丙寅	火
初二	21	四	己亥	木	20	六	己巳	木	20	一	己亥	木	18	二	戊辰	木	18	四	戊戌	木	16	五	丁卯	火
初三	22	五	庚子	土	21	日	庚午	土	21	二	庚子	土	19	三	己巳	木	19	五	己亥	木	17	六	戊辰	木
初四	23	六	辛丑	土	22	一	辛未	土	22	三	辛丑	土	20	四	庚午	土	20	六	庚子	土	18	日	己巳	木
初五	24	日	壬寅	金	23	二	壬申	金	23	四	壬寅	金	21	五	辛未	土	21	日	辛丑	土	19	一	庚午	土
初六	25	一	癸卯	金	24	三	癸酉	金	24	五	癸卯	金	22	六	壬申	金	22	一	壬寅	金	20	二	辛未	土
初七	26	二	甲辰	火	25	四	甲戌	火	25	六	甲辰	火	23	日	癸酉	金	23	二	癸卯	金	21	三	壬申	金
初八	27	三	乙巳	火	26	五	乙亥	火	26	日	乙巳	火	24	一	甲戌	火	24	三	甲辰	火	22	四	癸酉	金
初九	28	四	丙午	水	27	六	丙子	水	27	一	丙午	水	25	二	乙亥	火	25	四	乙巳	火	23	五	甲戌	火
初十	29	五	丁未	水	28	日	丁丑	水	28	二	丁未	水	26	三	丙子	水	26	五	丙午	水	24	六	乙亥	火
十一	30	六	戊申	土	29	一	戊寅	土	29	三	戊申	土	27	四	丁丑	水	27	六	丁未	水	25	日	丙子	水
十二	31	日	己酉	土	30	二	己卯	土	30	四	己酉	土	28	五	戊寅	土	28	日	戊申	土	26	一	丁丑	水
十三	9月	一	庚戌	金	10月	三	庚辰	金	31	五	庚戌	金	29	六	己卯	土	29	一	己酉	土	27	二	戊寅	土
十四	2	二	辛亥	金	2	四	辛巳	金	11月	六	辛亥	金	30	日	庚辰	金	30	二	庚戌	金	28	三	己卯	土
十五	3	三	壬子	木	3	五	壬午	木	2	日	壬子	木	12月	一	辛巳	金	31	三	辛亥	金	29	四	庚辰	金
十六	4	四	癸丑	木	4	六	癸未	木	3	一	癸丑	木	2	二	壬午	木	1月	四	壬子	木	30	五	辛巳	金
十七	5	五	甲寅	水	5	日	甲申	水	4	二	甲寅	水	3	三	癸未	木	2	五	癸丑	木	31	六	壬午	木
十八	6	六	乙卯	水	6	一	乙酉	水	5	三	乙卯	水	4	四	甲申	水	3	六	甲寅	水	2月	日	癸未	木
十九	7	日	丙辰	土	7	二	丙戌	土	6	四	丙辰	土	5	五	乙酉	水	4	日	乙卯	水	2	一	甲申	水
二十	8	一	丁巳	土	8	三	丁亥	土	7	五	丁巳	土	6	六	丙戌	土	5	一	丙辰	土	3	二	乙酉	水
廿一	9	二	戊午	火	9	四	戊子	火	8	六	戊午	火	7	日	丁亥	土	6	二	丁巳	土	4	三	丙戌	土
廿二	10	三	己未	火	10	五	己丑	火	9	日	己未	火	8	一	戊子	火	7	三	戊午	火	5	四	丁亥	土
廿三	11	四	庚申	木	11	六	庚寅	木	10	一	庚申	木	9	二	己丑	火	8	四	己未	火	6	五	戊子	火
廿四	12	五	辛酉	木	12	日	辛卯	木	11	二	辛酉	木	10	三	庚寅	木	9	五	庚申	木	7	六	己丑	火
廿五	13	六	壬戌	水	13	一	壬辰	水	12	三	壬戌	水	11	四	辛卯	木	10	六	辛酉	木	8	日	庚寅	木
廿六	14	日	癸亥	水	14	二	癸巳	水	13	四	癸亥	水	12	五	壬辰	水	11	日	壬戌	水	9	一	辛卯	木
廿七	15	一	甲子	金	15	三	甲午	金	14	五	甲子	金	13	六	癸巳	水	12	一	癸亥	水	10	二	壬辰	水
廿八	16	二	乙丑	金	16	四	乙未	金	15	六	乙丑	金	14	日	甲午	金	13	二	甲子	金	11	三	癸巳	水
廿九	17	三	丙寅	火	17	五	丙申	火	16	日	丙寅	火	15	一	乙未	金	14	三	乙丑	金	12	四	甲午	金
三十	18	四	丁卯	火	18	六	丁酉	火					16	二	丙申	火					13	五	乙未	金

— 173 —

公元一九五三年　　岁次:癸巳　　生肖:蛇　　太岁:徐舜　　纳音:长流水

月别	正月小			二月大			三月小			四月小			五月大			六月大		
干支	甲寅			乙卯			丙辰			丁巳			戊午			己未		
九星	二黑			一白			九紫			八白			七赤			六白		

廿四节气

	节名	雨水	惊蛰	春分	清明	谷雨	立夏	小满	芒种	夏至	小暑	大暑	立秋
	农历	初六	廿一	初七	廿二	初七	廿三	初九	廿五	十二	廿七	十三	廿九
	时辰	卯时	卯时	卯时	巳时	酉时	寅时	申时	辰时	丑时	酉时	午时	寅时
	公历	2月19日	3月6日	3月21日	4月5日	4月20日	5月6日	5月21日	6月6日	6月22日	7月7日	7月23日	8月8日
	时间	6时42分	5时3分	5时58分	10时13分	17时26分	3时53分	16时54分	8时17分	1时0分	18时36分	11时53分	4时15分

农历	公历	星期	天地干支	五行	公历	星期	天地干支	五行	公历	星期	天地干支	五行	公历	星期	天地干支	五行	公历	星期	天地干支	五行	公历	星期	天地干支	五行
初一	14	六	丙申	火	15	日	乙丑	金	14	二	乙未	金	13	三	甲子	金	11	四	癸巳	水	11	六	癸亥	水
初二	15	日	丁酉	火	16	一	丙寅	火	15	三	丙申	火	14	四	乙丑	金	12	五	甲午	金	12	日	甲子	金
初三	16	一	戊戌	木	17	二	丁卯	火	16	四	丁酉	火	15	五	丙寅	火	13	六	乙未	金	13	一	乙丑	金
初四	17	二	己亥	木	18	三	戊辰	木	17	五	戊戌	木	16	六	丁卯	火	14	日	丙申	火	14	二	丙寅	火
初五	18	三	庚子	土	19	四	己巳	木	18	六	己亥	木	17	日	戊辰	木	15	一	丁酉	火	15	三	丁卯	火
初六	19	四	辛丑	土	20	五	庚午	土	19	日	庚子	土	18	一	己巳	木	16	二	戊戌	木	16	四	戊辰	木
初七	20	五	壬寅	金	21	六	辛未	土	20	一	辛丑	土	19	二	庚午	土	17	三	己亥	木	17	五	己巳	木
初八	21	六	癸卯	金	22	日	壬申	金	21	二	壬寅	金	20	三	辛未	土	18	四	庚子	土	18	六	庚午	土
初九	22	日	甲辰	火	23	一	癸酉	金	22	三	癸卯	金	21	四	壬申	金	19	五	辛丑	土	19	日	辛未	土
初十	23	一	乙巳	火	24	二	甲戌	火	23	四	甲辰	火	22	五	癸酉	金	20	六	壬寅	金	20	一	壬申	金
十一	24	二	丙午	水	25	三	乙亥	火	24	五	乙巳	火	23	六	甲戌	火	21	日	癸卯	金	21	二	癸酉	金
十二	25	三	丁未	水	26	四	丙子	水	25	六	丙午	水	24	日	乙亥	火	22	一	甲辰	火	22	三	甲戌	火
十三	26	四	戊申	土	27	五	丁丑	水	26	日	丁未	水	25	一	丙子	水	23	二	乙巳	火	23	四	乙亥	火
十四	27	五	己酉	土	28	六	戊寅	土	27	一	戊申	土	26	二	丁丑	水	24	三	丙午	水	24	五	丙子	水
十五	28	六	庚戌	金	29	日	己卯	土	28	二	己酉	土	27	三	戊寅	土	25	四	丁未	水	25	六	丁丑	水
十六	3月	日	辛亥	金	30	一	庚辰	金	29	三	庚戌	金	28	四	己卯	土	26	五	戊申	土	26	日	戊寅	土
十七	1	一	壬子	木	31	二	辛巳	金	30	四	辛亥	金	29	五	庚辰	金	27	六	己酉	土	27	一	己卯	土
十八	2	二	癸丑	木	4月	三	壬午	木	5月	五	壬子	木	30	六	辛巳	金	28	日	庚戌	金	28	二	庚辰	金
十九	4	三	甲寅	水	2	四	癸未	木	2	六	癸丑	木	31	日	壬午	木	29	一	辛亥	金	29	三	辛巳	金
二十	5	四	乙卯	水	3	五	甲申	水	3	日	甲寅	水	6月	一	癸未	木	30	二	壬子	木	30	四	壬午	木
廿一	6	五	丙辰	土	4	六	乙酉	水	1	一	乙卯	水	2	二	甲申	水	7月	三	癸丑	木	31	五	癸未	木
廿二	7	六	丁巳	土	5	日	丙戌	土	2	二	丙辰	土	3	三	乙酉	水	2	四	甲寅	水	8月	六	甲申	水
廿三	8	日	戊午	火	6	一	丁亥	土	6	三	丁巳	土	4	四	丙戌	土	3	五	乙卯	水	2	日	乙酉	水
廿四	9	一	己未	火	7	二	戊子	火	7	四	戊午	火	5	五	丁亥	土	4	六	丙辰	土	3	一	丙戌	土
廿五	10	二	庚申	木	8	三	己丑	火	8	五	己未	火	6	六	戊子	火	5	日	丁巳	土	4	二	丁亥	土
廿六	11	三	辛酉	木	9	四	庚寅	木	9	六	庚申	木	7	日	己丑	火	6	一	戊午	火	5	三	戊子	火
廿七	12	四	壬戌	水	10	五	辛卯	木	10	日	辛酉	木	8	一	庚寅	木	7	二	己未	火	6	四	己丑	火
廿八	13	五	癸亥	水	11	六	壬辰	水	11	一	壬戌	水	9	二	辛卯	木	8	三	庚申	木	7	五	庚寅	木
廿九	14	六	甲子	金	12	日	癸巳	水	12	二	癸亥	水	10	三	壬辰	水	9	四	辛酉	木	8	六	辛卯	木
三十					13	一	甲午	金									10	五	壬戌	水	9	日	壬辰	水

公元一九五三年　岁次:癸巳　生肖:蛇　太岁:徐舜　纳音:长流水

月别	七月小				八月大				九月大				十月小				十一月大				十二月小			
干支	庚申				辛酉				壬戌				癸亥				甲子				乙丑			
九星	五黄				四绿				三碧				二黑				一白				九紫			

廿四节气

	七月小		八月大		九月大		十月小		十一月大		十二月小	
节名	处暑		白露	秋分	寒露	霜降	立冬	小雪	大雪	冬至	小寒	大寒
农历	十四		初一	十六	初一	十七	初二	十六	初二	十七	初二	十六
时辰	酉时		卯时	申时	亥时	丑时	丑时	亥时	酉时	午时	寅时	亥时
公历	8月23日		9月8日	9月23日	10月8日	10月24日	11月8日	11月22日	12月7日	12月22日	1月6日	1月20日
时间	18时46分		6时54分	16时7分	22时11分	1时7分	1时2分	22时23分	17时38分	11时32分	4时6分	22时12分

农历	公历	星期	天地干支	五行	公历	星期	天地干支	五行	公历	星期	天地干支	五行	公历	星期	天地干支	五行	公历	星期	天地干支	五行	公历	星期	天地干支	五行
初一	10	一	癸巳	水	8	二	壬戌	水	8	四	壬辰	水	7	六	壬戌	水	6	日	辛卯	木	5	二	辛酉	木
初二	11	二	甲午	金	9	三	癸亥	水	9	五	癸巳	水	8	日	癸亥	水	7	一	壬辰	水	6	三	壬戌	水
初三	12	三	乙未	金	10	四	甲子	金	10	六	甲午	金	9	一	甲子	金	8	二	癸巳	水	7	四	癸亥	水
初四	13	四	丙申	火	11	五	乙丑	金	11	日	乙未	金	10	二	乙丑	金	9	三	甲午	金	8	五	甲子	金
初五	14	五	丁酉	火	12	六	丙寅	火	12	一	丙申	火	11	三	丙寅	火	10	四	乙未	金	9	六	乙丑	金
初六	15	六	戊戌	木	13	日	丁卯	火	13	二	丁酉	火	12	四	丁卯	火	11	五	丙申	火	10	日	丙寅	火
初七	16	日	己亥	木	14	一	戊辰	木	14	三	戊戌	木	13	五	戊辰	木	12	六	丁酉	火	11	一	丁卯	火
初八	17	一	庚子	土	15	二	己巳	木	15	四	己亥	木	14	六	己巳	木	13	日	戊戌	木	12	二	戊辰	木
初九	18	二	辛丑	土	16	三	庚午	土	16	五	庚子	土	15	日	庚午	土	14	一	己亥	木	13	三	己巳	木
初十	19	三	壬寅	金	17	四	辛未	土	17	六	辛丑	土	16	一	辛未	土	15	二	庚子	土	14	四	庚午	土
十一	20	四	癸卯	金	18	五	壬申	金	18	日	壬寅	金	17	二	壬申	金	16	三	辛丑	土	15	五	辛未	土
十二	21	五	甲辰	火	19	六	癸酉	金	19	一	癸卯	金	18	三	癸酉	金	17	四	壬寅	金	16	六	壬申	金
十三	22	六	乙巳	火	20	日	甲戌	火	20	二	甲辰	火	19	四	甲戌	火	18	五	癸卯	金	17	日	癸酉	金
十四	23	日	丙午	水	21	一	乙亥	火	21	三	乙巳	火	20	五	乙亥	火	19	六	甲辰	火	18	一	甲戌	火
十五	24	一	丁未	水	22	二	丙子	水	22	四	丙午	水	21	六	丙子	水	20	日	乙巳	火	19	二	乙亥	火
十六	25	二	戊申	土	23	三	丁丑	水	23	五	丁未	水	22	日	丁丑	水	21	一	丙午	水	20	三	丙子	水
十七	26	三	己酉	土	24	四	戊寅	土	24	六	戊申	土	23	一	戊寅	土	22	二	丁未	水	21	四	丁丑	水
十八	27	四	庚戌	金	25	五	己卯	土	25	日	己酉	土	24	二	己卯	土	23	三	戊申	土	22	五	戊寅	土
十九	28	五	辛亥	金	26	六	庚辰	金	26	一	庚戌	金	25	三	庚辰	金	24	四	己酉	土	23	六	己卯	土
二十	29	六	壬子	木	27	日	辛巳	金	27	二	辛亥	金	26	四	辛巳	金	25	五	庚戌	金	24	日	庚辰	金
廿一	30	日	癸丑	木	28	一	壬午	木	28	三	壬子	木	27	五	壬午	木	26	六	辛亥	金	25	一	辛巳	金
廿二	31	一	甲寅	水	29	二	癸未	木	29	四	癸丑	木	28	六	癸未	木	27	日	壬子	木	26	二	壬午	木
廿三	9月	二	乙卯	水	30	三	甲申	水	30	五	甲寅	水	29	日	甲申	水	28	一	癸丑	木	27	三	癸未	木
廿四	2	三	丙辰	土	10月	四	乙酉	水	31	六	乙卯	水	30	一	乙酉	水	29	二	甲寅	水	28	四	甲申	水
廿五	3	四	丁巳	土	2	五	丙戌	土	11月	日	丙辰	土	12月	二	丙戌	土	30	三	乙卯	水	29	五	乙酉	水
廿六	4	五	戊午	火	3	六	丁亥	土	2	一	丁巳	土	2	三	丁亥	土	31	四	丙辰	土	30	六	丙戌	土
廿七	5	六	己未	火	4	日	戊子	火	3	二	戊午	火	3	四	戊子	火	1月	五	丁巳	土	31	日	丁亥	土
廿八	6	日	庚申	木	5	一	己丑	火	4	三	己未	火	4	五	己丑	火	2	六	戊午	火	2月	一	戊子	火
廿九	7	一	辛酉	木	6	二	庚寅	木	5	四	庚申	木	5	六	庚寅	木	3	日	己未	火	2	二	己丑	火
三十					7	三	辛卯	木	6	五	辛酉	木					4	一	庚申	木				

公元一九五四年　　岁次:甲午　　生肖:马　　太岁:张词　　纳音:砂中金

月别	正月大	二月小	三月大	四月小	五月小	六月大
干支	丙寅	丁卯	戊辰	己巳	庚午	辛未
九星	八白	七赤	六白	五黄	四绿	三碧

廿四节气													
节名	立春	雨水	惊蛰	春分	清明	谷雨	立夏	小满	芒种	夏至	小暑	大暑
农历	初二	十七	初二	十七	初三	十八	初四	十九	初六	廿二	初九	廿四
时辰	申时	午时	巳时	午时	申时	子时	巳时	亥时	未时	卯时	子时	酉时
公历	2月4日	2月19日	3月6日	3月21日	4月5日	4月20日	5月6日	5月21日	6月6日	6月22日	7月8日	7月23日
时间	16时31分	12时33分	10时49分	11时54分	16时0分	23时20分	9时47分	22时48分	14时2分	6时55分	0时20分	17时45分

农历	公历	星期	天地干支	五行	公历	星期	天地干支	五行	公历	星期	天地干支	五行	公历	星期	天地干支	五行	公历	星期	天地干支	五行	公历	星期	天地干支	五行
初一	3	三	庚寅	木	5	五	庚申	木	3	六	己丑	火	3	一	己未	火	6月	二	戊子	火	30	三	丁巳	土
初二	4	四	辛卯	木	6	六	辛酉	木	4	日	庚寅	木	4	二	庚申	木	2	三	己丑	火	7月	四	戊午	火
初三	5	五	壬辰	水	7	日	壬戌	水	5	一	辛卯	木	5	三	辛酉	木	3	四	庚寅	木	2	五	己未	火
初四	6	六	癸巳	水	8	一	癸亥	水	6	二	壬辰	水	6	四	壬戌	水	4	五	辛卯	木	3	六	庚申	木
初五	7	日	甲午	金	9	二	甲子	金	7	三	癸巳	水	7	五	癸亥	水	5	六	壬辰	水	4	日	辛酉	木
初六	8	一	乙未	金	10	三	乙丑	金	8	四	甲午	金	8	六	甲子	金	6	日	癸巳	水	5	一	壬戌	水
初七	9	二	丙申	火	11	四	丙寅	火	9	五	乙未	金	9	日	乙丑	金	7	一	甲午	金	6	二	癸亥	水
初八	10	三	丁酉	火	12	五	丁卯	火	10	六	丙申	火	10	一	丙寅	火	8	二	乙未	金	7	三	甲子	金
初九	11	四	戊戌	木	13	六	戊辰	木	11	日	丁酉	火	11	二	丁卯	火	9	三	丙申	火	8	四	乙丑	金
初十	12	五	己亥	木	14	日	己巳	木	12	一	戊戌	木	12	三	戊辰	木	10	四	丁酉	火	9	五	丙寅	火
十一	13	六	庚子	土	15	一	庚午	土	13	二	己亥	木	13	四	己巳	木	11	五	戊戌	木	10	六	丁卯	火
十二	14	日	辛丑	土	16	二	辛未	土	14	三	庚子	土	14	五	庚午	土	12	六	己亥	木	11	日	戊辰	木
十三	15	一	壬寅	金	17	三	壬申	金	15	四	辛丑	土	15	六	辛未	土	13	日	庚子	土	12	一	己巳	木
十四	16	二	癸卯	金	18	四	癸酉	金	16	五	壬寅	金	16	日	壬申	金	14	一	辛丑	土	13	二	庚午	土
十五	17	三	甲辰	火	19	五	甲戌	火	17	六	癸卯	金	17	一	癸酉	金	15	二	壬寅	金	14	三	辛未	土
十六	18	四	乙巳	火	20	六	乙亥	火	18	日	甲辰	火	18	二	甲戌	火	16	三	癸卯	金	15	四	壬申	金
十七	19	五	丙午	水	21	日	丙子	水	19	一	乙巳	火	19	三	乙亥	火	17	四	甲辰	火	16	五	癸酉	金
十八	20	六	丁未	水	22	一	丁丑	水	20	二	丙午	水	20	四	丙子	水	18	五	乙巳	火	17	六	甲戌	火
十九	21	日	戊申	土	23	二	戊寅	土	21	三	丁未	水	21	五	丁丑	水	19	六	丙午	水	18	日	乙亥	火
二十	22	一	己酉	土	24	三	己卯	土	22	四	戊申	土	22	六	戊寅	土	20	日	丁未	水	19	一	丙子	水
廿一	23	二	庚戌	金	25	四	庚辰	金	23	五	己酉	土	23	日	己卯	土	21	一	戊申	土	20	二	丁丑	水
廿二	24	三	辛亥	金	26	五	辛巳	金	24	六	庚戌	金	24	一	庚辰	金	22	二	己酉	土	21	三	戊寅	土
廿三	25	四	壬子	木	27	六	壬午	木	25	日	辛亥	金	25	二	辛巳	金	23	三	庚戌	金	22	四	己卯	土
廿四	26	五	癸丑	木	28	日	癸未	木	26	一	壬子	木	26	三	壬午	木	24	四	辛亥	金	23	五	庚辰	金
廿五	27	六	甲寅	水	29	一	甲申	水	27	二	癸丑	木	27	四	癸未	木	25	五	壬子	木	24	六	辛巳	金
廿六	28	日	乙卯	水	30	二	乙酉	水	28	三	甲寅	水	28	五	甲申	水	26	六	癸丑	木	25	日	壬午	木
廿七	3月	一	丙辰	土	31	三	丙戌	土	29	四	乙卯	水	29	六	乙酉	水	27	日	甲寅	水	26	一	癸未	木
廿八	2	二	丁巳	土	4月	四	丁亥	土	30	五	丙辰	土	30	日	丙戌	土	28	一	乙卯	水	27	二	甲申	水
廿九	3	三	戊午	火	2	五	戊子	火	5月	六	丁巳	土	31	一	丁亥	土	29	二	丙辰	土	28	三	乙酉	水
三十	4	四	己未	火					2	日	戊午	火									29	四	丙戌	土

公元一九五四年　岁次:甲午　生肖:马　太岁:张词　纳音:砂中金

月别	七月小				八月大				九月大				十月小				十一月大				十二月大			
干支	壬申				癸酉				甲戌				乙亥				丙子				丁丑			
九星	二黑				一白				九紫				八白				七赤				六白			

廿四节气

	节名	立秋	处暑	白露	秋分	寒露	霜降	立冬	小雪	大雪	冬至	小寒	大寒
	农历	初十	廿六	十二	廿七	十三	廿八	十三	廿八	十三	廿八	十三	廿八
	时辰	巳时	子时	午时	亥时	寅时	卯时	卯时	寅时	子时	酉时	巳时	寅时
	公历	8月8日	8月24日	9月8日	9月23日	10月9日	10月24日	11月8日	11月23日	12月7日	12月22日	1月6日	1月21日
	时间	10时0分	0时37分	12时39分	21时56分	3时58分	6时57分	6时51分	4时14分	23时28分	17时24分	10时36分	4时2分

农历	公历	星期	天地干支	五行	公历	星期	天地干支	五行	公历	星期	天地干支	五行	公历	星期	天地干支	五行	公历	星期	天地干支	五行	公历	星期	天地干支	五行
初一	30	五	丁亥	土	28	六	丙辰	土	27	一	丙戌	土	27	三	丙辰	土	25	四	乙酉	水	25	六	乙卯	水
初二	31	六	戊子	火	29	日	丁巳	土	28	二	丁亥	土	28	四	丁巳	土	26	五	丙戌	土	26	日	丙辰	土
初三	8月	日	己丑	火	30	一	戊午	火	29	三	戊子	火	29	五	戊午	火	27	六	丁亥	土	27	一	丁巳	土
初四	2	一	庚寅	木	31	二	己未	火	30	四	己丑	火	30	六	己未	火	28	日	戊子	火	28	二	戊午	火
初五	3	二	辛卯	木	9月	三	庚申	木	10月	五	庚寅	木	31	日	庚申	木	29	一	己丑	火	29	三	己未	火
初六	4	三	壬辰	水	2	四	辛酉	木	2	六	辛卯	木	11月	一	辛酉	木	30	二	庚寅	木	30	四	庚申	木
初七	5	四	癸巳	水	3	五	壬戌	水	3	日	壬辰	水	2	二	壬戌	水	12月	三	辛卯	木	31	五	辛酉	木
初八	6	五	甲午	金	4	六	癸亥	水	4	一	癸巳	水	3	三	癸亥	水	2	四	壬辰	水	1月	六	壬戌	水
初九	7	六	乙未	金	5	日	甲子	金	5	二	甲午	金	4	四	甲子	金	3	五	癸巳	水	2	日	癸亥	水
初十	8	日	丙申	火	6	一	乙丑	金	6	三	乙未	金	5	五	乙丑	金	4	六	甲午	金	3	一	甲子	金
十一	9	一	丁酉	火	7	二	丙寅	火	7	四	丙申	火	6	六	丙寅	火	5	日	乙未	金	4	二	乙丑	金
十二	10	二	戊戌	木	8	三	丁卯	火	8	五	丁酉	火	7	日	丁卯	火	6	一	丙申	火	5	三	丙寅	火
十三	11	三	己亥	木	9	四	戊辰	木	9	六	戊戌	木	8	一	戊辰	木	7	二	丁酉	火	6	四	丁卯	火
十四	12	四	庚子	土	10	五	己巳	木	10	日	己亥	木	9	二	己巳	木	8	三	戊戌	木	7	五	戊辰	木
十五	13	五	辛丑	土	11	六	庚午	土	11	一	庚子	土	10	三	庚午	土	9	四	己亥	木	8	六	己巳	木
十六	14	六	壬寅	金	12	日	辛未	土	12	二	辛丑	土	11	四	辛未	土	10	五	庚子	土	9	日	庚午	土
十七	15	日	癸卯	金	13	一	壬申	金	13	三	壬寅	金	12	五	壬申	金	11	六	辛丑	土	10	一	辛未	土
十八	16	一	甲辰	火	14	二	癸酉	金	14	四	癸卯	金	13	六	癸酉	金	12	日	壬寅	金	11	二	壬申	金
十九	17	二	乙巳	火	15	三	甲戌	火	15	五	甲辰	火	14	日	甲戌	火	13	一	癸卯	金	12	三	癸酉	金
二十	18	三	丙午	水	16	四	乙亥	火	16	六	乙巳	火	15	一	乙亥	火	14	二	甲辰	火	13	四	甲戌	火
廿一	19	四	丁未	水	17	五	丙子	水	17	日	丙午	水	16	二	丙子	水	15	三	乙巳	火	14	五	乙亥	火
廿二	20	五	戊申	土	18	六	丁丑	水	18	一	丁未	水	17	三	丁丑	水	16	四	丙午	水	15	六	丙子	水
廿三	21	六	己酉	土	19	日	戊寅	土	19	二	戊申	土	18	四	戊寅	土	17	五	丁未	水	16	日	丁丑	水
廿四	22	日	庚戌	金	20	一	己卯	土	20	三	己酉	土	19	五	己卯	土	18	六	戊申	土	17	一	戊寅	土
廿五	23	一	辛亥	金	21	二	庚辰	金	21	四	庚戌	金	20	六	庚辰	金	19	日	己酉	土	18	二	己卯	土
廿六	24	二	壬子	木	22	三	辛巳	金	22	五	辛亥	金	21	日	辛巳	金	20	一	庚戌	金	19	三	庚辰	金
廿七	25	三	癸丑	木	23	四	壬午	木	23	六	壬子	木	22	一	壬午	木	21	二	辛亥	金	20	四	辛巳	金
廿八	26	四	甲寅	水	24	五	癸未	木	24	日	癸丑	木	23	二	癸未	木	22	三	壬子	木	21	五	壬午	木
廿九	27	五	乙卯	水	25	六	甲申	水	25	一	甲寅	水	24	三	甲申	水	23	四	癸丑	木	22	六	癸未	木
三十					26	日	乙酉	水	26	二	乙卯	水					24	五	甲寅	水	23	日	甲申	水

公元一九五五年　（闰三月）　岁次:乙未　生肖:羊　太岁:杨贤　纳音:砂中金

月别	正月小	二月大	三月小	闰三月大	四月小	五月小	六月大
干支	戊寅	己卯	庚辰	庚辰	辛巳	壬午	癸未
九星	五黄	四绿	三碧	三碧	二黑	一白	九紫

廿四节气

	节名	立春	雨水	惊蛰	春分	清明	谷雨	立夏	小满	芒种	夏至	小暑	大暑	立秋
	农历	十二	廿七	十三	廿八	十三	廿九	十五	初一	十六	初三	十九	初五	廿一
	时辰	亥时	酉时	申时	酉时	亥时	寅时	申时	寅时	戌时	午时	卯时	子时	申时
	公历	2月4日	2月19日	3月6日	3月21日	4月5日	4月21日	5月6日	5月22日	6月6日	6月22日	7月8日	7月23日	8月8日
	时间	22时18分	18时19分	16时32分	17时32分	21时39分	4时58分	15时18分	4时25分	19时44分	12时32分	6时7分	23时25分	15时50分

农历日表

农历	正月小 公历	星期	天地干支	五行	二月大 公历	星期	天地干支	五行	三月小 公历	星期	天地干支	五行	闰三月大 公历	星期	天地干支	五行	四月小 公历	星期	天地干支	五行	五月小 公历	星期	天地干支	五行	六月大 公历	星期	天地干支	五行
初一	24	一	乙酉	水	22	二	甲寅	水	24	四	甲申	水	22	五	癸丑	木	22	日	癸未	木	20	一	壬子	木	19	二	辛巳	金
初二	25	二	丙戌	土	23	三	乙卯	水	25	五	乙酉	水	23	六	甲寅	水	23	一	甲申	水	21	二	癸丑	木	20	三	壬午	木
初三	26	三	丁亥	土	24	四	丙辰	土	26	六	丙戌	土	24	日	乙卯	水	24	二	乙酉	水	22	三	甲寅	水	21	四	癸未	木
初四	27	四	戊子	火	25	五	丁巳	土	27	日	丁亥	土	25	一	丙辰	土	25	三	丙戌	土	23	四	乙卯	水	22	五	甲申	水
初五	28	五	己丑	火	26	六	戊午	火	28	一	戊子	火	26	二	丁巳	土	26	四	丁亥	土	24	五	丙辰	土	23	六	乙酉	水
初六	29	六	庚寅	木	27	日	己未	火	29	二	己丑	火	27	三	戊午	火	27	五	戊子	火	25	六	丁巳	土	24	日	丙戌	土
初七	30	日	辛卯	木	28	一	庚申	木	30	三	庚寅	木	28	四	己未	火	28	六	己丑	火	26	日	戊午	火	25	一	丁亥	土
初八	31	一	壬辰	水	3月	二	辛酉	木	31	四	辛卯	木	29	五	庚申	木	29	日	庚寅	木	27	一	己未	火	26	二	戊子	火
初九	2月	二	癸巳	水	2	三	壬戌	水	4月	五	壬辰	水	30	六	辛酉	木	30	一	辛卯	木	28	二	庚申	木	27	三	己丑	火
初十	2	三	甲午	金	3	四	癸亥	水	2	六	癸巳	水	5月	日	壬戌	水	31	二	壬辰	水	29	三	辛酉	木	28	四	庚寅	木
十一	3	四	乙未	金	4	五	甲子	金	3	日	甲午	金	2	一	癸亥	水	6月	三	癸巳	水	30	四	壬戌	水	29	五	辛卯	木
十二	4	五	丙申	火	5	六	乙丑	金	4	一	乙未	金	3	二	甲子	金	2	四	甲午	金	7月	五	癸亥	水	30	六	壬辰	水
十三	5	六	丁酉	火	6	日	丙寅	火	5	二	丙申	火	4	三	乙丑	金	3	五	乙未	金	2	六	甲子	金	31	日	癸巳	水
十四	6	日	戊戌	木	7	一	丁卯	火	6	三	丁酉	火	5	四	丙寅	火	4	六	丙申	火	3	日	乙丑	金	8月	一	甲午	金
十五	7	一	己亥	木	8	二	戊辰	木	7	四	戊戌	木	6	五	丁卯	火	5	日	丁酉	火	4	一	丙寅	火	2	二	乙未	金
十六	8	二	庚子	土	9	三	己巳	木	8	五	己亥	木	7	六	戊辰	木	6	一	戊戌	木	5	二	丁卯	火	3	三	丙申	火
十七	9	三	辛丑	土	10	四	庚午	土	9	六	庚子	土	8	日	己巳	木	7	二	己亥	木	6	三	戊辰	木	4	四	丁酉	火
十八	10	四	壬寅	金	11	五	辛未	土	10	日	辛丑	土	9	一	庚午	土	8	三	庚子	土	7	四	己巳	木	5	五	戊戌	木
十九	11	五	癸卯	金	12	六	壬申	金	11	一	壬寅	金	10	二	辛未	土	9	四	辛丑	土	8	五	庚午	土	6	六	己亥	木
二十	12	六	甲辰	火	13	日	癸酉	金	12	二	癸卯	金	11	三	壬申	金	10	五	壬寅	金	9	六	辛未	土	7	日	庚子	土
廿一	13	日	乙巳	火	14	一	甲戌	火	13	三	甲辰	火	12	四	癸酉	金	11	六	癸卯	金	10	日	壬申	金	8	一	辛丑	土
廿二	14	一	丙午	水	15	二	乙亥	火	14	四	乙巳	火	13	五	甲戌	火	12	日	甲辰	火	11	一	癸酉	金	9	二	壬寅	金
廿三	15	二	丁未	水	16	三	丙子	水	15	五	丙午	水	14	六	乙亥	火	13	一	乙巳	火	12	二	甲戌	火	10	三	癸卯	金
廿四	16	三	戊申	土	17	四	丁丑	水	16	六	丁未	水	15	日	丙子	水	14	二	丙午	水	13	三	乙亥	火	11	四	甲辰	火
廿五	17	四	己酉	土	18	五	戊寅	土	17	日	戊申	土	16	一	丁丑	水	15	三	丁未	水	14	四	丙子	水	12	五	乙巳	火
廿六	18	五	庚戌	金	19	六	己卯	土	18	一	己酉	土	17	二	戊寅	土	16	四	戊申	土	15	五	丁丑	水	13	六	丙午	水
廿七	19	六	辛亥	金	20	日	庚辰	金	19	二	庚戌	金	18	三	己卯	土	17	五	己酉	土	16	六	戊寅	土	14	日	丁未	水
廿八	20	日	壬子	木	21	一	辛巳	金	20	三	辛亥	金	19	四	庚辰	金	18	六	庚戌	金	17	日	己卯	土	15	一	戊申	土
廿九	21	一	癸丑	木	22	二	壬午	木	21	四	壬子	木	20	五	辛巳	金	19	日	辛亥	金	18	一	庚辰	金	16	二	己酉	土
三十					23	三	癸未	木					21	六	壬午	木									17	三	庚戌	金

— 178 —

公元一九五五年 （闰三月） 岁次:乙未 生肖:羊 太岁:杨贤 纳音:砂中金

月别	七月小		八月大		九月小		十月大		十一月大		十二月大	
干支	甲申		乙酉		丙戌		丁亥		戊子		己丑	
九星	八白		七赤		六白		五黄		四绿		三碧	

廿四节气

	处暑	白露	秋分	寒露	霜降	立冬	小雪	大雪	冬至	小寒	大寒	立春
节名	处暑	白露	秋分	寒露	霜降	立冬	小雪	大雪	冬至	小寒	大寒	立春
农历	初七	廿二	初九	廿四	初九	廿四	初十	廿五	初九	廿四	初九	廿四
时辰	卯时	酉时	寅时	巳时	午时	午时	巳时	卯时	子时	申时	巳时	寅时
公历	8月24日	9月8日	9月24日	10月9日	10月24日	11月8日	11月23日	12月8日	12月22日	1月6日	1月21日	2月5日
时间	6时20分	18时32分	3时42分	9时53分	12时44分	12时46分	10时2分	5时23分	23时12分	16时31分	10时9分	4时13分

农历	公历	星期	天地干支	五行	公历	星期	天地干支	五行	公历	星期	天地干支	五行	公历	星期	天地干支	五行	公历	星期	天地干支	五行	公历	星期	天地干支	五行
初一	18	四	辛亥	金	16	五	庚辰	金	16	日	庚戌	金	14	一	己卯	土	14	三	己酉	土	13	五	己卯	土
初二	19	五	壬子	木	17	六	辛巳	金	17	一	辛亥	金	15	二	庚辰	金	15	四	庚戌	金	14	六	庚辰	金
初三	20	六	癸丑	木	18	日	壬午	木	18	二	壬子	木	16	三	辛巳	金	16	五	辛亥	金	15	日	辛巳	金
初四	21	日	甲寅	水	19	一	癸未	木	19	三	癸丑	木	17	四	壬午	木	17	六	壬子	木	16	一	壬午	木
初五	22	一	乙卯	水	20	二	甲申	水	20	四	甲寅	水	18	五	癸未	木	18	日	癸丑	木	17	二	癸未	木
初六	23	二	丙辰	土	21	三	乙酉	水	21	五	乙卯	水	19	六	甲申	水	19	一	甲寅	水	18	三	甲申	水
初七	24	三	丁巳	土	22	四	丙戌	土	22	六	丙辰	土	20	日	乙酉	水	20	二	乙卯	水	19	四	乙酉	水
初八	25	四	戊午	火	23	五	丁亥	土	23	日	丁巳	土	21	一	丙戌	土	21	三	丙辰	土	20	五	丙戌	土
初九	26	五	己未	火	24	六	戊子	火	24	一	戊午	火	22	二	丁亥	土	22	四	丁巳	土	21	六	丁亥	土
初十	27	六	庚申	木	25	日	己丑	火	25	二	己未	火	23	三	戊子	火	23	五	戊午	火	22	日	戊子	火
十一	28	日	辛酉	木	26	一	庚寅	木	26	三	庚申	木	24	四	己丑	火	24	六	己未	火	23	一	己丑	火
十二	29	一	壬戌	水	27	二	辛卯	木	27	四	辛酉	木	25	五	庚寅	木	25	日	庚申	木	24	二	庚寅	木
十三	30	二	癸亥	水	28	三	壬辰	水	28	五	壬戌	水	26	六	辛卯	木	26	一	辛酉	木	25	三	辛卯	木
十四	31	三	甲子	金	29	四	癸巳	水	29	六	癸亥	水	27	日	壬辰	水	27	二	壬戌	水	26	四	壬辰	水
十五	9月	四	乙丑	金	30	五	甲午	金	30	日	甲子	金	28	一	癸巳	水	28	三	癸亥	水	27	五	癸巳	水
十六	2	五	丙寅	火	10月	六	乙未	金	31	一	乙丑	金	29	二	甲午	金	29	四	甲子	金	28	六	甲午	金
十七	3	六	丁卯	火	2	日	丙申	火	11月	二	丙寅	火	30	三	乙未	金	30	五	乙丑	金	29	日	乙未	金
十八	4	日	戊辰	木	3	一	丁酉	火	2	三	丁卯	火	12月	四	丙申	火	31	六	丙寅	火	30	一	丙申	火
十九	5	一	己巳	木	4	二	戊戌	木	3	四	戊辰	木	2	五	丁酉	火	1月	日	丁卯	火	31	二	丁酉	火
二十	6	二	庚午	土	5	三	己亥	木	4	五	己巳	木	3	六	戊戌	木	2	一	戊辰	木	2月	三	戊戌	木
廿一	7	三	辛未	土	6	四	庚子	土	5	六	庚午	土	4	日	己亥	木	3	二	己巳	木	2	四	己亥	木
廿二	8	四	壬申	金	7	五	辛丑	土	6	日	辛未	土	5	一	庚子	土	4	三	庚午	土	3	五	庚子	土
廿三	9	五	癸酉	金	8	六	壬寅	金	7	一	壬申	金	6	二	辛丑	土	5	四	辛未	土	4	六	辛丑	土
廿四	10	六	甲戌	火	9	日	癸卯	金	8	二	癸酉	金	7	三	壬寅	金	6	五	壬申	金	5	日	壬寅	金
廿五	11	日	乙亥	火	10	一	甲辰	火	9	三	甲戌	火	8	四	癸卯	金	7	六	癸酉	金	6	一	癸卯	金
廿六	12	一	丙子	水	11	二	乙巳	火	10	四	乙亥	火	9	五	甲辰	火	8	日	甲戌	火	7	二	甲辰	火
廿七	13	二	丁丑	水	12	三	丙午	水	11	五	丙子	水	10	六	乙巳	火	9	一	乙亥	火	8	三	乙巳	火
廿八	14	三	戊寅	土	13	四	丁未	水	12	六	丁丑	水	11	日	丙午	水	10	二	丙子	水	9	四	丙午	水
廿九	15	四	己卯	土	14	五	戊申	土	13	日	戊寅	土	12	一	丁未	水	11	三	丁丑	水	10	五	丁未	水
三十					15	六	己酉	土					13	二	戊申	土	12	四	戊寅	土	11	六	戊申	土

公元一九五六年　岁次:丙申　生肖:猴　太岁:管仲　纳音:山下火

月别	正月小				二月大				三月小				四月大				五月小				六月小			
干支	庚寅				辛卯				壬辰				癸巳				甲午				乙未				
九星	二黑				一白				九紫				八白				七赤				六白				

廿四节气

节名	雨水	惊蛰	春分	清明	谷雨	立夏	小满	芒种	夏至	小暑	大暑
农历	初九	廿三	初九	廿五	初十	廿五	十二	廿八	十三	廿九	十六
时辰	子时	亥时	子时	寅时	巳时	亥时	巳时	丑时	酉时	午时	卯时
公历	2月20日	3月5日	3月20日	4月5日	4月20日	5月5日	5月21日	6月6日	6月21日	7月7日	7月23日
时间	0时5分	22时25分	23时21分	3时32分	10时41分	21时11分	10时13分	1时36分	18时24分	11时59分	5时21分

农历	公历	星期	天地干支	五行	公历	星期	天地干支	五行	公历	星期	天地干支	五行	公历	星期	天地干支	五行	公历	星期	天地干支	五行	公历	星期	天地干支	五行
初一	12	日	己酉	土	12	一	戊寅	土	11	三	戊申	土	10	四	丁丑	水	9	六	丁未	水	8	日	丙子	水
初二	13	一	庚戌	金	13	二	己卯	土	12	四	己酉	土	11	五	戊寅	土	10	日	戊申	土	9	一	丁丑	水
初三	14	二	辛亥	金	14	三	庚辰	金	13	五	庚戌	金	12	六	己卯	土	11	一	己酉	土	10	二	戊寅	土
初四	15	三	壬子	木	15	四	辛巳	金	14	六	辛亥	金	13	日	庚辰	金	12	二	庚戌	金	11	三	己卯	土
初五	16	四	癸丑	木	16	五	壬午	木	15	日	壬子	木	14	一	辛巳	金	13	三	辛亥	金	12	四	庚辰	金
初六	17	五	甲寅	水	17	六	癸未	木	16	一	癸丑	木	15	二	壬午	木	14	四	壬子	木	13	五	辛巳	金
初七	18	六	乙卯	水	18	日	甲申	水	17	二	甲寅	水	16	三	癸未	木	15	五	癸丑	木	14	六	壬午	木
初八	19	日	丙辰	土	19	一	乙酉	水	18	三	乙卯	水	17	四	甲申	水	16	六	甲寅	水	15	日	癸未	木
初九	20	一	丁巳	土	20	二	丙戌	土	19	四	丙辰	土	18	五	乙酉	水	17	日	乙卯	水	16	一	甲申	水
初十	21	二	戊午	火	21	三	丁亥	土	20	五	丁巳	土	19	六	丙戌	土	18	一	丙辰	土	17	二	乙酉	水
十一	22	三	己未	火	22	四	戊子	火	21	六	戊午	火	20	日	丁亥	土	19	二	丁巳	土	18	三	丙戌	土
十二	23	四	庚申	木	23	五	己丑	火	22	日	己未	火	21	一	戊子	火	20	三	戊午	火	19	四	丁亥	土
十三	24	五	辛酉	木	24	六	庚寅	木	23	一	庚申	木	22	二	己丑	火	21	四	己未	火	20	五	戊子	火
十四	25	六	壬戌	水	25	日	辛卯	木	24	二	辛酉	木	23	三	庚寅	木	22	五	庚申	木	21	六	己丑	火
十五	26	日	癸亥	水	26	一	壬辰	水	25	三	壬戌	水	24	四	辛卯	木	23	六	辛酉	木	22	日	庚寅	木
十六	27	一	甲子	金	27	二	癸巳	水	26	四	癸亥	水	25	五	壬辰	水	24	日	壬戌	水	23	一	辛卯	木
十七	28	二	乙丑	金	28	三	甲午	金	27	五	甲子	金	26	六	癸巳	水	25	一	癸亥	水	24	二	壬辰	水
十八	29	三	丙寅	火	29	四	乙未	金	28	六	乙丑	金	27	日	甲午	金	26	二	甲子	金	25	三	癸巳	水
十九	3月	四	丁卯	火	30	五	丙申	火	29	日	丙寅	火	28	一	乙未	金	27	三	乙丑	金	26	四	甲午	金
二十	2	五	戊辰	木	31	六	丁酉	火	30	一	丁卯	火	29	二	丙申	火	28	四	丙寅	火	27	五	乙未	金
廿一	3	六	己巳	木	4月	日	戊戌	木	5月	二	戊辰	木	30	三	丁酉	火	29	五	丁卯	火	28	六	丙申	火
廿二	4	日	庚午	土	2	一	己亥	木	2	三	己巳	木	31	四	戊戌	木	30	六	戊辰	木	29	日	丁酉	火
廿三	5	一	辛未	土	3	二	庚子	土	3	四	庚午	土	6月	五	己亥	木	7月	日	己巳	木	30	一	戊戌	木
廿四	6	二	壬申	金	4	三	辛丑	土	4	五	辛未	土	2	六	庚子	土	2	一	庚午	土	31	二	己亥	木
廿五	7	三	癸酉	金	5	四	壬寅	金	5	六	壬申	金	3	日	辛丑	土	3	二	辛未	土	8月	三	庚子	土
廿六	8	四	甲戌	火	6	五	癸卯	金	6	日	癸酉	金	4	一	壬寅	金	3	三	壬申	金	2	四	辛丑	土
廿七	9	五	乙亥	火	7	六	甲辰	火	7	一	甲戌	火	5	二	癸卯	金	4	四	癸酉	金	3	五	壬寅	金
廿八	10	六	丙子	水	8	日	乙巳	火	8	二	乙亥	火	6	三	甲辰	火	6	五	甲戌	火	4	六	癸卯	金
廿九	11	日	丁丑	水	9	一	丙午	水	9	三	丙子	水	7	四	乙巳	火	7	六	乙亥	火	5	日	甲辰	火
三十					10	二	丁未	水					8	五	丙午	水								

公元一九五六年　岁次:丙申　生肖:猴　太岁:管仲　纳音:山下火

月别	七月大	八月小	九月大	十月小	十一月大	十二月大
干支	丙申	丁酉	戊戌	己亥	庚子	辛丑
九星	五黄	四绿	三碧	二黑	一白	九紫

廿四节气

	节名	立秋	处暑	白露	秋分	寒露	霜降	立冬	小雪	大雪	冬至	小寒	大寒
	农历	初二	十八	初四	十九	初五	二十	初五	二十	初六	廿一	初五	二十
	时辰	亥时	午时	子时	巳时	申时	酉时	酉时	申时	午时	寅时	亥时	申时
	公历	8月7日	8月23日	9月8日	9月23日	10月8日	10月23日	11月7日	11月22日	12月7日	12月22日	1月5日	1月20日
	时间	21时41分	12时15分	0时20分	9时36分	15时37分	18时35分	18时27分	15时51分	11时3分	5时0分	22时11分	15时39分

农历	公历	星期	天地干支	五行	公历	星期	天地干支	五行	公历	星期	天地干支	五行	公历	星期	天地干支	五行	公历	星期	天地干支	五行	公历	星期	天地干支	五行
初一	6	一	乙巳	火	5	三	乙亥	火	4	四	甲辰	火	3	六	甲戌	火	2	日	癸卯	金	1月	二	癸酉	金
初二	7	二	丙午	水	6	四	丙子	水	5	五	乙巳	火	4	日	乙亥	火	3	一	甲辰	火	2	三	甲戌	火
初三	8	三	丁未	水	7	五	丁丑	水	6	六	丙午	水	5	一	丙子	水	4	二	乙巳	火	3	四	乙亥	火
初四	9	四	戊申	土	8	六	戊寅	土	7	日	丁未	水	6	二	丁丑	水	5	三	丙午	水	4	五	丙子	水
初五	10	五	己酉	土	9	日	己卯	土	8	一	戊申	土	7	三	戊寅	土	6	四	丁未	水	5	六	丁丑	水
初六	11	六	庚戌	金	10	一	庚辰	金	9	二	己酉	土	8	四	己卯	土	7	五	戊申	土	6	日	戊寅	土
初七	12	日	辛亥	金	11	二	辛巳	金	10	三	庚戌	金	9	五	庚辰	金	8	六	己酉	土	7	一	己卯	土
初八	13	一	壬子	木	12	三	壬午	木	11	四	辛亥	金	10	六	辛巳	金	9	日	庚戌	金	8	二	庚辰	金
初九	14	二	癸丑	木	13	四	癸未	木	12	五	壬子	木	11	日	壬午	木	10	一	辛亥	金	9	三	辛巳	金
初十	15	三	甲寅	水	14	五	甲申	水	13	六	癸丑	木	12	一	癸未	木	11	二	壬子	木	10	四	壬午	木
十一	16	四	乙卯	水	15	六	乙酉	水	14	日	甲寅	水	13	二	甲申	水	12	三	癸丑	木	11	五	癸未	木
十二	17	五	丙辰	土	16	日	丙戌	土	15	一	乙卯	水	14	三	乙酉	水	13	四	甲寅	水	12	六	甲申	水
十三	18	六	丁巳	土	17	一	丁亥	土	16	二	丙辰	土	15	四	丙戌	土	14	五	乙卯	水	13	日	乙酉	水
十四	19	日	戊午	火	18	二	戊子	火	17	三	丁巳	土	16	五	丁亥	土	15	六	丙辰	土	14	一	丙戌	土
十五	20	一	己未	火	19	三	己丑	火	18	四	戊午	火	17	六	戊子	火	16	日	丁巳	土	15	二	丁亥	土
十六	21	二	庚申	木	20	四	庚寅	木	19	五	己未	火	18	日	己丑	火	17	一	戊午	火	16	三	戊子	火
十七	22	三	辛酉	木	21	五	辛卯	木	20	六	庚申	木	19	一	庚寅	木	18	二	己未	火	17	四	己丑	火
十八	23	四	壬戌	水	22	六	壬辰	水	21	日	辛酉	木	20	二	辛卯	木	19	三	庚申	木	18	五	庚寅	木
十九	24	五	癸亥	水	23	日	癸巳	水	22	一	壬戌	水	21	三	壬辰	水	20	四	辛酉	木	19	六	辛卯	木
二十	25	六	甲子	金	24	一	甲午	金	23	二	癸亥	水	22	四	癸巳	水	21	五	壬戌	水	20	日	壬辰	水
廿一	26	日	乙丑	金	25	二	乙未	金	24	三	甲子	金	23	五	甲午	金	22	六	癸亥	水	21	一	癸巳	水
廿二	27	一	丙寅	火	26	三	丙申	火	25	四	乙丑	金	24	六	乙未	金	23	日	甲子	金	22	二	甲午	金
廿三	28	二	丁卯	火	27	四	丁酉	火	26	五	丙寅	火	25	日	丙申	火	24	一	乙丑	金	23	三	乙未	金
廿四	29	三	戊辰	木	28	五	戊戌	木	27	六	丁卯	火	26	一	丁酉	火	25	二	丙寅	火	24	四	丙申	火
廿五	30	四	己巳	木	29	六	己亥	木	28	日	戊辰	木	27	二	戊戌	木	26	三	丁卯	火	25	五	丁酉	火
廿六	31	五	庚午	土	30	日	庚子	土	29	一	己巳	木	28	三	己亥	木	27	四	戊辰	木	26	六	戊戌	木
廿七	9月	六	辛未	土	10月	一	辛丑	土	30	二	庚午	土	29	四	庚子	土	28	五	己巳	木	27	日	己亥	木
廿八	2	日	壬申	金	2	二	壬寅	金	31	三	辛未	土	30	五	辛丑	土	29	六	庚午	土	28	一	庚子	土
廿九	3	一	癸酉	金	3	三	癸卯	金	11月	四	壬申	金	12月	六	壬寅	金	30	日	辛未	土	29	二	辛丑	土
三十	4	二	甲戌	火					2	五	癸酉	金					31	一	壬申	金	30	三	壬寅	金

公元一九五七年　（闰八月）　岁次:丁酉　生肖:鸡　太岁:康杰　纳音:山下火

月别	正月大			二月小			三月大			四月小			五月大			六月小		
干支	壬寅			癸卯			甲辰			乙巳			丙午			丁未		
九星	八白			七赤			六白			五黄			四绿			三碧		

廿四节气

	节名	立春	雨水	惊蛰	春分	清明	谷雨	立夏	小满	芒种	夏至	小暑	大暑
	农历	初五	二十	初五	二十	初六	廿一	初七	廿二	初九	廿五	初十	廿六
	时辰	巳时	卯时	寅时	卯时	巳时	申时	丑时	申时	辰时	子时	酉时	午时
	公历	2月4日	2月19日	3月6日	3月21日	4月5日	4月20日	5月6日	5月21日	6月6日	6月22日	7月7日	7月23日
	时间	9时55分	5时58分	4时11分	5时17分	9时19分	16时42分	2时59分	16时11分	7时25分	0时21分	17时49分	11时15分

农历	公历	星期	天地干支	五行	公历	星期	天地干支	五行	公历	星期	天地干支	五行	公历	星期	天地干支	五行	公历	星期	天地干支	五行	公历	星期	天地干支	五行
初一	31	四	癸卯	金	2	六	癸酉	金	31	日	壬寅	金	30	二	壬申	金	29	三	辛丑	土	28	五	辛未	土
初二	2月	五	甲辰	火	3	日	甲戌	火	4月	一	癸卯	金	5月	三	癸酉	金	30	四	壬寅	金	29	六	壬申	金
初三	2	六	乙巳	火	4	一	乙亥	火	2	二	甲辰	火	2	四	甲戌	火	31	五	癸卯	金	30	日	癸酉	金
初四	3	日	丙午	水	5	二	丙子	水	3	三	乙巳	火	3	五	乙亥	火	6月	六	甲辰	火	7月	一	甲戌	火
初五	4	一	丁未	水	6	三	丁丑	水	4	四	丙午	水	4	六	丙子	水	2	日	乙巳	火	2	二	乙亥	火
初六	5	二	戊申	土	7	四	戊寅	土	5	五	丁未	水	5	日	丁丑	水	3	一	丙午	水	3	三	丙子	水
初七	6	三	己酉	土	8	五	己卯	土	6	六	戊申	土	6	一	戊寅	土	4	二	丁未	水	4	四	丁丑	水
初八	7	四	庚戌	金	9	六	庚辰	金	7	日	己酉	土	7	二	己卯	土	5	三	戊申	土	5	五	戊寅	土
初九	8	五	辛亥	金	10	日	辛巳	金	8	一	庚戌	金	8	三	庚辰	金	6	四	己酉	土	6	六	己卯	土
初十	9	六	壬子	木	11	一	壬午	木	9	二	辛亥	金	9	四	辛巳	金	7	五	庚戌	金	7	日	庚辰	金
十一	10	日	癸丑	木	12	二	癸未	木	10	三	壬子	木	10	五	壬午	木	8	六	辛亥	金	8	一	辛巳	金
十二	11	一	甲寅	水	13	三	甲申	水	11	四	癸丑	木	11	六	癸未	木	9	日	壬子	木	9	二	壬午	木
十三	12	二	乙卯	水	14	四	乙酉	水	12	五	甲寅	水	12	日	甲申	水	10	一	癸丑	木	10	三	癸未	木
十四	13	三	丙辰	土	15	五	丙戌	土	13	六	乙卯	水	13	一	乙酉	水	11	二	甲寅	水	11	四	甲申	水
十五	14	四	丁巳	土	16	六	丁亥	土	14	日	丙辰	土	14	二	丙戌	土	12	三	乙卯	水	12	五	乙酉	水
十六	15	五	戊午	火	17	日	戊子	火	15	一	丁巳	土	15	三	丁亥	土	13	四	丙辰	土	13	六	丙戌	土
十七	16	六	己未	火	18	一	己丑	火	16	二	戊午	火	16	四	戊子	火	14	五	丁巳	土	14	日	丁亥	土
十八	17	日	庚申	木	19	二	庚寅	木	17	三	己未	火	17	五	己丑	火	15	六	戊午	火	15	一	戊子	火
十九	18	一	辛酉	木	20	三	辛卯	木	18	四	庚申	木	18	六	庚寅	木	16	日	己未	火	16	二	己丑	火
二十	19	二	壬戌	水	21	四	壬辰	水	19	五	辛酉	木	19	日	辛卯	木	17	一	庚申	木	17	三	庚寅	木
廿一	20	三	癸亥	水	22	五	癸巳	水	20	六	壬戌	水	20	一	壬辰	水	18	二	辛酉	木	18	四	辛卯	木
廿二	21	四	甲子	金	23	六	甲午	金	21	日	癸亥	水	21	二	癸巳	水	19	三	壬戌	水	19	五	壬辰	水
廿三	22	五	乙丑	金	24	日	乙未	金	22	一	甲子	金	22	三	甲午	金	20	四	癸亥	水	20	六	癸巳	水
廿四	23	六	丙寅	火	25	一	丙申	火	23	二	乙丑	金	23	四	乙未	金	21	五	甲子	金	21	日	甲午	金
廿五	24	日	丁卯	火	26	二	丁酉	火	24	三	丙寅	火	24	五	丙申	火	22	六	乙丑	金	22	一	乙未	金
廿六	25	一	戊辰	木	27	三	戊戌	木	25	四	丁卯	火	25	六	丁酉	火	23	日	丙寅	火	23	二	丙申	火
廿七	26	二	己巳	木	28	四	己亥	木	26	五	戊辰	木	26	日	戊戌	木	24	一	丁卯	火	24	三	丁酉	火
廿八	27	三	庚午	土	29	五	庚子	土	27	六	己巳	木	27	一	己亥	木	25	二	戊辰	木	25	四	戊戌	木
廿九	28	四	辛未	土	30	六	辛丑	土	28	日	庚午	土	28	二	庚子	土	26	三	己巳	木	26	五	己亥	木
三十	3月	五	壬申	金					29	一	辛未	土					27	四	庚午	土				

公元一九五七年　（闰八月）　岁次:丁酉　生肖:鸡　太岁:康杰　纳音:山下火

月别	七月小	八月大	闰八月小	九月大	十月小	十一月大	十二月小
干支	戊申	己酉	己酉	庚戌	辛亥	壬子	癸丑
九星	二黑	一白	一白	九紫	八白	七赤	六白

廿四节气

节名	立秋	处暑	白露	秋分	寒露	霜降	立冬	小雪	大雪	冬至	小寒	大寒	立春
农历	十三	廿八	十五	三十	十五	初二	十七	初一	十六	初二	十七	初一	十六
时辰	寅时	酉时	卯时	申时	亥时	子时	子时	亥时	申时	巳时	寅时	亥时	申时
公历	8月8日	8月23日	9月8日	9月23日	10月8日	10月24日	11月8日	11月22日	12月7日	12月22日	1月6日	1月20日	2月4日
时间	3时33分	18时8分	6时13分	15时27分	21时31分	0时23分	0时21分	21时40分	16时57分	10时49分	4时5分	21时29分	15时29分

农历	七月小 公历	星期	天地干支	五行	八月大 公历	星期	天地干支	五行	闰八月小 公历	星期	天地干支	五行	九月大 公历	星期	天地干支	五行	十月小 公历	星期	天地干支	五行	十一月大 公历	星期	天地干支	五行	十二月小 公历	星期	天地干支	五行
初一	27	六	庚子	土	25	日	己巳	木	24	二	己亥	木	23	三	戊辰	木	22	五	戊戌	木	21	六	丁卯	火	20	一	丁酉	火
初二	28	日	辛丑	土	26	一	庚午	土	25	三	庚子	土	24	四	己巳	木	23	六	己亥	木	22	日	戊辰	木	21	二	戊戌	木
初三	29	一	壬寅	金	27	二	辛未	土	26	四	辛丑	土	25	五	庚午	土	24	日	庚子	土	23	一	己巳	木	22	三	己亥	木
初四	30	二	癸卯	金	28	三	壬申	金	27	五	壬寅	金	26	六	辛未	土	25	一	辛丑	土	24	二	庚午	土	23	四	庚子	土
初五	31	三	甲辰	火	29	四	癸酉	金	28	六	癸卯	金	27	日	壬申	金	26	二	壬寅	金	25	三	辛未	土	24	五	辛丑	土
初六	8月	四	乙巳	火	30	五	甲戌	火	29	日	甲辰	火	28	一	癸酉	金	27	三	癸卯	金	26	四	壬申	金	25	六	壬寅	金
初七	2	五	丙午	水	31	六	乙亥	火	30	一	乙巳	火	29	二	甲戌	火	28	四	甲辰	火	27	五	癸酉	金	26	日	癸卯	金
初八	3	六	丁未	水	9月	日	丙子	水	10月	二	丙午	水	30	三	乙亥	火	29	五	乙巳	火	28	六	甲戌	火	27	一	甲辰	火
初九	4	日	戊申	土	2	一	丁丑	水	2	三	丁未	水	31	四	丙子	水	30	六	丙午	水	29	日	乙亥	火	28	二	乙巳	火
初十	5	一	己酉	土	3	二	戊寅	土	3	四	戊申	土	11月	五	丁丑	水	12月	日	丁未	水	30	一	丙子	水	29	三	丙午	水
十一	6	二	庚戌	金	4	三	己卯	土	4	五	己酉	土	2	六	戊寅	土	2	一	戊申	土	31	二	丁丑	水	30	四	丁未	水
十二	7	三	辛亥	金	5	四	庚辰	金	5	六	庚戌	金	3	日	己卯	土	3	二	己酉	土	1月	三	戊寅	土	31	五	戊申	土
十三	8	四	壬子	木	6	五	辛巳	金	6	日	辛亥	金	4	一	庚辰	金	4	三	庚戌	金	2	四	己卯	土	2月	六	己酉	土
十四	9	五	癸丑	木	7	六	壬午	木	7	一	壬子	木	5	二	辛巳	金	5	四	辛亥	金	3	五	庚辰	金	2	日	庚戌	金
十五	10	六	甲寅	水	8	日	癸未	木	8	二	癸丑	木	6	三	壬午	木	6	五	壬子	木	4	六	辛巳	金	3	一	辛亥	金
十六	11	日	乙卯	水	9	一	甲申	水	9	三	甲寅	水	7	四	癸未	木	7	六	癸丑	木	5	日	壬午	木	4	二	壬子	木
十七	12	一	丙辰	土	10	二	乙酉	水	10	四	乙卯	水	8	五	甲申	水	8	日	甲寅	水	6	一	癸未	木	5	三	癸丑	木
十八	13	二	丁巳	土	11	三	丙戌	土	11	五	丙辰	土	9	六	乙酉	水	9	一	乙卯	水	7	二	甲申	水	6	四	甲寅	水
十九	14	三	戊午	火	12	四	丁亥	土	12	六	丁巳	土	10	日	丙戌	土	10	二	丙辰	土	8	三	乙酉	水	7	五	乙卯	水
二十	15	四	己未	火	13	五	戊子	火	13	日	戊午	火	11	一	丁亥	土	11	三	丁巳	土	9	四	丙戌	土	8	六	丙辰	土
廿一	16	五	庚申	木	14	六	己丑	火	14	一	己未	火	12	二	戊子	火	12	四	戊午	火	10	五	丁亥	土	9	日	丁巳	土
廿二	17	六	辛酉	木	15	日	庚寅	木	15	二	庚申	木	13	三	己丑	火	13	五	己未	火	11	六	戊子	火	10	一	戊午	火
廿三	18	日	壬戌	水	16	一	辛卯	木	16	三	辛酉	木	14	四	庚寅	木	14	六	庚申	木	12	日	己丑	火	11	二	己未	火
廿四	19	一	癸亥	水	17	二	壬辰	水	17	四	壬戌	水	15	五	辛卯	木	15	日	辛酉	木	13	一	庚寅	木	12	三	庚申	木
廿五	20	二	甲子	金	18	三	癸巳	水	18	五	癸亥	水	16	六	壬辰	水	16	一	壬戌	水	14	二	辛卯	木	13	四	辛酉	木
廿六	21	三	乙丑	金	19	四	甲午	金	19	六	甲子	金	17	日	癸巳	水	17	二	癸亥	水	15	三	壬辰	水	14	五	壬戌	水
廿七	22	四	丙寅	火	20	五	乙未	金	20	日	乙丑	金	18	一	甲午	金	18	三	甲子	金	16	四	癸巳	水	15	六	癸亥	水
廿八	23	五	丁卯	火	21	六	丙申	火	21	一	丙寅	火	19	二	乙未	金	19	四	乙丑	金	17	五	甲午	金	16	日	甲子	金
廿九	24	六	戊辰	木	22	日	丁酉	火	22	二	丁卯	火	20	三	丙申	火	20	五	丙寅	火	18	六	乙未	金	17	一	乙丑	金
三十					23	一	戊戌	木					21	四	丁酉	火					19	日	丙申	火				

公元一九五八年　岁次:戊戌　生肖:狗　太岁:姜武　纳音:平地木

月别	正月大		二月大		三月大		四月小		五月大		六月小	
干支	甲寅		乙卯		丙辰		丁巳		戊午		己未	
九星	五黄		四绿		三碧		二黑		一白		九紫	

廿四节气

节名	雨水	惊蛰	春分	清明	谷雨	立夏	小满	芒种	夏至	小暑	大暑	立秋
农历	初二	十七	初二	十七	初二	十八	初三	十九	初六	廿一	初七	廿三
时辰	午时	巳时	午时	申时	亥时	辰时	亥时	未时	卯时	子时	申时	巳时
公历	2月19日	3月6日	3月21日	4月5日	4月20日	5月6日	5月21日	6月6日	6月22日	7月7日	7月23日	8月8日
时间	11时49分	10时6分	11时6分	15时13分	22时28分	8时50分	21时52分	13时13分	5时58分	23时34分	16时51分	9时18分

农历	公历	星期	天地干支	五行	公历	星期	天地干支	五行	公历	星期	天地干支	五行	公历	星期	天地干支	五行	公历	星期	天地干支	五行	公历	星期	天地干支	五行
初一	18	二	丙寅	火	20	四	丙申	火	19	六	丙寅	火	19	一	丙申	火	17	二	乙丑	金	17	四	乙未	金
初二	19	三	丁卯	火	21	五	丁酉	火	20	日	丁卯	火	20	二	丁酉	火	18	三	丙寅	火	18	五	丙申	火
初三	20	四	戊辰	木	22	六	戊戌	木	21	一	戊辰	木	21	三	戊戌	木	19	四	丁卯	火	19	六	丁酉	火
初四	21	五	己巳	木	23	日	己亥	木	22	二	己巳	木	22	四	己亥	木	20	五	戊辰	木	20	日	戊戌	木
初五	22	六	庚午	土	24	一	庚子	土	23	三	庚午	土	23	五	庚子	土	21	六	己巳	木	21	一	己亥	木
初六	23	日	辛未	土	25	二	辛丑	土	24	四	辛未	土	24	六	辛丑	土	22	日	庚午	土	22	二	庚子	土
初七	24	一	壬申	金	26	三	壬寅	金	25	五	壬申	金	25	日	壬寅	金	23	一	辛未	土	23	三	辛丑	土
初八	25	二	癸酉	金	27	四	癸卯	金	26	六	癸酉	金	26	一	癸卯	金	24	二	壬申	金	24	四	壬寅	金
初九	26	三	甲戌	火	28	五	甲辰	火	27	日	甲戌	火	27	二	甲辰	火	25	三	癸酉	金	25	五	癸卯	金
初十	27	四	乙亥	火	29	六	乙巳	火	28	一	乙亥	火	28	三	乙巳	火	26	四	甲戌	火	26	六	甲辰	火
十一	28	五	丙子	水	30	日	丙午	水	29	二	丙子	水	29	四	丙午	水	27	五	乙亥	火	27	日	乙巳	火
十二	3月	六	丁丑	水	31	一	丁未	水	30	三	丁丑	水	30	五	丁未	水	28	六	丙子	水	28	一	丙午	水
十三	2	日	戊寅	土	4月	二	戊申	土	5月	四	戊寅	土	31	六	戊申	土	29	日	丁丑	水	29	二	丁未	水
十四	3	一	己卯	土	2	三	己酉	土	2	五	己卯	土	6月	日	己酉	土	30	一	戊寅	土	30	三	戊申	土
十五	4	二	庚辰	金	3	四	庚戌	金	3	六	庚辰	金	2	一	庚戌	金	7月	二	己卯	土	31	四	己酉	土
十六	5	三	辛巳	金	4	五	辛亥	金	4	日	辛巳	金	3	二	辛亥	金	2	三	庚辰	金	8月	五	庚戌	金
十七	6	四	壬午	木	5	六	壬子	木	5	一	壬午	木	4	三	壬子	木	3	四	辛巳	金	2	六	辛亥	金
十八	7	五	癸未	木	6	日	癸丑	木	6	二	癸未	木	5	四	癸丑	木	4	五	壬午	木	3	日	壬子	木
十九	8	六	甲申	水	7	一	甲寅	水	7	三	甲申	水	6	五	甲寅	水	5	六	癸未	木	4	一	癸丑	木
二十	9	日	乙酉	水	8	二	乙卯	水	8	四	乙酉	水	7	六	乙卯	水	6	日	甲申	水	5	二	甲寅	水
廿一	10	一	丙戌	土	9	三	丙辰	土	9	五	丙戌	土	8	日	丙辰	土	7	一	乙酉	水	6	三	乙卯	水
廿二	11	二	丁亥	土	10	四	丁巳	土	10	六	丁亥	土	9	一	丁巳	土	8	二	丙戌	土	7	四	丙辰	土
廿三	12	三	戊子	火	11	五	戊午	火	11	日	戊子	火	10	二	戊午	火	9	三	丁亥	土	8	五	丁巳	土
廿四	13	四	己丑	火	12	六	己未	火	12	一	己丑	火	11	三	己未	火	10	四	戊子	火	9	六	戊午	火
廿五	14	五	庚寅	木	13	日	庚申	木	13	二	庚寅	木	12	四	庚申	木	11	五	己丑	火	10	日	己未	火
廿六	15	六	辛卯	木	14	一	辛酉	木	14	三	辛卯	木	13	五	辛酉	木	12	六	庚寅	木	11	一	庚申	木
廿七	16	日	壬辰	水	15	二	壬戌	水	15	四	壬辰	水	14	六	壬戌	水	13	日	辛卯	木	12	二	辛酉	木
廿八	17	一	癸巳	水	16	三	癸亥	水	16	五	癸巳	水	15	日	癸亥	水	14	一	壬辰	水	13	三	壬戌	水
廿九	18	二	甲午	金	17	四	甲子	金	17	六	甲午	金	16	一	甲子	金	15	二	癸巳	水	14	四	癸亥	水
三十	19	三	乙未	金	18	五	乙丑	金	18	日	乙未	金					16	三	甲午	金				

公元一九五八年　岁次:戊戌　生肖:狗　太岁:姜武　纳音:平地木

月别	七月小				八月大				九月小				十月大				十一月小				十二月大			
干支	庚申				辛酉				壬戌				癸亥				甲子				乙丑			
九星	八白				七赤				六白				五黄				四绿				三碧			

廿四节气

节名	处暑	白露	秋分	寒露	霜降	立冬	小雪	大雪	冬至	小寒	大寒	立春
农历	初九	廿五	十一	廿七	十二	廿七	十三	廿七	十二	廿七	十三	廿七
时辰	子时	午时	亥时	寅时	卯时	卯时	寅时	亥时	申时	巳时	寅时	亥时
公历	8月23日	9月8日	9月23日	10月9日	10月24日	11月8日	11月23日	12月7日	12月22日	1月6日	1月21日	2月4日
时间	23时47分	12时0分	21时9分	3时20分	6时12分	6时13分	3时30分	22时50分	16时40分	9时59分	3时20分	21时43分

农历	公历	星期	天地干支	五行	公历	星期	天地干支	五行	公历	星期	天地干支	五行	公历	星期	天地干支	五行	公历	星期	天地干支	五行	公历	星期	天地干支	五行
初一	15	五	甲子	金	13	六	癸巳	水	13	一	癸亥	水	11	二	壬辰	水	11	四	壬戌	水	9	五	辛卯	木
初二	16	六	乙丑	金	14	日	甲午	金	14	二	甲子	金	12	三	癸巳	水	12	五	癸亥	水	10	六	壬辰	水
初三	17	日	丙寅	火	15	一	乙未	金	15	三	乙丑	金	13	四	甲午	金	13	六	甲子	金	11	日	癸巳	水
初四	18	一	丁卯	火	16	二	丙申	火	16	四	丙寅	火	14	五	乙未	金	14	日	乙丑	金	12	一	甲午	金
初五	19	二	戊辰	木	17	三	丁酉	火	17	五	丁卯	火	15	六	丙申	火	15	一	丙寅	火	13	二	乙未	金
初六	20	三	己巳	木	18	四	戊戌	木	18	六	戊辰	木	16	日	丁酉	火	16	二	丁卯	火	14	三	丙申	火
初七	21	四	庚午	土	19	五	己亥	木	19	日	己巳	木	17	一	戊戌	木	17	三	戊辰	木	15	四	丁酉	火
初八	22	五	辛未	土	20	六	庚子	土	20	一	庚午	土	18	二	己亥	木	18	四	己巳	木	16	五	戊戌	木
初九	23	六	壬申	金	21	日	辛丑	土	21	二	辛未	土	19	三	庚子	土	19	五	庚午	土	17	六	己亥	木
初十	24	日	癸酉	金	22	一	壬寅	金	22	三	壬申	金	20	四	辛丑	土	20	六	辛未	土	18	日	庚子	土
十一	25	一	甲戌	火	23	二	癸卯	金	23	四	癸酉	金	21	五	壬寅	金	21	日	壬申	金	19	一	辛丑	土
十二	26	二	乙亥	火	24	三	甲辰	火	24	五	甲戌	火	22	六	癸卯	金	22	一	癸酉	金	20	二	壬寅	金
十三	27	三	丙子	水	25	四	乙巳	火	25	六	乙亥	火	23	日	甲辰	火	23	二	甲戌	火	21	三	癸卯	金
十四	28	四	丁丑	水	26	五	丙午	水	26	日	丙子	水	24	一	乙巳	火	24	三	乙亥	火	22	四	甲辰	火
十五	29	五	戊寅	土	27	六	丁未	水	27	一	丁丑	水	25	二	丙午	水	25	四	丙子	水	23	五	乙巳	火
十六	30	六	己卯	土	28	日	戊申	土	28	二	戊寅	土	26	三	丁未	水	26	五	丁丑	水	24	六	丙午	水
十七	31	日	庚辰	金	29	一	己酉	土	29	三	己卯	土	27	四	戊申	土	27	六	戊寅	土	25	日	丁未	水
十八	9月1	一	辛巳	金	30	二	庚戌	金	30	四	庚辰	金	28	五	己酉	土	28	日	己卯	土	26	一	戊申	土
十九	2	二	壬午	木	10月1	三	辛亥	金	31	五	辛巳	金	29	六	庚戌	金	29	一	庚辰	金	27	二	己酉	土
二十	3	三	癸未	木	2	四	壬子	木	11月1	六	壬午	木	30	日	辛亥	金	30	二	辛巳	金	28	三	庚戌	金
廿一	4	四	甲申	水	3	五	癸丑	木	2	日	癸未	木	12月1	一	壬子	木	31	三	壬午	木	29	四	辛亥	金
廿二	5	五	乙酉	水	4	六	甲寅	水	3	一	甲申	水	2	二	癸丑	木	1月1	四	癸未	木	30	五	壬子	木
廿三	6	六	丙戌	土	5	日	乙卯	水	4	二	乙酉	水	3	三	甲寅	水	2	五	甲申	水	31	六	癸丑	木
廿四	7	日	丁亥	土	6	一	丙辰	土	5	三	丙戌	土	4	四	乙卯	水	3	六	乙酉	水	2月1	日	甲寅	水
廿五	8	一	戊子	火	7	二	丁巳	土	6	四	丁亥	土	5	五	丙辰	土	4	日	丙戌	土	2	一	乙卯	水
廿六	9	二	己丑	火	8	三	戊午	火	7	五	戊子	火	6	六	丁巳	土	5	一	丁亥	土	3	二	丙辰	土
廿七	10	三	庚寅	木	9	四	己未	火	8	六	己丑	火	7	日	戊午	火	6	二	戊子	火	4	三	丁巳	土
廿八	11	四	辛卯	木	10	五	庚申	木	9	日	庚寅	木	8	一	己未	火	7	三	己丑	火	5	四	戊午	火
廿九	12	五	壬辰	水	11	六	辛酉	木	10	一	辛卯	木	9	二	庚申	木	8	四	庚寅	木	6	五	己未	火
三十					12	日	壬戌	水					10	三	辛酉	木					7	六	庚申	木

公元一九五九年　岁次:己亥　生肖:猪　太岁:谢寿　纳音:平地木

月别	正月小		二月大		三月大		四月小		五月大		六月小	
干支	丙寅		丁卯		戊辰		己巳		庚午		辛未	
九星	二黑		一白		九紫		八白		七赤		六白	

廿四节气	节名	雨水	惊蛰	春分	清明	谷雨	立夏	小满	芒种	夏至	小暑	大暑
	农历	十二	廿七	十三	廿八	十四	廿九	十五	初一	十七	初三	十八
	时辰	酉时	申时	申时	亥时	寅时	未时	寅时	戌时	午时	卯时	亥时
	公历	2月19日	3月6日	3月21日	4月5日	4月21日	5月6日	5月22日	6月6日	6月22日	7月8日	7月23日
	时间	17时38分	15时57分	16时55分	21时4分	4时17分	14时39分	3时43分	19时1分	11时51分	5时21分	22时46分

农历	公历	星期	天地干支	五行	公历	星期	天地干支	五行	公历	星期	天地干支	五行	公历	星期	天地干支	五行	公历	星期	天地干支	五行	公历	星期	天地干支	五行
初一	8	日	辛酉	木	9	一	庚寅	木	8	三	庚申	木	8	五	庚寅	木	6	六	己未	火	6	一	己丑	火
初二	9	一	壬戌	水	10	二	辛卯	木	9	四	辛酉	木	9	六	辛卯	木	7	日	庚申	木	7	二	庚寅	木
初三	10	二	癸亥	水	11	三	壬辰	水	10	五	壬戌	水	10	日	壬辰	水	8	一	辛酉	木	8	三	辛卯	木
初四	11	三	甲子	金	12	四	癸巳	水	11	六	癸亥	水	11	一	癸巳	水	9	二	壬戌	水	9	四	壬辰	水
初五	12	四	乙丑	金	13	五	甲午	金	12	日	甲子	金	12	二	甲午	金	10	三	癸亥	水	10	五	癸巳	水
初六	13	五	丙寅	火	14	六	乙未	金	13	一	乙丑	金	13	三	乙未	金	11	四	甲子	金	11	六	甲午	金
初七	14	六	丁卯	火	15	日	丙申	火	14	二	丙寅	火	14	四	丙申	火	12	五	乙丑	金	12	日	乙未	金
初八	15	日	戊辰	木	16	一	丁酉	火	15	三	丁卯	火	15	五	丁酉	火	13	六	丙寅	火	13	一	丙申	火
初九	16	一	己巳	木	17	二	戊戌	木	16	四	戊辰	木	16	六	戊戌	木	14	日	丁卯	火	14	二	丁酉	火
初十	17	二	庚午	土	18	三	己亥	木	17	五	己巳	木	17	日	己亥	木	15	一	戊辰	木	15	三	戊戌	木
十一	18	三	辛未	土	19	四	庚子	土	18	六	庚午	土	18	一	庚子	土	16	二	己巳	木	16	四	己亥	木
十二	19	四	壬申	金	20	五	辛丑	土	19	日	辛未	土	19	二	辛丑	土	17	三	庚午	土	17	五	庚子	土
十三	20	五	癸酉	金	21	六	壬寅	金	20	一	壬申	金	20	三	壬寅	金	18	四	辛未	土	18	六	辛丑	土
十四	21	六	甲戌	火	22	日	癸卯	金	21	二	癸酉	金	21	四	癸卯	金	19	五	壬申	金	19	日	壬寅	金
十五	22	日	乙亥	火	23	一	甲辰	火	22	三	甲戌	火	22	五	甲辰	火	20	六	癸酉	金	20	一	癸卯	金
十六	23	一	丙子	水	24	二	乙巳	火	23	四	乙亥	火	23	六	乙巳	火	21	日	甲戌	火	21	二	甲辰	火
十七	24	二	丁丑	水	25	三	丙午	水	24	五	丙子	水	24	日	丙午	水	22	一	乙亥	火	22	三	乙巳	火
十八	25	三	戊寅	土	26	四	丁未	水	25	六	丁丑	水	25	一	丁未	水	23	二	丙子	水	23	四	丙午	水
十九	26	四	己卯	土	27	五	戊申	土	26	日	戊寅	土	26	二	戊申	土	24	三	丁丑	水	24	五	丁未	水
二十	27	五	庚辰	金	28	六	己酉	土	27	一	己卯	土	27	三	己酉	土	25	四	戊寅	土	25	六	戊申	土
廿一	28	六	辛巳	金	29	日	庚戌	金	28	二	庚辰	金	28	四	庚戌	金	26	五	己卯	土	26	日	己酉	土
廿二	3月	日	壬午	木	30	一	辛亥	金	29	三	辛巳	金	29	五	辛亥	金	27	六	庚辰	金	27	一	庚戌	金
廿三	2	一	癸未	木	31	二	壬子	木	30	四	壬午	木	30	六	壬子	木	28	日	辛巳	金	28	二	辛亥	金
廿四	3	二	甲申	水	4月	三	癸丑	木	5月	五	癸未	木	31	日	癸丑	木	29	一	壬午	木	29	三	壬子	木
廿五	4	三	乙酉	水	2	四	甲寅	水	2	六	甲申	水	6月	一	甲寅	水	30	二	癸未	木	30	四	癸丑	木
廿六	5	四	丙戌	土	3	五	乙卯	水	3	日	乙酉	水	2	二	乙卯	水	7月	三	甲申	水	31	五	甲寅	水
廿七	6	五	丁亥	土	4	六	丙辰	土	4	一	丙戌	土	3	三	丙辰	土	2	四	乙酉	水	8月	六	乙卯	水
廿八	7	六	戊子	火	5	日	丁巳	土	5	二	丁亥	土	4	四	丁巳	土	3	五	丙戌	土	2	日	丙辰	土
廿九	8	日	己丑	火	6	一	戊午	火	6	三	戊子	火	5	五	戊午	火	4	六	丁亥	土	3	一	丁巳	土
三十					7	二	己未	火	7	四	己丑	火					5	日	戊子	火				

公元一九五九年　岁次:己亥　生肖:猪　太岁:谢寿　纳音:平地木

月别	七月大			八月小			九月大			十月小			十一月大			十二月小		
干支	壬申			癸酉			甲戌			乙亥			丙子			丁丑		
九星	五黄			四绿			三碧			二黑			一白			九紫		

廿四节气	节名	立秋	处暑	白露	秋分	寒露	霜降	立冬	小雪	大雪	冬至	小寒	大寒
	农历	初五	廿一	初六	廿二	初八	廿三	初八	廿三	初九	廿三	初八	廿三
	时辰	申时	卯时	酉时	寅时	巳时	午时	午时	巳时	寅时	亥时	申时	巳时
	公历	8月8日	8月24日	9月8日	9月24日	10月9日	10月24日	11月8日	11月23日	12月8日	12月22日	1月6日	1月21日
	时间	15时5分	5时44分	17时49分	3时9分	9时11分	12时12分	12时3分	9时28分	4时38分	22时43分	15时43分	9时10分

农历	公历	星期	天地干支	五行	公历	星期	天地干支	五行	公历	星期	天地干支	五行	公历	星期	天地干支	五行	公历	星期	天地干支	五行	公历	星期	天地干支	五行
初一	4	二	戊午	火	3	四	戊子	火	2	五	丁巳	土	11月	日	丁亥	土	30	一	丙辰	土	30	三	丙戌	土
初二	5	三	己未	火	4	五	己丑	火	3	六	戊午	火	2	一	戊子	火	12月	二	丁巳	土	31	四	丁亥	土
初三	6	四	庚申	木	5	六	庚寅	木	4	日	己未	火	3	二	己丑	火	2	三	戊午	火	1月	五	戊子	火
初四	7	五	辛酉	木	6	日	辛卯	木	5	一	庚申	木	4	三	庚寅	木	3	四	己未	火	2	六	己丑	火
初五	8	六	壬戌	水	7	一	壬辰	水	6	二	辛酉	木	5	四	辛卯	木	4	五	庚申	木	3	日	庚寅	木
初六	9	日	癸亥	水	8	二	癸巳	水	7	三	壬戌	水	6	五	壬辰	水	5	六	辛酉	木	4	一	辛卯	木
初七	10	一	甲子	金	9	三	甲午	金	8	四	癸亥	水	7	六	癸巳	水	6	日	壬戌	水	5	二	壬辰	水
初八	11	二	乙丑	金	10	四	乙未	金	9	五	甲子	金	8	日	甲午	金	7	一	癸亥	水	6	三	癸巳	水
初九	12	三	丙寅	火	11	五	丙申	火	10	六	乙丑	金	9	一	乙未	金	8	二	甲子	金	7	四	甲午	金
初十	13	四	丁卯	火	12	六	丁酉	火	11	日	丙寅	火	10	二	丙申	火	9	三	乙丑	金	8	五	乙未	金
十一	14	五	戊辰	木	13	日	戊戌	木	12	一	丁卯	火	11	三	丁酉	火	10	四	丙寅	火	9	六	丙申	火
十二	15	六	己巳	木	14	一	己亥	木	13	二	戊辰	木	12	四	戊戌	木	11	五	丁卯	火	10	日	丁酉	火
十三	16	日	庚午	土	15	二	庚子	土	14	三	己巳	木	13	五	己亥	木	12	六	戊辰	木	11	一	戊戌	木
十四	17	一	辛未	土	16	三	辛丑	土	15	四	庚午	土	14	六	庚子	土	13	日	己巳	木	12	二	己亥	木
十五	18	二	壬申	金	17	四	壬寅	金	16	五	辛未	土	15	日	辛丑	土	14	一	庚午	土	13	三	庚子	土
十六	19	三	癸酉	金	18	五	癸卯	金	17	六	壬申	金	16	一	壬寅	金	15	二	辛未	土	14	四	辛丑	土
十七	20	四	甲戌	火	19	六	甲辰	火	18	日	癸酉	金	17	二	癸卯	金	16	三	壬申	金	15	五	壬寅	金
十八	21	五	乙亥	火	20	日	乙巳	火	19	一	甲戌	火	18	三	甲辰	火	17	四	癸酉	金	16	六	癸卯	金
十九	22	六	丙子	水	21	一	丙午	水	20	二	乙亥	火	19	四	乙巳	火	18	五	甲戌	火	17	日	甲辰	火
二十	23	日	丁丑	水	22	二	丁未	水	21	三	丙子	水	20	五	丙午	水	19	六	乙亥	火	18	一	乙巳	火
廿一	24	一	戊寅	土	23	三	戊申	土	22	四	丁丑	水	21	六	丁未	水	20	日	丙子	水	19	二	丙午	水
廿二	25	二	己卯	土	24	四	己酉	土	23	五	戊寅	土	22	日	戊申	土	21	一	丁丑	水	20	三	丁未	水
廿三	26	三	庚辰	金	25	五	庚戌	金	24	六	己卯	土	23	一	己酉	土	22	二	戊寅	土	21	四	戊申	土
廿四	27	四	辛巳	金	26	六	辛亥	金	25	日	庚辰	金	24	二	庚戌	金	23	三	己卯	土	22	五	己酉	土
廿五	28	五	壬午	木	27	日	壬子	木	26	一	辛巳	金	25	三	辛亥	金	24	四	庚辰	金	23	六	庚戌	金
廿六	29	六	癸未	木	28	一	癸丑	木	27	二	壬午	木	26	四	壬子	木	25	五	辛巳	金	24	日	辛亥	金
廿七	30	日	甲申	水	29	二	甲寅	水	28	三	癸未	木	27	五	癸丑	木	26	六	壬午	木	25	一	壬子	木
廿八	31	一	乙酉	水	30	三	乙卯	水	29	四	甲申	水	28	六	甲寅	木	27	日	癸未	木	26	二	癸丑	木
廿九	9月	二	丙戌	土	10月	四	丙辰	土	30	五	乙酉	水	29	日	乙卯	水	28	一	甲申	水	27	三	甲寅	水
三十	2	三	丁亥	土					31	六	丙戌	土					29	二	乙酉	水				

公元一九六〇年　（闰六月）　　岁次:庚子　　生肖:鼠　　太岁:卢起　　纳音:壁上土

月别	正月大	二月小	三月大	四月小	五月大	六月大	闰六月小
干支	戊寅	己卯	庚辰	辛巳	壬午	癸未	癸未
九星	八白	七赤	六白	五黄	四绿	三碧	三碧

廿四节气

	节名	立春	雨水	惊蛰	春分	清明	谷雨	立夏	小满	芒种	夏至	小暑	大暑	立秋
	农历	初九	廿三	初八	廿三	初十	廿五	初十	廿六	十三	廿八	十四	三十	十五
	时辰	寅时	子时	亥时	亥时	丑时	巳时	戌时	巳时	子时	酉时	午时	寅时	亥时
	公历	2月5日	2月19日	3月5日	3月20日	4月5日	4月20日	5月5日	5月21日	6月6日	6月21日	7月7日	7月23日	8月7日
	时间	3时23分	23时26分	21时36分	22时43分	2时44分	10时6分	20时23分	9时34分	0时49分	17时42分	11时13分	4时38分	21时0分

农历	公历	星期	天地干支	五行	公历	星期	天地干支	五行	公历	星期	天地干支	五行	公历	星期	天地干支	五行	公历	星期	天地干支	五行	公历	星期	天地干支	五行	公历	星期	天地干支	五行
初一	28	四	乙卯	水	27	六	乙酉	水	27	日	甲寅	水	26	二	甲申	水	25	三	癸丑	木	24	五	癸未	木	24	日	癸丑	木
初二	29	五	丙辰	土	28	日	丙戌	土	28	一	乙卯	水	27	三	乙酉	水	26	四	甲寅	水	25	六	甲申	木	25	一	甲寅	木
初三	30	六	丁巳	土	29	一	丁亥	土	29	二	丙辰	土	28	四	丙戌	土	27	五	乙卯	水	26	日	乙酉	水	26	二	乙卯	水
初四	31	日	戊午	火	3月	二	戊子	火	30	三	丁巳	土	29	五	丁亥	土	28	六	丙辰	土	27	一	丙戌	土	27	三	丙辰	土
初五	2月	一	己未	火	2	三	己丑	火	31	四	戊午	火	30	六	戊子	火	29	日	丁巳	土	28	二	丁亥	土	28	四	丁巳	土
初六	2	二	庚申	木	3	四	庚寅	木	4月	五	己未	火	5月	日	己丑	火	30	一	戊午	火	29	三	戊子	火	29	五	戊午	火
初七	3	三	辛酉	木	4	五	辛卯	木	2	六	庚申	木	2	一	庚寅	木	31	二	己未	火	30	四	己丑	火	30	六	己未	火
初八	4	四	壬戌	水	5	六	壬辰	水	3	日	辛酉	木	3	二	辛卯	木	6月	三	庚申	木	7月	五	庚寅	木	31	日	庚申	木
初九	5	五	癸亥	水	6	日	癸巳	水	4	一	壬戌	水	4	三	壬辰	水	2	四	辛酉	木	2	六	辛卯	木	8月	一	辛酉	木
初十	6	六	甲子	金	7	一	甲午	金	5	二	癸亥	水	5	四	癸巳	水	3	五	壬戌	水	3	日	壬辰	水	2	二	壬戌	水
十一	7	日	乙丑	金	8	二	乙未	金	6	三	甲子	金	6	五	甲午	金	4	六	癸亥	水	4	一	癸巳	水	3	三	癸亥	水
十二	8	一	丙寅	火	9	三	丙申	火	7	四	乙丑	金	7	六	乙未	金	5	日	甲子	金	5	二	甲午	金	4	四	甲子	金
十三	9	二	丁卯	火	10	四	丁酉	火	8	五	丙寅	火	8	日	丙申	火	6	一	乙丑	金	6	三	乙未	金	5	五	乙丑	金
十四	10	三	戊辰	木	11	五	戊戌	木	9	六	丁卯	火	9	一	丁酉	火	7	二	丙寅	火	7	四	丙申	火	6	六	丙寅	火
十五	11	四	己巳	木	12	六	己亥	木	10	日	戊辰	木	10	二	戊戌	木	8	三	丁卯	火	8	五	丁酉	火	7	日	丁卯	火
十六	12	五	庚午	土	13	日	庚子	土	11	一	己巳	木	11	三	己亥	木	9	四	戊辰	木	9	六	戊戌	木	8	一	戊辰	木
十七	13	六	辛未	土	14	一	辛丑	土	12	二	庚午	土	12	四	庚子	土	10	五	己巳	木	10	日	己亥	木	9	二	己巳	木
十八	14	日	壬申	金	15	二	壬寅	金	13	三	辛未	土	13	五	辛丑	土	11	六	庚午	土	11	一	庚子	土	10	三	庚午	土
十九	15	一	癸酉	金	16	三	癸卯	金	14	四	壬申	金	14	六	壬寅	金	12	日	辛未	土	12	二	辛丑	土	11	四	辛未	土
二十	16	二	甲戌	火	17	四	甲辰	火	15	五	癸酉	金	15	日	癸卯	金	13	一	壬申	金	13	三	壬寅	金	12	五	壬申	金
廿一	17	三	乙亥	火	18	五	乙巳	火	16	六	甲戌	火	16	一	甲辰	火	14	二	癸酉	金	14	四	癸卯	金	13	六	癸酉	金
廿二	18	四	丙子	水	19	六	丙午	水	17	日	乙亥	火	17	二	乙巳	火	15	三	甲戌	火	15	五	甲辰	火	14	日	甲戌	火
廿三	19	五	丁丑	水	20	日	丁未	水	18	一	丙子	水	18	三	丙午	水	16	四	乙亥	火	16	六	乙巳	火	15	一	乙亥	火
廿四	20	六	戊寅	土	21	一	戊申	土	19	二	丁丑	水	19	四	丁未	水	17	五	丙子	水	17	日	丙午	水	16	二	丙子	水
廿五	21	日	己卯	土	22	二	己酉	土	20	三	戊寅	土	20	五	戊申	土	18	六	丁丑	水	18	一	丁未	水	17	三	丁丑	水
廿六	22	一	庚辰	金	23	三	庚戌	金	21	四	己卯	土	21	六	己酉	土	19	日	戊寅	土	19	二	戊申	土	18	四	戊寅	土
廿七	23	二	辛巳	金	24	四	辛亥	金	22	五	庚辰	金	22	日	庚戌	金	20	一	己卯	土	20	三	己酉	土	19	五	己卯	土
廿八	24	三	壬午	木	25	五	壬子	木	23	六	辛巳	金	23	一	辛亥	金	21	二	庚辰	金	21	四	庚戌	金	20	六	庚辰	金
廿九	25	四	癸未	木	26	六	癸丑	木	24	日	壬午	木	24	二	壬子	木	22	三	辛巳	金	22	五	辛亥	金	21	日	辛巳	金
三十	26	五	甲申	水					25	一	癸未	木					23	四	壬午	木	23	六	壬子	木				

— 188 —

公元一九六〇年　（闰六月）　岁次:庚子　生肖:鼠　太岁:卢起　纳音:壁上土

月别	七月大			八月小			九月大			十月小			十一月大			十二月小		
干支	甲申			乙酉			丙戌			丁亥			戊子			己丑		
九星	二黑			一白			九紫			八白			七赤			六白		

廿四节气

节名	处暑	白露	秋分	寒露	霜降	立冬	小雪	大雪	冬至	小寒	大寒	立春
农历	初二	十七	初三	十八	初四	十九	初四	十九	初五	十九	初四	十九
时辰	午时	子时	辰时	申时	酉时	酉时	申时	巳时	寅时	亥时	申时	巳时
公历	8月23日	9月7日	9月23日	10月8日	10月23日	11月7日	11月22日	12月7日	12月22日	1月5日	1月20日	2月4日
时间	11时35分	23时46分	8时59分	15时9分	18时2分	18时2分	15时18分	10时38分	4时26分	21时43分	15时1分	9时23分

农历	公历	星期	天地干支	五行	公历	星期	天地干支	五行	公历	星期	天地干支	五行	公历	星期	天地干支	五行	公历	星期	天地干支	五行	公历	星期	天地干支	五行
初一	22	一	壬午	木	21	三	壬子	木	20	四	辛巳	金	19	六	辛亥	金	18	日	庚辰	金	17	二	庚戌	金
初二	23	二	癸未	木	22	四	癸丑	木	21	五	壬午	木	20	日	壬子	木	19	一	辛巳	金	18	三	辛亥	金
初三	24	三	甲申	水	23	五	甲寅	水	22	六	癸未	木	21	一	癸丑	木	20	二	壬午	木	19	四	壬子	木
初四	25	四	乙酉	水	24	六	乙卯	水	23	日	甲申	水	22	二	甲寅	水	21	三	癸未	木	20	五	癸丑	木
初五	26	五	丙戌	土	25	日	丙辰	土	24	一	乙酉	水	23	三	乙卯	水	22	四	甲申	水	21	六	甲寅	水
初六	27	六	丁亥	土	26	一	丁巳	土	25	二	丙戌	土	24	四	丙辰	土	23	五	乙酉	水	22	日	乙卯	水
初七	28	日	戊子	火	27	二	戊午	火	26	三	丁亥	土	25	五	丁巳	土	24	六	丙戌	土	23	一	丙辰	土
初八	29	一	己丑	火	28	三	己未	火	27	四	戊子	火	26	六	戊午	火	25	日	丁亥	土	24	二	丁巳	土
初九	30	二	庚寅	木	29	四	庚申	木	28	五	己丑	火	27	日	己未	火	26	一	戊子	火	25	三	戊午	火
初十	31	三	辛卯	木	30	五	辛酉	木	29	六	庚寅	木	28	一	庚申	木	27	二	己丑	火	26	四	己未	火
十一	9月	四	壬辰	水	10月	六	壬戌	水	30	日	辛卯	木	29	二	辛酉	木	28	三	庚寅	木	27	五	庚申	木
十二	2	五	癸巳	水	2	日	癸亥	水	31	一	壬辰	水	30	三	壬戌	水	29	四	辛卯	木	28	六	辛酉	木
十三	3	六	甲午	金	3	一	甲子	金	11月	二	癸巳	水	12月	四	癸亥	水	30	五	壬辰	水	29	日	壬戌	水
十四	4	日	乙未	金	4	二	乙丑	金	2	三	甲午	金	2	五	甲子	金	31	六	癸巳	水	30	一	癸亥	水
十五	5	一	丙申	火	5	三	丙寅	火	3	四	乙未	金	3	六	乙丑	金	1月	日	甲午	金	31	二	甲子	金
十六	6	二	丁酉	火	6	四	丁卯	火	4	五	丙申	火	4	日	丙寅	火	2	一	乙未	金	2月	三	乙丑	金
十七	7	三	戊戌	木	7	五	戊辰	木	5	六	丁酉	火	5	一	丁卯	火	3	二	丙申	火	2	四	丙寅	火
十八	8	四	己亥	木	8	六	己巳	木	6	日	戊戌	木	6	二	戊辰	木	4	三	丁酉	火	3	五	丁卯	火
十九	9	五	庚子	土	9	日	庚午	土	7	一	己亥	木	7	三	己巳	木	5	四	戊戌	木	4	六	戊辰	木
二十	10	六	辛丑	土	10	一	辛未	土	8	二	庚子	土	8	四	庚午	土	6	五	己亥	木	5	日	己巳	木
廿一	11	日	壬寅	金	11	二	壬申	金	9	三	辛丑	土	9	五	辛未	土	7	六	庚子	土	6	一	庚午	土
廿二	12	一	癸卯	金	12	三	癸酉	金	10	四	壬寅	金	10	六	壬申	金	8	日	辛丑	土	7	二	辛未	土
廿三	13	二	甲辰	火	13	四	甲戌	火	11	五	癸卯	金	11	日	癸酉	金	9	一	壬寅	金	8	三	壬申	金
廿四	14	三	乙巳	火	14	五	乙亥	火	12	六	甲辰	火	12	一	甲戌	火	10	二	癸卯	金	9	四	癸酉	金
廿五	15	四	丙午	水	15	六	丙子	水	13	日	乙巳	火	13	二	乙亥	火	11	三	甲辰	火	10	五	甲戌	火
廿六	16	五	丁未	水	16	日	丁丑	水	14	一	丙午	水	14	三	丙子	水	12	四	乙巳	火	11	六	乙亥	火
廿七	17	六	戊申	土	17	一	戊寅	土	15	二	丁未	水	15	四	丁丑	水	13	五	丙午	水	12	日	丙子	水
廿八	18	日	己酉	土	18	二	己卯	土	16	三	戊申	土	16	五	戊寅	土	14	六	丁未	水	13	一	丁丑	水
廿九	19	一	庚戌	金	19	三	庚辰	金	17	四	己酉	土	17	六	己卯	土	15	日	戊申	土	14	二	戊寅	土
三十	20	二	辛亥	金					18	五	庚戌	金					16	一	己酉	土				

公元一九六一年　岁次:辛丑　生肖:牛　太岁:汤信　纳音:壁上土

月别	正月大				二月小				三月大				四月小				五月大				六月小			
干支	庚寅				辛卯				壬辰				癸巳				甲午				乙未			
九星	五黄				四绿				三碧				二黑				一白				九紫			

廿四节气

节名	雨水	惊蛰	春分	清明	谷雨	立夏	小满	芒种	夏至	小暑	大暑	立秋
农历	初五	二十	初五	二十	初六	廿二	初七	廿三	初九	廿五	十一	廿七
时辰	卯时	寅时	寅时	辰时	申时	丑时	申时	卯时	子时	酉时	巳时	丑时
公历	2月19日	3月6日	3月21日	4月5日	4月20日	5月6日	5月21日	6月6日	6月21日	7月7日	7月23日	8月8日
时间	5时17分	3时35分	4时32分	8时42分	15时55分	2时21分	15时22分	6时46分	23时30分	17时7分	10时24分	2时49分

农历

农历	公历	星期	天地干支	五行	公历	星期	天地干支	五行	公历	星期	天地干支	五行	公历	星期	天地干支	五行	公历	星期	天地干支	五行	公历	星期	天地干支	五行
初一	15	三	己卯	土	17	五	己酉	土	15	六	戊寅	土	15	一	戊申	土	13	二	丁丑	水	13	四	丁未	水
初二	16	四	庚辰	金	18	六	庚戌	金	16	日	己卯	土	16	二	己酉	土	14	三	戊寅	土	14	五	戊申	土
初三	17	五	辛巳	金	19	日	辛亥	金	17	一	庚辰	金	17	三	庚戌	金	15	四	己卯	土	15	六	己酉	土
初四	18	六	壬午	木	20	一	壬子	木	18	二	辛巳	金	18	四	辛亥	金	16	五	庚辰	金	16	日	庚戌	金
初五	19	日	癸未	木	21	二	癸丑	木	19	三	壬午	木	19	五	壬子	木	17	六	辛巳	金	17	一	辛亥	金
初六	20	一	甲申	水	22	三	甲寅	水	20	四	癸未	木	20	六	癸丑	木	18	日	壬午	木	18	二	壬子	木
初七	21	二	乙酉	水	23	四	乙卯	水	21	五	甲申	水	21	日	甲寅	水	19	一	癸未	木	19	三	癸丑	木
初八	22	三	丙戌	土	24	五	丙辰	土	22	六	乙酉	水	22	一	乙卯	水	20	二	甲申	水	20	四	甲寅	水
初九	23	四	丁亥	土	25	六	丁巳	土	23	日	丙戌	土	23	二	丙辰	土	21	三	乙酉	水	21	五	乙卯	水
初十	24	五	戊子	火	26	日	戊午	火	24	一	丁亥	土	24	三	丁巳	土	22	四	丙戌	土	22	六	丙辰	土
十一	25	六	己丑	火	27	一	己未	火	25	二	戊子	火	25	四	戊午	火	23	五	丁亥	土	23	日	丁巳	土
十二	26	日	庚寅	木	28	二	庚申	木	26	三	己丑	火	26	五	己未	火	24	六	戊子	火	24	一	戊午	火
十三	27	一	辛卯	木	29	三	辛酉	木	27	四	庚寅	木	27	六	庚申	木	25	日	己丑	火	25	二	己未	火
十四	28	二	壬辰	水	30	四	壬戌	水	28	五	辛卯	木	28	日	辛酉	木	26	一	庚寅	木	26	三	庚申	木
十五	3月	三	癸巳	水	31	五	癸亥	水	29	六	壬辰	水	29	一	壬戌	水	27	二	辛卯	木	27	四	辛酉	木
十六	2	四	甲午	金	4月	六	甲子	金	30	日	癸巳	水	30	二	癸亥	水	28	三	壬辰	水	28	五	壬戌	水
十七	3	五	乙未	金	2	日	乙丑	金	5月	一	甲午	金	31	三	甲子	金	29	四	癸巳	水	29	六	癸亥	水
十八	4	六	丙申	火	3	一	丙寅	火	2	二	乙未	金	6月	四	乙丑	金	30	五	甲午	金	30	日	甲子	金
十九	5	日	丁酉	火	4	二	丁卯	火	3	三	丙申	火	2	五	丙寅	火	7月	六	乙未	金	31	一	乙丑	金
二十	6	一	戊戌	木	5	三	戊辰	木	4	四	丁酉	火	3	六	丁卯	火	2	日	丙申	火	8月	二	丙寅	水
廿一	7	二	己亥	木	6	四	己巳	木	5	五	戊戌	木	4	日	戊辰	木	3	一	丁酉	火	2	三	丁卯	火
廿二	8	三	庚子	土	7	五	庚午	土	6	六	己亥	木	5	一	己巳	木	4	二	戊戌	木	3	四	戊辰	木
廿三	9	四	辛丑	土	8	六	辛未	土	7	日	庚子	土	6	二	庚午	土	5	三	己亥	木	4	五	己巳	木
廿四	10	五	壬寅	金	9	日	壬申	金	8	一	辛丑	土	7	三	辛未	土	6	四	庚子	土	5	六	庚午	土
廿五	11	六	癸卯	金	10	一	癸酉	金	9	二	壬寅	金	8	四	壬申	金	7	五	辛丑	土	6	日	辛未	土
廿六	12	日	甲辰	火	11	二	甲戌	火	10	三	癸卯	金	9	五	癸酉	金	8	六	壬寅	金	7	一	壬申	金
廿七	13	一	乙巳	火	12	三	乙亥	火	11	四	甲辰	火	10	六	甲戌	火	9	日	癸卯	金	8	二	癸酉	金
廿八	14	二	丙午	水	13	四	丙子	水	12	五	乙巳	火	11	日	乙亥	火	10	一	甲辰	火	9	三	甲戌	火
廿九	15	三	丁未	水	14	五	丁丑	水	13	六	丙午	水	12	一	丙子	水	11	二	乙巳	火	10	四	乙亥	火
三十	16	四	戊申	土					14	日	丁未	水					12	三	丙午	水				

— 190 —

公元一九六一年　岁次:辛丑　生肖:牛　太岁:汤信　纳音:壁上土

月别	七月大	八月大	九月小	十月大	十一月小	十二月大
干支	丙申	丁酉	戊戌	己亥	庚子	辛丑
九星	八白	七赤	六白	五黄	四绿	三碧

廿四节气

	节名	处暑	白露	秋分	寒露	霜降	立冬	小雪	大雪	冬至	小寒	大寒	立春
	农历	十三	廿九	十四	廿九	十四	廿九	十五	三十	十五	初一	十五	三十
	时辰	酉时	卯时	未时	戌时	子时	子时	亥时	申时	巳时	寅时	戌时	申时
	公历	8月23日	9月8日	9月23日	10月8日	10月23日	11月7日	11月22日	12月7日	12月22日	1月6日	1月20日	2月4日
	时间	17时19分	5时29分	14时43分	20时51分	23时47分	23时46分	21时8分	16时26分	10时20分	3时35分	20时58分	15时18分

农历	公历	星期	天地干支	五行	公历	星期	天地干支	五行	公历	星期	天地干支	五行	公历	星期	天地干支	五行	公历	星期	天地干支	五行	公历	星期	天地干支	五行
初一	11	五	丙子	水	10	日	丙午	水	10	二	丙子	水	8	三	乙巳	火	8	五	乙亥	火	6	六	甲辰	火
初二	12	六	丁丑	水	11	一	丁未	水	11	三	丁丑	水	9	四	丙午	水	9	六	丙子	水	7	日	乙巳	火
初三	13	日	戊寅	土	12	二	戊申	土	12	四	戊寅	土	10	五	丁未	水	10	日	丁丑	水	8	一	丙午	水
初四	14	一	己卯	土	13	三	己酉	土	13	五	己卯	土	11	六	戊申	土	11	一	戊寅	土	9	二	丁未	水
初五	15	二	庚辰	金	14	四	庚戌	金	14	六	庚辰	金	12	日	己酉	土	12	二	己卯	土	10	三	戊申	土
初六	16	三	辛巳	金	15	五	辛亥	金	15	日	辛巳	金	13	一	庚戌	金	13	三	庚辰	金	11	四	己酉	土
初七	17	四	壬午	木	16	六	壬子	木	16	一	壬午	木	14	二	辛亥	金	14	四	辛巳	金	12	五	庚戌	金
初八	18	五	癸未	木	17	日	癸丑	木	17	二	癸未	木	15	三	壬子	木	15	五	壬午	木	13	六	辛亥	金
初九	19	六	甲申	水	18	一	甲寅	水	18	三	甲申	水	16	四	癸丑	木	16	六	癸未	木	14	日	壬子	木
初十	20	日	乙酉	水	19	二	乙卯	水	19	四	乙酉	水	17	五	甲寅	水	17	日	甲申	水	15	一	癸丑	木
十一	21	一	丙戌	土	20	三	丙辰	土	20	五	丙戌	土	18	六	乙卯	水	18	一	乙酉	水	16	二	甲寅	水
十二	22	二	丁亥	土	21	四	丁巳	土	21	六	丁亥	土	19	日	丙辰	土	19	二	丙戌	土	17	三	乙卯	水
十三	23	三	戊子	火	22	五	戊午	火	22	日	戊子	火	20	一	丁巳	土	20	三	丁亥	土	18	四	丙辰	土
十四	24	四	己丑	火	23	六	己未	火	23	一	己丑	火	21	二	戊午	火	21	四	戊子	火	19	五	丁巳	土
十五	25	五	庚寅	木	24	日	庚申	木	24	二	庚寅	木	22	三	己未	火	22	五	己丑	火	20	六	戊午	火
十六	26	六	辛卯	木	25	一	辛酉	木	25	三	辛卯	木	23	四	庚申	木	23	六	庚寅	木	21	日	己未	火
十七	27	日	壬辰	水	26	二	壬戌	水	26	四	壬辰	水	24	五	辛酉	木	24	日	辛卯	木	22	一	庚申	木
十八	28	一	癸巳	水	27	三	癸亥	水	27	五	癸巳	水	25	六	壬戌	水	25	一	壬辰	水	23	二	辛酉	木
十九	29	二	甲午	金	28	四	甲子	金	28	六	甲午	金	26	日	癸亥	水	26	二	癸巳	水	24	三	壬戌	水
二十	30	三	乙未	金	29	五	乙丑	金	29	日	乙未	金	27	一	甲子	金	27	三	甲午	金	25	四	癸亥	水
廿一	31	四	丙申	火	30	六	丙寅	火	30	一	丙申	火	28	二	乙丑	金	28	四	乙未	金	26	五	甲子	金
廿二	9月	五	丁酉	火	10月	日	丁卯	火	31	二	丁酉	火	29	三	丙寅	火	29	五	丙申	火	27	六	乙丑	金
廿三	2	六	戊戌	木	2	一	戊辰	木	11月	三	戊戌	木	30	四	丁卯	火	30	六	丁酉	火	28	日	丙寅	火
廿四	3	日	己亥	木	3	二	己巳	木	2	四	己亥	木	12月	五	戊辰	木	31	日	戊戌	木	29	一	丁卯	火
廿五	4	一	庚子	土	4	三	庚午	土	3	五	庚子	土	2	六	己巳	木	1月	一	己亥	木	30	二	戊辰	木
廿六	5	二	辛丑	土	5	四	辛未	土	4	六	辛丑	土	3	日	庚午	土	2	二	庚子	土	31	三	己巳	木
廿七	6	三	壬寅	金	6	五	壬申	金	5	日	壬寅	金	4	一	辛未	土	3	三	辛丑	土	2月	四	庚午	土
廿八	7	四	癸卯	金	7	六	癸酉	金	6	一	癸卯	金	5	二	壬申	金	4	四	壬寅	金	2	五	辛未	土
廿九	8	五	甲辰	火	8	日	甲戌	火	7	二	甲辰	火	6	三	癸酉	金	5	五	癸卯	金	3	六	壬申	金
三十	9	六	乙巳	火	9	一	乙亥	火					7	四	甲戌	火					4	日	癸酉	金

公元一九六二年　岁次:壬寅　生肖:虎　太岁:贺谔　纳音:金箔金

月别	正月小			二月大			三月小			四月小			五月大			六月小		
干支	壬寅			癸卯			甲辰			乙巳			丙午			丁未		
九星	二黑			一白			九紫			八白			七赤			六白		

廿四节气

	正月	二月		三月		四月		五月		六月	
节名	雨水	惊蛰	春分	清明	谷雨	立夏	小满	芒种	夏至	小暑	大暑
农历	十五	初一	十六	初一	十六	初三	十八	初五	廿一	初六	廿二
时辰	午时	巳时	巳时	未时	亥时	辰时	亥时	午时	卯时	亥时	申时
公历	2月19日	3月6日	3月21日	4月5日	4月20日	5月6日	5月21日	6月6日	6月22日	7月7日	7月23日
时间	11时15分	10时30分	10时30分	14时34分	21时51分	8时10分	21时17分	12时31分	5时24分	22时51分	16时18分

农历	公历	星期	天地干支	五行	公历	星期	天地干支	五行	公历	星期	天地干支	五行	公历	星期	天地干支	五行	公历	星期	天地干支	五行	公历	星期	天地干支	五行
初一	5	一	甲戌	火	6	二	癸卯	金	5	四	癸酉	金	4	五	壬寅	金	2	六	辛未	土	2	一	辛丑	土
初二	6	二	乙亥	火	7	三	甲辰	火	6	五	甲戌	火	5	六	癸卯	金	3	日	壬申	金	3	二	壬寅	金
初三	7	三	丙子	水	8	四	乙巳	火	7	六	乙亥	火	6	日	甲辰	火	4	一	癸酉	金	4	三	癸卯	金
初四	8	四	丁丑	水	9	五	丙午	水	8	日	丙子	水	7	一	乙巳	火	5	二	甲戌	火	5	四	甲辰	火
初五	9	五	戊寅	土	10	六	丁未	水	9	一	丁丑	水	8	二	丙午	水	6	三	乙亥	火	6	五	乙巳	火
初六	10	六	己卯	土	11	日	戊申	土	10	二	戊寅	土	9	三	丁未	水	7	四	丙子	水	7	六	丙午	水
初七	11	日	庚辰	金	12	一	己酉	土	11	三	己卯	土	10	四	戊申	土	8	五	丁丑	水	8	日	丁未	水
初八	12	一	辛巳	金	13	二	庚戌	金	12	四	庚辰	金	11	五	己酉	土	9	六	戊寅	土	9	一	戊申	土
初九	13	二	壬午	木	14	三	辛亥	金	13	五	辛巳	金	12	六	庚戌	金	10	日	己卯	土	10	二	己酉	土
初十	14	三	癸未	木	15	四	壬子	木	14	六	壬午	木	13	日	辛亥	金	11	一	庚辰	金	11	三	庚戌	金
十一	15	四	甲申	水	16	五	癸丑	木	15	日	癸未	木	14	一	壬子	木	12	二	辛巳	金	12	四	辛亥	金
十二	16	五	乙酉	水	17	六	甲寅	水	16	一	甲申	水	15	二	癸丑	木	13	三	壬午	木	13	五	壬子	木
十三	17	六	丙戌	土	18	日	乙卯	水	17	二	乙酉	水	16	三	甲寅	水	14	四	癸未	木	14	六	癸丑	木
十四	18	日	丁亥	土	19	一	丙辰	土	18	三	丙戌	土	17	四	乙卯	水	15	五	甲申	水	15	日	甲寅	水
十五	19	一	戊子	火	20	二	丁巳	土	19	四	丁亥	土	18	五	丙辰	土	16	六	乙酉	水	16	一	乙卯	水
十六	20	二	己丑	火	21	三	戊午	火	20	五	戊子	火	19	六	丁巳	土	17	日	丙戌	土	17	二	丙辰	土
十七	21	三	庚寅	木	22	四	己未	火	21	六	己丑	火	20	日	戊午	火	18	一	丁亥	土	18	三	丁巳	土
十八	22	四	辛卯	木	23	五	庚申	木	22	日	庚寅	木	21	一	己未	火	19	二	戊子	火	19	四	戊午	火
十九	23	五	壬辰	水	24	六	辛酉	木	23	一	辛卯	木	22	二	庚申	木	20	三	己丑	火	20	五	己未	火
二十	24	六	癸巳	水	25	日	壬戌	水	24	二	壬辰	水	23	三	辛酉	木	21	四	庚寅	木	21	六	庚申	木
廿一	25	日	甲午	金	26	一	癸亥	水	25	三	癸巳	水	24	四	壬戌	水	22	五	辛卯	木	22	日	辛酉	木
廿二	26	一	乙未	金	27	二	甲子	金	26	四	甲午	金	25	五	癸亥	水	23	六	壬辰	水	23	一	壬戌	水
廿三	27	二	丙申	火	28	三	乙丑	金	27	五	乙未	金	26	六	甲子	金	24	日	癸巳	水	24	二	癸亥	水
廿四	28	三	丁酉	火	29	四	丙寅	火	28	六	丙申	火	27	日	乙丑	金	25	一	甲午	金	25	三	甲子	金
廿五	**3月**	四	戊戌	木	30	五	丁卯	火	29	日	丁酉	火	28	一	丙寅	火	26	二	乙未	金	26	四	乙丑	金
廿六	2	五	己亥	木	31	六	戊辰	木	30	一	戊戌	木	29	二	丁卯	火	27	三	丙申	火	27	五	丙寅	火
廿七	3	六	庚子	土	**4月**	日	己巳	木	**5月**	二	己亥	木	30	三	戊辰	木	28	四	丁酉	火	28	六	丁卯	火
廿八	4	日	辛丑	土	2	一	庚午	土	2	三	庚子	土	31	四	己巳	木	29	五	戊戌	木	29	日	戊辰	木
廿九	5	一	壬寅	金	3	二	辛未	土	3	四	辛丑	土	**6月**	五	庚午	土	30	六	己亥	木	30	一	己巳	木
三十					4	三	壬申	金									**7月**	日	庚子	土				

— 192 —

公元一九六二年　岁次:壬寅　生肖:虎　太岁:贺谔　纳音:金箔金

月别	七月大			八月大			九月小			十月大			十一月大			十二月小		
干支	戊申			己酉			庚戌			辛亥			壬子			癸丑		
九星	五黄			四绿			三碧			二黑			一白			九紫		

廿四节气

	节名	立秋	处暑	白露	秋分	寒露	霜降	立冬	小雪	大雪	冬至	小寒	大寒
	农历	初九	廿四	初十	廿五	十一	廿六	十二	廿七	十一	廿六	十一	廿六
	时辰	辰时	子时	午时	戌时	丑时	卯时	卯时	寅时	亥时	申时	巳时	丑时
	公历	8月8日	8月23日	9月8日	9月23日	10月9日	10月24日	11月8日	11月23日	12月7日	12月22日	1月6日	1月21日
	时间	8时24分	23时13分	11时16分	20时35分	2时38分	5时40分	5时35分	3时3分	22时17分	16时15分	9时27分	2时54分

农历	公历	星期	天地干支	五行	公历	星期	天地干支	五行	公历	星期	天地干支	五行	公历	星期	天地干支	五行	公历	星期	天地干支	五行	公历	星期	天地干支	五行
初一	31	二	庚午	土	30	四	庚子	土	29	六	庚午	土	28	日	己亥	木	27	二	己巳	木	27	四	己亥	木
初二	8月	三	辛未	土	31	五	辛丑	土	30	日	辛未	土	29	一	庚子	土	28	三	庚午	土	28	五	庚子	土
初三	2	四	壬申	金	9月	六	壬寅	金	10月	一	壬申	金	30	二	辛丑	土	29	四	辛未	土	29	六	辛丑	土
初四	3	五	癸酉	金	2	日	癸卯	金	2	二	癸酉	金	31	三	壬寅	金	30	五	壬申	金	30	日	壬寅	金
初五	4	六	甲戌	火	3	一	甲辰	火	3	三	甲戌	火	11月	四	癸卯	金	12月	六	癸酉	金	31	一	癸卯	金
初六	5	日	乙亥	火	4	二	乙巳	火	4	四	乙亥	火	2	五	甲辰	火	2	日	甲戌	火	1月	二	甲辰	火
初七	6	一	丙子	水	5	三	丙午	水	5	五	丙子	水	3	六	乙巳	火	3	一	乙亥	火	2	三	乙巳	火
初八	7	二	丁丑	水	6	四	丁未	水	6	六	丁丑	水	4	日	丙午	水	4	二	丙子	水	3	四	丙午	水
初九	8	三	戊寅	土	7	五	戊申	土	7	日	戊寅	土	5	一	丁未	水	5	三	丁丑	水	4	五	丁未	水
初十	9	四	己卯	土	8	六	己酉	土	8	一	己卯	土	6	二	戊申	土	6	四	戊寅	土	5	六	戊申	土
十一	10	五	庚辰	金	9	日	庚戌	金	9	二	庚辰	金	7	三	己酉	土	7	五	己卯	土	6	日	己酉	土
十二	11	六	辛巳	金	10	一	辛亥	金	10	三	辛巳	金	8	四	庚戌	金	8	六	庚辰	金	7	一	庚戌	金
十三	12	日	壬午	木	11	二	壬子	木	11	四	壬午	木	9	五	辛亥	金	9	日	辛巳	金	8	二	辛亥	金
十四	13	一	癸未	木	12	三	癸丑	木	12	五	癸未	木	10	六	壬子	木	10	一	壬午	木	9	三	壬子	木
十五	14	二	甲申	水	13	四	甲寅	水	13	六	甲申	水	11	日	癸丑	木	11	二	癸未	木	10	四	癸丑	木
十六	15	三	乙酉	水	14	五	乙卯	水	14	日	乙酉	水	12	一	甲寅	水	12	三	甲申	水	11	五	甲寅	水
十七	16	四	丙戌	土	15	六	丙辰	土	15	一	丙戌	土	13	二	乙卯	水	13	四	乙酉	水	12	六	乙卯	水
十八	17	五	丁亥	土	16	日	丁巳	土	16	二	丁亥	土	14	三	丙辰	土	14	五	丙戌	土	13	日	丙辰	土
十九	18	六	戊子	火	17	一	戊午	火	17	三	戊子	火	15	四	丁巳	土	15	六	丁亥	土	14	一	丁巳	土
二十	19	日	己丑	火	18	二	己未	火	18	四	己丑	火	16	五	戊午	火	16	日	戊子	火	15	二	戊午	火
廿一	20	一	庚寅	木	19	三	庚申	木	19	五	庚寅	木	17	六	己未	火	17	一	己丑	火	16	三	己未	火
廿二	21	二	辛卯	木	20	四	辛酉	木	20	六	辛卯	木	18	日	庚申	木	18	二	庚寅	木	17	四	庚申	木
廿三	22	三	壬辰	水	21	五	壬戌	水	21	日	壬辰	水	19	一	辛酉	木	19	三	辛卯	木	18	五	辛酉	木
廿四	23	四	癸巳	水	22	六	癸亥	水	22	一	癸巳	水	20	二	壬戌	水	20	四	壬辰	水	19	六	壬戌	水
廿五	24	五	甲午	金	23	日	甲子	金	23	二	甲午	金	21	三	癸亥	水	21	五	癸巳	水	20	日	癸亥	水
廿六	25	六	乙未	金	24	一	乙丑	金	24	三	乙未	金	22	四	甲子	金	22	六	甲午	金	21	一	甲子	金
廿七	26	日	丙申	火	25	二	丙寅	火	25	四	丙申	火	23	五	乙丑	金	23	日	乙未	金	22	二	乙丑	金
廿八	27	一	丁酉	火	26	三	丁卯	火	26	五	丁酉	火	24	六	丙寅	火	24	一	丙申	火	23	三	丙寅	火
廿九	28	二	戊戌	木	27	四	戊辰	木	27	六	戊戌	木	25	日	丁卯	火	25	二	丁酉	火	24	四	丁卯	火
三十	29	三	己亥	木	28	五	己巳	木					26	一	戊辰	木	26	三	戊戌	木				

公元一九六三年　（闰四月）　岁次:癸卯　生肖:兔　太岁:皮时　纳音:金箔金

月别	正月大				二月小				三月大				四月小				闰四月小				五月大				六月小			
干支	甲寅				乙卯				丙辰				丁巳				丁巳				戊午				己未			
九星	八白				七赤				六白				五黄				五黄				四绿				三碧			

廿四节气

节名	立春	雨水	惊蛰	春分	清明	谷雨	立夏	小满	芒种	夏至	小暑	大暑	立秋
农历	十一	廿六	十一	廿六	十二	廿八	十三	廿九	十五	初二	十八	初三	十九
时辰	亥时	酉时	申时	申时	戌时	寅时	未时	丑时	酉时	午时	寅时	亥时	未时
公历	2月4日	2月19日	3月6日	3月21日	4月5日	4月21日	5月6日	5月22日	6月6日	6月22日	7月8日	7月23日	8月8日
时间	21时8分	17时9分	15时17分	16时20分	20时19分	3时36分	13时52分	2时58分	18时15分	11时4分	4时38分	21时59分	14时26分

农历	公历	星期	天地干支	五行	公历	星期	天地干支	五行	公历	星期	天地干支	五行	公历	星期	天地干支	五行	公历	星期	天地干支	五行	公历	星期	天地干支	五行	公历	星期	天地干支	五行
初一	25	五	戊辰	木	24	日	戊戌	木	25	一	丁卯	火	24	三	丁酉	火	23	四	丙寅	火	21	五	乙未	金	21	日	乙丑	金
初二	26	六	己巳	木	25	一	己亥	木	26	二	戊辰	木	25	四	戊戌	木	24	五	丁卯	火	22	六	丙申	火	22	一	丙寅	火
初三	27	日	庚午	土	26	二	庚子	土	27	三	己巳	木	26	五	己亥	木	25	六	戊辰	木	23	日	丁酉	火	23	二	丁卯	火
初四	28	一	辛未	土	27	三	辛丑	土	28	四	庚午	土	27	六	庚子	土	26	日	己巳	木	24	一	戊戌	木	24	三	戊辰	木
初五	29	二	壬申	金	28	四	壬寅	金	29	五	辛未	土	28	日	辛丑	土	27	一	庚午	土	25	二	己亥	木	25	四	己巳	木
初六	30	三	癸酉	金	3月	五	癸卯	金	30	六	壬申	金	29	一	壬寅	金	28	二	辛未	土	26	三	庚子	土	26	五	庚午	土
初七	31	四	甲戌	火	2	六	甲辰	火	31	日	癸酉	金	30	二	癸卯	金	29	三	壬申	金	27	四	辛丑	土	27	六	辛未	土
初八	2月	五	乙亥	火	3	日	乙巳	火	4月	一	甲戌	火	5月	三	甲辰	火	30	四	癸酉	金	28	五	壬寅	金	28	日	壬申	金
初九	2	六	丙子	水	4	一	丙午	水	2	二	乙亥	火	2	四	乙巳	火	31	五	甲戌	火	29	六	癸卯	金	29	一	癸酉	金
初十	3	日	丁丑	水	5	二	丁未	水	3	三	丙子	水	3	五	丙午	水	6月	六	乙亥	火	30	日	甲辰	火	30	二	甲戌	火
十一	4	一	戊寅	土	6	三	戊申	土	4	四	丁丑	水	4	六	丁未	水	2	日	丙子	水	7月	一	乙巳	火	31	三	乙亥	火
十二	5	二	己卯	土	7	四	己酉	土	5	五	戊寅	土	5	日	戊申	土	3	一	丁丑	水	2	二	丙午	水	8月	四	丙子	水
十三	6	三	庚辰	金	8	五	庚戌	金	6	六	己卯	土	6	一	己酉	土	4	二	戊寅	土	3	三	丁未	水	2	五	丁丑	水
十四	7	四	辛巳	金	9	六	辛亥	金	7	日	庚辰	金	7	二	庚戌	金	5	三	己卯	土	4	四	戊申	土	3	六	戊寅	土
十五	8	五	壬午	木	10	日	壬子	木	8	一	辛巳	金	8	三	辛亥	金	6	四	庚辰	金	5	五	己酉	土	4	日	己卯	土
十六	9	六	癸未	木	11	一	癸丑	木	9	二	壬午	木	9	四	壬子	木	7	五	辛巳	金	6	六	庚戌	金	5	一	庚辰	金
十七	10	日	甲申	水	12	二	甲寅	水	10	三	癸未	木	10	五	癸丑	木	8	六	壬午	木	7	日	辛亥	金	6	二	辛巳	金
十八	11	一	乙酉	水	13	三	乙卯	水	11	四	甲申	水	11	六	甲寅	水	9	日	癸未	木	8	一	壬子	木	7	三	壬午	木
十九	12	二	丙戌	土	14	四	丙辰	土	12	五	乙酉	水	12	日	乙卯	水	10	一	甲申	水	9	二	癸丑	木	8	四	癸未	木
二十	13	三	丁亥	土	15	五	丁巳	土	13	六	丙戌	土	13	一	丙辰	土	11	二	乙酉	水	10	三	甲寅	水	9	五	甲申	水
廿一	14	四	戊子	火	16	六	戊午	火	14	日	丁亥	土	14	二	丁巳	土	12	三	丙戌	土	11	四	乙卯	水	10	六	乙酉	水
廿二	15	五	己丑	火	17	日	己未	火	15	一	戊子	火	15	三	戊午	火	13	四	丁亥	土	12	五	丙辰	土	11	日	丙戌	土
廿三	16	六	庚寅	木	18	一	庚申	木	16	二	己丑	火	16	四	己未	火	14	五	戊子	火	13	六	丁巳	土	12	一	丁亥	土
廿四	17	日	辛卯	木	19	二	辛酉	木	17	三	庚寅	木	17	五	庚申	木	15	六	己丑	火	14	日	戊午	火	13	二	戊子	火
廿五	18	一	壬辰	水	20	三	壬戌	水	18	四	辛卯	木	18	六	辛酉	木	16	日	庚寅	木	15	一	己未	火	14	三	己丑	火
廿六	19	二	癸巳	水	21	四	癸亥	水	19	五	壬辰	水	19	日	壬戌	水	17	一	辛卯	木	16	二	庚申	木	15	四	庚寅	木
廿七	20	三	甲午	金	22	五	甲子	金	20	六	癸巳	水	20	一	癸亥	水	18	二	壬辰	水	17	三	辛酉	木	16	五	辛卯	木
廿八	21	四	乙未	金	23	六	乙丑	金	21	日	甲午	金	21	二	甲子	金	19	三	癸巳	水	18	四	壬戌	水	17	六	壬辰	水
廿九	22	五	丙申	火	24	日	丙寅	火	22	一	乙未	金	22	三	乙丑	金	20	四	甲午	金	19	五	癸亥	水	18	日	癸巳	水
三十	23	六	丁酉	火					23	二	丙申	火									20	六	甲子	金				

公元一九六三年 （闰四月）　岁次:癸卯　生肖:兔　太岁:皮时　纳音:金箔金

月别	七月大				八月小				九月大				十月大				十一月大				十二月小			
干支	庚申				辛酉				壬戌				癸亥				甲子				乙丑			
九星	二黑				一白				九紫				八白				七赤				六白			

廿四节气

	节名	处暑	白露	秋分	寒露	霜降	立冬	小雪	大雪	冬至	小寒	大寒	立春
	农历	初六	廿一	初七	廿二	初八	廿三	初八	廿三	初七	廿二	初七	廿二
	时辰	寅时	酉时	丑时	辰时	午时	午时	辰时	寅时	亥时	申时	辰时	寅时
	公历	8月24日	9月8日	9月24日	10月9日	10月24日	11月8日	11月23日	12月8日	12月22日	1月6日	1月21日	2月5日
	时间	4时58分	17时12分	2时24分	8时36分	11时29分	11时32分	8时50分	4时13分	22时2分	15时22分	8时41分	3时5分

农历	公历	星期	天地干支	五行	公历	星期	天地干支	五行	公历	星期	天地干支	五行	公历	星期	天地干支	五行	公历	星期	天地干支	五行	公历	星期	天地干支	五行
初一	19	一	甲午	金	18	三	甲子	金	17	四	癸巳	水	16	六	癸亥	水	16	一	癸巳	水	15	三	癸亥	水
初二	20	二	乙未	金	19	四	乙丑	金	18	五	甲午	金	17	日	甲子	金	17	二	甲午	金	16	四	甲子	金
初三	21	三	丙申	火	20	五	丙寅	火	19	六	乙未	金	18	一	乙丑	金	18	三	乙未	金	17	五	乙丑	金
初四	22	四	丁酉	火	21	六	丁卯	火	20	日	丙申	火	19	二	丙寅	火	19	四	丙申	火	18	六	丙寅	火
初五	23	五	戊戌	木	22	日	戊辰	木	21	一	丁酉	火	20	三	丁卯	火	20	五	丁酉	火	19	日	丁卯	火
初六	24	六	己亥	木	23	一	己巳	木	22	二	戊戌	木	21	四	戊辰	木	21	六	戊戌	木	20	一	戊辰	木
初七	25	日	庚子	土	24	二	庚午	土	23	三	己亥	木	22	五	己巳	木	22	日	己亥	木	21	二	己巳	木
初八	26	一	辛丑	土	25	三	辛未	土	24	四	庚子	土	23	六	庚午	土	23	一	庚子	土	22	三	庚午	土
初九	27	二	壬寅	金	26	四	壬申	金	25	五	辛丑	土	24	日	辛未	土	24	二	辛丑	土	23	四	辛未	土
初十	28	三	癸卯	金	27	五	癸酉	金	26	六	壬寅	金	25	一	壬申	金	25	三	壬寅	金	24	五	壬申	金
十一	29	四	甲辰	火	28	六	甲戌	火	27	日	癸卯	金	26	二	癸酉	金	26	四	癸卯	金	25	六	癸酉	金
十二	30	五	乙巳	火	29	日	乙亥	火	28	一	甲辰	火	27	三	甲戌	火	27	五	甲辰	火	26	日	甲戌	火
十三	31	六	丙午	水	30	一	丙子	水	29	二	乙巳	火	28	四	乙亥	火	28	六	乙巳	火	27	一	乙亥	火
十四	9月	日	丁未	土	10月	二	丁丑	水	30	三	丙午	水	29	五	丙子	水	29	日	丙午	水	28	二	丙子	水
十五	2	一	戊申	土	2	三	戊寅	土	31	四	丁未	水	30	六	丁丑	水	30	一	丁未	水	29	三	丁丑	水
十六	3	二	己酉	土	3	四	己卯	土	11月	五	戊申	土	12月	日	戊寅	土	31	二	戊申	土	30	四	戊寅	土
十七	4	三	庚戌	金	4	五	庚辰	金	2	六	己酉	土	2	一	己卯	土	1月	三	己酉	土	31	五	己卯	土
十八	5	四	辛亥	金	5	六	辛巳	金	3	日	庚戌	金	3	二	庚辰	金	2	四	庚戌	金	2月	六	庚辰	金
十九	6	五	壬子	木	6	日	壬午	木	4	一	辛亥	金	4	三	辛巳	金	3	五	辛亥	金	2	日	辛巳	金
二十	7	六	癸丑	木	7	一	癸未	木	5	二	壬子	木	5	四	壬午	木	4	六	壬子	木	3	一	壬午	木
廿一	8	日	甲寅	水	8	二	甲申	水	6	三	癸丑	木	6	五	癸未	木	5	日	癸丑	木	4	二	癸未	木
廿二	9	一	乙卯	水	9	三	乙酉	水	7	四	甲寅	水	7	六	甲申	水	6	一	甲寅	水	5	三	甲申	水
廿三	10	二	丙辰	土	10	四	丙戌	土	8	五	乙卯	水	8	日	乙酉	水	7	二	乙卯	水	6	四	乙酉	水
廿四	11	三	丁巳	土	11	五	丁亥	土	9	六	丙辰	土	9	一	丙戌	土	8	三	丙辰	土	7	五	丙戌	土
廿五	12	四	戊午	火	12	六	戊子	火	10	日	丁巳	土	10	二	丁亥	土	9	四	丁巳	土	8	六	丁亥	土
廿六	13	五	己未	火	13	日	己丑	火	11	一	戊午	火	11	三	戊子	火	10	五	戊午	火	9	日	戊子	火
廿七	14	六	庚申	木	14	一	庚寅	木	12	二	己未	火	12	四	己丑	火	11	六	己未	火	10	一	己丑	火
廿八	15	日	辛酉	木	15	二	辛卯	木	13	三	庚申	木	13	五	庚寅	木	12	日	庚申	木	11	二	庚寅	木
廿九	16	一	壬戌	水	16	三	壬辰	水	14	四	辛酉	木	14	六	辛卯	木	13	一	辛酉	木	12	三	辛卯	木
三十	17	二	癸亥	水					15	五	壬戌	水	15	日	壬辰	水	14	二	壬戌	水				

— 195 —

公元一九六四年　　岁次:甲辰　　生肖:龙　　太岁:李成　　纳音:覆灯火

月别	正月大		二月小		三月大		四月小		五月小		六月大	
干支	丙寅		丁卯		戊辰		己巳		庚午		辛未	
九星	五黄		四绿		三碧		二黑		一白		九紫	

廿四节气

节名	雨水	惊蛰	春分	清明	谷雨	立夏	小满	芒种	夏至	小暑	大暑	立秋
农历	初七	廿二	初七	廿三	初九	廿四	初十	廿六	十二	廿八	十五	三十
时辰	亥时	亥时	亥时	丑时	巳时	戌时	辰时	子时	申时	巳时	寅时	戌时
公历	2月19日	3月5日	3月20日	4月5日	4月20日	5月5日	5月21日	6月6日	6月21日	7月7日	7月23日	8月7日
时间	22时57分	21时16分	22时10分	2时18分	9时27分	19时51分	8时50分	0时12分	16时57分	10时32分	3时53分	20时16分

农历	公历	星期	天地干支	五行	公历	星期	天地干支	五行	公历	星期	天地干支	五行	公历	星期	天地干支	五行	公历	星期	天地干支	五行	公历	星期	天地干支	五行
初一	13	四	壬辰	水	14	六	壬戌	水	12	日	辛卯	木	12	二	辛酉	木	10	三	庚寅	木	9	四	己未	火
初二	14	五	癸巳	水	15	日	癸亥	水	13	一	壬辰	水	13	三	壬戌	水	11	四	辛卯	木	10	五	庚申	木
初三	15	六	甲午	金	16	一	甲子	金	14	二	癸巳	水	14	四	癸亥	水	12	五	壬辰	水	11	六	辛酉	木
初四	16	日	乙未	金	17	二	乙丑	金	15	三	甲午	金	15	五	甲子	金	13	六	癸巳	水	12	日	壬戌	水
初五	17	一	丙申	火	18	三	丙寅	火	16	四	乙未	金	16	六	乙丑	金	14	日	甲午	金	13	一	癸亥	水
初六	18	二	丁酉	火	19	四	丁卯	火	17	五	丙申	火	17	日	丙寅	火	15	一	乙未	金	14	二	甲子	金
初七	19	三	戊戌	木	20	五	戊辰	木	18	六	丁酉	火	18	一	丁卯	火	16	二	丙申	火	15	三	乙丑	金
初八	20	四	己亥	木	21	六	己巳	木	19	日	戊戌	木	19	二	戊辰	木	17	三	丁酉	火	16	四	丙寅	火
初九	21	五	庚子	土	22	日	庚午	土	20	一	己亥	木	20	三	己巳	木	18	四	戊戌	木	17	五	丁卯	火
初十	22	六	辛丑	土	23	一	辛未	土	21	二	庚子	土	21	四	庚午	土	19	五	己亥	木	18	六	戊辰	木
十一	23	日	壬寅	金	24	二	壬申	金	22	三	辛丑	土	22	五	辛未	土	20	六	庚子	土	19	日	己巳	木
十二	24	一	癸卯	金	25	三	癸酉	金	23	四	壬寅	金	23	六	壬申	金	21	日	辛丑	土	20	一	庚午	土
十三	25	二	甲辰	火	26	四	甲戌	火	24	五	癸卯	金	24	日	癸酉	金	22	一	壬寅	金	21	二	辛未	土
十四	26	三	乙巳	火	27	五	乙亥	火	25	六	甲辰	火	25	一	甲戌	火	23	二	癸卯	金	22	三	壬申	金
十五	27	四	丙午	水	28	六	丙子	水	26	日	乙巳	火	26	二	乙亥	火	24	三	甲辰	火	23	四	癸酉	金
十六	28	五	丁未	水	29	日	丁丑	水	27	一	丙午	水	27	三	丙子	水	25	四	乙巳	火	24	五	甲戌	火
十七	29	六	戊申	土	30	一	戊寅	土	28	二	丁未	水	28	四	丁丑	水	26	五	丙午	水	25	六	乙亥	火
十八	3月	日	己酉	土	31	二	己卯	土	29	三	戊申	土	29	五	戊寅	土	27	六	丁未	水	26	日	丙子	水
十九	2	一	庚戌	金	4月	三	庚辰	金	30	四	己酉	土	30	六	己卯	土	28	日	戊申	土	27	一	丁丑	水
二十	3	二	辛亥	金	2	四	辛巳	金	5月	五	庚戌	金	31	日	庚辰	金	29	一	己酉	土	28	二	戊寅	土
廿一	4	三	壬子	木	3	五	壬午	木	2	六	辛亥	金	6月	一	辛巳	金	30	二	庚戌	金	29	三	己卯	土
廿二	5	四	癸丑	木	4	六	癸未	木	3	日	壬子	木	2	二	壬午	木	7月	三	辛亥	金	30	四	庚辰	金
廿三	6	五	甲寅	水	5	日	甲申	水	4	一	癸丑	木	3	三	癸未	木	2	四	壬子	木	31	五	辛巳	金
廿四	7	六	乙卯	水	6	一	乙酉	水	5	二	甲寅	水	4	四	甲申	水	3	五	癸丑	木	8月	六	壬午	木
廿五	8	日	丙辰	土	7	二	丙戌	土	6	三	乙卯	水	5	五	乙酉	水	4	六	甲寅	水	2	日	癸未	木
廿六	9	一	丁巳	土	8	三	丁亥	土	7	四	丙辰	土	6	六	丙戌	土	5	日	乙卯	水	3	一	甲申	水
廿七	10	二	戊午	火	9	四	戊子	火	8	五	丁巳	土	7	日	丁亥	土	6	一	丙辰	土	4	二	乙酉	水
廿八	11	三	己未	火	10	五	己丑	火	9	六	戊午	火	8	一	戊子	火	7	二	丁巳	土	5	三	丙戌	土
廿九	12	四	庚申	木	11	六	庚寅	木	10	日	己未	火	9	二	己丑	火	8	三	戊午	火	6	四	丁亥	土
三十	13	五	辛酉	木					11	一	庚申	木									7	五	戊子	火

— 196 —

公元一九六四年　岁次:甲辰　生肖:龙　太岁:李成　纳音:覆灯火

月别	七月小				八月大				九月小				十月大				十一月大				十二月大			
干支	壬申				癸酉				甲戌				乙亥				丙子				丁丑				
九星	八白				七赤				六白				五黄				四绿				三碧				

廿四节气

	七月小	八月大		九月小		十月大		十一月大		十二月大	
节名	处暑	白露	秋分	寒露	霜降	立冬	小雪	大雪	冬至	小寒	大寒
农历	十六	初二	十八	初三	十八	初四	十九	初四	十九	初三	十八
时辰	巳时	子时	辰时	未时	酉时	酉时	未时	巳时	寅时	亥时	未时
公历	8月23日	9月7日	9月23日	10月8日	10月23日	11月7日	11月22日	12月7日	12月22日	1月5日	1月20日
时间	10时51分	23时0分	8时17分	14时22分	17时21分	17时15分	14时39分	9时53分	3时50分	21时2分	14时29分

农历	公历	星期	天地干支	五行	公历	星期	天地干支	五行	公历	星期	天地干支	五行	公历	星期	天地干支	五行	公历	星期	天地干支	五行	公历	星期	天地干支	五行
初一	8	六	己丑	火	6	日	戊午	火	6	二	戊子	火	4	三	丁巳	土	4	五	丁亥	土	3	日	丁巳	土
初二	9	日	庚寅	木	7	一	己未	火	7	三	己丑	火	5	四	戊午	火	5	六	戊子	火	4	一	戊午	火
初三	10	一	辛卯	木	8	二	庚申	木	8	四	庚寅	木	6	五	己未	火	6	日	己丑	火	5	二	己未	火
初四	11	二	壬辰	水	9	三	辛酉	木	9	五	辛卯	木	7	六	庚申	木	7	一	庚寅	木	6	三	庚申	木
初五	12	三	癸巳	水	10	四	壬戌	水	10	六	壬辰	水	8	日	辛酉	木	8	二	辛卯	木	7	四	辛酉	木
初六	13	四	甲午	金	11	五	癸亥	水	11	日	癸巳	水	9	一	壬戌	水	9	三	壬辰	水	8	五	壬戌	水
初七	14	五	乙未	金	12	六	甲子	金	12	一	甲午	金	10	二	癸亥	水	10	四	癸巳	水	9	六	癸亥	水
初八	15	六	丙申	火	13	日	乙丑	金	13	二	乙未	金	11	三	甲子	金	11	五	甲午	金	10	日	甲子	金
初九	16	日	丁酉	火	14	一	丙寅	火	14	三	丙申	火	12	四	乙丑	金	12	六	乙未	金	11	一	乙丑	金
初十	17	一	戊戌	木	15	二	丁卯	火	15	四	丁酉	火	13	五	丙寅	火	13	日	丙申	火	12	二	丙寅	火
十一	18	二	己亥	木	16	三	戊辰	木	16	五	戊戌	木	14	六	丁卯	火	14	一	丁酉	火	13	三	丁卯	火
十二	19	三	庚子	土	17	四	己巳	木	17	六	己亥	木	15	日	戊辰	木	15	二	戊戌	木	14	四	戊辰	木
十三	20	四	辛丑	土	18	五	庚午	土	18	日	庚子	土	16	一	己巳	木	16	三	己亥	木	15	五	己巳	木
十四	21	五	壬寅	金	19	六	辛未	土	19	一	辛丑	土	17	二	庚午	土	17	四	庚子	土	16	六	庚午	土
十五	22	六	癸卯	金	20	日	壬申	金	20	二	壬寅	金	18	三	辛未	土	18	五	辛丑	土	17	日	辛未	土
十六	23	日	甲辰	火	21	一	癸酉	金	21	三	癸卯	金	19	四	壬申	金	19	六	壬寅	金	18	一	壬申	金
十七	24	一	乙巳	火	22	二	甲戌	火	22	四	甲辰	火	20	五	癸酉	金	20	日	癸卯	金	19	二	癸酉	金
十八	25	二	丙午	水	23	三	乙亥	火	23	五	乙巳	火	21	六	甲戌	火	21	一	甲辰	火	20	三	甲戌	火
十九	26	三	丁未	水	24	四	丙子	水	24	六	丙午	水	22	日	乙亥	火	22	二	乙巳	火	21	四	乙亥	火
二十	27	四	戊申	土	25	五	丁丑	水	25	日	丁未	水	23	一	丙子	水	23	三	丙午	水	22	五	丙子	水
廿一	28	五	己酉	土	26	六	戊寅	土	26	一	戊申	土	24	二	丁丑	水	24	四	丁未	水	23	六	丁丑	水
廿二	29	六	庚戌	金	27	日	己卯	土	27	二	己酉	土	25	三	戊寅	土	25	五	戊申	土	24	日	戊寅	土
廿三	30	日	辛亥	金	28	一	庚辰	金	28	三	庚戌	金	26	四	己卯	土	26	六	己酉	土	25	一	己卯	土
廿四	31	一	壬子	木	29	二	辛巳	金	29	四	辛亥	金	27	五	庚辰	金	27	日	庚戌	金	26	二	庚辰	金
廿五	9月	二	癸丑	木	30	三	壬午	木	30	五	壬子	木	28	六	辛巳	金	28	一	辛亥	金	27	三	辛巳	金
廿六	2	三	甲寅	水	10月	四	癸未	木	31	六	癸丑	木	29	日	壬午	木	29	二	壬子	木	28	四	壬午	木
廿七	3	四	乙卯	水	2	五	甲申	水	11月	日	甲寅	水	30	一	癸未	木	30	三	癸丑	木	29	五	癸未	木
廿八	4	五	丙辰	土	3	六	乙酉	水	2	一	乙卯	水	12月	二	甲申	水	31	四	甲寅	水	30	六	甲申	水
廿九	5	六	丁巳	土	4	日	丙戌	土	3	二	丙辰	土	2	三	乙酉	水	1月	五	乙卯	水	31	日	乙酉	水
三十					5	一	丁亥	土					3	四	丙戌	土	2	六	丙辰	土	2月	一	丙戌	土

公元一九六五年　岁次:乙巳　生肖:蛇　太岁:吴遂　纳音:覆灯火

月别	正月小	二月大	三月小	四月大	五月小	六月小
干支	戊寅	己卯	庚辰	辛巳	壬午	癸未
九星	二黑	一白	九紫	八白	七赤	六白

廿四节气

节名	立春	雨水	惊蛰	春分	清明	谷雨	立夏	小满	芒种	夏至	小暑	大暑
农历	初三	十八	初四	十九	初四	十九	初六	廿一	初七	廿二	初九	廿五
时辰	辰时	寅时	寅时	寅时	辰时	申时	丑时	未时	卯时	亥时	申时	巳时
公历	2月4日	2月19日	3月6日	3月21日	4月5日	4月20日	5月6日	5月21日	6月6日	6月21日	7月7日	7月23日
时间	8时46分	4时48分	3时1分	4时5分	8时7分	15时26分	1时42分	14时50分	6时2分	22时56分	16时22分	9时48分

农历	正月 公历	星期	天地干支	五行	二月 公历	星期	天地干支	五行	三月 公历	星期	天地干支	五行	四月 公历	星期	天地干支	五行	五月 公历	星期	天地干支	五行	六月 公历	星期	天地干支	五行
初一	2	二	丁亥	土	3	三	丙辰	土	2	五	丙戌	土	5月	六	乙卯	水	31	一	乙酉	水	29	二	甲寅	水
初二	3	三	戊子	火	4	四	丁巳	土	3	六	丁亥	土	2	日	丙辰	土	6月	二	丙戌	土	30	三	乙卯	水
初三	4	四	己丑	火	5	五	戊午	火	4	日	戊子	火	3	一	丁巳	土	2	三	丁亥	土	7月	四	丙辰	土
初四	5	五	庚寅	木	6	六	己未	火	5	一	己丑	火	4	二	戊午	火	3	四	戊子	火	2	五	丁巳	土
初五	6	六	辛卯	木	7	日	庚申	木	6	二	庚寅	木	5	三	己未	火	4	五	己丑	火	3	六	戊午	火
初六	7	日	壬辰	水	8	一	辛酉	木	7	三	辛卯	木	6	四	庚申	木	5	六	庚寅	木	4	日	己未	火
初七	8	一	癸巳	水	9	二	壬戌	水	8	四	壬辰	水	7	五	辛酉	木	6	日	辛卯	木	5	一	庚申	木
初八	9	二	甲午	金	10	三	癸亥	水	9	五	癸巳	水	8	六	壬戌	水	7	一	壬辰	水	6	二	辛酉	木
初九	10	三	乙未	金	11	四	甲子	金	10	六	甲午	金	9	日	癸亥	水	8	二	癸巳	水	7	三	壬戌	水
初十	11	四	丙申	火	12	五	乙丑	金	11	日	乙未	金	10	一	甲子	金	9	三	甲午	金	8	四	癸亥	水
十一	12	五	丁酉	火	13	六	丙寅	火	12	一	丙申	火	11	二	乙丑	金	10	四	乙未	金	9	五	甲子	金
十二	13	六	戊戌	木	14	日	丁卯	火	13	二	丁酉	火	12	三	丙寅	火	11	五	丙申	火	10	六	乙丑	金
十三	14	日	己亥	木	15	一	戊辰	木	14	三	戊戌	木	13	四	丁卯	火	12	六	丁酉	火	11	日	丙寅	火
十四	15	一	庚子	土	16	二	己巳	木	15	四	己亥	木	14	五	戊辰	木	13	日	戊戌	木	12	一	丁卯	火
十五	16	二	辛丑	土	17	三	庚午	土	16	五	庚子	土	15	六	己巳	木	14	一	己亥	木	13	二	戊辰	木
十六	17	三	壬寅	金	18	四	辛未	土	17	六	辛丑	土	16	日	庚午	土	15	二	庚子	土	14	三	己巳	木
十七	18	四	癸卯	金	19	五	壬申	金	18	日	壬寅	金	17	一	辛未	土	16	三	辛丑	土	15	四	庚午	土
十八	19	五	甲辰	火	20	六	癸酉	金	19	一	癸卯	金	18	二	壬申	金	17	四	壬寅	金	16	五	辛未	土
十九	20	六	乙巳	火	21	日	甲戌	火	20	二	甲辰	火	19	三	癸酉	金	18	五	癸卯	金	17	六	壬申	金
二十	21	日	丙午	水	22	一	乙亥	火	21	三	乙巳	火	20	四	甲戌	火	19	六	甲辰	火	18	日	癸酉	金
廿一	22	一	丁未	水	23	二	丙子	水	22	四	丙午	水	21	五	乙亥	火	20	日	乙巳	火	19	一	甲戌	火
廿二	23	二	戊申	土	24	三	丁丑	水	23	五	丁未	水	22	六	丙子	水	21	一	丙午	水	20	二	乙亥	火
廿三	24	三	己酉	土	25	四	戊寅	土	24	六	戊申	土	23	日	丁丑	水	22	二	丁未	水	21	三	丙子	水
廿四	25	四	庚戌	金	26	五	己卯	土	25	日	己酉	土	24	一	戊寅	土	23	三	戊申	土	22	四	丁丑	水
廿五	26	五	辛亥	金	27	六	庚辰	金	26	一	庚戌	金	25	二	己卯	土	24	四	己酉	土	23	五	戊寅	土
廿六	27	六	壬子	木	28	日	辛巳	金	27	二	辛亥	金	26	三	庚辰	金	25	五	庚戌	金	24	六	己卯	土
廿七	28	日	癸丑	木	29	一	壬午	木	28	三	壬子	木	27	四	辛巳	金	26	六	辛亥	金	25	日	庚辰	金
廿八	3月	一	甲寅	水	30	二	癸未	木	29	四	癸丑	木	28	五	壬午	木	27	日	壬子	木	26	一	辛巳	金
廿九	2	二	乙卯	水	31	三	甲申	水	30	五	甲寅	水	29	六	癸未	木	28	一	癸丑	木	27	二	壬午	木
三十					4月	四	乙酉	水					30	日	甲申	水								

公元一九六五年　岁次:乙巳　生肖:蛇　太岁:吴遂　纳音:覆灯火

月别	七月大				八月小				九月小				十月大				十一月大				十二月小			
干支	甲申				乙酉				丙戌				丁亥				戊子				己丑			
九星	五黄				四绿				三碧				二黑				一白				九紫			

廿四节气

节名	立秋	处暑	白露	秋分	寒露	霜降	立冬	小雪	大雪	冬至	小寒	大寒
农历	十二	廿七	十三	廿八	十四	廿九	十五	三十	十五	三十	十五	廿九
时辰	丑时	申时	寅时	未时	戌时	子时	子时	戌时	申时	巳时	丑时	戌时
公历	8月8日	8月23日	9月8日	9月23日	10月8日	10月23日	11月7日	11月22日	12月7日	12月22日	1月6日	1月20日
时间	2时5分	16时43分	4时48分	14时6分	20时11分	23时10分	23时7分	20时29分	15时46分	9时41分	2时55分	20时20分

农历	公历	星期	天地干支	五行	公历	星期	天地干支	五行	公历	星期	天地干支	五行	公历	星期	天地干支	五行	公历	星期	天地干支	五行	公历	星期	天地干支	五行
初一	28	三	癸未	木	27	五	癸丑	木	25	六	壬午	木	24	日	辛亥	金	23	二	辛巳	金	23	四	辛亥	金
初二	29	四	甲申	水	28	六	甲寅	水	26	日	癸未	木	25	一	壬子	木	24	三	壬午	木	24	五	壬子	木
初三	30	五	乙酉	水	29	日	乙卯	水	27	一	甲申	水	26	二	癸丑	木	25	四	癸未	木	25	六	癸丑	木
初四	31	六	丙戌	土	30	一	丙辰	土	28	二	乙酉	水	27	三	甲寅	水	26	五	甲申	水	26	日	甲寅	水
初五	8月	日	丁亥	土	31	二	丁巳	土	29	三	丙戌	土	28	四	乙卯	水	27	六	乙酉	水	27	一	乙卯	水
初六	2	一	戊子	火	9月	三	戊午	火	30	四	丁亥	土	29	五	丙辰	土	28	日	丙戌	土	28	二	丙辰	土
初七	3	二	己丑	火	2	四	己未	火	10月	五	戊子	火	30	六	丁巳	土	29	一	丁亥	土	29	三	丁巳	土
初八	4	三	庚寅	木	3	五	庚申	木	2	六	己丑	火	31	日	戊午	火	30	二	戊子	火	30	四	戊午	火
初九	5	四	辛卯	木	4	六	辛酉	木	3	日	庚寅	木	11月	一	己未	火	12月	三	己丑	火	31	五	己未	火
初十	6	五	壬辰	水	5	日	壬戌	水	4	一	辛卯	木	2	二	庚申	木	2	四	庚寅	木	1月	六	庚申	木
十一	7	六	癸巳	水	6	一	癸亥	水	5	二	壬辰	水	3	三	辛酉	木	3	五	辛卯	木	2	日	辛酉	木
十二	8	日	甲午	金	7	二	甲子	金	6	三	癸巳	水	4	四	壬戌	水	4	六	壬辰	水	3	一	壬戌	水
十三	9	一	乙未	金	8	三	乙丑	金	7	四	甲午	金	5	五	癸亥	水	5	日	癸巳	水	4	二	癸亥	水
十四	10	二	丙申	火	9	四	丙寅	火	8	五	乙未	金	6	六	甲子	金	6	一	甲午	金	5	三	甲子	金
十五	11	三	丁酉	火	10	五	丁卯	火	9	六	丙申	火	7	日	乙丑	金	7	二	乙未	金	6	四	乙丑	金
十六	12	四	戊戌	木	11	六	戊辰	木	10	日	丁酉	火	8	一	丙寅	火	8	三	丙申	火	7	五	丙寅	火
十七	13	五	己亥	木	12	日	己巳	木	11	一	戊戌	木	9	二	丁卯	火	9	四	丁酉	火	8	六	丁卯	火
十八	14	六	庚子	土	13	一	庚午	土	12	二	己亥	木	10	三	戊辰	木	10	五	戊戌	木	9	日	戊辰	木
十九	15	日	辛丑	土	14	二	辛未	土	13	三	庚子	土	11	四	己巳	木	11	六	己亥	木	10	一	己巳	木
二十	16	一	壬寅	金	15	三	壬申	金	14	四	辛丑	土	12	五	庚午	土	12	日	庚子	土	11	二	庚午	土
廿一	17	二	癸卯	金	16	四	癸酉	金	15	五	壬寅	金	13	六	辛未	土	13	一	辛丑	土	12	三	辛未	土
廿二	18	三	甲辰	火	17	五	甲戌	火	16	六	癸卯	金	14	日	壬申	金	14	二	壬寅	金	13	四	壬申	金
廿三	19	四	乙巳	火	18	六	乙亥	火	17	日	甲辰	火	15	一	癸酉	金	15	三	癸卯	金	14	五	癸酉	金
廿四	20	五	丙午	水	19	日	丙子	水	18	一	乙巳	火	16	二	甲戌	火	16	四	甲辰	火	15	六	甲戌	火
廿五	21	六	丁未	水	20	一	丁丑	水	19	二	丙午	水	17	三	乙亥	火	17	五	乙巳	火	16	日	乙亥	火
廿六	22	日	戊申	土	21	二	戊寅	土	20	三	丁未	水	18	四	丙子	水	18	六	丙午	水	17	一	丙子	水
廿七	23	一	己酉	土	22	三	己卯	土	21	四	戊申	土	19	五	丁丑	水	19	日	丁未	水	18	二	丁丑	水
廿八	24	二	庚戌	金	23	四	庚辰	金	22	五	己酉	土	20	六	戊寅	土	20	一	戊申	土	19	三	戊寅	土
廿九	25	三	辛亥	金	24	五	辛巳	金	23	六	庚戌	金	21	日	己卯	土	21	二	己酉	土	20	四	己卯	土
三十	26	四	壬子	木									22	一	庚辰	金	22	三	庚戌	金				

— 199 —

公元一九六六年 （闰三月） 岁次：丙午 生肖：马 太岁：文折 纳音：天河水

月别	正月大	二月大	三月大	闰三月小	四月大	五月小	六月小
干支	庚寅	辛卯	壬辰	壬辰	癸巳	甲午	乙未
九星	八白	七赤	六白	六白	五黄	四绿	三碧

廿四节气

节名	立春	雨水	惊蛰	春分	清明	谷雨	立夏	小满	芒种	夏至	小暑	大暑	立秋
农历	十五	三十	十五	三十	十五	三十	十六	初二	十八	初四	十九	初六	廿二
时辰	未时	巳时	辰时	巳时	未时	亥时	辰时	戌时	午时	寅时	亥时	申时	辰时
公历	2月4日	2月19日	3月6日	3月21日	4月5日	4月20日	5月6日	5月21日	6月6日	6月22日	7月7日	7月23日	8月8日
时间	14时18分	10时38分	8时51分	9时53分	13时57分	21时12分	7时31分	20时32分	11时50分	4时34分	22时7分	15时23分	7时49分

农历	正月大 公历	星期	天地干支	五行	二月大 公历	星期	天地干支	五行	三月大 公历	星期	天地干支	五行	闰三月小 公历	星期	天地干支	五行	四月大 公历	星期	天地干支	五行	五月小 公历	星期	天地干支	五行	六月小 公历	星期	天地干支	五行
初一	21	五	庚辰	金	20	日	庚戌	金	22	二	庚辰	金	21	四	庚戌	金	20	五	己卯	土	19	日	己酉	土	18	一	戊寅	土
初二	22	六	辛巳	金	21	一	辛亥	金	23	三	辛巳	金	22	五	辛亥	金	21	六	庚辰	金	20	一	庚戌	金	19	二	己卯	土
初三	23	日	壬午	木	22	二	壬子	木	24	四	壬午	木	23	六	壬子	木	22	日	辛巳	金	21	二	辛亥	金	20	三	庚辰	金
初四	24	一	癸未	木	23	三	癸丑	木	25	五	癸未	木	24	日	癸丑	木	23	一	壬午	木	22	三	壬子	木	21	四	辛巳	金
初五	25	二	甲申	水	24	四	甲寅	水	26	六	甲申	水	25	一	甲寅	水	24	二	癸未	木	23	四	癸丑	木	22	五	壬午	木
初六	26	三	乙酉	水	25	五	乙卯	水	27	日	乙酉	水	26	二	乙卯	水	25	三	甲申	水	24	五	甲寅	水	23	六	癸未	木
初七	27	四	丙戌	土	26	六	丙辰	土	28	一	丙戌	土	27	三	丙辰	土	26	四	乙酉	水	25	六	乙卯	水	24	日	甲申	水
初八	28	五	丁亥	土	27	日	丁巳	土	29	二	丁亥	土	28	四	丁巳	土	27	五	丙戌	土	26	一	丙辰	土	25	一	乙酉	水
初九	29	六	戊子	火	28	一	戊午	火	30	三	戊子	火	29	五	戊午	火	28	六	丁亥	土	27	二	丁巳	土	26	二	丙戌	土
初十	30	日	己丑	火	3月	二	己未	火	31	四	己丑	火	30	六	己未	火	29	日	戊子	火	28	三	戊午	火	27	三	丁亥	土
十一	31	一	庚寅	木	2	三	庚申	木	4月	五	庚寅	木	5月	日	庚申	木	30	一	己丑	火	29	三	己未	火	28	四	戊子	火
十二	2月	二	辛卯	木	3	四	辛酉	木	2	六	辛卯	木	2	一	辛酉	木	31	二	庚寅	木	30	四	庚申	木	29	五	己丑	火
十三	2	三	壬辰	水	4	五	壬戌	水	3	日	壬辰	水	3	二	壬戌	水	6月	三	辛卯	木	7月	五	辛酉	木	30	六	庚寅	木
十四	3	四	癸巳	水	5	六	癸亥	水	4	一	癸巳	水	4	三	癸亥	水	2	四	壬辰	水	2	六	壬戌	水	31	日	辛卯	木
十五	4	五	甲午	金	6	日	甲子	金	5	二	甲午	金	5	四	甲子	金	3	五	癸巳	水	3	日	癸亥	水	8月	一	壬辰	水
十六	5	六	乙未	金	7	一	乙丑	金	6	三	乙未	金	6	五	乙丑	金	4	六	甲午	金	4	一	甲子	金	2	二	癸巳	水
十七	6	日	丙申	火	8	二	丙寅	火	7	四	丙申	火	7	六	丙寅	火	5	日	乙未	金	5	二	乙丑	金	3	三	甲午	金
十八	7	一	丁酉	火	9	三	丁卯	火	8	五	丁酉	火	8	日	丁卯	火	6	一	丙申	火	6	三	丙寅	火	4	四	乙未	金
十九	8	二	戊戌	木	10	四	戊辰	木	9	六	戊戌	木	9	一	戊辰	木	7	二	丁酉	火	7	四	丁卯	火	5	五	丙申	火
二十	9	三	己亥	木	11	五	己巳	木	10	日	己亥	木	10	二	己巳	木	8	三	戊戌	木	8	五	戊辰	木	6	六	丁酉	火
廿一	10	四	庚子	土	12	六	庚午	土	11	一	庚子	土	11	三	庚午	土	9	四	己亥	木	9	六	己巳	木	7	日	戊戌	木
廿二	11	五	辛丑	土	13	日	辛未	土	12	二	辛丑	土	12	四	辛未	土	10	五	庚子	土	10	日	庚午	土	8	一	己亥	木
廿三	12	六	壬寅	金	14	一	壬申	金	13	三	壬寅	金	13	五	壬申	金	11	六	辛丑	土	11	一	辛未	土	9	二	庚子	土
廿四	13	日	癸卯	金	15	二	癸酉	金	14	四	癸卯	金	14	六	癸酉	金	12	日	壬寅	金	12	二	壬申	金	10	三	辛丑	土
廿五	14	一	甲辰	火	16	三	甲戌	火	15	五	甲辰	火	15	日	甲戌	火	13	一	癸卯	金	13	三	癸酉	金	11	四	壬寅	金
廿六	15	二	乙巳	火	17	四	乙亥	火	16	六	乙巳	火	16	一	乙亥	火	14	二	甲辰	火	14	四	甲戌	火	12	五	癸卯	金
廿七	16	三	丙午	水	18	五	丙子	水	17	日	丙午	水	17	二	丙子	水	15	三	乙巳	火	15	五	乙亥	火	13	六	甲辰	火
廿八	17	四	丁未	水	19	六	丁丑	水	18	一	丁未	水	18	三	丁丑	水	16	四	丙午	水	16	六	丙子	水	14	日	乙巳	火
廿九	18	五	戊申	土	20	日	戊寅	土	19	二	戊申	土	19	四	戊寅	土	17	五	丁未	水	17	日	丁丑	水	15	一	丙午	水
三十	19	六	己酉	土	21	一	己卯	土	20	三	己酉	土					18	六	戊申	土								

— 200 —

公元一九六六年　（闰三月）　岁次：丙午　生肖：马　太岁：文折　纳音：天河水

月别	七月大				八月小				九月小				十月大				十一月大				十二月小			
干支	丙申				丁酉				戊戌				己亥				庚子				辛丑			
九星	二黑				一白				九紫				八白				七赤				六白			

廿四节气	节名	处暑	白露	秋分	寒露	霜降	立冬	小雪	大雪	冬至	小寒	大寒	立春
	农历	初八	廿四	初九	廿五	十一	廿六	十二	廿六	十一	廿六	十一	廿五
	时辰	亥时	巳时	戌时	丑时	寅时	寅时	丑时	亥时	申时	辰时	丑时	戌时
	公历	8月23日	9月8日	9月23日	10月9日	10月24日	11月8日	11月23日	12月7日	12月22日	1月6日	1月21日	2月4日
	时间	22时18分	10时32分	19时43分	1时57分	4时51分	4时56分	2时14分	21时38分	15时28分	8时48分	2时8分	20时31分

农历	公历	星期	天地干支	五行	公历	星期	天地干支	五行	公历	星期	天地干支	五行	公历	星期	天地干支	五行	公历	星期	天地干支	五行	公历	星期	天地干支	五行
初一	16	二	丁未	水	15	四	丁丑	水	14	五	丙午	水	12	六	乙亥	火	12	一	乙巳	火	11	三	乙亥	火
初二	17	三	戊申	土	16	五	戊寅	土	15	六	丁未	水	13	日	丙子	水	13	二	丙午	水	12	四	丙子	水
初三	18	四	己酉	土	17	六	己卯	土	16	日	戊申	土	14	一	丁丑	水	14	三	丁未	水	13	五	丁丑	水
初四	19	五	庚戌	金	18	日	庚辰	金	17	一	己酉	土	15	二	戊寅	土	15	四	戊申	土	14	六	戊寅	土
初五	20	六	辛亥	金	19	一	辛巳	金	18	二	庚戌	金	16	三	己卯	土	16	五	己酉	土	15	日	己卯	土
初六	21	日	壬子	木	20	二	壬午	木	19	三	辛亥	金	17	四	庚辰	金	17	六	庚戌	金	16	一	庚辰	金
初七	22	一	癸丑	木	21	三	癸未	木	20	四	壬子	木	18	五	辛巳	金	18	日	辛亥	金	17	二	辛巳	金
初八	23	二	甲寅	水	22	四	甲申	水	21	五	癸丑	木	19	六	壬午	木	19	一	壬子	木	18	三	壬午	木
初九	24	三	乙卯	水	23	五	乙酉	水	22	六	甲寅	水	20	日	癸未	木	20	二	癸丑	木	19	四	癸未	木
初十	25	四	丙辰	土	24	六	丙戌	土	23	日	乙卯	水	21	一	甲申	水	21	三	甲寅	水	20	五	甲申	水
十一	26	五	丁巳	土	25	日	丁亥	土	24	一	丙辰	土	22	二	乙酉	水	22	四	乙卯	水	21	六	乙酉	水
十二	27	六	戊午	火	26	一	戊子	火	25	二	丁巳	土	23	三	丙戌	土	23	五	丙辰	土	22	日	丙戌	土
十三	28	日	己未	火	27	二	己丑	火	26	三	戊午	火	24	四	丁亥	土	24	六	丁巳	土	23	一	丁亥	土
十四	29	一	庚申	木	28	三	庚寅	木	27	四	己未	火	25	五	戊子	火	25	日	戊午	火	24	二	戊子	火
十五	30	二	辛酉	木	29	四	辛卯	木	28	五	庚申	木	26	六	己丑	火	26	一	己未	火	25	三	己丑	火
十六	31	三	壬戌	水	30	五	壬辰	水	29	六	辛酉	木	27	日	庚寅	木	27	二	庚申	木	26	四	庚寅	木
十七	**9月**	四	癸亥	水	**10月**	六	癸巳	水	30	日	壬戌	水	28	一	辛卯	木	28	三	辛酉	木	27	五	辛卯	木
十八	2	五	甲子	金	2	日	甲午	金	31	一	癸亥	水	29	二	壬辰	水	29	四	壬戌	水	28	六	壬辰	水
十九	3	六	乙丑	金	3	一	乙未	金	**11月**	二	甲子	金	30	三	癸巳	水	30	五	癸亥	水	29	日	癸巳	水
二十	4	日	丙寅	火	4	二	丙申	火	2	三	乙丑	金	**12月**	四	甲午	金	31	六	甲子	金	30	一	甲午	金
廿一	5	一	丁卯	火	5	三	丁酉	火	3	四	丙寅	火	2	五	乙未	金	**1月**	日	乙丑	金	31	二	乙未	金
廿二	6	二	戊辰	木	6	四	戊戌	木	4	五	丁卯	火	3	六	丙申	火	2	一	丙寅	火	**2月**	三	丙申	火
廿三	7	三	己巳	木	7	五	己亥	木	5	六	戊辰	木	4	日	丁酉	火	3	二	丁卯	火	2	四	丁酉	火
廿四	8	四	庚午	土	8	六	庚子	土	6	日	己巳	木	5	一	戊戌	木	4	三	戊辰	木	3	五	戊戌	木
廿五	9	五	辛未	土	9	日	辛丑	土	7	一	庚午	土	6	二	己亥	木	5	四	己巳	木	4	六	己亥	木
廿六	10	六	壬申	金	10	一	壬寅	金	8	二	辛未	土	7	三	庚子	土	6	五	庚午	土	5	日	庚子	土
廿七	11	日	癸酉	金	11	二	癸卯	金	9	三	壬申	金	8	四	辛丑	土	7	六	辛未	土	6	一	辛丑	土
廿八	12	一	甲戌	火	12	三	甲辰	火	10	四	癸酉	金	9	五	壬寅	金	8	日	壬申	金	7	二	壬寅	金
廿九	13	二	乙亥	火	13	四	乙巳	火	11	五	甲戌	火	10	六	癸卯	金	9	一	癸酉	金	8	三	癸卯	金
三十	14	三	丙子	水									11	日	甲辰	火	10	二	甲戌	火				

公元一九六七年　岁次:丁未　生肖:羊　太岁:僇丙　纳音:天河水

月别	正月大		二月大		三月小		四月大		五月大		六月小	
干支	壬寅		癸卯		甲辰		乙巳		丙午		丁未	
九星	五黄		四绿		三碧		二黑		一白		九紫	

廿四节气

	节名	雨水	惊蛰	春分	清明	谷雨	立夏	小满	芒种	夏至	小暑	大暑
	农历	十一	廿六	十一	廿六	十二	廿七	十四	廿九	十五	初一	十六
	时辰	申时	未时	申时	戌时	丑时	未时	丑时	酉时	巳时	寅时	亥时
	公历	2月19日	3月6日	3月21日	4月5日	4月21日	5月6日	5月22日	6月6日	6月22日	7月8日	7月23日
	时间	16时24分	14时42分	15时37分	19时45分	2时55分	13时18分	2时18分	17时36分	10时23分	3时54分	21时16分

农历	公历	星期	天地干支	五行	公历	星期	天地干支	五行	公历	星期	天地干支	五行	公历	星期	天地干支	五行	公历	星期	天地干支	五行	公历	星期	天地干支	五行
初一	9	四	甲辰	火	11	六	甲戌	火	10	一	甲辰	火	9	二	癸酉	金	8	四	癸卯	金	8	六	癸酉	金
初二	10	五	乙巳	火	12	日	乙亥	火	11	二	乙巳	火	10	三	甲戌	火	9	五	甲辰	火	9	日	甲戌	火
初三	11	六	丙午	水	13	一	丙子	水	12	三	丙午	水	11	四	乙亥	火	10	六	乙巳	火	10	一	乙亥	火
初四	12	日	丁未	水	14	二	丁丑	水	13	四	丁未	水	12	五	丙子	水	11	日	丙午	水	11	二	丙子	水
初五	13	一	戊申	土	15	三	戊寅	土	14	五	戊申	土	13	六	丁丑	水	12	一	丁未	水	12	三	丁丑	水
初六	14	二	己酉	土	16	四	己卯	土	15	六	己酉	土	14	日	戊寅	土	13	二	戊申	土	13	四	戊寅	土
初七	15	三	庚戌	金	17	五	庚辰	金	16	日	庚戌	金	15	一	己卯	土	14	三	己酉	土	14	五	己卯	土
初八	16	四	辛亥	金	18	六	辛巳	金	17	一	辛亥	金	16	二	庚辰	金	15	四	庚戌	金	15	六	庚辰	金
初九	17	五	壬子	木	19	日	壬午	木	18	二	壬子	木	17	三	辛巳	金	16	五	辛亥	金	16	日	辛巳	金
初十	18	六	癸丑	木	20	一	癸未	木	19	三	癸丑	木	18	四	壬午	木	17	六	壬子	木	17	一	壬午	木
十一	19	日	甲寅	水	21	二	甲申	水	20	四	甲寅	水	19	五	癸未	木	18	日	癸丑	木	18	二	癸未	木
十二	20	一	乙卯	水	22	三	乙酉	水	21	五	乙卯	水	20	六	甲申	水	19	一	甲寅	水	19	三	甲申	水
十三	21	二	丙辰	土	23	四	丙戌	土	22	六	丙辰	土	21	日	乙酉	水	20	二	乙卯	水	20	四	乙酉	水
十四	22	三	丁巳	土	24	五	丁亥	土	23	日	丁巳	土	22	一	丙戌	土	21	三	丙辰	土	21	五	丙戌	土
十五	23	四	戊午	火	25	六	戊子	火	24	一	戊午	火	23	二	丁亥	土	22	四	丁巳	土	22	六	丁亥	土
十六	24	五	己未	火	26	日	己丑	火	25	二	己未	火	24	三	戊子	火	23	五	戊午	火	23	日	戊子	火
十七	25	六	庚申	木	27	一	庚寅	木	26	三	庚申	木	25	四	己丑	火	24	六	己未	火	24	一	己丑	火
十八	26	日	辛酉	木	28	二	辛卯	木	27	四	辛酉	木	26	五	庚寅	木	25	日	庚申	木	25	二	庚寅	木
十九	27	一	壬戌	水	29	三	壬辰	水	28	五	壬戌	水	27	六	辛卯	木	26	一	辛酉	木	26	三	辛卯	木
二十	28	二	癸亥	水	30	四	癸巳	水	29	六	癸亥	水	28	日	壬辰	水	27	二	壬戌	水	27	四	壬辰	水
廿一	3月	三	甲子	金	31	五	甲午	金	30	日	甲子	金	29	一	癸巳	水	28	三	癸亥	水	28	五	癸巳	水
廿二	2	四	乙丑	金	4月	六	乙未	金	5月	一	乙丑	金	30	二	甲午	金	29	四	甲子	金	29	六	甲午	金
廿三	3	五	丙寅	火	2	日	丙申	火	2	二	丙寅	火	31	三	乙未	金	30	五	乙丑	金	30	日	乙未	金
廿四	4	六	丁卯	火	3	一	丁酉	火	3	三	丁卯	火	6月	四	丙申	火	7月	六	丙寅	火	31	一	丙申	火
廿五	5	日	戊辰	木	4	二	戊戌	木	4	四	戊辰	木	2	五	丁酉	火	2	日	丁卯	火	8月	二	丁酉	火
廿六	6	一	己巳	木	5	三	己亥	木	5	五	己巳	木	3	六	戊戌	木	3	一	戊辰	木	2	三	戊戌	木
廿七	7	二	庚午	土	6	四	庚子	土	6	六	庚午	土	4	日	己亥	木	4	二	己巳	木	3	四	己亥	木
廿八	8	三	辛未	土	7	五	辛丑	土	7	日	辛未	土	5	一	庚子	土	5	三	庚午	土	4	五	庚子	土
廿九	9	四	壬申	金	8	六	壬寅	金	8	一	壬申	金	6	二	辛丑	土	6	四	辛未	土	5	六	辛丑	土
三十	10	五	癸酉	金	9	日	癸卯	金					7	三	壬寅	金	7	五	壬申	金				

公元一九六七年　岁次:丁未　生肖:羊　太岁:缪丙　纳音:天河水

月别	七月小				八月大				九月小				十月大				十一月小				十二月大			
干支	戊申				己酉				庚戌				辛亥				壬子				癸丑			
九星	八白				七赤				六白				五黄				四绿				三碧			

廿四节气

节名	立秋	处暑	白露	秋分	寒露	霜降	立冬	小雪	大雪	冬至	小寒	大寒
农历	初三	十九	初五	廿一	初六	廿一	初七	廿二	初七	廿一	初七	廿二
时辰	未时	寅时	申时	丑时	辰时	巳时	巳时	辰时	寅时	亥时	未时	辰时
公历	8月8日	8月24日	9月8日	9月24日	10月9日	10月24日	11月8日	11月23日	12月8日	12月22日	1月6日	1月21日
时间	13时35分	4时12分	16时18分	1时38分	7时24分	10时44分	10时38分	8时5分	3时18分	21时17分	14时26分	7时54分

农历	公历	星期	天地干支	五行	公历	星期	天地干支	五行	公历	星期	天地干支	五行	公历	星期	天地干支	五行	公历	星期	天地干支	五行	公历	星期	天地干支	五行
初一	6	日	壬寅	金	4	一	辛未	土	4	三	辛丑	土	2	四	庚午	土	2	六	庚子	土	31	日	己巳	木
初二	7	一	癸卯	金	5	二	壬申	金	5	四	壬寅	金	3	五	辛未	土	3	日	辛丑	土	1月	一	庚午	土
初三	8	二	甲辰	火	6	三	癸酉	金	6	五	癸卯	金	4	六	壬申	金	4	一	壬寅	金	2	二	辛未	土
初四	9	三	乙巳	火	7	四	甲戌	火	7	六	甲辰	火	5	日	癸酉	金	5	二	癸卯	金	3	三	壬申	金
初五	10	四	丙午	水	8	五	乙亥	火	8	日	乙巳	火	6	一	甲戌	火	6	三	甲辰	火	4	四	癸酉	金
初六	11	五	丁未	水	9	六	丙子	水	9	一	丙午	水	7	二	乙亥	火	7	四	乙巳	火	5	五	甲戌	火
初七	12	六	戊申	土	10	日	丁丑	水	10	二	丁未	水	8	三	丙子	水	8	五	丙午	水	6	六	乙亥	火
初八	13	日	己酉	土	11	一	戊寅	土	11	三	戊申	土	9	四	丁丑	水	9	六	丁未	水	7	日	丙子	水
初九	14	一	庚戌	金	12	二	己卯	土	12	四	己酉	土	10	五	戊寅	土	10	日	戊申	土	8	一	丁丑	水
初十	15	二	辛亥	金	13	三	庚辰	金	13	五	庚戌	金	11	六	己卯	土	11	一	己酉	土	9	二	戊寅	土
十一	16	三	壬子	木	14	四	辛巳	金	14	六	辛亥	金	12	日	庚辰	金	12	二	庚戌	金	10	三	己卯	土
十二	17	四	癸丑	木	15	五	壬午	木	15	日	壬子	木	13	一	辛巳	金	13	三	辛亥	金	11	四	庚辰	金
十三	18	五	甲寅	水	16	六	癸未	木	16	一	癸丑	木	14	二	壬午	木	14	四	壬子	木	12	五	辛巳	金
十四	19	六	乙卯	水	17	日	甲申	水	17	二	甲寅	水	15	三	癸未	木	15	五	癸丑	木	13	六	壬午	木
十五	20	日	丙辰	土	18	一	乙酉	水	18	三	乙卯	水	16	四	甲申	水	16	六	甲寅	水	14	日	癸未	木
十六	21	一	丁巳	土	19	二	丙戌	土	19	四	丙辰	土	17	五	乙酉	水	17	日	乙卯	水	15	一	甲申	水
十七	22	二	戊午	火	20	三	丁亥	土	20	五	丁巳	土	18	六	丙戌	土	18	一	丙辰	土	16	二	乙酉	水
十八	23	三	己未	火	21	四	戊子	火	21	六	戊午	火	19	日	丁亥	土	19	二	丁巳	土	17	三	丙戌	土
十九	24	四	庚申	木	22	五	己丑	火	22	日	己未	火	20	一	戊子	火	20	三	戊午	火	18	四	丁亥	土
二十	25	五	辛酉	木	23	六	庚寅	木	23	一	庚申	木	21	二	己丑	火	21	四	己未	火	19	五	戊子	火
廿一	26	六	壬戌	水	24	日	辛卯	木	24	二	辛酉	木	22	三	庚寅	木	22	五	庚申	木	20	六	己丑	火
廿二	27	日	癸亥	水	25	一	壬辰	水	25	三	壬戌	水	23	四	辛卯	木	23	六	辛酉	木	21	日	庚寅	木
廿三	28	一	甲子	金	26	二	癸巳	水	26	四	癸亥	水	24	五	壬辰	水	24	日	壬戌	水	22	一	辛卯	木
廿四	29	二	乙丑	金	27	三	甲午	金	27	五	甲子	金	25	六	癸巳	水	25	一	癸亥	水	23	二	壬辰	水
廿五	30	三	丙寅	火	28	四	乙未	金	28	六	乙丑	金	26	日	甲午	金	26	二	甲子	金	24	三	癸巳	水
廿六	31	四	丁卯	火	29	五	丙申	火	29	日	丙寅	火	27	一	乙未	金	27	三	乙丑	金	25	四	甲午	金
廿七	9月	五	戊辰	木	30	六	丁酉	火	30	一	丁卯	火	28	二	丙申	火	28	四	丙寅	火	26	五	乙未	金
廿八	2	六	己巳	木	10月	日	戊戌	木	31	二	戊辰	木	29	三	丁酉	火	29	五	丁卯	火	27	六	丙申	火
廿九	3	日	庚午	土	2	一	己亥	木	11月	三	己巳	木	30	四	戊戌	木	30	六	戊辰	木	28	日	丁酉	火
三十					3	二	庚子	土					12月	五	己亥	木					29	一	戊戌	木

公元一九六八年　（闰七月）　岁次:戊申　生肖:猴　太岁:俞志　纳音:大驿土

月别	正月小		二月大		三月小		四月大		五月大		六月小	
干支	甲寅		乙卯		丙辰		丁巳		戊午		己未	
九星	二黑		一白		九紫		八白		七赤		六白	
廿四节气 节名	立春	雨水	惊蛰	春分	清明	谷雨	立夏	小满	芒种	夏至	小暑	大暑
农历	初七	廿一	初七	廿二	初八	廿三	初九	廿五	初十	廿六	十二	廿八
时辰	丑时	亥时	戌时	亥时	丑时	辰时	酉时	辰时	子时	申时	巳时	寅时
公历	2月5日	2月19日	3月5日	3月20日	4月5日	4月20日	5月5日	5月21日	6月5日	6月21日	7月7日	7月23日
时间	2时8分	22时9分	20时18分	21时22分	1时21分	8时41分	18时56分	8时6分	23时19分	16时13分	9时42分	3时8分

农历	公历	星期	天地干支	五行	公历	星期	天地干支	五行	公历	星期	天地干支	五行	公历	星期	天地干支	五行	公历	星期	天地干支	五行	公历	星期	天地干支	五行
初一	30	二	己亥	木	28	三	戊辰	木	29	五	戊戌	木	27	六	丁卯	火	27	一	丁酉	火	26	三	丁卯	火
初二	31	三	庚子	土	29	四	己巳	木	30	六	己亥	木	28	日	戊辰	木	28	二	戊戌	木	27	四	戊辰	木
初三	2月	四	辛丑	土	3月	五	庚午	土	31	日	庚子	土	29	一	己巳	木	29	三	己亥	木	28	五	己巳	木
初四	2	五	壬寅	金	2	六	辛未	土	4月	一	辛丑	土	30	二	庚午	土	30	四	庚子	土	29	六	庚午	土
初五	3	六	癸卯	金	3	日	壬申	金	2	二	壬寅	金	5月	三	辛未	土	31	五	辛丑	土	30	日	辛未	土
初六	4	日	甲辰	火	4	一	癸酉	金	3	三	癸卯	金	2	四	壬申	金	6月	六	壬寅	金	7月	一	壬申	金
初七	5	一	乙巳	火	5	二	甲戌	火	4	四	甲辰	火	3	五	癸酉	金	2	日	癸卯	金	2	二	癸酉	金
初八	6	二	丙午	水	6	三	乙亥	火	5	五	乙巳	火	4	六	甲戌	火	3	一	甲辰	火	3	三	甲戌	火
初九	7	三	丁未	水	7	四	丙子	水	6	六	丙午	水	5	日	乙亥	火	4	二	乙巳	火	4	四	乙亥	火
初十	8	四	戊申	土	8	五	丁丑	水	7	日	丁未	水	6	一	丙子	水	5	三	丙午	水	5	五	丙子	水
十一	9	五	己酉	土	9	六	戊寅	土	8	一	戊申	土	7	二	丁丑	水	6	四	丁未	水	6	六	丁丑	水
十二	10	六	庚戌	金	10	日	己卯	土	9	二	己酉	土	8	三	戊寅	土	7	五	戊申	土	7	日	戊寅	土
十三	11	日	辛亥	金	11	一	庚辰	金	10	三	庚戌	金	9	四	己卯	土	8	六	己酉	土	8	一	己卯	土
十四	12	一	壬子	木	12	二	辛巳	金	11	四	辛亥	金	10	五	庚辰	金	9	日	庚戌	金	9	二	庚辰	金
十五	13	二	癸丑	木	13	三	壬午	木	12	五	壬子	木	11	六	辛巳	金	10	一	辛亥	金	10	三	辛巳	金
十六	14	三	甲寅	水	14	四	癸未	木	13	六	癸丑	木	12	日	壬午	木	11	二	壬子	木	11	四	壬午	木
十七	15	四	乙卯	水	15	五	甲申	水	14	日	甲寅	水	13	一	癸未	木	12	三	癸丑	木	12	五	癸未	木
十八	16	五	丙辰	土	16	六	乙酉	水	15	一	乙卯	水	14	二	甲申	水	13	四	甲寅	水	13	六	甲申	水
十九	17	六	丁巳	土	17	日	丙戌	土	16	二	丙辰	土	15	三	乙酉	水	14	五	乙卯	水	14	日	乙酉	水
二十	18	日	戊午	火	18	一	丁亥	土	17	三	丁巳	土	16	四	丙戌	土	15	六	丙辰	土	15	一	丙戌	土
廿一	19	一	己未	火	19	二	戊子	火	18	四	戊午	火	17	五	丁亥	土	16	日	丁巳	土	16	二	丁亥	土
廿二	20	二	庚申	木	20	三	己丑	火	19	五	己未	火	18	六	戊子	火	17	一	戊午	火	17	三	戊子	火
廿三	21	三	辛酉	木	21	四	庚寅	木	20	六	庚申	木	19	日	己丑	火	18	二	己未	火	18	四	己丑	火
廿四	22	四	壬戌	水	22	五	辛卯	木	21	日	辛酉	木	20	一	庚寅	木	19	三	庚申	木	19	五	庚寅	木
廿五	23	五	癸亥	水	23	六	壬辰	水	22	一	壬戌	水	21	二	辛卯	木	20	四	辛酉	木	20	六	辛卯	木
廿六	24	六	甲子	金	24	日	癸巳	水	23	二	癸亥	水	22	三	壬辰	水	21	五	壬戌	水	21	日	壬辰	水
廿七	25	日	乙丑	金	25	一	甲午	金	24	三	甲子	金	23	四	癸巳	水	22	六	癸亥	水	22	一	癸巳	水
廿八	26	一	丙寅	火	26	二	乙未	金	25	四	乙丑	金	24	五	甲午	金	23	日	甲子	金	23	二	甲午	金
廿九	27	二	丁卯	火	27	三	丙申	火	26	五	丙寅	火	25	六	乙未	金	24	一	乙丑	金	24	三	乙未	金
三十					28	四	丁酉	火					26	日	丙申	火	25	二	丙寅	火				

— 204 —

公元一九六八年　（闰七月）　岁次:戊申　生肖:猴　太岁:俞志　纳音:大驿土

月别	七月大	闰七月小	八月大	九月小	十月大	十一月小	十二月大
干支	庚申	庚申	辛酉	壬戌	癸亥	甲子	乙丑
九星	五黄	五黄	四绿	三碧	二黑	一白	九紫

廿四节气

节名	农历	时辰	公历	时间
立秋	十四	戌时	8月7日	19时25分
处暑	三十	巳时	8月23日	10时3分
白露	十五	亥时	9月7日	22时12分
秋分	初二	辰时	9月23日	7时26分
寒露	十七	未时	10月8日	13时35分
霜降	初二	申时	10月23日	16时30分
立冬	十七	申时	11月7日	16时29分
小雪	初三	未时	11月22日	13时49分
大雪	十八	巳时	12月7日	9时9分
冬至	初三	寅时	12月22日	3时0分
小寒	十七	戌时	1月5日	20时17分
大寒	初三	未时	1月20日	13时38分
立春	十八	辰时	2月4日	7时59分

农历	七月大 公历	七月大 星期	七月大 天地干支	七月大 五行	闰七月小 公历	闰七月小 星期	闰七月小 天地干支	闰七月小 五行	八月大 公历	八月大 星期	八月大 天地干支	八月大 五行	九月小 公历	九月小 星期	九月小 天地干支	九月小 五行	十月大 公历	十月大 星期	十月大 天地干支	十月大 五行	十一月小 公历	十一月小 星期	十一月小 天地干支	十一月小 五行	十二月大 公历	十二月大 星期	十二月大 天地干支	十二月大 五行
初一	25	四	丙申	火	24	六	丙寅	火	22	日	乙未	金	22	二	乙丑	金	20	三	甲午	金	20	五	甲子	金	18	六	癸巳	水
初二	26	五	丁酉	火	25	日	丁卯	火	23	一	丙申	火	23	三	丙寅	火	21	四	乙未	金	21	六	乙丑	金	19	日	甲午	金
初三	27	六	戊戌	木	26	一	戊辰	木	24	二	丁酉	火	24	四	丁卯	火	22	五	丙申	火	22	日	丙寅	火	20	一	乙未	金
初四	28	日	己亥	木	27	二	己巳	木	25	三	戊戌	木	25	五	戊辰	木	23	六	丁酉	火	23	一	丁卯	火	21	二	丙申	火
初五	29	一	庚子	土	28	三	庚午	土	26	四	己亥	木	26	六	己巳	木	24	日	戊戌	木	24	二	戊辰	木	22	三	丁酉	火
初六	30	二	辛丑	土	29	四	辛未	土	27	五	庚子	土	27	日	庚午	土	25	一	己亥	木	25	三	己巳	木	23	四	戊戌	木
初七	31	三	壬寅	金	30	五	壬申	金	28	六	辛丑	土	28	一	辛未	土	26	二	庚子	土	26	四	庚午	土	24	五	己亥	木
初八	8月	四	癸卯	金	31	六	癸酉	金	29	日	壬寅	金	29	二	壬申	金	27	三	辛丑	土	27	五	辛未	土	25	六	庚子	土
初九	2	五	甲辰	火	9月	日	甲戌	火	30	一	癸卯	金	30	三	癸酉	金	28	四	壬寅	金	28	六	壬申	金	26	日	辛丑	土
初十	3	六	乙巳	火	2	一	乙亥	火	10月	二	甲辰	火	31	四	甲戌	火	29	五	癸卯	金	29	日	癸酉	金	27	一	壬寅	金
十一	4	日	丙午	水	3	二	丙子	水	2	三	乙巳	火	11月	五	乙亥	火	30	六	甲辰	火	30	一	甲戌	火	28	二	癸卯	金
十二	5	一	丁未	水	4	三	丁丑	水	3	四	丙午	水	2	六	丙子	水	12月	日	乙巳	火	31	二	乙亥	火	29	三	甲辰	火
十三	6	二	戊申	土	5	四	戊寅	土	4	五	丁未	水	3	日	丁丑	水	2	一	丙午	水	1月	三	丙子	水	30	四	乙巳	火
十四	7	三	己酉	土	6	五	己卯	土	5	六	戊申	土	4	一	戊寅	土	3	二	丁未	水	2	四	丁丑	水	31	五	丙午	水
十五	8	四	庚戌	金	7	六	庚辰	金	6	日	己酉	土	5	二	己卯	土	4	三	戊申	土	3	五	戊寅	土	2月	六	丁未	水
十六	9	五	辛亥	金	8	日	辛巳	金	7	一	庚戌	金	6	三	庚辰	金	5	四	己酉	土	4	六	己卯	土	2	日	戊申	土
十七	10	六	壬子	木	9	一	壬午	木	8	二	辛亥	金	7	四	辛巳	金	6	五	庚戌	金	5	日	庚辰	金	3	一	己酉	土
十八	11	日	癸丑	木	10	二	癸未	木	9	三	壬子	木	8	五	壬午	木	7	六	辛亥	金	6	一	辛巳	金	4	二	庚戌	金
十九	12	一	甲寅	水	11	三	甲申	水	10	四	癸丑	木	9	六	癸未	木	8	日	壬子	木	7	二	壬午	木	5	三	辛亥	金
二十	13	二	乙卯	水	12	四	乙酉	水	11	五	甲寅	水	10	日	甲申	水	9	一	癸丑	木	8	三	癸未	木	6	四	壬子	木
廿一	14	三	丙辰	土	13	五	丙戌	土	12	六	乙卯	水	11	一	乙酉	水	10	二	甲寅	水	9	四	甲申	水	7	五	癸丑	木
廿二	15	四	丁巳	土	14	六	丁亥	土	13	日	丙辰	土	12	二	丙戌	土	11	三	乙卯	水	10	五	乙酉	水	8	六	甲寅	水
廿三	16	五	戊午	火	15	日	戊子	火	14	一	丁巳	土	13	三	丁亥	土	12	四	丙辰	土	11	六	丙戌	土	9	日	乙卯	水
廿四	17	六	己未	火	16	一	己丑	火	15	二	戊午	火	14	四	戊子	火	13	五	丁巳	土	12	日	丁亥	土	10	一	丙辰	土
廿五	18	日	庚申	木	17	二	庚寅	木	16	三	己未	火	15	五	己丑	火	14	六	戊午	火	13	一	戊子	火	11	二	丁巳	土
廿六	19	一	辛酉	木	18	三	辛卯	木	17	四	庚申	木	16	六	庚寅	木	15	日	己未	火	14	二	己丑	火	12	三	戊午	火
廿七	20	二	壬戌	水	19	四	壬辰	水	18	五	辛酉	木	17	日	辛卯	木	16	一	庚申	木	15	三	庚寅	木	13	四	己未	火
廿八	21	三	癸亥	水	20	五	癸巳	水	19	六	壬戌	水	18	一	壬辰	水	17	二	辛酉	木	16	四	辛卯	木	14	五	庚申	木
廿九	22	四	甲子	金	21	六	甲午	金	20	日	癸亥	水	19	二	癸巳	水	18	三	壬戌	水	17	五	壬辰	水	15	六	辛酉	木
三十	23	五	乙丑	金					21	一	甲子	金					19	四	癸亥	水					16	日	壬戌	水

公元一九六九年　岁次:己酉　生肖:鸡　太岁:程寅　纳音:大驿土

月别	正月小				二月大				三月小				四月大				五月小				六月大			
干支	丙寅				丁卯				戊辰				己巳				庚午				辛未			
九星	八白				七赤				六白				五黄				四绿				三碧			

廿四节气

	节名	雨水	惊蛰	春分	清明	谷雨	立夏	小满	芒种	夏至	小暑	大暑	立秋
	农历	初三	十八	初四	十九	初四	二十	初六	廿二	初七	廿三	初十	廿六
	时辰	寅时	丑时	寅时	辰时	未时	子时	未时	卯时	亥时	申时	辰时	丑时
	公历	2月19日	3月6日	3月21日	4月5日	4月20日	5月6日	5月21日	6月6日	6月21日	7月7日	7月23日	8月8日
	时间	3时55分	2时11分	3时8分	7时15分	14时27分	0时50分	13时50分	5时12分	21时55分	15时32分	8时48分	1时14分

农历	公历	星期	天地干支	五行	公历	星期	天地干支	五行	公历	星期	天地干支	五行	公历	星期	天地干支	五行	公历	星期	天地干支	五行	公历	星期	天地干支	五行
初一	17	一	癸亥	水	18	二	壬辰	水	17	四	壬戌	水	16	五	辛卯	木	15	日	辛酉	木	14	一	庚寅	木
初二	18	二	甲子	金	19	三	癸巳	水	18	五	癸亥	水	17	六	壬辰	水	16	一	壬戌	水	15	二	辛卯	木
初三	19	三	乙丑	金	20	四	甲午	金	19	六	甲子	金	18	日	癸巳	水	17	二	癸亥	水	16	三	壬辰	水
初四	20	四	丙寅	火	21	五	乙未	金	20	日	乙丑	金	19	一	甲午	金	18	三	甲子	金	17	四	癸巳	水
初五	21	五	丁卯	火	22	六	丙申	火	21	一	丙寅	火	20	二	乙未	金	19	四	乙丑	金	18	五	甲午	金
初六	22	六	戊辰	木	23	日	丁酉	火	22	二	丁卯	火	21	三	丙申	火	20	五	丙寅	火	19	六	乙未	金
初七	23	日	己巳	木	24	一	戊戌	木	23	三	戊辰	木	22	四	丁酉	火	21	六	丁卯	火	20	日	丙申	火
初八	24	一	庚午	土	25	二	己亥	木	24	四	己巳	木	23	五	戊戌	木	22	日	戊辰	木	21	一	丁酉	火
初九	25	二	辛未	土	26	三	庚子	土	25	五	庚午	土	24	六	己亥	木	23	一	己巳	木	22	二	戊戌	木
初十	26	三	壬申	金	27	四	辛丑	土	26	六	辛未	土	25	日	庚子	土	24	二	庚午	土	23	三	己亥	木
十一	27	四	癸酉	金	28	五	壬寅	金	27	日	壬申	金	26	一	辛丑	土	25	三	辛未	土	24	四	庚子	土
十二	28	五	甲戌	火	29	六	癸卯	金	28	一	癸酉	金	27	二	壬寅	金	26	四	壬申	金	25	五	辛丑	土
十三	3月	六	乙亥	火	30	日	甲辰	火	29	二	甲戌	火	28	三	癸卯	金	27	五	癸酉	金	26	六	壬寅	金
十四	2	日	丙子	水	31	一	乙巳	火	30	三	乙亥	火	29	四	甲辰	火	28	六	甲戌	火	27	日	癸卯	金
十五	3	一	丁丑	水	4月	二	丙午	水	5月	四	丙子	水	30	五	乙巳	火	29	日	乙亥	火	28	一	甲辰	火
十六	4	二	戊寅	土	2	三	丁未	水	2	五	丁丑	水	31	六	丙午	水	30	一	丙子	水	29	二	乙巳	火
十七	5	三	己卯	土	3	四	戊申	土	3	六	戊寅	土	6月	日	丁未	水	7月	二	丁丑	水	30	三	丙午	水
十八	6	四	庚辰	金	4	五	己酉	土	4	日	己卯	土	2	一	戊申	土	2	三	戊寅	土	31	四	丁未	水
十九	7	五	辛巳	金	5	六	庚戌	金	5	一	庚辰	金	3	二	己酉	土	3	四	己卯	土	8月	五	戊申	土
二十	8	六	壬午	木	6	日	辛亥	金	6	二	辛巳	金	4	三	庚戌	金	4	五	庚辰	金	2	六	己酉	土
廿一	9	日	癸未	木	7	一	壬子	木	7	三	壬午	木	5	四	辛亥	金	5	六	辛巳	金	3	日	庚戌	金
廿二	10	一	甲申	水	8	二	癸丑	木	8	四	癸未	木	6	五	壬子	木	6	日	壬午	木	4	一	辛亥	金
廿三	11	二	乙酉	水	9	三	甲寅	水	9	五	甲申	水	7	六	癸丑	木	7	一	癸未	木	5	二	壬子	木
廿四	12	三	丙戌	土	10	四	乙卯	水	10	六	乙酉	水	8	日	甲寅	水	8	二	甲申	水	6	三	癸丑	木
廿五	13	四	丁亥	土	11	五	丙辰	土	11	日	丙戌	土	9	一	乙卯	水	9	三	乙酉	水	7	四	甲寅	水
廿六	14	五	戊子	火	12	六	丁巳	土	12	一	丁亥	土	10	二	丙辰	土	10	四	丙戌	土	8	五	乙卯	水
廿七	15	六	己丑	火	13	日	戊午	火	13	二	戊子	火	11	三	丁巳	土	11	五	丁亥	土	9	六	丙辰	土
廿八	16	日	庚寅	木	14	一	己未	火	14	三	己丑	火	12	四	戊午	火	12	六	戊子	火	10	日	丁巳	土
廿九	17	一	辛卯	木	15	二	庚申	木	15	四	庚寅	木	13	五	己未	火	13	日	己丑	火	11	一	戊午	火
三十					16	三	辛酉	木					14	六	庚申	木					12	二	己未	火

公元一九六九年　岁次:己酉　生肖:鸡　太岁:程寅　纳音:大驿土

月别	七月大				八月小				九月大				十月小				十一月大				十二月小			
干支	壬申				癸酉				甲戌				乙亥				丙子				丁丑			
九星	二黑				一白				九紫				八白				七赤				六白			
廿四节气 节名	处暑		白露		秋分		寒露		霜降		立冬		小雪		大雪		冬至		小寒		大寒		立春	
农历	十一		廿七		十二		廿七		十三		廿八		十三		廿八		十四		廿九		十三		廿八	
时辰	申时		寅时		未时		戌时		亥时		亥时		戌时		未时		辰时		丑时		戌时		未时	
公历	8月23日		9月8日		9月23日		10月8日		10月23日		11月7日		11月22日		12月7日		12月22日		1月6日		1月20日		2月4日	
时间	15时43分		3时56分		13时7分		19时17分		22时11分		22时12分		19时31分		14时51分		8时44分		2时35分		19时45分		13时46分	

农历	公历	星期	天地干支	五行	公历	星期	天地干支	五行	公历	星期	天地干支	五行	公历	星期	天地干支	五行	公历	星期	天地干支	五行	公历	星期	天地干支	五行
初一	13	三	庚申	木	12	五	庚寅	木	11	六	己未	火	10	一	己丑	火	9	二	戊午	火	8	四	戊子	火
初二	14	四	辛酉	木	13	六	辛卯	木	12	日	庚申	木	11	二	庚寅	木	10	三	己未	火	9	五	己丑	火
初三	15	五	壬戌	水	14	日	壬辰	水	13	一	辛酉	木	12	三	辛卯	木	11	四	庚申	木	10	六	庚寅	木
初四	16	六	癸亥	水	15	一	癸巳	水	14	二	壬戌	水	13	四	壬辰	水	12	五	辛酉	木	11	日	辛卯	木
初五	17	日	甲子	金	16	二	甲午	金	15	三	癸亥	水	14	五	癸巳	水	13	六	壬戌	水	12	一	壬辰	水
初六	18	一	乙丑	金	17	三	乙未	金	16	四	甲子	金	15	六	甲午	金	14	日	癸亥	水	13	二	癸巳	水
初七	19	二	丙寅	火	18	四	丙申	火	17	五	乙丑	金	16	日	乙未	金	15	一	甲子	金	14	三	甲午	金
初八	20	三	丁卯	火	19	五	丁酉	火	18	六	丙寅	火	17	一	丙申	火	16	二	乙丑	金	15	四	乙未	金
初九	21	四	戊辰	木	20	六	戊戌	木	19	日	丁卯	火	18	二	丁酉	火	17	三	丙寅	火	16	五	丙申	火
初十	22	五	己巳	木	21	日	己亥	木	20	一	戊辰	木	19	三	戊戌	木	18	四	丁卯	火	17	六	丁酉	火
十一	23	六	庚午	土	22	一	庚子	土	21	二	己巳	木	20	四	己亥	木	19	五	戊辰	木	18	日	戊戌	木
十二	24	日	辛未	土	23	二	辛丑	土	22	三	庚午	土	21	五	庚子	土	20	六	己巳	木	19	一	己亥	木
十三	25	一	壬申	金	24	三	壬寅	金	23	四	辛未	土	22	六	辛丑	土	21	日	庚午	土	20	二	庚子	土
十四	26	二	癸酉	金	25	四	癸卯	金	24	五	壬申	金	23	日	壬寅	金	22	一	辛未	土	21	三	辛丑	土
十五	27	三	甲戌	火	26	五	甲辰	火	25	六	癸酉	金	24	一	癸卯	金	23	二	壬申	金	22	四	壬寅	金
十六	28	四	乙亥	火	27	六	乙巳	火	26	日	甲戌	火	25	二	甲辰	火	24	三	癸酉	金	23	五	癸卯	金
十七	29	五	丙子	水	28	日	丙午	水	27	一	乙亥	火	26	三	乙巳	火	25	四	甲戌	火	24	六	甲辰	火
十八	30	六	丁丑	水	29	一	丁未	水	28	二	丙子	水	27	四	丙午	水	26	五	乙亥	火	25	日	乙巳	火
十九	31	日	戊寅	土	30	二	戊申	土	29	三	丁丑	水	28	五	丁未	水	27	六	丙子	水	26	一	丙午	水
二十	9月	一	己卯	土	10月	三	己酉	土	30	四	戊寅	土	29	六	戊申	土	28	日	丁丑	水	27	二	丁未	水
廿一	2	二	庚辰	金	2	四	庚戌	金	31	五	己卯	土	30	日	己酉	土	29	一	戊寅	土	28	三	戊申	土
廿二	3	三	辛巳	金	3	五	辛亥	金	11月	六	庚辰	金	12月	一	庚戌	金	30	二	己卯	土	29	四	己酉	土
廿三	4	四	壬午	木	4	六	壬子	木	2	日	辛巳	金	2	二	辛亥	金	31	三	庚辰	金	30	五	庚戌	金
廿四	5	五	癸未	木	5	日	癸丑	木	3	一	壬午	木	3	三	壬子	木	1月	四	辛巳	金	31	六	辛亥	金
廿五	6	六	甲申	水	6	一	甲寅	水	4	二	癸未	木	4	四	癸丑	木	2	五	壬午	木	2月	日	壬子	木
廿六	7	日	乙酉	水	7	二	乙卯	水	5	三	甲申	水	5	五	甲寅	水	3	六	癸未	木	2	一	癸丑	木
廿七	8	一	丙戌	土	8	三	丙辰	土	6	四	乙酉	水	6	六	乙卯	水	4	日	甲申	水	3	二	甲寅	水
廿八	9	二	丁亥	土	9	四	丁巳	土	7	五	丙戌	土	7	日	丙辰	土	5	一	乙酉	水	4	三	乙卯	水
廿九	10	三	戊子	火	10	五	戊午	火	8	六	丁亥	土	8	一	丁巳	土	6	二	丙戌	土	5	四	丙辰	土
三十	11	四	己丑	火					9	日	戊子	火					7	三	丁亥	土				

公元一九七〇年　　岁次:庚戌　生肖:狗　太岁:化秋　纳音:钗钏金

月别	正月大	二月小	三月小	四月大	五月小	六月大
干支	戊寅	己卯	庚辰	辛巳	壬午	癸未
九星	五黄	四绿	三碧	二黑	一白	九紫

廿四节气											
节名	雨水	惊蛰	春分	清明	谷雨	立夏	小满	芒种	夏至	小暑	大暑
农历	十四	廿九	十四	廿九	十五	初二	十七	初三	十九	初五	廿一
时辰	巳时	辰时	辰时	未时	戌时	卯时	戌时	巳时	寅时	亥时	未时
公历	2月19日	3月6日	3月21日	4月5日	4月20日	5月6日	5月21日	6月6日	6月22日	7月7日	7月23日
时间	9时45分	7时55分	8时54分	13时0分	20时20分	6时43分	19时51分	10时52分	4时5分	21时14分	14时37分

农历	正月 公历	星期	天地干支	五行	二月 公历	星期	天地干支	五行	三月 公历	星期	天地干支	五行	四月 公历	星期	天地干支	五行	五月 公历	星期	天地干支	五行	六月 公历	星期	天地干支	五行
初一	6	五	丁巳	土	8	日	丁亥	土	6	一	丙辰	土	5	二	乙酉	水	4	四	乙卯	水	3	五	甲申	水
初二	7	六	戊午	火	9	一	戊子	火	7	二	丁巳	土	6	三	丙戌	土	5	五	丙辰	土	4	六	乙酉	水
初三	8	日	己未	火	10	二	己丑	火	8	三	戊午	火	7	四	丁亥	土	6	六	丁巳	土	5	日	丙戌	土
初四	9	一	庚申	木	11	三	庚寅	木	9	四	己未	火	8	五	戊子	火	7	日	戊午	火	6	一	丁亥	土
初五	10	二	辛酉	木	12	四	辛卯	木	10	五	庚申	木	9	六	己丑	火	8	一	己未	火	7	二	戊子	火
初六	11	三	壬戌	水	13	五	壬辰	水	11	六	辛酉	木	10	日	庚寅	木	9	二	庚申	木	8	三	己丑	火
初七	12	四	癸亥	水	14	六	癸巳	水	12	日	壬戌	水	11	一	辛卯	木	10	三	辛酉	木	9	四	庚寅	木
初八	13	五	甲子	金	15	日	甲午	金	13	一	癸亥	水	12	二	壬辰	水	11	四	壬戌	水	10	五	辛卯	木
初九	14	六	乙丑	金	16	一	乙未	金	14	二	甲子	金	13	三	癸巳	水	12	五	癸亥	水	11	六	壬辰	水
初十	15	日	丙寅	火	17	二	丙申	火	15	三	乙丑	金	14	四	甲午	金	13	六	甲子	金	12	日	癸巳	水
十一	16	一	丁卯	火	18	三	丁酉	火	16	四	丙寅	火	15	五	乙未	金	14	日	乙丑	金	13	一	甲午	金
十二	17	二	戊辰	木	19	四	戊戌	木	17	五	丁卯	火	16	六	丙申	火	15	一	丙寅	火	14	二	乙未	金
十三	18	三	己巳	木	20	五	己亥	木	18	六	戊辰	木	17	日	丁酉	火	16	二	丁卯	火	15	三	丙申	火
十四	19	四	庚午	土	21	六	庚子	土	19	日	己巳	木	18	一	戊戌	木	17	三	戊辰	木	16	四	丁酉	火
十五	20	五	辛未	土	22	日	辛丑	土	20	一	庚午	土	19	二	己亥	木	18	四	己巳	木	17	五	戊戌	木
十六	21	六	壬申	金	23	一	壬寅	金	21	二	辛未	土	20	三	庚子	土	19	五	庚午	土	18	六	己亥	木
十七	22	日	癸酉	金	24	二	癸卯	金	22	三	壬申	金	21	四	辛丑	土	20	六	辛未	土	19	日	庚子	土
十八	23	一	甲戌	火	25	三	甲辰	火	23	四	癸酉	金	22	五	壬寅	金	21	日	壬申	金	20	一	辛丑	土
十九	24	二	乙亥	火	26	四	乙巳	火	24	五	甲戌	火	23	六	癸卯	金	22	一	癸酉	金	21	二	壬寅	金
二十	25	三	丙子	水	27	五	丙午	水	25	六	乙亥	火	24	日	甲辰	火	23	二	甲戌	火	22	三	癸卯	金
廿一	26	四	丁丑	水	28	六	丁未	水	26	日	丙子	水	25	一	乙巳	火	24	三	乙亥	火	23	四	甲辰	火
廿二	27	五	戊寅	土	29	日	戊申	土	27	一	丁丑	水	26	二	丙午	水	25	四	丙子	水	24	五	乙巳	火
廿三	28	六	己卯	土	30	一	己酉	土	28	二	戊寅	土	27	三	丁未	水	26	五	丁丑	水	25	六	丙午	水
廿四	3月	日	庚辰	金	31	二	庚戌	金	29	三	己卯	土	28	四	戊申	土	27	六	戊寅	土	26	日	丁未	水
廿五	2	一	辛巳	金	4月	三	辛亥	金	30	四	庚辰	金	29	五	己酉	土	28	日	己卯	土	27	一	戊申	土
廿六	3	二	壬午	木	2	四	壬子	木	5月	五	辛巳	金	30	六	庚戌	金	29	一	庚辰	金	28	二	己酉	土
廿七	4	三	癸未	木	3	五	癸丑	木	2	六	壬午	木	31	日	辛亥	金	30	二	辛巳	金	29	三	庚戌	金
廿八	5	四	甲申	水	4	六	甲寅	水	3	日	癸未	木	6月	一	壬子	木	7月	三	壬午	木	30	四	辛亥	金
廿九	6	五	乙酉	水	5	日	乙卯	水	4	一	甲申	水	2	二	癸丑	木	2	四	癸未	木	31	五	壬子	木
三十	7	六	丙戌	土									3	三	甲寅	水					8月	六	癸丑	木

公元一九七〇年　　岁次:庚戌　生肖:狗　太岁:化秋　纳音:钗钏金

月别	七月大	八月小	九月大	十月大	十一月小	十二月大
干支	甲申	乙酉	丙戌	丁亥	戊子	己丑
九星	八白	七赤	六白	五黄	四绿	三碧

廿四节气

节名	立秋	处暑	白露	秋分	寒露	霜降	立冬	小雪	大雪	冬至	小寒	大寒
农历	初七	廿二	初八	廿三	初十	廿五	初十	廿五	初九	廿四	初十	廿五
时辰	卯时	亥时	巳时	酉时	丑时	寅时	寅时	丑时	戌时	未时	辰时	丑时
公历	8月8日	8月23日	9月8日	9月23日	10月9日	10月24日	11月8日	11月23日	12月7日	12月22日	1月6日	1月21日
时间	6时54分	22时25分	10时44分	18时44分	1时24分	4时4分	4时20分	1时36分	20时43分	14时24分	7时25分	1时35分

农历	公历	星期	天地干支	五行	公历	星期	天地干支	五行	公历	星期	天地干支	五行	公历	星期	天地干支	五行	公历	星期	天地干支	五行	公历	星期	天地干支	五行
初一	2	日	甲寅		9月2	二	甲申	水	30	三	癸丑	木	30	五	癸未	木	29	日	癸丑	木	28	一	壬午	木
初二	3	一	乙卯		2	三	乙酉	水	10月31	四	甲寅	水	31	六	甲申	水	30	一	甲寅	水	29	二	癸未	木
初三	4	二	丙辰	土	3	四	丙戌	土	2	五	乙卯	11月	乙酉	水	12月	乙卯	水	30	三	甲申	水
初四	5	三	丁巳	土	4	五	丁亥	土	3	六	丙辰	土	2	一	丙戌	土	2	三	丙辰	土	31	四	乙酉	水
初五	6	四	戊午	火	5	六	戊子	火	4	日	丁巳	土	3	二	丁亥	土	3	四	丁巳	土	1月2	五	丙戌	土
初六	7	五	己未	火	6	日	己丑	火	5	一	戊午	火	4	三	戊子	火	4	五	戊午	火	2	六	丁亥	土
初七	8	六	庚申		7	一	庚寅	木	6	二	己未	火	5	四	己丑	火	5	六	己未	火	3	日	戊子	火
初八	9	日	辛酉	木	8	二	辛卯	木	7	三	庚申	木	6	五	庚寅	木	6	日	庚申	木	4	一	己丑	火
初九	10	一	壬戌	水	9	三	壬辰	水	8	四	辛酉	木	7	六	辛卯	木	7	一	辛酉	木	5	二	庚寅	木
初十	11	二	癸亥	水	10	四	癸巳	水	9	五	壬戌	水	8	日	壬辰	水	8	二	壬戌	水	6	三	辛卯	木
十一	12	三	甲子	金	11	五	甲午	金	10	六	癸亥	水	9	一	癸巳	水	9	三	癸亥	水	7	四	壬辰	水
十二	13	四	乙丑	金	12	六	乙未	金	11	日	甲子	金	10	二	甲午	金	10	四	甲子	金	8	五	癸巳	水
十三	14	五	丙寅	火	13	日	丙申	火	12	一	乙丑	金	11	三	乙未	金	11	五	乙丑	金	9	六	甲午	金
十四	15	六	丁卯	火	14	一	丁酉	火	13	二	丙寅	火	12	四	丙申	火	12	六	丙寅	火	10	日	乙未	金
十五	16	日	戊辰	木	15	二	戊戌	木	14	三	丁卯	火	13	五	丁酉	火	13	日	丁卯	火	11	一	丙申	火
十六	17	一	己巳	木	16	三	己亥	木	15	四	戊辰	木	14	六	戊戌	木	14	一	戊辰	木	12	二	丁酉	火
十七	18	二	庚午	土	17	四	庚子	土	16	五	己巳	木	15	日	己亥	木	15	二	己巳	木	13	三	戊戌	木
十八	19	三	辛未	土	18	五	辛丑	土	17	六	庚午	土	16	一	庚子	土	16	三	庚午	土	14	四	己亥	木
十九	20	四	壬申	金	19	六	壬寅	金	18	日	辛未	土	17	二	辛丑	土	17	四	辛未	土	15	五	庚子	土
二十	21	五	癸酉	金	20	日	癸卯	金	19	一	壬申	金	18	三	壬寅	金	18	五	壬申	金	16	六	辛丑	土
廿一	22	六	甲戌	火	21	一	甲辰	火	20	二	癸酉	金	19	四	癸卯	金	19	六	癸酉	金	17	日	壬寅	金
廿二	23	日	乙亥	火	22	二	乙巳	火	21	三	甲戌	火	20	五	甲辰	火	20	日	甲戌	火	18	一	癸卯	金
廿三	24	一	丙子	水	23	三	丙午	水	22	四	乙亥	火	21	六	乙巳	火	21	一	乙亥	火	19	二	甲辰	火
廿四	25	二	丁丑	水	24	四	丁未	水	23	五	丙子	水	22	日	丙午	水	22	二	丙子	水	20	三	乙巳	火
廿五	26	三	戊寅	土	25	五	戊申	土	24	六	丁丑	水	23	一	丁未	水	23	三	丁丑	水	21	四	丙午	水
廿六	27	四	己卯	土	26	六	己酉	土	25	日	戊寅	土	24	二	戊申	土	24	四	戊寅	土	22	五	丁未	水
廿七	28	五	庚辰	金	27	日	庚戌	金	26	一	己卯	土	25	三	己酉	土	25	五	己卯	土	23	六	戊申	土
廿八	29	六	辛巳	金	28	一	辛亥	金	27	二	庚辰	金	26	四	庚戌	金	26	六	庚辰	金	24	日	己酉	土
廿九	30	日	壬午	木	29	二	壬子	木	28	三	辛巳	金	27	五	辛亥	金	27	日	辛巳	金	25	一	庚戌	金
三十	31	一	癸未	木					29	四	壬午	木	28	六	壬子	木					26	二	辛亥	金

公元一九七一年　（闰五月）　岁次:辛亥　生肖:猪　太岁:叶坚　纳音:钗钏金

月别	正月小	二月大	三月小	四月小	五月大	闰五月小	六月大
干支	庚寅	辛卯	壬辰	癸巳	甲午	甲午	乙未
九星	二黑	一白	九紫	八白	七赤	七赤	六白

廿四节气

	立春	雨水	惊蛰	春分	清明	谷雨	立夏	小满	芒种	夏至	小暑	大暑	立秋
节名	立春	雨水	惊蛰	春分	清明	谷雨	立夏	小满	芒种	夏至	小暑	大暑	立秋
农历	初九	廿四	初十	廿五	初十	廿六	十二	廿八	十四	三十	十六	初二	十八
时辰	戌时	申时	未时	未时	酉时	丑时	午时	丑时	申时	巳时	丑时	戌时	午时
公历	2月4日	2月19日	3月6日	3月21日	4月5日	4月21日	5月6日	5月22日	6月6日	6月22日	7月8日	7月23日	8月8日
时间	19时26分	15时27分	13时35分	14时38分	18时36分	1时54分	12时8分	1时15分	16时29分	9时20分	2时51分	20时15分	12时40分

农历	正月 公历	星期	天地干支	五行	二月 公历	星期	天地干支	五行	三月 公历	星期	天地干支	五行	四月 公历	星期	天地干支	五行	五月 公历	星期	天地干支	五行	闰五月 公历	星期	天地干支	五行	六月 公历	星期	天地干支	五行
初一	27	三	壬子	木	25	四	辛巳	金	27	六	辛亥	金	25	日	庚辰	金	24	一	己酉	土	23	三	己卯	土	22	四	戊申	土
初二	28	四	癸丑	木	26	五	壬午	木	28	日	壬子	木	26	一	辛巳	金	25	二	庚戌	金	24	四	庚辰	金	23	五	己酉	土
初三	29	五	甲寅	水	27	六	癸未	木	29	一	癸丑	木	27	二	壬午	木	26	三	辛亥	金	25	五	辛巳	金	24	六	庚戌	金
初四	30	六	乙卯	水	28	日	甲申	水	30	二	甲寅	水	28	三	癸未	木	27	四	壬子	木	26	六	壬午	木	25	日	辛亥	金
初五	31	日	丙辰	土	3月	一	乙酉	水	31	三	乙卯	水	29	四	甲申	水	28	五	癸丑	木	27	日	癸未	木	26	一	壬子	木
初六	2月	一	丁巳	土	2	二	丙戌	土	4月	四	丙辰	土	30	五	乙酉	水	29	六	甲寅	水	28	一	甲申	水	27	二	癸丑	木
初七	2	二	戊午	火	3	三	丁亥	土	2	五	丁巳	土	5月	六	丙戌	土	30	日	乙卯	水	29	二	乙酉	水	28	三	甲寅	水
初八	3	三	己未	火	4	四	戊子	火	3	六	戊午	火	2	日	丁亥	土	31	一	丙辰	土	30	三	丙戌	土	29	四	乙卯	水
初九	4	四	庚申	木	5	五	己丑	火	4	日	己未	火	3	一	戊子	火	6月	二	丁巳	土	7月	四	丁亥	土	30	五	丙辰	土
初十	5	五	辛酉	木	6	六	庚寅	木	5	一	庚申	木	4	二	己丑	火	2	三	戊午	火	2	五	戊子	火	31	六	丁巳	土
十一	6	六	壬戌	水	7	日	辛卯	木	6	二	辛酉	木	5	三	庚寅	木	3	四	己未	火	3	六	己丑	火	8月	日	戊午	火
十二	7	日	癸亥	水	8	一	壬辰	水	7	三	壬戌	水	6	四	辛卯	木	4	五	庚申	木	4	日	庚寅	木	2	一	己未	火
十三	8	一	甲子	金	9	二	癸巳	水	8	四	癸亥	水	7	五	壬辰	水	5	六	辛酉	木	5	一	辛卯	木	3	二	庚申	木
十四	9	二	乙丑	金	10	三	甲午	金	9	五	甲子	金	8	六	癸巳	水	6	日	壬戌	水	6	二	壬辰	水	4	三	辛酉	木
十五	10	三	丙寅	火	11	四	乙未	金	10	六	乙丑	金	9	日	甲午	金	7	一	癸亥	水	7	三	癸巳	水	5	四	壬戌	水
十六	11	四	丁卯	火	12	五	丙申	火	11	日	丙寅	火	10	一	乙未	金	8	二	甲子	金	8	四	甲午	金	6	五	癸亥	水
十七	12	五	戊辰	木	13	六	丁酉	火	12	一	丁卯	火	11	二	丙申	火	9	三	乙丑	金	9	五	乙未	金	7	六	甲子	金
十八	13	六	己巳	木	14	日	戊戌	木	13	二	戊辰	木	12	三	丁酉	火	10	四	丙寅	火	10	六	丙申	火	8	日	乙丑	金
十九	14	日	庚午	土	15	一	己亥	木	14	三	己巳	木	13	四	戊戌	木	11	五	丁卯	火	11	日	丁酉	火	9	一	丙寅	火
二十	15	一	辛未	土	16	二	庚子	土	15	四	庚午	土	14	五	己亥	木	12	六	戊辰	木	12	一	戊戌	木	10	二	丁卯	火
廿一	16	二	壬申	金	17	三	辛丑	土	16	五	辛未	土	15	六	庚子	土	13	日	己巳	木	13	二	己亥	木	11	三	戊辰	木
廿二	17	三	癸酉	金	18	四	壬寅	金	17	六	壬申	金	16	日	辛丑	土	14	一	庚午	土	14	三	庚子	土	12	四	己巳	木
廿三	18	四	甲戌	火	19	五	癸卯	金	18	日	癸酉	金	17	一	壬寅	金	15	二	辛未	土	15	四	辛丑	土	13	五	庚午	土
廿四	19	五	乙亥	火	20	六	甲辰	火	19	一	甲戌	火	18	二	癸卯	金	16	三	壬申	金	16	五	壬寅	金	14	六	辛未	土
廿五	20	六	丙子	水	21	日	乙巳	火	20	二	乙亥	火	19	三	甲辰	火	17	四	癸酉	金	17	六	癸卯	金	15	日	壬申	金
廿六	21	日	丁丑	水	22	一	丙午	水	21	三	丙子	水	20	四	乙巳	火	18	五	甲戌	火	18	日	甲辰	火	16	一	癸酉	金
廿七	22	一	戊寅	土	23	二	丁未	水	22	四	丁丑	水	21	五	丙午	水	19	六	乙亥	火	19	一	乙巳	火	17	二	甲戌	火
廿八	23	二	己卯	土	24	三	戊申	土	23	五	戊寅	土	22	六	丁未	水	20	日	丙子	水	20	二	丙午	水	18	三	乙亥	火
廿九	24	三	庚辰	金	25	四	己酉	土	24	六	己卯	土	23	日	戊申	土	21	一	丁丑	水	21	三	丁未	水	19	四	丙子	水
三十					26	五	庚戌	金									22	二	戊寅	土					20	五	丁丑	水

公元一九七一年 （闰五月） 岁次:辛亥 生肖:猪 太岁:叶坚 纳音:钗钏金

月别	七月小			八月大			九月大			十月大			十一月小			十二月大		
干支	丙申			丁酉			戊戌			己亥			庚子			辛丑		
九星	五黄			四绿			三碧			二黑			一白			九紫		

廿四节气

节名	处暑	白露	秋分	寒露	霜降	立冬	小雪	大雪	冬至	小寒	大寒	立春
农历	初四	十九	初六	廿一	初六	廿一	初六	廿一	初五	二十	初六	廿一
时辰	寅时	申时	子时	卯时	巳时	巳时	辰时	丑时	戌时	未时	卯时	丑时
公历	8月24日	9月8日	9月24日	10月9日	10月24日	11月8日	11月23日	12月8日	12月22日	1月6日	1月21日	2月5日
时间	3时15分	16时33分	1时59分	6时59分	9时53分	9时57分	7时14分	2时36分	20时24分	13时43分	6时59分	1时20分

农历	七月小 公历	星期	天地干支	五行	八月大 公历	星期	天地干支	五行	九月大 公历	星期	天地干支	五行	十月大 公历	星期	天地干支	五行	十一月小 公历	星期	天地干支	五行	十二月大 公历	星期	天地干支	五行
初一	21	六	戊寅	土	19	日	丁未	水	19	二	丁丑	水	18	四	丁未	水	18	六	丁丑	水	16	日	丙午	水
初二	22	日	己卯	土	20	一	戊申	土	20	三	戊寅	土	19	五	戊申	土	19	日	戊寅	土	17	一	丁未	水
初三	23	一	庚辰	金	21	二	己酉	土	21	四	己卯	土	20	六	己酉	土	20	一	己卯	土	18	二	戊申	土
初四	24	二	辛巳	金	22	三	庚戌	金	22	五	庚辰	金	21	日	庚戌	金	21	二	庚辰	金	19	三	己酉	土
初五	25	三	壬午	木	23	四	辛亥	金	23	六	辛巳	金	22	一	辛亥	金	22	三	辛巳	金	20	四	庚戌	金
初六	26	四	癸未	木	24	五	壬子	木	24	日	壬午	木	23	二	壬子	木	23	四	壬午	木	21	五	辛亥	金
初七	27	五	甲申	水	25	六	癸丑	木	25	一	癸未	木	24	三	癸丑	木	24	五	癸未	木	22	六	壬子	木
初八	28	六	乙酉	水	26	日	甲寅	水	26	二	甲申	水	25	四	甲寅	水	25	六	甲申	水	23	日	癸丑	木
初九	29	日	丙戌	土	27	一	乙卯	水	27	三	乙酉	水	26	五	乙卯	水	26	日	乙酉	水	24	一	甲寅	水
初十	30	一	丁亥	土	28	二	丙辰	土	28	四	丙戌	土	27	六	丙辰	土	27	一	丙戌	土	25	二	乙卯	水
十一	31	二	戊子	火	29	三	丁巳	土	29	五	丁亥	土	28	日	丁巳	土	28	二	丁亥	土	26	三	丙辰	土
十二	9月	三	己丑	火	30	四	戊午	火	30	六	戊子	火	29	一	戊午	火	29	三	戊子	火	27	四	丁巳	土
十三	2	四	庚寅	木	10月	五	己未	火	31	日	己丑	火	30	二	己未	火	30	四	己丑	火	28	五	戊午	火
十四	3	五	辛卯	木	2	六	庚申	木	11月	一	庚寅	木	12月	三	庚申	木	31	五	庚寅	木	29	六	己未	火
十五	4	六	壬辰	水	3	日	辛酉	木	2	二	辛卯	木	2	四	辛酉	木	1月	六	辛卯	木	30	日	庚申	木
十六	5	日	癸巳	水	4	一	壬戌	水	3	三	壬辰	水	3	五	壬戌	水	2	日	壬辰	水	31	一	辛酉	木
十七	6	一	甲午	金	5	二	癸亥	水	4	四	癸巳	水	4	六	癸亥	水	3	一	癸巳	水	2月	二	壬戌	水
十八	7	二	乙未	金	6	三	甲子	金	5	五	甲午	金	5	日	甲子	金	4	二	甲午	金	3	三	癸亥	水
十九	8	三	丙申	火	7	四	乙丑	金	6	六	乙未	金	6	一	乙丑	金	5	三	乙未	金	4	四	甲子	金
二十	9	四	丁酉	火	8	五	丙寅	火	7	日	丙申	火	7	二	丙寅	火	6	四	丙申	火	5	五	乙丑	金
廿一	10	五	戊戌	木	9	六	丁卯	火	8	一	丁酉	火	8	三	丁卯	火	7	五	丁酉	火	6	六	丙寅	火
廿二	11	六	己亥	木	10	日	戊辰	木	9	二	戊戌	木	9	四	戊辰	木	8	六	戊戌	木	6	日	丁卯	火
廿三	12	日	庚子	土	11	一	己巳	木	10	三	己亥	木	10	五	己巳	木	9	日	己亥	木	7	一	戊辰	木
廿四	13	一	辛丑	土	12	二	庚午	土	11	四	庚子	土	11	六	庚午	土	10	一	庚子	土	8	二	己巳	木
廿五	14	二	壬寅	金	13	三	辛未	土	12	五	辛丑	土	12	日	辛未	土	11	二	辛丑	土	9	三	庚午	土
廿六	15	三	癸卯	金	14	四	壬申	金	13	六	壬寅	金	13	一	壬申	金	12	三	壬寅	金	10	四	辛未	土
廿七	16	四	甲辰	火	15	五	癸酉	金	14	日	癸卯	金	14	二	癸酉	金	13	四	癸卯	金	11	五	壬申	金
廿八	17	五	乙巳	火	16	六	甲戌	火	15	一	甲辰	火	15	三	甲戌	火	14	五	甲辰	火	12	六	癸酉	金
廿九	18	六	丙午	水	17	日	乙亥	火	16	二	乙巳	火	16	四	乙亥	火	15	六	乙巳	火	13	日	甲戌	火
三十					18	一	丙子	水	17	三	丙午	水	17	五	丙子	水					14	一	乙亥	火

— 211 —

公元一九七二年　岁次:壬子　生肖:鼠　太岁:邱德　纳音:桑柘木

月别	正月小		二月大		三月小		四月小		五月大		六月小	
干支	壬寅		癸卯		甲辰		乙巳		丙午		丁未	
九星	八白		七赤		六白		五黄		四绿		三碧	

廿四节气

	节名	雨水	惊蛰	春分	清明	谷雨	立夏	小满	芒种	夏至	小暑	大暑	立秋
	农历	初五	二十	初六	廿二	初七	廿二	初九	廿四	十一	廿七	十三	廿八
	时辰	亥时	戌时	戌时	子时	辰时	酉时	辰时	亥时	申时	辰时	丑时	酉时
	公历	2月19日	3月5日	3月20日	4月5日	4月20日	5月5日	5月21日	6月5日	6月21日	7月7日	7月23日	8月7日
	时间	21时12分	19时28分	20时22分	23时29分	7时38分	18时16分	7时0分	22时22分	15时6分	8时43分	2时3分	18时29分

农历	公历	星期	天地干支	五行	公历	星期	天地干支	五行	公历	星期	天地干支	五行	公历	星期	天地干支	五行	公历	星期	天地干支	五行	公历	星期	天地干支	五行
初一	15	二	丙子	水	15	三	乙巳	火	14	五	乙亥	火	13	六	甲辰	火	11	日	癸酉	金	11	二	癸卯	金
初二	16	三	丁丑	水	16	四	丙午	水	15	六	丙子	水	14	日	乙巳	火	12	一	甲戌	火	12	三	甲辰	火
初三	17	四	戊寅	土	17	五	丁未	水	16	日	丁丑	水	15	一	丙午	水	13	二	乙亥	火	13	四	乙巳	火
初四	18	五	己卯	土	18	六	戊申	土	17	一	戊寅	土	16	二	丁未	水	14	三	丙子	水	14	五	丙午	水
初五	19	六	庚辰	金	19	日	己酉	土	18	二	己卯	土	17	三	戊申	土	15	四	丁丑	水	15	六	丁未	水
初六	20	日	辛巳	金	20	一	庚戌	金	19	三	庚辰	金	18	四	己酉	土	16	五	戊寅	土	16	日	戊申	土
初七	21	一	壬午	木	21	二	辛亥	金	20	四	辛巳	金	19	五	庚戌	金	17	六	己卯	土	17	一	己酉	土
初八	22	二	癸未	木	22	三	壬子	木	21	五	壬午	木	20	六	辛亥	金	18	日	庚辰	金	18	二	庚戌	金
初九	23	三	甲申	水	23	四	癸丑	木	22	六	癸未	木	21	日	壬子	木	19	一	辛巳	金	19	三	辛亥	金
初十	24	四	乙酉	水	24	五	甲寅	水	23	日	甲申	水	22	一	癸丑	木	20	二	壬午	木	20	四	壬子	木
十一	25	五	丙戌	土	25	六	乙卯	水	24	一	乙酉	水	23	二	甲寅	水	21	三	癸未	木	21	五	癸丑	木
十二	26	六	丁亥	土	26	日	丙辰	土	25	二	丙戌	土	24	三	乙卯	水	22	四	甲申	水	22	六	甲寅	水
十三	27	日	戊子	火	27	一	丁巳	土	26	三	丁亥	土	25	四	丙辰	土	23	五	乙酉	水	23	日	乙卯	水
十四	28	一	己丑	火	28	二	戊午	火	27	四	戊子	火	26	五	丁巳	土	24	六	丙戌	土	24	一	丙辰	土
十五	29	二	庚寅	木	29	三	己未	火	28	五	己丑	火	27	六	戊午	火	25	日	丁亥	土	25	二	丁巳	土
十六	3月1	三	辛卯	木	30	四	庚申	木	29	六	庚寅	木	28	日	己未	火	26	一	戊子	火	26	三	戊午	火
十七	2	四	壬辰	水	31	五	辛酉	木	30	日	辛卯	木	29	一	庚申	木	27	二	己丑	火	27	四	己未	火
十八	3	五	癸巳	水	4月1	六	壬戌	水	5月1	一	壬辰	水	30	二	辛酉	木	28	三	庚寅	木	28	五	庚申	木
十九	4	六	甲午	金	2	日	癸亥	水	2	二	癸巳	水	31	三	壬戌	水	29	四	辛卯	木	29	六	辛酉	木
二十	5	日	乙未	金	3	一	甲子	金	3	三	甲午	金	6月1	四	癸亥	水	30	五	壬辰	水	30	日	壬戌	水
廿一	6	一	丙申	火	4	二	乙丑	金	4	四	乙未	金	2	五	甲子	金	7月1	六	癸巳	水	31	一	癸亥	水
廿二	7	二	丁酉	火	5	三	丙寅	火	5	五	丙申	火	3	六	乙丑	金	2	日	甲午	金	8月1	二	甲子	金
廿三	8	三	戊戌	木	6	四	丁卯	火	6	六	丁酉	火	4	日	丙寅	火	3	一	乙未	金	2	三	乙丑	金
廿四	9	四	己亥	木	7	五	戊辰	土	7	日	戊戌	木	5	一	丁卯	火	4	二	丙申	火	3	四	丙寅	火
廿五	10	五	庚子	土	8	六	己巳	木	8	一	己亥	木	6	二	戊辰	木	5	三	丁酉	火	4	五	丁卯	火
廿六	11	六	辛丑	土	9	日	庚午	土	9	二	庚子	土	7	三	己巳	木	6	四	戊戌	木	5	六	戊辰	木
廿七	12	日	壬寅	金	10	一	辛未	土	10	三	辛丑	土	8	四	庚午	土	7	五	己亥	木	6	日	己巳	木
廿八	13	一	癸卯	金	11	二	壬申	金	11	四	壬寅	金	9	五	辛未	土	8	六	庚子	土	7	一	庚午	土
廿九	14	二	甲辰	火	12	三	癸酉	金	12	五	癸卯	金	10	六	壬申	金	9	日	辛丑	土	8	二	辛未	土
三十					13	四	甲戌	火									10	一	壬寅	金				

— 212 —

公元一九七二年　　岁次:壬子　　生肖:鼠　　太岁:邱德　　纳音:桑柘木

月别	七月大	八月小	九月大	十月大	十一月小	十二月大
干支	戊申	己酉	庚戌	辛亥	壬子	癸丑
九星	二黑	一白	九紫	八白	七赤	六白

廿四节气

节名	处暑	白露	秋分	寒露	霜降	立冬	小雪	大雪	冬至	小寒	大寒
农历	十五	三十	十六	初二	十七	初二	十七	初二	十七	初二	十七
时辰	巳时	亥时	卯时	午时	申时	申时	未时	辰时	丑时	戌时	午时
公历	8月23日	9月7日	9月23日	10月8日	10月23日	11月7日	11月22日	12月7日	12月22日	1月5日	1月20日
时间	9时3分	21时15分	6时33分	12时42分	15时42分	15时40分	13时3分	8时19分	2时13分	19时26分	12时48分

农历	公历	星期	天地干支	五行	公历	星期	天地干支	五行	公历	星期	天地干支	五行	公历	星期	天地干支	五行	公历	星期	天地干支	五行	公历	星期	天地干支	五行
初一	9	三	壬申	金	8	五	壬寅	金	7	六	辛未	土	6	一	辛丑	土	6	三	辛未	土	4	四	庚子	土
初二	10	四	癸酉	金	9	六	癸卯	金	8	日	壬申	金	7	二	壬寅	金	7	四	壬申	金	5	五	辛丑	土
初三	11	五	甲戌	火	10	日	甲辰	火	9	一	癸酉	金	8	三	癸卯	金	8	五	癸酉	金	6	六	壬寅	金
初四	12	六	乙亥	火	11	一	乙巳	火	10	二	甲戌	火	9	四	甲辰	火	9	六	甲戌	火	7	日	癸卯	金
初五	13	日	丙子	水	12	二	丙午	水	11	三	乙亥	火	10	五	乙巳	火	10	日	乙亥	火	8	一	甲辰	火
初六	14	一	丁丑	水	13	三	丁未	水	12	四	丙子	水	11	六	丙午	水	11	一	丙子	水	9	二	乙巳	火
初七	15	二	戊寅	土	14	四	戊申	土	13	五	丁丑	水	12	日	丁未	水	12	二	丁丑	水	10	三	丙午	水
初八	16	三	己卯	土	15	五	己酉	土	14	六	戊寅	土	13	一	戊申	土	13	三	戊寅	土	11	四	丁未	水
初九	17	四	庚辰	金	16	六	庚戌	金	15	日	己卯	土	14	二	己酉	土	14	四	己卯	土	12	五	戊申	土
初十	18	五	辛巳	金	17	日	辛亥	金	16	一	庚辰	金	15	三	庚戌	金	15	五	庚辰	金	13	六	己酉	土
十一	19	六	壬午	木	18	一	壬子	木	17	二	辛巳	金	16	四	辛亥	金	16	六	辛巳	金	14	日	庚戌	金
十二	20	日	癸未	木	19	二	癸丑	木	18	三	壬午	木	17	五	壬子	木	17	日	壬午	木	15	一	辛亥	金
十三	21	一	甲申	水	20	三	甲寅	水	19	四	癸未	木	18	六	癸丑	木	18	一	癸未	木	16	二	壬子	木
十四	22	二	乙酉	水	21	四	乙卯	水	20	五	甲申	水	19	日	甲寅	水	19	二	甲申	水	17	三	癸丑	木
十五	23	三	丙戌	土	22	五	丙辰	土	21	六	乙酉	水	20	一	乙卯	水	20	三	乙酉	水	18	四	甲寅	水
十六	24	四	丁亥	土	23	六	丁巳	土	22	日	丙戌	土	21	二	丙辰	土	21	四	丙戌	土	19	五	乙卯	水
十七	25	五	戊子	火	24	日	戊午	火	23	一	丁亥	土	22	三	丁巳	土	22	五	丁亥	土	20	六	丙辰	土
十八	26	六	己丑	火	25	一	己未	火	24	二	戊子	火	23	四	戊午	火	23	六	戊子	火	21	日	丁巳	土
十九	27	日	庚寅	木	26	二	庚申	木	25	三	己丑	火	24	五	己未	火	24	日	己丑	火	22	一	戊午	火
二十	28	一	辛卯	木	27	三	辛酉	木	26	四	庚寅	木	25	六	庚申	木	25	一	庚寅	木	23	二	己未	火
廿一	29	二	壬辰	水	28	四	壬戌	水	27	五	辛卯	木	26	日	辛酉	木	26	二	辛卯	木	24	三	庚申	木
廿二	30	三	癸巳	水	29	五	癸亥	水	28	六	壬辰	水	27	一	壬戌	水	27	三	壬辰	水	25	四	辛酉	木
廿三	31	四	甲午	金	30	六	甲子	金	29	日	癸巳	水	28	二	癸亥	水	28	四	癸巳	水	26	五	壬戌	水
廿四	9月	五	乙未	金	10月	日	乙丑	金	30	一	甲午	金	29	三	甲子	金	29	五	甲午	金	27	六	癸亥	水
廿五	2	六	丙申	火	2	一	丙寅	火	31	二	乙未	金	30	四	乙丑	金	30	六	乙未	金	28	日	甲子	金
廿六	3	日	丁酉	火	3	二	丁卯	火	11月	三	丙申	火	12月	五	丙寅	火	31	日	丙申	火	29	一	乙丑	金
廿七	4	一	戊戌	木	4	三	戊辰	木	2	四	丁酉	火	2	六	丁卯	火	1月	一	丁酉	火	30	二	丙寅	火
廿八	5	二	己亥	木	5	四	己巳	木	3	五	戊戌	木	3	日	戊辰	木	2	二	戊戌	木	31	三	丁卯	火
廿九	6	三	庚子	土	6	五	庚午	土	4	六	己亥	木	4	一	己巳	木	3	三	己亥	木	2月	四	戊辰	木
三十	7	四	辛丑	土					5	日	庚子	土	5	二	庚午	土					2	五	己巳	木

公元一九七三年　　岁次:癸丑　　生肖:牛　　太岁:林簿　　纳音:桑柘木

月别	正月大		二月小		三月大		四月小		五月大		六月小	
干支	甲寅		乙卯		丙辰		丁巳		戊午		己未	
九星	五黄		四绿		三碧		二黑		一白		九紫	
节名	立春	雨水	惊蛰	春分	清明	谷雨	立夏	小满	芒种	夏至	小暑	大暑
农历	初二	十七	初二	十七	初三	十八	初三	十九	初六	廿一	初八	廿四
时辰	辰时	寅时	丑时	丑时	卯时	未时	子时	午时	寅时	亥时	未时	辰时
公历	2月4日	2月19日	3月6日	3月21日	4月5日	4月20日	5月5日	5月21日	6月6日	6月21日	7月7日	7月23日
时间	7时4分	3时1分	1时13分	2时13分	6时14分	13时30分	23时47分	12时54分	4时7分	21时1分	14时28分	7时56分

廿四节气

农历	公历	星期	天地干支	五行	公历	星期	天地干支	五行	公历	星期	天地干支	五行	公历	星期	天地干支	五行	公历	星期	天地干支	五行	公历	星期	天地干支	五行
初一	3	六	庚午	土	5	一	庚子	土	3	二	己巳	木	3	四	己亥	木	6月	五	戊辰	木	30	六	丁酉	火
初二	4	日	辛未	土	6	二	辛丑	土	4	三	庚午	土	4	五	庚子	土	2	六	己巳	木	7月	日	戊戌	木
初三	5	一	壬申	金	7	三	壬寅	金	5	四	辛未	土	5	六	辛丑	土	3	日	庚午	土	2	一	己亥	木
初四	6	二	癸酉	金	8	四	癸卯	金	6	五	壬申	金	6	日	壬寅	金	4	一	辛未	土	3	二	庚子	土
初五	7	三	甲戌	火	9	五	甲辰	火	7	六	癸酉	金	7	一	癸卯	金	5	二	壬申	金	4	三	辛丑	土
初六	8	四	乙亥	火	10	六	乙巳	火	8	日	甲戌	火	8	二	甲辰	火	6	三	癸酉	金	5	四	壬寅	金
初七	9	五	丙子	水	11	日	丙午	水	9	一	乙亥	火	9	三	乙巳	火	7	四	甲戌	火	6	五	癸卯	金
初八	10	六	丁丑	水	12	一	丁未	水	10	二	丙子	水	10	四	丙午	水	8	五	乙亥	火	7	六	甲辰	火
初九	11	日	戊寅	土	13	二	戊申	土	11	三	丁丑	水	11	五	丁未	水	9	六	丙子	水	8	日	乙巳	火
初十	12	一	己卯	土	14	三	己酉	土	12	四	戊寅	土	12	六	戊申	土	10	日	丁丑	水	9	一	丙午	水
十一	13	二	庚辰	金	15	四	庚戌	金	13	五	己卯	土	13	日	己酉	土	11	一	戊寅	土	10	二	丁未	水
十二	14	三	辛巳	金	16	五	辛亥	金	14	六	庚辰	金	14	一	庚戌	金	12	二	己卯	土	11	三	戊申	土
十三	15	四	壬午	木	17	六	壬子	木	15	日	辛巳	金	15	二	辛亥	金	13	三	庚辰	金	12	四	己酉	土
十四	16	五	癸未	木	18	日	癸丑	木	16	一	壬午	木	16	三	壬子	木	14	四	辛巳	金	13	五	庚戌	金
十五	17	六	甲申	水	19	一	甲寅	水	17	二	癸未	木	17	四	癸丑	木	15	五	壬午	木	14	六	辛亥	金
十六	18	日	乙酉	水	20	二	乙卯	水	18	三	甲申	水	18	五	甲寅	水	16	六	癸未	木	15	日	壬子	木
十七	19	一	丙戌	土	21	三	丙辰	土	19	四	乙酉	水	19	六	乙卯	水	17	日	甲申	水	16	一	癸丑	木
十八	20	二	丁亥	土	22	四	丁巳	土	20	五	丙戌	土	20	日	丙辰	土	18	一	乙酉	水	17	二	甲寅	水
十九	21	三	戊子	火	23	五	戊午	火	21	六	丁亥	土	21	一	丁巳	土	19	二	丙戌	土	18	三	乙卯	水
二十	22	四	己丑	火	24	六	己未	火	22	日	戊子	火	22	二	戊午	火	20	三	丁亥	土	19	四	丙辰	土
廿一	23	五	庚寅	木	25	日	庚申	木	23	一	己丑	火	23	三	己未	火	21	四	戊子	火	20	五	丁巳	土
廿二	24	六	辛卯	木	26	一	辛酉	木	24	二	庚寅	木	24	四	庚申	木	22	五	己丑	火	21	六	戊午	火
廿三	25	日	壬辰	水	27	二	壬戌	水	25	三	辛卯	木	25	五	辛酉	木	23	六	庚寅	木	22	日	己未	火
廿四	26	一	癸巳	水	28	三	癸亥	水	26	四	壬辰	水	26	六	壬戌	水	24	日	辛卯	木	23	一	庚申	木
廿五	27	二	甲午	金	29	四	甲子	金	27	五	癸巳	水	27	日	癸亥	水	25	一	壬辰	水	24	二	辛酉	木
廿六	28	三	乙未	金	30	五	乙丑	金	28	六	甲午	金	28	一	甲子	金	26	二	癸巳	水	25	三	壬戌	水
廿七	3月	四	丙申	火	31	六	丙寅	火	29	日	乙未	金	29	二	乙丑	金	27	三	甲午	金	26	四	癸亥	水
廿八	2	五	丁酉	火	4月	日	丁卯	火	30	一	丙申	火	30	三	丙寅	火	28	四	乙未	金	27	五	甲子	金
廿九	3	六	戊戌	木	2	一	戊辰	木	5月	二	丁酉	火	31	四	丁卯	火	29	五	丙申	火	28	六	乙丑	金
三十	4	日	己亥	木					2	三	戊戌	木									29	日	丙寅	火

— 214 —

公元一九七三年　　岁次:癸丑　生肖:牛　太岁:林簿　纳音:桑柘木

月别	七月小		八月小		九月大		十月大		十一月小		十二月大	
干支	庚申		辛酉		壬戌		癸亥		甲子		乙丑	
九星	八白		七赤		六白		五黄		四绿		三碧	

廿四节气

节名	立秋	处暑	白露	秋分	寒露	霜降	立冬	小雪	大雪	冬至	小寒	大寒
农历	初十	廿五	十二	廿七	十三	廿八	十三	廿八	十三	廿八	十四	廿八
时辰	子时	未时	寅时	午时	酉时	亥时	亥时	酉时	未时	辰时	丑时	酉时
公历	8月8日	8月23日	9月8日	9月23日	10月8日	10月23日	11月7日	11月22日	12月7日	12月22日	1月6日	1月20日
时间	0时13分	14时54分	3时0分	12时21分	18时27分	21时30分	21时28分	18时54分	14时10分	8时8分	1时20分	18时46分

农历	公历	星期	天地干支	五行	公历	星期	天地干支	五行	公历	星期	天地干支	五行	公历	星期	天地干支	五行	公历	星期	天地干支	五行	公历	星期	天地干支	五行
初一	30	一	丁卯	火	28	二	丙申	火	26	三	乙丑	金	26	五	乙未	金	25	日	乙丑	金	24	一	甲午	金
初二	31	二	戊辰	木	29	三	丁酉	火	27	四	丙寅	火	27	六	丙申	火	26	一	丙寅	火	25	二	乙未	金
初三	8月	三	己巳	木	30	四	戊戌	木	28	五	丁卯	火	28	日	丁酉	火	27	二	丁卯	火	26	三	丙申	火
初四	2	四	庚午	土	31	五	己亥	木	29	六	戊辰	木	29	一	戊戌	木	28	三	戊辰	木	27	四	丁酉	火
初五	3	五	辛未	土	9月	六	庚子	土	30	日	己巳	木	30	二	己亥	木	29	四	己巳	木	28	五	戊戌	木
初六	4	六	壬申	金	2	日	辛丑	土	10月	一	庚午	土	31	三	庚子	土	30	五	庚午	土	29	六	己亥	木
初七	5	日	癸酉	金	3	一	壬寅	金	2	二	辛未	土	11月	四	辛丑	土	12月	六	辛未	土	30	日	庚子	土
初八	6	一	甲戌	火	4	二	癸卯	金	3	三	壬申	金	2	五	壬寅	金	2	日	壬申	金	31	一	辛丑	土
初九	7	二	乙亥	火	5	三	甲辰	火	4	四	癸酉	金	3	六	癸卯	金	3	一	癸酉	金	1月	二	壬寅	金
初十	8	三	丙子	水	6	四	乙巳	火	5	五	甲戌	火	4	日	甲辰	火	4	二	甲戌	火	2	三	癸卯	金
十一	9	四	丁丑	水	7	五	丙午	水	6	六	乙亥	火	5	一	乙巳	火	5	三	乙亥	火	3	四	甲辰	火
十二	10	五	戊寅	土	8	六	丁未	水	7	日	丙子	水	6	二	丙午	水	6	四	丙子	水	4	五	乙巳	火
十三	11	六	己卯	土	9	日	戊申	土	8	一	丁丑	水	7	三	丁未	水	7	五	丁丑	水	5	六	丙午	水
十四	12	日	庚辰	金	10	一	己酉	土	9	二	戊寅	土	8	四	戊申	土	8	六	戊寅	土	6	日	丁未	水
十五	13	一	辛巳	金	11	二	庚戌	金	10	三	己卯	土	9	五	己酉	土	9	日	己卯	土	7	一	戊申	土
十六	14	二	壬午	木	12	三	辛亥	金	11	四	庚辰	金	10	六	庚戌	金	10	一	庚辰	金	8	二	己酉	土
十七	15	三	癸未	木	13	四	壬子	木	12	五	辛巳	金	11	日	辛亥	金	11	二	辛巳	金	9	三	庚戌	金
十八	16	四	甲申	水	14	五	癸丑	木	13	六	壬午	木	12	一	壬子	木	12	三	壬午	木	10	四	辛亥	金
十九	17	五	乙酉	水	15	六	甲寅	水	14	日	癸未	木	13	二	癸丑	木	13	四	癸未	木	11	五	壬子	木
二十	18	六	丙戌	土	16	日	乙卯	水	15	一	甲申	水	14	三	甲寅	水	14	五	甲申	水	12	六	癸丑	木
廿一	19	日	丁亥	土	17	一	丙辰	土	16	二	乙酉	水	15	四	乙卯	水	15	六	乙酉	水	13	日	甲寅	水
廿二	20	一	戊子	火	18	二	丁巳	土	17	三	丙戌	土	16	五	丙辰	土	16	日	丙戌	土	14	一	乙卯	水
廿三	21	二	己丑	火	19	三	戊午	火	18	四	丁亥	土	17	六	丁巳	土	17	一	丁亥	土	15	二	丙辰	土
廿四	22	三	庚寅	木	20	四	己未	火	19	五	戊子	火	18	日	戊午	火	18	二	戊子	火	16	三	丁巳	土
廿五	23	四	辛卯	木	21	五	庚申	木	20	六	己丑	火	19	一	己未	火	19	三	己丑	火	17	四	戊午	火
廿六	24	五	壬辰	水	22	六	辛酉	木	21	日	庚寅	木	20	二	庚申	木	20	四	庚寅	木	18	五	己未	火
廿七	25	六	癸巳	水	23	日	壬戌	水	22	一	辛卯	木	21	三	辛酉	木	21	五	辛卯	木	19	六	庚申	木
廿八	26	日	甲午	金	24	一	癸亥	水	23	二	壬辰	水	22	四	壬戌	水	22	六	壬辰	水	20	日	辛酉	木
廿九	27	一	乙未	金	25	二	甲子	金	24	三	癸巳	水	23	五	癸亥	水	23	日	癸巳	水	21	一	壬戌	水
三十									25	四	甲午	金	24	六	甲子	金					22	二	癸亥	水

公元一九七四年　（闰四月）　岁次:甲寅　生肖:虎　太岁:张朝　纳音:大溪水

月别	正月大		二月大		三月小		四月大		闰四月小	五月小		六月大	
干支	丙寅		丁卯		戊辰		己巳		己巳	庚午		辛未	
九星	二黑		一白		九紫		八白		八白	七赤		六白	

廿四节气

	节名	立春	雨水	惊蛰	春分	清明	谷雨	立夏	小满	芒种	夏至	小暑	大暑	立秋
	农历	十三	廿八	十三	廿八	十三	廿八	十五	三十	十六	初三	十八	初五	廿一
	时辰	未时	辰时	辰时	辰时	午时	戌时	卯时	酉时	巳时	丑时	戌时	未时	卯时
	公历	2月4日	2月19日	3月6日	3月21日	4月5日	4月20日	5月6日	5月21日	6月6日	6月22日	7月7日	7月23日	8月8日
	时间	13时0分	8时59分	7时7分	8时7分	12时5分	19时19分	5时34分	18时36分	9时52分	2时38分	20时13分	13时30分	5时57分

农历	公历	星期	天地干支	五行	公历	星期	天地干支	五行	公历	星期	天地干支	五行	公历	星期	天地干支	五行	公历	星期	天地干支	五行	公历	星期	天地干支	五行	公历	星期	天地干支	五行
初一	23	三	甲子	金	22	五	甲午	金	24	日	甲子	金	22	一	癸巳	水	22	三	癸亥	水	20	四	壬辰	水	19	五	辛酉	木
初二	24	四	乙丑	金	23	六	乙未	金	25	一	乙丑	金	23	二	甲午	金	23	四	甲子	金	21	五	癸巳	水	20	六	壬戌	水
初三	25	五	丙寅	火	24	日	丙申	火	26	二	丙寅	火	24	三	乙未	金	24	五	乙丑	金	22	六	甲午	金	21	日	癸亥	水
初四	26	六	丁卯	火	25	一	丁酉	火	27	三	丁卯	火	25	四	丙申	火	25	六	丙寅	火	23	日	乙未	金	22	一	甲子	金
初五	27	日	戊辰	木	26	二	戊戌	木	28	四	戊辰	木	26	五	丁酉	火	26	日	丁卯	火	24	一	丙申	火	23	二	乙丑	金
初六	28	一	己巳	木	27	三	己亥	木	29	五	己巳	木	27	六	戊戌	木	27	一	戊辰	木	25	二	丁酉	火	24	三	丙寅	火
初七	29	二	庚午	土	28	四	庚子	土	30	六	庚午	土	28	日	己亥	木	28	二	己巳	木	26	三	戊戌	木	25	四	丁卯	火
初八	30	三	辛未	土	3月	五	辛丑	土	31	日	辛未	土	29	一	庚子	土	29	三	庚午	土	27	四	己亥	木	26	五	戊辰	木
初九	31	四	壬申	金	2	六	壬寅	金	4月	一	壬申	金	30	二	辛丑	土	30	四	辛未	土	28	五	庚子	土	27	六	己巳	木
初十	2月	五	癸酉	金	3	日	癸卯	金	2	二	癸酉	金	5月	三	壬寅	金	31	五	壬申	金	29	六	辛丑	土	28	日	庚午	土
十一	2	六	甲戌	火	4	一	甲辰	火	3	三	甲戌	火	2	四	癸卯	金	6月	六	癸酉	金	30	日	壬寅	金	29	一	辛未	土
十二	3	日	乙亥	火	5	二	乙巳	火	4	四	乙亥	火	3	五	甲辰	火	2	日	甲戌	火	7月	一	癸卯	金	30	二	壬申	金
十三	4	一	丙子	水	6	三	丙午	水	5	五	丙子	水	4	六	乙巳	火	3	一	乙亥	火	2	二	甲辰	火	31	三	癸酉	金
十四	5	二	丁丑	水	7	四	丁未	水	6	六	丁丑	水	5	日	丙午	水	4	二	丙子	水	3	三	乙巳	火	8月	四	甲戌	火
十五	6	三	戊寅	土	8	五	戊申	土	7	日	戊寅	土	6	一	丁未	水	5	三	丁丑	水	4	四	丙午	水	2	五	乙亥	火
十六	7	四	己卯	土	9	六	己酉	土	8	一	己卯	土	7	二	戊申	土	6	四	戊寅	土	5	五	丁未	水	3	六	丙子	水
十七	8	五	庚辰	金	10	日	庚戌	金	9	二	庚辰	金	8	三	己酉	土	7	五	己卯	土	6	六	戊申	土	4	日	丁丑	水
十八	9	六	辛巳	金	11	一	辛亥	金	10	三	辛巳	金	9	四	庚戌	金	8	六	庚辰	金	7	日	己酉	土	5	一	戊寅	土
十九	10	日	壬午	木	12	二	壬子	木	11	四	壬午	木	10	五	辛亥	金	9	日	辛巳	金	8	一	庚戌	金	6	二	己卯	土
二十	11	一	癸未	木	13	三	癸丑	木	12	五	癸未	木	11	六	壬子	木	10	一	壬午	木	9	二	辛亥	金	7	三	庚辰	金
廿一	12	二	甲申	水	14	四	甲寅	水	13	六	甲申	水	12	日	癸丑	木	11	二	癸未	木	10	三	壬子	木	8	四	辛巳	金
廿二	13	三	乙酉	水	15	五	乙卯	水	14	日	乙酉	水	13	一	甲寅	水	12	三	甲申	水	11	四	癸丑	木	9	五	壬午	木
廿三	14	四	丙戌	土	16	六	丙辰	土	15	一	丙戌	土	14	二	乙卯	水	13	四	乙酉	水	12	五	甲寅	水	10	六	癸未	木
廿四	15	五	丁亥	土	17	日	丁巳	土	16	二	丁亥	土	15	三	丙辰	土	14	五	丙戌	土	13	六	乙卯	水	11	日	甲申	水
廿五	16	六	戊子	火	18	一	戊午	火	17	三	戊子	火	16	四	丁巳	土	15	六	丁亥	土	14	日	丙辰	土	12	一	乙酉	水
廿六	17	日	己丑	火	19	二	己未	火	18	四	己丑	火	17	五	戊午	火	16	日	戊子	火	15	一	丁巳	土	13	二	丙戌	土
廿七	18	一	庚寅	木	20	三	庚申	木	19	五	庚寅	木	18	六	己未	火	17	一	己丑	火	16	二	戊午	火	14	三	丁亥	土
廿八	19	二	辛卯	木	21	四	辛酉	木	20	六	辛卯	木	19	日	庚申	木	18	二	庚寅	木	17	三	己未	火	15	四	戊子	火
廿九	20	三	壬辰	水	22	五	壬戌	水	21	日	壬辰	水	20	一	辛酉	木	19	三	辛卯	木	18	四	庚申	木	16	五	己丑	火
三十	21	四	癸巳	水	23	六	癸亥	水					21	二	壬戌	水									17	六	庚寅	木

—— 216 ——

公元一九七四年　（闰四月）　岁次:甲寅　生肖:虎　太岁:张朝　纳音:大溪水

月别	七月小	八月小	九月大	十月大	十一月小	十二月大
干支	壬申	癸酉	甲戌	乙亥	丙子	丁丑
九星	五黄	四绿	三碧	二黑	一白	九紫

廿四节气

节名	处暑	白露	秋分	寒露	霜降	立冬	小雪	大雪	冬至	小寒	大寒	立春
农历	初六	廿二	初八	廿四	初十	廿五	初十	廿四	初九	廿四	初十	廿四
时辰	戌时	辰时	酉时	子时	寅时	寅时	子时	戌时	未时	辰时	子时	酉时
公历	8月23日	9月8日	9月23日	10月9日	10月24日	11月8日	11月23日	12月7日	12月22日	1月6日	1月21日	2月4日
时间	20时29分	8时45分	17时59分	0时15分	3时11分	3时18分	0时39分	20时5分	13时36分	7时18分	0时36分	18时59分

农历	七月小 公历	星期	天地干支	五行	八月小 公历	星期	天地干支	五行	九月大 公历	星期	天地干支	五行	十月大 公历	星期	天地干支	五行	十一月小 公历	星期	天地干支	五行	十二月大 公历	星期	天地干支	五行
初一	18	日	辛卯	木	16	一	庚申	木	15	二	己丑	火	14	四	己未	火	14	六	己丑	火	12	日	戊午	火
初二	19	一	壬辰	水	17	二	辛酉	木	16	三	庚寅	木	15	五	庚申	木	15	日	庚寅	木	13	一	己未	火
初三	20	二	癸巳	水	18	三	壬戌	水	17	四	辛卯	木	16	六	辛酉	木	16	一	辛卯	木	14	二	庚申	木
初四	21	三	甲午	金	19	四	癸亥	水	18	五	壬辰	水	17	日	壬戌	水	17	二	壬辰	水	15	三	辛酉	木
初五	22	四	乙未	金	20	五	甲子	金	19	六	癸巳	水	18	一	癸亥	水	18	三	癸巳	水	16	四	壬戌	水
初六	23	五	丙申	火	21	六	乙丑	金	20	日	甲午	金	19	二	甲子	金	19	四	甲午	金	17	五	癸亥	水
初七	24	六	丁酉	火	22	日	丙寅	火	21	一	乙未	金	20	三	乙丑	金	20	五	乙未	金	18	六	甲子	金
初八	25	日	戊戌	木	23	一	丁卯	火	22	二	丙申	火	21	四	丙寅	火	21	六	丙申	火	19	日	乙丑	金
初九	26	一	己亥	木	24	二	戊辰	木	23	三	丁酉	火	22	五	丁卯	火	22	日	丁酉	火	20	一	丙寅	火
初十	27	二	庚子	土	25	三	己巳	木	24	四	戊戌	木	23	六	戊辰	木	23	一	戊戌	木	21	二	丁卯	火
十一	28	三	辛丑	土	26	四	庚午	土	25	五	己亥	木	24	日	己巳	木	24	二	己亥	木	22	三	戊辰	木
十二	29	四	壬寅	金	27	五	辛未	土	26	六	庚子	土	25	一	庚午	土	25	三	庚子	土	23	四	己巳	木
十三	30	五	癸卯	金	28	六	壬申	金	27	日	辛丑	土	26	二	辛未	土	26	四	辛丑	土	24	五	庚午	土
十四	31	六	甲辰	火	29	日	癸酉	金	28	一	壬寅	金	27	三	壬申	金	27	五	壬寅	金	25	六	辛未	土
十五	9月	日	乙巳	火	30	一	甲戌	火	29	二	癸卯	金	28	四	癸酉	金	28	六	癸卯	金	26	日	壬申	金
十六	2	一	丙午	水	10月	二	乙亥	火	30	三	甲辰	火	29	五	甲戌	火	29	日	甲辰	火	27	一	癸酉	金
十七	3	二	丁未	水	2	三	丙子	水	31	四	乙巳	火	30	六	乙亥	火	30	一	乙巳	火	28	二	甲戌	火
十八	4	三	戊申	土	3	四	丁丑	水	11月	五	丙午	水	12月	日	丙子	水	31	二	丙午	水	29	三	乙亥	火
十九	5	四	己酉	土	4	五	戊寅	土	2	六	丁未	火	2	一	丁丑	水	1月	三	丁未	水	30	四	丙子	水
二十	6	五	庚戌	金	5	六	己卯	土	3	日	戊申	土	3	二	戊寅	土	2	四	戊申	土	31	五	丁丑	水
廿一	7	六	辛亥	金	6	日	庚辰	金	4	一	己酉	土	4	三	己卯	土	3	五	己酉	土	2月	六	戊寅	土
廿二	8	日	壬子	木	7	一	辛巳	金	5	二	庚戌	金	5	四	庚辰	金	4	六	庚戌	金	2	日	己卯	土
廿三	9	一	癸丑	木	8	二	壬午	木	6	三	辛亥	金	6	五	辛巳	金	5	日	辛亥	金	3	一	庚辰	金
廿四	10	二	甲寅	水	9	三	癸未	木	7	四	壬子	木	7	六	壬午	木	6	一	壬子	木	4	二	辛巳	金
廿五	11	三	乙卯	水	10	四	甲申	水	8	五	癸丑	木	8	日	癸未	木	7	二	癸丑	木	5	三	壬午	木
廿六	12	四	丙辰	土	11	五	乙酉	水	9	六	甲寅	水	9	一	甲申	水	8	三	甲寅	水	6	四	癸未	木
廿七	13	五	丁巳	土	12	六	丙戌	土	10	日	乙卯	水	10	二	乙酉	水	9	四	乙卯	水	7	五	甲申	水
廿八	14	六	戊午	火	13	日	丁亥	土	11	一	丙辰	土	11	三	丙戌	土	10	五	丙辰	土	8	六	乙酉	水
廿九	15	日	己未	火	14	一	戊子	火	12	二	丁巳	土	12	四	丁亥	土	11	六	丁巳	土	9	日	丙戌	土
三十									13	三	戊午	火	13	五	戊子	火					10	一	丁亥	土

公元一九七五年　岁次:乙卯　生肖:兔　太岁:方清　纳音:大溪水

月别	正月大				二月大				三月小				四月大				五月小				六月小			
干支	戊寅				己卯				庚辰				辛巳				壬午				癸未			
九星	八白				七赤				六白				五黄				四绿				三碧			

廿四节气

	节名	雨水	惊蛰	春分	清明	谷雨	立夏	小满	芒种	夏至	小暑	大暑
	农历	初九	廿四	初九	廿四	初十	廿五	十二	廿七	十三	廿九	十五
	时辰	未时	未时	未时	酉时	丑时	午时	子时	申时	辰时	丑时	戌时
	公历	2月19日	3月6日	3月21日	4月5日	4月21日	5月6日	5月22日	6月6日	6月22日	7月8日	7月23日
	时间	14时50分	13时1分	13时7分	18时2分	1时7分	11时27分	0时24分	15时42分	8时27分	2时0分	19时22分

农历	公历	星期	天地干支	五行	公历	星期	天地干支	五行	公历	星期	天地干支	五行	公历	星期	天地干支	五行	公历	星期	天地干支	五行	公历	星期	天地干支	五行
初一	11	二	戊子	火	13	四	戊午	火	12	六	戊子	火	11	日	丁巳	土	10	二	丁亥	土	9	三	丙辰	土
初二	12	三	己丑	火	14	五	己未	火	13	日	己丑	火	12	一	戊午	火	11	三	戊子	火	10	四	丁巳	土
初三	13	四	庚寅	木	15	六	庚申	木	14	一	庚寅	木	13	二	己未	火	12	四	己丑	火	11	五	戊午	火
初四	14	五	辛卯	木	16	日	辛酉	木	15	二	辛卯	木	14	三	庚申	木	13	五	庚寅	木	12	六	己未	火
初五	15	六	壬辰	水	17	一	壬戌	水	16	三	壬辰	水	15	四	辛酉	木	14	六	辛卯	木	13	日	庚申	木
初六	16	日	癸巳	水	18	二	癸亥	水	17	四	癸巳	水	16	五	壬戌	水	15	日	壬辰	水	14	一	辛酉	木
初七	17	一	甲午	金	19	三	甲子	金	18	五	甲午	金	17	六	癸亥	水	16	一	癸巳	水	15	二	壬戌	水
初八	18	二	乙未	金	20	四	乙丑	金	19	六	乙未	金	18	日	甲子	金	17	二	甲午	金	16	三	癸亥	水
初九	19	三	丙申	火	21	五	丙寅	火	20	日	丙申	火	19	一	乙丑	金	18	三	乙未	金	17	四	甲子	金
初十	20	四	丁酉	火	22	六	丁卯	火	21	一	丁酉	火	20	二	丙寅	火	19	四	丙申	火	18	五	乙丑	金
十一	21	五	戊戌	木	23	日	戊辰	木	22	二	戊戌	木	21	三	丁卯	火	20	五	丁酉	火	19	六	丙寅	火
十二	22	六	己亥	木	24	一	己巳	木	23	三	己亥	木	22	四	戊辰	木	21	六	戊戌	木	20	日	丁卯	火
十三	23	日	庚子	土	25	二	庚午	土	24	四	庚子	土	23	五	己巳	木	22	日	己亥	木	21	一	戊辰	木
十四	24	一	辛丑	土	26	三	辛未	土	25	五	辛丑	土	24	六	庚午	土	23	一	庚子	土	22	二	己巳	木
十五	25	二	壬寅	金	27	四	壬申	金	26	六	壬寅	金	25	日	辛未	土	24	二	辛丑	土	23	三	庚午	土
十六	26	三	癸卯	金	28	五	癸酉	金	27	日	癸卯	金	26	一	壬申	金	25	三	壬寅	金	24	四	辛未	土
十七	27	四	甲辰	火	29	六	甲戌	火	28	一	甲辰	火	27	二	癸酉	金	26	四	癸卯	金	25	五	壬申	金
十八	28	五	乙巳	火	30	日	乙亥	火	29	二	乙巳	火	28	三	甲戌	火	27	五	甲辰	火	26	六	癸酉	金
十九	3月	六	丙午	水	31	一	丙子	水	30	三	丙午	水	29	四	乙亥	火	28	六	乙巳	火	27	日	甲戌	火
二十	2	日	丁未	土	4月	二	丁丑	水	5月	四	丁未	水	30	五	丙子	水	29	日	丙午	水	28	一	乙亥	火
廿一	3	一	戊申	土	2	三	戊寅	土	2	五	戊申	土	31	六	丁丑	水	30	一	丁未	土	29	二	丙子	水
廿二	4	二	己酉	土	3	四	己卯	土	3	六	己酉	土	6月	日	戊寅	土	7月	二	戊申	土	30	三	丁丑	水
廿三	5	三	庚戌	金	4	五	庚辰	金	4	日	庚戌	金	2	一	己卯	土	2	三	己酉	土	31	四	戊寅	土
廿四	6	四	辛亥	金	5	六	辛巳	金	5	一	辛亥	金	3	二	庚辰	金	3	四	庚戌	金	8月	五	己卯	土
廿五	7	五	壬子	木	6	日	壬午	木	6	二	壬子	木	4	三	辛巳	金	4	五	辛亥	金	2	六	庚辰	金
廿六	8	六	癸丑	木	7	一	癸未	木	7	三	癸丑	木	5	四	壬午	木	5	六	壬子	木	3	日	辛巳	金
廿七	9	日	甲寅	水	8	二	甲申	水	8	四	甲寅	水	6	五	癸未	木	6	日	癸丑	木	4	一	壬午	木
廿八	10	一	乙卯	水	9	三	乙酉	水	9	五	乙卯	水	7	六	甲申	水	7	一	甲寅	水	5	二	癸未	木
廿九	11	二	丙辰	土	10	四	丙戌	土	10	六	丙辰	土	8	日	乙酉	水	8	二	乙卯	水	6	三	甲申	水
三十	12	三	丁巳	土	11	五	丁亥	土					9	一	丙戌	土								

公元一九七五年　岁次:乙卯　生肖:兔　太岁:方清　纳音:大溪水

月别	七月大				八月小				九月小				十月大				十一月小				十二月大			
干支	甲申				乙酉				丙戌				丁亥				戊子				己丑			
九星	二黑				一白				九紫				八白				七赤				六白			

廿四节气

	节名	立秋	处暑	白露	秋分	寒露	霜降	立冬	小雪	大雪	冬至	小寒	大寒
	农历	初二	十八	初三	十八	初五	二十	初六	廿一	初六	二十	初六	廿一
	时辰	午时	丑时	未时	子时	卯时	巳时	巳时	卯时	丑时	戌时	午时	卯时
	公历	8月8日	8月24日	9月8日	9月23日	10月9日	10月24日	11月8日	11月23日	12月8日	12月22日	1月6日	1月21日
	时间	11时45分	2时24分	14时33分	23时33分	6时2分	9时6分	9时3分	6时31分	1时46分	19时46分	12时59分	6时27分

农历	公历	星期	天地干支	五行	公历	星期	天地干支	五行	公历	星期	天地干支	五行	公历	星期	天地干支	五行	公历	星期	天地干支	五行	公历	星期	天地干支	五行
初一	7	四	乙酉	水	6	六	乙卯	水	5	日	甲申	水	3	一	癸丑	木	3	三	癸未	木	1月	四	壬子	木
初二	8	五	丙戌	土	7	日	丙辰	土	6	一	乙酉	水	4	二	甲寅	水	4	四	甲申	水	2	五	癸丑	木
初三	9	六	丁亥	土	8	一	丁巳	土	7	二	丙戌	土	5	三	乙卯	水	5	五	乙酉	水	3	六	甲寅	水
初四	10	日	戊子	火	9	二	戊午	火	8	三	丁亥	土	6	四	丙辰	土	6	六	丙戌	土	4	日	乙卯	水
初五	11	一	己丑	火	10	三	己未	火	9	四	戊子	火	7	五	丁巳	土	7	日	丁亥	土	5	一	丙辰	土
初六	12	二	庚寅	木	11	四	庚申	木	10	五	己丑	火	8	六	戊午	火	8	一	戊子	火	6	二	丁巳	土
初七	13	三	辛卯	木	12	五	辛酉	木	11	六	庚寅	木	9	日	己未	火	9	二	己丑	火	7	三	戊午	火
初八	14	四	壬辰	水	13	六	壬戌	水	12	日	辛卯	木	10	一	庚申	木	10	三	庚寅	木	8	四	己未	火
初九	15	五	癸巳	水	14	日	癸亥	水	13	一	壬辰	水	11	二	辛酉	木	11	四	辛卯	木	9	五	庚申	木
初十	16	六	甲午	金	15	一	甲子	金	14	二	癸巳	水	12	三	壬戌	水	12	五	壬辰	水	10	六	辛酉	木
十一	17	日	乙未	金	16	二	乙丑	金	15	三	甲午	金	13	四	癸亥	水	13	六	癸巳	水	11	日	壬戌	水
十二	18	一	丙申	火	17	三	丙寅	火	16	四	乙未	金	14	五	甲子	金	14	日	甲午	金	12	一	癸亥	水
十三	19	二	丁酉	火	18	四	丁卯	火	17	五	丙申	火	15	六	乙丑	金	15	一	乙未	金	13	二	甲子	金
十四	20	三	戊戌	木	19	五	戊辰	木	18	六	丁酉	火	16	日	丙寅	火	16	二	丙申	火	14	三	乙丑	金
十五	21	四	己亥	木	20	六	己巳	木	19	日	戊戌	木	17	一	丁卯	火	17	三	丁酉	火	15	四	丙寅	火
十六	22	五	庚子	土	21	日	庚午	土	20	一	己亥	木	18	二	戊辰	木	18	四	戊戌	木	16	五	丁卯	火
十七	23	六	辛丑	土	22	一	辛未	土	21	二	庚子	土	19	三	己巳	木	19	五	己亥	木	17	六	戊辰	木
十八	24	日	壬寅	金	23	二	壬申	金	22	三	辛丑	土	20	四	庚午	土	20	六	庚子	土	18	日	己巳	木
十九	25	一	癸卯	金	24	三	癸酉	金	23	四	壬寅	金	21	五	辛未	土	21	日	辛丑	土	19	一	庚午	土
二十	26	二	甲辰	火	25	四	甲戌	火	24	五	癸卯	金	22	六	壬申	金	22	一	壬寅	金	20	二	辛未	土
廿一	27	三	乙巳	火	26	五	乙亥	火	25	六	甲辰	火	23	日	癸酉	金	23	二	癸卯	金	21	三	壬申	金
廿二	28	四	丙午	水	27	六	丙子	水	26	日	乙巳	火	24	一	甲戌	火	24	三	甲辰	火	22	四	癸酉	金
廿三	29	五	丁未	水	28	日	丁丑	水	27	一	丙午	水	25	二	乙亥	火	25	四	乙巳	火	23	五	甲戌	火
廿四	30	六	戊申	土	29	一	戊寅	土	28	二	丁未	水	26	三	丙子	水	26	五	丙午	水	24	六	乙亥	火
廿五	31	日	己酉	土	30	二	己卯	土	29	三	戊申	土	27	四	丁丑	水	27	六	丁未	水	25	日	丙子	水
廿六	9月	一	庚戌	金	10月	三	庚辰	金	30	四	己酉	土	28	五	戊寅	土	28	日	戊申	土	26	一	丁丑	水
廿七	2	二	辛亥	金	2	四	辛巳	金	31	五	庚戌	金	29	六	己卯	土	29	一	己酉	土	27	二	戊寅	土
廿八	3	三	壬子	木	3	五	壬午	木	11月	六	辛亥	金	30	日	庚辰	金	30	二	庚戌	金	28	三	己卯	土
廿九	4	四	癸丑	木	4	六	癸未	木	2	日	壬子	木	12月	一	辛巳	金	31	三	辛亥	金	29	四	庚辰	金
三十	5	五	甲寅	水									2	二	壬午	木					30	五	辛巳	金

公元一九七六年　（闰八月）　岁次:丙辰　生肖:龙　太岁:辛亚　纳音:砂中土

月别	正月大			二月大			三月小			四月大			五月小			六月大		
干支	庚寅			辛卯			壬辰			癸巳			甲午			乙未		
九星	五黄			四绿			三碧			二黑			一白			九紫		

廿四节气

	节名	立春	雨水	惊蛰	春分	清明	谷雨	立夏	小满	芒种	夏至	小暑	大暑
	农历	初六	二十	初五	二十	初五	廿一	初七	廿三	初八	廿四	十一	廿七
	时辰	子时	戌时	酉时	戌时	子时	辰时	酉时	卯时	亥时	未时	辰时	丑时
	公历	2月5日	2月19日	3月5日	3月20日	4月4日	4月20日	5月5日	5月21日	6月5日	6月21日	7月7日	7月23日
	时间	0时40分	20时40分	18时48分	19时50分	23时47分	7时3分	17时15分	6时21分	21时31分	14时24分	7时51分	1时18分

农历	公历	星期	天地干支	五行	公历	星期	天地干支	五行	公历	星期	天地干支	五行	公历	星期	天地干支	五行	公历	星期	天地干支	五行	公历	星期	天地干支	五行
初一	31	六	壬午	木	3月	一	壬子	木	31	三	壬午	木	29	四	辛亥	金	29	六	辛巳	金	27	日	庚戌	金
初二	2月	日	癸未	木	2	二	癸丑	木	4月	四	癸未	木	30	五	壬子	木	30	日	壬午	木	28	一	辛亥	金
初三	2	一	甲申	水	3	三	甲寅	水	2	五	甲申	水	31	六	癸丑	木	5月	一	癸未	木	29	二	壬子	木
初四	3	二	乙酉	水	4	四	乙卯	水	3	六	乙酉	水	5月	日	甲寅	水	6月	二	甲申	水	30	三	癸丑	木
初五	4	三	丙戌	土	5	五	丙辰	土	4	日	丙戌	土	3	一	乙卯	水	2	三	乙酉	水	7月	四	甲寅	木
初六	5	四	丁亥	土	6	六	丁巳	土	5	一	丁亥	土	4	二	丙辰	土	3	四	丙戌	土	2	五	乙卯	木
初七	6	五	戊子	火	7	日	戊午	火	6	二	戊子	火	5	三	丁巳	土	4	五	丁亥	土	3	六	丙辰	土
初八	7	六	己丑	火	8	一	己未	火	7	三	己丑	火	6	四	戊午	火	5	六	戊子	火	4	日	丁巳	土
初九	8	日	庚寅	木	9	二	庚申	木	8	四	庚寅	木	7	五	己未	火	6	日	己丑	火	5	一	戊午	火
初十	9	一	辛卯	木	10	三	辛酉	木	9	五	辛卯	木	8	六	庚申	木	7	一	庚寅	木	6	二	己未	火
十一	10	二	壬辰	水	11	四	壬戌	水	10	六	壬辰	水	9	日	辛酉	木	8	二	辛卯	木	7	三	庚申	木
十二	11	三	癸巳	水	12	五	癸亥	水	11	日	癸巳	水	10	一	壬戌	水	9	三	壬辰	水	8	四	辛酉	木
十三	12	四	甲午	金	13	六	甲子	金	12	一	甲午	金	11	二	癸亥	水	10	四	癸巳	水	9	五	壬戌	水
十四	13	五	乙未	金	14	日	乙丑	金	13	二	乙未	金	12	三	甲子	金	11	五	甲午	金	10	六	癸亥	水
十五	14	六	丙申	火	15	一	丙寅	火	14	三	丙申	火	13	四	乙丑	金	12	六	乙未	金	11	日	甲子	金
十六	15	日	丁酉	火	16	二	丁卯	火	15	四	丁酉	火	14	五	丙寅	火	13	日	丙申	火	12	一	乙丑	金
十七	16	一	戊戌	木	17	三	戊辰	木	16	五	戊戌	木	15	六	丁卯	火	14	一	丁酉	火	13	二	丙寅	火
十八	17	二	己亥	木	18	四	己巳	木	17	六	己亥	木	16	日	戊辰	木	15	二	戊戌	木	14	三	丁卯	火
十九	18	三	庚子	土	19	五	庚午	土	18	日	庚子	土	17	一	己巳	木	16	三	己亥	木	15	四	戊辰	木
二十	19	四	辛丑	土	20	六	辛未	土	19	一	辛丑	土	18	二	庚午	土	17	四	庚子	土	16	五	己巳	木
廿一	20	五	壬寅	金	21	日	壬申	金	20	二	壬寅	金	19	三	辛未	土	18	五	辛丑	土	17	六	庚午	土
廿二	21	六	癸卯	金	22	一	癸酉	金	21	三	癸卯	金	20	四	壬申	金	19	六	壬寅	金	18	日	辛未	土
廿三	22	日	甲辰	火	23	二	甲戌	火	22	四	甲辰	火	21	五	癸酉	金	20	日	癸卯	金	19	一	壬申	金
廿四	23	一	乙巳	火	24	三	乙亥	火	23	五	乙巳	火	22	六	甲戌	火	21	一	甲辰	火	20	二	癸酉	金
廿五	24	二	丙午	水	25	四	丙子	水	24	六	丙午	水	23	日	乙亥	火	22	二	乙巳	火	21	三	甲戌	火
廿六	25	三	丁未	水	26	五	丁丑	水	25	日	丁未	水	24	一	丙子	水	23	三	丙午	水	22	四	乙亥	火
廿七	26	四	戊申	土	27	六	戊寅	土	26	一	戊申	土	25	二	丁丑	水	24	四	丁未	水	23	五	丙子	水
廿八	27	五	己酉	土	28	日	己卯	土	27	二	己酉	土	26	三	戊寅	土	25	五	戊申	土	24	六	丁丑	水
廿九	28	六	庚戌	金	29	一	庚辰	金	28	三	庚戌	金	27	四	己卯	土	26	六	己酉	土	25	日	戊寅	土
三十	29	日	辛亥	金	30	二	辛巳	金					28	五	庚辰	金					26	一	己卯	土

公元一九七六年　（闰八月）　岁次:丙辰　生肖:龙　太岁:辛亚　纳音:砂中土

月别	七月小	八月大	闰八月小	九月小	十月大	十一月小	十二月大
干支	丙申	丁酉	丁酉	戊戌	己亥	庚子	辛丑
九星	八白	七赤	七赤	六白	五黄	四绿	三碧

廿四节气

节名	立秋	处暑	白露	秋分	寒露	霜降	立冬	小雪	大雪	冬至	小寒	大寒	立春
农历	十二	廿八	十四	三十	十五	初一	十六	初二	十七	初二	十六	初二	十七
时辰	酉时	辰时	戌时	卯时	午时	未时	未时	午时	辰时	丑时	酉时	午时	卯时
公历	8月7日	8月23日	9月7日	9月23日	10月8日	10月23日	11月7日	11月22日	12月7日	12月22日	1月5日	1月20日	2月4日
时间	17时38分	8时18分	20时28分	5时48分	11时58分	14时58分	14时59分	12时22分	7时41分	1时35分	18时51分	12时15分	6时34分

农历	公历	星期	天地干支	五行	公历	星期	天地干支	五行	公历	星期	天地干支	五行	公历	星期	天地干支	五行	公历	星期	天地干支	五行	公历	星期	天地干支	五行	公历	星期	天地干支	五行
初一	27	二	庚辰	金	25	三	己酉	土	24	五	己卯	土	23	六	戊申	金	21	日	丁丑	水	21	二	丁未	水	19	三	丙子	水
初二	28	三	辛巳	金	26	四	庚戌	金	25	六	庚辰	金	24	日	己酉	土	22	一	戊寅	土	22	三	戊申	土	20	四	丁丑	水
初三	29	四	壬午	木	27	五	辛亥	金	26	日	辛巳	金	25	一	庚戌	金	23	二	己卯	土	23	四	己酉	土	21	五	戊寅	土
初四	30	五	癸未	木	28	六	壬子	木	27	一	壬午	木	26	二	辛亥	金	24	三	庚辰	金	24	五	庚戌	金	22	六	己卯	土
初五	31	六	甲申	水	29	日	癸丑	木	28	二	癸未	木	27	三	壬子	木	25	四	辛巳	金	25	六	辛亥	金	23	日	庚辰	金
初六	8月	日	乙酉	水	30	一	甲寅	水	29	三	甲申	水	28	四	癸丑	木	26	五	壬午	木	26	日	壬子	木	24	一	辛巳	金
初七	2	一	丙戌	土	31	二	乙卯	水	30	四	乙酉	水	29	五	甲寅	水	27	六	癸未	木	27	一	癸丑	木	25	二	壬午	木
初八	3	二	丁亥	土	9月	三	丙辰	土	10月	五	丙戌	土	30	六	乙卯	水	28	日	甲申	水	28	二	甲寅	水	26	三	癸未	木
初九	4	三	戊子	火	2	四	丁巳	土	2	六	丁亥	土	31	日	丙辰	土	29	一	乙酉	水	29	三	乙卯	水	27	四	甲申	水
初十	5	四	己丑	火	3	五	戊午	火	3	日	戊子	火	11月	一	丁巳	土	30	二	丙戌	土	30	四	丙辰	土	28	五	乙酉	水
十一	6	五	庚寅	木	4	六	己未	火	4	一	己丑	火	2	二	戊午	火	12月	三	丁亥	土	31	五	丁巳	土	29	六	丙戌	土
十二	7	六	辛卯	木	5	日	庚申	木	5	二	庚寅	木	3	三	己未	火	2	四	戊子	火	1月	六	戊午	火	30	日	丁亥	土
十三	8	日	壬辰	水	6	一	辛酉	木	6	三	辛卯	木	4	四	庚申	木	3	五	己丑	火	2	日	己未	火	31	一	戊子	火
十四	9	一	癸巳	水	7	二	壬戌	水	7	四	壬辰	水	5	五	辛酉	木	4	六	庚寅	木	3	一	庚申	木	2月	二	己丑	火
十五	10	二	甲午	金	8	三	癸亥	水	8	五	癸巳	水	6	六	壬戌	水	5	日	辛卯	木	4	二	辛酉	木	3	三	庚寅	木
十六	11	三	乙未	金	9	四	甲子	金	9	六	甲午	金	7	日	癸亥	水	6	一	壬辰	水	5	三	壬戌	水	4	四	辛卯	木
十七	12	四	丙申	火	10	五	乙丑	金	10	日	乙未	金	8	一	甲子	金	7	二	癸巳	水	6	四	癸亥	水	5	五	壬辰	水
十八	13	五	丁酉	火	11	六	丙寅	火	11	一	丙申	火	9	二	乙丑	金	8	三	甲午	金	7	五	甲子	金	6	六	癸巳	水
十九	14	六	戊戌	木	12	日	丁卯	火	12	二	丁酉	火	10	三	丙寅	火	9	四	乙未	金	8	六	乙丑	金	7	日	甲午	金
二十	15	日	己亥	木	13	一	戊辰	木	13	三	戊戌	木	11	四	丁卯	火	10	五	丙申	火	9	日	丙寅	火	7	一	乙未	金
廿一	16	一	庚子	土	14	二	己巳	木	14	四	己亥	木	12	五	戊辰	木	11	六	丁酉	火	10	一	丁卯	火	8	二	丙申	火
廿二	17	二	辛丑	土	15	三	庚午	土	15	五	庚子	土	13	六	己巳	木	12	日	戊戌	木	11	二	戊辰	木	9	三	丁酉	火
廿三	18	三	壬寅	金	16	四	辛未	土	16	六	辛丑	土	14	日	庚午	土	13	一	己亥	木	12	三	己巳	木	10	四	戊戌	木
廿四	19	四	癸卯	金	17	五	壬申	金	17	日	壬寅	金	15	一	辛未	土	14	二	庚子	土	13	四	庚午	土	11	五	己亥	木
廿五	20	五	甲辰	火	18	六	癸酉	金	18	一	癸卯	金	16	二	壬申	金	15	三	辛丑	土	14	五	辛未	土	12	六	庚子	土
廿六	21	六	乙巳	火	19	日	甲戌	火	19	二	甲辰	火	17	三	癸酉	金	16	四	壬寅	金	15	六	壬申	金	13	日	辛丑	土
廿七	22	日	丙午	水	20	一	乙亥	火	20	三	乙巳	火	18	四	甲戌	火	17	五	癸卯	金	16	日	癸酉	金	14	一	壬寅	金
廿八	23	一	丁未	水	21	二	丙子	水	21	四	丙午	水	19	五	乙亥	火	18	六	甲辰	火	17	一	甲戌	火	15	二	癸卯	金
廿九	24	二	戊申	土	22	三	丁丑	水	22	五	丁未	水	20	六	丙子	水	19	日	乙巳	火	18	二	乙亥	火	16	三	甲辰	火
三十					23	四	戊寅	土									20	一	丙午	水					17	四	乙巳	火

公元一九七七年　岁次:丁巳　生肖:蛇　太岁:易彦　纳音:砂中土

月别	正月大			二月小			三月大			四月大			五月小			六月大		
干支	壬寅			癸卯			甲辰			乙巳			丙午			丁未		
九星	二黑			一白			九紫			八白			七赤			六白		

廿四节气

节名	雨水	惊蛰	春分	清明	谷雨	立夏	小满	芒种	夏至	小暑	大暑	立秋
农历	初二	十七	初二	十七	初三	十八	初四	二十	初五	廿一	初八	廿三
时辰	丑时	子时	丑时	卯时	午时	子时	午时	寅时	戌时	未时	辰时	子时
公历	2月19日	3月6日	3月21日	4月5日	4月20日	5月5日	5月21日	6月6日	6月21日	7月7日	7月23日	8月7日
时间	2时31分	0时44分	1时43分	5时42分	12时57分	23时16分	12时14分	3时32分	20时14分	13时48分	7时4分	23时30分

农历	公历	星期	天地干支	五行	公历	星期	天地干支	五行	公历	星期	天地干支	五行	公历	星期	天地干支	五行	公历	星期	天地干支	五行	公历	星期	天地干支	五行
初一	18	五	丙午	水	20	日	丙子	水	18	一	乙巳	火	18	三	乙亥	火	17	五	乙巳	火	16	六	甲戌	火
初二	19	六	丁未	水	21	一	丁丑	水	19	二	丙午	水	19	四	丙子	水	18	六	丙午	水	17	日	乙亥	火
初三	20	日	戊申	土	22	二	戊寅	土	20	三	丁未	水	20	五	丁丑	水	19	日	丁未	水	18	一	丙子	水
初四	21	一	己酉	土	23	三	己卯	土	21	四	戊申	土	21	六	戊寅	土	20	一	戊申	土	19	二	丁丑	水
初五	22	二	庚戌	金	24	四	庚辰	金	22	五	己酉	土	22	日	己卯	土	21	二	己酉	土	20	三	戊寅	土
初六	23	三	辛亥	金	25	五	辛巳	金	23	六	庚戌	金	23	一	庚辰	金	22	三	庚戌	金	21	四	己卯	土
初七	24	四	壬子	木	26	六	壬午	木	24	日	辛亥	金	24	二	辛巳	金	23	四	辛亥	金	22	五	庚辰	金
初八	25	五	癸丑	木	27	日	癸未	木	25	一	壬子	木	25	三	壬午	木	24	五	壬子	木	23	六	辛巳	金
初九	26	六	甲寅	水	28	一	甲申	水	26	二	癸丑	木	26	四	癸未	木	25	六	癸丑	木	24	日	壬午	木
初十	27	日	乙卯	水	29	二	乙酉	水	27	三	甲寅	水	27	五	甲申	水	26	日	甲寅	水	25	一	癸未	木
十一	28	一	丙辰	土	30	三	丙戌	土	28	四	乙卯	水	28	六	乙酉	水	27	一	乙卯	水	26	二	甲申	水
十二	3月	二	丁巳	土	31	四	丁亥	土	29	五	丙辰	土	29	日	丙戌	土	28	二	丙辰	土	27	三	乙酉	水
十三	2	三	戊午	火	4月	五	戊子	火	30	六	丁巳	土	30	一	丁亥	土	29	三	丁巳	土	28	四	丙戌	土
十四	3	四	己未	火	2	六	己丑	火	5月	日	戊午	火	31	二	戊子	火	30	四	戊午	火	29	五	丁亥	土
十五	4	五	庚申	木	3	日	庚寅	木	2	一	己未	火	6月	三	己丑	火	7月	五	己未	火	30	六	戊子	火
十六	5	六	辛酉	木	4	一	辛卯	木	3	二	庚申	木	2	四	庚寅	木	2	六	庚申	木	31	日	己丑	火
十七	6	日	壬戌	水	5	二	壬辰	水	4	三	辛酉	木	3	五	辛卯	木	3	日	辛酉	木	8月	一	庚寅	木
十八	7	一	癸亥	水	6	三	癸巳	水	5	四	壬戌	水	4	六	壬辰	水	4	一	壬戌	水	2	二	辛卯	木
十九	8	二	甲子	金	7	四	甲午	金	6	五	癸亥	水	5	日	癸巳	水	5	二	癸亥	水	3	三	壬辰	水
二十	9	三	乙丑	金	8	五	乙未	金	7	六	甲子	金	6	一	甲午	金	6	三	甲子	金	4	四	癸巳	水
廿一	10	四	丙寅	火	9	六	丙申	火	8	日	乙丑	金	7	二	乙未	金	7	四	乙丑	金	5	五	甲午	金
廿二	11	五	丁卯	火	10	日	丁酉	火	9	一	丙寅	火	8	三	丙申	火	8	五	丙寅	火	6	六	乙未	金
廿三	12	六	戊辰	木	11	一	戊戌	木	10	二	丁卯	火	9	四	丁酉	火	9	六	丁卯	火	7	日	丙申	火
廿四	13	日	己巳	木	12	二	己亥	木	11	三	戊辰	木	10	五	戊戌	木	10	日	戊辰	木	8	一	丁酉	火
廿五	14	一	庚午	土	13	三	庚子	土	12	四	己巳	木	11	六	己亥	木	11	一	己巳	木	9	二	戊戌	木
廿六	15	二	辛未	土	14	四	辛丑	土	13	五	庚午	土	12	日	庚子	土	12	二	庚午	土	10	三	己亥	木
廿七	16	三	壬申	金	15	五	壬寅	金	14	六	辛未	土	13	一	辛丑	土	13	三	辛未	土	11	四	庚子	土
廿八	17	四	癸酉	金	16	六	癸卯	金	15	日	壬申	金	14	二	壬寅	金	14	四	壬申	金	12	五	辛丑	土
廿九	18	五	甲戌	火	17	日	甲辰	火	16	一	癸酉	金	15	三	癸卯	金	15	五	癸酉	金	13	六	壬寅	金
三十	19	六	乙亥	火					17	二	甲戌	火	16	四	甲辰	火					14	日	癸卯	金

公元一九七七年　岁次:丁巳　生肖:蛇　太岁:易彦　纳音:砂中土

月别	七月小				八月大				九月小				十月大				十一月小				十二月小			
干支	戊申				己酉				庚戌				辛亥				壬子				癸丑			
九星	五黄				四绿				三碧				二黑				一白				九紫			

廿四节气

节名	处暑	白露	秋分	寒露	霜降	立冬	小雪	大雪	冬至	小寒	大寒	立春
农历	初九	廿五	十一	廿六	十一	廿六	十二	廿七	十二	廿七	十二	廿七
时辰	未时	丑时	午时	酉时	戌时	戌时	酉时	未时	辰时	子时	酉时	午时
公历	8月23日	9月8日	9月23日	10月8日	10月23日	11月7日	11月22日	12月7日	12月22日	1月6日	1月20日	2月4日
时间	14时0分	2时16分	11时29分	17时44分	20时41分	20时46分	18时12分	13时31分	7时24分	0时44分	18时4分	12时27分

农历	公历	星期	天地干支	五行	公历	星期	天地干支	五行	公历	星期	天地干支	五行	公历	星期	天地干支	五行	公历	星期	天地干支	五行	公历	星期	天地干支	五行
初一	15	一	甲辰	火	13	二	癸酉	金	13	四	癸卯	金	11	五	壬申	金	11	日	壬寅	金	9	一	辛未	土
初二	16	二	乙巳	火	14	三	甲戌	火	14	五	甲辰	火	12	六	癸酉	金	12	一	癸卯	金	10	二	壬申	金
初三	17	三	丙午	水	15	四	乙亥	火	15	六	乙巳	火	13	日	甲戌	火	13	二	甲辰	火	11	三	癸酉	金
初四	18	四	丁未	水	16	五	丙子	水	16	日	丙午	水	14	一	乙亥	火	14	三	乙巳	火	12	四	甲戌	火
初五	19	五	戊申	土	17	六	丁丑	水	17	一	丁未	水	15	二	丙子	水	15	四	丙午	水	13	五	乙亥	火
初六	20	六	己酉	土	18	日	戊寅	土	18	二	戊申	土	16	三	丁丑	水	16	五	丁未	水	14	六	丙子	水
初七	21	日	庚戌	金	19	一	己卯	土	19	三	己酉	土	17	四	戊寅	土	17	六	戊申	土	15	日	丁丑	水
初八	22	一	辛亥	金	20	二	庚辰	金	20	四	庚戌	金	18	五	己卯	土	18	日	己酉	土	16	一	戊寅	土
初九	23	二	壬子	木	21	三	辛巳	金	21	五	辛亥	金	19	六	庚辰	金	19	一	庚戌	金	17	二	己卯	土
初十	24	三	癸丑	木	22	四	壬午	木	22	六	壬子	木	20	日	辛巳	金	20	二	辛亥	金	18	三	庚辰	金
十一	25	四	甲寅	水	23	五	癸未	木	23	日	癸丑	木	21	一	壬午	木	21	三	壬子	木	19	四	辛巳	金
十二	26	五	乙卯	水	24	六	甲申	水	24	一	甲寅	水	22	二	癸未	木	22	四	癸丑	木	20	五	壬午	木
十三	27	六	丙辰	土	25	日	乙酉	水	25	二	乙卯	水	23	三	甲申	水	23	五	甲寅	水	21	六	癸未	木
十四	28	日	丁巳	土	26	一	丙戌	土	26	三	丙辰	土	24	四	乙酉	水	24	六	乙卯	水	22	日	甲申	水
十五	29	一	戊午	火	27	二	丁亥	土	27	四	丁巳	土	25	五	丙戌	土	25	日	丙辰	土	23	一	乙酉	水
十六	30	二	己未	火	28	三	戊子	火	28	五	戊午	火	26	六	丁亥	土	26	一	丁巳	土	24	二	丙戌	土
十七	31	三	庚申	木	29	四	己丑	火	29	六	己未	火	27	日	戊子	火	27	二	戊午	火	25	三	丁亥	土
十八	9月	四	辛酉	木	30	五	庚寅	木	30	日	庚申	木	28	一	己丑	火	28	三	己未	火	26	四	戊子	火
十九	2	五	壬戌	水	10月	六	辛卯	木	31	一	辛酉	木	29	二	庚寅	木	29	四	庚申	木	27	五	己丑	火
二十	3	六	癸亥	水	2	日	壬辰	水	11月	二	壬戌	水	30	三	辛卯	木	30	五	辛酉	木	28	六	庚寅	木
廿一	4	日	甲子	金	3	一	癸巳	水	2	三	癸亥	水	12月	四	壬辰	水	31	六	壬戌	水	29	日	辛卯	木
廿二	5	一	乙丑	金	4	二	甲午	金	3	四	甲子	金	2	五	癸巳	水	1月	日	癸亥	水	30	一	壬辰	水
廿三	6	二	丙寅	火	5	三	乙未	金	4	五	乙丑	金	3	六	甲午	金	2	一	甲子	金	31	二	癸巳	水
廿四	7	三	丁卯	火	6	四	丙申	火	5	六	丙寅	火	4	日	乙未	金	3	二	乙丑	金	2月	三	甲午	金
廿五	8	四	戊辰	木	7	五	丁酉	火	6	日	丁卯	火	5	一	丙申	火	4	三	丙寅	火	2	四	乙未	金
廿六	9	五	己巳	木	8	六	戊戌	木	7	一	戊辰	木	6	二	丁酉	火	5	四	丁卯	火	3	五	丙申	火
廿七	10	六	庚午	土	9	日	己亥	木	8	二	己巳	木	7	三	戊戌	木	6	五	戊辰	木	4	六	丁酉	火
廿八	11	日	辛未	土	10	一	庚子	土	9	三	庚午	土	8	四	己亥	木	7	六	己巳	木	5	日	戊戌	木
廿九	12	一	壬申	金	11	二	辛丑	土	10	四	辛未	土	9	五	庚子	土	8	日	庚午	土	6	一	己亥	木
三十					12	三	壬寅	金					10	六	辛丑	土								

公元一九七八年　岁次:戊午　生肖:马　太岁:姚黎　纳音:天上火

月别	正月大			二月小			三月大			四月大			五月小			六月大		
干支	甲寅			乙卯			丙辰			丁巳			戊午			己未		
九星	八白			七赤			六白			五黄			四绿			三碧		

廿四节气

节名	雨水	惊蛰	春分	清明	谷雨	立夏	小满	芒种	夏至	小暑	大暑
农历	十三	廿八	十三	廿八	十四	三十	十五	初一	十七	初三	十九
时辰	辰时	卯时	辰时	午时	酉时	卯时	酉时	巳时	丑时	戌时	未时
公历	2月19日	3月6日	3月21日	4月5日	4月20日	5月6日	5月21日	6月6日	6月22日	7月7日	7月23日
时间	8时21分	6时38分	7时34分	11时39分	18时50分	5时9分	18时9分	9时23分	2时10分	19时37分	13时0分

农历	公历	星期	天地干支	五行	公历	星期	天地干支	五行	公历	星期	天地干支	五行	公历	星期	天地干支	五行	公历	星期	天地干支	五行	公历	星期	天地干支	五行
初一	7	二	庚子	土	9	四	庚午	土	7	五	己亥	木	7	日	己巳	木	6	二	己亥	木	5	三	戊辰	木
初二	8	三	辛丑	土	10	五	辛未	土	8	六	庚子	土	8	一	庚午	土	7	三	庚子	土	6	四	己巳	木
初三	9	四	壬寅	金	11	六	壬申	金	9	日	辛丑	土	9	二	辛未	土	8	四	辛丑	土	7	五	庚午	土
初四	10	五	癸卯	金	12	日	癸酉	金	10	一	壬寅	金	10	三	壬申	金	9	五	壬寅	金	8	六	辛未	土
初五	11	六	甲辰	火	13	一	甲戌	火	11	二	癸卯	金	11	四	癸酉	金	10	六	癸卯	金	9	日	壬申	金
初六	12	日	乙巳	火	14	二	乙亥	火	12	三	甲辰	火	12	五	甲戌	火	11	日	甲辰	火	10	一	癸酉	金
初七	13	一	丙午	水	15	三	丙子	水	13	四	乙巳	火	13	六	乙亥	火	12	一	乙巳	火	11	二	甲戌	火
初八	14	二	丁未	水	16	四	丁丑	水	14	五	丙午	水	14	日	丙子	水	13	二	丙午	水	12	三	乙亥	火
初九	15	三	戊申	土	17	五	戊寅	土	15	六	丁未	水	15	一	丁丑	水	14	三	丁未	水	13	四	丙子	水
初十	16	四	己酉	土	18	六	己卯	土	16	日	戊申	土	16	二	戊寅	土	15	四	戊申	土	14	五	丁丑	水
十一	17	五	庚戌	金	19	日	庚辰	金	17	一	己酉	土	17	三	己卯	土	16	五	己酉	土	15	六	戊寅	土
十二	18	六	辛亥	金	20	一	辛巳	金	18	二	庚戌	金	18	四	庚辰	金	17	六	庚戌	金	16	日	己卯	土
十三	19	日	壬子	木	21	二	壬午	木	19	三	辛亥	金	19	五	辛巳	金	18	日	辛亥	金	17	一	庚辰	金
十四	20	一	癸丑	木	22	三	癸未	木	20	四	壬子	木	20	六	壬午	木	19	一	壬子	木	18	二	辛巳	金
十五	21	二	甲寅	水	23	四	甲申	水	21	五	癸丑	木	21	日	癸未	木	20	二	癸丑	木	19	三	壬午	木
十六	22	三	乙卯	水	24	五	乙酉	水	22	六	甲寅	水	22	一	甲申	水	21	三	甲寅	水	20	四	癸未	木
十七	23	四	丙辰	土	25	六	丙戌	土	23	日	乙卯	水	23	二	乙酉	水	22	四	乙卯	水	21	五	甲申	水
十八	24	五	丁巳	土	26	日	丁亥	土	24	一	丙辰	土	24	三	丙戌	土	23	五	丙辰	土	22	六	乙酉	水
十九	25	六	戊午	火	27	一	戊子	火	25	二	丁巳	土	25	四	丁亥	土	24	六	丁巳	土	23	日	丙戌	土
二十	26	日	己未	火	28	二	己丑	火	26	三	戊午	火	26	五	戊子	火	25	日	戊午	火	24	一	丁亥	土
廿一	27	一	庚申	木	29	三	庚寅	木	27	四	己未	火	27	六	己丑	火	26	一	己未	火	25	二	戊子	火
廿二	28	二	辛酉	木	30	四	辛卯	木	28	五	庚申	木	28	日	庚寅	木	27	二	庚申	木	26	三	己丑	火
廿三	3月3	三	壬戌	水	31	五	壬辰	水	29	六	辛酉	木	29	一	辛卯	木	28	三	辛酉	木	27	四	庚寅	木
廿四	2	四	癸亥	水	4月2	六	癸巳	水	30	日	壬戌	水	30	二	壬辰	水	29	四	壬戌	水	28	五	辛卯	木
廿五	3	五	甲子	金	2	日	甲午	金	5月1	一	癸亥	水	31	三	癸巳	水	30	五	癸亥	水	29	六	壬辰	水
廿六	4	六	乙丑	金	3	一	乙未	金	2	二	甲子	金	6月1	四	甲午	金	7月1	六	甲子	金	30	日	癸巳	水
廿七	5	日	丙寅	火	4	二	丙申	火	3	三	乙丑	金	2	五	乙未	金	2	日	乙丑	金	31	一	甲午	金
廿八	6	一	丁卯	火	5	三	丁酉	火	4	四	丙寅	火	3	六	丙申	火	3	一	丙寅	火	8月1	二	乙未	金
廿九	7	二	戊辰	木	6	四	戊戌	木	5	五	丁卯	火	4	日	丁酉	火	4	二	丁卯	火	2	三	丙申	火
三十	8	三	己巳	木					6	六	戊辰	木	5	一	戊戌	木					3	四	丁酉	火

— 224 —

公元一九七八年　岁次:戊午　生肖:马　太岁:姚黎　纳音:天上火

月别	七月大			八月小			九月大			十月小			十一月大			十二月小		
干支	庚申			辛酉			壬戌			癸亥			甲子			乙丑		
九星	二黑			一白			九紫			八白			七赤			六白		

廿四节气

节名	立秋	处暑	白露	秋分	寒露	霜降	立冬	小雪	大雪	冬至	小寒	大寒
农历	初五	二十	初六	廿一	初七	廿三	初八	廿三	初八	廿三	初八	廿三
时辰	卯时	戌时	辰时	酉时	子时	丑时	丑时	子时	戌时	未时	卯时	子时
公历	8月8日	8月23日	9月8日	9月23日	10月8日	10月24日	11月8日	11月23日	12月7日	12月22日	1月6日	1月21日
时间	5时18分	19时57分	8时3分	17时26分	23时31分	2时37分	2时34分	0时5分	19时20分	13时21分	6时32分	0时0分

农历	公历	星期	天地干支	五行	公历	星期	天地干支	五行	公历	星期	天地干支	五行	公历	星期	天地干支	五行	公历	星期	天地干支	五行	公历	星期	天地干支	五行
初一	4	五	戊戌	木	3	日	戊辰	木	2	一	丁酉	火	11月	三	丁卯	火	30	四	丙申	火	30	六	丙寅	火
初二	5	六	己亥	木	4	一	己巳	木	3	二	戊戌	木	2	四	戊辰	木	12月	五	丁酉	火	31	日	丁卯	火
初三	6	日	庚子	土	5	二	庚午	土	4	三	己亥	木	3	五	己巳	木	2	六	戊戌	木	1月	一	戊辰	木
初四	7	一	辛丑	土	6	三	辛未	土	5	四	庚子	土	4	六	庚午	土	3	日	己亥	木	2	二	己巳	木
初五	8	二	壬寅	金	7	四	壬申	金	6	五	辛丑	土	5	日	辛未	土	4	一	庚子	土	3	三	庚午	土
初六	9	三	癸卯	金	8	五	癸酉	金	7	六	壬寅	金	6	一	壬申	金	5	二	辛丑	土	4	四	辛未	土
初七	10	四	甲辰	火	9	六	甲戌	火	8	日	癸卯	金	7	二	癸酉	金	6	三	壬寅	金	5	五	壬申	金
初八	11	五	乙巳	火	10	日	乙亥	火	9	一	甲辰	火	8	三	甲戌	火	7	四	癸卯	金	6	六	癸酉	金
初九	12	六	丙午	水	11	一	丙子	水	10	二	乙巳	火	9	四	乙亥	火	8	五	甲辰	火	7	日	甲戌	火
初十	13	日	丁未	水	12	二	丁丑	水	11	三	丙午	水	10	五	丙子	水	9	六	乙巳	火	8	一	乙亥	火
十一	14	一	戊申	土	13	三	戊寅	土	12	四	丁未	水	11	六	丁丑	水	10	日	丙午	水	9	二	丙子	水
十二	15	二	己酉	土	14	四	己卯	土	13	五	戊申	土	12	日	戊寅	土	11	一	丁未	水	10	三	丁丑	水
十三	16	三	庚戌	金	15	五	庚辰	金	14	六	己酉	土	13	一	己卯	土	12	二	戊申	土	11	四	戊寅	土
十四	17	四	辛亥	金	16	六	辛巳	金	15	日	庚戌	金	14	二	庚辰	金	13	三	己酉	土	12	五	己卯	土
十五	18	五	壬子	木	17	日	壬午	木	16	一	辛亥	金	15	三	辛巳	金	14	四	庚戌	金	13	六	庚辰	金
十六	19	六	癸丑	木	18	一	癸未	木	17	二	壬子	木	16	四	壬午	木	15	五	辛亥	金	14	日	辛巳	金
十七	20	日	甲寅	水	19	二	甲申	水	18	三	癸丑	木	17	五	癸未	木	16	六	壬子	木	15	一	壬午	木
十八	21	一	乙卯	水	20	三	乙酉	水	19	四	甲寅	水	18	六	甲申	水	17	日	癸丑	木	16	二	癸未	木
十九	22	二	丙辰	土	21	四	丙戌	土	20	五	乙卯	水	19	日	乙酉	水	18	一	甲寅	水	17	三	甲申	水
二十	23	三	丁巳	土	22	五	丁亥	土	21	六	丙辰	土	20	一	丙戌	土	19	二	乙卯	水	18	四	乙酉	水
廿一	24	四	戊午	火	23	六	戊子	火	22	日	丁巳	土	21	二	丁亥	土	20	三	丙辰	土	19	五	丙戌	土
廿二	25	五	己未	火	24	日	己丑	火	23	一	戊午	火	22	三	戊子	火	21	四	丁巳	土	20	六	丁亥	土
廿三	26	六	庚申	木	25	一	庚寅	木	24	二	己未	火	23	四	己丑	火	22	五	戊午	火	21	日	戊子	火
廿四	27	日	辛酉	木	26	二	辛卯	木	25	三	庚申	木	24	五	庚寅	木	23	六	己未	火	22	一	己丑	火
廿五	28	一	壬戌	水	27	三	壬辰	水	26	四	辛酉	木	25	六	辛卯	木	24	日	庚申	木	23	二	庚寅	木
廿六	29	二	癸亥	水	28	四	癸巳	水	27	五	壬戌	水	26	日	壬辰	水	25	一	辛酉	木	24	三	辛卯	木
廿七	30	三	甲子	金	29	五	甲午	金	28	六	癸亥	水	27	一	癸巳	水	26	二	壬戌	水	25	四	壬辰	水
廿八	31	四	乙丑	金	30	六	乙未	金	29	日	甲子	金	28	二	甲午	金	27	三	癸亥	水	26	五	癸巳	水
廿九	9月	五	丙寅	火	10月	日	丙申	火	30	一	乙丑	金	29	三	乙未	金	28	四	甲子	金	27	六	甲午	金
三十	2	六	丁卯	火					31	二	丙寅	火					29	五	乙丑	金				

公元一九七九年　（闰六月）　岁次:己未　生肖:羊　太岁:傅悦　纳音:天上火

月别	正月大	二月小	三月小	四月大	五月小	六月大	闰六月大
干支	丙寅	丁卯	戊辰	己巳	庚午	辛未	辛未
九星	五黄	四绿	三碧	二黑	一白	九紫	九紫

廿四节气

节名	立春	雨水	惊蛰	春分	清明	谷雨	立夏	小满	芒种	夏至	小暑	大暑	立秋
农历	初八	廿三	初八	廿三	初九	廿五	十一	廿六	十二	廿八	十五	三十	十六
时辰	酉时	未时	午时	未时	酉时	子时	巳时	子时	申时	辰时	丑时	酉时	午时
公历	2月4日	2月19日	3月6日	3月21日	4月5日	4月21日	5月6日	5月21日	6月6日	6月22日	7月8日	7月23日	8月8日
时间	18时13分	14时14分	12时20分	13时22分	17时18分	0时36分	10时47分	23时54分	15时5分	7时56分	1时25分	18时49分	11时11分

农历	正月大 公历	星期	天地干支	五行	二月小 公历	星期	天地干支	五行	三月小 公历	星期	天地干支	五行	四月大 公历	星期	天地干支	五行	五月小 公历	星期	天地干支	五行	六月大 公历	星期	天地干支	五行	闰六月大 公历	星期	天地干支	五行
初一	28	日	乙未	金	27	二	乙丑	金	28	三	甲午	金	26	四	癸亥	水	26	六	癸巳	水	24	日	壬戌	水	24	二	壬辰	水
初二	29	一	丙申	火	28	三	丙寅	火	29	四	乙未	金	27	五	甲子	金	27	日	甲午	金	25	一	癸亥	水	25	三	癸巳	水
初三	30	二	丁酉	火	3月	四	丁卯	火	30	五	丙申	火	28	六	乙丑	金	28	一	乙未	金	26	二	甲子	金	26	四	甲午	金
初四	31	三	戊戌	木	2	五	戊辰	木	31	六	丁酉	火	29	日	丙寅	火	29	二	丙申	火	27	三	乙丑	金	27	五	乙未	金
初五	2月	四	己亥	木	3	六	己巳	木	4月	日	戊戌	木	30	一	丁卯	火	30	三	丁酉	火	28	四	丙寅	火	28	六	丙申	火
初六	2	五	庚子	土	4	日	庚午	木	2	一	己亥	木	5月	二	戊辰	木	31	四	戊戌	木	29	五	丁卯	火	29	日	丁酉	火
初七	3	六	辛丑	土	5	一	辛未	土	3	二	庚子	土	2	三	己巳	木	6月	五	己亥	木	30	六	戊辰	土	30	一	戊戌	木
初八	4	日	壬寅	金	6	二	壬申	金	4	三	辛丑	土	3	四	庚午	土	2	六	庚子	土	7月	日	己巳	木	31	二	己亥	木
初九	5	一	癸卯	金	7	三	癸酉	金	5	四	壬寅	金	4	五	辛未	土	3	日	辛丑	土	2	一	庚午	土	8月	三	庚子	土
初十	6	二	甲辰	火	8	四	甲戌	火	6	五	癸卯	金	5	六	壬申	金	4	一	壬寅	金	3	二	辛未	土	2	四	辛丑	土
十一	7	三	乙巳	火	9	五	乙亥	火	7	六	甲辰	火	6	日	癸酉	金	5	二	癸卯	金	4	三	壬申	金	3	五	壬寅	金
十二	8	四	丙午	水	10	六	丙子	水	8	日	乙巳	火	7	一	甲戌	火	6	三	甲辰	火	5	四	癸酉	金	4	六	癸卯	金
十三	9	五	丁未	水	11	日	丁丑	水	9	一	丙午	水	8	二	乙亥	火	7	四	乙巳	火	6	五	甲戌	火	5	日	甲辰	火
十四	10	六	戊申	土	12	一	戊寅	土	10	二	丁未	水	9	三	丙子	水	8	五	丙午	水	7	六	乙亥	火	6	一	乙巳	火
十五	11	日	己酉	土	13	二	己卯	土	11	三	戊申	土	10	四	丁丑	水	9	六	丁未	水	8	日	丙子	水	7	二	丙午	水
十六	12	一	庚戌	金	14	三	庚辰	金	12	四	己酉	土	11	五	戊寅	土	10	日	戊申	土	9	一	丁丑	水	8	三	丁未	土
十七	13	二	辛亥	金	15	四	辛巳	金	13	五	庚戌	金	12	六	己卯	土	11	一	己酉	土	10	二	戊寅	土	9	四	戊申	土
十八	14	三	壬子	木	16	五	壬午	木	14	六	辛亥	金	13	日	庚辰	金	12	二	庚戌	金	11	三	己卯	土	10	五	己酉	土
十九	15	四	癸丑	木	17	六	癸未	木	15	日	壬子	木	14	一	辛巳	金	13	三	辛亥	金	12	四	庚辰	金	11	六	庚戌	金
二十	16	五	甲寅	水	18	日	甲申	水	16	一	癸丑	木	15	二	壬午	木	14	四	壬子	木	13	五	辛巳	金	12	日	辛亥	金
廿一	17	六	乙卯	水	19	一	乙酉	水	17	二	甲寅	水	16	三	癸未	木	15	五	癸丑	木	14	六	壬午	木	13	一	壬子	木
廿二	18	日	丙辰	土	20	二	丙戌	土	18	三	乙卯	水	17	四	甲申	水	16	六	甲寅	水	15	日	癸未	木	14	二	癸丑	木
廿三	19	一	丁巳	土	21	三	丁亥	土	19	四	丙辰	土	18	五	乙酉	水	17	日	乙卯	水	16	一	甲申	水	15	三	甲寅	水
廿四	20	二	戊午	火	22	四	戊子	火	20	五	丁巳	土	19	六	丙戌	土	18	一	丙辰	土	17	二	乙酉	水	16	四	乙卯	水
廿五	21	三	己未	火	23	五	己丑	火	21	六	戊午	火	20	日	丁亥	土	19	二	丁巳	土	18	三	丙戌	土	17	五	丙辰	土
廿六	22	四	庚申	木	24	六	庚寅	木	22	日	己未	火	21	一	戊子	火	20	三	戊午	火	19	四	丁亥	土	18	六	丁巳	土
廿七	23	五	辛酉	木	25	日	辛卯	木	23	一	庚申	木	22	二	己丑	火	21	四	己未	火	20	五	戊子	火	19	日	戊午	火
廿八	24	六	壬戌	水	26	一	壬辰	水	24	二	辛酉	木	23	三	庚寅	木	22	五	庚申	木	21	六	己丑	火	20	一	己未	火
廿九	25	日	癸亥	水	27	二	癸巳	水	25	三	壬戌	水	24	四	辛卯	木	23	六	辛酉	木	22	日	庚寅	木	21	二	庚申	木
三十	26	一	甲子	金									25	五	壬辰	水					23	一	辛卯	木	22	三	辛酉	木

公元一九七九年　（闰六月）　岁次:己未　生肖:羊　太岁:傅悦　纳音:天上火

月别	七月小		八月大		九月大		十月小		十一月大		十二月小	
干支	壬申		癸酉		甲戌		乙亥		丙子		丁丑	
九星	八白		七赤		六白		五黄		四绿		三碧	

廿四节气

	节名	处暑	白露	秋分	寒露	霜降	立冬	小雪	大雪	冬至	小寒	大寒	立春
	农历	初二	十七	初三	十九	初四	十九	初四	十九	初四	十九	初四	十九
	时辰	丑时	未时	子时	卯时	辰时	辰时	卯时	丑时	戌时	午时	卯时	子时
	公历	8月24日	9月8日	9月23日	10月9日	10月24日	11月8日	11月23日	12月8日	12月22日	1月6日	1月21日	2月5日
	时间	1时47分	14时0分	23时17分	5时30分	8时28分	8时33分	5时54分	1时18分	19时10分	12时29分	5时49分	0时10分

农历	公历	星期	天地干支	五行	公历	星期	天地干支	五行	公历	星期	天地干支	五行	公历	星期	天地干支	五行	公历	星期	天地干支	五行	公历	星期	天地干支	五行
初一	23	四	壬戌	水	21	五	辛卯	木	21	日	辛酉	木	20	二	辛卯	木	19	三	庚申	木	18	五	庚寅	木
初二	24	五	癸亥	水	22	六	壬辰	水	22	一	壬戌	水	21	三	壬辰	水	20	四	辛酉	木	19	六	辛卯	木
初三	25	六	甲子	金	23	日	癸巳	水	23	二	癸亥	水	22	四	癸巳	水	21	五	壬戌	水	20	日	壬辰	水
初四	26	日	乙丑	金	24	一	甲午	金	24	三	甲子	金	23	五	甲午	金	22	六	癸亥	水	21	一	癸巳	水
初五	27	一	丙寅	火	25	二	乙未	金	25	四	乙丑	金	24	六	乙未	金	23	日	甲子	金	22	二	甲午	金
初六	28	二	丁卯	火	26	三	丙申	火	26	五	丙寅	火	25	日	丙申	火	24	一	乙丑	金	23	三	乙未	金
初七	29	三	戊辰	木	27	四	丁酉	火	27	六	丁卯	火	26	一	丁酉	火	25	二	丙寅	火	24	四	丙申	火
初八	30	四	己巳	木	28	五	戊戌	木	28	日	戊辰	木	27	二	戊戌	木	26	三	丁卯	火	25	五	丁酉	火
初九	31	五	庚午	土	29	六	己亥	木	29	一	己巳	木	28	三	己亥	木	27	四	戊辰	木	26	六	戊戌	木
初十	9月	六	辛未	土	30	日	庚子	土	30	二	庚午	土	29	四	庚子	土	28	五	己巳	木	27	日	己亥	木
十一	2	日	壬申	金	10月	一	辛丑	土	31	三	辛未	土	30	五	辛未	土	29	六	庚午	土	28	一	庚子	土
十二	3	一	癸酉	金	2	二	壬寅	金	11月	四	壬申	金	12月	六	壬寅	金	30	日	辛未	土	29	二	辛丑	土
十三	4	二	甲戌	火	3	三	癸卯	金	2	五	癸酉	金	2	日	癸卯	金	31	一	壬申	金	30	三	壬寅	金
十四	5	三	乙亥	火	4	四	甲辰	火	3	六	甲戌	火	3	一	甲辰	火	1月	二	癸酉	金	31	四	癸卯	金
十五	6	四	丙子	水	5	五	乙巳	火	4	日	乙亥	火	4	二	乙巳	火	2	三	甲戌	火	2月	五	甲辰	火
十六	7	五	丁丑	水	6	六	丙午	水	5	一	丙子	水	5	三	丙午	水	3	四	乙亥	火	2	六	乙巳	火
十七	8	六	戊寅	土	7	日	丁未	水	6	二	丁丑	水	6	四	丁未	水	4	五	丙子	水	3	日	丙午	水
十八	9	日	己卯	土	8	一	戊申	土	7	三	戊寅	土	7	五	戊申	土	5	六	丁丑	水	4	一	丁未	水
十九	10	一	庚辰	金	9	二	己酉	土	8	四	己卯	土	8	六	己酉	土	6	日	戊寅	土	5	二	戊申	土
二十	11	二	辛巳	金	10	三	庚戌	金	9	五	庚辰	金	9	日	庚戌	金	7	一	己卯	土	6	三	己酉	土
廿一	12	三	壬午	木	11	四	辛亥	金	10	六	辛巳	金	10	一	辛亥	金	8	二	庚辰	金	7	四	庚戌	金
廿二	13	四	癸未	木	12	五	壬子	木	11	日	壬午	木	11	二	壬子	木	9	三	辛巳	金	8	五	辛亥	金
廿三	14	五	甲申	水	13	六	癸丑	木	12	一	癸未	木	12	三	癸丑	木	10	四	壬午	木	9	六	壬子	木
廿四	15	六	乙酉	水	14	日	甲寅	水	13	二	甲申	水	13	四	甲寅	水	11	五	癸未	木	10	日	癸丑	木
廿五	16	日	丙戌	土	15	一	乙卯	水	14	三	乙酉	水	14	五	乙卯	水	12	六	甲申	水	11	一	甲寅	水
廿六	17	一	丁亥	土	16	二	丙辰	土	15	四	丙戌	土	15	六	丙辰	土	13	日	乙酉	水	12	二	乙卯	水
廿七	18	二	戊子	火	17	三	丁巳	土	16	五	丁亥	土	16	日	丁巳	土	14	一	丙戌	土	13	三	丙辰	土
廿八	19	三	己丑	火	18	四	戊午	火	17	六	戊子	火	17	一	戊午	火	15	二	丁亥	土	14	四	丁巳	土
廿九	20	四	庚寅	木	19	五	己未	火	18	日	己丑	火	18	二	己未	火	16	三	戊子	火	15	五	戊午	火
三十					20	六	庚申	木	19	一	庚寅	木					17	四	己丑	火				

公元一九八〇年　岁次:庚申　生肖:猴　太岁:毛幸　纳音:石榴木

月别	正月大	二月小	三月小	四月大	五月小	六月大
干支	戊寅	己卯	庚辰	辛巳	壬午	癸未
九星	二黑	一白	九紫	八白	七赤	六白

廿四节气

节名	雨水	惊蛰	春分	清明	谷雨	立夏	小满	芒种	夏至	小暑	大暑	立秋
农历	初四	十九	初四	十九	初六	廿一	初八	廿三	初九	廿五	十二	廿七
时辰	戌时	酉时	戌时	子时	卯时	申时	卯时	亥时	未时	辰时	子时	酉时
公历	2月19日	3月5日	3月20日	4月4日	4月20日	5月5日	5月21日	6月5日	6月21日	7月7日	7月23日	8月7日
时间	20时2分	18时17分	19时10分	23时15分	6时23分	16时45分	5时42分	21时14分	13时47分	7时24分	0时42分	17时9分

农历

农历	正月大 公历	星期	天地干支	五行	二月小 公历	星期	天地干支	五行	三月小 公历	星期	天地干支	五行	四月大 公历	星期	天地干支	五行	五月小 公历	星期	天地干支	五行	六月大 公历	星期	天地干支	五行
初一	16	六	己未	火	17	一	己丑	火	15	二	戊午	火	14	三	丁亥	土	13	五	丁巳	土	12	六	丙戌	土
初二	17	日	庚申	木	18	二	庚寅	木	16	三	己未	火	15	四	戊子	火	14	六	戊午	火	13	日	丁亥	土
初三	18	一	辛酉	木	19	三	辛卯	木	17	四	庚申	木	16	五	己丑	火	15	日	己未	火	14	一	戊子	火
初四	19	二	壬戌	水	20	四	壬辰	水	18	五	辛酉	木	17	六	庚寅	木	16	一	庚申	木	15	二	己丑	火
初五	20	三	癸亥	水	21	五	癸巳	水	19	六	壬戌	水	18	日	辛卯	木	17	二	辛酉	木	16	三	庚寅	木
初六	21	四	甲子	金	22	六	甲午	金	20	日	癸亥	水	19	一	壬辰	水	18	三	壬戌	水	17	四	辛卯	木
初七	22	五	乙丑	金	23	日	乙未	金	21	一	甲子	金	20	二	癸巳	水	19	四	癸亥	水	18	五	壬辰	水
初八	23	六	丙寅	火	24	一	丙申	火	22	二	乙丑	金	21	三	甲午	金	20	五	甲子	金	19	六	癸巳	水
初九	24	日	丁卯	火	25	二	丁酉	火	23	三	丙寅	火	22	四	乙未	金	21	六	乙丑	金	20	日	甲午	金
初十	25	一	戊辰	木	26	三	戊戌	木	24	四	丁卯	火	23	五	丙申	火	22	日	丙寅	火	21	一	乙未	金
十一	26	二	己巳	木	27	四	己亥	木	25	五	戊辰	木	24	六	丁酉	火	23	一	丁卯	火	22	二	丙申	火
十二	27	三	庚午	土	28	五	庚子	土	26	六	己巳	木	25	日	戊戌	木	24	二	戊辰	木	23	三	丁酉	火
十三	28	四	辛未	土	29	六	辛丑	土	27	日	庚午	土	26	一	己亥	木	25	三	己巳	木	24	四	戊戌	木
十四	29	五	壬申	金	30	日	壬寅	金	28	一	辛未	土	27	二	庚子	土	26	四	庚午	土	25	五	己亥	木
十五	3月	六	癸酉	金	31	一	癸卯	金	29	二	壬申	金	28	三	辛丑	土	27	五	辛未	土	26	六	庚子	土
十六	2	日	甲戌	火	4月	二	甲辰	火	30	三	癸酉	金	29	四	壬寅	金	28	六	壬申	金	27	日	辛丑	土
十七	3	一	乙亥	火	2	三	乙巳	火	5月	四	甲戌	火	30	五	癸卯	金	29	日	癸酉	金	28	一	壬寅	金
十八	4	二	丙子	水	3	四	丙午	水	2	五	乙亥	火	31	六	甲辰	火	30	一	甲戌	火	29	二	癸卯	金
十九	5	三	丁丑	水	4	五	丁未	水	3	六	丙子	水	6月	日	乙巳	火	7月	二	乙亥	火	30	三	甲辰	火
二十	6	四	戊寅	土	5	六	戊申	土	4	日	丁丑	水	2	一	丙午	水	2	三	丙子	水	31	四	乙巳	火
廿一	7	五	己卯	土	6	日	己酉	土	5	一	戊寅	土	3	二	丁未	水	3	四	丁丑	水	8月	五	丙午	水
廿二	8	六	庚辰	金	7	一	庚戌	金	6	二	己卯	土	4	三	戊申	土	4	五	戊寅	土	2	六	丁未	水
廿三	9	日	辛巳	金	8	二	辛亥	金	7	三	庚辰	金	5	四	己酉	土	5	六	己卯	土	3	日	戊申	土
廿四	10	一	壬午	木	9	三	壬子	木	8	四	辛巳	金	6	五	庚戌	金	6	日	庚辰	金	4	一	己酉	土
廿五	11	二	癸未	木	10	四	癸丑	木	9	五	壬午	木	7	六	辛亥	金	7	一	辛巳	金	5	二	庚戌	金
廿六	12	三	甲申	水	11	五	甲寅	水	10	六	癸未	木	8	日	壬子	木	8	二	壬午	木	6	三	辛亥	金
廿七	13	四	乙酉	水	12	六	乙卯	水	11	日	甲申	水	9	一	癸丑	木	9	三	癸未	木	7	四	壬子	木
廿八	14	五	丙戌	土	13	日	丙辰	土	12	一	乙酉	水	10	二	甲寅	水	10	四	甲申	水	8	五	癸丑	木
廿九	15	六	丁亥	土	14	一	丁巳	土	13	二	丙戌	土	11	三	乙卯	水	11	五	乙酉	水	9	六	甲寅	水
三十	16	日	戊子	火									12	四	丙辰	土					10	日	乙卯	水

— 228 —

公元一九八〇年　　岁次:庚申　生肖:猴　太岁:毛幸　纳音:石榴木

月别	七月小				八月大				九月大				十月小				十一月大				十二月大			
干支	甲申				乙酉				丙戌				丁亥				戊子				己丑				
九星	五黄				四绿				三碧				二黑				一白				九紫				

廿四节气

	节名	处暑	白露	秋分	寒露	霜降	立冬	小雪	大雪	冬至	小寒	大寒	立春
	农历	十三	廿八	十五	三十	十五	三十	十五	初一	十六	三十	十五	三十
	时辰	辰时	戌时	卯时	午时	未时	未时	午时	辰时	子时	酉时	午时	卯时
	公历	8月23日	9月7日	9月23日	10月8日	10月23日	11月7日	11月22日	12月7日	12月22日	1月5日	1月20日	2月4日
	时间	7时41分	19时54分	5时9分	11时20分	14时18分	14时19分	11时42分	7时2分	0时56分	18时13分	11时37分	5时56分

农历	公历	星期	天地干支	五行	公历	星期	天地干支	五行	公历	星期	天地干支	五行	公历	星期	天地干支	五行	公历	星期	天地干支	五行	公历	星期	天地干支	五行
初一	11	一	丙辰	土	9	二	乙酉	水	9	四	乙卯	水	8	六	乙酉	水	7	日	甲寅	水	6	二	甲申	水
初二	12	二	丁巳	土	10	三	丙戌	土	10	五	丙辰	土	9	日	丙戌	土	8	一	乙卯	水	7	三	乙酉	水
初三	13	三	戊午	火	11	四	丁亥	土	11	六	丁巳	土	10	一	丁亥	土	9	二	丙辰	土	8	四	丙戌	土
初四	14	四	己未	火	12	五	戊子	火	12	日	戊午	火	11	二	戊子	火	10	三	丁巳	土	9	五	丁亥	土
初五	15	五	庚申	木	13	六	己丑	火	13	一	己未	火	12	三	己丑	火	11	四	戊午	火	10	六	戊子	火
初六	16	六	辛酉	木	14	日	庚寅	木	14	二	庚申	木	13	四	庚寅	木	12	五	己未	火	11	日	己丑	火
初七	17	日	壬戌	水	15	一	辛卯	木	15	三	辛酉	木	14	五	辛卯	木	13	六	庚申	木	12	一	庚寅	木
初八	18	一	癸亥	水	16	二	壬辰	水	16	四	壬戌	水	15	六	壬辰	水	14	日	辛酉	木	13	二	辛卯	木
初九	19	二	甲子	金	17	三	癸巳	水	17	五	癸亥	水	16	日	癸巳	水	15	一	壬戌	水	14	三	壬辰	水
初十	20	三	乙丑	金	18	四	甲午	金	18	六	甲子	金	17	一	甲午	金	16	二	癸亥	水	15	四	癸巳	水
十一	21	四	丙寅	火	19	五	乙未	金	19	日	乙丑	金	18	二	乙未	金	17	三	甲子	金	16	五	甲午	金
十二	22	五	丁卯	火	20	六	丙申	火	20	一	丙寅	火	19	三	丙申	火	18	四	乙丑	金	17	六	乙未	金
十三	23	六	戊辰	木	21	日	丁酉	火	21	二	丁卯	火	20	四	丁酉	火	19	五	丙寅	火	18	日	丙申	火
十四	24	日	己巳	木	22	一	戊戌	木	22	三	戊辰	木	21	五	戊戌	木	20	六	丁卯	火	19	一	丁酉	火
十五	25	一	庚午	土	23	二	己亥	木	23	四	己巳	木	22	六	己亥	木	21	日	戊辰	木	20	二	戊戌	木
十六	26	二	辛未	土	24	三	庚子	土	24	五	庚午	土	23	日	庚子	土	22	一	己巳	木	21	三	己亥	木
十七	27	三	壬申	金	25	四	辛丑	土	25	六	辛未	土	24	一	辛丑	土	23	二	庚午	土	22	四	庚子	土
十八	28	四	癸酉	金	26	五	壬寅	金	26	日	壬申	金	25	二	壬寅	金	24	三	辛未	土	23	五	辛丑	土
十九	29	五	甲戌	火	27	六	癸卯	金	27	一	癸酉	金	26	三	癸卯	金	25	四	壬申	金	24	六	壬寅	金
二十	30	六	乙亥	火	28	日	甲辰	火	28	二	甲戌	火	27	四	甲辰	火	26	五	癸酉	金	25	日	癸卯	金
廿一	31	日	丙子	水	29	一	乙巳	火	29	三	乙亥	火	28	五	乙巳	火	27	六	甲戌	火	26	一	甲辰	火
廿二	9月	一	丁丑	水	30	二	丙午	水	30	四	丙子	水	29	六	丙午	水	28	日	乙亥	火	27	二	乙巳	火
廿三	2	二	戊寅	土	10月	三	丁未	水	31	五	丁丑	水	30	日	丁未	水	29	一	丙子	水	28	三	丙午	水
廿四	3	三	己卯	土	2	四	戊申	土	11月	六	戊寅	土	12月	一	戊申	土	30	二	丁丑	水	29	四	丁未	水
廿五	4	四	庚辰	金	3	五	己酉	土	2	日	己卯	土	2	二	己酉	土	31	三	戊寅	土	30	五	戊申	土
廿六	5	五	辛巳	金	4	六	庚戌	金	3	一	庚辰	金	3	三	庚戌	金	1月	四	己卯	土	31	六	己酉	土
廿七	6	六	壬午	木	5	日	辛亥	金	4	二	辛巳	金	4	四	辛亥	金	2	五	庚辰	金	2月	日	庚戌	金
廿八	7	日	癸未	木	6	一	壬子	木	5	三	壬午	木	5	五	壬子	木	3	六	辛巳	金	2	一	辛亥	金
廿九	8	一	甲申	水	7	二	癸丑	木	6	四	癸未	木	6	六	癸丑	木	4	日	壬午	木	3	二	壬子	木
三十					8	三	甲寅	水	7	五	甲申	水					5	一	癸未	木	4	三	癸丑	木

公元一九八一年　　岁次:辛酉　　生肖:鸡　　太岁:文政　　纳音:石榴木

月别	正月小	二月大	三月小	四月小	五月大	六月小
干支	庚寅	辛卯	壬辰	癸巳	甲午	乙未
九星	八白	七赤	六白	五黄	四绿	三碧

廿四节气

节名	雨水	惊蛰	春分	清明	谷雨	立夏	小满	芒种	夏至	小暑	大暑
农历	十五	初一	十六	初一	十六	初二	十八	初五	二十	初六	廿二
时辰	丑时	子时	丑时	卯时	午时	亥时	午时	丑时	戌时	未时	卯时
公历	2月19日	3月6日	3月21日	4月5日	4月20日	5月5日	5月21日	6月6日	6月21日	7月7日	7月23日
时间	1时52分	0时5分	0时3分	5时5分	12时19分	22时35分	11时39分	2时53分	19时45分	13时12分	6时40分

农历	公历	星期	天地干支	五行	公历	星期	天地干支	五行	公历	星期	天地干支	五行	公历	星期	天地干支	五行	公历	星期	天地干支	五行	公历	星期	天地干支	五行
初一	5	四	甲寅	水	6	五	癸未	木	5	日	癸丑	木	4	一	壬午	木	2	二	辛亥	金	2	四	辛巳	金
初二	6	五	乙卯	水	7	六	甲申	水	6	一	甲寅	水	5	二	癸未	木	3	三	壬子	木	3	五	壬午	木
初三	7	六	丙辰	土	8	日	乙酉	水	7	二	乙卯	水	6	三	甲申	水	4	四	癸丑	木	4	六	癸未	木
初四	8	日	丁巳	土	9	一	丙戌	土	8	三	丙辰	土	7	四	乙酉	水	5	五	甲寅	水	5	日	甲申	水
初五	9	一	戊午	火	10	二	丁亥	土	9	四	丁巳	土	8	五	丙戌	土	6	六	乙卯	水	6	一	乙酉	水
初六	10	二	己未	火	11	三	戊子	火	10	五	戊午	火	9	六	丁亥	土	7	日	丙辰	土	7	二	丙戌	土
初七	11	三	庚申	木	12	四	己丑	火	11	六	己未	火	10	日	戊子	火	8	一	丁巳	土	8	三	丁亥	土
初八	12	四	辛酉	木	13	五	庚寅	木	12	日	庚申	木	11	一	己丑	火	9	二	戊午	火	9	四	戊子	火
初九	13	五	壬戌	水	14	六	辛卯	木	13	一	辛酉	木	12	二	庚寅	木	10	三	己未	火	10	五	己丑	火
初十	14	六	癸亥	水	15	日	壬辰	水	14	二	壬戌	水	13	三	辛卯	木	11	四	庚申	木	11	六	庚寅	木
十一	15	日	甲子	金	16	一	癸巳	水	15	三	癸亥	水	14	四	壬辰	水	12	五	辛酉	木	12	日	辛卯	木
十二	16	一	乙丑	金	17	二	甲午	金	16	四	甲子	金	15	五	癸巳	水	13	六	壬戌	水	13	一	壬辰	水
十三	17	二	丙寅	火	18	三	乙未	金	17	五	乙丑	金	16	六	甲午	金	14	日	癸亥	水	14	二	癸巳	水
十四	18	三	丁卯	火	19	四	丙申	火	18	六	丙寅	火	17	日	乙未	金	15	一	甲子	金	15	三	甲午	金
十五	19	四	戊辰	木	20	五	丁酉	火	19	日	丁卯	火	18	一	丙申	火	16	二	乙丑	金	16	四	乙未	金
十六	20	五	己巳	木	21	六	戊戌	木	20	一	戊辰	木	19	二	丁酉	火	17	三	丙寅	火	17	五	丙申	火
十七	21	六	庚午	土	22	日	己亥	木	21	二	己巳	木	20	三	戊戌	木	18	四	丁卯	火	18	六	丁酉	火
十八	22	日	辛未	土	23	一	庚子	土	22	三	庚午	土	21	四	己亥	木	19	五	戊辰	木	19	日	戊戌	木
十九	23	一	壬申	金	24	二	辛丑	土	23	四	辛未	土	22	五	庚子	土	20	六	己巳	木	20	一	己亥	木
二十	24	二	癸酉	金	25	三	壬寅	金	24	五	壬申	金	23	六	辛丑	土	21	日	庚午	土	21	二	庚子	土
廿一	25	三	甲戌	火	26	四	癸卯	金	25	六	癸酉	金	24	日	壬寅	金	22	一	辛未	土	22	三	辛丑	土
廿二	26	四	乙亥	火	27	五	甲辰	火	26	日	甲戌	火	25	一	癸卯	金	23	二	壬申	金	23	四	壬寅	金
廿三	27	五	丙子	水	28	六	乙巳	火	27	一	乙亥	火	26	二	甲辰	火	24	三	癸酉	金	24	五	癸卯	金
廿四	28	六	丁丑	水	29	日	丙午	水	28	二	丙子	水	27	三	乙巳	火	25	四	甲戌	火	25	六	甲辰	火
廿五	3月	日	戊寅	土	30	一	丁未	水	29	三	丁丑	水	28	四	丙午	水	26	五	乙亥	火	26	日	乙巳	火
廿六	2	一	己卯	土	31	二	戊申	土	30	四	戊寅	土	29	五	丁未	水	27	六	丙子	水	27	一	丙午	水
廿七	3	二	庚辰	金	4月	三	己酉	土	5月	五	己卯	土	30	六	戊申	土	28	日	丁丑	水	28	二	丁未	水
廿八	4	三	辛巳	金	2	四	庚戌	金	2	六	庚辰	金	31	日	己酉	土	29	一	戊寅	土	29	三	戊申	土
廿九	5	四	壬午	木	3	五	辛亥	金	3	日	辛巳	金	6月	一	庚戌	金	30	二	己卯	土	30	四	己酉	土
三十					4	六	壬子	木									7月	三	庚辰	金				

— 230 —

公元一九八一年　岁次:辛酉　生肖:鸡　太岁:文政　纳音:石榴木

月别	七月小	八月大	九月大	十月小	十一月大	十二月大
干支	丙申	丁酉	戊戌	己亥	庚子	辛丑
九星	二黑	一白	九紫	八白	七赤	六白

廿四节气

	节名	立秋	处暑	白露	秋分	寒露	霜降	立冬	小雪	大雪	冬至	小寒	大寒
	农历	初八	廿四	十一	廿六	十一	廿六	十一	廿六	十二	廿七	十二	廿六
	时辰	亥时	未时	丑时	午时	酉时	戌时	戌时	酉时	午时	卯时	子时	酉时
	公历	8月7日	8月23日	9月8日	9月23日	10月8日	10月23日	11月7日	11月22日	12月7日	12月22日	1月6日	1月20日
	时间	22时57分	13时38分	1时43分	12时22分	17时10分	20时13分	20时9分	17时36分	12时52分	6时51分	0时3分	18时57分

农历	公历	星期	天地干支	五行	公历	星期	天地干支	五行	公历	星期	天地干支	五行	公历	星期	天地干支	五行	公历	星期	天地干支	五行	公历	星期	天地干支	五行
初一	31	五	庚戌	金	29	六	己卯	土	28	一	己酉	土	28	三	己卯	土	26	四	戊申	土	26	六	戊寅	土
初二	8月	六	辛亥	金	30	日	庚辰	金	29	二	庚戌	金	29	四	庚辰	金	27	五	己酉	土	27	日	己卯	土
初三	2	日	壬子	木	31	一	辛巳	金	30	三	辛亥	金	30	五	辛巳	金	28	六	庚戌	金	28	一	庚辰	金
初四	3	一	癸丑	木	9月	二	壬午	木	10月	四	壬子	木	31	六	壬午	木	29	日	辛亥	金	29	二	辛巳	金
初五	4	二	甲寅	水	2	三	癸未	木	2	五	癸丑	木	11月	日	癸未	木	30	一	壬子	木	30	三	壬午	木
初六	5	三	乙卯	水	3	四	甲申	水	3	六	甲寅	水	2	一	甲申	水	12月	二	癸丑	木	31	四	癸未	木
初七	6	四	丙辰	土	4	五	乙酉	水	4	日	乙卯	水	3	二	乙酉	水	2	三	甲寅	水	1月	五	甲申	水
初八	7	五	丁巳	土	5	六	丙戌	土	5	一	丙辰	土	4	三	丙戌	土	3	四	乙卯	水	2	六	乙酉	水
初九	8	六	戊午	火	6	日	丁亥	土	6	二	丁巳	土	5	四	丁亥	土	4	五	丙辰	土	3	日	丙戌	土
初十	9	日	己未	火	7	一	戊子	火	7	三	戊午	火	6	五	戊子	火	5	六	丁巳	土	4	一	丁亥	土
十一	10	一	庚申	木	8	二	己丑	火	8	四	己未	火	7	六	己丑	火	6	日	戊午	火	5	二	戊子	火
十二	11	二	辛酉	木	9	三	庚寅	木	9	五	庚申	木	8	日	庚寅	木	7	一	己未	火	6	三	己丑	火
十三	12	三	壬戌	水	10	四	辛卯	木	10	六	辛酉	木	9	一	辛卯	木	8	二	庚申	木	7	四	庚寅	木
十四	13	四	癸亥	水	11	五	壬辰	水	11	日	壬戌	水	10	二	壬辰	水	9	三	辛酉	木	8	五	辛卯	木
十五	14	五	甲子	金	12	六	癸巳	水	12	一	癸亥	水	11	三	癸巳	水	10	四	壬戌	水	9	六	壬辰	水
十六	15	六	乙丑	金	13	日	甲午	金	13	二	甲子	金	12	四	甲午	金	11	五	癸亥	水	10	日	癸巳	水
十七	16	日	丙寅	火	14	一	乙未	金	14	三	乙丑	金	13	五	乙未	金	12	六	甲子	金	11	一	甲午	金
十八	17	一	丁卯	火	15	二	丙申	火	15	四	丙寅	火	14	六	丙申	火	13	日	乙丑	金	12	二	乙未	金
十九	18	二	戊辰	木	16	三	丁酉	火	16	五	丁卯	火	15	日	丁酉	火	14	一	丙寅	火	13	三	丙申	火
二十	19	三	己巳	木	17	四	戊戌	木	17	六	戊辰	木	16	一	戊戌	木	15	二	丁卯	火	14	四	丁酉	火
廿一	20	四	庚午	土	18	五	己亥	木	18	日	己巳	木	17	二	己亥	木	16	三	戊辰	木	15	五	戊戌	木
廿二	21	五	辛未	土	19	六	庚子	土	19	一	庚午	土	18	三	庚子	土	17	四	己巳	木	16	六	己亥	木
廿三	22	六	壬申	金	20	日	辛丑	土	20	二	辛未	土	19	四	辛丑	土	18	五	庚午	土	17	日	庚子	土
廿四	23	日	癸酉	金	21	一	壬寅	金	21	三	壬申	金	20	五	壬寅	金	19	六	辛未	土	18	一	辛丑	土
廿五	24	一	甲戌	火	22	二	癸卯	金	22	四	癸酉	金	21	六	癸卯	金	20	日	壬申	金	19	二	壬寅	金
廿六	25	二	乙亥	火	23	三	甲辰	火	23	五	甲戌	火	22	日	甲辰	火	21	一	癸酉	金	20	三	癸卯	金
廿七	26	三	丙子	水	24	四	乙巳	火	24	六	乙亥	火	23	一	乙巳	火	22	二	甲戌	火	21	四	甲辰	火
廿八	27	四	丁丑	水	25	五	丙午	水	25	日	丙子	水	24	二	丙午	水	23	三	乙亥	火	22	五	乙巳	火
廿九	28	五	戊寅	土	26	六	丁未	水	26	一	丁丑	水	25	三	丁未	水	24	四	丙子	水	23	六	丙午	水
三十					27	日	戊申	土	27	二	戊寅	土					25	五	丁丑	水	24	日	丁未	水

公元一九八二年 （闰四月）　岁次：壬戌　生肖：狗　太岁：洪范　纳音：大海水

月别	正月大				二月小				三月大				四月小				闰四月小				五月大				六月小			
干支	壬寅				癸卯				甲辰				乙巳				乙巳				丙午				丁未			
九星	五黄				四绿				三碧				二黑				二黑				一白				九紫			

廿四节气

节名	立春	雨水	惊蛰	春分	清明	谷雨	立夏	小满	芒种	夏至	小暑	大暑	立秋
农历	十一	廿六	十一	廿六	十二	廿七	十三	廿八	十五	初二	十七	初三	十九
时辰	午时	辰时	卯时	卯时	巳时	酉时	寅时	酉时	辰时	丑时	酉时	午时	寅时
公历	2月4日	2月19日	3月6日	3月21日	4月5日	4月20日	5月6日	5月21日	6月6日	6月22日	7月7日	7月23日	8月8日
时间	11时49分	7时39分	5时47分	6时44分	10时48分	18时4分	4时25分	17时31分	8时50分	1时42分	18时55分	12时48分	4时19分

农历	公历	星期	天地干支	五行	公历	星期	天地干支	五行	公历	星期	天地干支	五行	公历	星期	天地干支	五行	公历	星期	天地干支	五行	公历	星期	天地干支	五行	公历	星期	天地干支	五行
初一	25	一	戊申	土	24	三	戊寅	土	25	四	丁未	水	24	六	丁丑	水	23	日	丙午	水	21	一	乙亥	火	21	三	乙巳	火
初二	26	二	己酉	土	25	四	己卯	土	26	五	戊申	土	25	日	戊寅	土	24	一	丁未	水	22	二	丙子	水	22	四	丙午	水
初三	27	三	庚戌	金	26	五	庚辰	金	27	六	己酉	土	26	一	己卯	土	25	二	戊申	土	23	三	丁丑	水	23	五	丁未	水
初四	28	四	辛亥	金	27	六	辛巳	金	28	日	庚戌	金	27	二	庚辰	金	26	三	己酉	土	24	四	戊寅	土	24	六	戊申	土
初五	29	五	壬子	木	28	日	壬午	木	29	一	辛亥	金	28	三	辛巳	金	27	四	庚戌	金	25	五	己卯	土	25	日	己酉	土
初六	30	六	癸丑	木	3月	一	癸未	木	30	二	壬子	木	29	四	壬午	木	28	五	辛亥	金	26	六	庚辰	金	26	一	庚戌	金
初七	31	日	甲寅	水	2	二	甲申	水	31	三	癸丑	木	30	五	癸未	木	29	六	壬子	木	27	日	辛巳	金	27	二	辛亥	金
初八	2月	一	乙卯	水	3	三	乙酉	水	4月	四	甲寅	水	5月	六	甲申	水	30	日	癸丑	木	28	一	壬午	木	28	三	壬子	木
初九	2	二	丙辰	土	4	四	丙戌	土	2	五	乙卯	水	2	日	乙酉	水	31	一	甲寅	水	29	二	癸未	木	29	四	癸丑	木
初十	3	三	丁巳	土	5	五	丁亥	土	3	六	丙辰	土	3	一	丙戌	土	6月	二	乙卯	水	30	三	甲申	水	30	五	甲寅	水
十一	4	四	戊午	火	6	六	戊子	火	4	日	丁巳	土	4	二	丁亥	土	2	三	丙辰	土	7月	四	乙酉	水	31	六	乙卯	水
十二	5	五	己未	火	7	日	己丑	火	5	一	戊午	火	5	三	戊子	火	3	四	丁巳	土	2	五	丙戌	土	8月	日	丙辰	土
十三	6	六	庚申	木	8	一	庚寅	木	6	二	己未	火	6	四	己丑	火	4	五	戊午	火	3	六	丁亥	土	2	一	丁巳	土
十四	7	日	辛酉	木	9	二	辛卯	木	7	三	庚申	木	7	五	庚寅	木	5	六	己未	火	4	日	戊子	火	3	二	戊午	火
十五	8	一	壬戌	水	10	三	壬辰	水	8	四	辛酉	木	8	六	辛卯	木	6	日	庚申	木	5	一	己丑	火	4	三	己未	火
十六	9	二	癸亥	水	11	四	癸巳	水	9	五	壬戌	水	9	日	壬辰	水	7	一	辛酉	木	6	二	庚寅	木	5	四	庚申	木
十七	10	三	甲子	金	12	五	甲午	金	10	六	癸亥	水	10	一	癸巳	水	8	二	壬戌	水	7	三	辛卯	木	6	五	辛酉	木
十八	11	四	乙丑	金	13	六	乙未	金	11	日	甲子	金	11	二	甲午	金	9	三	癸亥	水	8	四	壬辰	水	7	六	壬戌	水
十九	12	五	丙寅	火	14	日	丙申	火	12	一	乙丑	金	12	三	乙未	金	10	四	甲子	金	9	五	癸巳	水	8	日	癸亥	水
二十	13	六	丁卯	火	15	一	丁酉	火	13	二	丙寅	火	13	四	丙申	火	11	五	乙丑	金	10	六	甲午	金	9	一	甲子	金
廿一	14	日	戊辰	木	16	二	戊戌	木	14	三	丁卯	火	14	五	丁酉	火	12	六	丙寅	火	11	日	乙未	金	10	二	乙丑	金
廿二	15	一	己巳	木	17	三	己亥	木	15	四	戊辰	木	15	六	戊戌	木	13	日	丁卯	火	12	一	丙申	火	11	三	丙寅	火
廿三	16	二	庚午	土	18	四	庚子	土	16	五	己巳	木	16	日	己亥	木	14	一	戊辰	木	13	二	丁酉	火	12	四	丁卯	火
廿四	17	三	辛未	土	19	五	辛丑	土	17	六	庚午	土	17	一	庚子	土	15	二	己巳	木	14	三	戊戌	木	13	五	戊辰	木
廿五	18	四	壬申	金	20	六	壬寅	金	18	日	辛未	土	18	二	辛丑	土	16	三	庚午	土	15	四	己亥	木	14	六	己巳	木
廿六	19	五	癸酉	金	21	日	癸卯	金	19	一	壬申	金	19	三	壬寅	金	17	四	辛未	土	16	五	庚子	土	15	日	庚午	土
廿七	20	六	甲戌	火	22	一	甲辰	火	20	二	癸酉	金	20	四	癸卯	金	18	五	壬申	金	17	六	辛丑	土	16	一	辛未	土
廿八	21	日	乙亥	火	23	二	乙巳	火	21	三	甲戌	火	21	五	甲辰	火	19	六	癸酉	金	18	日	壬寅	金	17	二	壬申	金
廿九	22	一	丙子	水	24	三	丙午	水	22	四	乙亥	火	22	六	乙巳	火	20	日	甲戌	火	19	一	癸卯	金	18	三	癸酉	金
三十	23	二	丁丑	水					23	五	丙子	水									20	二	甲辰	火				

公元一九八二年 （闰四月）　岁次:壬戌　生肖:狗　太岁:洪范　纳音:大海水

月别	七月小	八月大	九月小	十月大	十一月大	十二月大
干支	戊申	己酉	庚戌	辛亥	壬子	癸丑
九星	八白	七赤	六白	五黄	四绿	三碧

廿四节气

项目	七月小		八月大		九月小		十月大		十一月大		十二月大	
节名	处暑	白露	秋分	寒露	霜降	立冬	小雪	大雪	冬至	小寒	大寒	立春
农历	初五	廿一	初七	廿二	初八	廿三	初八	廿三	初八	廿三	初七	廿二
时辰	戌时	辰时	申时	子时	丑时	丑时	子时	酉时	午时	卯时	子时	酉时
公历	8月23日	9月8日	9月23日	10月8日	10月24日	11月8日	11月22日	12月7日	12月22日	1月6日	1月20日	2月4日
时间	19时15分	7时32分	16时47分	23时2分	1时59分	2时4分	23时24分	18时48分	12时39分	5时59分	23时18分	17时37分

农历	七月小 公历	星期	天地干支	五行	八月大 公历	星期	天地干支	五行	九月小 公历	星期	天地干支	五行	十月大 公历	星期	天地干支	五行	十一月大 公历	星期	天地干支	五行	十二月大 公历	星期	天地干支	五行
初一	19	四	甲戌	火	17	五	癸卯	金	17	日	癸酉	金	15	一	壬寅	金	15	三	壬申	金	14	五	壬寅	金
初二	20	五	乙亥	火	18	六	甲辰	火	18	一	甲戌	火	16	二	癸卯	金	16	四	癸酉	金	15	六	癸卯	金
初三	21	六	丙子	水	19	日	乙巳	火	19	二	乙亥	火	17	三	甲辰	火	17	五	甲戌	火	16	日	甲辰	火
初四	22	日	丁丑	水	20	一	丙午	水	20	三	丙子	水	18	四	乙巳	火	18	六	乙亥	火	17	一	乙巳	火
初五	23	一	戊寅	土	21	二	丁未	水	21	四	丁丑	水	19	五	丙午	水	19	日	丙子	水	18	二	丙午	水
初六	24	二	己卯	土	22	三	戊申	土	22	五	戊寅	土	20	六	丁未	水	20	一	丁丑	水	19	三	丁未	水
初七	25	三	庚辰	金	23	四	己酉	土	23	六	己卯	土	21	日	戊申	土	21	二	戊寅	土	20	四	戊申	土
初八	26	四	辛巳	金	24	五	庚戌	金	24	日	庚辰	金	22	一	己酉	土	22	三	己卯	土	21	五	己酉	土
初九	27	五	壬午	木	25	六	辛亥	金	25	一	辛巳	金	23	二	庚戌	金	23	四	庚辰	金	22	六	庚戌	金
初十	28	六	癸未	木	26	日	壬子	木	26	二	壬午	木	24	三	辛亥	金	24	五	辛巳	金	23	日	辛亥	金
十一	29	日	甲申	水	27	一	癸丑	木	27	三	癸未	木	25	四	壬子	木	25	六	壬午	木	24	一	壬子	木
十二	30	一	乙酉	水	28	二	甲寅	水	28	四	甲申	水	26	五	癸丑	木	26	日	癸未	木	25	二	癸丑	木
十三	31	二	丙戌	土	29	三	乙卯	水	29	五	乙酉	水	27	六	甲寅	水	27	一	甲申	水	26	三	甲寅	水
十四	9月	三	丁亥	土	30	四	丙辰	土	30	六	丙戌	土	28	日	乙卯	水	28	二	乙酉	水	27	四	乙卯	水
十五	2	四	戊子	火	10月	五	丁巳	土	31	日	丁亥	土	29	一	丙辰	土	29	三	丙戌	土	28	五	丙辰	土
十六	3	五	己丑	火	2	六	戊午	火	11月	一	戊子	火	30	二	丁巳	土	30	四	丁亥	土	29	六	丁巳	土
十七	4	六	庚寅	木	3	日	己未	火	2	二	己丑	火	12月	三	戊午	火	31	五	戊子	火	30	日	戊午	火
十八	5	日	辛卯	木	4	一	庚申	木	3	三	庚寅	木	2	四	己未	火	1月	六	己丑	火	31	一	己未	火
十九	6	一	壬辰	水	5	二	辛酉	木	4	四	辛卯	木	3	五	庚申	木	2	日	庚寅	木	2月	二	庚申	木
二十	7	二	癸巳	水	6	三	壬戌	水	5	五	壬辰	水	4	六	辛酉	木	3	一	辛卯	木	2	三	辛酉	木
廿一	8	三	甲午	金	7	四	癸亥	水	6	六	癸巳	水	5	日	壬戌	水	4	二	壬辰	水	3	四	壬戌	水
廿二	9	四	乙未	金	8	五	甲子	金	7	日	甲午	金	6	一	癸亥	水	5	三	癸巳	水	4	五	癸亥	水
廿三	10	五	丙申	火	9	六	乙丑	金	8	一	乙未	金	7	二	甲子	金	6	四	甲午	金	5	六	甲子	金
廿四	11	六	丁酉	火	10	日	丙寅	火	9	二	丙申	火	8	三	乙丑	金	7	五	乙未	金	6	日	乙丑	金
廿五	12	日	戊戌	木	11	一	丁卯	火	10	三	丁酉	火	9	四	丙寅	火	8	六	丙申	火	7	一	丙寅	火
廿六	13	一	己亥	木	12	二	戊辰	木	11	四	戊戌	木	10	五	丁卯	火	9	日	丁酉	火	8	二	丁卯	火
廿七	14	二	庚子	土	13	三	己巳	木	12	五	己亥	木	11	六	戊辰	木	10	一	戊戌	木	9	三	戊辰	木
廿八	15	三	辛丑	土	14	四	庚午	土	13	六	庚子	土	12	日	己巳	木	11	二	己亥	木	10	四	己巳	木
廿九	16	四	壬寅	金	15	五	辛未	土	14	日	辛丑	土	13	一	庚午	土	12	三	庚子	土	11	五	庚午	土
三十					16	六	壬申	金					14	二	辛未	土	13	四	辛丑	土	12	六	辛未	土

公元一九八三年　岁次:癸亥　生肖:猪　太岁:虞程　纳音:大海水

月别	正月大	二月小	三月大	四月小	五月小	六月大
干支	甲寅	乙卯	丙辰	丁巳	戊午	己未
九星	二黑	一白	九紫	八白	七赤	六白

廿四节气

节名	雨水	惊蛰	春分	清明	谷雨	立夏	小满	芒种	夏至	小暑	大暑	立秋
农历	初七	廿二	初七	廿二	初八	廿四	初九	廿五	十二	廿八	十四	三十
时辰	未时	午时	午时	申时	子时	巳时	子时	未时	辰时	子时	酉时	巳时
公历	2月19日	3月6日	3月21日	4月5日	4月20日	5月6日	5月21日	6月6日	6月22日	7月8日	7月23日	8月8日
时间	13时31分	11时41分	12时39分	16时45分	23时52分	10时12分	23时8分	14时27分	7时9分	0时43分	18时5分	10时30分

农历	公历	星期	天地干支	五行	公历	星期	天地干支	五行	公历	星期	天地干支	五行	公历	星期	天地干支	五行	公历	星期	天地干支	五行	公历	星期	天地干支	五行
初一	13	日	壬申	金	15	二	壬寅	金	13	三	辛未	土	13	五	辛丑	土	11	六	庚午	土	10	日	己亥	木
初二	14	一	癸酉	金	16	三	癸卯	金	14	四	壬申	金	14	六	壬寅	金	12	日	辛未	土	11	一	庚子	土
初三	15	二	甲戌	火	17	四	甲辰	火	15	五	癸酉	金	15	日	癸卯	金	13	一	壬申	金	12	二	辛丑	土
初四	16	三	乙亥	火	18	五	乙巳	火	16	六	甲戌	火	16	一	甲辰	火	14	二	癸酉	金	13	三	壬寅	金
初五	17	四	丙子	水	19	六	丙午	水	17	日	乙亥	火	17	二	乙巳	火	15	三	甲戌	火	14	四	癸卯	金
初六	18	五	丁丑	水	20	日	丁未	水	18	一	丙子	水	18	三	丙午	水	16	四	乙亥	火	15	五	甲辰	火
初七	19	六	戊寅	土	21	一	戊申	土	19	二	丁丑	水	19	四	丁未	水	17	五	丙子	水	16	六	乙巳	火
初八	20	日	己卯	土	22	二	己酉	土	20	三	戊寅	土	20	五	戊申	土	18	六	丁丑	水	17	日	丙午	水
初九	21	一	庚辰	金	23	三	庚戌	金	21	四	己卯	土	21	六	己酉	土	19	日	戊寅	土	18	一	丁未	水
初十	22	二	辛巳	金	24	四	辛亥	金	22	五	庚辰	金	22	日	庚戌	金	20	一	己卯	土	19	二	戊申	土
十一	23	三	壬午	木	25	五	壬子	木	23	六	辛巳	金	23	一	辛亥	金	21	二	庚辰	金	20	三	己酉	土
十二	24	四	癸未	木	26	六	癸丑	木	24	日	壬午	木	24	二	壬子	木	22	三	辛巳	金	21	四	庚戌	金
十三	25	五	甲申	水	27	日	甲寅	水	25	一	癸未	木	25	三	癸丑	木	23	四	壬午	木	22	五	辛亥	金
十四	26	六	乙酉	水	28	一	乙卯	水	26	二	甲申	水	26	四	甲寅	水	24	五	癸未	木	23	六	壬子	木
十五	27	日	丙戌	土	29	二	丙辰	土	27	三	乙酉	水	27	五	乙卯	水	25	六	甲申	水	24	日	癸丑	木
十六	28	一	丁亥	土	30	三	丁巳	土	28	四	丙戌	土	28	六	丙辰	土	26	日	乙酉	水	25	一	甲寅	水
十七	3月	二	戊子	火	31	四	戊午	火	29	五	丁亥	土	29	日	丁巳	土	27	一	丙戌	土	26	二	乙卯	水
十八	2	三	己丑	火	4月	五	己未	火	30	六	戊子	火	30	一	戊午	火	28	二	丁亥	土	27	三	丙辰	土
十九	3	四	庚寅	木	2	六	庚申	木	5月	日	己丑	火	31	二	己未	火	29	三	戊子	火	28	四	丁巳	土
二十	4	五	辛卯	木	3	日	辛酉	木	2	一	庚寅	木	6月	三	庚申	木	30	四	己丑	火	29	五	戊午	火
廿一	5	六	壬辰	水	4	一	壬戌	水	3	二	辛卯	木	2	四	辛酉	木	7月	五	庚寅	木	30	六	己未	火
廿二	6	日	癸巳	水	5	二	癸亥	水	4	三	壬辰	水	3	五	壬戌	水	2	六	辛卯	木	31	日	庚申	木
廿三	7	一	甲午	金	6	三	甲子	金	5	四	癸巳	水	4	六	癸亥	水	3	日	壬辰	水	8月	一	辛酉	木
廿四	8	二	乙未	金	7	四	乙丑	金	6	五	甲午	金	5	日	甲子	金	4	一	癸巳	水	2	二	壬戌	水
廿五	9	三	丙申	火	8	五	丙寅	火	7	六	乙未	金	6	一	乙丑	金	5	二	甲午	金	3	三	癸亥	水
廿六	10	四	丁酉	火	9	六	丁卯	火	8	日	丙申	火	7	二	丙寅	火	6	三	乙未	金	4	四	甲子	金
廿七	11	五	戊戌	木	10	日	戊辰	木	9	一	丁酉	火	8	三	丁卯	火	7	四	丙申	火	5	五	乙丑	金
廿八	12	六	己亥	木	11	一	己巳	木	10	二	戊戌	木	9	四	戊辰	木	8	五	丁酉	火	6	六	丙寅	火
廿九	13	日	庚子	土	12	二	庚午	土	11	三	己亥	木	10	五	己巳	木	9	六	戊戌	木	7	日	丁卯	火
三十	14	一	辛丑	土					12	四	庚子	土									8	一	戊辰	木

公元一九八三年　　岁次:癸亥　　生肖:猪　　太岁:虞程　　纳音:大海水

月别	七月小				八月小				九月大				十月小				十一月大				十二月大			
干支	庚申				辛酉				壬戌				癸亥				甲子				乙丑			
九星	五黄				四绿				三碧				二黑				一白				九紫			

廿四节气

	七月	八月		九月		十月		十一月		十二月	
节名	处暑	白露	秋分	寒露	霜降	立冬	小雪	大雪	冬至	小寒	大寒
农历	十六	初二	十七	初四	十九	初四	十九	初五	十九	初四	十九
时辰	丑时	未时	亥时	寅时	辰时	辰时	卯时	子时	酉时	午时	卯时
公历	8月24日	9月8日	9月23日	10月9日	10月24日	11月8日	11月23日	12月8日	12月22日	1月6日	1月21日
时间	1时8分	13时20分	22时42分	4时52分	7时55分	7时52分	5时18分	0时34分	18时30分	11时42分	5时21分

农历	公历	星期	天地干支	五行	公历	星期	天地干支	五行	公历	星期	天地干支	五行	公历	星期	天地干支	五行	公历	星期	天地干支	五行	公历	星期	天地干支	五行
初一	9	二	己巳	木	7	三	戊戌	木	6	四	丁卯	火	5	六	丁酉	火	4	日	丙寅	火	3	二	丙申	火
初二	10	三	庚午	土	8	四	己亥	木	7	五	戊辰	木	6	日	戊戌	木	5	一	丁卯	火	4	三	丁酉	火
初三	11	四	辛未	土	9	五	庚子	土	8	六	己巳	木	7	一	己亥	木	6	二	戊辰	木	5	四	戊戌	木
初四	12	五	壬申	金	10	六	辛丑	土	9	日	庚午	土	8	二	庚子	土	7	三	己巳	木	6	五	己亥	木
初五	13	六	癸酉	金	11	日	壬寅	金	10	一	辛未	土	9	三	辛丑	土	8	四	庚午	土	7	六	庚子	土
初六	14	日	甲戌	火	12	一	癸卯	金	11	二	壬申	金	10	四	壬寅	金	9	五	辛未	土	8	日	辛丑	土
初七	15	一	乙亥	火	13	二	甲辰	火	12	三	癸酉	金	11	五	癸卯	金	10	六	壬申	金	9	一	壬寅	金
初八	16	二	丙子	水	14	三	乙巳	火	13	四	甲戌	火	12	六	甲辰	火	11	日	癸酉	金	10	二	癸卯	金
初九	17	三	丁丑	水	15	四	丙午	水	14	五	乙亥	火	13	日	乙巳	火	12	一	甲戌	火	11	三	甲辰	火
初十	18	四	戊寅	土	16	五	丁未	水	15	六	丙子	水	14	一	丙午	水	13	二	乙亥	火	12	四	乙巳	火
十一	19	五	己卯	土	17	六	戊申	土	16	日	丁丑	水	15	二	丁未	水	14	三	丙子	水	13	五	丙午	水
十二	20	六	庚辰	金	18	日	己酉	土	17	一	戊寅	土	16	三	戊申	土	15	四	丁丑	水	14	六	丁未	水
十三	21	日	辛巳	金	19	一	庚戌	金	18	二	己卯	土	17	四	己酉	土	16	五	戊寅	土	15	日	戊申	土
十四	22	一	壬午	木	20	二	辛亥	金	19	三	庚辰	金	18	五	庚戌	金	17	六	己卯	土	16	一	己酉	土
十五	23	二	癸未	木	21	三	壬子	木	20	四	辛巳	金	19	六	辛亥	金	18	日	庚辰	金	17	二	庚戌	金
十六	24	三	甲申	水	22	四	癸丑	木	21	五	壬午	木	20	日	壬子	木	19	一	辛巳	金	18	三	辛亥	金
十七	25	四	乙酉	水	23	五	甲寅	水	22	六	癸未	木	21	一	癸丑	木	20	二	壬午	木	19	四	壬子	木
十八	26	五	丙戌	土	24	六	乙卯	水	23	日	甲申	水	22	二	甲寅	水	21	三	癸未	木	20	五	癸丑	木
十九	27	六	丁亥	土	25	日	丙辰	土	24	一	乙酉	水	23	三	乙卯	水	22	四	甲申	水	21	六	甲寅	水
二十	28	日	戊子	火	26	一	丁巳	土	25	二	丙戌	土	24	四	丙辰	土	23	五	乙酉	水	22	日	乙卯	水
廿一	29	一	己丑	火	27	二	戊午	火	26	三	丁亥	土	25	五	丁巳	土	24	六	丙戌	土	23	一	丙辰	土
廿二	30	二	庚寅	木	28	三	己未	火	27	四	戊子	火	26	六	戊午	火	25	日	丁亥	土	24	二	丁巳	土
廿三	31	三	辛卯	木	29	四	庚申	木	28	五	己丑	火	27	日	己未	火	26	一	戊子	火	25	三	戊午	火
廿四	9月	四	壬辰	水	30	五	辛酉	木	29	六	庚寅	木	28	一	庚申	木	27	二	己丑	火	26	四	己未	火
廿五	2	五	癸巳	水	10月	六	壬戌	水	30	日	辛卯	木	29	二	辛酉	木	28	三	庚寅	木	27	五	庚申	木
廿六	3	六	甲午	金	2	日	癸亥	水	31	一	壬辰	水	30	三	壬戌	水	29	四	辛卯	木	28	六	辛酉	木
廿七	4	日	乙未	金	3	一	甲子	金	11月	二	癸巳	水	12月	四	癸亥	水	30	五	壬辰	水	29	日	壬戌	水
廿八	5	一	丙申	火	4	二	乙丑	金	2	三	甲午	金	2	五	甲子	金	31	六	癸巳	水	30	一	癸亥	水
廿九	6	二	丁酉	火	5	三	丙寅	火	3	四	乙未	金	3	六	乙丑	金	1月	日	甲午	金	31	二	甲子	金
三十									4	五	丙申	火					2	一	乙未	金	2月	三	乙丑	金

公元一九八四年　（闰十月）　岁次：甲子　生肖：鼠　太岁：金赤　纳音：海中金

月别	正月大	二月小	三月大	四月大	五月小	六月小
干支	丙寅	丁卯	戊辰	己巳	庚午	辛未
九星	八白	七赤	六白	五黄	四绿	三碧

廿四节气

	节名	立春	雨水	惊蛰	春分	清明	谷雨	立夏	小满	芒种	夏至	小暑	大暑
	农历	初三	十八	初三	十八	初四	二十	初五	廿一	初六	廿二	初九	廿四
	时辰	子时	戌时	酉时	酉时	亥时	卯时	申时	寅时	戌时	未时	卯时	子时
	公历	2月4日	2月19日	3月5日	3月20日	4月4日	4月20日	5月5日	5月21日	6月5日	6月21日	7月7日	7月22日
	时间	23时19分	19时16分	17时26分	18时24分	22时23分	5时39分	16时2分	4时58分	20时9分	13时3分	6时30分	23时57分

农历	公历	星期	天地干支	五行	公历	星期	天地干支	五行	公历	星期	天地干支	五行	公历	星期	天地干支	五行	公历	星期	天地干支	五行	公历	星期	天地干支	五行
初一	2	四	丙寅	火	3	六	丙申	火	4月	日	乙丑	金	5月	二	乙未	金	31	四	乙丑	金	29	五	甲午	金
初二	3	五	丁卯	火	4	日	丁酉	火	2	一	丙寅	火	2	三	丙申	火	6月	五	丙寅	火	30	六	乙未	金
初三	4	六	戊辰	木	5	一	戊戌	木	3	二	丁卯	火	3	四	丁酉	火	2	六	丁卯	火	7月	日	丙申	火
初四	5	日	己巳	木	6	二	己亥	木	4	三	戊辰	木	4	五	戊戌	木	3	日	戊辰	木	2	一	丁酉	火
初五	6	一	庚午	土	7	三	庚子	土	5	四	己巳	木	5	六	己亥	木	4	一	己巳	木	3	二	戊戌	木
初六	7	二	辛未	土	8	四	辛丑	土	6	五	庚午	土	6	日	庚子	土	5	二	庚午	土	4	三	己亥	木
初七	8	三	壬申	金	9	五	壬寅	金	7	六	辛未	土	7	一	辛丑	土	6	三	辛未	土	5	四	庚子	土
初八	9	四	癸酉	金	10	六	癸卯	金	8	日	壬申	金	8	二	壬寅	金	7	四	壬申	金	6	五	辛丑	土
初九	10	五	甲戌	火	11	日	甲辰	火	9	一	癸酉	金	9	三	癸卯	金	8	五	癸酉	金	7	六	壬寅	金
初十	11	六	乙亥	火	12	一	乙巳	火	10	二	甲戌	火	10	四	甲辰	火	9	六	甲戌	火	8	日	癸卯	金
十一	12	日	丙子	水	13	二	丙午	水	11	三	乙亥	火	11	五	乙巳	火	10	日	乙亥	火	9	一	甲辰	火
十二	13	一	丁丑	水	14	三	丁未	水	12	四	丙子	水	12	六	丙午	水	11	一	丙子	水	10	二	乙巳	火
十三	14	二	戊寅	土	15	四	戊申	土	13	五	丁丑	水	13	日	丁未	水	12	二	丁丑	水	11	三	丙午	水
十四	15	三	己卯	土	16	五	己酉	土	14	六	戊寅	土	14	一	戊申	土	13	三	戊寅	土	12	四	丁未	水
十五	16	四	庚辰	金	17	六	庚戌	金	15	日	己卯	土	15	二	己酉	土	14	四	己卯	土	13	五	戊申	土
十六	17	五	辛巳	金	18	日	辛亥	金	16	一	庚辰	金	16	三	庚戌	金	15	五	庚辰	金	14	六	己酉	土
十七	18	六	壬午	木	19	一	壬子	木	17	二	辛巳	金	17	四	辛亥	金	16	六	辛巳	金	15	日	庚戌	金
十八	19	日	癸未	木	20	二	癸丑	木	18	三	壬午	木	18	五	壬子	木	17	日	壬午	木	16	一	辛亥	金
十九	20	一	甲申	水	21	三	甲寅	水	19	四	癸未	木	19	六	癸丑	木	18	一	癸未	木	17	二	壬子	木
二十	21	二	乙酉	水	22	四	乙卯	水	20	五	甲申	水	20	日	甲寅	水	19	二	甲申	水	18	三	癸丑	木
廿一	22	三	丙戌	土	23	五	丙辰	土	21	六	乙酉	水	21	一	乙卯	水	20	三	乙酉	水	19	四	甲寅	水
廿二	23	四	丁亥	土	24	六	丁巳	土	22	日	丙戌	土	22	二	丙辰	土	21	四	丙戌	土	20	五	乙卯	水
廿三	24	五	戊子	火	25	日	戊午	火	23	一	丁亥	土	23	三	丁巳	土	22	五	丁亥	土	21	六	丙辰	土
廿四	25	六	己丑	火	26	一	己未	火	24	二	戊子	火	24	四	戊午	火	23	六	戊子	火	22	日	丁巳	土
廿五	26	日	庚寅	木	27	二	庚申	木	25	三	己丑	火	25	五	己未	火	24	日	己丑	火	23	一	戊午	火
廿六	27	一	辛卯	木	28	三	辛酉	木	26	四	庚寅	木	26	六	庚申	木	25	一	庚寅	木	24	二	己未	火
廿七	28	二	壬辰	水	29	四	壬戌	水	27	五	辛卯	木	27	日	辛酉	木	26	二	辛卯	木	25	三	庚申	木
廿八	29	三	癸巳	水	30	五	癸亥	水	28	六	壬辰	水	28	一	壬戌	水	27	三	壬辰	水	26	四	辛酉	木
廿九	3月	四	甲午	金	31	六	甲子	金	29	日	癸巳	水	29	二	癸亥	水	28	四	癸巳	水	27	五	壬戌	水
三十	2	五	乙未	金					30	一	甲午	金	30	三	甲子	金								

公元一九八四年　（闰十月）　岁次：甲子　生肖：鼠　太岁：金赤　纳音：海中金

月别	七月大			八月小			九月小			十月大			闰十月小			十一月大			十二月大		
干支	壬申			癸酉			甲戌			乙亥			乙亥			丙子			丁丑			
九星	二黑			一白			九紫			八白			八白			七赤			六白			

廿四节气

节名	立秋	处暑		白露	秋分		寒露	霜降		立冬	小雪		大雪			冬至	小寒	大寒	立春	雨水	
农历	十一	廿七		十二	廿八		十四	廿九		十五	三十		十五			初一	十五	三十	十五	三十	
时辰	申时	辰时		戌时	寅时		巳时	未时		未时	午时		卯时			子时	酉时	巳时	卯时	丑时	
公历	8月7日	8月23日		9月7日	9月23日		10月8日	10月23日		11月7日	11月22日		12月7日			12月22日	1月5日	1月20日	2月4日	2月19日	
时间	16时19分	7时0分		19时10分	4时33分		10时44分	13时46分		13时46分	12时10分		6时28分			0时23分	17时33分	10时44分	5时15分	1时7分	

农历	公历	星期	天地干支	五行	公历	星期	天地干支	五行	公历	星期	天地干支	五行	公历	星期	天地干支	五行	公历	星期	天地干支	五行	公历	星期	天地干支	五行	公历	星期	天地干支	五行
初一	28	六	癸亥	水	27	一	癸巳	水	25	二	壬戌	水	24	三	辛卯	木	23	五	辛酉	木	22	六	庚寅	木	21	一	庚申	木
初二	29	日	甲子	金	28	二	甲午	金	26	三	癸亥	水	25	四	壬辰	水	24	六	壬戌	水	23	日	辛卯	木	22	二	辛酉	木
初三	30	一	乙丑	金	29	三	乙未	金	27	四	甲子	金	26	五	癸巳	水	25	日	癸亥	水	24	一	壬辰	水	23	三	壬戌	水
初四	31	二	丙寅	火	30	四	丙申	火	28	五	乙丑	金	27	六	甲午	金	26	一	甲子	金	25	二	癸巳	水	24	四	癸亥	水
初五	8月	三	丁卯	火	31	五	丁酉	火	29	六	丙寅	火	28	日	乙未	金	27	二	乙丑	金	26	三	甲午	金	25	五	甲子	金
初六	2	四	戊辰	木	9月	六	戊戌	木	30	日	丁卯	火	29	一	丙申	火	28	三	丙寅	火	27	四	乙未	金	26	六	乙丑	金
初七	3	五	己巳	木	2	日	己亥	木	10月	一	戊辰	木	30	二	丁酉	火	29	四	丁卯	火	28	五	丙申	火	27	日	丙寅	火
初八	4	六	庚午	土	3	一	庚子	土	2	二	己巳	木	31	三	戊戌	木	30	五	戊辰	木	29	六	丁酉	火	28	一	丁卯	火
初九	5	日	辛未	土	4	二	辛丑	土	3	三	庚午	土	11月	四	己亥	木	12月	六	己巳	木	30	日	戊戌	木	29	二	戊辰	木
初十	6	一	壬申	金	5	三	壬寅	金	4	四	辛未	土	2	五	庚子	土	2	日	庚午	土	31	一	己亥	木	30	三	己巳	木
十一	7	二	癸酉	金	6	四	癸卯	金	5	五	壬申	金	3	六	辛丑	土	3	一	辛未	土	1月	二	庚子	土	31	四	庚午	土
十二	8	三	甲戌	火	7	五	甲辰	火	6	六	癸酉	金	4	日	壬寅	金	4	二	壬申	金	2	三	辛丑	土	2月	五	辛未	土
十三	9	四	乙亥	火	8	六	乙巳	火	7	日	甲戌	火	5	一	癸卯	金	5	三	癸酉	金	3	四	壬寅	金	2	六	壬申	金
十四	10	五	丙子	水	9	日	丙午	水	8	一	乙亥	火	6	二	甲辰	火	6	四	甲戌	火	4	五	癸卯	金	3	日	癸酉	金
十五	11	六	丁丑	水	10	一	丁未	水	9	二	丙子	水	7	三	乙巳	火	7	五	乙亥	火	5	六	甲辰	火	4	一	甲戌	火
十六	12	日	戊寅	土	11	二	戊申	土	10	三	丁丑	水	8	四	丙午	水	8	六	丙子	水	6	日	乙巳	火	5	二	乙亥	火
十七	13	一	己卯	土	12	三	己酉	土	11	四	戊寅	土	9	五	丁未	水	9	日	丁丑	水	7	一	丙午	水	6	三	丙子	水
十八	14	二	庚辰	金	13	四	庚戌	金	12	五	己卯	土	10	六	戊申	土	10	一	戊寅	土	8	二	丁未	水	7	四	丁丑	水
十九	15	三	辛巳	金	14	五	辛亥	金	13	六	庚辰	金	11	日	己酉	土	11	二	己卯	土	9	三	戊申	土	8	五	戊寅	土
二十	16	四	壬午	木	15	六	壬子	木	14	日	辛巳	金	12	一	庚戌	金	12	三	庚辰	金	10	四	己酉	土	9	六	己卯	土
廿一	17	五	癸未	木	16	日	癸丑	木	15	一	壬午	木	13	二	辛亥	金	13	四	辛巳	金	11	五	庚戌	金	10	日	庚辰	金
廿二	18	六	甲申	水	17	一	甲寅	水	16	二	癸未	木	14	三	壬子	木	14	五	壬午	木	12	六	辛亥	金	11	一	辛巳	金
廿三	19	日	乙酉	水	18	二	乙卯	水	17	三	甲申	水	15	四	癸丑	木	15	六	癸未	木	13	日	壬子	木	12	二	壬午	木
廿四	20	一	丙戌	土	19	三	丙辰	土	18	四	乙酉	水	16	五	甲寅	木	16	日	甲申	水	14	一	癸丑	木	13	三	癸未	木
廿五	21	二	丁亥	土	20	四	丁巳	土	19	五	丙戌	土	17	六	乙卯	水	17	一	乙酉	水	15	二	甲寅	水	14	四	甲申	水
廿六	22	三	戊子	火	21	五	戊午	火	20	六	丁亥	土	18	日	丙辰	土	18	二	丙戌	土	16	三	乙卯	水	15	五	乙酉	水
廿七	23	四	己丑	火	22	六	己未	火	21	日	戊子	火	19	一	丁巳	土	19	三	丁亥	土	17	四	丙辰	土	16	六	丙戌	土
廿八	24	五	庚寅	木	23	日	庚申	木	22	一	己丑	火	20	二	戊午	火	20	四	戊子	火	18	五	丁巳	土	17	日	丁亥	土
廿九	25	六	辛卯	木	24	一	辛酉	木	23	二	庚寅	木	21	三	己未	火	21	五	己丑	火	19	六	戊午	火	18	一	戊子	火
三十	26	日	壬辰	水									22	四	庚申	木					20	日	己未	火	19	二	己丑	火

公元一九八五年　岁次:乙丑　生肖:牛　太岁:陈素　纳音:海中金

月别	正月小	二月大	三月大	四月小	五月大	六月小
干支	戊寅	己卯	庚辰	辛巳	壬午	癸未
九星	五黄	四绿	三碧	二黑	一白	九紫

廿四节气

	节名	惊蛰	春分	清明	谷雨	立夏	小满	芒种	夏至	小暑	大暑	立秋
	农历	十四	初一	十六	初一	十六	初二	十八	初四	二十	初六	廿一
	时辰	子时	子时	寅时	午时	亥时	巳时	丑时	酉时	午时	卯时	亥时
	公历	3月5日	3月21日	4月5日	4月20日	5月5日	5月21日	6月6日	6月21日	7月7日	7月23日	8月7日
	时间	23时25分	0时15分	4时28分	11时34分	22时2分	10时56分	2时24分	18时44分	12时47分	5时54分	22时29分

农历	公历	星期	天地干支	五行	公历	星期	天地干支	五行	公历	星期	天地干支	五行	公历	星期	天地干支	五行	公历	星期	天地干支	五行	公历	星期	天地干支	五行
初一	20	三	庚寅	木	21	四	己未	火	20	六	己丑	火	20	一	己未	火	18	二	戊子	火	18	四	戊午	火
初二	21	四	辛卯	木	22	五	庚申	木	21	日	庚寅	木	21	二	庚申	木	19	三	己丑	火	19	五	己未	火
初三	22	五	壬辰	水	23	六	辛酉	木	22	一	辛卯	木	22	三	辛酉	木	20	四	庚寅	木	20	六	庚申	木
初四	23	六	癸巳	水	24	日	壬戌	水	23	二	壬辰	水	23	四	壬戌	水	21	五	辛卯	木	21	日	辛酉	木
初五	24	日	甲午	金	25	一	癸亥	水	24	三	癸巳	水	24	五	癸亥	水	22	六	壬辰	水	22	一	壬戌	水
初六	25	一	乙未	金	26	二	甲子	金	25	四	甲午	金	25	六	甲子	金	23	日	癸巳	水	23	二	癸亥	水
初七	26	二	丙申	火	27	三	乙丑	金	26	五	乙未	金	26	日	乙丑	金	24	一	甲午	金	24	三	甲子	金
初八	27	三	丁酉	火	28	四	丙寅	火	27	六	丙申	火	27	一	丙寅	火	25	二	乙未	金	25	四	乙丑	金
初九	28	四	戊戌	木	29	五	丁卯	火	28	日	丁酉	火	28	二	丁卯	火	26	三	丙申	火	26	五	丙寅	火
初十	3月	五	己亥	木	30	六	戊辰	木	29	一	戊戌	木	29	三	戊辰	木	27	四	丁酉	火	27	六	丁卯	火
十一	2	六	庚子	土	31	日	己巳	木	30	二	己亥	木	30	四	己巳	木	28	五	戊戌	木	28	日	戊辰	木
十二	3	日	辛丑	土	4月	一	庚午	土	5月	三	庚子	土	31	五	庚午	土	29	六	己亥	木	29	一	己巳	木
十三	4	一	壬寅	金	2	二	辛未	土	2	四	辛丑	土	6月	六	辛未	土	30	日	庚子	土	30	二	庚午	土
十四	5	二	癸卯	金	3	三	壬申	金	3	五	壬寅	金	2	日	壬申	金	7月	一	辛丑	土	31	三	辛未	土
十五	6	三	甲辰	火	4	四	癸酉	金	4	六	癸卯	金	3	一	癸酉	金	2	二	壬寅	金	8月	四	壬申	金
十六	7	四	乙巳	火	5	五	甲戌	火	5	日	甲辰	火	4	二	甲戌	火	3	三	癸卯	金	2	五	癸酉	金
十七	8	五	丙午	水	6	六	乙亥	火	6	一	乙巳	火	5	三	乙亥	火	4	四	甲辰	火	3	六	甲戌	火
十八	9	六	丁未	水	7	日	丙子	水	7	二	丙午	水	6	四	丙子	水	5	五	乙巳	火	4	日	乙亥	火
十九	10	日	戊申	土	8	一	丁丑	水	8	三	丁未	水	7	五	丁丑	水	6	六	丙午	水	5	一	丙子	水
二十	11	一	己酉	土	9	二	戊寅	土	9	四	戊申	土	8	六	戊寅	土	7	日	丁未	水	6	二	丁丑	水
廿一	12	二	庚戌	金	10	三	己卯	土	10	五	己酉	土	9	日	己卯	土	8	一	戊申	土	7	三	戊寅	土
廿二	13	三	辛亥	金	11	四	庚辰	金	11	六	庚戌	金	10	一	庚辰	金	9	二	己酉	土	8	四	己卯	土
廿三	14	四	壬子	木	12	五	辛巳	金	12	日	辛亥	金	11	二	辛巳	金	10	三	庚戌	金	9	五	庚辰	金
廿四	15	五	癸丑	木	13	六	壬午	木	13	一	壬子	木	12	三	壬午	木	11	四	辛亥	金	10	六	辛巳	金
廿五	16	六	甲寅	水	14	日	癸未	木	14	二	癸丑	木	13	四	癸未	木	12	五	壬子	木	11	日	壬午	木
廿六	17	日	乙卯	水	15	一	甲申	水	15	三	甲寅	水	14	五	甲申	水	13	六	癸丑	木	12	一	癸未	木
廿七	18	一	丙辰	土	16	二	乙酉	水	16	四	乙卯	水	15	六	乙酉	水	14	日	甲寅	水	13	二	甲申	水
廿八	19	二	丁巳	土	17	三	丙戌	土	17	五	丙辰	土	16	日	丙戌	土	15	一	乙卯	水	14	三	乙酉	水
廿九	20	三	戊午	火	18	四	丁亥	土	18	六	丁巳	土	17	一	丁亥	土	16	二	丙辰	土	15	四	丙戌	土
三十					19	五	戊子	火	19	日	戊午	火					17	三	丁巳	土				

公元一九八五年　岁次:乙丑　生肖:牛　太岁:陈素　纳音:海中金

月别	七月大				八月小				九月小				十月大				十一月小				十二月大			
干支	甲申				乙酉				丙戌				丁亥				戊子				己丑				
九星	八白				七赤				六白				五黄				四绿				三碧				

廿四节气

节名	处暑	白露	秋分	寒露	霜降	立冬	小雪	大雪	冬至	小寒	大寒	立春
农历	初八	廿四	初九	廿四	初十	廿五	十一	廿六	十一	廿五	十一	廿六
时辰	午时	子时	巳时	申时	戌时	戌时	申时	午时	卯时	子时	申时	午时
公历	8月23日	9月8日	9月23日	10月8日	10月23日	11月7日	11月22日	12月7日	12月22日	1月5日	1月20日	2月4日
时间	12时26分	0时53分	10时8分	16时25分	19时20分	19时30分	16时51分	12时17分	6时8分	23时28分	16时47分	11时8分

农历	七月大 公历	星期	天地干支	五行	八月小 公历	星期	天地干支	五行	九月小 公历	星期	天地干支	五行	十月大 公历	星期	天地干支	五行	十一月小 公历	星期	天地干支	五行	十二月大 公历	星期	天地干支	五行
初一	16	五	丁亥	土	15	日	丁巳	土	14	一	丙戌	土	12	二	乙卯	水	12	四	乙酉	水	10	五	甲寅	水
初二	17	六	戊子	火	16	一	戊午	火	15	二	丁亥	土	13	三	丙辰	土	13	五	丙戌	土	11	六	乙卯	水
初三	18	日	己丑	火	17	二	己未	火	16	三	戊子	火	14	四	丁巳	土	14	六	丁亥	土	12	日	丙辰	土
初四	19	一	庚寅	木	18	三	庚申	木	17	四	己丑	火	15	五	戊午	火	15	日	戊子	火	13	一	丁巳	土
初五	20	二	辛卯	木	19	四	辛酉	木	18	五	庚寅	木	16	六	己未	火	16	一	己丑	火	14	二	戊午	火
初六	21	三	壬辰	水	20	五	壬戌	水	19	六	辛卯	木	17	日	庚申	木	17	二	庚寅	木	15	三	己未	火
初七	22	四	癸巳	水	21	六	癸亥	水	20	日	壬辰	水	18	一	辛酉	木	18	三	辛卯	木	16	四	庚申	木
初八	23	五	甲午	金	22	日	甲子	金	21	一	癸巳	水	19	二	壬戌	水	19	四	壬辰	水	17	五	辛酉	木
初九	24	六	乙未	金	23	一	乙丑	金	22	二	甲午	金	20	三	癸亥	水	20	五	癸巳	水	18	六	壬戌	水
初十	25	日	丙申	火	24	二	丙寅	火	23	三	乙未	金	21	四	甲子	金	21	六	甲午	金	19	日	癸亥	水
十一	26	一	丁酉	火	25	三	丁卯	火	24	四	丙申	火	22	五	乙丑	金	22	日	乙未	金	20	一	甲子	金
十二	27	二	戊戌	木	26	四	戊辰	木	25	五	丁酉	火	23	六	丙寅	火	23	一	丙申	火	21	二	乙丑	金
十三	28	三	己亥	木	27	五	己巳	木	26	六	戊戌	木	24	日	丁卯	火	24	二	丁酉	火	22	三	丙寅	火
十四	29	四	庚子	土	28	六	庚午	土	27	日	己亥	木	25	一	戊辰	木	25	三	戊戌	木	23	四	丁卯	火
十五	30	五	辛丑	土	29	日	辛未	土	28	一	庚子	土	26	二	己巳	木	26	四	己亥	木	24	五	戊辰	木
十六	31	六	壬寅	金	30	一	壬申	金	29	二	辛丑	土	27	三	庚午	土	27	五	庚子	土	25	六	己巳	木
十七	9月1	日	癸卯	金	10月1	二	癸酉	金	30	三	壬寅	金	28	四	辛未	土	28	六	辛丑	土	26	日	庚午	土
十八	2	一	甲辰	火	2	三	甲戌	火	31	四	癸卯	金	29	五	壬申	金	29	日	壬寅	金	27	一	辛未	土
十九	3	二	乙巳	火	3	四	乙亥	火	11月1	五	甲辰	火	30	六	癸酉	金	30	一	癸卯	金	28	二	壬申	金
二十	4	三	丙午	水	4	五	丙子	水	2	六	乙巳	火	12月1	日	甲戌	火	31	二	甲辰	火	29	三	癸酉	金
廿一	5	四	丁未	水	5	六	丁丑	水	3	日	丙午	水	2	一	乙亥	火	1月1	三	乙巳	火	30	四	甲戌	火
廿二	6	五	戊申	土	6	日	戊寅	土	4	一	丁未	水	3	二	丙子	水	2	四	丙午	水	31	五	乙亥	火
廿三	7	六	己酉	土	7	一	己卯	土	5	二	戊申	土	4	三	丁丑	水	3	五	丁未	水	2月1	六	丙子	水
廿四	8	日	庚戌	金	8	二	庚辰	金	6	三	己酉	土	5	四	戊寅	土	4	六	戊申	土	2	日	丁丑	水
廿五	9	一	辛亥	金	9	三	辛巳	金	7	四	庚戌	金	6	五	己卯	土	5	日	己酉	土	3	一	戊寅	土
廿六	10	二	壬子	木	10	四	壬午	木	8	五	辛亥	金	7	六	庚辰	金	6	一	庚戌	金	4	二	己卯	土
廿七	11	三	癸丑	木	11	五	癸未	木	9	六	壬子	木	8	日	辛巳	金	7	二	辛亥	金	5	三	庚辰	金
廿八	12	四	甲寅	水	12	六	甲申	水	10	日	癸丑	木	9	一	壬午	木	8	三	壬子	木	6	四	辛巳	金
廿九	13	五	乙卯	水	13	日	乙酉	水	11	一	甲寅	水	10	二	癸未	木	9	四	癸丑	木	7	五	壬午	木
三十	14	六	丙辰	土									11	三	甲申	水					8	六	癸未	木

公元一九八六年　岁次:丙寅　生肖:虎　太岁:沈兴　纳音:炉中火

月别	正月小		二月大		三月大		四月小		五月大		六月大	
干支	庚寅		辛卯		壬辰		癸巳		甲午		乙未	
九星	二黑		一白		九紫		八白		七赤		六白	

廿四节气

	节名	雨水	惊蛰	春分	清明	谷雨	立夏	小满	芒种	夏至		小暑	大暑
	农历	十一	廿六	十二	廿七	十二	廿八	十三	廿九	十六		初一	十七
	时辰	卯时	卯时	卯时	巳时	酉时	寅时	申时	辰时	子时		酉时	午时
	公历	2月19日	3月6日	3月21日	4月5日	4月20日	5月6日	5月21日	6月6日	6月22日		7月7日	7月23日
	时间	6时50分	5时13分	6时4分	10时16分	17时23分	3时50分	16时45分	8时12分	0时51分		18时35分	11时43分

农历	公历	星期	天地干支	五行	公历	星期	天地干支	五行	公历	星期	天地干支	五行	公历	星期	天地干支	五行	公历	星期	天地干支	五行	公历	星期	天地干支	五行	公历	星期	天地干支	五行
初一	9	日	甲申	水	10	一	癸丑	木	9	三	癸未	木	9	五	癸丑	木	7	六	壬午	木	7	一	壬子	木
初二	10	一	乙酉	水	11	二	甲寅	水	10	四	甲申	水	10	六	甲寅	水	8	日	癸未	木	8	二	癸丑	木
初三	11	二	丙戌	土	12	三	乙卯	水	11	五	乙酉	水	11	日	乙卯	水	9	一	甲申	水	9	三	甲寅	水
初四	12	三	丁亥	土	13	四	丙辰	土	12	六	丙戌	土	12	一	丙辰	土	10	二	乙酉	水	10	四	乙卯	水
初五	13	四	戊子	火	14	五	丁巳	土	13	日	丁亥	土	13	二	丁巳	土	11	三	丙戌	土	11	五	丙辰	土
初六	14	五	己丑	火	15	六	戊午	火	14	一	戊子	火	14	三	戊午	火	12	四	丁亥	土	12	六	丁巳	土
初七	15	六	庚寅	木	16	日	己未	火	15	二	己丑	火	15	四	己未	火	13	五	戊子	火	13	日	戊午	火
初八	16	日	辛卯	木	17	一	庚申	木	16	三	庚寅	木	16	五	庚申	木	14	六	己丑	火	14	一	己未	火
初九	17	一	壬辰	水	18	二	辛酉	木	17	四	辛卯	木	17	六	辛酉	木	15	日	庚寅	木	15	二	庚申	木
初十	18	二	癸巳	水	19	三	壬戌	水	18	五	壬辰	水	18	日	壬戌	水	16	一	辛卯	木	16	三	辛酉	木
十一	19	三	甲午	金	20	四	癸亥	水	19	六	癸巳	水	19	一	癸亥	水	17	二	壬辰	水	17	四	壬戌	水
十二	20	四	乙未	金	21	五	甲子	金	20	日	甲午	金	20	二	甲子	金	18	三	癸巳	水	18	五	癸亥	水
十三	21	五	丙申	火	22	六	乙丑	金	21	一	乙未	金	21	三	乙丑	金	19	四	甲午	金	19	六	甲子	金
十四	22	六	丁酉	火	23	日	丙寅	火	22	二	丙申	火	22	四	丙寅	火	20	五	乙未	金	20	日	乙丑	金
十五	23	日	戊戌	木	24	一	丁卯	火	23	三	丁酉	火	23	五	丁卯	火	21	六	丙申	火	21	一	丙寅	火
十六	24	一	己亥	木	25	二	戊辰	木	24	四	戊戌	木	24	六	戊辰	木	22	日	丁酉	火	22	二	丁卯	火
十七	25	二	庚子	土	26	三	己巳	木	25	五	己亥	木	25	日	己巳	木	23	一	戊戌	木	23	三	戊辰	木
十八	26	三	辛丑	土	27	四	庚午	土	26	六	庚子	土	26	一	庚午	土	24	二	己亥	木	24	四	己巳	木
十九	27	四	壬寅	金	28	五	辛未	土	27	日	辛丑	土	27	二	辛未	土	25	三	庚子	土	25	五	庚午	土
二十	28	五	癸卯	金	29	六	壬申	金	28	一	壬寅	金	28	三	壬申	金	26	四	辛丑	土	26	六	辛未	土
廿一	3月1	六	甲辰	火	30	日	癸酉	金	29	二	癸卯	金	29	四	癸酉	金	27	五	壬寅	金	27	日	壬申	金
廿二	2	日	乙巳	火	31	一	甲戌	火	30	三	甲辰	火	30	五	甲戌	火	28	六	癸卯	金	28	一	癸酉	金
廿三	3	一	丙午	水	4月1	二	乙亥	火	5月1	四	乙巳	火	31	六	乙亥	火	29	日	甲辰	火	29	二	甲戌	火
廿四	4	二	丁未	水	2	三	丙子	水	2	五	丙午	水	6月1	日	丙子	水	30	一	乙巳	火	30	三	乙亥	火
廿五	5	三	戊申	土	3	四	丁丑	水	3	六	丁未	水	2	一	丁丑	水	7月1	二	丙午	水	31	四	丙子	水
廿六	6	四	己酉	土	4	五	戊寅	土	4	日	戊申	土	3	二	戊寅	土	2	三	丁未	水	8月1	五	丁丑	水
廿七	7	五	庚戌	金	5	六	己卯	土	5	一	己酉	土	4	三	己卯	土	3	四	戊申	土	2	六	戊寅	土
廿八	8	六	辛亥	金	6	日	庚辰	金	6	二	庚戌	金	5	四	庚辰	金	4	五	己酉	土	3	日	己卯	土
廿九	9	日	壬子	木	7	一	辛巳	金	7	三	辛亥	金	6	五	辛巳	金	5	六	庚戌	金	4	一	庚辰	金
三十					8	二	壬午	木	8	四	壬子	木					6	日	辛亥	金	5	二	辛巳	金

公元一九八六年　　岁次:丙寅　　生肖:虎　　太岁:沈兴　　纳音:炉中火

月别	七月小		八月大		九月小		十月大		十一月小		十二月小	
干支	丙申		丁酉		戊戌		己亥		庚子		辛丑	
九星	五黄		四绿		三碧		二黑		一白		九紫	

廿四节气	节名	立秋	处暑	白露	秋分	寒露	霜降	立冬	小雪	大雪	冬至	小寒	大寒
	农历	初三	十八	初五	二十	初五	廿一	初七	廿一	初六	廿一	初七	廿一
	时辰	寅时	酉时	卯时	申时	亥时	丑时	丑时	亥时	酉时	午时	卯时	亥时
	公历	8月8日	8月23日	9月8日	9月23日	10月8日	10月24日	11月8日	11月22日	12月7日	12月22日	1月6日	1月20日
	时间	4时17分	18时39分	6时35分	16时3分	22时25分	1时9分	1时20分	22时31分	18时1分	11时44分	5时9分	22时22分

农历	公历	星期	天地干支	五行	公历	星期	天地干支	五行	公历	星期	天地干支	五行	公历	星期	天地干支	五行	公历	星期	天地干支	五行	公历	星期	天地干支	五行
初一	6	三	壬午	木	4	四	辛亥	金	4	六	辛巳	金	2	日	庚戌	金	2	二	庚辰	金	31	三	己酉	土
初二	7	四	癸未	木	5	五	壬子	木	5	日	壬午	木	3	一	辛亥	金	3	三	辛巳	金	1月	四	庚戌	金
初三	8	五	甲申	水	6	六	癸丑	木	6	一	癸未	木	4	二	壬子	木	4	四	壬午	木	2	五	辛亥	金
初四	9	六	乙酉	水	7	日	甲寅	水	7	二	甲申	水	5	三	癸丑	木	5	五	癸未	木	3	六	壬子	木
初五	10	日	丙戌	土	8	一	乙卯	水	8	三	乙酉	水	6	四	甲寅	水	6	六	甲申	水	4	日	癸丑	木
初六	11	一	丁亥	土	9	二	丙辰	土	9	四	丙戌	土	7	五	乙卯	水	7	日	乙酉	水	5	一	甲寅	水
初七	12	二	戊子	火	10	三	丁巳	土	10	五	丁亥	土	8	六	丙辰	土	8	一	丙戌	土	6	二	乙卯	水
初八	13	三	己丑	火	11	四	戊午	火	11	六	戊子	火	9	日	丁巳	土	9	二	丁亥	土	7	三	丙辰	土
初九	14	四	庚寅	木	12	五	己未	火	12	日	己丑	火	10	一	戊午	火	10	三	戊子	火	8	四	丁巳	土
初十	15	五	辛卯	木	13	六	庚申	木	13	一	庚寅	木	11	二	己未	火	11	四	己丑	火	9	五	戊午	火
十一	16	六	壬辰	水	14	日	辛酉	木	14	二	辛卯	木	12	三	庚申	木	12	五	庚寅	木	10	六	己未	火
十二	17	日	癸巳	水	15	一	壬戌	水	15	三	壬辰	水	13	四	辛酉	木	13	六	辛卯	木	11	日	庚申	木
十三	18	一	甲午	金	16	二	癸亥	水	16	四	癸巳	水	14	五	壬戌	水	14	日	壬辰	水	12	一	辛酉	木
十四	19	二	乙未	金	17	三	甲子	金	17	五	甲午	金	15	六	癸亥	水	15	一	癸巳	水	13	二	壬戌	水
十五	20	三	丙申	火	18	四	乙丑	金	18	六	乙未	金	16	日	甲子	金	16	二	甲午	金	14	三	癸亥	水
十六	21	四	丁酉	火	19	五	丙寅	火	19	日	丙申	火	17	一	乙丑	金	17	三	乙未	金	15	四	甲子	金
十七	22	五	戊戌	木	20	六	丁卯	火	20	一	丁酉	火	18	二	丙寅	火	18	四	丙申	火	16	五	乙丑	金
十八	23	六	己亥	木	21	日	戊辰	木	21	二	戊戌	木	19	三	丁卯	火	19	五	丁酉	火	17	六	丙寅	火
十九	24	日	庚子	土	22	一	己巳	木	22	三	己亥	木	20	四	戊辰	木	20	六	戊戌	木	18	日	丁卯	火
二十	25	一	辛丑	土	23	二	庚午	土	23	四	庚子	土	21	五	己巳	木	21	日	己亥	木	19	一	戊辰	木
廿一	26	二	壬寅	金	24	三	辛未	土	24	五	辛丑	土	22	六	庚午	土	22	一	庚子	土	20	二	己巳	木
廿二	27	三	癸卯	金	25	四	壬申	金	25	六	壬寅	金	23	日	辛未	土	23	二	辛丑	土	21	三	庚午	土
廿三	28	四	甲辰	火	26	五	癸酉	金	26	日	癸卯	金	24	一	壬申	金	24	三	壬寅	金	22	四	辛未	土
廿四	29	五	乙巳	火	27	六	甲戌	火	27	一	甲辰	火	25	二	癸酉	金	25	四	癸卯	金	23	五	壬申	金
廿五	30	六	丙午	水	28	日	乙亥	火	28	二	乙巳	火	26	三	甲戌	火	26	五	甲辰	火	24	六	癸酉	金
廿六	31	日	丁未	水	29	一	丙子	水	29	三	丙午	水	27	四	乙亥	火	27	六	乙巳	火	25	日	甲戌	火
廿七	9月	一	戊申	土	30	二	丁丑	水	30	四	丁未	水	28	五	丙子	水	28	日	丙午	水	26	一	乙亥	火
廿八	2	二	己酉	土	10月	三	戊寅	土	31	五	戊申	土	29	六	丁丑	水	29	一	丁未	水	27	二	丙子	水
廿九	3	三	庚戌	金	2	四	己卯	土	11月	六	己酉	土	30	日	戊寅	土	30	二	戊申	土	28	三	丁丑	水
三十					3	五	庚辰	金					12月	一	己卯	土								

— 241 —

公元一九八七年　（闰六月）　岁次:丁卯　生肖:兔　太岁:耿章　纳音:炉中火

月别	正月大	二月小	三月大	四月小	五月大	六月大	闰六月小
干支	壬寅	癸卯	甲辰	乙巳	丙午	丁未	丁未
九星	八白	七赤	六白	五黄	四绿	三碧	三碧

廿四节气

	立春	雨水	惊蛰	春分	清明	谷雨	立夏	小满	芒种	夏至	小暑	大暑	立秋
节名	立春	雨水	惊蛰	春分	清明	谷雨	立夏	小满	芒种	夏至	小暑	大暑	立秋
农历	初七	廿二	初七	廿二	初八	廿三	初九	廿四	十一	廿七	十二	廿八	十四
时辰	申时	午时	巳时	午时	申时	亥时	巳时	亥时	未时	卯时	子时	酉时	巳时
公历	2月4日	2月19日	3月6日	3月21日	4月5日	4月20日	5月6日	5月21日	6月6日	6月22日	7月7日	7月23日	8月8日
时间	16时50分	12时39分	10时59分	11时52分	16时3分	22时58分	9时37分	22时33分	13时59分	6时39分	0时22分	17时32分	10时40分

农历	正月大 公历	星期	天地干支	五行	二月小 公历	星期	天地干支	五行	三月大 公历	星期	天地干支	五行	四月小 公历	星期	天地干支	五行	五月大 公历	星期	天地干支	五行	六月大 公历	星期	天地干支	五行	闰六月小 公历	星期	天地干支	五行
初一	29	四	戊寅	土	28	六	戊申	土	29	日	丁丑	水	28	二	丁未	水	27	三	丙子	水	26	五	丙午	水	26	日	丙子	水
初二	30	五	己卯	土	3月	日	己酉	土	30	一	戊寅	土	29	三	戊申	土	28	四	丁丑	水	27	六	丁未	水	27	一	丁丑	水
初三	31	六	庚辰	金	2	一	庚戌	金	31	二	己卯	土	30	四	己酉	土	29	五	戊寅	土	28	日	戊申	土	28	二	戊寅	土
初四	2月	日	辛巳	金	3	二	辛亥	金	4月	三	庚辰	金	5月	五	庚戌	金	30	六	己卯	土	29	一	己酉	土	29	三	己卯	土
初五	2	一	壬午	木	4	三	壬子	木	2	四	辛巳	金	2	六	辛亥	金	31	日	庚辰	金	30	二	庚戌	金	30	四	庚辰	金
初六	3	二	癸未	木	5	四	癸丑	木	3	五	壬午	木	3	日	壬子	木	6月	一	辛巳	金	7月	三	辛亥	金	31	五	辛巳	金
初七	4	三	甲申	水	6	五	甲寅	水	4	六	癸未	木	4	一	癸丑	木	2	二	壬午	木	2	四	壬子	木	8月	六	壬午	木
初八	5	四	乙酉	水	7	六	乙卯	水	5	日	甲申	水	5	二	甲寅	水	3	三	癸未	木	3	五	癸丑	木	2	日	癸未	木
初九	6	五	丙戌	土	8	日	丙辰	土	6	一	乙酉	水	6	三	乙卯	水	4	四	甲申	水	4	六	甲寅	水	3	一	甲申	水
初十	7	六	丁亥	土	9	一	丁巳	土	7	二	丙戌	土	7	四	丙辰	土	5	五	乙酉	水	5	日	乙卯	水	4	二	乙酉	水
十一	8	日	戊子	火	10	二	戊午	火	8	三	丁亥	土	8	五	丁巳	土	6	六	丙戌	土	6	一	丙辰	土	5	三	丙戌	土
十二	9	一	己丑	火	11	三	己未	火	9	四	戊子	火	9	六	戊午	火	7	日	丁亥	土	7	二	丁巳	土	6	四	丁亥	土
十三	10	二	庚寅	木	12	四	庚申	木	10	五	己丑	火	10	日	己未	火	8	一	戊子	火	8	三	戊午	火	7	五	戊子	火
十四	11	三	辛卯	木	13	五	辛酉	木	11	六	庚寅	木	11	一	庚申	木	9	二	己丑	火	9	四	己未	火	8	六	己丑	火
十五	12	四	壬辰	水	14	六	壬戌	水	12	日	辛卯	木	12	二	辛酉	木	10	三	庚寅	木	10	五	庚申	木	9	日	庚寅	木
十六	13	五	癸巳	水	15	日	癸亥	水	13	一	壬辰	水	13	三	壬戌	水	11	四	辛卯	木	11	六	辛酉	木	10	一	辛卯	木
十七	14	六	甲午	金	16	一	甲子	金	14	二	癸巳	水	14	四	癸亥	水	12	五	壬辰	水	12	日	壬戌	水	11	二	壬辰	水
十八	15	日	乙未	金	17	二	乙丑	金	15	三	甲午	金	15	五	甲子	金	13	六	癸巳	水	13	一	癸亥	水	12	三	癸巳	水
十九	16	一	丙申	火	18	三	丙寅	火	16	四	乙未	金	16	六	乙丑	金	14	日	甲午	金	14	二	甲子	金	13	四	甲午	金
二十	17	二	丁酉	火	19	四	丁卯	火	17	五	丙申	火	17	日	丙寅	火	15	一	乙未	金	15	三	乙丑	金	14	五	乙未	金
廿一	18	三	戊戌	木	20	五	戊辰	木	18	六	丁酉	火	18	一	丁卯	火	16	二	丙申	火	16	四	丙寅	火	15	六	丙申	火
廿二	19	四	己亥	木	21	六	己巳	木	19	日	戊戌	木	19	二	戊辰	木	17	三	丁酉	火	17	五	丁卯	火	16	日	丁酉	火
廿三	20	五	庚子	土	22	日	庚午	土	20	一	己亥	木	20	三	己巳	木	18	四	戊戌	木	18	六	戊辰	木	17	一	戊戌	木
廿四	21	六	辛丑	土	23	一	辛未	土	21	二	庚子	土	21	四	庚午	土	19	五	己亥	木	19	日	己巳	木	18	二	己亥	木
廿五	22	日	壬寅	金	24	二	壬申	金	22	三	辛丑	土	22	五	辛未	土	20	六	庚子	土	20	一	庚午	土	19	三	庚子	土
廿六	23	一	癸卯	金	25	三	癸酉	金	23	四	壬寅	金	23	六	壬申	金	21	日	辛丑	土	21	二	辛未	土	20	四	辛丑	土
廿七	24	二	甲辰	火	26	四	甲戌	火	24	五	癸卯	金	24	日	癸酉	金	22	一	壬寅	金	22	三	壬申	金	21	五	壬寅	金
廿八	25	三	乙巳	火	27	五	乙亥	火	25	六	甲辰	火	25	一	甲戌	火	23	二	癸卯	金	23	四	癸酉	金	22	六	癸卯	金
廿九	26	四	丙午	水	28	六	丙子	水	26	日	乙巳	火	26	二	乙亥	火	24	三	甲辰	火	24	五	甲戌	火	23	日	甲辰	火
三十	27	五	丁未	水					27	一	丙午	水					25	四	乙巳	火	25	六	乙亥	火				

公元一九八七年　（闰六月）　岁次:丁卯　生肖:兔　太岁:耿章　纳音:炉中火

月别	七月大	八月大	九月小	十月大	十一月小	十二月小
干支	戊申	己酉	庚戌	辛亥	壬子	癸丑
九星	二黑	一白	九紫	八白	七赤	六白

廿四节气

	节名	处暑	白露	秋分	寒露	霜降	立冬	小雪	大雪	冬至	小寒	大寒	立春
	农历	初一	十六	初一	十七	初二	十七	初三	十七	初二	十七	初三	十七
	时辰	子时	午时	亥时	寅时	辰时	辰时	寅时	子时	酉时	午时	寅时	亥时
	公历	8月24日	9月8日	9月23日	10月9日	10月24日	11月8日	11月23日	12月7日	12月22日	1月6日	1月21日	2月4日
	时间	0时28分	12时48分	21时52分	4时12分	7时1分	7时7分	4时20分	23时47分	17时33分	11时4分	4时11分	22时38分

农历	公历	星期	天地干支	五行	公历	星期	天地干支	五行	公历	星期	天地干支	五行	公历	星期	天地干支	五行	公历	星期	天地干支	五行	公历	星期	天地干支	五行
初一	24	一	乙巳	火	23	三	乙亥	火	23	五	乙巳	火	21	六	甲戌	火	21	一	甲辰	火	19	二	癸酉	金
初二	25	二	丙午	水	24	四	丙子	水	24	六	丙午	水	22	日	乙亥	火	22	二	乙巳	火	20	三	甲戌	火
初三	26	三	丁未	水	25	五	丁丑	水	25	日	丁未	水	23	一	丙子	水	23	三	丙午	水	21	四	乙亥	火
初四	27	四	戊申	土	26	六	戊寅	土	26	一	戊申	土	24	二	丁丑	水	24	四	丁未	水	22	五	丙子	水
初五	28	五	己酉	土	27	日	己卯	土	27	二	己酉	土	25	三	戊寅	土	25	五	戊申	土	23	六	丁丑	水
初六	29	六	庚戌	金	28	一	庚辰	金	28	三	庚戌	金	26	四	己卯	土	26	六	己酉	土	24	日	戊寅	土
初七	30	日	辛亥	金	29	二	辛巳	金	29	四	辛亥	金	27	五	庚辰	金	27	日	庚戌	金	25	一	己卯	土
初八	31	一	壬子	木	30	三	壬午	木	30	五	壬子	木	28	六	辛巳	金	28	一	辛亥	金	26	二	庚辰	金
初九	9月	二	癸丑	木	10月	四	癸未	木	31	六	癸丑	木	29	日	壬午	木	29	二	壬子	木	27	三	辛巳	金
初十	2	三	甲寅	水	2	五	甲申	水	11月	日	甲寅	水	30	一	癸未	木	30	三	癸丑	木	28	四	壬午	木
十一	3	四	乙卯	水	3	六	乙酉	水	2	一	乙卯	水	12月	二	甲申	水	31	四	甲寅	水	29	五	癸未	木
十二	4	五	丙辰	土	4	日	丙戌	土	3	二	丙辰	土	2	三	乙酉	水	1月	五	乙卯	水	30	六	甲申	水
十三	5	六	丁巳	土	5	一	丁亥	土	4	三	丁巳	土	3	四	丙戌	土	2	六	丙辰	土	31	日	乙酉	水
十四	6	日	戊午	火	6	二	戊子	火	5	四	戊午	火	4	五	丁亥	土	3	日	丁巳	土	2月	一	丙戌	土
十五	7	一	己未	火	7	三	己丑	火	6	五	己未	火	5	六	戊子	火	4	一	戊午	火	2	二	丁亥	土
十六	8	二	庚申	木	8	四	庚寅	木	7	六	庚申	木	6	日	己丑	火	5	二	己未	火	3	三	戊子	火
十七	9	三	辛酉	木	9	五	辛卯	木	8	日	辛酉	木	7	一	庚寅	木	6	三	庚申	木	4	四	己丑	火
十八	10	四	壬戌	水	10	六	壬辰	水	9	一	壬戌	水	8	二	辛卯	木	7	四	辛酉	木	5	五	庚寅	木
十九	11	五	癸亥	水	11	日	癸巳	水	10	二	癸亥	水	9	三	壬辰	水	8	五	壬戌	水	6	六	辛卯	木
二十	12	六	甲子	金	12	一	甲午	金	11	三	甲子	金	10	四	癸巳	水	9	六	癸亥	水	7	日	壬辰	水
廿一	13	日	乙丑	金	13	二	乙未	金	12	四	乙丑	金	11	五	甲午	金	10	日	甲子	金	8	一	癸巳	水
廿二	14	一	丙寅	火	14	三	丙申	火	13	五	丙寅	火	12	六	乙未	金	11	一	乙丑	金	9	二	甲午	金
廿三	15	二	丁卯	火	15	四	丁酉	火	14	六	丁卯	火	13	日	丙申	火	12	二	丙寅	火	10	三	乙未	金
廿四	16	三	戊辰	木	16	五	戊戌	木	15	日	戊辰	木	14	一	丁酉	火	13	三	丁卯	火	11	四	丙申	火
廿五	17	四	己巳	木	17	六	己亥	木	16	一	己巳	木	15	二	戊戌	木	14	四	戊辰	木	12	五	丁酉	火
廿六	18	五	庚午	土	18	日	庚子	土	17	二	庚午	土	16	三	己亥	木	15	五	己巳	木	13	六	戊戌	木
廿七	19	六	辛未	土	19	一	辛丑	土	18	三	辛未	土	17	四	庚子	土	16	六	庚午	土	14	日	己亥	木
廿八	20	日	壬申	金	20	二	壬寅	金	19	四	壬申	金	18	五	辛丑	土	17	日	辛未	土	15	一	庚子	土
廿九	21	一	癸酉	金	21	三	癸卯	金	20	五	癸酉	金	19	六	壬寅	金	18	一	壬申	金	16	二	辛丑	土
三十	22	二	甲戌	火	22	四	甲辰	火					20	日	癸卯	金								

公元一九八八年　岁次:戊辰　生肖:龙　太岁:赵达　纳音:大林木

月别	正月大				二月小				三月大				四月小				五月大				六月小			
干支	甲寅				乙卯				丙辰				丁巳				戊午				己未				
九星	五黄				四绿				三碧				二黑				一白				九紫				

廿四节气

	节名	雨水	惊蛰	春分	清明	谷雨	立夏	小满	芒种	夏至	小暑	大暑	立秋
	农历	初三	十八	初三	十八	初五	二十	初六	廿一	初八	廿四	初九	廿五
	时辰	酉时	申时	酉时	亥时	寅时	申时	寅时	戌时	午时	卯时	亥时	申时
	公历	2月19日	3月5日	3月20日	4月4日	4月20日	5月5日	5月21日	6月5日	6月21日	7月7日	7月22日	8月7日
	时间	18时28分	16时48分	17时41分	21时51分	4时59分	15时25分	4时22分	19时47分	12时28分	6时10分	22时51分	15时52分

农历

农历	公历	星期	天地干支	五行	公历	星期	天地干支	五行	公历	星期	天地干支	五行	公历	星期	天地干支	五行	公历	星期	天地干支	五行	公历	星期	天地干支	五行
初一	17	三	壬寅	金	18	五	壬申	金	16	六	辛丑	土	16	一	辛未	土	14	二	庚子	土	14	四	庚午	土
初二	18	四	癸卯	金	19	六	癸酉	金	17	日	壬寅	金	17	二	壬申	金	15	三	辛丑	土	15	五	辛未	土
初三	19	五	甲辰	火	20	日	甲戌	火	18	一	癸卯	金	18	三	癸酉	金	16	四	壬寅	金	16	六	壬申	金
初四	20	六	乙巳	火	21	一	乙亥	火	19	二	甲辰	火	19	四	甲戌	火	17	五	癸卯	金	17	日	癸酉	金
初五	21	日	丙午	水	22	二	丙子	水	20	三	乙巳	火	20	五	乙亥	火	18	六	甲辰	火	18	一	甲戌	火
初六	22	一	丁未	水	23	三	丁丑	水	21	四	丙午	水	21	六	丙子	水	19	日	乙巳	火	19	二	乙亥	火
初七	23	二	戊申	土	24	四	戊寅	土	22	五	丁未	水	22	日	丁丑	水	20	一	丙午	水	20	三	丙子	水
初八	24	三	己酉	土	25	五	己卯	土	23	六	戊申	土	23	一	戊寅	土	21	二	丁未	水	21	四	丁丑	水
初九	25	四	庚戌	金	26	六	庚辰	金	24	日	己酉	土	24	二	己卯	土	22	三	戊申	土	22	五	戊寅	土
初十	26	五	辛亥	金	27	日	辛巳	金	25	一	庚戌	金	25	三	庚辰	金	23	四	己酉	土	23	六	己卯	土
十一	27	六	壬子	木	28	一	壬午	木	26	二	辛亥	金	26	四	辛巳	金	24	五	庚戌	金	24	日	庚辰	金
十二	28	日	癸丑	木	29	二	癸未	木	27	三	壬子	木	27	五	壬午	木	25	六	辛亥	金	25	一	辛巳	金
十三	29	一	甲寅	水	30	三	甲申	水	28	四	癸丑	木	28	六	癸未	木	26	日	壬子	木	26	二	壬午	木
十四	3月	二	乙卯	水	31	四	乙酉	水	29	五	甲寅	水	29	日	甲申	水	27	一	癸丑	木	27	三	癸未	木
十五	2	三	丙辰	土	4月	五	丙戌	土	30	六	乙卯	水	30	一	乙酉	水	28	二	甲寅	水	28	四	甲申	水
十六	3	四	丁巳	土	2	六	丁亥	土	5月	日	丙辰	土	31	二	丙戌	土	29	三	乙卯	水	29	五	乙酉	水
十七	4	五	戊午	火	3	日	戊子	火	2	一	丁巳	土	6月	三	丁亥	土	30	四	丙辰	土	30	六	丙戌	土
十八	5	六	己未	火	4	一	己丑	火	3	二	戊午	火	2	四	戊子	火	7月	五	丁巳	土	31	日	丁亥	土
十九	6	日	庚申	木	5	二	庚寅	木	4	三	己未	火	3	五	己丑	火	2	六	戊午	火	8月	一	戊子	火
二十	7	一	辛酉	木	6	三	辛卯	木	5	四	庚申	木	4	六	庚寅	木	3	日	己未	火	2	二	己丑	火
廿一	8	二	壬戌	水	7	四	壬辰	水	6	五	辛酉	木	5	日	辛卯	木	4	一	庚申	木	3	三	庚寅	木
廿二	9	三	癸亥	水	8	五	癸巳	水	7	六	壬戌	水	6	一	壬辰	水	5	二	辛酉	木	4	四	辛卯	木
廿三	10	四	甲子	金	9	六	甲午	金	8	日	癸亥	水	7	二	癸巳	水	6	三	壬戌	水	5	五	壬辰	水
廿四	11	五	乙丑	金	10	日	乙未	金	9	一	甲子	金	8	三	甲午	金	7	四	癸亥	水	6	六	癸巳	水
廿五	12	六	丙寅	火	11	一	丙申	火	10	二	乙丑	金	9	四	乙未	金	8	五	甲子	金	7	日	甲午	金
廿六	13	日	丁卯	火	12	二	丁酉	火	11	三	丙寅	火	10	五	丙申	火	9	六	乙丑	金	8	一	乙未	金
廿七	14	一	戊辰	木	13	三	戊戌	木	12	四	丁卯	火	11	六	丁酉	火	10	日	丙寅	火	9	二	丙申	火
廿八	15	二	己巳	木	14	四	己亥	木	13	五	戊辰	木	12	日	戊戌	木	11	一	丁卯	火	10	三	丁酉	火
廿九	16	三	庚午	土	15	五	庚子	土	14	六	己巳	木	13	一	己亥	木	12	二	戊辰	木	11	四	戊戌	木
三十	17	四	辛未	土					15	日	庚午	土					13	三	己巳	木				

公元一九八八年　岁次:戊辰　生肖:龙　太岁:赵达　纳音:大林木

月别	七月大				八月大				九月小				十月大				十一月大				十二月小			
干支	庚申				辛酉				壬戌				癸亥				甲子				乙丑			
九星	八白				七赤				六白				五黄				四绿				三碧			

廿四节气

节名	处暑	白露	秋分	寒露	霜降	立冬	小雪	大雪	冬至	小寒	大寒	立春
农历	十二	廿七	十三	廿八	十三	廿八	十四	廿九	十三	廿八	十三	廿八
时辰	卯时	酉时	寅时	巳时	午时	午时	巳时	卯时	子时	申时	巳时	寅时
公历	8月23日	9月7日	9月23日	10月8日	10月23日	11月7日	11月22日	12月7日	12月21日	1月5日	1月20日	2月4日
时间	6时17分	18时26分	3时41分	10时0分	12时47分	12时55分	10时9分	5时35分	23时22分	16时44分	10时1分	4时26分

农历	公历	星期	天地干支	五行	公历	星期	天地干支	五行	公历	星期	天地干支	五行	公历	星期	天地干支	五行	公历	星期	天地干支	五行	公历	星期	天地干支	五行
初一	12	五	己亥	木	11	日	己巳	木	11	二	己亥	木	9	三	戊辰	木	9	五	戊戌	木	8	日	戊辰	木
初二	13	六	庚子	土	12	一	庚午	土	12	三	庚子	土	10	四	己巳	木	10	六	己亥	木	9	一	己巳	木
初三	14	日	辛丑	土	13	二	辛未	土	13	四	辛丑	土	11	五	庚午	土	11	日	庚子	土	10	二	庚午	土
初四	15	一	壬寅	金	14	三	壬申	金	14	五	壬寅	金	12	六	辛未	土	12	一	辛丑	土	11	三	辛未	土
初五	16	二	癸卯	金	15	四	癸酉	金	15	六	癸卯	金	13	日	壬申	金	13	二	壬寅	金	12	四	壬申	金
初六	17	三	甲辰	火	16	五	甲戌	火	16	日	甲辰	火	14	一	癸酉	金	14	三	癸卯	金	13	五	癸酉	金
初七	18	四	乙巳	火	17	六	乙亥	火	17	一	乙巳	火	15	二	甲戌	火	15	四	甲辰	火	14	六	甲戌	火
初八	19	五	丙午	水	18	日	丙子	水	18	二	丙午	水	16	三	乙亥	火	16	五	乙巳	火	15	日	乙亥	火
初九	20	六	丁未	水	19	一	丁丑	水	19	三	丁未	水	17	四	丙子	水	17	六	丙午	水	16	一	丙子	水
初十	21	日	戊申	土	20	二	戊寅	土	20	四	戊申	土	18	五	丁丑	水	18	日	丁未	水	17	二	丁丑	水
十一	22	一	己酉	土	21	三	己卯	土	21	五	己酉	土	19	六	戊寅	土	19	一	戊申	土	18	三	戊寅	土
十二	23	二	庚戌	金	22	四	庚辰	金	22	六	庚戌	金	20	日	己卯	土	20	二	己酉	土	19	四	己卯	土
十三	24	三	辛亥	金	23	五	辛巳	金	23	日	辛亥	金	21	一	庚辰	金	21	三	庚戌	金	20	五	庚辰	金
十四	25	四	壬子	木	24	六	壬午	木	24	一	壬子	木	22	二	辛巳	金	22	四	辛亥	金	21	六	辛巳	金
十五	26	五	癸丑	木	25	日	癸未	木	25	二	癸丑	木	23	三	壬午	木	23	五	壬子	木	22	日	壬午	木
十六	27	六	甲寅	水	26	一	甲申	水	26	三	甲寅	水	24	四	癸未	木	24	六	癸丑	木	23	一	癸未	木
十七	28	日	乙卯	水	27	二	乙酉	水	27	四	乙卯	水	25	五	甲申	水	25	日	甲寅	水	24	二	甲申	水
十八	29	一	丙辰	土	28	三	丙戌	土	28	五	丙辰	土	26	六	乙酉	水	26	一	乙卯	水	25	三	乙酉	水
十九	30	二	丁巳	土	29	四	丁亥	土	29	六	丁巳	土	27	日	丙戌	土	27	二	丙辰	土	26	四	丙戌	土
二十	31	三	戊午	火	30	五	戊子	火	30	日	戊午	火	28	一	丁亥	土	28	三	丁巳	土	27	五	丁亥	土
廿一	9月	四	己未	火	10月	六	己丑	火	31	一	己未	火	29	二	戊子	火	29	四	戊午	火	28	六	戊子	火
廿二	2	五	庚申	木	2	日	庚寅	木	11月	二	庚申	木	30	三	己丑	火	30	五	己未	火	29	日	己丑	火
廿三	3	六	辛酉	木	3	一	辛卯	木	2	三	辛酉	木	12月	四	庚寅	木	31	六	庚申	木	30	一	庚寅	木
廿四	4	日	壬戌	水	4	二	壬辰	水	3	四	壬戌	水	2	五	辛卯	木	1月	日	辛酉	木	31	二	辛卯	木
廿五	5	一	癸亥	水	5	三	癸巳	水	4	五	癸亥	水	3	六	壬辰	水	2	一	壬戌	水	2月	三	壬辰	水
廿六	6	二	甲子	金	6	四	甲午	金	5	六	甲子	金	4	日	癸巳	水	3	二	癸亥	水	2	四	癸巳	水
廿七	7	三	乙丑	金	7	五	乙未	金	6	日	乙丑	金	5	一	甲午	金	4	三	甲子	金	3	五	甲午	金
廿八	8	四	丙寅	火	8	六	丙申	火	7	一	丙寅	火	6	二	乙未	金	5	四	乙丑	金	4	六	乙未	金
廿九	9	五	丁卯	火	9	日	丁酉	火	8	二	丁卯	火	7	三	丙申	火	6	五	丙寅	火	5	日	丙申	火
三十	10	六	戊辰	木	10	一	戊戌	木					8	四	丁酉	火	7	六	丁卯	火				

公元一九八九年　　岁次:己巳　　生肖:蛇　　太岁:郭灿　　纳音:大林木

月别	正月大		二月小		三月小		四月大		五月小		六月大	
干支	丙寅		丁卯		戊辰		己巳		庚午		辛未	
九星	二黑		一白		九紫		八白		七赤		六白	

廿四节气	节名	雨水	惊蛰	春分	清明	谷雨	立夏	小满	芒种	夏至	小暑	大暑
	农历	十四	廿八	十三	廿九	十五	初一	十七	初三	十八	初五	廿一
	时辰	子时	亥时	子时	寅时	巳时	戌时	巳时	丑时	酉时	午时	寅时
	公历	2月19日	3月5日	3月20日	4月5日	4月20日	5月5日	5月21日	6月6日	6月21日	7月7日	7月23日
	时间	0时19分	22时36分	23时32分	3时39分	10时51分	20时54分	10时13分	1时35分	18时19分	11时58分	4时46分

农历	公历	星期	天地干支	五行	公历	星期	天地干支	五行	公历	星期	天地干支	五行	公历	星期	天地干支	五行	公历	星期	天地干支	五行	公历	星期	天地干支	五行
初一	6	一	丁酉	火	8	三	丁卯	火	6	四	丙申	火	5	五	乙丑	金	4	日	乙未	金	3	一	甲子	金
初二	7	二	戊戌	木	9	四	戊辰	木	7	五	丁酉	火	6	六	丙寅	火	5	一	丙申	火	4	二	乙丑	金
初三	8	三	己亥	木	10	五	己巳	木	8	六	戊戌	木	7	日	丁卯	火	6	二	丁酉	火	5	三	丙寅	火
初四	9	四	庚子	土	11	六	庚午	土	9	日	己亥	木	8	一	戊辰	木	7	三	戊戌	木	6	四	丁卯	火
初五	10	五	辛丑	土	12	日	辛未	土	10	一	庚子	土	9	二	己巳	木	8	四	己亥	木	7	五	戊辰	木
初六	11	六	壬寅	金	13	一	壬申	金	11	二	辛丑	土	10	三	庚午	土	9	五	庚子	土	8	六	己巳	木
初七	12	日	癸卯	金	14	二	癸酉	金	12	三	壬寅	金	11	四	辛未	土	10	六	辛丑	土	9	日	庚午	土
初八	13	一	甲辰	火	15	三	甲戌	火	13	四	癸卯	金	12	五	壬申	金	11	日	壬寅	金	10	一	辛未	土
初九	14	二	乙巳	火	16	四	乙亥	火	14	五	甲辰	火	13	六	癸酉	金	12	一	癸卯	金	11	二	壬申	金
初十	15	三	丙午	水	17	五	丙子	水	15	六	乙巳	火	14	日	甲戌	火	13	二	甲辰	火	12	三	癸酉	金
十一	16	四	丁未	水	18	六	丁丑	水	16	日	丙午	水	15	一	乙亥	火	14	三	乙巳	火	13	四	甲戌	火
十二	17	五	戊申	土	19	日	戊寅	土	17	一	丁未	水	16	二	丙子	水	15	四	丙午	水	14	五	乙亥	火
十三	18	六	己酉	土	20	一	己卯	土	18	二	戊申	土	17	三	丁丑	水	16	五	丁未	水	15	六	丙子	水
十四	19	日	庚戌	金	21	二	庚辰	金	19	三	己酉	土	18	四	戊寅	土	17	六	戊申	土	16	日	丁丑	水
十五	20	一	辛亥	金	22	三	辛巳	金	20	四	庚戌	金	19	五	己卯	土	18	日	己酉	土	17	一	戊寅	土
十六	21	二	壬子	木	23	四	壬午	木	21	五	辛亥	金	20	六	庚辰	金	19	一	庚戌	金	18	二	己卯	土
十七	22	三	癸丑	木	24	五	癸未	木	22	六	壬子	木	21	日	辛巳	金	20	二	辛亥	金	19	三	庚辰	金
十八	23	四	甲寅	水	25	六	甲申	水	23	日	癸丑	木	22	一	壬午	木	21	三	壬子	木	20	四	辛巳	金
十九	24	五	乙卯	水	26	日	乙酉	水	24	一	甲寅	水	23	二	癸未	木	22	四	癸丑	木	21	五	壬午	木
二十	25	六	丙辰	土	27	一	丙戌	土	25	二	乙卯	水	24	三	甲申	水	23	五	甲寅	水	22	六	癸未	木
廿一	26	日	丁巳	土	28	二	丁亥	土	26	三	丙辰	土	25	四	乙酉	水	24	六	乙卯	水	23	日	甲申	水
廿二	27	一	戊午	火	29	三	戊子	火	27	四	丁巳	土	26	五	丙戌	土	25	日	丙辰	土	24	一	乙酉	水
廿三	28	二	己未	火	30	四	己丑	火	28	五	戊午	火	27	六	丁亥	土	26	一	丁巳	土	25	二	丙戌	土
廿四	3月	三	庚申	木	31	五	庚寅	木	29	六	己未	火	28	日	戊子	火	27	二	戊午	火	26	三	丁亥	土
廿五	2	四	辛酉	木	4月	六	辛卯	木	30	日	庚申	木	29	一	己丑	火	28	三	己未	火	27	四	戊子	火
廿六	3	五	壬戌	水	2	日	壬辰	水	5月	一	辛酉	木	30	二	庚寅	木	29	四	庚申	木	28	五	己丑	火
廿七	4	六	癸亥	水	3	一	癸巳	水	2	二	壬戌	水	31	三	辛卯	木	30	五	辛酉	木	29	六	庚寅	木
廿八	5	日	甲子	金	4	二	甲午	金	3	三	癸亥	水	6月	四	壬辰	水	7月	六	壬戌	水	30	日	辛卯	木
廿九	6	一	乙丑	金	5	三	乙未	金	4	四	甲子	金	2	五	癸巳	水	2	日	癸亥	水	31	一	壬辰	水
三十	7	二	丙寅	火									3	六	甲午	金					8月	二	癸巳	水

公元一九八九年　岁次:己巳　生肖:蛇　太岁:郭灿　纳音:大林木

月别	七月小	八月大	九月小	十月大	十一月大	十二月大
干支	壬申	癸酉	甲戌	乙亥	丙子	丁丑
九星	五黄	四绿	三碧	二黑	一白	九紫

廿四节气

	七月小		八月大		九月小		十月大		十一月大		十二月大	
节名	立秋	处暑	白露	秋分	寒露	霜降	立冬	小雪	大雪	冬至	小寒	大寒
农历	初六	廿二	初八	廿四	初九	廿四	初十	廿五	初十	廿五	初九	廿四
时辰	亥时	午时	子时	巳时	申时	酉时	酉时	申时	午时	卯时	亥时	申时
公历	8月7日	8月23日	9月7日	9月23日	10月8日	10月23日	11月7日	11月22日	12月7日	12月22日	1月5日	1月20日
时间	21时41分	12时8分	0时25分	9时32分	15时49分	18时38分	18时44分	16时5分	11时24分	5时22分	22时33分	15时52分

农历

农历	公历(七)	星期	天地干支	五行	公历(八)	星期	天地干支	五行	公历(九)	星期	天地干支	五行	公历(十)	星期	天地干支	五行	公历(十一)	星期	天地干支	五行	公历(十二)	星期	天地干支	五行
初一	2	三	甲午	金	31	四	癸亥	水	30	六	癸巳	水	29	日	壬戌	水	28	二	壬辰	水	28	四	壬戌	水
初二	3	四	乙未	金	9月 1	五	甲子	金	10月 1	日	甲午	金	30	一	癸亥	水	29	三	癸巳	水	29	五	癸亥	水
初三	4	五	丙申	火	2	六	乙丑	金	2	一	乙未	金	31	二	甲子	金	30	四	甲午	金	30	六	甲子	金
初四	5	六	丁酉	火	3	日	丙寅	火	3	二	丙申	火	11月 1	三	乙丑	金	12月 1	五	乙未	金	31	日	乙丑	金
初五	6	日	戊戌	木	4	一	丁卯	火	4	三	丁酉	火	2	四	丙寅	火	2	六	丙申	火	1月 1	一	丙寅	火
初六	7	一	己亥	木	5	二	戊辰	木	5	四	戊戌	木	3	五	丁卯	火	3	日	丁酉	火	2	二	丁卯	火
初七	8	二	庚子	土	6	三	己巳	木	6	五	己亥	木	4	六	戊辰	木	4	一	戊戌	木	3	三	戊辰	木
初八	9	三	辛丑	土	7	四	庚午	土	7	六	庚子	土	5	日	己巳	木	5	二	己亥	木	4	四	己巳	木
初九	10	四	壬寅	金	8	五	辛未	土	8	日	辛丑	土	6	一	庚午	土	6	三	庚子	土	5	五	庚午	土
初十	11	五	癸卯	金	9	六	壬申	金	9	一	壬寅	金	7	二	辛未	土	7	四	辛丑	土	6	六	辛未	土
十一	12	六	甲辰	火	10	日	癸酉	金	10	二	癸卯	金	8	三	壬申	金	8	五	壬寅	金	7	日	壬申	金
十二	13	日	乙巳	火	11	一	甲戌	火	11	三	甲辰	火	9	四	癸酉	金	9	六	癸卯	金	8	一	癸酉	金
十三	14	一	丙午	水	12	二	乙亥	火	12	四	乙巳	火	10	五	甲戌	火	10	日	甲辰	火	9	二	甲戌	火
十四	15	二	丁未	水	13	三	丙子	水	13	五	丙午	水	11	六	乙亥	火	11	一	乙巳	火	10	三	乙亥	火
十五	16	三	戊申	土	14	四	丁丑	水	14	六	丁未	水	12	日	丙子	水	12	二	丙午	水	11	四	丙子	水
十六	17	四	己酉	土	15	五	戊寅	土	15	日	戊申	土	13	一	丁丑	水	13	三	丁未	水	12	五	丁丑	水
十七	18	五	庚戌	金	16	六	己卯	土	16	一	己酉	土	14	二	戊寅	土	14	四	戊申	土	13	六	戊寅	土
十八	19	六	辛亥	金	17	日	庚辰	金	17	二	庚戌	金	15	三	己卯	土	15	五	己酉	土	14	日	己卯	土
十九	20	日	壬子	木	18	一	辛巳	金	18	三	辛亥	金	16	四	庚辰	金	16	六	庚戌	金	15	一	庚辰	金
二十	21	一	癸丑	木	19	二	壬午	木	19	四	壬子	木	17	五	辛巳	金	17	日	辛亥	金	16	二	辛巳	金
廿一	22	二	甲寅	水	20	三	癸未	木	20	五	癸丑	木	18	六	壬午	木	18	一	壬子	木	17	三	壬午	木
廿二	23	三	乙卯	水	21	四	甲申	水	21	六	甲寅	水	19	日	癸未	木	19	二	癸丑	木	18	四	癸未	木
廿三	24	四	丙辰	土	22	五	乙酉	水	22	日	乙卯	水	20	一	甲申	水	20	三	甲寅	水	19	五	甲申	水
廿四	25	五	丁巳	土	23	六	丙戌	土	23	一	丙辰	土	21	二	乙酉	水	21	四	乙卯	水	20	六	乙酉	水
廿五	26	六	戊午	火	24	日	丁亥	土	24	二	丁巳	土	22	三	丙戌	土	22	五	丙辰	土	21	日	丙戌	土
廿六	27	日	己未	火	25	一	戊子	火	25	三	戊午	火	23	四	丁亥	土	23	六	丁巳	土	22	一	丁亥	土
廿七	28	一	庚申	木	26	二	己丑	火	26	四	己未	火	24	五	戊子	火	24	日	戊午	火	23	二	戊子	火
廿八	29	二	辛酉	木	27	三	庚寅	木	27	五	庚申	木	25	六	己丑	火	25	一	己未	火	24	三	己丑	火
廿九	30	三	壬戌	水	28	四	辛卯	木	28	六	辛酉	木	26	日	庚寅	木	26	二	庚申	木	25	四	庚寅	木
三十					29	五	壬辰	水					27	一	辛卯	木	27	三	辛酉	木	26	五	辛卯	木

公元一九九〇年 （闰五月） 岁次:庚午　生肖:马　太岁:王清　纳音:路旁土

月别	正月小	二月大	三月小	四月小	五月大	闰五月小	六月小
干支	戊寅	己卯	庚辰	辛巳	壬午	壬午	癸未
九星	八白	七赤	六白	五黄	四绿	四绿	三碧

廿四节气

	立春	雨水	惊蛰	春分	清明	谷雨	立夏	小满	芒种	夏至	小暑	大暑	立秋
节名	立春	雨水	惊蛰	春分	清明	谷雨	立夏	小满	芒种	夏至	小暑	大暑	立秋
农历	初九	廿四	初十	廿五	初十	廿五	十二	廿七	十四	廿九	十五	初二	十八
时辰	巳时	卯时	寅时	卯时	巳时	申时	丑时	申时	卯时	子时	酉时	巳时	丑时
公历	2月4日	2月19日	3月6日	3月21日	4月5日	4月20日	5月6日	5月21日	6月6日	6月21日	7月7日	7月23日	8月8日
时间	10时15分	6时9分	4时25分	5时22分	9时28分	16时41分	2时35分	16时3分	6时46分	0时9分	17时47分	10时22分	2时46分

农历	公历	星期	天地干支	五行	公历	星期	天地干支	五行	公历	星期	天地干支	五行	公历	星期	天地干支	五行	公历	星期	天地干支	五行	公历	星期	天地干支	五行	公历	星期	天地干支	五行
初一	27	六	壬辰	水	25	日	辛酉	木	27	二	辛卯	木	25	三	庚申	木	24	四	己丑	火	23	六	己未	火	22	日	戊子	火
初二	28	日	癸巳	水	26	一	壬戌	水	28	三	壬辰	水	26	四	辛酉	木	25	五	庚寅	木	24	日	庚申	木	23	一	己丑	火
初三	29	一	甲午	金	27	二	癸亥	水	29	四	癸巳	水	27	五	壬戌	水	26	六	辛卯	木	25	一	辛酉	木	24	二	庚寅	木
初四	30	二	乙未	金	28	三	甲子	金	30	五	甲午	金	28	六	癸亥	水	27	日	壬辰	水	26	二	壬戌	水	25	三	辛卯	木
初五	31	三	丙申	金	3月	四	乙丑	金	31	六	乙未	金	29	日	甲子	金	28	一	癸巳	水	27	三	癸亥	水	26	四	壬辰	水
初六	2月	四	丁酉	火	2	五	丙寅	火	4月	日	丙申	火	30	一	乙丑	金	29	二	甲午	金	28	四	甲子	金	27	五	癸巳	水
初七	2	五	戊戌	木	3	六	丁卯	火	2	一	丁酉	火	5月	二	丙寅	火	30	三	乙未	金	29	五	乙丑	金	28	六	甲午	金
初八	3	六	己亥	木	4	日	戊辰	木	3	二	戊戌	木	2	三	丁卯	火	31	四	丙申	火	30	六	丙寅	火	29	日	乙未	金
初九	4	日	庚子	土	5	一	己巳	木	4	三	己亥	木	3	四	戊辰	木	6月	五	丁酉	火	7月	日	丁卯	火	30	一	丙申	火
初十	5	一	辛丑	土	6	二	庚午	土	5	四	庚子	土	4	五	己巳	木	2	六	戊戌	木	2	一	戊辰	木	31	二	丁酉	火
十一	6	二	壬寅	金	7	三	辛未	土	6	五	辛丑	土	5	六	庚午	土	3	日	己亥	木	3	二	己巳	木	8月	三	戊戌	木
十二	7	三	癸卯	金	8	四	壬申	金	7	六	壬寅	金	6	日	辛未	土	4	一	庚子	土	4	三	庚午	土	2	四	己亥	木
十三	8	四	甲辰	火	9	五	癸酉	金	8	日	癸卯	金	7	一	壬申	金	5	二	辛丑	土	5	四	辛未	土	3	五	庚子	土
十四	9	五	乙巳	火	10	六	甲戌	火	9	一	甲辰	火	8	二	癸酉	金	6	三	壬寅	金	6	五	壬申	金	4	六	辛丑	土
十五	10	六	丙午	水	11	日	乙亥	火	10	二	乙巳	火	9	三	甲戌	火	7	四	癸卯	金	7	六	癸酉	金	5	日	壬寅	金
十六	11	日	丁未	水	12	一	丙子	水	11	三	丙午	水	10	四	乙亥	火	8	五	甲辰	火	8	日	甲戌	火	6	一	癸卯	金
十七	12	一	戊申	土	13	二	丁丑	水	12	四	丁未	水	11	五	丙子	水	9	六	乙巳	火	9	一	乙亥	火	7	二	甲辰	火
十八	13	二	己酉	土	14	三	戊寅	土	13	五	戊申	土	12	六	丁丑	水	10	日	丙午	水	10	二	丙子	水	8	三	乙巳	火
十九	14	三	庚戌	金	15	四	己卯	土	14	六	己酉	土	13	日	戊寅	土	11	一	丁未	水	11	三	丁丑	水	9	四	丙午	水
二十	15	四	辛亥	金	16	五	庚辰	金	15	日	庚戌	金	14	一	己卯	土	12	二	戊申	土	12	四	戊寅	土	10	五	丁未	水
廿一	16	五	壬子	木	17	六	辛巳	金	16	一	辛亥	金	15	二	庚辰	金	13	三	己酉	土	13	五	己卯	土	11	六	戊申	土
廿二	17	六	癸丑	木	18	日	壬午	木	17	二	壬子	木	16	三	辛巳	金	14	四	庚戌	金	14	六	庚辰	金	12	日	己酉	土
廿三	18	日	甲寅	水	19	一	癸未	木	18	三	癸丑	木	17	四	壬午	木	15	五	辛亥	金	15	日	辛巳	金	13	一	庚戌	金
廿四	19	一	乙卯	水	20	二	甲申	水	19	四	甲寅	水	18	五	癸未	木	16	六	壬子	木	16	一	壬午	木	14	二	辛亥	金
廿五	20	二	丙辰	土	21	三	乙酉	水	20	五	乙卯	水	19	六	甲申	水	17	日	癸丑	木	17	二	癸未	木	15	三	壬子	木
廿六	21	三	丁巳	土	22	四	丙戌	土	21	六	丙辰	土	20	日	乙酉	水	18	一	甲寅	水	18	三	甲申	水	16	四	癸丑	木
廿七	22	四	戊午	火	23	五	丁亥	土	22	日	丁巳	土	21	一	丙戌	土	19	二	乙卯	水	19	四	乙酉	水	17	五	甲寅	水
廿八	23	五	己未	火	24	六	戊子	火	23	一	戊午	火	22	二	丁亥	土	20	三	丙辰	土	20	五	丙戌	土	18	六	乙卯	水
廿九	24	六	庚申	木	25	日	己丑	火	24	二	己未	火	23	三	戊子	火	21	四	丁巳	火	21	六	丁亥	土	19	日	丙辰	土
三十					26	一	庚寅	木									22	五	戊午	火								

公元一九九〇年　（闰五月）　岁次:庚午　生肖:马　太岁:王清　纳音:路旁土

月别	七月大			八月小			九月大			十月大			十一月大			十二月大		
干支	甲申			乙酉			丙戌			丁亥			戊子			己丑		
九星	二黑			一白			九紫			八白			七赤			六白		

廿四节气

节名	处暑	白露	秋分	寒露	霜降	立冬	小雪	大雪	冬至	小寒	大寒	立春
农历	初四	二十	初五	二十	初七	廿二	初六	廿一	初六	廿一	初五	二十
时辰	酉时	卯时	未时	亥时	子时	子时	亥时	酉时	午时	寅时	亥时	申时
公历	8月23日	9月8日	9月23日	10月8日	10月24日	11月8日	11月22日	12月7日	12月22日	1月6日	1月20日	2月4日
时间	17时58分	6时14分	15时22分	21时38分	0时28分	0时33分	21时50分	17时3分	11时3分	4时28分	21时41分	16时4分

农历	公历	星期	天地干支	五行	公历	星期	天地干支	五行	公历	星期	天地干支	五行	公历	星期	天地干支	五行	公历	星期	天地干支	五行	公历	星期	天地干支	五行
初一	20	一	丁巳	土	19	三	丁亥	土	18	四	丙辰	土	17	六	丙戌	土	17	一	丙辰	土	16	三	丙戌	土
初二	21	二	戊午	火	20	四	戊子	火	19	五	丁巳	土	18	日	丁亥	土	18	二	丁巳	土	17	四	丁亥	土
初三	22	三	己未	火	21	五	己丑	火	20	六	戊午	火	19	一	戊子	火	19	三	戊午	火	18	五	戊子	火
初四	23	四	庚申	木	22	六	庚寅	木	21	日	己未	火	20	二	己丑	火	20	四	己未	火	19	六	己丑	火
初五	24	五	辛酉	木	23	日	辛卯	木	22	一	庚申	木	21	三	庚寅	木	21	五	庚申	木	20	日	庚寅	木
初六	25	六	壬戌	水	24	一	壬辰	水	23	二	辛酉	木	22	四	辛卯	木	22	六	辛酉	木	21	一	辛卯	木
初七	26	日	癸亥	水	25	二	癸巳	水	24	三	壬戌	水	23	五	壬辰	水	23	日	壬戌	水	22	二	壬辰	水
初八	27	一	甲子	金	26	三	甲午	金	25	四	癸亥	水	24	六	癸巳	水	24	一	癸亥	水	23	三	癸巳	水
初九	28	二	乙丑	金	27	四	乙未	金	26	五	甲子	金	25	日	甲午	金	25	二	甲子	金	24	四	甲午	金
初十	29	三	丙寅	火	28	五	丙申	火	27	六	乙丑	金	26	一	乙未	金	26	三	乙丑	金	25	五	乙未	金
十一	30	四	丁卯	火	29	六	丁酉	火	28	日	丙寅	火	27	二	丙申	火	27	四	丙寅	火	26	六	丙申	火
十二	31	五	戊辰	木	30	日	戊戌	木	29	一	丁卯	火	28	三	丁酉	火	28	五	丁卯	火	27	日	丁酉	火
十三	9月	六	己巳	木	10月	一	己亥	木	30	二	戊辰	木	29	四	戊戌	木	29	六	戊辰	木	28	一	戊戌	木
十四	2	日	庚午	土	2	二	庚子	土	31	三	己巳	木	30	五	己亥	木	30	日	己巳	木	29	二	己亥	木
十五	3	一	辛未	土	3	三	辛丑	土	11月	四	庚午	土	12月	六	庚子	土	31	一	庚午	土	30	三	庚子	土
十六	4	二	壬申	金	4	四	壬寅	金	2	五	辛未	土	2	日	辛丑	土	1月	二	辛未	土	31	四	辛丑	土
十七	5	三	癸酉	金	5	五	癸卯	金	3	六	壬申	金	3	一	壬寅	金	2	三	壬申	金	2月	五	壬寅	金
十八	6	四	甲戌	火	6	六	甲辰	火	4	日	癸酉	金	4	二	癸卯	金	3	四	癸酉	金	2	六	癸卯	金
十九	7	五	乙亥	火	7	日	乙巳	火	5	一	甲戌	火	5	三	甲辰	火	4	五	甲戌	火	3	日	甲辰	火
二十	8	六	丙子	水	8	一	丙午	水	6	二	乙亥	火	6	四	乙巳	火	5	六	乙亥	火	4	一	乙巳	火
廿一	9	日	丁丑	水	9	二	丁未	水	7	三	丙子	水	7	五	丙午	水	6	日	丙子	水	5	二	丙午	水
廿二	10	一	戊寅	土	10	三	戊申	土	8	四	丁丑	水	8	六	丁未	水	7	一	丁丑	水	6	三	丁未	水
廿三	11	二	己卯	土	11	四	己酉	土	9	五	戊寅	土	9	日	戊申	土	8	二	戊寅	土	7	四	戊申	土
廿四	12	三	庚辰	金	12	五	庚戌	金	10	六	己卯	土	10	一	己酉	土	9	三	己卯	土	8	五	己酉	土
廿五	13	四	辛巳	金	13	六	辛亥	金	11	日	庚辰	金	11	二	庚戌	金	10	四	庚辰	金	9	六	庚戌	金
廿六	14	五	壬午	木	14	日	壬子	木	12	一	辛巳	金	12	三	辛亥	金	11	五	辛巳	金	10	日	辛亥	金
廿七	15	六	癸未	木	15	一	癸丑	木	13	二	壬午	木	13	四	壬子	木	12	六	壬午	木	11	一	壬子	木
廿八	16	日	甲申	水	16	二	甲寅	水	14	三	癸未	木	14	五	癸丑	木	13	日	癸未	木	12	二	癸丑	木
廿九	17	一	乙酉	水	17	三	乙卯	水	15	四	甲申	水	15	六	甲寅	水	14	一	甲申	水	13	三	甲寅	水
三十	18	二	丙戌	土					16	五	乙酉	水	16	日	乙卯	水	15	二	乙酉	水	14	四	乙卯	水

公元一九九一年　岁次:辛未　生肖:羊　太岁:李素　纳音:路旁土

月别	正月小	二月大	三月小	四月小	五月大	六月小
干支	庚寅	辛卯	壬辰	癸巳	甲午	乙未
九星	五黄	四绿	三碧	二黑	一白	九紫

廿四节气

节名	雨水	惊蛰	春分	清明	谷雨	立夏	小满	芒种	夏至	小暑	大暑	立秋
农历	初五	二十	初六	廿一	初六	廿二	初八	廿四	十一	廿六	十二	廿八
时辰	午时	巳时	午时	申时	亥时	辰时	亥时	午时	卯时	亥时	申时	辰时
公历	2月19日	3月6日	3月21日	4月5日	4月20日	5月6日	6月21日	6月6日	6月22日	7月7日	7月23日	8月8日
时间	11时58分	10时14分	11时11分	15时17分	22时30分	8时51分	21时52分	12时38分	5时58分	22时53分	16时51分	8时37分

农历	正月 公历	星期	天地干支	五行	二月 公历	星期	天地干支	五行	三月 公历	星期	天地干支	五行	四月 公历	星期	天地干支	五行	五月 公历	星期	天地干支	五行	六月 公历	星期	天地干支	五行
初一	15	五	丙辰	土	16	六	乙酉	水	15	一	乙卯	水	14	二	甲申	水	12	三	癸丑	木	12	五	癸未	木
初二	16	六	丁巳	土	17	日	丙戌	土	16	二	丙辰	土	15	三	乙酉	水	13	四	甲寅	水	13	六	甲申	水
初三	17	日	戊午	火	18	一	丁亥	土	17	三	丁巳	土	16	四	丙戌	土	14	五	乙卯	水	14	日	乙酉	水
初四	18	一	己未	火	19	二	戊子	火	18	四	戊午	火	17	五	丁亥	土	15	六	丙辰	土	15	一	丙戌	土
初五	19	二	庚申	木	20	三	己丑	火	19	五	己未	火	18	六	戊子	火	16	日	丁巳	土	16	二	丁亥	土
初六	20	三	辛酉	木	21	四	庚寅	木	20	六	庚申	木	19	日	己丑	火	17	一	戊午	火	17	三	戊子	火
初七	21	四	壬戌	水	22	五	辛卯	木	21	日	辛酉	木	20	一	庚寅	木	18	二	己未	火	18	四	己丑	火
初八	22	五	癸亥	水	23	六	壬辰	水	22	一	壬戌	水	21	二	辛卯	木	19	三	庚申	木	19	五	庚寅	木
初九	23	六	甲子	金	24	日	癸巳	水	23	二	癸亥	水	22	三	壬辰	水	20	四	辛酉	木	20	六	辛卯	木
初十	24	日	乙丑	金	25	一	甲午	金	24	三	甲子	金	23	四	癸巳	水	21	五	壬戌	水	21	日	壬辰	水
十一	25	一	丙寅	火	26	二	乙未	金	25	四	乙丑	金	24	五	甲午	金	22	六	癸亥	水	22	一	癸巳	水
十二	26	二	丁卯	火	27	三	丙申	火	26	五	丙寅	火	25	六	乙未	金	23	日	甲子	金	23	二	甲午	金
十三	27	三	戊辰	木	28	四	丁酉	火	27	六	丁卯	火	26	日	丙申	火	24	一	乙丑	金	24	三	乙未	金
十四	28	四	己巳	木	29	五	戊戌	木	28	日	戊辰	木	27	一	丁酉	火	25	二	丙寅	火	25	四	丙申	火
十五	3月	五	庚午	土	30	六	己亥	木	29	一	己巳	木	28	二	戊戌	木	26	三	丁卯	火	26	五	丁酉	火
十六	2	六	辛未	土	31	日	庚子	土	30	二	庚午	土	29	三	己亥	木	27	四	戊辰	木	27	六	戊戌	木
十七	3	日	壬申	金	4月	一	辛丑	土	5月	三	辛未	土	30	四	庚子	土	28	五	己巳	木	28	日	己亥	木
十八	4	一	癸酉	金	2	二	壬寅	金	2	四	壬申	金	31	五	辛丑	土	29	六	庚午	土	29	一	庚子	土
十九	5	二	甲戌	火	3	三	癸卯	金	3	五	癸酉	金	6月	六	壬寅	金	30	日	辛未	土	30	二	辛丑	土
二十	6	三	乙亥	火	4	四	甲辰	火	4	六	甲戌	火	2	日	癸卯	金	7月	一	壬申	金	31	三	壬寅	金
廿一	7	四	丙子	水	5	五	乙巳	火	5	日	乙亥	火	3	一	甲辰	火	2	二	癸酉	金	8月	四	癸卯	金
廿二	8	五	丁丑	水	6	六	丙午	水	6	一	丙子	水	4	二	乙巳	火	3	三	甲戌	火	2	五	甲辰	火
廿三	9	六	戊寅	土	7	日	丁未	水	7	二	丁丑	水	5	三	丙午	水	4	四	乙亥	火	3	六	乙巳	火
廿四	10	日	己卯	土	8	一	戊申	土	8	三	戊寅	土	6	四	丁未	水	5	五	丙子	水	4	日	丙午	水
廿五	11	一	庚辰	金	9	二	己酉	土	9	四	己卯	土	7	五	戊申	土	6	六	丁丑	水	5	一	丁未	水
廿六	12	二	辛巳	金	10	三	庚戌	金	10	五	庚辰	金	8	六	己酉	土	7	日	戊寅	土	6	二	戊申	土
廿七	13	三	壬午	木	11	四	辛亥	金	11	六	辛巳	金	9	日	庚戌	金	8	一	己卯	土	7	三	己酉	土
廿八	14	四	癸未	木	12	五	壬子	木	12	日	壬午	木	10	一	辛亥	金	9	二	庚辰	金	8	四	庚戌	金
廿九	15	五	甲申	水	13	六	癸丑	木	13	一	癸未	木	11	二	壬子	木	10	三	辛巳	金	9	五	辛亥	金
三十					14	日	甲寅	水									11	四	壬午	木				

公元一九九一年　岁次:辛未　生肖:羊　太岁:李素　纳音:路旁土

月别	七月小		八月大		九月小		十月大		十一月大		十二月大	
干支	丙申		丁酉		戊戌		己亥		庚子		辛丑	
九星	八白		七赤		六白		五黄		四绿		三碧	

廿四节气

	节名	处暑		白露	秋分	寒露	霜降	立冬	小雪	大雪	冬至	小寒	大寒
	农历	十四		初一	十六	初二	十七	初三	十八	初二	十七	初二	十七
	时辰	子时		午时	戌时	寅时	卯时	卯时	寅时	亥时	申时	巳时	寅时
	公历	8月23日		9月8日	9月23日	10月9日	10月24日	11月8日	11月23日	12月7日	12月22日	1月6日	1月21日
	时间	23时47分		12时4分	20时48分	3时28分	6时17分	6时23分	3时39分	22时56分	16时52分	10时12分	3时30分

农历	公历	星期	天地干支	五行	公历	星期	天地干支	五行	公历	星期	天地干支	五行	公历	星期	天地干支	五行	公历	星期	天地干支	五行	公历	星期	天地干支	五行
初一	10	六	壬子	木	8	日	辛巳	金	8	二	辛亥	金	6	三	庚辰	金	6	五	庚戌	金	5	日	庚辰	金
初二	11	日	癸丑	木	9	一	壬午	木	9	三	壬子	木	7	四	辛巳	金	7	六	辛亥	金	6	一	辛巳	金
初三	12	一	甲寅	水	10	二	癸未	木	10	四	癸丑	木	8	五	壬午	木	8	日	壬子	木	7	二	壬午	木
初四	13	二	乙卯	水	11	三	甲申	水	11	五	甲寅	水	9	六	癸未	木	9	一	癸丑	木	8	三	癸未	木
初五	14	三	丙辰	土	12	四	乙酉	水	12	六	乙卯	水	10	日	甲申	水	10	二	甲寅	水	9	四	甲申	水
初六	15	四	丁巳	土	13	五	丙戌	土	13	日	丙辰	土	11	一	乙酉	水	11	三	乙卯	水	10	五	乙酉	水
初七	16	五	戊午	火	14	六	丁亥	土	14	一	丁巳	土	12	二	丙戌	土	12	四	丙辰	土	11	六	丙戌	土
初八	17	六	己未	火	15	日	戊子	火	15	二	戊午	火	13	三	丁亥	土	13	五	丁巳	土	12	日	丁亥	土
初九	18	日	庚申	木	16	一	己丑	火	16	三	己未	火	14	四	戊子	火	14	六	戊午	火	13	一	戊子	火
初十	19	一	辛酉	木	17	二	庚寅	木	17	四	庚申	木	15	五	己丑	火	15	日	己未	火	14	二	己丑	火
十一	20	二	壬戌	水	18	三	辛卯	木	18	五	辛酉	木	16	六	庚寅	木	16	一	庚申	木	15	三	庚寅	木
十二	21	三	癸亥	水	19	四	壬辰	水	19	六	壬戌	水	17	日	辛卯	木	17	二	辛酉	木	16	四	辛卯	木
十三	22	四	甲子	金	20	五	癸巳	水	20	日	癸亥	水	18	一	壬辰	水	18	三	壬戌	水	17	五	壬辰	水
十四	23	五	乙丑	金	21	六	甲午	金	21	一	甲子	金	19	二	癸巳	水	19	四	癸亥	水	18	六	癸巳	水
十五	24	六	丙寅	火	22	日	乙未	金	22	二	乙丑	金	20	三	甲午	金	20	五	甲子	金	19	日	甲午	金
十六	25	日	丁卯	火	23	一	丙申	火	23	三	丙寅	火	21	四	乙未	金	21	六	乙丑	金	20	一	乙未	金
十七	26	一	戊辰	木	24	二	丁酉	火	24	四	丁卯	火	22	五	丙申	火	22	日	丙寅	火	21	二	丙申	火
十八	27	二	己巳	木	25	三	戊戌	木	25	五	戊辰	木	23	六	丁酉	火	23	一	丁卯	火	22	三	丁酉	火
十九	28	三	庚午	土	26	四	己亥	木	26	六	己巳	木	24	日	戊戌	木	24	二	戊辰	木	23	四	戊戌	木
二十	29	四	辛未	土	27	五	庚子	土	27	日	庚午	土	25	一	己亥	木	25	三	己巳	木	24	五	己亥	木
廿一	30	五	壬申	金	28	六	辛丑	土	28	一	辛未	土	26	二	庚子	土	26	四	庚午	土	25	六	庚子	土
廿二	31	六	癸酉	金	29	日	壬寅	金	29	二	壬申	金	27	三	辛丑	土	27	五	辛未	土	26	日	辛丑	土
廿三	9月	日	甲戌	火	30	一	癸卯	金	30	三	癸酉	金	28	四	壬寅	金	28	六	壬申	金	27	一	壬寅	金
廿四	2	一	乙亥	火	10月	二	甲辰	火	31	四	甲戌	火	29	五	癸卯	金	29	日	癸酉	金	28	二	癸卯	金
廿五	3	二	丙子	水	2	三	乙巳	火	11月	五	乙亥	火	30	六	甲辰	火	30	一	甲戌	火	29	三	甲辰	火
廿六	4	三	丁丑	水	3	四	丙午	水	2	六	丙子	水	12月	日	乙巳	火	31	二	乙亥	火	30	四	乙巳	火
廿七	5	四	戊寅	土	4	五	丁未	水	3	日	丁丑	水	2	一	丙午	水	1月	三	丙子	水	31	五	丙午	水
廿八	6	五	己卯	土	5	六	戊申	土	4	一	戊寅	土	3	二	丁未	水	2	四	丁丑	水	2月	六	丁未	水
廿九	7	六	庚辰	金	6	日	己酉	土	5	二	己卯	土	4	三	戊申	土	3	五	戊寅	土	2	日	戊申	土
三十					7	一	庚戌	金					5	四	己酉	土	4	六	己卯	土	3	一	己酉	土

公元一九九二年　　岁次:壬申　　生肖:猴　　太岁:刘旺　　纳音:剑锋金

月别	正月小		二月大		三月大		四月小		五月小		六月大	
干支	壬寅		癸卯		甲辰		乙巳		丙午		丁未	
九星	二黑		一白		九紫		八白		七赤		六白	

廿四节气	节名	立春	雨水	惊蛰	春分	清明	谷雨	立夏	小满	芒种	夏至	小暑	大暑
	农历	初一	十六	初二	十七	初二	十八	初三	十九	初五	廿一	初八	廿三
	时辰	亥时	酉时	申时	申时	戌时	寅时	未时	寅时	酉时	午时	寅时	亥时
	公历	2月4日	2月19日	3月5日	3月20日	4月4日	4月20日	5月5日	5月21日	6月5日	6月21日	7月7日	7月22日
	时间	21时54分	17时47分	16时4分	16时59分	20时45分	4时18分	14时41分	3时40分	18时22分	11时46分	4时40分	22时39分

农历	公历	星期	天地干支	五行	公历	星期	天地干支	五行	公历	星期	天地干支	五行	公历	星期	天地干支	五行	公历	星期	天地干支	五行	公历	星期	天地干支	五行	公历	星期	天地干支	五行
初一	4	二	庚戌	金	4	三	己卯	土	3	五	己酉	土	3	日	己卯	土	6月	一	戊申	土	30	二	丁丑	水
初二	5	三	辛亥	金	5	四	庚辰	金	4	六	庚戌	金	4	一	庚辰	金	2	二	己酉	土	7月	三	戊寅	土
初三	6	四	壬子	木	6	五	辛巳	金	5	日	辛亥	金	5	二	辛巳	金	3	三	庚戌	金	2	四	己卯	土
初四	7	五	癸丑	木	7	六	壬午	木	6	一	壬子	木	6	三	壬午	木	4	四	辛亥	金	3	五	庚辰	金
初五	8	六	甲寅	水	8	日	癸未	木	7	二	癸丑	木	7	四	癸未	木	5	五	壬子	木	4	六	辛巳	金
初六	9	日	乙卯	水	9	一	甲申	水	8	三	甲寅	水	8	五	甲申	水	6	六	癸丑	木	5	日	壬午	木
初七	10	一	丙辰	土	10	二	乙酉	水	9	四	乙卯	水	9	六	乙酉	水	7	日	甲寅	水	6	一	癸未	木
初八	11	二	丁巳	土	11	三	丙戌	土	10	五	丙辰	土	10	日	丙戌	土	8	一	乙卯	水	7	二	甲申	水
初九	12	三	戊午	火	12	四	丁亥	土	11	六	丁巳	土	11	一	丁亥	土	9	二	丙辰	土	8	三	乙酉	水
初十	13	四	己未	火	13	五	戊子	火	12	日	戊午	火	12	二	戊子	火	10	三	丁巳	土	9	四	丙戌	土
十一	14	五	庚申	木	14	六	己丑	火	13	一	己未	火	13	三	己丑	火	11	四	戊午	火	10	五	丁亥	土
十二	15	六	辛酉	木	15	日	庚寅	木	14	二	庚申	木	14	四	庚寅	木	12	五	己未	火	11	六	戊子	火
十三	16	日	壬戌	水	16	一	辛卯	木	15	三	辛酉	木	15	五	辛卯	木	13	六	庚申	木	12	日	己丑	火
十四	17	一	癸亥	水	17	二	壬辰	水	16	四	壬戌	水	16	六	壬辰	水	14	日	辛酉	木	13	一	庚寅	木
十五	18	二	甲子	金	18	三	癸巳	水	17	五	癸亥	水	17	日	癸巳	水	15	一	壬戌	水	14	二	辛卯	木
十六	19	三	乙丑	金	19	四	甲午	金	18	六	甲子	金	18	一	甲午	金	16	二	癸亥	水	15	三	壬辰	水
十七	20	四	丙寅	火	20	五	乙未	金	19	日	乙丑	金	19	二	乙未	金	17	三	甲子	金	16	四	癸巳	水
十八	21	五	丁卯	火	21	六	丙申	火	20	一	丙寅	火	20	三	丙申	火	18	四	乙丑	金	17	五	甲午	金
十九	22	六	戊辰	木	22	日	丁酉	火	21	二	丁卯	火	21	四	丁酉	火	19	五	丙寅	火	18	六	乙未	金
二十	23	日	己巳	木	23	一	戊戌	木	22	三	戊辰	木	22	五	戊戌	木	20	六	丁卯	火	19	日	丙申	火
廿一	24	一	庚午	土	24	二	己亥	木	23	四	己巳	木	23	六	己亥	木	21	日	戊辰	木	20	一	丁酉	火
廿二	25	二	辛未	土	25	三	庚子	土	24	五	庚午	土	24	日	庚子	土	22	一	己巳	木	21	二	戊戌	木
廿三	26	三	壬申	金	26	四	辛丑	土	25	六	辛未	土	25	一	辛丑	土	23	二	庚午	土	22	三	己亥	木
廿四	27	四	癸酉	金	27	五	壬寅	金	26	日	壬申	金	26	二	壬寅	金	24	三	辛未	土	23	四	庚子	土
廿五	28	五	甲戌	火	28	六	癸卯	金	27	一	癸酉	金	27	三	癸卯	金	25	四	壬申	金	24	五	辛丑	土
廿六	29	六	乙亥	火	29	日	甲辰	火	28	二	甲戌	火	28	四	甲辰	火	26	五	癸酉	金	25	六	壬寅	金
廿七	3月	日	丙子	水	30	一	乙巳	火	29	三	乙亥	火	29	五	乙巳	火	27	六	甲戌	火	26	日	癸卯	金
廿八	2	一	丁丑	水	31	二	丙午	水	30	四	丙子	水	30	六	丙午	水	28	日	乙亥	火	27	一	甲辰	火
廿九	3	二	戊寅	土	4月	三	丁未	水	5月	五	丁丑	水	31	日	丁未	水	29	一	丙子	水	28	二	乙巳	火
三十					2	四	戊申	土	2	六	戊寅	土									29	三	丙午	水

— 252 —

公元一九九二年　　岁次:壬申　　生肖:猴　　太岁:刘旺　　纳音:剑锋金

月别	七月小		八月小		九月大		十月小		十一月大		十二月大	
干支	戊申		己酉		庚戌		辛亥		壬子		癸丑	
九星	五黄		四绿		三碧		二黑		一白		九紫	
廿四节气 节名	立秋	处暑	白露	秋分	寒露	霜降	立冬	小雪	大雪	冬至	小寒	大寒
农历	初九	廿五	十一	廿七	十三	廿八	十三	廿八	十四	廿八	十三	廿八
时辰	未时	卯时	酉时	丑时	辰时	午时	午时	巳时	寅时	亥时	申时	巳时
公历	8月7日	8月23日	9月7日	9月23日	10月8日	10月23日	11月7日	11月22日	12月7日	12月21日	1月5日	1月20日
时间	14时27分	5时35分	17时35分	2时59分	8时51分	12时5分	12时12分	9时27分	4时52分	22时40分	16时1分	9时18分

农历	公历	星期	天地干支	五行	公历	星期	天地干支	五行	公历	星期	天地干支	五行	公历	星期	天地干支	五行	公历	星期	天地干支	五行	公历	星期	天地干支	五行
初一	30	四	丁未	水	28	五	丙子	水	26	六	乙巳	火	26	一	乙亥	火	24	二	甲辰	火	24	四	甲戌	火
初二	31	五	戊申	土	29	六	丁丑	水	27	日	丙午	水	27	二	丙子	水	25	三	乙巳	火	25	五	乙亥	火
初三	8月	六	己酉	土	30	日	戊寅	土	28	一	丁未	水	28	三	丁丑	水	26	四	丙午	水	26	六	丙子	水
初四	2	日	庚戌	金	31	一	己卯	土	29	二	戊申	土	29	四	戊寅	土	27	五	丁未	水	27	日	丁丑	水
初五	3	一	辛亥	金	9月	二	庚辰	金	30	三	己酉	土	30	五	己卯	土	28	六	戊申	土	28	一	戊寅	土
初六	4	二	壬子	木	3	三	辛巳	金	10月	四	庚戌	金	31	六	庚辰	金	29	日	己酉	土	29	二	己卯	土
初七	5	三	癸丑	木	3	四	壬午	木	2	五	辛亥	金	11月	日	辛巳	金	30	一	庚戌	金	30	三	庚辰	金
初八	6	四	甲寅	水	4	五	癸未	木	3	六	壬子	木	2	一	壬午	木	12月	二	辛亥	金	31	四	辛巳	金
初九	7	五	乙卯	水	5	六	甲申	水	4	日	癸丑	木	3	二	癸未	木	2	三	壬子	木	1月	五	壬午	木
初十	8	六	丙辰	土	6	日	乙酉	水	5	一	甲寅	水	4	三	甲申	水	3	四	癸丑	木	2	六	癸未	木
十一	9	日	丁巳	土	7	一	丙戌	土	6	二	乙卯	水	5	四	乙酉	水	4	五	甲寅	水	3	日	甲申	水
十二	10	一	戊午	火	8	二	丁亥	土	7	三	丙辰	土	6	五	丙戌	土	5	六	乙卯	水	4	一	乙酉	水
十三	11	二	己未	火	9	三	戊子	火	8	四	丁巳	土	7	六	丁亥	土	6	日	丙辰	土	5	二	丙戌	土
十四	12	三	庚申	木	10	四	己丑	火	9	五	戊午	火	8	日	戊子	火	7	一	丁巳	土	6	三	丁亥	土
十五	13	四	辛酉	木	11	五	庚寅	木	10	六	己未	火	9	一	己丑	火	8	二	戊午	火	7	四	戊子	火
十六	14	五	壬戌	水	12	六	辛卯	木	11	日	庚申	木	10	二	庚寅	木	9	三	己未	火	8	五	己丑	火
十七	15	六	癸亥	水	13	日	壬辰	水	12	一	辛酉	木	11	三	辛卯	木	10	四	庚申	木	9	六	庚寅	木
十八	16	日	甲子	金	14	一	癸巳	水	13	二	壬戌	水	12	四	壬辰	水	11	五	辛酉	木	10	日	辛卯	木
十九	17	一	乙丑	金	15	二	甲午	金	14	三	癸亥	水	13	五	癸巳	水	12	六	壬戌	水	11	一	壬辰	水
二十	18	二	丙寅	火	16	三	乙未	金	15	四	甲子	金	14	六	甲午	金	13	日	癸亥	水	12	二	癸巳	水
廿一	19	三	丁卯	火	17	四	丙申	火	16	五	乙丑	金	15	日	乙未	金	14	一	甲子	金	13	三	甲午	金
廿二	20	四	戊辰	木	18	五	丁酉	火	17	六	丙寅	火	16	一	丙申	火	15	二	乙丑	金	14	四	乙未	金
廿三	21	五	己巳	木	19	六	戊戌	木	18	日	丁卯	火	17	二	丁酉	火	16	三	丙寅	火	15	五	丙申	火
廿四	22	六	庚午	土	20	日	己亥	木	19	一	戊辰	木	18	三	戊戌	木	17	四	丁卯	火	16	六	丁酉	火
廿五	23	日	辛未	土	21	一	庚子	土	20	二	己巳	木	19	四	己亥	木	18	五	戊辰	木	17	日	戊戌	木
廿六	24	一	壬申	金	22	二	辛丑	土	21	三	庚午	土	20	五	庚子	土	19	六	己巳	木	18	一	己亥	木
廿七	25	二	癸酉	金	23	三	壬寅	金	22	四	辛未	土	21	六	辛丑	土	20	日	庚午	土	19	二	庚子	土
廿八	26	三	甲戌	火	24	四	癸卯	金	23	五	壬申	金	22	日	壬寅	金	21	一	辛未	土	20	三	辛丑	土
廿九	27	四	乙亥	火	25	五	甲辰	火	24	六	癸酉	金	23	一	癸卯	金	22	二	壬申	金	21	四	壬寅	金
三十									25	日	甲戌	火					23	三	癸酉	金	22	五	癸卯	金

— 253 —

公元一九九三年　（闰三月）　岁次:癸酉　生肖:鸡　太岁:康志　纳音:剑锋金

月别	正月小	二月大	三月大	闰三月小	四月大	五月小	六月大
干支	甲寅	乙卯	丙辰	丙辰	丁巳	戊午	己未
九星	八白	七赤	六白	六白	五黄	四绿	三碧

廿四节气

	节名	立春	雨水	惊蛰	春分	清明	谷雨	立夏	小满	芒种	夏至	小暑	大暑	立秋
	农历	十三	廿七	十三	廿八	十四	廿九	十四	初一	十七	初二	十八	初五	二十
	时辰	寅时	子时	亥时	亥时	丑时	巳时	戌时	巳时	子时	酉时	巳时	寅时	戌时
	公历	2月4日	2月18日	3月5日	3月20日	4月5日	4月20日	5月5日	5月21日	6月6日	6月21日	7月7日	7月23日	8月7日
	时间	3时43分	23时35分	21时53分	22时48分	2时56分	10时7分	20时30分	9时29分	0时52分	17时35分	10时33分	4时28分	20时59分

农历（公历 星期 天地干支 五行）

农历	正月小	二月大	三月大	闰三月小	四月大	五月小	六月大
初一	23 六 甲辰 火	21 日 癸酉 金	23 二 癸卯 金	22 四 癸酉 金	21 五 壬寅 金	20 日 壬申 金	19 一 辛丑 土
初二	24 日 乙巳 火	22 一 甲戌 火	24 三 甲辰 火	23 五 甲戌 火	22 六 癸卯 金	21 一 癸酉 金	20 二 壬寅 金
初三	25 一 丙午 水	23 二 乙亥 火	25 四 乙巳 火	24 六 乙亥 火	23 日 甲辰 火	22 二 甲戌 火	21 三 癸卯 金
初四	26 二 丁未 水	24 三 丙子 水	26 五 丙午 水	25 日 丙子 水	24 一 乙巳 火	23 三 乙亥 火	22 四 甲辰 火
初五	27 三 戊申 土	25 四 丁丑 水	27 六 丁未 水	26 一 丁丑 水	25 二 丙午 水	24 四 丙子 水	23 五 乙巳 火
初六	28 四 己酉 土	26 五 戊寅 土	28 日 戊申 土	27 二 戊寅 土	26 三 丁未 水	25 五 丁丑 土	24 六 丙午 水
初七	29 五 庚戌 金	27 六 己卯 土	29 一 己酉 土	28 三 己卯 土	27 四 戊申 土	26 六 戊寅 土	25 日 丁未 水
初八	30 六 辛亥 金	28 日 庚辰 金	30 二 庚戌 金	29 四 庚辰 金	28 五 己酉 土	27 日 己卯 土	26 一 戊申 土
初九	31 日 壬子 木	3月1 一 辛巳 金	31 三 辛亥 金	30 五 辛巳 金	29 六 庚戌 金	28 一 庚辰 金	27 二 己酉 土
初十	2月1 一 癸丑 木	2 二 壬午 木	4月1 四 壬子 木	5月1 六 壬午 木	30 日 辛亥 金	29 二 辛巳 金	28 三 庚戌 金
十一	2 二 甲寅 水	3 三 癸未 木	2 五 癸丑 木	2 日 癸未 木	31 一 壬子 木	30 三 壬午 木	29 四 辛亥 金
十二	3 三 乙卯 水	4 四 甲申 水	3 六 甲寅 水	3 一 甲申 水	6月1 二 癸丑 木	7月1 四 癸未 木	30 五 壬子 木
十三	4 四 丙辰 土	5 五 乙酉 水	4 日 乙卯 水	4 二 乙酉 水	2 三 甲寅 水	2 五 甲申 水	31 六 癸丑 木
十四	5 五 丁巳 土	6 六 丙戌 土	5 一 丙辰 土	5 三 丙戌 土	3 四 乙卯 水	3 六 乙酉 水	8月1 日 甲寅 水
十五	6 六 戊午 火	7 日 丁亥 土	6 二 丁巳 土	6 四 丁亥 土	4 五 丙辰 土	4 日 丙戌 土	2 一 乙卯 水
十六	7 日 己未 火	8 一 戊子 火	7 三 戊午 火	7 五 戊子 火	5 六 丁巳 土	5 一 丁亥 土	3 二 丙辰 土
十七	8 一 庚申 木	9 二 己丑 火	8 四 己未 火	8 六 己丑 火	6 日 戊午 火	6 二 戊子 火	4 三 丁巳 土
十八	9 二 辛酉 木	10 三 庚寅 木	9 五 庚申 木	9 日 庚寅 木	7 一 己未 火	7 三 己丑 火	5 四 戊午 火
十九	10 三 壬戌 水	11 四 辛卯 木	10 六 辛酉 木	10 一 辛卯 木	8 二 庚申 木	8 四 庚寅 木	6 五 己未 火
二十	11 四 癸亥 水	12 五 壬辰 水	11 日 壬戌 水	11 二 壬辰 水	9 三 辛酉 木	9 五 辛卯 木	7 六 庚申 木
廿一	12 五 甲子 金	13 六 癸巳 水	12 一 癸亥 水	12 三 癸巳 水	10 四 壬戌 水	10 六 壬辰 水	8 日 辛酉 木
廿二	13 六 乙丑 金	14 日 甲午 金	13 二 甲子 金	13 四 甲午 金	11 五 癸亥 水	11 日 癸巳 水	9 一 壬戌 水
廿三	14 日 丙寅 火	15 一 乙未 金	14 三 乙丑 金	14 五 乙未 金	12 六 甲子 金	12 一 甲午 金	10 二 癸亥 水
廿四	15 一 丁卯 火	16 二 丙申 火	15 四 丙寅 火	15 六 丙申 火	13 日 乙丑 金	13 二 乙未 金	11 三 甲子 金
廿五	16 二 戊辰 木	17 三 丁酉 火	16 五 丁卯 火	16 日 丁酉 火	14 一 丙寅 火	14 三 丙申 火	12 四 乙丑 金
廿六	17 三 己巳 木	18 四 戊戌 木	17 六 戊辰 木	17 一 戊戌 木	15 二 丁卯 火	15 四 丁酉 火	13 五 丙寅 火
廿七	18 四 庚午 土	19 五 己亥 木	18 日 己巳 木	18 二 己亥 木	16 三 戊辰 木	16 五 戊戌 木	14 六 丁卯 火
廿八	19 五 辛未 土	20 六 庚子 土	19 一 庚午 土	19 三 庚子 土	17 四 己巳 土	17 六 己亥 土	15 日 戊辰 木
廿九	20 六 壬申 金	21 日 辛丑 土	20 二 辛未 土	20 四 辛丑 土	18 五 庚午 土	18 日 庚子 土	16 一 己巳 土
三十		22 一 壬寅 金	21 三 壬申 金		19 六 辛未 土		17 二 庚午 土

公元一九九三年　（闰三月）　岁次:癸酉　生肖:鸡　太岁:康志　纳音:剑锋金

月别	七月小				八月小				九月大				十月小				十一月大				十二月小			
干支	庚申				辛酉				壬戌				癸亥				甲子				乙丑			
九星	二黑				一白				九紫				八白				七赤				六白			

廿四节气

	节名	处暑	白露	秋分	寒露	霜降	立冬	小雪	大雪	冬至	小寒	大寒	立春
	农历	初六	廿一	初八	廿三	初九	廿四	初九	廿四	初十	廿四	初九	廿四
	时辰	巳时	子时	辰时	未时	酉时	酉时	申时	巳时	寅时	亥时	申时	巳时
	公历	8月23日	9月7日	9月23日	10月8日	10月23日	11月7日	11月22日	12月7日	12月22日	1月5日	1月20日	2月4日
	时间	10时50分	23时43分	8时48分	14时40分	17时54分	18时2分	15时16分	10时42分	4时29分	21时51分	15时7分	9时33分

农历	公历	星期	天地干支	五行	公历	星期	天地干支	五行	公历	星期	天地干支	五行	公历	星期	天地干支	五行	公历	星期	天地干支	五行	公历	星期	天地干支	五行
初一	18	三	辛未	土	16	四	庚子	土	15	五	己巳	木	14	日	己亥	木	13	一	戊辰	木	12	三	戊戌	木
初二	19	四	壬申	金	17	五	辛丑	土	16	六	庚午	土	15	一	庚子	土	14	二	己巳	木	13	四	己亥	木
初三	20	五	癸酉	金	18	六	壬寅	金	17	日	辛未	土	16	二	辛丑	土	15	三	庚午	土	14	五	庚子	土
初四	21	六	甲戌	火	19	日	癸卯	金	18	一	壬申	金	17	三	壬寅	金	16	四	辛未	土	15	六	辛丑	土
初五	22	日	乙亥	火	20	一	甲辰	火	19	二	癸酉	金	18	四	癸卯	金	17	五	壬申	金	16	日	壬寅	金
初六	23	一	丙子	水	21	二	乙巳	火	20	三	甲戌	火	19	五	甲辰	火	18	六	癸酉	金	17	一	癸卯	金
初七	24	二	丁丑	水	22	三	丙午	水	21	四	乙亥	火	20	六	乙巳	火	19	日	甲戌	火	18	二	甲辰	火
初八	25	三	戊寅	土	23	四	丁未	水	22	五	丙子	水	21	日	丙午	水	20	一	乙亥	火	19	三	乙巳	火
初九	26	四	己卯	土	24	五	戊申	土	23	六	丁丑	水	22	一	丁未	水	21	二	丙子	水	20	四	丙午	火
初十	27	五	庚辰	金	25	六	己酉	土	24	日	戊寅	土	23	二	戊申	土	22	三	丁丑	水	21	五	丁未	水
十一	28	六	辛巳	金	26	日	庚戌	金	25	一	己卯	土	24	三	己酉	土	23	四	戊寅	土	22	六	戊申	土
十二	29	日	壬午	木	27	一	辛亥	金	26	二	庚辰	金	25	四	庚戌	金	24	五	己卯	土	23	日	己酉	土
十三	30	一	癸未	木	28	二	壬子	木	27	三	辛巳	金	26	五	辛亥	金	25	六	庚辰	金	24	一	庚戌	金
十四	31	二	甲申	水	29	三	癸丑	木	28	四	壬午	木	27	六	壬子	木	26	日	辛巳	金	25	二	辛亥	金
十五	9月	三	乙酉	水	30	四	甲寅	水	29	五	癸未	木	28	日	癸丑	木	27	一	壬午	木	26	三	壬子	木
十六	2	四	丙戌	土	10月	五	乙卯	水	30	六	甲申	水	29	一	甲寅	水	28	二	癸未	木	27	四	癸丑	木
十七	3	五	丁亥	土	2	六	丙辰	土	31	日	乙酉	水	30	二	乙卯	水	29	三	甲申	水	28	五	甲寅	水
十八	4	六	戊子	火	3	日	丁巳	土	11月	一	丙戌	土	12月	三	丙辰	土	30	四	乙酉	水	29	六	乙卯	水
十九	5	日	己丑	火	4	一	戊午	火	2	二	丁亥	土	2	四	丁巳	土	31	五	丙戌	土	30	日	丙辰	土
二十	6	一	庚寅	木	5	二	己未	火	3	三	戊子	火	3	五	戊午	火	1月	六	丁亥	土	31	一	丁巳	土
廿一	7	二	辛卯	木	6	三	庚申	木	4	四	己丑	火	4	六	己未	火	2	日	戊子	火	2月	二	戊午	火
廿二	8	三	壬辰	水	7	四	辛酉	木	5	五	庚寅	木	5	日	庚申	木	3	一	己丑	火	2	三	己未	火
廿三	9	四	癸巳	水	8	五	壬戌	水	6	六	辛卯	木	6	一	辛酉	木	4	二	庚寅	木	3	四	庚申	木
廿四	10	五	甲午	金	9	六	癸亥	水	7	日	壬辰	水	7	二	壬戌	水	5	三	辛卯	木	4	五	辛酉	木
廿五	11	六	乙未	金	10	日	甲子	金	8	一	癸巳	水	8	三	癸亥	水	6	四	壬辰	水	5	六	壬戌	水
廿六	12	日	丙申	火	11	一	乙丑	金	9	二	甲午	金	9	四	甲子	金	7	五	癸巳	水	6	日	癸亥	水
廿七	13	一	丁酉	火	12	二	丙寅	火	10	三	乙未	金	10	五	乙丑	金	8	六	甲午	金	7	一	甲子	金
廿八	14	二	戊戌	木	13	三	丁卯	火	11	四	丙申	火	11	六	丙寅	火	9	日	乙未	金	8	二	乙丑	金
廿九	15	三	己亥	木	14	四	戊辰	木	12	五	丁酉	火	12	日	丁卯	火	10	一	丙申	火	9	三	丙寅	火
三十									13	六	戊戌	木					11	二	丁酉	火				

— 255 —

公元一九九四年　岁次:甲戌　生肖:狗　太岁:誓广　纳音:山头火

月别	正月大	二月大	三月大	四月小	五月大	六月小
干支	丙寅	丁卯	戊辰	己巳	庚午	辛未
九星	五黄	四绿	三碧	二黑	一白	九紫

廿四节气

节名	雨水	惊蛰	春分	清明	谷雨	立夏	小满	芒种	夏至	小暑	大暑
农历	初十	廿五	初十	廿五	初十	廿六	十一	廿七	十三	廿九	十五
时辰	卯时	寅时	寅时	辰时	申时	丑时	未时	卯时	亥时	申时	巳时
公历	2月19日	3月6日	3月21日	4月5日	4月20日	5月6日	5月21日	6月6日	6月21日	7月7日	7月23日
时间	5时24分	3时43分	4时37分	8时46分	15时56分	2时20分	15时19分	6时43分	22时48分	16时19分	10时18分

农历	公历	星期	天地干支	五行	公历	星期	天地干支	五行	公历	星期	天地干支	五行	公历	星期	天地干支	五行	公历	星期	天地干支	五行	公历	星期	天地干支	五行
初一	10	四	丁卯	火	12	六	丁酉	火	11	一	丁卯	火	11	三	丁酉	火	9	四	丙寅	火	9	六	丙申	火
初二	11	五	戊辰	木	13	日	戊戌	木	12	二	戊辰	木	12	四	戊戌	木	10	五	丁卯	火	10	日	丁酉	火
初三	12	六	己巳	木	14	一	己亥	木	13	三	己巳	木	13	五	己亥	木	11	六	戊辰	木	11	一	戊戌	木
初四	13	日	庚午	土	15	二	庚子	土	14	四	庚午	土	14	六	庚子	土	12	日	己巳	木	12	二	己亥	木
初五	14	一	辛未	土	16	三	辛丑	土	15	五	辛未	土	15	日	辛丑	土	13	一	庚午	土	13	三	庚子	土
初六	15	二	壬申	金	17	四	壬寅	金	16	六	壬申	金	16	一	壬寅	金	14	二	辛未	土	14	四	辛丑	土
初七	16	三	癸酉	金	18	五	癸卯	金	17	日	癸酉	金	17	二	癸卯	金	15	三	壬申	金	15	五	壬寅	金
初八	17	四	甲戌	火	19	六	甲辰	火	18	一	甲戌	火	18	三	甲辰	火	16	四	癸酉	金	16	六	癸卯	金
初九	18	五	乙亥	火	20	日	乙巳	火	19	二	乙亥	火	19	四	乙巳	火	17	五	甲戌	火	17	日	甲辰	火
初十	19	六	丙子	水	21	一	丙午	水	20	三	丙子	水	20	五	丙午	水	18	六	乙亥	火	18	一	乙巳	火
十一	20	日	丁丑	水	22	二	丁未	水	21	四	丁丑	水	21	六	丁未	水	19	日	丙子	水	19	二	丙午	水
十二	21	一	戊寅	土	23	三	戊申	土	22	五	戊寅	土	22	日	戊申	土	20	一	丁丑	水	20	三	丁未	水
十三	22	二	己卯	土	24	四	己酉	土	23	六	己卯	土	23	一	己酉	土	21	二	戊寅	土	21	四	戊申	土
十四	23	三	庚辰	金	25	五	庚戌	金	24	日	庚辰	金	24	二	庚戌	金	22	三	己卯	土	22	五	己酉	土
十五	24	四	辛巳	金	26	六	辛亥	金	25	一	辛巳	金	25	三	辛亥	金	23	四	庚辰	金	23	六	庚戌	金
十六	25	五	壬午	木	27	日	壬子	木	26	二	壬午	木	26	四	壬子	木	24	五	辛巳	金	24	日	辛亥	金
十七	26	六	癸未	木	28	一	癸丑	木	27	三	癸未	木	27	五	癸丑	木	25	六	壬午	木	25	一	壬子	木
十八	27	日	甲申	水	29	二	甲寅	水	28	四	甲申	水	28	六	甲寅	水	26	日	癸未	木	26	二	癸丑	木
十九	28	一	乙酉	水	30	三	乙卯	水	29	五	乙酉	水	29	日	乙卯	水	27	一	甲申	水	27	三	甲寅	水
二十	3月	二	丙戌	土	31	四	丙辰	土	30	六	丙戌	土	30	一	丙辰	土	28	二	乙酉	水	28	四	乙卯	水
廿一	2	三	丁亥	土	4月	五	丁巳	土	5月	日	丁亥	土	31	二	丁巳	土	29	三	丙戌	土	29	五	丙辰	土
廿二	3	四	戊子	火	2	六	戊午	火	2	一	戊子	火	6月	三	戊午	火	30	四	丁亥	土	30	六	丁巳	土
廿三	4	五	己丑	火	3	日	己未	火	3	二	己丑	火	2	四	己未	火	7月	五	戊子	火	31	日	戊午	火
廿四	5	六	庚寅	木	4	一	庚申	木	4	三	庚寅	木	3	五	庚申	木	2	六	己丑	火	8月	一	己未	火
廿五	6	日	辛卯	木	5	二	辛酉	木	5	四	辛卯	木	4	六	辛酉	木	3	日	庚寅	木	2	二	庚申	木
廿六	7	一	壬辰	水	6	三	壬戌	水	6	五	壬辰	水	5	日	壬戌	水	4	一	辛卯	木	3	三	辛酉	木
廿七	8	二	癸巳	水	7	四	癸亥	水	7	六	癸巳	水	6	一	癸亥	水	5	二	壬辰	水	4	四	壬戌	水
廿八	9	三	甲午	金	8	五	甲子	金	8	日	甲午	金	7	二	甲子	金	6	三	癸巳	水	5	五	癸亥	水
廿九	10	四	乙未	金	9	六	乙丑	金	9	一	乙未	金	8	三	乙丑	金	7	四	甲午	金	6	六	甲子	金
三十	11	五	丙申	火	10	日	丙寅	火	10	二	丙申	火					8	五	乙未	金				

公元一九九四年　岁次:甲戌　生肖:狗　太岁:誓广　纳音:山头火

月别	七月大				八月小				九月小				十月大				十一月小				十二月大			
干支	壬申				癸酉				甲戌				乙亥				丙子				丁丑			
九星	八白				七赤				六白				五黄				四绿				三碧			

廿四节气

	节名	立秋	处暑	白露	秋分	寒露	霜降	立冬	小雪	大雪	冬至	小寒	大寒
	农历	初二	十七	初三	十八	初四	十九	初五	二十	初五	二十	初六	二十
	时辰	丑时	申时	寅时	未时	戌时	子时	子时	亥时	申时	巳时	寅时	亥时
	公历	8月8日	8月23日	9月8日	9月23日	10月8日	10月23日	11月7日	11月22日	12月7日	12月22日	1月6日	1月20日
	时间	2时50分	16时44分	4时55分	14时38分	20时58分	23时44分	23时53分	21时6分	16时33分	10时19分	3时42分	21时1分

农历	公历	星期	天地干支	五行	公历	星期	天地干支	五行	公历	星期	天地干支	五行	公历	星期	天地干支	五行	公历	星期	天地干支	五行	公历	星期	天地干支	五行
初一	7	日	乙丑	金	6	二	乙未	金	5	三	甲子	金	3	四	癸巳	水	3	六	癸亥	水	1月	日	壬辰	水
初二	8	一	丙寅	火	7	三	丙申	火	6	四	乙丑	金	4	五	甲午	金	4	日	甲子	金	2	一	癸巳	水
初三	9	二	丁卯	火	8	四	丁酉	火	7	五	丙寅	火	5	六	乙未	金	5	一	乙丑	金	3	二	甲午	金
初四	10	三	戊辰	木	9	五	戊戌	木	8	六	丁卯	火	6	日	丙申	火	6	二	丙寅	火	4	三	乙未	金
初五	11	四	己巳	木	10	六	己亥	木	9	日	戊辰	木	7	一	丁酉	火	7	三	丁卯	火	5	四	丙申	火
初六	12	五	庚午	土	11	日	庚子	土	10	一	己巳	木	8	二	戊戌	木	8	四	戊辰	木	6	五	丁酉	火
初七	13	六	辛未	土	12	一	辛丑	土	11	二	庚午	土	9	三	己亥	木	9	五	己巳	木	7	六	戊戌	木
初八	14	日	壬申	金	13	二	壬寅	金	12	三	辛未	土	10	四	庚子	土	10	六	庚午	土	8	日	己亥	木
初九	15	一	癸酉	金	14	三	癸卯	金	13	四	壬申	金	11	五	辛丑	土	11	日	辛未	土	9	一	庚子	土
初十	16	二	甲戌	火	15	四	甲辰	火	14	五	癸酉	金	12	六	壬寅	金	12	一	壬申	金	10	二	辛丑	土
十一	17	三	乙亥	火	16	五	乙巳	火	15	六	甲戌	火	13	日	癸卯	金	13	二	癸酉	金	11	三	壬寅	金
十二	18	四	丙子	水	17	六	丙午	水	16	日	乙亥	火	14	一	甲辰	火	14	三	甲戌	火	12	四	癸卯	金
十三	19	五	丁丑	水	18	日	丁未	水	17	一	丙子	水	15	二	乙巳	火	15	四	乙亥	火	13	五	甲辰	火
十四	20	六	戊寅	土	19	一	戊申	土	18	二	丁丑	水	16	三	丙午	水	16	五	丙子	水	14	六	乙巳	火
十五	21	日	己卯	土	20	二	己酉	土	19	三	戊寅	土	17	四	丁未	水	17	六	丁丑	水	15	日	丙午	水
十六	22	一	庚辰	金	21	三	庚戌	金	20	四	己卯	土	18	五	戊申	土	18	日	戊寅	土	16	一	丁未	水
十七	23	二	辛巳	金	22	四	辛亥	金	21	五	庚辰	金	19	六	己酉	土	19	一	己卯	土	17	二	戊申	土
十八	24	三	壬午	木	23	五	壬子	木	22	六	辛巳	金	20	日	庚戌	金	20	二	庚辰	金	18	三	己酉	土
十九	25	四	癸未	木	24	六	癸丑	木	23	日	壬午	木	21	一	辛亥	金	21	三	辛巳	金	19	四	庚戌	金
二十	26	五	甲申	水	25	日	甲寅	水	24	一	癸未	木	22	二	壬子	木	22	四	壬午	木	20	五	辛亥	金
廿一	27	六	乙酉	水	26	一	乙卯	水	25	二	甲申	水	23	三	癸丑	木	23	五	癸未	木	21	六	壬子	木
廿二	28	日	丙戌	土	27	二	丙辰	土	26	三	乙酉	水	24	四	甲寅	水	24	六	甲申	水	22	日	癸丑	木
廿三	29	一	丁亥	土	28	三	丁巳	土	27	四	丙戌	土	25	五	乙卯	水	25	日	乙酉	水	23	一	甲寅	水
廿四	30	二	戊子	火	29	四	戊午	火	28	五	丁亥	土	26	六	丙辰	土	26	一	丙戌	土	24	二	乙卯	水
廿五	31	三	己丑	火	30	五	己未	火	29	六	戊子	火	27	日	丁巳	土	27	二	丁亥	土	25	三	丙辰	土
廿六	9月	四	庚寅	木	10月	六	庚申	木	30	日	己丑	火	28	一	戊午	火	28	三	戊子	火	26	四	丁巳	土
廿七	2	五	辛卯	木	2	日	辛酉	木	31	一	庚寅	木	29	二	己未	火	29	四	己丑	火	27	五	戊午	火
廿八	3	六	壬辰	水	3	一	壬戌	水	11月	二	辛卯	木	30	三	庚申	木	30	五	庚寅	木	28	六	己未	火
廿九	4	日	癸巳	水	4	二	癸亥	水	2	三	壬辰	水	12月	四	辛酉	木	31	六	辛卯	木	29	日	庚申	木
三十	5	一	甲午	金									2	五	壬戌	水					30	一	辛酉	木

公元一九九五年　（闰八月）　岁次:乙亥　生肖:猪　太岁:吴保　纳音:山头火

月别	正月小		二月大		三月大		四月小		五月大		六月小	
干支	戊寅		己卯		庚辰		辛巳		壬午		癸未	
九星	二黑		一白		九紫		八白		七赤		六白	

廿四节气

节名	立春	雨水	惊蛰	春分	清明	谷雨	立夏	小满	芒种	夏至	小暑	大暑
农历	初五	二十	初六	廿一	初六	廿一	初七	廿二	初九	廿五	初十	廿六
时辰	申时	午时	巳时	巳时	未时	亥时	辰时	戌时	午时	寅时	亥时	申时
公历	2月4日	2月19日	3月6日	3月21日	4月5日	4月20日	5月6日	5月21日	6月6日	6月22日	7月7日	7月23日
时间	15时24分	11时14分	9时34分	10时27分	14时37分	21时46分	8时11分	20时34分	12时34分	4时34分	22时57分	16时7分

农历	公历	星期	天地干支	五行	公历	星期	天地干支	五行	公历	星期	天地干支	五行	公历	星期	天地干支	五行	公历	星期	天地干支	五行	公历	星期	天地干支	五行
初一	31	二	壬戌	水	3月	三	辛卯	木	31	五	辛酉	木	30	日	辛卯	木	29	一	庚申	木	28	三	庚寅	木
初二	2月	三	癸亥	水	2	四	壬辰	水	4月	六	壬戌	水	5月	一	壬辰	水	30	二	辛酉	木	29	四	辛卯	木
初三	2	四	甲子	金	3	五	癸巳	水	2	日	癸亥	水	2	二	癸巳	水	31	三	壬戌	水	30	五	壬辰	水
初四	3	五	乙丑	金	4	六	甲午	金	3	一	甲子	金	3	三	甲午	金	6月	四	癸亥	水	7月	六	癸巳	水
初五	4	六	丙寅	火	5	日	乙未	金	4	二	乙丑	金	4	四	乙未	金	2	五	甲子	金	2	日	甲午	金
初六	5	日	丁卯	火	6	一	丙申	火	5	三	丙寅	火	5	五	丙申	火	3	六	乙丑	金	3	一	乙未	金
初七	6	一	戊辰	木	7	二	丁酉	火	6	四	丁卯	火	6	六	丁酉	火	4	日	丙寅	火	4	二	丙申	火
初八	7	二	己巳	木	8	三	戊戌	木	7	五	戊辰	木	7	日	戊戌	木	5	一	丁卯	火	5	三	丁酉	火
初九	8	三	庚午	土	9	四	己亥	木	8	六	己巳	木	8	一	己亥	木	6	二	戊辰	木	6	四	戊戌	木
初十	9	四	辛未	土	10	五	庚子	土	9	日	庚午	土	9	二	庚子	土	7	三	己巳	木	7	五	己亥	木
十一	10	五	壬申	金	11	六	辛丑	土	10	一	辛未	土	10	三	辛丑	土	8	四	庚午	土	8	六	庚子	土
十二	11	六	癸酉	金	12	日	壬寅	金	11	二	壬申	金	11	四	壬寅	金	9	五	辛未	土	9	日	辛丑	土
十三	12	日	甲戌	火	13	一	癸卯	金	12	三	癸酉	金	12	五	癸卯	金	10	六	壬申	金	10	一	壬寅	金
十四	13	一	乙亥	火	14	二	甲辰	火	13	四	甲戌	火	13	六	甲辰	火	11	日	癸酉	金	11	二	癸卯	金
十五	14	二	丙子	水	15	三	乙巳	火	14	五	乙亥	火	14	日	乙巳	火	12	一	甲戌	火	12	三	甲辰	火
十六	15	三	丁丑	水	16	四	丙午	水	15	六	丙子	水	15	一	丙午	水	13	二	乙亥	火	13	四	乙巳	火
十七	16	四	戊寅	土	17	五	丁未	水	16	日	丁丑	水	16	二	丁未	水	14	三	丙子	水	14	五	丙午	水
十八	17	五	己卯	土	18	六	戊申	土	17	一	戊寅	土	17	三	戊申	土	15	四	丁丑	水	15	六	丁未	水
十九	18	六	庚辰	金	19	日	己酉	土	18	二	己卯	土	18	四	己酉	土	16	五	戊寅	土	16	日	戊申	土
二十	19	日	辛巳	金	20	一	庚戌	金	19	三	庚辰	金	19	五	庚戌	金	17	六	己卯	土	17	一	己酉	土
廿一	20	一	壬午	木	21	二	辛亥	金	20	四	辛巳	金	20	六	辛亥	金	18	日	庚辰	金	18	二	庚戌	金
廿二	21	二	癸未	木	22	三	壬子	木	21	五	壬午	木	21	日	壬子	木	19	一	辛巳	金	19	三	辛亥	金
廿三	22	三	甲申	水	23	四	癸丑	木	22	六	癸未	木	22	一	癸丑	木	20	二	壬午	木	20	四	壬子	木
廿四	23	四	乙酉	水	24	五	甲寅	水	23	日	甲申	水	23	二	甲寅	水	21	三	癸未	木	21	五	癸丑	木
廿五	24	五	丙戌	土	25	六	乙卯	水	24	一	乙酉	水	24	三	乙卯	水	22	四	甲申	水	22	六	甲寅	水
廿六	25	六	丁亥	土	26	日	丙辰	土	25	二	丙戌	土	25	四	丙辰	土	23	五	乙酉	水	23	日	乙卯	水
廿七	26	日	戊子	火	27	一	丁巳	土	26	三	丁亥	土	26	五	丁巳	土	24	六	丙戌	土	24	一	丙辰	土
廿八	27	一	己丑	火	28	二	戊午	火	27	四	戊子	火	27	六	戊午	火	25	日	丁亥	土	25	二	丁巳	土
廿九	28	二	庚寅	木	29	三	己未	火	28	五	己丑	火	28	日	己未	火	26	一	戊子	火	26	三	戊午	火
三十					30	四	庚申	木	29	六	庚寅	木					27	二	己丑	火				

公元一九九五年　（闰八月）　岁次:乙亥　生肖:猪　太岁:吴保　纳音:山头火

月别	七月大				八月大				闰八月小				九月小				十月大				十一月小				十二月大			
干支	甲申				乙酉				乙酉				丙戌				丁亥				戊子				己丑			
九星	五黄				四绿				四绿				三碧				二黑				一白				九紫			

廿四节气

节名	立秋	处暑	白露	秋分	寒露	霜降	立冬	小雪	大雪	冬至	小寒	大寒	立春
农历	十三	廿八	十四	廿九	十五	初一	十六	初二	十六	初二	十六	初二	十六
时辰	辰时	亥时	巳时	戌时	丑时	卯时	卯时	寅时	亥时	申时	巳时	丑时	亥时
公历	8月8日	8月23日	9月8日	9月23日	10月9日	10月24日	11月8日	11月23日	12月7日	12月22日	1月6日	1月21日	2月4日
时间	8时41分	22时35分	10时49分	20时28分	2时49分	5时34分	5时44分	2时56分	22时24分	16时9分	9时33分	2时47分	21时15分

农历	公历	星期	天地干支	五行	公历	星期	天地干支	五行	公历	星期	天地干支	五行	公历	星期	天地干支	五行	公历	星期	天地干支	五行	公历	星期	天地干支	五行	公历	星期	天地干支	五行
初一	27	四	己未	火	26	六	己丑	火	25	一	己未	火	24	二	戊子	火	22	三	丁巳	土	22	五	丁亥	土	20	六	丙辰	土
初二	28	五	庚申	木	27	日	庚寅	木	26	二	庚申	木	25	三	己丑	火	23	四	戊午	火	23	六	戊子	火	21	日	丁巳	土
初三	29	六	辛酉	木	28	一	辛卯	木	27	三	辛酉	木	26	四	庚寅	木	24	五	己未	火	24	日	己丑	火	22	一	戊午	火
初四	30	日	壬戌	水	29	二	壬辰	水	28	四	壬戌	水	27	五	辛卯	木	25	六	庚申	木	25	一	庚寅	木	23	二	己未	火
初五	31	一	癸亥	水	30	三	癸巳	水	29	五	癸亥	水	28	六	壬辰	水	26	日	辛酉	木	26	二	辛卯	木	24	三	庚申	木
初六	8月	二	甲子	金	31	四	甲午	金	30	六	甲子	金	29	日	癸巳	水	27	一	壬戌	水	27	三	壬辰	水	25	四	辛酉	木
初七	2	三	乙丑	金	9月	五	乙未	金	10月	日	乙丑	金	30	一	甲午	金	28	二	癸亥	水	28	四	癸巳	水	26	五	壬戌	水
初八	3	四	丙寅	火	2	六	丙申	火	2	一	丙寅	火	31	二	乙未	金	29	三	甲子	金	29	五	甲午	金	27	六	癸亥	水
初九	4	五	丁卯	火	3	日	丁酉	火	3	二	丁卯	火	11月	三	丙申	火	30	四	乙丑	金	30	六	乙未	金	28	日	甲子	金
初十	5	六	戊辰	木	4	一	戊戌	木	4	三	戊辰	木	2	四	丁酉	火	12月	五	丙寅	火	31	日	丙申	火	29	一	乙丑	金
十一	6	日	己巳	木	5	二	己亥	木	5	四	己巳	木	3	五	戊戌	木	2	六	丁卯	火	1月	一	丁酉	火	30	二	丙寅	火
十二	7	一	庚午	土	6	三	庚子	土	6	五	庚午	土	4	六	己亥	木	3	日	戊辰	木	2	二	戊戌	木	31	三	丁卯	火
十三	8	二	辛未	土	7	四	辛丑	土	7	六	辛未	土	5	日	庚子	土	4	一	己巳	木	3	三	己亥	木	2月	四	戊辰	木
十四	9	三	壬申	金	8	五	壬寅	金	8	日	壬申	金	6	一	辛丑	土	5	二	庚午	土	4	四	庚子	土	2	五	己巳	木
十五	10	四	癸酉	金	9	六	癸卯	金	9	一	癸酉	金	7	二	壬寅	金	6	三	辛未	土	5	五	辛丑	土	3	六	庚午	土
十六	11	五	甲戌	火	10	日	甲辰	火	10	二	甲戌	火	8	三	癸卯	金	7	四	壬申	金	6	六	壬寅	金	4	日	辛未	土
十七	12	六	乙亥	火	11	一	乙巳	火	11	三	乙亥	火	9	四	甲辰	火	8	五	癸酉	金	7	日	癸卯	金	5	一	壬申	金
十八	13	日	丙子	水	12	二	丙午	水	12	四	丙子	水	10	五	乙巳	火	9	六	甲戌	火	8	一	甲辰	火	6	二	癸酉	金
十九	14	一	丁丑	水	13	三	丁未	水	13	五	丁丑	水	11	六	丙午	水	10	日	乙亥	火	9	二	乙巳	火	7	三	甲戌	火
二十	15	二	戊寅	土	14	四	戊申	土	14	六	戊寅	土	12	日	丁未	水	11	一	丙子	水	10	三	丙午	水	8	四	乙亥	火
廿一	16	三	己卯	土	15	五	己酉	土	15	日	己卯	土	13	一	戊申	土	12	二	丁丑	水	11	四	丁未	水	9	五	丙子	水
廿二	17	四	庚辰	金	16	六	庚戌	金	16	一	庚辰	金	14	二	己酉	土	13	三	戊寅	土	12	五	戊申	土	10	六	丁丑	水
廿三	18	五	辛巳	金	17	日	辛亥	金	17	二	辛巳	金	15	三	庚戌	金	14	四	己卯	土	13	六	己酉	土	11	日	戊寅	土
廿四	19	六	壬午	木	18	一	壬子	木	18	三	壬午	木	16	四	辛亥	金	15	五	庚辰	金	14	日	庚戌	金	12	一	己卯	土
廿五	20	日	癸未	木	19	二	癸丑	木	19	四	癸未	木	17	五	壬子	木	16	六	辛巳	金	15	一	辛亥	金	13	二	庚辰	金
廿六	21	一	甲申	水	20	三	甲寅	水	20	五	甲申	水	18	六	癸丑	木	17	日	壬午	木	16	二	壬子	木	14	三	辛巳	金
廿七	22	二	乙酉	水	21	四	乙卯	水	21	六	乙酉	水	19	日	甲寅	水	18	一	癸未	木	17	三	癸丑	木	15	四	壬午	木
廿八	23	三	丙戌	土	22	五	丙辰	土	22	日	丙戌	土	20	一	乙卯	水	19	二	甲申	水	18	四	甲寅	水	16	五	癸未	木
廿九	24	四	丁亥	土	23	六	丁巳	土	23	一	丁亥	土	21	二	丙辰	土	20	三	乙酉	水	19	五	乙卯	水	17	六	甲申	水
三十	25	五	戊子	火	24	日	戊午	火									21	四	丙戌	土					18	日	乙酉	水

公元一九九六年　岁次:丙子　生肖:鼠　太岁:郭嘉　纳音:涧下水

月别	正月小		二月大		三月小		四月大		五月大		六月小	
干支	庚寅		辛卯		壬辰		癸巳		甲午		乙未	
九星	八白		七赤		六白		五黄		四绿		三碧	

廿四节气

	雨水	惊蛰	春分	清明	谷雨	立夏	小满	芒种	夏至	小暑	大暑	立秋
节名	雨水	惊蛰	春分	清明	谷雨	立夏	小满	芒种	夏至	小暑	大暑	立秋
农历	初一	十六	初二	十七	初三	十八	初五	二十	初六	廿二	初七	廿三
时辰	酉时	申时	申时	戌时	寅时	未时	丑时	酉时	巳时	寅时	亥时	未时
公历	2月19日	3月5日	3月20日	4月4日	4月20日	5月5日	5月21日	6月5日	6月21日	7月7日	7月22日	8月7日
时间	17时4分	15时25分	16时17分	20时28分	3时36分	14时2分	2时58分	18时24分	11时4分	4时47分	21时57分	14时30分

农历	公历	星期	天地干支	五行	公历	星期	天地干支	五行	公历	星期	天地干支	五行	公历	星期	天地干支	五行	公历	星期	天地干支	五行	公历	星期	天地干支	五行
初一	19	一	丙戌	土	19	二	乙卯	水	18	四	乙酉	水	17	五	甲寅	水	16	日	甲申	水	16	二	甲寅	水
初二	20	二	丁亥	土	20	三	丙辰	土	19	五	丙戌	土	18	六	乙卯	水	17	一	乙酉	水	17	三	乙卯	水
初三	21	三	戊子	火	21	四	丁巳	土	20	六	丁亥	土	19	日	丙辰	土	18	二	丙戌	土	18	四	丙辰	土
初四	22	四	己丑	火	22	五	戊午	火	21	日	戊子	火	20	一	丁巳	土	19	三	丁亥	土	19	五	丁巳	土
初五	23	五	庚寅	木	23	六	己未	火	22	一	己丑	火	21	二	戊午	火	20	四	戊子	火	20	六	戊午	火
初六	24	六	辛卯	木	24	日	庚申	木	23	二	庚寅	木	22	三	己未	火	21	五	己丑	火	21	日	己未	火
初七	25	日	壬辰	水	25	一	辛酉	木	24	三	辛卯	木	23	四	庚申	木	22	六	庚寅	木	22	一	庚申	木
初八	26	一	癸巳	水	26	二	壬戌	水	25	四	壬辰	水	24	五	辛酉	木	23	日	辛卯	木	23	二	辛酉	木
初九	27	二	甲午	金	27	三	癸亥	水	26	五	癸巳	水	25	六	壬戌	水	24	一	壬辰	水	24	三	壬戌	水
初十	28	三	乙未	金	28	四	甲子	金	27	六	甲午	金	26	日	癸亥	水	25	二	癸巳	水	25	四	癸亥	水
十一	29	四	丙申	火	29	五	乙丑	金	28	日	乙未	金	27	一	甲子	金	26	三	甲午	金	26	五	甲子	金
十二	3月	五	丁酉	火	30	六	丙寅	火	29	一	丙申	火	28	二	乙丑	金	27	四	乙未	金	27	六	乙丑	金
十三	2	六	戊戌	木	31	日	丁卯	火	30	二	丁酉	火	29	三	丙寅	火	28	五	丙申	火	28	日	丙寅	火
十四	3	日	己亥	木	4月	一	戊辰	木	5月	三	戊戌	木	30	四	丁卯	火	29	六	丁酉	火	29	一	丁卯	火
十五	4	一	庚子	土	2	二	己巳	木	2	四	己亥	木	31	五	戊辰	木	30	日	戊戌	木	30	二	戊辰	木
十六	5	二	辛丑	土	3	三	庚午	土	3	五	庚子	土	6月	六	己巳	木	7月	一	己亥	木	31	三	己巳	木
十七	6	三	壬寅	金	4	四	辛未	土	4	六	辛丑	土	2	日	庚午	土	2	二	庚子	土	8月	四	庚午	土
十八	7	四	癸卯	金	5	五	壬申	金	5	日	壬寅	金	3	一	辛未	土	3	三	辛丑	土	2	五	辛未	土
十九	8	五	甲辰	火	6	六	癸酉	金	6	一	癸卯	金	4	二	壬申	金	4	四	壬寅	金	3	六	壬申	金
二十	9	六	乙巳	火	7	日	甲戌	火	7	二	甲辰	火	5	三	癸酉	金	5	五	癸卯	金	4	日	癸酉	金
廿一	10	日	丙午	水	8	一	乙亥	火	8	三	乙巳	火	6	四	甲戌	火	6	六	甲辰	火	5	一	甲戌	火
廿二	11	一	丁未	水	9	二	丙子	水	9	四	丙午	水	7	五	乙亥	火	7	日	乙巳	火	6	二	乙亥	火
廿三	12	二	戊申	土	10	三	丁丑	水	10	五	丁未	水	8	六	丙子	水	8	一	丙午	水	7	三	丙子	水
廿四	13	三	己酉	土	11	四	戊寅	土	11	六	戊申	土	9	日	丁丑	水	9	二	丁未	水	8	四	丁丑	水
廿五	14	四	庚戌	金	12	五	己卯	土	12	日	己酉	土	10	一	戊寅	土	10	三	戊申	土	9	五	戊寅	土
廿六	15	五	辛亥	金	13	六	庚辰	金	13	一	庚戌	金	11	二	己卯	土	11	四	己酉	土	10	六	己卯	土
廿七	16	六	壬子	木	14	日	辛巳	金	14	二	辛亥	金	12	三	庚辰	金	12	五	庚戌	金	11	日	庚辰	金
廿八	17	日	癸丑	木	15	一	壬午	木	15	三	壬子	木	13	四	辛巳	金	13	六	辛亥	金	12	一	辛巳	金
廿九	18	一	甲寅	水	16	二	癸未	木	16	四	癸丑	木	14	五	壬午	木	14	日	壬子	木	13	二	壬午	木
三十					17	三	甲申	水					15	六	癸未	木	15	一	癸丑	木				

公元一九九六年　岁次:丙子　生肖:鼠　太岁:郭嘉　纳音:涧下水

月别	七月大				八月小				九月大				十月大				十一月小				十二月小			
干支	丙申				丁酉				戊戌				己亥				庚子				辛丑			
九星	二黑				一白				九紫				八白				七赤				六白			

廿四节气	节名	处暑	白露	秋分	寒露	霜降	立冬	小雪	大雪	冬至	小寒	大寒	立春
	农历	初十	廿五	十一	廿六	十二	廿七	十二	廿七	十一	廿六	十二	廿七
	时辰	寅时	申时	丑时	辰时	午时	午时	辰时	寅时	亥时	申时	辰时	寅时
	公历	8月23日	9月7日	9月23日	10月8日	10月23日	11月7日	11月22日	12月7日	12月21日	1月5日	1月20日	2月4日
	时间	4时23分	16时43分	2时17分	8时19分	11时19分	11时27分	8时50分	4时14分	22时6分	15时25分	8时43分	3时2分

农历	公历	星期	天地干支	五行	公历	星期	天地干支	五行	公历	星期	天地干支	五行	公历	星期	天地干支	五行	公历	星期	天地干支	五行	公历	星期	天地干支	五行
初一	14	三	癸未	木	13	五	癸丑	木	12	六	壬午	木	11	一	壬子	木	11	三	壬午	木	9	四	辛亥	金
初二	15	四	甲申	水	14	六	甲寅	水	13	日	癸未	木	12	二	癸丑	木	12	四	癸未	木	10	五	壬子	木
初三	16	五	乙酉	水	15	日	乙卯	水	14	一	甲申	水	13	三	甲寅	水	13	五	甲申	水	11	六	癸丑	木
初四	17	六	丙戌	土	16	一	丙辰	土	15	二	乙酉	水	14	四	乙卯	水	14	六	乙酉	水	12	日	甲寅	水
初五	18	日	丁亥	土	17	二	丁巳	土	16	三	丙戌	土	15	五	丙辰	土	15	日	丙戌	土	13	一	乙卯	水
初六	19	一	戊子	火	18	三	戊午	火	17	四	丁亥	土	16	六	丁巳	土	16	一	丁亥	土	14	二	丙辰	土
初七	20	二	己丑	火	19	四	己未	火	18	五	戊子	火	17	日	戊午	火	17	二	戊子	火	15	三	丁巳	土
初八	21	三	庚寅	木	20	五	庚申	木	19	六	己丑	火	18	一	己未	火	18	三	己丑	火	16	四	戊午	火
初九	22	四	辛卯	木	21	六	辛酉	木	20	日	庚寅	木	19	二	庚申	木	19	四	庚寅	木	17	五	己未	火
初十	23	五	壬辰	水	22	日	壬戌	水	21	一	辛卯	木	20	三	辛酉	木	20	五	辛卯	木	18	六	庚申	木
十一	24	六	癸巳	水	23	一	癸亥	水	22	二	壬辰	水	21	四	壬戌	水	21	六	壬辰	水	19	日	辛酉	木
十二	25	日	甲午	金	24	二	甲子	金	23	三	癸巳	水	22	五	癸亥	水	22	日	癸巳	水	20	一	壬戌	水
十三	26	一	乙未	金	25	三	乙丑	金	24	四	甲午	金	23	六	甲子	金	23	一	甲午	金	21	二	癸亥	水
十四	27	二	丙申	火	26	四	丙寅	火	25	五	乙未	金	24	日	乙丑	金	24	二	乙未	金	22	三	甲子	金
十五	28	三	丁酉	火	27	五	丁卯	火	26	六	丙申	火	25	一	丙寅	火	25	三	丙申	火	23	四	乙丑	金
十六	29	四	戊戌	木	28	六	戊辰	木	27	日	丁酉	火	26	二	丁卯	火	26	四	丁酉	火	24	五	丙寅	火
十七	30	五	己亥	木	29	日	己巳	木	28	一	戊戌	木	27	三	戊辰	木	27	五	戊戌	木	25	六	丁卯	火
十八	31	六	庚子	土	30	一	庚午	土	29	二	己亥	木	28	四	己巳	木	28	六	己亥	木	26	日	戊辰	木
十九	9月	日	辛丑	土	10月	二	辛未	土	30	三	庚子	土	29	五	庚午	土	29	日	庚子	土	27	一	己巳	木
二十	2	一	壬寅	金	2	三	壬申	金	31	四	辛丑	土	30	六	辛未	土	30	一	辛丑	土	28	二	庚午	土
廿一	3	二	癸卯	金	3	四	癸酉	金	11月	五	壬寅	金	12月	日	壬申	金	31	二	壬寅	金	29	三	辛未	土
廿二	4	三	甲辰	火	4	五	甲戌	火	2	六	癸卯	金	2	一	癸酉	金	1月	三	癸卯	金	30	四	壬申	金
廿三	5	四	乙巳	火	5	六	乙亥	火	3	日	甲辰	火	3	二	甲戌	火	2	四	甲辰	火	31	五	癸酉	金
廿四	6	五	丙午	水	6	日	丙子	水	4	一	乙巳	火	4	三	乙亥	火	3	五	乙巳	火	2月	六	甲戌	火
廿五	7	六	丁未	水	7	一	丁丑	水	5	二	丙午	水	5	四	丙子	水	4	六	丙午	水	2	日	乙亥	火
廿六	8	日	戊申	土	8	二	戊寅	土	6	三	丁未	水	6	五	丁丑	水	5	日	丁未	水	3	一	丙子	水
廿七	9	一	己酉	土	9	三	己卯	土	7	四	戊申	土	7	六	戊寅	土	6	一	戊申	土	4	二	丁丑	水
廿八	10	二	庚戌	金	10	四	庚辰	金	8	五	己酉	土	8	日	己卯	土	7	二	己酉	土	5	三	戊寅	土
廿九	11	三	辛亥	金	11	五	辛巳	金	9	六	庚戌	金	9	一	庚辰	金	8	三	庚戌	金	6	四	己卯	土
三十	12	四	壬子	木					10	日	辛亥	金	10	二	辛巳	金								

公元一九九七年　岁次:丁丑　生肖:牛　太岁:汪文　纳音:涧下水

月别	正月大	二月小	三月大	四月小	五月大	六月小
干支	壬寅	癸卯	甲辰	乙巳	丙午	丁未
九星	五黄	四绿	三碧	二黑	一白	九紫

廿四节气

节名	雨水	惊蛰	春分	清明	谷雨	立夏	小满	芒种	夏至	小暑	大暑
农历	十二	廿七	十二	廿八	十四	廿九	十五	初一	十七	初三	十九
时辰	亥时	亥时	亥时	丑时	巳时	戌时	辰时	子时	申时	巳时	寅时
公历	2月18日	3月5日	3月20日	4月5日	4月20日	5月5日	5月21日	6月5日	6月21日	7月7日	7月23日
时间	22时53分	21时14分	22时6分	2时17分	9时25分	19时15分	8时48分	14时42分	7时36分	1时7分	18时31分

农历

农历	正月 公历	星期	天地干支	五行	二月 公历	星期	天地干支	五行	三月 公历	星期	天地干支	五行	四月 公历	星期	天地干支	五行	五月 公历	星期	天地干支	五行	六月 公历	星期	天地干支	五行
初一	7	五	庚辰	金	9	日	庚戌	金	7	一	己卯	土	7	三	己酉	土	5	四	戊寅	土	5	六	戊申	土
初二	8	六	辛巳	金	10	一	辛亥	金	8	二	庚辰	金	8	四	庚戌	金	6	五	己卯	土	6	日	己酉	土
初三	9	日	壬午	木	11	二	壬子	木	9	三	辛巳	金	9	五	辛亥	金	7	六	庚辰	金	7	一	庚戌	金
初四	10	一	癸未	木	12	三	癸丑	木	10	四	壬午	木	10	六	壬子	木	8	日	辛巳	金	8	二	辛亥	金
初五	11	二	甲申	水	13	四	甲寅	水	11	五	癸未	木	11	日	癸丑	木	9	一	壬午	木	9	三	壬子	木
初六	12	三	乙酉	水	14	五	乙卯	水	12	六	甲申	水	12	一	甲寅	水	10	二	癸未	木	10	四	癸丑	木
初七	13	四	丙戌	土	15	六	丙辰	土	13	日	乙酉	水	13	二	乙卯	水	11	三	甲申	水	11	五	甲寅	水
初八	14	五	丁亥	土	16	日	丁巳	土	14	一	丙戌	土	14	三	丙辰	土	12	四	乙酉	水	12	六	乙卯	水
初九	15	六	戊子	火	17	一	戊午	火	15	二	丁亥	土	15	四	丁巳	土	13	五	丙戌	土	13	日	丙辰	土
初十	16	日	己丑	火	18	二	己未	火	16	三	戊子	火	16	五	戊午	火	14	六	丁亥	土	14	一	丁巳	土
十一	17	一	庚寅	木	19	三	庚申	木	17	四	己丑	火	17	六	己未	火	15	日	戊子	火	15	二	戊午	火
十二	18	二	辛卯	木	20	四	辛酉	木	18	五	庚寅	木	18	日	庚申	木	16	一	己丑	火	16	三	己未	火
十三	19	三	壬辰	水	21	五	壬戌	水	19	六	辛卯	木	19	一	辛酉	木	17	二	庚寅	木	17	四	庚申	木
十四	20	四	癸巳	水	22	六	癸亥	水	20	日	壬辰	水	20	二	壬戌	水	18	三	辛卯	木	18	五	辛酉	木
十五	21	五	甲午	金	23	日	甲子	金	21	一	癸巳	水	21	三	癸亥	水	19	四	壬辰	水	19	六	壬戌	水
十六	22	六	乙未	金	24	一	乙丑	金	22	二	甲午	金	22	四	甲子	金	20	五	癸巳	水	20	日	癸亥	水
十七	23	日	丙申	火	25	二	丙寅	火	23	三	乙未	金	23	五	乙丑	金	21	六	甲午	金	21	一	甲子	金
十八	24	一	丁酉	火	26	三	丁卯	火	24	四	丙申	火	24	六	丙寅	火	22	日	乙未	金	22	二	乙丑	金
十九	25	二	戊戌	木	27	四	戊辰	木	25	五	丁酉	火	25	日	丁卯	火	23	一	丙申	火	23	三	丙寅	火
二十	26	三	己亥	木	28	五	己巳	木	26	六	戊戌	木	26	一	戊辰	木	24	二	丁酉	火	24	四	丁卯	火
廿一	27	四	庚子	土	29	六	庚午	土	27	日	己亥	木	27	二	己巳	木	25	三	戊戌	木	25	五	戊辰	木
廿二	28	五	辛丑	土	30	日	辛未	土	28	一	庚子	土	28	三	庚午	土	26	四	己亥	木	26	六	己巳	木
廿三	3月	六	壬寅	金	31	一	壬申	金	29	二	辛丑	土	29	四	辛未	土	27	五	庚子	土	27	日	庚午	土
廿四	2	日	癸卯	金	4月	二	癸酉	金	30	三	壬寅	金	30	五	壬申	金	28	六	辛丑	土	28	一	辛未	土
廿五	3	一	甲辰	火	2	三	甲戌	火	5月	四	癸卯	金	31	六	癸酉	金	29	日	壬寅	金	29	二	壬申	金
廿六	4	二	乙巳	火	3	四	乙亥	火	2	五	甲辰	火	6月	日	甲戌	火	30	一	癸卯	金	30	三	癸酉	金
廿七	5	三	丙午	水	4	五	丙子	水	3	六	乙巳	火	2	一	乙亥	火	7月	二	甲辰	火	31	四	甲戌	火
廿八	6	四	丁未	水	5	六	丁丑	水	4	日	丙午	水	3	二	丙子	水	2	三	乙巳	火	8月	五	乙亥	火
廿九	7	五	戊申	土	6	日	戊寅	土	5	一	丁未	水	4	三	丁丑	水	3	四	丙午	水	2	六	丙子	水
三十	8	六	己酉	土					6	二	戊申	土					4	五	丁未	水				

公元一九九七年　岁次:丁丑　生肖:牛　太岁:汪文　纳音:涧下水

月别	七月大				八月大				九月小				十月大				十一月大				十二月小			
干支	戊申				己酉				庚戌				辛亥				壬子				癸丑			
九星	八白				七赤				六白				五黄				四绿				三碧			

廿四节气

节名	立秋	处暑	白露	秋分	寒露	霜降	立冬	小雪	大雪	冬至	小寒	大寒
农历	初五	廿一	初六	廿二	初七	廿二	初八	廿三	初八	廿三	初七	廿二
时辰	戌时	巳时	亥时	辰时	未时	酉时	酉时	未时	巳时	寅时	亥时	未时
公历	8月7日	8月23日	9月7日	9月23日	10月8日	10月23日	11月7日	11月22日	12月7日	12月22日	1月5日	1月20日
时间	10时44分	1时15分	13时10分	22时20分	14时27分	17时13分	17时22分	14时35分	10时2分	3时48分	21时11分	14时26分

农历	公历	星期	天地干支	五行	公历	星期	天地干支	五行	公历	星期	天地干支	五行	公历	星期	天地干支	五行	公历	星期	天地干支	五行	公历	星期	天地干支	五行
初一	3	日	丁丑	水	2	二	丁未	水	2	四	丁丑	水	31	五	丙午	水	30	日	丙子	水	30	二	丙午	水
初二	4	一	戊寅	土	3	三	戊申	土	3	五	戊寅	土	11月	六	丁未	水	12月	一	丁丑	水	31	三	丁未	水
初三	5	二	己卯	土	4	四	己酉	土	4	六	己卯	土	2	日	戊申	土	2	二	戊寅	土	1月	四	戊申	土
初四	6	三	庚辰	金	5	五	庚戌	金	5	日	庚辰	金	3	一	己酉	土	3	三	己卯	土	2	五	己酉	土
初五	7	四	辛巳	金	6	六	辛亥	金	6	一	辛巳	金	4	二	庚戌	金	4	四	庚辰	金	3	六	庚戌	金
初六	8	五	壬午	木	7	日	壬子	木	7	二	壬午	木	5	三	辛亥	金	5	五	辛巳	金	4	日	辛亥	金
初七	9	六	癸未	木	8	一	癸丑	木	8	三	癸未	木	6	四	壬子	木	6	六	壬午	木	5	一	壬子	木
初八	10	日	甲申	水	9	二	甲寅	水	9	四	甲申	水	7	五	癸丑	木	7	日	癸未	木	6	二	癸丑	木
初九	11	一	乙酉	水	10	三	乙卯	水	10	五	乙酉	水	8	六	甲寅	水	8	一	甲申	水	7	三	甲寅	水
初十	12	二	丙戌	土	11	四	丙辰	土	11	六	丙戌	土	9	日	乙卯	水	9	二	乙酉	水	8	四	乙卯	水
十一	13	三	丁亥	土	12	五	丁巳	土	12	日	丁亥	土	10	一	丙辰	土	10	三	丙戌	土	9	五	丙辰	土
十二	14	四	戊子	火	13	六	戊午	火	13	一	戊子	火	11	二	丁巳	土	11	四	丁亥	土	10	六	丁巳	土
十三	15	五	己丑	火	14	日	己未	火	14	二	己丑	火	12	三	戊午	火	12	五	戊子	火	11	日	戊午	火
十四	16	六	庚寅	木	15	一	庚申	木	15	三	庚寅	木	13	四	己未	火	13	六	己丑	火	12	一	己未	火
十五	17	日	辛卯	木	16	二	辛酉	木	16	四	辛卯	木	14	五	庚申	木	14	日	庚寅	木	13	二	庚申	木
十六	18	一	壬辰	水	17	三	壬戌	水	17	五	壬辰	水	15	六	辛酉	木	15	一	辛卯	木	14	三	辛酉	木
十七	19	二	癸巳	水	18	四	癸亥	水	18	六	癸巳	水	16	日	壬戌	水	16	二	壬辰	水	15	四	壬戌	水
十八	20	三	甲午	金	19	五	甲子	金	19	日	甲午	金	17	一	癸亥	水	17	三	癸巳	水	16	五	癸亥	水
十九	21	四	乙未	金	20	六	乙丑	金	20	一	乙未	金	18	二	甲子	金	18	四	甲午	金	17	六	甲子	金
二十	22	五	丙申	火	21	日	丙寅	火	21	二	丙申	火	19	三	乙丑	金	19	五	乙未	金	18	日	乙丑	金
廿一	23	六	丁酉	火	22	一	丁卯	火	22	三	丁酉	火	20	四	丙寅	火	20	六	丙申	火	19	一	丙寅	火
廿二	24	日	戊戌	木	23	二	戊辰	木	23	四	戊戌	木	21	五	丁卯	火	21	日	丁酉	火	20	二	丁卯	火
廿三	25	一	己亥	木	24	三	己巳	木	24	五	己亥	木	22	六	戊辰	木	22	一	戊戌	木	21	三	戊辰	木
廿四	26	二	庚子	土	25	四	庚午	土	25	六	庚子	土	23	日	己巳	木	23	二	己亥	木	22	四	己巳	木
廿五	27	三	辛丑	土	26	五	辛未	土	26	日	辛丑	土	24	一	庚午	土	24	三	庚子	土	23	五	庚午	土
廿六	28	四	壬寅	金	27	六	壬申	金	27	一	壬寅	金	25	二	辛未	土	25	四	辛丑	土	24	六	辛未	土
廿七	29	五	癸卯	金	28	日	癸酉	金	28	二	癸卯	金	26	三	壬申	金	26	五	壬寅	金	25	日	壬申	金
廿八	30	六	甲辰	火	29	一	甲戌	火	29	三	甲辰	火	27	四	癸酉	金	27	六	癸卯	金	26	一	癸酉	金
廿九	31	日	乙巳	火	30	二	乙亥	火	30	四	乙巳	火	28	五	甲戌	火	28	日	甲辰	火	27	二	甲戌	火
三十	9月	一	丙午	水	10月	三	丙子	水					29	六	乙亥	火	29	一	乙巳	火				

— 263 —

公元一九九八年　（闰五月）　岁次:戊寅　生肖:虎　太岁:曾光　纳音:城头土

月别	正月大				二月小				三月小				四月大				五月小				闰五月小				六月大			
干支	甲寅				乙卯				丙辰				丁巳				戊午				戊午				己未			
九星	二黑				一白				九紫				八白				七赤				七赤				六白			

廿四节气

节名	立春	雨水	惊蛰	春分	清明	谷雨	立夏	小满	芒种	夏至	小暑	大暑	立秋
农历	初八	廿三	初八	廿三	初九	廿四	十一	廿六	十二	廿七	十四	初一	十七
时辰	辰时	寅时	丑时	寅时	辰时	未时	丑时	未时	卯时	亥时	申时	辰时	丑时
公历	2月4日	2月19日	3月6日	3月21日	4月5日	4月20日	5月6日	5月21日	6月6日	6月21日	7月7日	7月23日	8月8日
时间	8时53分	4时43分	3时3分	3时57分	8时6分	15时16分	1时40分	14时38分	6时2分	22时44分	16时25分	9时37分	2时8分

农历	公历	星期	天地干支	五行	公历	星期	天地干支	五行	公历	星期	天地干支	五行	公历	星期	天地干支	五行	公历	星期	天地干支	五行	公历	星期	天地干支	五行	公历	星期	天地干支	五行
初一	28	三	乙亥	火	27	五	乙巳	火	28	六	甲戌	火	26	日	癸卯	金	26	二	癸酉	金	24	三	壬寅	金	23	四	辛未	土
初二	29	四	丙子	水	28	六	丙午	水	29	日	乙亥	火	27	一	甲辰	火	27	三	甲戌	火	25	四	癸卯	金	24	五	壬申	金
初三	30	五	丁丑	水	3月1	日	丁未	水	30	一	丙子	水	28	二	乙巳	火	28	四	乙亥	火	26	五	甲辰	火	25	六	癸酉	金
初四	31	六	戊寅	土	2	一	戊申	土	31	二	丁丑	水	29	三	丙午	水	29	五	丙子	水	27	六	乙巳	火	26	日	甲戌	火
初五	2月1	日	己卯	土	3	二	己酉	土	4月1	三	戊寅	土	30	四	丁未	水	30	六	丁丑	水	28	日	丙午	水	27	一	乙亥	火
初六	2	一	庚辰	金	4	三	庚戌	金	2	四	己卯	土	5月1	五	戊申	土	31	日	戊寅	土	29	一	丁未	水	28	二	丙子	水
初七	3	二	辛巳	金	5	四	辛亥	金	3	五	庚辰	金	2	六	己酉	土	6月1	一	己卯	土	30	二	戊申	土	29	三	丁丑	水
初八	4	三	壬午	木	6	五	壬子	木	4	六	辛巳	金	3	日	庚戌	金	2	二	庚辰	金	7月1	三	己酉	土	30	四	戊寅	土
初九	5	四	癸未	木	7	六	癸丑	木	5	日	壬午	木	4	一	辛亥	金	3	三	辛巳	金	2	四	庚戌	金	31	五	己卯	土
初十	6	五	甲申	水	8	日	甲寅	水	6	一	癸未	木	5	二	壬子	木	4	四	壬午	木	3	五	辛亥	金	8月1	六	庚辰	金
十一	7	六	乙酉	水	9	一	乙卯	水	7	二	甲申	水	6	三	癸丑	木	5	五	癸未	木	4	六	壬子	木	2	日	辛巳	金
十二	8	日	丙戌	土	10	二	丙辰	土	8	三	乙酉	水	7	四	甲寅	水	6	六	甲申	水	5	日	癸丑	木	3	一	壬午	木
十三	9	一	丁亥	土	11	三	丁巳	土	9	四	丙戌	土	8	五	乙卯	水	7	日	乙酉	水	6	一	甲寅	水	4	二	癸未	木
十四	10	二	戊子	火	12	四	戊午	火	10	五	丁亥	土	9	六	丙辰	土	8	一	丙戌	土	7	二	乙卯	水	5	三	甲申	水
十五	11	三	己丑	火	13	五	己未	火	11	六	戊子	火	10	日	丁巳	土	9	二	丁亥	土	8	三	丙辰	土	6	四	乙酉	水
十六	12	四	庚寅	木	14	六	庚申	木	12	日	己丑	火	11	一	戊午	火	10	三	戊子	火	9	四	丁巳	土	7	五	丙戌	土
十七	13	五	辛卯	木	15	日	辛酉	木	13	一	庚寅	木	12	二	己未	火	11	四	己丑	火	10	五	戊午	火	8	六	丁亥	土
十八	14	六	壬辰	水	16	一	壬戌	水	14	二	辛卯	木	13	三	庚申	木	12	五	庚寅	木	11	六	己未	火	9	日	戊子	火
十九	15	日	癸巳	水	17	二	癸亥	水	15	三	壬辰	水	14	四	辛酉	木	13	六	辛卯	木	12	日	庚申	木	10	一	己丑	火
二十	16	一	甲午	金	18	三	甲子	金	16	四	癸巳	水	15	五	壬戌	水	14	日	壬辰	水	13	一	辛酉	木	11	二	庚寅	木
廿一	17	二	乙未	金	19	四	乙丑	金	17	五	甲午	金	16	六	癸亥	水	15	一	癸巳	水	14	二	壬戌	水	12	三	辛卯	木
廿二	18	三	丙申	火	20	五	丙寅	火	18	六	乙未	金	17	日	甲子	金	16	二	甲午	金	15	三	癸亥	水	13	四	壬辰	水
廿三	19	四	丁酉	火	21	六	丁卯	火	19	日	丙申	火	18	一	乙丑	金	17	三	乙未	金	16	四	甲子	金	14	五	癸巳	水
廿四	20	五	戊戌	木	22	日	戊辰	木	20	一	丁酉	火	19	二	丙寅	火	18	四	丙申	火	17	五	乙丑	金	15	六	甲午	金
廿五	21	六	己亥	木	23	一	己巳	木	21	二	戊戌	木	20	三	丁卯	火	19	五	丁酉	火	18	六	丙寅	火	16	日	乙未	金
廿六	22	日	庚子	土	24	二	庚午	土	22	三	己亥	木	21	四	戊辰	木	20	六	戊戌	木	19	日	丁卯	火	17	一	丙申	火
廿七	23	一	辛丑	土	25	三	辛未	土	23	四	庚子	土	22	五	己巳	木	21	日	己亥	木	20	一	戊辰	木	18	二	丁酉	火
廿八	24	二	壬寅	金	26	四	壬申	金	24	五	辛丑	土	23	六	庚午	土	22	一	庚子	土	21	二	己巳	木	19	三	戊戌	木
廿九	25	三	癸卯	金	27	五	癸酉	金	25	六	壬寅	金	24	日	辛未	土	23	二	辛丑	土	22	三	庚午	土	20	四	己亥	木
三十	26	四	甲辰	火									25	一	壬申	金									21	五	庚子	土

公元一九九八年　（闰五月）　岁次:戊寅　生肖:虎　太岁:曾光　纳音:城头土

月别	七月大			八月小			九月大			十月大			十一月小			十二月大		
干支	庚申			辛酉			壬戌			癸亥			甲子			乙丑		
九星	五黄			四绿			三碧			二黑			一白			九紫		

廿四节气

节名	处暑	白露	秋分	寒露	霜降	立冬	小雪	大雪	冬至	小寒	大寒	立春
农历	初二	十八	初三	十八	初四	十九	初四	十九	初四	十九	初四	十九
时辰	申时	寅时	未时	戌时	亥时	子时	戌时	申时	巳时	寅时	戌时	未时
公历	8月23日	9月8日	9月23日	10月8日	10月23日	11月7日	11月22日	12月7日	12月22日	1月6日	1月20日	2月4日
时间	16时33分	4时52分	14时8分	20时16分	23时3分	23时11分	20时25分	15时51分	9时38分	3时0分	20时16分	14时42分

农历	公历	星期	天地干支	五行	公历	星期	天地干支	五行	公历	星期	天地干支	五行	公历	星期	天地干支	五行	公历	星期	天地干支	五行	公历	星期	天地干支	五行
初一	22	六	辛丑	土	21	一	辛未	土	20	二	庚子	土	19	四	庚午	土	19	六	庚子	土	17	日	己巳	木
初二	23	日	壬寅	金	22	二	壬申	金	21	三	辛丑	土	20	五	辛未	土	20	日	辛丑	土	18	一	庚午	土
初三	24	一	癸卯	金	23	三	癸酉	金	22	四	壬寅	金	21	六	壬申	金	21	一	壬寅	金	19	二	辛未	土
初四	25	二	甲辰	火	24	四	甲戌	火	23	五	癸卯	金	22	日	癸酉	金	22	二	癸卯	金	20	三	壬申	金
初五	26	三	乙巳	火	25	五	乙亥	火	24	六	甲辰	火	23	一	甲戌	火	23	三	甲辰	火	21	四	癸酉	金
初六	27	四	丙午	水	26	六	丙子	水	25	日	乙巳	火	24	二	乙亥	火	24	四	乙巳	火	22	五	甲戌	火
初七	28	五	丁未	水	27	日	丁丑	水	26	一	丙午	水	25	三	丙子	水	25	五	丙午	水	23	六	乙亥	火
初八	29	六	戊申	土	28	一	戊寅	土	27	二	丁未	水	26	四	丁丑	水	26	六	丁未	水	24	日	丙子	水
初九	30	日	己酉	土	29	二	己卯	土	28	三	戊申	土	27	五	戊寅	土	27	日	戊申	土	25	一	丁丑	水
初十	31	一	庚戌	金	30	三	庚辰	金	29	四	己酉	土	28	六	己卯	土	28	一	己酉	土	26	二	戊寅	土
十一	9月	二	辛亥	金	10	四	辛巳	金	30	五	庚戌	金	29	日	庚辰	金	29	二	庚戌	金	27	三	己卯	土
十二	2	三	壬子	木	2	五	壬午	木	31	六	辛亥	金	30	一	辛巳	金	30	三	辛亥	金	28	四	庚辰	金
十三	3	四	癸丑	木	3	六	癸未	木	11月	日	壬子	木	12月	二	壬午	木	31	四	壬子	木	29	五	辛巳	金
十四	4	五	甲寅	水	4	日	甲申	水	2	一	癸丑	木	2	三	癸未	木	1月	五	癸丑	木	30	六	壬午	木
十五	5	六	乙卯	水	5	一	乙酉	水	3	二	甲寅	水	3	四	甲申	水	2	六	甲寅	水	31	日	癸未	木
十六	6	日	丙辰	土	6	二	丙戌	土	4	三	乙卯	水	4	五	乙酉	水	3	日	乙卯	水	2月	一	甲申	水
十七	7	一	丁巳	土	7	三	丁亥	土	5	四	丙辰	土	5	六	丙戌	土	4	一	丙辰	土	2	二	乙酉	水
十八	8	二	戊午	火	8	四	戊子	火	6	五	丁巳	土	6	日	丁亥	土	5	二	丁巳	土	3	三	丙戌	土
十九	9	三	己未	火	5	五	己丑	火	7	六	戊午	火	7	一	戊子	火	6	三	戊午	火	4	四	丁亥	土
二十	10	四	庚申	木	10	六	庚寅	木	8	日	己未	火	8	二	己丑	火	7	四	己未	火	5	五	戊子	火
廿一	11	五	辛酉	木	11	日	辛卯	木	9	一	庚申	木	9	三	庚寅	木	8	五	庚申	木	6	六	己丑	火
廿二	12	六	壬戌	水	12	一	壬辰	水	10	二	辛酉	木	10	四	辛卯	木	9	六	辛酉	木	7	日	庚寅	木
廿三	13	日	癸亥	水	13	二	癸巳	水	11	三	壬戌	水	11	五	壬辰	水	10	日	壬戌	水	8	一	辛卯	木
廿四	14	一	甲子	金	14	三	甲午	金	12	四	癸亥	水	12	六	癸巳	水	11	一	癸亥	水	9	二	壬辰	水
廿五	15	二	乙丑	金	15	四	乙未	金	13	五	甲子	金	13	日	甲午	金	12	二	甲子	金	10	三	癸巳	水
廿六	16	三	丙寅	火	16	五	丙申	火	14	六	乙丑	金	14	一	乙未	金	13	三	乙丑	金	11	四	甲午	金
廿七	17	四	丁卯	火	17	六	丁酉	火	15	日	丙寅	火	15	二	丙申	火	14	四	丙寅	火	12	五	乙未	金
廿八	18	五	戊辰	木	18	日	戊戌	木	16	一	丁卯	火	16	三	丁酉	火	15	五	丁卯	火	13	六	丙申	火
廿九	19	六	己巳	木	19	一	己亥	木	17	二	戊辰	木	17	四	戊戌	木	16	六	戊辰	木	14	日	丁酉	火
三十	20	日	庚午	土					18	三	己巳	木	18	五	己亥	木					15	一	戊戌	木

— 265 —

公元一九九九年　岁次:己卯　生肖:兔　太岁:伍仲　纳音:城头土

月别	正月大		二月小		三月小		四月大		五月小		六月小	
干支	丙寅		丁卯		戊辰		己巳		庚午		辛未	
九星	八白		七赤		六白		五黄		四绿		三碧	

廿四节气

	雨水	惊蛰	春分	清明	谷雨	立夏	小满	芒种	夏至	小暑	大暑	立秋
节名	雨水	惊蛰	春分	清明	谷雨	立夏	小满	芒种	夏至	小暑	大暑	立秋
农历	初四	十九	初四	十九	初五	廿一	初七	廿三	初九	廿四	十一	廿七
时辰	巳时	辰时	巳时	未时	戌时	辰时	戌时	午时	寅时	亥时	未时	辰时
公历	2月19日	3月6日	3月21日	4月5日	4月20日	5月6日	5月21日	6月6日	6月22日	7月7日	7月23日	8月8日
时间	10时33分	8时52分	9时46分	13时55分	20时52分	7时29分	20时27分	11时51分	4时33分	22时14分	15时26分	7时57分

农历	公历	星期	天地干支	五行	公历	星期	天地干支	五行	公历	星期	天地干支	五行	公历	星期	天地干支	五行	公历	星期	天地干支	五行	公历	星期	天地干支	五行
初一	16	二	己亥	木	18	四	己巳	木	16	五	戊戌	木	15	六	丁卯	火	14	一	丁酉	火	13	二	丙寅	火
初二	17	三	庚子	土	19	五	庚午	土	17	六	己亥	木	16	日	戊辰	木	15	二	戊戌	木	14	三	丁卯	火
初三	18	四	辛丑	土	20	六	辛未	土	18	日	庚子	土	17	一	己巳	木	16	三	己亥	木	15	四	戊辰	木
初四	19	五	壬寅	金	21	日	壬申	金	19	一	辛丑	土	18	二	庚午	土	17	四	庚子	土	16	五	己巳	木
初五	20	六	癸卯	金	22	一	癸酉	金	20	二	壬寅	金	19	三	辛未	土	18	五	辛丑	土	17	六	庚午	土
初六	21	日	甲辰	火	23	二	甲戌	火	21	三	癸卯	金	20	四	壬申	金	19	六	壬寅	金	18	日	辛未	土
初七	22	一	乙巳	火	24	三	乙亥	火	22	四	甲辰	火	21	五	癸酉	金	20	日	癸卯	金	19	一	壬申	金
初八	23	二	丙午	水	25	四	丙子	水	23	五	乙巳	火	22	六	甲戌	火	21	一	甲辰	火	20	二	癸酉	金
初九	24	三	丁未	水	26	五	丁丑	水	24	六	丙午	水	23	日	乙亥	火	22	二	乙巳	火	21	三	甲戌	火
初十	25	四	戊申	土	27	六	戊寅	土	25	日	丁未	水	24	一	丙子	水	23	三	丙午	水	22	四	乙亥	火
十一	26	五	己酉	土	28	日	己卯	土	26	一	戊申	土	25	二	丁丑	水	24	四	丁未	水	23	五	丙子	水
十二	27	六	庚戌	金	29	一	庚辰	金	27	二	己酉	土	26	三	戊寅	土	25	五	戊申	土	24	六	丁丑	水
十三	28	日	辛亥	金	30	二	辛巳	金	28	三	庚戌	金	27	四	己卯	土	26	六	己酉	土	25	日	戊寅	土
十四	3月	一	壬子	木	31	三	壬午	木	29	四	辛亥	金	28	五	庚辰	金	27	日	庚戌	金	26	一	己卯	土
十五	2	二	癸丑	木	4月	四	癸未	木	30	五	壬子	木	29	六	辛巳	金	28	一	辛亥	金	27	二	庚辰	金
十六	3	三	甲寅	水	2	五	甲申	水	5月	六	癸丑	木	30	日	壬午	木	29	二	壬子	木	28	三	辛巳	金
十七	4	四	乙卯	水	3	六	乙酉	水	2	日	甲寅	水	31	一	癸未	木	30	三	癸丑	木	29	四	壬午	木
十八	5	五	丙辰	土	4	日	丙戌	土	3	一	乙卯	水	6月	二	甲申	水	7月	四	甲寅	水	30	五	癸未	木
十九	6	六	丁巳	土	5	一	丁亥	土	4	二	丙辰	土	2	三	乙酉	水	2	五	乙卯	水	31	六	甲申	水
二十	7	日	戊午	火	6	二	戊子	火	5	三	丁巳	土	3	四	丙戌	土	3	六	丙辰	土	8月	日	乙酉	水
廿一	8	一	己未	火	7	三	己丑	火	6	四	戊午	火	4	五	丁亥	土	4	日	丁巳	土	2	一	丙戌	土
廿二	9	二	庚申	木	8	四	庚寅	木	7	五	己未	火	5	六	戊子	火	5	一	戊午	火	3	二	丁亥	土
廿三	10	三	辛酉	木	9	五	辛卯	木	8	六	庚申	木	6	日	己丑	火	6	二	己未	火	4	三	戊子	火
廿四	11	四	壬戌	水	10	六	壬辰	水	9	日	辛酉	木	7	一	庚寅	木	7	三	庚申	木	5	四	己丑	火
廿五	12	五	癸亥	水	11	日	癸巳	水	10	一	壬戌	水	8	二	辛卯	木	8	四	辛酉	木	6	五	庚寅	木
廿六	13	六	甲子	金	12	一	甲午	金	11	二	癸亥	水	9	三	壬辰	水	9	五	壬戌	水	7	六	辛卯	木
廿七	14	日	乙丑	金	13	二	乙未	金	12	三	甲子	金	10	四	癸巳	水	10	六	癸亥	水	8	日	壬辰	水
廿八	15	一	丙寅	火	14	三	丙申	火	13	四	乙丑	金	11	五	甲午	金	11	日	甲子	金	9	一	癸巳	水
廿九	16	二	丁卯	火	15	四	丁酉	火	14	五	丙寅	火	12	六	乙未	金	12	一	乙丑	金	10	二	甲午	金
三十	17	三	戊辰	木									13	日	丙申	火								

公元一九九九年　　岁次：己卯　生肖：兔　太岁：伍仲　纳音：城头土

月别	七月大			八月小			九月大			十月大			十一月大			十二月小		
干支	壬申			癸酉			甲戌			乙亥			丙子			丁丑			
九星	二黑			一白			九紫			八白			七赤			六白			

廿四节气

节名	处暑	白露	秋分	寒露	霜降	立冬	小雪	大雪	冬至	小寒	大寒	立春
农历	十三	廿九	十四	初一	十六	初一	十六	三十	十五	三十	十五	廿九
时辰	亥时	巳时	戌时	丑时	寅时	寅时	丑时	亥时	申时	巳时	丑时	戌时
公历	8月23日	9月8日	9月23日	10月9日	10月24日	11月8日	11月23日	12月7日	12月22日	1月6日	1月21日	2月4日
时间	22时22分	10时14分	19时46分	2时5分	4时52分	6时14分	3时35分	21时14分	15时27分	8时50分	2时5分	20时32分

农历	公历	星期	天地干支	五行	公历	星期	天地干支	五行	公历	星期	天地干支	五行	公历	星期	天地干支	五行	公历	星期	天地干支	五行	公历	星期	天地干支	五行
初一	11	三	乙未	金	10	五	乙丑	金	9	六	甲午	金	8	一	甲子	金	8	三	甲午	金	7	五	甲子	金
初二	12	四	丙申	火	11	六	丙寅	火	10	日	乙未	金	9	二	乙丑	金	9	四	乙未	金	8	六	乙丑	金
初三	13	五	丁酉	火	12	日	丁卯	火	11	一	丙申	火	10	三	丙寅	火	10	五	丙申	火	9	日	丙寅	火
初四	14	六	戊戌	木	13	一	戊辰	木	12	二	丁酉	火	11	四	丁卯	火	11	六	丁酉	火	10	一	丁卯	火
初五	15	日	己亥	木	14	二	己巳	木	13	三	戊戌	木	12	五	戊辰	木	12	日	戊戌	木	11	二	戊辰	木
初六	16	一	庚子	土	15	三	庚午	土	14	四	己亥	木	13	六	己巳	木	13	一	己亥	木	12	三	己巳	木
初七	17	二	辛丑	土	16	四	辛未	土	15	五	庚子	土	14	日	庚午	土	14	二	庚子	土	13	四	庚午	土
初八	18	三	壬寅	金	17	五	壬申	金	16	六	辛丑	土	15	一	辛未	土	15	三	辛丑	土	14	五	辛未	土
初九	19	四	癸卯	金	18	六	癸酉	金	17	日	壬寅	金	16	二	壬申	金	16	四	壬寅	金	15	六	壬申	金
初十	20	五	甲辰	火	19	日	甲戌	火	18	一	癸卯	金	17	三	癸酉	金	17	五	癸卯	金	16	日	癸酉	金
十一	21	六	乙巳	火	20	一	乙亥	火	19	二	甲辰	火	18	四	甲戌	火	18	六	甲辰	火	17	一	甲戌	火
十二	22	日	丙午	水	21	二	丙子	水	20	三	乙巳	火	19	五	乙亥	火	19	日	乙巳	火	18	二	乙亥	火
十三	23	一	丁未	水	22	三	丁丑	水	21	四	丙午	水	20	六	丙子	水	20	一	丙午	水	19	三	丙子	水
十四	24	二	戊申	土	23	四	戊寅	土	22	五	丁未	水	21	日	丁丑	水	21	二	丁未	水	20	四	丁丑	水
十五	25	三	己酉	土	24	五	己卯	土	23	六	戊申	土	22	一	戊寅	土	22	三	戊申	土	21	五	戊寅	土
十六	26	四	庚戌	金	25	六	庚辰	金	24	日	己酉	土	23	二	己卯	土	23	四	己酉	土	22	六	己卯	土
十七	27	五	辛亥	金	26	日	辛巳	金	25	一	庚戌	金	24	三	庚辰	金	24	五	庚戌	金	23	日	庚辰	金
十八	28	六	壬子	木	27	一	壬午	木	26	二	辛亥	金	25	四	辛巳	金	25	六	辛亥	金	24	一	辛巳	金
十九	29	日	癸丑	木	28	二	癸未	木	27	三	壬子	木	26	五	壬午	木	26	日	壬子	木	25	二	壬午	木
二十	30	一	甲寅	水	29	三	甲申	水	28	四	癸丑	木	27	六	癸未	木	27	一	癸丑	木	26	三	癸未	木
廿一	31	二	乙卯	水	30	四	乙酉	水	29	五	甲寅	水	28	日	甲申	水	28	二	甲寅	水	27	四	甲申	水
廿二	9月1	三	丙辰	土	10月1	五	丙戌	土	30	六	乙卯	水	29	一	乙酉	水	29	三	乙卯	水	28	五	乙酉	水
廿三	2	四	丁巳	土	2	六	丁亥	土	31	日	丙辰	土	30	二	丙戌	土	30	四	丙辰	土	29	六	丙戌	土
廿四	3	五	戊午	火	3	日	戊子	火	11月1	一	丁巳	土	12月1	三	丁亥	土	31	五	丁巳	土	30	日	丁亥	土
廿五	4	六	己未	火	4	一	己丑	火	2	二	戊午	火	2	四	戊子	火	1月1	六	戊午	火	31	一	戊子	火
廿六	5	日	庚申	木	5	二	庚寅	木	3	三	己未	火	3	五	己丑	火	2	日	己未	火	2月1	二	己丑	火
廿七	6	一	辛酉	木	6	三	辛卯	木	4	四	庚申	木	4	六	庚寅	木	3	一	庚申	木	2	三	庚寅	木
廿八	7	二	壬戌	水	7	四	壬辰	水	5	五	辛酉	木	5	日	辛卯	木	4	二	辛酉	木	3	四	辛卯	木
廿九	8	三	癸亥	水	8	五	癸巳	水	6	六	壬戌	水	6	一	壬辰	水	5	三	壬戌	水	4	五	壬辰	水
三十	9	四	甲子	金					7	日	癸亥	水	7	二	癸巳	水	6	四	癸亥	水				

公元二〇〇〇年　岁次:庚辰　生肖:龙　太岁:重祖　纳音:白腊金

月别	正月大	二月大	三月小	四月小	五月大	六月小
干支	戊寅	己卯	庚辰	辛巳	壬午	癸未
九星	五黄	四绿	三碧	二黑	一白	九紫

廿四节气

	雨水	惊蛰	春分	清明	谷雨	立夏	小满	芒种	夏至	小暑	大暑
节名	雨水	惊蛰	春分	清明	谷雨	立夏	小满	芒种	夏至	小暑	大暑
农历	十五	三十	十五	三十	十六	初二	十八	初四	二十	初六	廿一
时辰	申时	未时	申时	戌时	丑时	午时	丑时	申时	巳时	寅时	戌时
公历	2月19日	3月5日	3月20日	4月4日	4月20日	5月5日	5月21日	6月5日	6月21日	7月7日	7月22日
时间	16时22分	14时42分	15时35分	19时45分	2时54分	13时19分	2时16分	17时41分	10时22分	4时4分	21时15分

农历	正月大 公历	星期	天地干支	五行	二月大 公历	星期	天地干支	五行	三月小 公历	星期	天地干支	五行	四月小 公历	星期	天地干支	五行	五月大 公历	星期	天地干支	五行	六月小 公历	星期	天地干支	五行
初一	5	六	癸巳	水	6	一	癸亥	水	5	三	癸巳	水	4	四	壬戌	水	2	五	辛卯	木	2	日	辛酉	木
初二	6	日	甲午	金	7	二	甲子	金	6	四	甲午	金	5	五	癸亥	水	3	六	壬辰	水	3	一	壬戌	水
初三	7	一	乙未	金	8	三	乙丑	金	7	五	乙未	金	6	六	甲子	金	4	日	癸巳	水	4	二	癸亥	水
初四	8	二	丙申	火	9	四	丙寅	火	8	六	丙申	火	7	日	乙丑	金	5	一	甲午	金	5	三	甲子	金
初五	9	三	丁酉	火	10	五	丁卯	火	9	日	丁酉	火	8	一	丙寅	火	6	二	乙未	金	6	四	乙丑	金
初六	10	四	戊戌	木	11	六	戊辰	木	10	一	戊戌	木	9	二	丁卯	火	7	三	丙申	火	7	五	丙寅	火
初七	11	五	己亥	木	12	日	己巳	木	11	二	己亥	木	10	三	戊辰	木	8	四	丁酉	火	8	六	丁卯	火
初八	12	六	庚子	土	13	一	庚午	土	12	三	庚子	土	11	四	己巳	木	9	五	戊戌	木	9	日	戊辰	木
初九	13	日	辛丑	土	14	二	辛未	土	13	四	辛丑	土	12	五	庚午	土	10	六	己亥	木	10	一	己巳	木
初十	14	一	壬寅	金	15	三	壬申	金	14	五	壬寅	金	13	六	辛未	土	11	日	庚子	土	11	二	庚午	土
十一	15	二	癸卯	金	16	四	癸酉	金	15	六	癸卯	金	14	日	壬申	金	12	一	辛丑	土	12	三	辛未	土
十二	16	三	甲辰	火	17	五	甲戌	火	16	日	甲辰	火	15	一	癸酉	金	13	二	壬寅	金	13	四	壬申	金
十三	17	四	乙巳	火	18	六	乙亥	火	17	一	乙巳	火	16	二	甲戌	火	14	三	癸卯	金	14	五	癸酉	金
十四	18	五	丙午	水	19	日	丙子	水	18	二	丙午	水	17	三	乙亥	火	15	四	甲辰	火	15	六	甲戌	火
十五	19	六	丁未	水	20	一	丁丑	水	19	三	丁未	水	18	四	丙子	水	16	五	乙巳	火	16	日	乙亥	火
十六	20	日	戊申	土	21	二	戊寅	土	20	四	戊申	土	19	五	丁丑	水	17	六	丙午	水	17	一	丙子	水
十七	21	一	己酉	土	22	三	己卯	土	21	五	己酉	土	20	六	戊寅	土	18	日	丁未	水	18	二	丁丑	水
十八	22	二	庚戌	金	23	四	庚辰	金	22	六	庚戌	金	21	日	己卯	土	19	一	戊申	土	19	三	戊寅	土
十九	23	三	辛亥	金	24	五	辛巳	金	23	日	辛亥	金	22	一	庚辰	金	20	二	己酉	土	20	四	己卯	土
二十	24	四	壬子	木	25	六	壬午	木	24	一	壬子	木	23	二	辛巳	金	21	三	庚戌	金	21	五	庚辰	金
廿一	25	五	癸丑	木	26	日	癸未	木	25	二	癸丑	木	24	三	壬午	木	22	四	辛亥	金	22	六	辛巳	金
廿二	26	六	甲寅	水	27	一	甲申	水	26	三	甲寅	水	25	四	癸未	木	23	五	壬子	木	23	日	壬午	木
廿三	27	日	乙卯	水	28	二	乙酉	水	27	四	乙卯	水	26	五	甲申	水	24	六	癸丑	木	24	一	癸未	木
廿四	28	一	丙辰	土	29	三	丙戌	土	28	五	丙辰	土	27	六	乙酉	水	25	日	甲寅	水	25	二	甲申	水
廿五	29	二	丁巳	土	30	四	丁亥	土	29	六	丁巳	土	28	日	丙戌	土	26	一	乙卯	水	26	三	乙酉	水
廿六	3月	三	戊午	火	31	五	戊子	火	30	日	戊午	火	29	一	丁亥	土	27	二	丙辰	土	27	四	丙戌	土
廿七	2	四	己未	火	4月	六	己丑	火	5月	一	己未	火	30	二	戊子	火	28	三	丁巳	土	28	五	丁亥	土
廿八	3	五	庚申	木	2	日	庚寅	木	2	二	庚申	木	31	三	己丑	火	29	四	戊午	火	29	六	戊子	火
廿九	4	六	辛酉	木	3	一	辛卯	木	3	三	辛酉	木	6月	四	庚寅	木	30	五	己未	火	30	日	己丑	火
三十	5	日	壬戌	水	4	二	壬辰	水									7月	六	庚申	木				

— 268 —

公元二〇〇〇年　岁次:庚辰　生肖:龙　太岁:重祖　纳音:白腊金

月别	七月小				八月大				九月小				十月大				十一月大				十二月小			
干支	甲申				乙酉				丙戌				丁亥				戊子				己丑			
九星	八白				七赤				六白				五黄				四绿				三碧			
廿四节气 节名	立秋	处暑			白露	秋分			寒露	霜降			立冬	小雪			大雪	冬至			小寒	大寒		
农历	初八	廿四			初十	廿六			十一	廿六			十二	廿七			十二	廿六			十一	廿六		
时辰	未时	寅时			申时	丑时			辰时	巳时			巳时	辰时			寅时	亥时			未时	辰时		
公历	8月7日	8月23日			9月7日	9月23日			10月8日	10月23日			11月7日	11月22日			12月7日	12月21日			1月5日	1月20日		
时间	13时36分	4时11分			16时30分	1时35分			7时54分	10时41分			10时49分	8时3分			3时29分	21时16分			14时38分	7时54分		

农历	公历	星期	天地干支	五行	公历	星期	天地干支	五行	公历	星期	天地干支	五行	公历	星期	天地干支	五行	公历	星期	天地干支	五行	公历	星期	天地干支	五行
初一	31	一	庚寅	木	29	二	己未	火	28	四	己丑	火	27	五	戊午	火	26	日	戊子	火	26	二	戊午	火
初二	8月	二	辛卯	木	30	三	庚申	木	29	五	庚寅	木	28	六	己未	火	27	一	己丑	火	27	三	己未	火
初三	2	三	壬辰	水	31	四	辛酉	木	30	六	辛卯	木	29	日	庚申	木	28	二	庚寅	木	28	四	庚申	木
初四	3	四	癸巳	水	9月	五	壬戌	水	10月	日	壬辰	水	30	一	辛酉	木	29	三	辛卯	木	29	五	辛酉	木
初五	4	五	甲午	金	2	六	癸亥	水	2	一	癸巳	水	31	二	壬戌	水	30	四	壬辰	水	30	六	壬戌	水
初六	5	六	乙未	金	3	日	甲子	金	3	二	甲午	金	11月	三	癸亥	水	12月	五	癸巳	水	31	日	癸亥	水
初七	6	日	丙申	火	4	一	乙丑	金	4	三	乙未	金	2	四	甲子	金	2	六	甲午	金	1月	一	甲子	金
初八	7	一	丁酉	火	5	二	丙寅	火	5	四	丙申	火	3	五	乙丑	金	3	日	乙未	金	2	二	乙丑	金
初九	8	二	戊戌	木	6	三	丁卯	火	6	五	丁酉	火	4	六	丙寅	火	4	一	丙申	火	3	三	丙寅	火
初十	9	三	己亥	木	7	四	戊辰	木	7	六	戊戌	木	5	日	丁卯	火	5	二	丁酉	火	4	四	丁卯	火
十一	10	四	庚子	土	8	五	己巳	木	8	日	己亥	木	6	一	戊辰	木	6	三	戊戌	木	5	五	戊辰	木
十二	11	五	辛丑	土	9	六	庚午	土	9	一	庚子	土	7	二	己巳	木	7	四	己亥	木	6	六	己巳	木
十三	12	六	壬寅	金	10	日	辛未	土	10	二	辛丑	土	8	三	庚午	土	8	五	庚子	土	7	日	庚午	土
十四	13	日	癸卯	金	11	一	壬申	金	11	三	壬寅	金	9	四	辛未	土	9	六	辛丑	土	8	一	辛未	土
十五	14	一	甲辰	火	12	二	癸酉	金	12	四	癸卯	金	10	五	壬申	金	10	日	壬寅	金	9	二	壬申	金
十六	15	二	乙巳	火	13	三	甲戌	火	13	五	甲辰	火	11	六	癸酉	金	11	一	癸卯	金	10	三	癸酉	金
十七	16	三	丙午	水	14	四	乙亥	火	14	六	乙巳	火	12	日	甲戌	火	12	二	甲辰	火	11	四	甲戌	火
十八	17	四	丁未	水	15	五	丙子	水	15	日	丙午	水	13	一	乙亥	火	13	三	乙巳	火	12	五	乙亥	火
十九	18	五	戊申	土	16	六	丁丑	水	16	一	丁未	水	14	二	丙子	水	14	四	丙午	水	13	六	丙子	水
二十	19	六	己酉	土	17	日	戊寅	土	17	二	戊申	土	15	三	丁丑	水	15	五	丁未	水	14	日	丁丑	水
廿一	20	日	庚戌	金	18	一	己卯	土	18	三	己酉	土	16	四	戊寅	土	16	六	戊申	土	15	一	戊寅	土
廿二	21	一	辛亥	金	19	二	庚辰	金	19	四	庚戌	金	17	五	己卯	土	17	日	己酉	土	16	二	己卯	土
廿三	22	二	壬子	木	20	三	辛巳	金	20	五	辛亥	金	18	六	庚辰	金	18	一	庚戌	金	17	三	庚辰	金
廿四	23	三	癸丑	木	21	四	壬午	木	21	六	壬子	木	19	日	辛巳	金	19	二	辛亥	金	18	四	辛巳	金
廿五	24	四	甲寅	水	22	五	癸未	木	22	日	癸丑	木	20	一	壬午	木	20	三	壬子	木	19	五	壬午	木
廿六	25	五	乙卯	水	23	六	甲申	水	23	一	甲寅	水	21	二	癸未	木	21	四	癸丑	木	20	六	癸未	木
廿七	26	六	丙辰	土	24	日	乙酉	水	24	二	乙卯	水	22	三	甲申	水	22	五	甲寅	水	21	日	甲申	水
廿八	27	日	丁巳	土	25	一	丙戌	土	25	三	丙辰	土	23	四	乙酉	水	23	六	乙卯	水	22	一	乙酉	水
廿九	28	一	戊午	火	26	二	丁亥	土	26	四	丁巳	土	24	五	丙戌	土	24	日	丙辰	土	23	二	丙戌	土
三十					27	三	戊子	火					25	六	丁亥	土	25	一	丁巳	土				

公元二〇〇一年　（闰四月）　岁次：辛巳　生肖：蛇　太岁：郑德　纳音：白腊金

月别	正月大	二月大	三月小	四月大	闰四月小	五月大	六月小
干支	庚寅	辛卯	壬辰	癸巳	癸巳	甲午	乙未
九星	二黑	一白	九紫	八白	八白	七赤	六白

廿四节气

节名	立春	雨水	惊蛰	春分	清明	谷雨	立夏	小满	芒种	夏至	小暑	大暑	立秋
农历	十二	廿六	十一	廿六	十二	廿七	十三	廿九	十四	初一	十七	初三	十八
时辰	丑时	亥时	戌时	亥时	丑时	辰时	酉时	辰时	亥时	申时	巳时	丑时	酉时
公历	2月4日	2月18日	3月5日	3月20日	4月5日	4月20日	5月5日	5月21日	6月5日	6月21日	7月7日	7月23日	8月7日
时间	2时20分	22时11分	20时30分	21时24分	1时33分	8时43分	19时7分	8时6分	23时29分	16时12分	9时52分	3时5分	19时34分

农历	正月大 公历	星期	天地干支	五行	二月大 公历	星期	天地干支	五行	三月小 公历	星期	天地干支	五行	四月大 公历	星期	天地干支	五行	闰四月小 公历	星期	天地干支	五行	五月大 公历	星期	天地干支	五行	六月小 公历	星期	天地干支	五行
初一	24	三	丁亥	土	23	五	丁巳	土	25	日	丁亥	土	23	一	丙辰	土	23	三	丙戌	土	21	四	乙卯	水	21	六	乙酉	水
初二	25	四	戊子	火	24	六	戊午	火	26	一	戊子	火	24	二	丁巳	土	24	四	丁亥	土	22	五	丙辰	土	22	日	丙戌	土
初三	26	五	己丑	火	25	日	己未	火	27	二	己丑	火	25	三	戊午	火	25	五	戊子	火	23	六	丁巳	土	23	一	丁亥	土
初四	27	六	庚寅	木	26	一	庚申	木	28	三	庚寅	木	26	四	己未	火	26	六	己丑	火	24	日	戊午	火	24	二	戊子	火
初五	28	日	辛卯	木	27	二	辛酉	木	29	四	辛卯	木	27	五	庚申	木	27	日	庚寅	木	25	一	己未	火	25	三	己丑	火
初六	29	一	壬辰	水	28	三	壬戌	水	30	五	壬辰	水	28	六	辛酉	木	28	一	辛卯	木	26	二	庚申	木	26	四	庚寅	木
初七	30	二	癸巳	水	3月	四	癸亥	水	31	六	癸巳	水	29	日	壬戌	水	29	二	壬辰	水	27	三	辛酉	木	27	五	辛卯	木
初八	31	三	甲午	金	2	五	甲子	金	4月	日	甲午	金	30	一	癸亥	水	30	三	癸巳	水	28	四	壬戌	水	28	六	壬辰	水
初九	2月	四	乙未	金	3	六	乙丑	金	2	一	乙未	金	5月	二	甲子	金	31	四	甲午	金	29	五	癸亥	水	29	日	癸巳	水
初十	2	五	丙申	火	4	日	丙寅	火	3	二	丙申	火	2	三	乙丑	金	6月	五	乙未	金	30	六	甲子	金	30	一	甲午	金
十一	3	六	丁酉	火	5	一	丁卯	火	4	三	丁酉	火	3	四	丙寅	火	2	六	丙申	火	7月	日	乙丑	金	31	二	乙未	金
十二	4	日	戊戌	木	6	二	戊辰	木	5	四	戊戌	木	4	五	丁卯	火	3	日	丁酉	火	2	一	丙寅	火	8月	三	丙申	火
十三	5	一	己亥	木	7	三	己巳	木	6	五	己亥	木	5	六	戊辰	木	4	一	戊戌	木	3	二	丁卯	火	2	四	丁酉	火
十四	6	二	庚子	土	8	四	庚午	土	7	六	庚子	土	6	日	己巳	木	5	二	己亥	木	4	三	戊辰	木	3	五	戊戌	木
十五	7	三	辛丑	土	9	五	辛未	土	8	日	辛丑	土	7	一	庚午	土	6	三	庚子	土	5	四	己巳	木	4	六	己亥	木
十六	8	四	壬寅	金	10	六	壬申	金	9	一	壬寅	金	8	二	辛未	土	7	四	辛丑	土	6	五	庚午	土	5	日	庚子	土
十七	9	五	癸卯	金	11	日	癸酉	金	10	二	癸卯	金	9	三	壬申	金	8	五	壬寅	金	7	六	辛未	土	6	一	辛丑	土
十八	10	六	甲辰	火	12	一	甲戌	火	11	三	甲辰	火	10	四	癸酉	金	9	六	癸卯	金	8	日	壬申	金	7	二	壬寅	金
十九	11	日	乙巳	火	13	二	乙亥	火	12	四	乙巳	火	11	五	甲戌	火	10	日	甲辰	火	9	一	癸酉	金	8	三	癸卯	金
二十	12	一	丙午	水	14	三	丙子	水	13	五	丙午	水	12	六	乙亥	火	11	一	乙巳	火	10	二	甲戌	火	9	四	甲辰	火
廿一	13	二	丁未	水	15	四	丁丑	水	14	六	丁未	水	13	日	丙子	水	12	二	丙午	水	11	三	乙亥	火	10	五	乙巳	火
廿二	14	三	戊申	土	16	五	戊寅	土	15	日	戊申	土	14	一	丁丑	水	13	三	丁未	水	12	四	丙子	水	11	六	丙午	水
廿三	15	四	己酉	土	17	六	己卯	土	16	一	己酉	土	15	二	戊寅	土	14	四	戊申	土	13	五	丁丑	水	12	日	丁未	水
廿四	16	五	庚戌	金	18	日	庚辰	金	17	二	庚戌	金	16	三	己卯	土	15	五	己酉	土	14	六	戊寅	土	13	一	戊申	土
廿五	17	六	辛亥	金	19	一	辛巳	金	18	三	辛亥	金	17	四	庚辰	金	16	六	庚戌	金	15	日	己卯	土	14	二	己酉	土
廿六	18	日	壬子	木	20	二	壬午	木	19	四	壬子	木	18	五	辛巳	金	17	日	辛亥	金	16	一	庚辰	金	15	三	庚戌	金
廿七	19	一	癸丑	木	21	三	癸未	木	20	五	癸丑	木	19	六	壬午	木	18	一	壬子	木	17	二	辛巳	金	16	四	辛亥	金
廿八	20	二	甲寅	水	22	四	甲申	水	21	六	甲寅	水	20	日	癸未	木	19	二	癸丑	木	18	三	壬午	木	17	五	壬子	木
廿九	21	三	乙卯	水	23	五	乙酉	水	22	日	乙卯	水	21	一	甲申	水	20	三	甲寅	水	19	四	癸未	木	18	六	癸丑	木
三十	22	四	丙辰	土	24	六	丙戌	土					22	二	乙酉	水					20	五	甲申	水				

公元二〇〇一年　（闰四月）　岁次:辛巳　生肖:蛇　太岁:郑德　纳音:白腊金

月别	七月小				八月大				九月小				十月大				十一月小				十二月大			
干支	丙申				丁酉				戊戌				己亥				庚子				辛丑			
九星	五黄				四绿				三碧				二黑				一白				九紫			

廿四节气

节名	处暑	白露	秋分	寒露	霜降	立冬	小雪	大雪	冬至	小寒	大寒	立春
农历	初五	二十	初七	廿二	初七	廿二	初八	廿三	初八	廿二	初八	廿三
时辰	巳时	亥时	辰时	未时	申时	申时	未时	巳时	寅时	戌时	未时	辰时
公历	8月23日	9月7日	9月23日	10月8日	10月23日	11月7日	11月22日	12月7日	12月22日	1月5日	1月20日	2月4日
时间	10时1分	22时18分	7时25分	13时42分	16时31分	16时37分	13时53分	9时17分	3时6分	20时26分	13时44分	8时8分

农历	公历	星期	天地干支	五行	公历	星期	天地干支	五行	公历	星期	天地干支	五行	公历	星期	天地干支	五行	公历	星期	天地干支	五行	公历	星期	天地干支	五行
初一	19	日	甲寅	水	17	一	癸未	木	17	三	癸丑	木	15	四	壬午	木	15	六	壬子	木	13	一	辛巳	金
初二	20	一	乙卯	水	18	二	甲申	水	18	四	甲寅	水	16	五	癸未	木	16	日	癸丑	木	14	一	壬午	木
初三	21	二	丙辰	土	19	三	乙酉	水	19	五	乙卯	水	17	六	甲申	水	17	一	甲寅	水	15	二	癸未	木
初四	22	三	丁巳	土	20	四	丙戌	土	20	六	丙辰	土	18	日	乙酉	水	18	二	乙卯	水	16	三	甲申	水
初五	23	四	戊午	火	21	五	丁亥	土	21	日	丁巳	土	19	一	丙戌	土	19	三	丙辰	土	17	四	乙酉	水
初六	24	五	己未	火	22	六	戊子	火	22	一	戊午	火	20	二	丁亥	土	20	四	丁巳	土	18	五	丙戌	土
初七	25	六	庚申	木	23	日	己丑	火	23	二	己未	火	21	三	戊子	火	21	五	戊午	火	19	六	丁亥	土
初八	26	日	辛酉	木	24	一	庚寅	木	24	三	庚申	木	22	四	己丑	火	22	六	己未	火	20	日	戊子	火
初九	27	一	壬戌	水	25	二	辛卯	木	25	四	辛酉	木	23	五	庚寅	木	23	日	庚申	木	21	一	己丑	火
初十	28	二	癸亥	水	26	三	壬辰	水	26	五	壬戌	水	24	六	辛卯	木	24	一	辛酉	木	22	二	庚寅	木
十一	29	三	甲子	金	27	四	癸巳	水	27	六	癸亥	水	25	日	壬辰	水	25	二	壬戌	水	23	三	辛卯	木
十二	30	四	乙丑	金	28	五	甲午	金	28	日	甲子	金	26	一	癸巳	水	26	三	癸亥	水	24	四	壬辰	水
十三	31	五	丙寅	火	29	六	乙未	金	29	一	乙丑	金	27	二	甲午	金	27	四	甲子	金	25	五	癸巳	水
十四	9月	六	丁卯	火	30	日	丙申	火	30	二	丙寅	火	28	三	乙未	金	28	五	乙丑	金	26	六	甲午	金
十五	2	日	戊辰	木	10月	一	丁酉	火	31	三	丁卯	火	29	四	丙寅	火	29	六	丙寅	火	27	日	乙未	金
十六	3	一	己巳	火	2	二	戊戌	木	11月	四	戊辰	木	30	五	丁卯	火	30	日	丁卯	火	28	一	丙申	火
十七	4	二	庚午	土	3	三	己亥	木	2	五	己巳	木	12月	六	戊辰	木	31	一	戊辰	木	29	二	丁酉	火
十八	5	三	辛未	土	4	四	庚子	土	3	六	庚午	土	2	日	己巳	木	1月	二	己巳	木	30	三	戊戌	木
十九	6	四	壬申	金	5	五	辛丑	土	4	日	辛未	土	3	一	庚午	土	2	三	庚午	土	31	四	己亥	木
二十	7	五	癸酉	金	6	六	壬寅	金	5	一	壬申	金	4	二	辛未	土	3	四	辛未	土	2月	五	庚子	土
廿一	8	六	甲戌	火	7	日	癸卯	金	6	二	癸酉	金	5	三	壬申	金	4	五	壬申	金	2	六	辛丑	土
廿二	9	日	乙亥	火	8	一	甲辰	火	7	三	甲戌	火	6	四	癸酉	金	5	六	癸酉	金	3	日	壬寅	金
廿三	10	一	丙子	水	9	二	乙巳	火	8	四	乙亥	火	7	五	甲戌	火	6	日	甲戌	火	4	一	癸卯	金
廿四	11	二	丁丑	水	10	三	丙午	水	9	五	丙子	水	8	六	乙亥	火	7	一	乙亥	火	5	二	甲辰	火
廿五	12	三	戊寅	土	11	四	丁未	水	10	六	丁丑	水	9	日	丙子	水	8	二	丙子	水	6	三	乙巳	火
廿六	13	四	己卯	土	12	五	戊申	土	11	日	戊寅	土	10	一	丁丑	水	9	三	丁丑	水	7	四	丙午	水
廿七	14	五	庚辰	金	13	六	己酉	土	12	一	己卯	土	11	二	戊寅	土	10	四	戊寅	土	8	五	丁未	水
廿八	15	六	辛巳	金	14	日	庚戌	金	13	二	庚辰	金	12	三	己卯	土	11	五	己卯	土	9	六	戊申	土
廿九	16	日	壬午	木	15	一	辛亥	金	14	三	辛巳	金	13	四	庚辰	金	12	六	庚辰	金	10	日	己酉	土
三十					16	二	壬子	木					14	五	辛亥	金					11	一	庚戌	金

— 271 —

公元二〇〇二年　　岁次:壬午　生肖:马　太岁:路明　纳音:杨柳木

月别	正月大				二月大				三月小				四月大				五月小				六月大			
干支	壬寅				癸卯				甲辰				乙巳				丙午				丁未			
九星	八白				七赤				六白				五黄				四绿				三碧			

廿四节气

节名	雨水	惊蛰	春分	清明	谷雨	立夏	小满	芒种	夏至	小暑	大暑	立秋
农历	初八	廿三	初八	廿三	初八	廿四	初十	廿六	十一	廿七	十四	三十
时辰	寅时	丑时	寅时	辰时	未时	子时	未时	寅时	亥时	未时	辰时	子时
公历	2月19日	3月6日	3月21日	4月5日	4月20日	5月6日	5月21日	6月6日	6月21日	7月7日	7月23日	8月8日
时间	4时1分	2时18分	3时14分	7时21分	14时33分	0时55分	13时55分	5时17分	22时1分	15时40分	8时54分	1时23分

农历	公历	星期	天地干支	五行	公历	星期	天地干支	五行	公历	星期	天地干支	五行	公历	星期	天地干支	五行	公历	星期	天地干支	五行	公历	星期	天地干支	五行
初一	12	二	辛亥	金	14	四	辛巳	金	13	六	辛亥	金	12	日	庚辰	金	11	二	庚戌	金	10	三	己卯	土
初二	13	三	壬子	木	15	五	壬午	木	14	日	壬子	木	13	一	辛巳	金	12	三	辛亥	金	11	四	庚辰	金
初三	14	四	癸丑	木	16	六	癸未	木	15	一	癸丑	木	14	二	壬午	木	13	四	壬子	木	12	五	辛巳	金
初四	15	五	甲寅	水	17	日	甲申	水	16	二	甲寅	水	15	三	癸未	木	14	五	癸丑	木	13	六	壬午	木
初五	16	六	乙卯	水	18	一	乙酉	水	17	三	乙卯	水	16	四	甲申	水	15	六	甲寅	水	14	日	癸未	木
初六	17	日	丙辰	土	19	二	丙戌	土	18	四	丙辰	土	17	五	乙酉	水	16	日	乙卯	水	15	一	甲申	水
初七	18	一	丁巳	土	20	三	丁亥	土	19	五	丁巳	土	18	六	丙戌	土	17	一	丙辰	土	16	二	乙酉	水
初八	19	二	戊午	火	21	四	戊子	火	20	六	戊午	火	19	日	丁亥	土	18	二	丁巳	土	17	三	丙戌	土
初九	20	三	己未	火	22	五	己丑	火	21	日	己未	火	20	一	戊子	火	19	三	戊午	火	18	四	丁亥	土
初十	21	四	庚申	木	23	六	庚寅	木	22	一	庚申	木	21	二	己丑	火	20	四	己未	火	19	五	戊子	火
十一	22	五	辛酉	木	24	日	辛卯	木	23	二	辛酉	木	22	三	庚寅	木	21	五	庚申	木	20	六	己丑	火
十二	23	六	壬戌	水	25	一	壬辰	水	24	三	壬戌	水	23	四	辛卯	木	22	六	辛酉	木	21	日	庚寅	木
十三	24	日	癸亥	水	26	二	癸巳	水	25	四	癸亥	水	24	五	壬辰	水	23	日	壬戌	水	22	一	辛卯	木
十四	25	一	甲子	金	27	三	甲午	金	26	五	甲子	金	25	六	癸巳	水	24	一	癸亥	水	23	二	壬辰	水
十五	26	二	乙丑	金	28	四	乙未	金	27	六	乙丑	金	26	日	甲午	金	25	二	甲子	金	24	三	癸巳	水
十六	27	三	丙寅	火	29	五	丙申	火	28	日	丙寅	火	27	一	乙未	金	26	三	乙丑	金	25	四	甲午	金
十七	28	四	丁卯	火	30	六	丁酉	火	29	一	丁卯	火	28	二	丙申	火	27	四	丙寅	火	26	五	乙未	金
十八	3月	五	戊辰	木	31	日	戊戌	木	30	二	戊辰	木	29	三	丁酉	火	28	五	丁卯	火	27	六	丙申	火
十九	2	六	己巳	木	4月	一	己亥	木	5月	三	己巳	木	30	四	戊戌	木	29	六	戊辰	木	28	日	丁酉	火
二十	3	日	庚午	土	2	二	庚子	土	2	四	庚午	土	31	五	己亥	木	30	日	己巳	木	29	一	戊戌	木
廿一	4	一	辛未	土	3	三	辛丑	土	3	五	辛未	土	6月	六	庚子	土	7月	一	庚午	土	30	二	己亥	木
廿二	5	二	壬申	金	4	四	壬寅	金	4	六	壬申	金	2	日	辛丑	土	2	二	辛未	土	31	三	庚子	土
廿三	6	三	癸酉	金	5	五	癸卯	金	5	日	癸酉	金	3	一	壬寅	金	3	三	壬申	金	8月	四	辛丑	土
廿四	7	四	甲戌	火	6	六	甲辰	火	6	一	甲戌	火	4	二	癸卯	金	4	四	癸酉	金	2	五	壬寅	金
廿五	8	五	乙亥	火	7	日	乙巳	火	7	二	乙亥	火	5	三	甲辰	火	5	五	甲戌	火	3	六	癸卯	金
廿六	9	六	丙子	水	8	一	丙午	水	8	三	丙子	水	6	四	乙巳	火	6	六	乙亥	火	4	日	甲辰	火
廿七	10	日	丁丑	水	9	二	丁未	水	9	四	丁丑	水	7	五	丙午	水	7	日	丙子	水	5	一	乙巳	火
廿八	11	一	戊寅	土	10	三	戊申	土	10	五	戊寅	土	8	六	丁未	水	8	一	丁丑	水	6	二	丙午	水
廿九	12	二	己卯	土	11	四	己酉	土	11	六	己卯	土	9	日	戊申	土	9	二	戊寅	土	7	三	丁未	水
三十	13	三	庚辰	金	12	五	庚戌	金					10	一	己酉	土					8	四	戊申	土

公元二○○二年　　岁次:壬午　　生肖:马　　太岁:路明　　纳音:杨柳木

月别	七月小				八月小				九月大				十月小				十一月大				十二月小			
干支	戊申				己酉				庚戌				辛亥				壬子				癸丑				
九星	二黑				一白				九紫				八白				七赤				六白				

廿四节气

	七月小	八月小		九月大		十月小		十一月大		十二月小	
节名	处暑	白露	秋分	寒露	霜降	立冬	小雪	大雪	冬至	小寒	大寒
农历	十五	初二	十七	初三	十八	初三	十八	初四	十九	初四	十八
时辰	申时	寅时	午时	戌时	亥时	亥时	戌时	申时	巳时	丑时	戌时
公历	8月23日	9月8日	9月23日	10月8日	10月23日	11月7日	11月22日	12月7日	12月22日	1月6日	1月20日
时间	15时50分	4时7分	13时14分	19时31分	22时20分	22时26分	19时42分	15时6分	8时55分	2时15分	19时33分

农历	公历	星期	天地干支	五行	公历	星期	天地干支	五行	公历	星期	天地干支	五行	公历	星期	天地干支	五行	公历	星期	天地干支	五行	公历	星期	天地干支	五行
初一	9	五	己酉	土	7	六	戊寅	土	6	日	丁未	水	5	二	丁丑	水	4	三	丙午	水	3	五	丙子	水
初二	10	六	庚戌	金	8	日	己卯	土	7	一	戊申	土	6	三	戊寅	土	5	四	丁未	水	4	六	丁丑	水
初三	11	日	辛亥	金	9	一	庚辰	金	8	二	己酉	土	7	四	己卯	土	6	五	戊申	土	5	日	戊寅	土
初四	12	一	壬子	木	10	二	辛巳	金	9	三	庚戌	金	8	五	庚辰	金	7	六	己酉	土	6	一	己卯	土
初五	13	二	癸丑	木	11	三	壬午	木	10	四	辛亥	金	9	六	辛巳	金	8	日	庚戌	金	7	二	庚辰	金
初六	14	三	甲寅	水	12	四	癸未	木	11	五	壬子	木	10	日	壬午	木	9	一	辛亥	金	8	三	辛巳	金
初七	15	四	乙卯	水	13	五	甲申	水	12	六	癸丑	木	11	一	癸未	木	10	二	壬子	木	9	四	壬午	木
初八	16	五	丙辰	土	14	六	乙酉	水	13	日	甲寅	水	12	二	甲申	水	11	三	癸丑	木	10	五	癸未	木
初九	17	六	丁巳	土	15	日	丙戌	土	14	一	乙卯	水	13	三	乙酉	水	12	四	甲寅	水	11	六	甲申	水
初十	18	日	戊午	火	16	一	丁亥	土	15	二	丙辰	土	14	四	丙戌	土	13	五	乙卯	水	12	日	乙酉	水
十一	19	一	己未	火	17	二	戊子	火	16	三	丁巳	土	15	五	丁亥	土	14	六	丙辰	土	13	一	丙戌	土
十二	20	二	庚申	木	18	三	己丑	火	17	四	戊午	火	16	六	戊子	火	15	日	丁巳	土	14	二	丁亥	土
十三	21	三	辛酉	木	19	四	庚寅	木	18	五	己未	火	17	日	己丑	火	16	一	戊午	火	15	三	戊子	火
十四	22	四	壬戌	水	20	五	辛卯	木	19	六	庚申	木	18	一	庚寅	木	17	二	己未	火	16	四	己丑	火
十五	23	五	癸亥	水	21	六	壬辰	水	20	日	辛酉	木	19	二	辛卯	木	18	三	庚申	木	17	五	庚寅	木
十六	24	六	甲子	金	22	日	癸巳	水	21	一	壬戌	水	20	三	壬辰	水	19	四	辛酉	木	18	六	辛卯	木
十七	25	日	乙丑	金	23	一	甲午	金	22	二	癸亥	水	21	四	癸巳	水	20	五	壬戌	水	19	日	壬辰	水
十八	26	一	丙寅	火	24	二	乙未	金	23	三	甲子	金	22	五	甲午	金	21	六	癸亥	水	20	一	癸巳	水
十九	27	二	丁卯	火	25	三	丙申	火	24	四	乙丑	金	23	六	乙未	金	22	日	甲子	金	21	二	甲午	金
二十	28	三	戊辰	木	26	四	丁酉	火	25	五	丙寅	火	24	日	丙申	火	23	一	乙丑	金	22	三	乙未	金
廿一	29	四	己巳	木	27	五	戊戌	木	26	六	丁卯	火	25	一	丁酉	火	24	二	丙寅	火	23	四	丙申	火
廿二	30	五	庚午	土	28	六	己亥	木	27	日	戊辰	木	26	二	戊戌	木	25	三	丁卯	火	24	五	丁酉	火
廿三	31	六	辛未	土	29	日	庚子	土	28	一	己巳	木	27	三	己亥	木	26	四	戊辰	木	25	六	戊戌	木
廿四	9月	日	壬申	金	30	一	辛丑	土	29	二	庚午	土	28	四	庚子	土	27	五	己巳	木	26	日	己亥	木
廿五	2	一	癸酉	金	10月	二	壬寅	金	30	三	辛未	土	29	五	辛丑	土	28	六	庚午	土	27	一	庚子	土
廿六	3	二	甲戌	火	2	三	癸卯	金	31	四	壬申	金	30	六	壬寅	金	29	日	辛未	土	28	二	辛丑	土
廿七	4	三	乙亥	火	3	四	甲辰	火	11月	五	癸酉	金	12月	日	癸卯	金	30	一	壬申	金	29	三	壬寅	金
廿八	5	四	丙子	水	4	五	乙巳	火	2	六	甲戌	火	2	一	甲辰	火	31	二	癸酉	金	30	四	癸卯	金
廿九	6	五	丁丑	水	5	六	丙午	水	3	日	乙亥	火	3	二	乙巳	火	1月	三	甲戌	火	31	五	甲辰	火
三十									4	一	丙子	水					2	四	乙亥	火				

— 273 —

公元二○○三年　　岁次：癸未　生肖：羊　太岁：魏仁　纳音：杨柳木

月别	正月大			二月大			三月小			四月大			五月大			六月小		
干支	甲寅			乙卯			丙辰			丁巳			戊午			己未		
九星	五黄			四绿			三碧			二黑			一白			九紫		

廿四节气

节名	立春	雨水	惊蛰	春分	清明	谷雨	立夏	小满	芒种	夏至	小暑	大暑
农历	初四	十九	初四	十九	初四	十九	初六	廿一	初七	廿三	初八	廿四
时辰	未时	巳时	辰时	巳时	午时	戌时	卯时	戌时	巳时	寅时	戌时	未时
公历	2月4日	2月19日	3月6日	3月21日	4月5日	4月20日	5月6日	5月21日	6月6日	6月22日	7月7日	7月23日
时间	13时57分	9时50分	8时7分	9时3分	13时10分	20时22分	6时44分	19时44分	11时6分	3时50分	21时20分	14时43分

农历	公历	星期	天地干支	五行	公历	星期	天地干支	五行	公历	星期	天地干支	五行	公历	星期	天地干支	五行	公历	星期	天地干支	五行	公历	星期	天地干支	五行
初一	2月	六	乙巳	火	3	一	乙亥	火	2	三	乙巳	火	5月	四	甲戌	火	31	六	甲辰	火	30	一	甲戌	火
初二	2	日	丙午	水	4	二	丙子	水	3	四	丙午	水	2	五	乙亥	火	6月	日	乙巳	火	7月	二	乙亥	火
初三	3	一	丁未	水	5	三	丁丑	水	4	五	丁未	水	3	六	丙子	水	2	一	丙午	水	2	三	丙子	水
初四	4	二	戊申	土	6	四	戊寅	土	5	六	戊申	土	4	日	丁丑	水	3	二	丁未	水	3	四	丁丑	水
初五	5	三	己酉	土	7	五	己卯	土	6	日	己酉	土	5	一	戊寅	土	4	三	戊申	土	4	五	戊寅	土
初六	6	四	庚戌	金	8	六	庚辰	金	7	一	庚戌	金	6	二	己卯	土	5	四	己酉	土	5	六	己卯	土
初七	7	五	辛亥	金	9	日	辛巳	金	8	二	辛亥	金	7	三	庚辰	金	6	五	庚戌	金	6	日	庚辰	金
初八	8	六	壬子	木	10	一	壬午	木	9	三	壬子	木	8	四	辛巳	金	7	六	辛亥	金	7	一	辛巳	金
初九	9	日	癸丑	木	11	二	癸未	木	10	四	癸丑	木	9	五	壬午	木	8	日	壬子	木	8	二	壬午	木
初十	10	一	甲寅	水	12	三	甲申	水	11	五	甲寅	水	10	六	癸未	木	9	一	癸丑	木	9	三	癸未	木
十一	11	二	乙卯	水	13	四	乙酉	水	12	六	乙卯	水	11	日	甲申	水	10	二	甲寅	水	10	四	甲申	水
十二	12	三	丙辰	土	14	五	丙戌	土	13	日	丙辰	土	12	一	乙酉	水	11	三	乙卯	水	11	五	乙酉	水
十三	13	四	丁巳	土	15	六	丁亥	土	14	一	丁巳	土	13	二	丙戌	土	12	四	丙辰	土	12	六	丙戌	土
十四	14	五	戊午	火	16	日	戊子	火	15	二	戊午	火	14	三	丁亥	土	13	五	丁巳	土	13	日	丁亥	土
十五	15	六	己未	火	17	一	己丑	火	16	三	己未	火	15	四	戊子	火	14	六	戊午	火	14	一	戊子	火
十六	16	日	庚申	木	18	二	庚寅	木	17	四	庚申	木	16	五	己丑	火	15	日	己未	火	15	二	己丑	火
十七	17	一	辛酉	木	19	三	辛卯	木	18	五	辛酉	木	17	六	庚寅	木	16	一	庚申	木	16	三	庚寅	木
十八	18	二	壬戌	水	20	四	壬辰	水	19	六	壬戌	水	18	日	辛卯	木	17	二	辛酉	木	17	四	辛卯	木
十九	19	三	癸亥	水	21	五	癸巳	水	20	日	癸亥	水	19	一	壬辰	水	18	三	壬戌	水	18	五	壬辰	水
二十	20	四	甲子	金	22	六	甲午	金	21	一	甲子	金	20	二	癸巳	水	19	四	癸亥	水	19	六	癸巳	水
廿一	21	五	乙丑	金	23	日	乙未	金	22	二	乙丑	金	21	三	甲午	金	20	五	甲子	金	20	日	甲午	金
廿二	22	六	丙寅	火	24	一	丙申	火	23	三	丙寅	火	22	四	乙未	金	21	六	乙丑	金	21	一	乙未	金
廿三	23	日	丁卯	火	25	二	丁酉	火	24	四	丁卯	火	23	五	丙申	火	22	日	丙寅	火	22	二	丙申	火
廿四	24	一	戊辰	木	26	三	戊戌	木	25	五	戊辰	木	24	六	丁酉	火	23	一	丁卯	火	23	三	丁酉	火
廿五	25	二	己巳	木	27	四	己亥	木	26	六	己巳	木	25	日	戊戌	木	24	二	戊辰	木	24	四	戊戌	木
廿六	26	三	庚午	土	28	五	庚子	土	27	日	庚午	土	26	一	己亥	木	25	三	己巳	木	25	五	己亥	木
廿七	27	四	辛未	土	29	六	辛丑	土	28	一	辛未	土	27	二	庚子	土	26	四	庚午	土	26	六	庚子	土
廿八	28	五	壬申	金	30	日	壬寅	金	29	二	壬申	金	28	三	辛丑	土	27	五	辛未	土	27	日	辛丑	土
廿九	3月	六	癸酉	金	31	一	癸卯	金	30	三	癸酉	金	29	四	壬寅	金	28	六	壬申	金	28	一	壬寅	金
三十	2	日	甲戌	火	4月	二	甲辰	火					30	五	癸卯	金	29	日	癸酉	金				

— 274 —

公元二〇〇三年　岁次:癸未　生肖:羊　太岁:魏仁　纳音:杨柳木

月别	七月大				八月小				九月小				十月大				十一月小				十二月大			
干支	庚申				辛酉				壬戌				癸亥				甲子				乙丑			
九星	八白				七赤				六白				五黄				四绿				三碧			

廿四节气

节名	立秋	处暑	白露	秋分	寒露	霜降	立冬	小雪	大雪	冬至	小寒	大寒
农历	十一	廿六	十二	廿七	十四	廿九	十五	三十	十四	廿九	十五	三十
时辰	卯时	亥时	巳时	酉时	丑时	寅时	寅时	丑时	亥时	申时	辰时	丑时
公历	8月8日	8月23日	9月8日	9月23日	10月9日	10月24日	11月8日	11月23日	12月7日	12月22日	1月6日	1月21日
时间	7时12分	21时39分	9时56分	19时3分	1时20分	4时49分	4时15分	1时31分	20时55分	14时44分	8时4分	1时22分

农历	公历	星期	天地干支	五行	公历	星期	天地干支	五行	公历	星期	天地干支	五行	公历	星期	天地干支	五行	公历	星期	天地干支	五行	公历	星期	天地干支	五行
初一	29	二	癸卯	金	28	四	癸酉	金	26	五	壬寅	金	25	六	辛未	土	24	一	辛丑	土	23	二	庚午	土
初二	30	三	甲辰	火	29	五	甲戌	火	27	六	癸卯	金	26	日	壬申	金	25	二	壬寅	金	24	三	辛未	土
初三	31	四	乙巳	火	30	六	乙亥	火	28	日	甲辰	火	27	一	癸酉	金	26	三	癸卯	金	25	四	壬申	金
初四	8月	五	丙午	水	31	日	丙子	水	29	一	乙巳	火	28	二	甲戌	火	27	四	甲辰	火	26	五	癸酉	金
初五	2	六	丁未	土	9月	一	丁丑	水	30	二	丙午	水	29	三	乙亥	火	28	五	乙巳	火	27	六	甲戌	火
初六	3	日	戊申	土	2	二	戊寅	土	10	三	丁未	水	30	四	丙子	水	29	六	丙午	水	28	日	乙亥	火
初七	4	一	己酉	土	3	三	己卯	土	2	四	戊申	土	31	五	丁丑	水	30	日	丁未	水	29	一	丙子	水
初八	5	二	庚戌	金	4	四	庚辰	金	3	五	己酉	土	11月	六	戊寅	土	12	一	戊申	土	30	二	丁丑	水
初九	6	三	辛亥	金	5	五	辛巳	金	4	六	庚戌	金	2	日	己卯	土	2	二	己酉	土	31	三	戊寅	土
初十	7	四	壬子	木	6	六	壬午	木	5	日	辛亥	金	3	一	庚辰	金	3	三	庚戌	金	1月	四	己卯	土
十一	8	五	癸丑	木	7	日	癸未	木	6	一	壬子	木	4	二	辛巳	金	4	四	辛亥	金	2	五	庚辰	金
十二	9	六	甲寅	水	8	一	甲申	水	7	二	癸丑	木	5	三	壬午	木	5	五	壬子	木	3	六	辛巳	金
十三	10	日	乙卯	水	9	二	乙酉	水	8	三	甲寅	水	6	四	癸未	木	6	六	癸丑	木	4	日	壬午	木
十四	11	一	丙辰	土	10	三	丙戌	土	9	四	乙卯	水	7	五	甲申	水	7	日	甲寅	水	5	一	癸未	木
十五	12	二	丁巳	土	11	四	丁亥	土	10	五	丙辰	土	8	六	乙酉	水	8	一	乙卯	水	6	二	甲申	水
十六	13	三	戊午	火	12	五	戊子	火	11	六	丁巳	土	9	日	丙戌	土	9	二	丙辰	土	7	三	乙酉	水
十七	14	四	己未	火	13	六	己丑	火	12	日	戊午	火	10	一	丁亥	土	10	三	丁巳	土	8	四	丙戌	土
十八	15	五	庚申	木	14	日	庚寅	木	13	一	己未	火	11	二	戊子	火	11	四	戊午	火	9	五	丁亥	土
十九	16	六	辛酉	木	15	一	辛卯	木	14	二	庚申	木	12	三	己丑	火	12	五	己未	火	10	六	戊子	火
二十	17	日	壬戌	水	16	二	壬辰	水	15	三	辛酉	木	13	四	庚寅	木	13	六	庚申	木	11	日	己丑	火
廿一	18	一	癸亥	水	17	三	癸巳	水	16	四	壬戌	水	14	五	辛卯	木	14	日	辛酉	木	12	一	庚寅	木
廿二	19	二	甲子	金	18	四	甲午	金	17	五	癸亥	水	15	六	壬辰	水	15	一	壬戌	水	13	二	辛卯	木
廿三	20	三	乙丑	金	19	五	乙未	金	18	六	甲子	金	16	日	癸巳	水	16	二	癸亥	水	14	三	壬辰	水
廿四	21	四	丙寅	火	20	六	丙申	火	19	日	乙丑	金	17	一	甲午	金	17	三	甲子	金	15	四	癸巳	水
廿五	22	五	丁卯	火	21	日	丁酉	火	20	一	丙寅	火	18	二	乙未	金	18	四	乙丑	金	16	五	甲午	金
廿六	23	六	戊辰	木	22	一	戊戌	木	21	二	丁卯	火	19	三	丙申	火	19	五	丙寅	火	17	六	乙未	金
廿七	24	日	己巳	木	23	二	己亥	木	22	三	戊辰	木	20	四	丁酉	火	20	六	丁卯	火	18	日	丙申	火
廿八	25	一	庚午	土	24	三	庚子	土	23	四	己巳	木	21	五	戊戌	木	21	日	戊辰	木	19	一	丁酉	火
廿九	26	二	辛未	土	25	四	辛丑	土	24	五	庚午	土	22	六	己亥	木	22	一	己巳	木	20	二	戊戌	木
三十	27	三	壬申	金									23	日	庚子	土					21	三	己亥	木

— 275 —

公元二〇〇四年 （闰二月） 岁次：甲申 生肖：猴 太岁：方公 纳音：泉中水

月别	正月小			二月大			闰二月小			三月大			四月大			五月小			六月大		
干支	丙寅			丁卯			丁卯			戊辰			己巳			庚午			辛未		
九星	二黑			一白			一白			九紫			八白			七赤			六白		

廿四节气

节名	立春	雨水	惊蛰	春分	清明	谷雨	立夏	小满	芒种	夏至	小暑	大暑	立秋
农历	十四	廿九	十五	三十	十五	初二	十七	初三	十八	初四	二十	初六	廿二
时辰	戌时	申时	未时	未时	酉时	丑时	午时	丑时	申时	辰时	丑时	戌时	午时
公历	2月4日	2月19日	3月5日	3月20日	4月4日	4月20日	5月5日	5月21日	6月5日	6月21日	7月7日	7月22日	8月7日
时间	19时46分	15时39分	13时56分	14时52分	18时59分	2时11分	12时33分	1时33分	16时55分	9时39分	3时18分	20时32分	12时59分

农历	公历	星期	天地干支	五行	公历	星期	天地干支	五行	公历	星期	天地干支	五行	公历	星期	天地干支	五行	公历	星期	天地干支	五行	公历	星期	天地干支	五行	公历	星期	天地干支	五行
初一	22	四	庚子	土	20	五	己巳	木	21	日	己亥	木	19	一	戊辰	木	19	三	戊戌	木	18	五	戊辰	木	17	六	丁酉	火
初二	23	五	辛丑	土	21	六	庚午	土	22	一	庚子	土	20	二	己巳	木	20	四	己亥	木	19	六	己巳	木	18	日	戊戌	木
初三	24	六	壬寅	金	22	日	辛未	土	23	二	辛丑	土	21	三	庚午	土	21	五	庚子	土	20	日	庚午	土	19	一	己亥	木
初四	25	日	癸卯	金	23	一	壬申	金	24	三	壬寅	金	22	四	辛未	土	22	六	辛丑	土	21	一	辛未	土	20	二	庚子	土
初五	26	一	甲辰	火	24	二	癸酉	金	25	四	癸卯	金	23	五	壬申	金	23	日	壬寅	金	22	二	壬申	金	21	三	辛丑	土
初六	27	二	乙巳	火	25	三	甲戌	火	26	五	甲辰	火	24	六	癸酉	金	24	一	癸卯	金	23	三	癸酉	金	22	四	壬寅	金
初七	28	三	丙午	水	26	四	乙亥	火	27	六	乙巳	火	25	日	甲戌	火	25	二	甲辰	火	24	四	甲戌	火	23	五	癸卯	金
初八	29	四	丁未	土	27	五	丙子	水	28	日	丙午	水	26	一	乙亥	火	26	三	乙巳	火	25	五	乙亥	火	24	六	甲辰	火
初九	30	五	戊申	土	28	六	丁丑	水	29	一	丁未	水	27	二	丙子	水	27	四	丙午	水	26	六	丙子	水	25	日	乙巳	火
初十	31	六	己酉	土	29	日	戊寅	土	30	二	戊申	土	28	三	丁丑	水	28	五	丁未	水	27	日	丁丑	水	26	一	丙午	水
十一	2月	日	庚戌	金	3月	一	己卯	土	31	三	己酉	土	29	四	戊寅	土	29	六	戊申	土	28	一	戊寅	土	27	二	丁未	水
十二	2	一	辛亥	金	2	二	庚辰	金	4月	四	庚戌	金	30	五	己卯	土	30	日	己酉	土	29	二	己卯	土	28	三	戊申	土
十三	3	二	壬子	木	3	三	辛巳	金	2	五	辛亥	金	5月	六	庚辰	金	31	一	庚戌	金	30	三	庚辰	金	29	四	己酉	土
十四	4	三	癸丑	木	4	四	壬午	木	3	六	壬子	木	2	日	辛巳	金	6月	二	辛亥	金	7月	四	辛巳	金	30	五	庚戌	金
十五	5	四	甲寅	水	5	五	癸未	木	4	日	癸丑	木	3	一	壬午	木	2	三	壬子	木	1	五	壬午	木	31	六	辛亥	金
十六	6	五	乙卯	水	6	六	甲申	水	5	一	甲寅	水	4	二	癸未	木	3	四	癸丑	木	2	六	癸未	木	8月	日	壬子	木
十七	7	六	丙辰	土	7	日	乙酉	水	6	二	乙卯	水	5	三	甲申	水	4	五	甲寅	水	3	日	甲申	水	2	一	癸丑	木
十八	8	日	丁巳	土	8	一	丙戌	土	7	三	丙辰	土	6	四	乙酉	水	5	六	乙卯	水	4	一	乙酉	水	3	二	甲寅	水
十九	9	一	戊午	火	9	二	丁亥	土	8	四	丁巳	土	7	五	丙戌	土	6	日	丙辰	土	5	二	丙戌	土	4	三	乙卯	水
二十	10	二	己未	火	10	三	戊子	火	9	五	戊午	火	8	六	丁亥	土	7	一	丁巳	土	6	三	丁亥	土	5	四	丙辰	土
廿一	11	三	庚申	木	11	四	己丑	火	10	六	己未	火	9	日	戊子	火	8	二	戊午	火	7	四	戊子	火	6	五	丁巳	土
廿二	12	四	辛酉	木	12	五	庚寅	木	11	日	庚申	木	10	一	己丑	火	9	三	己未	火	8	五	己丑	火	7	六	戊午	火
廿三	13	五	壬戌	水	13	六	辛卯	木	12	一	辛酉	木	11	二	庚寅	木	10	四	庚申	木	9	六	庚寅	木	8	日	己未	火
廿四	14	六	癸亥	水	14	日	壬辰	水	13	二	壬戌	水	12	三	辛卯	木	11	五	辛酉	木	10	日	辛卯	木	9	一	庚申	木
廿五	15	日	甲子	金	15	一	癸巳	水	14	三	癸亥	水	13	四	壬辰	水	12	六	壬戌	水	11	一	壬辰	水	10	二	辛酉	木
廿六	16	一	乙丑	金	16	二	甲午	金	15	四	甲子	金	14	五	癸巳	水	13	日	癸亥	水	12	二	癸巳	水	11	三	壬戌	水
廿七	17	二	丙寅	火	17	三	乙未	金	16	五	乙丑	金	15	六	甲午	金	14	一	甲子	金	13	三	甲午	金	12	四	癸亥	水
廿八	18	三	丁卯	火	18	四	丙申	火	17	六	丙寅	火	16	日	乙未	金	15	二	乙丑	金	14	四	乙未	金	13	五	甲子	金
廿九	19	四	戊辰	木	19	五	丁酉	火	18	日	丁卯	火	17	一	丙申	火	16	三	丙寅	火	15	五	丙申	火	14	六	乙丑	金
三十					20	六	戊戌	木					18	二	丁酉	火									15	日	丙寅	火

公元二〇〇四年　（闰二月）　岁次:甲申　生肖:猴　太岁:方公　纳音:泉中水

月别	七月小	八月大	九月小	十月大	十一月小	十二月大
干支	壬申	癸酉	甲戌	乙亥	丙子	丁丑
九星	五黄	四绿	三碧	二黑	一白	九紫

廿四节气

节名	处暑	白露	秋分	寒露	霜降	立冬	小雪	大雪	冬至	小寒	大寒	立春
农历	初八	廿三	初十	廿五	初十	廿五	十一	廿六	初十	廿五	十一	廿六
时辰	丑时	申时	子时	卯时	巳时	巳时	辰时	丑时	戌时	未时	辰时	丑时
公历	8月23日	9月7日	9月23日	10月8日	10月23日	11月7日	11月22日	12月7日	12月21日	1月5日	1月20日	2月4日
时间	30时28分	15时44分	0时52分	7时8分	9时58分	10时3分	7时20分	2时43分	20时33分	13时52分	7时11分	1时34分

农历	公历	星期	天地干支	五行	公历	星期	天地干支	五行	公历	星期	天地干支	五行	公历	星期	天地干支	五行	公历	星期	天地干支	五行	公历	星期	天地干支	五行
初一	16	一	丁卯	火	14	二	丙申	火	14	四	丙寅	火	12	五	乙未	金	12	日	乙丑	金	10	一	甲午	金
初二	17	二	戊辰	木	15	三	丁酉	火	15	五	丁卯	火	13	六	丙申	火	13	一	丙寅	火	11	二	乙未	金
初三	18	三	己巳	木	16	四	戊戌	木	16	六	戊辰	木	14	日	丁酉	火	14	二	丁卯	火	12	三	丙申	火
初四	19	四	庚午	土	17	五	己亥	木	17	日	己巳	木	15	一	戊戌	木	15	三	戊辰	木	13	四	丁酉	火
初五	20	五	辛未	土	18	六	庚子	土	18	一	庚午	土	16	二	己亥	木	16	四	己巳	木	14	五	戊戌	木
初六	21	六	壬申	金	19	日	辛丑	土	19	二	辛未	土	17	三	庚子	土	17	五	庚午	土	15	六	己亥	木
初七	22	日	癸酉	金	20	一	壬寅	金	20	三	壬申	金	18	四	辛丑	土	18	六	辛未	土	16	日	庚子	土
初八	23	一	甲戌	火	21	二	癸卯	金	21	四	癸酉	金	19	五	壬寅	金	19	日	壬申	金	17	一	辛丑	土
初九	24	二	乙亥	火	22	三	甲辰	火	22	五	甲戌	火	20	六	癸卯	金	20	一	癸酉	金	18	二	壬寅	金
初十	25	三	丙子	水	23	四	乙巳	火	23	六	乙亥	火	21	日	甲辰	火	21	二	甲戌	火	19	三	癸卯	金
十一	26	四	丁丑	水	24	五	丙午	水	24	日	丙子	水	22	一	乙巳	火	22	三	乙亥	火	20	四	甲辰	火
十二	27	五	戊寅	土	25	六	丁未	水	25	一	丁丑	水	23	二	丙午	水	23	四	丙子	水	21	五	乙巳	火
十三	28	六	己卯	土	26	日	戊申	土	26	二	戊寅	土	24	三	丁未	水	24	五	丁丑	水	22	六	丙午	水
十四	29	日	庚辰	金	27	一	己酉	土	27	三	己卯	土	25	四	戊申	土	25	六	戊寅	土	23	日	丁未	水
十五	30	一	辛巳	金	28	二	庚戌	金	28	四	庚辰	金	26	五	己酉	土	26	日	己卯	土	24	一	戊申	土
十六	31	二	壬午	木	29	三	辛亥	金	29	五	辛巳	金	27	六	庚戌	金	27	一	庚辰	金	25	二	己酉	土
十七	9月	三	癸未	木	30	四	壬子	木	30	六	壬午	木	28	日	辛亥	金	28	二	辛巳	金	26	三	庚戌	金
十八	2	四	甲申	水	10月	五	癸丑	木	31	日	癸未	木	29	一	壬子	木	29	三	壬午	木	27	四	辛亥	金
十九	3	五	乙酉	水	2	六	甲寅	水	11月	一	甲申	水	30	二	癸丑	木	30	四	癸未	木	28	五	壬子	木
二十	4	六	丙戌	土	3	日	乙卯	水	2	二	乙酉	水	12月	三	甲寅	水	31	五	甲申	水	29	六	癸丑	木
廿一	5	日	丁亥	土	4	一	丙辰	土	3	三	丙戌	土	2	四	乙卯	水	1月	六	乙酉	水	30	日	甲寅	水
廿二	6	一	戊子	火	5	二	丁巳	土	4	四	丁亥	土	3	五	丙辰	土	2	日	丙戌	土	31	一	乙卯	水
廿三	7	二	己丑	火	6	三	戊午	火	5	五	戊子	火	4	六	丁巳	土	3	一	丁亥	土	2月	二	丙辰	土
廿四	8	三	庚寅	木	7	四	己未	火	6	六	己丑	火	5	日	戊午	火	4	二	戊子	火	2	三	丁巳	土
廿五	9	四	辛卯	木	8	五	庚申	木	7	日	庚寅	木	6	一	己未	火	5	三	己丑	火	3	四	戊午	火
廿六	10	五	壬辰	水	9	六	辛酉	木	8	一	辛卯	木	7	二	庚申	木	6	四	庚寅	木	4	五	己未	火
廿七	11	六	癸巳	水	10	日	壬戌	水	9	二	壬辰	水	8	三	辛酉	木	7	五	辛卯	木	5	六	庚申	木
廿八	12	日	甲午	金	11	一	癸亥	水	10	三	癸巳	水	9	四	壬戌	水	8	六	壬辰	水	6	日	辛酉	木
廿九	13	一	乙未	金	12	二	甲子	金	11	四	甲午	金	10	五	癸亥	水	9	日	癸巳	水	7	一	壬戌	水
三十					13	三	乙丑	金					11	六	甲子	金					8	二	癸亥	水

公元二〇〇五年　岁次:乙酉　生肖:鸡　太岁:蒋专　纳音:泉中水

月别	正月小		二月大		三月小		四月大		五月小		六月大	
干支	戊寅		己卯		庚辰		辛巳		壬午		癸未	
九星	八白		七赤		六白		五黄		四绿		三碧	

廿四节气

	节名	雨水	惊蛰	春分	清明	谷雨	立夏	小满	芒种	夏至		小暑	大暑
	农历	初十	廿五	十一	廿七	十二	廿七	十四	廿九	十五		初二	十八
	时辰	亥时	戌时	戌时	子时	辰时	酉时	卯时	亥时	未时		辰时	丑时
	公历	2月18日	3月5日	3月20日	4月5日	4月20日	5月5日	5月21日	6月5日	6月21日		7月7日	7月23日
	时间	21时28分	19时45分	20时41分	0时48分	8时0分	18时23分	7时22分	22时45分	15时21分		9时8分	2时21分

农历	公历	星期	天地干支	五行	公历	星期	天地干支	五行	公历	星期	天地干支	五行	公历	星期	天地干支	五行	公历	星期	天地干支	五行	公历	星期	天地干支	五行
初一	9	三	甲子	金	10	四	癸巳	水	9	六	癸亥	水	8	日	壬辰	水	7	二	壬戌	水	6	三	辛卯	木
初二	10	四	乙丑	金	11	五	甲午	金	10	日	甲子	金	9	一	癸巳	水	8	三	癸亥	水	7	四	壬辰	水
初三	11	五	丙寅	火	12	六	乙未	金	11	一	乙丑	金	10	二	甲午	金	9	四	甲子	金	8	五	癸巳	水
初四	12	六	丁卯	火	13	日	丙申	火	12	二	丙寅	火	11	三	乙未	金	10	五	乙丑	金	9	六	甲午	金
初五	13	日	戊辰	木	14	一	丁酉	火	13	三	丁卯	火	12	四	丙申	火	11	六	丙寅	火	10	日	乙未	金
初六	14	一	己巳	木	15	二	戊戌	木	14	四	戊辰	木	13	五	丁酉	火	12	日	丁卯	火	11	一	丙申	火
初七	15	二	庚午	土	16	三	己亥	木	15	五	己巳	木	14	六	戊戌	木	13	一	戊辰	木	12	二	丁酉	火
初八	16	三	辛未	土	17	四	庚子	土	16	六	庚午	土	15	日	己亥	木	14	二	己巳	木	13	三	戊戌	木
初九	17	四	壬申	金	18	五	辛丑	土	17	日	辛未	土	16	一	庚子	土	15	三	庚午	土	14	四	己亥	木
初十	18	五	癸酉	金	19	六	壬寅	金	18	一	壬申	金	17	二	辛丑	土	16	四	辛未	土	15	五	庚子	土
十一	19	六	甲戌	火	20	日	癸卯	金	19	二	癸酉	金	18	三	壬寅	金	17	五	壬申	金	16	六	辛丑	土
十二	20	日	乙亥	火	21	一	甲辰	火	20	三	甲戌	火	19	四	癸卯	金	18	六	癸酉	金	17	日	壬寅	金
十三	21	一	丙子	水	22	二	乙巳	火	21	四	乙亥	火	20	五	甲辰	火	19	日	甲戌	火	18	一	癸卯	金
十四	22	二	丁丑	水	23	三	丙午	水	22	五	丙子	水	21	六	乙巳	火	20	一	乙亥	火	19	二	甲辰	火
十五	23	三	戊寅	土	24	四	丁未	水	23	六	丁丑	水	22	日	丙午	水	21	二	丙子	水	20	三	乙巳	火
十六	24	四	己卯	土	25	五	戊申	土	24	日	戊寅	土	23	一	丁未	水	22	三	丁丑	水	21	四	丙午	水
十七	25	五	庚辰	金	26	六	己酉	土	25	一	己卯	土	24	二	戊申	土	23	四	戊寅	土	22	五	丁未	水
十八	26	六	辛巳	金	27	日	庚戌	金	26	二	庚辰	金	25	三	己酉	土	24	五	己卯	土	23	六	戊申	土
十九	27	日	壬午	木	28	一	辛亥	金	27	三	辛巳	金	26	四	庚戌	金	25	六	庚辰	金	24	日	己酉	土
二十	28	一	癸未	木	29	二	壬子	木	28	四	壬午	木	27	五	辛亥	金	26	日	辛巳	金	25	一	庚戌	金
廿一	3月	二	甲申	水	30	三	癸丑	木	29	五	癸未	木	28	六	壬子	木	27	一	壬午	木	26	二	辛亥	金
廿二	2	三	乙酉	水	31	四	甲寅	水	30	六	甲申	水	29	日	癸丑	木	28	二	癸未	木	27	三	壬子	木
廿三	3	四	丙戌	土	4月	五	乙卯	水	5月	日	乙酉	水	30	一	甲寅	水	29	三	甲申	水	28	四	癸丑	木
廿四	4	五	丁亥	土	2	六	丙辰	土	2	一	丙戌	土	31	二	乙卯	水	30	四	乙酉	水	29	五	甲寅	水
廿五	5	六	戊子	火	3	日	丁巳	土	3	二	丁亥	土	6月	三	丙辰	土	7月	五	丙戌	土	30	六	乙卯	水
廿六	6	日	己丑	火	4	一	戊午	火	4	三	戊子	火	2	四	丁巳	土	2	六	丁亥	土	31	日	丙辰	土
廿七	7	一	庚寅	木	5	二	己未	火	5	四	己丑	火	3	五	戊午	火	3	日	戊子	火	8月	一	丁巳	土
廿八	8	二	辛卯	木	6	三	庚申	木	6	五	庚寅	木	4	六	己未	火	4	一	己丑	火	2	二	戊午	火
廿九	9	三	壬辰	水	7	四	辛酉	木	7	六	辛卯	木	5	日	庚申	木	5	二	庚寅	木	3	三	己未	火
三十					8	五	壬戌	水					6	一	辛酉	木					4	四	庚申	木

公元二〇〇五年　岁次:乙酉　生肖:鸡　太岁:蒋专　纳音:泉中水

月别	七月大			八月小			九月大			十月小			十一月大			十二月小		
干支	甲申			乙酉			丙戌			丁亥			戊子			己丑		
九星	二黑			一白			九紫			八白			七赤			六白		

廿四节气	节名	立秋	处暑	白露	秋分	寒露	霜降	立冬	小雪	大雪	冬至	小寒	大寒
	农历	初三	十九	初四	二十	初六	廿一	初六	廿二	初七	廿二	初六	廿一
	时辰	酉时	辰时	戌时	卯时	午时	申时	申时	未时	辰时	丑时	戌时	未时
	公历	8月7日	8月23日	9月7日	9月23日	10月8日	10月23日	11月7日	11月22日	12月7日	12月22日	1月5日	1月20日
	时间	18时51分	9时17分	21时35分	6时41分	12时59分	15Y时47分	15时54分	13时9分	8时34分	2时22分	9时43分	13时0分

农历	公历	星期	天地干支	五行	公历	星期	天地干支	五行	公历	星期	天地干支	五行	公历	星期	天地干支	五行	公历	星期	天地干支	五行	公历	星期	天地干支	五行	公历	星期	天地干支	五行
初一	5	五	辛酉	木	4	日	辛卯	木	3	一	庚申	木	2	三	庚寅	木	12月	四	己未	火	31	六	己丑	火
初二	6	六	壬戌	水	5	一	壬辰	水	4	二	辛酉	木	3	四	辛卯	木	2	五	庚申	木	1月	日	庚寅	木
初三	7	日	癸亥	水	6	二	癸巳	水	5	三	壬戌	水	4	五	壬辰	水	3	六	辛酉	木	2	一	辛卯	木
初四	8	一	甲子	金	7	三	甲午	金	6	四	癸亥	水	5	六	癸巳	水	4	日	壬戌	水	3	二	壬辰	水
初五	9	二	乙丑	金	8	四	乙未	金	7	五	甲子	金	6	日	甲午	金	5	一	癸亥	水	4	三	癸巳	水
初六	10	三	丙寅	火	9	五	丙申	火	8	六	乙丑	金	7	一	乙未	金	6	二	甲子	金	5	四	甲午	金
初七	11	四	丁卯	火	10	六	丁酉	火	9	日	丙寅	火	8	二	丙申	火	7	三	乙丑	金	6	五	乙未	金
初八	12	五	戊辰	木	11	日	戊戌	木	10	一	丁卯	火	9	三	丁酉	火	8	四	丙寅	火	7	六	丙申	火
初九	13	六	己巳	木	12	一	己亥	木	11	二	戊辰	木	10	四	戊戌	木	9	五	丁卯	火	8	日	丁酉	火
初十	14	日	庚午	土	13	二	庚子	土	12	三	己巳	木	11	五	己亥	木	10	六	戊辰	木	9	一	戊戌	木
十一	15	一	辛未	土	14	三	辛丑	土	13	四	庚午	土	12	六	庚子	土	11	日	己巳	木	10	二	己亥	木
十二	16	二	壬申	金	15	四	壬寅	金	14	五	辛未	土	13	日	辛丑	土	12	一	庚午	土	11	三	庚子	土
十三	17	三	癸酉	金	16	五	癸卯	金	15	六	壬申	金	14	一	壬寅	金	13	二	辛未	土	12	四	辛丑	土
十四	18	四	甲戌	火	17	六	甲辰	火	16	日	癸酉	金	15	二	癸卯	金	14	三	壬申	金	13	五	壬寅	金
十五	19	五	乙亥	火	18	日	乙巳	火	17	一	甲戌	火	16	三	甲辰	火	15	四	癸酉	金	14	六	癸卯	金
十六	20	六	丙子	水	19	一	丙午	水	18	二	乙亥	火	17	四	乙巳	火	16	五	甲戌	火	15	日	甲辰	金
十七	21	日	丁丑	水	20	二	丁未	水	19	三	丙子	水	18	五	丙午	水	17	六	乙亥	火	16	一	乙巳	火
十八	22	一	戊寅	土	21	三	戊申	土	20	四	丁丑	水	19	六	丁未	水	18	日	丙子	水	17	二	丙午	水
十九	23	二	己卯	土	22	四	己酉	土	21	五	戊寅	土	20	日	戊申	土	19	一	丁丑	水	18	三	丁未	水
二十	24	三	庚辰	金	23	五	庚戌	金	22	六	己卯	土	21	一	己酉	土	20	二	戊寅	土	19	四	戊申	土
廿一	25	四	辛巳	金	24	六	辛亥	金	23	日	庚辰	金	22	二	庚戌	金	21	三	己卯	土	20	五	己酉	土
廿二	26	五	壬午	木	25	日	壬子	木	24	一	辛巳	金	23	三	辛亥	金	22	四	庚辰	金	21	六	庚戌	金
廿三	27	六	癸未	木	26	一	癸丑	木	25	二	壬午	木	24	四	壬子	木	23	五	辛巳	金	22	日	辛亥	金
廿四	28	日	甲申	水	27	二	甲寅	水	26	三	癸未	木	25	五	癸丑	木	24	六	壬午	木	23	一	壬子	木
廿五	29	一	乙酉	水	28	三	乙卯	水	27	四	甲申	水	26	六	甲寅	水	25	日	癸未	木	24	二	癸丑	木
廿六	30	二	丙戌	土	29	四	丙辰	土	28	五	乙酉	水	27	日	乙卯	水	26	一	甲申	水	25	三	甲寅	水
廿七	31	三	丁亥	土	30	五	丁巳	土	29	六	丙戌	土	28	一	丙辰	土	27	二	乙酉	水	26	四	乙卯	水
廿八	9月	四	戊子	火	10月	六	戊午	火	30	日	丁亥	土	29	二	丁巳	土	28	三	丙戌	土	27	五	丙辰	土
廿九	2	五	己丑	火	2	日	己未	火	31	一	戊子	火	30	三	戊午	火	29	四	丁亥	土	28	六	丁巳	土
三十	3	六	庚寅	木					11月	二	己丑	火					30	五	戊子	火				

—— 279 ——

公元二〇〇六年 （闰七月） 岁次：丙戌 生肖：狗 太岁：向敏 纳音：屋上土

月别	正月大	二月小	三月大	四月小	五月大	六月小
干支	庚寅	辛卯	壬辰	癸巳	甲午	乙未
九星	五黄	四绿	三碧	二黑	一白	九紫

廿四节气

	立春	雨水	惊蛰	春分	清明	谷雨	立夏	小满	芒种	夏至	小暑	大暑
节名	立春	雨水	惊蛰	春分	清明	谷雨	立夏	小满	芒种	夏至	小暑	大暑
农历	初七	廿二	初七	廿二	初八	廿三	初八	廿四	十一	廿六	十二	廿八
时辰	辰时	寅时	丑时	丑时	卯时	未时	子时	午时	寅时	戌时	未时	辰时
公历	2月4日	2月19日	3月6日	3月21日	4月5日	4月20日	5月5日	5月21日	6月6日	6月21日	7月7日	7月23日
时间	7时25分	3时17分	1时35分	2时30分	6时38分	13时49分	0时12分	13时12分	4时34分	21时18分	14时57分	8时11分

农历	公历	星期	天地干支	五行	公历	星期	天地干支	五行	公历	星期	天地干支	五行	公历	星期	天地干支	五行	公历	星期	天地干支	五行	公历	星期	天地干支	五行
初一	29	日	戊午	火	28	二	戊子	火	29	三	丁巳	土	28	五	丁亥	土	27	六	丙辰	土	26	一	丙戌	土
初二	30	一	己未	火	3月	三	己丑	火	30	四	戊午	火	29	六	戊子	火	28	日	丁巳	土	27	二	丁亥	土
初三	31	二	庚申	木	2	四	庚寅	木	31	五	己未	火	30	日	己丑	火	29	一	戊午	火	28	三	戊子	火
初四	2月	三	辛酉	木	3	五	辛卯	木	4月	六	庚申	木	5月	一	庚寅	木	30	二	己未	火	29	四	己丑	火
初五	2	四	壬戌	水	4	六	壬辰	水	2	日	辛酉	木	2	二	辛卯	木	31	三	庚申	木	30	五	庚寅	木
初六	3	五	癸亥	水	5	日	癸巳	水	3	一	壬戌	水	3	三	壬辰	水	6月	四	辛酉	木	7月	六	辛卯	木
初七	4	六	甲子	金	6	一	甲午	金	4	二	癸亥	水	4	四	癸巳	水	2	五	壬戌	水	2	日	壬辰	水
初八	5	日	乙丑	金	7	二	乙未	金	5	三	甲子	金	5	五	甲午	金	3	六	癸亥	水	3	一	癸巳	水
初九	6	一	丙寅	火	8	三	丙申	火	6	四	乙丑	金	6	六	乙未	金	4	日	甲子	金	4	二	甲午	金
初十	7	二	丁卯	火	9	四	丁酉	火	7	五	丙寅	火	7	日	丙申	火	5	一	乙丑	金	5	三	乙未	金
十一	8	三	戊辰	木	10	五	戊戌	木	8	六	丁卯	火	8	一	丁酉	火	6	二	丙寅	火	6	四	丙申	火
十二	9	四	己巳	木	11	六	己亥	木	9	日	戊辰	木	9	二	戊戌	木	7	三	丁卯	火	7	五	丁酉	火
十三	10	五	庚午	土	12	日	庚子	土	10	一	己巳	木	10	三	己亥	木	8	四	戊辰	木	8	六	戊戌	木
十四	11	六	辛未	土	13	一	辛丑	土	11	二	庚午	土	11	四	庚子	土	9	五	己巳	木	9	日	己亥	木
十五	12	日	壬申	金	14	二	壬寅	金	12	三	辛未	土	12	五	辛丑	土	10	六	庚午	土	10	一	庚子	土
十六	13	一	癸酉	金	15	三	癸卯	金	13	四	壬申	金	13	六	壬寅	金	11	日	辛未	土	11	二	辛丑	土
十七	14	二	甲戌	火	16	四	甲辰	火	14	五	癸酉	金	14	日	癸卯	金	12	一	壬申	金	12	三	壬寅	金
十八	15	三	乙亥	火	17	五	乙巳	火	15	六	甲戌	火	15	一	甲辰	火	13	二	癸酉	金	13	四	癸卯	金
十九	16	四	丙子	水	18	六	丙午	水	16	日	乙亥	火	16	二	乙巳	火	14	三	甲戌	火	14	五	甲辰	火
二十	17	五	丁丑	水	19	日	丁未	水	17	一	丙子	水	17	三	丙午	水	15	四	乙亥	火	15	六	乙巳	火
廿一	18	六	戊寅	土	20	一	戊申	土	18	二	丁丑	水	18	四	丁未	水	16	五	丙子	水	16	日	丙午	水
廿二	19	日	己卯	土	21	二	己酉	土	19	三	戊寅	土	19	五	戊申	土	17	六	丁丑	水	17	一	丁未	水
廿三	20	一	庚辰	金	22	三	庚戌	金	20	四	己卯	土	20	六	己酉	土	18	日	戊寅	土	18	二	戊申	土
廿四	21	二	辛巳	金	23	四	辛亥	金	21	五	庚辰	金	21	日	庚戌	金	19	一	己卯	土	19	三	己酉	土
廿五	22	三	壬午	木	24	五	壬子	木	22	六	辛巳	金	22	一	辛亥	金	20	二	庚辰	金	20	四	庚戌	金
廿六	23	四	癸未	木	25	六	癸丑	木	23	日	壬午	木	23	二	壬子	木	21	三	辛巳	金	21	五	辛亥	金
廿七	24	五	甲申	水	26	日	甲寅	水	24	一	癸未	木	24	三	癸丑	木	22	四	壬午	木	22	六	壬子	木
廿八	25	六	乙酉	水	27	一	乙卯	水	25	二	甲申	水	25	四	甲寅	水	23	五	癸未	木	23	日	癸丑	木
廿九	26	日	丙戌	土	28	二	丙辰	土	26	三	乙酉	水	26	五	乙卯	水	24	六	甲申	水	24	一	甲寅	水
三十	27	一	丁亥	土					27	四	丙戌	土					25	日	乙酉	水				

公元二〇〇六年 （闰七月） 岁次:丙戌 生肖:狗 太岁:向敏 纳音:屋上土

月别	七月大		闰七月小	八月大		九月大		十月小		十一月大		十二月大	
干支	丙申		丙申	丁酉		戊戌		己亥		庚子		辛丑	
九星	八白		八白	七赤		六白		五黄		四绿		三碧	

廿四节气

节名	立秋	处暑	白露	秋分	寒露	霜降	立冬	小雪	大雪	冬至	小寒	大寒	立春
农历	十四	三十	十六	初二	十七	初二	十七	初二	十七	初三	十八	初二	十七
时辰	子时	未时	丑时	午时	酉时	亥时	亥时	戌时	未时	辰时	丑时	戌时	未时
公历	8月7日	8月23日	9月8日	9月23日	10月8日	10月23日	11月7日	11月22日	12月7日	12月22日	1月6日	1月20日	2月4日
时间	0时40分	15时7分	3时24分	12时31分	18时48分	21时37分	21时43分	19时0分	14时23分	8时13分	1时32分	18时51分	13时14分

农历	公历	星期	天地干支	五行	公历	星期	天地干支	五行	公历	星期	天地干支	五行	公历	星期	天地干支	五行	公历	星期	天地干支	五行	公历	星期	天地干支	五行	公历	星期	天地干支	五行
初一	25	二	乙卯	水	24	四	乙酉	水	22	五	甲寅	水	22	日	甲申	水	21	二	甲寅	水	20	三	癸未	木	19	五	癸丑	木
初二	26	三	丙辰	土	25	五	丙戌	土	23	六	乙卯	水	23	一	乙酉	水	22	三	乙卯	水	21	四	甲申	水	20	六	甲寅	水
初三	27	四	丁巳	土	26	六	丁亥	土	24	日	丙辰	土	24	二	丙戌	土	23	四	丙辰	土	22	五	乙酉	水	21	日	乙卯	水
初四	28	五	戊午	火	27	日	戊子	火	25	一	丁巳	土	25	三	丁亥	土	24	五	丁巳	土	23	六	丙戌	土	22	一	丙辰	土
初五	29	六	己未	火	28	一	己丑	火	26	二	戊午	火	26	四	戊子	火	25	六	戊午	火	24	日	丁亥	土	23	二	丁巳	土
初六	30	日	庚申	木	29	二	庚寅	木	27	三	己未	火	27	五	己丑	火	26	日	己未	火	25	一	戊子	火	24	三	戊午	火
初七	31	一	辛酉	木	30	三	辛卯	木	28	四	庚申	木	28	六	庚寅	木	27	一	庚申	木	26	二	己丑	火	25	四	己未	火
初八	8月	二	壬戌	水	31	四	壬辰	水	29	五	辛酉	木	29	日	辛卯	木	28	二	辛酉	木	27	三	庚寅	木	26	五	庚申	木
初九	2	三	癸亥	水	9月	五	癸巳	水	30	六	壬戌	水	30	一	壬辰	水	29	三	壬戌	水	28	四	辛卯	木	27	六	辛酉	木
初十	3	四	甲子	金	2	六	甲午	金	10月	日	癸亥	水	31	二	癸巳	水	30	四	癸亥	水	29	五	壬辰	水	28	日	壬戌	水
十一	4	五	乙丑	金	3	日	乙未	金	2	一	甲子	金	11月	三	甲午	金	12月	五	甲子	金	30	六	癸巳	水	29	一	癸亥	水
十二	5	六	丙寅	火	4	一	丙申	火	3	二	乙丑	金	2	四	乙未	金	2	六	乙丑	金	31	日	甲午	金	30	二	甲子	金
十三	6	日	丁卯	火	5	二	丁酉	火	4	三	丙寅	火	3	五	丙申	火	3	日	丙寅	火	1月	一	乙未	金	31	三	乙丑	金
十四	7	一	戊辰	木	6	三	戊戌	木	5	四	丁卯	火	4	六	丁酉	火	4	一	丁卯	火	2	二	丙申	火	2月	四	丙寅	火
十五	8	二	己巳	木	7	四	己亥	木	6	五	戊辰	木	5	日	戊戌	木	5	二	戊辰	木	3	三	丁酉	火	2	五	丁卯	火
十六	9	三	庚午	土	8	五	庚子	土	7	六	己巳	木	6	一	己亥	木	6	三	己巳	木	4	四	戊戌	木	3	六	戊辰	土
十七	10	四	辛未	土	9	六	辛丑	土	8	日	庚午	土	7	二	庚子	土	7	四	庚午	土	5	五	己亥	木	4	日	己巳	土
十八	11	五	壬申	金	10	日	壬寅	金	9	一	辛未	土	8	三	辛丑	土	8	五	辛未	土	6	六	庚子	土	5	一	庚午	土
十九	12	六	癸酉	金	11	一	癸卯	金	10	二	壬申	金	9	四	壬寅	金	9	六	壬申	金	7	日	辛丑	土	6	二	辛未	土
二十	13	日	甲戌	火	12	二	甲辰	火	11	三	癸酉	金	10	五	癸卯	金	10	日	癸酉	金	8	一	壬寅	金	7	三	壬申	金
廿一	14	一	乙亥	火	13	三	乙巳	火	12	四	甲戌	火	11	六	甲辰	火	11	一	甲戌	火	9	二	癸卯	金	8	四	癸酉	金
廿二	15	二	丙子	水	14	四	丙午	水	13	五	乙亥	火	12	日	乙巳	火	12	二	乙亥	火	10	三	甲辰	火	9	五	甲戌	火
廿三	16	三	丁丑	水	15	五	丁未	水	14	六	丙子	水	13	一	丙午	水	13	三	丙子	水	11	四	乙巳	火	10	六	乙亥	火
廿四	17	四	戊寅	土	16	六	戊申	土	15	日	丁丑	水	14	二	丁未	水	14	四	丁丑	水	12	五	丙午	水	11	日	丙子	水
廿五	18	五	己卯	土	17	日	己酉	土	16	一	戊寅	土	15	三	戊申	土	15	五	戊寅	土	13	六	丁未	水	12	一	丁丑	水
廿六	19	六	庚辰	金	18	一	庚戌	金	17	二	己卯	土	16	四	己酉	土	16	六	己卯	土	14	日	戊申	土	13	二	戊寅	土
廿七	20	日	辛巳	金	19	二	辛亥	金	18	三	庚辰	金	17	五	庚戌	金	17	日	庚辰	金	15	一	己酉	土	14	三	己卯	土
廿八	21	一	壬午	木	20	三	壬子	木	19	四	辛巳	金	18	六	辛亥	金	18	一	辛巳	金	16	二	庚戌	金	15	四	庚辰	金
廿九	22	二	癸未	木	21	四	癸丑	木	20	五	壬午	木	19	日	壬子	木	19	二	壬午	木	17	三	辛亥	金	16	五	辛巳	金
三十	23	三	甲申	水					21	六	癸未	木	20	一	癸丑	木					18	四	壬子	木	17	六	壬午	木

公元二〇〇七年　岁次:丁亥　生肖:猪　太岁:封齐　纳音:屋上土

月别	正月小		二月小		三月大		四月小		五月小		六月大	
干支	壬寅		癸卯		甲辰		乙巳		丙午		丁未	
九星	二 黑		一 白		九 紫		八 白		七 赤		六 白	

廿四节气

节名	雨水	惊蛰	春分	清明	谷雨	立夏	小满	芒种	夏至	小暑	大暑	立秋
农历	初二	十七	初三	十八	初四	二十	初五	廿一	初八	廿三	初十	廿六
时辰	巳时	辰时	辰时	午时	戌时	卯时	酉时	巳时	丑时	戌时	未时	卯时
公历	2月19日	3月6日	3月21日	4月5日	4月20日	5月6日	5月21日	6月6日	6月22日	7月7日	7月23日	8月8日
时间	9时8分	7时24分	8时21分	12时27分	19时40分	6时1分	19时2分	10时23分	3时8分	20时46分	14时1分	6时29分

农历	公历	星期	天地干支	五行	公历	星期	天地干支	五行	公历	星期	天地干支	五行	公历	星期	天地干支	五行	公历	星期	天地干支	五行	公历	星期	天地干支	五行
初一	18	日	癸未	木	19	一	壬子	木	17	二	辛巳	金	17	四	辛亥	金	15	五	庚辰	金	14	六	己酉	土
初二	19	一	甲申	水	20	二	癸丑	木	18	三	壬午	木	18	五	壬子	木	16	六	辛巳	金	15	日	庚戌	金
初三	20	二	乙酉	水	21	三	甲寅	水	19	四	癸未	木	19	六	癸丑	木	17	日	壬午	木	16	一	辛亥	金
初四	21	三	丙戌	土	22	四	乙卯	水	20	五	甲申	水	20	日	甲寅	水	18	一	癸未	木	17	二	壬子	木
初五	22	四	丁亥	土	23	五	丙辰	土	21	六	乙酉	水	21	一	乙卯	水	19	二	甲申	水	18	三	癸丑	木
初六	23	五	戊子	火	24	六	丁巳	土	22	日	丙戌	土	22	二	丙辰	土	20	三	乙酉	水	19	四	甲寅	水
初七	24	六	己丑	火	25	日	戊午	火	23	一	丁亥	土	23	三	丁巳	土	21	四	丙戌	土	20	五	乙卯	水
初八	25	日	庚寅	木	26	一	己未	火	24	二	戊子	火	24	四	戊午	火	22	五	丁亥	土	21	六	丙辰	土
初九	26	一	辛卯	木	27	二	庚申	木	25	三	己丑	火	25	五	己未	火	23	六	戊子	火	22	日	丁巳	土
初十	27	二	壬辰	水	28	三	辛酉	木	26	四	庚寅	木	26	六	庚申	木	24	日	己丑	火	23	一	戊午	火
十一	28	三	癸巳	水	29	四	壬戌	水	27	五	辛卯	木	27	日	辛酉	木	25	一	庚寅	木	24	二	己未	火
十二	3月	四	甲午	金	30	五	癸亥	水	28	六	壬辰	水	28	一	壬戌	水	26	二	辛卯	木	25	三	庚申	木
十三	2	五	乙未	金	31	六	甲子	金	29	日	癸巳	水	29	二	癸亥	水	27	三	壬辰	水	26	四	辛酉	木
十四	3	六	丙申	火	4月	日	乙丑	金	30	一	甲午	金	30	三	甲子	金	28	四	癸巳	水	27	五	壬戌	水
十五	4	日	丁酉	火	2	一	丙寅	火	5月	二	乙未	金	31	四	乙丑	金	29	五	甲午	金	28	六	癸亥	水
十六	5	一	戊戌	木	3	二	丁卯	火	2	三	丙申	火	6月	五	丙寅	火	30	六	乙未	金	29	日	甲子	金
十七	6	二	己亥	木	4	三	戊辰	木	3	四	丁酉	火	2	六	丁卯	火	7月	日	丙申	火	30	一	乙丑	金
十八	7	三	庚子	土	5	四	己巳	木	4	五	戊戌	木	3	日	戊辰	木	2	一	丁酉	火	31	二	丙寅	火
十九	8	四	辛丑	土	6	五	庚午	土	5	六	己亥	木	4	一	己巳	木	3	二	戊戌	木	8月	三	丁卯	火
二十	9	五	壬寅	金	7	六	辛未	土	6	日	庚子	土	5	二	庚午	土	4	三	己亥	木	2	四	戊辰	木
廿一	10	六	癸卯	金	8	日	壬申	金	7	一	辛丑	土	6	三	辛未	土	5	四	庚子	土	3	五	己巳	木
廿二	11	日	甲辰	火	9	一	癸酉	金	8	二	壬寅	金	7	四	壬申	金	6	五	辛丑	土	4	六	庚午	土
廿三	12	一	乙巳	火	10	二	甲戌	火	9	三	癸卯	金	8	五	癸酉	金	7	六	壬寅	金	5	日	辛未	土
廿四	13	二	丙午	水	11	三	乙亥	火	10	四	甲辰	火	9	六	甲戌	火	8	日	癸卯	金	6	一	壬申	金
廿五	14	三	丁未	水	12	四	丙子	水	11	五	乙巳	火	10	日	乙亥	火	9	一	甲辰	火	7	二	癸酉	金
廿六	15	四	戊申	土	13	五	丁丑	水	12	六	丙午	水	11	一	丙子	水	10	二	乙巳	火	8	三	甲戌	火
廿七	16	五	己酉	土	14	六	戊寅	土	13	日	丁未	水	12	二	丁丑	水	11	三	丙午	水	9	四	乙亥	火
廿八	17	六	庚戌	金	15	日	己卯	土	14	一	戊申	土	13	三	戊寅	土	12	四	丁未	水	10	五	丙子	水
廿九	18	日	辛亥	金	16	一	庚辰	金	15	二	己酉	土	14	四	己卯	土	13	五	戊申	土	11	六	丁丑	水
三十									16	三	庚戌	金									12	日	戊寅	土

公元二○○七年　岁次:丁亥　生肖:猪　太岁:封齐　纳音:屋上土

月别	七月小			八月大			九月大			十月大			十一月小			十二月大		
干支	戊申			己酉			庚戌			辛亥			壬子			癸丑		
九星	五黄			四绿			三碧			二黑			一白			九紫		

廿四节气

节名	处暑	白露	秋分	寒露	霜降	立冬	小雪	大雪	冬至	小寒	大寒	立春
农历	十一	廿七	十三	廿九	十四	廿九	十四	廿八	十三	廿八	十四	廿八
时辰	戌时	辰时	酉时	子时	寅时	寅时	子时	戌时	未时	辰时	子时	戌时
公历	8月23日	9月8日	9月23日	10月9日	10月24日	11月8日	11月23日	12月7日	12月22日	1月6日	1月21日	2月4日
时间	20时57分	9时13分	18时21分	0时37分	3时27分	3时32分	0时49分	20时12分	14时2分	7时21分	0时40分	19时3分

农历	公历	星期	天地干支	五行	公历	星期	天地干支	五行	公历	星期	天地干支	五行	公历	星期	天地干支	五行	公历	星期	天地干支	五行	公历	星期	天地干支	五行
初一	13	一	己卯	土	11	二	戊申	土	11	四	戊寅	土	10	六	戊申	土	10	一	戊寅	土	8	二	丁未	水
初二	14	二	庚辰	金	12	三	己酉	土	12	五	己卯	土	11	日	己酉	土	11	二	己卯	土	9	三	戊申	土
初三	15	三	辛巳	金	13	四	庚戌	金	13	六	庚辰	金	12	一	庚戌	金	12	三	庚辰	金	10	四	己酉	土
初四	16	四	壬午	木	14	五	辛亥	金	14	日	辛巳	金	13	二	辛亥	金	13	四	辛巳	金	11	五	庚戌	金
初五	17	五	癸未	木	15	六	壬子	木	15	一	壬午	木	14	三	壬子	木	14	五	壬午	木	12	六	辛亥	金
初六	18	六	甲申	水	16	日	癸丑	木	16	二	癸未	木	15	四	癸丑	木	15	六	癸未	木	13	日	壬子	木
初七	19	日	乙酉	水	17	一	甲寅	水	17	三	甲申	水	16	五	甲寅	水	16	日	甲申	水	14	一	癸丑	木
初八	20	一	丙戌	土	18	二	乙卯	水	18	四	乙酉	水	17	六	乙卯	水	17	一	乙酉	水	15	二	甲寅	水
初九	21	二	丁亥	土	19	三	丙辰	土	19	五	丙戌	土	18	日	丙辰	土	18	二	丙戌	土	16	三	乙卯	水
初十	22	三	戊子	火	20	四	丁巳	土	20	六	丁亥	土	19	一	丁巳	土	19	三	丁亥	土	17	四	丙辰	土
十一	23	四	己丑	火	21	五	戊午	火	21	日	戊子	火	20	二	戊午	火	20	四	戊子	火	18	五	丁巳	土
十二	24	五	庚寅	木	22	六	己未	火	22	一	己丑	火	21	三	己未	火	21	五	己丑	火	19	六	戊午	火
十三	25	六	辛卯	木	23	日	庚申	木	23	二	庚寅	木	22	四	庚申	木	22	六	庚寅	木	20	日	己未	火
十四	26	日	壬辰	水	24	一	辛酉	木	24	三	辛卯	木	23	五	辛酉	木	23	日	辛卯	木	21	一	庚申	木
十五	27	一	癸巳	水	25	二	壬戌	水	25	四	壬辰	水	24	六	壬戌	水	24	一	壬辰	水	22	二	辛酉	木
十六	28	二	甲午	金	26	三	癸亥	水	26	五	癸巳	水	25	日	癸亥	水	25	二	癸巳	水	23	三	壬戌	水
十七	29	三	乙未	金	27	四	甲子	金	27	六	甲午	金	26	一	甲子	金	26	三	甲午	金	24	四	癸亥	水
十八	30	四	丙申	火	28	五	乙丑	金	28	日	乙未	金	27	二	乙丑	金	27	四	乙未	金	25	五	甲子	金
十九	31	五	丁酉	火	29	六	丙寅	火	29	一	丙申	火	28	三	丙寅	火	28	五	丙申	火	26	六	乙丑	金
二十	9月	六	戊戌	木	30	日	丁卯	火	30	二	丁酉	火	29	四	丁卯	火	29	六	丁酉	火	27	日	丙寅	火
廿一	2	日	己亥	木	10月	一	戊辰	木	31	三	戊戌	木	30	五	戊辰	木	30	日	戊戌	木	28	一	丁卯	火
廿二	3	一	庚子	土	2	二	己巳	木	11月	四	己亥	木	12月	六	己巳	木	31	一	己亥	木	29	二	戊辰	木
廿三	4	二	辛丑	土	3	三	庚午	土	2	五	庚子	土	2	日	庚午	土	1月	二	庚子	土	30	三	己巳	木
廿四	5	三	壬寅	金	4	四	辛未	土	3	六	辛丑	土	3	一	辛未	土	2	三	辛丑	土	31	四	庚午	土
廿五	6	四	癸卯	金	5	五	壬申	金	4	日	壬寅	金	4	二	壬申	金	3	四	壬寅	金	2月	五	辛未	土
廿六	7	五	甲辰	火	6	六	癸酉	金	5	一	癸卯	金	5	三	癸酉	金	4	五	癸卯	金	2	六	壬申	金
廿七	8	六	乙巳	火	7	日	甲戌	火	6	二	甲辰	火	6	四	甲戌	火	5	六	甲辰	火	3	日	癸酉	金
廿八	9	日	丙午	水	8	一	乙亥	火	7	三	乙巳	火	7	五	乙亥	火	6	日	乙巳	火	4	一	甲戌	火
廿九	10	一	丁未	水	9	二	丙子	水	8	四	丙午	水	8	六	丙子	水	7	一	丙午	水	5	二	乙亥	火
三十					10	三	丁丑	水	9	五	丁未	水	9	日	丁丑	水					6	三	丙子	水

公元二〇〇八年　　岁次:戊子　　生肖:鼠　　太岁:郢班　　纳音:霹雳火

月别	正月大		二月小		三月小		四月大		五月小		六月小	
干支	甲寅		乙卯		丙辰		丁巳		戊午		己未	
九星	八白		七赤		六白		五黄		四绿		三碧	

廿四节气	节名	雨水	惊蛰	春分	清明	谷雨		立夏	小满	芒种	夏至	小暑	大暑
	农历	十三	廿八	十三	廿八	十五		初一	十七	初二	十八	初五	二十
	时辰	未时	午时	未时	酉时	子时		午时	子时	申时	辰时	丑时	酉时
	公历	2月19日	3月5日	3月20日	4月4日	4月20日		5月5日	5月21日	6月5日	6月21日	7月7日	7月22日
	时间	14时50分	12时59分	13时48分	17时46分	0时51分		11时4分	0时1分	15时12分	7时59分	1时27分	18时55分

农历	公历	星期	天地干支	五行	公历	星期	天地干支	五行	公历	星期	天地干支	五行	公历	星期	天地干支	五行	公历	星期	天地干支	五行	公历	星期	天地干支	五行
初一	7	四	丁丑	水	8	六	丁未	水	6	日	丙子	水	5	一	乙巳	火	4	三	乙亥	火	3	四	甲辰	火
初二	8	五	戊寅	土	9	日	戊申	土	7	一	丁丑	水	6	二	丙午	水	5	四	丙子	水	4	五	乙巳	火
初三	9	六	己卯	土	10	一	己酉	土	8	二	戊寅	土	7	三	丁未	水	6	五	丁丑	水	5	六	丙午	水
初四	10	日	庚辰	金	11	二	庚戌	金	9	三	己卯	土	8	四	戊申	土	7	六	戊寅	土	6	日	丁未	水
初五	11	一	辛巳	金	12	三	辛亥	金	10	四	庚辰	金	9	五	己酉	土	8	日	己卯	土	7	一	戊申	土
初六	12	二	壬午	木	13	四	壬子	木	11	五	辛巳	金	10	六	庚戌	金	9	一	庚辰	金	8	二	己酉	土
初七	13	三	癸未	木	14	五	癸丑	木	12	六	壬午	木	11	日	辛亥	金	10	二	辛巳	金	9	三	庚戌	金
初八	14	四	甲申	水	15	六	甲寅	水	13	日	癸未	木	12	一	壬子	木	11	三	壬午	木	10	四	辛亥	金
初九	15	五	乙酉	水	16	日	乙卯	水	14	一	甲申	水	13	二	癸丑	木	12	四	癸未	木	11	五	壬子	木
初十	16	六	丙戌	土	17	一	丙辰	土	15	二	乙酉	水	14	三	甲寅	水	13	五	甲申	水	12	六	癸丑	木
十一	17	日	丁亥	土	18	二	丁巳	土	16	三	丙戌	土	15	四	乙卯	水	14	六	乙酉	水	13	日	甲寅	水
十二	18	一	戊子	火	19	三	戊午	火	17	四	丁亥	土	16	五	丙辰	土	15	日	丙戌	土	14	一	乙卯	水
十三	19	二	己丑	火	20	四	己未	火	18	五	戊子	火	17	六	丁巳	土	16	一	丁亥	土	15	二	丙辰	土
十四	20	三	庚寅	木	21	五	庚申	木	19	六	己丑	火	18	日	戊午	火	17	二	戊子	火	16	三	丁巳	土
十五	21	四	辛卯	木	22	六	辛酉	木	20	日	庚寅	木	19	一	己未	火	18	三	己丑	火	17	四	戊午	火
十六	22	五	壬辰	水	23	日	壬戌	水	21	一	辛卯	木	20	二	庚申	木	19	四	庚寅	木	18	五	己未	火
十七	23	六	癸巳	水	24	一	癸亥	水	22	二	壬辰	水	21	三	辛酉	木	20	五	辛卯	木	19	六	庚申	木
十八	24	日	甲午	金	25	二	甲子	金	23	三	癸巳	水	22	四	壬戌	水	21	六	壬辰	水	20	日	辛酉	木
十九	25	一	乙未	金	26	三	乙丑	金	24	四	甲午	金	23	五	癸亥	水	22	日	癸巳	水	21	一	壬戌	水
二十	26	二	丙申	火	27	四	丙寅	火	25	五	乙未	金	24	六	甲子	金	23	一	甲午	金	22	二	癸亥	水
廿一	27	三	丁酉	火	28	五	丁卯	火	26	六	丙申	火	25	日	乙丑	金	24	二	乙未	金	23	三	甲子	金
廿二	28	四	戊戌	木	29	六	戊辰	木	27	日	丁酉	火	26	一	丙寅	火	25	三	丙申	火	24	四	乙丑	金
廿三	29	五	己亥	木	30	日	己巳	木	28	一	戊戌	木	27	二	丁卯	火	26	四	丁酉	火	25	五	丙寅	火
廿四	3月1	六	庚子	土	31	一	庚午	土	29	二	己亥	木	28	三	戊辰	木	27	五	戊戌	木	26	六	丁卯	火
廿五	2	日	辛丑	土	4月1	二	辛未	土	30	三	庚子	土	29	四	己巳	木	28	六	己亥	木	27	日	戊辰	木
廿六	3	一	壬寅	金	2	三	壬申	金	5月1	四	辛丑	土	30	五	庚午	土	29	日	庚子	土	28	一	己巳	木
廿七	4	二	癸卯	金	3	四	癸酉	金	2	五	壬寅	金	31	六	辛未	土	30	一	辛丑	土	29	二	庚午	土
廿八	5	三	甲辰	火	4	五	甲戌	火	3	六	癸卯	金	6月1	日	壬申	金	7月1	二	壬寅	金	30	三	辛未	土
廿九	6	四	乙巳	火	5	六	乙亥	火	4	日	甲辰	火	2	一	癸酉	金	2	三	癸卯	金	31	四	壬申	金
三十	7	五	丙午	水									3	二	甲戌	火								

— 284 —

公元二〇〇八年　岁次:戊子　生肖:鼠　太岁:郢班　纳音:霹雳火

月别	七月大		八月小		九月大		十月大		十一月小		十二月大	
干支	庚申		辛酉		壬戌		癸亥		甲子		乙丑	
九星	二黑		一白		九紫		八白		七赤		六白	

廿四节气

节名	立秋	处暑	白露	秋分	寒露	霜降	立冬	小雪	大雪	冬至	小寒	大寒
农历	初七	廿三	初八	廿三	初十	廿五	初十	廿五	初十	廿四	初十	廿五
时辰	午时	丑时	未时	子时	卯时	巳时	巳时	卯时	丑时	戌时	未时	卯时
公历	8月7日	8月23日	9月7日	9月22日	10月8日	10月23日	11月7日	11月22日	12月7日	12月21日	1月5日	1月20日
时间	11时16分	2时2分	14时14分	23时45分	5时57分	9时9分	9时11分	6时44分	2时2分	20时4分	13时14分	6时40分

农历	公历	星期	天地干支	五行	公历	星期	天地干支	五行	公历	星期	天地干支	五行	公历	星期	天地干支	五行	公历	星期	天地干支	五行	公历	星期	天地干支	五行
初一	8月	五	癸酉	金	31	日	癸卯	金	29	一	壬申	金	29	三	壬寅	金	28	五	壬申	金	27	六	辛丑	土
初二	2	六	甲戌	火	9月	一	甲辰	火	30	二	癸酉	金	30	四	癸卯	金	29	六	癸酉	金	28	日	壬寅	金
初三	3	日	乙亥	火	2	二	乙巳	火	10月	三	甲戌	火	31	五	甲辰	火	30	日	甲戌	火	29	一	癸卯	金
初四	4	一	丙子	水	3	三	丙午	水	2	四	乙亥	火	11月	六	乙巳	火	12月	一	乙亥	火	30	二	甲辰	火
初五	5	二	丁丑	水	4	四	丁未	水	3	五	丙子	水	2	日	丙午	水	2	二	丙子	水	31	三	乙巳	火
初六	6	三	戊寅	土	5	五	戊申	土	4	六	丁丑	水	3	一	丁未	水	3	三	丁丑	水	1月	四	丙午	水
初七	7	四	己卯	土	6	六	己酉	土	5	日	戊寅	土	4	二	戊申	土	4	四	戊寅	土	2	五	丁未	土
初八	8	五	庚辰	金	7	日	庚戌	金	6	一	己卯	土	5	三	己酉	土	5	五	己卯	土	3	六	戊申	土
初九	9	六	辛巳	金	8	一	辛亥	金	7	二	庚辰	金	6	四	庚戌	金	6	六	庚辰	金	4	日	己酉	土
初十	10	日	壬午	木	9	二	壬子	木	8	三	辛巳	金	7	五	辛亥	金	7	日	辛巳	金	5	一	庚戌	金
十一	11	一	癸未	木	10	三	癸丑	木	9	四	壬午	木	8	六	壬子	木	8	一	壬午	木	6	二	辛亥	金
十二	12	二	甲申	水	11	四	甲寅	水	10	五	癸未	木	9	日	癸丑	木	9	二	癸未	木	7	三	壬子	木
十三	13	三	乙酉	水	12	五	乙卯	水	11	六	甲申	水	10	一	甲寅	水	10	三	甲申	水	8	四	癸丑	木
十四	14	四	丙戌	土	13	六	丙辰	土	12	日	乙酉	水	11	二	乙卯	水	11	四	乙酉	水	9	五	甲寅	水
十五	15	五	丁亥	土	14	日	丁巳	土	13	一	丙戌	土	12	三	丙辰	土	12	五	丙戌	土	10	六	乙卯	水
十六	16	六	戊子	火	15	一	戊午	火	14	二	丁亥	土	13	四	丁巳	土	13	六	丁亥	土	11	日	丙辰	土
十七	17	日	己丑	火	16	二	己未	火	15	三	戊子	火	14	五	戊午	火	14	日	戊子	火	12	一	丁巳	土
十八	18	一	庚寅	木	17	三	庚申	木	16	四	己丑	火	15	六	己未	火	15	一	己丑	火	13	二	戊午	火
十九	19	二	辛卯	木	18	四	辛酉	木	17	五	庚寅	木	16	日	庚申	木	16	二	庚寅	木	14	三	己未	火
二十	20	三	壬辰	水	19	五	壬戌	水	18	六	辛卯	木	17	一	辛酉	木	17	三	辛卯	木	15	四	庚申	木
廿一	21	四	癸巳	水	20	六	癸亥	水	19	日	壬辰	水	18	二	壬戌	水	18	四	壬辰	水	16	五	辛酉	木
廿二	22	五	甲午	金	21	日	甲子	金	20	一	癸巳	水	19	三	癸亥	水	19	五	癸巳	水	17	六	壬戌	水
廿三	23	六	乙未	金	22	一	乙丑	金	21	二	甲午	金	20	四	甲子	金	20	六	甲午	金	18	日	癸亥	水
廿四	24	日	丙申	火	23	二	丙寅	火	22	三	乙未	金	21	五	乙丑	金	21	日	乙未	金	19	一	甲子	金
廿五	25	一	丁酉	火	24	三	丁卯	火	23	四	丙申	火	22	六	丙寅	火	22	一	丙申	火	20	二	乙丑	金
廿六	26	二	戊戌	木	25	四	戊辰	木	24	五	丁酉	火	23	日	丁卯	火	23	二	丁酉	火	21	三	丙寅	火
廿七	27	三	己亥	木	26	五	己巳	木	25	六	戊戌	木	24	一	戊辰	木	24	三	戊戌	木	22	四	丁卯	火
廿八	28	四	庚子	土	27	六	庚午	土	26	日	己亥	木	25	二	己巳	木	25	四	己亥	木	23	五	戊辰	木
廿九	29	五	辛丑	土	28	日	辛未	土	27	一	庚子	土	26	三	庚午	土	26	五	庚子	土	24	六	己巳	木
三十	30	六	壬寅	金					28	二	辛丑	土	27	四	辛未	土					25	日	庚午	土

公元二〇〇九年　（闰五月）　岁次:己丑　生肖:牛　太岁:潘信　纳音:霹雳火

月别	正月大	二月大	三月小	四月小	五月大	闰五月小	六月小
干支	丙寅	丁卯	戊辰	己巳	庚午	庚午	辛未
九星	五黄	四绿	三碧	二黑	一白	一白	九紫

廿四节气													
节名	立春	雨水	惊蛰	春分	清明	谷雨	立夏	小满	芒种	夏至	小暑	大暑	立秋
农历	初十	廿四	初九	廿四	初九	廿五	十一	廿七	十三	廿九	十五	初二	十七
时辰	子时	戌时	酉时	戌时	子时	卯时	申时	卯时	戌时	未时	辰时	子时	酉时
公历	2月4日	2月18日	3月5日	3月20日	4月4日	4月20日	5月5日	5月21日	6月5日	6月21日	7月7日	7月23日	8月7日
时间	0时50分	20时46分	18时48分	19时44分	23时34分	6时45分	16时51分	5时51分	20时59分	13时46分	7时14分	0时36分	17时1分

农历	公历	星期	天地干支	五行	公历	星期	天地干支	五行	公历	星期	天地干支	五行	公历	星期	天地干支	五行	公历	星期	天地干支	五行	公历	星期	天地干支	五行	公历	星期	天地干支	五行
初一	26	一	辛未	土	25	三	辛丑	土	27	五	辛未	土	25	六	庚子	土	24	日	己巳	木	23	二	己亥	木	22	三	戊辰	木
初二	27	二	壬申	金	26	四	壬寅	金	28	六	壬申	金	26	日	辛丑	土	25	一	庚午	土	24	三	庚子	土	23	四	己巳	木
初三	28	三	癸酉	金	27	五	癸卯	金	29	日	癸酉	金	27	一	壬寅	金	26	二	辛未	土	25	四	辛丑	土	24	五	庚午	土
初四	29	四	甲戌	火	28	六	甲辰	火	30	一	甲戌	火	28	二	癸卯	金	27	三	壬申	金	26	五	壬寅	金	25	六	辛未	土
初五	30	五	乙亥	火	3月	日	乙巳	火	31	二	乙亥	火	29	三	甲辰	火	28	四	癸酉	金	27	六	癸卯	金	26	日	壬申	金
初六	31	六	丙子	水	2	一	丙午	水	4月	三	丙子	水	30	四	乙巳	火	29	五	甲戌	火	28	日	甲辰	火	27	一	癸酉	金
初七	2月	日	丁丑	水	3	二	丁未	水	2	四	丁丑	水	5月	五	丙午	水	30	六	乙亥	火	29	一	乙巳	火	28	二	甲戌	火
初八	2	一	戊寅	土	4	三	戊申	土	3	五	戊寅	土	2	六	丁未	水	31	日	丙子	水	30	二	丙午	水	29	三	乙亥	火
初九	3	二	己卯	土	5	四	己酉	土	4	六	己卯	土	3	日	戊申	土	6月	一	丁丑	水	7月	三	丁未	水	30	四	丙子	水
初十	4	三	庚辰	金	6	五	庚戌	金	5	日	庚辰	金	4	一	己酉	土	2	二	戊寅	土	2	四	戊申	土	31	五	丁丑	水
十一	5	四	辛巳	金	7	六	辛亥	金	6	一	辛巳	金	5	二	庚戌	金	3	三	己卯	土	3	五	己酉	土	8月	六	戊寅	土
十二	6	五	壬午	木	8	日	壬子	木	7	二	壬午	木	6	三	辛亥	金	4	四	庚辰	金	4	六	庚戌	金	2	日	己卯	土
十三	7	六	癸未	木	9	一	癸丑	木	8	三	癸未	木	7	四	壬子	木	5	五	辛巳	金	5	日	辛亥	金	3	一	庚辰	金
十四	8	日	甲申	水	10	二	甲寅	水	9	四	甲申	水	8	五	癸丑	木	6	六	壬午	木	6	一	壬子	木	4	二	辛巳	金
十五	9	一	乙酉	水	11	三	乙卯	水	10	五	乙酉	水	9	六	甲寅	水	7	日	癸未	木	7	二	癸丑	木	5	三	壬午	木
十六	10	二	丙戌	土	12	四	丙辰	土	11	六	丙戌	土	10	日	乙卯	水	8	一	甲申	水	8	三	甲寅	水	6	四	癸未	木
十七	11	三	丁亥	土	13	五	丁巳	土	12	日	丁亥	土	11	一	丙辰	土	9	二	乙酉	水	9	四	乙卯	水	7	五	甲申	水
十八	12	四	戊子	火	14	六	戊午	火	13	一	戊子	火	12	二	丁巳	土	10	三	丙戌	土	10	五	丙辰	土	8	六	乙酉	水
十九	13	五	己丑	火	15	日	己未	火	14	二	己丑	火	13	三	戊午	火	11	四	丁亥	土	11	六	丁巳	土	9	日	丙戌	土
二十	14	六	庚寅	木	16	一	庚申	木	15	三	庚寅	木	14	四	己未	火	12	五	戊子	火	12	日	戊午	火	10	一	丁亥	土
廿一	15	日	辛卯	木	17	二	辛酉	木	16	四	辛卯	木	15	五	庚申	木	13	六	己丑	火	13	一	己未	火	11	二	戊子	火
廿二	16	一	壬辰	水	18	三	壬戌	水	17	五	壬辰	水	16	六	辛酉	木	14	日	庚寅	木	14	二	庚申	木	12	三	己丑	火
廿三	17	二	癸巳	水	19	四	癸亥	水	18	六	癸巳	水	17	日	壬戌	水	15	一	辛卯	木	15	三	辛酉	木	13	四	庚寅	木
廿四	18	三	甲午	金	20	五	甲子	金	19	日	甲午	金	18	一	癸亥	水	16	二	壬辰	水	16	四	壬戌	水	14	五	辛卯	木
廿五	19	四	乙未	金	21	六	乙丑	金	20	一	乙未	金	19	二	甲子	金	17	三	癸巳	水	17	五	癸亥	水	15	六	壬辰	水
廿六	20	五	丙申	火	22	日	丙寅	火	21	二	丙申	火	20	三	乙丑	金	18	四	甲午	金	18	六	甲子	金	16	日	癸巳	水
廿七	21	六	丁酉	火	23	一	丁卯	火	22	三	丁酉	火	21	四	丙寅	火	19	五	乙未	金	19	日	乙丑	金	17	一	甲午	金
廿八	22	日	戊戌	木	24	二	戊辰	木	23	四	戊戌	木	22	五	丁卯	火	20	六	丙申	火	20	一	丙寅	火	18	二	乙未	金
廿九	23	一	己亥	木	25	三	己巳	木	24	五	己亥	木	23	六	戊辰	木	21	日	丁酉	火	21	二	丁卯	火	19	三	丙申	火
三十	24	二	庚子	土	26	四	庚午	土									22	一	戊戌	木								

公元二〇〇九年　（闰五月）　岁次:己丑　生肖:牛　太岁:潘信　纳音:霹雳火

月别	七月大	八月小	九月大	十月小	十一月大	十二月大
干支	壬申	癸酉	甲戌	乙亥	丙子	丁丑
九星	八白	七赤	六白	五黄	四绿	三碧

廿四节气

	节名	处暑	白露	秋分	寒露	霜降	立冬	小雪	大雪	冬至	小寒	大寒	立春
	农历	初四	十九	初五	二十	初六	廿一	初六	廿一	初七	廿一	初六	廿一
	时辰	辰时	戌时	卯时	午时	未时	未时	午时	辰时	丑时	戌时	午时	卯时
	公历	8月23日	9月7日	9月23日	10月8日	10月23日	11月7日	11月22日	12月7日	12月22日	1月5日	1月20日	2月4日
	时间	8时35分	20时51分	5时59分	12时15分	15时5分	15时0分	12时27分	7时5分	1时40分	19时0分	12时18分	6时52分

农历

农历	公历	星期	天地干支	五行	公历	星期	天地干支	五行	公历	星期	天地干支	五行	公历	星期	天地干支	五行	公历	星期	天地干支	五行	公历	星期	天地干支	五行
初一	20	四	丁酉	火	19	六	丁卯	火	18	日	丙申	火	17	二	丙寅	火	16	三	乙未	金	15	五	乙丑	金
初二	21	五	戊戌	木	20	日	戊辰	木	19	一	丁酉	火	18	三	丁卯	火	17	四	丙申	火	16	六	丙寅	火
初三	22	六	己亥	木	21	一	己巳	木	20	二	戊戌	木	19	四	戊辰	木	18	五	丁酉	火	17	日	丁卯	火
初四	23	日	庚子	土	22	二	庚午	土	21	三	己亥	木	20	五	己巳	木	19	六	戊戌	木	18	一	戊辰	木
初五	24	一	辛丑	土	23	三	辛未	土	22	四	庚子	土	21	六	庚午	土	20	日	己亥	木	19	二	己巳	木
初六	25	二	壬寅	金	24	四	壬申	金	23	五	辛丑	土	22	日	辛未	土	21	一	庚子	土	20	三	庚午	土
初七	26	三	癸卯	金	25	五	癸酉	金	24	六	壬寅	金	23	一	壬申	金	22	二	辛丑	土	21	四	辛未	土
初八	27	四	甲辰	火	26	六	甲戌	火	25	日	癸卯	金	24	二	癸酉	金	23	三	壬寅	金	22	五	壬申	金
初九	28	五	乙巳	火	27	日	乙亥	火	26	一	甲辰	火	25	三	甲戌	火	24	四	癸卯	金	23	六	癸酉	金
初十	29	六	丙午	水	28	一	丙子	水	27	二	乙巳	火	26	四	乙亥	火	25	五	甲辰	火	24	日	甲戌	火
十一	30	日	丁未	水	29	二	丁丑	水	28	三	丙午	水	27	五	丙子	水	26	六	乙巳	火	25	一	乙亥	火
十二	31	一	戊申	土	30	三	戊寅	土	29	四	丁未	水	28	六	丁丑	水	27	日	丙午	水	26	二	丙子	水
十三	9月	二	己酉	土	10月	四	己卯	土	30	五	戊申	土	29	日	戊寅	土	28	一	丁未	水	27	三	丁丑	水
十四	2	三	庚戌	金	2	五	庚辰	金	31	六	己酉	土	30	一	己卯	土	29	二	戊申	土	28	四	戊寅	土
十五	3	四	辛亥	金	3	六	辛巳	金	11月	日	庚戌	金	12月	二	庚辰	金	30	三	己酉	土	29	五	己卯	土
十六	4	五	壬子	木	4	日	壬午	木	2	一	辛亥	金	2	三	辛巳	金	31	四	庚戌	金	30	六	庚辰	金
十七	5	六	癸丑	木	5	一	癸未	木	3	二	壬子	木	3	四	壬午	木	1月	五	辛亥	金	31	日	辛巳	金
十八	6	日	甲寅	水	6	二	甲申	水	4	三	癸丑	木	4	五	癸未	木	2	六	壬子	木	2月	一	壬午	木
十九	7	一	乙卯	水	7	三	乙酉	水	5	四	甲寅	水	5	六	甲申	水	3	日	癸丑	木	2	二	癸未	木
二十	8	二	丙辰	土	8	四	丙戌	土	6	五	乙卯	水	6	日	乙酉	水	4	一	甲寅	水	3	三	甲申	水
廿一	9	三	丁巳	土	9	五	丁亥	土	7	六	丙辰	土	7	一	丙戌	土	5	二	乙卯	水	4	四	乙酉	水
廿二	10	四	戊午	火	10	六	戊子	火	8	日	丁巳	土	8	二	丁亥	土	6	三	丙辰	土	5	五	丙戌	土
廿三	11	五	己未	火	11	日	己丑	火	9	一	戊午	火	9	三	戊子	火	7	四	丁巳	土	6	六	丁亥	土
廿四	12	六	庚申	木	12	一	庚寅	木	10	二	己未	火	10	四	己丑	火	8	五	戊午	火	7	日	戊子	火
廿五	13	日	辛酉	木	13	二	辛卯	木	11	三	庚申	木	11	五	庚寅	木	9	六	己未	火	8	一	己丑	火
廿六	14	一	壬戌	水	14	三	壬辰	水	12	四	辛酉	木	12	六	辛卯	木	10	日	庚申	木	9	二	庚寅	木
廿七	15	二	癸亥	水	15	四	癸巳	水	13	五	壬戌	水	13	日	壬辰	水	11	一	辛酉	木	10	三	辛卯	木
廿八	16	三	甲子	金	16	五	甲午	金	14	六	癸亥	水	14	一	癸巳	水	12	二	壬戌	水	11	四	壬辰	水
廿九	17	四	乙丑	金	17	六	乙未	金	15	日	甲子	金	15	二	甲午	金	13	三	癸亥	水	12	五	癸巳	水
三十	18	五	丙寅	火					16	一	乙丑	金					14	四	甲子	金	13	六	甲午	金

公元二○一○年　岁次:庚寅　生肖:虎　太岁:邬桓　纳音:松柏木

月别	正月大				二月小				三月大				四月小				五月大				六月小			
干支	戊寅				己卯				庚辰				辛巳				壬午				癸未				
九星	二黑				一白				九紫				八白				七赤				六白				

廿四节气

节名	雨水	惊蛰	春分	清明	谷雨	立夏	小满	芒种	夏至	小暑	大暑	立秋
农历	初六	廿一	初六	廿一	初七	廿二	初八	廿四	初十	廿六	十二	廿七
时辰	丑时	子时	丑时	卯时	午时	亥时	午时	丑时	戌时	未时	卯时	亥时
公历	2月19日	3月6日	3月21日	4月5日	4月20日	5月5日	5月21日	6月6日	6月21日	7月7日	7月23日	8月7日
时间	2时19分	0时52分	1时48分	5时55分	13时7分	23时29分	12时29分	3时51分	20时35分	14时14分	7时28分	23时57分

农历	公历	星期	天地干支	五行	公历	星期	天地干支	五行	公历	星期	天地干支	五行	公历	星期	天地干支	五行	公历	星期	天地干支	五行	公历	星期	天地干支	五行
初一	14	日	乙未	金	16	二	乙丑	金	14	三	甲午	金	14	五	甲子	金	12	六	癸巳	水	12	一	癸亥	水
初二	15	一	丙申	火	17	三	丙寅	火	15	四	乙未	金	15	六	乙丑	金	13	日	甲午	金	13	二	甲子	金
初三	16	二	丁酉	火	18	四	丁卯	火	16	五	丙申	火	16	日	丙寅	火	14	一	乙未	金	14	三	乙丑	金
初四	17	三	戊戌	木	19	五	戊辰	木	17	六	丁酉	火	17	一	丁卯	火	15	二	丙申	火	15	四	丙寅	火
初五	18	四	己亥	木	20	六	己巳	木	18	日	戊戌	木	18	二	戊辰	木	16	三	丁酉	火	16	五	丁卯	火
初六	19	五	庚子	土	21	日	庚午	土	19	一	己亥	木	19	三	己巳	木	17	四	戊戌	木	17	六	戊辰	木
初七	20	六	辛丑	土	22	一	辛未	土	20	二	庚子	土	20	四	庚午	土	18	五	己亥	木	18	日	己巳	木
初八	21	日	壬寅	金	23	二	壬申	金	21	三	辛丑	土	21	五	辛未	土	19	六	庚子	土	19	一	庚午	土
初九	22	一	癸卯	金	24	三	癸酉	金	22	四	壬寅	金	22	六	壬申	金	20	日	辛丑	土	20	二	辛未	土
初十	23	二	甲辰	火	25	四	甲戌	火	23	五	癸卯	金	23	日	癸酉	金	21	一	壬寅	金	21	三	壬申	金
十一	24	三	乙巳	火	26	五	乙亥	火	24	六	甲辰	火	24	一	甲戌	火	22	二	癸卯	金	22	四	癸酉	金
十二	25	四	丙午	水	27	六	丙子	水	25	日	乙巳	火	25	二	乙亥	火	23	三	甲辰	火	23	五	甲戌	火
十三	26	五	丁未	水	28	日	丁丑	水	26	一	丙午	水	26	三	丙子	水	24	四	乙巳	火	24	六	乙亥	火
十四	27	六	戊申	土	29	一	戊寅	土	27	二	丁未	水	27	四	丁丑	水	25	五	丙午	水	25	日	丙子	水
十五	28	日	己酉	土	30	二	己卯	土	28	三	戊申	土	28	五	戊寅	土	26	六	丁未	水	26	一	丁丑	水
十六	3月	一	庚戌	金	31	三	庚辰	金	29	四	己酉	土	29	六	己卯	土	27	日	戊申	土	27	二	戊寅	土
十七	2	二	辛亥	金	4月	四	辛巳	金	30	五	庚戌	金	30	日	庚辰	金	28	一	己酉	土	28	三	己卯	土
十八	3	三	壬子	木	2	五	壬午	木	5月	六	辛亥	金	31	一	辛巳	金	29	二	庚戌	金	29	四	庚辰	金
十九	4	四	癸丑	木	3	六	癸未	木	2	日	壬子	木	6月	二	壬午	木	30	三	辛亥	金	30	五	辛巳	金
二十	5	五	甲寅	水	4	日	甲申	水	3	一	癸丑	木	2	三	癸未	木	7月	四	壬子	木	31	六	壬午	木
廿一	6	六	乙卯	水	5	一	乙酉	水	4	二	甲寅	水	3	四	甲申	水	2	五	癸丑	木	8月	日	癸未	木
廿二	7	日	丙辰	土	6	二	丙戌	土	5	三	乙卯	水	4	五	乙酉	水	3	六	甲寅	水	2	一	甲申	水
廿三	8	一	丁巳	土	7	三	丁亥	土	6	四	丙辰	土	5	六	丙戌	土	4	日	乙卯	水	3	二	乙酉	水
廿四	9	二	戊午	火	8	四	戊子	火	7	五	丁巳	土	6	日	丁亥	土	5	一	丙辰	土	4	三	丙戌	土
廿五	10	三	己未	火	9	五	己丑	火	8	六	戊午	火	7	一	戊子	火	6	二	丁巳	土	5	四	丁亥	土
廿六	11	四	庚申	木	10	六	庚寅	木	9	日	己未	火	8	二	己丑	火	7	三	戊午	火	6	五	戊子	火
廿七	12	五	辛酉	木	11	日	辛卯	木	10	一	庚申	木	9	三	庚寅	木	8	四	己未	火	7	六	己丑	火
廿八	13	六	壬戌	水	12	一	壬辰	水	11	二	辛酉	木	10	四	辛卯	木	9	五	庚申	木	8	日	庚寅	木
廿九	14	日	癸亥	水	13	二	癸巳	水	12	三	壬戌	水	11	五	壬辰	水	10	六	辛酉	木	9	一	辛卯	木
三十	15	一	甲子	金					13	四	癸亥	水					11	日	壬戌	水				

公元二〇一〇年　岁次:庚寅　生肖:虎　太岁:邬桓　纳音:松柏木

月别	七月小		八月大		九月小		十月大		十一月小		十二月大	
干支	甲申		乙酉		丙戌		丁亥		戊子		己丑	
九星	五黄		四绿		三碧		二黑		一白		九紫	

廿四节气

节名	处暑		白露	秋分	寒露	霜降	立冬	小雪	大雪	冬至	小寒	大寒
农历	十四		初一	十六	初一	十六	初二	十七	初二	十七	初三	十七
时辰	未时		丑时	午时	酉时	戌时	戌时	酉时	未时	辰时	子时	酉时
公历	8月23日		9月8日	9月23日	10月8日	10月23日	11月7日	11月22日	12月7日	12月22日	1月6日	1月20日
时间	14时24分		2时41分	11时48分	18时5分	20时54分	21时1分	18时16分	13时41分	7时29分	0时50分	18时7分

农历	公历	星期	天地干支	五行	公历	星期	天地干支	五行	公历	星期	天地干支	五行	公历	星期	天地干支	五行	公历	星期	天地干支	五行	公历	星期	天地干支	五行
初一	10	二	壬辰	水	8	三	辛酉	木	8	五	辛卯	木	6	六	庚申	木	6	一	庚寅	木	4	二	己未	火
初二	11	三	癸巳	水	9	四	壬戌	水	9	六	壬辰	水	7	日	辛酉	木	7	二	辛卯	木	5	三	庚申	木
初三	12	四	甲午	金	10	五	癸亥	水	10	日	癸巳	水	8	一	壬戌	水	8	三	壬辰	水	6	四	辛酉	木
初四	13	五	乙未	金	11	六	甲子	金	11	一	甲午	金	9	二	癸亥	水	9	四	癸巳	水	7	五	壬戌	水
初五	14	六	丙申	火	12	日	乙丑	金	12	二	乙未	金	10	三	甲子	金	10	五	甲午	金	8	六	癸亥	水
初六	15	日	丁酉	火	13	一	丙寅	火	13	三	丙申	火	11	四	乙丑	金	11	六	乙未	金	9	日	甲子	金
初七	16	一	戊戌	木	14	二	丁卯	火	14	四	丁酉	火	12	五	丙寅	火	12	日	丙申	火	10	一	乙丑	金
初八	17	二	己亥	木	15	三	戊辰	木	15	五	戊戌	木	13	六	丁卯	火	13	一	丁酉	火	11	二	丙寅	火
初九	18	三	庚子	土	16	四	己巳	木	16	六	己亥	木	14	日	戊辰	木	14	二	戊戌	木	12	三	丁卯	火
初十	19	四	辛丑	土	17	五	庚午	土	17	日	庚子	土	15	一	己巳	木	15	三	己亥	木	13	四	戊辰	木
十一	20	五	壬寅	金	18	六	辛未	土	18	一	辛丑	土	16	二	庚午	土	16	四	庚子	土	14	五	己巳	木
十二	21	六	癸卯	金	19	日	壬申	金	19	二	壬寅	金	17	三	辛未	土	17	五	辛丑	土	15	六	庚午	土
十三	22	日	甲辰	火	20	一	癸酉	金	20	三	癸卯	金	18	四	壬申	金	18	六	壬寅	金	16	日	辛未	土
十四	23	一	乙巳	火	21	二	甲戌	火	21	四	甲辰	火	19	五	癸酉	金	19	日	癸卯	金	17	一	壬申	金
十五	24	二	丙午	水	22	三	乙亥	火	22	五	乙巳	火	20	六	甲戌	火	20	一	甲辰	火	18	二	癸酉	金
十六	25	三	丁未	水	23	四	丙子	水	23	六	丙午	水	21	日	乙亥	火	21	二	乙巳	火	19	三	甲戌	火
十七	26	四	戊申	土	24	五	丁丑	水	24	日	丁未	水	22	一	丙子	水	22	三	丙午	水	20	四	乙亥	火
十八	27	五	己酉	土	25	六	戊寅	土	25	一	戊申	土	23	二	丁丑	水	23	四	丁未	水	21	五	丙子	水
十九	28	六	庚戌	金	26	日	己卯	土	26	二	己酉	土	24	三	戊寅	土	24	五	戊申	土	22	六	丁丑	水
二十	29	日	辛亥	金	27	一	庚辰	金	27	三	庚戌	金	25	四	己卯	土	25	六	己酉	土	23	日	戊寅	土
廿一	30	一	壬子	木	28	二	辛巳	金	28	四	辛亥	金	26	五	庚辰	金	26	日	庚戌	金	24	一	己卯	土
廿二	31	二	癸丑	木	29	三	壬午	木	29	五	壬子	木	27	六	辛巳	金	27	一	辛亥	金	25	二	庚辰	金
廿三	9月	三	甲寅	水	30	四	癸未	木	30	六	癸丑	木	28	日	壬午	木	28	二	壬子	木	26	三	辛巳	金
廿四	2	四	乙卯	水	10月	五	甲申	水	31	日	甲寅	水	29	一	癸未	木	29	三	癸丑	木	27	四	壬午	木
廿五	3	五	丙辰	土	2	六	乙酉	水	11月	一	乙卯	水	30	二	甲申	水	30	四	甲寅	水	28	五	癸未	木
廿六	4	六	丁巳	土	3	日	丙戌	土	2	二	丙辰	土	12月	三	乙酉	水	31	五	乙卯	水	29	六	甲申	水
廿七	5	日	戊午	火	4	一	丁亥	土	3	三	丁巳	土	2	四	丙戌	土	1月	六	丙辰	土	30	日	乙酉	水
廿八	6	一	己未	火	5	二	戊子	火	4	四	戊午	火	3	五	丁亥	土	2	日	丁巳	土	31	一	丙戌	土
廿九	7	二	庚申	木	6	三	己丑	火	5	五	己未	火	4	六	戊子	火	3	一	戊午	火	2月	二	丁亥	土
三十					7	四	庚寅	木					5	日	己丑	火					2	三	戊子	火

公元二〇一一年　岁次:辛卯　生肖:兔　太岁:范宁　纳音:松柏木

月别	正月大				二月小				三月大				四月大				五月小				六月大			
干支	庚寅				辛卯				壬辰				癸巳				甲午				乙未			
九星	八白				七赤				六白				五黄				四绿				三碧			

廿四节气

	立春	雨水	惊蛰	春分	清明	谷雨	立夏	小满	芒种	夏至	小暑	大暑
节名	立春	雨水	惊蛰	春分	清明	谷雨	立夏	小满	芒种	夏至	小暑	大暑
农历	初二	十七	初二	十七	初三	十八	初四	十九	初五	廿一	初七	廿三
时辰	午时	辰时	卯时	辰时	午时	酉时	寅时	酉时	辰时	丑时	酉时	午时
公历	2月4日	2月19日	3月6日	3月21日	4月5日	4月20日	5月6日	5月21日	6月6日	6月22日	7月7日	7月23日
时间	12时32分	8时24分	6时43分	7时37分	11时46分	18时56分	5时20分	18时18分	9时43分	2时24分	20时6分	13时17分

农历

农历	公历	星期	天地干支	五行	公历	星期	天地干支	五行	公历	星期	天地干支	五行	公历	星期	天地干支	五行	公历	星期	天地干支	五行	公历	星期	天地干支	五行
初一	3	四	己丑	火	5	六	己未	火	3	日	戊子	火	3	二	戊午	火	2	四	戊子	火	7月	五	丁巳	土
初二	4	五	庚寅	木	6	日	庚申	木	4	一	己丑	火	4	三	己未	火	3	五	己丑	火	2	六	戊午	火
初三	5	六	辛卯	木	7	一	辛酉	木	5	二	庚寅	木	5	四	庚申	木	4	六	庚寅	木	3	日	己未	火
初四	6	日	壬辰	水	8	二	壬戌	水	6	三	辛卯	木	6	五	辛酉	木	5	日	辛卯	木	4	一	庚申	木
初五	7	一	癸巳	水	9	三	癸亥	水	7	四	壬辰	水	7	六	壬戌	水	6	一	壬辰	水	5	二	辛酉	木
初六	8	二	甲午	金	10	四	甲子	金	8	五	癸巳	水	8	日	癸亥	水	7	二	癸巳	水	6	三	壬戌	水
初七	9	三	乙未	金	11	五	乙丑	金	9	六	甲午	金	9	一	甲子	金	8	三	甲午	金	7	四	癸亥	水
初八	10	四	丙申	火	12	六	丙寅	火	10	日	乙未	金	10	二	乙丑	金	9	四	乙未	金	8	五	甲子	金
初九	11	五	丁酉	火	13	日	丁卯	火	11	一	丙申	火	11	三	丙寅	火	10	五	丙申	火	9	六	乙丑	金
初十	12	六	戊戌	木	14	一	戊辰	木	12	二	丁酉	火	12	四	丁卯	火	11	六	丁酉	火	10	日	丙寅	火
十一	13	日	己亥	木	15	二	己巳	木	13	三	戊戌	木	13	五	戊辰	木	12	日	戊戌	木	11	一	丁卯	火
十二	14	一	庚子	土	16	三	庚午	土	14	四	己亥	木	14	六	己巳	木	13	一	己亥	木	12	二	戊辰	木
十三	15	二	辛丑	土	17	四	辛未	土	15	五	庚子	土	15	日	庚午	土	14	二	庚子	土	13	三	己巳	木
十四	16	三	壬寅	金	18	五	壬申	金	16	六	辛丑	土	16	一	辛未	土	15	三	辛丑	土	14	四	庚午	土
十五	17	四	癸卯	金	19	六	癸酉	金	17	日	壬寅	金	17	二	壬申	金	16	四	壬寅	金	15	五	辛未	土
十六	18	五	甲辰	火	20	日	甲戌	火	18	一	癸卯	金	18	三	癸酉	金	17	五	癸卯	金	16	六	壬申	金
十七	19	六	乙巳	火	21	一	乙亥	火	19	二	甲辰	火	19	四	甲戌	火	18	六	甲辰	火	17	日	癸酉	金
十八	20	日	丙午	水	22	二	丙子	水	20	三	乙巳	火	20	五	乙亥	火	19	日	乙巳	火	18	一	甲戌	火
十九	21	一	丁未	水	23	三	丁丑	水	21	四	丙午	水	21	六	丙子	水	20	一	丙午	水	19	二	乙亥	火
二十	22	二	戊申	土	24	四	戊寅	土	22	五	丁未	水	22	日	丁丑	水	21	二	丁未	水	20	三	丙子	水
廿一	23	三	己酉	土	25	五	己卯	土	23	六	戊申	土	23	一	戊寅	土	22	三	戊申	土	21	四	丁丑	水
廿二	24	四	庚戌	金	26	六	庚辰	金	24	日	己酉	土	24	二	己卯	土	23	四	己酉	土	22	五	戊寅	土
廿三	25	五	辛亥	金	27	日	辛巳	金	25	一	庚戌	金	25	三	庚辰	金	24	五	庚戌	金	23	六	己卯	土
廿四	26	六	壬子	木	28	一	壬午	木	26	二	辛亥	金	26	四	辛巳	金	25	六	辛亥	金	24	日	庚辰	金
廿五	27	日	癸丑	木	29	二	癸未	木	27	三	壬子	木	27	五	壬午	木	26	日	壬子	木	25	一	辛巳	金
廿六	28	一	甲寅	水	30	三	甲申	水	28	四	癸丑	木	28	六	癸未	木	27	一	癸丑	木	26	二	壬午	木
廿七	3月	二	乙卯	水	31	四	乙酉	水	29	五	甲寅	水	29	日	甲申	水	28	二	甲寅	水	27	三	癸未	木
廿八	2	三	丙辰	土	4月	五	丙戌	土	30	六	乙卯	水	30	一	乙酉	水	29	三	乙卯	水	28	四	甲申	水
廿九	3	四	丁巳	土	2	六	丁亥	土	5月	日	丙辰	土	31	二	丙戌	土	30	四	丙辰	土	29	五	乙酉	水
三十	4	五	戊午	火					2	一	丁巳	土	6月	三	丁亥	土					30	六	丙戌	土

— 290 —

公元二〇一一年　　岁次:辛卯　　生肖:兔　　太岁:范宁　　纳音:松柏木

月别	七月小				八月小				九月大				十月小				十一月大				十二月小			
干支	丙申				丁酉				戊戌				己亥				庚子				辛丑			
九星	二黑				一白				九紫				八白				七赤				六白			

廿四节气

节名	立秋	处暑	白露	秋分	寒露	霜降	立冬	小雪	大雪	冬至	小寒	大寒
农历	初九	廿四	十一	廿六	十二	廿八	十三	廿八	十三	廿八	十三	廿八
时辰	寅时	戌时	辰时	酉时	子时	丑时	丑时	子时	戌时	未时	卯时	子时
公历	8月8日	8月23日	9月8日	9月23日	10月8日	10月24日	11月8日	11月23日	12月7日	12月22日	1月6日	1月21日
时间	5时49分	20时13分	8时33分	17时37分	23时57分	2时43分	2时52分	0时5分	19时32分	13时18分	6时41分	23时56分

农历	公历	星期	天地干支	五行	公历	星期	天地干支	五行	公历	星期	天地干支	五行	公历	星期	天地干支	五行	公历	星期	天地干支	五行	公历	星期	天地干支	五行
初一	31	日	丁亥	土	29	一	丙辰	土	27	二	乙酉	水	27	四	乙卯	水	25	五	甲申	水	25	日	甲寅	水
初二	8月	一	戊子	火	30	二	丁巳	土	28	三	丙戌	土	28	五	丙辰	土	26	六	乙酉	水	26	一	乙卯	水
初三	2	二	己丑	火	31	三	戊午	火	29	四	丁亥	土	29	六	丁巳	土	27	日	丙戌	土	27	二	丙辰	土
初四	3	三	庚寅	木	9月	四	己未	火	30	五	戊子	火	30	日	戊午	火	28	一	丁亥	土	28	三	丁巳	土
初五	4	四	辛卯	木	2	五	庚申	木	10月	六	己丑	火	31	一	己未	火	29	二	戊子	火	29	四	戊午	火
初六	5	五	壬辰	水	3	六	辛酉	木	2	日	庚寅	木	11月	二	庚申	木	30	三	己丑	火	30	五	己未	火
初七	6	六	癸巳	水	4	日	壬戌	水	3	一	辛卯	木	2	三	辛酉	木	12月	四	庚寅	木	31	六	庚申	木
初八	7	日	甲午	金	5	一	癸亥	水	4	二	壬辰	水	3	四	壬戌	水	2	五	辛卯	木	1月	日	辛酉	木
初九	8	一	乙未	金	6	二	甲子	金	5	三	癸巳	水	4	五	癸亥	水	3	六	壬辰	水	2	一	壬戌	水
初十	9	二	丙申	火	7	三	乙丑	金	6	四	甲午	金	5	六	甲子	金	4	日	癸巳	水	3	二	癸亥	水
十一	10	三	丁酉	火	8	四	丙寅	火	7	五	乙未	金	6	日	乙丑	金	5	一	甲午	金	4	三	甲子	金
十二	11	四	戊戌	木	9	五	丁卯	火	8	六	丙申	火	7	一	丙寅	火	6	二	乙未	金	5	四	乙丑	金
十三	12	五	己亥	木	10	六	戊辰	木	9	日	丁酉	火	8	二	丁卯	火	7	三	丙申	火	6	五	丙寅	火
十四	13	六	庚子	土	11	日	己巳	木	10	一	戊戌	木	9	三	戊辰	木	8	四	丁酉	火	7	六	丁卯	火
十五	14	日	辛丑	土	12	一	庚午	土	11	二	己亥	木	10	四	己巳	木	9	五	戊戌	木	8	日	戊辰	木
十六	15	一	壬寅	金	13	二	辛未	土	12	三	庚子	土	11	五	庚午	土	10	六	己亥	木	9	一	己巳	木
十七	16	二	癸卯	金	14	三	壬申	金	13	四	辛丑	土	12	六	辛未	土	11	日	庚子	土	10	二	庚午	土
十八	17	三	甲辰	火	15	四	癸酉	金	14	五	壬寅	金	13	日	壬申	金	12	一	辛丑	土	11	三	辛未	土
十九	18	四	乙巳	火	16	五	甲戌	火	15	六	癸卯	金	14	一	癸酉	金	13	二	壬寅	金	12	四	壬申	金
二十	19	五	丙午	水	17	六	乙亥	火	16	日	甲辰	火	15	二	甲戌	火	14	三	癸卯	金	13	五	癸酉	金
廿一	20	六	丁未	水	18	日	丙子	水	17	一	乙巳	火	16	三	乙亥	火	15	四	甲辰	火	14	六	甲戌	火
廿二	21	日	戊申	土	19	一	丁丑	水	18	二	丙午	水	17	四	丙子	水	16	五	乙巳	火	15	日	乙亥	火
廿三	22	一	己酉	土	20	二	戊寅	土	19	三	丁未	水	18	五	丁丑	水	17	六	丙午	水	16	一	丙子	水
廿四	23	二	庚戌	金	21	三	己卯	土	20	四	戊申	土	19	六	戊寅	土	18	日	丁未	水	17	二	丁丑	水
廿五	24	三	辛亥	金	22	四	庚辰	金	21	五	己酉	土	20	日	己卯	土	19	一	戊申	土	18	三	戊寅	土
廿六	25	四	壬子	木	23	五	辛巳	金	22	六	庚戌	金	21	一	庚辰	金	20	二	己酉	土	19	四	己卯	土
廿七	26	五	癸丑	木	24	六	壬午	木	23	日	辛亥	金	22	二	辛巳	金	21	三	庚戌	金	20	五	庚辰	金
廿八	27	六	甲寅	水	25	日	癸未	木	24	一	壬子	木	23	三	壬午	木	22	四	辛亥	金	21	六	辛巳	金
廿九	28	日	乙卯	水	26	一	甲申	水	25	二	癸丑	木	24	四	癸未	木	23	五	壬子	木	22	日	壬午	木
三十									26	三	甲寅	水					24	六	癸丑	木				

公元二○一二年　（闰四月）　岁次:壬辰　生肖:龙　太岁:彭泰　纳音:长流水

月别	正月大	二月小	三月大	四月大	闰四月小	五月大	六月小
干支	壬寅	癸卯	甲辰	乙巳	乙巳	丙午	丁未
九星	五黄	四绿	三碧	二黑	二黑	一白	九紫

廿四节气

节名	立春	雨水	惊蛰	春分	清明	谷雨	立夏	小满	芒种	夏至	小暑	大暑	立秋
农历	十三	廿八	十三	廿八	十四	三十	十五	三十	十六	初三	十九	初四	二十
时辰	酉时	未时	午时	未时	酉时	子时	巳时	子时	未时	辰时	子时	酉时	巳时
公历	2月4日	2月19日	3月5日	3月20日	4月4日	4月20日	5月5日	5月20日	6月5日	6月21日	7月7日	7月22日	8月7日
时间	18时40分	14时25分	12时28分	13时20分	17时16分	0时25分	10时40分	23时40分	14时50分	7时45分	1时21分	18时51分	11时26分

农历	公历	星期	天地干支	五行	公历	星期	天地干支	五行	公历	星期	天地干支	五行	公历	星期	天地干支	五行	公历	星期	天地干支	五行	公历	星期	天地干支	五行	公历	星期	天地干支	五行
初一	23	一	癸未	木	22	三	癸丑	木	22	四	壬午	木	21	六	壬子	木	21	一	壬午	木	19	二	辛亥	金	19	四	辛巳	金
初二	24	二	甲申	水	23	四	甲寅	水	23	五	癸未	木	22	日	癸丑	木	22	二	癸未	木	20	三	壬子	木	20	五	壬午	木
初三	25	三	乙酉	水	24	五	乙卯	水	24	六	甲申	水	23	一	甲寅	水	23	三	甲申	水	21	四	癸丑	木	21	六	癸未	木
初四	26	四	丙戌	土	25	六	丙辰	土	25	日	乙酉	水	24	二	乙卯	水	24	四	乙酉	水	22	五	甲寅	水	22	日	甲申	水
初五	27	五	丁亥	土	26	日	丁巳	土	26	一	丙戌	土	25	三	丙辰	土	25	五	丙戌	土	23	六	乙卯	水	23	一	乙酉	水
初六	28	六	戊子	火	27	一	戊午	火	27	二	丁亥	土	26	四	丁巳	土	26	六	丁亥	土	24	日	丙辰	土	24	二	丙戌	土
初七	29	日	己丑	火	28	二	己未	火	28	三	戊子	火	27	五	戊午	火	27	日	戊子	火	25	一	丁巳	土	25	三	丁亥	土
初八	30	一	庚寅	木	29	三	庚申	木	29	四	己丑	火	28	六	己未	火	28	一	己丑	火	26	二	戊午	火	26	四	戊子	火
初九	31	二	辛卯	木	3月2	四	辛酉	木	30	五	庚寅	木	29	日	庚申	木	29	二	庚寅	木	27	三	己未	火	27	五	己丑	火
初十	2月	三	壬辰	水	2	五	壬戌	水	31	六	辛卯	木	30	一	辛酉	木	30	三	辛卯	木	28	四	庚申	木	28	六	庚寅	木
十一	2	四	癸巳	水	3	六	癸亥	水	4月	日	壬辰	水	5月	二	壬戌	水	31	四	壬辰	水	29	五	辛酉	木	29	日	辛卯	木
十二	3	五	甲午	金	4	日	甲子	金	2	一	癸巳	水	2	三	癸亥	水	6月	五	癸巳	水	30	六	壬戌	水	30	一	壬辰	水
十三	4	六	乙未	金	5	一	乙丑	金	3	二	甲午	金	3	四	甲子	金	2	六	甲午	金	7月	日	癸亥	水	31	二	癸巳	水
十四	5	日	丙申	火	6	二	丙寅	火	4	三	乙未	金	4	五	乙丑	金	3	日	乙未	金	2	一	甲子	金	8月	三	甲午	金
十五	6	一	丁酉	火	7	三	丁卯	火	5	四	丙申	火	5	六	丙寅	火	4	一	丙申	火	3	二	乙丑	金	2	四	乙未	金
十六	7	二	戊戌	木	8	四	戊辰	木	6	五	丁酉	火	6	日	丁卯	火	5	二	丁酉	火	4	三	丙寅	火	3	五	丙申	火
十七	8	三	己亥	木	9	五	己巳	木	7	六	戊戌	木	7	一	戊辰	木	6	三	戊戌	木	5	四	丁卯	火	4	六	丁酉	火
十八	9	四	庚子	土	10	六	庚午	土	8	日	己亥	木	8	二	己巳	木	7	四	己亥	木	6	五	戊辰	木	5	日	戊戌	木
十九	10	五	辛丑	土	11	日	辛未	土	9	一	庚子	土	9	三	庚午	土	8	五	庚子	土	7	六	己巳	土	6	一	己亥	木
二十	11	六	壬寅	金	12	一	壬申	金	10	二	辛丑	土	10	四	辛未	土	9	六	辛丑	土	8	日	庚午	土	7	二	庚子	土
廿一	12	日	癸卯	金	13	二	癸酉	金	11	三	壬寅	金	11	五	壬申	金	10	日	壬寅	金	9	一	辛未	土	8	三	辛丑	土
廿二	13	一	甲辰	火	14	三	甲戌	火	12	四	癸卯	金	12	六	癸酉	金	11	一	癸卯	金	10	二	壬申	金	9	四	壬寅	金
廿三	14	二	乙巳	火	15	四	乙亥	火	13	五	甲辰	火	13	日	甲戌	火	12	二	甲辰	火	11	三	癸酉	金	10	五	癸卯	金
廿四	15	三	丙午	水	16	五	丙子	水	14	六	乙巳	火	14	一	乙亥	火	13	三	乙巳	火	12	四	甲戌	火	11	六	甲辰	火
廿五	16	四	丁未	水	17	六	丁丑	水	15	日	丙午	水	15	二	丙子	水	14	四	丙午	水	13	五	乙亥	火	12	日	乙巳	火
廿六	17	五	戊申	土	18	日	戊寅	土	16	一	丁未	水	16	三	丁丑	水	15	五	丁未	水	14	六	丙子	水	13	一	丙午	水
廿七	18	六	己酉	土	19	一	己卯	土	17	二	戊申	土	17	四	戊寅	土	16	六	戊申	土	15	日	丁丑	水	14	二	丁未	水
廿八	19	日	庚戌	金	20	二	庚辰	金	18	三	己酉	土	18	五	己卯	土	17	日	己酉	土	16	一	戊寅	土	15	三	戊申	土
廿九	20	一	辛亥	金	21	三	辛巳	金	19	四	庚戌	金	19	六	庚辰	金	18	一	庚戌	金	17	二	己卯	土	16	四	己酉	土
三十	21	二	壬子	木					20	五	辛亥	金	20	日	辛巳	金					18	三	庚辰	金				

— 292 —

公元二〇一二年　（闰四月）　岁次:壬辰　生肖:龙　太岁:彭泰　纳音:长流水

月别	七月大			八月小			九月大			十月小			十一月大			十二月小		
干支	戊申			己酉			庚戌			辛亥			壬子			癸丑		
九星	八白			七赤			六白			五黄			四绿			三碧		

廿四节气

节名	处暑	白露	秋分	寒露	霜降	立冬	小雪	大雪	冬至	小寒	大寒	立春
农历	初七	廿二	初七	廿三	初九	廿四	初九	廿四	初九	廿四	初九	廿四
时辰	丑时	未时	亥时	卯时	辰时	辰时	卯时	丑时	戌时	午时	卯时	子时
公历	8月23日	9月7日	9月22日	10月8日	10月23日	11月7日	11月22日	12月7日	12月21日	1月5日	1月20日	2月4日
时间	1时7分	13时29分	22时49分	5时12分	8时14分	8时26分	5时50分	1时19分	19时12分	12时34分	5时52分	0时13分

农历	公历	星期	天地干支	五行	公历	星期	天地干支	五行	公历	星期	天地干支	五行	公历	星期	天地干支	五行	公历	星期	天地干支	五行	公历	星期	天地干支	五行
初一	17	五	庚戌	金	16	日	庚辰	金	15	一	己酉	土	14	三	己卯	土	13	四	戊申	土	12	六	戊寅	土
初二	18	六	辛亥	金	17	一	辛巳	金	16	二	庚戌	金	15	四	庚辰	金	14	五	己酉	土	13	日	己卯	土
初三	19	日	壬子	木	18	二	壬午	木	17	三	辛亥	金	16	五	辛巳	金	15	六	庚戌	金	14	一	庚辰	金
初四	20	一	癸丑	木	19	三	癸未	木	18	四	壬子	木	17	六	壬午	木	16	日	辛亥	金	15	二	辛巳	金
初五	21	二	甲寅	水	20	四	甲申	水	19	五	癸丑	木	18	日	癸未	木	17	一	壬子	木	16	三	壬午	木
初六	22	三	乙卯	水	21	五	乙酉	水	20	六	甲寅	水	19	一	甲申	水	18	二	癸丑	木	17	四	癸未	木
初七	23	四	丙辰	土	22	六	丙戌	土	21	日	乙卯	水	20	二	乙酉	水	19	三	甲寅	水	18	五	甲申	水
初八	24	五	丁巳	土	23	日	丁亥	土	22	一	丙辰	土	21	三	丙戌	土	20	四	乙卯	水	19	六	乙酉	水
初九	25	六	戊午	火	24	一	戊子	火	23	二	丁巳	土	22	四	丁亥	土	21	五	丙辰	土	20	日	丙戌	土
初十	26	日	己未	火	25	二	己丑	火	24	三	戊午	火	23	五	戊子	火	22	六	丁巳	土	21	一	丁亥	土
十一	27	一	庚申	木	26	三	庚寅	木	25	四	己未	火	24	六	己丑	火	23	日	戊午	火	22	二	戊子	火
十二	28	二	辛酉	木	27	四	辛卯	木	26	五	庚申	木	25	日	庚寅	木	24	一	己未	火	23	三	己丑	火
十三	29	三	壬戌	水	28	五	壬辰	水	27	六	辛酉	木	26	一	辛卯	木	25	二	庚申	木	24	四	庚寅	木
十四	30	四	癸亥	水	29	六	癸巳	水	28	日	壬戌	水	27	二	壬辰	水	26	三	辛酉	木	25	五	辛卯	木
十五	31	五	甲子	金	30	日	甲午	金	29	一	癸亥	水	28	三	癸巳	水	27	四	壬戌	水	26	六	壬辰	水
十六	9月	六	乙丑	金	10月	一	乙未	金	30	二	甲子	金	29	四	甲午	金	28	五	癸亥	水	27	日	癸巳	水
十七	2	日	丙寅	火	2	二	丙申	火	31	三	乙丑	金	30	五	乙未	金	29	六	甲子	金	28	一	甲午	金
十八	3	一	丁卯	火	3	三	丁酉	火	11月	四	丙寅	火	12月	六	丙申	火	30	日	乙丑	金	29	二	乙未	金
十九	4	二	戊辰	木	4	四	戊戌	木	2	五	丁卯	火	2	日	丁酉	火	31	一	丙寅	火	30	三	丙申	火
二十	5	三	己巳	木	5	五	己亥	木	3	六	戊辰	木	3	一	戊戌	木	1月	二	丁卯	火	31	四	丁酉	火
廿一	6	四	庚午	土	6	六	庚子	土	4	日	己巳	木	4	二	己亥	木	2	三	戊辰	木	2月	五	戊戌	木
廿二	7	五	辛未	土	7	日	辛丑	土	5	一	庚午	土	5	三	庚子	土	3	四	己巳	木	2	六	己亥	木
廿三	8	六	壬申	金	8	一	壬寅	金	6	二	辛未	土	6	四	辛丑	土	4	五	庚午	土	3	日	庚子	土
廿四	9	日	癸酉	金	9	二	癸卯	金	7	三	壬申	金	7	五	壬寅	金	5	六	辛未	土	4	一	辛丑	土
廿五	10	一	甲戌	火	10	三	甲辰	火	8	四	癸酉	金	8	六	癸卯	金	6	日	壬申	金	5	二	壬寅	金
廿六	11	二	乙亥	火	11	四	乙巳	火	9	五	甲戌	火	9	日	甲辰	火	7	一	癸酉	金	6	三	癸卯	金
廿七	12	三	丙子	水	12	五	丙午	水	10	六	乙亥	火	10	一	乙巳	火	8	二	甲戌	火	7	四	甲辰	火
廿八	13	四	丁丑	水	13	六	丁未	水	11	日	丙子	水	11	二	丙午	水	9	三	乙亥	火	8	五	乙巳	火
廿九	14	五	戊寅	土	14	日	戊申	土	12	一	丁丑	水	12	三	丁未	水	10	四	丙子	水	9	六	丙午	火
三十	15	六	己卯	土					13	二	戊寅	土					11	五	丁丑	水				

— 293 —

公元二〇一三年　　岁次:癸巳　　生肖:蛇　　太岁:涂舜　　纳音:长流水

月别	正月大	二月小	三月大	四月小	五月大	六月大
干支	甲寅	乙卯	丙辰	丁巳	戊午	己未
九星	二黑	一白	九紫	八白	七赤	六白

廿四节气

节名	雨水	惊蛰	春分	清明	谷雨	立夏	小满	芒种	夏至	小暑	大暑
农历	初九	廿四	初九	廿四	十一	廿六	十二	廿七	十四	三十	十五
时辰	戌时	酉时	戌时	子时	卯时	申时	卯时	戌时	未时	卯时	子时
公历	2月18日	3月5日	3月20日	4月4日	4月20日	5月5日	5月21日	6月5日	6月21日	7月7日	7月22日
时间	20时15分	18时19分	19时9分	23时5分	6时14分	16时28分	5时29分	20时44分	13时33分	7时9分	0时40分

农历	正月大 公历	星期	天地干支	五行	二月小 公历	星期	天地干支	五行	三月大 公历	星期	天地干支	五行	四月小 公历	星期	天地干支	五行	五月大 公历	星期	天地干支	五行	六月大 公历	星期	天地干支	五行
初一	10	日	丁未	水	12	二	丁丑	水	10	三	丙午	水	10	五	丙子	水	8	六	乙巳	火	8	一	乙亥	火
初二	11	一	戊申	土	13	三	戊寅	土	11	四	丁未	水	11	六	丁丑	水	9	日	丙午	水	9	二	丙子	水
初三	12	二	己酉	土	14	四	己卯	土	12	五	戊申	土	12	日	戊寅	土	10	一	丁未	水	10	三	丁丑	水
初四	13	三	庚戌	金	15	五	庚辰	金	13	六	己酉	土	13	一	己卯	土	11	二	戊申	土	11	四	戊寅	土
初五	14	四	辛亥	金	16	六	辛巳	金	14	日	庚戌	金	14	二	庚辰	金	12	三	己酉	土	12	五	己卯	土
初六	15	五	壬子	木	17	日	壬午	木	15	一	辛亥	金	15	三	辛巳	金	13	四	庚戌	金	13	六	庚辰	金
初七	16	六	癸丑	木	18	一	癸未	木	16	二	壬子	木	16	四	壬午	木	14	五	辛亥	金	14	日	辛巳	金
初八	17	日	甲寅	水	19	二	甲申	水	17	三	癸丑	木	17	五	癸未	木	15	六	壬子	木	15	一	壬午	木
初九	18	一	乙卯	水	20	三	乙酉	水	18	四	甲寅	水	18	六	甲申	水	16	日	癸丑	木	16	二	癸未	木
初十	19	二	丙辰	土	21	四	丙戌	土	19	五	乙卯	水	19	日	乙酉	水	17	一	甲寅	水	17	三	甲申	水
十一	20	三	丁巳	土	22	五	丁亥	土	20	六	丙辰	土	20	一	丙戌	土	18	二	乙卯	水	18	四	乙酉	水
十二	21	四	戊午	火	23	六	戊子	火	21	日	丁巳	土	21	二	丁亥	土	19	三	丙辰	土	19	五	丙戌	土
十三	22	五	己未	火	24	日	己丑	火	22	一	戊午	火	22	三	戊子	火	20	四	丁巳	土	20	六	丁亥	土
十四	23	六	庚申	木	25	一	庚寅	木	23	二	己未	火	23	四	己丑	火	21	五	戊午	火	21	日	戊子	火
十五	24	日	辛酉	木	26	二	辛卯	木	24	三	庚申	木	24	五	庚寅	木	22	六	己未	火	22	一	己丑	火
十六	25	一	壬戌	水	27	三	壬辰	水	25	四	辛酉	木	25	六	辛卯	木	23	日	庚申	木	23	二	庚寅	木
十七	26	二	癸亥	水	28	四	癸巳	水	26	五	壬戌	水	26	日	壬辰	水	24	一	辛酉	木	24	三	辛卯	木
十八	27	三	甲子	金	29	五	甲午	金	27	六	癸亥	水	27	一	癸巳	水	25	二	壬戌	水	25	四	壬辰	水
十九	28	四	乙丑	金	30	六	乙未	金	28	日	甲子	金	28	二	甲午	金	26	三	癸亥	水	26	五	癸巳	水
二十	3月	五	丙寅	火	31	日	丙申	火	29	一	乙丑	金	29	三	乙未	金	27	四	甲子	金	27	六	甲午	金
廿一	2	六	丁卯	火	4月	一	丁酉	火	30	二	丙寅	火	30	四	丙申	火	28	五	乙丑	金	28	日	乙未	金
廿二	3	日	戊辰	木	2	二	戊戌	木	5月	三	丁卯	火	31	五	丁酉	火	29	六	丙寅	火	29	一	丙申	火
廿三	4	一	己巳	木	3	三	己亥	木	2	四	戊辰	木	6月	六	戊戌	木	30	日	丁卯	火	30	二	丁酉	火
廿四	5	二	庚午	土	4	四	庚子	土	3	五	己巳	木	2	日	己亥	木	7月	一	戊辰	木	31	三	戊戌	木
廿五	6	三	辛未	土	5	五	辛丑	土	4	六	庚午	土	2	二	己巳	木	2	二	己巳	木	8月	四	己亥	木
廿六	7	四	壬申	金	6	六	壬寅	金	5	日	辛未	土	2	二	辛丑	土	3	三	庚午	土	2	五	庚子	土
廿七	8	五	癸酉	金	7	日	癸卯	金	6	一	壬申	金	3	三	壬寅	金	4	四	辛未	土	3	六	辛丑	土
廿八	9	六	甲戌	火	8	一	甲辰	火	7	二	癸酉	金	5	四	癸卯	金	5	五	壬申	金	4	日	壬寅	金
廿九	10	日	乙亥	火	9	二	乙巳	火	8	三	甲戌	火	7	五	甲辰	火	6	六	癸酉	金	5	一	癸卯	金
三十	11	一	丙子	水					9	四	乙亥	火					7	日	甲戌	火	6	二	甲辰	火

公元二〇一三年　岁次:癸巳　生肖:蛇　太岁:涂舜　纳音:长流水

月别	七月小				八月大				九月小				十月大				十一月小				十二月大			
干支	庚申				辛酉				壬戌				癸亥				甲子				乙丑			
九星	五黄				四绿				三碧				二黑				一白				九紫			

廿四节气

节名	立秋	处暑	白露	秋分	寒露	霜降	立冬	小雪	大雪	冬至	小寒	大寒
农历	初一	十七	初三	十九	初四	十九	初五	二十	初五	二十	初五	二十
时辰	申时	辰时	戌时	寅时	巳时	未时	未时	午时	辰时	丑时	酉时	午时
公历	8月7日	8月23日	9月7日	9月23日	10月8日	10月23日	11月7日	11月22日	12月7日	12月22日	1月5日	1月20日
时间	17时14分	8时5分	20时33分	6时22分	12时31分	15时41分	15时45分	13时8分	8时21分	2时8分	20时7分	12时15分

农历	公历	星期	天地干支	五行	公历	星期	天地干支	五行	公历	星期	天地干支	五行	公历	星期	天地干支	五行	公历	星期	天地干支	五行	公历	星期	天地干支	五行
初一	7	三	乙巳	火	5	四	甲戌	火	5	六	甲辰	火	3	日	癸酉	金	3	二	癸卯	金	1月	三	壬申	金
初二	8	四	丙午	水	6	五	乙亥	火	6	日	乙巳	火	4	一	甲戌	火	4	三	甲辰	火	2	四	癸酉	金
初三	9	五	丁未	水	7	六	丙子	水	7	一	丙午	水	5	二	乙亥	火	5	四	乙巳	火	3	五	甲戌	火
初四	10	六	戊申	土	8	日	丁丑	水	8	二	丁未	水	6	三	丙子	水	6	五	丙午	水	4	六	乙亥	火
初五	11	日	己酉	土	9	一	戊寅	土	9	三	戊申	土	7	四	丁丑	水	7	六	丁未	水	5	日	丙子	水
初六	12	一	庚戌	金	10	二	己卯	土	10	四	己酉	土	8	五	戊寅	土	8	日	戊申	土	6	一	丁丑	水
初七	13	二	辛亥	金	11	三	庚辰	金	11	五	庚戌	金	9	六	己卯	土	9	一	己酉	土	7	二	戊寅	土
初八	14	三	壬子	木	12	四	辛巳	金	12	六	辛亥	金	10	日	庚辰	金	10	二	庚戌	金	8	三	己卯	土
初九	15	四	癸丑	木	13	五	壬午	木	13	日	壬子	木	11	一	辛巳	金	11	三	辛亥	金	9	四	庚辰	金
初十	16	五	甲寅	水	14	六	癸未	木	14	一	癸丑	木	12	二	壬午	木	12	四	壬子	木	10	五	辛巳	金
十一	17	六	乙卯	水	15	日	甲申	水	15	二	甲寅	水	13	三	癸未	木	13	五	癸丑	木	11	六	壬午	木
十二	18	日	丙辰	土	16	一	乙酉	水	16	三	乙卯	水	14	四	甲申	水	14	六	甲寅	水	12	日	癸未	木
十三	19	一	丁巳	土	17	二	丙戌	土	17	四	丙辰	土	15	五	乙酉	水	15	日	乙卯	水	13	一	甲申	水
十四	20	二	戊午	火	18	三	丁亥	土	18	五	丁巳	土	16	六	丙戌	土	16	一	丙辰	土	14	二	乙酉	水
十五	21	三	己未	火	19	四	戊子	火	19	六	戊午	火	17	日	丁亥	土	17	二	丁巳	土	15	三	丙戌	土
十六	22	四	庚申	木	20	五	己丑	火	20	日	己未	火	18	一	戊子	火	18	三	戊午	火	16	四	丁亥	土
十七	23	五	辛酉	木	21	六	庚寅	木	21	一	庚申	木	19	二	己丑	火	19	四	己未	火	17	五	戊子	火
十八	24	六	壬戌	水	22	日	辛卯	木	22	二	辛酉	木	20	三	庚寅	木	20	五	庚申	木	18	六	己丑	火
十九	25	日	癸亥	水	23	一	壬辰	水	23	三	壬戌	水	21	四	辛卯	木	21	六	辛酉	木	19	日	庚寅	木
二十	26	一	甲子	金	24	二	癸巳	水	24	四	癸亥	水	22	五	壬辰	水	22	日	壬戌	水	20	一	辛卯	木
廿一	27	二	乙丑	金	25	三	甲午	金	25	五	甲子	金	23	六	癸巳	水	23	一	癸亥	水	21	二	壬辰	水
廿二	28	三	丙寅	火	26	四	乙未	金	26	六	乙丑	金	24	日	甲午	金	24	二	甲子	金	22	三	癸巳	水
廿三	29	四	丁卯	火	27	五	丙申	火	27	日	丙寅	火	25	一	乙未	金	25	三	乙丑	金	23	四	甲午	金
廿四	30	五	戊辰	木	28	六	丁酉	火	28	一	丁卯	火	26	二	丙申	火	26	四	丙寅	火	24	五	乙未	金
廿五	31	六	己巳	木	29	日	戊戌	木	29	二	戊辰	木	27	三	丁酉	火	27	五	丁卯	火	25	六	丙申	火
廿六	9月	日	庚午	土	30	一	己亥	木	30	三	己巳	木	28	四	戊戌	木	28	六	戊辰	木	26	日	丁酉	火
廿七	2	一	辛未	土	10月	二	庚子	土	31	四	庚午	土	29	五	己亥	木	29	日	己巳	木	27	一	戊戌	木
廿八	3	二	壬申	金	2	三	辛丑	土	11月	五	辛未	土	30	六	庚子	土	30	一	庚午	土	28	二	己亥	木
廿九	4	三	癸酉	金	3	四	壬寅	金	2	六	壬申	金	12月	日	辛丑	土	31	二	辛未	土	29	三	庚子	土
三十					4	五	癸卯	金					2	一	壬寅	金					30	四	辛丑	土

— 295 —

公元二〇一四年　（闰九月）　岁次:甲午　生肖:马　太岁:张词　纳音:砂中金

月别	正月小				二月大				三月小				四月大				五月小				六月大			
干支	丙寅				丁卯				戊辰				己巳				庚午				辛未				
九星	八白				七赤				六白				五黄				四绿				三碧				

廿四节气

	节名	立春	雨水	惊蛰	春分	清明	谷雨	立夏	小满	芒种	夏至	小暑	大暑
	农历	初五	二十	初六	廿一	初六	廿一	初七	廿三	初九	廿四	十一	廿七
	时辰	卯时	丑时	子时	子时	寅时	午时	亥时	巳时	丑时	酉时	午时	卯时
	公历	2月4日	2月19日	3月6日	3月21日	4月5日	4月20日	5月5日	5月21日	6月6日	6月21日	7月7日	7月23日
	时间	6时21分	2时4分	0时7分	0时57分	4时54分	12时12分	22时16分	12时17分	2时32分	19时21分	12时57分	6时27分

农历	公历	星期	天地干支	五行	公历	星期	天地干支	五行	公历	星期	天地干支	五行	公历	星期	天地干支	五行	公历	星期	天地干支	五行	公历	星期	天地干支	五行
初一	31	五	壬寅	金	3月	六	辛未	土	31	一	辛丑	土	29	二	庚午	土	29	四	庚子	土	27	五	己巳	木
初二	2月	六	癸卯	金	2	日	壬申	金	4月	二	壬寅	金	30	三	辛未	土	30	五	辛丑	土	28	六	庚午	土
初三	2	日	甲辰	火	3	一	癸酉	金	2	三	癸卯	金	5月	四	壬申	金	31	六	壬寅	金	29	日	辛未	土
初四	3	一	乙巳	火	4	二	甲戌	火	3	四	甲辰	火	2	五	癸酉	金	6月	日	癸卯	金	30	一	壬申	金
初五	4	二	丙午	水	5	三	乙亥	火	4	五	乙巳	火	3	六	甲戌	火	2	一	甲辰	火	7月	二	癸酉	金
初六	5	三	丁未	水	6	四	丙子	水	5	六	丙午	水	4	日	乙亥	火	3	二	乙巳	火	2	三	甲戌	火
初七	6	四	戊申	土	7	五	丁丑	水	6	日	丁未	水	5	一	丙子	水	4	三	丙午	水	3	四	乙亥	火
初八	7	五	己酉	土	8	六	戊寅	土	7	一	戊申	土	6	二	丁丑	水	5	四	丁未	水	4	五	丙子	水
初九	8	六	庚戌	金	9	日	己卯	土	8	二	己酉	土	7	三	戊寅	土	6	五	戊申	土	5	六	丁丑	水
初十	9	日	辛亥	金	10	一	庚辰	金	9	三	庚戌	金	8	四	己卯	土	7	六	己酉	土	6	日	戊寅	土
十一	10	一	壬子	木	11	二	辛巳	金	10	四	辛亥	金	9	五	庚辰	金	8	日	庚戌	金	7	一	己卯	土
十二	11	二	癸丑	木	12	三	壬午	木	11	五	壬子	木	10	六	辛巳	金	9	一	辛亥	金	8	二	庚辰	金
十三	12	三	甲寅	水	13	四	癸未	木	12	六	癸丑	木	11	日	壬午	木	10	二	壬子	木	9	三	辛巳	金
十四	13	四	乙卯	水	14	五	甲申	水	13	日	甲寅	水	12	一	癸未	木	11	三	癸丑	木	10	四	壬午	木
十五	14	五	丙辰	土	15	六	乙酉	水	14	一	乙卯	水	13	二	甲申	水	12	四	甲寅	水	11	五	癸未	木
十六	15	六	丁巳	土	16	日	丙戌	土	15	二	丙辰	土	14	三	乙酉	水	13	五	乙卯	水	12	六	甲申	水
十七	16	日	戊午	火	17	一	丁亥	土	16	三	丁巳	土	15	四	丙戌	土	14	六	丙辰	土	13	日	乙酉	水
十八	17	一	己未	火	18	二	戊子	火	17	四	戊午	火	16	五	丁亥	土	15	日	丁巳	土	14	一	丙戌	土
十九	18	二	庚申	木	19	三	己丑	火	18	五	己未	火	17	六	戊子	火	16	一	戊午	火	15	二	丁亥	土
二十	19	三	辛酉	木	20	四	庚寅	木	19	六	庚申	木	18	日	己丑	火	17	二	己未	火	16	三	戊子	火
廿一	20	四	壬戌	水	21	五	辛卯	木	20	日	辛酉	木	19	一	庚寅	木	18	三	庚申	木	17	四	己丑	火
廿二	21	五	癸亥	水	22	六	壬辰	水	21	一	壬戌	水	20	二	辛卯	木	19	四	辛酉	木	18	五	庚寅	木
廿三	22	六	甲子	金	23	日	癸巳	水	22	二	癸亥	水	21	三	壬辰	水	20	五	壬戌	水	19	六	辛卯	木
廿四	23	日	乙丑	金	24	一	甲午	金	23	三	甲子	金	22	四	癸巳	水	21	六	癸亥	水	20	日	壬辰	水
廿五	24	一	丙寅	火	25	二	乙未	金	24	四	乙丑	金	23	五	甲午	金	22	日	甲子	金	21	一	癸巳	水
廿六	25	二	丁卯	火	26	三	丙申	火	25	五	丙寅	火	24	六	乙未	金	23	一	乙丑	金	22	二	甲午	金
廿七	26	三	戊辰	木	27	四	丁酉	火	26	六	丁卯	火	25	日	丙申	火	24	二	丙寅	火	23	三	乙未	金
廿八	27	四	己巳	木	28	五	戊戌	木	27	日	戊辰	木	26	一	丁酉	火	25	三	丁卯	火	24	四	丙申	火
廿九	28	五	庚午	土	29	六	己亥	木	28	一	己巳	木	27	二	戊戌	木	26	四	戊辰	木	25	五	丁酉	火
三十					30	日	庚子	土					28	三	己亥	木					26	六	戊戌	木

公元二○一四年　（闰九月）　岁次:甲午　生肖:马　太岁:张词　纳音:砂中金

月别	七月小			八月大			九月大			闰九月小			十月大			十一月小			十二月大		
干支	壬申			癸酉			甲戌			甲戌			乙亥			丙子			丁丑			
九星	二黑			一白			九紫			九紫			八白			七赤			六白			

廿四节气

节名	立秋	处暑	白露	秋分	寒露	霜降	立冬	小雪	大雪	冬至	小寒	大寒	立春
农历	十二	廿八	十五	三十	十五	三十	十五	初一	十六	初一	十六	初一	十六
时辰	亥时	午时	丑时	巳时	申时	戌时	戌时	酉时	未时	辰时	子时	酉时	午时
公历	8月7日	8月23日	9月8日	9月23日	10月8日	10月23日	11月7日	11月22日	12月7日	12月22日	1月6日	1月20日	2月4日
时间	23时2分	13时53分	2时21分	11时51分	18时20分	21时30分	21时36分	18时58分	14时11分	7时50分	18时5分	18时5分	12时9分

农历	公历	星期	天地干支	五行	公历	星期	天地干支	五行	公历	星期	天地干支	五行	公历	星期	天地干支	五行	公历	星期	天地干支	五行	公历	星期	天地干支	五行	公历	星期	天地干支	五行
初一	27	日	己亥	木	25	一	戊辰	木	24	三	戊戌	木	24	五	戊辰	木	22	六	丁酉	火	22	一	丁卯	火	20	二	丙申	火
初二	28	一	庚子	土	26	二	己巳	木	25	四	己亥	木	25	六	己巳	木	23	日	戊戌	木	23	二	戊辰	木	21	三	丁酉	火
初三	29	二	辛丑	土	27	三	庚午	土	26	五	庚子	土	26	日	庚午	土	24	一	己亥	木	24	三	己巳	木	22	四	戊戌	木
初四	30	三	壬寅	金	28	四	辛未	土	27	六	辛丑	土	27	一	辛未	土	25	二	庚子	土	25	四	庚午	土	23	五	己亥	木
初五	31	四	癸卯	金	29	五	壬申	金	28	日	壬寅	金	28	二	壬申	金	26	三	辛丑	土	26	五	辛未	土	24	六	庚子	土
初六	8月	五	甲辰	火	30	六	癸酉	金	29	一	癸卯	金	29	三	癸酉	金	27	四	壬寅	金	27	六	壬申	金	25	日	辛丑	土
初七	2	六	乙巳	火	31	日	甲戌	火	30	二	甲辰	火	30	四	甲戌	火	28	五	癸卯	金	28	日	癸酉	金	26	一	壬寅	金
初八	3	日	丙午	水	9月	一	乙亥	火	10月	三	乙巳	火	31	五	乙亥	火	29	六	甲辰	火	29	一	甲戌	火	27	二	癸卯	金
初九	4	一	丁未	土	2	二	丙子	水	2	四	丙午	水	11月	六	丙子	水	30	日	乙巳	火	30	二	乙亥	火	28	三	甲辰	火
初十	5	二	戊申	土	3	三	丁丑	水	3	五	丁未	水	2	日	丁丑	水	12月	一	丙午	水	31	三	丙子	水	29	四	乙巳	火
十一	6	三	己酉	土	4	四	戊寅	土	4	六	戊申	土	3	一	戊寅	土	2	二	丁未	水	1月	四	丁丑	水	30	五	丙午	水
十二	7	四	庚戌	金	5	五	己卯	土	5	日	己酉	土	4	二	己卯	土	3	三	戊申	土	2	五	戊寅	土	31	六	丁未	水
十三	8	五	辛亥	金	6	六	庚辰	金	6	一	庚戌	金	5	三	庚辰	金	4	四	己酉	土	3	六	己卯	土	2月	日	戊申	土
十四	9	六	壬子	木	7	日	辛巳	金	7	二	辛亥	金	6	四	辛巳	金	5	五	庚戌	金	4	日	庚辰	金	2	一	己酉	土
十五	10	日	癸丑	木	8	一	壬午	木	8	三	壬子	木	7	五	壬午	木	6	六	辛亥	金	5	一	辛巳	金	3	二	庚戌	金
十六	11	一	甲寅	水	9	二	癸未	木	9	四	癸丑	木	8	六	癸未	木	7	日	壬子	木	6	二	壬午	木	4	三	辛亥	金
十七	12	二	乙卯	水	10	三	甲申	水	10	五	甲寅	水	9	日	甲申	水	8	一	癸丑	木	7	三	癸未	木	5	四	壬子	木
十八	13	三	丙辰	土	11	四	乙酉	水	11	六	乙卯	水	10	一	乙酉	水	9	二	甲寅	木	8	四	甲申	水	6	五	癸丑	木
十九	14	四	丁巳	土	12	五	丙戌	土	12	日	丙辰	土	11	二	丙戌	土	10	三	乙卯	水	9	五	乙酉	水	7	六	甲寅	水
二十	15	五	戊午	火	13	六	丁亥	土	13	一	丁巳	土	12	三	丁亥	土	11	四	丙辰	土	10	六	丙戌	土	8	日	乙卯	水
廿一	16	六	己未	火	14	日	戊子	火	14	二	戊午	火	13	四	戊子	火	12	五	丁巳	土	11	日	丁亥	土	9	一	丙辰	土
廿二	17	日	庚申	木	15	一	己丑	火	15	三	己未	火	14	五	己丑	火	13	六	戊午	火	12	一	戊子	火	10	二	丁巳	土
廿三	18	一	辛酉	木	16	二	庚寅	木	16	四	庚申	木	15	六	庚寅	木	14	日	己未	火	13	二	己丑	火	11	三	戊午	火
廿四	19	二	壬戌	水	17	三	辛卯	木	17	五	辛酉	木	16	日	辛卯	木	15	一	庚申	木	14	三	庚寅	木	12	四	己未	火
廿五	20	三	癸亥	水	18	四	壬辰	水	18	六	壬戌	水	17	一	壬辰	水	16	二	辛酉	木	15	四	辛卯	木	13	五	庚申	木
廿六	21	四	甲子	金	19	五	癸巳	水	19	日	癸亥	水	18	二	癸巳	水	17	三	壬戌	水	16	五	壬辰	水	14	六	辛酉	木
廿七	22	五	乙丑	金	20	六	甲午	金	20	一	甲子	金	19	三	甲午	金	18	四	癸亥	水	17	六	癸巳	水	15	日	壬戌	水
廿八	23	六	丙寅	火	21	日	乙未	金	21	二	乙丑	金	20	四	乙未	金	19	五	甲子	金	18	日	甲午	金	16	一	癸亥	水
廿九	24	日	丁卯	火	22	一	丙申	火	22	三	丙寅	火	21	五	丙申	火	20	六	乙丑	金	19	一	乙未	金	17	二	甲子	金
三十					23	二	丁酉	火	23	四	丁卯	火					21	日	丙寅	火					18	三	乙丑	金

公元二〇一五年　岁次:乙未　生肖:羊　太岁:杨贤　纳音:砂中金

月别	正月小	二月大	三月小	四月小	五月大	六月小
干支	戊寅	己卯	庚辰	辛巳	壬午	癸未
九星	五黄	四绿	三碧	二黑	一白	九紫

廿四节气

	正月小		二月大		三月小		四月小		五月大		六月小	
节名	雨水	惊蛰	春分	清明	谷雨	立夏	小满	芒种	夏至	小暑	大暑	立秋
农历	初一	十六	初二	十七	初二	十八	初四	二十	初七	廿二	初八	廿四
时辰	辰时	卯时	卯时	巳时	酉时	寅时	申时	辰时	子时	酉时	午时	寅时
公历	2月19日	3月6日	3月21日	4月5日	4月20日	5月6日	5月21日	6月6日	6月22日	7月7日	7月23日	8月8日
时间	7时54分	5时56分	6时47分	10时58分	17时52分	4时5分	17时5分	8时20分	2时9分	18时30分	12时16分	4时51分

农历

农历	正月小 公历	星期	天地干支	五行	二月大 公历	星期	天地干支	五行	三月小 公历	星期	天地干支	五行	四月小 公历	星期	天地干支	五行	五月大 公历	星期	天地干支	五行	六月小 公历	星期	天地干支	五行
初一	19	四	丙寅	火	20	五	乙未	金	19	日	乙丑	金	18	一	甲午	金	16	二	癸亥	水	16	四	癸巳	水
初二	20	五	丁卯	火	21	六	丙申	火	20	一	丙寅	火	19	二	乙未	金	17	三	甲子	金	17	五	甲午	金
初三	21	六	戊辰	木	22	日	丁酉	火	21	二	丁卯	火	20	三	丙申	火	18	四	乙丑	金	18	六	乙未	金
初四	22	日	己巳	木	23	一	戊戌	木	22	三	戊辰	木	21	四	丁酉	火	19	五	丙寅	火	19	日	丙申	火
初五	23	一	庚午	土	24	二	己亥	木	23	四	己巳	木	22	五	戊戌	木	20	六	丁卯	火	20	一	丁酉	火
初六	24	二	辛未	土	25	三	庚子	土	24	五	庚午	土	23	六	己亥	木	21	日	戊辰	木	21	二	戊戌	木
初七	25	三	壬申	金	26	四	辛丑	土	25	六	辛未	土	24	日	庚子	土	22	一	己巳	木	22	三	己亥	木
初八	26	四	癸酉	金	27	五	壬寅	金	26	日	壬申	金	25	一	辛丑	土	23	二	庚午	土	23	四	庚子	土
初九	27	五	甲戌	火	28	六	癸卯	金	27	一	癸酉	金	26	二	壬寅	金	24	三	辛未	土	24	五	辛丑	土
初十	28	六	乙亥	火	29	日	甲辰	火	28	二	甲戌	火	27	三	癸卯	金	25	四	壬申	金	25	六	壬寅	金
十一	3月	日	丙子	水	30	一	乙巳	火	29	三	乙亥	火	28	四	甲辰	火	26	五	癸酉	金	26	日	癸卯	金
十二	2	一	丁丑	水	31	二	丙午	水	30	四	丙子	水	29	五	乙巳	火	27	六	甲戌	火	27	一	甲辰	火
十三	3	二	戊寅	土	4月	三	丁未	水	5月	五	丁丑	水	30	六	丙午	水	28	日	乙亥	火	28	二	乙巳	火
十四	4	三	己卯	土	2	四	戊申	土	1	六	戊寅	土	31	日	丁未	水	29	一	丙子	水	29	三	丙午	水
十五	5	四	庚辰	金	3	五	己酉	土	2	日	己卯	土	6月	一	戊申	土	30	二	丁丑	水	30	四	丁未	水
十六	6	五	辛巳	金	4	六	庚戌	金	3	一	庚辰	金	2	二	己酉	土	7月	三	戊寅	土	31	五	戊申	金
十七	7	六	壬午	木	5	日	辛亥	金	4	二	辛巳	金	3	三	庚戌	金	2	四	己卯	土	8月	六	己酉	土
十八	8	日	癸未	木	6	一	壬子	木	5	三	壬午	木	4	四	辛亥	金	3	五	庚辰	金	2	日	庚戌	金
十九	9	一	甲申	水	7	二	癸丑	木	6	四	癸未	木	5	五	壬子	木	4	六	辛巳	金	3	一	辛亥	金
二十	10	二	乙酉	水	8	三	甲寅	水	7	五	甲申	水	6	六	癸丑	木	5	日	壬午	木	4	二	壬子	木
廿一	11	三	丙戌	土	9	四	乙卯	水	8	六	乙酉	水	7	日	甲寅	水	6	一	癸未	木	5	三	癸丑	木
廿二	12	四	丁亥	土	10	五	丙辰	土	9	日	丙戌	土	8	一	乙卯	水	7	二	甲申	水	6	四	甲寅	水
廿三	13	五	戊子	火	11	六	丁巳	土	10	一	丁亥	土	9	二	丙辰	土	8	三	乙酉	水	7	五	乙卯	水
廿四	14	六	己丑	火	12	日	戊午	火	11	二	戊子	火	10	三	丁巳	土	9	四	丙戌	土	8	六	丙辰	土
廿五	15	日	庚寅	木	13	一	己未	火	12	三	己丑	火	11	四	戊午	火	10	五	丁亥	土	9	日	丁巳	土
廿六	16	一	辛卯	木	14	二	庚申	木	13	四	庚寅	木	12	五	己未	火	11	六	戊子	火	10	一	戊午	火
廿七	17	二	壬辰	水	15	三	辛酉	木	14	五	辛卯	木	13	六	庚申	木	12	日	己丑	火	11	二	己未	火
廿八	18	三	癸巳	水	16	四	壬戌	水	15	六	壬辰	水	14	日	辛酉	木	13	一	庚寅	木	12	三	庚申	木
廿九	19	四	甲午	金	17	五	癸亥	水	16	日	癸巳	水	15	一	壬戌	水	14	二	辛卯	木	13	四	辛酉	木
三十					18	六	甲子	金									15	三	壬辰	水				

公元二〇一五年　岁次:乙未　生肖:羊　太岁:杨贤　纳音:砂中金

月别	七月大				八月大				九月大				十月小				十一月大				十二月小			
干支	甲申				乙酉				丙戌				丁亥				戊子				己丑			
九星	八白				七赤				六白				五黄				四绿				三碧			

廿四节气

节名	处暑	白露	秋分	寒露	霜降	立冬	小雪	大雪	冬至	小寒	大寒	立春
农历	初十	廿六	十一	廿六	十二	廿七	十一	廿六	十二	廿七	十一	廿六
时辰	酉时	卯时	申时	亥时	丑时	丑时	子时	酉时	午时	卯时	子时	酉时
公历	8月23日	9月8日	9月23日	10月8日	10月24日	11月8日	11月22日	12月7日	12月22日	1月6日	1月20日	2月4日
时间	19时51分	8时10分	17时54分	0时9分	3时20分	3时25分	0时48分	20时1分	13时45分	6时47分	23时50分	18时0分

农历	公历	星期	天地干支	五行	公历	星期	天地干支	五行	公历	星期	天地干支	五行	公历	星期	天地干支	五行	公历	星期	天地干支	五行	公历	星期	天地干支	五行
初一	14	五	壬戌	水	13	日	壬辰	水	13	二	壬戌	水	12	四	壬辰	水	11	五	辛酉	木	10	日	辛卯	木
初二	15	六	癸亥	水	14	一	癸巳	水	14	三	癸亥	水	13	五	癸巳	水	12	六	壬戌	水	11	一	壬辰	水
初三	16	日	甲子	金	15	二	甲午	金	15	四	甲子	金	14	六	甲午	金	13	日	癸亥	水	12	二	癸巳	水
初四	17	一	乙丑	金	16	三	乙未	金	16	五	乙丑	金	15	日	乙未	金	14	一	甲子	金	13	三	甲午	金
初五	18	二	丙寅	火	17	四	丙申	火	17	六	丙寅	火	16	一	丙申	火	15	二	乙丑	金	14	四	乙未	金
初六	19	三	丁卯	火	18	五	丁酉	火	18	日	丁卯	火	17	二	丁酉	火	16	三	丙寅	火	15	五	丙申	火
初七	20	四	戊辰	木	19	六	戊戌	木	19	一	戊辰	木	18	三	戊戌	木	17	四	丁卯	火	16	六	丁酉	火
初八	21	五	己巳	木	20	日	己亥	木	20	二	己巳	木	19	四	己亥	木	18	五	戊辰	木	17	日	戊戌	木
初九	22	六	庚午	土	21	一	庚子	土	21	三	庚午	土	20	五	庚子	土	19	六	己巳	木	18	一	己亥	木
初十	23	日	辛未	土	22	二	辛丑	土	22	四	辛未	土	21	六	辛丑	土	20	日	庚午	土	19	二	庚子	土
十一	24	一	壬申	金	23	三	壬寅	金	23	五	壬申	金	22	日	壬寅	金	21	一	辛未	土	20	三	辛丑	土
十二	25	二	癸酉	金	24	四	癸卯	金	24	六	癸酉	金	23	一	癸卯	金	22	二	壬申	金	21	四	壬寅	金
十三	26	三	甲戌	火	25	五	甲辰	火	25	日	甲戌	火	24	二	甲辰	火	23	三	癸酉	金	22	五	癸卯	金
十四	27	四	乙亥	火	26	六	乙巳	火	26	一	乙亥	火	25	三	乙巳	火	24	四	甲戌	火	23	六	甲辰	火
十五	28	五	丙子	水	27	日	丙午	水	27	二	丙子	水	26	四	丙午	水	25	五	乙亥	火	24	日	乙巳	火
十六	29	六	丁丑	水	28	一	丁未	水	28	三	丁丑	水	27	五	丁未	水	26	六	丙子	水	25	一	丙午	水
十七	30	日	戊寅	土	29	二	戊申	土	29	四	戊寅	土	28	六	戊申	土	27	日	丁丑	水	26	二	丁未	水
十八	31	一	己卯	土	30	三	己酉	土	30	五	己卯	土	29	日	己酉	土	28	一	戊寅	土	27	三	戊申	土
十九	9月	二	庚辰	金	10月	四	庚戌	金	31	六	庚辰	金	30	一	庚戌	金	29	二	己卯	土	28	四	己酉	土
二十	2	三	辛巳	金	2	五	辛亥	金	11月	日	辛巳	金	12月	二	辛亥	金	30	三	庚辰	金	29	五	庚戌	金
廿一	3	四	壬午	木	3	六	壬子	木	2	一	壬午	木	2	三	壬子	木	31	四	辛巳	金	30	六	辛亥	金
廿二	4	五	癸未	木	4	日	癸丑	木	3	二	癸未	木	3	四	癸丑	木	1月	五	壬午	木	31	日	壬子	木
廿三	5	六	甲申	水	5	一	甲寅	水	4	三	甲申	水	4	五	甲寅	水	2	六	癸未	木	2月	一	癸丑	木
廿四	6	日	乙酉	水	6	二	乙卯	水	5	四	乙酉	水	5	六	乙卯	水	3	日	甲申	水	2	二	甲寅	水
廿五	7	一	丙戌	土	7	三	丙辰	土	6	五	丙戌	土	6	日	丙辰	土	4	一	乙酉	水	3	三	乙卯	水
廿六	8	二	丁亥	土	8	四	丁巳	土	7	六	丁亥	土	7	一	丁巳	土	5	二	丙戌	土	4	四	丙辰	土
廿七	9	三	戊子	火	9	五	戊午	火	8	日	戊子	火	8	二	戊午	火	6	三	丁亥	土	5	五	丁巳	土
廿八	10	四	己丑	火	10	六	己未	火	9	一	己丑	火	9	三	己未	火	7	四	戊子	火	6	六	戊午	火
廿九	11	五	庚寅	木	11	日	庚申	木	10	二	庚寅	木	10	四	庚申	木	8	五	己丑	火	7	日	己未	火
三十	12	六	辛卯	木	12	一	辛酉	木	11	三	辛卯	木					9	六	庚寅	木				

公元二〇一六年　岁次:丙申　生肖:猴　太岁:管仲　纳音:山下火

月别	正月大				二月小				三月大				四月小				五月小				六月大			
干支	庚寅				辛卯				壬辰				癸巳				甲午				乙未			
九星	二黑				一白				九紫				八白				七赤				六白			

廿四节气

	节名	雨水	惊蛰	春分	清明	谷雨	立夏	小满	芒种	夏至	小暑	大暑
	农历	十二	廿七	十二	廿七	十三	廿九	十四	初一	十七	初四	十九
	时辰	未时	午时	午时	申时	子时	巳时	亥时	未时	卯时	子时	酉时
	公历	2月19日	3月5日	3月20日	4月4日	4月19日	5月5日	5月20日	6月5日	6月21日	7月7日	7月22日
	时间	13时44分	11时46分	12时37分	16时32分	23时30分	9时24分	22时54分	14时9分	6时57分	0时33分	18时3分

农历	公历	星期	天地干支	五行	公历	星期	天地干支	五行	公历	星期	天地干支	五行	公历	星期	天地干支	五行	公历	星期	天地干支	五行	公历	星期	天地干支	五行
初一	8	一	庚申	木	9	三	庚寅	木	7	四	己未	火	7	六	己丑	火	5	日	戊午	火	4	一	丁亥	土
初二	9	二	辛酉	木	10	四	辛卯	木	8	五	庚申	木	8	日	庚寅	木	6	一	己未	火	5	二	戊子	土
初三	10	三	壬戌	水	11	五	壬辰	水	9	六	辛酉	木	9	一	辛卯	木	7	二	庚申	木	6	三	己丑	土
初四	11	四	癸亥	水	12	六	癸巳	水	10	日	壬戌	水	10	二	壬辰	水	8	三	辛酉	木	7	四	庚寅	木
初五	12	五	甲子	金	13	日	甲午	金	11	一	癸亥	水	11	三	癸巳	水	9	四	壬戌	水	8	五	辛卯	木
初六	13	六	乙丑	金	14	一	乙未	金	12	二	甲子	金	12	四	甲午	金	10	五	癸亥	水	9	六	壬辰	水
初七	14	日	丙寅	火	15	二	丙申	火	13	三	乙丑	金	13	五	乙未	金	11	六	甲子	金	10	日	癸巳	水
初八	15	一	丁卯	火	16	三	丁酉	火	14	四	丙寅	火	14	六	丙申	火	12	日	乙丑	金	11	一	甲午	金
初九	16	二	戊辰	木	17	四	戊戌	木	15	五	丁卯	火	15	日	丁酉	火	13	一	丙寅	火	12	二	乙未	金
初十	17	三	己巳	木	18	五	己亥	木	16	六	戊辰	木	16	一	戊戌	木	14	二	丁卯	火	13	三	丙申	火
十一	18	四	庚午	土	19	六	庚子	土	17	日	己巳	木	17	二	己亥	木	15	三	戊辰	木	14	四	丁酉	火
十二	19	五	辛未	土	20	日	辛丑	土	18	一	庚午	土	18	三	庚子	土	16	四	己巳	木	15	五	戊戌	木
十三	20	六	壬申	金	21	一	壬寅	金	19	二	辛未	土	19	四	辛丑	土	17	五	庚午	土	16	六	己亥	木
十四	21	日	癸酉	金	22	二	癸卯	金	20	三	壬申	金	20	五	壬寅	金	18	六	辛未	土	17	日	庚子	土
十五	22	一	甲戌	火	23	三	甲辰	火	21	四	癸酉	金	21	六	癸卯	金	19	日	壬申	金	18	一	辛丑	土
十六	23	二	乙亥	火	24	四	乙巳	火	22	五	甲戌	火	22	日	甲辰	火	20	一	癸酉	金	19	二	壬寅	金
十七	24	三	丙子	水	25	五	丙午	水	23	六	乙亥	火	23	一	乙巳	火	21	二	甲戌	火	20	三	癸卯	金
十八	25	四	丁丑	水	26	六	丁未	水	24	日	丙子	水	24	二	丙午	水	22	三	乙亥	火	21	四	甲辰	火
十九	26	五	戊寅	土	27	日	戊申	土	25	一	丁丑	水	25	三	丁未	水	23	四	丙子	水	22	五	乙巳	火
二十	27	六	己卯	土	28	一	己酉	土	26	二	戊寅	土	26	四	戊申	土	24	五	丁丑	水	23	六	丙午	水
廿一	28	日	庚辰	金	29	二	庚戌	金	27	三	己卯	土	27	五	己酉	土	25	六	戊寅	土	24	日	丁未	水
廿二	29	一	辛巳	金	30	三	辛亥	金	28	四	庚辰	金	28	六	庚戌	金	26	日	己卯	土	25	一	戊申	土
廿三	3月2	二	壬午	木	31	四	壬子	木	29	五	辛巳	金	29	日	辛亥	金	27	一	庚辰	金	26	二	己酉	土
廿四	2	三	癸未	木	4月	五	癸丑	木	30	六	壬午	木	30	一	壬子	木	28	二	辛巳	金	27	三	庚戌	金
廿五	3	四	甲申	水	2	六	甲寅	水	5月	日	癸未	木	31	二	癸丑	木	29	三	壬午	木	28	四	辛亥	金
廿六	4	五	乙酉	水	3	日	乙卯	水	2	一	甲申	水	6月	三	甲寅	水	30	四	癸未	木	29	五	壬子	木
廿七	5	六	丙戌	土	4	一	丙辰	土	3	二	乙酉	水	2	四	乙卯	水	7月	五	甲申	水	30	六	癸丑	木
廿八	6	日	丁亥	土	5	二	丁巳	土	4	三	丙戌	土	3	五	丙辰	土	2	六	乙酉	水	31	日	甲寅	水
廿九	7	一	戊子	火	6	三	戊午	火	5	四	丁亥	土	4	六	丁巳	土	3	日	丙戌	土	8月	一	乙卯	水
三十	8	二	己丑	火					6	五	戊子	火									2	二	丙辰	土

公元二〇一六年　　岁次:丙申　　生肖:猴　　太岁:管仲　　纳音:山下火

月别	七月小				八月大				九月大				十月小				十一月大				十二月大			
干支	丙申				丁酉				戊戌				己亥				庚子				辛丑			
九星	五黄				四绿				三碧				二黑				一白				九紫			
廿四节气 节名	立秋		处暑		白露		秋分		寒露		霜降		立冬		小雪		大雪		冬至		小寒		大寒	
农历	初五		廿一		初七		廿二		初八		廿三		初八		廿三		初九		廿三		初八		廿三	
时辰	巳时		子时		午时		亥时		寅时		辰时		辰时		卯时		子时		酉时		午时		卯时	
公历	8月7日		8月23日		9月7日		9月22日		10月8日		10月23日		11月7日		11月22日		12月7日		12月21日		1月5日		1月20日	
时间	10时39分		1时30分		13时48分		23时34分		5时59分		9时9分		9时14分		6时38分		1时54分		19时35分		12时36分		5时45分	

农历	公历	星期	天地干支	五行	公历	星期	天地干支	五行	公历	星期	天地干支	五行	公历	星期	天地干支	五行	公历	星期	天地干支	五行	公历	星期	天地干支	五行
初一	3	三	丁巳	土	9月	四	丙戌	土	10	六	丙辰	土	31	一	丙戌	土	29	二	乙卯	水	29	四	乙酉	水
初二	4	四	戊午	火	2	五	丁亥	土	11月	日	丁巳	土	1	二	丁亥	土	30	三	丙辰	土	30	五	丙戌	土
初三	5	五	己未	火	3	六	戊子	火	3	一	戊午	火	12月	三	戊子	火	1	四	丁巳	土	31	六	丁亥	土
初四	6	六	庚申	木	4	日	己丑	火	4	二	己未	火	3	四	己丑	火	2	五	戊午	火	1月	日	戊子	火
初五	7	日	辛酉	木	5	一	庚寅	木	5	三	庚申	木	4	五	庚寅	木	3	六	己未	火	2	一	己丑	火
初六	8	一	壬戌	水	6	二	辛卯	木	6	四	辛酉	木	5	六	辛卯	木	4	日	庚申	木	3	二	庚寅	木
初七	9	二	癸亥	水	7	三	壬辰	水	7	五	壬戌	水	6	日	壬辰	水	5	一	辛酉	木	4	三	辛卯	木
初八	10	三	甲子	金	8	四	癸巳	水	8	六	癸亥	水	7	一	癸巳	水	6	二	壬戌	水	5	四	壬辰	水
初九	11	四	乙丑	金	9	五	甲午	金	9	日	甲子	金	8	二	甲午	金	7	三	癸亥	水	6	五	癸巳	水
初十	12	五	丙寅	火	10	六	乙未	金	10	一	乙丑	金	9	三	乙未	金	8	四	甲子	金	7	六	甲午	金
十一	13	六	丁卯	火	11	日	丙申	火	11	二	丙寅	火	10	四	丙申	火	9	五	乙丑	金	8	日	乙未	金
十二	14	日	戊辰	木	12	一	丁酉	火	12	三	丁卯	火	11	五	丁酉	火	10	六	丙寅	火	9	一	丙申	火
十三	15	一	己巳	木	13	二	戊戌	木	13	四	戊辰	木	12	六	戊戌	木	11	日	丁卯	火	10	二	丁酉	火
十四	16	二	庚午	土	14	三	己亥	木	14	五	己巳	木	13	日	己亥	木	12	一	戊辰	木	11	三	戊戌	木
十五	17	三	辛未	土	15	四	庚子	土	15	六	庚午	土	14	一	庚子	土	13	二	己巳	木	12	四	己亥	木
十六	18	四	壬申	金	16	五	辛丑	土	16	日	辛未	土	15	二	辛丑	土	14	三	庚午	土	13	五	庚子	土
十七	19	五	癸酉	金	17	六	壬寅	金	17	一	壬申	金	16	三	壬寅	金	15	四	辛未	土	14	六	辛丑	土
十八	20	六	甲戌	火	18	日	癸卯	金	18	二	癸酉	金	17	四	癸卯	金	16	五	壬申	金	15	日	壬寅	金
十九	21	日	乙亥	火	19	一	甲辰	火	19	三	甲戌	火	18	五	甲辰	火	17	六	癸酉	金	16	一	癸卯	金
二十	22	一	丙子	水	20	二	乙巳	火	20	四	乙亥	火	19	六	乙巳	火	18	日	甲戌	火	17	二	甲辰	火
廿一	23	二	丁丑	水	21	三	丙午	水	21	五	丙子	水	20	日	丙午	水	19	一	乙亥	火	18	三	乙巳	火
廿二	24	三	戊寅	土	22	四	丁未	水	22	六	丁丑	水	21	一	丁未	水	20	二	丙子	水	19	四	丙午	水
廿三	25	四	己卯	土	23	五	戊申	土	23	日	戊寅	土	22	二	戊申	土	21	三	丁丑	水	20	五	丁未	水
廿四	26	五	庚辰	金	24	六	己酉	土	24	一	己卯	土	23	三	己酉	土	22	四	戊寅	土	21	六	戊申	土
廿五	27	六	辛巳	金	25	日	庚戌	金	25	二	庚辰	金	24	四	庚戌	金	23	五	己卯	土	22	日	己酉	土
廿六	28	日	壬午	木	26	一	辛亥	金	26	三	辛巳	金	25	五	辛亥	金	24	六	庚辰	金	23	一	庚戌	金
廿七	29	一	癸未	木	27	二	壬子	木	27	四	壬午	木	26	六	壬子	木	25	日	辛巳	金	24	二	辛亥	金
廿八	30	二	甲申	水	28	三	癸丑	木	28	五	癸未	木	27	日	癸丑	木	26	一	壬午	木	25	三	壬子	木
廿九	31	三	乙酉	水	29	四	甲寅	水	29	六	甲申	水	28	一	甲寅	水	27	二	癸未	木	26	四	癸丑	木
三十					30	五	乙卯	水	30	日	乙酉	水					28	三	甲申	水	27	五	甲寅	水

公元二〇一七年　（闰六月）　　岁次:丁酉　生肖:鸡　太岁:康杰　纳音:山下火

月别	正月小	二月大	三月小	四月大	五月小	六月小	闰六月大
干支	壬寅	癸卯	甲辰	乙巳	丙午	丁未	丁未
九星	八白	七赤	六白	五黄	四绿	三碧	三碧

廿四节气

节名	立春	雨水	惊蛰	春分	清明	谷雨	立夏	小满	芒种	夏至	小暑	大暑	立秋
农历	初七	廿二	初八	廿三	初八	廿四	初十	廿六	十一	廿七	十四	廿九	十六
时辰	子时	戌时	酉时	酉时	亥时	卯时	申时	寅时	戌时	午时	卯时	子时	申时
公历	2月3日	2月18日	3月5日	3月20日	4月4日	4月20日	5月5日	5月21日	6月5日	6月21日	7月7日	7月22日	8月7日
时间	23时49分	19时31分	17时36分	18时25分	22时20分	5时29分	15时42分	4时42分	19时57分	12时46分	6时21分	23时51分	16时27分

农历	正月 公历	星期	天地干支	五行	二月 公历	星期	天地干支	五行	三月 公历	星期	天地干支	五行	四月 公历	星期	天地干支	五行	五月 公历	星期	天地干支	五行	六月 公历	星期	天地干支	五行	闰六月 公历	星期	天地干支	五行
初一	28	六	乙卯	水	26	日	甲申	水	28	二	甲寅	水	26	三	癸未	木	26	五	癸丑	木	24	六	壬午	木	23	日	辛亥	金
初二	29	日	丙辰	土	27	一	乙酉	水	29	三	乙卯	水	27	四	甲申	水	27	六	甲寅	水	25	日	癸未	木	24	一	壬子	木
初三	30	一	丁巳	土	28	二	丙戌	土	30	四	丙辰	土	28	五	乙酉	水	28	日	乙卯	水	26	一	甲申	水	25	二	癸丑	木
初四	31	二	戊午	火	3月	三	丁亥	土	31	五	丁巳	土	29	六	丙戌	土	29	一	丙辰	土	27	二	乙酉	水	26	三	甲寅	水
初五	2月	三	己未	火	2	四	戊子	火	4月	六	戊午	火	30	日	丁亥	土	30	二	丁巳	土	28	三	丙戌	土	27	四	乙卯	水
初六	2	四	庚申	木	3	五	己丑	火	2	一	己未	火	5月	一	戊子	火	31	三	戊午	火	29	四	丁亥	火	28	五	丙辰	土
初七	3	五	辛酉	木	4	六	庚寅	木	3	一	庚申	木	2	二	己丑	火	6月	四	己未	火	30	五	戊子	火	29	六	丁巳	土
初八	4	六	壬戌	水	5	日	辛卯	木	4	二	辛酉	木	3	三	庚寅	木	2	五	庚申	木	7月	六	己丑	火	30	日	戊午	火
初九	5	日	癸亥	水	6	一	壬辰	水	5	三	壬戌	水	4	四	辛卯	木	3	六	辛酉	木	2	日	庚寅	木	31	一	己未	火
初十	6	一	甲子	金	7	二	癸巳	水	6	四	癸亥	水	5	五	壬辰	水	4	日	壬戌	水	3	一	辛卯	木	8月	二	庚申	木
十一	7	二	乙丑	金	8	三	甲午	金	7	五	甲子	金	6	六	癸巳	水	5	一	癸亥	水	4	二	壬辰	水	2	三	辛酉	木
十二	8	三	丙寅	火	9	四	乙未	金	8	六	乙丑	金	7	日	甲午	金	6	二	甲子	金	5	三	癸巳	水	3	四	壬戌	水
十三	9	四	丁卯	火	10	五	丙申	火	9	日	丙寅	火	8	一	乙未	金	7	三	乙丑	金	6	四	甲午	金	4	五	癸亥	水
十四	10	五	戊辰	木	11	六	丁酉	火	10	一	丁卯	火	9	二	丙申	火	8	四	丙寅	火	7	五	乙未	金	5	六	甲子	金
十五	11	六	己巳	木	12	日	戊戌	木	11	二	戊辰	木	10	三	丁酉	火	9	五	丁卯	火	8	六	丙申	火	6	日	乙丑	金
十六	12	日	庚午	土	13	一	己亥	木	12	三	己巳	木	11	四	戊戌	木	10	六	戊辰	木	9	日	丁酉	火	7	一	丙寅	火
十七	13	一	辛未	土	14	二	庚子	土	13	四	庚午	土	12	五	己亥	木	11	日	己巳	木	10	一	戊戌	木	8	二	丁卯	火
十八	14	二	壬申	金	15	三	辛丑	土	14	五	辛未	土	13	六	庚子	土	12	一	庚午	土	11	二	己亥	木	9	三	戊辰	木
十九	15	三	癸酉	金	16	四	壬寅	金	15	六	壬申	金	14	日	辛丑	土	13	二	辛未	土	12	三	庚子	土	10	四	己巳	木
二十	16	四	甲戌	火	17	五	癸卯	金	16	日	癸酉	金	15	一	壬寅	金	14	三	壬申	金	13	四	辛丑	土	11	五	庚午	土
廿一	17	五	乙亥	火	18	六	甲辰	火	17	一	甲戌	火	16	二	癸卯	金	15	四	癸酉	金	14	五	壬寅	金	12	六	辛未	土
廿二	18	六	丙子	水	19	日	乙巳	火	18	二	乙亥	火	17	三	甲辰	火	16	五	甲戌	火	15	六	癸卯	金	13	日	壬申	金
廿三	19	日	丁丑	水	20	一	丙午	水	19	三	丙子	水	18	四	乙巳	火	17	六	乙亥	火	16	日	甲辰	火	14	一	癸酉	金
廿四	20	一	戊寅	土	21	二	丁未	水	20	四	丁丑	水	19	五	丙午	水	18	日	丙子	水	17	一	乙巳	火	15	二	甲戌	火
廿五	21	二	己卯	土	22	三	戊申	土	21	五	戊寅	土	20	六	丁未	水	19	一	丁丑	水	18	二	丙午	水	16	三	乙亥	火
廿六	22	三	庚辰	金	23	四	己酉	土	22	六	己卯	土	21	日	戊申	土	20	二	戊寅	土	19	三	丁未	水	17	四	丙子	水
廿七	23	四	辛巳	金	24	五	庚戌	金	23	日	庚辰	金	22	一	己酉	土	21	三	己卯	土	20	四	戊申	土	18	五	丁丑	水
廿八	24	五	壬午	木	25	六	辛亥	金	24	一	辛巳	金	23	二	庚戌	金	22	四	庚辰	金	21	五	己酉	土	19	六	戊寅	土
廿九	25	六	癸未	木	26	日	壬子	木	25	二	壬午	木	24	三	辛亥	金	23	五	辛巳	金	22	六	庚戌	金	20	日	己卯	土
三十					27	一	癸丑	木					25	四	壬子	木									21	一	庚辰	金

公元二〇一七年 （闰六月） 岁次:丁酉 生肖:鸡 太岁:康杰 纳音:山下火

月别	七月小				八月大				九月小				十月大				十一月大				十二月大			
干支	戊申				己酉				庚戌				辛亥				壬子				癸丑			
九星	二 黑				一 白				九 紫				八 白				七 赤				六 白			

廿四节气

节名	处暑	白露	秋分	寒露	霜降	立冬	小雪	大雪	冬至	小寒	大寒	立春
农历	初二	十七	初四	十九	初四	十九	初五	二十	初五	十九	初四	十九
时辰	卯时	酉时	寅时	巳时	未时	未时	午时	卯时	子时	酉时	午时	卯时
公历	8月23日	9月7日	9月23日	10月8日	10月23日	11月7日	11月22日	12月7日	12月22日	1月5日	1月20日	2月4日
时间	7时18分	19时46分	5时22分	11时47分	14时58分	15时3分	12时26分	7时40分	1时24分	18时26分	11时34分	5时38分

农历	公历	星期	天地干支	五行	公历	星期	天地干支	五行	公历	星期	天地干支	五行	公历	星期	天地干支	五行	公历	星期	天地干支	五行	公历	星期	天地干支	五行
初一	22	二	辛巳	金	20	三	庚戌	金	20	五	庚辰	金	18	六	己酉	土	18	一	己卯	土	17	三	己酉	土
初二	23	三	壬午	木	21	四	辛亥	金	21	六	辛巳	金	19	日	庚戌	金	19	二	庚辰	金	18	四	庚戌	金
初三	24	四	癸未	木	22	五	壬子	木	22	日	壬午	木	20	一	辛亥	金	20	三	辛巳	金	19	五	辛亥	金
初四	25	五	甲申	水	23	六	癸丑	木	23	一	癸未	木	21	二	壬子	木	21	四	壬午	木	20	六	壬子	木
初五	26	六	乙酉	水	24	日	甲寅	水	24	二	甲申	水	22	三	癸丑	木	22	五	癸未	木	21	日	癸丑	木
初六	27	日	丙戌	土	25	一	乙卯	水	25	三	乙酉	水	23	四	甲寅	水	23	六	甲申	水	22	一	甲寅	水
初七	28	一	丁亥	土	26	二	丙辰	土	26	四	丙戌	土	24	五	乙卯	水	24	日	乙酉	水	23	二	乙卯	水
初八	29	二	戊子	火	27	三	丁巳	土	27	五	丁亥	土	25	六	丙辰	土	25	一	丙戌	土	24	三	丙辰	土
初九	30	三	己丑	火	28	四	戊午	火	28	六	戊子	火	26	日	丁巳	土	26	二	丁亥	土	25	四	丁巳	土
初十	31	四	庚寅	木	29	五	己未	火	29	日	己丑	火	27	一	戊午	火	27	三	戊子	火	26	五	戊午	火
十一	9月	五	辛卯	木	30	六	庚申	木	30	一	庚寅	木	28	二	己未	火	28	四	己丑	火	27	六	己未	火
十二	2	六	壬辰	水	10月	日	辛酉	木	31	二	辛卯	木	29	三	庚申	木	29	五	庚寅	木	28	日	庚申	木
十三	3	日	癸巳	水	2	一	壬戌	水	11月	三	壬辰	水	30	四	辛酉	木	30	六	辛卯	木	29	一	辛酉	木
十四	4	一	甲午	金	3	二	癸亥	水	2	四	癸巳	水	12月	五	壬戌	水	31	日	壬辰	水	30	二	壬戌	水
十五	5	二	乙未	金	4	三	甲子	金	3	五	甲午	金	2	六	癸亥	水	1月	一	癸巳	水	31	三	癸亥	水
十六	6	三	丙申	火	5	四	乙丑	金	4	六	乙未	金	3	日	甲子	金	2	二	甲午	金	2月	四	甲子	金
十七	7	四	丁酉	火	6	五	丙寅	火	5	日	丙申	火	4	一	乙丑	金	3	三	乙未	金	2	五	乙丑	金
十八	8	五	戊戌	木	7	六	丁卯	火	6	一	丁酉	火	5	二	丙寅	火	4	四	丙申	火	3	六	丙寅	火
十九	9	六	己亥	木	8	日	戊辰	木	7	二	戊戌	木	6	三	丁卯	火	5	五	丁酉	火	4	日	丁卯	火
二十	10	日	庚子	土	9	一	己巳	木	8	三	己亥	木	7	四	戊辰	木	6	六	戊戌	木	5	一	戊辰	木
廿一	11	一	辛丑	土	10	二	庚午	土	9	四	庚子	土	8	五	己巳	木	7	日	己亥	木	6	二	己巳	木
廿二	12	二	壬寅	金	11	三	辛未	土	10	五	辛丑	土	9	六	庚午	土	8	一	庚子	土	7	三	庚午	土
廿三	13	三	癸卯	金	12	四	壬申	金	11	六	壬寅	金	10	日	辛未	土	9	二	辛丑	土	8	四	辛未	土
廿四	14	四	甲辰	火	13	五	癸酉	金	12	日	癸卯	金	11	一	壬申	金	10	三	壬寅	金	9	五	壬申	金
廿五	15	五	乙巳	火	14	六	甲戌	火	13	一	甲辰	火	12	二	癸酉	金	11	四	癸卯	金	10	六	癸酉	金
廿六	16	六	丙午	水	15	日	乙亥	火	14	二	乙巳	火	13	三	甲戌	火	12	五	甲辰	火	11	日	甲戌	火
廿七	17	日	丁未	水	16	一	丙子	水	15	三	丙午	水	14	四	乙亥	火	13	六	乙巳	火	12	一	乙亥	火
廿八	18	一	戊申	土	17	二	丁丑	水	16	四	丁未	水	15	五	丙子	水	14	日	丙午	水	13	二	丙子	水
廿九	19	二	己酉	土	18	三	戊寅	土	17	五	戊申	土	16	六	丁丑	水	15	一	丁未	水	14	三	丁丑	水
三十					19	四	己卯	土					17	日	戊寅	土	16	二	戊申	土	15	四	戊寅	土

公元二〇一八年　　岁次:戊戌　生肖:狗　太岁:姜武　纳音:平地木

月别	正月小		二月大		三月小		四月大		五月小		六月小	
干支	甲寅		乙卯		丙辰		丁巳		戊午		己未	
九星	五黄		四绿		三碧		二黑		一白		九紫	

廿四节气

	节名	雨水	惊蛰	春分	清明	谷雨	立夏	小满	芒种	夏至	小暑	大暑	立秋
	农历	初四	十八	初五	二十	初五	二十	初七	廿三	初八	廿四	十一	廿六
	时辰	丑时	子时	子时	寅时	午时	亥时	巳时	丑时	酉时	午时	卯时	亥时
	公历	2月19日	3月5日	3月21日	4月5日	4月20日	5月5日	5月21日	6月6日	6月21日	7月7日	7月23日	8月7日
	时间	1时19分	23时25分	0时13分	4时20分	11时18分	2时31分	10时30分	1时29分	18时33分	12时9分	5时40分	22时15分

农历	公历	星期	天地干支	五行	公历	星期	天地干支	五行	公历	星期	天地干支	五行	公历	星期	天地干支	五行	公历	星期	天地干支	五行	公历	星期	天地干支	五行
初一	16	五	己卯	土	17	六	戊申	土	16	一	戊寅	土	15	二	丁未	水	14	四	丁丑	水	13	五	丙午	水
初二	17	六	庚辰	金	18	日	己酉	土	17	二	己卯	土	16	三	戊申	土	15	五	戊寅	土	14	六	丁未	水
初三	18	日	辛巳	金	19	一	庚戌	金	18	三	庚辰	金	17	四	己酉	土	16	六	己卯	土	15	日	戊申	土
初四	19	一	壬午	木	20	二	辛亥	金	19	四	辛巳	金	18	五	庚戌	金	17	日	庚辰	金	16	一	己酉	土
初五	20	二	癸未	木	21	三	壬子	木	20	五	壬午	木	19	六	辛亥	金	18	一	辛巳	金	17	二	庚戌	金
初六	21	三	甲申	水	22	四	癸丑	木	21	六	癸未	木	20	日	壬子	木	19	二	壬午	木	18	三	辛亥	金
初七	22	四	乙酉	水	23	五	甲寅	水	22	日	甲申	水	21	一	癸丑	木	20	三	癸未	木	19	四	壬子	木
初八	23	五	丙戌	土	24	六	乙卯	水	23	一	乙酉	水	22	二	甲寅	水	21	四	甲申	水	20	五	癸丑	木
初九	24	六	丁亥	土	25	日	丙辰	土	24	二	丙戌	土	23	三	乙卯	水	22	五	乙酉	水	21	六	甲寅	水
初十	25	日	戊子	火	26	一	丁巳	土	25	三	丁亥	土	24	四	丙辰	土	23	六	丙戌	土	22	日	乙卯	水
十一	26	一	己丑	火	27	二	戊午	火	26	四	戊子	火	25	五	丁巳	土	24	日	丁亥	土	23	一	丙辰	土
十二	27	二	庚寅	木	28	三	己未	火	27	五	己丑	火	26	六	戊午	火	25	一	戊子	火	24	二	丁巳	土
十三	28	三	辛卯	木	29	四	庚申	木	28	六	庚寅	木	27	日	己未	火	26	二	己丑	火	25	三	戊午	火
十四	3月	四	壬辰	水	30	五	辛酉	木	29	日	辛卯	木	28	一	庚申	木	27	三	庚寅	木	26	四	己未	火
十五	2	五	癸巳	水	31	六	壬戌	水	30	一	壬辰	水	29	二	辛酉	木	28	四	辛卯	木	27	五	庚申	木
十六	3	六	甲午	金	4月	日	癸亥	水	5月	二	癸巳	水	30	三	壬戌	水	29	五	壬辰	水	28	六	辛酉	木
十七	4	日	乙未	金	2	一	甲子	金	2	三	甲午	金	31	四	癸亥	水	30	六	癸巳	水	29	日	壬戌	水
十八	5	一	丙申	火	3	二	乙丑	金	3	四	乙未	金	6月	五	甲子	金	7月	日	甲午	金	30	一	癸亥	水
十九	6	二	丁酉	火	4	三	丙寅	火	4	五	丙申	火	2	六	乙丑	金	2	一	乙未	金	31	二	甲子	金
二十	7	三	戊戌	木	5	四	丁卯	火	5	六	丁酉	火	3	日	丙寅	火	3	二	丙申	火	8月	三	乙丑	金
廿一	8	四	己亥	木	6	五	戊辰	木	6	日	戊戌	木	4	一	丁卯	火	4	三	丁酉	火	2	四	丙寅	火
廿二	9	五	庚子	土	7	六	己巳	木	7	一	己亥	木	5	二	戊辰	木	5	四	戊戌	木	3	五	丁卯	火
廿三	10	六	辛丑	土	8	日	庚午	土	8	二	庚子	土	6	三	己巳	木	6	五	己亥	木	4	六	戊辰	木
廿四	11	日	壬寅	金	9	一	辛未	土	9	三	辛丑	土	7	四	庚午	土	7	六	庚子	土	5	日	己巳	木
廿五	12	一	癸卯	金	10	二	壬申	金	10	四	壬寅	金	8	五	辛未	土	8	日	辛丑	土	6	一	庚午	土
廿六	13	二	甲辰	火	11	三	癸酉	金	11	五	癸卯	金	9	六	壬申	金	9	一	壬寅	金	7	二	辛未	土
廿七	14	三	乙巳	火	12	四	甲戌	火	12	六	甲辰	火	10	日	癸酉	金	10	二	癸卯	金	8	三	壬申	金
廿八	15	四	丙午	水	13	五	乙亥	火	13	日	乙巳	火	11	一	甲戌	火	11	三	甲辰	火	9	四	癸酉	金
廿九	16	五	丁未	水	14	六	丙子	水	14	一	丙午	水	12	二	乙亥	火	12	四	乙巳	火	10	五	甲戌	火
三十					15	日	丁丑	水					13	三	丙子	水								

公元二〇一八年　岁次:戊戌　生肖:狗　太岁:姜武　纳音:平地木

月别	七月大		八月小		九月大		十月小		十一月大		十二月大	
干支	庚申		辛酉		壬戌		癸亥		甲子		乙丑	
九星	八白		七赤		六白		五黄		四绿		三碧	

廿四节气

	处暑	白露	秋分	寒露	霜降	立冬	小雪	大雪	冬至	小寒	大寒	立春
节名	处暑	白露	秋分	寒露	霜降	立冬	小雪	大雪	冬至	小寒	大寒	立春
农历	十三	廿九	十四	廿九	十五	三十	十五	初一	十六	三十	十五	三十
时辰	午时	子时	巳时	申时	戌时	戌时	酉时	午时	卯时	子时	申时	午时
公历	8月23日	9月8日	9月23日	10月8日	10月23日	11月7日	11月22日	12月7日	12月22日	1月5日	1月20日	2月4日
时间	13时7分	1时35分	11时11分	17时36分	20时47分	20时54分	18时17分	13时30分	7时14分	0时16分	17时28分	11时28分

农历

农历	七月公历	星期	天地干支	五行	八月公历	星期	天地干支	五行	九月公历	星期	天地干支	五行	十月公历	星期	天地干支	五行	十一月公历	星期	天地干支	五行	十二月公历	星期	天地干支	五行
初一	11	六	乙亥	火	10	一	乙巳	火	9	二	甲戌	火	8	四	甲辰	火	7	五	癸酉	金	6	日	癸卯	金
初二	12	日	丙子	水	11	二	丙午	水	10	三	乙亥	火	9	五	乙巳	火	8	六	甲戌	火	7	一	甲辰	火
初三	13	一	丁丑	水	12	三	丁未	水	11	四	丙子	水	10	六	丙午	水	9	日	乙亥	火	8	二	乙巳	火
初四	14	二	戊寅	土	13	四	戊申	土	12	五	丁丑	水	11	日	丁未	水	10	一	丙子	水	9	三	丙午	水
初五	15	三	己卯	土	14	五	己酉	土	13	六	戊寅	土	12	一	戊申	土	11	二	丁丑	水	10	四	丁未	水
初六	16	四	庚辰	金	15	六	庚戌	金	14	日	己卯	土	13	二	己酉	土	12	三	戊寅	土	11	五	戊申	土
初七	17	五	辛巳	金	16	日	辛亥	金	15	一	庚辰	金	14	三	庚戌	金	13	四	己卯	土	12	六	己酉	土
初八	18	六	壬午	木	17	一	壬子	木	16	二	辛巳	金	15	四	辛亥	金	14	五	庚辰	金	13	日	庚戌	金
初九	19	日	癸未	木	18	二	癸丑	木	17	三	壬午	木	16	五	壬子	木	15	六	辛巳	金	14	一	辛亥	金
初十	20	一	甲申	水	19	三	甲寅	水	18	四	癸未	木	17	六	癸丑	木	16	日	壬午	木	15	二	壬子	木
十一	21	二	乙酉	水	20	四	乙卯	水	19	五	甲申	水	18	日	甲寅	水	17	一	癸未	木	16	三	癸丑	木
十二	22	三	丙戌	土	21	五	丙辰	土	20	六	乙酉	水	19	一	乙卯	水	18	二	甲申	水	17	四	甲寅	水
十三	23	四	丁亥	土	22	六	丁巳	土	21	日	丙戌	土	20	二	丙辰	土	19	三	乙酉	水	18	五	乙卯	水
十四	24	五	戊子	火	23	日	戊午	火	22	一	丁亥	土	21	三	丁巳	土	20	四	丙戌	土	19	六	丙辰	土
十五	25	六	己丑	火	24	一	己未	火	23	二	戊子	火	22	四	戊午	火	21	五	丁亥	土	20	日	丁巳	土
十六	26	日	庚寅	木	25	二	庚申	木	24	三	己丑	火	23	五	己未	火	22	六	戊子	火	21	一	戊午	火
十七	27	一	辛卯	木	26	三	辛酉	木	25	四	庚寅	木	24	六	庚申	木	23	日	己丑	火	22	二	己未	火
十八	28	二	壬辰	水	27	四	壬戌	水	26	五	辛卯	木	25	日	辛酉	木	24	一	庚寅	木	23	三	庚申	木
十九	29	三	癸巳	水	28	五	癸亥	水	27	六	壬辰	水	26	一	壬戌	水	25	二	辛卯	木	24	四	辛酉	木
二十	30	四	甲午	金	29	六	甲子	金	28	日	癸巳	水	27	二	癸亥	水	26	三	壬辰	水	25	五	壬戌	水
廿一	31	五	乙未	金	30	日	乙丑	金	29	一	甲午	金	28	三	甲子	金	27	四	癸巳	水	26	六	癸亥	水
廿二	9月	六	丙申	火	10月	一	丙寅	火	30	二	乙未	金	29	四	乙丑	金	28	五	甲午	金	27	日	甲子	金
廿三	2	日	丁酉	火	2	二	丁卯	火	31	三	丙申	火	30	五	丙寅	火	29	六	乙未	金	28	一	乙丑	金
廿四	3	一	戊戌	木	3	三	戊辰	木	11月	四	丁酉	火	12月	六	丁卯	火	30	日	丙申	火	29	二	丙寅	火
廿五	4	二	己亥	木	4	四	己巳	木	2	五	戊戌	木	2	日	戊辰	木	31	一	丁酉	火	30	三	丁卯	火
廿六	5	三	庚子	土	5	五	庚午	土	3	六	己亥	木	3	一	己巳	木	1月	二	戊戌	木	31	四	戊辰	木
廿七	6	四	辛丑	土	6	六	辛未	土	4	日	庚子	土	4	二	庚午	土	2	三	己亥	木	2月	五	己巳	木
廿八	7	五	壬寅	金	7	日	壬申	金	5	一	辛丑	土	5	三	辛未	土	3	四	庚子	土	2	六	庚午	土
廿九	8	六	癸卯	金	8	一	癸酉	金	6	二	壬寅	金	6	四	壬申	金	4	五	辛丑	土	3	日	辛未	土
三十	9	日	甲辰	火					7	三	癸卯	金					5	六	壬寅	金	4	一	壬申	金

公元二〇一九年　　岁次:己亥　生肖:猪　太岁:谢寿　纳音:平地木

月别	正月大	二月小	三月大	四月小	五月大	六月小
干支	丙寅	丁卯	戊辰	己巳	庚午	辛未
九星	二黑	一白	九紫	八白	七赤	六白

廿四节气

	正月大		二月小		三月大		四月小		五月大		六月小	
节名	雨水	惊蛰	春分		清明	谷雨	立夏	小满	芒种	夏至	小暑	大暑
农历	十五	三十	十五		初一	十六	初二	十七	初四	十九	初五	廿一
时辰	辰时	卯时	卯时		巳时	申时	寅时	申时	辰时	子时	酉时	巳时
公历	2月19日	3月6日	3月21日		4月5日	4月20日	5月6日	5月21日	6月6日	6月21日	7月7日	7月23日
时间	7时12分	5时14分	6时4分		9时59分	17时7分	3时20分	16时19分	7时33分	0时22分	17时57分	11时28分

农历	公历	星期	天地干支	五行	公历	星期	天地干支	五行	公历	星期	天地干支	五行	公历	星期	天地干支	五行	公历	星期	天地干支	五行	公历	星期	天地干支	五行
初一	5	二	癸酉	金	7	四	癸卯	金	5	五	壬申	金	5	日	壬寅	金	3	一	辛未	土	3	三	辛丑	土
初二	6	三	甲戌	火	8	五	甲辰	火	6	六	癸酉	金	6	一	癸卯	金	4	二	壬申	金	4	四	壬寅	金
初三	7	四	乙亥	火	9	六	乙巳	火	7	日	甲戌	火	7	二	甲辰	火	5	三	癸酉	金	5	五	癸卯	金
初四	8	五	丙子	水	10	日	丙午	水	8	一	乙亥	火	8	三	乙巳	火	6	四	甲戌	火	6	六	甲辰	火
初五	9	六	丁丑	水	11	一	丁未	水	9	二	丙子	水	9	四	丙午	水	7	五	乙亥	火	7	日	乙巳	火
初六	10	日	戊寅	土	12	二	戊申	土	10	三	丁丑	水	10	五	丁未	水	8	六	丙子	水	8	一	丙午	水
初七	11	一	己卯	土	13	三	己酉	土	11	四	戊寅	土	11	六	戊申	土	9	日	丁丑	水	9	二	丁未	水
初八	12	二	庚辰	金	14	四	庚戌	金	12	五	己卯	土	12	日	己酉	土	10	一	戊寅	土	10	三	戊申	土
初九	13	三	辛巳	金	15	五	辛亥	金	13	六	庚辰	金	13	一	庚戌	金	11	二	己卯	土	11	四	己酉	土
初十	14	四	壬午	木	16	六	壬子	木	14	日	辛巳	金	14	二	辛亥	金	12	三	庚辰	金	12	五	庚戌	金
十一	15	五	癸未	木	17	日	癸丑	木	15	一	壬午	木	15	三	壬子	木	13	四	辛巳	金	13	六	辛亥	金
十二	16	六	甲申	水	18	一	甲寅	水	16	二	癸未	木	16	四	癸丑	木	14	五	壬午	木	14	日	壬子	木
十三	17	日	乙酉	水	19	二	乙卯	水	17	三	甲申	水	17	五	甲寅	水	15	六	癸未	木	15	一	癸丑	木
十四	18	一	丙戌	土	20	三	丙辰	土	18	四	乙酉	水	18	六	乙卯	水	16	日	甲申	水	16	二	甲寅	水
十五	19	二	丁亥	土	21	四	丁巳	土	19	五	丙戌	土	19	日	丙辰	土	17	一	乙酉	水	17	三	乙卯	水
十六	20	三	戊子	火	22	五	戊午	火	20	六	丁亥	土	20	一	丁巳	土	18	二	丙戌	土	18	四	丙辰	土
十七	21	四	己丑	火	23	六	己未	火	21	日	戊子	火	21	二	戊午	火	19	三	丁亥	土	19	五	丁巳	土
十八	22	五	庚寅	木	24	日	庚申	木	22	一	己丑	火	22	三	己未	火	20	四	戊子	火	20	六	戊午	火
十九	23	六	辛卯	木	25	一	辛酉	木	23	二	庚寅	木	23	四	庚申	木	21	五	己丑	火	21	日	己未	火
二十	24	日	壬辰	水	26	二	壬戌	水	24	三	辛卯	木	24	五	辛酉	木	22	六	庚寅	木	22	一	庚申	木
廿一	25	一	癸巳	水	27	三	癸亥	水	25	四	壬辰	水	25	六	壬戌	水	23	日	辛卯	木	23	二	辛酉	木
廿二	26	二	甲午	金	28	四	甲子	金	26	五	癸巳	水	26	日	癸亥	水	24	一	壬辰	水	24	三	壬戌	水
廿三	27	三	乙未	金	29	五	乙丑	金	27	六	甲午	金	27	一	甲子	金	25	二	癸巳	水	25	四	癸亥	水
廿四	28	四	丙申	火	30	六	丙寅	火	28	日	乙未	金	28	二	乙丑	金	26	三	甲午	金	26	五	甲子	金
廿五	3月1	五	丁酉	火	31	日	丁卯	火	29	一	丙申	火	29	三	丙寅	火	27	四	乙未	金	27	六	乙丑	金
廿六	2	六	戊戌	木	4月1	一	戊辰	木	30	二	丁酉	火	30	四	丁卯	火	28	五	丙申	火	28	日	丙寅	火
廿七	3	日	己亥	木	2	二	己巳	木	5月1	三	戊戌	木	31	五	戊辰	木	29	六	丁酉	火	29	一	丁卯	火
廿八	4	一	庚子	土	3	三	庚午	土	2	四	己亥	木	6月1	六	己巳	木	30	日	戊戌	木	30	二	戊辰	木
廿九	5	二	辛丑	土	4	四	辛未	土	3	五	庚子	土	2	日	庚午	土	7月1	一	己亥	木	31	三	己巳	木
三十	6	三	壬寅	金					4	六	辛丑	土					2	二	庚子	土				

公元二〇一九年　　岁次:己亥　生肖:猪　太岁:谢寿　纳音:平地木

月别	七月小				八月大				九月小				十月小				十一月大				十二月大			
干支	壬申				癸酉				甲戌				乙亥				丙子				丁丑			
九星	五黄				四绿				三碧				二黑				一白				九紫			

廿四节气

	七月小		八月大		九月小		十月小		十一月大		十二月大	
节名	立秋	处暑	白露	秋分	寒露	霜降	立冬	小雪	大雪	冬至	小寒	大寒
农历	初八	廿三	初十	廿五	初十	廿六	十二	廿六	十二	廿七	十二	廿六
时辰	寅时	酉时	卯时	申时	亥时	丑时	丑时	亥时	酉时	午时	卯时	亥时
公历	8月8日	8月23日	9月8日	9月23日	10月8日	10月24日	11月8日	11月22日	12月7日	12月22日	1月6日	1月20日
时间	4时3分	18时55分	8时24分	17时0分	23时25分	2时36分	2时42分	0时6分	19时20分	13时4分	6时6分	13时10分

农历	公历	星期	天地干支	五行	公历	星期	天地干支	五行	公历	星期	天地干支	五行	公历	星期	天地干支	五行	公历	星期	天地干支	五行	公历	星期	天地干支	五行
初一	8月1	四	庚午	土	30	五	己亥	木	29	日	己巳	木	28	一	戊戌	木	26	二	丁卯	火	26	四	丁酉	火
初二	2	五	辛未	土	31	六	庚子	土	30	一	庚午	土	29	二	己亥	木	27	三	戊辰	木	27	五	戊戌	木
初三	3	六	壬申	金	9月1	日	辛丑	土	10月1	二	辛未	土	30	三	庚子	土	28	四	己巳	木	28	六	己亥	木
初四	4	日	癸酉	金	2	一	壬寅	金	2	三	壬申	金	31	四	辛丑	土	29	五	庚午	土	29	日	庚子	土
初五	5	一	甲戌	火	3	二	癸卯	金	3	四	癸酉	金	11月1	五	壬寅	金	30	六	辛未	土	30	一	辛丑	土
初六	6	二	乙亥	火	4	三	甲辰	火	4	五	甲戌	火	2	六	癸卯	金	12月1	日	壬申	金	31	二	壬寅	金
初七	7	三	丙子	水	5	四	乙巳	火	5	六	乙亥	火	3	日	甲辰	火	2	一	癸酉	金	1月1	三	癸卯	金
初八	8	四	丁丑	水	6	五	丙午	水	6	日	丙子	水	4	一	乙巳	火	3	二	甲戌	火	2	四	甲辰	火
初九	9	五	戊寅	土	7	六	丁未	水	7	一	丁丑	水	5	二	丙午	水	4	三	乙亥	火	3	五	乙巳	火
初十	10	六	己卯	土	8	日	戊申	土	8	二	戊寅	土	6	三	丁未	水	5	四	丙子	水	4	六	丙午	水
十一	11	日	庚辰	金	9	一	己酉	土	9	三	己卯	土	7	四	戊申	土	6	五	丁丑	水	5	日	丁未	水
十二	12	一	辛巳	金	10	二	庚戌	金	10	四	庚辰	金	8	五	己酉	土	7	六	戊寅	土	6	一	戊申	土
十三	13	二	壬午	木	11	三	辛亥	金	11	五	辛巳	金	9	六	庚戌	金	8	日	己卯	土	7	二	己酉	土
十四	14	三	癸未	木	12	四	壬子	木	12	六	壬午	木	10	日	辛亥	金	9	一	庚辰	金	8	三	庚戌	金
十五	15	四	甲申	水	13	五	癸丑	木	13	日	癸未	木	11	一	壬子	木	10	二	辛巳	金	9	四	辛亥	金
十六	16	五	乙酉	水	14	六	甲寅	水	14	一	甲申	水	12	二	癸丑	木	11	三	壬午	木	10	五	壬子	木
十七	17	六	丙戌	土	15	日	乙卯	水	15	二	乙酉	水	13	三	甲寅	水	12	四	癸未	木	11	六	癸丑	木
十八	18	日	丁亥	土	16	一	丙辰	土	16	三	丙戌	土	14	四	乙卯	水	13	五	甲申	水	12	日	甲寅	水
十九	19	一	戊子	火	17	二	丁巳	土	17	四	丁亥	土	15	五	丙辰	土	14	六	乙酉	水	13	一	乙卯	水
二十	20	二	己丑	火	18	三	戊午	火	18	五	戊子	火	16	六	丁巳	土	15	日	丙戌	土	14	二	丙辰	土
廿一	21	三	庚寅	木	19	四	己未	火	19	六	己丑	火	17	日	戊午	火	16	一	丁亥	土	15	三	丁巳	土
廿二	22	四	辛卯	木	20	五	庚申	木	20	日	庚寅	木	18	一	己未	火	17	二	戊子	火	16	四	戊午	火
廿三	23	五	壬辰	水	21	六	辛酉	木	21	一	辛卯	木	19	二	庚申	木	18	三	己丑	火	17	五	己未	火
廿四	24	六	癸巳	水	22	日	壬戌	水	22	二	壬辰	水	20	三	辛酉	木	19	四	庚寅	木	18	六	庚申	木
廿五	25	日	甲午	金	23	一	癸亥	水	23	三	癸巳	水	21	四	壬戌	水	20	五	辛卯	木	19	日	辛酉	木
廿六	26	一	乙未	金	24	二	甲子	金	24	四	甲午	金	22	五	癸亥	水	21	六	壬辰	水	20	一	壬戌	水
廿七	27	二	丙申	火	25	三	乙丑	金	25	五	乙未	金	23	六	甲子	金	22	日	癸巳	水	21	二	癸亥	水
廿八	28	三	丁酉	火	26	四	丙寅	火	26	六	丙申	火	24	日	乙丑	金	23	一	甲午	金	22	三	甲子	金
廿九	29	四	戊戌	木	27	五	丁卯	火	27	日	丁酉	火	25	一	丙寅	火	24	二	乙未	金	23	四	乙丑	金
三十					28	六	戊辰	木									25	三	丙申	火	24	五	丙寅	火

公元二○二○年　（闰四月）　岁次:庚子　生肖:鼠　太岁:卢起　纳音:壁上土

月别	正月小	二月大	三月大	四月大	闰四月小	五月大	六月小
干支	戊寅	己卯	庚辰	辛巳	辛巳	壬午	癸未
九星	八白	七赤	六白	五黄	五黄	四绿	三碧

廿四节气

	节名	立春	雨水	惊蛰	春分	清明	谷雨	立夏	小满	芒种	夏至	小暑	大暑	立秋
	农历	十一	廿六	十二	廿七	十二	廿七	十三	廿八	十四	初一	十六	初二	十八
	时辰	酉时	午时	巳时	午时	申时	亥时	辰时	亥时	午时	卯时	子时	申时	巳时
	公历	2月4日	2月19日	3月5日	3月20日	4月4日	4月19日	5月5日	5月20日	6月5日	6月21日	7月6日	7月22日	8月7日
	时间	17时18分	13时2分	11时3分	11时53分	15时48分	22时55分	9时8分	20时7分	13时22分	6时10分	23时46分	17时16分	9时51分

农历	正月 公历	星期	天地干支	五行	二月 公历	星期	天地干支	五行	三月 公历	星期	天地干支	五行	四月 公历	星期	天地干支	五行	闰四月 公历	星期	天地干支	五行	五月 公历	星期	天地干支	五行	六月 公历	星期	天地干支	五行
初一	25	六	丁卯	火	23	日	丙申	火	24	二	丙寅	火	23	四	丙申	火	23	六	丙寅	火	21	日	乙未	金	21	二	乙丑	金
初二	26	日	戊辰	木	24	一	丁酉	火	25	三	丁卯	火	24	五	丁酉	火	24	日	丁卯	火	22	一	丙申	火	22	三	丙寅	火
初三	27	一	己巳	木	25	二	戊戌	木	26	四	戊辰	木	25	六	戊戌	木	25	一	戊辰	木	23	二	丁酉	火	23	四	丁卯	火
初四	28	二	庚午	土	26	三	己亥	木	27	五	己巳	木	26	日	己亥	木	26	二	己巳	木	24	三	戊戌	木	24	五	戊辰	木
初五	29	三	辛未	土	27	四	庚子	土	28	六	庚午	土	27	一	庚子	土	27	三	庚午	土	25	四	己亥	木	25	六	己巳	木
初六	30	四	壬申	金	28	五	辛丑	土	29	日	辛未	土	28	二	辛丑	土	28	四	辛未	土	26	五	庚子	土	26	日	庚午	土
初七	31	五	癸酉	金	29	六	壬寅	金	30	一	壬申	金	29	三	壬寅	金	29	五	壬申	金	27	六	辛丑	土	27	一	辛未	土
初八	2月	六	甲戌	火	3月	日	癸卯	金	31	二	癸酉	金	30	四	癸卯	金	30	六	癸酉	金	28	日	壬寅	金	28	二	壬申	金
初九	2	日	乙亥	火	2	一	甲辰	火	4月	三	甲戌	火	5月	五	甲辰	火	31	日	甲戌	火	29	一	癸卯	金	29	三	癸酉	金
初十	3	一	丙子	水	3	二	乙巳	火	2	四	乙亥	火	2	六	乙巳	火	6月	一	乙亥	火	30	二	甲辰	火	30	四	甲戌	火
十一	4	二	丁丑	水	4	三	丙午	水	3	五	丙子	水	3	日	丙午	水	2	二	丙子	水	7月	三	乙巳	火	31	五	乙亥	火
十二	5	三	戊寅	土	5	四	丁未	水	4	六	丁丑	水	4	一	丁未	水	3	三	丁丑	水	2	四	丙午	水	8月	六	丙子	水
十三	6	四	己卯	土	6	五	戊申	土	5	日	戊寅	土	5	二	戊申	土	4	四	戊寅	土	3	五	丁未	水	2	日	丁丑	水
十四	7	五	庚辰	金	7	六	己酉	土	6	一	己卯	土	6	三	己酉	土	5	五	己卯	土	4	六	戊申	土	3	一	戊寅	土
十五	8	六	辛巳	金	8	日	庚戌	金	7	二	庚辰	金	7	四	庚戌	金	6	六	庚辰	金	5	日	己酉	土	4	二	己卯	土
十六	9	日	壬午	木	9	一	辛亥	金	8	三	辛巳	金	8	五	辛亥	金	7	日	辛巳	金	6	一	庚戌	金	5	三	庚辰	金
十七	10	一	癸未	木	10	二	壬子	木	9	四	壬午	木	9	六	壬子	木	8	一	壬午	木	7	二	辛亥	金	6	四	辛巳	金
十八	11	二	甲申	水	11	三	癸丑	木	10	五	癸未	木	10	日	癸丑	木	9	二	癸未	木	8	三	壬子	木	7	五	壬午	木
十九	12	三	乙酉	水	12	四	甲寅	水	11	六	甲申	水	11	一	甲寅	水	10	三	甲申	水	9	四	癸丑	木	8	六	癸未	木
二十	13	四	丙戌	土	13	五	乙卯	水	12	日	乙酉	水	12	二	乙卯	水	11	四	乙酉	水	10	五	甲寅	水	9	日	甲申	水
廿一	14	五	丁亥	土	14	六	丙辰	土	13	一	丙戌	土	13	三	丙辰	土	12	五	丙戌	土	11	六	乙卯	水	10	一	乙酉	水
廿二	15	六	戊子	火	15	日	丁巳	土	14	二	丁亥	土	14	四	丁巳	土	13	六	丁亥	土	12	日	丙辰	土	11	二	丙戌	土
廿三	16	日	己丑	火	16	一	戊午	火	15	三	戊子	火	15	五	戊午	火	14	日	戊子	火	13	一	丁巳	土	12	三	丁亥	土
廿四	17	一	庚寅	木	17	二	己未	火	16	四	己丑	火	16	六	己未	火	15	一	己丑	火	14	二	戊午	火	13	四	戊子	火
廿五	18	二	辛卯	木	18	三	庚申	木	17	五	庚寅	木	17	日	庚申	木	16	二	庚寅	木	15	三	己未	火	14	五	己丑	火
廿六	19	三	壬辰	水	19	四	辛酉	木	18	六	辛卯	木	18	一	辛酉	木	17	三	辛卯	木	16	四	庚申	木	15	六	庚寅	木
廿七	20	四	癸巳	水	20	五	壬戌	水	19	日	壬辰	水	19	二	壬戌	水	18	四	壬辰	水	17	五	辛酉	木	16	日	辛卯	木
廿八	21	五	甲午	金	21	六	癸亥	水	20	一	癸巳	水	20	三	癸亥	水	19	五	癸巳	水	18	六	壬戌	水	17	一	壬辰	水
廿九	22	六	乙未	金	22	日	甲子	金	21	二	甲午	金	21	四	甲子	金	20	六	甲午	金	19	日	癸亥	水	18	二	癸巳	水
三十					23	一	乙丑	金	22	三	乙未	金	22	五	乙丑	金					20	一	甲子	金				

公元二〇二〇年　（闰四月）　岁次:庚子　生肖:鼠　太岁:卢起　纳音:壁上土

月别	七月小	八月大	九月小	十月大	十一月小	十二月大
干支	甲申	乙酉	丙戌	丁亥	戊子	己丑
九星	二黑	一白	九紫	八白	七赤	六白

廿四节气

节名	处暑	白露	秋分	寒露	霜降	立冬	小雪	大雪	冬至	小寒	大寒	立春
农历	初四	二十	初六	廿二	初七	廿二	初八	廿三	初七	廿二	初八	廿二
时辰	子时	午时	亥时	寅时	卯时	辰时	寅时	子时	酉时	午时	寅时	亥时
公历	8月22日	9月7日	9月22日	10月8日	10月23日	11月7日	11月22日	12月7日	12月21日	1月5日	1月20日	2月3日
时间	0时43分	13时12分	20时49分	5时15分	8时26分	8时31分	5时56分	1时9分	18时54分	11时55分	5时4分	23时8分

农历	公历	星期	天地干支	五行	公历	星期	天地干支	五行	公历	星期	天地干支	五行	公历	星期	天地干支	五行	公历	星期	天地干支	五行	公历	星期	天地干支	五行
初一	19	三	甲午	金	17	四	癸亥	水	17	六	癸巳	水	15	日	壬戌	水	15	二	壬辰	水	13	三	辛酉	木
初二	20	四	乙未	金	18	五	甲子	金	18	日	甲午	金	16	一	癸亥	水	16	三	癸巳	水	14	四	壬戌	水
初三	21	五	丙申	火	19	六	乙丑	金	19	一	乙未	金	17	二	甲子	金	17	四	甲午	金	15	五	癸亥	水
初四	22	六	丁酉	火	20	日	丙寅	火	20	二	丙申	火	18	三	乙丑	金	18	五	乙未	金	16	六	甲子	金
初五	23	日	戊戌	木	21	一	丁卯	火	21	三	丁酉	火	19	四	丙寅	火	19	六	丙申	火	17	日	乙丑	金
初六	24	一	己亥	木	22	二	戊辰	木	22	四	戊戌	木	20	五	丁卯	火	20	日	丁酉	火	18	一	丙寅	火
初七	25	二	庚子	土	23	三	己巳	木	23	五	己亥	木	21	六	戊辰	木	21	一	戊戌	木	19	二	丁卯	火
初八	26	三	辛丑	土	24	四	庚午	土	24	六	庚子	土	22	日	己巳	木	22	二	己亥	木	20	三	戊辰	木
初九	27	四	壬寅	金	25	五	辛未	土	25	日	辛丑	土	23	一	庚午	土	23	三	庚子	土	21	四	己巳	木
初十	28	五	癸卯	金	26	六	壬申	金	26	一	壬寅	金	24	二	辛未	土	24	四	辛丑	土	22	五	庚午	土
十一	29	六	甲辰	火	27	日	癸酉	金	27	二	癸卯	金	25	三	壬申	金	25	五	壬寅	金	23	六	辛未	土
十二	30	日	乙巳	火	28	一	甲戌	火	28	三	甲辰	火	26	四	癸酉	金	26	六	癸卯	金	24	日	壬申	金
十三	31	一	丙午	水	29	二	乙亥	火	29	四	乙巳	火	27	五	甲戌	火	27	日	甲辰	火	25	一	癸酉	金
十四	9月	二	丁未	水	30	三	丙子	水	30	五	丙午	水	28	六	乙亥	火	28	一	乙巳	火	26	二	甲戌	火
十五	2	三	戊申	土	10月	四	丁丑	水	31	六	丁未	水	29	日	丙子	水	29	二	丙午	水	27	三	乙亥	火
十六	3	四	己酉	土	2	五	戊寅	土	11月	日	戊申	土	30	一	丁丑	水	30	三	丁未	水	28	四	丙子	水
十七	4	五	庚戌	金	3	六	己卯	土	2	一	己酉	土	12月	二	戊寅	土	31	四	戊申	土	29	五	丁丑	水
十八	5	六	辛亥	金	4	日	庚辰	金	3	二	庚戌	金	2	三	己卯	土	1月	五	己酉	土	30	六	戊寅	土
十九	6	日	壬子	木	5	一	辛巳	金	4	三	辛亥	金	3	四	庚辰	金	2	六	庚戌	金	31	日	己卯	土
二十	7	一	癸丑	木	6	二	壬午	木	5	四	壬子	木	4	五	辛巳	金	3	日	辛亥	金	2月	一	庚辰	金
廿一	8	二	甲寅	水	7	三	癸未	木	6	五	癸丑	木	5	六	壬午	木	4	一	壬子	木	2	二	辛巳	金
廿二	9	三	乙卯	水	8	四	甲申	水	7	六	甲寅	水	6	日	癸未	木	5	二	癸丑	木	3	三	壬午	木
廿三	10	四	丙辰	土	9	五	乙酉	水	8	日	乙卯	水	7	一	甲申	水	6	三	甲寅	水	4	四	癸未	木
廿四	11	五	丁巳	土	10	六	丙戌	土	9	一	丙辰	土	8	二	乙酉	水	7	四	乙卯	水	5	五	甲申	水
廿五	12	六	戊午	火	11	日	丁亥	土	10	二	丁巳	土	9	三	丙戌	土	8	五	丙辰	土	6	六	乙酉	水
廿六	13	日	己未	火	12	一	戊子	火	11	三	戊午	火	10	四	丁亥	土	9	六	丁巳	土	7	日	丙戌	土
廿七	14	一	庚申	木	13	二	己丑	火	12	四	己未	火	11	五	戊子	火	10	日	戊午	火	8	一	丁亥	土
廿八	15	二	辛酉	木	14	三	庚寅	木	13	五	庚申	木	12	六	己丑	火	11	一	己未	火	9	二	戊子	火
廿九	16	三	壬戌	水	15	四	辛卯	木	14	六	辛酉	木	13	日	庚寅	木	12	二	庚申	木	10	三	己丑	火
三十					16	五	壬辰	水					14	一	辛卯	木					11	四	庚寅	木

公元二○二一年　岁次:辛丑　生肖:牛　太岁:汤信　纳音:壁上土

月别	正月小				二月大				三月大				四月小				五月大				六月小			
干支	庚寅				辛卯				壬辰				癸巳				甲午				乙未			
九星	五黄				四绿				三碧				二黑				一白				九紫			

廿四节气

	节名	雨水	惊蛰	春分	清明	谷雨	立夏	小满	芒种	夏至	小暑	大暑	立秋
	农历	初七	廿二	初八	廿三	初九	廿四	初十	廿五	十二	廿八	十三	廿九
	时辰	酉时	申时	酉时	亥时	寅时	未时	寅时	酉时	午时	卯时	亥时	未时
	公历	2月18日	3月5日	3月20日	4月4日	4月20日	5月5日	5月21日	6月5日	6月21日	7月7日	7月22日	8月7日
	时间	18时49分	16时52分	17时40分	21时35分	4时42分	14时55分	3时54分	19时7分	11时56分	5时31分	23时3分	15时38分

农历	公历	星期	天地干支	五行	公历	星期	天地干支	五行	公历	星期	天地干支	五行	公历	星期	天地干支	五行	公历	星期	天地干支	五行	公历	星期	天地干支	五行
初一	12	五	辛卯	木	13	六	庚申	木	12	一	庚寅	木	12	三	庚申	木	10	四	己丑	火	10	六	己未	火
初二	13	六	壬辰	水	14	日	辛酉	木	13	二	辛卯	木	13	四	辛酉	木	11	五	庚寅	木	11	日	庚申	木
初三	14	日	癸巳	水	15	一	壬戌	水	14	三	壬辰	水	14	五	壬戌	水	12	六	辛卯	木	12	一	辛酉	木
初四	15	一	甲午	金	16	二	癸亥	水	15	四	癸巳	水	15	六	癸亥	水	13	日	壬辰	水	13	二	壬戌	水
初五	16	二	乙未	金	17	三	甲子	金	16	五	甲午	金	16	日	甲子	金	14	一	癸巳	水	14	三	癸亥	水
初六	17	三	丙申	火	18	四	乙丑	金	17	六	乙未	金	17	一	乙丑	金	15	二	甲午	金	15	四	甲子	金
初七	18	四	丁酉	火	19	五	丙寅	火	18	日	丙申	火	19	三	丙寅	火	16	三	乙未	金	16	五	乙丑	金
初八	19	五	戊戌	木	20	六	丁卯	火	19	一	丁酉	火	19	三	丁卯	火	17	四	丙申	火	17	六	丙寅	火
初九	20	六	己亥	木	21	日	戊辰	木	20	二	戊戌	木	20	四	戊辰	木	18	五	丁酉	火	18	日	丁卯	火
初十	21	日	庚子	土	22	一	己巳	木	21	三	己亥	木	21	五	己巳	木	19	六	戊戌	木	19	一	戊辰	木
十一	22	一	辛丑	土	23	二	庚午	土	22	四	庚子	土	22	六	庚午	土	20	日	己亥	木	20	二	己巳	木
十二	23	二	壬寅	金	24	三	辛未	土	23	五	辛丑	土	23	日	辛未	土	21	一	庚子	土	21	三	庚午	土
十三	24	三	癸卯	金	25	四	壬申	金	24	六	壬寅	金	24	一	壬申	金	22	二	辛丑	土	22	四	辛未	土
十四	25	四	甲辰	火	26	五	癸酉	金	25	日	癸卯	金	25	二	癸酉	金	23	三	壬寅	金	23	五	壬申	金
十五	26	五	乙巳	火	27	六	甲戌	火	26	一	甲辰	火	26	三	甲戌	火	24	四	癸卯	金	24	六	癸酉	金
十六	27	六	丙午	水	28	日	乙亥	火	27	二	乙巳	火	27	四	乙亥	火	25	五	甲辰	火	25	日	甲戌	火
十七	28	日	丁未	水	29	一	丙子	水	28	三	丙午	水	28	五	丙子	水	26	六	乙巳	火	26	一	乙亥	火
十八	3月1	一	戊申	土	30	二	丁丑	水	29	四	丁未	水	29	六	丁丑	水	27	日	丙午	水	27	二	丙子	水
十九	2	二	己酉	土	31	三	戊寅	土	30	五	戊申	土	30	日	戊寅	土	28	一	丁未	水	28	三	丁丑	水
二十	3	三	庚戌	金	4月1	四	己卯	土	5月1	六	己酉	土	31	一	己卯	土	29	二	戊申	土	29	四	戊寅	土
廿一	4	四	辛亥	金	2	五	庚辰	金	2	日	庚戌	金	6月1	二	庚辰	金	30	三	己酉	土	30	五	己卯	土
廿二	5	五	壬子	木	3	六	辛巳	金	3	一	辛亥	金	2	三	辛巳	金	7月1	四	庚戌	金	31	六	庚辰	金
廿三	6	六	癸丑	木	4	日	壬午	木	4	二	壬子	木	3	四	壬午	木	2	五	辛亥	金	8月1	日	辛巳	金
廿四	7	日	甲寅	水	5	一	癸未	木	5	三	癸丑	木	4	五	癸未	木	3	六	壬子	木	2	一	壬午	木
廿五	8	一	乙卯	水	6	二	甲申	水	6	四	甲寅	水	5	六	甲申	水	4	日	癸丑	木	3	二	癸未	木
廿六	9	二	丙辰	土	7	三	乙酉	水	7	五	乙卯	水	6	日	乙酉	水	5	一	甲寅	水	4	三	甲申	水
廿七	10	三	丁巳	土	8	四	丙戌	土	8	六	丙辰	土	7	一	丙戌	土	6	二	乙卯	水	5	四	乙酉	水
廿八	11	四	戊午	火	9	五	丁亥	土	9	日	丁巳	土	8	二	丁亥	土	7	三	丙辰	土	6	五	丙戌	土
廿九	12	五	己未	火	10	六	戊子	火	10	一	戊午	火	9	三	戊子	火	8	四	丁巳	土	7	六	丁亥	土
三十					11	日	己丑	火	11	二	己未	火					9	五	戊午	火				

公元二〇二一年　岁次:辛丑　生肖:牛　太岁:汤信　纳音:壁上土

月别	七月大				八月小				九月大				十月小				十一月大				十二月小			
干支	丙申				丁酉				戊戌				己亥				庚子				辛丑			
九星	八白				七赤				六白				五黄				四绿				三碧			

廿四节气

节名	处暑		白露	秋分	寒露	霜降	立冬	小雪	大雪	冬至	小寒	大寒
农历	十六		初一	十七	初三	十八	初三	十八	初四	十八	初三	十八
时辰	卯时		酉时	寅时	巳时	午时	午时	巳时	卯时	子时	酉时	巳时
公历	8月23日		9月7日	9月23日	10月8日	10月23日	11月7日	11月22日	12月7日	12月21日	1月5日	1月20日
时间	6时30分		18时59分	4时35分	11时2分	14时13分	14时19分	11时44分	6时58分	0时42分	17时44分	10时52分

农历	公历	星期	天地干支	五行	公历	星期	天地干支	五行	公历	星期	天地干支	五行	公历	星期	天地干支	五行	公历	星期	天地干支	五行	公历	星期	天地干支	五行
初一	8	日	戊子	火	7	二	戊午	火	6	三	丁亥	土	5	五	丁巳	土	4	六	丙戌	土	3	一	丙辰	土
初二	9	一	己丑	火	8	三	己未	火	7	四	戊子	火	6	六	戊午	火	5	日	丁亥	土	4	二	丁巳	土
初三	10	二	庚寅	木	9	四	庚申	木	8	五	己丑	火	7	日	己未	火	6	一	戊子	火	5	三	戊午	火
初四	11	三	辛卯	木	10	五	辛酉	木	9	六	庚寅	木	8	一	庚申	木	7	二	己丑	火	6	四	己未	火
初五	12	四	壬辰	水	11	六	壬戌	水	10	日	辛卯	木	9	二	辛酉	木	8	三	庚寅	木	7	五	庚申	木
初六	13	五	癸巳	水	12	日	癸亥	水	11	一	壬辰	水	10	三	壬戌	水	9	四	辛卯	木	8	六	辛酉	木
初七	14	六	甲午	金	13	一	甲子	金	12	二	癸巳	水	11	四	癸亥	水	10	五	壬辰	水	9	日	壬戌	水
初八	15	日	乙未	金	14	二	乙丑	金	13	三	甲午	金	12	五	甲子	金	11	六	癸巳	水	10	一	癸亥	水
初九	16	一	丙申	火	15	三	丙寅	火	14	四	乙未	金	13	六	乙丑	金	12	日	甲午	金	11	二	甲子	金
初十	17	二	丁酉	火	16	四	丁卯	火	15	五	丙申	火	14	日	丙寅	火	13	一	乙未	金	12	三	乙丑	金
十一	18	三	戊戌	木	17	五	戊辰	木	16	六	丁酉	火	15	一	丁卯	火	14	二	丙申	火	13	四	丙寅	火
十二	19	四	己亥	木	18	六	己巳	木	17	日	戊戌	木	16	二	戊辰	木	15	三	丁酉	火	14	五	丁卯	火
十三	20	五	庚子	土	19	日	庚午	土	18	一	己亥	木	17	三	己巳	木	16	四	戊戌	木	15	六	戊辰	木
十四	21	六	辛丑	土	20	一	辛未	土	19	二	庚子	土	18	四	庚午	土	17	五	己亥	木	16	日	己巳	木
十五	22	日	壬寅	金	21	二	壬申	金	20	三	辛丑	土	19	五	辛未	土	18	六	庚子	土	17	一	庚午	土
十六	23	一	癸卯	金	22	三	癸酉	金	21	四	壬寅	金	20	六	壬申	金	19	日	辛丑	土	18	二	辛未	土
十七	24	二	甲辰	火	23	四	甲戌	火	22	五	癸卯	金	21	日	癸酉	金	20	一	壬寅	金	19	三	壬申	金
十八	25	三	乙巳	火	24	五	乙亥	火	23	六	甲辰	火	22	一	甲戌	火	21	二	癸卯	金	20	四	癸酉	金
十九	26	四	丙午	水	25	六	丙子	水	24	日	乙巳	火	23	二	乙亥	火	22	三	甲辰	火	21	五	甲戌	火
二十	27	五	丁未	水	26	日	丁丑	水	25	一	丙午	水	24	三	丙子	水	23	四	乙巳	火	22	六	乙亥	火
廿一	28	六	戊申	土	27	一	戊寅	土	26	二	丁未	水	25	四	丁丑	水	24	五	丙午	水	23	日	丙子	水
廿二	29	日	己酉	土	28	二	己卯	土	27	三	戊申	土	26	五	戊寅	土	25	六	丁未	水	24	一	丁丑	水
廿三	30	一	庚戌	金	29	三	庚辰	金	28	四	己酉	土	27	六	己卯	土	26	日	戊申	土	25	二	戊寅	土
廿四	31	二	辛亥	金	30	四	辛巳	金	29	五	庚戌	金	28	日	庚辰	金	27	一	己酉	土	26	三	己卯	土
廿五	9月	三	壬子	木	10月	五	壬午	木	30	六	辛亥	金	29	一	辛巳	金	28	二	庚戌	金	27	四	庚辰	金
廿六	2	四	癸丑	木	2	六	癸未	木	31	日	壬子	木	30	二	壬午	木	29	三	辛亥	金	28	五	辛巳	金
廿七	3	五	甲寅	水	3	日	甲申	水	11月	一	癸丑	木	12月	三	癸未	木	30	四	壬子	木	29	六	壬午	木
廿八	4	六	乙卯	水	4	一	乙酉	水	2	二	甲寅	水	2	四	甲申	水	31	五	癸丑	木	30	日	癸未	木
廿九	5	日	丙辰	土	5	二	丙戌	土	3	三	乙卯	水	3	五	乙酉	水	1月	六	甲寅	水	31	一	甲申	水
三十	6	一	丁巳	土					4	四	丙辰	土					2	日	乙卯	水				

公元二〇二二年　　岁次:壬寅　　生肖:虎　　太岁:贺谔　　纳音:金箔金

月别	正月大		二月小		三月大		四月小		五月大		六月大	
干支	壬寅		癸卯		甲辰		乙巳		丙午		丁未	
九星	二黑		一白		九紫		八白		七赤		六白	

廿四节气

	节名	立春	雨水	惊蛰	春分	清明	谷雨	立夏	小满	芒种	夏至	小暑	大暑
	农历	初四	十九	初三	十八	初五	二十	初五	廿一	初八	廿三	初九	廿五
	时辰	寅时	子时	亥时	子时	寅时	巳时	戌时	巳时	子时	酉时	巳时	寅时
	公历	2月4日	2月19日	3月5日	3月20日	4月5日	4月20日	5月5日	5月21日	6月6日	6月21日	7月7日	7月23日
	时间	4时49分	0时41分	22时42分	23时32分	3时18分	10时22分	20时24分	9时21分	0时24分	17时12分	10时36分	4时5分

农历	公历	星期	天地干支	五行	公历	星期	天地干支	五行	公历	星期	天地干支	五行	公历	星期	天地干支	五行	公历	星期	天地干支	五行	公历	星期	天地干支	五行
初一	2月	二	乙酉	水	3	四	乙卯	水	4月	五	甲申	水	5月	日	甲寅	水	30	一	癸未	木	29	三	癸丑	木
初二	2	三	丙戌	土	4	五	丙辰	土	2	六	乙酉	水	2	一	乙卯	水	31	二	甲申	水	30	四	甲寅	木
初三	3	四	丁亥	土	5	六	丁巳	土	3	日	丙戌	土	3	二	丙辰	土	6月	三	乙酉	水	7月	五	乙卯	水
初四	4	五	戊子	火	6	日	戊午	火	4	一	丁亥	土	4	三	丁巳	土	2	四	丙戌	土	2	六	丙辰	土
初五	5	六	己丑	火	7	一	己未	火	5	二	戊子	火	5	四	戊午	火	3	五	丁亥	土	3	日	丁巳	土
初六	6	日	庚寅	木	8	二	庚申	木	6	三	己丑	火	6	五	己未	火	4	六	戊子	火	4	一	戊午	火
初七	7	一	辛卯	木	9	三	辛酉	木	7	四	庚寅	木	7	六	庚申	木	5	日	己丑	火	5	二	己未	火
初八	8	二	壬辰	水	10	四	壬戌	水	8	五	辛卯	木	8	日	辛酉	木	6	一	庚寅	木	6	三	庚申	木
初九	9	三	癸巳	水	11	五	癸亥	水	9	六	壬辰	水	9	一	壬戌	水	7	二	辛卯	木	7	四	辛酉	木
初十	10	四	甲午	金	12	六	甲子	金	10	日	癸巳	水	10	二	癸亥	水	8	三	壬辰	水	8	五	壬戌	水
十一	11	五	乙未	金	13	日	乙丑	金	11	一	甲午	金	11	三	甲子	金	9	四	癸巳	水	9	六	癸亥	水
十二	12	六	丙申	火	14	一	丙寅	火	12	二	乙未	金	12	四	乙丑	金	10	五	甲午	金	10	日	甲子	金
十三	13	日	丁酉	火	15	二	丁卯	火	13	三	丙申	火	13	五	丙寅	火	11	六	乙未	金	11	一	乙丑	金
十四	14	一	戊戌	木	16	三	戊辰	木	14	四	丁酉	火	14	六	丁卯	火	12	日	丙申	火	12	二	丙寅	火
十五	15	二	己亥	木	17	四	己巳	木	15	五	戊戌	木	15	日	戊辰	木	13	一	丁酉	火	13	三	丁卯	火
十六	16	三	庚子	土	18	五	庚午	土	16	六	己亥	木	16	一	己巳	木	14	二	戊戌	木	14	四	戊辰	木
十七	17	四	辛丑	土	19	六	辛未	土	17	日	庚子	土	17	二	庚午	土	15	三	己亥	木	15	五	己巳	木
十八	18	五	壬寅	金	20	日	壬申	金	18	一	辛丑	土	18	三	辛未	土	16	四	庚子	土	16	六	庚午	土
十九	19	六	癸卯	金	21	一	癸酉	金	19	二	壬寅	金	19	四	壬申	金	17	五	辛丑	土	17	日	辛未	土
二十	20	日	甲辰	火	22	二	甲戌	火	20	三	癸卯	金	20	五	癸酉	金	18	六	壬寅	金	18	一	壬申	金
廿一	21	一	乙巳	火	23	三	乙亥	火	21	四	甲辰	火	21	六	甲戌	火	19	日	癸卯	金	19	二	癸酉	金
廿二	22	二	丙午	水	24	四	丙子	水	22	五	乙巳	火	22	日	乙亥	火	20	一	甲辰	火	20	三	甲戌	火
廿三	23	三	丁未	水	25	五	丁丑	水	23	六	丙午	水	23	一	丙子	水	21	二	乙巳	火	21	四	乙亥	火
廿四	24	四	戊申	土	26	六	戊寅	土	24	日	丁未	水	24	二	丁丑	水	22	三	丙午	水	22	五	丙子	水
廿五	25	五	己酉	土	27	日	己卯	土	25	一	戊申	土	25	三	戊寅	土	23	四	丁未	水	23	六	丁丑	水
廿六	26	六	庚戌	金	28	一	庚辰	金	26	二	己酉	土	26	四	己卯	土	24	五	戊申	土	24	日	戊寅	土
廿七	27	日	辛亥	金	29	二	辛巳	金	27	三	庚戌	金	27	五	庚辰	金	25	六	己酉	土	25	一	己卯	土
廿八	28	一	壬子	木	30	三	壬午	木	28	四	辛亥	金	28	六	辛巳	金	26	日	庚戌	金	26	二	庚辰	金
廿九	3月	二	癸丑	木	31	四	癸未	木	29	五	壬子	木	29	日	壬午	木	27	一	辛亥	金	27	三	辛巳	金
三十	2	三	甲寅	水					30	六	癸丑	木					28	二	壬子	木	28	四	壬午	木

公元二〇二二年　　岁次:壬寅　　生肖:虎　　太岁:贺谔　　纳音:金箔金

月别	七月小				八月大				九月小				十月大				十一月小				十二月大			
干支	戊申				己酉				庚戌				辛亥				壬子				癸丑			
九星	五黄				四绿				三碧				二黑				一白				九紫			

廿四节气

节名	立秋	处暑	白露	秋分	寒露	霜降	立冬	小雪	大雪	冬至	小寒	大寒
农历	初十	廿六	十二	廿八	十三	廿八	十四	廿九	十四	廿九	十四	廿九
时辰	戌时	午时	子时	巳时	申时	酉时	酉时	申时	午时	卯时	子时	申时
公历	8月7日	8月23日	9月7日	9月23日	10月8日	10月23日	11月7日	11月22日	12月7日	12月22日	1月5日	1月20日
时间	20时27分	11时15分	23时31分	9时2分	15时21分	18时34分	18时44分	16时19分	11时44分	5时46分	23时3分	16时27分

农历	公历	星期	天地干支	五行	公历	星期	天地干支	五行	公历	星期	天地干支	五行	公历	星期	天地干支	五行	公历	星期	天地干支	五行	公历	星期	天地干支	五行
初一	29	五	癸未	木	27	六	壬子	木	26	一	壬午	木	25	二	辛亥	金	24	四	辛巳	金	23	五	庚戌	金
初二	30	六	甲申	水	28	日	癸丑	木	27	二	癸未	木	26	三	壬子	木	25	五	壬午	木	24	六	辛亥	金
初三	31	日	乙酉	水	29	一	甲寅	水	28	三	甲申	水	27	四	癸丑	木	26	六	癸未	木	25	日	壬子	木
初四	8月1	一	丙戌	土	30	二	乙卯	水	29	四	乙酉	水	28	五	甲寅	水	27	日	甲申	水	26	一	癸丑	木
初五	2	二	丁亥	土	31	三	丙辰	土	30	五	丙戌	土	29	六	乙卯	水	28	一	乙酉	水	27	二	甲寅	水
初六	3	三	戊子	火	9月1	四	丁巳	土	10月1	六	丁亥	土	30	日	丙辰	土	29	二	丙戌	土	28	三	乙卯	水
初七	4	四	己丑	火	2	五	戊午	火	2	日	戊子	火	31	一	丁巳	土	30	三	丁亥	土	29	四	丙辰	土
初八	5	五	庚寅	木	3	六	己未	火	3	一	己丑	火	11月1	二	戊午	火	12月1	四	戊子	火	30	五	丁巳	土
初九	6	六	辛卯	木	4	日	庚申	木	4	二	庚寅	木	2	三	己未	火	2	五	己丑	火	31	六	戊午	火
初十	7	日	壬辰	水	5	一	辛酉	木	5	三	辛卯	木	3	四	庚申	木	3	六	庚寅	木	1月1	日	己未	火
十一	8	一	癸巳	水	6	二	壬戌	水	6	四	壬辰	水	4	五	辛酉	木	4	日	辛卯	木	2	一	庚申	木
十二	9	二	甲午	金	7	三	癸亥	水	7	五	癸巳	水	5	六	壬戌	水	5	一	壬辰	水	3	二	辛酉	木
十三	10	三	乙未	金	8	四	甲子	金	8	六	甲午	金	6	日	癸亥	水	6	二	癸巳	水	4	三	壬戌	水
十四	11	四	丙申	火	9	五	乙丑	金	9	日	乙未	金	7	一	甲子	金	7	三	甲午	金	5	四	癸亥	水
十五	12	五	丁酉	火	10	六	丙寅	火	10	一	丙申	火	8	二	乙丑	金	8	四	乙未	金	6	五	甲子	金
十六	13	六	戊戌	木	11	日	丁卯	火	11	二	丁酉	火	9	三	丙寅	火	9	五	丙申	火	7	六	乙丑	金
十七	14	日	己亥	木	12	一	戊辰	木	12	三	戊戌	木	10	四	丁卯	火	10	六	丁酉	火	8	日	丙寅	火
十八	15	一	庚子	土	13	二	己巳	木	13	四	己亥	木	11	五	戊辰	木	11	日	戊戌	木	9	一	丁卯	火
十九	16	二	辛丑	土	14	三	庚午	土	14	五	庚子	土	12	六	己巳	木	12	一	己亥	木	10	二	戊辰	木
二十	17	三	壬寅	金	15	四	辛未	土	15	六	辛丑	土	13	日	庚午	土	13	二	庚子	土	11	三	己巳	木
廿一	18	四	癸卯	金	16	五	壬申	金	16	日	壬寅	金	14	一	辛未	土	14	三	辛丑	土	12	四	庚午	土
廿二	19	五	甲辰	火	17	六	癸酉	金	17	一	癸卯	金	15	二	壬申	金	15	四	壬寅	金	13	五	辛未	土
廿三	20	六	乙巳	火	18	日	甲戌	火	18	二	甲辰	火	16	三	癸酉	金	16	五	癸卯	金	14	六	壬申	金
廿四	21	日	丙午	水	19	一	乙亥	火	19	三	乙巳	火	17	四	甲戌	火	17	六	甲辰	火	15	日	癸酉	金
廿五	22	一	丁未	水	20	二	丙子	水	20	四	丙午	水	18	五	乙亥	火	18	日	乙巳	火	16	一	甲戌	火
廿六	23	二	戊申	土	21	三	丁丑	水	21	五	丁未	水	19	六	丙子	水	19	一	丙午	水	17	二	乙亥	火
廿七	24	三	己酉	土	22	四	戊寅	土	22	六	戊申	土	20	日	丁丑	水	20	二	丁未	水	18	三	丙子	水
廿八	25	四	庚戌	金	23	五	己卯	土	23	日	己酉	土	21	一	戊寅	土	21	三	戊申	土	19	四	丁丑	水
廿九	26	五	辛亥	金	24	六	庚辰	金	24	一	庚戌	金	22	二	己卯	土	22	四	己酉	土	20	五	戊寅	土
三十					25	日	辛巳	金					23	三	庚辰	金					21	六	己卯	土

公元二〇二三年　（闰二月）　岁次:癸卯　生肖:兔　太岁:皮时　纳音:金箔金

月别	正月小	二月大	闰二月小	三月小	四月大	五月大	六月小
干支	甲寅	乙卯	乙卯	丙辰	丁巳	戊午	己未
九星	八白	七赤	七赤	六白	五黄	四绿	三碧

廿四节气

节名	立春	雨水	惊蛰	春分	清明	谷雨	立夏	小满	芒种	夏至	小暑	大暑	立秋
农历	十四	廿九	十五	三十	十五	初一	十七	初三	十九	初四	二十	初六	廿二
时辰	巳时	卯时	寅时	卯时	巳时	申时	丑时	申时	卯时	亥时	申时	巳时	丑时
公历	2月4日	2月19日	3月6日	3月21日	4月5日	4月20日	5月6日	5月21日	6月6日	6月21日	7月7日	7月23日	8月8日
时间	10时45分	6时28分	4时29分	5时18分	9时12分	16时19分	2时31分	15时30分	6时44分	23时33分	18时8分	10时38分	3时14分

农历	正月公历	星期	天地干支	五行	二月公历	星期	天地干支	五行	闰二月公历	星期	天地干支	五行	三月公历	星期	天地干支	五行	四月公历	星期	天地干支	五行	五月公历	星期	天地干支	五行	六月公历	星期	天地干支	五行
初一	22	日	庚辰	金	20	一	己酉	土	22	三	己卯	土	20	四	戊申	土	19	五	丁未	水	18	日	丁未	水	18	二	丁丑	水
初二	23	一	辛巳	金	21	二	庚戌	金	23	四	庚辰	金	21	五	己酉	土	20	六	戊申	土	19	一	戊申	土	19	三	戊寅	土
初三	24	二	壬午	木	22	三	辛亥	金	24	五	辛巳	金	22	六	庚戌	金	21	日	己酉	土	20	二	己酉	土	20	四	己卯	土
初四	25	三	癸未	木	23	四	壬子	木	25	六	壬午	木	23	日	辛亥	金	22	一	庚戌	金	21	三	庚戌	金	21	五	庚辰	金
初五	26	四	甲申	水	24	五	癸丑	木	26	日	癸未	木	24	一	壬子	木	23	二	辛亥	金	22	四	辛亥	金	22	六	辛巳	金
初六	27	五	乙酉	水	25	六	甲寅	水	27	一	甲申	水	25	二	癸丑	木	24	三	壬子	木	23	五	壬子	木	23	日	壬午	木
初七	28	六	丙戌	土	26	日	乙卯	水	28	二	乙酉	水	26	三	甲寅	水	25	四	癸丑	木	24	六	癸丑	木	24	一	癸未	木
初八	29	日	丁亥	土	27	一	丙辰	土	29	三	丙戌	土	27	四	乙卯	水	26	五	甲寅	水	25	日	甲寅	水	25	二	甲申	水
初九	30	一	戊子	火	28	二	丁巳	土	30	四	丁亥	土	28	五	丙辰	土	27	六	乙卯	水	26	一	乙卯	水	26	三	乙酉	水
初十	31	二	己丑	火	3月	三	戊午	火	31	五	戊子	火	29	六	丁巳	土	28	日	丙辰	土	27	二	丙辰	土	27	四	丙戌	土
十一	2月	三	庚寅	木	2	四	己未	火	4月	六	己丑	火	30	日	戊午	火	29	一	丁巳	土	28	三	丁巳	土	28	五	丁亥	土
十二	2	四	辛卯	木	3	五	庚申	木	2	日	庚寅	木	5月	一	己未	火	30	二	戊午	火	29	四	戊午	火	29	六	戊子	火
十三	3	五	壬辰	水	4	六	辛酉	木	3	一	辛卯	木	2	二	庚申	木	31	三	己未	火	30	五	己未	火	30	日	己丑	火
十四	4	六	癸巳	水	5	日	壬戌	水	4	二	壬辰	水	3	三	辛酉	木	6月	四	庚申	木	7月	六	庚申	木	31	一	庚寅	木
十五	5	日	甲午	金	6	一	癸亥	水	5	三	癸巳	水	4	四	壬戌	水	2	五	辛酉	木	2	日	辛酉	木	8月	二	辛卯	木
十六	6	一	乙未	金	7	二	甲子	金	6	四	甲午	金	5	五	癸亥	水	3	六	壬戌	水	3	一	壬戌	水	2	三	壬辰	水
十七	7	二	丙申	火	8	三	乙丑	金	7	五	乙未	金	6	六	甲子	金	4	日	癸亥	水	4	二	癸亥	水	3	四	癸巳	水
十八	8	三	丁酉	火	9	四	丙寅	火	8	六	丙申	火	7	日	乙丑	金	5	一	甲子	金	5	三	甲子	金	4	五	甲午	金
十九	9	四	戊戌	木	10	五	丁卯	火	9	日	丁酉	火	8	一	丙寅	火	6	二	乙丑	金	6	四	乙丑	金	5	六	乙未	金
二十	10	五	己亥	木	11	六	戊辰	木	10	一	戊戌	木	9	二	丁卯	火	7	三	丙寅	火	7	五	丙寅	火	6	日	丙申	火
廿一	11	六	庚子	土	12	日	己巳	木	11	二	己亥	木	10	三	戊辰	木	8	四	丁卯	火	8	六	丁卯	火	7	一	丁酉	火
廿二	12	日	辛丑	土	13	一	庚午	土	12	三	庚子	土	11	四	己巳	木	9	五	戊辰	木	9	日	戊辰	木	8	二	戊戌	木
廿三	13	一	壬寅	金	14	二	辛未	土	13	四	辛丑	土	12	五	庚午	土	10	六	己巳	木	10	一	己巳	木	9	三	己亥	木
廿四	14	二	癸卯	金	15	三	壬申	金	14	五	壬寅	金	13	六	辛未	土	11	日	庚午	土	11	二	庚午	土	10	四	庚子	土
廿五	15	三	甲辰	火	16	四	癸酉	金	15	六	癸卯	金	14	日	壬申	金	12	一	辛未	土	12	三	辛未	土	11	五	辛丑	土
廿六	16	四	乙巳	火	17	五	甲戌	火	16	日	甲辰	火	15	一	癸酉	金	13	二	壬申	金	13	四	壬申	金	12	六	壬寅	金
廿七	17	五	丙午	水	18	六	乙亥	火	17	一	乙巳	火	16	二	甲戌	火	14	三	癸酉	金	14	五	癸酉	金	13	日	癸卯	金
廿八	18	六	丁未	水	19	日	丙子	水	18	二	丙午	水	17	三	乙亥	火	15	四	甲戌	火	15	六	甲戌	火	14	一	甲辰	火
廿九	19	日	戊申	土	20	一	丁丑	水	19	三	丁未	水	18	四	丙子	水	16	五	乙亥	火	16	日	乙亥	火	15	二	乙巳	火
三十					21	二	戊寅	土									17	六	丙子	水	17	一	丙子	水				

— 314 —

公元二〇二三年　（闰二月）　岁次:癸卯　生肖:兔　太岁:皮时　纳音:金箔金

月别	七月大	八月大	九月小	十月大	十一月小	十二月大
干支	庚申	辛酉	壬戌	癸亥	甲子	乙丑
九星	二黑	一白	九紫	八白	七赤	六白

廿四节气												
节名	处暑	白露	秋分	寒露	霜降	立冬	小雪	大雪	冬至	小寒	大寒	立春
农历	初八	廿四	初九	廿四	初十	廿五	初十	廿五	初十	廿五	初十	廿五
时辰	酉时	卯时	未时	亥时	子时	子时	亥时	酉时	午时	寅时	亥时	申时
公历	8月23日	9月8日	9月23日	10月8日	10月24日	11月8日	11月22日	12月7日	12月22日	1月6日	1月20日	2月4日
时间	2时21分	6时36分	16时13分	22时39分	1时51分	1时58分	23时22分	18时36分	12时21分	5时23分	22时31分	16时35分

农历	七月大 公历	星期	天地干支	五行	八月大 公历	星期	天地干支	五行	九月小 公历	星期	天地干支	五行	十月大 公历	星期	天地干支	五行	十一月小 公历	星期	天地干支	五行	十二月大 公历	星期	天地干支	五行
初一	16	三	丙午	水	15	五	丙子	水	15	日	丙午	水	13	一	乙亥	火	13	三	乙巳	火	11	四	甲戌	火
初二	17	四	丁未	水	16	六	丁丑	水	16	一	丁未	火	14	二	丙子	水	14	四	丙午	水	12	五	乙亥	火
初三	18	五	戊申	土	17	日	戊寅	土	17	二	戊申	土	15	三	丁丑	水	15	五	丁未	水	13	六	丙子	水
初四	19	六	己酉	土	18	一	己卯	土	18	三	己酉	土	16	四	戊寅	土	16	六	戊申	土	14	日	丁丑	水
初五	20	日	庚戌	金	19	二	庚辰	金	19	四	庚戌	金	17	五	己卯	土	17	日	己酉	土	15	一	戊寅	土
初六	21	一	辛亥	金	20	三	辛巳	金	20	五	辛亥	金	18	六	庚辰	金	18	一	庚戌	金	16	二	己卯	土
初七	22	二	壬子	木	21	四	壬午	木	21	六	壬子	木	19	日	辛巳	金	19	二	辛亥	金	17	三	庚辰	金
初八	23	三	癸丑	木	22	五	癸未	木	22	日	癸丑	木	20	一	壬午	木	20	三	壬子	木	18	四	辛巳	金
初九	24	四	甲寅	水	23	六	甲申	水	23	一	甲寅	水	21	二	癸未	木	21	四	癸丑	木	19	五	壬午	木
初十	25	五	乙卯	水	24	日	乙酉	水	24	二	乙卯	水	22	三	甲申	水	22	五	甲寅	水	20	六	癸未	木
十一	26	六	丙辰	土	25	一	丙戌	土	25	三	丙辰	土	23	四	乙酉	水	23	六	乙卯	水	21	日	甲申	水
十二	27	日	丁巳	土	26	二	丁亥	土	26	四	丁巳	土	24	五	丙戌	土	24	日	丙辰	土	22	一	乙酉	水
十三	28	一	戊午	火	27	三	戊子	火	27	五	戊午	火	25	六	丁亥	土	25	一	丁巳	土	23	二	丙戌	土
十四	29	二	己未	火	28	四	己丑	火	28	六	己未	火	26	日	戊子	火	26	二	戊午	火	24	三	丁亥	土
十五	30	三	庚申	木	29	五	庚寅	木	29	日	庚申	木	27	一	己丑	火	27	三	己未	火	25	四	戊子	火
十六	31	四	辛酉	木	30	六	辛卯	木	30	一	辛酉	木	28	二	庚寅	木	28	四	庚申	木	26	五	己丑	火
十七	9月	五	壬戌	水	10月	日	壬辰	水	31	二	壬戌	水	29	三	辛卯	木	29	五	辛酉	木	27	六	庚寅	木
十八	2	六	癸亥	水	2	一	癸巳	水	11月	三	癸亥	水	30	四	壬辰	水	30	六	壬戌	水	28	日	辛卯	木
十九	3	日	甲子	金	3	二	甲午	金	2	四	甲子	金	12月	五	癸巳	水	31	日	癸亥	水	29	一	壬辰	水
二十	4	一	乙丑	金	4	三	乙未	金	3	五	乙丑	金	2	六	甲午	金	1月	一	甲子	金	30	二	癸巳	水
廿一	5	二	丙寅	火	5	四	丙申	火	4	六	丙寅	火	3	日	乙未	金	2	二	乙丑	金	31	三	甲午	金
廿二	6	三	丁卯	火	6	五	丁酉	火	5	日	丁卯	火	4	一	丙申	火	3	三	丙寅	火	2月	四	乙未	金
廿三	7	四	戊辰	木	7	六	戊戌	木	6	一	戊辰	木	5	二	丁酉	火	4	四	丁卯	火	2	五	丙申	火
廿四	8	五	己巳	木	8	日	己亥	木	7	二	己巳	木	6	三	戊戌	木	5	五	戊辰	木	3	六	丁酉	火
廿五	9	六	庚午	土	9	一	庚子	土	8	三	庚午	土	7	四	己亥	木	6	六	己巳	木	4	日	戊戌	木
廿六	10	日	辛未	土	10	二	辛丑	土	9	四	辛未	土	8	五	庚子	土	7	日	庚午	土	5	一	己亥	木
廿七	11	一	壬申	金	11	三	壬寅	金	10	五	壬申	金	9	六	辛丑	土	8	一	辛未	土	6	二	庚子	土
廿八	12	二	癸酉	金	12	四	癸卯	金	11	六	癸酉	金	10	日	壬寅	金	9	二	壬申	金	7	三	辛丑	土
廿九	13	三	甲戌	火	13	五	甲辰	火	12	日	甲戌	火	11	一	癸卯	金	10	三	癸酉	金	8	四	壬寅	金
三十	14	四	乙亥	火	14	六	乙巳	火					12	二	甲辰	火					9	五	癸卯	金

公元二〇二四年　　岁次:甲辰　　生肖:龙　　太岁:李成　　纳音:覆灯火

月别	正月小				二月大				三月小				四月小				五月大				六月小			
干支	丙寅				丁卯				戊辰				己巳				庚午				辛未			
九星	五黄				四绿				三碧				二黑				一白				九紫			

廿四节气

	节名	雨水	惊蛰	春分	清明	谷雨	立夏	小满	芒种	夏至	小暑	大暑
	农历	初十	廿五	十一	廿六	十一	廿七	十三	廿九	十六	初一	十七
	时辰	午时	巳时	午时	申时	亥时	辰时	戌时	午时	寅时	亥时	申时
	公历	2月19日	3月5日	3月20日	4月4日	4月19日	5月5日	5月20日	6月5日	6月21日	7月6日	7月22日
	时间	12时18分	10时19分	11时8分	15时1分	22时8分	8时20分	21时18分	12时32分	5时20分	22时56分	16时27分

农历	公历	星期	天地干支	五行	公历	星期	天地干支	五行	公历	星期	天地干支	五行	公历	星期	天地干支	五行	公历	星期	天地干支	五行	公历	星期	天地干支	五行
初一	10	六	甲辰	火	10	日	癸酉	金	9	二	癸卯	金	8	三	壬申	金	6	四	辛丑	土	6	六	辛未	土
初二	11	日	乙巳	火	11	一	甲戌	火	10	三	甲辰	火	9	四	癸酉	金	7	五	壬寅	金	7	日	壬申	金
初三	12	一	丙午	水	12	二	乙亥	火	11	四	乙巳	火	10	五	甲戌	火	8	六	癸卯	金	8	一	癸酉	金
初四	13	二	丁未	水	13	三	丙子	水	12	五	丙午	水	11	六	乙亥	火	9	日	甲辰	火	9	二	甲戌	火
初五	14	三	戊申	土	14	四	丁丑	水	13	六	丁未	水	12	日	丙子	水	10	一	乙巳	火	10	三	乙亥	火
初六	15	四	己酉	土	15	五	戊寅	土	14	日	戊申	土	13	一	丁丑	水	11	二	丙午	水	11	四	丙子	水
初七	16	五	庚戌	金	16	六	己卯	土	15	一	己酉	土	14	二	戊寅	土	12	三	丁未	水	12	五	丁丑	土
初八	17	六	辛亥	金	17	日	庚辰	金	16	二	庚戌	金	15	三	己卯	土	13	四	戊申	土	13	六	戊寅	土
初九	18	日	壬子	木	18	一	辛巳	金	17	三	辛亥	金	16	四	庚辰	金	14	五	己酉	土	14	日	己卯	土
初十	19	一	癸丑	木	19	二	壬午	木	18	四	壬子	木	17	五	辛巳	金	15	六	庚戌	金	15	一	庚辰	金
十一	20	二	甲寅	水	20	三	癸未	木	19	五	癸丑	木	18	六	壬午	木	16	日	辛亥	金	16	二	辛巳	金
十二	21	三	乙卯	水	21	四	甲申	水	20	六	甲寅	水	19	日	癸未	木	17	一	壬子	木	17	三	壬午	木
十三	22	四	丙辰	土	22	五	乙酉	水	21	日	乙卯	水	20	一	甲申	水	18	二	癸丑	木	18	四	癸未	木
十四	23	五	丁巳	土	23	六	丙戌	土	22	一	丙辰	土	21	二	乙酉	水	19	三	甲寅	水	19	五	甲申	水
十五	24	六	戊午	火	24	日	丁亥	土	23	二	丁巳	土	22	三	丙戌	土	20	四	乙卯	水	20	六	乙酉	水
十六	25	日	己未	火	25	一	戊子	火	24	三	戊午	火	23	四	丁亥	土	21	五	丙辰	土	21	日	丙戌	土
十七	26	一	庚申	木	26	二	己丑	火	25	四	己未	火	24	五	戊子	火	22	六	丁巳	土	22	一	丁亥	土
十八	27	二	辛酉	木	27	三	庚寅	木	26	五	庚申	木	25	六	己丑	火	23	日	戊午	火	23	二	戊子	火
十九	28	三	壬戌	水	28	四	辛卯	木	27	六	辛酉	木	26	日	庚寅	木	24	一	己未	火	24	三	己丑	火
二十	29	四	癸亥	水	29	五	壬辰	水	28	日	壬戌	水	27	一	辛卯	木	25	二	庚申	木	25	四	庚寅	木
廿一	3月	五	甲子	金	30	六	癸巳	水	29	一	癸亥	水	28	二	壬辰	水	26	三	辛酉	木	26	五	辛卯	木
廿二	2	六	乙丑	金	31	日	甲午	金	30	二	甲子	金	29	三	癸巳	水	27	四	壬戌	水	27	六	壬辰	水
廿三	3	日	丙寅	火	4月	一	乙未	金	5月	三	乙丑	金	30	四	甲午	金	28	五	癸亥	水	28	日	癸巳	水
廿四	4	一	丁卯	火	2	二	丙申	火	2	四	丙寅	火	31	五	乙未	金	29	六	甲子	金	29	一	甲午	金
廿五	5	二	戊辰	木	3	三	丁酉	火	3	五	丁卯	火	6月	六	丙申	火	30	日	乙丑	金	30	二	乙未	金
廿六	6	三	己巳	木	4	四	戊戌	木	4	六	戊辰	木	2	日	丁酉	火	7月	一	丙寅	火	31	三	丙申	金
廿七	7	四	庚午	土	5	五	己亥	木	5	日	己巳	木	3	一	戊戌	木	2	二	丁卯	火	8月	四	丁酉	火
廿八	8	五	辛未	土	6	六	庚子	土	6	一	庚午	土	4	二	己亥	木	3	三	戊辰	木	2	五	戊戌	木
廿九	9	六	壬申	金	7	日	辛丑	土	7	二	辛未	土	5	三	庚子	土	4	四	己巳	木	3	六	己亥	木
三十					8	一	壬寅	金									5	五	庚午	土				

— 316 —

公元二〇二四年　岁次:甲辰　生肖:龙　太岁:李成　纳音:覆灯火

月别	七月大				八月大				九月小				十月大				十一月大				十二月小			
干支	壬申				癸酉				甲戌				乙亥				丙子				丁丑			
九星	八白				七赤				六白				五黄				四绿				三碧			

廿四节气

节名	立秋	处暑	白露	秋分	寒露	霜降	立冬	小雪	大雪	冬至	小寒	大寒
农历	初四	十九	初五	二十	初六	廿一	初七	廿二	初六	廿一	初六	廿一
时辰	辰时	亥时	午时	戌时	寅时	卯时	卯时	寅时	子时	酉时	巳时	寅时
公历	8月7日	8月22日	9月7日	9月22日	10月8日	10月23日	11月7日	11月22日	12月6日	12月21日	1月5日	1月20日
时间	9时3分	23时55分	12时25分	22时2分	4时29分	7时41分	7时47分	5时12分	0时27分	18时11分	11时13分	4时21分

农历	公历	星期	天地干支	五行	公历	星期	天地干支	五行	公历	星期	天地干支	五行	公历	星期	天地干支	五行	公历	星期	天地干支	五行	公历	星期	天地干支	五行
初一	4	日	庚子	土	3	二	庚午	土	3	四	庚子	土	11月	五	己巳	木	12月	日	己亥	木	31	二	己巳	木
初二	5	一	辛丑	土	4	三	辛未	土	4	五	辛丑	土	2	六	庚午	土	2	一	庚子	土	1月	三	庚午	土
初三	6	二	壬寅	金	5	四	壬申	金	5	六	壬寅	金	3	日	辛未	土	3	二	辛丑	土	2	四	辛未	土
初四	7	三	癸卯	金	6	五	癸酉	金	6	日	癸卯	金	4	一	壬申	金	4	三	壬寅	金	3	五	壬申	金
初五	8	四	甲辰	火	7	六	甲戌	火	7	一	甲辰	火	5	二	癸酉	金	5	四	癸卯	金	4	六	癸酉	金
初六	9	五	乙巳	火	8	日	乙亥	火	8	二	乙巳	火	6	三	甲戌	火	6	五	甲辰	火	5	日	甲戌	火
初七	10	六	丙午	水	9	一	丙子	水	9	三	丙午	水	7	四	乙亥	火	7	六	乙巳	火	6	一	乙亥	火
初八	11	日	丁未	水	10	二	丁丑	水	10	四	丁未	水	8	五	丙子	水	8	日	丙午	水	7	二	丙子	水
初九	12	一	戊申	土	11	三	戊寅	土	11	五	戊申	土	9	六	丁丑	水	9	一	丁未	水	8	三	丁丑	水
初十	13	二	己酉	土	12	四	己卯	土	12	六	己酉	土	10	日	戊寅	土	10	二	戊申	土	9	四	戊寅	土
十一	14	三	庚戌	金	13	五	庚辰	金	13	日	庚戌	金	11	一	己卯	土	11	三	己酉	土	10	五	己卯	土
十二	15	四	辛亥	金	14	六	辛巳	金	14	一	辛亥	金	12	二	庚辰	金	12	四	庚戌	金	11	六	庚辰	金
十三	16	五	壬子	木	15	日	壬午	木	15	二	壬子	木	13	三	辛巳	金	13	五	辛亥	金	12	日	辛巳	金
十四	17	六	癸丑	木	16	一	癸未	木	16	三	癸丑	木	14	四	壬午	木	14	六	壬子	木	13	一	壬午	木
十五	18	日	甲寅	水	17	二	甲申	水	17	四	甲寅	水	15	五	癸未	木	15	日	癸丑	木	14	二	癸未	木
十六	19	一	乙卯	水	18	三	乙酉	水	18	五	乙卯	水	16	六	甲申	水	16	一	甲寅	水	15	三	甲申	水
十七	20	二	丙辰	土	19	四	丙戌	土	19	六	丙辰	土	17	日	乙酉	水	17	二	乙卯	水	16	四	乙酉	水
十八	21	三	丁巳	土	20	五	丁亥	土	20	日	丁巳	土	18	一	丙戌	土	18	三	丙辰	土	17	五	丙戌	土
十九	22	四	戊午	火	21	六	戊子	火	21	一	戊午	火	19	二	丁亥	土	19	四	丁巳	土	18	六	丁亥	土
二十	23	五	己未	火	22	日	己丑	火	22	二	己未	火	20	三	戊子	火	20	五	戊午	火	19	日	戊子	火
廿一	24	六	庚申	木	23	一	庚寅	木	23	三	庚申	木	21	四	己丑	火	21	六	己未	火	20	一	己丑	火
廿二	25	日	辛酉	木	24	二	辛卯	木	24	四	辛酉	木	22	五	庚寅	木	22	日	庚申	木	21	二	庚寅	木
廿三	26	一	壬戌	水	25	三	壬辰	水	25	五	壬戌	水	23	六	辛卯	木	23	一	辛酉	木	22	三	辛卯	木
廿四	27	二	癸亥	水	26	四	癸巳	水	26	六	癸亥	水	24	日	壬辰	水	24	二	壬戌	水	23	四	壬辰	水
廿五	28	三	甲子	金	27	五	甲午	金	27	日	甲子	金	25	一	癸巳	水	25	三	癸亥	水	24	五	癸巳	水
廿六	29	四	乙丑	金	28	六	乙未	金	28	一	乙丑	金	26	二	甲午	金	26	四	甲子	金	25	六	甲午	金
廿七	30	五	丙寅	火	29	日	丙申	火	29	二	丙寅	火	27	三	乙未	金	27	五	乙丑	金	26	日	乙未	金
廿八	31	六	丁卯	火	30	一	丁酉	火	30	三	丁卯	火	28	四	丙申	火	28	六	丙寅	火	27	一	丙申	火
廿九	9月	日	戊辰	木	10月	二	戊戌	木	31	四	戊辰	木	29	五	丁酉	火	29	日	丁卯	火	28	二	丁酉	火
三十	2	一	己巳	木	2	三	己亥	木					30	六	戊戌	木	30	一	戊辰	木				

公元二○二五年 （闰六月） 岁次：乙巳 生肖：蛇 太岁：吴遂 纳音：覆灯火

月别	正月大		二月小		三月大		四月小		五月小		六月大		闰六月小	
干支	戊寅		己卯		庚辰		辛巳		壬午		癸未		癸未	
九星	二黑		一白		九紫		八白		七赤		六白		六白	

廿四节气

节名	立春	雨水	惊蛰	春分	清明	谷雨	立夏	小满	芒种	夏至	小暑	大暑	立秋
农历	初六	廿一	初六	廿一	初七	廿三	初八	廿四	初十	廿六	十三	廿八	十四
时辰	亥时	酉时	申时	酉时	戌时	寅时	未时	丑时	酉时	巳时	寅时	亥时	未时
公历	2月3日	2月18日	3月5日	3月20日	4月4日	4月20日	5月5日	5月21日	6月5日	6月21日	7月7日	7月22日	8月7日
时间	22时25分	18时8分	16时9分	16时57分	20时50分	3时55分	14时9分	3时7分	18时20分	11时9分	4时44分	22时15分	14时51分

农历	正月大 公历	星期	天地干支	五行	二月小 公历	星期	天地干支	五行	三月大 公历	星期	天地干支	五行	四月小 公历	星期	天地干支	五行	五月小 公历	星期	天地干支	五行	六月大 公历	星期	天地干支	五行	闰六月小 公历	星期	天地干支	五行
初一	29	三	戊戌	木	28	五	戊辰	木	29	六	丁酉	火	28	一	丁卯	火	27	二	丙申	火	25	三	乙丑	金	25	五	乙未	金
初二	30	四	己亥	木	3月	六	己巳	木	30	日	戊戌	木	29	二	戊辰	木	28	三	丁酉	火	26	四	丙寅	火	26	六	丙申	火
初三	31	五	庚子	土	2	日	庚午	土	31	一	己亥	木	30	三	己巳	木	29	四	戊戌	木	27	五	丁卯	火	27	日	丁酉	火
初四	2月	六	辛丑	土	3	一	辛未	土	4月	二	庚子	土	5月	四	庚午	火	30	五	己亥	木	28	六	戊辰	木	28	一	戊戌	木
初五	2	日	壬寅	金	4	二	壬申	金	2	三	辛丑	土	2	五	辛未	土	31	六	庚子	土	29	日	己巳	木	29	二	己亥	木
初六	3	一	癸卯	金	5	三	癸酉	金	3	四	壬寅	金	3	六	壬申	金	6月	日	辛丑	土	30	一	庚午	土	30	三	庚子	土
初七	4	二	甲辰	火	6	四	甲戌	火	4	五	癸卯	金	4	日	癸酉	金	2	一	壬寅	金	7月	二	辛未	土	31	四	辛丑	土
初八	5	三	乙巳	火	7	五	乙亥	火	5	六	甲辰	火	5	一	甲戌	火	3	二	癸卯	金	2	三	壬申	金	8月	五	壬寅	金
初九	6	四	丙午	水	8	六	丙子	水	6	日	乙巳	火	6	二	乙亥	火	4	三	甲辰	火	3	四	癸酉	金	2	六	癸卯	金
初十	7	五	丁未	水	9	日	丁丑	水	7	一	丙午	水	7	三	丙子	水	5	四	乙巳	火	4	五	甲戌	火	3	日	甲辰	火
十一	8	六	戊申	土	10	一	戊寅	土	8	二	丁未	水	8	四	丁丑	水	6	五	丙午	水	5	六	乙亥	火	4	一	乙巳	火
十二	9	日	己酉	土	11	二	己卯	土	9	三	戊申	土	9	五	戊寅	土	7	六	丁未	水	6	日	丙子	水	5	二	丙午	水
十三	10	一	庚戌	金	12	三	庚辰	金	10	四	己酉	土	10	六	己卯	土	8	日	戊申	土	7	一	丁丑	水	6	三	丁未	水
十四	11	二	辛亥	金	13	四	辛巳	金	11	五	庚戌	金	11	日	庚辰	金	9	一	己酉	土	8	二	戊寅	土	7	四	戊申	土
十五	12	三	壬子	木	14	五	壬午	木	12	六	辛亥	金	12	一	辛巳	金	10	二	庚戌	金	9	三	己卯	土	8	五	己酉	土
十六	13	四	癸丑	木	15	六	癸未	木	13	日	壬子	木	13	二	壬午	木	11	三	辛亥	金	10	四	庚辰	金	9	六	庚戌	金
十七	14	五	甲寅	水	16	日	甲申	水	14	一	癸丑	木	14	三	癸未	木	12	四	壬子	木	11	五	辛巳	金	10	日	辛亥	金
十八	15	六	乙卯	水	17	一	乙酉	水	15	二	甲寅	水	15	四	甲申	水	13	五	癸丑	木	12	六	壬午	木	11	一	壬子	木
十九	16	日	丙辰	土	18	二	丙戌	土	16	三	乙卯	水	16	五	乙酉	水	14	六	甲寅	水	13	日	癸未	木	12	二	癸丑	木
二十	17	一	丁巳	土	19	三	丁亥	土	17	四	丙辰	土	17	六	丙戌	土	15	日	乙卯	水	14	一	甲申	水	13	三	甲寅	水
廿一	18	二	戊午	火	20	四	戊子	火	18	五	丁巳	土	18	日	丁亥	土	16	一	丙辰	土	15	二	乙酉	水	14	四	乙卯	水
廿二	19	三	己未	火	21	五	己丑	火	19	六	戊午	火	19	一	戊子	火	17	二	丁巳	土	16	三	丙戌	土	15	五	丙辰	土
廿三	20	四	庚申	木	22	六	庚寅	木	20	日	己未	火	20	二	己丑	火	18	三	戊午	火	17	四	丁亥	土	16	六	丁巳	土
廿四	21	五	辛酉	木	23	日	辛卯	木	21	一	庚申	木	21	三	庚寅	木	19	四	己未	火	18	五	戊子	火	17	日	戊午	火
廿五	22	六	壬戌	水	24	一	壬辰	水	22	二	辛酉	木	22	四	辛卯	木	20	五	庚申	木	19	六	己丑	火	18	一	己未	火
廿六	23	日	癸亥	水	25	二	癸巳	水	23	三	壬戌	水	23	五	壬辰	水	21	六	辛酉	木	20	日	庚寅	木	19	二	庚申	木
廿七	24	一	甲子	金	26	三	甲午	金	24	四	癸亥	水	24	六	癸巳	水	22	日	壬戌	水	21	一	辛卯	木	20	三	辛酉	木
廿八	25	二	乙丑	金	27	四	乙未	金	25	五	甲子	金	25	日	甲午	金	23	一	癸亥	水	22	二	壬辰	水	21	四	壬戌	水
廿九	26	三	丙寅	火	28	五	丙申	火	26	六	乙丑	金	26	一	乙未	金	24	二	甲子	金	23	三	癸巳	水	22	五	癸亥	水
三十	27	四	丁卯	火					27	日	丙寅	火									24	四	甲午	金				

公元二○二五年　（闰六月）　岁次:乙巳　生肖:蛇　太岁:吴遂　纳音:覆灯火

月别	七月大	八月小	九月大	十月大	十一月大	十二月小
干支	甲申	乙酉	丙戌	丁亥	戊子	己丑
九星	五黄	四绿	三碧	二黑	一白	九紫

廿四节气

	节名	处暑	白露	秋分	寒露	霜降	立冬	小雪	大雪	冬至	小寒	大寒	立春
廿四节气	农历	初一	十六	初二	十七	初三	十八	初三	十八	初二	十七	初二	十七
	时辰	寅时	申时	丑时	辰时	午时	午时	巳时	卯时	子时	申时	巳时	寅时
	公历	8月23日	9月7日	9月23日	10月8日	10月23日	11月7日	11月22日	12月7日	12月21日	1月5日	1月20日	2月4日
	时间	5时43分	18时13分	3时51分	10时17分	13时30分	13时38分	11时2分	6时16分	0时1分	17时3分	10时11分	4时14分

历表

农历	七月(甲申)公历	星期	天地干支	五行	八月(乙酉)公历	星期	天地干支	五行	九月(丙戌)公历	星期	天地干支	五行	十月(丁亥)公历	星期	天地干支	五行	十一月(戊子)公历	星期	天地干支	五行	十二月(己丑)公历	星期	天地干支	五行
初一	23	六	甲子	金	22	一	甲午	金	21	二	癸亥	水	20	四	癸巳	水	20	六	癸亥	水	19	一	癸巳	水
初二	24	日	乙丑	金	23	二	乙未	金	22	三	甲子	金	21	五	甲午	金	21	日	甲子	金	20	二	甲午	金
初三	25	一	丙寅	火	24	三	丙申	火	23	四	乙丑	金	22	六	乙未	金	22	一	乙丑	金	21	三	乙未	金
初四	26	二	丁卯	火	25	四	丁酉	火	24	五	丙寅	火	23	日	丙申	火	23	二	丙寅	火	22	四	丙申	火
初五	27	三	戊辰	木	26	五	戊戌	木	25	六	丁卯	火	24	一	丁酉	火	24	三	丁卯	火	23	五	丁酉	火
初六	28	四	己巳	木	27	六	己亥	木	26	日	戊辰	木	25	二	戊戌	木	25	四	戊辰	木	24	六	戊戌	木
初七	29	五	庚午	土	28	日	庚子	土	27	一	己巳	木	26	三	己亥	木	26	五	己巳	木	25	日	己亥	木
初八	30	六	辛未	土	29	一	辛丑	土	28	二	庚午	土	27	四	庚子	土	27	六	庚午	土	26	一	庚子	土
初九	31	日	壬申	金	30	二	壬寅	金	29	三	辛未	土	28	五	辛丑	土	28	日	辛未	土	27	二	辛丑	土
初十	9月	一	癸酉	金	10月	三	癸卯	金	30	四	壬申	金	29	六	壬寅	金	29	一	壬申	金	28	三	壬寅	金
十一	2	二	甲戌	火	2	四	甲辰	火	31	五	癸酉	金	30	日	癸卯	金	30	二	癸酉	金	29	四	癸卯	金
十二	3	三	乙亥	火	3	五	乙巳	火	11月	六	甲戌	火	12月	一	甲辰	火	31	三	甲戌	火	30	五	甲辰	火
十三	4	四	丙子	水	4	六	丙午	水	2	日	乙亥	火	2	二	乙巳	火	1月	四	乙亥	火	31	六	乙巳	火
十四	5	五	丁丑	水	5	日	丁未	水	3	一	丙子	水	3	三	丙午	水	2	五	丙子	水	2月	日	丙午	水
十五	6	六	戊寅	土	6	一	戊申	土	4	二	丁丑	水	4	四	丁未	水	3	六	丁丑	水	2	一	丁未	水
十六	7	日	己卯	土	7	二	己酉	土	5	三	戊寅	土	5	五	戊申	土	4	日	戊寅	土	3	二	戊申	土
十七	8	一	庚辰	金	8	三	庚戌	金	6	四	己卯	土	6	六	己酉	土	5	一	己卯	土	4	三	己酉	土
十八	9	二	辛巳	金	9	四	辛亥	金	7	五	庚辰	金	7	日	庚戌	金	6	二	庚辰	金	5	四	庚戌	金
十九	10	三	壬午	木	10	五	壬子	木	8	六	辛巳	金	8	一	辛亥	金	7	三	辛巳	金	6	五	辛亥	金
二十	11	四	癸未	木	11	六	癸丑	木	9	日	壬午	木	9	二	壬子	木	8	四	壬午	木	7	六	壬子	木
廿一	12	五	甲申	水	12	日	甲寅	水	10	一	癸未	木	10	三	癸丑	木	9	五	癸未	木	8	日	癸丑	木
廿二	13	六	乙酉	水	13	一	乙卯	水	11	二	甲申	水	11	四	甲寅	水	10	六	甲申	水	9	一	甲寅	水
廿三	14	日	丙戌	土	14	二	丙辰	土	12	三	乙酉	水	12	五	乙卯	水	11	日	乙酉	水	10	二	乙卯	水
廿四	15	一	丁亥	土	15	三	丁巳	土	13	四	丙戌	土	13	六	丙辰	土	12	一	丙戌	土	11	三	丙辰	土
廿五	16	二	戊子	火	16	四	戊午	火	14	五	丁亥	土	14	日	丁巳	土	13	二	丁亥	土	12	四	丁巳	土
廿六	17	三	己丑	火	17	五	己未	火	15	六	戊子	火	15	一	戊午	火	14	三	戊子	火	13	五	戊午	火
廿七	18	四	庚寅	木	18	六	庚申	木	16	日	己丑	火	16	二	己未	火	15	四	己丑	火	14	六	己未	火
廿八	19	五	辛卯	木	19	日	辛酉	木	17	一	庚寅	木	17	三	庚申	木	16	五	庚寅	木	15	日	庚申	木
廿九	20	六	壬辰	水	20	一	壬戌	水	18	二	辛卯	木	18	四	辛酉	木	17	六	辛卯	木	16	一	辛酉	木
三十	21	日	癸巳	水					19	三	壬辰	水	19	五	壬戌	水	18	日	壬辰	水				

公元二〇二六年　岁次:丙午　生肖:马　太岁:文折　纳音:天河水

月别	正月大				二月小				三月大				四月小				五月小				六月大			
干支	庚寅				辛卯				壬辰				癸巳				甲午				乙未			
九星	八白				七赤				六白				五黄				四绿				三碧			

廿四节气

节名	雨水	惊蛰	春分	清明	谷雨	立夏	小满	芒种	夏至	小暑	大暑	立秋
农历	初二	十七	初二	十八	初四	十九	初五	二十	初七	廿三	初十	廿五
时辰	子时	亥时	亥时	丑时	巳时	戌时	辰时	子时	申时	巳时	寅时	戌时
公历	2月18日	3月5日	3月20日	4月5日	4月20日	5月5日	5月21日	6月5日	6月21日	7月7日	7月23日	8月7日
时间	23时57分	21时58分	22时46分	2时39分	9时46分	19时57分	8时55分	0时9分	16时57分	10时32分	4时3分	20时39分

农历	公历	星期	天地干支	五行	公历	星期	天地干支	五行	公历	星期	天地干支	五行	公历	星期	天地干支	五行	公历	星期	天地干支	五行	公历	星期	天地干支	五行
初一	17	二	壬戌	水	19	四	壬辰	水	17	五	辛酉	木	17	日	辛卯	木	15	一	庚申	木	14	二	己丑	火
初二	18	三	癸亥	水	20	五	癸巳	水	18	六	壬戌	水	18	一	壬辰	水	16	二	辛酉	木	15	三	庚寅	木
初三	19	四	甲子	金	21	六	甲午	金	19	日	癸亥	水	19	二	癸巳	水	17	三	壬戌	水	16	四	辛卯	木
初四	20	五	乙丑	金	22	日	乙未	金	20	一	甲子	金	20	三	甲午	金	18	四	癸亥	水	17	五	壬辰	水
初五	21	六	丙寅	火	23	一	丙申	火	21	二	乙丑	金	21	四	乙未	金	19	五	甲子	金	18	六	癸巳	水
初六	22	日	丁卯	火	24	二	丁酉	火	22	三	丙寅	火	22	五	丙申	火	20	六	乙丑	金	19	日	甲午	金
初七	23	一	戊辰	木	25	三	戊戌	木	23	四	丁卯	火	23	六	丁酉	火	21	日	丙寅	火	20	一	乙未	金
初八	24	二	己巳	木	26	四	己亥	木	24	五	戊辰	木	24	日	戊戌	木	22	一	丁卯	火	21	二	丙申	火
初九	25	三	庚午	土	27	五	庚子	土	25	六	己巳	木	25	一	己亥	木	23	二	戊辰	木	22	三	丁酉	火
初十	26	四	辛未	土	28	六	辛丑	土	26	日	庚午	土	26	二	庚子	土	24	三	己巳	木	23	四	戊戌	木
十一	27	五	壬申	金	29	日	壬寅	金	27	一	辛未	土	27	三	辛丑	土	25	四	庚午	土	24	五	己亥	木
十二	28	六	癸酉	金	30	一	癸卯	金	28	二	壬申	金	28	四	壬寅	金	26	五	辛未	土	25	六	庚子	土
十三	3月2	日	甲戌	火	31	二	甲辰	火	29	三	癸酉	金	29	五	癸卯	金	27	六	壬申	金	26	日	辛丑	土
十四	2	一	乙亥	火	4月1	三	乙巳	火	30	四	甲戌	火	30	六	甲辰	火	28	日	癸酉	金	27	一	壬寅	金
十五	3	二	丙子	水	2	四	丙午	水	5月1	五	乙亥	火	31	日	乙巳	火	29	一	甲戌	火	28	二	癸卯	金
十六	4	三	丁丑	水	3	五	丁未	水	2	六	丙子	水	6月1	一	丙午	水	30	二	乙亥	火	29	三	甲辰	火
十七	5	四	戊寅	土	4	六	戊申	土	3	日	丁丑	水	2	二	丁未	水	7月1	三	丙子	水	30	四	乙巳	火
十八	6	五	己卯	土	5	日	己酉	土	4	一	戊寅	土	3	三	戊申	土	2	四	丁丑	水	31	五	丙午	水
十九	7	六	庚辰	金	6	一	庚戌	金	5	二	己卯	土	4	四	己酉	土	3	五	戊寅	土	8月1	六	丁未	水
二十	8	日	辛巳	金	7	二	辛亥	金	6	三	庚辰	金	5	五	庚戌	金	4	六	己卯	土	2	日	戊申	土
廿一	9	一	壬午	木	8	三	壬子	木	7	四	辛巳	金	6	六	辛亥	金	5	日	庚辰	金	3	一	己酉	土
廿二	10	二	癸未	木	9	四	癸丑	木	8	五	壬午	木	7	日	壬子	木	6	一	辛巳	金	4	二	庚戌	金
廿三	11	三	甲申	水	10	五	甲寅	水	9	六	癸未	木	8	一	癸丑	木	7	二	壬午	木	5	三	辛亥	金
廿四	12	四	乙酉	水	11	六	乙卯	水	10	日	甲申	水	9	二	甲寅	水	8	三	癸未	木	6	四	壬子	木
廿五	13	五	丙戌	土	12	日	丙辰	土	11	一	乙酉	水	10	三	乙卯	水	9	四	甲申	水	7	五	癸丑	木
廿六	14	六	丁亥	土	13	一	丁巳	土	12	二	丙戌	土	11	四	丙辰	土	10	五	乙酉	水	8	六	甲寅	水
廿七	15	日	戊子	火	14	二	戊午	火	13	三	丁亥	土	12	五	丁巳	土	11	六	丙戌	土	9	日	乙卯	水
廿八	16	一	己丑	火	15	三	己未	火	14	四	戊子	火	13	六	戊午	火	12	日	丁亥	土	10	一	丙辰	土
廿九	17	二	庚寅	木	16	四	庚申	木	15	五	己丑	火	14	日	己未	火	13	一	戊子	火	11	二	丁巳	土
三十	18	三	辛卯	木					16	六	庚寅	木									12	三	戊午	火

公元二〇二六年　岁次:丙午　生肖:马　太岁:文折　纳音:天河水

月别	七月小	八月小	九月大	十月大	十一月大	十二月小
干支	丙申	丁酉	戊戌	己亥	庚子	辛丑
九星	二黑	一白	九紫	八白	七赤	六白

廿四节气

	节名	处暑	白露	秋分	寒露	霜降	立冬	小雪	大雪	冬至	小寒	大寒	立春
	农历	十一	廿六	十三	廿八	十四	廿九	十四	廿九	十四	廿八	十三	廿八
	时辰	巳时	亥时	辰时	未时	酉时	酉时	申时	巳时	寅时	亥时	申时	巳时
	公历	8月23日	9月7日	9月23日	10月8日	10月23日	11月7日	11月22日	12月7日	12月22日	1月5日	1月20日	2月4日
	时间	11时32分	0时2分	9时40分	16时6分	19时19分	19时27分	16时51分	12时6分	5时50分	22时53分	16时0分	10时4分

农历	七月公历	星期	天地干支	五行	八月公历	星期	天地干支	五行	九月公历	星期	天地干支	五行	十月公历	星期	天地干支	五行	十一月公历	星期	天地干支	五行	十二月公历	星期	天地干支	五行
初一	13	四	己未	火	11	五	戊子	火	10	六	丁巳	土	9	一	丁亥	土	9	三	丁巳	土	8	五	丁亥	土
初二	14	五	庚申	木	12	六	己丑	火	11	日	戊午	火	10	二	戊子	火	10	四	戊午	火	9	六	戊子	火
初三	15	六	辛酉	木	13	日	庚寅	木	12	一	己未	火	11	三	己丑	火	11	五	己未	火	10	日	己丑	火
初四	16	日	壬戌	水	14	一	辛卯	木	13	二	庚申	木	12	四	庚寅	木	12	六	庚申	木	11	一	庚寅	木
初五	17	一	癸亥	水	15	二	壬辰	水	14	三	辛酉	木	13	五	辛卯	木	13	日	辛酉	木	12	二	辛卯	木
初六	18	二	甲子	金	16	三	癸巳	水	15	四	壬戌	水	14	六	壬辰	水	14	一	壬戌	水	13	三	壬辰	水
初七	19	三	乙丑	金	17	四	甲午	金	16	五	癸亥	水	15	日	癸巳	水	15	二	癸亥	水	14	四	癸巳	水
初八	20	四	丙寅	火	18	五	乙未	金	17	六	甲子	金	16	一	甲午	金	16	三	甲子	金	15	五	甲午	金
初九	21	五	丁卯	火	19	六	丙申	火	18	日	乙丑	金	17	二	乙未	金	17	四	乙丑	金	16	六	乙未	金
初十	22	六	戊辰	木	20	日	丁酉	火	19	一	丙寅	火	18	三	丙申	火	18	五	丙寅	火	17	日	丙申	火
十一	23	日	己巳	木	21	一	戊戌	木	20	二	丁卯	火	19	四	丁酉	火	19	六	丁卯	火	18	一	丁酉	火
十二	24	一	庚午	土	22	二	己亥	木	21	三	戊辰	木	20	五	戊戌	木	20	日	戊辰	木	19	二	戊戌	木
十三	25	二	辛未	土	23	三	庚子	土	22	四	己巳	木	21	六	己亥	木	21	一	己巳	木	20	三	己亥	木
十四	26	三	壬申	金	24	四	辛丑	土	23	五	庚午	土	22	日	庚子	土	22	二	庚午	土	21	四	庚子	土
十五	27	四	癸酉	金	25	五	壬寅	金	24	六	辛未	土	23	一	辛丑	土	23	三	辛未	土	22	五	辛丑	土
十六	28	五	甲戌	火	26	六	癸卯	金	25	日	壬申	金	24	二	壬寅	金	24	四	壬申	金	23	六	壬寅	金
十七	29	六	乙亥	火	27	日	甲辰	火	26	一	癸酉	金	25	三	癸卯	金	25	五	癸酉	金	24	日	癸卯	金
十八	30	日	丙子	水	28	一	乙巳	火	27	二	甲戌	火	26	四	甲辰	火	26	六	甲戌	火	25	一	甲辰	火
十九	31	一	丁丑	水	29	二	丙午	水	28	三	乙亥	火	27	五	乙巳	火	27	日	乙亥	火	26	二	乙巳	火
二十	9月	二	戊寅	土	30	三	丁未	水	29	四	丙子	水	28	六	丙午	水	28	一	丙子	水	27	三	丙午	水
廿一	2	三	己卯	土	10月	四	戊申	土	30	五	丁丑	水	29	日	丁未	水	29	二	丁丑	水	28	四	丁未	水
廿二	3	四	庚辰	金	2	五	己酉	土	31	六	戊寅	土	30	一	戊申	土	30	三	戊寅	土	29	五	戊申	土
廿三	4	五	辛巳	金	3	六	庚戌	金	11月	日	己卯	土	12月	二	己酉	土	31	四	己卯	土	30	六	己酉	土
廿四	5	六	壬午	木	4	日	辛亥	金	2	一	庚辰	金	2	三	庚戌	金	1月	五	庚辰	金	31	日	庚戌	金
廿五	6	日	癸未	木	5	一	壬子	木	3	二	辛巳	金	3	四	辛亥	金	2	六	辛巳	金	2月	一	辛亥	金
廿六	7	一	甲申	水	6	二	癸丑	木	4	三	壬午	木	4	五	壬子	木	3	日	壬午	木	2	二	壬子	木
廿七	8	二	乙酉	水	7	三	甲寅	水	5	四	癸未	木	5	六	癸丑	木	4	一	癸未	木	3	三	癸丑	木
廿八	9	三	丙戌	土	8	四	乙卯	水	6	五	甲申	水	6	日	甲寅	水	5	二	甲申	水	4	四	甲寅	水
廿九	10	四	丁亥	土	9	五	丙辰	土	7	六	乙酉	水	7	一	乙卯	水	6	三	乙酉	水	5	五	乙卯	水
三十									8	日	丙戌	土	8	二	丙辰	土	7	四	丙戌	土				

公元二〇二七年　　岁次:丁未　　生肖:羊　　太岁:僇丙　　纳音:天河水

月别	正月大				二月大				三月小				四月大				五月小				六月小			
干支	壬寅				癸卯				甲辰				乙巳				丙午				丁未				
九星	五黄				四绿				三碧				二黑				一白				九紫				
节名	雨水		惊蛰		春分		清明		谷雨				立夏		小满		芒种		夏至		小暑		大暑	
农历	十四		廿九		十四		廿九		十四				初一		十六		初二		十七		初四		二十	
时辰	卯时		寅时		寅时		辰时		申时				丑时		未时		卯时		亥时		申时		巳时	
公历	2月19日		3月6日		3月21日		4月5日		4月20日				5月6日		5月21日		6月6日		6月21日		7月7日		7月23日	
时间	5时47分		3时47分		4时35分		8时29分		15时34分				1时46分		14时44分		5时56分		22时45分		16时20分		9时52分	

农历	公历	星期	天地干支	五行	公历	星期	天地干支	五行	公历	星期	天地干支	五行	公历	星期	天地干支	五行	公历	星期	天地干支	五行	公历	星期	天地干支	五行
初一	6	六	丙辰	土	8	一	丙戌	土	7	三	丙辰	土	6	四	乙酉	水	5	六	乙卯	水	4	日	甲申	水
初二	7	日	丁巳	土	9	二	丁亥	土	8	四	丁巳	土	7	五	丙戌	土	6	日	丙辰	土	5	一	乙酉	水
初三	8	一	戊午	火	10	三	戊子	火	9	五	戊午	火	8	六	丁亥	土	7	一	丁巳	土	6	二	丙戌	土
初四	9	二	己未	火	11	四	己丑	火	10	六	己未	火	9	日	戊子	火	8	二	戊午	火	7	三	丁亥	土
初五	10	三	庚申	木	12	五	庚寅	木	11	日	庚申	木	10	一	己丑	火	9	三	己未	火	8	四	戊子	火
初六	11	四	辛酉	木	13	六	辛卯	木	12	一	辛酉	木	11	二	庚寅	木	10	四	庚申	木	9	五	己丑	火
初七	12	五	壬戌	水	14	日	壬辰	水	13	二	壬戌	水	12	三	辛卯	木	11	五	辛酉	木	10	六	庚寅	木
初八	13	六	癸亥	水	15	一	癸巳	水	14	三	癸亥	水	13	四	壬辰	水	12	六	壬戌	水	11	日	辛卯	木
初九	14	日	甲子	金	16	二	甲午	金	15	四	甲子	金	14	五	癸巳	水	13	日	癸亥	水	12	一	壬辰	水
初十	15	一	乙丑	金	17	三	乙未	金	16	五	乙丑	金	15	六	甲午	金	14	一	甲子	金	13	二	癸巳	水
十一	16	二	丙寅	火	18	四	丙申	火	17	六	丙寅	火	16	日	乙未	金	15	二	乙丑	金	14	三	甲午	金
十二	17	三	丁卯	火	19	五	丁酉	火	18	日	丁卯	火	17	一	丙申	火	16	三	丙寅	火	15	四	乙未	金
十三	18	四	戊辰	木	20	六	戊戌	木	19	一	戊辰	木	18	二	丁酉	火	17	四	丁卯	火	16	五	丙申	火
十四	19	五	己巳	木	21	日	己亥	木	20	二	己巳	木	19	三	戊戌	木	18	五	戊辰	木	17	六	丁酉	火
十五	20	六	庚午	土	22	一	庚子	土	21	三	庚午	土	20	四	己亥	木	19	六	己巳	木	18	日	戊戌	木
十六	21	日	辛未	土	23	二	辛丑	土	22	四	辛未	土	21	五	庚子	土	20	日	庚午	土	19	一	己亥	木
十七	22	一	壬申	金	24	三	壬寅	金	23	五	壬申	金	22	六	辛丑	土	21	一	辛未	土	20	二	庚子	土
十八	23	二	癸酉	金	25	四	癸卯	金	24	六	癸酉	金	23	日	壬寅	金	22	二	壬申	金	21	三	辛丑	土
十九	24	三	甲戌	火	26	五	甲辰	火	25	日	甲戌	火	24	一	癸卯	金	23	三	癸酉	金	22	四	壬寅	金
二十	25	四	乙亥	火	27	六	乙巳	火	26	一	乙亥	火	25	二	甲辰	火	24	四	甲戌	火	23	五	癸卯	金
廿一	26	五	丙子	水	28	日	丙午	水	27	二	丙子	水	26	三	乙巳	火	25	五	乙亥	火	24	六	甲辰	火
廿二	27	六	丁丑	水	29	一	丁未	水	28	三	丁丑	水	27	四	丙午	水	26	六	丙子	水	25	日	乙巳	火
廿三	28	日	戊寅	土	30	二	戊申	土	29	四	戊寅	土	28	五	丁未	水	27	日	丁丑	水	26	一	丙午	水
廿四	**3月**1	一	己卯	土	31	三	己酉	土	30	五	己卯	土	29	六	戊申	土	28	一	戊寅	土	27	二	丁未	水
廿五	2	二	庚辰	金	**4月**1	四	庚戌	金	**5月**1	六	庚辰	金	30	日	己酉	土	29	二	己卯	土	28	三	戊申	土
廿六	3	三	辛巳	金	2	五	辛亥	金	2	日	辛巳	金	31	一	庚戌	金	30	三	庚辰	金	29	四	己酉	土
廿七	4	四	壬午	木	3	六	壬子	木	3	一	壬午	木	**6月**1	二	辛亥	金	**7月**1	四	辛巳	金	30	五	庚戌	金
廿八	5	五	癸未	木	4	日	癸丑	木	4	二	癸未	木	2	三	壬子	木	2	五	壬午	木	31	六	辛亥	金
廿九	6	六	甲申	水	5	一	甲寅	水	5	三	甲申	水	3	四	癸丑	木	3	六	癸未	木	**8月**1	日	壬子	木
三十	7	日	乙酉	水	6	二	乙卯	水					4	五	甲寅	水								

公元二○二七年　岁次:丁未　生肖:羊　太岁:僇丙　纳音:天河水

月别	七月大	八月小	九月小	十月大	十一月大	十二月小
干支	戊申	己酉	庚戌	辛亥	壬子	癸丑
九星	八白	七赤	六白	五黄	四绿	三碧

廿四节气

	七月大		八月小		九月小		十月大		十一月大		十二月小	
节名	立秋	处暑	白露	秋分	寒露	霜降	立冬	小雪	大雪	冬至	小寒	大寒
农历	初七	廿二	初八	廿三	初九	廿四	初十	廿五	初十	廿五	初十	廿四
时辰	丑时	申时	寅时	未时	戌时	子时	子时	亥时	申时	巳时	寅时	亥时
公历	8月8日	8月23日	9月8日	9月23日	10月8日	10月23日	11月7日	11月22日	12月7日	12月22日	1月6日	1月20日
时间	2时28分	17时20分	5时50分	15时28分	21时56分	1时8分	1时16分	22时41分	17时56分	11时41分	4时42分	21时50分

农历	公历	星期	天地干支	五行	公历	星期	天地干支	五行	公历	星期	天地干支	五行	公历	星期	天地干支	五行	公历	星期	天地干支	五行	公历	星期	天地干支	五行
初一	2	一	癸丑	木	9月	三	癸未	木	30	四	壬子	木	29	五	辛巳	金	28	日	辛亥	金	28	二	辛巳	金
初二	3	二	甲寅	水	2	四	甲申	水	10月	五	癸丑	木	30	六	壬午	木	29	一	壬子	木	29	三	壬午	木
初三	4	三	乙卯	水	3	五	乙酉	水	2	六	甲寅	水	31	日	癸未	木	30	二	癸丑	木	30	四	癸未	木
初四	5	四	丙辰	土	4	六	丙戌	土	3	日	乙卯	水	11月	一	甲申	水	12月	三	甲寅	水	31	五	甲申	水
初五	6	五	丁巳	土	5	日	丁亥	土	4	一	丙辰	土	2	二	乙酉	水	2	四	乙卯	水	1月	六	乙酉	水
初六	7	六	戊午	火	6	一	戊子	火	5	二	丁巳	土	3	三	丙戌	土	3	五	丙辰	土	2	日	丙戌	土
初七	8	日	己未	火	7	二	己丑	火	6	三	戊午	火	4	四	丁亥	土	4	六	丁巳	土	3	一	丁亥	土
初八	9	一	庚申	木	8	三	庚寅	木	7	四	己未	火	5	五	戊子	火	5	日	戊午	火	4	二	戊子	火
初九	10	二	辛酉	木	9	四	辛卯	木	8	五	庚申	木	6	六	己丑	火	6	一	己未	火	5	三	己丑	火
初十	11	三	壬戌	水	10	五	壬辰	水	9	六	辛酉	木	7	日	庚寅	木	7	二	庚申	木	6	四	庚寅	木
十一	12	四	癸亥	水	11	六	癸巳	水	10	日	壬戌	水	8	一	辛卯	木	8	三	辛酉	木	7	五	辛卯	木
十二	13	五	甲子	金	12	日	甲午	金	11	一	癸亥	水	9	二	壬辰	水	9	四	壬戌	水	8	六	壬辰	水
十三	14	六	乙丑	金	13	一	乙未	金	12	二	甲子	金	10	三	癸巳	水	10	五	癸亥	水	9	日	癸巳	水
十四	15	日	丙寅	火	14	二	丙申	火	13	三	乙丑	金	11	四	甲午	金	11	六	甲子	金	10	一	甲午	金
十五	16	一	丁卯	火	15	三	丁酉	火	14	四	丙寅	火	12	五	乙未	金	12	日	乙丑	金	11	二	乙未	金
十六	17	二	戊辰	木	16	四	戊戌	木	15	五	丁卯	火	13	六	丙申	火	13	一	丙寅	火	12	三	丙申	火
十七	18	三	己巳	木	17	五	己亥	木	16	六	戊辰	木	14	日	丁酉	火	14	二	丁卯	火	13	四	丁酉	火
十八	19	四	庚午	土	18	六	庚子	土	17	日	己巳	木	15	一	戊戌	木	15	三	戊辰	木	14	五	戊戌	木
十九	20	五	辛未	土	19	日	辛丑	土	18	一	庚午	土	16	二	己亥	木	16	四	己巳	木	15	六	己亥	木
二十	21	六	壬申	金	20	一	壬寅	金	19	二	辛未	土	17	三	庚子	土	17	五	庚午	土	16	日	庚子	土
廿一	22	日	癸酉	金	21	二	癸卯	金	20	三	壬申	金	18	四	辛丑	土	18	六	辛未	土	17	一	辛丑	土
廿二	23	一	甲戌	火	22	三	甲辰	火	21	四	癸酉	金	19	五	壬寅	金	19	日	壬申	金	18	二	壬寅	金
廿三	24	二	乙亥	火	23	四	乙巳	火	22	五	甲戌	火	20	六	癸卯	金	20	一	癸酉	金	19	三	癸卯	金
廿四	25	三	丙子	水	24	五	丙午	水	23	六	乙亥	火	21	日	甲辰	火	21	二	甲戌	火	20	四	甲辰	火
廿五	26	四	丁丑	水	25	六	丁未	水	24	日	丙子	水	22	一	乙巳	火	22	三	乙亥	火	21	五	乙巳	火
廿六	27	五	戊寅	土	26	日	戊申	土	25	一	丁丑	水	23	二	丙午	水	23	四	丙子	水	22	六	丙午	水
廿七	28	六	己卯	土	27	一	己酉	土	26	二	戊寅	土	24	三	丁未	水	24	五	丁丑	水	23	日	丁未	水
廿八	29	日	庚辰	金	28	二	庚戌	金	27	三	己卯	土	25	四	戊申	土	25	六	戊寅	土	24	一	戊申	土
廿九	30	一	辛巳	金	29	三	辛亥	金	28	四	庚辰	金	26	五	己酉	土	26	日	己卯	土	25	二	己酉	土
三十	31	二	壬午	木									27	六	庚戌	金	27	一	庚辰	金				

公元二〇二八年 （闰五月） 岁次:戊申 生肖:猴 太岁:俞志 纳音:大驿土

月别	正月大				二月大				三月大				四月小				五月大				闰五月小				六月小			
干支	甲寅				乙卯				丙辰				丁巳				戊午				戊午				己未			
九星	二黑				一白				九紫				八白				七赤				七赤				六白			

廿四节气

节名	立春	雨水	惊蛰	春分	清明	谷雨	立夏	小满	芒种	夏至	小暑	大暑	立秋
农历	初十	廿五	初十	廿五	初十	廿五	十一	廿六	十三	廿九	十四	初一	十七
时辰	申时	午时	巳时	巳时	未时	亥时	辰时	戌时	午时	寅时	亥时	未时	辰时
公历	2月4日	2月19日	3月5日	3月20日	4月4日	4月19日	5月5日	5月20日	6月5日	6月21日	7月6日	7月22日	8月7日
时间	15时54分	11时36分	9时36分	10时25分	14时17分	21时23分	7时34分	20时32分	11时45分	4时33分	22时8分	15时39分	8时15分

农历	公历	星期	天地干支	五行	公历	星期	天地干支	五行	公历	星期	天地干支	五行	公历	星期	天地干支	五行	公历	星期	天地干支	五行	公历	星期	天地干支	五行	公历	星期	天地干支	五行
初一	26	三	庚戌	金	25	五	庚辰	金	26	日	庚戌	金	25	二	庚辰	金	24	三	己酉	土	23	五	己卯	土	22	六	戊申	金
初二	27	四	辛亥	金	26	六	辛巳	金	27	一	辛亥	金	26	三	辛巳	金	25	四	庚戌	金	24	六	庚辰	金	23	日	己酉	土
初三	28	五	壬子	木	27	日	壬午	木	28	二	壬子	木	27	四	壬午	木	26	五	辛亥	金	25	日	辛巳	金	24	一	庚戌	金
初四	29	六	癸丑	木	28	一	癸未	木	29	三	癸丑	木	28	五	癸未	木	27	六	壬子	木	26	一	壬午	木	25	二	辛亥	金
初五	30	日	甲寅	水	29	二	甲申	水	30	四	甲寅	水	29	六	甲申	水	28	日	癸丑	木	27	二	癸未	木	26	三	壬子	木
初六	31	一	乙卯	水	3月	三	乙酉	水	31	五	乙卯	水	30	日	乙酉	水	29	一	甲寅	水	28	三	甲申	水	27	四	癸丑	木
初七	2月	二	丙辰	土	2	四	丙戌	土	4月	六	丙辰	土	5月	一	丙戌	土	30	二	乙卯	水	29	四	乙酉	水	28	五	甲寅	水
初八	2	三	丁巳	土	3	五	丁亥	土	2	日	丁巳	土	2	二	丁亥	土	31	三	丙辰	土	30	五	丙戌	土	29	六	乙卯	水
初九	3	四	戊午	火	4	六	戊子	火	3	一	戊午	火	3	三	戊子	火	6月	四	丁巳	土	7月	六	丁亥	土	30	日	丙辰	土
初十	4	五	己未	火	5	日	己丑	火	4	二	己未	火	4	四	己丑	火	2	五	戊午	火	2	日	戊子	火	31	一	丁巳	土
十一	5	六	庚申	木	6	一	庚寅	木	5	三	庚申	木	5	五	庚寅	木	3	六	己未	火	3	一	己丑	火	8月	二	戊午	火
十二	6	日	辛酉	木	7	二	辛卯	木	6	四	辛酉	木	6	六	辛卯	木	4	日	庚申	木	4	二	庚寅	木	2	三	己未	火
十三	7	一	壬戌	水	8	三	壬辰	水	7	五	壬戌	水	7	日	壬辰	水	5	一	辛酉	木	5	三	辛卯	木	3	四	庚申	木
十四	8	二	癸亥	水	9	四	癸巳	水	8	六	癸亥	水	8	一	癸巳	水	6	二	壬戌	水	6	四	壬辰	水	4	五	辛酉	木
十五	9	三	甲子	金	10	五	甲午	金	9	日	甲子	金	9	二	甲午	金	7	三	癸亥	水	7	五	癸巳	水	5	六	壬戌	水
十六	10	四	乙丑	金	11	六	乙未	金	10	一	乙丑	金	10	三	乙未	金	8	四	甲子	金	8	六	甲午	金	6	日	癸亥	水
十七	11	五	丙寅	火	12	日	丙申	火	11	二	丙寅	火	11	四	丙申	火	9	五	乙丑	金	9	日	乙未	金	7	一	甲子	金
十八	12	六	丁卯	火	13	一	丁酉	火	12	三	丁卯	火	12	五	丁酉	火	10	六	丙寅	火	10	一	丙申	火	8	二	乙丑	金
十九	13	日	戊辰	木	14	二	戊戌	木	13	四	戊辰	木	13	六	戊戌	木	11	日	丁卯	火	11	二	丁酉	火	9	三	丙寅	火
二十	14	一	己巳	木	15	三	己亥	木	14	五	己巳	木	14	日	己亥	木	12	一	戊辰	木	12	三	戊戌	木	10	四	丁卯	火
廿一	15	二	庚午	土	16	四	庚子	土	15	六	庚午	土	15	一	庚子	土	13	二	己巳	木	13	四	己亥	木	11	五	戊辰	木
廿二	16	三	辛未	土	17	五	辛丑	土	16	日	辛未	土	16	二	辛丑	土	14	三	庚午	土	14	五	庚子	土	12	六	己巳	木
廿三	17	四	壬申	金	18	六	壬寅	金	17	一	壬申	金	17	三	壬寅	金	15	四	辛未	土	15	六	辛丑	土	13	日	庚午	土
廿四	18	五	癸酉	金	19	日	癸卯	金	18	二	癸酉	金	18	四	癸卯	金	16	五	壬申	金	16	日	壬寅	金	14	一	辛未	土
廿五	19	六	甲戌	火	20	一	甲辰	火	19	三	甲戌	火	19	五	甲辰	火	17	六	癸酉	金	17	一	癸卯	金	15	二	壬申	金
廿六	20	日	乙亥	火	21	二	乙巳	火	20	四	乙亥	火	20	六	乙巳	火	18	日	甲戌	火	18	二	甲辰	火	16	三	癸酉	金
廿七	21	一	丙子	水	22	三	丙午	水	21	五	丙子	水	21	日	丙午	水	19	一	乙亥	火	19	三	乙巳	火	17	四	甲戌	火
廿八	22	二	丁丑	水	23	四	丁未	水	22	六	丁丑	水	22	一	丁未	水	20	二	丙子	水	20	四	丙午	水	18	五	乙亥	火
廿九	23	三	戊寅	土	24	五	戊申	土	23	日	戊寅	土	23	二	戊申	土	21	三	丁丑	水	21	五	丁未	水	19	六	丙子	水
三十	24	四	己卯	土	25	六	己酉	土	24	一	己卯	土					22	四	戊寅	土								

公元二〇二八年　（闰五月）　岁次:戊申　生肖:猴　太岁:俞志　纳音:大驿土

项目	七月大		八月小		九月小		十月大		十一月大		十二月小	
干支	庚申		辛酉		壬戌		癸亥		甲子		乙丑	
九星	五黄		四绿		三碧		二黑		一白		九紫	
节名	处暑	白露	秋分	寒露	霜降	立冬	小雪	大雪	冬至	小寒	大寒	立春
农历	初三	十九	初四	二十	初六	廿一	初七	廿一	初六	廿一	初六	二十
时辰	亥时	巳时	戌时	丑时	卯时	卯时	丑时	亥时	申时	巳时	寅时	亥时
公历	8月22日	9月7日	9月22日	10月8日	10月23日	11月7日	11月22日	12月6日	12月21日	1月5日	1月20日	2月3日
时间	23时8分	11时39分	21时17分	3时44分	6时57分	7时5分	4时30分	23时45分	17时30分	10时32分	3时40分	21时43分

农历	七月 公历	星期	天地干支	五行	八月 公历	星期	天地干支	五行	九月 公历	星期	天地干支	五行	十月 公历	星期	天地干支	五行	十一月 公历	星期	天地干支	五行	十二月 公历	星期	天地干支	五行
初一	20	日	丁丑	水	19	二	丁未	水	18	三	丙子	水	16	四	乙巳	火	16	六	乙亥	火	15	一	乙巳	火
初二	21	一	戊寅	土	20	三	戊申	土	19	四	丁丑	水	17	五	丙午	水	17	日	丙子	水	16	二	丙午	水
初三	22	二	己卯	土	21	四	己酉	土	20	五	戊寅	土	18	六	丁未	水	18	一	丁丑	水	17	三	丁未	水
初四	23	三	庚辰	金	22	五	庚戌	金	21	六	己卯	土	19	日	戊申	土	19	二	戊寅	土	18	四	戊申	土
初五	24	四	辛巳	金	23	六	辛亥	金	22	日	庚辰	金	20	一	己酉	土	20	三	己卯	土	19	五	己酉	土
初六	25	五	壬午	木	24	日	壬子	木	23	一	辛巳	金	21	二	庚戌	金	21	四	庚辰	金	20	六	庚戌	金
初七	26	六	癸未	木	25	一	癸丑	木	24	二	壬午	木	22	三	辛亥	金	22	五	辛巳	金	21	日	辛亥	金
初八	27	日	甲申	水	26	二	甲寅	水	25	三	癸未	木	23	四	壬子	木	23	六	壬午	木	22	一	壬子	木
初九	28	一	乙酉	水	27	三	乙卯	水	26	四	甲申	水	24	五	癸丑	木	24	日	癸未	木	23	二	癸丑	木
初十	29	二	丙戌	土	28	四	丙辰	土	27	五	乙酉	水	25	六	甲寅	水	25	一	甲申	水	24	三	甲寅	水
十一	30	三	丁亥	土	29	五	丁巳	土	28	六	丙戌	土	26	日	乙卯	水	26	二	乙酉	水	25	四	乙卯	水
十二	31	四	戊子	火	30	六	戊午	火	29	日	丁亥	土	27	一	丙辰	土	27	三	丙戌	土	26	五	丙辰	土
十三	9月	五	己丑	火	10月	日	己未	火	30	一	戊子	火	28	二	丁巳	土	28	四	丁亥	土	27	六	丁巳	土
十四	2	六	庚寅	木	2	一	庚申	木	31	二	己丑	火	29	三	戊午	火	29	五	戊子	火	28	日	戊午	火
十五	3	日	辛卯	木	3	二	辛酉	木	11月	三	庚寅	木	30	四	己未	火	30	六	己丑	火	29	一	己未	火
十六	4	一	壬辰	水	4	三	壬戌	水	2	四	辛卯	木	12月	五	庚申	木	31	日	庚寅	木	30	二	庚申	木
十七	5	二	癸巳	水	5	四	癸亥	水	3	五	壬辰	水	2	六	辛酉	木	1月	一	辛卯	木	31	三	辛酉	木
十八	6	三	甲午	金	5	五	甲子	金	4	六	癸巳	水	3	日	壬戌	水	2	二	壬辰	水	2月	四	壬戌	水
十九	7	四	乙未	金	6	六	乙丑	金	5	日	甲午	金	4	一	癸亥	水	3	三	癸巳	水	2	五	癸亥	水
二十	8	五	丙申	火	7	日	丙寅	火	6	一	乙未	金	5	二	甲子	金	4	四	甲午	金	3	六	甲子	金
廿一	9	六	丁酉	火	8	一	丁卯	火	7	二	丙申	火	6	三	乙丑	金	5	五	乙未	金	4	日	乙丑	金
廿二	10	日	戊戌	木	10	二	戊辰	木	8	三	丁酉	火	7	四	丙寅	火	6	六	丙申	火	5	一	丙寅	火
廿三	11	一	己亥	木	11	三	己巳	木	9	四	戊戌	木	8	五	丁卯	火	7	日	丁酉	火	6	二	丁卯	火
廿四	12	二	庚子	土	12	四	庚午	土	10	五	己亥	木	9	六	戊辰	木	8	一	戊戌	木	7	三	戊辰	木
廿五	13	三	辛丑	土	13	五	辛未	土	11	六	庚子	土	10	日	己巳	木	9	二	己亥	木	8	四	己巳	木
廿六	14	四	壬寅	金	14	六	壬申	金	12	日	辛丑	土	11	一	庚午	土	10	三	庚子	土	9	五	庚午	土
廿七	15	五	癸卯	金	15	日	癸酉	金	13	一	壬寅	金	12	二	辛未	土	11	四	辛丑	土	10	六	辛未	土
廿八	16	六	甲辰	火	16	一	甲戌	火	14	二	癸卯	金	13	三	壬申	金	12	五	壬寅	金	11	日	壬申	金
廿九	17	日	乙巳	火	17	二	乙亥	火	15	三	甲辰	火	14	四	癸酉	金	13	六	癸卯	金	12	一	癸酉	金
三十	18	一	丙午	水									15	五	甲戌	火	14	日	甲辰	火				

公元二○二九年　岁次:己酉　生肖:鸡　太岁:程寅　纳音:大驿土

月别	正月大				二月大				三月小				四月大				五月小				六月大			
干支	丙寅				丁卯				戊辰				己巳				庚午				辛未			
九星	八白				七赤				六白				五黄				四绿				三碧			

廿四节气

节名	雨水	惊蛰	春分	清明	谷雨	立夏	小满	芒种	夏至	小暑	大暑	立秋
农历	初六	廿一	初六	廿一	初七	廿二	初九	廿四	初十	廿六	十二	廿八
时辰	酉时	申时	申时	戌时	丑时	未时	丑时	酉时	巳时	寅时	戌时	未时
公历	2月18日	3月5日	3月20日	4月4日	4月20日	5月5日	5月21日	6月5日	6月21日	7月7日	7月22日	8月7日
时间	17时26分	15时27分	16时14分	20时6分	3时12分	13时24分	2时42分	17时33分	10时21分	3时56分	21时27分	14时4分

农历	公历	星期	天地干支	五行	公历	星期	天地干支	五行	公历	星期	天地干支	五行	公历	星期	天地干支	五行	公历	星期	天地干支	五行	公历	星期	天地干支	五行
初一	13	二	甲戌	火	15	四	甲辰	火	14	六	甲戌	火	13	日	癸卯	金	12	二	癸酉	金	11	三	壬寅	金
初二	14	三	乙亥	火	16	五	乙巳	火	15	日	乙亥	火	14	一	甲辰	火	13	三	甲戌	火	12	四	癸卯	金
初三	15	四	丙子	水	17	六	丙午	水	16	一	丙子	水	15	二	乙巳	火	14	四	乙亥	火	13	五	甲辰	火
初四	16	五	丁丑	水	18	日	丁未	水	17	二	丁丑	水	16	三	丙午	水	15	五	丙子	水	14	六	乙巳	火
初五	17	六	戊寅	土	19	一	戊申	土	18	三	戊寅	土	17	四	丁未	水	16	六	丁丑	水	15	日	丙午	水
初六	18	日	己卯	土	20	二	己酉	土	19	四	己卯	土	18	五	戊申	土	17	日	戊寅	土	16	一	丁未	水
初七	19	一	庚辰	金	21	三	庚戌	金	20	五	庚辰	金	19	六	己酉	土	18	一	己卯	土	17	二	戊申	土
初八	20	二	辛巳	金	22	四	辛亥	金	21	六	辛巳	金	20	日	庚戌	金	19	二	庚辰	金	18	三	己酉	土
初九	21	三	壬午	木	23	五	壬子	木	22	日	壬午	木	21	一	辛亥	金	20	三	辛巳	金	19	四	庚戌	金
初十	22	四	癸未	木	24	六	癸丑	木	23	一	癸未	木	22	二	壬子	木	21	四	壬午	木	20	五	辛亥	金
十一	23	五	甲申	水	25	日	甲寅	水	24	二	甲申	水	23	三	癸丑	木	22	五	癸未	木	21	六	壬子	木
十二	24	六	乙酉	水	26	一	乙卯	水	25	三	乙酉	水	24	四	甲寅	水	23	六	甲申	水	22	日	癸丑	木
十三	25	日	丙戌	土	27	二	丙辰	土	26	四	丙戌	土	25	五	乙卯	水	24	日	乙酉	水	23	一	甲寅	水
十四	26	一	丁亥	土	28	三	丁巳	土	27	五	丁亥	土	26	六	丙辰	土	25	一	丙戌	土	24	二	乙卯	水
十五	27	二	戊子	火	29	四	戊午	火	28	六	戊子	火	27	日	丁巳	土	26	二	丁亥	土	25	三	丙辰	土
十六	28	三	己丑	火	30	五	己未	火	29	日	己丑	火	28	一	戊午	火	27	三	戊子	火	26	四	丁巳	土
十七	3月	四	庚寅	木	31	六	庚申	木	30	一	庚寅	木	29	二	己未	火	28	四	己丑	火	27	五	戊午	火
十八	2	五	辛卯	木	4月	日	辛酉	木	5月	二	辛卯	木	30	三	庚申	木	29	五	庚寅	木	28	六	己未	火
十九	3	六	壬辰	水	2	一	壬戌	水	2	三	壬辰	水	31	四	辛酉	木	30	六	辛卯	木	29	日	庚申	木
二十	4	日	癸巳	水	3	二	癸亥	水	3	四	癸巳	水	6月	五	壬戌	水	7月	日	壬辰	水	30	一	辛酉	木
廿一	5	一	甲午	金	4	三	甲子	金	4	五	甲午	金	2	六	癸亥	水	2	一	癸巳	水	31	二	壬戌	水
廿二	6	二	乙未	金	5	四	乙丑	金	5	六	乙未	金	3	日	甲子	金	3	二	甲午	金	8月	三	癸亥	水
廿三	7	三	丙申	火	6	五	丙寅	火	6	日	丙申	火	4	一	乙丑	金	4	三	乙未	金	2	四	甲子	金
廿四	8	四	丁酉	火	7	六	丁卯	火	7	一	丁酉	火	5	二	丙寅	火	5	四	丙申	火	3	五	乙丑	金
廿五	9	五	戊戌	木	8	日	戊辰	木	8	二	戊戌	木	6	三	丁卯	火	6	五	丁酉	火	4	六	丙寅	火
廿六	10	六	己亥	木	9	一	己巳	木	9	三	己亥	木	7	四	戊辰	木	7	六	戊戌	木	5	日	丁卯	火
廿七	11	日	庚子	土	10	二	庚午	土	10	四	庚子	土	8	五	己巳	木	8	日	己亥	木	6	一	戊辰	木
廿八	12	一	辛丑	土	11	三	辛未	土	11	五	辛丑	土	9	六	庚午	土	9	一	庚子	土	7	二	己巳	木
廿九	13	二	壬寅	金	12	四	壬申	金	12	六	壬寅	金	10	日	辛未	土	10	二	辛丑	土	8	三	庚午	土
三十	14	三	癸卯	金	13	五	癸酉	金					11	一	壬申	金					9	四	辛未	土

公元二〇二九年　　岁次：己酉　　生肖：鸡　　太岁：程寅　　纳音：大驿土

月别	七月小				八月大				九月小				十月小				十一月大				十二月大			
干支	壬申				癸酉				甲戌				乙亥				丙子				丁丑				
九星	二黑				一白				九紫				八白				七赤				六白				

廿四节气

节名	处暑	白露	秋分	寒露	霜降	立冬	小雪	大雪	冬至	小寒	大寒
农历	十四	廿九	十六	初一	十六	初二	十七	初三	十七	初二	十七
时辰	寅时	申时	丑时	辰时	午时	午时	辰时	寅时	亥时	申时	辰时
公历	8月23日	9月7日	9月23日	10月8日	10月23日	11月7日	11月22日	12月7日	12月21日	1月5日	1月20日
时间	4时57分	17时27分	3时5分	9时33分	12时31分	12时55分	10时20分	5时35分	23时20分	16时22分	9时29分

农历	公历	星期	天地干支	五行	公历	星期	天地干支	五行	公历	星期	天地干支	五行	公历	星期	天地干支	五行	公历	星期	天地干支	五行	公历	星期	天地干支	五行
初一	10	五	壬申	金	8	六	辛丑	土	8	一	辛未	土	6	二	庚子	土	5	三	己巳	木	4	五	己亥	木
初二	11	六	癸酉	金	9	日	壬寅	金	9	二	壬申	金	7	三	辛丑	土	6	四	庚午	土	5	六	庚子	土
初三	12	日	甲戌	火	10	一	癸卯	金	10	三	癸酉	金	8	四	壬寅	金	7	五	辛未	土	6	日	辛丑	土
初四	13	一	乙亥	火	11	二	甲辰	火	11	四	甲戌	火	9	五	癸卯	金	8	六	壬申	金	7	一	壬寅	金
初五	14	二	丙子	水	12	三	乙巳	火	12	五	乙亥	火	10	六	甲辰	火	9	日	癸酉	金	8	二	癸卯	金
初六	15	三	丁丑	水	13	四	丙午	水	13	六	丙子	水	11	日	乙巳	火	10	一	甲戌	火	9	三	甲辰	火
初七	16	四	戊寅	土	14	五	丁未	水	14	日	丁丑	水	12	一	丙午	水	11	二	乙亥	火	10	四	乙巳	火
初八	17	五	己卯	土	15	六	戊申	土	15	一	戊寅	土	13	二	丁未	水	12	三	丙子	水	11	五	丙午	水
初九	18	六	庚辰	金	16	日	己酉	土	16	二	己卯	土	14	三	戊申	土	13	四	丁丑	水	12	六	丁未	水
初十	19	日	辛巳	金	17	一	庚戌	金	17	三	庚辰	金	15	四	己酉	土	14	五	戊寅	土	13	日	戊申	土
十一	20	一	壬午	木	18	二	辛亥	金	18	四	辛巳	金	16	五	庚戌	金	15	六	己卯	土	14	一	己酉	土
十二	21	二	癸未	木	19	三	壬子	木	19	五	壬午	木	17	六	辛亥	金	16	日	庚辰	金	15	二	庚戌	金
十三	22	三	甲申	水	20	四	癸丑	木	20	六	癸未	木	18	日	壬子	木	17	一	辛巳	金	16	三	辛亥	金
十四	23	四	乙酉	水	21	五	甲寅	水	21	日	甲申	水	19	一	癸丑	木	18	二	壬午	木	17	四	壬子	木
十五	24	五	丙戌	土	22	六	乙卯	水	22	一	乙酉	水	20	二	甲寅	水	19	三	癸未	木	18	五	癸丑	木
十六	25	六	丁亥	土	23	日	丙辰	土	23	二	丙戌	土	21	三	乙卯	水	20	四	甲申	水	19	六	甲寅	水
十七	26	日	戊子	火	24	一	丁巳	土	24	三	丁亥	土	22	四	丙辰	土	21	五	乙酉	水	20	日	乙卯	水
十八	27	一	己丑	火	25	二	戊午	火	25	四	戊子	火	23	五	丁巳	土	22	六	丙戌	土	21	一	丙辰	土
十九	28	二	庚寅	木	26	三	己未	火	26	五	己丑	火	24	六	戊午	火	23	日	丁亥	土	22	二	丁巳	土
二十	29	三	辛卯	木	27	四	庚申	木	27	六	庚寅	木	25	日	己未	火	24	一	戊子	火	23	三	戊午	火
廿一	30	四	壬辰	水	28	五	辛酉	木	28	日	辛卯	木	26	一	庚申	木	25	二	己丑	火	24	四	己未	火
廿二	31	五	癸巳	水	29	六	壬戌	水	29	一	壬辰	水	27	二	辛酉	木	26	三	庚寅	木	25	五	庚申	木
廿三	9月	六	甲午	金	30	日	癸亥	水	30	二	癸巳	水	28	三	壬戌	水	27	四	辛卯	木	26	六	辛酉	木
廿四	2	日	乙未	金	10月	一	甲子	金	31	三	甲午	金	29	四	癸亥	水	28	五	壬辰	水	27	日	壬戌	水
廿五	3	一	丙申	火	2	二	乙丑	金	11月	四	乙未	金	30	五	甲子	金	29	六	癸巳	水	28	一	癸亥	水
廿六	4	二	丁酉	火	3	三	丙寅	火	2	五	丙申	金	12月	六	乙丑	金	30	日	甲午	金	29	二	甲子	金
廿七	5	三	戊戌	木	4	四	丁卯	火	3	六	丁酉	火	2	日	丙寅	火	31	一	乙未	金	30	三	乙丑	金
廿八	6	四	己亥	木	5	五	戊辰	木	4	日	戊戌	木	3	一	丁卯	火	1月	二	丙申	火	31	四	丙寅	火
廿九	7	五	庚子	土	6	六	己巳	木	5	一	己亥	木	4	二	戊辰	木	2	三	丁酉	火	2月	五	丁卯	火
三十					7	日	庚午	土									3	四	戊戌	木	2	六	戊辰	木

公元二〇三〇年　　岁次:庚戌　生肖:狗　太岁:化秋　纳音:钗钏金

月别	正月小	二月大	三月小	四月大	五月大	六月小
干支	戊寅	己卯	庚辰	辛巳	壬午	癸未
九星	五黄	四绿	三碧	二黑	一白	九紫

廿四节气

节名	立春	雨水	惊蛰	春分	清明	谷雨	立夏	小满	芒种	夏至	小暑	大暑
农历	初二	十六	初二	十七	初三	十八	初四	二十	初五	廿一	初七	廿三
时辰	寅时	子时	亥时	亥时	丑时	辰时	酉时	辰时	亥时	申时	辰时	丑时
公历	2月4日	2月18日	3月5日	3月20日	4月5日	4月20日	5月5日	5月21日	6月5日	6月21日	7月7日	7月23日
时间	3时33分	23时15分	21时16分	22时3分	1时55分	9时1分	19时11分	8时8分	23时21分	16时9分	9时44分	3时16分

农历	公历	星期	天地干支	五行	公历	星期	天地干支	五行	公历	星期	天地干支	五行	公历	星期	天地干支	五行	公历	星期	天地干支	五行	公历	星期	天地干支	五行
初一	3	日	己巳	木	4	一	戊戌	木	3	三	戊辰	木	2	四	丁酉	火	6月	六	丁卯	火	7月	一	丁酉	火
初二	4	一	庚午	土	5	二	己亥	木	4	四	己巳	木	3	五	戊戌	木	2	日	戊辰	木	2	二	戊戌	木
初三	5	二	辛未	土	6	三	庚子	土	5	五	庚午	土	4	六	己亥	木	3	一	己巳	木	3	三	己亥	木
初四	6	三	壬申	金	7	四	辛丑	土	6	六	辛未	土	5	日	庚子	土	4	二	庚午	土	4	四	庚子	土
初五	7	四	癸酉	金	8	五	壬寅	金	7	日	壬申	金	6	一	辛丑	土	5	三	辛未	土	5	五	辛丑	土
初六	8	五	甲戌	火	9	六	癸卯	金	8	一	癸酉	金	7	二	壬寅	金	6	四	壬申	金	6	六	壬寅	金
初七	9	六	乙亥	火	10	日	甲辰	火	9	二	甲戌	火	8	三	癸卯	金	7	五	癸酉	金	7	日	癸卯	金
初八	10	日	丙子	水	11	一	乙巳	火	10	三	乙亥	火	9	四	甲辰	火	8	六	甲戌	火	8	一	甲辰	火
初九	11	一	丁丑	水	12	二	丙午	水	11	四	丙子	水	10	五	乙巳	火	9	日	乙亥	火	9	二	乙巳	火
初十	12	二	戊寅	土	13	三	丁未	水	12	五	丁丑	水	11	六	丙午	水	10	一	丙子	水	10	三	丙午	水
十一	13	三	己卯	土	14	四	戊申	土	13	六	戊寅	土	12	日	丁未	水	11	二	丁丑	水	11	四	丁未	水
十二	14	四	庚辰	金	15	五	己酉	土	14	日	己卯	土	13	一	戊申	土	12	三	戊寅	土	12	五	戊申	土
十三	15	五	辛巳	金	16	六	庚戌	金	15	一	庚辰	金	14	二	己酉	土	13	四	己卯	土	13	六	己酉	土
十四	16	六	壬午	木	17	日	辛亥	金	16	二	辛巳	金	15	三	庚戌	金	14	五	庚辰	金	14	日	庚戌	金
十五	17	日	癸未	木	18	一	壬子	木	17	三	壬午	木	16	四	辛亥	金	15	六	辛巳	金	15	一	辛亥	金
十六	18	一	甲申	水	19	二	癸丑	木	18	四	癸未	木	17	五	壬子	木	16	日	壬午	木	16	二	壬子	木
十七	19	二	乙酉	水	20	三	甲寅	水	19	五	甲申	水	18	六	癸丑	木	17	一	癸未	木	17	三	癸丑	木
十八	20	三	丙戌	土	21	四	乙卯	水	20	六	乙酉	水	19	日	甲寅	水	18	二	甲申	水	18	四	甲寅	水
十九	21	四	丁亥	土	22	五	丙辰	土	21	日	丙戌	土	20	一	乙卯	水	19	三	乙酉	水	19	五	乙卯	水
二十	22	五	戊子	火	23	六	丁巳	土	22	一	丁亥	土	21	二	丙辰	土	20	四	丙戌	土	20	六	丙辰	土
廿一	23	六	己丑	火	24	日	戊午	火	23	二	戊子	火	22	三	丁巳	土	21	五	丁亥	土	21	日	丁巳	土
廿二	24	日	庚寅	木	25	一	己未	火	24	三	己丑	火	23	四	戊午	火	22	六	戊子	火	22	一	戊午	火
廿三	25	一	辛卯	木	26	二	庚申	木	25	四	庚寅	木	24	五	己未	火	23	日	己丑	火	23	二	己未	火
廿四	26	二	壬辰	水	27	三	辛酉	木	26	五	辛卯	木	25	六	庚申	木	24	一	庚寅	木	24	三	庚申	木
廿五	27	三	癸巳	水	28	四	壬戌	水	27	六	壬辰	水	26	日	辛酉	木	25	二	辛卯	木	25	四	辛酉	木
廿六	28	四	甲午	金	29	五	癸亥	水	28	日	癸巳	水	27	一	壬戌	水	26	三	壬辰	水	26	五	壬戌	水
廿七	3月	五	乙未	金	30	六	甲子	金	29	一	甲午	金	28	二	癸亥	水	27	四	癸巳	水	27	六	癸亥	水
廿八	2	六	丙申	火	31	日	乙丑	金	30	二	乙未	金	29	三	甲子	金	28	五	甲午	金	28	日	甲子	金
廿九	3	日	丁酉	火	4月	一	丙寅	火	5月	三	丙申	火	30	四	乙丑	金	29	六	乙未	金	29	一	乙丑	金
三十					2	二	丁卯	火					31	五	丙寅	火	30	日	丙申	火				

— 328 —

公元二〇三〇年　　岁次:庚戌　　生肖:狗　　太岁:化秋　　纳音:钗钏金

月别	七月大			八月小			九月大			十月小			十一月大			十二月小		
干支	甲申			乙酉			丙戌			丁亥			戊子			己丑		
九星	八白			七赤			六白			五黄			四绿			三碧		

廿四节气

节名	立秋	处暑	白露	秋分	寒露	霜降	立冬	小雪	大雪	冬至	小寒	大寒
农历	初九	廿五	初十	廿六	十二	廿七	十二	廿七	十三	廿八	十二	廿七
时辰	酉时	巳时	亥时	辰时	未时	酉时	酉时	未时	巳时	寅时	亥时	未时
公历	8月7日	8月23日	9月7日	9月23日	10月8日	10月23日	11月7日	11月22日	12月7日	12月22日	1月5日	1月20日
时间	19时52分	10时45分	23时16分	8时55分	15时22分	18时36分	18时45分	16时10分	11时25分	5时10分	22时12分	15时20分

农历	公历	星期	天地干支	五行	公历	星期	天地干支	五行	公历	星期	天地干支	五行	公历	星期	天地干支	五行	公历	星期	天地干支	五行	公历	星期	天地干支	五行
初一	30	二	丙寅	火	29	四	丙申	火	27	五	乙丑	金	27	日	乙未	金	25	一	甲子	金	25	三	甲午	金
初二	31	三	丁卯	火	30	五	丁酉	火	28	六	丙寅	火	28	一	丙申	火	26	二	乙丑	金	26	四	乙未	金
初三	8月	四	戊辰	木	31	六	戊戌	木	29	日	丁卯	火	29	二	丁酉	火	27	三	丙寅	火	27	五	丙申	火
初四	2	五	己巳	木	9月	日	己亥	木	30	一	戊辰	木	30	三	戊戌	木	28	四	丁卯	火	28	六	丁酉	火
初五	3	六	庚午	土	2	一	庚子	土	10月	二	己巳	木	31	四	己亥	木	29	五	戊辰	木	29	日	戊戌	木
初六	4	日	辛未	土	3	二	辛丑	土	2	三	庚午	土	11月	五	庚子	土	30	六	己巳	木	30	一	己亥	木
初七	5	一	壬申	金	4	三	壬寅	金	3	四	辛未	土	2	六	辛丑	土	12月	日	庚午	土	31	二	庚子	土
初八	6	二	癸酉	金	5	四	癸卯	金	4	五	壬申	金	3	日	壬寅	金	2	一	辛未	土	1月	三	辛丑	土
初九	7	三	甲戌	火	6	五	甲辰	火	5	六	癸酉	金	4	一	癸卯	金	3	二	壬申	金	2	四	壬寅	金
初十	8	四	乙亥	火	7	六	乙巳	火	6	日	甲戌	火	5	二	甲辰	火	4	三	癸酉	金	3	五	癸卯	金
十一	9	五	丙子	水	8	日	丙午	水	7	一	乙亥	火	6	三	乙巳	火	5	四	甲戌	火	4	六	甲辰	火
十二	10	六	丁丑	水	9	一	丁未	水	8	二	丙子	水	7	四	丙午	水	6	五	乙亥	火	5	日	乙巳	火
十三	11	日	戊寅	土	10	二	戊申	土	9	三	丁丑	水	8	五	丁未	水	7	六	丙子	水	6	一	丙午	水
十四	12	一	己卯	土	11	三	己酉	土	10	四	戊寅	土	9	六	戊申	土	8	日	丁丑	水	7	二	丁未	水
十五	13	二	庚辰	金	12	四	庚戌	金	11	五	己卯	土	10	日	己酉	土	9	一	戊寅	土	8	三	戊申	土
十六	14	三	辛巳	金	13	五	辛亥	金	12	六	庚辰	金	11	一	庚戌	金	10	二	己卯	土	9	四	己酉	土
十七	15	四	壬午	木	14	六	壬子	木	13	日	辛巳	金	12	二	辛亥	金	11	三	庚辰	金	10	五	庚戌	金
十八	16	五	癸未	木	15	日	癸丑	木	14	一	壬午	木	13	三	壬子	木	12	四	辛巳	金	11	六	辛亥	金
十九	17	六	甲申	水	16	一	甲寅	水	15	二	癸未	木	14	四	癸丑	木	13	五	壬午	木	12	日	壬子	木
二十	18	日	乙酉	水	17	二	乙卯	水	16	三	甲申	水	15	五	甲寅	水	14	六	癸未	木	13	一	癸丑	木
廿一	19	一	丙戌	土	18	三	丙辰	土	17	四	乙酉	水	16	六	乙卯	水	15	日	甲申	水	14	二	甲寅	水
廿二	20	二	丁亥	土	19	四	丁巳	土	18	五	丙戌	土	17	日	丙辰	土	16	一	乙酉	水	15	三	乙卯	水
廿三	21	三	戊子	火	20	五	戊午	火	19	六	丁亥	土	18	一	丁巳	土	17	二	丙戌	土	16	四	丙辰	土
廿四	22	四	己丑	火	21	六	己未	火	20	日	戊子	火	19	二	戊午	火	18	三	丁亥	土	17	五	丁巳	土
廿五	23	五	庚寅	木	22	日	庚申	木	21	一	己丑	火	20	三	己未	火	19	四	戊子	火	18	六	戊午	火
廿六	24	六	辛卯	木	23	一	辛酉	木	22	二	庚寅	木	21	四	庚申	木	20	五	己丑	火	19	日	己未	火
廿七	25	日	壬辰	水	24	二	壬戌	水	23	三	辛卯	木	22	五	辛酉	木	21	六	庚寅	木	20	一	庚申	木
廿八	26	一	癸巳	水	25	三	癸亥	水	24	四	壬辰	水	23	六	壬戌	水	22	日	辛卯	木	21	二	辛酉	木
廿九	27	二	甲午	金	26	四	甲子	金	25	五	癸巳	水	24	日	癸亥	水	23	一	壬辰	水	22	三	壬戌	水
三十	28	三	乙未	金					26	六	甲午	金					24	二	癸巳	水				

公元二〇三一年 （闰三月） 岁次:辛亥 生肖:猪 太岁:叶坚 纳音:钗钏金

月别	正月小				二月大				三月大				闰三月小				四月大				五月小				六月大			
干支	庚寅				辛卯				壬辰				壬辰				癸巳				甲午				乙未			
九星	二黑				一白				九紫				九紫				八白				七赤				六白			

廿四节气

	正月小		二月大		三月大		闰三月小	四月大		五月小		六月大	
节名	立春	雨水	惊蛰	春分	清明	谷雨	立夏	小满	芒种	夏至	小暑	大暑	立秋
农历	十三	廿八	十四	廿九	十四	廿九	十五	初一	十七	初二	十八	初五	廿一
时辰	辰时	寅时	丑时	寅时	辰时	未时	子时	未时	寅时	亥时	未时	辰时	子时
公历	2月4日	2月19日	3月6日	3月21日	4月5日	4月20日	5月6日	5月21日	6月6日	6月21日	7月7日	7月23日	8月8日
时间	9时23分	5时5分	3时4分	3时52分	7时44分	14时49分	1时0分	13时57分	5时10分	21时57分	15时33分	9时3分	1时40分

农历	正月小 公历	星期	天地干支	五行	二月大 公历	星期	天地干支	五行	三月大 公历	星期	天地干支	五行	闰三月小 公历	星期	天地干支	五行	四月大 公历	星期	天地干支	五行	五月小 公历	星期	天地干支	五行	六月大 公历	星期	天地干支	五行
初一	23	四	癸亥	水	21	五	壬辰	水	23	日	壬戌	水	22	二	壬辰	水	21	三	辛酉	木	20	五	辛卯	木	19	六	庚申	金
初二	24	五	甲子	金	22	六	癸巳	水	24	一	癸亥	水	23	三	癸巳	水	22	四	壬戌	水	21	六	壬辰	水	20	日	辛酉	金
初三	25	六	乙丑	金	23	日	甲午	金	25	二	甲子	金	24	四	甲午	金	23	五	癸亥	水	22	日	癸巳	水	21	一	壬戌	火
初四	26	日	丙寅	火	24	一	乙未	金	26	三	乙丑	金	25	五	乙未	金	24	六	甲子	金	23	一	甲午	金	22	二	癸亥	火
初五	27	一	丁卯	火	25	二	丙申	火	27	四	丙寅	火	26	六	丙申	火	25	日	乙丑	金	24	二	乙未	金	23	三	甲子	金
初六	28	二	戊辰	木	26	三	丁酉	火	28	五	丁卯	火	27	日	丁酉	火	26	一	丙寅	火	25	三	丙申	火	24	四	乙丑	金
初七	29	三	己巳	木	27	四	戊戌	木	29	六	戊辰	木	28	一	戊戌	木	27	二	丁卯	火	26	四	丁酉	火	25	五	丙寅	火
初八	30	四	庚午	土	28	五	己亥	木	30	日	己巳	木	29	二	己亥	木	28	三	戊辰	木	27	五	戊戌	木	26	六	丁卯	火
初九	31	五	辛未	土	3月	六	庚子	土	31	一	庚午	土	30	三	庚子	土	29	四	己巳	木	28	六	己亥	木	27	日	戊辰	木
初十	2月	六	壬申	金	2	日	辛丑	土	4月	二	辛未	土	5月	四	辛丑	土	30	五	庚午	土	29	日	庚子	土	28	一	己巳	木
十一	2	日	癸酉	金	3	一	壬寅	金	2	三	壬申	金	2	五	壬寅	金	31	六	辛未	土	30	一	辛丑	土	29	二	庚午	土
十二	3	一	甲戌	火	4	二	癸卯	金	3	四	癸酉	金	3	六	癸卯	金	6月	日	壬申	金	7月	二	壬寅	金	30	三	辛未	土
十三	4	二	乙亥	火	5	三	甲辰	火	4	五	甲戌	火	4	日	甲辰	火	2	一	癸酉	金	2	三	癸卯	金	31	四	壬申	金
十四	5	三	丙子	水	6	四	乙巳	火	5	六	乙亥	火	5	一	乙巳	火	3	二	甲戌	火	3	四	甲辰	火	8月	五	癸酉	金
十五	6	四	丁丑	水	7	五	丙午	水	6	日	丙子	水	6	二	丙午	水	4	三	乙亥	火	4	五	乙巳	火	2	六	甲戌	火
十六	7	五	戊寅	土	8	六	丁未	水	7	一	丁丑	水	7	三	丁未	水	5	四	丙子	水	5	六	丙午	水	3	日	乙亥	火
十七	8	六	己卯	土	9	日	戊申	土	8	二	戊寅	土	8	四	戊申	土	6	五	丁丑	水	6	日	丁未	水	4	一	丙子	水
十八	9	日	庚辰	金	10	一	己酉	土	9	三	己卯	土	9	五	己酉	土	7	六	戊寅	土	7	一	戊申	土	5	二	丁丑	水
十九	10	一	辛巳	金	11	二	庚戌	金	10	四	庚辰	金	10	六	庚戌	金	8	日	己卯	土	8	二	己酉	土	6	三	戊寅	土
二十	11	二	壬午	木	12	三	辛亥	金	11	五	辛巳	金	11	日	辛亥	金	9	一	庚辰	金	9	三	庚戌	金	7	四	己卯	土
廿一	12	三	癸未	木	13	四	壬子	木	12	六	壬午	木	12	一	壬子	木	10	二	辛巳	金	10	四	辛亥	金	8	五	庚辰	金
廿二	13	四	甲申	水	14	五	癸丑	木	13	日	癸未	木	13	二	癸丑	木	11	三	壬午	木	11	五	壬子	木	9	六	辛巳	金
廿三	14	五	乙酉	水	15	六	甲寅	水	14	一	甲申	水	14	三	甲寅	水	12	四	癸未	木	12	六	癸丑	木	10	日	壬午	木
廿四	15	六	丙戌	土	16	日	乙卯	水	15	二	乙酉	水	15	四	乙卯	水	13	五	甲申	水	13	日	甲寅	水	11	一	癸未	木
廿五	16	日	丁亥	土	17	一	丙辰	土	16	三	丙戌	土	16	五	丙辰	土	14	六	乙酉	水	14	一	乙卯	水	12	二	甲申	水
廿六	17	一	戊子	火	18	二	丁巳	土	17	四	丁亥	土	17	六	丁巳	土	15	日	丙戌	土	15	二	丙辰	土	13	三	乙酉	水
廿七	18	二	己丑	火	19	三	戊午	火	18	五	戊子	火	18	日	戊午	火	16	一	丁亥	土	16	三	丁巳	土	14	四	丙戌	土
廿八	19	三	庚寅	木	20	四	己未	火	19	六	己丑	火	19	一	己未	火	17	二	戊子	火	17	四	戊午	火	15	五	丁亥	土
廿九	20	四	辛卯	木	21	五	庚申	木	20	日	庚寅	木	20	二	庚申	木	18	三	己丑	火	18	五	己未	火	16	六	戊子	火
三十					22	六	辛酉	木	21	一	辛卯	木					19	四	庚寅	木					17	日	己丑	火

公元二〇三一年　（闰三月）　岁次:辛亥　生肖:猪　太岁:叶坚　纳音:钗钏金

月别	七月大		八月小		九月大		十月小		十一月大		十二月小	
干支	丙申		丁酉		戊戌		己亥		庚子		辛丑	
九星	五黄		四绿		三碧		二黑		一白		九紫	

廿四节气

节名	处暑	白露	秋分	寒露	霜降	立冬	小雪	大雪	冬至	小寒	大寒	立春
农历	初六	廿二	初七	廿二	初八	廿三	初八	廿三	初九	廿四	初八	廿三
时辰	申时	寅时	未时	戌时	亥时	子时	戌时	申时	巳时	寅时	戌时	未时
公历	8月23日	9月8日	9月23日	10月8日	10月23日	11月7日	11月22日	12月7日	12月22日	1月6日	1月20日	2月4日
时间	16时33分	5时5分	14时43分	21时11分	0时25分	0时33分	21时59分	17时14分	10时59分	4时1分	21时9分	15时12分

农历	公历	星期	天地干支	五行	公历	星期	天地干支	五行	公历	星期	天地干支	五行	公历	星期	天地干支	五行	公历	星期	天地干支	五行	公历	星期	天地干支	五行
初一	18	一	庚寅	木	17	三	庚申	木	16	四	己丑	火	15	六	己未	火	14	日	戊子	火	13	二	戊午	火
初二	19	二	辛卯	木	18	四	辛酉	木	17	五	庚寅	木	16	日	庚申	木	15	一	己丑	火	14	三	己未	火
初三	20	三	壬辰	水	19	五	壬戌	水	18	六	辛卯	木	17	一	辛酉	木	16	二	庚寅	木	15	四	庚申	木
初四	21	四	癸巳	水	20	六	癸亥	水	19	日	壬辰	水	18	二	壬戌	水	17	三	辛卯	木	16	五	辛酉	木
初五	22	五	甲午	金	21	日	甲子	金	20	一	癸巳	水	19	三	癸亥	水	18	四	壬辰	水	17	六	壬戌	水
初六	23	六	乙未	金	22	一	乙丑	金	21	二	甲午	金	20	四	甲子	金	19	五	癸巳	水	18	日	癸亥	水
初七	24	日	丙申	火	23	二	丙寅	火	22	三	乙未	金	21	五	乙丑	金	20	六	甲午	金	19	一	甲子	金
初八	25	一	丁酉	火	24	三	丁卯	火	23	四	丙申	火	22	六	丙寅	火	21	日	乙未	金	20	二	乙丑	金
初九	26	二	戊戌	木	25	四	戊辰	木	24	五	丁酉	火	23	日	丁卯	火	22	一	丙申	火	21	三	丙寅	火
初十	27	三	己亥	木	26	五	己巳	木	25	六	戊戌	木	24	一	戊辰	木	23	二	丁酉	火	22	四	丁卯	火
十一	28	四	庚子	土	27	六	庚午	土	26	日	己亥	木	25	二	己巳	木	24	三	戊戌	木	23	五	戊辰	木
十二	29	五	辛丑	土	28	日	辛未	土	27	一	庚子	土	26	三	庚午	土	25	四	己亥	木	24	六	己巳	木
十三	30	六	壬寅	金	29	一	壬申	金	28	二	辛丑	土	27	四	辛未	土	26	五	庚子	土	25	日	庚午	土
十四	31	日	癸卯	金	30	二	癸酉	金	29	三	壬寅	金	28	五	壬申	金	27	六	辛丑	土	26	一	辛未	土
十五	9月	一	甲辰	火	10月	三	甲戌	火	30	四	癸卯	金	29	六	癸酉	金	28	日	壬寅	金	27	二	壬申	金
十六	2	二	乙巳	火	2	四	乙亥	火	31	五	甲辰	火	30	日	甲戌	火	29	一	癸卯	金	28	三	癸酉	金
十七	3	三	丙午	水	3	五	丙子	水	11月	六	乙巳	火	12月	一	乙亥	火	30	二	甲辰	火	29	四	甲戌	火
十八	4	四	丁未	水	4	六	丁丑	水	2	日	丙午	水	2	二	丙子	水	31	三	乙巳	火	30	五	乙亥	火
十九	5	五	戊申	土	5	日	戊寅	土	3	一	丁未	水	3	三	丁丑	水	1月	四	丙午	水	31	六	丙子	水
二十	6	六	己酉	土	6	一	己卯	土	4	二	戊申	土	4	四	戊寅	土	2	五	丁未	水	2月	日	丁丑	水
廿一	7	日	庚戌	金	7	二	庚辰	金	5	三	己酉	土	5	五	己卯	土	3	六	戊申	土	2	一	戊寅	土
廿二	8	一	辛亥	金	8	三	辛巳	金	6	四	庚戌	金	6	六	庚辰	金	4	日	己酉	土	3	二	己卯	土
廿三	9	二	壬子	木	9	四	壬午	木	7	五	辛亥	金	7	日	辛巳	金	5	一	庚戌	金	4	三	庚辰	金
廿四	10	三	癸丑	木	10	五	癸未	木	8	六	壬子	木	8	一	壬午	木	6	二	辛亥	金	5	四	辛巳	金
廿五	11	四	甲寅	水	11	六	甲申	水	9	日	癸丑	木	9	二	癸未	木	7	三	壬子	木	6	五	壬午	木
廿六	12	五	乙卯	水	12	日	乙酉	水	10	一	甲寅	水	10	三	甲申	水	8	四	癸丑	木	7	六	癸未	木
廿七	13	六	丙辰	土	13	一	丙戌	土	11	二	乙卯	水	11	四	乙酉	水	9	五	甲寅	水	8	日	甲申	水
廿八	14	日	丁巳	土	14	二	丁亥	土	12	三	丙辰	土	12	五	丙戌	土	10	六	乙卯	水	9	一	乙酉	水
廿九	15	一	戊午	火	15	三	戊子	火	13	四	丁巳	土	13	六	丁亥	土	11	日	丙辰	土	10	二	丙戌	土
三十	16	二	己未	火					14	五	戊午	火					12	一	丁巳	土				

公元二〇三二年　　　岁次:壬子　　生肖:鼠　　太岁:邱德　　纳音:桑柘木

月别	正月大				二月小				三月小				四月大				五月小				六月大			
干支	壬寅				癸卯				甲辰				乙巳				丙午				丁未			
九星	八白				七赤				六白				五黄				四绿				三碧			

廿四节气

	节名	雨水	惊蛰	春分	清明	谷雨	立夏	小满	芒种	夏至	小暑	大暑
	农历	初九	廿四	初九	廿四	初十	廿六	十二	廿八	十四	廿九	十六
	时辰	巳时	辰时	巳时	未时	戌时	卯时	戌时	巳时	寅时	戌时	未时
	公历	2月19日	3月5日	3月20日	4月4日	4月19日	5月5日	5月20日	6月5日	6月21日	7月6日	7月22日
	时间	10时32分	8时40分	9时21分	13时17分	20时14分	6时25分	19时15分	10时28分	3时8分	20时40分	14时4分

农历	公历	星期	天地干支	五行	公历	星期	天地干支	五行	公历	星期	天地干支	五行	公历	星期	天地干支	五行	公历	星期	天地干支	五行	公历	星期	天地干支	五行
初一	11	三	丁亥	土	12	五	丁巳	土	10	六	丙戌	土	9	日	乙卯	水	8	二	乙酉	水	7	三	甲寅	水
初二	12	四	戊子	火	13	六	戊午	火	11	日	丁亥	土	10	一	丙辰	土	9	三	丙戌	土	8	四	乙卯	水
初三	13	五	己丑	火	14	日	己未	火	12	一	戊子	火	11	二	丁巳	土	10	四	丁亥	土	9	五	丙辰	土
初四	14	六	庚寅	木	15	一	庚申	木	13	二	己丑	火	12	三	戊午	火	11	五	戊子	火	10	六	丁巳	土
初五	15	日	辛卯	木	16	二	辛酉	木	14	三	庚寅	木	13	四	己未	火	12	六	己丑	火	11	日	戊午	火
初六	16	一	壬辰	水	17	三	壬戌	水	15	四	辛卯	木	14	五	庚申	木	13	日	庚寅	木	12	一	己未	火
初七	17	二	癸巳	水	18	四	癸亥	水	16	五	壬辰	水	15	六	辛酉	木	14	一	辛卯	木	13	二	庚申	木
初八	18	三	甲午	金	19	五	甲子	金	17	六	癸巳	水	16	日	壬戌	水	15	二	壬辰	水	14	三	辛酉	木
初九	19	四	乙未	金	20	六	乙丑	金	18	日	甲午	金	17	一	癸亥	水	16	三	癸巳	水	15	四	壬戌	水
初十	20	五	丙申	火	21	日	丙寅	火	19	一	乙未	金	18	二	甲子	金	17	四	甲午	金	16	五	癸亥	水
十一	21	六	丁酉	火	22	一	丁卯	火	20	二	丙申	火	19	三	乙丑	金	18	五	乙未	金	17	六	甲子	金
十二	22	日	戊戌	木	23	二	戊辰	木	21	三	丁酉	火	20	四	丙寅	火	19	六	丙申	火	18	日	乙丑	金
十三	23	一	己亥	木	24	三	己巳	木	22	四	戊戌	木	21	五	丁卯	火	20	日	丁酉	火	19	一	丙寅	火
十四	24	二	庚子	土	25	四	庚午	土	23	五	己亥	木	22	六	戊辰	木	21	一	戊戌	木	20	二	丁卯	火
十五	25	三	辛丑	土	26	五	辛未	土	24	六	庚子	土	23	日	己巳	木	22	二	己亥	木	21	三	戊辰	木
十六	26	四	壬寅	金	27	六	壬申	金	25	日	辛丑	土	24	一	庚午	土	23	三	庚子	土	22	四	己巳	木
十七	27	五	癸卯	金	28	日	癸酉	金	26	一	壬寅	金	25	二	辛未	土	24	四	辛丑	土	23	五	庚午	土
十八	28	六	甲辰	火	29	一	甲戌	火	27	二	癸卯	金	26	三	壬申	金	25	五	壬寅	金	24	六	辛未	土
十九	29	日	乙巳	火	30	二	乙亥	火	28	三	甲辰	火	27	四	癸酉	金	26	六	癸卯	金	25	日	壬申	金
二十	3月	一	丙午	水	31	三	丙子	水	29	四	乙巳	火	28	五	甲戌	火	27	日	甲辰	火	26	一	癸酉	金
廿一	2	二	丁未	水	4月	四	丁丑	水	30	五	丙午	水	29	六	乙亥	火	28	一	乙巳	火	27	二	甲戌	火
廿二	3	三	戊申	土	2	五	戊寅	土	5月	六	丁未	水	30	日	丙子	水	29	二	丙午	水	28	三	乙亥	火
廿三	4	四	己酉	土	3	六	己卯	土	2	日	戊申	土	31	一	丁丑	水	30	三	丁未	水	29	四	丙子	水
廿四	5	五	庚戌	金	4	日	庚辰	金	3	一	己酉	土	6月	二	戊寅	土	7月	四	戊申	土	30	五	丁丑	水
廿五	6	六	辛亥	金	5	一	辛巳	金	4	二	庚戌	金	2	三	己卯	土	2	五	己酉	土	31	六	戊寅	土
廿六	7	日	壬子	木	6	二	壬午	木	5	三	辛亥	金	3	四	庚辰	金	3	六	庚戌	金	8月	日	己卯	土
廿七	8	一	癸丑	木	7	三	癸未	木	6	四	壬子	木	4	五	辛巳	金	4	日	辛亥	金	2	一	庚辰	金
廿八	9	二	甲寅	水	8	四	甲申	水	7	五	癸丑	木	5	六	壬午	木	5	一	壬子	木	3	二	辛巳	金
廿九	10	三	乙卯	水	9	五	乙酉	水	8	六	甲寅	水	6	日	癸未	木	6	二	癸丑	木	4	三	壬午	木
三十	11	四	丙辰	土									7	一	甲申	水					5	四	癸未	木

— 332 —

公元二〇三二年　　岁次:壬子　　生肖:鼠　　太岁:邱德　　纳音:桑柘木

月别	七月大				八月小				九月大				十月大				十一月小				十二月大			
干支	戊申				己酉				庚戌				辛亥				壬子				癸丑			
九星	二黑				一白				九紫				八白				七赤				六白			

廿四节气

节名	立秋	处暑	白露	秋分	寒露	霜降	立冬	小雪	大雪	冬至	小寒	大寒
农历	初二	十七	初三	十八	初五	二十	初五	二十	初四	十九	初五	二十
时辰	卯时	亥时	巳时	戌时	丑时	寅时	寅时	丑时	亥时	卯时	巳时	丑时
公历	8月7日	8月22日	9月7日	9月22日	10月8日	10月23日	11月7日	11月22日	12月6日	12月21日	1月5日	1月20日
时间	6时32分	21时18分	9时37分	19时10分	1时30分	4时46分	4时54分	2时31分	21时53分	15时55分	9时8分	2时32分

农历	公历	星期	天地干支	五行	公历	星期	天地干支	五行	公历	星期	天地干支	五行	公历	星期	天地干支	五行	公历	星期	天地干支	五行	公历	星期	天地干支	五行
初一	6	五	甲申	水	5	日	甲寅	水	4	一	癸未	木	3	三	癸丑	木	3	五	癸未	木	1月	六	壬子	木
初二	7	六	乙酉	水	6	一	乙卯	水	5	二	甲申	水	4	四	甲寅	水	4	六	甲申	水	2	日	癸丑	木
初三	8	日	丙戌	土	7	二	丙辰	土	6	三	乙酉	水	5	五	乙卯	水	5	日	乙酉	水	3	一	甲寅	水
初四	9	一	丁亥	土	8	三	丁巳	土	7	四	丙戌	土	6	六	丙辰	土	6	一	丙戌	土	4	二	乙卯	水
初五	10	二	戊子	火	9	四	戊午	火	8	五	丁亥	土	7	日	丁巳	土	7	二	丁亥	土	5	三	丙辰	土
初六	11	三	己丑	火	10	五	己未	火	9	六	戊子	火	8	一	戊午	火	8	三	戊子	火	6	四	丁巳	土
初七	12	四	庚寅	木	11	六	庚申	木	10	日	己丑	火	9	二	己未	火	9	四	己丑	火	7	五	戊午	火
初八	13	五	辛卯	木	12	日	辛酉	木	11	一	庚寅	木	10	三	庚申	木	10	五	庚寅	木	8	六	己未	火
初九	14	六	壬辰	水	13	一	壬戌	水	12	二	辛卯	木	11	四	辛酉	木	11	六	辛卯	木	9	日	庚申	木
初十	15	日	癸巳	水	14	二	癸亥	水	13	三	壬辰	水	12	五	壬戌	水	12	日	壬辰	水	10	一	辛酉	木
十一	16	一	甲午	金	15	三	甲子	金	14	四	癸巳	水	13	六	癸亥	水	13	一	癸巳	水	11	二	壬戌	水
十二	17	二	乙未	金	16	四	乙丑	金	15	五	甲午	金	14	日	甲子	金	14	二	甲午	金	12	三	癸亥	水
十三	18	三	丙申	火	17	五	丙寅	火	16	六	乙未	金	15	一	乙丑	金	15	三	乙未	金	13	四	甲子	金
十四	19	四	丁酉	火	18	六	丁卯	火	17	日	丙申	火	16	二	丙寅	火	16	四	丙申	火	14	五	乙丑	金
十五	20	五	戊戌	木	19	日	戊辰	木	18	一	丁酉	火	17	三	丁卯	火	17	五	丁酉	火	15	六	丙寅	火
十六	21	六	己亥	木	20	一	己巳	木	19	二	戊戌	木	18	四	戊辰	木	18	六	戊戌	木	16	日	丁卯	火
十七	22	日	庚子	土	21	二	庚午	土	20	三	己亥	木	19	五	己巳	木	19	日	己亥	木	17	一	戊辰	木
十八	23	一	辛丑	土	22	三	辛未	土	21	四	庚子	土	20	六	庚午	土	20	一	庚子	土	18	二	己巳	木
十九	24	二	壬寅	金	23	四	壬申	金	22	五	辛丑	土	21	日	辛未	土	21	二	辛丑	土	19	三	庚午	土
二十	25	三	癸卯	金	24	五	癸酉	金	23	六	壬寅	金	22	一	壬申	金	22	三	壬寅	金	20	四	辛未	土
廿一	26	四	甲辰	火	25	六	甲戌	火	24	日	癸卯	金	23	二	癸酉	金	23	四	癸卯	金	21	五	壬申	金
廿二	27	五	乙巳	火	26	日	乙亥	火	25	一	甲辰	火	24	三	甲戌	火	24	五	甲辰	火	22	六	癸酉	金
廿三	28	六	丙午	水	27	一	丙子	水	26	二	乙巳	火	25	四	乙亥	火	25	六	乙巳	火	23	日	甲戌	火
廿四	29	日	丁未	水	28	二	丁丑	水	27	三	丙午	水	26	五	丙子	水	26	日	丙午	水	24	一	乙亥	火
廿五	30	一	戊申	土	29	三	戊寅	土	28	四	丁未	水	27	六	丁丑	水	27	一	丁未	水	25	二	丙子	水
廿六	31	二	己酉	土	30	四	己卯	土	29	五	戊申	土	28	日	戊寅	土	28	二	戊申	土	26	三	丁丑	水
廿七	9月	三	庚戌	金	10月	五	庚辰	金	30	六	己酉	土	29	一	己卯	土	29	三	己酉	土	27	四	戊寅	土
廿八	2	四	辛亥	金	2	六	辛巳	金	31	日	庚戌	金	30	二	庚辰	金	30	四	庚戌	金	28	五	己卯	土
廿九	3	五	壬子	木	3	日	壬午	木	11月	一	辛亥	金	12月	三	辛巳	金	31	五	辛亥	金	29	六	庚辰	金
三十	4	六	癸丑	木					2	二	壬子	木	2	四	壬午	木					30	日	辛巳	金

公元二〇三三年（闰十一月）　岁次:癸丑　生肖:牛　太岁:林簿　纳音:桑柘木

月别	正月小			二月大			三月小			四月小			五月大			六月小		
干支	甲寅			乙卯			丙辰			丁巳			戊午			己未		
九星	五黄			四绿			三碧			二黑			一白			九紫		

廿四节气

节名	立春	雨水	惊蛰	春分	清明	谷雨	立夏	小满	芒种	夏至	小暑	大暑
农历	初四	十九	初五	二十	初五	廿一	初七	廿三	初九	廿五	十一	廿六
时辰	戌时	甲时	未时	申时	戌时	丑时	午时	丑时	申时	巳时	丑时	戌时
公历	2月3日	2月18日	3月5日	3月20日	4月4日	4月20日	5月5日	5月21日	6月5日	6月21日	7月7日	7月22日
时间	20时41分	16时33分	14时32分	15时22分	19时8分	2时13分	12时13分	1时11分	16时13分	9时1分	2时25分	19时52分

农历	公历	星期	天地干支	五行	公历	星期	天地干支	五行	公历	星期	天地干支	五行	公历	星期	天地干支	五行	公历	星期	天地干支	五行	公历	星期	天地干支	五行
初一	31	一	壬午	木	3月	二	辛亥	金	31	四	辛巳	金	29	五	庚戌	金	28	六	己卯	土	27	一	己酉	土
初二	2月	二	癸未	木	2	三	壬子	木	4月	五	壬午	木	30	六	辛亥	金	29	日	庚辰	金	28	二	庚戌	金
初三	2	三	甲申	水	3	四	癸丑	木	2	六	癸未	木	5月	日	壬子	木	30	一	辛巳	金	29	三	辛亥	金
初四	3	四	乙酉	水	4	五	甲寅	水	3	日	甲申	水	2	一	癸丑	木	31	二	壬午	木	30	四	壬子	木
初五	4	五	丙戌	土	5	六	乙卯	水	4	一	乙酉	水	3	二	甲寅	水	6月	三	癸未	木	7月	五	癸丑	木
初六	5	六	丁亥	土	6	日	丙辰	土	5	二	丙戌	土	4	三	乙卯	水	2	四	甲申	水	2	六	甲寅	水
初七	6	日	戊子	火	7	一	丁巳	土	6	三	丁亥	土	5	四	丙辰	土	3	五	乙酉	水	3	日	乙卯	水
初八	7	一	己丑	火	8	二	戊午	火	7	四	戊子	火	6	五	丁巳	土	4	六	丙戌	土	4	一	丙辰	土
初九	8	二	庚寅	木	9	三	己未	火	8	五	己丑	火	7	六	戊午	火	5	日	丁亥	土	5	二	丁巳	土
初十	9	三	辛卯	木	10	四	庚申	木	9	六	庚寅	木	8	日	己未	火	6	一	戊子	火	6	三	戊午	火
十一	10	四	壬辰	水	11	五	辛酉	木	10	日	辛卯	木	9	一	庚申	木	7	二	己丑	火	7	四	己未	火
十二	11	五	癸巳	水	12	六	壬戌	水	11	一	壬辰	水	10	二	辛酉	木	8	三	庚寅	木	8	五	庚申	木
十三	12	六	甲午	金	13	日	癸亥	水	12	二	癸巳	水	11	三	壬戌	水	9	四	辛卯	木	9	六	辛酉	木
十四	13	日	乙未	金	14	一	甲子	金	13	三	甲午	金	12	四	癸亥	水	10	五	壬辰	水	10	日	壬戌	水
十五	14	一	丙申	火	15	二	乙丑	金	14	四	乙未	金	13	五	甲子	金	11	六	癸巳	水	11	一	癸亥	水
十六	15	二	丁酉	火	16	三	丙寅	火	15	五	丙申	火	14	六	乙丑	金	12	日	甲午	金	12	二	甲子	金
十七	16	三	戊戌	木	17	四	丁卯	火	16	六	丁酉	火	15	日	丙寅	火	13	一	乙未	金	13	三	乙丑	金
十八	17	四	己亥	木	18	五	戊辰	木	17	日	戊戌	木	16	一	丁卯	火	14	二	丙申	火	14	四	丙寅	火
十九	18	五	庚子	土	19	六	己巳	木	18	一	己亥	木	17	二	戊辰	木	15	三	丁酉	火	15	五	丁卯	火
二十	19	六	辛丑	土	20	日	庚午	土	19	二	庚子	土	18	三	己巳	木	16	四	戊戌	木	16	六	戊辰	木
廿一	20	日	壬寅	金	21	一	辛未	土	20	三	辛丑	土	19	四	庚午	土	17	五	己亥	木	17	日	己巳	木
廿二	21	一	癸卯	金	22	二	壬申	金	21	四	壬寅	金	20	五	辛未	土	18	六	庚子	土	18	一	庚午	土
廿三	22	二	甲辰	火	23	三	癸酉	金	22	五	癸卯	金	21	六	壬申	金	19	日	辛丑	土	19	二	辛未	土
廿四	23	三	乙巳	火	24	四	甲戌	火	23	六	甲辰	火	22	日	癸酉	金	20	一	壬寅	金	20	三	壬申	金
廿五	24	四	丙午	水	25	五	乙亥	火	24	日	乙巳	火	23	一	甲戌	火	21	二	癸卯	金	21	四	癸酉	金
廿六	25	五	丁未	水	26	六	丙子	水	25	一	丙午	水	24	二	乙亥	火	22	三	甲辰	火	22	五	甲戌	火
廿七	26	六	戊申	土	27	日	丁丑	水	26	二	丁未	水	25	三	丙子	水	23	四	乙巳	火	23	六	乙亥	火
廿八	27	日	己酉	土	28	一	戊寅	土	27	三	戊申	土	26	四	丁丑	水	24	五	丙午	水	24	日	丙子	水
廿九	28	一	庚戌	金	29	二	己卯	土	28	四	己酉	土	27	五	戊寅	土	25	六	丁未	水	25	一	丁丑	水
三十					30	三	庚辰	金									26	日	戊申	土				

— 334 —

公元二〇三三年（闰十一月）　岁次：癸丑　生肖：牛　太岁：林簿　纳音：桑柘木

月别	七月大	八月小	九月大	十月大	十一月大	闰十一月小	十二月大
干支	庚申	辛酉	壬戌	癸亥	甲子	甲子	乙丑
九星	八白	七赤	六白	五黄	四绿	四绿	三碧

廿四节气

	节名	立秋 处暑	白露	秋分 寒露	霜降 立冬	小雪 大雪 冬至	小寒	大寒 立春 雨水
	农历	十三 廿九	十四	初一 十六	初一 十六	初一 十六 三十	十五	初一 十六 三十
	时辰	午时 寅时	申时	子时 辰时	巳时 巳时	辰时 寅时 亥时	申时	辰时 丑时 亥时
	公历	8月7日 8月23日	9月7日	9月23日 10月8日	10月23日 11月7日	11月22日 12月7日 12月21日	1月5日	1月20日 2月4日 2月18日
	时间	12时15分 3时1分	15时20分	0时51分 7时13分	10时27分 10时41分	8时16分 3时44分 21时45分	15时4分	8时27分 2时41分 22时30分

农历	七月 公历	星期	天地干支	五行	八月 公历	星期	天地干支	五行	九月 公历	星期	天地干支	五行	十月 公历	星期	天地干支	五行	十一月 公历	星期	天地干支	五行	闰十一月 公历	星期	天地干支	五行	十二月 公历	星期	天地干支	五行
初一	26	二	戊寅	土	25	四	戊申	土	23	五	丁丑	水	23	日	丁未	水	22	二	丁丑	水	22	四	丁未	水	20	五	丙子	水
初二	27	三	己卯	土	26	五	己酉	土	24	六	戊寅	土	24	一	戊申	土	23	三	戊寅	土	23	五	戊申	土	21	六	丁丑	水
初三	28	四	庚辰	金	27	六	庚戌	金	25	日	己卯	土	25	二	己酉	土	24	四	己卯	土	24	六	己酉	土	22	日	戊寅	土
初四	29	五	辛巳	金	28	日	辛亥	金	26	一	庚辰	金	26	三	庚戌	金	25	五	庚辰	金	25	日	庚戌	金	23	一	己卯	土
初五	30	六	壬午	木	29	一	壬子	木	27	二	辛巳	金	27	四	辛亥	金	26	六	辛巳	金	26	一	辛亥	金	24	二	庚辰	金
初六	31	日	癸未	木	30	二	癸丑	木	28	三	壬午	木	28	五	壬子	木	27	日	壬午	木	27	二	壬子	木	25	三	辛巳	金
初七	8月	一	甲申	水	31	三	甲寅	水	29	四	癸未	木	29	六	癸丑	木	28	一	癸未	木	28	三	癸丑	木	26	四	壬午	木
初八	2	二	乙酉	水	9月	四	乙卯	水	30	五	甲申	水	30	日	甲寅	水	29	二	甲申	水	29	四	甲寅	水	27	五	癸未	木
初九	3	三	丙戌	土	2	五	丙辰	水	10月	六	乙酉	水	31	一	乙卯	水	30	三	乙酉	水	30	五	乙卯	水	28	六	甲申	水
初十	4	四	丁亥	土	3	六	丁巳	土	2	日	丙戌	土	11月	二	丙辰	土	12月	四	丙戌	土	31	六	丙辰	土	29	日	乙酉	水
十一	5	五	戊子	火	4	日	戊午	火	3	一	丁亥	土	2	三	丁巳	土	2	五	丁亥	土	1月	日	丁巳	土	30	一	丙戌	土
十二	6	六	己丑	火	5	一	己未	火	4	二	戊子	火	3	四	戊午	火	3	六	戊子	火	2	一	戊午	火	31	二	丁亥	土
十三	7	日	庚寅	木	6	二	庚申	木	5	三	己丑	火	4	五	己未	火	4	日	己丑	火	3	二	己未	火	2月	三	戊子	火
十四	8	一	辛卯	木	7	三	辛酉	木	6	四	庚寅	木	5	六	庚申	木	5	一	庚寅	木	4	三	庚申	木	2	四	己丑	火
十五	9	二	壬辰	水	8	四	壬戌	水	7	五	辛卯	木	6	日	辛酉	木	6	二	辛卯	木	5	四	辛酉	木	3	五	庚寅	木
十六	10	三	癸巳	水	9	五	癸亥	水	8	六	壬辰	水	7	一	壬戌	水	7	三	壬辰	水	6	五	壬戌	水	4	六	辛卯	木
十七	11	四	甲午	金	10	六	甲子	金	9	日	癸巳	水	8	二	癸亥	水	8	四	癸巳	水	7	六	癸亥	水	5	日	壬辰	水
十八	12	五	乙未	金	11	日	乙丑	金	10	一	甲午	金	9	三	甲子	金	9	五	甲午	金	8	日	甲子	金	6	一	癸巳	水
十九	13	六	丙申	火	12	一	丙寅	火	11	二	乙未	金	10	四	乙丑	金	10	六	乙未	金	9	一	乙丑	金	7	二	甲午	金
二十	14	日	丁酉	火	13	二	丁卯	火	12	三	丙申	火	11	五	丙寅	火	11	日	丙申	火	10	二	丙寅	火	8	三	乙未	金
廿一	15	一	戊戌	木	14	三	戊辰	木	13	四	丁酉	火	12	六	丁卯	火	12	一	丁酉	火	11	三	丁卯	火	9	四	丙申	火
廿二	16	二	己亥	木	15	四	己巳	木	14	五	戊戌	木	13	日	戊辰	木	13	二	戊戌	木	12	四	戊辰	木	10	五	丁酉	火
廿三	17	三	庚子	土	16	五	庚午	土	15	六	己亥	木	14	一	己巳	木	14	三	己亥	木	13	五	己巳	木	11	六	戊戌	木
廿四	18	四	辛丑	土	17	六	辛未	土	16	日	庚子	土	15	二	庚午	土	15	四	庚子	土	14	六	庚午	土	12	日	己亥	木
廿五	19	五	壬寅	金	18	日	壬申	金	17	一	辛丑	土	16	三	辛未	土	16	五	辛丑	土	15	日	辛未	土	13	一	庚子	土
廿六	20	六	癸卯	金	19	一	癸酉	金	18	二	壬寅	金	17	四	壬申	金	17	六	壬寅	金	16	一	壬申	金	14	二	辛丑	土
廿七	21	日	甲辰	火	20	二	甲戌	火	19	三	癸卯	金	18	五	癸酉	金	18	日	癸卯	金	17	二	癸酉	金	15	三	壬寅	金
廿八	22	一	乙巳	火	21	三	乙亥	火	20	四	甲辰	火	19	六	甲戌	火	19	一	甲辰	火	18	三	甲戌	火	16	四	癸卯	金
廿九	23	二	丙午	水	22	四	丙子	水	21	五	乙巳	火	20	日	乙亥	火	20	二	乙巳	火	19	四	乙亥	火	17	五	甲辰	火
三十	24	三	丁未	水					22	六	丙午	水	21	一	丙子	水	21	三	丙午	水					18	六	乙巳	火

公元二○三四年　　岁次:甲寅　　生肖:虎　　太岁:张朝　　纳音:大溪水

月别	正月小				二月大				三月小				四月小				五月大				六月小			
干支	丙寅				丁卯				戊辰				己巳				庚午				辛未				
九星	二黑				一白				九紫				八白				七赤				六白				

廿四节气

	正月	二月	三月	四月	五月	六月
节名	惊蛰	春分　清明	谷雨　立夏	小满　芒种	夏至　小暑	大暑　立秋
农历	十五	初一　十七	初二　十七	初四　十九	初六　廿二	初八　廿三
时辰	戌时	亥时　丑时	辰时　酉时	卯时　亥时	未时　辰时	丑时　酉时
公历	3月5日	3月20日　4月5日	4月20日　5月5日	5月21日　6月5日	6月21日　7月7日	7月23日　8月7日
时间	20时32分	21时17分　1时6分	8时3分　18时9分	6时56分　22时6分	14时44分　8时17分	1时36分　18时9分

农历	公历	星期	天地干支	五行	公历	星期	天地干支	五行	公历	星期	天地干支	五行	公历	星期	天地干支	五行	公历	星期	天地干支	五行	公历	星期	天地干支	五行
初一	19	日	丙午	水	20	一	乙亥	火	19	三	乙巳	火	18	四	甲戌	火	16	五	癸卯	金	16	日	癸酉	金
初二	20	一	丁未	水	21	二	丙子	水	20	四	丙午	水	19	五	乙亥	火	17	六	甲辰	火	17	一	甲戌	火
初三	21	二	戊申	土	22	三	丁丑	水	21	五	丁未	水	20	六	丙子	水	18	日	乙巳	火	18	二	乙亥	火
初四	22	三	己酉	土	23	四	戊寅	土	22	六	戊申	土	21	日	丁丑	水	19	一	丙午	水	19	三	丙子	水
初五	23	四	庚戌	金	24	五	己卯	土	23	日	己酉	土	22	一	戊寅	土	20	二	丁未	水	20	四	丁丑	水
初六	24	五	辛亥	金	25	六	庚辰	金	24	一	庚戌	金	23	二	己卯	土	21	三	戊申	土	21	五	戊寅	土
初七	25	六	壬子	木	26	日	辛巳	金	25	二	辛亥	金	24	三	庚辰	金	22	四	己酉	土	22	六	己卯	土
初八	26	日	癸丑	木	27	一	壬午	木	26	三	壬子	木	25	四	辛巳	金	23	五	庚戌	金	23	日	庚辰	金
初九	27	一	甲寅	水	28	二	癸未	木	27	四	癸丑	木	26	五	壬午	木	24	六	辛亥	金	24	一	辛巳	金
初十	28	二	乙卯	水	29	三	甲申	水	28	五	甲寅	水	27	六	癸未	木	25	日	壬子	木	25	二	壬午	木
十一	3月	三	丙辰	土	30	四	乙酉	水	29	六	乙卯	水	28	日	甲申	水	26	一	癸丑	木	26	三	癸未	木
十二	2	四	丁巳	土	31	五	丙戌	土	30	日	丙辰	土	29	一	乙酉	水	27	二	甲寅	水	27	四	甲申	水
十三	3	五	戊午	火	4月	六	丁亥	土	5月	一	丁巳	土	30	二	丙戌	土	28	三	乙卯	水	28	五	乙酉	水
十四	4	六	己未	火	2	日	戊子	火	2	二	戊午	火	31	三	丁亥	土	29	四	丙辰	土	29	六	丙戌	土
十五	5	日	庚申	木	3	一	己丑	火	3	三	己未	火	6月	四	戊子	火	30	五	丁巳	土	30	日	丁亥	土
十六	6	一	辛酉	木	4	二	庚寅	木	4	四	庚申	木	2	五	己丑	火	7月	六	戊午	火	31	一	戊子	火
十七	7	二	壬戌	水	5	三	辛卯	木	5	五	辛酉	木	3	六	庚寅	木	2	日	己未	火	8月	二	己丑	火
十八	8	三	癸亥	水	6	四	壬辰	水	6	六	壬戌	水	4	日	辛卯	木	3	一	庚申	木	2	三	庚寅	木
十九	9	四	甲子	金	7	五	癸巳	水	7	日	癸亥	水	5	一	壬辰	水	4	二	辛酉	木	3	四	辛卯	木
二十	10	五	乙丑	金	8	六	甲午	金	8	一	甲子	金	6	二	癸巳	水	5	三	壬戌	水	4	五	壬辰	水
廿一	11	六	丙寅	火	9	日	乙未	金	9	二	乙丑	金	7	三	甲午	金	6	四	癸亥	水	5	六	癸巳	水
廿二	12	日	丁卯	火	10	一	丙申	火	10	三	丙寅	火	8	四	乙未	金	7	五	甲子	金	6	日	甲午	金
廿三	13	一	戊辰	木	11	二	丁酉	火	11	四	丁卯	火	9	五	丙申	火	8	六	乙丑	金	7	一	乙未	木
廿四	14	二	己巳	木	12	三	戊戌	木	12	五	戊辰	木	10	六	丁酉	火	9	日	丙寅	火	8	二	丙申	火
廿五	15	三	庚午	土	13	四	己亥	木	13	六	己巳	木	11	日	戊戌	木	10	一	丁卯	火	9	三	丁酉	火
廿六	16	四	辛未	土	14	五	庚子	土	14	日	庚午	土	12	一	己亥	木	11	二	戊辰	木	10	四	戊戌	木
廿七	17	五	壬申	金	15	六	辛丑	土	15	一	辛未	土	13	二	庚子	土	12	三	己巳	木	11	五	己亥	木
廿八	18	六	癸酉	金	16	日	壬寅	金	16	二	壬申	金	14	三	辛丑	土	13	四	庚午	土	12	六	庚子	土
廿九	19	日	甲戌	火	17	一	癸卯	金	17	三	癸酉	金	15	四	壬寅	金	14	五	辛未	土	13	日	辛丑	土
三十					18	二	甲辰	火									15	六	壬申	金				

— 336 —

公元二○三四年　岁次：甲寅　生肖：虎　太岁：张朝　纳音：大溪水

月别	七月大				八月小				九月大				十月大				十一月小				十二月大			
干支	壬申				癸酉				甲戌				乙亥				丙子				丁丑			
九星	五黄				四绿				三碧				二黑				一白				九紫			

廿四节气

	处暑	白露	秋分	寒露	霜降	立冬	小雪	大雪	冬至	小寒	大寒	立春
节名	处暑	白露	秋分	寒露	霜降	立冬	小雪	大雪	冬至	小寒	大寒	立春
农历	初十	廿五	十一	廿六	十二	廿七	十二	廿七	十二	廿六	十二	廿七
时辰	辰时	亥时	卯时	未时	申时	申时	未时	巳时	寅时	戌时	未时	辰时
公历	8月23日	9月7日	9月23日	10月8日	10月23日	11月7日	11月22日	12月7日	12月22日	1月5日	1月20日	2月4日
时间	8时47分	21时14分	6时39分	13时7分	16时16分	16时33分	14时5分	9时36分	3时34分	20时55分	14时14分	8时31分

农历对照

农历	七月公历	星期	天地干支	五行	八月公历	星期	天地干支	五行	九月公历	星期	天地干支	五行	十月公历	星期	天地干支	五行	十一月公历	星期	天地干支	五行	十二月公历	星期	天地干支	五行
初一	14	一	壬寅	金	13	三	壬申	金	12	四	辛丑	土	11	六	辛未	土	11	一	辛丑	土	9	二	庚午	土
初二	15	二	癸卯	金	14	四	癸酉	金	13	五	壬寅	金	12	日	壬申	金	12	二	壬寅	金	10	三	辛未	土
初三	16	三	甲辰	火	15	五	甲戌	火	14	六	癸卯	金	13	一	癸酉	金	13	三	癸卯	金	11	四	壬申	金
初四	17	四	乙巳	火	16	六	乙亥	火	15	日	甲辰	火	14	二	甲戌	火	14	四	甲辰	火	12	五	癸酉	金
初五	18	五	丙午	水	17	日	丙子	水	16	一	乙巳	火	15	三	乙亥	火	15	五	乙巳	火	13	六	甲戌	火
初六	19	六	丁未	水	18	一	丁丑	水	17	二	丙午	水	16	四	丙子	水	16	六	丙午	水	14	日	乙亥	火
初七	20	日	戊申	土	19	二	戊寅	土	18	三	丁未	水	17	五	丁丑	水	17	日	丁未	水	15	一	丙子	水
初八	21	一	己酉	土	20	三	己卯	土	19	四	戊申	土	18	六	戊寅	土	18	一	戊申	土	16	二	丁丑	水
初九	22	二	庚戌	金	21	四	庚辰	金	20	五	己酉	土	19	日	己卯	土	19	二	己酉	土	17	三	戊寅	土
初十	23	三	辛亥	金	22	五	辛巳	金	21	六	庚戌	金	20	一	庚辰	金	20	三	庚戌	金	18	四	己卯	土
十一	24	四	壬子	木	23	六	壬午	木	22	日	辛亥	金	21	二	辛巳	金	21	四	辛亥	金	19	五	庚辰	金
十二	25	五	癸丑	木	24	日	癸未	木	23	一	壬子	木	22	三	壬午	木	22	五	壬子	木	20	六	辛巳	金
十三	26	六	甲寅	水	25	一	甲申	水	24	二	癸丑	木	23	四	癸未	木	23	六	癸丑	木	21	日	壬午	木
十四	27	日	乙卯	水	26	二	乙酉	水	25	三	甲寅	水	24	五	甲申	水	24	日	甲寅	水	22	一	癸未	木
十五	28	一	丙辰	土	27	三	丙戌	土	26	四	乙卯	水	25	六	乙酉	水	25	一	乙卯	水	23	二	甲申	水
十六	29	二	丁巳	土	28	四	丁亥	土	27	五	丙辰	土	26	日	丙戌	土	26	二	丙辰	土	24	三	乙酉	水
十七	30	三	戊午	火	29	五	戊子	火	28	六	丁巳	土	27	一	丁亥	土	27	三	丁巳	土	25	四	丙戌	土
十八	31	四	己未	火	30	六	己丑	火	29	日	戊午	火	28	二	戊子	火	28	四	戊午	火	26	五	丁亥	土
十九	9月	五	庚申	木	10月	日	庚寅	木	30	一	己未	火	29	三	己丑	火	29	五	己未	火	27	六	戊子	火
二十	2	六	辛酉	木	2	一	辛卯	木	31	二	庚申	木	30	四	庚寅	木	30	六	庚申	木	28	日	己丑	火
廿一	3	日	壬戌	水	3	二	壬辰	水	11月	三	辛酉	木	12月	五	辛卯	木	31	日	辛酉	木	29	一	庚寅	木
廿二	4	一	癸亥	水	4	三	癸巳	水	2	四	壬戌	水	2	六	壬辰	水	1月	一	壬戌	水	30	二	辛卯	木
廿三	5	二	甲子	金	5	四	甲午	金	3	五	癸亥	水	3	日	癸巳	水	2	二	癸亥	水	31	三	壬辰	水
廿四	6	三	乙丑	金	6	五	乙未	金	4	六	甲子	金	4	一	甲午	金	3	三	甲子	金	2月	四	癸巳	水
廿五	7	四	丙寅	火	7	六	丙申	火	5	日	乙丑	金	5	二	乙未	金	4	四	乙丑	金	2	五	甲午	金
廿六	8	五	丁卯	火	8	日	丁酉	火	6	一	丙寅	火	6	三	丙申	火	5	五	丙寅	火	3	六	乙未	金
廿七	9	六	戊辰	木	9	一	戊戌	木	7	二	丁卯	火	7	四	丁酉	火	6	六	丁卯	火	4	日	丙申	火
廿八	10	日	己巳	木	10	二	己亥	木	8	三	戊辰	木	8	五	戊戌	木	7	日	戊辰	木	5	一	丁酉	火
廿九	11	一	庚午	土	11	三	庚子	土	9	四	己巳	木	9	六	己亥	木	8	一	己巳	木	6	二	戊戌	木
三十	12	二	辛未	土					10	五	庚午	土	10	日	庚子	土					7	三	己亥	木

公元二〇三五年　岁次:乙卯　生肖:兔　太岁:方清　纳音:大溪水

月别	正月大	二月小	三月大	四月小	五月小	六月大
干支	戊寅	己卯	庚辰	辛巳	壬午	癸未
九星	八白	七赤	六白	五黄	四绿	三碧

廿四节气

	节名	雨水	惊蛰	春分	清明	谷雨	立夏	小满	芒种	夏至	小暑	大暑
	农历	十二	廿七	十二	廿七	十三	廿八	十四	初一	十六	初三	十九
	时辰	寅时	丑时	寅时	卯时	未时	子时	午时	寅时	戌时	未时	辰时
	公历	2月19日	3月6日	3月21日	4月5日	4月20日	5月5日	5月21日	6月6日	6月21日	7月7日	7月23日
	时间	4时16分	2时21分	3时2分	6时54分	13时49分	23时55分	12时43分	3时50分	20时33分	14时1分	7时28分

农历	公历	星期	天地干支	五行	公历	星期	天地干支	五行	公历	星期	天地干支	五行	公历	星期	天地干支	五行	公历	星期	天地干支	五行	公历	星期	天地干支	五行
初一	8	四	庚子	土	10	六	庚午	土	8	日	己亥	木	8	二	己巳	木	6	三	戊戌	木	5	四	丁卯	火
初二	9	五	辛丑	土	11	日	辛未	土	9	一	庚子	土	9	三	庚午	土	7	四	己亥	木	6	五	戊辰	木
初三	10	六	壬寅	金	12	一	壬申	金	10	二	辛丑	土	10	五	辛未	土	8	五	庚子	土	7	六	己巳	木
初四	11	日	癸卯	金	13	二	癸酉	金	11	三	壬寅	金	11	五	壬申	金	9	六	辛丑	土	8	日	庚午	土
初五	12	一	甲辰	火	14	三	甲戌	火	12	四	癸卯	金	12	六	癸酉	金	10	日	壬寅	金	9	一	辛未	土
初六	13	二	乙巳	火	15	四	乙亥	火	13	五	甲辰	火	13	日	甲戌	火	11	一	癸卯	金	10	二	壬申	金
初七	14	三	丙午	水	16	五	丙子	水	14	六	乙巳	火	14	一	乙亥	火	12	二	甲辰	火	11	三	癸酉	金
初八	15	四	丁未	土	17	六	丁丑	土	15	日	丙午	水	15	二	丙子	水	13	三	乙巳	火	12	四	甲戌	火
初九	16	五	戊申	土	18	日	戊寅	土	16	一	丁未	水	16	三	丁丑	水	14	四	丙午	水	13	五	乙亥	火
初十	17	六	己酉	土	19	一	己卯	土	17	二	戊申	土	17	四	戊寅	土	15	五	丁未	水	14	六	丙子	水
十一	18	日	庚戌	金	20	二	庚辰	金	18	三	己酉	土	18	五	己卯	土	16	六	戊申	土	15	日	丁丑	水
十二	19	一	辛亥	金	21	三	辛巳	金	19	四	庚戌	金	19	六	庚辰	金	17	日	己酉	土	16	一	戊寅	土
十三	20	二	壬子	木	22	四	壬午	木	20	五	辛亥	金	20	日	辛巳	金	18	一	庚戌	金	17	二	己卯	土
十四	21	三	癸丑	木	23	五	癸未	木	21	六	壬子	木	21	一	壬午	木	19	二	辛亥	金	18	三	庚辰	金
十五	22	四	甲寅	水	24	六	甲申	水	22	日	癸丑	木	22	二	癸未	木	20	三	壬子	木	19	四	辛巳	金
十六	23	五	乙卯	水	25	日	乙酉	水	23	一	甲寅	水	23	三	甲申	水	21	四	癸丑	木	20	五	壬午	木
十七	24	六	丙辰	土	26	一	丙戌	土	24	二	乙卯	水	24	四	乙酉	水	22	五	甲寅	水	21	六	癸未	木
十八	25	日	丁巳	土	27	二	丁亥	土	25	三	丙辰	土	25	五	丙戌	土	23	六	乙卯	水	22	日	甲申	木
十九	26	一	戊午	火	28	三	戊子	火	26	四	丁巳	土	26	六	丁亥	土	24	日	丙辰	土	23	一	乙酉	木
二十	27	二	己未	火	29	四	己丑	火	27	五	戊午	火	27	日	戊子	火	25	一	丁巳	土	24	二	丙戌	土
廿一	28	三	庚申	木	30	五	庚寅	木	28	六	己未	火	28	一	己丑	火	26	二	戊午	火	25	三	丁亥	土
廿二	**3月**	四	辛酉	木	31	六	辛卯	木	29	日	庚申	金	29	二	庚寅	金	27	三	己未	火	26	四	戊子	火
廿三	2	五	壬戌	水	**4月**	日	壬辰	水	30	一	辛酉	金	30	三	辛卯	金	28	四	庚申	金	27	五	己丑	水
廿四	3	六	癸亥	水	2	一	癸巳	水	**5月**	二	壬戌	水	31	四	壬辰	水	29	五	辛酉	木	28	六	庚寅	木
廿五	4	日	甲子	金	3	二	甲午	金	2	三	癸亥	水	**6月**	五	癸巳	水	30	六	壬戌	水	29	日	辛卯	木
廿六	5	一	乙丑	金	4	三	乙未	金	3	四	甲子	金	2	六	甲午	金	**7月**	日	癸亥	水	30	一	壬辰	水
廿七	6	二	丙寅	火	5	四	丙申	火	4	五	乙丑	金	3	日	乙未	金	2	一	甲子	金	31	二	癸巳	水
廿八	7	三	丁卯	火	6	五	丁酉	火	5	六	丙寅	火	4	一	丙申	火	3	二	乙丑	金	**8月**	三	甲午	金
廿九	8	四	戊辰	木	7	六	戊戌	木	6	日	丁卯	火	5	二	丁酉	火	4	三	丙寅	火	2	四	乙未	金
三十	9	五	己巳	木					7	一	戊辰	木									3	五	丙申	火

公元二〇三五年　　岁次:乙卯　　生肖:兔　　太岁:方清　　纳音:大溪水

月别	七月小				八月小				九月大				十月大				十一月小				十二月大			
干支	甲申				乙酉				丙戌				丁亥				戊子				己丑			
九星	二黑				一白				九紫				八白				七赤				六白			

廿四节气

节名	立秋	处暑	白露	秋分	寒露	霜降	立冬	小雪	大雪	冬至	小寒	大寒
农历	初四	二十	初七	廿二	初八	廿三	初八	廿三	初八	廿三	初九	廿三
时辰	子时	未时	寅时	午时	酉时	亥时	亥时	戌时	申时	巳时	丑时	戌时
公历	8月7日	8月23日	9月8日	9月23日	10月8日	10月23日	11月7日	11月22日	12月7日	12月22日	1月6日	1月20日
时间	23时54分	14时44分	3时2分	12时38分	18时57分	22时16分	22时23分	20时3分	15时25分	9时30分	2时43分	20时11分

农历	七月小 公历	星期	天地干支	五行	八月小 公历	星期	天地干支	五行	九月大 公历	星期	天地干支	五行	十月大 公历	星期	天地干支	五行	十一月小 公历	星期	天地干支	五行	十二月大 公历	星期	天地干支	五行
初一	4	六	丁酉	火	2	日	丙寅	火	1(10月)	一	乙未	金	31	三	乙丑	金	30	五	乙未	金	29	六	甲子	金
初二	5	日	戊戌	木	3	一	丁卯	火	2	二	丙申	金	1(11月)	四	丙寅	火	1(12月)	六	丙申	火	30	日	乙丑	金
初三	6	一	己亥	木	4	二	戊辰	木	3	三	丁酉	火	2	五	丁卯	火	2	日	丁酉	火	31	一	丙寅	火
初四	7	二	庚子	土	5	三	己巳	木	4	四	戊戌	木	3	六	戊辰	木	3	一	戊戌	木	1(1月)	二	丁卯	火
初五	8	三	辛丑	土	6	四	庚午	土	5	五	己亥	木	4	日	己巳	木	4	二	己亥	木	2	三	戊辰	木
初六	9	四	壬寅	金	7	五	辛未	土	6	六	庚子	土	5	一	庚午	土	5	三	庚子	土	3	四	己巳	木
初七	10	五	癸卯	金	8	六	壬申	金	7	日	辛丑	土	6	二	辛未	土	6	四	辛丑	土	4	五	庚午	土
初八	11	六	甲辰	火	9	日	癸酉	金	8	一	壬寅	金	7	三	壬申	金	7	五	壬寅	金	5	六	辛未	土
初九	12	日	乙巳	火	10	一	甲戌	火	9	二	癸卯	金	8	四	癸酉	金	8	六	癸卯	金	6	日	壬申	金
初十	13	一	丙午	水	11	二	乙亥	火	10	三	甲辰	火	9	五	甲戌	火	9	日	甲辰	火	7	一	癸酉	金
十一	14	二	丁未	水	12	三	丙子	水	11	四	乙巳	火	10	六	乙亥	火	10	一	乙巳	火	8	二	甲戌	火
十二	15	三	戊申	土	13	四	丁丑	水	12	五	丙午	水	11	日	丙子	水	11	二	丙午	水	9	三	乙亥	火
十三	16	四	己酉	土	14	五	戊寅	土	13	六	丁未	水	12	一	丁丑	水	12	三	丁未	水	10	四	丙子	水
十四	17	五	庚戌	金	15	六	己卯	土	14	日	戊申	土	13	二	戊寅	土	13	四	戊申	土	11	五	丁丑	水
十五	18	六	辛亥	金	16	日	庚辰	金	15	一	己酉	土	14	三	己卯	土	14	五	己酉	土	12	六	戊寅	土
十六	19	日	壬子	木	17	一	辛巳	金	16	二	庚戌	金	15	四	庚辰	金	15	六	庚戌	金	13	日	己卯	土
十七	20	一	癸丑	木	18	二	壬午	木	17	三	辛亥	金	16	五	辛巳	金	16	日	辛亥	金	14	一	庚辰	金
十八	21	二	甲寅	水	19	三	癸未	木	18	四	壬子	木	17	六	壬午	木	17	一	壬子	木	15	二	辛巳	金
十九	22	三	乙卯	水	20	四	甲申	水	19	五	癸丑	木	18	日	癸未	木	18	二	癸丑	木	16	三	壬午	木
二十	23	四	丙辰	土	21	五	乙酉	水	20	六	甲寅	水	19	一	甲申	水	19	三	甲寅	水	17	四	癸未	木
廿一	24	五	丁巳	土	22	六	丙戌	土	21	日	乙卯	水	20	二	乙酉	水	20	四	乙卯	水	18	五	甲申	水
廿二	25	六	戊午	火	23	日	丁亥	土	22	一	丙辰	土	21	三	丙戌	土	21	五	丙辰	土	19	六	乙酉	水
廿三	26	日	己未	火	24	一	戊子	火	23	二	丁巳	土	22	四	丁亥	土	22	六	丁巳	土	20	日	丙戌	土
廿四	27	一	庚申	木	25	二	己丑	火	24	三	戊午	火	23	五	戊子	火	23	日	戊午	火	21	一	丁亥	土
廿五	28	二	辛酉	木	26	三	庚寅	木	25	四	己未	火	24	六	己丑	火	24	一	己未	火	22	二	戊子	火
廿六	29	三	壬戌	水	27	四	辛卯	木	26	五	庚申	木	25	日	庚寅	木	25	二	庚申	木	23	三	己丑	火
廿七	30	四	癸亥	水	28	五	壬辰	水	27	六	辛酉	木	26	一	辛卯	木	26	三	辛酉	木	24	四	庚寅	木
廿八	31	五	甲子	金	29	六	癸巳	水	28	日	壬戌	水	27	二	壬辰	水	27	四	壬戌	水	25	五	辛卯	木
廿九	1(9月)	六	乙丑	金	30	日	甲午	金	29	一	癸亥	水	28	三	癸巳	水	28	五	癸亥	水	26	六	壬辰	水
三十									30	二	甲子	金	29	四	甲午	金					27	日	癸巳	水

公元二〇三六年（闰六月）　岁次:丙辰　生肖:龙　太岁:辛亚　纳音:砂中土

月别	正月大	二月大	三月小	四月大	五月小	六月小	闰六月大
干支	庚寅	辛卯	壬辰	癸巳	甲午	乙未	乙未
九星	五黄	四绿	三碧	二黑	一白	九紫	九紫

廿四节气

	节名	立春	雨水	惊蛰	春分	清明	谷雨	立夏	小满	芒种	夏至	小暑	大暑	立秋
	农历	初八	廿三	初八	廿三	初八	廿三	初十	廿五	十一	廿七	十三	廿九	十六
	时辰	未时	巳时	辰时	巳时	午时	戌时	卯时	酉时	巳时	丑时	戌时	未时	卯时
	公历	2月4日	2月19日	3月5日	3月20日	4月4日	4月19日	5月5日	5月20日	6月5日	6月21日	7月6日	7月22日	8月7日
	时间	14时19分	10时14分	8时11分	9时2分	12时46分	19时50分	5时49分	18时44分	9时46分	2时32分	19时57分	13时22分	5时48分

农历

农历	正月公历	星期	天地干支	五行	二月公历	星期	天地干支	五行	三月公历	星期	天地干支	五行	四月公历	星期	天地干支	五行	五月公历	星期	天地干支	五行	六月公历	星期	天地干支	五行	闰六月公历	星期	天地干支	五行
初一	28	一	甲午	金	27	三	甲子	金	28	五	甲午	金	26	六	癸巳	水	26	一	癸巳	水	24	二	壬戌	水	23	三	辛卯	木
初二	29	二	乙未	金	28	四	乙丑	金	29	六	乙未	金	27	日	甲午	金	27	二	甲午	金	25	三	癸亥	水	24	四	壬辰	水
初三	30	三	丙申	火	29	五	丙寅	火	30	日	丙申	火	28	一	乙丑	金	28	三	乙未	金	26	四	甲子	金	25	五	癸巳	水
初四	31	四	丁酉	火	3月1	六	丁卯	火	31	一	丁酉	火	29	二	丙寅	火	29	四	丙申	火	27	五	乙丑	金	26	六	甲午	金
初五	2月1	五	戊戌	木	2	日	戊辰	木	4月1	二	戊戌	木	30	三	丁卯	火	30	五	丁酉	火	28	六	丙寅	火	27	日	乙未	金
初六	2	六	己亥	木	3	一	己巳	木	2	三	己亥	木	5月1	四	戊辰	木	31	六	戊戌	木	29	日	丁卯	火	28	一	丙申	火
初七	3	日	庚子	土	4	二	庚午	土	3	四	庚子	土	2	五	己巳	木	6月1	日	己亥	木	30	一	戊辰	木	29	二	丁酉	火
初八	4	一	辛丑	土	5	三	辛未	土	4	五	辛丑	土	3	六	庚午	土	2	一	庚子	土	7月1	二	己巳	木	30	三	戊戌	木
初九	5	二	壬寅	金	6	四	壬申	金	5	六	壬寅	金	4	日	辛未	土	3	二	辛丑	土	2	三	庚午	土	31	四	己亥	木
初十	6	三	癸卯	金	7	五	癸酉	金	6	日	癸卯	金	5	一	壬申	金	4	三	壬寅	金	3	四	辛未	土	8月1	五	庚子	土
十一	7	四	甲辰	火	8	六	甲戌	火	7	一	甲辰	火	6	二	癸酉	金	5	四	癸卯	金	4	五	壬申	金	2	六	辛丑	金
十二	8	五	乙巳	火	9	日	乙亥	火	8	二	乙巳	火	7	三	甲戌	火	6	五	甲辰	火	5	六	癸酉	金	3	日	壬寅	金
十三	9	六	丙午	水	10	一	丙子	水	9	三	丙午	水	8	四	乙亥	火	7	六	乙巳	火	6	日	甲戌	火	4	一	癸卯	金
十四	10	日	丁未	水	11	二	丁丑	水	10	四	丁未	水	9	五	丙子	水	8	日	丙午	水	7	一	乙亥	火	5	二	甲辰	火
十五	11	一	戊申	土	12	三	戊寅	土	11	五	戊申	土	10	六	丁丑	水	9	一	丁未	水	8	二	丙子	水	6	三	乙巳	火
十六	12	二	己酉	土	13	四	己卯	土	12	六	己酉	土	11	日	戊寅	土	10	二	戊申	土	9	三	丁丑	水	7	四	丙午	水
十七	13	三	庚戌	金	14	五	庚辰	金	13	日	庚戌	金	12	一	己卯	土	11	三	己酉	土	10	四	戊寅	土	8	五	丁未	水
十八	14	四	辛亥	金	15	六	辛巳	金	14	一	辛亥	金	13	二	庚辰	金	12	四	庚戌	金	11	五	己卯	土	9	六	戊申	土
十九	15	五	壬子	木	16	日	壬午	木	15	二	壬子	木	14	三	辛巳	金	13	五	辛亥	金	12	六	庚辰	金	10	日	己酉	土
二十	16	六	癸丑	木	17	一	癸未	木	16	三	癸丑	木	15	四	壬午	木	14	六	壬子	木	13	日	辛巳	金	11	一	庚戌	金
廿一	17	日	甲寅	水	18	二	甲申	水	17	四	甲寅	水	16	五	癸未	木	15	日	癸丑	木	14	一	壬午	木	12	二	辛亥	金
廿二	18	一	乙卯	水	19	三	乙酉	水	18	五	乙卯	水	17	六	甲申	水	16	一	甲寅	水	15	二	癸未	木	13	三	壬子	木
廿三	19	二	丙辰	土	20	四	丙戌	土	19	六	丙辰	土	18	日	乙酉	水	17	二	乙卯	水	16	三	甲申	水	14	四	癸丑	木
廿四	20	三	丁巳	土	21	五	丁亥	土	20	日	丁巳	土	19	一	丙戌	土	18	三	丙辰	土	17	四	乙酉	水	15	五	甲寅	水
廿五	21	四	戊午	火	22	六	戊子	火	21	一	戊午	火	20	二	丁亥	土	19	四	丁巳	土	18	五	丙戌	土	16	六	乙卯	水
廿六	22	五	己未	火	23	日	己丑	火	22	二	己未	火	21	三	戊子	火	20	五	戊午	火	19	六	丁亥	土	17	日	丙辰	土
廿七	23	六	庚申	木	24	一	庚寅	木	23	三	庚申	木	22	四	己丑	火	21	六	己未	火	20	日	戊子	火	18	一	丁巳	土
廿八	24	日	辛酉	木	25	二	辛卯	木	24	四	辛酉	木	23	五	庚寅	木	22	日	庚申	木	21	一	己丑	火	19	二	戊午	火
廿九	25	一	壬戌	水	26	三	壬辰	水	25	五	壬戌	水	24	六	辛卯	木	23	一	辛酉	木	22	二	庚寅	木	20	三	己未	火
三十	26	二	癸亥	水	27	四	癸巳	水					25	日	壬辰	水									21	四	庚申	木

公元二〇三六年(闰六月)　　岁次:丙辰　生肖:龙　太岁:辛亚　纳音:砂中土

月别	七月小	八月小	九月大	十月小	十一月大	十二月大
干支	丙申	丁酉	戊戌	己亥	庚子	辛丑
九星	八白	七赤	六白	五黄	四绿	三碧

廿四节气												
节名	处暑	白露	秋分	寒露	霜降	立冬	小雪	大雪	冬至	小寒	大寒	立春
农历	初一	十七	初三	十九	初五	二十	初五	十九	初五	二十	初五	十九
时辰	戌时	辰时	酉时	子时	寅时	寅时	丑时	亥时	申时	辰时	丑时	戌时
公历	8月22日	9月7日	9月22日	10月8日	10月23日	11月7日	11月22日	12月6日	12月21日	1月5日	1月20日	2月3日
时间	20时32分	8时55分	18时23分	0时49分	3时58分	4时14分	1时45分	21时16分	15时12分	8时34分	1时53分	20时11分

农历	公历	星期	天地干支	五行	公历	星期	天地干支	五行	公历	星期	天地干支	五行	公历	星期	天地干支	五行	公历	星期	天地干支	五行	公历	星期	天地干支	五行
初一	22	五	辛酉	木	20	六	庚寅	木	19	日	己未	火	18	二	己丑	火	17	三	戊午	火	16	五	戊子	火
初二	23	六	壬戌	水	21	日	辛卯	木	20	一	庚申	木	19	三	庚寅	木	18	四	己未	火	17	六	己丑	火
初三	24	日	癸亥	水	22	一	壬辰	水	21	二	辛酉	木	20	四	辛卯	木	19	五	庚申	木	18	日	庚寅	木
初四	25	一	甲子	金	23	二	癸巳	水	22	三	壬戌	水	21	五	壬辰	水	20	六	辛酉	木	19	一	辛卯	木
初五	26	二	乙丑	金	24	三	甲午	金	23	四	癸亥	水	22	六	癸巳	水	21	日	壬戌	水	20	二	壬辰	水
初六	27	三	丙寅	火	25	四	乙未	金	24	五	甲子	金	23	日	甲午	金	22	一	癸亥	水	21	三	癸巳	水
初七	28	四	丁卯	火	26	五	丙申	火	25	六	乙丑	金	24	一	乙未	金	23	二	甲子	金	22	四	甲午	金
初八	29	五	戊辰	木	27	六	丁酉	火	26	日	丙寅	火	25	二	丙申	火	24	三	乙丑	金	23	五	乙未	金
初九	30	六	己巳	木	28	日	戊戌	木	27	一	丁卯	火	26	三	丁酉	火	25	四	丙寅	火	24	六	丙申	火
初十	31	日	庚午	土	29	一	己亥	木	28	二	戊辰	木	27	四	戊戌	木	26	五	丁卯	火	25	日	丁酉	火
十一	9月	一	辛未	土	30	二	庚子	土	29	三	己巳	木	28	五	己亥	木	27	六	戊辰	木	26	一	戊戌	木
十二	2	二	壬申	金	10月	三	辛丑	土	30	四	庚午	土	29	六	庚子	土	28	日	己巳	木	27	二	己亥	木
十三	3	三	癸酉	金	2	四	壬寅	金	31	五	辛未	土	30	日	辛丑	土	29	一	庚午	土	28	三	庚子	土
十四	4	四	甲戌	火	3	五	癸卯	金	11月	六	壬申	金	12月	一	壬寅	金	30	二	辛未	土	29	四	辛丑	土
十五	5	五	乙亥	火	4	六	甲辰	火	2	日	癸酉	金	2	二	癸卯	金	31	三	壬申	金	30	五	壬寅	金
十六	6	六	丙子	水	5	日	乙巳	火	3	一	甲戌	火	3	三	甲辰	火	1月	四	癸酉	金	31	六	癸卯	金
十七	7	日	丁丑	水	6	一	丙午	水	4	二	乙亥	火	4	四	乙巳	火	2	五	甲戌	火	2月	日	甲辰	火
十八	8	一	戊寅	土	7	二	丁未	水	5	三	丙子	水	5	五	丙午	水	3	六	乙亥	火	2	一	乙巳	火
十九	9	二	己卯	土	8	三	戊申	土	6	四	丁丑	水	6	六	丁未	水	4	日	丙子	水	3	二	丙午	水
二十	10	三	庚辰	金	9	四	己酉	土	7	五	戊寅	土	7	日	戊申	土	5	一	丁丑	水	4	三	丁未	水
廿一	11	四	辛巳	金	10	五	庚戌	金	8	六	己卯	土	8	一	己酉	土	6	二	戊寅	土	5	四	戊申	土
廿二	12	五	壬午	木	11	六	辛亥	金	9	日	庚辰	金	9	二	庚戌	金	7	三	己卯	土	6	五	己酉	土
廿三	13	六	癸未	木	12	日	壬子	木	10	一	辛巳	金	10	三	辛亥	金	8	四	庚辰	金	7	六	庚戌	金
廿四	14	日	甲申	水	13	一	癸丑	木	11	二	壬午	木	11	四	壬子	木	9	五	辛巳	金	8	日	辛亥	金
廿五	15	一	乙酉	水	14	二	甲寅	水	12	三	癸未	木	12	五	癸丑	木	10	六	壬午	木	9	一	壬子	木
廿六	16	二	丙戌	土	15	三	乙卯	水	13	四	甲申	水	13	六	甲寅	水	11	日	癸未	木	10	二	癸丑	木
廿七	17	三	丁亥	土	16	四	丙辰	土	14	五	乙酉	水	14	日	乙卯	水	12	一	甲申	水	11	三	甲寅	水
廿八	18	四	戊子	火	17	五	丁巳	土	15	六	丙戌	土	15	一	丙辰	土	13	二	乙酉	水	12	四	乙卯	水
廿九	19	五	己丑	火	18	六	戊午	火	16	日	丁亥	土	16	二	丁巳	土	14	三	丙戌	土	13	五	丙辰	土
三十									17	一	戊子	火					15	四	丁亥	土	14	六	丁巳	土

公元二〇三七年　　岁次:丁巳　　生肖:蛇　　太岁:易彦　　纳音:砂中土

月别	正月大		二月大		三月小		四月大		五月小		六月小	
干支	壬寅		癸卯		甲辰		乙巳		丙午		丁未	
九星	二黑		一白		九紫		八白		七赤		六白	

廿四节气

	节名	雨水	惊蛰	春分	清明	谷雨	立夏	小满	芒种	夏至	小暑	大暑	立秋
	农历	初四	十九	初四	十九	初五	二十	初七	廿二	初八	廿四	初十	廿六
	时辰	申时	未时	未时	酉时	丑时	午时	子时	申时	辰时	丑时	戌时	午时
	公历	2月18日	3月5日	3月20日	4月4日	4月20日	5月5日	5月21日	6月5日	6月21日	7月7日	7月22日	8月7日
	时间	15时58分	14时6分	14时50分	18时43分	1时40分	11时49分	0时35分	15时46分	8时22分	1时55分	19时12分	11时43分

农历	公历	星期	天地干支	五行	公历	星期	天地干支	五行	公历	星期	天地干支	五行	公历	星期	天地干支	五行	公历	星期	天地干支	五行	公历	星期	天地干支	五行
初一	15	日	戊午	火	17	二	戊子	火	16	四	戊午	火	15	五	丁亥	土	14	日	丁巳	土	13	一	丙戌	土
初二	16	一	己未	火	18	三	己丑	火	17	五	己未	火	16	六	戊子	火	15	一	戊午	火	14	二	丁亥	土
初三	17	二	庚申	木	19	四	庚寅	木	18	六	庚申	木	17	日	己丑	火	16	二	己未	火	15	三	戊子	火
初四	18	三	辛酉	木	20	五	辛卯	木	19	日	辛酉	木	18	一	庚寅	木	17	三	庚申	木	16	四	己丑	火
初五	19	四	壬戌	水	21	六	壬辰	水	20	一	壬戌	水	19	二	辛卯	木	18	四	辛酉	木	17	五	庚寅	木
初六	20	五	癸亥	水	22	日	癸巳	水	21	二	癸亥	水	20	三	壬辰	水	19	五	壬戌	水	18	六	辛卯	木
初七	21	六	甲子	金	23	一	甲午	金	22	三	甲子	金	21	四	癸巳	水	20	六	癸亥	水	19	日	壬辰	水
初八	22	日	乙丑	金	24	二	乙未	金	23	四	乙丑	金	22	五	甲午	金	21	日	甲子	金	20	一	癸巳	水
初九	23	一	丙寅	火	25	三	丙申	火	24	五	丙寅	火	23	六	乙未	金	22	一	乙丑	金	21	二	甲午	金
初十	24	二	丁卯	火	26	四	丁酉	火	25	六	丁卯	火	24	日	丙申	火	23	二	丙寅	火	22	三	乙未	金
十一	25	三	戊辰	木	27	五	戊戌	木	26	日	戊辰	木	25	一	丁酉	火	24	三	丁卯	火	23	四	丙申	火
十二	26	四	己巳	木	28	六	己亥	木	27	一	己巳	木	26	二	戊戌	木	25	四	戊辰	木	24	五	丁酉	火
十三	27	五	庚午	土	29	日	庚子	土	28	二	庚午	土	27	三	己亥	木	26	五	己巳	木	25	六	戊戌	木
十四	28	六	辛未	土	30	一	辛丑	土	29	三	辛未	土	28	四	庚子	土	27	六	庚午	土	26	日	己亥	木
十五	3月1	日	壬申	金	31	二	壬寅	金	30	四	壬申	金	29	五	辛丑	土	28	日	辛未	土	27	一	庚子	土
十六	2	一	癸酉	金	4月1	三	癸卯	金	5月1	五	癸酉	金	30	六	壬寅	金	29	一	壬申	金	28	二	辛丑	土
十七	3	二	甲戌	火	2	四	甲辰	火	2	六	甲戌	火	31	日	癸卯	金	30	二	癸酉	金	29	三	壬寅	金
十八	4	三	乙亥	火	3	五	乙巳	火	3	日	乙亥	火	6月1	一	甲辰	火	7月1	三	甲戌	火	30	四	癸卯	金
十九	5	四	丙子	水	4	六	丙午	水	4	一	丙子	水	2	二	乙巳	火	2	四	乙亥	火	31	五	甲辰	火
二十	6	五	丁丑	水	5	日	丁未	水	5	二	丁丑	水	3	三	丙午	水	3	五	丙子	水	8月1	六	乙巳	火
廿一	7	六	戊寅	土	6	一	戊申	土	6	三	戊寅	土	4	四	丁未	水	4	六	丁丑	水	2	日	丙午	水
廿二	8	日	己卯	土	7	二	己酉	土	7	四	己卯	土	5	五	戊申	土	5	日	戊寅	土	3	一	丁未	水
廿三	9	一	庚辰	金	8	三	庚戌	金	8	五	庚辰	金	6	六	己酉	土	6	一	己卯	土	4	二	戊申	土
廿四	10	二	辛巳	金	9	四	辛亥	金	9	六	辛巳	金	7	日	庚戌	金	7	二	庚辰	金	5	三	己酉	土
廿五	11	三	壬午	木	10	五	壬子	木	10	日	壬午	木	8	一	辛亥	金	8	三	辛巳	金	6	四	庚戌	金
廿六	12	四	癸未	木	11	六	癸丑	木	11	一	癸未	木	9	二	壬子	木	9	四	壬午	木	7	五	辛亥	金
廿七	13	五	甲申	水	12	日	甲寅	水	12	二	甲申	水	10	三	癸丑	木	10	五	癸未	木	8	六	壬子	木
廿八	14	六	乙酉	水	13	一	乙卯	水	13	三	乙酉	水	11	四	甲寅	水	11	六	甲申	水	9	日	癸丑	木
廿九	15	日	丙戌	土	14	二	丙辰	土	14	四	丙戌	土	12	五	乙卯	水	12	日	乙酉	水	10	一	甲寅	水
三十	16	一	丁亥	土	15	三	丁巳	土					13	六	丙辰	土								

公元二○三七年　　岁次:丁巳　生肖:蛇　太岁:易彦　纳音:砂中土

月别	七月大	八月小	九月小	十月大	十一月小	十二月大
干支	戊申	己酉	庚戌	辛亥	壬子	癸丑
九星	五黄	四绿	三碧	二黑	一白	九紫

廿四节气

节名	处暑	白露	秋分	寒露	霜降	立冬	小雪	大雪	冬至	小寒	大寒
农历	十三	廿八	十四	廿九	十五	初一	十六	初一	十五	初一	十六
时辰	丑时	未时	子时	卯时	巳时	巳时	辰时	寅时	亥时	未时	辰时
公历	8月23日	9月7日	9月23日	10月8日	10月23日	11月7日	11月22日	12月7日	12月21日	1月5日	1月20日
时间	2时22分	14时45分	0时13分	6时37分	9时49分	10时4分	7时38分	3时7分	21时7分	14时26分	7时48分

农历	公历	星期	天地干支	五行	公历	星期	天地干支	五行	公历	星期	天地干支	五行	公历	星期	天地干支	五行	公历	星期	天地干支	五行	公历	星期	天地干支	五行
初一	11	二	乙卯	水	10	四	乙酉	水	9	五	甲寅	水	7	六	癸未	木	7	一	癸丑	木	5	二	壬午	木
初二	12	三	丙辰	土	11	五	丙戌	土	10	六	乙卯	水	8	日	甲申	水	8	二	甲寅	水	6	三	癸未	木
初三	13	四	丁巳	土	12	六	丁亥	土	11	日	丙辰	土	9	一	乙酉	水	9	三	乙卯	水	7	四	甲申	水
初四	14	五	戊午	火	13	日	戊子	火	12	一	丁巳	土	10	二	丙戌	土	10	四	丙辰	土	8	五	乙酉	水
初五	15	六	己未	火	14	一	己丑	火	13	二	戊午	火	11	三	丁亥	土	11	五	丁巳	土	9	六	丙戌	土
初六	16	日	庚申	木	15	二	庚寅	木	14	三	己未	火	12	四	戊子	火	12	六	戊午	火	10	日	丁亥	土
初七	17	一	辛酉	木	16	三	辛卯	木	15	四	庚申	木	13	五	己丑	火	13	日	己未	火	11	一	戊子	火
初八	18	二	壬戌	水	17	四	壬辰	水	16	五	辛酉	木	14	六	庚寅	木	14	一	庚申	木	12	二	己丑	火
初九	19	三	癸亥	水	18	五	癸巳	水	17	六	壬戌	水	15	日	辛卯	木	15	二	辛酉	木	13	三	庚寅	木
初十	20	四	甲子	金	19	六	甲午	金	18	日	癸亥	水	16	一	壬辰	水	16	三	壬戌	水	14	四	辛卯	木
十一	21	五	乙丑	金	20	日	乙未	金	19	一	甲子	金	17	二	癸巳	水	17	四	癸亥	水	15	五	壬辰	水
十二	22	六	丙寅	火	21	一	丙申	火	20	二	乙丑	金	18	三	甲午	金	18	五	甲子	金	16	六	癸巳	水
十三	23	日	丁卯	火	22	二	丁酉	火	21	三	丙寅	火	19	四	乙未	金	19	六	乙丑	金	17	日	甲午	金
十四	24	一	戊辰	木	23	三	戊戌	木	22	四	丁卯	火	20	五	丙申	火	20	日	丙寅	火	18	一	乙未	金
十五	25	二	己巳	木	24	四	己亥	木	23	五	戊辰	木	21	六	丁酉	火	21	一	丁卯	火	19	二	丙申	火
十六	26	三	庚午	土	25	五	庚子	土	24	六	己巳	木	22	日	戊戌	木	22	二	戊辰	木	20	三	丁酉	火
十七	27	四	辛未	土	26	六	辛丑	土	25	日	庚午	土	23	一	己亥	木	23	三	己巳	木	21	四	戊戌	木
十八	28	五	壬申	金	27	日	壬寅	金	26	一	辛未	土	24	二	庚子	土	24	四	庚午	土	22	五	己亥	木
十九	29	六	癸酉	金	28	一	癸卯	金	27	二	壬申	金	25	三	辛丑	土	25	五	辛未	土	23	六	庚子	土
二十	30	日	甲戌	火	29	二	甲辰	火	28	三	癸酉	金	26	四	壬寅	金	26	六	壬申	金	24	日	辛丑	土
廿一	31	一	乙亥	火	30	三	乙巳	火	29	四	甲戌	火	27	五	癸卯	金	27	日	癸酉	金	25	一	壬寅	金
廿二	9月	二	丙子	水	10月	四	丙午	水	30	五	乙亥	火	28	六	甲辰	火	28	一	甲戌	火	26	二	癸卯	金
廿三	2	三	丁丑	水	2	五	丁未	水	31	六	丙子	水	29	日	乙巳	火	29	二	乙亥	火	27	三	甲辰	火
廿四	3	四	戊寅	土	3	六	戊申	土	11月	日	丁丑	水	30	一	丙午	水	30	三	丙子	水	28	四	乙巳	火
廿五	4	五	己卯	土	4	日	己酉	土	2	一	戊寅	土	12月	二	丁未	水	31	四	丁丑	水	29	五	丙午	水
廿六	5	六	庚辰	金	5	一	庚戌	金	3	二	己卯	土	2	三	戊申	土	1月	五	戊寅	土	30	六	丁未	水
廿七	6	日	辛巳	金	6	二	辛亥	金	4	三	庚辰	金	3	四	己酉	土	2	六	己卯	土	31	日	戊申	土
廿八	7	一	壬午	木	7	三	壬子	木	5	四	辛巳	金	4	五	庚戌	金	3	日	庚辰	金	2月	一	己酉	土
廿九	8	二	癸未	木	8	四	癸丑	木	6	五	壬午	木	5	六	辛亥	金	4	一	辛巳	金	2	二	庚戌	金
三十	9	三	甲申	水									6	日	壬子	木					3	三	辛亥	金

公元二〇三八年　岁次:戊午　生肖:马　太岁:姚黎　纳音:天上火

月别	正月大	二月大	三月小	四月大	五月小	六月大
干支	甲寅	乙卯	丙辰	丁巳	戊午	己未
九星	八白	七赤	六白	五黄	四绿	三碧

廿四节气

	节名	立春	雨水	惊蛰	春分	清明	谷雨	立夏	小满	芒种	夏至	小暑	大暑
	农历	初一	十五	三十	十五	初一	十六	初二	十八	初三	十九	初六	廿二
	时辰	丑时	亥时	戌时	戌时	子时	辰时	酉时	卯时	亥时	未时	辰时	丑时
	公历	2月4日	2月18日	3月5日	3月20日	4月5日	4月20日	5月5日	5月21日	6月5日	6月21日	7月7日	7月23日
	时间	2时3分	21时51分	19时55分	20时40分	0时29分	7时28分	17时31分	6时22分	21时25分	14时9分	7时32分	0时59分

历表

农历	正月 公历	星期	天地干支	五行	二月 公历	星期	天地干支	五行	三月 公历	星期	天地干支	五行	四月 公历	星期	天地干支	五行	五月 公历	星期	天地干支	五行	六月 公历	星期	天地干支	五行
初一	4	四	壬子	木	6	六	壬午	木	5	一	壬子	木	4	二	辛巳	金	3	四	辛亥	金	2	五	庚辰	金
初二	5	五	癸丑	木	7	日	癸未	木	6	二	癸丑	木	5	三	壬午	木	4	五	壬子	木	3	六	辛巳	金
初三	6	六	甲寅	水	8	一	甲申	水	7	三	甲寅	水	6	四	癸未	木	5	六	癸丑	木	4	日	壬午	木
初四	7	日	乙卯	水	9	二	乙酉	水	8	四	乙卯	水	7	五	甲申	水	6	日	甲寅	水	5	一	癸未	木
初五	8	一	丙辰	土	10	三	丙戌	土	9	五	丙辰	土	8	六	乙酉	水	7	一	乙卯	水	6	二	甲申	水
初六	9	二	丁巳	土	11	四	丁亥	土	10	六	丁巳	土	9	日	丙戌	土	8	二	丙辰	土	7	三	乙酉	水
初七	10	三	戊午	火	12	五	戊子	火	11	日	戊午	火	10	一	丁亥	土	9	三	丁巳	土	8	四	丙戌	土
初八	11	四	己未	火	13	六	己丑	火	12	一	己未	火	11	二	戊子	火	10	四	戊午	火	9	五	丁亥	土
初九	12	五	庚申	木	14	日	庚寅	木	13	二	庚申	木	12	三	己丑	火	11	五	己未	火	10	六	戊子	火
初十	13	六	辛酉	木	15	一	辛卯	木	14	三	辛酉	木	13	四	庚寅	木	12	六	庚申	木	11	日	己丑	火
十一	14	日	壬戌	水	16	二	壬辰	水	15	四	壬戌	水	14	五	辛卯	木	13	一	辛酉	木	12	一	庚寅	木
十二	15	一	癸亥	水	17	三	癸巳	水	16	五	癸亥	水	15	六	壬辰	水	14	一	壬戌	水	13	二	辛卯	木
十三	16	二	甲子	金	18	四	甲午	金	17	六	甲子	金	16	日	癸巳	水	15	二	癸亥	水	14	三	壬辰	水
十四	17	三	乙丑	金	19	五	乙未	金	18	日	乙丑	金	17	一	甲午	金	16	三	甲子	金	15	四	癸巳	水
十五	18	四	丙寅	火	20	六	丙申	火	19	一	丙寅	火	18	二	乙未	金	17	四	乙丑	金	16	五	甲午	金
十六	19	五	丁卯	火	21	日	丁酉	火	20	二	丁卯	火	19	三	丙申	火	18	五	丙寅	火	17	六	乙未	金
十七	20	六	戊辰	木	22	一	戊戌	木	21	三	戊辰	木	20	四	丁酉	火	19	六	丁卯	火	18	日	丙申	火
十八	21	日	己巳	木	23	二	己亥	木	22	四	己巳	木	21	五	戊戌	木	20	日	戊辰	木	19	一	丁酉	火
十九	22	一	庚午	土	24	三	庚子	土	23	五	庚午	土	22	六	己亥	木	21	一	己巳	木	20	二	戊戌	木
二十	23	二	辛未	土	25	四	辛丑	土	24	六	辛未	土	23	日	庚子	土	22	二	庚午	土	21	三	己亥	木
廿一	24	三	壬申	金	26	五	壬寅	金	25	日	壬申	金	24	一	辛丑	土	23	三	辛未	土	22	四	庚子	土
廿二	25	四	癸酉	金	27	六	癸卯	金	26	一	癸酉	金	25	二	壬寅	金	24	四	壬申	金	23	五	辛丑	土
廿三	26	五	甲戌	火	28	日	甲辰	火	27	二	甲戌	火	26	三	癸卯	金	25	五	癸酉	金	24	六	壬寅	金
廿四	27	六	乙亥	火	29	一	乙巳	火	28	三	乙亥	火	27	四	甲辰	火	26	六	甲戌	火	25	日	癸卯	金
廿五	28	日	丙子	水	30	二	丙午	水	29	四	丙子	水	28	五	乙巳	火	27	日	乙亥	火	26	一	甲辰	火
廿六	3月	一	丁丑	水	31	三	丁未	水	30	五	丁丑	水	29	六	丙午	水	28	一	丙子	水	27	二	乙巳	火
廿七	2	二	戊寅	土	4月	四	戊申	土	5月	六	戊寅	土	30	日	丁未	土	29	二	丁丑	水	28	三	丙午	水
廿八	3	三	己卯	土	2	五	己酉	土	2	日	己卯	土	31	一	戊申	土	30	三	戊寅	土	29	四	丁未	水
廿九	4	四	庚辰	金	3	六	庚戌	金	3	一	庚辰	金	6月	二	己酉	土	7月	四	己卯	土	30	五	戊申	土
三十	5	五	辛巳	金	4	日	辛亥	金					2	三	庚戌	金					31	六	己酉	土

公元二〇三八年　岁次:戊午　生肖:马　太岁:姚黎　纳音:天上火

月别	七月小			八月大			九月小			十月小			十一月大			十二月小		
干支	庚申			辛酉			壬戌			癸亥			甲子			乙丑		
九星	二黑			一白			九紫			八白			七赤			六白		

廿四节气

	节名	立秋	处暑	白露	秋分	寒露	霜降	立冬	小雪	大雪	冬至	小寒	大寒
	农历	初七	廿三	初九	廿五	初十	廿五	十一	廿六	十二	廿七	十一	廿六
	时辰	酉时	辰时	戌时	卯时	午时	申时	申时	未时	辰时	寅时	戌时	未时
	公历	8月7日	8月23日	9月7日	9月23日	10月8日	10月23日	11月7日	11月22日	12月7日	12月22日	1月5日	1月20日
	时间	17时21分	8时10分	20时26分	6时2分	12时21分	15时40分	15时50分	13时31分	8时56分	3时2分	20时16分	13时43分

农历	公历	星期	天地干支	五行	公历	星期	天地干支	五行	公历	星期	天地干支	五行	公历	星期	天地干支	五行	公历	星期	天地干支	五行	公历	星期	天地干支	五行	公历	星期	天地干支	五行
初一	8月	日	庚戌	金	30	一	己卯	土	29	三	己酉	土	28	四	戊寅	土	26	五	丁未	水	26	日	丁丑	水
初二	2	一	辛亥	金	31	二	庚辰	金	30	四	庚戌	金	29	五	己卯	土	27	六	戊申	土	27	一	戊寅	土
初三	3	二	壬子	木	9月	三	辛巳	金	10月	五	辛亥	金	30	六	庚辰	金	28	日	己酉	土	28	二	己卯	土
初四	4	三	癸丑	木	2	四	壬午	木	2	六	壬子	木	31	日	辛巳	金	29	一	庚戌	金	29	三	庚辰	金
初五	5	四	甲寅	水	3	五	癸未	木	3	日	癸丑	木	11月	一	壬午	木	30	二	辛亥	金	30	四	辛巳	金
初六	6	五	乙卯	水	4	六	甲申	水	4	一	甲寅	水	2	二	癸未	木	12月	三	壬子	木	31	五	壬午	木
初七	7	六	丙辰	土	5	日	乙酉	水	5	二	乙卯	水	3	三	甲申	水	2	四	癸丑	木	1月	六	癸未	木
初八	8	日	丁巳	土	6	一	丙戌	土	6	三	丙辰	土	4	四	乙酉	水	3	五	甲寅	水	2	日	甲申	水
初九	9	一	戊午	火	7	二	丁亥	土	7	四	丁巳	土	5	五	丙戌	土	4	六	乙卯	水	3	一	乙酉	水
初十	10	二	己未	火	8	三	戊子	火	8	五	戊午	火	6	六	丁亥	土	5	日	丙辰	土	4	二	丙戌	土
十一	11	三	庚申	木	9	四	己丑	火	9	六	己未	火	7	日	戊子	火	6	一	丁巳	土	5	三	丁亥	土
十二	12	四	辛酉	木	10	五	庚寅	木	10	日	庚申	木	8	一	己丑	火	7	二	戊午	火	6	四	戊子	火
十三	13	五	壬戌	水	11	六	辛卯	木	11	一	辛酉	木	9	二	庚寅	木	8	三	己未	火	7	五	己丑	火
十四	14	六	癸亥	水	12	日	壬辰	水	12	二	壬戌	水	10	三	辛卯	木	9	四	庚申	木	8	六	庚寅	木
十五	15	日	甲子	金	13	一	癸巳	水	13	三	癸亥	水	11	四	壬辰	水	10	五	辛酉	木	9	日	辛卯	木
十六	16	一	乙丑	金	14	二	甲午	金	14	四	甲子	金	12	五	癸巳	水	11	六	壬戌	水	10	一	壬辰	水
十七	17	二	丙寅	火	15	三	乙未	金	15	五	乙丑	金	13	六	甲午	金	12	日	癸亥	水	11	二	癸巳	水
十八	18	三	丁卯	火	16	四	丙申	火	16	六	丙寅	火	14	日	乙未	金	13	一	甲子	金	12	三	甲午	金
十九	19	四	戊辰	木	17	五	丁酉	火	17	日	丁卯	火	15	一	丙申	火	14	二	乙丑	金	13	四	乙未	金
二十	20	五	己巳	木	18	六	戊戌	木	18	一	戊辰	木	16	二	丁酉	火	15	三	丙寅	火	14	五	丙申	火
廿一	21	六	庚午	土	19	日	己亥	木	19	二	己巳	木	17	三	戊戌	木	16	四	丁卯	火	15	六	丁酉	火
廿二	22	日	辛未	土	20	一	庚子	土	20	三	庚午	土	18	四	己亥	木	17	五	戊辰	木	16	日	戊戌	木
廿三	23	一	壬申	金	21	二	辛丑	土	21	四	辛未	土	19	五	庚子	土	18	六	己巳	木	17	一	己亥	木
廿四	24	二	癸酉	金	22	三	壬寅	金	22	五	壬申	金	20	六	辛丑	土	19	日	庚午	土	18	二	庚子	土
廿五	25	三	甲戌	火	23	四	癸卯	金	23	六	癸酉	金	21	日	壬寅	金	20	一	辛未	土	19	三	辛丑	土
廿六	26	四	乙亥	火	24	五	甲辰	火	24	日	甲戌	火	22	一	癸卯	金	21	二	壬申	金	20	四	壬寅	金
廿七	27	五	丙子	水	25	六	乙巳	火	25	一	乙亥	火	23	二	甲辰	火	22	三	癸酉	金	21	五	癸卯	金
廿八	28	六	丁丑	水	26	日	丙午	水	26	二	丙子	水	24	三	乙巳	火	23	四	甲戌	火	22	六	甲辰	火
廿九	29	日	戊寅	土	27	一	丁未	水	27	三	丁丑	水	25	四	丙午	水	24	五	乙亥	火	23	日	乙巳	火
三十					28	二	戊申	土									25	六	丙子	水				

— 345 —

公元二〇三九年（闰五月）　岁次:己未　生肖:羊　太岁:傅悦　纳音:天上火

月别	正月大				二月大				三月小				四月大				五月大				闰五月小			
干支	丙寅				丁卯				戊辰				己巳				庚午				庚午			
九星	五黄				四绿				三碧				二黑				一白				一白			

廿四节气

节名	立春	雨水	惊蛰	春分	清明	谷雨	立夏	小满	芒种	夏至	小暑
农历	十二	廿七	十二	廿七	十二	廿七	十三	廿九	十五	三十	十六
时辰	辰时	寅时	丑时	丑时	卯时	未时	子时	午时	寅时	戌时	未时
公历	2月4日	2月19日	3月6日	3月21日	4月5日	4月20日	5月5日	5月21日	6月6日	6月21日	7月7日
时间	7时52分	3时45分	1时42分	2时31分	6时15分	13时17分	23时18分	12时10分	3时15分	19时57分	13时26分

农历	公历	星期	天地干支	五行	公历	星期	天地干支	五行	公历	星期	天地干支	五行	公历	星期	天地干支	五行	公历	星期	天地干支	五行	公历	星期	天地干支	五行
初一	24	一	丙午	水	23	三	丙子	水	25	五	丙午	水	23	六	乙亥	火	23	一	乙巳	火	22	三	乙亥	火
初二	25	二	丁未	水	24	四	丁丑	水	26	六	丁未	水	24	日	丙子	水	24	二	丙午	水	23	四	丙子	水
初三	26	三	戊申	土	25	五	戊寅	土	27	日	戊申	土	25	一	丁丑	水	25	三	丁未	水	24	五	丁丑	水
初四	27	四	己酉	土	26	六	己卯	土	28	一	己酉	土	26	二	戊寅	土	26	四	戊申	土	25	六	戊寅	土
初五	28	五	庚戌	金	27	日	庚辰	金	29	二	庚戌	金	27	三	己卯	土	27	五	己酉	土	26	日	己卯	土
初六	29	六	辛亥	金	28	一	辛巳	金	30	三	辛亥	金	28	四	庚辰	金	28	六	庚戌	金	27	一	庚辰	金
初七	30	日	壬子	木	3月2	二	壬午	木	31	四	壬子	木	29	五	辛巳	金	29	日	辛亥	金	28	二	辛巳	金
初八	31	一	癸丑	木	2	三	癸未	木	4月2	五	癸丑	木	30	六	壬午	木	30	一	壬子	木	29	三	壬午	木
初九	2月2	二	甲寅	水	3	四	甲申	水	2	六	甲寅	水	5月1	日	癸未	木	31	二	癸丑	木	30	四	癸未	木
初十	2	三	乙卯	水	4	五	乙酉	水	3	日	乙卯	水	2	一	甲申	水	6月1	三	甲寅	水	7月1	五	甲申	水
十一	3	四	丙辰	土	5	六	丙戌	土	4	一	丙辰	土	3	二	乙酉	水	2	四	乙卯	水	2	六	乙酉	水
十二	4	五	丁巳	土	6	日	丁亥	土	5	二	丁巳	土	4	三	丙戌	土	3	五	丙辰	土	3	日	丙戌	土
十三	5	六	戊午	火	7	一	戊子	火	6	三	戊午	火	5	四	丁亥	土	4	六	丁巳	土	4	一	丁亥	土
十四	6	日	己未	火	8	二	己丑	火	7	四	己未	火	6	五	戊子	火	5	日	戊午	火	5	二	戊子	火
十五	7	一	庚申	木	9	三	庚寅	木	8	五	庚申	木	7	六	己丑	火	6	一	己未	火	6	三	己丑	火
十六	8	二	辛酉	木	10	四	辛卯	木	9	六	辛酉	木	8	日	庚寅	木	7	二	庚申	木	7	四	庚寅	木
十七	9	三	壬戌	水	11	五	壬辰	水	10	日	壬戌	水	9	一	辛卯	木	8	三	辛酉	木	8	五	辛卯	木
十八	10	四	癸亥	水	12	六	癸巳	水	11	一	癸亥	水	10	二	壬辰	水	9	四	壬戌	水	9	六	壬辰	水
十九	11	五	甲子	金	13	日	甲午	金	12	二	甲子	金	11	三	癸巳	水	10	五	癸亥	水	10	日	癸巳	水
二十	12	六	乙丑	金	14	一	乙未	金	13	三	乙丑	金	12	四	甲午	金	11	六	甲子	金	11	一	甲午	金
廿一	13	日	丙寅	火	15	二	丙申	火	14	四	丙寅	火	13	五	乙未	金	12	日	乙丑	金	12	二	乙未	金
廿二	14	一	丁卯	火	16	三	丁酉	火	15	五	丁卯	火	14	六	丙申	火	13	一	丙寅	火	13	三	丙申	火
廿三	15	二	戊辰	木	17	四	戊戌	木	16	六	戊辰	木	15	日	丁酉	火	14	二	丁卯	火	14	四	丁酉	火
廿四	16	三	己巳	木	18	五	己亥	木	17	日	己巳	木	16	一	戊戌	木	15	三	戊辰	木	15	五	戊戌	木
廿五	17	四	庚午	土	19	六	庚子	土	18	一	庚午	土	17	二	己亥	木	16	四	己巳	木	16	六	己亥	木
廿六	18	五	辛未	土	20	日	辛丑	土	19	二	辛未	土	18	三	庚子	土	17	五	庚午	土	17	日	庚子	土
廿七	19	六	壬申	金	21	一	壬寅	金	20	三	壬申	金	19	四	辛丑	土	18	六	辛未	土	18	一	辛丑	土
廿八	20	日	癸酉	金	22	二	癸卯	金	21	四	癸酉	金	20	五	壬寅	金	19	日	壬申	金	19	二	壬寅	金
廿九	21	一	甲戌	火	23	三	甲辰	火	22	五	甲戌	火	21	六	癸卯	金	20	一	癸酉	金	20	三	癸卯	金
三十	22	二	乙亥	火	24	四	乙巳	火					22	日	甲辰	火	21	二	甲戌	火				

— 346 —

公元二〇三九年（闰五月）　　岁次：己未　　生肖：羊　　太岁：傅悦　　纳音：天上火

月别	六月大				七月小				八月大				九月小				十月大				十一月小				十二月小			
干支	辛未				壬申				癸酉				甲戌				乙亥				丙子				丁丑			
九星	九紫				八白				七赤				六白				五黄				四绿				三碧			

廿四节气

节名	大暑	立秋	处暑	白露	秋分	寒露	霜降	立冬	小雪	大雪	冬至	小寒	大寒	立春
农历	初三	十八	初四	二十	初六	廿一	初六	廿一	初七	廿二	初七	廿二	初七	廿二
时辰	卯时	子时	未时	丑时	午时	酉时	亥时	亥时	戌时	未时	辰时	丑时	戌时	未时
公历	7月23日	8月7日	8月23日	9月8日	9月23日	10月8日	10月23日	11月7日	11月22日	12月7日	12月22日	1月6日	1月20日	2月4日
时间	6时48分	23时17分	13时58分	2时23分	11时49分	18时17分	21时25分	21时42分	19时12分	14时44分	8时40分	2时3分	19时20分	13时39分

农历	公历	星期	天地干支	五行	公历	星期	天地干支	五行	公历	星期	天地干支	五行	公历	星期	天地干支	五行	公历	星期	天地干支	五行	公历	星期	天地干支	五行	公历	星期	天地干支	五行
初一	21	四	甲辰	火	20	六	甲戌	火	18	日	癸卯	金	18	二	癸酉	金	16	三	壬寅	金	16	五	壬申	金	14	六	辛丑	土
初二	22	五	乙巳	火	21	日	乙亥	火	19	一	甲辰	火	19	三	甲戌	火	17	四	癸卯	金	17	六	癸酉	金	15	日	壬寅	金
初三	23	六	丙午	水	22	一	丙子	水	20	二	乙巳	火	20	四	乙亥	火	18	五	甲辰	火	18	日	甲戌	火	16	一	癸卯	金
初四	24	日	丁未	水	23	二	丁丑	水	21	三	丙午	水	21	五	丙子	水	19	六	乙巳	火	19	一	乙亥	火	17	二	甲辰	火
初五	25	一	戊申	土	24	三	戊寅	土	22	四	丁未	水	22	六	丁丑	水	20	日	丙午	水	20	二	丙子	水	18	三	乙巳	火
初六	26	二	己酉	土	25	四	己卯	土	23	五	戊申	土	23	日	戊寅	土	21	一	丁未	水	21	三	丁丑	水	19	四	丙午	水
初七	27	三	庚戌	金	26	五	庚辰	金	24	六	己酉	土	24	一	己卯	土	22	二	戊申	土	22	四	戊寅	土	20	五	丁未	水
初八	28	四	辛亥	金	27	六	辛巳	金	25	日	庚戌	金	25	二	庚辰	金	23	三	己酉	土	23	五	己卯	土	21	六	戊申	土
初九	29	五	壬子	木	28	日	壬午	木	26	一	辛亥	金	26	三	辛巳	金	24	四	庚戌	金	24	六	庚辰	金	22	日	己酉	土
初十	30	六	癸丑	木	29	一	癸未	木	27	二	壬子	木	27	四	壬午	木	25	五	辛亥	金	25	日	辛巳	金	23	一	庚戌	金
十一	31	日	甲寅	水	30	二	甲申	水	28	三	癸丑	木	28	五	癸未	木	26	六	壬子	木	26	一	壬午	木	24	二	辛亥	金
十二	8月	一	乙卯	水	31	三	乙酉	水	29	四	甲寅	水	29	六	甲申	水	27	日	癸丑	木	27	二	癸未	木	25	三	壬子	木
十三	2	二	丙辰	土	9月	四	丙戌	土	30	五	乙卯	水	30	日	乙酉	水	28	一	甲寅	水	28	三	甲申	水	26	四	癸丑	木
十四	3	三	丁巳	土	2	五	丁亥	土	10月	六	丙辰	土	31	一	丙戌	土	29	二	乙卯	水	29	四	乙酉	水	27	五	甲寅	水
十五	4	四	戊午	火	3	六	戊子	火	2	日	丁巳	土	11月	二	丁亥	土	30	三	丙辰	土	30	五	丙戌	土	28	六	乙卯	水
十六	5	五	己未	火	4	日	己丑	火	3	一	戊午	火	2	三	戊子	火	12月	四	丁巳	土	31	六	丁亥	土	29	日	丙辰	土
十七	6	六	庚申	木	5	一	庚寅	木	4	二	己未	火	3	四	己丑	火	2	五	戊午	火	1月	日	戊子	火	30	一	丁巳	土
十八	7	日	辛酉	木	6	二	辛卯	木	5	三	庚申	木	4	五	庚寅	木	3	六	己未	火	2	一	己丑	火	31	二	戊午	火
十九	8	一	壬戌	水	7	三	壬辰	水	6	四	辛酉	木	5	六	辛卯	木	4	日	庚申	木	3	二	庚寅	木	2月	三	己未	火
二十	9	二	癸亥	水	8	四	癸巳	水	7	五	壬戌	水	6	日	壬辰	水	5	一	辛酉	木	4	三	辛卯	木	2	四	庚申	木
廿一	10	三	甲子	金	9	五	甲午	金	8	六	癸亥	水	7	一	癸巳	水	6	二	壬戌	水	5	四	壬辰	水	3	五	辛酉	木
廿二	11	四	乙丑	金	10	六	乙未	金	9	日	甲子	金	8	二	甲午	金	7	三	癸亥	水	6	五	癸巳	水	4	六	壬戌	水
廿三	12	五	丙寅	火	11	日	丙申	火	10	一	乙丑	金	9	三	乙未	金	8	四	甲子	金	7	六	甲午	金	5	日	癸亥	水
廿四	13	六	丁卯	火	12	一	丁酉	火	11	二	丙寅	火	10	四	丙申	火	9	五	乙丑	金	8	日	乙未	金	6	一	甲子	金
廿五	14	日	戊辰	木	13	二	戊戌	木	12	三	丁卯	火	11	五	丁酉	火	10	六	丙寅	火	9	一	丙申	火	7	二	乙丑	金
廿六	15	一	己巳	木	14	三	己亥	木	13	四	戊辰	木	12	六	戊戌	木	11	日	丁卯	火	10	二	丁酉	火	8	三	丙寅	火
廿七	16	二	庚午	土	15	四	庚子	土	14	五	己巳	木	13	日	己亥	木	12	一	戊辰	木	11	三	戊戌	木	9	四	丁卯	火
廿八	17	三	辛未	土	16	五	辛丑	土	15	六	庚午	土	14	一	庚子	土	13	二	己巳	木	12	四	己亥	木	10	五	戊辰	木
廿九	18	四	壬申	金	17	六	壬寅	金	16	日	辛未	土	15	二	辛丑	土	14	三	庚午	土	13	五	庚子	土	11	六	己巳	火
三十	19	五	癸酉	金					17	一	壬申	金					15	四	辛未	土								

— 347 —

公元二〇四〇年　岁次:庚申　生肖:猴　太岁:毛幸　纳音:石榴木

月别	正月大				二月小				三月大				四月大				五月小				六月大			
干支	戊寅				己卯				庚辰				辛巳				壬午				癸未			
九星	二黑				一白				九紫				八白				七赤				六白			

廿四节气

节名	雨水	惊蛰	春分	清明	谷雨	立夏	小满	芒种	夏至	小暑	大暑	立秋
农历	初八	廿三	初八	廿三	初九	廿五	初十	廿六	十二	廿七	十四	三十
时辰	巳时	辰时	辰时	午时	酉时	卯时	酉时	巳时	丑时	戌时	午时	卯时
公历	2月19日	3月5日	3月20日	4月4日	4月19日	5月5日	5月20日	6月5日	6月21日	7月6日	7月22日	8月7日
时间	9时23分	7时31分	8时11分	12时5分	18时59分	5时9分	17时55分	9时7分	1时46分	19时19分	12时40分	5时10分

农历

农历	公历	星期	天地干支	五行	公历	星期	天地干支	五行	公历	星期	天地干支	五行	公历	星期	天地干支	五行	公历	星期	天地干支	五行	公历	星期	天地干支	五行
初一	12	日	庚午	土	13	二	庚子	土	11	三	己巳	木	11	五	己亥	木	10	日	己巳	木	9	一	戊戌	木
初二	13	一	辛未	土	14	三	辛丑	土	12	四	庚午	土	12	六	庚子	土	11	一	庚午	土	10	二	己亥	木
初三	14	二	壬申	金	15	四	壬寅	金	13	五	辛未	土	13	日	辛丑	土	12	二	辛未	土	11	三	庚子	土
初四	15	三	癸酉	金	16	五	癸卯	金	14	六	壬申	金	14	一	壬寅	金	13	三	壬申	金	12	四	辛丑	土
初五	16	四	甲戌	火	17	六	甲辰	火	15	日	癸酉	金	15	二	癸卯	金	14	四	癸酉	金	13	五	壬寅	金
初六	17	五	乙亥	火	18	日	乙巳	火	16	一	甲戌	火	16	三	甲辰	火	15	五	甲戌	火	14	六	癸卯	金
初七	18	六	丙子	水	19	一	丙午	水	17	二	乙亥	火	17	四	乙巳	火	16	六	乙亥	火	15	日	甲辰	火
初八	19	日	丁丑	水	20	二	丁未	水	18	三	丙子	水	18	五	丙午	水	17	日	丙子	水	16	一	乙巳	火
初九	20	一	戊寅	土	21	三	戊申	土	19	四	丁丑	水	19	六	丁未	水	18	一	丁丑	水	17	二	丙午	水
初十	21	二	己卯	土	22	四	己酉	土	20	五	戊寅	土	20	日	戊申	土	19	二	戊寅	土	18	三	丁未	水
十一	22	三	庚辰	金	23	五	庚戌	金	21	六	己卯	土	21	一	己酉	土	20	三	己卯	土	19	四	戊申	土
十二	23	四	辛巳	金	24	六	辛亥	金	22	日	庚辰	金	22	二	庚戌	金	21	四	庚辰	金	20	五	己酉	土
十三	24	五	壬午	木	25	日	壬子	木	23	一	辛巳	金	23	三	辛亥	金	22	五	辛巳	金	21	六	庚戌	金
十四	25	六	癸未	木	26	一	癸丑	木	24	二	壬午	木	24	四	壬子	木	23	六	壬午	木	22	日	辛亥	金
十五	26	日	甲申	水	27	二	甲寅	水	25	三	癸未	木	25	五	癸丑	木	24	日	癸未	木	23	一	壬子	木
十六	27	一	乙酉	水	28	三	乙卯	水	26	四	甲申	水	26	六	甲寅	水	25	一	甲申	水	24	二	癸丑	木
十七	28	二	丙戌	土	29	四	丙辰	土	27	五	乙酉	水	27	日	乙卯	水	26	二	乙酉	水	25	三	甲寅	水
十八	29	三	丁亥	土	30	五	丁巳	土	28	六	丙戌	土	28	一	丙辰	土	27	三	丙戌	土	26	四	乙卯	水
十九	3月	四	戊子	火	31	六	戊午	火	29	日	丁亥	土	29	二	丁巳	土	28	四	丁亥	土	27	五	丙辰	土
二十	2	五	己丑	火	4月	日	己未	火	30	一	戊子	火	30	三	戊午	火	29	五	戊子	火	28	六	丁巳	土
廿一	3	六	庚寅	木	2	一	庚申	木	5月	二	己丑	火	31	四	己未	火	30	六	己丑	火	29	日	戊午	火
廿二	4	日	辛卯	木	3	二	辛酉	木	2	三	庚寅	木	6月	五	庚申	木	7月	日	庚寅	木	30	一	己未	火
廿三	5	一	壬辰	水	4	三	壬戌	水	3	四	辛卯	木	2	六	辛酉	木	2	一	辛卯	木	31	二	庚申	木
廿四	6	二	癸巳	水	5	四	癸亥	水	4	五	壬辰	水	3	日	壬戌	水	3	二	壬辰	水	8月	三	辛酉	木
廿五	7	三	甲午	金	6	五	甲子	金	5	六	癸巳	水	4	一	癸亥	水	4	三	癸巳	水	2	四	壬戌	水
廿六	8	四	乙未	金	7	六	乙丑	金	6	日	甲午	金	5	二	甲子	金	5	四	甲午	金	3	五	癸亥	水
廿七	9	五	丙申	火	8	日	丙寅	火	7	一	乙未	金	6	三	乙丑	金	6	五	乙未	金	4	六	甲子	金
廿八	10	六	丁酉	火	9	一	丁卯	火	8	二	丙申	火	7	四	丙寅	火	7	六	丙申	火	5	日	乙丑	金
廿九	11	日	戊戌	木	10	二	戊辰	木	9	三	丁酉	火	8	五	丁卯	火	8	日	丁酉	火	6	一	丙寅	木
三十	12	一	己亥	木					10	四	戊戌	木	9	六	戊辰	木					7	二	丁卯	火

— 348 —

公元二〇四〇年　岁次:庚申　生肖:猴　太岁:毛幸　纳音:石榴木

月别	七月小	八月大	九月大	十月小	十一月大	十二月小
干支	甲申	乙酉	丙戌	丁亥	戊子	己丑
九星	五黄	四绿	三碧	二黑	一白	九紫

廿四节气

	节名	处暑	白露	秋分	寒露	霜降	立冬	小雪	大雪	冬至	小寒	大寒
	农历	十五	初二	十七	初三	十八	初三	十八	初三	十八	初三	十八
	时辰	戌时	辰时	酉时	子时	寅时	寅时	丑时	戌时	未时	辰时	丑时
	公历	8月22日	9月7日	9月22日	10月8日	10月23日	11月7日	11月22日	12月6日	12月21日	1月5日	1月20日
	时间	19时53分	8时14分	17时44分	0时5分	3时19分	3时29分	1时5分	20时29分	14时32分	7时47分	1时13分

农历	公历	星期	天地干支	五行	公历	星期	天地干支	五行	公历	星期	天地干支	五行	公历	星期	天地干支	五行	公历	星期	天地干支	五行	公历	星期	天地干支	五行
初一	8	三	戊辰	木	6	四	丁酉	火	6	六	丁卯	火	5	一	丁酉	火	4	二	丙寅	火	3	四	丙申	火
初二	9	四	己巳	木	7	五	戊戌	木	7	日	戊辰	木	6	二	戊戌	木	5	三	丁卯	火	4	五	丁酉	火
初三	10	五	庚午	土	8	六	己亥	木	8	一	己巳	木	7	三	己亥	木	6	四	戊辰	木	5	六	戊戌	木
初四	11	六	辛未	土	9	日	庚子	土	9	二	庚午	土	8	四	庚子	土	7	五	己巳	木	6	日	己亥	木
初五	12	日	壬申	金	10	一	辛丑	土	10	三	辛未	土	9	五	辛丑	土	8	六	庚午	土	7	一	庚子	土
初六	13	一	癸酉	金	11	二	壬寅	金	11	四	壬申	金	10	六	壬寅	金	9	日	辛未	土	8	二	辛丑	土
初七	14	二	甲戌	火	12	三	癸卯	金	12	五	癸酉	金	11	日	癸卯	金	10	一	壬申	金	9	三	壬寅	金
初八	15	三	乙亥	火	13	四	甲辰	火	13	六	甲戌	火	12	一	甲辰	火	11	二	癸酉	金	10	四	癸卯	金
初九	16	四	丙子	水	14	五	乙巳	火	14	日	乙亥	火	13	二	乙巳	火	12	三	甲戌	火	11	五	甲辰	火
初十	17	五	丁丑	水	15	六	丙午	水	15	一	丙子	水	14	三	丙午	水	13	四	乙亥	火	12	六	乙巳	火
十一	18	六	戊寅	土	16	日	丁未	水	16	二	丁丑	水	15	四	丁未	水	14	五	丙子	水	13	日	丙午	水
十二	19	日	己卯	土	17	一	戊申	土	17	三	戊寅	土	16	五	戊申	土	15	六	丁丑	水	14	一	丁未	水
十三	20	一	庚辰	金	18	二	己酉	土	18	四	己卯	土	17	六	己酉	土	16	日	戊寅	土	15	二	戊申	土
十四	21	二	辛巳	金	19	三	庚戌	金	19	五	庚辰	金	18	日	庚戌	金	17	一	己卯	土	16	三	己酉	土
十五	22	三	壬午	木	20	四	辛亥	金	20	六	辛巳	金	19	一	辛亥	金	18	二	庚辰	金	17	四	庚戌	金
十六	23	四	癸未	木	21	五	壬子	木	21	日	壬午	木	20	二	壬子	木	19	三	辛巳	金	18	五	辛亥	金
十七	24	五	甲申	水	22	六	癸丑	木	22	一	癸未	木	21	三	癸丑	木	20	四	壬午	木	19	六	壬子	木
十八	25	六	乙酉	水	23	日	甲寅	水	23	二	甲申	水	22	四	甲寅	水	21	五	癸未	木	20	日	癸丑	木
十九	26	日	丙戌	土	24	一	乙卯	水	24	三	乙酉	水	23	五	乙卯	水	22	六	甲申	水	21	一	甲寅	水
二十	27	一	丁亥	土	25	二	丙辰	土	25	四	丙戌	土	24	六	丙辰	土	23	日	乙酉	水	22	二	乙卯	水
廿一	28	二	戊子	火	26	三	丁巳	土	26	五	丁亥	土	25	日	丁巳	土	24	一	丙戌	土	23	三	丙辰	土
廿二	29	三	己丑	火	27	四	戊午	火	27	六	戊子	火	26	一	戊午	火	25	二	丁亥	土	24	四	丁巳	土
廿三	30	四	庚寅	木	28	五	己未	火	28	日	己丑	火	27	二	己未	火	26	三	戊子	火	25	五	戊午	火
廿四	31	五	辛卯	木	29	六	庚申	木	29	一	庚寅	木	28	三	庚申	木	27	四	己丑	火	26	六	己未	火
廿五	9月	六	壬辰	水	30	日	辛酉	木	30	二	辛卯	木	29	四	辛酉	木	28	五	庚寅	木	27	日	庚申	木
廿六	2	日	癸巳	水	10月	一	壬戌	水	31	三	壬辰	水	30	五	壬戌	水	29	六	辛卯	木	28	一	辛酉	木
廿七	3	一	甲午	金	2	二	癸亥	水	11月	四	癸巳	水	12月	六	癸亥	水	30	日	壬辰	水	29	二	壬戌	水
廿八	4	二	乙未	金	3	三	甲子	金	2	五	甲午	金	2	日	甲子	金	31	一	癸巳	水	30	三	癸亥	水
廿九	5	三	丙申	火	4	四	乙丑	金	3	六	乙未	金	3	一	乙丑	金	1月	二	甲午	金	31	四	甲子	金
三十					5	五	丙寅	火	4	日	丙申	火					2	三	乙未	金				

公元二○四一年　岁次:辛酉　生肖:鸡　太岁:文政　纳音:石榴木

月别	正月小	二月大	三月小	四月大	五月小	六月大
干支	庚寅	辛卯	壬辰	癸巳	甲午	乙未
九星	八白	七赤	六白	五黄	四绿	三碧

廿四节气

节名	立春	雨水	惊蛰	春分	清明	谷雨	立夏	小满	芒种	夏至	小暑	大暑
农历	初三	十八	初四	十九	初四	二十	初六	廿一	初七	廿三	初十	廿五
时辰	戌时	申时	未时	未时	酉时	子时	巳时	子时	未时	辰时	子时	酉时
公历	2月3日	2月18日	3月5日	3月20日	4月4日	4月20日	5月5日	5月20日	6月5日	6月21日	7月7日	7月22日
时间	19时25分	15时17分	13时17分	14时6分	17时52分	0时54分	10时54分	23时48分	14时49分	7时35分	0时58分	18时26分

农历对照表

农历	正月 公历	星期	天地干支	五行	二月 公历	星期	天地干支	五行	三月 公历	星期	天地干支	五行	四月 公历	星期	天地干支	五行	五月 公历	星期	天地干支	五行	六月 公历	星期	天地干支	五行
初一	2月	五	乙丑	金	2	六	甲午	金	4月	一	甲子	金	30	二	癸巳	水	30	四	癸亥	水	28	五	壬辰	水
初二	2	六	丙寅	火	3	日	乙未	金	2	二	乙丑	金	5月	三	甲午	金	31	五	甲子	金	29	六	癸巳	水
初三	3	日	丁卯	火	4	一	丙申	火	3	三	丙寅	火	2	四	乙未	金	6月	六	乙丑	金	30	日	甲午	金
初四	4	一	戊辰	木	5	二	丁酉	火	4	四	丁卯	火	3	五	丙申	火	2	日	丙寅	火	7月	一	乙未	金
初五	5	二	己巳	木	6	三	戊戌	木	5	五	戊辰	木	4	六	丁酉	火	3	一	丁卯	火	2	二	丙申	火
初六	6	三	庚午	土	7	四	己亥	木	6	六	己巳	木	5	日	戊戌	木	4	二	戊辰	木	3	三	丁酉	火
初七	7	四	辛未	土	8	五	庚子	土	7	日	庚午	土	6	一	己亥	木	5	三	己巳	木	4	四	戊戌	木
初八	8	五	壬申	金	9	六	辛丑	土	8	一	辛未	土	7	二	庚子	土	6	四	庚午	土	5	五	己亥	木
初九	9	六	癸酉	金	10	日	壬寅	金	9	二	壬申	金	8	三	辛丑	土	7	五	辛未	土	6	六	庚子	土
初十	10	日	甲戌	火	11	一	癸卯	金	10	三	癸酉	金	9	四	壬寅	金	8	六	壬申	金	7	日	辛丑	土
十一	11	一	乙亥	火	12	二	甲辰	火	11	四	甲戌	火	10	五	癸卯	金	9	日	癸酉	金	8	一	壬寅	金
十二	12	二	丙子	水	13	三	乙巳	火	12	五	乙亥	火	11	六	甲辰	火	10	一	甲戌	火	9	二	癸卯	金
十三	13	三	丁丑	水	14	四	丙午	水	13	六	丙子	水	12	日	乙巳	火	11	二	乙亥	火	10	三	甲辰	火
十四	14	四	戊寅	土	15	五	丁未	水	14	日	丁丑	水	13	一	丙午	水	12	三	丙子	水	11	四	乙巳	火
十五	15	五	己卯	土	16	六	戊申	土	15	一	戊寅	土	14	二	丁未	水	13	四	丁丑	水	12	五	丙午	水
十六	16	六	庚辰	金	17	日	己酉	土	16	二	己卯	土	15	三	戊申	土	14	五	戊寅	土	13	六	丁未	水
十七	17	日	辛巳	金	18	一	庚戌	金	17	三	庚辰	金	16	四	己酉	土	15	六	己卯	土	14	日	戊申	土
十八	18	一	壬午	木	19	二	辛亥	金	18	四	辛巳	金	17	五	庚戌	金	16	日	庚辰	金	15	一	己酉	土
十九	19	二	癸未	木	20	三	壬子	木	19	五	壬午	木	18	六	辛亥	金	17	一	辛巳	金	16	二	庚戌	金
二十	20	三	甲申	水	21	四	癸丑	木	20	六	癸未	木	19	日	壬子	木	18	二	壬午	木	17	三	辛亥	金
廿一	21	四	乙酉	水	22	五	甲寅	水	21	日	甲申	水	20	一	癸丑	木	19	三	癸未	木	18	四	壬子	木
廿二	22	五	丙戌	土	23	六	乙卯	水	22	一	乙酉	水	21	二	甲寅	水	20	四	甲申	水	19	五	癸丑	木
廿三	23	六	丁亥	土	24	日	丙辰	土	23	二	丙戌	土	22	三	乙卯	水	21	五	乙酉	水	20	六	甲寅	水
廿四	24	日	戊子	火	25	一	丁巳	土	24	三	丁亥	土	23	四	丙辰	土	22	六	丙戌	土	21	日	乙卯	水
廿五	25	一	己丑	火	26	二	戊午	火	25	四	戊子	火	24	五	丁巳	土	23	日	丁亥	土	22	一	丙辰	土
廿六	26	二	庚寅	木	27	三	己未	火	26	五	己丑	火	25	六	戊午	火	24	一	戊子	火	23	二	丁巳	土
廿七	27	三	辛卯	木	28	四	庚申	木	27	六	庚寅	木	26	日	己未	火	25	二	己丑	火	24	三	戊午	火
廿八	28	四	壬辰	水	29	五	辛酉	木	28	日	辛卯	木	27	一	庚申	木	26	三	庚寅	木	25	四	己未	火
廿九	3月	五	癸巳	水	30	六	壬戌	水	29	一	壬辰	水	28	二	辛酉	木	27	四	辛卯	木	26	五	庚申	木
三十					31	日	癸亥	水					29	三	壬戌	水					27	六	辛酉	木

公元二〇四一年　岁次:辛酉　生肖:鸡　太岁:文政　纳音:石榴木

月别	七月大				八月小				九月大				十月大				十一月小				十二月大			
干支	丙申				丁酉				戊戌				己亥				庚子				辛丑			
九星	二黑				一白				九紫				八白				七赤				六白			

廿四节气

	节名	立秋	处暑	白露	秋分	寒露	霜降	立冬	小雪	大雪	冬至	小寒	大寒
	农历	十一	廿七	十二	廿七	十四	廿九	十四	廿九	十四	廿八	十四	廿九
	时辰	巳时	丑时	未时	子时	卯时	巳时	巳时	卯时	丑时	戌时	未时	辰时
	公历	8月7日	8月23日	9月7日	9月22日	10月8日	10月23日	11月7日	11月22日	12月7日	12月21日	1月5日	1月20日
	时间	10时48分	1时36分	13时53分	23时26分	5时46分	9时1分	9时12分	6时49分	2时15分	20时18分	13时35分	6时59分

农历	公历	星期	天地干支	五行	公历	星期	天地干支	五行	公历	星期	天地干支	五行	公历	星期	天地干支	五行	公历	星期	天地干支	五行	公历	星期	天地干支	五行
初一	28	日	壬戌	水	27	二	壬辰	水	25	三	辛酉	木	25	五	辛卯	木	24	日	辛酉	木	23	一	庚寅	木
初二	29	一	癸亥	水	28	三	癸巳	水	26	四	壬戌	水	26	六	壬辰	水	25	一	壬戌	水	24	二	辛卯	木
初三	30	二	甲子	金	29	四	甲午	金	27	五	癸亥	水	27	日	癸巳	水	26	二	癸亥	水	25	三	壬辰	水
初四	31	三	乙丑	金	30	五	乙未	金	28	六	甲子	金	28	一	甲午	金	27	三	甲子	金	26	四	癸巳	水
初五	8月	四	丙寅	火	31	六	丙申	火	29	日	乙丑	金	29	二	乙未	金	28	四	乙丑	金	27	五	甲午	金
初六	2	五	丁卯	火	9月	日	丁酉	火	30	一	丙寅	火	30	三	丙申	火	29	五	丙寅	火	28	六	乙未	金
初七	3	六	戊辰	木	2	一	戊戌	木	10月	二	丁卯	火	31	四	丁酉	火	30	六	丁卯	火	29	日	丙申	火
初八	4	日	己巳	木	3	二	己亥	木	2	三	戊辰	木	11月	五	戊戌	木	12月	日	戊辰	木	30	一	丁酉	火
初九	5	一	庚午	土	4	三	庚子	土	3	四	己巳	木	2	六	己亥	木	2	一	己巳	木	31	二	戊戌	木
初十	6	二	辛未	土	5	四	辛丑	土	4	五	庚午	土	3	日	庚子	土	3	二	庚午	土	1月	三	己亥	木
十一	7	三	壬申	金	6	五	壬寅	金	5	六	辛未	土	4	一	辛丑	土	4	三	辛未	土	2	四	庚子	土
十二	8	四	癸酉	金	7	六	癸卯	金	6	日	壬申	金	5	二	壬寅	金	5	四	壬申	金	3	五	辛丑	土
十三	9	五	甲戌	火	8	日	甲辰	火	7	一	癸酉	金	6	三	癸卯	金	6	五	癸酉	金	4	六	壬寅	金
十四	10	六	乙亥	火	9	一	乙巳	火	8	二	甲戌	火	7	四	甲辰	火	7	六	甲戌	火	5	日	癸卯	金
十五	11	日	丙子	水	10	二	丙午	水	9	三	乙亥	火	8	五	乙巳	火	8	日	乙亥	火	6	一	甲辰	火
十六	12	一	丁丑	水	11	三	丁未	水	10	四	丙子	水	9	六	丙午	水	9	一	丙子	水	7	二	乙巳	火
十七	13	二	戊寅	土	12	四	戊申	土	11	五	丁丑	水	10	日	丁未	水	10	二	丁丑	水	8	三	丙午	水
十八	14	三	己卯	土	13	五	己酉	土	12	六	戊寅	土	11	一	戊申	土	11	三	戊寅	土	9	四	丁未	水
十九	15	四	庚辰	金	14	六	庚戌	金	13	日	己卯	土	12	二	己酉	土	12	四	己卯	土	10	五	戊申	土
二十	16	五	辛巳	金	15	日	辛亥	金	14	一	庚辰	金	13	三	庚戌	金	13	五	庚辰	金	11	六	己酉	土
廿一	17	六	壬午	木	16	一	壬子	木	15	二	辛巳	金	14	四	辛亥	金	14	六	辛巳	金	12	日	庚戌	金
廿二	18	日	癸未	木	17	二	癸丑	木	16	三	壬午	木	15	五	壬子	木	15	日	壬午	木	13	一	辛亥	金
廿三	19	一	甲申	水	18	三	甲寅	水	17	四	癸未	木	16	六	癸丑	木	16	一	癸未	木	14	二	壬子	木
廿四	20	二	乙酉	水	19	四	乙卯	水	18	五	甲申	水	17	日	甲寅	水	17	二	甲申	水	15	三	癸丑	木
廿五	21	三	丙戌	土	20	五	丙辰	土	19	六	乙酉	水	18	一	乙卯	水	18	三	乙酉	水	16	四	甲寅	水
廿六	22	四	丁亥	土	21	六	丁巳	土	20	日	丙戌	土	19	二	丙辰	土	19	四	丙戌	土	17	五	乙卯	水
廿七	23	五	戊子	火	22	日	戊午	火	21	一	丁亥	土	20	三	丁巳	土	20	五	丁亥	土	18	六	丙辰	土
廿八	24	六	己丑	火	23	一	己未	火	22	二	戊子	火	21	四	戊午	火	21	六	戊子	火	19	日	丁巳	土
廿九	25	日	庚寅	木	24	二	庚申	木	23	三	己丑	火	22	五	己未	火	22	日	己丑	火	20	一	戊午	火
三十	26	一	辛卯	木					24	四	庚寅	木	23	六	庚申	木					21	二	己未	火

公元二〇四二年（闰二月）　岁次:壬戌　生肖:狗　太岁:洪范　纳音:大海水

月别	正月小	二月大	闰二月小	三月小	四月大	五月小
干支	壬寅	癸卯	癸卯	甲辰	乙巳	丙午
九星	五黄	四绿	四绿	三碧	二黑	一白

廿四节气

节名	立春	雨水	惊蛰	春分	清明	谷雨	立夏	小满	芒种	夏至	小暑
农历	十四	廿八	十四	廿九	十四	初一	十六	初三	十八	初四	二十
时辰	丑时	亥时	戌时	戌时	子时	卯时	申时	卯时	戌时	未时	卯时
公历	2月4日	2月18日	3月5日	3月20日	4月4日	4月20日	5月5日	5月21日	6月5日	6月21日	7月7日
时间	1时12分	21时4分	19时5分	19时53分	23时40分	6时39分	16时42分	5时31分	20时38分	13时15分	6时47分

农历	正月 公历	正月 星期	正月 天地干支	正月 五行	二月 公历	二月 星期	二月 天地干支	二月 五行	闰二月 公历	闰二月 星期	闰二月 天地干支	闰二月 五行	三月 公历	三月 星期	三月 天地干支	三月 五行	四月 公历	四月 星期	四月 天地干支	四月 五行	五月 公历	五月 星期	五月 天地干支	五月 五行
初一	22	三	庚申	木	20	四	己丑	火	22	六	己未	火	20	日	戊子	火	19	一	丁巳	土	18	三	丁亥	土
初二	23	四	辛酉	木	21	五	庚寅	木	23	日	庚申	木	21	一	己丑	火	20	二	戊午	火	19	四	戊子	火
初三	24	五	壬戌	水	22	六	辛卯	木	24	一	辛酉	木	22	二	庚寅	木	21	三	己未	火	20	五	己丑	火
初四	25	六	癸亥	水	23	日	壬辰	水	25	二	壬戌	水	23	三	辛卯	木	22	四	庚申	木	21	六	庚寅	木
初五	26	日	甲子	金	24	一	癸巳	水	26	三	癸亥	水	24	四	壬辰	水	23	五	辛酉	木	22	日	辛卯	木
初六	27	一	乙丑	金	25	二	甲午	金	27	四	甲子	金	25	五	癸巳	水	24	六	壬戌	水	23	一	壬辰	水
初七	28	二	丙寅	火	26	三	乙未	金	28	五	乙丑	金	26	六	甲午	金	25	日	癸亥	水	24	二	癸巳	水
初八	29	三	丁卯	火	27	四	丙申	火	29	六	丙寅	火	27	日	乙未	金	26	一	甲子	金	25	三	甲午	金
初九	30	四	戊辰	木	28	五	丁酉	火	30	日	丁卯	火	28	一	丙申	火	27	二	乙丑	金	26	四	乙未	金
初十	31	五	己巳	木	3月	六	戊戌	木	31	一	戊辰	木	29	二	丁酉	火	28	三	丙寅	火	27	五	丙申	火
十一	2月	六	庚午	土	2	日	己亥	木	4月	二	己巳	木	30	三	戊戌	木	29	四	丁卯	火	28	六	丁酉	火
十二	2	日	辛未	土	3	一	庚子	土	2	三	庚午	土	5月	四	己亥	木	30	五	戊辰	木	29	日	戊戌	木
十三	3	一	壬申	金	4	二	辛丑	土	3	四	辛未	土	2	五	庚子	土	31	六	己巳	木	30	一	己亥	木
十四	4	二	癸酉	金	5	三	壬寅	金	4	五	壬申	金	3	六	辛丑	土	6月	日	庚午	土	7月	二	庚子	土
十五	5	三	甲戌	火	6	四	癸卯	金	5	六	癸酉	金	4	日	壬寅	金	2	一	辛未	土	2	三	辛丑	土
十六	6	四	乙亥	火	7	五	甲辰	火	6	日	甲戌	火	5	一	癸卯	金	3	二	壬申	金	3	四	壬寅	金
十七	7	五	丙子	水	8	六	乙巳	火	7	一	乙亥	火	6	二	甲辰	火	4	三	癸酉	金	4	五	癸卯	金
十八	8	六	丁丑	水	9	日	丙午	水	8	二	丙子	水	7	三	乙巳	火	5	四	甲戌	火	5	六	甲辰	火
十九	9	日	戊寅	土	10	一	丁未	水	9	三	丁丑	水	8	四	丙午	水	6	五	乙亥	火	6	日	乙巳	火
二十	10	一	己卯	土	11	二	戊申	土	10	四	戊寅	土	9	五	丁未	水	7	六	丙子	水	7	一	丙午	水
廿一	11	二	庚辰	金	12	三	己酉	土	11	五	己卯	土	10	六	戊申	土	8	日	丁丑	水	8	二	丁未	水
廿二	12	三	辛巳	金	13	四	庚戌	金	12	六	庚辰	金	11	日	己酉	土	9	一	戊寅	土	9	三	戊申	土
廿三	13	四	壬午	木	14	五	辛亥	金	13	日	辛巳	金	12	一	庚戌	金	10	二	己卯	土	10	四	己酉	土
廿四	14	五	癸未	木	15	六	壬子	木	14	一	壬午	木	13	二	辛亥	金	11	三	庚辰	金	11	五	庚戌	金
廿五	15	六	甲申	水	16	日	癸丑	木	15	二	癸未	木	14	三	壬子	木	12	四	辛巳	金	12	六	辛亥	金
廿六	16	日	乙酉	水	17	一	甲寅	水	16	三	甲申	水	15	四	癸丑	木	13	五	壬午	木	13	日	壬子	木
廿七	17	一	丙戌	土	18	二	乙卯	水	17	四	乙酉	水	16	五	甲寅	水	14	六	癸未	木	14	一	癸丑	木
廿八	18	二	丁亥	土	19	三	丙辰	土	18	五	丙戌	土	17	六	乙卯	水	15	日	甲申	水	15	二	甲寅	水
廿九	19	三	戊子	火	20	四	丁巳	土	19	六	丁亥	土	18	日	丙辰	土	16	一	乙酉	水	16	三	乙卯	水
三十					21	五	戊午	火									17	二	丙戌	土				

公元二〇四二年(闰二月)　　岁次:壬戌　生肖:狗　太岁:洪范　纳音:大海水

月别	六月大				七月小				八月大				九月大				十月小				十一月大				十二月大			
干支	丁未				戊申				己酉				庚戌				辛亥				壬子				癸丑			
九星	九紫				八白				七赤				六白				五黄				四绿				三碧			

廿四节气

节名	大暑	立秋	处暑	白露	秋分	寒露	霜降	立冬	小雪	大雪	冬至	小寒	大寒	立春
农历	初七	廿二	初八	廿三	初十	廿五	初十	廿五	初十	廿五	十一	廿五	初十	廿五
时辰	子时	申时	辰时	戌时	卯时	午时	未时	申时	午时	辰时	丑时	戌时	午时	卯时
公历	7月23日	8月7日	8月23日	9月7日	9月23日	10月8日	10月23日	11月7日	11月22日	12月7日	12月22日	1月5日	1月20日	2月4日
时间	0时6分	16时38分	7时18分	19时45分	5时11分	11时40分	14时49分	15时7分	12时37分	8时9分	2时4分	19时25分	12时41分	6时58分

农历	六月大公历	星期	天地干支	五行	七月小公历	星期	天地干支	五行	八月大公历	星期	天地干支	五行	九月大公历	星期	天地干支	五行	十月小公历	星期	天地干支	五行	十一月大公历	星期	天地干支	五行	十二月大公历	星期	天地干支	五行
初一	17	四	丙辰	土	16	六	丙戌	土	14	日	乙卯	水	14	二	乙酉	水	13	四	乙卯	水	12	五	甲申	水	11	日	甲寅	水
初二	18	五	丁巳	土	17	日	丁亥	土	15	一	丙辰	土	15	三	丙戌	土	14	五	丙辰	土	13	六	乙酉	水	12	一	乙卯	水
初三	19	六	戊午	火	18	一	戊子	火	16	二	丁巳	土	16	四	丁亥	土	15	六	丁巳	土	14	日	丙戌	土	13	二	丙辰	土
初四	20	日	己未	火	19	二	己丑	火	17	三	戊午	火	17	五	戊子	火	16	日	戊午	火	15	一	丁亥	土	14	三	丁巳	土
初五	21	一	庚申	木	20	三	庚寅	木	18	四	己未	火	18	六	己丑	火	17	一	己未	火	16	二	戊子	火	15	四	戊午	火
初六	22	二	辛酉	木	21	四	辛卯	木	19	五	庚申	木	19	日	庚寅	木	18	二	庚申	木	17	三	己丑	火	16	五	己未	火
初七	23	三	壬戌	水	22	五	壬辰	水	20	六	辛酉	木	20	一	辛卯	木	19	三	辛酉	木	18	四	庚寅	木	17	六	庚申	木
初八	24	四	癸亥	水	23	六	癸巳	水	21	日	壬戌	水	21	二	壬辰	水	20	四	壬戌	水	19	五	辛卯	木	18	日	辛酉	木
初九	25	五	甲子	金	24	日	甲午	金	22	一	癸亥	水	22	三	癸巳	水	21	五	癸亥	水	20	六	壬辰	水	19	一	壬戌	水
初十	26	六	乙丑	金	25	一	乙未	金	23	二	甲子	金	23	四	甲午	金	22	六	甲子	金	21	日	癸巳	水	20	二	癸亥	水
十一	27	日	丙寅	火	26	二	丙申	火	24	三	乙丑	金	24	五	乙未	金	23	日	乙丑	金	22	一	甲午	金	21	三	甲子	金
十二	28	一	丁卯	火	27	三	丁酉	火	25	四	丙寅	火	25	六	丙申	火	24	一	丙寅	火	23	二	乙未	金	22	四	乙丑	金
十三	29	二	戊辰	木	28	四	戊戌	木	26	五	丁卯	火	26	日	丁酉	火	25	二	丁卯	火	24	三	丙申	火	23	五	丙寅	火
十四	30	三	己巳	木	29	五	己亥	木	27	六	戊辰	木	27	一	戊戌	木	26	三	戊辰	木	25	四	丁酉	火	24	六	丁卯	火
十五	31	四	庚午	土	30	六	庚子	土	28	日	己巳	木	28	二	己亥	木	27	四	己巳	木	26	五	戊戌	木	25	日	戊辰	木
十六	8月	五	辛未	土	31	日	辛丑	土	29	一	庚午	土	29	三	庚子	土	28	五	庚午	土	27	六	己亥	木	26	一	己巳	木
十七	2	六	壬申	金	9月	一	壬寅	金	30	二	辛未	土	30	四	辛丑	土	29	六	辛未	土	28	日	庚子	土	27	二	庚午	土
十八	3	日	癸酉	金	2	二	癸卯	金	10月	三	壬申	金	31	五	壬寅	金	30	日	壬申	金	29	一	辛丑	土	28	三	辛未	土
十九	4	一	甲戌	火	3	三	甲辰	火	2	四	癸酉	金	11月	六	癸卯	金	12月	一	癸酉	金	30	二	壬寅	金	29	四	壬申	金
二十	5	二	乙亥	火	4	四	乙巳	火	3	五	甲戌	火	2	日	甲辰	火	2	二	甲戌	火	31	三	癸卯	金	30	五	癸酉	金
廿一	6	三	丙子	水	5	五	丙午	水	4	六	乙亥	火	3	一	乙巳	火	3	三	乙亥	火	1月	四	甲辰	火	31	六	甲戌	火
廿二	7	四	丁丑	水	6	六	丁未	水	5	日	丙子	水	4	二	丙午	水	4	四	丙子	水	2	五	乙巳	火	2月	日	乙亥	火
廿三	8	五	戊寅	土	7	日	戊申	土	6	一	丁丑	水	5	三	丁未	水	5	五	丁丑	水	3	六	丙午	水	2	一	丙子	水
廿四	9	六	己卯	土	8	一	己酉	土	7	二	戊寅	土	6	四	戊申	土	6	六	戊寅	土	4	日	丁未	水	3	二	丁丑	水
廿五	10	日	庚辰	金	9	二	庚戌	金	8	三	己卯	土	7	五	己酉	土	7	日	己卯	土	5	一	戊申	土	4	三	戊寅	土
廿六	11	一	辛巳	金	10	三	辛亥	金	9	四	庚辰	金	8	六	庚戌	金	8	一	庚辰	金	6	二	己酉	土	5	四	己卯	土
廿七	12	二	壬午	木	11	四	壬子	木	10	五	辛巳	金	9	日	辛亥	金	9	二	辛巳	金	7	三	庚戌	金	6	五	庚辰	金
廿八	13	三	癸未	木	12	五	癸丑	木	11	六	壬午	木	10	一	壬子	木	10	三	壬午	木	8	四	辛亥	金	7	六	辛巳	金
廿九	14	四	甲申	水	13	六	甲寅	水	12	日	癸未	木	11	二	癸丑	木	11	四	癸未	木	9	五	壬子	木	8	日	壬午	木
三十	15	五	乙酉	水					13	一	甲申	水	12	三	甲寅	水					10	六	癸丑	木	9	一	癸未	木

公元二〇四三年　岁次:癸亥　生肖:猪　太岁:虞程　纳音:大海水

月别	正月小	二月大	三月小	四月小	五月大	六月小
干支	甲寅	乙卯	丙辰	丁巳	戊午	己未
九星	二黑	一白	九紫	八白	七赤	六白

廿四节气

	雨水	惊蛰	春分	清明	谷雨	立夏	小满	芒种	夏至	小暑	大暑
节名	雨水	惊蛰	春分	清明	谷雨	立夏	小满	芒种	夏至	小暑	大暑
农历	初十	廿五	十一	廿六	十一	廿六	十三	廿九	十五	初一	十七
时辰	丑时	子时	丑时	卯时	午时	亥时	午时	丑时	酉时	午时	卯时
公历	2月19日	3月6日	3月21日	4月5日	4月20日	5月5日	5月21日	6月6日	6月21日	7月7日	7月23日
时间	2时41分	0时47分	1时27分	5时20分	12时14分	22时21分	11时8分	2时17分	18时58分	12时27分	5时53分

农历	正月小 公历	星期	天地干支	五行	二月大 公历	星期	天地干支	五行	三月小 公历	星期	天地干支	五行	四月小 公历	星期	天地干支	五行	五月大 公历	星期	天地干支	五行	六月小 公历	星期	天地干支	五行
初一	10	二	甲申	水	11	三	癸丑	木	10	五	癸未	木	9	六	壬子	木	7	日	辛巳	金	7	二	辛亥	金
初二	11	三	乙酉	水	12	四	甲寅	水	11	六	甲申	水	10	日	癸丑	木	8	一	壬午	木	8	三	壬子	木
初三	12	四	丙戌	土	13	五	乙卯	水	12	日	乙酉	水	11	一	甲寅	水	9	二	癸未	木	9	四	癸丑	木
初四	13	五	丁亥	土	14	六	丙辰	土	13	一	丙戌	土	12	二	乙卯	水	10	三	甲申	水	10	五	甲寅	水
初五	14	六	戊子	火	15	日	丁巳	土	14	二	丁亥	土	13	三	丙辰	土	11	四	乙酉	水	11	六	乙卯	水
初六	15	日	己丑	火	16	一	戊午	火	15	三	戊子	火	14	四	丁巳	土	12	五	丙戌	土	12	日	丙辰	土
初七	16	一	庚寅	木	17	二	己未	火	16	四	己丑	火	15	五	戊午	火	13	六	丁亥	土	13	一	丁巳	土
初八	17	二	辛卯	木	18	三	庚申	木	17	五	庚寅	木	16	六	己未	火	14	日	戊子	火	14	二	戊午	火
初九	18	三	壬辰	水	19	四	辛酉	木	18	六	辛卯	木	17	日	庚申	木	15	一	己丑	火	15	三	己未	火
初十	19	四	癸巳	水	20	五	壬戌	水	19	日	壬辰	水	18	一	辛酉	木	16	二	庚寅	木	16	四	庚申	木
十一	20	五	甲午	金	21	六	癸亥	水	20	一	癸巳	水	19	二	壬戌	水	17	三	辛卯	木	17	五	辛酉	木
十二	21	六	乙未	金	22	日	甲子	金	21	二	甲午	金	20	三	癸亥	水	18	四	壬辰	水	18	六	壬戌	水
十三	22	日	丙申	火	23	一	乙丑	金	22	三	乙未	金	21	四	甲子	金	19	五	癸巳	水	19	日	癸亥	水
十四	23	一	丁酉	火	24	二	丙寅	火	23	四	丙申	火	22	五	乙丑	金	20	六	甲午	金	20	一	甲子	金
十五	24	二	戊戌	木	25	三	丁卯	火	24	五	丁酉	火	23	六	丙寅	火	21	日	乙未	金	21	二	乙丑	金
十六	25	三	己亥	木	26	四	戊辰	木	25	六	戊戌	木	24	日	丁卯	火	22	一	丙申	火	22	三	丙寅	火
十七	26	四	庚子	土	27	五	己巳	木	26	日	己亥	木	25	一	戊辰	木	23	二	丁酉	火	23	四	丁卯	火
十八	27	五	辛丑	土	28	六	庚午	土	27	一	庚子	土	26	二	己巳	木	24	三	戊戌	木	24	五	戊辰	木
十九	28	六	壬寅	金	29	日	辛未	土	28	二	辛丑	土	27	三	庚午	土	25	四	己亥	木	25	六	己巳	木
二十	3月	日	癸卯	金	30	一	壬申	金	29	三	壬寅	金	28	四	辛未	土	26	五	庚子	土	26	日	庚午	土
廿一	2	一	甲辰	火	31	二	癸酉	金	30	四	癸卯	金	29	五	壬申	金	27	六	辛丑	土	27	一	辛未	土
廿二	3	二	乙巳	火	4月	三	甲戌	火	5月	五	甲辰	火	30	六	癸酉	金	28	日	壬寅	金	28	二	壬申	金
廿三	4	三	丙午	火	2	四	乙亥	火	2	六	乙巳	火	31	日	甲戌	火	29	一	癸卯	金	29	三	癸酉	金
廿四	5	四	丁未	水	3	五	丙子	水	3	日	丙午	水	6月	一	乙亥	火	30	二	甲辰	火	30	四	甲戌	火
廿五	6	五	戊申	土	4	六	丁丑	水	4	一	丁未	水	2	二	丙子	水	7月	三	乙巳	火	31	五	乙亥	火
廿六	7	六	己酉	土	5	日	戊寅	土	5	二	戊申	土	3	三	丁丑	水	2	四	丙午	水	8月	六	丙子	水
廿七	8	日	庚戌	金	6	一	己卯	土	6	三	己酉	土	4	四	戊寅	土	3	五	丁未	水	2	日	丁丑	水
廿八	9	一	辛亥	金	7	二	庚辰	金	7	四	庚戌	金	5	五	己卯	土	4	六	戊申	土	3	一	戊寅	土
廿九	10	二	壬子	木	8	三	辛巳	金	8	五	辛亥	金	6	六	庚辰	金	5	日	己酉	土	4	二	己卯	火
三十					9	四	壬午	木									6	一	庚戌	金				

公元二〇四三年　　岁次:癸亥　　生肖:猪　　太岁:虞程　　纳音:大海水

月别	七月小				八月大				九月大				十月小				十一月大				十二月大			
干支	庚申				辛酉				壬戌				癸亥				甲子				乙丑			
九星	五黄				四绿				三碧				二黑				一白				九紫			

廿四节气													
节名	立秋	处暑	白露	秋分	寒露	霜降	立冬	小雪	大雪	冬至	小寒	大寒
农历	初三	十九	初六	廿一	初六	廿一	初六	廿一	初七	廿二	初七	廿一
时辰	亥时	未时	丑时	午时	酉时	戌时	戌时	酉时	未时	辰时	丑时	酉时
公历	8月7日	8月23日	9月8日	9月23日	10月8日	10月23日	11月7日	11月22日	12月7日	12月22日	1月6日	1月20日
时间	22时20分	13时9分	1时30分	11时6分	17时27分	20时46分	20时55分	18时34分	13时57分	8时1分	1时12分	18时37分

农历	公历	星期	天地干支	五行	公历	星期	天地干支	五行	公历	星期	天地干支	五行	公历	星期	天地干支	五行	公历	星期	天地干支	五行	公历	星期	天地干支	五行
初一	5	三	庚辰	金	3	四	己酉	土	3	六	己卯	土	2	一	己酉	土	12月	二	戊寅	土	31	四	戊申	土
初二	6	四	辛巳	金	4	五	庚戌	金	4	日	庚辰	金	3	二	庚戌	金	2	三	己卯	土	1月	五	己酉	土
初三	7	五	壬午	木	5	六	辛亥	金	5	一	辛巳	金	4	三	辛亥	金	3	四	庚辰	金	2	六	庚戌	金
初四	8	六	癸未	木	6	日	壬子	木	6	二	壬午	木	5	四	壬子	木	4	五	辛巳	金	3	日	辛亥	金
初五	9	日	甲申	水	7	一	癸丑	木	7	三	癸未	木	6	五	癸丑	木	5	六	壬午	木	4	一	壬子	木
初六	10	一	乙酉	水	8	二	甲寅	水	8	四	甲申	水	7	六	甲寅	水	6	日	癸未	木	5	二	癸丑	木
初七	11	二	丙戌	土	9	三	乙卯	水	9	五	乙酉	水	8	日	乙卯	水	7	一	甲申	水	6	三	甲寅	水
初八	12	三	丁亥	土	10	四	丙辰	土	10	六	丙戌	土	9	一	丙辰	土	8	二	乙酉	水	7	四	乙卯	水
初九	13	四	戊子	火	11	五	丁巳	土	11	日	丁亥	土	10	二	丁巳	土	9	三	丙戌	土	8	五	丙辰	土
初十	14	五	己丑	火	12	六	戊午	火	12	一	戊子	火	11	三	戊午	火	10	四	丁亥	土	9	六	丁巳	土
十一	15	六	庚寅	木	13	日	己未	火	13	二	己丑	火	12	四	己未	火	11	五	戊子	火	10	日	戊午	火
十二	16	日	辛卯	木	14	一	庚申	木	14	三	庚寅	木	13	五	庚申	木	12	六	己丑	火	11	一	己未	火
十三	17	一	壬辰	水	15	二	辛酉	木	15	四	辛卯	木	14	六	辛酉	木	13	日	庚寅	木	12	二	庚申	木
十四	18	二	癸巳	水	16	三	壬戌	水	16	五	壬辰	水	15	日	壬戌	水	14	一	辛卯	木	13	三	辛酉	木
十五	19	三	甲午	金	17	四	癸亥	水	17	六	癸巳	水	16	一	癸亥	水	15	二	壬辰	水	14	四	壬戌	水
十六	20	四	乙未	金	18	五	甲子	金	18	日	甲午	金	17	二	甲子	金	16	三	癸巳	水	15	五	癸亥	水
十七	21	五	丙申	火	19	六	乙丑	金	19	一	乙未	金	18	三	乙丑	金	17	四	甲午	金	16	六	甲子	金
十八	22	六	丁酉	火	20	日	丙寅	火	20	二	丙申	火	19	四	丙寅	火	18	五	乙未	金	17	日	乙丑	金
十九	23	日	戊戌	木	21	一	丁卯	火	21	三	丁酉	火	20	五	丁卯	火	19	六	丙申	火	18	一	丙寅	火
二十	24	一	己亥	木	22	二	戊辰	木	22	四	戊戌	木	21	六	戊辰	木	20	日	丁酉	火	19	二	丁卯	火
廿一	25	二	庚子	土	23	三	己巳	木	23	五	己亥	木	22	日	己巳	木	21	一	戊戌	木	20	三	戊辰	木
廿二	26	三	辛丑	土	24	四	庚午	土	24	六	庚子	土	23	一	庚午	土	22	二	己亥	木	21	四	己巳	木
廿三	27	四	壬寅	金	25	五	辛未	土	25	日	辛丑	土	24	二	辛未	土	23	三	庚子	土	22	五	庚午	土
廿四	28	五	癸卯	金	26	六	壬申	金	26	一	壬寅	金	25	三	壬申	金	24	四	辛丑	土	23	六	辛未	土
廿五	29	六	甲辰	火	27	日	癸酉	金	27	二	癸卯	金	26	四	癸酉	金	25	五	壬寅	金	24	日	壬申	金
廿六	30	日	乙巳	火	28	一	甲戌	火	28	三	甲辰	火	27	五	甲戌	火	26	六	癸卯	金	25	一	癸酉	金
廿七	31	一	丙午	水	29	二	乙亥	火	29	四	乙巳	火	28	六	乙亥	火	27	日	甲辰	火	26	二	甲戌	火
廿八	9月2	二	丁未	水	30	三	丙子	水	30	五	丙午	水	29	日	丙子	水	28	一	乙巳	火	27	三	乙亥	火
廿九	2	三	戊申	土	10月	四	丁丑	水	31	六	丁未	水	30	一	丁丑	水	29	二	丙午	水	28	四	丙子	水
三十					2	五	戊寅	土	11月	日	戊申	土					30	三	丁未	水	29	五	丁丑	水

公元二〇四四年（闰七月）　岁次:甲子　生肖:鼠　太岁:金赤　纳音:海中金

月别	正月大			二月小			三月大			四月小			五月小			六月大		
干支	丙寅			丁卯			戊辰			己巳			庚午			辛未		
九星	八白			七赤			六白			五黄			四绿			三碧		

廿四节气

	节名	立春	雨水	惊蛰	春分	清明	谷雨	立夏	小满	芒种	夏至	小暑	大暑
	农历	初六	廿一	初六	廿一	初七	廿二	初八	廿三	初十	廿六	十二	廿八
	时辰	午时	辰时	卯时	辰时	午时	酉时	寅时	酉时	辰时	子时	酉时	午时
	公历	2月4日	2月19日	3月5日	3月20日	4月4日	4月19日	5月5日	5月20日	6月5日	6月21日	7月6日	7月22日
	时间	12时44分	8时35分	6时31分	7时20分	11时2分	18时6分	4时5分	17时1分	8时3分	0时51分	18时15分	11时43分

农历	公历	星期	天地干支	五行	公历	星期	天地干支	五行	公历	星期	天地干支	五行	公历	星期	天地干支	五行	公历	星期	天地干支	五行	公历	星期	天地干支	五行
初一	30	六	戊寅	土	29	一	戊申	土	29	二	丁丑	水	28	四	丁未	水	27	五	丙子	水	25	六	乙巳	火
初二	31	日	己卯	土	3月	二	己酉	土	30	三	戊寅	土	29	五	戊申	土	28	六	丁丑	水	26	日	丙午	水
初三	2月	一	庚辰	金	2	三	庚戌	金	31	四	己卯	土	30	六	己酉	土	29	日	戊寅	土	27	一	丁未	水
初四	2	二	辛巳	金	3	四	辛亥	金	4月	五	庚辰	金	5月	日	庚戌	金	30	一	己卯	土	28	二	戊申	土
初五	3	三	壬午	木	4	五	壬子	木	2	六	辛巳	金	2	一	辛亥	金	31	二	庚辰	金	29	三	己酉	土
初六	4	四	癸未	木	5	六	癸丑	木	3	日	壬午	木	3	二	壬子	木	6月	三	辛巳	金	30	四	庚戌	金
初七	5	五	甲申	水	6	日	甲寅	水	4	一	癸未	木	4	三	癸丑	木	2	四	壬午	木	7月	五	辛亥	金
初八	6	六	乙酉	水	7	一	乙卯	水	5	二	甲申	水	5	四	甲寅	水	3	五	癸未	木	2	六	壬子	木
初九	7	日	丙戌	土	8	二	丙辰	土	6	三	乙酉	水	6	五	乙卯	水	4	六	甲申	水	3	日	癸丑	木
初十	8	一	丁亥	土	9	三	丁巳	土	7	四	丙戌	土	7	六	丙辰	土	5	日	乙酉	水	4	一	甲寅	水
十一	9	二	戊子	火	10	四	戊午	火	8	五	丁亥	土	8	日	丁巳	土	6	一	丙戌	土	5	二	乙卯	水
十二	10	三	己丑	火	11	五	己未	火	9	六	戊子	火	9	一	戊午	火	7	二	丁亥	土	6	三	丙辰	土
十三	11	四	庚寅	木	12	六	庚申	木	10	日	己丑	火	10	二	己未	火	8	三	戊子	火	7	四	丁巳	土
十四	12	五	辛卯	木	13	日	辛酉	木	11	一	庚寅	木	11	三	庚申	木	9	四	己丑	火	8	五	戊午	火
十五	13	六	壬辰	水	14	一	壬戌	水	12	二	辛卯	木	12	四	辛酉	木	10	五	庚寅	木	9	六	己未	火
十六	14	日	癸巳	水	15	二	癸亥	水	13	三	壬辰	水	13	五	壬戌	水	11	六	辛卯	木	10	日	庚申	木
十七	15	一	甲午	金	16	三	甲子	金	14	四	癸巳	水	14	六	癸亥	水	12	日	壬辰	水	11	一	辛酉	木
十八	16	二	乙未	金	17	四	乙丑	金	15	五	甲午	金	15	日	甲子	金	13	一	癸巳	水	12	二	壬戌	水
十九	17	三	丙申	火	18	五	丙寅	火	16	六	乙未	金	16	一	乙丑	金	14	二	甲午	金	13	三	癸亥	水
二十	18	四	丁酉	火	19	六	丁卯	火	17	日	丙申	火	17	二	丙寅	火	15	三	乙未	金	14	四	甲子	金
廿一	19	五	戊戌	木	20	日	戊辰	木	18	一	丁酉	火	18	三	丁卯	火	16	四	丙申	火	15	五	乙丑	金
廿二	20	六	己亥	木	21	一	己巳	木	19	二	戊戌	木	19	四	戊辰	木	17	五	丁酉	火	16	六	丙寅	火
廿三	21	日	庚子	土	22	二	庚午	土	20	三	己亥	木	20	五	己巳	木	18	六	戊戌	木	17	日	丁卯	火
廿四	22	一	辛丑	土	23	三	辛未	土	21	四	庚子	土	21	六	庚午	土	19	日	己亥	木	18	一	戊辰	木
廿五	23	二	壬寅	金	24	四	壬申	金	22	五	辛丑	土	22	日	辛未	土	20	一	庚子	土	19	二	己巳	木
廿六	24	三	癸卯	金	25	五	癸酉	金	23	六	壬寅	金	23	一	壬申	金	21	二	辛丑	土	20	三	庚午	土
廿七	25	四	甲辰	火	26	六	甲戌	火	24	日	癸卯	金	24	二	癸酉	金	22	三	壬寅	金	21	四	辛未	土
廿八	26	五	乙巳	火	27	日	乙亥	火	25	一	甲辰	火	25	三	甲戌	火	23	四	癸卯	金	22	五	壬申	金
廿九	27	六	丙午	水	28	一	丙子	水	26	二	乙巳	火	26	四	乙亥	火	24	五	甲辰	火	23	六	癸酉	金
三十	28	日	丁未	水					27	三	丙午	水									24	日	甲戌	火

公元二〇四四年(闰七月)　　岁次:甲子　生肖:鼠　太岁:金赤　纳音:海中金

月别	七月小				闰七月小				八月大				九月小				十月大				十一月大				十二月大			
干支	壬申				壬申				癸酉				甲戌				乙亥				丙子				丁丑			
九星	二黑				二黑				一白				九紫				八白				七赤				六白			

廿四节气

节名	立秋	处暑	白露	秋分	寒露	霜降	立冬	小雪	大雪	冬至	小寒	大寒	立春
农历	十四	廿九	十六	初二	十七	初三	十八	初四	十八	初三	十八	初三	十七
时辰	寅时	酉时	辰时	申时	子时	丑时	丑时	子时	戌时	未时	辰时	子时	酉时
公历	8月7日	8月22日	9月7日	9月22日	10月7日	10月23日	11月7日	11月22日	12月6日	12月21日	1月5日	1月20日	2月3日
时间	4时8分	18时54分	7时16分	16时47分	23时13分	2时26分	2时41分	0时15分	19时45分	13时43分	7时2分	0时22分	18时36分

农历	公历	星期	天地干支	五行	公历	星期	天地干支	五行	公历	星期	天地干支	五行	公历	星期	天地干支	五行	公历	星期	天地干支	五行	公历	星期	天地干支	五行	公历	星期	天地干支	五行
初一	25	一	乙亥	火	23	二	甲辰	火	21	三	癸酉	金	21	五	癸卯	金	19	六	壬申	金	19	一	壬寅	金	18	三	壬申	金
初二	26	二	丙子	水	24	三	乙巳	火	22	四	甲戌	火	22	六	甲辰	火	20	日	癸酉	金	20	二	癸卯	金	19	四	癸酉	金
初三	27	三	丁丑	水	25	四	丙午	水	23	五	乙亥	火	23	日	乙巳	火	21	一	甲戌	火	21	三	甲辰	火	20	五	甲戌	火
初四	28	四	戊寅	土	26	五	丁未	水	24	六	丙子	水	24	一	丙午	水	22	二	乙亥	火	22	四	乙巳	火	21	六	乙亥	火
初五	29	五	己卯	土	27	六	戊申	土	25	日	丁丑	水	25	二	丁未	水	23	三	丙子	水	23	五	丙午	水	22	日	丙子	水
初六	30	六	庚辰	金	28	日	己酉	土	26	一	戊寅	土	26	三	戊申	土	24	四	丁丑	水	24	六	丁未	水	23	一	丁丑	水
初七	31	日	辛巳	金	29	一	庚戌	金	27	二	己卯	土	27	四	己酉	土	25	五	戊寅	土	25	日	戊申	土	24	二	戊寅	土
初八	8月	一	壬午	木	30	二	辛亥	金	28	三	庚辰	金	28	五	庚戌	金	26	六	己卯	土	26	一	己酉	土	25	三	己卯	土
初九	2	二	癸未	木	31	三	壬子	木	29	四	辛巳	金	29	六	辛亥	金	27	日	庚辰	金	27	二	庚戌	金	26	四	庚辰	金
初十	3	三	甲申	水	9月	四	癸丑	木	30	五	壬午	木	30	日	壬子	木	28	一	辛巳	金	28	三	辛亥	金	27	五	辛巳	金
十一	4	四	乙酉	水	2	五	甲寅	水	10月	六	癸未	木	31	一	癸丑	木	29	二	壬午	木	29	四	壬子	木	28	六	壬午	木
十二	5	五	丙戌	土	3	六	乙卯	水	2	日	甲申	水	11月	二	甲寅	水	30	三	癸未	木	30	五	癸丑	木	29	日	癸未	木
十三	6	六	丁亥	土	4	日	丙辰	土	3	一	乙酉	水	2	三	乙卯	水	12月	四	甲申	水	31	六	甲寅	水	30	一	甲申	水
十四	7	日	戊子	火	5	一	丁巳	土	4	二	丙戌	土	3	四	丙辰	土	2	五	乙酉	水	1月	日	乙卯	水	31	二	乙酉	水
十五	8	一	己丑	火	6	二	戊午	火	5	三	丁亥	土	4	五	丁巳	土	3	六	丙戌	土	2	一	丙辰	土	2月	三	丙戌	土
十六	9	二	庚寅	木	7	三	己未	火	6	四	戊子	火	5	六	戊午	火	4	日	丁亥	土	3	二	丁巳	土	3	四	丁亥	土
十七	10	三	辛卯	木	8	四	庚申	木	7	五	己丑	火	6	日	己未	火	5	一	戊子	火	4	三	戊午	火	4	五	戊子	火
十八	11	四	壬辰	水	9	五	辛酉	木	8	六	庚寅	木	7	一	庚申	木	6	二	己丑	火	5	四	己未	火	5	六	己丑	火
十九	12	五	癸巳	水	10	六	壬戌	水	9	日	辛卯	木	8	二	辛酉	木	7	三	庚寅	木	6	五	庚申	木	6	日	庚寅	木
二十	13	六	甲午	金	11	日	癸亥	水	10	一	壬辰	水	9	三	壬戌	水	8	四	辛卯	木	7	六	辛酉	木	7	一	辛卯	木
廿一	14	日	乙未	金	12	一	甲子	金	11	二	癸巳	水	10	四	癸亥	水	9	五	壬辰	水	8	日	壬戌	水	8	二	壬辰	水
廿二	15	一	丙申	火	13	二	乙丑	金	12	三	甲午	金	11	五	甲子	金	10	六	癸巳	水	9	一	癸亥	水	9	三	癸巳	水
廿三	16	二	丁酉	火	14	三	丙寅	火	13	四	乙未	金	12	六	乙丑	金	11	日	甲午	金	10	二	甲子	金	10	四	甲午	金
廿四	17	三	戊戌	木	15	四	丁卯	火	14	五	丙申	火	13	日	丙寅	火	12	一	乙未	金	11	三	乙丑	金	11	五	乙未	金
廿五	18	四	己亥	木	16	五	戊辰	木	15	六	丁酉	火	14	一	丁卯	火	13	二	丙申	火	12	四	丙寅	火	12	六	丙申	火
廿六	19	五	庚子	土	17	六	己巳	木	16	日	戊戌	木	15	二	戊辰	木	14	三	丁酉	火	13	五	丁卯	火	13	日	丁酉	火
廿七	20	六	辛丑	土	18	日	庚午	土	17	一	己亥	木	16	三	己巳	木	15	四	戊戌	木	14	六	戊辰	木	14	一	戊戌	木
廿八	21	日	壬寅	金	19	一	辛未	土	18	二	庚子	土	17	四	庚午	土	16	五	己亥	木	15	日	己巳	木	15	二	己亥	木
廿九	22	一	癸卯	金	20	二	壬申	金	19	三	辛丑	土	18	五	辛未	土	17	六	庚子	土	16	一	庚午	土	16	三	庚子	土
三十									20	四	壬寅	金					18	日	辛丑	土	17	二	辛未	土	17	四	辛丑	土

公元二〇四五年　　岁次:乙丑　　生肖:牛　　太岁:陈素　　纳音:海中金

月别	正月大			二月小			三月大			四月小			五月小			六月大		
干支	戊寅			己卯			庚辰			辛巳			壬午			癸未			
九星	五黄			四绿			三碧			二黑			一白			九紫			

廿四节气	节名	雨水	惊蛰	春分	清明	谷雨	立夏	小满	芒种	夏至	小暑	大暑	立秋
	农历	初二	十七	初二	十七	初三	十九	初四	二十	初七	廿三	初九	廿五
	时辰	未时	午时	未时	申时	子时	巳时	亥时	未时	卯时	子时	酉时	巳时
	公历	2月18日	3月5日	3月20日	4月4日	4月19日	5月5日	5月20日	6月5日	6月21日	7月7日	7月22日	8月7日
	时间	14时22分	12时24分	13时7分	16时57分	23时52分	9时59分	22时45分	13时56分	6时33分	0时7分	17时26分	9时59分

农历	公历	星期	天地干支	五行	公历	星期	天地干支	五行	公历	星期	天地干支	五行	公历	星期	天地干支	五行	公历	星期	天地干支	五行	公历	星期	天地干支	五行
初一	17	五	壬寅	金	19	日	壬申	金	17	一	辛丑	土	17	三	辛未	土	15	四	庚子	土	14	五	己巳	金
初二	18	六	癸卯	金	20	一	癸酉	金	18	二	壬寅	金	18	四	壬申	金	16	五	辛丑	土	15	六	庚午	土
初三	19	日	甲辰	火	21	二	甲戌	火	19	三	癸卯	金	19	五	癸酉	金	17	六	壬寅	金	16	日	辛未	土
初四	20	一	乙巳	火	22	三	乙亥	火	20	四	甲辰	火	20	六	甲戌	火	18	日	癸卯	金	17	一	壬申	金
初五	21	二	丙午	水	23	四	丙子	水	21	五	乙巳	火	21	日	乙亥	火	19	一	甲辰	火	18	二	癸酉	金
初六	22	三	丁未	水	24	五	丁丑	水	22	六	丙午	水	22	一	丙子	水	20	二	乙巳	火	19	三	甲戌	火
初七	23	四	戊申	土	25	六	戊寅	土	23	日	丁未	水	23	二	丁丑	水	21	三	丙午	水	20	四	乙亥	火
初八	24	五	己酉	土	26	日	己卯	土	24	一	戊申	土	24	三	戊寅	土	22	四	丁未	水	21	五	丙子	水
初九	25	六	庚戌	金	27	一	庚辰	金	25	二	己酉	土	25	四	己卯	土	23	五	戊申	土	22	六	丁丑	水
初十	26	日	辛亥	金	28	二	辛巳	金	26	三	庚戌	金	26	五	庚辰	金	24	六	己酉	土	23	日	戊寅	土
十一	27	一	壬子	木	29	三	壬午	木	27	四	辛亥	金	27	六	辛巳	金	25	日	庚戌	金	24	一	己卯	土
十二	28	二	癸丑	木	30	四	癸未	木	28	五	壬子	木	28	日	壬午	木	26	一	辛亥	金	25	二	庚辰	金
十三	3月	三	甲寅	水	31	五	甲申	水	29	六	癸丑	木	29	一	癸未	木	27	二	壬子	木	26	三	辛巳	金
十四	2	四	乙卯	水	4月	六	乙酉	水	30	日	甲寅	水	30	二	甲申	水	28	三	癸丑	木	27	四	壬午	木
十五	3	五	丙辰	土	2	日	丙戌	土	5月	一	乙卯	水	31	三	乙酉	水	29	四	甲寅	水	28	五	癸未	木
十六	4	六	丁巳	土	3	一	丁亥	土	2	二	丙辰	土	6月	四	丙戌	土	30	五	乙卯	水	29	六	甲申	水
十七	5	日	戊午	火	4	二	戊子	火	3	三	丁巳	土	2	五	丁亥	土	7月	六	丙辰	土	30	日	乙酉	水
十八	6	一	己未	火	5	三	己丑	火	4	四	戊午	火	3	六	戊子	火	2	日	丁巳	土	31	一	丙戌	土
十九	7	二	庚申	木	6	四	庚寅	木	5	五	己未	火	4	日	己丑	火	3	一	戊午	火	8月	二	丁亥	土
二十	8	三	辛酉	木	7	五	辛卯	木	6	六	庚申	木	5	一	庚寅	木	4	二	己未	火	2	三	戊子	火
廿一	9	四	壬戌	水	8	六	壬辰	水	7	日	辛酉	木	6	二	辛卯	木	5	三	庚申	木	3	四	己丑	火
廿二	10	五	癸亥	水	9	日	癸巳	水	8	一	壬戌	水	7	三	壬辰	水	6	四	辛酉	木	4	五	庚寅	木
廿三	11	六	甲子	金	10	一	甲午	金	9	二	癸亥	水	8	四	癸巳	水	7	五	壬戌	水	5	六	辛卯	木
廿四	12	日	乙丑	金	11	二	乙未	金	10	三	甲子	金	9	五	甲午	金	8	六	癸亥	水	6	日	壬辰	水
廿五	13	一	丙寅	火	12	三	丙申	火	11	四	乙丑	金	10	六	乙未	金	9	日	甲子	金	7	一	癸巳	水
廿六	14	二	丁卯	火	13	四	丁酉	火	12	五	丙寅	火	11	日	丙申	火	10	一	乙丑	金	8	二	甲午	金
廿七	15	三	戊辰	木	14	五	戊戌	木	13	六	丁卯	火	12	一	丁酉	火	11	二	丙寅	火	9	三	乙未	金
廿八	16	四	己巳	木	15	六	己亥	木	14	日	戊辰	木	13	二	戊戌	木	12	三	丁卯	火	10	四	丙申	火
廿九	17	五	庚午	土	16	日	庚子	土	15	一	己巳	木	14	三	己亥	木	13	四	戊辰	木	11	五	丁酉	火
三十	18	六	辛未	土					16	二	庚午	土									12	六	戊戌	木

— 358 —

公元二〇四五年　岁次:乙丑　生肖:牛　太岁:陈素　纳音:海中金

月别	七月小		八月小		九月大		十月小		十一月大		十二月大	
干支	甲申		乙酉		丙戌		丁亥		戊子		己丑	
九星	八白		七赤		六白		五黄		四绿		三碧	
廿四节气 节名	处暑	白露	秋分	寒露	霜降	立冬	小雪	大雪	冬至	小寒	大寒	立春
农历	十一	廿六	十二	廿八	十四	廿九	十四	廿九	十四	廿九	十四	廿九
时辰	子时	未时	亥时	卯时	辰时	辰时	卯时	丑时	戌时	午时	卯时	子时
公历	8月23日	9月7日	9月22日	10月8日	10月23日	11月7日	11月22日	12月7日	12月21日	1月5日	1月20日	2月4日
时间	0时39分	13时5分	22时32分	5时0分	8时12分	8时29分	6时3分	1时35分	19时34分	12时55分	6时15分	0时30分

农历	公历	星期	天地干支	五行	公历	星期	天地干支	五行	公历	星期	天地干支	五行	公历	星期	天地干支	五行	公历	星期	天地干支	五行	公历	星期	天地干支	五行
初一	13	日	己亥	木	11	一	戊辰	木	10	二	丁酉	火	9	四	丁卯	火	8	五	丙申	火	7	日	丙寅	火
初二	14	一	庚子	土	12	二	己巳	木	11	三	戊戌	木	10	五	戊辰	木	9	六	丁酉	火	8	一	丁卯	火
初三	15	二	辛丑	土	13	三	庚午	土	12	四	己亥	木	11	六	己巳	木	10	日	戊戌	木	9	二	戊辰	木
初四	16	三	壬寅	金	14	四	辛未	土	13	五	庚子	土	12	日	庚午	土	11	一	己亥	木	10	三	己巳	木
初五	17	四	癸卯	金	15	五	壬申	金	14	六	辛丑	土	13	一	辛未	土	12	二	庚子	土	11	四	庚午	土
初六	18	五	甲辰	火	16	六	癸酉	金	15	日	壬寅	金	14	二	壬申	金	13	三	辛丑	土	12	五	辛未	土
初七	19	六	乙巳	火	17	日	甲戌	火	16	一	癸卯	金	15	三	癸酉	金	14	四	壬寅	金	13	六	壬申	金
初八	20	日	丙午	水	18	一	乙亥	火	17	二	甲辰	火	16	四	甲戌	火	15	五	癸卯	金	14	日	癸酉	金
初九	21	一	丁未	水	19	二	丙子	水	18	三	乙巳	火	17	五	乙亥	火	16	六	甲辰	火	15	一	甲戌	火
初十	22	二	戊申	土	20	三	丁丑	水	19	四	丙午	水	18	六	丙子	水	17	日	乙巳	火	16	二	乙亥	火
十一	23	三	己酉	土	21	四	戊寅	土	20	五	丁未	水	19	日	丁丑	水	18	一	丙午	水	17	三	丙子	水
十二	24	四	庚戌	金	22	五	己卯	土	21	六	戊申	土	20	一	戊寅	土	19	二	丁未	水	18	四	丁丑	水
十三	25	五	辛亥	金	23	六	庚辰	金	22	日	己酉	土	21	二	己卯	土	20	三	戊申	土	19	五	戊寅	土
十四	26	六	壬子	木	24	日	辛巳	金	23	一	庚戌	金	22	三	庚辰	金	21	四	己酉	土	20	六	己卯	土
十五	27	日	癸丑	木	25	一	壬午	木	24	二	辛亥	金	23	四	辛巳	金	22	五	庚戌	金	21	日	庚辰	金
十六	28	一	甲寅	水	26	二	癸未	木	25	三	壬子	木	24	五	壬午	木	23	六	辛亥	金	22	一	辛巳	金
十七	29	二	乙卯	水	27	三	甲申	水	26	四	癸丑	木	25	六	癸未	木	24	日	壬子	木	23	二	壬午	木
十八	30	三	丙辰	土	28	四	乙酉	水	27	五	甲寅	水	26	日	甲申	水	25	一	癸丑	木	24	三	癸未	木
十九	31	四	丁巳	土	29	五	丙戌	土	28	六	乙卯	水	27	一	乙酉	水	26	二	甲寅	水	25	四	甲申	水
二十	9月	五	戊午	火	30	六	丁亥	土	29	日	丙辰	土	28	二	丙戌	土	27	三	乙卯	水	26	五	乙酉	水
廿一	2	六	己未	火	10月	日	戊子	火	30	一	丁巳	土	29	三	丁亥	土	28	四	丙辰	土	27	六	丙戌	土
廿二	3	日	庚申	木	2	一	己丑	火	31	二	戊午	火	30	四	戊子	火	29	五	丁巳	土	28	日	丁亥	土
廿三	4	一	辛酉	木	3	二	庚寅	木	11月	三	己未	火	12月	五	己丑	火	30	六	戊午	火	29	一	戊子	火
廿四	5	二	壬戌	水	4	三	辛卯	木	2	四	庚申	木	2	六	庚寅	木	31	日	己未	火	30	二	己丑	火
廿五	6	三	癸亥	水	5	四	壬辰	水	3	五	辛酉	木	3	日	辛卯	木	1月	一	庚申	木	31	三	庚寅	木
廿六	7	四	甲子	金	6	五	癸巳	水	4	六	壬戌	水	4	一	壬辰	水	2	二	辛酉	木	2月	四	辛卯	木
廿七	8	五	乙丑	金	7	六	甲午	金	5	日	癸亥	水	5	二	癸巳	水	3	三	壬戌	水	2	五	壬辰	水
廿八	9	六	丙寅	火	8	日	乙未	金	6	一	甲子	金	6	三	甲午	金	4	四	癸亥	水	3	六	癸巳	水
廿九	10	日	丁卯	火	9	一	丙申	火	7	二	乙丑	金	7	四	乙未	金	5	五	甲子	金	4	日	甲午	金
三十									8	三	丙寅	火					6	六	乙丑	金	5	一	乙未	金

公元二〇四六年　岁次:丙寅　生肖:虎　太岁:沈兴　纳音:炉中火

月别	正月大			二月小			三月大			四月小			五月大			六月小		
干支	庚寅			辛卯			壬辰			癸巳			甲午			乙未		
九星	二黑			一白			九紫			八白			七赤			六白		

廿四节气

	节名	雨水	惊蛰	春分	清明	谷雨	立夏	小满	芒种	夏至	小暑	大暑
	农历	十三	廿八	十三	廿八	十五	三十	十六	初二	十八	初四	十九
	时辰	戌时	酉时	酉时	亥时	卯时	申时	寅时	戌时	午时	卯时	子时
	公历	2月18日	3月5日	3月20日	4月4日	4月20日	5月5日	5月21日	6月5日	6月21日	7月7日	7月22日
	时间	20时15分	18时17分	18时57分	22时44分	5时38分	15时40分	4时28分	19时32分	12时14分	5时40分	23时8分

农历	公历	星期	天地干支	五行	公历	星期	天地干支	五行	公历	星期	天地干支	五行	公历	星期	天地干支	五行	公历	星期	天地干支	五行	公历	星期	天地干支	五行
初一	6	二	丙申	火	8	四	丙寅	火	6	五	乙未	金	6	日	乙丑	金	4	一	甲午	金	4	三	甲子	金
初二	7	三	丁酉	火	9	五	丁卯	火	7	六	丙申	火	7	一	丙寅	火	5	二	乙未	金	5	四	乙丑	金
初三	8	四	戊戌	木	10	六	戊辰	木	8	日	丁酉	火	8	二	丁卯	火	6	三	丙申	火	6	五	丙寅	火
初四	9	五	己亥	木	11	日	己巳	木	9	一	戊戌	木	9	三	戊辰	木	7	四	丁酉	火	7	六	丁卯	火
初五	10	六	庚子	土	12	一	庚午	土	10	二	己亥	木	10	四	己巳	木	8	五	戊戌	木	8	日	戊辰	木
初六	11	日	辛丑	土	13	二	辛未	土	11	三	庚子	土	11	五	庚午	土	9	六	己亥	木	9	一	己巳	木
初七	12	一	壬寅	金	14	三	壬申	金	12	四	辛丑	土	12	六	辛未	土	10	日	庚子	土	10	二	庚午	土
初八	13	二	癸卯	金	15	四	癸酉	金	13	五	壬寅	金	13	日	壬申	金	11	一	辛丑	土	11	三	辛未	土
初九	14	三	甲辰	火	16	五	甲戌	火	14	六	癸卯	金	14	一	癸酉	金	12	二	壬寅	金	12	四	壬申	金
初十	15	四	乙巳	火	17	六	乙亥	火	15	日	甲辰	火	15	二	甲戌	火	13	三	癸卯	金	13	五	癸酉	金
十一	16	五	丙午	水	18	日	丙子	水	16	一	乙巳	火	16	三	乙亥	火	14	四	甲辰	火	14	六	甲戌	火
十二	17	六	丁未	水	19	一	丁丑	水	17	二	丙午	水	17	四	丙子	水	15	五	乙巳	火	15	日	乙亥	火
十三	18	日	戊申	土	20	二	戊寅	土	18	三	丁未	水	18	五	丁丑	水	16	六	丙午	水	16	一	丙子	水
十四	19	一	己酉	土	21	三	己卯	土	19	四	戊申	土	19	六	戊寅	土	17	日	丁未	水	17	二	丁丑	水
十五	20	二	庚戌	金	22	四	庚辰	金	20	五	己酉	土	20	日	己卯	土	18	一	戊申	土	18	三	戊寅	土
十六	21	三	辛亥	金	23	五	辛巳	金	21	六	庚戌	金	21	一	庚辰	金	19	二	己酉	土	19	四	己卯	土
十七	22	四	壬子	木	24	六	壬午	木	22	日	辛亥	金	22	二	辛巳	金	20	三	庚戌	金	20	五	庚辰	金
十八	23	五	癸丑	木	25	日	癸未	木	23	一	壬子	木	23	三	壬午	木	21	四	辛亥	金	21	六	辛巳	金
十九	24	六	甲寅	水	26	一	甲申	水	24	二	癸丑	木	24	四	癸未	木	22	五	壬子	木	22	日	壬午	木
二十	25	日	乙卯	水	27	二	乙酉	水	25	三	甲寅	水	25	五	甲申	水	23	六	癸丑	木	23	一	癸未	木
廿一	26	一	丙辰	土	28	三	丙戌	土	26	四	乙卯	水	26	六	乙酉	水	24	日	甲寅	水	24	二	甲申	水
廿二	27	二	丁巳	土	29	四	丁亥	土	27	五	丙辰	土	27	日	丙戌	土	25	一	乙卯	水	25	三	乙酉	水
廿三	28	三	戊午	火	30	五	戊子	火	28	六	丁巳	土	28	一	丁亥	土	26	二	丙辰	土	26	四	丙戌	土
廿四	3月	四	己未	火	31	六	己丑	火	29	日	戊午	火	29	二	戊子	火	27	三	丁巳	土	27	五	丁亥	土
廿五	2	五	庚申	木	4月	日	庚寅	木	30	一	己未	火	30	三	己丑	火	28	四	戊午	火	28	六	戊子	火
廿六	3	六	辛酉	木	2	一	辛卯	木	5月	二	庚申	木	31	四	庚寅	木	29	五	己未	火	29	日	己丑	火
廿七	4	日	壬戌	水	3	二	壬辰	水	2	三	辛酉	木	6月	五	辛卯	木	30	六	庚申	木	30	一	庚寅	木
廿八	5	一	癸亥	水	4	三	癸巳	水	3	四	壬戌	水	2	六	壬辰	水	7月	日	辛酉	木	31	二	辛卯	木
廿九	6	二	甲子	金	5	四	甲午	金	4	五	癸亥	水	3	日	癸巳	水	2	一	壬戌	水	8月	三	壬辰	水
三十	7	三	乙丑	金					5	六	甲子	金					3	二	癸亥	水				

公元二〇四六年　　岁次:丙寅　　生肖:虎　　太岁:沈兴　　纳音:炉中火

月别	七月大				八月小				九月小				十月大				十一月小				十二月大			
干支	丙申				丁酉				戊戌				己亥				庚子				辛丑			
九星	五黄				四绿				三碧				二黑				一白				九紫			

廿四节气

	七月		八月		九月		十月		十一月		十二月	
节名	立秋	处暑	白露	秋分	寒露	霜降	立冬	小雪	大雪	冬至	小寒	大寒
农历	初六	廿二	初七	廿三	初九	廿四	初十	廿五	初十	廿五	初十	廿五
时辰	申时	卯时	酉时	寅时	巳时	未时	未时	午时	辰时	丑时	酉时	午时
公历	8月7日	8月23日	9月7日	9月23日	10月8日	10月23日	11月7日	11月22日	12月7日	12月22日	1月5日	1月20日
时间	15时33分	6时24分	18时43分	4时21分	10时42分	14时3分	14时14分	11时56分	7时21分	1时28分	18时42分	12时9分

农历	公历	星期	天地干支	五行	公历	星期	天地干支	五行	公历	星期	天地干支	五行	公历	星期	天地干支	五行	公历	星期	天地干支	五行	公历	星期	天地干支	五行
初一	2	四	癸巳	水	9月	六	癸亥	水	30	日	壬辰	水	29	一	辛酉	木	28	三	辛卯	木	27	四	庚申	木
初二	3	五	甲午	金	2	日	甲子	金	10月	一	癸巳	水	30	二	壬戌	水	29	四	壬辰	水	28	五	辛酉	木
初三	4	六	乙未	金	3	一	乙丑	金	2	二	甲午	金	31	三	癸亥	水	30	五	癸巳	水	29	六	壬戌	水
初四	5	日	丙申	火	4	二	丙寅	火	3	三	乙未	金	11月	四	甲子	金	12月	六	甲午	金	30	日	癸亥	水
初五	6	一	丁酉	火	5	三	丁卯	火	4	四	丙申	火	2	五	乙丑	金	2	日	乙未	金	31	一	甲子	金
初六	7	二	戊戌	木	6	四	戊辰	木	5	五	丁酉	火	3	六	丙寅	火	3	一	丙申	火	1月	二	乙丑	金
初七	8	三	己亥	木	7	五	己巳	木	6	六	戊戌	木	4	日	丁卯	火	4	二	丁酉	火	2	三	丙寅	火
初八	9	四	庚子	土	8	六	庚午	土	7	日	己亥	木	5	一	戊辰	木	5	三	戊戌	木	3	四	丁卯	火
初九	10	五	辛丑	土	9	日	辛未	土	8	一	庚子	土	6	二	己巳	木	6	四	己亥	木	4	五	戊辰	木
初十	11	六	壬寅	金	10	一	壬申	金	9	二	辛丑	土	7	三	庚午	土	7	五	庚子	土	5	六	己巳	木
十一	12	日	癸卯	金	11	二	癸酉	金	10	三	壬寅	金	8	四	辛未	土	8	六	辛丑	土	6	日	庚午	土
十二	13	一	甲辰	火	12	三	甲戌	火	11	四	癸卯	金	9	五	壬申	金	9	日	壬寅	金	7	一	辛未	土
十三	14	二	乙巳	火	13	四	乙亥	火	12	五	甲辰	火	10	六	癸酉	金	10	一	癸卯	金	8	二	壬申	金
十四	15	三	丙午	水	14	五	丙子	水	13	六	乙巳	火	11	日	甲戌	火	11	二	甲辰	火	9	三	癸酉	金
十五	16	四	丁未	水	15	六	丁丑	水	14	日	丙午	水	12	一	乙亥	火	12	三	乙巳	火	10	四	甲戌	火
十六	17	五	戊申	土	16	日	戊寅	土	15	一	丁未	水	13	二	丙子	水	13	四	丙午	水	11	五	乙亥	火
十七	18	六	己酉	土	17	一	己卯	土	16	二	戊申	土	14	三	丁丑	水	14	五	丁未	水	12	六	丙子	水
十八	19	日	庚戌	金	18	二	庚辰	金	17	三	己酉	土	15	四	戊寅	土	15	六	戊申	土	13	日	丁丑	水
十九	20	一	辛亥	金	19	三	辛巳	金	18	四	庚戌	金	16	五	己卯	土	16	日	己酉	土	14	一	戊寅	土
二十	21	二	壬子	木	20	四	壬午	木	19	五	辛亥	金	17	六	庚辰	金	17	一	庚戌	金	15	二	己卯	土
廿一	22	三	癸丑	木	21	五	癸未	木	20	六	壬子	木	18	日	辛巳	金	18	二	辛亥	金	16	三	庚辰	金
廿二	23	四	甲寅	水	22	六	甲申	水	21	日	癸丑	木	19	一	壬午	木	19	三	壬子	木	17	四	辛巳	金
廿三	24	五	乙卯	水	23	日	乙酉	水	22	一	甲寅	水	20	二	癸未	木	20	四	癸丑	木	18	五	壬午	木
廿四	25	六	丙辰	土	24	一	丙戌	土	23	二	乙卯	水	21	三	甲申	水	21	五	甲寅	水	19	六	癸未	木
廿五	26	日	丁巳	土	25	二	丁亥	土	24	三	丙辰	土	22	四	乙酉	水	22	六	乙卯	水	20	日	甲申	水
廿六	27	一	戊午	火	26	三	戊子	火	25	四	丁巳	土	23	五	丙戌	土	23	日	丙辰	土	21	一	乙酉	水
廿七	28	二	己未	火	27	四	己丑	火	26	五	戊午	火	24	六	丁亥	土	24	一	丁巳	土	22	二	丙戌	土
廿八	29	三	庚申	木	28	五	庚寅	木	27	六	己未	火	25	日	戊子	火	25	二	戊午	火	23	三	丁亥	土
廿九	30	四	辛酉	木	29	六	辛卯	木	28	日	庚申	木	26	一	己丑	火	26	三	己未	火	24	四	戊子	火
三十	31	五	壬戌	水									27	二	庚寅	木					25	五	己丑	火

公元二〇四七年(闰五月)　　岁次:丁卯　　生肖:兔　　太岁:耿章　　纳音:炉中火

月别	正月大				二月小				三月大				四月大				五月小				闰五月大				六月小			
干支	壬寅				癸卯				甲辰				乙巳				丙午				丙午				丁未			
九星	八白				七赤				六白				五黄				四绿				四绿				三碧			

廿四节气

节名	立春	雨水	惊蛰	春分	清明	谷雨	立夏	小满	芒种	夏至	小暑	大暑	立秋
农历	初十	廿五	初十	廿五	十一	廿六	十一	廿七	十三	廿八	十五	初一	十六
时辰	卯时	丑时	子时	子时	寅时	午时	亥时	巳时	丑时	酉时	午时	寅时	亥时
公历	2月4日	2月19日	3月6日	3月21日	4月5日	4月20日	5月5日	5月21日	6月6日	6月21日	7月7日	7月23日	8月7日
时间	6时17分	2时10分	0时5分	0时52分	4时32分	11时32分	21时28分	10时19分	1时20分	18时3分	11时30分	4时55分	21时25分

农历	公历	星期	天地干支	五行	公历	星期	天地干支	五行	公历	星期	天地干支	五行	公历	星期	天地干支	五行	公历	星期	天地干支	五行	公历	星期	天地干支	五行	公历	星期	天地干支	五行
初一	26	六	庚寅	木	25	一	庚申	木	26	二	己丑	火	25	四	己未	火	25	六	己丑	火	23	日	戊午	火	23	二	戊子	火
初二	27	日	辛卯	木	26	二	辛酉	木	27	三	庚寅	木	26	五	庚申	木	26	日	庚寅	木	24	一	己未	火	24	三	己丑	火
初三	28	一	壬辰	水	27	三	壬戌	水	28	四	辛卯	木	27	六	辛酉	木	27	一	辛卯	木	25	二	庚申	木	25	四	庚寅	木
初四	29	二	癸巳	水	28	四	癸亥	水	29	五	壬辰	水	28	日	壬戌	水	28	二	壬辰	水	26	三	辛酉	木	26	五	辛卯	木
初五	30	三	甲午	金	3月	五	甲子	金	30	六	癸巳	水	29	一	癸亥	水	29	三	癸巳	水	27	四	壬戌	水	27	六	壬辰	水
初六	31	四	乙未	金	2	六	乙丑	金	31	日	甲午	金	30	二	甲子	金	30	四	甲午	金	28	五	癸亥	水	28	日	癸巳	水
初七	2月	五	丙申	火	3	日	丙寅	火	4月	一	乙未	金	5月	三	乙丑	金	31	五	乙未	金	29	六	甲子	金	29	一	甲午	金
初八	2	六	丁酉	火	4	一	丁卯	火	2	二	丙申	火	2	四	丙寅	火	6月	六	丙申	火	30	日	乙丑	金	30	二	乙未	金
初九	3	日	戊戌	木	5	二	戊辰	木	3	三	丁酉	火	3	五	丁卯	火	2	日	丁酉	火	7月	一	丙寅	火	31	三	丙申	火
初十	4	一	己亥	木	6	三	己巳	木	4	四	戊戌	木	4	六	戊辰	木	3	一	戊戌	木	2	二	丁卯	火	8月	四	丁酉	火
十一	5	二	庚子	土	7	四	庚午	土	5	五	己亥	木	5	日	己巳	木	4	二	己亥	木	3	三	戊辰	木	2	五	戊戌	木
十二	6	三	辛丑	土	8	五	辛未	土	6	六	庚子	土	6	一	庚午	土	5	三	庚子	土	4	四	己巳	木	3	六	己亥	木
十三	7	四	壬寅	金	9	六	壬申	金	7	日	辛丑	土	7	二	辛未	土	6	四	辛丑	土	5	五	庚午	土	4	日	庚子	土
十四	8	五	癸卯	金	10	日	癸酉	金	8	一	壬寅	金	8	三	壬申	金	7	五	壬寅	金	6	六	辛未	土	5	一	辛丑	土
十五	9	六	甲辰	火	11	一	甲戌	火	9	二	癸卯	金	9	四	癸酉	金	8	六	癸卯	金	7	日	壬申	金	6	二	壬寅	金
十六	10	日	乙巳	火	12	二	乙亥	火	10	三	甲辰	火	10	五	甲戌	火	9	日	甲辰	火	8	一	癸酉	金	7	三	癸卯	金
十七	11	一	丙午	水	13	三	丙子	水	11	四	乙巳	火	11	六	乙亥	火	10	一	乙巳	火	9	二	甲戌	火	8	四	甲辰	火
十八	12	二	丁未	水	14	四	丁丑	水	12	五	丙午	水	12	日	丙子	水	11	二	丙午	水	10	三	乙亥	火	9	五	乙巳	火
十九	13	三	戊申	土	15	五	戊寅	土	13	六	丁未	水	13	一	丁丑	水	12	三	丁未	水	11	四	丙子	水	10	六	丙午	水
二十	14	四	己酉	土	16	六	己卯	土	14	日	戊申	土	14	二	戊寅	土	13	四	戊申	土	12	五	丁丑	水	11	日	丁未	水
廿一	15	五	庚戌	金	17	日	庚辰	金	15	一	己酉	土	15	三	己卯	土	14	五	己酉	土	13	六	戊寅	土	12	一	戊申	土
廿二	16	六	辛亥	金	18	一	辛巳	金	16	二	庚戌	金	16	四	庚辰	金	15	六	庚戌	金	14	日	己卯	土	13	二	己酉	土
廿三	17	日	壬子	木	19	二	壬午	木	17	三	辛亥	金	17	五	辛巳	金	16	日	辛亥	金	15	一	庚辰	金	14	三	庚戌	金
廿四	18	一	癸丑	木	20	三	癸未	木	18	四	壬子	木	18	六	壬午	木	17	一	壬子	木	16	二	辛巳	金	15	四	辛亥	金
廿五	19	二	甲寅	水	21	四	甲申	水	19	五	癸丑	木	19	日	癸未	木	18	二	癸丑	木	17	三	壬午	木	16	五	壬子	木
廿六	20	三	乙卯	水	22	五	乙酉	水	20	六	甲寅	水	20	一	甲申	水	19	三	甲寅	水	18	四	癸未	木	17	六	癸丑	木
廿七	21	四	丙辰	土	23	六	丙戌	土	21	日	乙卯	水	21	二	乙酉	水	20	四	乙卯	水	19	五	甲申	水	18	日	甲寅	水
廿八	22	五	丁巳	土	24	日	丁亥	土	22	一	丙辰	土	22	三	丙戌	土	21	五	丙辰	土	20	六	乙酉	水	19	一	乙卯	水
廿九	23	六	戊午	火	25	一	戊子	火	23	二	丁巳	土	23	四	丁亥	土	22	六	丁巳	土	21	日	丙戌	土	20	二	丙辰	土
三十	24	日	己未	火					24	三	戊午	火	24	五	戊子	火					22	一	丁亥	土				

公元二○四七年(闰五月)　岁次:丁卯　生肖:兔　太岁:耿章　纳音:炉中火

月别	七月大	八月小	九月小	十月大	十一月小	十二月大
干支	戊申	己酉	庚戌	辛亥	壬子	癸丑
九星	二黑	一白	九紫	八白	七赤	六白

廿四节气

	七月大		八月小		九月小		十月大		十一月小		十二月大	
节名	处暑	白露	秋分	寒露	霜降	立冬	小雪	大雪	冬至	小寒	大寒	立春
农历	初三	十九	初四	十九	初五	二十	初六	廿一	初六	廿一	初六	廿一
时辰	午时	子时	巳时	申时	戌时	戌时	酉时	未时	辰时	子时	酉时	午时
公历	8月23日	9月8日	9月23日	10月8日	10月23日	11月7日	11月22日	12月7日	12月22日	1月6日	1月20日	2月4日
时间	12时10分	0时38分	10时7分	16时37分	19时48分	20时7分	17时38分	13时10分	7时7分	0时29分	17时47分	12时4分

农历	七月 公历	星期	天地干支	五行	八月 公历	星期	天地干支	五行	九月 公历	星期	天地干支	五行	十月 公历	星期	天地干支	五行	十一月 公历	星期	天地干支	五行	十二月 公历	星期	天地干支	五行
初一	21	三	丁巳	土	20	五	丁亥	土	19	六	丙辰	土	17	日	乙酉	水	17	二	乙卯	水	15	三	甲申	水
初二	22	四	戊午	火	21	六	戊子	火	20	日	丁巳	土	18	一	丙戌	土	18	三	丙辰	土	16	四	乙酉	水
初三	23	五	己未	火	22	日	己丑	火	21	一	戊午	火	19	二	丁亥	土	19	四	丁巳	土	17	五	丙戌	土
初四	24	六	庚申	木	23	一	庚寅	木	22	二	己未	火	20	三	戊子	火	20	五	戊午	火	18	六	丁亥	土
初五	25	日	辛酉	木	24	二	辛卯	木	23	三	庚申	木	21	四	己丑	火	21	六	己未	火	19	日	戊子	火
初六	26	一	壬戌	水	25	三	壬辰	水	24	四	辛酉	木	22	五	庚寅	木	22	日	庚申	木	20	一	己丑	火
初七	27	二	癸亥	水	26	四	癸巳	水	25	五	壬戌	水	23	六	辛卯	木	23	一	辛酉	木	21	二	庚寅	木
初八	28	三	甲子	金	27	五	甲午	金	26	六	癸亥	水	24	日	壬辰	水	24	二	壬戌	水	22	三	辛卯	木
初九	29	四	乙丑	金	28	六	乙未	金	27	日	甲子	金	25	一	癸巳	水	25	三	癸亥	水	23	四	壬辰	水
初十	30	五	丙寅	火	29	日	丙申	火	28	一	乙丑	金	26	二	甲午	金	26	四	甲子	金	24	五	癸巳	水
十一	31	六	丁卯	火	30	一	丁酉	火	29	二	丙寅	火	27	三	乙未	金	27	五	乙丑	金	25	六	甲午	金
十二	9月	日	戊辰	木	10月	二	戊戌	木	30	三	丁卯	火	28	四	丙申	火	28	六	丙寅	火	26	日	乙未	金
十三	2	一	己巳	木	2	三	己亥	木	31	四	戊辰	木	29	五	丁酉	火	29	日	丁卯	火	27	一	丙申	火
十四	3	二	庚午	土	3	四	庚子	土	11月	五	己巳	木	30	六	戊戌	木	30	一	戊辰	木	28	二	丁酉	火
十五	4	三	辛未	土	4	五	辛丑	土	2	六	庚午	土	12月	日	己亥	木	31	二	己巳	木	29	三	戊戌	木
十六	5	四	壬申	金	5	六	壬寅	金	3	日	辛未	金	2	一	庚子	土	1月	三	庚午	土	30	四	己亥	木
十七	6	五	癸酉	金	6	日	癸卯	金	4	一	壬申	金	3	二	辛丑	土	2	四	辛未	土	31	五	庚子	土
十八	7	六	甲戌	火	7	一	甲辰	火	5	二	癸酉	金	4	三	壬寅	金	3	五	壬申	金	2月	六	辛丑	土
十九	8	日	乙亥	火	8	二	乙巳	火	6	三	甲戌	火	5	四	癸卯	金	4	六	癸酉	金	2	日	壬寅	金
二十	9	一	丙子	水	9	三	丙午	水	7	四	乙亥	火	6	五	甲辰	火	5	日	甲戌	火	3	一	癸卯	金
廿一	10	二	丁丑	水	10	四	丁未	水	8	五	丙子	水	7	六	乙巳	火	6	一	乙亥	火	4	二	甲辰	火
廿二	11	三	戊寅	土	11	五	戊申	土	9	六	丁丑	水	8	日	丙午	水	7	二	丙子	水	5	三	乙巳	火
廿三	12	四	己卯	土	12	六	己酉	土	10	日	戊寅	土	9	一	丁未	水	8	三	丁丑	水	6	四	丙午	水
廿四	13	五	庚辰	金	13	日	庚戌	金	11	一	己卯	土	10	二	戊申	土	9	四	戊寅	土	7	五	丁未	水
廿五	14	六	辛巳	金	14	一	辛亥	金	12	二	庚辰	金	11	三	己酉	土	10	五	己卯	土	8	六	戊申	土
廿六	15	日	壬午	木	15	二	壬子	木	13	三	辛巳	金	12	四	庚戌	金	11	六	庚辰	金	9	日	己酉	土
廿七	16	一	癸未	木	16	三	癸丑	木	14	四	壬午	木	13	五	辛亥	金	12	日	辛巳	金	10	一	庚戌	金
廿八	17	二	甲申	水	17	四	甲寅	水	15	五	癸未	木	14	六	壬子	木	13	一	壬午	木	11	二	辛亥	金
廿九	18	三	乙酉	水	18	五	乙卯	水	16	六	甲申	水	15	日	癸丑	木	14	二	癸未	木	12	三	壬子	木
三十	19	四	丙戌	土									16	一	甲寅	水					13	四	癸丑	木

公元二○四八年　　岁次:戊辰　　生肖:龙　　太岁:赵达　　纳音:大林木

月别	正月小	二月大	三月大	四月小	五月大	六月大
干支	甲寅	乙卯	丙辰	丁巳	戊午	己未
九星	五黄	四绿	三碧	二黑	一白	九紫

廿四节气

	节名	雨水	惊蛰	春分	清明	谷雨	立夏	小满	芒种	夏至	小暑	大暑	立秋
	农历	初六	廿一	初七	廿二	初七	廿三	初八	廿四	初十	廿六	十二	廿八
	时辰	辰时	卯时	卯时	巳时	酉时	寅时	申时	辰时	子时	酉时	巳时	寅时
	公历	2月19日	3月5日	3月20日	4月4日	4月19日	5月5日	5月20日	6月5日	6月20日	7月6日	7月22日	8月7日
	时间	7时48分	5时54分	6时33分	10时25分	17时17分	3时24分	16时7分	7时18分	23时53分	17时26分	10时46分	3时18分

农历	正月 公历	星期	天地干支	五行	二月 公历	星期	天地干支	五行	三月 公历	星期	天地干支	五行	四月 公历	星期	天地干支	五行	五月 公历	星期	天地干支	五行	六月 公历	星期	天地干支	五行
初一	14	五	甲寅	水	14	六	癸未	木	13	一	癸丑	木	13	三	癸未	木	11	四	壬子	木	11	六	壬午	木
初二	15	六	乙卯	水	15	日	甲申	水	14	二	甲寅	水	14	四	甲申	水	12	五	癸丑	木	12	日	癸未	木
初三	16	日	丙辰	土	16	一	乙酉	水	15	三	乙卯	水	15	五	乙酉	水	13	六	甲寅	水	13	一	甲申	水
初四	17	一	丁巳	土	17	二	丙戌	土	16	四	丙辰	土	16	六	丙戌	土	14	日	乙卯	水	14	二	乙酉	水
初五	18	二	戊午	火	18	三	丁亥	土	17	五	丁巳	土	17	日	丁亥	土	15	一	丙辰	土	15	三	丙戌	土
初六	19	三	己未	火	19	四	戊子	火	18	六	戊午	火	18	一	戊子	火	16	二	丁巳	土	16	四	丁亥	土
初七	20	四	庚申	木	20	五	己丑	火	19	日	己未	火	19	二	己丑	火	17	三	戊午	火	17	五	戊子	火
初八	21	五	辛酉	木	21	六	庚寅	木	20	一	庚申	木	20	三	庚寅	木	18	四	己未	火	18	六	己丑	火
初九	22	六	壬戌	水	22	日	辛卯	木	21	二	辛酉	木	21	四	辛卯	木	19	五	庚申	木	19	日	庚寅	木
初十	23	日	癸亥	水	23	一	壬辰	水	22	三	壬戌	水	22	五	壬辰	水	20	六	辛酉	木	20	一	辛卯	木
十一	24	一	甲子	金	24	二	癸巳	水	23	四	癸亥	水	23	六	癸巳	水	21	日	壬戌	水	21	二	壬辰	水
十二	25	二	乙丑	金	25	三	甲午	金	24	五	甲子	金	24	日	甲午	金	22	一	癸亥	水	22	三	癸巳	水
十三	26	三	丙寅	火	26	四	乙未	金	25	六	乙丑	金	25	一	乙未	金	23	二	甲子	金	23	四	甲午	金
十四	27	四	丁卯	火	27	五	丙申	火	26	日	丙寅	火	26	二	丙申	火	24	三	乙丑	金	24	五	乙未	金
十五	28	五	戊辰	木	28	六	丁酉	火	27	一	丁卯	火	27	三	丁酉	火	25	四	丙寅	火	25	六	丙申	火
十六	29	六	己巳	木	29	日	戊戌	木	28	二	戊辰	木	28	四	戊戌	木	26	五	丁卯	火	26	日	丁酉	火
十七	3月	日	庚午	土	30	一	己亥	木	29	三	己巳	木	29	五	己亥	木	27	六	戊辰	木	27	一	戊戌	木
十八	2	一	辛未	土	31	二	庚子	土	30	四	庚午	土	30	六	庚子	土	28	日	己巳	木	28	二	己亥	木
十九	3	二	壬申	金	4月	三	辛丑	土	5月	五	辛未	土	31	日	辛丑	土	29	一	庚午	土	29	三	庚子	土
二十	4	三	癸酉	金	2	四	壬寅	金	2	六	壬申	金	6月	一	壬寅	金	30	二	辛未	土	30	四	辛丑	土
廿一	5	四	甲戌	火	3	五	癸卯	金	3	日	癸酉	金	2	二	癸卯	金	7月	三	壬申	金	31	五	壬寅	金
廿二	6	五	乙亥	火	4	六	甲辰	火	4	一	甲戌	火	3	三	甲辰	火	2	四	癸酉	金	8月	六	癸卯	金
廿三	7	六	丙子	水	5	日	乙巳	火	5	二	乙亥	火	4	四	乙巳	火	3	五	甲戌	火	2	日	甲辰	火
廿四	8	日	丁丑	水	6	一	丙午	水	6	三	丙子	水	5	五	丙午	水	4	六	乙亥	火	3	一	乙巳	火
廿五	9	一	戊寅	土	7	二	丁未	水	7	四	丁丑	水	6	六	丁未	水	5	日	丙子	水	4	二	丙午	水
廿六	10	二	己卯	土	8	三	戊申	土	8	五	戊寅	土	7	日	戊申	土	6	一	丁丑	水	5	三	丁未	土
廿七	11	三	庚辰	金	9	四	己酉	土	9	六	己卯	土	8	一	己酉	土	7	二	戊寅	土	6	四	戊申	土
廿八	12	四	辛巳	金	10	五	庚戌	金	10	日	庚辰	金	9	二	庚戌	金	8	三	己卯	土	7	五	己酉	土
廿九	13	五	壬午	木	11	六	辛亥	金	11	一	辛巳	金	10	三	辛亥	金	9	四	庚辰	金	8	六	庚戌	金
三十					12	日	壬子	木	12	二	壬午	木					10	五	辛巳	金	9	日	辛亥	金

— 364 —

公元二〇四八年　　岁次:戊辰　　生肖:龙　　太岁:赵达　　纳音:大林木

月别	七月小		八月大		九月小		十月小		十一月大		十二月小	
干支	庚申		辛酉		壬戌		癸亥		甲子		乙丑	
九星	八白		七赤		六白		五黄		四绿		三碧	

廿四节气

	节名	处暑	白露	秋分	寒露	霜降		立冬	小雪	大雪	冬至	小寒	大寒
	农历	十三	廿九	十五	三十	十六		初二	十六	初二	十七	初二	十六
	时辰	酉时	卯时	申时	亥时	丑时		丑时	子时	戌时	未时	卯时	子时
	公历	8月22日	9月7日	9月22日	10月7日	10月23日		11月7日	11月21日	12月6日	12月21日	1月5日	1月19日
	时间	18时2分	6时27分	16时0分	22时26分	1时42分		1时56分	23时33分	19时0分	13时2分	6时18分	23时41分

农历	公历	星期	天地干支	五行	公历	星期	天地干支	五行	公历	星期	天地干支	五行	公历	星期	天地干支	五行	公历	星期	天地干支	五行	公历	星期	天地干支	五行
初一	10	一	壬子	木	8	二	辛巳	金	8	四	辛亥	金	6	五	庚辰	金	5	六	己酉	土	4	一	己卯	土
初二	11	二	癸丑	木	9	三	壬午	木	9	五	壬子	木	7	六	辛巳	金	6	日	庚戌	金	5	二	庚辰	金
初三	12	三	甲寅	水	10	四	癸未	木	10	六	癸丑	木	8	日	壬午	木	7	一	辛亥	金	6	三	辛巳	金
初四	13	四	乙卯	水	11	五	甲申	水	11	日	甲寅	水	9	一	癸未	木	8	二	壬子	木	7	四	壬午	木
初五	14	五	丙辰	土	12	六	乙酉	水	12	一	乙卯	水	10	二	甲申	水	9	三	癸丑	木	8	五	癸未	木
初六	15	六	丁巳	土	13	日	丙戌	土	13	二	丙辰	土	11	三	乙酉	水	10	四	甲寅	水	9	六	甲申	水
初七	16	日	戊午	火	14	一	丁亥	土	14	三	丁巳	土	12	四	丙戌	土	11	五	乙卯	水	10	日	乙酉	水
初八	17	一	己未	火	15	二	戊子	火	15	四	戊午	火	13	五	丁亥	土	12	六	丙辰	土	11	一	丙戌	土
初九	18	二	庚申	木	16	三	己丑	火	16	五	己未	火	14	六	戊子	火	13	日	丁巳	土	12	二	丁亥	土
初十	19	三	辛酉	木	17	四	庚寅	木	17	六	庚申	木	15	日	己丑	火	14	一	戊午	火	13	三	戊子	火
十一	20	四	壬戌	水	18	五	辛卯	木	18	日	辛酉	木	16	一	庚寅	木	15	二	己未	火	14	四	己丑	火
十二	21	五	癸亥	水	19	六	壬辰	水	19	一	壬戌	水	17	二	辛卯	木	16	三	庚申	木	15	五	庚寅	木
十三	22	六	甲子	金	20	日	癸巳	水	20	二	癸亥	水	18	三	壬辰	水	17	四	辛酉	木	16	六	辛卯	木
十四	23	日	乙丑	金	21	一	甲午	金	21	三	甲子	金	19	四	癸巳	水	18	五	壬戌	水	17	日	壬辰	水
十五	24	一	丙寅	火	22	二	乙未	金	22	四	乙丑	金	20	五	甲午	金	19	六	癸亥	水	18	一	癸巳	水
十六	25	二	丁卯	火	23	三	丙申	火	23	五	丙寅	火	21	六	乙未	金	20	日	甲子	金	19	二	甲午	金
十七	26	三	戊辰	木	24	四	丁酉	火	24	六	丁卯	火	22	日	丙申	火	21	一	乙丑	金	20	三	乙未	金
十八	27	四	己巳	木	25	五	戊戌	木	25	日	戊辰	木	23	一	丁酉	火	22	二	丙寅	火	21	四	丙申	火
十九	28	五	庚午	土	26	六	己亥	木	26	一	己巳	木	24	二	戊戌	木	23	三	丁卯	火	22	五	丁酉	火
二十	29	六	辛未	土	27	日	庚子	土	27	二	庚午	土	25	三	己亥	木	24	四	戊辰	木	23	六	戊戌	木
廿一	30	日	壬申	金	28	一	辛丑	土	28	三	辛未	土	26	四	庚子	土	25	五	己巳	木	24	日	己亥	木
廿二	31	一	癸酉	金	29	二	壬寅	金	29	四	壬申	金	27	五	辛丑	土	26	六	庚午	土	25	一	庚子	土
廿三	9月	二	甲戌	火	30	三	癸卯	金	30	五	癸酉	金	28	六	壬寅	金	27	日	辛未	土	26	二	辛丑	土
廿四	2	三	乙亥	火	10月	四	甲辰	火	31	六	甲戌	火	29	日	癸卯	金	28	一	壬申	金	27	三	壬寅	金
廿五	3	四	丙子	水	2	五	乙巳	火	11月	日	乙亥	火	30	一	甲辰	火	29	二	癸酉	金	28	四	癸卯	金
廿六	4	五	丁丑	水	3	六	丙午	水	2	一	丙子	水	12月	二	乙巳	火	30	三	甲戌	火	29	五	甲辰	火
廿七	5	六	戊寅	土	4	日	丁未	水	3	二	丁丑	水	2	三	丙午	水	31	四	乙亥	火	30	六	乙巳	火
廿八	6	日	己卯	土	5	一	戊申	土	4	三	戊寅	土	3	四	丁未	水	1月	五	丙子	水	31	日	丙午	水
廿九	7	一	庚辰	金	6	二	己酉	土	5	四	己卯	土	4	五	戊申	土	2	六	丁丑	水	2月	一	丁未	水
三十					7	三	庚戌	金									3	日	戊寅	土				

公元二○四九年　　岁次:己巳　生肖:蛇　太岁:郭灿　纳音:大林木

月别	正月大		二月小		三月大		四月小		五月大		六月大	
干支	丙寅		丁卯		戊辰		己巳		庚午		辛未	
九星	二黑		一白		九紫		八白		七赤		六白	

廿四节气

	节名	立春	雨水	惊蛰	春分	清明	谷雨	立夏	小满	芒种	夏至	小暑	大暑
	农历	初二	十七	初二	十七	初三	十八	初四	十九	初六	廿二	初七	廿三
	时辰	酉时	未时	午时	午时	申时	子时	巳时	亥时	未时	卯时	子时	申时
	公历	2月3日	2月18日	3月5日	3月20日	4月4日	4月19日	5月5日	5月20日	6月5日	6月21日	7月6日	7月22日
	时间	17时53分	13时42分	11时42分	12时28分	16时14分	23时13分	9时12分	22时3分	13时3分	5时47分	23时8分	16时36分

农历	公历	星期	天地干支	五行	公历	星期	天地干支	五行	公历	星期	天地干支	五行	公历	星期	天地干支	五行	公历	星期	天地干支	五行	公历	星期	天地干支	五行
初一	2	二	戊申	土	4	四	戊寅	土	2	五	丁未	水	2	日	丁丑	水	31	一	丙午	水	30	三	丙子	水
初二	3	三	己酉	土	5	五	己卯	土	3	六	戊申	土	3	一	戊寅	土	6月1	二	丁未	水	7月1	四	丁丑	水
初三	4	四	庚戌	金	6	六	庚辰	金	4	日	己酉	土	4	二	己卯	土	2	三	戊申	土	2	五	戊寅	土
初四	5	五	辛亥	金	7	日	辛巳	金	5	一	庚戌	金	5	三	庚辰	金	3	四	己酉	土	3	六	己卯	土
初五	6	六	壬子	木	8	一	壬午	木	6	二	辛亥	金	6	四	辛巳	金	4	五	庚戌	金	4	日	庚辰	金
初六	7	日	癸丑	木	9	二	癸未	木	7	三	壬子	木	7	五	壬午	木	5	六	辛亥	金	5	一	辛巳	金
初七	8	一	甲寅	水	10	三	甲申	水	8	四	癸丑	木	8	六	癸未	木	6	日	壬子	木	6	二	壬午	木
初八	9	二	乙卯	水	11	四	乙酉	水	9	五	甲寅	水	9	日	甲申	水	7	一	癸丑	木	7	三	癸未	木
初九	10	三	丙辰	土	12	五	丙戌	土	10	六	乙卯	水	10	一	乙酉	水	8	二	甲寅	水	8	四	甲申	水
初十	11	四	丁巳	土	13	六	丁亥	土	11	日	丙辰	土	11	二	丙戌	土	9	三	乙卯	水	9	五	乙酉	水
十一	12	五	戊午	火	14	日	戊子	火	12	一	丁巳	土	12	三	丁亥	土	10	四	丙辰	土	10	六	丙戌	土
十二	13	六	己未	火	15	一	己丑	火	13	二	戊午	火	13	四	戊子	火	11	五	丁巳	土	11	日	丁亥	土
十三	14	日	庚申	木	16	二	庚寅	木	14	三	己未	火	14	五	己丑	火	12	六	戊午	火	12	一	戊子	火
十四	15	一	辛酉	木	17	三	辛卯	木	15	四	庚申	木	15	六	庚寅	木	13	日	己未	火	13	二	己丑	火
十五	16	二	壬戌	水	18	四	壬辰	水	16	五	辛酉	木	16	日	辛卯	木	14	一	庚申	木	14	三	庚寅	木
十六	17	三	癸亥	水	19	五	癸巳	水	17	六	壬戌	水	17	一	壬辰	水	15	二	辛酉	木	15	四	辛卯	木
十七	18	四	甲子	金	20	六	甲午	金	18	日	癸亥	水	18	二	癸巳	水	16	三	壬戌	水	16	五	壬辰	水
十八	19	五	乙丑	金	21	日	乙未	金	19	一	甲子	金	19	三	甲午	金	17	四	癸亥	水	17	六	癸巳	水
十九	20	六	丙寅	火	22	一	丙申	火	20	二	乙丑	金	20	四	乙未	金	18	五	甲子	金	18	日	甲午	金
二十	21	日	丁卯	火	23	二	丁酉	火	21	三	丙寅	火	21	五	丙申	火	19	六	乙丑	金	19	一	乙未	金
廿一	22	一	戊辰	木	24	三	戊戌	木	22	四	丁卯	火	22	六	丁酉	火	20	日	丙寅	火	20	二	丙申	火
廿二	23	二	己巳	木	25	四	己亥	木	23	五	戊辰	木	23	日	戊戌	木	21	一	丁卯	火	21	三	丁酉	火
廿三	24	三	庚午	土	26	五	庚子	土	24	六	己巳	木	24	一	己亥	木	22	二	戊辰	木	22	四	戊戌	木
廿四	25	四	辛未	土	27	六	辛丑	土	25	日	庚午	土	25	二	庚子	土	23	三	己巳	木	23	五	己亥	木
廿五	26	五	壬申	金	28	日	壬寅	金	26	一	辛未	土	26	三	辛丑	土	24	四	庚午	土	24	六	庚子	土
廿六	27	六	癸酉	金	29	一	癸卯	金	27	二	壬申	金	27	四	壬寅	金	25	五	辛未	土	25	日	辛丑	土
廿七	28	日	甲戌	火	30	二	甲辰	火	28	三	癸酉	金	28	五	癸卯	金	26	六	壬申	金	26	一	壬寅	金
廿八	3月1	一	乙亥	火	31	三	乙巳	火	29	四	甲戌	火	29	六	甲辰	火	27	日	癸酉	金	27	二	癸卯	金
廿九	2	二	丙子	水	4月1	四	丙午	水	30	五	乙亥	火	30	日	乙巳	火	28	一	甲戌	火	28	三	甲辰	火
三十	3	三	丁丑	水					5月1	六	丙子	水					29	二	乙亥	火	29	四	乙巳	火

公元二〇四九年　岁次:己巳　生肖:蛇　太岁:郭灿　纳音:大林木

月别	七月小				八月大				九月大				十月小				十一月大				十二月小			
干支	壬申				癸酉				甲戌				乙亥				丙子				丁丑				
九星	五黄				四绿				三碧				二黑				一白				九紫				

廿四节气

节名	立秋	处暑	白露	秋分	寒露	霜降	立冬	小雪	大雪	冬至	小寒	大寒
农历	初九	廿四	十一	廿六	十二	廿七	十二	廿七	十三	廿七	十二	廿七
时辰	辰时	子时	午时	亥时	寅时	辰时	辰时	卯时	子时	酉时	午时	卯时
公历	8月7日	8月22日	9月7日	9月22日	10月8日	10月23日	11月7日	11月22日	12月7日	12月21日	1月5日	1月20日
时间	8时57分	23时47分	12时5分	21时42分	4时4分	7时25分	7时38分	5时19分	0时46分	18时51分	12时7分	5时33分

农历	公历	星期	天地干支	五行	公历	星期	天地干支	五行	公历	星期	天地干支	五行	公历	星期	天地干支	五行	公历	星期	天地干支	五行	公历	星期	天地干支	五行
初一	30	五	丙午	水	28	六	乙亥	火	27	一	乙巳	火	27	三	乙亥	火	25	四	甲辰	火	25	六	甲戌	火
初二	31	六	丁未	水	29	日	丙子	水	28	二	丙午	水	28	四	丙子	水	26	五	乙巳	火	26	日	乙亥	火
初三	8月	日	戊申	土	30	一	丁丑	水	29	三	丁未	水	29	五	丁丑	水	27	六	丙午	水	27	一	丙子	水
初四	2	一	己酉	土	31	二	戊寅	土	30	四	戊申	土	30	六	戊寅	土	28	日	丁未	水	28	二	丁丑	水
初五	3	二	庚戌	金	9月	三	己卯	土	10月	五	己酉	土	31	日	己卯	土	29	一	戊申	土	29	三	戊寅	土
初六	4	三	辛亥	金	2	四	庚辰	金	2	六	庚戌	金	11月	一	庚辰	金	30	二	己酉	土	30	四	己卯	土
初七	5	四	壬子	木	3	五	辛巳	金	3	日	辛亥	金	2	二	辛巳	金	12月	三	庚戌	金	31	五	庚辰	金
初八	6	五	癸丑	木	4	六	壬午	木	4	一	壬子	木	3	三	壬午	木	2	四	辛亥	金	1月	六	辛巳	金
初九	7	六	甲寅	水	5	日	癸未	木	5	二	癸丑	木	4	四	癸未	木	3	五	壬子	木	2	日	壬午	木
初十	8	日	乙卯	水	6	一	甲申	水	6	三	甲寅	水	5	五	甲申	水	4	六	癸丑	木	3	一	癸未	木
十一	9	一	丙辰	土	7	二	乙酉	水	7	四	乙卯	水	6	六	乙酉	水	5	日	甲寅	水	4	二	甲申	水
十二	10	二	丁巳	土	8	三	丙戌	土	8	五	丙辰	土	7	日	丙戌	土	6	一	乙卯	水	5	三	乙酉	水
十三	11	三	戊午	火	9	四	丁亥	土	9	六	丁巳	土	8	一	丁亥	土	7	二	丙辰	土	6	四	丙戌	土
十四	12	四	己未	火	10	五	戊子	火	10	日	戊午	火	9	二	戊子	火	8	三	丁巳	土	7	五	丁亥	土
十五	13	五	庚申	木	11	六	己丑	火	11	一	己未	火	10	三	己丑	火	9	四	戊午	火	8	六	戊子	火
十六	14	六	辛酉	木	12	日	庚寅	木	12	二	庚申	木	11	四	庚寅	木	10	五	己未	火	9	日	己丑	火
十七	15	日	壬戌	水	13	一	辛卯	木	13	三	辛酉	木	12	五	辛卯	木	11	六	庚申	木	10	一	庚寅	木
十八	16	一	癸亥	水	14	二	壬辰	水	14	四	壬戌	水	13	六	壬辰	水	12	日	辛酉	木	11	二	辛卯	木
十九	17	二	甲子	金	15	三	癸巳	水	15	五	癸亥	水	14	日	癸巳	水	13	一	壬戌	水	12	三	壬辰	水
二十	18	三	乙丑	金	16	四	甲午	金	16	六	甲子	金	15	一	甲午	金	14	二	癸亥	水	13	四	癸巳	水
廿一	19	四	丙寅	火	17	五	乙未	金	17	日	乙丑	金	16	二	乙未	金	15	三	甲子	金	14	五	甲午	金
廿二	20	五	丁卯	火	18	六	丙申	火	18	一	丙寅	火	17	三	丙申	火	16	四	乙丑	金	15	六	乙未	金
廿三	21	六	戊辰	木	19	日	丁酉	火	19	二	丁卯	火	18	四	丁酉	火	17	五	丙寅	火	16	日	丙申	火
廿四	22	日	己巳	木	20	一	戊戌	木	20	三	戊辰	木	19	五	戊戌	木	18	六	丁卯	火	17	一	丁酉	火
廿五	23	一	庚午	土	21	二	己亥	木	21	四	己巳	木	20	六	己亥	木	19	日	戊辰	木	18	二	戊戌	木
廿六	24	二	辛未	土	22	三	庚子	土	22	五	庚午	土	21	日	庚子	土	20	一	己巳	木	19	三	己亥	木
廿七	25	三	壬申	金	23	四	辛丑	土	23	六	辛未	土	22	一	辛丑	土	21	二	庚午	土	20	四	庚子	土
廿八	26	四	癸酉	金	24	五	壬寅	金	24	日	壬申	金	23	二	壬寅	金	22	三	辛未	土	21	五	辛丑	土
廿九	27	五	甲戌	火	25	六	癸卯	金	25	一	癸酉	金	24	三	癸卯	金	23	四	壬申	金	22	六	壬寅	金
三十					26	日	甲辰	火	26	二	甲戌	火					24	五	癸酉	金				

公元二〇五〇年（闰三月）　岁次:庚午　生肖:马　太岁:王清　纳音:路旁土

月别	正月小				二月大				三月小				闰三月大				四月小				五月大			
干支	戊寅				己卯				庚辰				庚辰				辛巳				壬午			
九星	八白				七赤				六白				六白				五黄				四绿			

廿四节气

节名	立春	雨水	惊蛰	春分	清明	谷雨	立夏	小满	芒种	夏至	小暑
农历	十二	廿七	十三	廿八	十三	廿九	十五	初一	十六	初三	十九
时辰	子时	戌时	酉时	酉时	亥时	卯时	申时	寅时	酉时	午时	卯时
公历	2月3日	2月18日	3月5日	3月20日	4月4日	4月20日	5月5日	5月21日	6月5日	6月21日	7月7日
时间	23时43分	19时34分	17时32分	18时19分	22时2分	5时1分	15时1分	3时50分	18时54分	11时32分	5时1分

农历	公历	星期	天地干支	五行	公历	星期	天地干支	五行	公历	星期	天地干支	五行	公历	星期	天地干支	五行	公历	星期	天地干支	五行	公历	星期	天地干支	五行
初一	23	日	癸卯	金	21	一	壬申	金	23	三	壬寅	金	21	四	辛未	土	21	六	辛丑	土	19	日	庚午	土
初二	24	一	甲辰	火	22	二	癸酉	金	24	四	癸卯	金	22	五	壬申	金	22	日	壬寅	金	20	一	辛未	土
初三	25	二	乙巳	火	23	三	甲戌	火	25	五	甲辰	火	23	六	癸酉	金	23	一	癸卯	金	21	二	壬申	金
初四	26	三	丙午	水	24	四	乙亥	火	26	六	乙巳	火	24	日	甲戌	火	24	二	甲辰	火	22	三	癸酉	金
初五	27	四	丁未	水	25	五	丙子	水	27	日	丙午	水	25	一	乙亥	火	25	三	乙巳	火	23	四	甲戌	火
初六	28	五	戊申	土	26	六	丁丑	水	28	一	丁未	水	26	二	丙子	水	26	四	丙午	水	24	五	乙亥	火
初七	29	六	己酉	土	27	日	戊寅	土	29	二	戊申	土	27	三	丁丑	水	27	五	丁未	水	25	六	丙子	水
初八	30	日	庚戌	金	28	一	己卯	土	30	三	己酉	土	28	四	戊寅	土	28	六	戊申	土	26	日	丁丑	水
初九	31	一	辛亥	金	3月	二	庚辰	金	31	四	庚戌	金	29	五	己卯	土	29	日	己酉	土	27	一	戊寅	土
初十	2月	二	壬子	木	2	三	辛巳	金	4月	五	辛亥	金	30	六	庚辰	金	30	一	庚戌	金	28	二	己卯	土
十一	2	三	癸丑	木	3	四	壬午	木	2	六	壬子	木	5月	日	辛巳	金	31	二	辛亥	金	29	三	庚辰	金
十二	3	四	甲寅	水	4	五	癸未	木	3	日	癸丑	木	2	一	壬午	木	6月	三	壬子	木	30	四	辛巳	金
十三	4	五	乙卯	水	5	六	甲申	水	4	一	甲寅	水	3	二	癸未	木	2	四	癸丑	水	7月	五	壬午	木
十四	5	六	丙辰	土	6	日	乙酉	水	5	二	乙卯	水	4	三	甲申	水	3	五	甲寅	水	2	六	癸未	木
十五	6	日	丁巳	土	7	一	丙戌	土	6	三	丙辰	土	5	四	乙酉	水	4	六	乙卯	水	3	日	甲申	水
十六	7	一	戊午	火	8	二	丁亥	土	7	四	丁巳	土	6	五	丙戌	土	5	日	丙辰	土	4	一	乙酉	水
十七	8	二	己未	火	9	三	戊子	火	8	五	戊午	火	7	六	丁亥	土	6	一	丁巳	土	5	二	丙戌	土
十八	9	三	庚申	木	10	四	己丑	火	9	六	己未	火	8	日	戊子	火	7	二	戊午	火	6	三	丁亥	土
十九	10	四	辛酉	木	11	五	庚寅	木	10	日	庚申	木	9	一	己丑	火	8	三	己未	火	7	四	戊子	火
二十	11	五	壬戌	水	12	六	辛卯	木	11	一	辛酉	木	10	二	庚寅	木	9	四	庚申	木	8	五	己丑	火
廿一	12	六	癸亥	水	13	日	壬辰	水	12	二	壬戌	水	11	三	辛卯	木	10	五	辛酉	木	9	六	庚寅	木
廿二	13	日	甲子	金	14	一	癸巳	水	13	三	癸亥	水	12	四	壬辰	水	11	六	壬戌	水	10	日	辛卯	木
廿三	14	一	乙丑	金	15	二	甲午	金	14	四	甲子	金	13	五	癸巳	水	12	日	癸亥	水	11	一	壬辰	水
廿四	15	二	丙寅	火	16	三	乙未	金	15	五	乙丑	金	14	六	甲午	金	13	一	甲子	金	12	二	癸巳	水
廿五	16	三	丁卯	火	17	四	丙申	火	16	六	丙寅	火	15	日	乙未	金	14	二	乙丑	金	13	三	甲午	金
廿六	17	四	戊辰	木	18	五	丁酉	火	17	日	丁卯	火	16	一	丙申	火	15	三	丙寅	火	14	四	乙未	金
廿七	18	五	己巳	木	19	六	戊戌	木	18	一	戊辰	木	17	二	丁酉	火	16	四	丁卯	火	15	五	丙申	火
廿八	19	六	庚午	土	20	日	己亥	木	19	二	己巳	木	18	三	戊戌	木	17	五	戊辰	木	16	六	丁酉	火
廿九	20	日	辛未	土	21	一	庚子	土	20	三	庚午	土	19	四	己亥	木	18	六	己巳	木	17	日	戊戌	木
三十					22	二	辛丑	土					20	五	庚子	土					18	一	己亥	木

公元二〇五〇年（闰三月）　岁次:庚午　生肖:马　太岁:王清　纳音:路旁土

月别	六月小	七月大	八月大	九月小	十月大	十一月大	十二月小
干支	癸未	甲申	乙酉	丙戌	丁亥	戊子	己丑
九星	三碧	二黑	一白	九紫	八白	七赤	六白

廿四节气

节名	大暑	立秋	处暑	白露	秋分	寒露	霜降	立冬	小雪	大雪	冬至	小寒	大寒	立春
农历	初四	二十	初七	廿二	初八	廿三	初八	廿三	初九	廿四	初九	廿三	初八	廿三
时辰	亥时	未时	卯时	酉时	寅时	巳时	未时	未时	子时	卯时	子时	酉时	午时	卯时
公历	7月22日	8月7日	8月23日	9月7日	9月23日	10月8日	10月23日	11月7日	11月22日	12月7日	12月22日	1月5日	1月20日	2月4日
时间	22时21分	14时52分	5时32分	18时0分	3时28分	9时59分	13时11分	13时33分	11时6分	6时41分	0时38分	18时1分	11时18分	5时35分

农历对照表

农历	六月小公历	星期	天地干支	五行	七月大公历	星期	天地干支	五行	八月大公历	星期	天地干支	五行	九月小公历	星期	天地干支	五行	十月大公历	星期	天地干支	五行	十一月大公历	星期	天地干支	五行	十二月小公历	星期	天地干支	五行
初一	19	二	庚子	土	17	三	己巳	木	16	五	己亥	木	16	日	己巳	木	14	一	戊戌	木	14	三	戊辰	木	13	五	戊戌	木
初二	20	三	辛丑	土	18	四	庚午	土	17	六	庚子	土	17	一	庚午	土	15	二	己亥	木	15	四	己巳	木	14	六	己亥	木
初三	21	四	壬寅	金	19	五	辛未	土	18	日	辛丑	土	18	二	辛未	土	16	三	庚子	土	16	五	庚午	土	15	日	庚子	土
初四	22	五	癸卯	金	20	六	壬申	金	19	一	壬寅	金	19	三	壬申	金	17	四	辛丑	土	17	六	辛未	土	16	一	辛丑	土
初五	23	六	甲辰	火	21	日	癸酉	金	20	二	癸卯	金	20	四	癸酉	金	18	五	壬寅	金	18	日	壬申	金	17	二	壬寅	金
初六	24	日	乙巳	火	22	一	甲戌	火	21	三	甲辰	火	21	五	甲戌	火	19	六	癸卯	金	19	一	癸酉	金	18	三	癸卯	金
初七	25	一	丙午	水	23	二	乙亥	火	22	四	乙巳	火	22	六	乙亥	火	20	日	甲辰	火	20	二	甲戌	火	19	四	甲辰	火
初八	26	二	丁未	水	24	三	丙子	水	23	五	丙午	水	23	日	丙子	水	21	一	乙巳	火	21	三	乙亥	火	20	五	乙巳	火
初九	27	三	戊申	土	25	四	丁丑	水	24	六	丁未	水	24	一	丁丑	水	22	二	丙午	水	22	四	丙子	水	21	六	丙午	水
初十	28	四	己酉	土	26	五	戊寅	土	25	日	戊申	土	25	二	戊寅	土	23	三	丁未	水	23	五	丁丑	水	22	日	丁未	水
十一	29	五	庚戌	金	27	六	己卯	土	26	一	己酉	土	26	三	己卯	土	24	四	戊申	土	24	六	戊寅	土	23	一	戊申	土
十二	30	六	辛亥	金	28	日	庚辰	金	27	二	庚戌	金	27	四	庚辰	金	25	五	己酉	土	25	日	己卯	土	24	二	己酉	土
十三	31	日	壬子	木	29	一	辛巳	金	28	三	辛亥	金	28	五	辛巳	金	26	六	庚戌	金	26	一	庚辰	金	25	三	庚戌	金
十四	8月1	一	癸丑	木	30	二	壬午	木	29	四	壬子	木	29	六	壬午	木	27	日	辛亥	金	27	二	辛巳	金	26	四	辛亥	金
十五	2	二	甲寅	水	31	三	癸未	木	30	五	癸丑	木	30	日	癸未	木	28	一	壬子	木	28	三	壬午	木	27	五	壬子	木
十六	3	三	乙卯	水	9月1	四	甲申	水	10月1	六	甲寅	水	31	一	甲申	水	29	二	癸丑	木	29	四	癸未	木	28	六	癸丑	木
十七	4	四	丙辰	土	2	五	乙酉	水	2	日	乙卯	水	11月1	二	乙酉	水	30	三	甲寅	水	30	五	甲申	水	29	日	甲寅	水
十八	5	五	丁巳	土	3	六	丙戌	土	3	一	丙辰	土	2	三	丙戌	土	12月1	四	乙卯	水	31	六	乙酉	水	30	一	乙卯	水
十九	6	六	戊午	火	4	日	丁亥	土	4	二	丁巳	土	3	四	丁亥	土	2	五	丙辰	土	1月1	日	丙戌	土	31	二	丙辰	土
二十	7	日	己未	火	5	一	戊子	火	5	三	戊午	火	4	五	戊子	火	3	六	丁巳	土	2	一	丁亥	土	2月1	三	丁巳	土
廿一	8	一	庚申	木	6	二	己丑	火	6	四	己未	火	5	六	己丑	火	4	日	戊午	火	3	二	戊子	火	2	四	戊午	火
廿二	9	二	辛酉	木	7	三	庚寅	木	7	五	庚申	木	6	日	庚寅	木	5	一	己未	火	4	三	己丑	火	3	五	己未	火
廿三	10	三	壬戌	水	8	四	辛卯	木	8	六	辛酉	木	7	一	辛卯	木	6	二	庚申	木	5	四	庚寅	木	4	六	庚申	木
廿四	11	四	癸亥	水	9	五	壬辰	水	9	日	壬戌	水	8	二	壬辰	水	7	三	辛酉	木	6	五	辛卯	木	5	日	辛酉	木
廿五	12	五	甲子	金	10	六	癸巳	水	10	一	癸亥	水	9	三	癸巳	水	8	四	壬戌	水	7	六	壬辰	水	6	一	壬戌	水
廿六	13	六	乙丑	金	11	日	甲午	金	11	二	甲子	金	10	四	甲午	金	9	五	癸亥	水	8	日	癸巳	水	7	二	癸亥	水
廿七	14	日	丙寅	火	12	一	乙未	金	12	三	乙丑	金	11	五	乙未	金	10	六	甲子	金	9	一	甲午	金	8	三	甲子	金
廿八	15	一	丁卯	火	13	二	丙申	火	13	四	丙寅	火	12	六	丙申	火	11	日	乙丑	金	10	二	乙未	金	9	四	乙丑	金
廿九	16	二	戊辰	木	14	三	丁酉	火	14	五	丁卯	火	13	日	丁酉	火	12	一	丙寅	火	11	三	丙申	火	10	五	丙寅	火
三十					15	四	戊戌	木	15	六	戊辰	木					13	二	丁卯	火	12	四	丁酉	火				

附　录

附录 1　节日和纪念日大全

1．阳历节日

1 月 1 日　元旦

2 月 2 日　世界湿地日

2 月 4 日　世界抗癌日

2 月 7 日　国际声援南非日（1964 年）

2 月 10 日　国际气象节

2 月 12 日　国际足球比赛日

2 月 14 日　情人节

2 月 15 日　中国 12 亿人口日

2 月 21 日　反对殖民制度斗争日

2 月 24 日　第三世界青年日

2 月 28 日　世界居住条件调查日

3 月 1 日　国际海豹日（1983 年）

3 月 3 日　全国爱耳日

3 月 5 日　中国青年志愿者服务日、学习雷锋纪念日

3 月 8 日　国际劳动妇女节（1910 年）

3 月 9 日　保护母亲河日

3 月 12 日　中国植树节（1979 年）、孙中山逝世纪念日

3 月 14 日　国际警察日（节）

3 月 15 日　国际消费者权益日（1983 年）

3 月 16 日　手拉手情系贫困小伙伴全国统一行动日（中国）

3 月 17 日　国际航海日、中国国医节

3 月 18 日　中国科技人才活动日

3 月 21 日　世界林业节（世界森林日）（1972 年）、消除种族歧视国际日
　　　　　　（1976 年）、世界儿歌日、世界睡眠日

3 月 22 日　世界水日（1993 年）

3 月 23 日　世界气象日（1960 年）

3 月 24 日　世界防治结核病日

4 月 1 日　国际愚人节、中国爱国卫生运动月（4 月）、税收宣传月（4 月）

4 月 2 日　国际儿童图书日

4 月 5 日前后　清明节

4 月 7 日　世界卫生日（1948 年）

4 月 11 日　世界帕金森病日

4 月 15～21 日　中国肿瘤防治宣传周

4 月 21 日　中国企业家活动日

4 月 22 日　世界地球日（1970 年）、世界法律日

4 月 23 日　世界图书和版权日

4 月 24 日　世界青年反对殖民主义日（1957 年）、亚非新闻工作者日

4 月 25 日　中国儿童预防接种宣传日

4 月 26 日　世界知识产权日

4 月 27 日　联谊城日

4 月 28 日　国际因公伤亡职工纪念日

4 月 30 日　中国交通安全反思日

5 月 1 日　国际劳动节（1889 年）、国际示威游行日

5 月 4 日　中国青年节（1939 年）、五四运动纪念日

5 月 4 日　科技传播日

5 月 8 日　世界红十字日（1948 年）、世界微笑日

5 月 12 日　国际护士节（1912 年）

5 月 15 日　国际家庭（咨询）日、中国防治碘缺乏病日

5 月 17 日　世界电信日（1968 年）

5 月 18 日　国际博物馆日

5 月 20 日　中国母乳喂养宣传日、中国学生营养日（1991 年）

5 月 26 日　世界向人体条件挑战日（1993 年）

5 月 30 日　"五卅"反对帝国主义运动纪念日

5 月 31 日　世界无烟日（1989 年）

6 月 1 日　国际儿童节（1949 年）、世界牛奶日

6 月 5 日　世界环境日（1972 年）

6 月 6 日　中国爱眼日

6 月 11 日　中国人口日

6 月 17 日　世界防治荒漠化和干旱日

6 月 20 日　世界难民日

6 月 22 日　中国儿童慈善活动日

6 月 23 日　国际奥林匹克日（1982 年）、世界手球日

6 月 24 日　世界卒中日（2004 年）

6 月 25 日　中国土地日

6 月 26 日　国际禁毒日（国际反毒品日）（1988 年）、国际宪章日（联合国宪章日）（1945 年）

6 月 30 日　世界青年联欢节

7 月 1 日　中国共产党成立纪念日（1921 年）、香港回归纪念日、国际建筑日（1986 年）、亚州"三十亿人口日"

7 月 2 日　国际体育记者日

7 月 11 日　世界（50 亿）人口日（1987 年）、中国航海节

7 月 26 日　世界语（言）创立日

7 月 28 日　第一次世界大战爆发

7 月 30 日　非洲妇女日

8 月 1 日　中国人民解放军建军节

8 月 6 日　国际电影节（1932 年）

8 月 12 日　国际青年日（1999 年）

8 月 15 日　日本正式宣布无条件投降日

8 月 26 日　中国律师咨询日

9 月 3 日　中国抗日战争胜利纪念日

9 月 8 日　国际新闻工作者（团结）日（1958 年）、国际扫盲日（1966 年）

9 月 10 日　中国教师节（1985 年）、世界预防自杀日

9 月 14 日　世界清洁地球日

9 月 16 日　中国脑健康日、国际臭氧层保护日

9 月 18 日　"九·一八"事变纪念日（中国国耻日）

9 月 20 日　中国爱牙日（1989 年）

9 月 21 日　世界停火日、世界老年性痴呆病宣传日

9 月 27 日　世界旅游日（1979 年）

10 月 1 日　中华人民共和国国庆节（1949 年）、国际音乐日（1979 年）、国际老人节（1991 年）

10 月 2 日　国际和平（与民主自由）斗争日

10 月 4 日　世界动物日

10 月 5 日　世界教师日

10 月 7 日　世界扶贫日

10 月 8 日　中国高血压日、世界视觉日、国际左撇子日

10 月 9 日　世界邮政日（万国邮联日）（1969 年）

10 月 10 日　辛亥革命纪念日、世界居室卫生日、世界精神卫生日（1992 年）

10 月 11 日　声援南非政治犯日

10 月 12 日　世界 60 亿人口日（1999 年）、世界关节炎日

10 月 13 日　中国少年先锋队建队纪念日（1949 年）、世界保健日、国际教师节、采用格林威治时间为国际标准时间日（1884 年）

10 月 14 日　世界标准日（1969 年）

10 月 15 日　国际盲人节（白手杖节）（1984 年）、世界农村妇女日

10 月 16 日　世界粮食日（1979 年）

10 月 17 日　世界消除贫困日（1994 年）

10 月 20 日　国际骨质疏松日

10 月 22 日　世界传统医药日（1992 年）

10 月 24 日　联合国日（1947 年）、世界发展信息日

10 月 28 日　中国男性健康日（2000 年）

10 月 31 日　世界勤俭日、万圣节

11 月 7 日　十月社会主义革命纪念日

11 月 8 日　中国记者节

11 月 9 日　中国消防宣传日（消防节）

11 月 11 日　国际科学与和平周（本日所属的一周）

11 月 12 日　孙中山诞辰纪念日

11 月 14 日　世界糖尿病日

11 月 16 日　国际容忍日

11 月 17 日　国际大学生节（国际学生日）（1946 年）

11 月 20 日　世界儿童日、世界慢阻肺日

11 月 21 日　世界电视日、世界问候日（1973 年）

11 月 25 日　国际消除对妇女的暴力日

12 月 1 日　世界艾滋病日（1988 年）

12 月 2 日　废除一切形式奴役世界日（1986 年）

12 月 3 日　世界残疾人日（1992 年）

12 月 4 日　中国法制宣传日

12 月 5 日　国际志愿人员日（国际促进经济和社会发展志愿人员日）（1985
年）、世界弱能人士日、世界强化免疫日

12 月 7 日　国际民航日

12 月 9 日　"一二·九"运动纪念日、世界足球日

12 月 10 日　世界人权日（1950 年）

12 月 12 日　西安事变纪念日

12 月 13 日　南京大屠杀纪念日

12 月 20 日　澳门回归纪念日

12 月 21 日　国际篮球日

12 月 24 日　平安夜

12 月 25 日　圣诞节

12 月 29 日　国际生物多样性日

1 月第一个星期日　黑人日

1 月最后一个星期日　国际麻风节（世界防治麻风病日）

3 月最后一个星期一　中国中小学生安全教育日

春分月圆后的第一个星期日　复活节（有可能是 3 月 22～4 月 25 日间的任
一天）

4 月最后一个星期三　秘书节

5 月第二个星期日　母亲节、救助贫困母亲日

5 月第三个星期日　中国助残日

6 月第三个星期日　父亲节

7 月第一个星期六　国际合作节

附

录

8 月第一个星期一起　世界母乳喂养周

9 月第三个星期二　国际和平日

9 月第三个星期六　中国国防教育日

9 月第四个星期日　国际聋人节

9 月最后一个星期日　世界心脏日、世界海事日

10 月第一个星期一　世界住房日

10 月第二个星斯一　加拿大感恩节

10 月第二个星期三　国际减轻自然灾害日（减灾日）

10 月第二个星期四　世界爱眼日

11 月第一周　中国食品卫生法宣传周

11 月最后一个星期四　美国感恩节

12 月第二个星期日　国际儿童电视广播日

2. 农历节日

农历正月初一　春节

农历正月十五　元宵节

农历二月初二　龙抬头节

农历五月初五　端午节

农历七月初七　乞巧节（中国情人节）

农历八月十五　中秋节

农历九月初九　重阳节、中国老年节（义务助老活动日）

农历腊月初八　腊八节

农历腊月二十三　灶君（祭灶节）

农历腊月二十三或二十四　小年

农历腊月二十四　传统扫房日

农历腊月最后一天的晚上　除夕

附录 2 食物相克图解

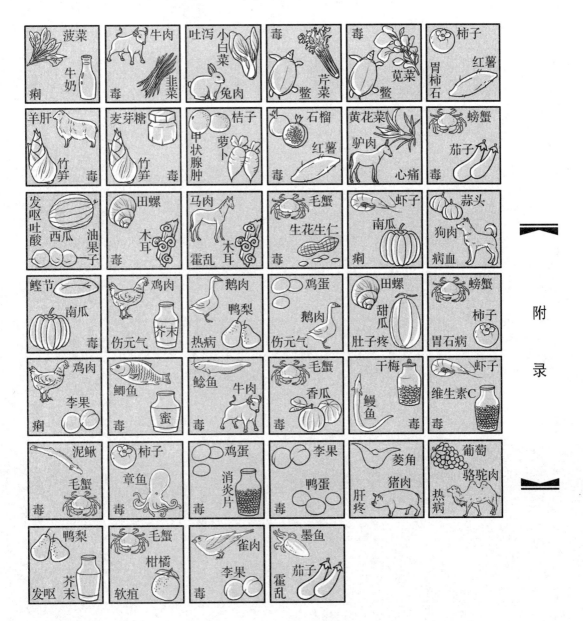